Lexikon der internationalen Küche

Anne Wilson

Lexikon der internationalen Küche

Die leckersten Rezepte von A–Z

KÖNEMANN

This book was designed and produced by
Murdoch Books, a division of Murdoch Magazines Pty Ltd
213 Miller Street, North Sydney, NSW 2060

Original title: The Family Circle Recipe Encyclopedia

Managing Editor: Susan Tomnay
Designer: Marylouise Brammer
Project Editor: Sue Wagner
Photo Librarian and Manuscript Research: Dianne Bedford
Editors: Deirdre Blayney, Wendy Stephen, Amanda Bishop
Copy Editor: Elaine Myors
Dictionary Entries: Margaret McPhee
Additional Recipes: Barbara Lowery
Food Editors: Kerrie Ray, Jo Anne Calabria

Bonner Straße 126, D-50968 Köln
Redaktion der deutschen Ausgabe: AMS Autoren- und Medienservice, Reute
Satz: AMS/Barbara Herrmann, Freiburg i.Br.
Übersetzung aus dem Englischen: Andrea Busch, Groß-Zimmern;
Käthe Fleckenstein, Frankfurt a.M.
Umschlaggestaltung: Peter Feierabend, Berlin
Herstellungsleiter: Detlev Schaper
Montage: Reproservice Werner Pees, Essen
Druck und Bindung: Kossuth Printing House Co., Budapest
Printed in Hungary
ISBN 3-89508-225-2

Umschlagvorderseite: Food Foto Köln
Seite 2 Abbildung, von links: Penne mit Artischockenherzen (Seite 20) und Oliven-Rosmarin-Focaccia (Seite 329)
Seite 6 Abbildung, von oben: Heiße Karamelmangos (Seite 285) und Aprikosen mit Schokoladenglasur (Seite 19)

INHALT

Rezepte von A–Z

Spezialthemen

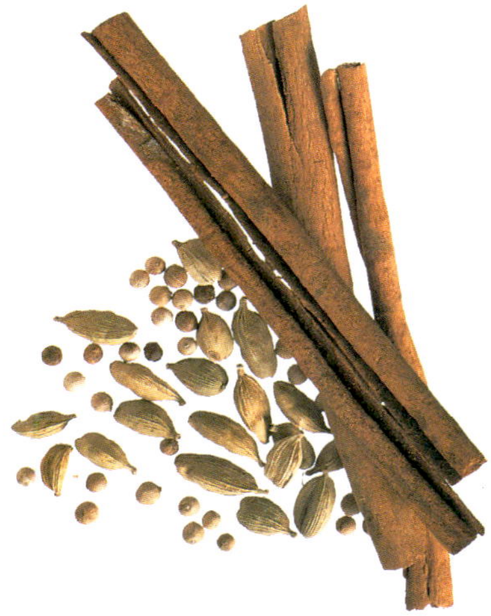

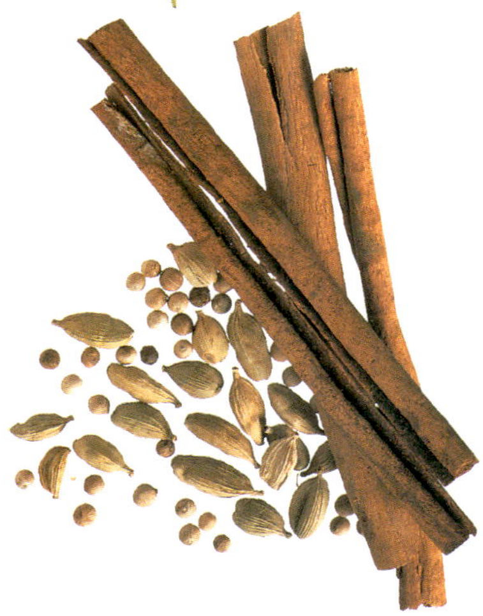

LEXIKON DER INTERNATIONALEN KÜCHE

Kochen bedeutet mehr als die bloße Zubereitung von Speisen. Ein guter Koch liebt das Essen und versteht es zu genießen. Jeder Schritt – das Einkaufen der Zutaten, die Vorbereitung und schließlich das Servieren seiner Leckerbissen – ist für ihn eine Quelle der Freude. Die Lust am Kochen ist natürlich meist verbunden mit einem feinen Gespür für die richtigen Zutaten und guten Kenntnissen unterschiedlicher Kochtechniken sowie interessanter und ausgesuchter Rezepte.

In diesem Sinn haben wir dieses Buch als ausführliches Nachschlagewerk für Speisen und deren Zubereitung entwickelt. Die umfangreiche, alphabetisch geordnete Sammlung der Zutaten hilft Ihnen bei Auswahl und Verwendung alltäglicher und exotischer Lebensmittel, vermittelt Ihnen einen Einblick in weniger bekannte Zubereitungsmethoden und stellt Ihnen beliebte und berühmte Gerichte verschiedener Länderküchen vor.

Das *Lexikon der internationalen Küche* verhilft Ihnen zu einem erfolgreichen Gelingen aller nationalen und internationalen Speisen. Themenschwerpunkte auf besonderen Doppelseiten regen zu neuen kulinarischen Erlebnissen an.

Das Buch enthält mehr als 800 sorgfältig getestete Rezepte und 1500 appetitanregende Farbfotografien. Eine Einteilung der Rezepte in unterschiedliche Schwierigkeitsgrade hilft Ihnen, Gerichte nach Ihrer persönlichen Kocherfahrung auszuwählen.

Hinweise zur Benutzung des Buches

Es gelten die üblichen Maße in Gramm und Liter. Die Maßangabe Tasse entspricht 250 ml; bei den Eßlöffel-Angaben handelt es sich um gehäufte EL; bei den Flüssigkeitsangaben entspricht 1 EL 15 ml, 1 TL 5 ml. Die Rezepte sind geordnet nach ihrer Hauptzutat (z.B. Erdbeeren), der Art des Gerichtes (z.B. Kuchen) und nach ihrer Art der Zubereitung (z.B. Grillen). Die alphabetisch geordnete Sammlung der Zutaten enthält Einträge zu verschiedenen Länderküchen, Begriffserklärungen und beliebte Gerichte. Außerdem wurden bestimmten Themen Doppelseiten mit hilfreichen und nützlichen Informationen gewidmet.

★ ***einfach*** ★★ ***anspruchsvoller*** ★★★ ***sehr anspruchsvoll***

A

À la »nach Art von«, z.B.: à la Nicoise: »gekocht nach Nizzaer Art«; à la vigneronne: »mit Trauben« oder »nach Winzerart«. Siehe auch dort.

Aal Langer, schlangenähnlicher Fisch mit zarter, olivgrüner bis silbriger Haut; auf der ganzen Welt verbreitet. Am häufigsten werden Süßwasser-Aale verzehrt, weniger oft Salzwasser-Aale, zu denen Muräne und See-Aal gehören. Aal hat festes, weißes, fettes Fleisch, das schnell verdirbt und so schnell wie möglich nach dem Fang zubereitet werden muß. Deshalb werden Aale in vielen Ländern lebend gefangen, in großen Behältern gehalten und lebend verkauft. Auch geräuchert erhältlich.

Abalone Große See-Schnecke. Lebt in Strandnähe und hängt sich mit ihrem fleischigen Fuß an die Unterseite von Felskanten. In südlichen Gewässern Australiens ernten Taucher die Schnecken. Das Fleisch ist zäh

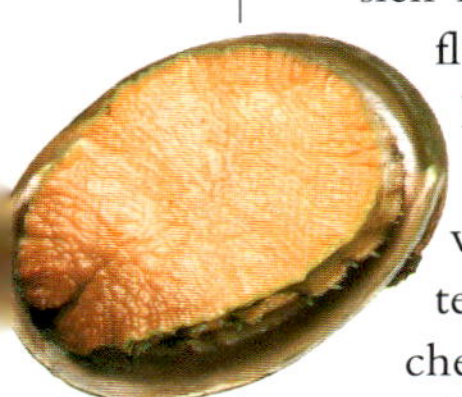

ÄPFEL

BRATÄPFEL

★ ***Vorbereitungszeit:*** 20 Minuten
Backzeit: 1 Stunde 15 Minuten
Für 4 Personen

4 grüne Äpfel
½ Tasse Datteln, feingeschnitten
1 EL Walnüsse, gehackt
1 EL Zitronenschale, gerieben
½ Tasse Wasser
½ Tasse weicher, brauner Zucker
30 g Butter
¼ TL Zimt, gemahlen
¼ TL Muskatnuß, gemahlen
Eis oder Schlagsahne zum Servieren

1 Ofen auf 180 °C vorheizen. Kerngehäuse sauber ausstechen; nur Oberteil der Äpfel schälen.
2 Datteln, Walnüsse und Zitronenschale gut mischen. Mischung in die Mitte der Äpfel drücken.
3 Äpfel auf ein Backblech setzen. Wasser, braunen Zucker, Butter, Zimt und Muskatnuß in einen kleinen Topf geben. Zum Kochen bringen; Mischung über die Äpfel gießen. 1 ¼ Stunde backen, Äpfel gelegentlich mit der Flüssigkeit bepinseln. Heiß mit Vanille-Eis oder Schlagsahne servieren.

APFEL-CHUTNEY

★ ***Vorbereitungszeit:*** 30 Minuten
Kochzeit: 2 Stunden
Ergibt 1,75 l

10 kleine, grüne Äpfel
5 große, reife Tomaten, geschnitten
3 große Zwiebeln, geschnitten
1 EL frischer (grüner) Ingwer, gerieben
4 Knoblauchzehen, zerdrückt
2 kleine Chillies, geschnitten
1 Tasse Rosinen
½ Tasse Orangensaft
⅓ Tasse Zitronensaft
3 Tassen weicher, brauner Zucker
2 Tassen Apfelessig

1 Äpfel schälen, schneiden, Kerngehäuse entfernen. Mit Tomaten, Zwiebeln, Ingwer, Knoblauch, Chili, Rosinen, Orangensaft, Zitronensaft, braunem Zucker und Essig in einen großen, schweren Topf geben. Bei schwacher Hitze rühren, bis der Zucker sich vollständig aufgelöst hat.
2 Hitze erhöhen, gelegentlich umrühren, bis die Mischung kocht. Ohne Deckel 2 Stunden köcheln lassen, bis Früchte und Gemüse weich sind und Chutney dick ist. Gelegentlich rühren.
3 5 Minuten abkühlen lassen. In warme, sterilisierte Gläser füllen; sofort verschließen. Bis zu 12 Monate kühl und dunkel aufbewahren.

APFELSOSSE

★ ***Vorbereitungszeit:*** 20 Minuten
Kochzeit: 30 Minuten
Ergibt 2 Tassen

4 große, grüne Äpfel, Kerngehäuse entfernt und geschält
30 g Butter
¼ Tasse weißer Zucker
2 TL Zitronenschale, abgerieben
60 ml Wasser

Äpfel, Butter, Zucker, Zitronenschale und Wasser bei schwacher Hitze kochen, häufig rühren, bis die Äpfel weich und breiig werden. Soße warm zu Schweine-, Enten- oder Gänsebraten servieren.

Anmerkung: Apfelsoße kann bis zu 3 Tage im voraus zubereitet werden.

WISSENSWERTES ÜBER ÄPFEL

- Nur Äpfel mit einwandfreier Schale und ohne Druckstellen kaufen.
- Um nach dem Schneiden auftretende Verfärbung zu verhindern, etwas mit Wasser verdünnten Zitronensaft über die Äpfel pinseln oder Äpfel in eine Schüssel mit Zitronenwasser legen.
- Äpfel kochen: Grüne Kochäpfel schälen, Kerngehäuse entfernen, in dicke Scheiben schneiden, mit etwas Wasser oder Apfelsaft und einigen ganzen Nelken in einen Topf geben. Zum Kochen bringen, Hitze reduzieren und zugedeckt 15 Minuten köcheln lassen, dabei gelegentlich rühren.
- Mit der Messerspitze Haut um die Mitte des Apfels herum einstechen.

Oben: Bratapfel. Gegenüber: Apfelstreusel; unten: Apfel-Charlotte

APFEL-CHARLOTTE

☆☆ ***Vorbereitungszeit:*** 30 Minuten
Backzeit: 25 Minuten
Für 6 Personen

5 Kochäpfel, geschält, Kerngehäuse entfernt, geschnitten
2 EL weicher, brauner Zucker
¼ TL Zimt, gemahlen
1 Weißbrot vom Vortag ohne Kruste
100 g zerlassene Butter

Marmeladen-Soße
1 Tasse Erdbeermarmelade
1 Tasse Wasser
1 TL Zitronenschale, abgerieben
½ Tasse sehr feiner Zucker

1 Ofen auf 180 °C vorheizen. 6 feuerfeste Schüsselchen (¼ l Fassungsvermögen) mit Öl auspinseln. Äpfel mit Zucker, Zimt und soviel Wasser, daß sie bedeckt sind, in einen Topf geben. Weich kochen, abtropfen lassen, abkühlen.
2 12 runde Brotscheiben zuschneiden. Übrige Scheiben in 2 cm breite, der Höhe der Schüsselchen entsprechende Streifen schneiden. 6 runde Scheiben in zerlassene Butter tauchen und auf den Boden der Schüsselchen legen. Jeden Brotstreifen in zerlassene Butter tauchen und aufrecht gegen die Wände der Schüsselchen drücken.
3 Jedes ausgelegte Schüsselchen mit gekochten Äpfeln füllen; mit der letzten runden, buttergetränkten Brotscheibe abdecken. 20 Minuten backen. Auf Servierteller stürzen. Mit warmer Marmeladen-Soße und Sahne servieren.
4 Für die Marmeladen-Soße Soßenzutaten zum Kochen bringen, 15 Minuten köcheln lassen. Durchpassieren und heiß servieren.

APFELSTREUSEL

☆ ***Vorbereitungszeit:*** 30 Minuten
Backzeit: 25–30 Minuten
Für 4–6 Personen

4 große, grüne Kochäpfel, geschält und geschnitten
1 EL weicher, brauner Zucker
2–3 EL heller Maissirup
2–3 EL Zitronensaft

Streusel
¾ Tasse Mehl, mit Backpulver vermischt
½ Tasse Kokosflocken
½ Tasse Haferflocken
½ Tasse brauner Zucker
100 g Butter

1 Eine flache Kasserolle (1 ½ l Fassungsvermögen) mit zerlassener Butter oder Öl auspinseln. Äpfel, Zucker, Sirup und Zitronensaft in einen großen Topf geben; mit fest schließendem Deckel abdecken und bei schwacher Hitze 10 Minuten kochen, bis die Äpfel weich werden. Apfelmischung in die Kasserolle geben. Ofen auf 180 °C vorheizen.
2 Für die Streusel Mehl, Kokosflocken, Haferflocken und Zucker in einer Schüssel gut mischen. In die Mitte zerlassene Butter gießen, zu Streuseln kneten. Streusel über die Äpfel streuen.
3 25–30 Minuten Streusel knusprig und goldbraun backen. Mit Schlagsahne oder Eis servieren.

Anmerkung: Apfelstreusel kann heiß oder kalt verzehrt werden. Andere Früchte wie Pfirsiche, Aprikosen, Kirschen oder Nektarinen können statt der Äpfel verwendet werden. Auch gut abgetropfte Pfirsiche oder Aprikosen aus der Dose sind geeignet.

und muß vor dem Essen weichgeklopft werden.

Abbachio Italienischer Ausdruck für Fleisch von Milchlämmern. Mit Knoblauch und Rosmarin geröstet, ein traditionelles Ostergericht.

Aberdeener Wurst Rindswurst; in einem Tuch eingewickelt gekocht und dann mit trockenen Semmelbröseln paniert.

Ablöschen Wasser, Brühe oder Wein wird zu den Bratensäften und angebackenen Rückständen in Pfanne oder Topf gegossen, nachdem das Fleisch angebraten oder geschmort wurde. Die Mischung wird aufgekocht, gerührt, und es wird eine Soße daraus zubereitet.

Abschrecken Kurz gekochte Speisen, vor allem Gemüse, in kaltes Wasser tauchen, um den Garprozeß zu unterbrechen bzw. die Farbe zu erhalten.

Agar-Agar Weißes, halbtransparentes, geschmack- und geruchloses Geliermittel aus verschiedenen asiatischen Seetang-Arten. Wird ohne Kühlung fest; in der asiatischen Küche verwendet.

Ahornsirup Saft verschiedener Ahornarten, zu Sirup eingekocht. Die Farbe variiert zwischen hellem (gilt als feinster Sirup) und dunklem Bernstein (wird hauptsächlich zum Kochen verwendet). Ahornsirup wird zu Waffeln, Pfannkuchen, Eiscreme oder anderen Desserts gereicht. Sirup mit Ahornaroma ist eine Mischung aus reinem Ahornsirup und Maissirup.

Aïoli Knoblauch-Mayonnaise aus der Provence; auch »Butter der Provence« genannt.

Al dente Begriff aus der italienischen Küche. Speisen – besonders Pasta – werden eher bißfest als weich gekocht.

Alfalfa-Sprossen Feine, kurze Sprossen der Alfalfa-Samen, mit blassen Stengeln und dunkelgrünen Spitzen; in Salaten und als Brotbelag verwendet. Ihr nußartiger Geschmack paßt besonders gut zu Käse. Alfalfa- oder Luzernepflanzen wurden von den Arabern als Pferdefutter angepflanzt, weil ihr hoher Protein- und Kalziumgehalt dazu beitrug, kraftvolle Tiere zu züchten.

Amaretti Knusprige Mandelmakrone aus Italien. Oft aus Bitter-

AMERIKANISCHE KÜCHE

KNUSPRIG GEBRATENES HÄHNCHEN

★★ ***Vorbereitungszeit:*** 10 Minuten
Kochzeit: 16 Minuten
Für 6 Personen

12 Hähnchenschenkel (ca. 1,5 kg)
¼ Tasse Cornflakes, fein zerdrückt
1 ¼ Tassen Mehl
1 TL Selleriesalz
1 TL Zwiebelsalz
2 EL gekörnte Hühnerbrühe
½ TL Knoblauchpulver
½ TL weißer Pfeffer, gemahlen
Öl zum Fritieren

1 Hähnchenschenkel in großen Topf mit kochendem Wasser geben; Hitze reduzieren; offen 8 Minuten fast gar köcheln lassen.
2 Cornflakes, gesiebtes Mehl, Selleriesalz, Zwiebelsalz, gekörnte Brühe, Knoblauchpulver und weißen Pfeffer in einer mittelgroßen Schüssel mischen. Hähnchenschenkel in eine große Schüssel geben, mit kaltem Wasser bedecken.
3 Die nassen Hähnchenschenkel nacheinander in der gewürzten Mehlmischung wenden.
4 Öl in einer schweren, tiefen Pfanne erhitzen. Schenkel vorsichtig hineingeben und in Portionen bei mittlerer Hitze 8 Minuten goldbraun fritieren. Auf Küchenpapier abtropfen lassen; warm stellen. Heiß servieren.

CORNED BEEF HASH

★ ***Vorbereitungszeit:*** 20 Minuten
Kochzeit: 15 Minuten
Für 2 Personen

50 g Butter
4 mittelgroße Kartoffeln, gekocht, geschält und gewürfelt
375 g Corned Beef, gekocht und gewürfelt
1 mittelgroße Zwiebel, geschnitten
Salz und Pfeffer zum Abschmecken
Tomatenketchup oder Chilisoße
2 pochierte oder Spiegeleier, nach Belieben

1 Butter in einer schweren Pfanne zerlassen. Kartoffeln, Corned Beef, Zwiebel, Salz und Pfeffer zugeben. 1 Minute anbraten, dabei rühren.
2 Die Mischung gleichmäßig auf dem Boden der Pfanne zerdrücken, mit einem Holzspatel fest andrücken. Bei mittlerer Hitze ohne Deckel 15 Minuten braten, bis sich an der Unterseite eine braune Kruste bildet.
3 Hash mit Ketchup oder Chilisoße, mit pochierten Eiern oder Spiegeleiern heiß servieren.

Anmerkung: Alle Kartoffelsorten eignen sich zum Corned Beef Hash. Sie können entweder gekocht, gebacken, gebraten oder in der Mikrowelle zubereitet werden.

Oben: Knusprig gebratenes Hähnchen.
Gegenüber: Maisbrot

GEBACKENE BOHNEN »BOSTON«

☆ ***Vorbereitungszeit:*** 10 Minuten
Kochzeit: 30 Minuten
Für 4 Personen

30 g gesalzenes Schweinefleisch oder durchwachsener Speck, geschnitten
880 g weiße Bohnen in Tomatensoße, aus der Dose
1 große Zwiebel, geschnitten
4 EL Melasse
2 TL Senf
1–2 EL Chili- oder Worcestersoße

1 Ofen auf 180 °C vorheizen. Ofenfeste Schüssel mit ca. 2 l Fassungsvermögen fetten.
2 Speck in 2 cm große Stücke schneiden; in einer trockenen Pfanne knusprig braten.
3 Die Bohnen samt Tomatensoße mit dem Speck mischen, restliche Zutaten zugeben. Alles in die vorbereitete Schüssel geben, 30 Minuten backen, bis es Blasen schlägt. Heiß servieren.

MAISBROT

☆ ***Vorbereitungszeit:*** 10 Minuten
Backzeit: 45 Minuten
Ergibt 1 Laib

1 ½ Tassen Mehl
3 TL Backpulver
1 TL Salz
1 Tasse gelbes Maismehl
2 EL sehr feiner Zucker
2 Eier, verquirlt
1 ½ Tassen Buttermilch
¼ Tasse Pflanzenöl
50 g Butter, zerlassen

1 Ofen auf 180 °C vorheizen. Eine 30 x 20 cm lange, flache Backform ca. 5 Minuten im vorgeheizten Ofen erwärmen.
2 Mehl, Backpulver und Salz mit Maismehl und Zucker in eine Schüssel sieben. Eine Vertiefung in der Mitte machen. Eier, Buttermilch und Öl gut mischen, in die Vertiefung zu den trockenen Zutaten rühren, gut vermengen.
3 Vorgewärmte Backform mit Butter auspinseln und den Teig hineingießen. Oberfläche glätten. 25 Minuten backen. Zerlassene Butter gleichmäßig auf die Oberfläche pinseln, weitere 15 Minuten backen, bis das Brot fest ist.
4 Maisbrot in Quadrate schneiden, heiß servieren.

PEKAN-PIE

☆☆ ***Vorbereitungszeit:*** 40 Minuten
Backzeit: 1 Stunde + 15 Minuten
Für 6–8 Personen

1 ¼ Tassen Mehl
¼ TL Backpulver
90 g Butter, in Stücke geschnitten
4 EL Wasser

Füllung
¼ Tasse weicher, brauner Zucker
¼ Tasse Mehl
375 ml dunkler Maissirup (Melasse)
4 Eier, leicht verquirlt
30 g Butter, zerlassen
1 ½ TL Vanilleessenz
1 Tasse halbierte Pekannüsse

1 Mehl und Backpulver in eine Schüssel sieben. Butter mit den Händen unterkneten, bis die Mischung feinkrümelig ist. 4 EL Wasser zugeben; einen festen Teig bereiten; wenn nötig, restliches Wasser zugeben. Teig auf leicht bemehlter Fläche 1 Minute kneten, bis er weich ist. In Folie eingewickelt 15 Minuten in den Kühlschrank legen.
2 Ofen auf 210 °C vorheizen. Teig auf Folie ausrollen, bis er in eine tiefe, runde Backform (23 cm) paßt. Folie abziehen und Ränder abschneiden. Mit einer Gabel Teig gleichmäßig einstechen.
3 15 Minuten backen, bis der Teig zart goldbraun ist; aus dem Ofen nehmen. Die Hitze auf 160 °C reduzieren.
4 Für die Füllung Zucker und gesiebtes Mehl in einer Schüssel mischen. Mit dem Handrührgerät nach und nach Sirup, Eier, Butter und Vanilleessenz unterziehen. Pekannüsse hineinrühren, gut mischen. Mischung in die vorgebackene Teighülle gießen. 1 Stunde backen, bis die Füllung gleichmäßig aufgegangen ist. Nicht zu lange backen, die Füllung sollte fest, aber noch elastisch sein. Auf einem Kuchengitter abkühlen lassen (Füllung sinkt beim Abkühlen leicht ein). Pekan-Pie mit Sahne oder Eiscreme servieren.

mandeln zubereitet. Vom italienischen Wort amaro, bitter.

Ambrosia Halbfester, schwedischer Kuhmilch-Käse; leicht herb im Geschmack; unregelmäßige Löcher im Innern. Auch der Name für ein gekühltes Dessert: mehrere Obstlagen, meist geschnittene Orangen, Bananen und frische Ananas sowie eine Mischung aus Kokosflocken und Puderzucker.

Américaine, à l' Fleisch, Meeresfrüchte, Eier oder Gemüse mit würziger Tomatensoße serviert und oft mit gegrillten Tomaten und Speckstreifen garniert. Bezeichnung eines Gerichts, das 1860 in Paris von einem Koch kreiert wurde, der in Nordamerika gearbeitet hatte: zerteilter Hummer, in einer Tomaten-Wein-Mischung gekocht, mit einer aus dem Sud bereiteten Soße.

American Food Nordamerikanische Küche vereint Unterschiedlichkeit und Mannigfaltigkeit von Zutaten mit den Koch- und Eßgewohnheiten der vielen Kulturen, aus denen das Volk zusammengesetzt ist. Charakteristisch sind die Varia-

tionen eines Grundthemas – z.B. gibt es Apple Pie in mehreren, ausgesprochen regionalen Varianten; sowohl regionale Zutaten als auch kulturelle Eigenheiten spiegeln sich darin. Amerikaner bevorzugen Eiswasser auf dem Tisch und einen Salat (mit einer Auswahl an Salatsoßen) vor dem Hauptgericht, das meist aus Fleisch und zwei Gemüsesorten besteht. Mais wird am häufigsten verwendet, ebenso Squash und Reis. Amerika bescherte der Welt den Cocktail und ist die Heimat des »Fastfood«, der bequemen Schnellverköstigung wie Popcorn, Hot Dog und Grill-Hähnchen. Es hat den höchsten Pro-Kopf-Verbrauch an Hamburgern in der Welt.

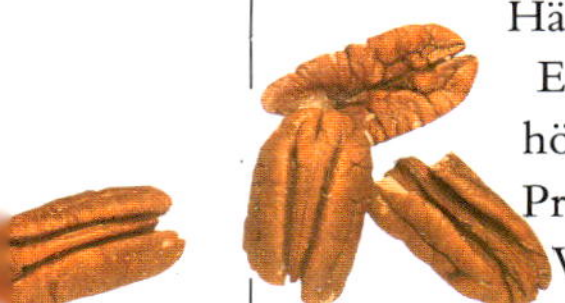

Ananas Große zylindrische Tropenfrucht mit dicker Schale, einem Schopf kaktusähnlicher Blätter und duftendem, süßem, saftig-gelbem Fleisch. Geschält, vom Kernfleisch befreit und in Scheiben geschnitten ißt man sie frisch, gewürfelt im Obstsalat oder pikanten Salaten oder als Bestandteil süß-saurer Gerichte. Fein zerkleinert wird sie im Kuchen verarbeitet, in Butter ge-

GEDECKTE APFELTORTE

☆☆ ***Vorbereitungszeit:*** 1 Stunde
Backzeit: 50 Minuten
Für 6–8 Personen

1 Tasse Mehl, mit Backpulver vermischt
1 Tasse Mehl
125 g gekühlte Butter, geschnitten
2 EL feiner Zucker
1 Ei
2 EL Milch
1 Ei zusätzlich, leicht verquirlt

Füllung
8 große grüne Äpfel, geschält, je in 12 Teile geschnitten
2 dicke Streifen Zitronenschale
6 ganze Nelken
1 Zimtstange
2 Tassen Wasser
½ Tasse Zucker

1 Ofen auf 180 °C vorheizen. Eine tiefe, runde Springform (20 cm) mit zerlassener Butter oder Öl auspinseln. Boden mit Backpapier auslegen, Papier fetten. Form leicht mit Mehl bestauben.
2 Für die Füllung Äpfel, Zitronenschale, Nelken, Zimtstange, Wasser und Zucker in einem großen Topf mischen. Zudecken und 10 Minuten köcheln lassen. Vom Herd nehmen, gut abtropfen lassen. Zitronenschale, Nelken und Zimtstange herausnehmen. Beiseite stellen.
3 Mehl und Butter in die Schüssel der Küchenmaschine geben; Zucker zugeben. 15 Sekunden verarbeiten, bis die Mischung feinkrümelig ist. Eier und fast die gesamte Milch zugeben; weitere 15 Sekunden glatt verarbeiten, wenn nötig mehr Flüssigkeit zugießen. Teig auf eine leicht bemehlte Unterlage geben; Teig weichkneten. In Folie eingewickelt 15 Minuten in den Kühlschrank legen.
4 ⅔ des Teigs auf Folie so ausrollen, daß er Boden und Seiten der Backform bedeckt. Folie abziehen. Vorsichtig Äpfel in die Teigschale löffeln. Restlichen Teig kreisförmig so ausrollen, daß er die Füllung abdecken kann. Teigkanten mit etwas verquirltem Ei bestreichen und verschließen. Überschüssigen Teig mit scharfem Messer abschneiden; mit einer Gabel die Kanten zusammendrücken; Oberfläche des Kuchens mit Ei bepinseln. 50 Minuten backen, bis der Kuchen goldbraun und durchgebacken ist. Vor dem Öffnen der Springform Kuchen 10 Minuten abkühlen lassen. Heiß oder kalt mit Sahne, Eis oder Pudding servieren.

Anmerkung: Amerikanische gedeckte Apfeltorte (Apple Pie) wird meist warm oder kalt, mit einem Stück reifem Cheddar serviert.

VARIATIONEN

- Zur Apfelfüllung 200 g gekochten Rhabarber oder Fruchtsalat geben.
- Gemahlener Zimt, Muskatnuß, Nelkenblüten und Piment beleben den Geschmack.
- Sind die Äpfel sehr süß, mit etwas Zitronensaft beträufeln.

AUBERGINEN

AUBERGINENSALAT MIT KORIANDER

☆☆ ***Vorbereitungszeit:*** 25 Minuten
Kochzeit: 6 Minuten
Für 6 Personen

2 kleine Auberginen, der Länge nach halbiert
Salz
3 kleine Zucchini
2–3 EL Olivenöl
½ Tasse frisch geschnittene Korianderblätter
1–2 EL Zitronensaft
1–2 EL Orangensaft
½ TL schwarzer Pfeffer

1 Auberginen in dünne Streifen schneiden. In ein Sieb geben und mit Salz bestreuen. 15–20 Minuten stehenlassen.
2 Mit einem Gemüseschäler Zucchinis der Länge nach in dünne Scheiben schneiden; beiseite stellen. Auberginen waschen und trockentupfen. Beide Seiten der Auberginenscheiben leicht mit Öl bepinseln und auf ein Backblech legen. Unter vorgeheiztem Grill von beiden Seiten leicht bräunen. Herausnehmen und abkühlen lassen.
3 Auberginen, Zucchini, Öl, Koriander, Säfte und Pfeffer in eine Schüssel geben und mischen. Salat als ersten Gang oder als Beilage zum Hauptgericht servieren.

Oben: Auberginensalat mit Koriander.
Gegenüber: Gedeckte Apfeltorte

GEFÜLLTE GANZE AUBERGINEN

☆ ***Vorbereitungszeit:*** 15 Minuten + 30 Minuten Ruhezeit
Kochzeit: 1 Stunde
Für 6 Personen

3 kleine bis mittelgroße Auberginen
1 EL Salz
½ Tasse Olivenöl
2 Knoblauchzehen, zerdrückt
3 mittelgroße Zwiebeln, feingeschnitten
4 reife Tomaten, geschnitten
frisch gemahlener schwarzer Pfeffer
2 EL frische Petersilie, gehackt
3 EL Zitronensaft
½ TL Zucker
⅓ Tasse Wasser

1 Strünke von den Auberginen abschneiden, der Länge nach halbieren. Einen langen, tiefen Schnitt in jede Hälfte machen, bis 1,5 cm vor jedem Rand. Aubergine mit Salz bestreuen, 30 Minuten in Eiswasser stehenlassen. Mit Küchenpapier trocknen, Auberginen ausdrücken.
2 Hälfte des Öls in einer Bratpfanne erhitzen und Knoblauch und Zwiebeln bei mittlerer Hitze 5 Minuten weich braten. Zwiebel und Knoblauchmischung in einer kleinen Schüssel mit Tomaten, Pfeffer und Petersilie zusammengeben. Gut mischen.
3 Backofen auf 160 °C vorheizen. Restliches Öl in der Pfanne erhitzen. Auberginen bei mittlerer Hitze braten, bis sie leicht gebräunt sind.
4 Aus der Pfanne nehmen, in eine feuerfeste Schüssel oder Auflaufform legen. Zwiebelmischung in die Schlitze füllen. Zitronensaft, Zucker und Wasser mischen, dazugeben. Abdecken und 45–50 Minuten schmoren, gelegentlich mit der Flüssigkeit bepinseln. Zum Servieren mit Petersilie bestreuen, Flüssigkeit darübergießen.

WISSENSWERTES ÜBER AUBERGINEN

- Beim Einkauf auf feste, für ihre Größe schwere Früchte mit gleichmäßiger, tief violetter Farbe achten.
- Die bitteren Säfte von Auberginen werden normalerweise vor dem Kochen herausgezogen. Strünke abschneiden, die Früchte in Scheiben schneiden oder würfeln, in ein Sieb legen und mit Salz bestreuen. Dann 15–30 Minuten ziehen lassen. Auberginen danach gut waschen und vor der Verwendung mit Küchenpapier trocknen.
- Auberginenscheiben sind eine knusprige Beilage, in Mehl gewendet und in Olivenöl fritiert.
- Es gibt kleinere Auberginenarten, die weniger bitter sind, und nicht entwässert werden müssen.

dünstet zu Braten gereicht (paßt zu Huhn, Schwein und Ente), püriert in Cocktails und Sorbets verwendet oder zu Marmelade gekocht.

Angel on Horseback Beliebtes Häppchen: Austern mit dünnen Schinkenspeckscheiben umwickelt, gegrillt oder gebraten, bis der Schinkenspeck knusprig ist.

Angelika Kräutergewürz; wegen der Stengel bekannt, die zum Süßen und Verzieren von Kuchen und Desserts verwendet werden. Früher roh wie Sellerie verzehrt. Frische Blätter in Salaten verwendet; getrocknete Wurzel in manchen Teilen Islands und Norwegens ins Mehl gemahlen und zu einer Art Brot verbacken. Angelikasamen zur Zubereitung von Wermut und Chartreuse. Ursprung in Nordeuropa; von den Wikingern im 10. Jh. in den warmen Süden gebracht. Dort glaubte man, die Wurzel besäße übernatürliche Kräfte (blühte genau

ANTIPASTI

Um eine eindrucksvolle Vorspeisenplatte zusammenzustellen, genügt es oft, in einem guten Delikatessengeschäft einzukaufen. Antipasti sind der appetitanregende Auftakt zu einem italienischen Essen oder, mit einer Flasche Wein und knusprigem Brot, eine ideale Sommermahlzeit.

MARINIERTE OLIVEN

Verwendet werden aufgeplatzte grüne oder ganze, schwarze Oliven. 250 g Oliven in eine Schüssel geben. 4 EL Olivenöl darübergießen, je 1 EL feingehackten Oregano und Schnittlauch, 1 TL geschnittener Chili, 1 zerdrückte Knoblauchzehe, 1 TL abgeriebene Zitronenschale und 1 TL zerstoßenen schwarzen Pfeffer zugeben. Sorgfältig mischen und die Oliven mit der Mischung gut überziehen. In einer kleinen Pfanne 1–2 EL Olivenöl erhitzen. 1 feingeschnittene Zwiebel zugeben, bei mittlerer Hitze weich braten; abkühlen lassen. Unter die Olivenmischung rühren. Marinierte Oliven halten sich in luftdicht verschlossenem Behälter einen Monat. Werden sie im Kühlschrank aufbewahrt, 10 Minuten vor dem Servieren herausnehmen. Marinierte Oliven auf Pizza oder in Salaten servieren. Aufgeschnitten, mit Käse auf Kräuterbrot, sind sie ebenfalls sehr delikat.

FRISCHE BIRNEN UND PARMESAN

Die Birnen erst kurz vor dem Servieren vorbereiten, sonst werden sie braun. Reife Birnen mit makelloser Schale wählen, waschen und abtrocknen, halbieren, Kerngehäuse entfernen, Birnen in dünne Scheiben schneiden. Von Parmesankäse mit einem Käsemesser oder Gemüseschäler feine Späne abhobeln und über die Birnen streuen.

MELONE MIT PROSCIUTTO

Butter- oder Honigmelone verwenden. Schälen, Kerne entfernen, in dünne Schiffchen schneiden. Hauchdünne Prosciutto-Scheiben um die Schiffchen wickeln.

Von links nach rechts: Marinierte Oliven, frische Birnen und Parmesan, Melone mit Prosciutto, Tomatensalat, Coppa und Salami, marinierte Artischocken, rote Rauchpaprika, Tintenfisch in Knoblauch-Chili-Marinade

TOMATENSALAT

1–2 Bocconcini (Mini-Mozzarella) in dünne Scheiben schneiden. Tomaten – sollten den gleichen Durchmesser wie Mozzarella haben – dünn schneiden. Käse und Tomaten abwechselnd auf einer Platte anrichten. Mit Olivenöl und Balsamessig beträufeln, Basilikumblätter darüberstreuen.

COPPA UND SALAMI

Auf einer Antipasti-Platte sollten sich immer einige Wurst- und Fleischsorten befinden. Hauchdünne Scheiben Salami oder Coppa (roh serviertes, gepökeltes Schweinefleisch) sind ideal. Es gibt viele Arten von Salami – einige sind scharf, andere sind mild gewürzt.

MARINIERTE ARTISCHOCKEN

Es können frische Artischocken verwendet werden, doch Artischockenherzen aus der Dose sind einfacher vorzubereiten. Abgießen und gut waschen. Vierteln. In eine Schüssel legen. Bei 400 g Artischocken: 8 EL Olivenöl darübergießen, 1 zerdrückte Knoblauchzehe, 1 TL abgeriebene Zitronenschale, 2–3 EL feingewiegte, frische Kräuter und, wenn gewünscht, 1 feingeschnittenen, frischen Chili zugeben. Sorgfältig mischen, abdecken und beiseite stellen. Artischocken halten sich, mit Öl bedeckt, in luftdicht verschlossenem Behälter eine Woche lang

ROTE RAUCHPAPRIKA

Rote Paprikaschoten halbieren, Samen entfernen. Mit der Außenseite nach oben unter einen heißen Grill legen oder über einer Gasflamme kreisen lassen, bis die Haut Blasen zieht und schwarz wird. Einige Minuten in ein feuchtes Küchenhandtuch einwickeln, dann die geschwärzte Haut abziehen. Paprika in breite Streifen schneiden, mit Olivenöl und Balsamessig beträufeln.

TINTENFISCH IN KNOBLAUCH-CHILI-MARINADE

In einer großen Schüssel 4 EL Olivenöl, 1–2 EL Sojasoße, je 2 EL feingeschnittenen Oregano und Petersilie und 1 feingeschnittenen roten Chili mischen. 500 g Baby-Tintenfisch waschen, gut abtrocknen. Kopf aufschlitzen und Darm entfernen. Den Körper fest mit der Hand umschließen und mit dem Zeigefinger die Schale herausdrücken. Tintenfisch zur Marinade geben, darin wenden und abtropfen lassen, Marinade beiseite stellen. Auf einer heißen Grillplatte 3–5 Minuten braten. Tintenfisch öfter wenden, mit der Marinade bepinseln.

APPETITHAPPEN

Appetithappen sind ein idealer Imbiß für eine Party und machen es einfach, Gäste einzuladen. Im Gegensatz zu Canapés oder appetitanregende Vorspeisen sollen sie Getränken als nahrhafte Grundlage dienen. Füllungen dürfen nicht tropfen, Beläge nicht zu üppig sein.

WAN-TAN-BISSEN

In einer kleinen Schüssel 150 g Schweine- und Kalbshack, 1 EL feingehackten, frischen Koriander, 1 zerdrückte Knoblauchzehe, 2–3 TL Sojasoße, Salz, Pfeffer und 1–2 EL Pflaumensoße mischen. 1 TL der Mischung in eine Ecke eines quadratischen Wan-Tan-Teigblatts geben. Kante der Ecke mit Wasser bepinseln. Ecke über Füllung falten und verschließen. Mit restlicher Füllung und Teig Vorgang wiederholen. Wan-Tans in Öl knusprig fritieren. Abtropfen lassen. Mit süßer Chilisoße als Dip servieren.

GARNELEN-MELONEN-SPIESSCHEN

Aus einer Honigmelone oder Cantaloupe 12 Bällchen herausstechen. 12 gekochte, mittelgroße Garnelen (Shrimps) schälen, den Schwanz unversehrt lassen. Garnelen, Melonenbällchen und Avocadoscheiben auf Bambusspießchen stecken. Etwas Zitronen- oder Orangensaft darüberträufeln. Servieren.

Im Uhrzeigersinn von links: Wan-Tan-Bissen, Garnelen-Melonen-Spießchen, Törtchen mit Ziegenkäse und Artischocken, Mini-Sandwich, Ricotta-Zwiebelschiffchen, Yakitori, Pizza-Ecken, Taramasalata-Plätzchen, Auster mit Kaviar, Maisfritter und Lachs-Käse-Quadrat

TÖRTCHEN MIT ZIEGENKÄSE UND ARTISCHOCKEN

Boden eines Mürbeteigpastetchens mit etwas Ziegenkäse oder Ricotta bestreichen. Mit Artischokkenherzen aus der Dose (abgetropft und geviertelt) belegen, etwas schwarzen oder roten Kaviar darüberstreuen.

MINI-SANDWICH

Avocado halbieren, Stein entfernen, in dünne Streifen schneiden und etwas Zitronensaft darüberträufeln. Avocadoscheiben nebeneinander auf ein Stück dunkles Brot legen und mit Salz und Pfeffer bestreuen. 1 Scheibe Weißbrot darüberlegen. Weißbrot mit abgetropftem und zerdrücktem rosa oder rotem Lachsfleisch belegen und mit klein zerpflückten Spinat- oder Basilikumblättern belegen. Eine Scheibe dunkles Brot darüberlegen. Zusammendrücken, Krusten vom Brot abschneiden und Sandwich in kleine Streifen schneiden. Vorgang wiederholen, um mehr Sandwichs herzustellen. Beliebige Füllungen verwenden. Keine Zutaten nehmen, die das Brot durchweichen lassen.

RICOTTA-ZWIEBEL-SCHIFFCHEN

Jeweils 2–3 TL frischen Ricotta in 12 Teig-Schiffchen oder andere Teighüllen geben. Mit feingeschnittenen, sonnengetrockneten Tomaten und roten Zwiebelringen, schwarzen Olivenhälften und frischen, kleinen Basilikumblättern belegen.

YAKITORI

500 g Hühnerbrustfilet in mundgerechte Stücke schneiden. Mit je ¼ Tasse Sake oder Weißwein und Sojasoße, je 1–2 EL Sherry und Sesamöl, 1 TL geraspeltem, frischem Ingwer und Pfeffer nach Geschmack gut mischen. Mehrere Stunden in den Kühlschrank stellen. Hühnerstücke abwechselnd mit in 2 cm lange Stücke geschnittenen Frühlingszwiebeln auf Bambusspießchen stecken. Auf kaltes Grillblech legen und 5–10 Minuten unter heißen Grill legen. Heiß servieren.

PIZZA-ECKEN

4 kleine Fertig-Pizzaböden mit Tomatenmark bestreichen. Mit scharfer Salami und Tomaten, halbierten schwarzen Oliven ohne Stein, 1 feingeschnittenen Zwiebel, Sardellenfilets und Thymian- oder Oreganostielen belegen. 15–20 Minuten im auf 180 °C vorgeheizten Backofen backen.

TARAMASALATA-PLÄTZCHEN

12 Vol-au-vent-Blätterteighüllen 5–10 Minuten in einem auf 180 °C vorgeheizten Backofen backen, bis sie knusprig sind. Abkühlen lassen. Mit dem Handrührgerät 45 g Doppelrahm-Frischkäse cremig rühren. 1 Tasse Taramasalata zugeben und rühren, bis alles gut vermischt ist. Mischung mit Spritzbeutel in die Pastetenhüllen spritzen. Mit rotem Kaviar bestreut servieren.

AUSTERN MIT KAVIAR

Frische Austern in der Schale mit etwas Cocktailsoße und etwas Kaviar belegt und mit einem Zweig Dill oder Zitronenthymian garniert servieren.

MAISFRITTER

60 g Butter und ½ Tasse Wasser in einem kleinen Topf glattrühren. Zum Kochen bringen, dann vom Herd nehmen. ½ Tasse Mehl hineinrühren. Zurück auf den Herd stellen und rühren, bis die Mischung sich von der Topfwand löst. Mischung in eine Schüssel geben. Leicht abkühlen lassen. Nach und nach 2 leicht verquirlte Eier zugeben. Mischung glatt, dick und glänzend rühren. ¼ Tasse cremig zerdrückte Maiskörner, Salz, Pfeffer und 1 EL geriebenen Parmesan hineinrühren. Je 1 gestrichenen EL der Mischung in nicht zu heißem Öl ausbacken, bis der Fritter goldgelb ist und sein Volumen sich verdoppelt hat. Abtropfen lassen. Nur 2 oder 3 Fritter gleichzeitig fritieren.

LACHS-KÄSE-QUADRATE

Kleine runde Scheiben Pumpernickel mit weichem Frischkäse bestreichen. Mit Räucherlachs oder geräucherter Forelle belegen, mit einem kleinen, frischen Dillzweig garnieren. Mit etwas frisch gemahlenem Pfeffer bestreuen.

am 8. Mai, dem St.-Michaels-Tag) und verwendete sie als Schutz gegen Hexen. Im 17. Jh. wurde die Wurzel gekaut, um die Pest abzuwehren, oder als »Angelika-Wasser« eingenommen.

Anglaise, à l' Bezeichnung für gekochtes Gemüse, mit Butter und gehackter Petersilie serviert, für Fleisch und Geflügel in weißer Soße, für gegrillten Fisch mit zerlassener Butter.

Anis Europäischer Anis gehört zur Familie der Petersilie und hat einen lakritzeartigen Geschmack und Geruch. Heimat der Pflanze ist Ägypten, wo sie heute noch wild wächst, Griechenland und Teile von Südwest-Asien. Aromatischer Samen wird auf Brot gestreut und verleiht Kuchen, Fruchtsalaten, gekochtem Kohl, Hühner- und Kalbfleischgerichten Geschmack; aus den Samen extrahiertes Öl ist Geschmacksstoff für Konfekt und einige alkoholische Getränke wie Pernod und Anisette.

Annone Herzförmige, grüne Frucht eines kleinen, tropischen amerikanischen Baums. Siehe Cherimoya.

APRIKOSEN

KALBSROULADEN MIT APRIKOSEN

☆☆ ***Vorbereitungszeit:*** 30 Minuten
Kochzeit: 30 Minuten
Für 4–6 Personen

8 dünne Kalbsschnitzel, je ca. 100 g
1 Tasse gekochter Reis
125 g getrocknete Aprikosen, feingeschnitten
1 EL kandierter Ingwer, feingeschnitten
¼ Tasse frischer Koriander, feingehackt
2–3 EL Öl
30 g Butter

Soße
1 Zwiebel, in Ringe geschnitten
1 Tasse Aprikosen-Nektar (Saft)
½ Tasse guter Weißwein
¼ Tasse franz. Zwiebelsuppenmischung

1 Ofen auf 160 °C vorheizen. Die Schnitzel zwischen Folie zu gleichmäßiger Dicke klopfen.
2 Reis, Aprikosen, Ingwer und Koriander in eine kleine Schüssel geben, gut mischen. Schnitzel auf flache Unterlage legen. Einen Löffel Füllung an die Schmalseite des Schnitzel geben; aufrollen und mit Bindfaden fest umwickeln.
3 Öl und Butter in einer schweren Bratpfanne erhitzen. Kalbsrouladen schnell bei mittlerer Hitze gut anbräunen; auf Küchenpapier abtropfen lassen. Rouladen in die Kasserolle legen.
4 Für die Soße überschüssiges Öl und Butter bis auf 1 TL aus der Pfanne gießen. Zwiebel zugeben und 2–3 Minuten bei mittlerer Hitze schmoren, bis sie gut gebräunt sind. Aprikosennektar, Wein und Suppenmischung zu den Zwiebeln geben. Bei schwacher Hitze rühren, bis die Mischung kocht und dick wird. Von der Kochstelle nehmen und über die Kalbsrouladen gießen. Zudecken, 25 Minuten braten, bis Fleisch zart ist. Vor dem Servieren Bindfäden entfernen. Kalbsrouladen mit Salat oder gedünstetem Gemüse servieren.

APRIKOSEN-ZITRONEN-MARMELADE

☆☆ ***Vorbereitungszeit:*** 15 Minuten + 24 Stunden Einweichzeit
Kochzeit: 1 Stunde
Ergibt 2,5 l

500 g getrocknete Aprikosen
1 ¼ l Wasser
5 Zitronen
1 kg Zucker, gewärmt

1 Aprikosen in der halben Wassermenge 24 Stunden einweichen. Zitronen weichkochen.
2 Nach dem Abkühlen dünn schneiden, Kerne entfernen, aber aufbewahren.
3 Aprikosen im Einweichwasser weichkochen. Zucker und geschnittene Zitronen zusammen mit ihrem Kochwasser und den in ein Leinensäckchen geknoteten Kernen zugeben. Kochen, bis alles geliert (siehe MARMELADE).
4 Marmelade in warme, sterilisierte Gläser füllen und verschließen.

WISSENSWERTES ÜBER APRIKOSEN

- Nur Aprikosen kaufen, die für ihre Größe schwer sind, fest, gedrungen und von leuchtender Farbe. An einem kühlen Ort aufbewahren. Vollreife Früchte verderben schnell bei Zimmertemperatur.
- Frische Aprikosen kochen: Früchte halbieren und nach Belieben Kern entfernen. In einen Topf geben, mit Wasser bedecken, 2 EL Zucker zugeben. Zum Kochen bringen, Hitze reduzieren und köcheln lassen, bis sie weich sind.
- Getrocknete Aprikosen schnell verarbeiten: Früchte in Topf mit kaltem Wasser bedecken, zum Kochen bringen. Hitze reduzieren, abgedeckt weichköcheln lassen.
- Aprikosenmarmelade kann erhitzt, durchpassiert und als Guß für Obsttorten und Kuchen verwendet werden. Als Soße für gebackene Früchte und Eis: ¾ Tasse Aprikosenmarmelade mit 5–6 EL Wasser erhitzen. In eine Sauciere passieren, 1–2 EL Aprikot-Brandy zugeben. Warm servieren.

Oben: Kalbsrouladen mit Aprikosen. Gegenüber, oben: Aprikosen-Pie; unten: Aprikosen mit Schokoladenglasur

APRIKOSEN-PIE

☆☆ ***Vorbereitungszeit:*** 40 Minuten
Backzeit: 35 Minuten
Ergibt einen Pie von 23 cm Durchmesser

2 ½ Tassen Mehl
¼ Tasse Mehl, mit Backpulver vermischt
⅔ Tasse Cornflakes
250 g Butter, geschnitten
2 EL sehr feiner Zucker
½ Tasse Milch
1 Ei, leicht verquirlt
850 g Aprikosen-Pie-Füllmasse
¼ Tasse brauner Zucker
1 Eigelb
1 EL Wasser
1–2 EL Zucker

1 Eine runde Kuchenform (23 cm) mit zerlassener Butter oder Öl auspinseln. Mehl, Cornflakes und Butter in die Küchenmaschine geben, Zucker zugeben. 15 Sekunden verarbeiten, bis die Mischung feinkrümelig ist. Milch mit Ei vermischt zugeben, 15–20 Sekunden verarbeiten, bis ein Teig entsteht. Mit Folie abgedeckt 10 Minuten in den Kühlschrank stellen. ⅔ des Teigs auf Folie so ausrollen, daß er den Boden und die Seiten der vorbereiteten Backform bedeckt. Folie abziehen.
2 Ofen auf 180 °C vorheizen. Braunen Zucker über den Teig streuen, Aprikosenfüllung darübergeben; Oberfläche glattstreichen. Restlichen Teig so ausrollen, daß er die Füllung abdeckt. Eigelb mit Wasser vermischen, Kanten des Teigs damit bepinseln und die Pie verschließen. Überstehenden Teig abschneiden. Oberfläche mit restlichem Eigelb bepinseln.
3 Restlichen Teig gleichmäßig ausrollen. Mit einem Ausstechförmchen (2 cm Durchmesser) Kreise ausstechen, um den Rand der Pastete damit zu belegen.

4 Kreise überlappend um den Rand der Pastete legen. Mit Zucker bestreuen, 3 Dampfabzugslöcher in die Oberfläche stechen. 35 Minuten goldbraun backen. Vor dem Schneiden 5 Minuten stehenlassen. Mit Vanille-Eis oder Vanille-Schlagsahne servieren.

APRIKOSEN MIT SCHOKOLADENGLASUR

☆ ***Vorbereitungszeit:*** 45 Minuten
Kochzeit: 5–10 Minuten
Ergibt 24 Stück

250 g kandierte Aprikosen
100 g Halbbitter- oder Milchschokoladenkuvertüre
50 g weiße Schokoladenkuvertüre

1 Backblech mit Pergamentpapier oder Alufolie auslegen. Jede Aprikose in 3 Teile schneiden.
2 Dunkle Schokoladenkuvertüre in eine kleine, feuerfeste Schüssel geben. Im Wasserbad die Schokolade schmelzen. Leicht abkühlen lassen. Aprikosenstücke nacheinander bis zur Hälfte in die Schokolade tauchen. Überschüssige Schokolade abtropfen lassen. Auf das vorbereitete Blech legen. Beiseite stellen.
3 Weiße Schokoladenkuvertüre in eine kleine, feuerfeste Schüssel geben. Im Wasserbad Schokolade schmelzen. Leicht abkühlen lassen. Mit der Schokolade im Spritzbeutel – offenes Ende verschließen, Spitze abschneiden – Kringel, Linien, Initialen oder andere Muster auf die dunkle Schokolade spritzen. Trocknen lassen.

Antipasti Italienisch für Vorspeisen, wörtlich »vor dem Mahl«. Vorspeisenbuffets entstanden möglicherweise in der Renaissance, als es Sitte war, Mahlzeiten mit einer Auswahl kalter Speisen zu beginnen und zu beenden. Drei traditionelle Antipasti-Versionen: affettati, geschnittener, gepökelter Schinken und Salami, beliebt in Nord- und Mittelitalien; antipasto misto, mehrere Gerichte, häufig ohne Fleisch, meist Mini-Pizzas, Käse, rohe, gekochte oder marinierte Gemüsesorten, z.B. Auberginen; antipasto misto mare, Gerichte aus Muscheln und kleinen Fischen.

Apfel Am weitesten verbreitete und angebaute Frucht. Man nimmt an, daß die unzähligen, heute erhältlichen Apfelsorten von einem Baum stammen, der im Orient und auf dem Balkan beheimatet war. Ursprüngliches Anbaugebiet ist nicht bekannt, doch sicher ist, daß Äpfel den Ägyptern der Antike bekannt waren; um 2500 v. Chr. hatten sie bereits Plantagen im Nildelta angelegt. Api-Äpfel (heute noch erhältlich; in den USA als Lady Apple be-

A(…bekannt) wurden vor mehr als 2000 Jahren von den Etruskern gezüchtet. Äpfel waren die ersten der neu nach Nordamerika eingeführten Früchte, gediehen dort prächtig, und waren im 18. und 19. Jh. ein wichtiges Grundnahrungsmittel europäischer Siedler im Nordwesten. Johnny Appleseed, Volksheld des 19. Jh.s, dem die Verbreitung der Frucht über ganz Nordamerika nachgesagt wird, legte systematisch vom Westen Pennsylvanias bis nach Indiana Apfelplantagen an. Tasmanien war lange als »Apfelinsel« bekannt. Die um 1840 im Südosten angelegten Plantagen belieferten Märkte in Indien und Neuseeland. Es gibt sowohl Speise- als auch Kochäpfel, die in süßen und pikanten Gerichten verwendet, getrocknet oder auch zu Saft und Wein verarbeitet werden.

Appetithäppchen Siehe Canapés, Hors d'œuvre.

Aprikosen Erstmals vor mehr als 4000 Jahren in China kultiviert, wuchsen in den Hängenden Gärten der Semiramis in Babylon, waren eine teure Delikatesse im antiken Rom. Die

ARTISCHOCKEN

ARTISCHOCKEN-SPARGEL-SALAT

★ ***Vorbereitungszeit:*** 20 Minuten
Kochzeit: 10 Minuten
Für 4 Personen

1 Bund frischer Spargel
130 g grüne Bohnen
150 g kleine Champignons
5 Artischockenherzen, aus der Dose oder mariniert
30 g Butter
½ TL süßes Paprikapulver
2 Knoblauchzehen, feingeschnitten
2–3 EL Olivenöl
2–3 EL Zitronensaft
¼ TL schwarzer Pfeffer
2 EL Minze, feingehackt

1 Spargelstangen auf 5 cm Länge schneiden. Bohnenstiel abschneiden, Spitzen nicht entfernen. Pilze halbieren, Artischocken vierteln.
2 Eine mittelgroße Kasserolle halb mit Wasser füllen; zum Kochen bringen. Spargel und Bohnen 1–2 Minuten in kochendes Wasser geben, bis die Bohnen leuchtend grün werden. Von der Kochstelle nehmen, in eine Schüssel mit Eiswasser geben, darin abkühlen lassen; abtropfen lassen.
3 In einer kleinen Pfanne Butter erhitzen. Paprika und Knoblauch zugeben; 1 Minute anbraten. Pilze 2–3 Minuten mitbraten lassen; von der Kochstelle nehmen.
4 Öl, Zitronensaft, Pfeffer und Minze gut mischen. Spargel, Bohnen, Pilze und Artischocken in eine mittelgroße Schüssel geben. Mit der Marinade übergießen, gut vermischen. Salat in Servierschüssel geben.

PENNE MIT ARTISCHOCKENHERZEN

★ ***Vorbereitungszeit:*** 10 Minuten
Kochzeit: 15 Minuten
Für 8 Personen

500 g Penne
1–2 EL Olivenöl
2 Lauchstangen, dünn geschnitten
2 rote Paprikaschoten, geschnitten
2 Knoblauchzehen, gepreßt
400 g Artischockenherzen, aus der Dose, abgetropft und geviertelt
1–2 EL Zitronensaft
30 g Butter
½ Tasse frischer Parmesan

1 Pasta in einem großen Topf »al dente« kochen. In der Zwischenzeit Öl erhitzen, Lauch unter Rühren 3 Minuten anbraten.
2 Pfeffer und Knoblauch zugeben, unter Rühren 3 Minuten anbraten. Artischockenherzen und Zitronensaft unterrühren.
3 Zur Pasta Butter zugeben, dann Artischockenmischung zugeben, vermengen. Sofort mit frisch geriebenem Parmesan servieren.

WISSENSWERTES ÜBER ARTISCHOCKEN

■ Zubereiten von Artischocken: Stengel abschneiden, harte Außenblätter entfernen, unter kaltem Wasser waschen. Artischocken können gedämpft oder gebacken werden; nur so lange garen, bis die Herzblätter sich leicht herausziehen lassen.

Links: Artischocken-Spargel-Salat; oben: Penne mit Artischockenherzen. Gegenüber: Artischocken mit Estragon-Mayonnaise

ARTISCHOCKEN MIT ESTRAGON-MAYONNAISE

☆☆ ***Vorbereitungszeit:*** 30 Minuten
Kochzeit: 30 Minuten
Für 4 Personen

4 mittelgroße, runde Artischocken
1/4 Tasse Zitronensaft

Estragon-Mayonnaise
1–2 EL Estragonessig
1 Eigelb
1/2 TL französischer Senf
2/3 Tasse Olivenöl
Salz und Pfeffer zum Abschmecken

1 Stengel von Artischocken entfernen. Mit der Schere Spitzen der äußeren Blätter abschneiden. Mit einem scharfen Messer den oberen Teil der Artischocken abschneiden. Alle Schnittflächen mit Zitronensaft einpinseln, um Verfärbung zu verhindern.
2 Artischocken 30 Minuten über Dampf weichgaren, dabei, wenn nötig, Wasser nachfüllen. Von der Kochstelle nehmen, beiseite stellen.

3 Für die Estragon-Mayonnaise Essig, Eigelb und Senf in eine mittelgroße Schüssel geben. Mit einem Schneebesen 1 Minute schlagen. Teelöffelweise Öl zusetzen, dabei kontinuierlich schlagen, bis die Mischung dick und cremig ist. Beginnt die Mayonnaise dick zu werden, weiter Öl in dünnem Strahl dazugießen. Weiterschlagen, bis das gesamte Öl zugefügt ist; abschmecken. Eine abgekühlte Artischocke auf den Teller legen und mit etwas Estragon-Mayonnaise garnieren.

Anmerkung: Gekochte Artischocken können mit den Fingern gegessen werden; ein Blatt nach dem anderen abziehen, das Ende in Soße oder zerlassene Butter tauchen und die fleischigen Teile mit den Zähnen abziehen (die Blätter in der Mitte der Artischocke sind zart und fast vollständig eßbar). Das pelzige »Herz« der Artischocke sollte entfernt werden. Mit einer Gabel den zarten Boden der Artischocke essen. Fingerschälchen und Schälchen für die abgegessenen Blätter bereitstellen.

1

2

3

Perser nannten die weiche, goldene Frucht »Sonnen-Ei«. Mitte des 16. Jh.s brachten Gärtner Heinrichs VIII. die Frucht von Italien nach Großbritannien. Frische, reife Aprikosen werden roh gegessen, zu einem Dessert verkocht, zu Marmelade verarbeitet oder in pikantem Gericht mit Lamm oder Huhn zubereitet. Getrocknet, in Dosen eingelegt oder kandiert ganzjährig erhältlich.

Arborio-Reis Reissorte aus der Po-Ebene Italiens. Kurzes, gedrungenes, ovales Korn; wird in süßen und pikanten Gerichten, vorzugsweise in Risotto, verwendet.

Arroz con Pollo Spanisch-mexikanisches Gericht aus Reis, Huhn, Knoblauch, Olivenöl, Kräutern und Gewürzen. Safran gibt dem Gericht seine charakteristische gelbe Farbe.

Artischocke Zwei Gemüsearten tragen den Namen Artischocke: die runde Artischocke, silbergrau-blättrige Knospe einer hohen, distelähnlichen Pflanze; die Jerusalem-Artischocke

(Topinambur), weißfleischige Wurzel einer der Sonnenblume verwandten Pflanze. Runde Artischocken stammen vermutlich von der Westmittelmeerküste. Bis zum 15. Jh. ein weitverbreitetes Nahrungsmittel; unter Einfluß der Medici von Florenz zu einer Delikatesse erhoben und als Aphrodisiakum angesehen. Bis zum 16. Jh. in Italien und Frankreich etabliert, wo sie noch heute beliebt ist. Runde Artischocken können jung als ganze Frucht eingelegt werden; Herzen und Artischockenböden sind in Dosen oder eingefroren erhältlich. Abgesehen von ihrem Namen hat die Jerusalem-Artischocke nichts mit der Stadt zu tun: »Jerusalem« ist eine Mißinterpretation des Wortes girasole, italienisch für »Sonnenblume«. Herkunftsgebiet ist Nordamerika; dort von Ureinwohnern angebaut (als Kanada-Artischocke bekannt). Ab 1620 auf Straßenmärkten in Paris erhältlich; um die gleiche Zeit in England erstmals angebaut und verspeist; nicht

AUSTERN

AUSTERN NEW ORLEANS

☆ ***Vorbereitungszeit:*** 10 Minuten
Kochzeit: 4–6 Minuten
Für 4 Personen

24 große Austern ohne Schale
¼ TL weißer Pfeffer
¼ TL gemahlener schwarzer Pfeffer
¼ TL Cayennepfeffer
¼ TL Thymian
¼ TL Oregano
½ TL Paprika
¼ TL getrocknetes Basilikum
80 g Mehl
⅛ l Pflanzenöl
45 g Butter
Zitronenschnitze und Mayonnaise zum Servieren

1 Austern abtrocknen. In einer flachen Schüssel Paprika, Thymian, Oregano, Pfeffer und Basilikum mischen. 2 TL der Würzmischung beiseite stellen. Zur restlichen Mischung das Mehl zufügen, gut mischen.
2 Je 3 Austern auf einen geölten Spieß stecken (Bambus- oder Metallspieße) und mit dem gewürzten Mehl bestäuben.
3 Öl und Butter in einer großen Pfanne erhitzen. Austern darin in etwa 6 Minuten rundherum goldbraun braten. Auf Küchenpapier abtropfen lassen. Mit den restlichen Gewürzen bestreuen, mit Zitronenschnitzen garnieren; dazu Mayonnaise.

AUSTERN MORNAY

1 EL Butter erhitzen, 2 EL Mehl zufügen. Bei schwacher Hitze 2 Minuten rühren. Nach und nach 250 ml Milch angießen und glattrühren. Hitzezufuhr erhöhen und 2 Minuten rühren, bis die Mischung dick ist und kocht. ¼ Tasse geriebenen Cheddar oder mittelalten Gouda, ½ TL französischer Senf, 1 TL Zitronensaft, Salz und weißen Pfeffer zufügen und glattrühren. Die Soße über 24 Austern in ihren Schalenhälften gießen, mit geriebenem Käse bestreuen und grillen, bis sie leicht gebräunt sind. Für 2–4 Personen.

AUSTERN ROCKEFELLER

1 EL Butter erhitzen, ¼ Tasse feingehackte Zwiebel und 1 zerdrückte Knoblauchzehe darin weich dünsten. Vom Herd nehmen und ¾ Tasse feingehackten Spinat (gut abgetropft), ¾ Tasse saure Sahne, Salz und schwarzen Pfeffer aus der Mühle zufügen. Mischung auf 24 Austern in ihren Schalenhälften gießen. ½ Tasse frische Brotkrümel mit ½ Tasse geriebenem Cheddar oder mittelaltem Gouda mischen und über die Austern streuen. Austern grillen, bis der Belag goldbraun wird. Für 2–4 Personen.

Oben: Austern New Orleans.
Gegenüber: Austernsoufflé (links) und Austern mit Pinienkernen und Schinkenspeck (rechts)

AUSTERNSOUFFLÉ

☆☆ ***Vorbereitungszeit:*** 25 Minuten
Zubereitungszeit: 20 Minuten
Für 3 Personen

18 Austern in der Schale
1 El Butter
1 EL Mehl mit Backpulverzusatz
⅛ l Milch
2 TL körniger Senf
1 Ei, getrennt

1 Ofen auf 180 °C vorheizen. Ein Blech von 32 x 28 cm mit Folie auskleiden. Austern auf das Blech legen, Sand von der Oberfläche des Austernfleischs entfernen.
2 Butter erhitzen und Mehl zufügen. Bei schwacher Hitze etwa 2 Minuten rühren, bis alles goldgelb ist. Nach und nach Milch angießen und glattrühren. Bei mittlerer Hitze unter ständigem Rühren erhitzen, bis die Mischung zu kochen beginnt und eindickt. 1 Minute kochen lassen, dann vom Herd nehmen, abkühlen lassen. Senf und Eigelb einrühren. In eine mittelgroße Rührschüssel füllen.
3 Eiweiß mit dem Handrührgerät steif schlagen. Mit einem Metallöffel vorsichtig unter die Soße heben.
4 Einen gehäuften TL der Soße auf jede Auster löffeln, etwa 15 Minuten backen, bis die Austern leicht aufgegangen und goldgelb sind. Anschließend sofort servieren.

AUSTERN MIT PINIENKERNEN UND SCHINKENSPECK

☆ ***Vorbereitungszeit:*** 25 Minuten
Zubereitungszeit: 20 Minuten
Für 3 Personen

18 Austern in der Schale
2 Scheiben Schinkenspeck, in feine Streifen geschnitten
2 EL Pinienkerne, grob gehackt
4 TL Worcestersoße
1 EL frischer Schnittlauch, feingehackt

1 Backofen auf 180 °C vorheizen. Ein 32 x 28 cm großes Blech mit Folie auskleiden. Austern auf das Blech legen, Sand von der Oberfläche des Austernfleischs entfernen.
2 Speck in einer kleinen, schweren Pfanne bei mittlerer Hitze braun braten. Pinienkerne und Worcestersoße zugeben, gut verrühren.
3 Auf den Austern verteilen, mit Schnittlauch bestreuen, 5–10 Minuten backen. Sofort servieren.

AUSTERN KILPATRICK

3 EL Worcestersoße, 3 EL Tomatensoße, 2 TL gehackte Petersilie, ¾ Tasse feingehackten Speck mit schwarzem Pfeffer aus der Mühle mischen. Die Mischung auf 24 Austern in Schalenhälften verteilen und unter dem heißen Grill gar werden lassen. Für 2–4 Personen.

lange danach tauchte sie in Italien auf.

Arugula siehe Rauke, Rucola.

Asafoetida (Asant, Stinkasant, Teufelsdreck) Bitteres, nach Knoblauch riechendes Gewürz. Schon im antiken Rom bekannt; heute hauptsächlich in der Küche des Iran und in Indien verwendet. Das getrocknete und pulverisierte Harz der Pflanze wurde in der Medizin lange zur Behandlung von Blähungen verwendet.

Aspik Klare, pikante Sülze aus geklärter Brühe, zubereitet aus gelatinehaltigen Teilen von Fleisch, Huhn oder Fisch. Den Geschmack verleihen Gemüse und Kräuter. Wird verwendet für kalte Gerichte und Gewürzterrinen.

Aubergine Gemüsefrucht mit glatter, glänzender, violetter Schale und cremeweißem Fruchtfleisch, das mit zahlreichen, winzigen, weichen, hellbraunen, eßbaren Samen durchsetzt ist. Sie kann eiförmig, rund oder lang und dünn sein. Einige Arten sind weißschalig. In der Küche der Mittelmeerländer und des Nahen Ostens häufig verwendet. Kann über Dampf gegart, gekocht, gegrillt, sautiert

oder gefüllt, zu Salaten gegeben oder zu Dips verarbeitet werden. Klassische Zutat der französischen Ratatouille und der griechischen Moussaka.

Ausbackteig Teig aus Mehl und Flüssigkeit, der zu Pfannkuchen, Waffeln, Doughnuts und Yorkshire-Pudding ausgebacken werden kann oder dazu verwendet wird, andere Nahrungsmittel vor dem Braten zu umhüllen, z.B. Beignets, Fisch oder Gemüse.

Auster Meeresmolluske mit weichem, cremig-grauem bis cremig-braunem Fleisch, das von einer rauhen, blaugrauen, unregelmäßig geformten Schale umhüllt wird. Austern findet man auf der ganzen Welt an den Felsen der flachen Tidengewässer. Sie werden roh mit einem Spritzer Zitronensaft, frischem schwarzen Pfeffer, Brot und Butter gegessen; man kann sie aber auch braten, grillen, pochieren oder in Suppen, Füllungen und Soßen servieren. Austern sind Strudelfilterer und daher anfällig für Verschmutzungen; sie sollten nie dort gesammelt werden, wo der Verdacht auf Umweltver-

AVOCADOS

HEISSER AVOCADO-SALAT

Vorbereitungszeit: 20 Minuten
Zubereitungszeit: 15 Minuten
Für 6 Personen als Beilage

3 mittelgroße Avocados
1 mittelgroße Tomate
4 Scheiben Dörrfleisch oder Schinkenspeck
1 mittelgroße rote Zwiebel, feingehackt
1 rote Paprikaschote, feingeschnitten
1 Selleriestange, feingeschnitten
2 TL Zucker
2 TL süße Chilisoße
2–3 EL Balsamessig
1 Tasse Cheddar, gerieben

1 Ofen auf 180 °C vorheizen. Ein mittleres, rundes Backblech mit Öl oder zerlassener Butter auspinseln. Avocados der Länge nach halbieren, entsteinen. ⅔ des Fruchtfleisches herausschaben, grob zerkleinern.
2 Tomate schälen, entkernen und fein schneiden. Durchwachsenen Speck schneiden und auf kaltes Grillgitter legen. Bei mittlerer Hitze knusprig grillen; leicht abkühlen lassen und fein schneiden. Avocado, Tomate, Speck, Zwiebel, Paprika und Sellerie mischen. Zucker, Chilisoße und Essig in ein Glas mit Schraubverschluß geben; gut schütteln. Über die Zutaten in der Schüssel geben und vermischen.
3 Füllung in die Avocadohälften geben; mit Käse bestreuen. Auf das vorbereitete Blech setzen und 7–10 Minuten backen, bis sie durchgewärmt sind. Sofort mit Mais-Chips, Kräckern oder dünnen Scheiben Weißbrot servieren.

AVOCADOS MIT LIMONE UND CHILISCHOTEN

Zubereitungszeit: 20 Minuten
Für 6 Personen

1 TL Limonenschale, gerieben
2–3 EL Limonensaft
1 TL brauner Zucker
1 EL frische Petersilie, gehackt
1–2 EL Olivenöl
2–3 Jalapeno-Chillies, entkernt und geschnitten
2 reife Avocados, geschält und in Scheiben geschnitten

1 Limonenschale und Saft, Zucker, Petersilie, Öl und Chillies in einer kleinen Schüssel gut mischen. Über die Avocadoscheiben gießen.
2 Als scharfe Beilage zu Fisch, Muscheln, Geflügel- und Fleischgerichten servieren.

WISSENSWERTES ÜBER AVOCADOS

- Avocados 3–7 Tage vor dem Verzehr kaufen. Früchte, die gleichmäßig in der Farbe und etwas weich am Stengelende sind. Reifes Avocadofleisch gibt nach, wenn es leicht gedrückt wird. Einfrieren schwärzt das Fleisch und zerstört die Konsistenz.
- Avocado der Länge nach um den Stein herum halbieren; Messer drehen, um die Hälften zu trennen; Stein entfernen. Haut schälen oder abziehen, dabei am schmalen Ende (Stengelseite) beginnen. Schnittfläche mit Zitronensaft einpinseln, um Verfärbung zu verhindern.

AVOCADO-TOMATEN-SCHINKEN-PASTETE

☆ ***Vorbereitungszeit:*** 15 Minuten
Backzeit: 40 Minuten
Für 6 Personen

8 Scheiben Brot ohne Kruste
40 g weiche Butter

Füllung
90 g Hinterschinken in Scheiben
4 große Cocktail-Tomaten, geschnitten
½ große, reife Avocado, geschnitten
1 Tasse Cheddar, gerieben
3 Eier
⅓ Tasse saure Sahne
⅓ Tasse Milch

1 Ofen auf 210 °C vorheizen. Brot mit dem Nudelholz flachrollen. Auf beiden Seiten mit Butter bestreichen, jede Scheibe diagonal halbieren. In eine runde Form (23 cm) drücken, Boden und Seiten gleichmäßig bedecken. 10 Minuten backen, bis es leicht gebräunt und kroß ist.

2 Für die Füllung Ofenhitze auf 180 °C reduzieren. Schinken, Tomaten, Avocados und Käse in der Backform anordnen. Eier, saure Sahne und Milch in einer Schüssel gut mischen, über die Füllung gießen. 30 Minuten backen, bis alles leicht gebräunt und fest ist.

Gegenüber: Heißer Avocado-Salat.
Oben: Avocados mit Limone und Chillischoten

AVOCADO-KRABBENSALAT MIT ZITRONENDRESSING

2 große Avocados halbieren und Stein entfernen. 150 g kleine gekochte Garnelen (Shrimps) in die Vertiefungen geben, wenn nötig, etwas Fruchtfleisch herausschaben, um genügend Platz zu schaffen. Servierteller mit Brunnenkresse dekorieren, Avocados darüber anordnen. 4 EL Olivenöl, 1–2 EL Zitronensaft, 1–2 EL Orangensaft, ½ TL Honig und 1 TL gehackte Petersilie in kleinem Glas mit Schraubverschluß schütteln. Soße über die Shrimps träufeln. Sofort servieren. Als Vorspeise für 4 Personen.

AVOCADO-VINAIGRETTE

4 Salatblätter auf Servierteller legen. 2 Avocados schälen, längs halbieren, Stein entfernen und auf die Salatblätter legen. 1 EL Weißwein- oder Estragonessig mit 1 TL französischem Senf, ¼ TL feinem Zucker, Salz und etwas frischgemahlenem Pfeffer verquirlen. Dann tropfenweise 4 EL helles Olivenöl zugeben, dabei ständig quirlen, damit die Soße dick wird.
Soße in die Vertiefungen der Avocadohälften geben. Mit feingehacktem Schnittlauch und Petersilie bestreuen und sofort servieren. Als Vorspeise ausreichend für 4 Personen.

schmutzung besteht. Frische Austern gibt es auf der nördlichen Halbkugel von September bis April, auf der südlichen Halbkugel das ganze Jahr über. Sie werden ohne Schale, in der Schalenhälfte oder in Gläsern mit Frischwasser verkauft; man erhält sie auch in der Dose als einfache oder geräucherte Austern.

Austernsoße Dicke, dunkelbraune Soße, die urspünglich aus in Salzwasser fermentierten Austern hergestellt wurde, die man dann zu einer Paste zerrieb. Heute wird sie meist mit Maismehl angedickt und mit Zuckercouleur gefärbt. Sie hat ein strenges, salziges, leicht fischiges Aroma und dient in der chinesischen Küche als Allzweckwürze, vor allem zu Schmorgerichten und solchen, die unter Rühren gebraten werden. Oft wird sie auch mit Sojasoße gemischt.

Avocado Frucht mit lederartiger Haut, großem Kern, blassem, butterweichem Fleisch und nußartigem Geschmack.

B

Baba (mit Rum) Dessert-Hefekuchen mit Rosinen; wird nach dem Backen mit Rum oder Kirschsirup getränkt. Abwandlung des zentraleuropäischen süßen Gugelhupf. Der polnische König Stanislaus verfeinerte diesen Kuchen mit einem großzügigen Schuß Rum oder Malaga-Wein und nannte diese »Erfindung« Baba, nach dem Held seiner Lieblingslektüre »Märchen aus Tausendundeiner Nacht«.

Baba Ganusch Gericht aus dem Orient; pürierte Auberginen mit Tahini, Knoblauch und Zitronensaft gewürzt. Als Dip serviert.

Babaco Zylindrische Frucht eines im tropischen Amerika beheimateten Strauchs, mit weichem, gelbem Fleisch, das nach einer Mischung aus Bananen und Ananas schmeckt.

Backfett Wird zum Fritieren, seltener

BAISERS

BAISERTORTE PAWLOWA MIT OBSTBELAG

☆ ***Vorbereitungszeit:*** 15 Minuten
Backzeit: 40 Minuten
Für 6–8 Personen

4 Eiweiß
1 Tasse Zucker
3 TL Maismehl (Maisstärke)
1 TL weißer Essig
¼ l Sahne, geschlagen
1 Banane, in Scheiben geschnitten
250 g Erdbeeren, in Scheiben geschnitten
2 Kiwi, in Scheiben geschnitten
2 Passionsfrüchte

1 Backofen auf 150 °C vorheizen. Ein Blech mit Backpapier auslegen und einen Kreis von 20 cm Durchmesser aufzeichnen. Eiweiß mit dem Handrührgerät steif schlagen, nach und nach Zucker zufügen, 5–10 Minuten weiterschlagen, bis die Masse dick und glänzend ist. Maismehl und Essig unterziehen.

2 Baisermischung in dem aufgezeichneten Kreis verteilen und eine gleichmäßige Form bilden. Mit einem flachen, breiten Messer Rand und Oberfläche glattstreichen. Anschließend mit dem Messerrücken ringsherum Rillen in den Rand drücken; dadurch wird die Torte fester und sieht hübsch aus.

3 Etwa 40 Minuten hell und knusprig backen. Backofen ausschalten, bei geöffneter Ofentür abkühlen lassen. Mit Sahne und Obst bedecken. Mit Passionsfruchtmark beträufeln.

WISSENSWERTES ÜBER BAISER

- Damit Baiserteig gelingt, müssen die Eier ganz sorgfältig getrennt werden – selbst die geringste Spur Eigelb läßt den Eischnee zusammenfallen. Nur sehr feinen Zucker oder – wenn im Rezept vorgesehen – gesiebten Puderzucker verwenden. Die Schüssel und alle verwendeten Küchenutensilien müssen sauber und trocken sein.
- Baiserteig wird bei sehr geringer Temperatur gebacken, eigentlich eher getrocknet. Fertige Baisers sollten sich problemlos vom Blech heben lassen und sich leicht und trocken anfühlen. (In der Mitte kann der Teig noch etwas weich und nachgiebig oder ganz trocken sein; das hängt von der Art des Desserts ab.)
- Als Deckel über einer Pie muß Baisermasse sorgfältig bis zum Rand verstrichen werden, so daß die Füllung gleichmäßig bedeckt ist.

Baisernester mit Kahlua-Sahne (links) und Baisertorte Pawlowa mit Obstbelag

zum Backen, benutzt. Das Fett (pflanzliches oder tierisches, z.B. Öl oder Schmalz) muß dazu Temperaturen um 250 °C vertragen.

Backpulver Treibmittel aus Natriumbikarbonat (Soda, Natron), einem Säuerungsmittel (meist Weinsteinsäure) und Stärke. Soda reagiert mit der Säure, es entstehen dadurch Kohlendioxidbläschen, die den Teig aufgehen lassen und porös machen.

Bagel Gebäckring aus ungesüßtem Hefeteig mit glänzender, harter Kruste. Sie entsteht durch

vorheriges Pochieren in Wasser. Im 16. oder 17. Jh. in Osteuropa entstanden und bei der jüdischen Bevölkerung Wiens sehr populär geworden. Diese begannen mit der kommerziellen Herstellung.

Bagna Cauda Mit Knoblauch und Anchovis gewürzte Soße; heiß, als Dip zu rohem Gemüse, serviert.

Baguette Langes, dünnes, knuspriges französisches Stangen-

weißbrot. Ursprung in Paris. »Alltagsbrot« der Franzosen – es gehört zu jeder Mahlzeit, sein Preis wird per Gesetz festgelegt.

Baiser Mischung aus Eiweiß und Zucker, die zu einem steifen Schaum geschlagen

und dann bei sehr niedriger Temperatur gebacken wird. Wird als Dessert und als feine Grundlage für verschiedene Torten verwendet.

Baisertorte Pawlowa Dessert aus einem Baiserring, der mit Schlagsahne gefüllt und mit Obst belegt wird (Erdbeeren und Passionsfruchtmark gehören dazu).

Baklava Gebäck aus Blätterteiglagen und gehackten Nüssen. Solange es noch heiß ist, wird es in Zuckersirup gelegt und dann in Dreiecke geschnitten. Ursprünglich aus Griechenland oder der Türkei, tauchte Baklava erstmals zur Zeit der

APRIKOSEN-MANDEL-BAISERTORTE

☆☆ ***Vorbereitungszeit:*** 40 Minuten
Zubereitungszeit: 50 Minuten
Für 8–10 Personen

4 Eiweiß
1 Tasse feiner Zucker
1 ½ TL Vanilleessenz
1 ½ TL weißer Essig
1 Tasse gemahlene Mandeln

Füllung
200 g gehackte, getrocknete Aprikosen
250 ml Wasser

½ Tasse feiner Zucker
30 g Butter

Belag
⅜ l Sahne
½ Tasse gehackte, getrocknete Aprikosen
½ Tasse geröstete Mandelblätter

1 Backofen auf 150 °C vorheizen. Zwei Bleche mit Backpapier auslegen und auf jedes einen Kreis von 22 cm Durchmesser aufzeichnen. Eiweiß in eine kleine, trockene Rührschüssel geben. Mit dem Handrührgerät steif schlagen. Unter ständigem Schlagen nach und nach Zucker zufügen. 5–10 Minuten weiterschlagen, bis die Masse dick und glänzend ist. Vorsichtig Vanillessenz, Essig und Mandeln unterheben.

2 Masse auf die beiden Bleche verteilen und die markierten Kreise gleichmäßig bedecken. Etwa 45 Minuten backen, bis die Baiserböden hell und knusprig sind. Backofen ausschalten und die Baisers im geöffneten Backofen abkühlen lassen.

3 Für die Füllung Aprikosen und Wasser in einen Topf geben, bei mittlerer Hitze unter Rühren heiß werden lassen. Zucker zufügen und unbedeckt etwa 3–5 Minuten köcheln lassen, bis die Flüssigkeit fast vollständig aufgenommen ist. Aprikosenmischung in der Küchenmaschine zu einer glatten Masse verarbeiten. Butter zugeben und so lange weiterschlagen, bis die Butter geschmolzen und die Mischung glatt ist. Abkühlen lassen.

4 Zum Fertigstellen Baiserboden auf einer Kuchenplatte mit der Aprikosenmischung bestreichen, die Hälfte der geschlagenen Sahne daraufschichten und den zweiten Baiserboden auflegen. Die restliche Sahne auf dem Baiser verteilen und mit den zusätzlichen Aprikosen und Mandeln garnieren. Bis zum Servieren im Kühlschrank aufbewahren.

BAISERNESTER MIT KAHLUA-SAHNE UND ERDBEEREN

☆☆ ***Vorbereitungszeit:*** 40 Minuten
Backzeit: 30 Minuten
Für 4 Personen

3 Eiweiß
¾ Tasse feiner Zucker

Füllung
200 ml Sahne
1 EL Zucker
2 TL Instantkaffee

1 TL Wasser
1–2 EL Kahlua oder Mokkalikör
250 g Erdbeeren
60 g Blockschokolade, geschmolzen

1 Backofen auf 120 °C vorheizen. Zwei Backbleche mit Backpapier auslegen und jeweils zwei Kreise von 10 cm Durchmesser aufzeichnen. Eiweiß in eine kleine, trockene Rührschüssel geben. Mit dem Handrührgerät steif schlagen. Unter ständigem Schlagen nach und nach Zucker zufügen. 5–10 Minuten weiterschlagen, bis die Masse dick und glänzend ist und der Zucker sich aufgelöst hat.

2 Baisermasse in einen Spritzbeutel mit einer 1,5 cm großen sternförmigen Tülle füllen. Für den Boden die markierten Kreise damit ausspritzen; mit der restlichen Baisermasse einen Rand spritzen, um Nester zu formen. Etwa 30 Minuten backen, bis die Nester hell und knusprig sind. Backofen ausschalten und Nester bei geöffneter Tür abkühlen lassen.

3 Für die Füllung mit dem Handrührgerät Sahne mit Zucker leicht schlagen. Kaffeepulver, Wasser und Likör unterziehen und steif schlagen. Sahne auf die Nester verteilen, mit ganzen Erdbeeren garnieren und mit geschmolzener Schokolade beträufeln.

BANANEN

BANANEN-GEWÜRZ-KUCHEN

☆ ***Vorbereitungszeit:*** 15 Minuten
Backzeit: 1 Stunde + 5 Minuten abkühlen
Ergibt einen Laib von 20 x 15 cm

1 ½ Tassen Mehl, mit Backpulver vermischt
1 TL Lebkuchengewürz (Gewürzmischung aus Muskatnuß, Zimt, Ingwer und Nelken)
125 g Butter, geschnitten
¾ Tasse sehr feiner Zucker
2 Eier, leicht verquirlt
⅓ Tasse Joghurt
⅔ Tasse reife Bananen, zerdrückt

1 Ofen auf 180 °C vorheizen. Eine Kastenform (20 x 15 x 7 cm) mit zerlassener Butter oder Öl auspinseln, Boden und Seiten mit Backpapier auslegen, Papier fetten. Mehl, Gewürze, Butter und Zucker in der Küchenmaschine 20 Sekunden verarbeiten. Eier, Joghurt und Bananen mischen, dazugeben, 10 Sekunden verarbeiten, bis die Mischung gerade verbunden ist.
2 Mischung in die Form geben; Oberfläche glattstreichen. 1 Stunde backen, bis eine Nadel bei der Nadelprobe sauber bleibt. Kuchen vor dem Stürzen auf ein Kuchengitter 5 Minuten in der Form abkühlen lassen.

Oben: Bananen-Split.
Gegenüber: Aprikosen-Mandel-Baisertorte

BANANEN-SPLIT

☆ ***Vorbereitungszeit:*** 5 Minuten
Zubereitungszeit: 10 Minuten
Für 4 Personen

Butterscotch-Soße
½ Tasse brauner Zucker
½ Tasse Sahne
50 g Butter

Split
4 große, reife Bananen
8 kleine Kugeln Vanille-Eis
250 g Erdbeeren, entstielt
12 kleine, weiße Marshmallows
½ Tasse Pekannüsse, grobgehackt

1 Für die Butterscotch-Soße braunen Zucker, Sahne und Butter in einem Topf bei schwacher Hitze rühren, bis die Mischung kocht. Hitze reduzieren und 3 Minuten köcheln, dann auf Zimmertemperatur abkühlen lassen.
2 Bananen schälen, längs halbieren. Je 3 Bananenhälften in ein langes Servierschälchen legen. 2 Kugeln Eis daraufsetzen. Mit einem Löffel Soße darübergeben, Erdbeeren, Marshmallows und Pekannüsse darauf verteilen. Sofort servieren.

WISSENSWERTES ÜBER BANANEN

■ Bananen bei Zimmertemperatur reifen lassen. Nach der Reifung können sie im Kühlschrank aufbewahrt werden. An der Luft wird das Fruchtfleisch braun; um Verfärbung zu verhindern, Bananenscheiben in Zitronensaft schwenken.

Ottomanen etwa um 1300 n. Chr. auf. Im orientalischen Raum sehr beliebt.

Balsam-Essig
Aromatischer, dunkler Essig mit bittersüßem Geschmack, sirupartig, wird in Salaten, mit Beeren oder als Fleischmarinade verwendet. Aus unfermentierten, süßen Trebbiano-Trauben hergestellt, die langsam zu einem dicken Sirup verkocht werden, dem starker Weinessig zugesetzt wird. Diese Mischung reift in aromatischen Hartholzfässern mindestens 5 Jahre, manchmal sogar 100 Jahre und länger.

Bambussprossen
Junge, zarte, leicht knackige Schößlinge der im tropischen Asien verbreiteten eßbaren Bambuspflanze. In China schon im 6. Jh. als Nahrungsmittel gebräuchlich; auch eine wichtige Zutat in der japanischen und koreanischen Küche.

Banane Gelbschalige, halbmondförmige Frucht einer langblättrigen Pflanze, die in den Tropen angebaut wird und möglicherweise in den Regionen zwischen Indien und Neu Guinea ihren Ursprung hat. In Afrika wächst die Banane seit dem 14. Jh., im tropischen Amerika seit Spanier und Portugiesen im 16. Jh. die Pflanze einführten. Mitte des 20. Jh.s wurde die Frucht in Europa und Nordamerika bekannt. Als Faustregel gilt: je kleiner die Bananensorte, desto süßer ihr Fruchtfleisch. Bananen können roh gegessen oder in einer Reihe gekochter süßer und pikanter Gerichte verwendet werden.

Bannock Flaches Gebäck (Fladen) aus Schottland. Aus Hafermehl, Gerste oder Weizenmehl hergestellt; auf einer gußeisernen Platte oder in der Bratpfanne gebacken.

Barbecue Rösten oder Grillen von Nahrungsmitteln über

BANANEN-ERDNUSSBUTTER-KUCHEN

★ ***Vorbereitungszeit:*** 10 Minuten
Backzeit: 1 Stunde
Für einen Kastenkuchen von 20 cm

125 g Butter
½ Tasse brauner Zucker
¼ Tasse Honig
2 Eier, leicht verquirlt
⅓ Tasse grobe Erdnußbutter
1 Tasse Bananen, zerdrückt
2 Tassen Vollkornmehl, mit Backpulver vermischt

1 Ofen auf 180 °C vorheizen. Eine tiefe Kastenform (21 x 14 x 7 cm) mit zerlassener Butter oder Öl auspinseln, Boden und Seiten mit Papier abdecken, Papier fetten. Mit dem Handrührgerät Butter, Zucker und Honig leicht und cremig rühren. Nach und nach Eier zugeben, jedesmal gut rühren. Erdnußbutter zugeben, schlagen, bis alles gut gemischt ist.
2 Mischung in eine große Schüssel geben; Bananen zugeben. Mit einem Metallöffel gesiebtes Mehl unterheben. Rühren bis alles verbunden und die Mischung fast glatt ist.
3 Teig in die vorbereitete Form geben; Oberfläche glattstreichen. Eine Stunde backen, bis eine Nadel bei der Nadelprobe sauber bleibt. Kuchen vor dem Stürzen auf ein Kuchengitter 5 Minuten in der Kastenform abkühlen lassen. Geschnitten und nach Wunsch mit Butter bestrichen servieren.

HEISSE BANANEN MIT ZIMT-KOKOSNUSS-SOSSE

★ ***Vorbereitungszeit:*** 5 Minuten
Kochzeit: 10 Minuten
Für 4 Personen

4 große Bananen

Zimt-Kokosnuß-Soße
1 EL Mehl
2 EL Zucker
½ TL Zimt, gemahlen
1 ⅓ Tassen Kokosmilch aus der Dose

1 Bananen in der Schale waschen und Enden abschneiden. In einem Dampfeinsatz über kochendem Wasser 5 Minuten garen. Mit Zange und Messer die Schale entfernen (die Schale ist jetzt schwarz, aber das Fruchtfleisch goldgelb).
2 Für die Zimt-Kokosnuß-Soße Mehl, Zucker und Zimt in eine Pfanne geben, rühren und gut mischen. Kokosmilch zugeben und glattrühren. Bei mittlerer Hitze ständig rühren, bis die Mischung kocht und dick wird. 2 Minuten köcheln lassen. Mit heißen Bananen servieren.

BANANENSMOOTHIE

½ Tasse kalte Milch, 1 Banane, ¼ Tasse Joghurt oder Fruchtjoghurt, 1 TL Honig, 1-2 Bällchen Vanille-Eis und eine Prise Muskatnuß in einem Mixer oder in der Küchenmaschine vermischen. Rühren, bis die Mischung glatt ist. In hohe, schlanke Gläser füllen. Mit etwas Muskatnuß bestauben und servieren.

BANANEN-PASSIONSFRUCHT-SMOOTHIE

1 Banane, das Fruchtfleisch von 2 Passionsfrüchten und ½ Tasse gefrorenes Passionsfruchtjoghurt im Mixer pürieren.

VARIATIONEN

- Vor dem Mixen 1–2 EL Schokoladenflocken (Schokoladenchips) zum Bananensmoothie geben.
- Vor dem Mixen 1–2 EL Weizenkleie zum Bananensmoothie geben; eine sättigende Zwischenmahlzeit nach hohem Kalorienverbrauch.
- Zerstoßenes Eis, vor dem Mixen zugesetzt, ergibt eine sämigere Konsistenz. Das gilt nicht nur für Bananensmoothie, sondern auch für alle Mixgetränke.

Oben: Heiße Bananen mit Zimt-Kokosnuß-Soße.
Gegenüber: Mariniertes Grillsteak

BARBECUE

MARINIERTES GRILLSTEAK

Vorbereitungszeit: 5 Minuten + 2 Stunden marinieren
Kochzeit: 6–12 Minuten
Für 4 Personen

1 kg Rumpsteak
1 Tasse Rotwein
2–3 EL Olivenöl
1–2 EL Balsamessig
1–2 EL Tomatenmark
1 EL Dijon-Senf
1 EL Knoblauchzehe, zerdrückt
2 TL weicher, brauner Zucker

1 Fleisch abspülen. Wein, Öl, Essig, Tomatenmark, Senf, Knoblauch und Zucker in eine kleine Schüssel geben, gut verrühren. Fleisch in eine große Schüssel geben; Marinade darübergießen. Mit Folie abgedeckt 2 Stunden oder über Nacht in den Kühlschrank stellen, gelegentlich wenden. Fleisch abtropfen lassen, Marinade aufbewahren.
2 Fleisch auf leicht geölten Grillrost oder flaches Grillblech legen. Bei großer Hitze 2 Minuten von jeder Seite grillen. Steak englisch (*rare*): 1 weitere Minute von jeder Seite grillen. Steak halb durch (*medium*) und durchgebraten (*well done*): Fleisch auf eine kühlere Stelle des Rostes legen; für *medium* weitere 2–3 Minuten von jeder Seite grillen; für *well done* weitere 4–6 Minuten von jeder Seite grillen; Fleisch beim Grillen mit der restlichen Marinade bepinseln.
3 Das Fleisch 2–3 Minuten mit Alufolie abgedeckt an einem warmen Ort stehenlassen. Zum Servieren quer zur Faser in 2 cm dicke Scheiben schneiden.

INGWER-SCHWEINE-SPIESSCHEN

Vorbereitungszeit: 20 Minuten + 1 Stunde marinieren
Grillzeit: 10 Minuten
Für 6 Personen

500 g Schweinefilet
2 EL frischer Ingwer
½ TL Pfeffer, gemahlen
1 TL Sesamöl
1 EL Zitronensaft
1 kleine Zwiebel, gerieben
Salz und Pfeffer zum Abschmecken

1 Schweinefilet in Würfel schneiden. Geriebenen Ingwer, Pfeffer, Sesamöl, Zitronensaft und Zwiebel mischen, über die Schweinefleischwürfel geben und 1 Stunde marinieren lassen.
2 Würfel auf Spießchen stecken und auf einem flachen Grillblech 5 Minuten, oder bis sie genügend zart sind, von jeder Seite grillen. Mit einem Salat und heißen Brötchen servieren.

Anmerkung: Schweinelende ist ein delikates Stück Fleisch mit wenig Fett. Sie kann auch durch ein anderes, mageres Stück ersetzt werden.

WISSENSWERTES ÜBER BARBECUE

- Dem Grill viel Zeit zum Aufheizen lassen. Die Holzkohlen sollten durchgeglüht sein, bevor das Grillgut auf den Grill gegeben wird. Erst dann ist die richtige Grilltemperatur erreicht. Wird über einem Holzfeuer gegrillt, sollten die Flammen erloschen und die glühende Kohle vor Grillbeginn mit Asche bedeckt sein.
- Die Grillzeit ist abhängig von der Dicke des Grillguts und der Leistungsfähigkeit des Grills.
- Ist das Fleisch durch? Mit einer stumpfen Zange auf das Fleisch drücken; fühlt es sich elastisch an, ist es noch blutig (englisch oder *rare*); gibt es nur leicht nach, ist es halb durch (*medium*); widersteht es dem Druck, ist es durchgebraten (*well done*).
- Kebab: Ölige Metallspieße sind ideal, denn das gegrillte Fleisch ist einfacher abzulösen. Oder Holzspieße benutzen, die vorher 1 Stunde mit Wasser getränkt wurden – das schützt sie vor dem Verbrennen.

einem offenen Feuer ist die älteste Form des Kochens. Fleisch, Geflügel, Fisch, Muscheln, Gemüse und sogar Früchte können auf diese Weise zubereitet werden.

Barquette Kleines, bootförmiges Törtchen aus Mürbe- oder Blätterteig. Vor dem Füllen mit süßen oder pikanten Zutaten in einer Blechform blindgebacken.

Basilikum Sehr intensives Gewürzkraut, mit der Minze verwandt. Der Geschmack paßt besonders gut zu Tomaten, Zucchini und

Spinat; auch in Salaten, Soßen und Füllungen sowie als Garnierung für Pasta verwendet.

Basmati Aromatischer, langkörniger Reis aus Indien; seit Tausenden von Jahren am Fuß des Himalaja angebaut.

Bavaroise »Bayerische Creme«. Cremespeise aus Eiercreme und Schlagsahne, mit pürierten Früchten, Schokolade, Kaffee oder Likör aromatisiert.

Béchamel-Soße
Cremige Soße aus Mehl, Butter und Milch, die heiß serviert wird; nach dem Marquis de Béchamel benannt, einem fran-

zösischen Finanzier, bedeutendem Kunstliebhaber und Feinschmecker, der Ende des Jahres 1600 Hauptverwalter am Hof Ludwig XIV. wurde.

Beef »Wellington«
Zartes Rindfleisch, das gebräunt, mit Pastete belegt, in Teig eingehüllt und dann gebraten wird. Beliebtes Gericht für festliches Abendessen.

Beignet Soufflé
Kleines, luftiges Fritiergebäck aus tiefgefrorenem Brandteig, meist mit einer süßen Soße serviert. Der Begriff »Beignet« bezeichnet auch Speisen, die mit

Ausbackteig überzogen und fritiert werden.

Bel Paese Weicher, cremiger, mild schmeckender Käse

GEGRILLTE SCHÄLRIPPCHEN

☆ ***Vorbereitungszeit:*** 15 Minuten + 3 Stunden marinieren
Kochzeit: 30 Minuten
Für 4–6 Personen

1 kg Schälrippchen (amerikanisch, Spare Ribs)
2 Tassen Tomatenketchup
½ Tasse Sherry
2–3 EL Sojasoße
2–3 EL Honig
3 Knoblauchzehen, zerdrückt
1 EL frischer Ingwer, gerieben

1 Rippenstück säubern. Die Rippe in einzelne Stücke schneiden, so daß jedes Stück aus 3–4 Rippchen besteht. In einer großen Pfanne Tomatenketchup, Sherry, Sojasoße, Honig, Knoblauch und Ingwer gut mischen.
2 Rippenstücke dazugeben. Zum Kochen bringen. Hitze reduzieren, 15 Minuten köcheln lassen. Stükke gelegentlich wenden, um gleichmäßiges Garen zu gewährleisten. Rippchen und Soße in eine flache Glas-, Porzellan-, Holz-, oder Plastikschale geben; abkühlen lassen. Abgedeckt mehrere Stunden oder über Nacht im Kühlschrank aufbewahren. 1 Stunde vor dem Barbecue den Grill vorbereiten.
3 Schälrippchen auf heißen, leicht geölten Grillrost oder Grillblech legen. Über dem heißesten Teil des Feuers 15 Minuten grillen, dabei wenden und gelegentlich mit der Soße bepinseln. Nach Wunsch mit gegrillten, ganzen Maiskolben und Kartoffelsalat servieren.

Rechts: Shrimps mit Knoblauch.
Oben: Gegrillte Schälrippchen.
Gegenüber: Hühnchen-Saté mit Erdnuß-Soße

SHRIMPS MIT KNOBLAUCH

☆ ***Vorbereitungszeit:*** 10 Minuten + 3 Stunden marinieren
Grillzeit: 3–5 Minuten
Für 4 Personen

500 g rohe, große Shrimps

Marinade
2–3 EL Zitronensaft
2–3 EL Sesamöl
2 Knoblauchzehen, zerdrückt
2 TL frischer Ingwer, gerieben

1 Von den Shrimps die Köpfe entfernen, schälen und säubern, den Schwanz unversehrt lassen (nach Wunsch Köpfe und Schalen für einen Fischsud zurückbehalten). Vom Kopf zum Schwanz einen Schnitt in jeden Shrimp machen.
2 Für die Marinade Saft, Öl, Knoblauch und Ingwer gut mischen. Shrimps in eine Schüssel geben, Marinade darübergießen, gut vermischen. Abdecken, mehrere Stunden oder über Nacht in den Kühlschrank stellen. 1 Stunde vor dem Barbecue den Grill vorbereiten.
3 Shrimps auf heißem, leicht geöltem Grillblech 3–5 Minuten grillen, bis sie rosa und gar sind. Beim Grillen häufig mit Marinade bepinseln. Sofort servieren.

HÜHNCHEN-SATÉ MIT ERDNUSS-SOSSE

☆ ***Vorbereitungszeit:*** 30 Minuten + 2 Stunden marinieren
Kochzeit: 10 Minuten
Ergibt 12 Stück

1 kg Hähnchenbrustfilets
1/4 Tasse Sojasoße
1–2 EL Honig
2–3 EL Öl

Erdnuß-Soße
1 EL ÖL
2 TL Zwiebelgranulat
3/4 Tasse grobe Erdnußbutter
1/2 Tasse Kokosnußcreme
1–2 EL Sojasoße
2–3 EL süße Chilisoße
1/2 Tasse Wasser
Salz zum Abschmecken

1 Fleisch säubern. Fleisch in 2 cm breite Streifen schneiden, auf Spießchen stecken. In Glasschüssel legen. Sojasoße, Honig und Öl mischen, über das Fleisch geben. Mit Folie abgedeckt 2 Stunden kühl stellen.
2 Für die Erdnuß-Soße Öl in einer kleinen, schweren Pfanne erhitzen. Zwiebelgranulat zugeben, 30 Sekunden bei schwacher Hitze anbraten. Erdnußbutter, Kokoscreme, Sojasoße, süße Chilisoße, Wasser und Salz zugeben, gut mischen und kurz aufkochen.
3 Fleisch abtropfen lassen, Marinade aufbewahren. Die Spießchen bei mittlerer Hitze 8 Minuten auf leicht gefettetem Rost grillen, häufig wenden und mit Marinade bepinseln. Sofort mit Erdnußsoße servieren.

Anmerkung: Holzpieße mindestens 30 Minuten in kaltem Wasser einweichen, um ein Versengen auf dem Grill zu verhindern.

PIKANTER GEFLÜGELSPIESS

☆ ***Vorbereitungszeit:*** 40 Minuten + 24 Stunden marinieren
Grillzeit: 30 Minuten
Für 8 Personen

4 kleine, ganze Hühner- oder Wildvögel, halbiert und gesäubert

Marinade
800 g Pflaumen aus der Dose, abgetropft und entsteint
1 Zwiebel, grobgehackt
2 Knoblauchzehen, zerdrückt
1/4 Tasse Rotwein
1/4 Tasse Teriyakisoße
2–3 EL Chilisoße
Saft von 1 Zitrone
1 TL Sesamöl
frisch gemahlener Pfeffer

1 Mehrere tiefe Schnitte in das Fleisch machen. Beiseite stellen.
2 Für die Marinade alle Zutaten in Küchenmaschine oder Mixer geben und glatt verarbeiten. Das Fleisch mit der eingeschnittenen Seite nach unten in eine nicht-metallene Schüssel legen. Marinade darübergießen. Abdecken. Mindestens für 24 Stunden im Kühlschrank marinieren, häufig wenden und mit Marinade bepinseln.
3 Fleisch abtropfen lassen. Über heißer Kohle 15 Minuten von jeder Seite grillen, dabei häufig mit der Marinade bepinseln.

aus Kuhmilch; seit 1920 in der Lombardei hergestellt und heute auch in anderen Ländern Europas und in Nordamerika produziert.

Bepinseln Mit einem Pinsel werden Nahrungsmittel mit Bratensaft, geschmolzenem Fett oder Marinade bestrichen, um vor Austrocknen zu schützen.

Besan-Mehl Blaßgelbes Mehl aus getrockneten Kichererbsen (Garbanzo-Bohnen), in der indischen Küche verwendet. Besan-Mehl ist proteinreich und wird oft dazu benutzt, den Ausbackteig für Pakoras, indische Gemüsefritter, zu bereiten.

Beurre Manié Paste aus zusammengekneteter Butter und Mehl zum Andicken von Suppen, Schmortöpfen und Soßen. Mit dem Schneebesen werden Stückchen der Paste in die köchelnde Flüssigkeit eingerührt.

Bier Alkoholisches Getränk, entsteht bei der Vergärung von Malzgetreide (vorwiegend Gerste) und Hopfen, der den Geschmack gibt. Schon die Sumerer und Babylonier kannten eine Art Bier, ein trübes Gebräu aus

Gerste oder Weizen, oder einer Mischung aus beidem.

Bierbrot Brot, für dessen Teig Bier statt Hefe als Treibmittel verwendet wird.

Bigarade-Soße Soße mit Orangengeschmack, zu Entenbraten serviert.

Binden a) Eine trockene Mischung durch Befeuchten mit Ei, Milch, Sahne oder Soße zusammenbringen; b) eine köchelnde Soße durch das Einrühren von Mehl, Stärkemehl oder Sahne andicken.

Birne Tropfenförmige Frucht mit gelber, grüner oder hellbrauner Schale und saftigem, weichem Fleisch. Birnen schmecken frisch, im Obstsalat, in pikanten Salaten, in Rotwein oder Sirup gekocht und als Bestandteil von Kuchen, Soufflé und Mousse.

Biryani (Biriani) Mongolisches Gericht. Es besteht aus mehreren Lagen Pilaf-Reis und gewürztem Lamm oder Huhn.

Biskuitkuchen Heller Kuchen mit luftig-

TERIYAKI-STEAKS MIT BLAUSCHIMMELKÄSE-KRÄUTERBUTTER

☆☆ ***Vorbereitungszeit:*** 20 Minuten + 2 Stunden marinieren + 4 Stunden Kühlzeit
Grillzeit: 6–16 Minuten
Für 8 Personen

8 Schweinerückensteaks, jedes ca. 200 g oder
8 Steaks ohne Knochen
¼ Tasse Teriyakisoße
2 Knoblauchzehen, zerdrückt

Blauschimmelkäse-Kräuterbutter
125 g Blauschimmel-Käse, zerkleinert
125 g Butter, weich
1 EL trockener Weißwein
1 TL frische Minze, feingehackt
½ TL Rosmarin, getrocknet
½ TL Oregano, getrocknet

1 Fleisch säubern. Teriyakisoße und Knoblauch mischen, die Steaks damit übergießen. Abgedeckt im Kühlschrank 2 Stunden (oder über Nacht) marinieren, gelegentlich wenden. Fleisch abtropfen lassen, Marinade aufbewahren.
2 Steaks auf leicht geölten Grillrost oder Grillblech legen. Bei starker Hitze 2 Minuten von jeder Seite grillen. Steak englisch: 1 weitere Minute von jeder Seite grillen. Steak medium und *well done*: Fleisch an eine kühlere Stelle des Grills legen, weitere 2–3 Minuten (*medium*) oder 4–6 Minuten (*well done*) von jeder Seite grillen; Fleisch mit restlicher Marinade bepinseln. Mit einem Stück Blauschimmelkäse-Kräuterbutter belegt servieren.
3 Für die Blauschimmelkäse-Kräuterbutter mit einem Handrührgerät Käse und Butter in einer Schüssel cremig rühren. Wein und Kräuter zugeben; mischen, bis alles gut gebunden ist. Mischung auf ein großes Stück Folie geben; Käsemischung mit der Folie einwickeln und zu einer 4 x 6 cm großen Rolle formen. 4 Stunden oder über Nacht im Kühlschrank aufbewahren.

FISCHPASTETE IN MAISBLÄTTERN

☆☆ ***Vorbereitungszeit:*** 30 Minuten + 10 Minuten Ruhezeit
Grillzeit: 20 Minuten
Für 4 Personen

Alufolie
4 ganze Maiskolben mit Blättern
500 g feste, weiße Fischfilets, gewürfelt
2 Knoblauchzehen, zerdrückt
2 TL mexikanisches Chilipulver (siehe Anmerkung)
⅓ Tasse frischer Koriander, feingeschnitten
1 EL Jalapeño-Chilischoten aus der Dose, geschnitten
1 Ei, verquirlt
½ TL schwarzer Pfeffer, gemahlen
1–2 EL Zitronensaft
2 EL Frühlingszwiebeln (Schalotten), gehackt
1 TL Kreuzkümmel, gemahlen

1 Alufolie in 8 Quadrate à 16 cm schneiden. Von jedem Maiskolben nur 4 Hüllblätter entfernen und beiseite legen. Restliche Hüllblätter zurückschlagen (dabei vorsichtig vorgehen, nicht abreißen!) und die Fäden entfernen. Blätter wieder in Ausgangsposition bringen und Maiskolben damit umschließen. Die Kolben 10–15 Minuten in kaltem Wasser einweichen.
2 Fischfilets in der Küchenmaschine glattpürieren. Knoblauch, Chilipulver, Koriander, Chillies, verquirltes Ei, Pfeffer, Zitronensaft, Frühlingszwiebeln und Kreuzkümmel zugeben und rühren, bis alle Zutaten gut vermischt sind. Mischung in 8 gleich große Portionen teilen.
3 Jede Portion in 2 der aufbewahrten Maisblätter einwickeln, so daß 8 Päckchen entstehen. Jedes Päckchen in ein Folienquadrat einschlagen.
4 Maiskolben auf dem Kohlegrill 20 Minuten grillen, dabei 1–2mal wenden.
5 Während der letzten 8 Minuten der Grillzeit die eingewickelten Fischkuchen auf ein nicht zu heißes Grillblech legen.

BASILIKUM

TOMATENSALAT MIT MOZZARELLA UND BASILIKUM

☆ ***Zubereitungszeit:*** 10 Minuten
Für 6 Personen

6 mittelgroße, reife Tomaten
3–4 kleine Mozzarella-Käse (Bocconcini)
1–2 EL Zitronensaft
5–6 EL reines Olivenöl
frisches Basilikum, geschnitten
frisch gemahlener, schwarzer Pfeffer

1 Tomaten in dicke Scheiben schneiden, aber nicht trennen, um sie später besser anordnen zu können. Mozzarella in dünne Scheiben schneiden, einzeln zwischen die Tomatenscheiben legen.
2 Zitronensaft und Olivenöl mit einem Schneebesen mischen. Soße über den Salat träufeln. Mit Basilikum und schwarzem Pfeffer bestreuen.

Anmerkung: Dieser Salat wird am besten unmittelbar vor dem Servieren zubereitet. Tomatenaroma entwickelt sich am besten bei Zimmertemperatur.

Gegenüber: Teriyaki-Steak mit Blauschimmelkäse-Kräuterbutter.
Oben: Tomatensalat mit Mozzarella und Basilikum

PESTO

☆ ***Zubereitungszeit:*** 10 Minuten
Ergibt 2 Tassen

4 Knoblauchzehen, geschält
2 Tassen frisches Basilikum
1 Tasse Petersilie
⅔ Tasse Pinienkerne
1 ½ Tassen geriebener Parmesan
1 ½ Tassen Olivenöl

1 Knoblauch, Basilikum, Petersilie, Pinienkerne und Parmesan im Mixer auf mittlerer Stufe mischen, dabei Öl in dünnem Strahl zulaufen lassen.
2 In ein Glas geben, mit einer dünnen Schicht Öl bedecken, im Kühlschrank bis zu 2 Wochen aufbewahren. Vor dem Gebrauch Öl abgießen.

WISSENSWERTES ÜBER BASILIKUM

- Süßes Basilikum ist am bekanntesten; andere Arten sind: extravagant violett-gekräuseltes Basilikum, dient häufig als Garnierung; kleinblättriges, würzigeres griechisches oder mehrjähriges Basilikum und rotblättriges Basilikum.
- Frisches Basilikum in einem Glas mit Wasser aufrechtstehend im Kühlschrank bis zu 3 Tagen aufbewahren; Blätter lose in Plastiktüte stecken.
- Getrocknetes Basilikum hat ein stärkeres Aroma als gemahlenes. Kühl und dunkel in luftdichtem Behälter aufbewahren.

lockerer Struktur, die vom hohen Anteil an geschlagenem Eiweiß in der Mischung herrührt.

Biskuitrolle Dünne Platte aus Biskuit, die mit einer süßen Füllung bestrichen und aufgerollt wird. Vor dem Servieren wird die Rolle mit Puderzucker bestaubt und in Scheiben geschnitten.

Blanchieren Nahrungsmittel in kochendem Wasser leicht garen, um die Farbe von Gemüse vor dem Einfrieren zu erhalten, um überschüssiges Salz, Fett, strengen Geschmack, Geruch oder Keime zu entfernen. »Blanchieren« nennt man auch das Übergießen von Früchten und Nüssen mit heißem Wasser, um die Schale oder Haut vor dem Schälen zu lösen.

Blanquette Kalbs-, Lamm- oder Hühnerschmortopf. Geschmortes Fleisch wird mit einer weißen Soße bedeckt und mit Milch, Sahne oder Eiweiß angereichert.

Blätterteig Üppiger, knuspriger, luftiger Teig für süße und pikante Gerichte. Durch langwierige

Bearbeitung (häufiges Falten und Ausrollen) bilden sich viele Teiglagen, und der Blätterteig wird luftig. Während des Backens geht er bis zum Fünffachen seiner ursprünglichen Dicke auf.

Blaubeere Kleine, dunkle, blau-violette Beere eines immergrünen Strauchs, der mit dem Heidekraut verwandt und dessen Ursprungsort Nordamerika ist.

Blauschimmel-Käse Meist aus Kuhmilch hergestellter, weicher Käse, mit blau-grünen Schimmeladern im Innern. Zu den zahlreichen Blauschimmel-Käsesorten gehören Gorgonzola, Danish Blue (Danablu), Roquefort und Stilton.

Blindbacken Soll eine Teighülle mit einer Mischung gefüllt werden, die den Boden durchweichen läßt oder die nicht gebacken wird, backt man sie vor. Dazu wird der Teig mit getrockneten Bohnen, Reis oder Makkaroni beschwert, um

BIRNEN

BIRNEN IN WEISSWEIN

☆ ***Vorbereitungszeit:*** 15 Minuten
Kochzeit: 20 Minuten
Für 4 Personen

4 reife Birnen
2 Tassen Wasser
1 Tasse Weißwein guter Qualität
1 Tasse Zucker
1 Zimtstange
1 Streifen Zitronenschale

1 Birnen schälen; Stiel nicht entfernen. Kerngehäuse mit einem Apfelausstecher herausholen; dabei die Birne ganz lassen.
2 Wasser, Weißwein, Zucker, Zimtstange und Zitronenschale in einem Topf zum Kochen bringen. Birnen hineingeben und je nach Reife 5–10 Minuten garen. Die Birnen sollten fest, aber gar sein. Mit dem Schaumlöffel herausheben und beiseite stellen.
3 Birnensirup 5–10 Minuten sprudelnd kochen, damit er eindickt. Über die Birnen geben. Warm oder kalt servieren.

Oben: Birnen in Weißwein;
rechts: Birnen-Camembert-Salat.
Gegenüber: Schokoladenbiskuitrolle mit Himbeersahne

BIRNEN-CAMEMBERT-SALAT

☆ ***Vorbereitungszeit:*** 15 Minuten
Für 4 Personen

200 g Camenbert, zimmerwarm
3 mittelgroße Birnen
1 Kopfsalat
4 EL Öl
1–2 EL Estragonessig
1/3 Becher gehackte Pekannüsse

1 Camembert in dünne Keile schneiden. Birnen vierteln, Kerngehäuse entfernen und in dünne Scheiben schneiden. Nicht schälen.
2 Salat gründlich waschen, abtrocknen. In mundgerechte Stücke zerpflücken, auf 4 Teller verteilen. Birnen und Camembert darauf anrichten.
3 Öl und Essig in einem kleinem Schraubglas gut schütteln. Die Soße über den Salat träufeln und mit den Nüssen bestreuen. Sofort servieren.

Anmerkung: Reifer Camembert hat das beste Aroma. Statt Camembert kann auch Brie verwendet werden.

WISSENSWERTES ÜBER BIRNEN

- Es gibt weltweit viele verschiedene Birnensorten. Einige eignen sich besonders gut zum Kochen, andere – vor allem die Butterbirnen – ißt man am besten frisch.
- Beim Birnenkauf darauf achten, daß die Stiele intakt sind und das Fruchtfleisch um den Stiel herum auf Druck etwas nachgibt.

1

2

3

BISKUITROLLE

SCHOKOLADENBISKUITROLLE MIT HIMBEERSAHNE

☆☆ ***Vorbereitungszeit:*** 25 Minuten
Backzeit: 12–15 Minuten
Ergibt 1 Biskuitrolle

½ Tasse Mehl mit Backpulverzusatz
¼ Tasse Kakaopulver
3 Eier
½ Tasse sehr feiner Zucker
¼ Tasse geriebene Zartbitterschokolade
1–2 EL heißes Wasser
1 EL feiner Zucker zusätzlich
1 ¼ Tassen Sahne, geschlagen
1 Packung gefrorene Himbeeren

1 Backofen auf 180 °C vorheizen. Biskuitrollenform (30 x 25 x 2 cm) mit Öl bepinseln; Boden und Seiten mit Backpapier auslegen. Mehl und Kakao dreimal auf Backpapier sieben. Mit dem Handrührgerät Eier in einer kleinen Schüssel 4–5 Minuten hell und dick aufschlagen. Nach und nach Zucker einrieseln lassen. Weiterschlagen, bis die Mischung hellgelb und glänzend ist.

2 Mischung in Schüssel geben und mit Metalllöffel rasch Mehl, Kakao, Schokolade und Wasser unterheben. Teig gleichmäßig in die Form streichen; Oberfläche glätten. 12–15 Minuten backen.

3 Auf ein trockenes Küchentuch eine Lage Backpapier legen; mit zusätzlichem Zucker bestreuen. Kuchen auf das Papier stürzen; 2 Minuten ruhenlassen. Mit Hilfe des Papiers Kuchen vorsichtig zu einer Rolle formen; 5 Minuten ruhenlassen. Kuchen wieder entrollen und Papier entfernen. Mit geschlagener Sahne und Himbeeren bestreichen; wieder aufrollen und Enden gerade schneiden.

WISSENSWERTES ÜBER BISKUITROLLE

■ Nach dem Backen steht der Kuchen etwas von den Rändern der Form ab. Wenn man nicht sicher ist, ob er schon gar ist, macht man die Nadelprobe, indem man in der Mitte des Kuchens einsticht und die Nadel wieder hochzieht. Bleibt die Nadel sauber, ist der Kuchen gar. Die Nadelprobe darf nur kurz vor Ende der Backzeit durchgeführt werden; ein halbgebackener Kuchen könnte durch das Einstichloch zusammenfallen.

■ Die Biskuitrolle wird warm mit Hilfe des Papiers gerollt, weil der Kuchen in kaltem Zustand brechen würde. Das Papier verhindert, daß der Teig aneinanderklebt und erleichtert das Entrollen. Die Biskuitrolle kann auch heiß mit Marmelade gefüllt werden, ohne vorgerollt zu werden; füllt man jedoch einen heißen Kuchen mit Sahne, so gerinnt sie.

zu verhindern, daß er aufgeht.

Blini Kleiner, dicker Pfannkuchen, aus Buchweizenmehl-Hefeteig gebacken und meist mit saurer Sahne, Kaviar oder Räucherlachs belegt. Heimat dieses Gerichts ist Rußland.

Blumenkohl Kohl mit großem Kopf aus fest zusammengeschlossenen Blüten, deren Farbskala von cremigweiß über grün bis violett reicht. Verzehrt wird er roh, als Salat, in Röschen zerteilt und in verschiedene Soßen getaucht; er kann dampfgegart, gekocht oder kurz angebraten werden.

Blutwurst Wurst, die aus gewürztem Schweineblut und Fett hergestellt und gekocht wird. Sie wird roh gegessen oder geräuchert, vor dem Verzehr noch einmal gekocht oder aufgeschnitten und gegrillt oder gebraten.

Bohnen, getrocknet Getrocknete Samen verschiedener Bohnensorten, die mit getrockneten Erbsen und Linsen zu den

Hülsenfrüchten gezählt werden. Es gibt viele Arten von getrockneten Bohnen – Haricot- oder Gartenbohnen, Cannellini, Limabohnen, Borlotti, rote Kidney- oder Gartenbohnen,

Schwarzerbsen oder -bohnen, Kichererbsen, Sau-, Mung- und Sojabohnen. Alle haben hohen Nährwert und enthalten lösliche Ballaststoffe.

Bohnen, grün Grüne Bohnen sind die eßbaren Schoten einer Reihe von Bohnensorten, die in der Farbe eigentlich von blaßgelb bis violett rangieren. Zu ihnen gehören Gartenbohnen, gelbe Wachsbohnen und Stangenbohnen mit tiefroten Schoten, die beim Kochen grün werden. Grüne Boh-

nen können zusammen mit anderen Gemüsen oder allein über Wasserdampf gegart, blanchiert, kurz angebraten oder für Salate gekocht werden.

Bohnenkraut (Pfefferkraut) Aromatische

BLÄTTERTEIG

SÜSSE PUDDINGRÖLLCHEN

☆☆ ***Vorbereitungszeit:*** 15 Minuten + 10 Minuten Ruhezeit
Backzeit: 50 Minuten
Für 6–8 Personen

1 Zitrone
3 Tassen Milch
½ Tasse grober Grieß
¼ Tasse Reismehl
⅔ Tasse sehr feiner Zucker
2 Eier, leicht verquirlt
1 TL Vanilleessenz
14 Lagen Filo-Teig, oder entsprechende Menge Blätterteig
2 EL Butter, zerlassen
1–2 EL Öl
2 EL Puderzucker
½ TL Zimt, gemahlen

1 Backofen auf 180 °C vorheizen. Backblech (32 x 28 cm) fetten. Zitronenschale in 3 dünne, 5 cm lange Streifen (1 x 5 cm lang) schneiden. Mit Milch in einen kleinen, schweren Topf geben. Bei schwacher Hitze rühren, bis es fast kocht. Hitze reduzieren, abgedeckt 10 Minuten köcheln lassen. Abkühlen lassen. Schale herausnehmen.
2 Mit dem Handrührgerät Grieß, Reismehl, Zukker und Eier 2 Minuten auf niedriger Stufe rühren, bis alles glatt ist. Nach und nach Milch zugeben, jedesmal sorgfältig rühren. In den Topf geben, bei schwacher Hitze 10 Minuten rühren, bis die Mischung kocht und dick wird. Vom Herd nehmen und Vanilleessenz hineinrühren.
3 Abkühlen lassen. Filo-Lagen auf einer Arbeitsfläche quer in 3 Stücke schneiden. 1 Stück mit Butter-Ölmischung bepinseln, mit dem zweiten Stück belegen. Eine Schmalseite bepinseln.
4 2 EL Pudding 2 cm von der unbepinselten Schmalseite entfernt auf den Teig geben. Teig über die Füllung rollen, Enden einschlagen, bis zum anderen Ende rollen. Mit restlichem Teig und Pudding wiederholen.
5 Röllchen in 2 cm Abstand auf Backblech legen. Mit restlicher Buttermischung bepinseln. 30 Minuten backen. Warm, mit Zimt-Puderzucker bestreut, servieren.

WISSENSWERTES ÜBER FILO-TEIG

- Filo-Teig ist manchmal gefroren oder gekühlt in Feinkostgeschäften erhältlich. Eingefroren bis zu 2 Monaten haltbar. Nach einmaligem Auftauen, im Kühlschrank aufbewahrt, noch 1 Monat haltbar. Aufgetaute Platten nicht wieder einfrieren! Kalter Filo-Teig ist sehr spröde und bricht leicht; bis zum vollständigen Auftauen in der Pakkung lassen (ca. 2 Stunden). Benötigte Lagen abzählen und aus der Packung nehmen; restliche Lagen in ihrer Verpackung wieder verschließen und im Kühlschrank aufbewahren.
- Statt Filo-Teig kann auch TK-Blätterteig verwendet werden. Er ist etwas dicker als Filo-Teig und sollte vor der Verwendung dünner ausgerollt und der Menge der Füllung angepaßt werden.

Oben: Süße Puddingröllchen.
Gegenüber: Meeresfrüchte in Knusperhülle

MEERESFRÜCHTE IN KNUSPERHÜLLE

☆☆ ***Vorbereitungszeit:*** 25 Minuten
Zubereitungszeit: 25 Minuten
Für 4 Personen

250 g weißes Fischfilet, ohne Gräten
100 g Muscheln
30 g Butter
1–2 EL Zitronensaft
1 EL Mehl
1 Tasse Milch
½ Tasse Cheddar, gerieben
1 EL frischer Schnittlauch, gehackt
1 EL frischer Dill, gehackt
200 g geschälte, gekochte Garnelen (Shrimps)
10 Lagen Filo-Teig oder die entsprechende Menge Blätterteig
60 g Butter, zerlassen
2 TL Mohn

1 Backofen auf 180 °C vorheizen. Ein Backblech mit Backpapier auslegen. Fisch in 1 cm breite Streifen schneiden. Muscheln waschen, braune Adern entfernen, Rogen nicht verletzen.
2 Butter in einem schweren Topf erhitzen. Fisch, Muscheln und Zitronensaft zugeben. Bei mittlerer Hitze 1 Minute schmoren, bis alles weich ist. Fisch und Muscheln mit einem Schaumlöffel herausnehmen; warm halten.
3 Mehl in den Topf rühren. Nach und nach Milch zur Butter-Mehlmischung gießen, 3 Minuten bei mittlerer Hitze ständig rühren, bis die Mischung kocht und dick wird. Eine weitere Minute köcheln lassen, vom Herd nehmen. Käse, Schnittlauch, Dill, gekochten Fisch, Muscheln und Garnelen hineinrühren. Mit Folie abdecken und beiseite stellen, Teig vorbereiten.
4 2 Lagen Filo-Teig auf eine Arbeitsfläche legen. Jede Lage mit zerlassener Butter bepinseln. Lagen aufeinanderlegen. Mit scharfem Messer oder Schere Teig in 4 gleich große Streifen schneiden. 2 EL Füllung auf eine Schmalseite jedes Streifens geben. Ecken einschlagen, Teig um die Füllung rollen. Mit der Naht nach unten auf das Backblech legen. Mit Butter bepinseln und mit Mohn bestreuen. 20 Minuten backen, bis die Knusperhülle goldbraun ist.

SPARGEL-STRUDEL

☆☆ ***Vorbereitungszeit:*** 20 Minuten
Zubereitungszeit: 35 Minuten
Für 4 Personen

2 Bund frischer Spargel
2 kleine Zwiebeln
1 EL Öl
125 g Maiskörner aus der Dose, abgetropft
¼ Tasse frische Petersilie, gehackt
2 EL frisches Basilikum, gehackt
2 EL Parmesan, frisch gerieben
⅔ Tasse Cheddar, gerieben
1 Ei
6 Lagen Filo-Teig
45 g Butter, zerlassen
2 EL geriebenen Parmesan, zusätzlich

1 Backofen auf 210 °C vorheizen. Spargel in 3 cm lange Stücke schneiden. Holzige Teile mit dem Gemüseschäler entfernen. In einen Topf mit kochendem Wasser geben. 1 Minute ziehen lassen, dann abtropfen und in Eiswasser legen. Gut abtropfen lassen.
2 Zwiebeln fein hacken. Öl in einem großen, schweren Topf erhitzen. Zwiebeln zugeben. 3 Minuten bei mittlerer Hitze anbraten, dabei rühren, bis sie weich sind. Spargel, Mais, Petersilie, Basilikum, Parmesan und Cheddar zugeben. Gut mischen. Vom Herd nehmen. Auf Zimmertemperatur abkühlen lassen, dann Ei zugeben. Gut mischen.
3 Filo-Teigplatten mit zerlassener Butter bepinseln. Platten aufeinanderlegen. Spargelmischung an einer Längsseite des Teigs verteilen, dabei einen 3 cm breiten Rand lassen.
4 Zu einer Rolle formen. Teig fest über die Füllung rollen, Schmalseiten einschlagen und weiterrollen, so daß ein Paket entsteht. Mit restlicher zerlassener Butter bepinseln.
5 Teigrolle auf ein Backblech legen. Mit zusätzlichem Parmesan bestreuen. 25 Minuten backen, bis der Teig hell goldbraun und die Füllung durchgewärmt ist. Aufgeschnitten als Vorspeise oder als Hauptgericht servieren.

Würzpflanze, deren pfefferähnliches Aroma an Minze und Salbei erinnert. Dient zum Würzen von Bohnen, Soßen, Eintöpfen, Füllungen und Wurst.

Bohnensprossen Keime von Mung- oder Sojabohnen, die in Salaten oder als kurz angebratenes Gemüse verwendet werden.

Bok Choy Krautiges Gemüse mit dickem, fleischigem Strunk. Beheimatet in China, ist Bok Choy dort ständige Beilage zu Fleisch-, Geflügel- und Tofu-Gerichten. Auch bekannt als »Chinesisches Weißkraut«

»Bombay duck (Indischer Seewels) Fisch, der im Arabischen Meer, vorzugsweise in den Gewässern vor Bombay zu finden ist. In Indien wird er frisch gegessen; im Westen ist er getrocknet und gesalzen besser bekannt, wird fritiert und zu Currygerichten serviert.

Bordelaise, à la Französischer Ausdruck für Gerichte aus gebratenem oder gegrilltem Fleisch, die mit einer Soße aus eingekochtem Rot-

wein, Knochenmark, gehackten Schalotten, Thymian, Lorbeerblättern und Pfeffer serviert werden. Eine Weißweinsoße wird zu Fisch serviert. Sie stammt aus der Gegend um Bordeaux.

Börek Gebäck mit pikanter Füllung, meist eine Käsemischung. Wird heiß als Appetithappen serviert und ist in der Türkei beheimatet.

Borlotti-Bohnen Getrocknete Bohnen, ähnlich geformt wie Kidney-Bohnen und blaßbraun mit dunklen Flecken. Sie sind weich, haben schinkenähnlichen Geschmack, werden in Suppen, Eintöpfen oder Schmortöpfen verwendet, aber auch kalt als Salat serviert.

Borretsch Küchenkraut mit langen, spitzen, graugrünen Blättern. Junge Blätter werden in alkoholischen Getränken und Frühlingssalaten verwendet; reifere Blätter werden wie Spinat zubereitet.

Borschtsch Rote-Bete-Suppe aus Osteuropa. Heiß oder kalt verzehrt und meist mit saurer Sahne serviert.

BOHNEN GETROCKNET UND IN DOSEN

HERZHAFTER DÖRRFLEISCH-BOHNEN-SCHMORTOPF

☆ ***Vorbereitungszeit:*** 25 Minuten
Kochzeit: 40 Minuten
Für 4–6 Personen

200 g Dörrfleisch am Stück
2 EL Öl
2 kleine Lauchstangen, dünn geschnitten
2 EL Mehl
2 Tassen Hühnerbrühe
3 große Möhren, in 1 cm großen Würfeln
4 mittelgroße Kartoffeln, ca. 800 g, geschält und in 1 cm große Würfel geschnitten
400 g rote Kidney-Bohnen aus der Dose, gewaschen und abgetropft
½ Tasse Petersilie, feingeschnitten
½ TL frisch gemahlener, schwarzer Pfeffer

1 Schwarte vom Dörrfleisch abschneiden. Fleisch in 1 cm große Würfel schneiden. In einem großen Topf bei schwacher Hitze braten, bis es knusprig ist. Aus dem Topf nehmen, auf Küchenpapier abtropfen lassen. Fett abgießen.
2 Öl im Topf erhitzen, Lauch zugeben, 5 Minuten schmoren, bis er weich ist. Mehl zugeben. Bei schwacher Hitze 2 Minuten rühren.
3 Hühnerbrühe nach und nach in den Topf geben, glattrühren. 3 Minuten bei mittlerer Hitze ständig rühren, bis alles kocht und dick wird; 1 weitere Minute, Hitze reduzieren, köcheln lassen.
4 Kartoffeln, Möhren und Dörrfleisch zugeben; abdecken und bei mittlerer Hitze 20 Minuten schwach weiterkochen lassen.
5 Bohnen, Petersilie und Pfeffer zugeben, gut durchrühren. Bei schwacher Hitze 5 Minuten kochen. Mit grünem Gemüse wie gedünstetem Brokkoli oder grünen Bohnen servieren.

Anmerkung: Ist der strenge Geschmack von Dörrfleisch nicht gewünscht, kann es durch Schinkenspeck ohne Schwarte ersetzt werden.

SÜSSER BOHNENSALAT

☆ ***Vorbereitungszeit:*** 35 Minuten
Kochzeit: 15 Minuten
Für 4 Personen

500 g gefrorene Saubohnen
2 Knoblauchzehen, zerdrückt
1 Lauchstange, geschnitten
1 große Möhre, geschnitten
½ Tasse Olivenöl
⅓ Tasse Apfelessig
¼ Tasse weicher, brauner Zucker
¼ Tasse Petersilie, gehackt

1 Bohnen in kochendem Wasser weich kochen. Abgießen, abtropfen lassen.
2 Bohnen in einen Topf geben, Knoblauch, Lauch, Möhren und Olivenöl zugeben; 5 Minuten schwach köcheln lassen. Essig und braunen Zucker zugeben, weitere 5 Minuten kochen lassen, bis der Zucker sich auflöst.
3 Gut kühlen. Mit gehackter Petersilie garnieren.

WISSENSWERTES ÜBER BOHNEN

- Getrocknete Bohnen über Nacht in kaltem Wasser einweichen oder mit kochendem Wasser bedecken und 2 Stunden stehenlassen; abgießen und gut waschen. In einen großen Topf geben, mit Wasser bedecken und bei schwacher Hitze 40–50 Minuten weich kochen. Prüfen, ob Bohnen weich sind: 1 oder 2 Bohnen aus dem Wasser nehmen und zwischen Daumen und Zeigefinger drücken. Getrocknete Bohnen sind billiger als Konserven, brauchen aber längere Vorbereitungs- und Kochzeit. Bohnen in Dosen können in allen Rezepten die getrockneten Bohnen ersetzen. Sie benötigen keine besonderen Vorbereitungen, sondern müssen nur aufgewärmt werden.
- Etwa 2 ½ Tassen getrocknete Bohnen ergeben ca. 6 Tassen gekochte Bohnen.

Oben: Herzhafter Dörrfleisch-Bohnenschmortopf.
Gegenüber: Ländlicher Bohnensalat

LÄNDLICHER BOHNENSALAT

☆ ***Vorbereitungszeit:*** 15 Minuten + 1 Stunde Ruhezeit + 1 Stunde Kühlzeit
Kochzeit: 45 Minuten
Für 4 Personen

1 Tasse Cannellini-Bohnen
2 Tomaten
2 Zwiebeln, feingeschnitten
3 Frühlingszwiebeln (Schalotten), gehackt
⅓ Tasse krause Petersilie, grobgeschnitten
½ roter Paprika, in Streifen geschnitten

Soße
¼ Tasse Olivenöl
1–2 EL Zitronensaft
2 TL frischer Dill, feingeschnitten
Salz und frisch gemahlener, schwarzer Pfeffer zum Abschmecken
5 Sardellen-Filets aus der Dose, abgetropft

1 Bohnen zum Kochen bringen, vom Herd nehmen; 1 Stunde abgedeckt beiseite stellen. Abgießen und waschen. Zurück in den Topf geben; mit Wasser bedecken. Abdecken und 40 Minuten köcheln, bis die Bohnen weich sind; abgießen.
2 Tomaten schälen und halbieren; Kerne entfernen, Fruchtfleisch grob zerkleinern.
3 Bohnen in eine große Schüssel geben. Tomaten, Zwiebeln, Frühlingszwiebeln, Petersilie und Paprika zugeben; gut mischen.
4 Für die Soße Öl, Zitronensaft, Dill, Salz und Pfeffer mischen und über den Salat gießen; Salat abgedeckt 1 Stunde in den Kühlschrank stellen.
5 Sardellen in lange dünne Streifen schneiden, kurz vor dem Servieren auf dem Salat anrichten.

BOHNENSUPPE MIT SCHWEINEFLEISCH

☆ ***Vorbereitungszeit:*** 30 Minuten
Kochzeit: 1 Stunde 30 Minuten
Für 4–6 Personen

1–2 EL Olivenöl
2 Knoblauchzehen, zerdrückt
1 große Zwiebel, gehackt
6 Scheiben mageres Dörrfleisch, geschnitten
250 g mageres Schweinefleisch ohne Knochen, geschnitten
2 große reife Tomaten, geschält und geschnitten
1 Stück Sellerie, geschnitten
1 Möhre, geschnitten
½ kleiner Kohl, zerkleinert
½ Fenchelknolle, geschnitten
2 TL frischer Thymian oder ½ TL getrockneter Thymian
1,5 l Hühnerbrühe
630 g gemischte Bohnen aus der Dose, abgetropft

1 Öl in einem großen Topf erhitzen, Knoblauch und Zwiebel zugeben, 1 Minute anbraten.
2 Dörr- und Schweinefleisch zugeben, bei mittlerer Hitze das Fleisch gut bräunen. Tomaten, Sellerie, Möhre, Kohl, Fenchel, Thymian und Hühnerbrühe zugeben. Zugedeckt zum Kochen bringen, Hitze reduzieren, 1 ¼ Stunden köcheln lassen.
3 Gemischte Bohnen zugeben, weitere 15 Minuten kochen. Suppe heiß, mit frischem, knusprigem Brot oder Brötchen servieren.

Bouillabaisse Provenzalische Fischsuppe aus einer Vielzahl von Fischen (meist weißfleischiger Klippenbarsch), Muscheln und Tomaten, Zwiebeln, Knoblauch, Kräu-

tern, Wein und Safran. Der Name des Gerichts bezieht sich auf die schnelle Art der Zubereitung, französisch *bouillir,* kochen und *abaisser,* einkochen.

Bouillon Eine ungeklärte Brühe oder Suppe aus Fleisch, Huhn, Fisch oder Gemüse.

Bouquet garni Kräuterbündel, zusammengebunden oder in ein Leinensäckchen eingenäht, mit dem Suppen, Eintöpfe und Schmortöpfe gewürzt werden. Nach dem Kochen wird es entfernt. Meist besteht es aus Thymian, Lorbeerblatt und Petersilie; aber auch Rosmarin, Knoblauch, Lauch, Fenchel oder Salbei können zugefügt werden.

Bourguignonne, à la Französische Bezeichnung für Gerichte, die in Rotwein, Zwiebeln und Pilzen langsam

BROKKOLI & GRÜNE BOHNEN

Kochen Bohnen zu lange, verlieren sie ihre leuchtend grüne Farbe. Bohnen, die weder zu hart noch matschig sein dürfen, gehören zu den köstlichsten Gemüsen. Bei Brokkoli sollten auch die Strünke verwendet werden. Brokkoli nicht zu lange kochen.

TOMATEN UND BOHNEN MIT MINZE

20 Bohnen halbieren. 1 TL Öl in der Bratpfanne erhitzen. 1 zerdrückte Knoblauchzehe, 1 TL geriebenen Ingwer, je ½ TL gemahlenen Koriander, Kreuzkümmel und Garam Masala, 2 geschnittene, reife Tomaten zugeben. 1 Minute unter Rühren braten. Bohnen zugeben, 2–3 Minuten kochen, bis sie gerade weich sind.

BOHNEN-WALNUSS-SALAT

20 grüne Bohnen zerkleinern. Mit ¼ Tasse frischen Korianderblättern, 4 zerpflückten Blättern roter Eichenblattsalat, ¼ geschnittener rotem Paprika, ¼ Tasse Walnußhälften, 2–3 EL Estragonessig, 2 EL Erdnuß-Öl und 2 EL gehackter frischer Minze mischen. Sofort servieren.

BOHNENBÜNDEL

20 Bohnen putzen und schälen. Je 5 Bohnen bündeln. Mit dem grünen Ende einer Frühlingszwiebel oder mit Schnittlauch zusammenbinden. Über Dampf oder in der Mikrowelle eben weichgaren. Mit Zitronenpfeffer bestreuen. Heiß servieren.

KNOBLAUCH-BASILIKUM-BOHNEN

20 Bohnen putzen und schälen. 1–2 EL Olivenöl in der Bratpfanne erhitzen. 1 zerdrückte Knoblauchzehe und Bohnen zugeben. 2–3 Minuten schmoren, bis die Bohnen gerade weich sind, dabei ständig rühren. 1 EL gehacktes Basilikum hineinrühren. Heiß servieren.

Knoblauch-Basilikum-Bohnen

Bohnenbündel

Tomaten und Bohnen mit Minze

Bohnen-Walnuß-Salat

Brokkoli-Zwiebel-Pfanne

BROKKOLI-ZWIEBEL-PFANNE

250 g Brokkoli in kleine Röschen zerteilen. 1 mittelgroße Zwiebel in 8 Teile schneiden. 2 TL Sesamöl und 2 TL Pflanzenöl in einer kleinen Pfanne erhitzen. Brokkoli und Zwiebeln zugeben, kurz anbraten. 2 TL Sojasoße und 3 TL süße Chilisoße hineinrühren. Mit Kräutern bestreuen.

BROKKOLI MIT PILZEN

250 g Brokkoli in kleine Röschen zerteilen. 30 g Butter und eine zerdrückte Knoblauchzehe in einer schweren Pfanne erhitzen. 4 geschnittene Champignons zugeben. 2 Minuten bei mittlerer Hitze weich braten. Aus der Pfanne nehmen, beiseite stellen. Brokkoli in die Pfanne geben, 3–4 Minuten kurz anbraten. Pilze zurück in die Pfanne geben und rühren, bis alles durchgewärmt ist.

BROKKOLI MIT SCHINKENSPECK UND PINIENKERNEN

250 g Brokkoli in kleine Röschen zerteilen. 2 TL Öl in Wok oder schwerer Bratpfanne erhitzen. 2 Scheiben dünn geschnittenen Schinkenspeck zugeben. Bei mittlerer Hitze 2 Minuten braten. Brokkoli zugeben, 3–4 Minuten schnell anbraten, bis der Brokkoli gerade weich ist. 2 EL geröstete Pinienkerne und 1 EL gehackten frischen Schnittlauch zugeben. Heiß servieren.

BROKKOLI MIT SENFBUTTER

250 g Brokkoli in mittelgroße Röschen zerteilen. Über Dampf gerade weichgaren. 60 g weiche Butter, 2 TL Dijon-Senf und gemahlenen schwarzen Pfeffer zu einer Paste verarbeiten. Mit heißem Brokkoli servieren.

Brokkoli mit Senfbutter

Brokkoli mit Schinkenspeck und Pinienkernen

Brokkoli mit Pilzen

gegart werden; z. B. Boeuf bourguignonne.

Bourride Dicke provenzalische Suppe aus Weißfisch, gewürzt mit Aïoli.

Boysen-Beere Große, saftige, schwarz-violette Frucht; aus der Kreuzung von Heidel-, Logan- und Himbeere entstanden.

Brandade Püree aus gesalzenem Kabeljau, Olivenöl und Milch, das heiß gegessen wird.

Brandteig Leichter Teig für Éclairs, Windbeutel und Profiteroles. In einem Topf werden bei schwacher Hitze Wasser, Mehl, Butter und (für süßen Teig) Zucker gemischt, dann Eier hinzugefügt und ein weicher, glänzender Teig zubereitet. Dieser wird auf ein gefettetes Blech gespritzt und im Ofen gebacken.

Brandy Spirituose aus destilliertem Wein. In der Küche dazu verwendet, süßen und pikanten Gerichten, z. B. Soßen, Kraftbrühen, Schmortöpfen und Pasteten, Fruchtkuchen, Obstdesserts und Flambiertem Geschmack zu verleihen.

BLUMENKOHL

BLUMENKOHL IN TEIGHÜLLE MIT TOMATEN-CHUTNEY

☆☆ ***Vorbereitungszeit:*** 35 Minuten
Kochzeit: 30 Minuten
Für 4–6 Personen

1 kleiner Blumenkohl
½ Tasse Erbsenmehl (siehe Anmerkung)
¼ Tasse Mehl, mit Backpulver gemischt
1 TL Kreuzkümmel, gemahlen
¼ TL Natron
⅔ Tasse Wasser
1 Ei
200 g Joghurt
Pflanzenöl zum Fritieren

Tomaten-Chutney
2–3 EL Pflanzenöl
1 mittelgroße Zwiebel, feingeschnitten
400 g Tomaten, geschält und geschnitten
½ Tasse Weißweinessig
¾ Tasse Zucker
1 Knoblauchzehe, zerdrückt
1 TL Kreuzkümmel
½ Tasse Sultaninen
¾ Tasse frischer Koriander, feingeschnitten

1 Blumenkohl in große Röschen teilen. Waschen und abtropfen lassen, trockentupfen. Erbsenmehl, Mehl, Kreuzkümmel und Natron in eine mittelgroße Schüssel geben; in der Mitte eine Vertiefung machen. Wasser, Ei und Joghurt verrühren; zu den trockenen Zutaten gießen. Mit einem Holzlöffel lockeren Teig rühren.
2 Öl in einer tiefen, schweren Pfanne erhitzen. Röschen in den Ausbackteig tauchen. Röschen portionsweise in das heiße Öl geben. 3–5 Minuten fritieren, bis sie goldbraun sind. Heiß mit Tomaten-Chutney servieren.
3 Für Tomaten-Chutney Öl, Zwiebel, Tomaten, Essig, Zucker, Knoblauch, Kreuzkümmel und Sultaninen in einen Topf geben. Zum Kochen bringen, Hitze reduzieren; abgedeckt 20 Minuten köcheln lassen. Hitze erhöhen und unter Rühren kochen, bis die Mischung dick wird. Vom Herd nehmen. Koriander hineinrühren.

Anmerkung: Erbsenmehl ist Mehl aus geschälten, gelben Erbsen; in Naturkostläden erhältlich.

BLUMENKOHLSUPPE

45 g Butter in einem Topf zerlassen; 1 mittelgroße geschnittene Zwiebel zugeben und leicht schmoren, bis sie gerade weich ist. 500 g geschnittenen Blumenkohl, 2 Tassen Milch, 2 Tassen Hühner- oder Gemüsebrühe, 1 kleines Lorbeerblatt zugeben; zum Kochen bringen. Suppe abdecken und 15–20 Minuten köcheln lassen. Lorbeerblatt herausnehmen. Mischung in der Küchenmaschine verarbeiten, bis die Mischung glatt ist. In den ausgewaschenen Topf zurückgeben. Langsam erhitzen, bis es kocht, und ½ Tasse Sahne hineinrühren. Heiß oder kalt, mit 1 EL feingeschnittenem Schnittlauch bestreut, servieren. Für 4–6 Personen.

Oben: Blumenkohl in Teighülle mit Tomaten-Chutney.
Gegenüber: Weißbrot

BROT

WEISSBROT

☆ ***Vorbereitungszeit:*** 30 Minuten + 2 ¼ Stunden Ruhezeit
Backzeit: 50 Minuten
Für 1 Laib

15 g Trockenhefe
400–500 ml Wasser
2 TL Salz
500 g Weizen- oder Vollkornmehl

1 In einer kleinen Schüssel Hefe mit 3 EL kaltem Wasser ansetzen. Salz im restlichen Wasser auflösen. Mehl in eine große Schüssel sieben. Eine Vertiefung in der Mitte machen und Hefeansatz hineingeben; etwas Mehl über die Hefe stäuben und gehenlassen. Salzwasser zugeben und mit den Händen alles zu einem Teig verarbeiten.
2 Teig vorsichtig ca. 10 Minuten auf einer leicht bemehlten Arbeitsfläche kneten, wenn nötig, Mehl zugeben. Teig zu einem Kloß formen, in eine große, leicht gefettete Schüssel geben. Mit Folie abgedeckt mindestens 1 ½ Stunden an einem warmen Ort gehenlassen, bis sich das Teigvolumen verdoppelt hat.
3 Eine Kastenform (ca. 1 l Fassungsvermögen) mit Öl oder zerlassener Butter auspinseln. Teig aus der Schüssel nehmen, 2–3 Minuten kneten, dann in die Form drücken; Oberfläche mit Mehl bestauben. Form mit Folie abdecken und Teig ca. 45 Minuten aufgehenlassen, bis er den Rand der Form erreicht hat.
4 Ofen auf 220 °C vorheizen. Brot 50 Minuten durchbacken. Aus der Form nehmen und auf einem Kuchengitter abkühlen lassen.

VARIATIONEN

■ OLIVEN-KRÄUTER-BRÖTCHEN: ⅓ Tasse geschnittene schwarze Oliven und 2–3 EL gehackte, frische Kräuter (Oregano, Zitronenthymian, Petersilie oder Schnittlauch) bei Schritt 1 zur Mehlmischung zugeben. Weiter nach Anweisung bis zu Schritt 3. Teig in 8–10 Portionen teilen. Jede Portion kneten. Kugeln, abgeflachte Kugeln, Würste oder Brezeln formen. Auf gefettete Backbleche legen. Oberfläche nach Belieben mit Milch bepinseln und Mehl bestauben. Mit Folie abdecken und 45 Minuten gehenlassen. In vorgeheiztem Ofen 40–50 Minuten goldbraun backen.

■ KÄSE-KRÄUTER-STANGEN: Dem Brotrezept bis Schritt 3 folgen. Teig aus der Schüssel nehmen und 2–3 Minuten kneten, zu einer flachen, rechteckigen Form (ca. 20 x 25 cm) drücken. ½ Tasse geriebenen Käse, 2 EL frisch gehackte Petersilie und zerstoßenen Pfeffer mischen und auf die Teigplatte streuen. Teig von der schmalen Seite her aufrollen und in vorbereitete Form legen. Backen wie im Brotrezept angegeben.

Branntwein Stärkerer Alkoholgehalt als Likör, weniger dickflüssig; geeignet zum Flambieren.

Braten Fleisch am Stück, das in der trockenen Hitze des Ofens zubereitet wurde. Größere Fleischstücke, Geflügel oder Wild werden im Ofen gebraten, damit die Kruste braun und knusprig wird und das Innere saftig bleibt.

Braten, unter Rühren (Pfannenrühren) Rasch und gleichmäßig kleingeschnittene Speisen bei starker Hitze in wenig heißem Öl braten; dabei werden die Zutaten ständig mit einem Spatel gewendet.

Bratensaft Beim Braten von Fleisch und Geflügel austretende Flüssigkeit, die als Soßengrundlage dient; angedickt mit Mehl, verdünnt mit Brühe, Wein oder Wasser und zu Fleisch, Geflügel und Gemüse serviert.

Braune Soße Soße aus Fleischbrühe, mit Mehl und Butter angedickt und mit Zwiebeln, Pilzen und Tomaten gewürzt.

Brezel Süßes Hefegebäck, das mit Eigelb bestrichen und in der typischen Brezelform gebacken wird.

Brie Weicher, cremefarbener Kuhmilch-

käse mit dünner, weißer, eßbarer Haut. Er reift von außen nach innen, durch Einwirkung von Bakterien und Schimmelsporen, die auf der Käserinde wachsen.

Brioche Leicht gesüßte, weiche Brötchenart, aus mit Butter und Ei angereichertem Hefeteig. In Frankreich beliebte Frühstücksbrötchen.

Brisoletten Kleine Bällchen aus gehacktem Fleisch, Geflügel, Fisch oder Schalentieren, in Semmelbröseln gewälzt, fritiert oder gebacken.

Brokkoli Verwandt mit Kohl und Blumenkohl, mit dunkelgrünem Kopf und eng zusammengeballten Blüten und dicken, saftigen Strünken.

Brombeere Schwarze, saftige Beere eines stachligen Strauchs. Frisch gepflückt wird sie mit etwas Sahne und Zucker bestreut verzehrt; sie wird gekocht und zu Gelee oder Konfitüre verarbeitet.

Brot Backware aus Wasser und Mehl mit Zusatz von Treibmittel. Die ältesten

VOLLKORNBROT

☆☆ ***Vorbereitungszeit:*** 30 Minuten + Ruhezeit
Backzeit: 35–40 Minuten
Für 1 Laib

1 TL brauner Zucker
15 g frische Hefe oder 7 g Trockenhefe
1 ¼ Tassen warmes Wasser oder Milch
3 ¼ Tassen Vollkornmehl
1 TL Salz

1 Eine tiefe Kastenform mit Öl oder zerlassener Butter auspinseln. Zucker und Hefe in einer mittelgroßen Schüssel mischen. Nach und nach Wasser oder Milch zugeben, mischen, bis alles glatt ist. 10 Minuten mit Folie abgedeckt an einem warmen Ort stehenlassen.
2 Mehl und Salz in eine große Schüssel sieben. Eine Vertiefung in die Mitte machen. Hefevorteig in die Vertiefung geben; mit einem Messer durcharbeiten.
3 Teig auf leicht bemehlte Arbeitsfläche legen, 5–10 Minuten kneten. Teig zu einem Kloß formen und in eine große, leicht gefettete Schüssel legen. 15–20 Minuten mit Folie abgedeckt an einem warmen Ort gut aufgehenlassen. Mit der Faust Luft aus dem Teig herausschlagen. Erneut 3–5 Minuten kneten, dann in vorbereitete Form legen. Mit Folie abgedeckt nochmal gehenlassen, bis Teigvolumen sich verdoppelt hat.
4 Ofen auf 210 °C vorheizen. Laib mit etwas Milch bepinseln. Mit einem scharfen Messer Schlitze oder Muster in die Oberfläche schneiden und/oder mit etwas zusätzlichem Mehl bestauben. 35–40 Minuten braun backen. Brot vor dem Abkühlen auf einem Kuchengitter 5 Minuten in der Form lassen.

VARIATIONEN

■ Nachdem die Luft herausgeschlagen und erneut geknetet wurde, Teig in Brötchenportionen aufteilen. Scheiben, Würstchen, Brezeln formen oder aus 3 Rollen einen Zopf flechten. Brötchen oder geflochtene Laibe auf gefettete Backbleche legen. Mit Milch bepinseln und mit Mohn, Sesamkörnern oder getrockneten Kräutern und grobkörnigem Salz bestreuen. Goldbraun backen.
■ Für einen helleren Vollkornlaib halb Weizen-, halb Vollkornmehl verwenden.
■ Käse-Schinken-Schnittlauch-Brot: ½ Tasse geriebenen Cheddar, 2 Scheiben feingeschnittenen Räucherschinken und ¼ Tasse gehackten Schnittlauch zugeben; weiter nach Rezeptangabe.
■ Erneut kneten, den Teig ca. 1 cm dick zu einem Rechteck formen. Mit ½ Tasse geschnittenen, frischen Kräutern, 1–2 zerdrückten Knoblauchzehen, Salz und Pfeffer bestreuen. Von der schmalen Seite her aufrollen. Mit der Naht nach unten in die vorbereitete Form legen. Weiter nach Rezeptangabe.

Oben: Vollkornbrot.
Gegenüber: Knoblauch-Focaccia

KNOBLAUCH-FOCACCIA

☆ ***Vorbereitungszeit:*** 20 Minuten + 50 Minuten Ruhezeit
Backzeit: 25 Minuten
Für 4–6 Personen

7 g Trockenhefe
1 TL Zucker
2 ⅓ Tassen Mehl
¾ Tasse lauwarmes Wasser
1 TL Salz
3 Knoblauchzehen, zerdrückt
2–3 EL Olivenöl
1 EL Maismehl oder Maisgrieß
1–2 EL Olivenöl, zusätzlich
2 TL Meersalz, feinst zerstoßen

1 Hefe, Zucker, 1 TL Mehl und Wasser in einer kleinen Schüssel mischen. Mit Folie abgedeckt 10 Minuten an einen warmen Ort stellen, bis der Vorteig Blasen wirft.
2 Restliches Mehl und Salz in eine große Schüssel sieben. Knoblauch zugeben, mit einem Messer mischen. Eine Vertiefung in der Mitte machen, angerührte Hefe und Öl zugeben und zu einem festen Teig verarbeiten.
3 Teig auf eine leicht bemehlte Arbeitsfläche legen, 10 Minuten kneten, zu einem Kloß formen, in eine große, leicht gefettete Schüssel legen. Mit Folie abgedeckt 40 Minuten an einem warmen Ort gut aufgehenlassen.
4 Ofen auf 210 °C vorheizen. Boden einer flachen Backform (18 x 28 cm) mit Maismehl oder Stärke bestauben. Teig erneut 2 Minuten kneten, in die Form drücken; mit einem Grillspieß tiefe Löcher in den Teig stechen. Leicht mit Wasser bepinseln und in den Ofen stellen. 10 Minuten backen, erneut mit Wasser bepinseln. Nach 10 Minuten mit dem zusätzlichen Olivenöl bepinseln, mit Meersalz bestreuen, weitere 5 Minuten backen. Warm oder lauwarm, zu Vierecken geschnitten, servieren.

VARIATIONEN

- **Käse und Schnittlauch** ⅓ Tasse feingeriebenen Parmesan und ¼ Tasse feingehackten Schnittlauch bei Schritt 2 zur Mischung geben.
- **Käse und Schinken** ¾ Tasse geriebenen Cheddar, 2–3 Scheiben feingeschnittenen Räucherschinken und eine sehr fein in Scheiben geschnittene Zwiebel über Focaccia streuen, nachdem mit dem Grillspieß Löcher in den Teig gestochen wurden. Nicht mit Wasser bepinseln. Dann backen nach Rezeptangabe.
- **Oliven, Paprikaschote und Sardellen** ½ Tasse geschnittene schwarze Oliven, ½ kleine rote Paprikaschote, feingehackt, und 45 g Sardellen-Filets aus der Dose, abgetropft und in feinste Scheiben geschnitten über Focaccia streuen, nachdem mit dem Grillspieß Löcher in den Teig gestochen wurden. Nicht mit Wasser bepinseln. Backen nach Rezept.

OLIVEN-ZWIEBEL-FLADEN

☆☆ ***Vorbereitungszeit:*** 20 Minuten
Backzeit: 35 Minuten
Für 8 Personen

1–2 EL Olivenöl
2 mittelgroße Zwiebeln, feingeschnitten
1 TL Zucker
½ Tasse warme Milch
15 g Trockenhefe
3 Tassen Vollkornmehl
2 Tassen Mehl
1 EL Kümmel
1 ¾ Tassen warmes Wasser
½ Tasse Olivenöl, zusätzlich
1 Ei, verquirlt
1 Tasse schwarze Oliven, entsteint

1 Ofen auf 210 °C vorheizen. Eine flache Backform (35 x 25 cm) fetten. Öl in der Pfanne erhitzen, Zwiebeln zugeben, 10 Minuten goldgelb schmoren. Abkühlen lassen.
2 Zucker und Milch mit Trockenhefe mischen und 5 Minuten stehenlassen. Mehl in eine Schüssel sieben, Kümmel zugeben.
3 Hefemischung, Wasser, Öl und Ei mischen. Mehl zugeben, gut mischen. Die klebrige Mischung in die Backform drücken; mit öligen Händen glätten.
4 Gebratene Zwiebeln und Oliven darüberstreuen und fest in den Teig drücken. Fladen 35 Minuten goldbraun backen.

bekannten Brotarten sind Fladenbrote, die schon vor mehr als 10 000 Jahren auf heißen Steinen gebacken wurden. Man nimmt an, daß die Ägypter als erste gesäuertes Brot herstellten. Im Mittelalter wurde Brot in ganz Europa zu einem Grundnahrungsmittel.

Brownie Üppige Schokoladenschnitte, die in Nordamerika beliebt ist.

Brühe Dünne, klare, gewürzte Flüssigkeit, die man durch Auskochen von Gemüse, Kräutern und Gewürzen mit Fleisch, Geflügel oder Meeresfrüchten erhält. Die Flüssigkeit wird durch ein Sieb gegossen und abgekühlt, so daß sich das Fett auf der Oberfläche absetzt und abgeschöpft werden

kann. Brühe wird für die Zubereitung von Soßen, Schmorgerichten und Suppen verwendet.

Bûche de Noël Französischer Weihnachtskuchen. Ein gerollter, biskuitähnlicher Teig wird mit Schokoladenbuttercreme ge-füllt und überzogen; die Oberfläche erinnert an Baumrinde.

Buchweizen Dreieckige Samen einer in Zentralasien beheimateten Pflanze. Körner werden geröstet und zu Mehl gemahlen, das für Pfannkuchen (besonders in Rußland), Gebäck und asiatische Soba-Nudeln verwendet wird.

Bulgur Durch Kochen, Trocknen und Zerstoßen von Weizen hergestellte grobe Grießart, die das Doppelte ihres Volumens an Wasser aufsaugt, wenn sie eingeweicht oder vor der Verwendung kurz erneut gekocht wird. Bulgur enthält den proteinreichen Weizenkeim.

Bun Kleines, rundes Hefebrötchen, meist leicht gesüßt und manchmal mit Gewürzen und getrockneten Früchten gebacken.

FRÜCHTEBROT MIT NÜSSEN

☆☆ ***Vorbereitungszeit:*** 35 Minuten + Ruhezeit
Backzeit: 40–50 Minuten
Für 1 Laib

350 g Mehl (½ Weizen- ½ Vollkornmehl)
60 g weicher, brauner Zucker
¼ TL Zimt, gemahlen
¼ TL Muskatnuß, gerieben
¼ TL Ingwerpulver
¼ TL Piment
etwas Salz
15 g frische Hefe
150 ml warme Milch
60 g Butter, zerlassen, aber nicht heiß
125 g Sultaninen
125 g Korinthen
60 g Orangeat und Zitronat
125 g Paranüsse, gehackt

Glasur
150 ml Milch
6 EL Zucker

1 Mehl, Zucker, Gewürze und Salz in einer großen Schüssel mischen. Hefe in warmer Milch anrühren. In die Mitte der Zutaten eine Vertiefung machen und Milch-Hefemischung hineingießen. Butter und restliche Milch zugeben und einen weichen Teig bereiten; nach Bedarf mehr Mehl oder warmes Wasser zugeben.

2 Teig auf eine leicht bemehlte Arbeitsfläche legen und 4 Minuten kneten. In die Schüssel zurücklegen, mit Folie abgedeckt an einem warmen Ort ca. 1 ½ Stunden gut aufgehenlassen.

3 Ofen auf 200 °C vorheizen. Eine kleine Kastenform mit Butter oder Öl auspinseln. Früchte, Orangeat, Zitronat, Nüsse mit dem Teig verkneten, dann in die Form geben. Mit Folie abgedeckt ca. 30 Minuten an einem warmen Ort gehenlassen, bis der Teig den Rand der Form erreicht hat. 35 bis 45 Minuten backen, bis der Teig an der Oberfläche braun ist. Früchtebrot auf ein Kuchengitter stürzen, Festigkeit durch Klopfen testen; ist der Laib noch sehr weich, mit der Oberseite nach unten ohne Backform weitere 5 Minuten in den Ofen legen.

4 Laib noch heiß mit Glasur bepinseln. Auf einem Kuchengitter abkühlen lassen.

5 Für die Glasur Milch und Zucker in einen Topf geben und zum Kochen bringen, rühren, bis sich der Zucker auflöst. Nach 3–5 Minuten wird die Glasur dick.

VARIATIONEN

- Früchtebrot mit Nüssen kann zu Zopf- oder Brötchenform verarbeitet werden.
- Das Brot ist leichter, wenn es völlig aus Weißmehl, sehr viel schwerer, wenn es völlig aus Vollkornmehl gebacken wird.
- Verschiedene Frucht-und Nußsorten verwenden: mit gehackten Haselnüssen und kandierten Kirschen wird das Brot zu einem herrlichen Teekuchen.

Oben: Früchtebrot mit Nüssen.
Gegenüber, oben: Vollkornroggen-Sauerbrot; unten: Olivenfladen

OLIVENFLADEN

☆ ***Vorbereitungszeit:*** 20 Minuten
Backzeit: 25 Minuten
Für 8 Personen

2 Tassen Mehl, mit Backpulver vermischt
1 TL Salz
30 g Butter, geschnitten
½ Tasse geriebener Parmesan
½ Tassse schwarze Oliven, entsteint und geschnitten
1 EL frischer Rosmarin, gehackt
½ Tasse Milch
¼ Tasse Wasser
1–2 EL Milch, zusätzlich
2 EL geriebener Parmesan, zusätzlich

1 Ofen auf 210 °C vorheizen. Ein Backblech mit zerlassener Butter oder Öl bepinseln, leicht mit Mehl bestauben. Mehl und Salz in eine Schüssel sieben. Geschnittene Butter zugeben und mit den Händen ins Mehl reiben, bis die Mischung feinkrümelig ist.
2 Parmesan, Oliven und Rosmarin zugeben; rühren. Milch und Wasser mischen und zu den trokkenen Zutaten geben. Zu einem weichen Teig verarbeiten.
3 Teig auf eine leicht bemehlte Arbeitsfläche legen und kurz kneten. Teig zu einem Kloß formen, dann zu einem 2 cm dicken Kreis formen.
4 Auf vorbereitetes Backblech legen, 8mal tief einkerben. Mit der zusätzlichen Milch bepinseln und mit Käse bestreuen. 25 Minuten backen, bis der Fladen eine goldbraune Kruste hat.

VOLLKORNROGGEN-SAUERBROT

☆☆ ***Vorbereitungszeit:*** 50 Minuten
Backzeit: 40 Minuten
Für 1 großen und 1 kleinen Laib

Sauerteig-Ansatz
5 g frische Hefe
1 Tasse warmes Wasser
1 Tasse Vollkornmehl

Brotteig
1 ½ Tassen Wasser
30 g frische Hefe
2 TL weicher, brauner Zucker
1 Tasse Vollkornmehl
2 ½ Tassen Roggenmehl
1 TL Salz
2 TL Kümmel
Roggenmehl zusätzlich, zum Kneten

1 Für den Sauerteig-Ansatz Hefe in warmem Wasser anrühren. Mehl hineinsieben, Mischung glattrühren. Abdecken und 2 Tage bei Zimmertemperatur stehenlassen.
2 Für den Brotteig Wasser, Hefe und braunen Zucker mischen. An einem warmen Ort ruhenlassen, bis Mischung Blasen schlägt.
3 Vollkorn- und Roggenmehl mit Salz in eine große Schüssel geben. Eine Vertiefung in der Mitte machen und Hefevorteig sowie ½ Tasse des Sauerteig-Ansatzes hineingeben. Gut mischen, bis alles verbunden ist. Teig kneten, bis er weich und elastisch ist; in eine leicht gefettete Schüssel geben und an einem warmen Ort stehenlassen, bis sich Teigvolumen verdoppelt hat.
4 Ofen auf 200 °C vorheizen. Teig zusammendrücken und auf einer bemehlten Arbeitsfläche 10 Minuten kneten. Aus dem Teig ein oder zwei lange Laibe formen.
5 Brotlaibe auf ein gefettetes Backblech legen, 10 Minuten gehenlassen. Mit Wasser bepinseln, Oberflächen mit Kümmel bestreuen. 30–40 Minuten backen, bis sie goldfarben sind.

Burrito Fladenbrot (Tortilla) aus Weizenmehl, das mit zerkleinertem Fleisch, Bohnen und manchmal Käse gefüllt und dann zusammengewickelt wird. Es wird entweder sofort verzehrt oder erneut gebacken. Burritos haben ihren Ursprung in Mexiko.

Butter Molkereiprodukt, das durch Schlagen von Sahne entsteht. In den meisten Ländern muß Butter aus wenigstens 80 % Fett bestehen und darf nicht mehr als 16 % Wasser enthalten. Die Sumerer waren die ersten, die Butter möglicherweise aus Kuhmilch herstellten; dennoch war die erste Butter überhaupt wohl aus Ziegen- oder Schafsmilch hergestellt, da Rinder, die als Zugtiere verwendet wurden, nur wenig Milch gaben. Die Gallier stellten Butter her, und die Normannen verbreiteten sie in ganz Nordeuropa.

Buttermilch Dünne Flüssigkeit, die beim Buttern von Sahne im Butterfaß übrigbleibt.

Butternuß-Kürbis (Winter-Squash) Einer großen Birne ähnlich; zarte, gelbbraune Schale und leuchtend orangerotes Fruchtfleisch. Als Kochgemüse verwendet.

C

Cabanossi Dünne, pikante, vorgekochte Wurst aus

gewürztem Schweine- oder Rinderhack oder einer Mischung aus beidem.

Cabécou Kleinlaibiger, weicher Ziegenmilchkäse aus Frankreich.

Caerphilly Krümeliger, halbfester, fast weißer Kuhmilchkäse mit mildem, leicht salzigem Geschmack.

Café au lait Heißer Kaffee, der meist zu gleichen Teilen mit kochender Milch gemischt wird.

Caffè latte Italienische Version des Frühstückskaffees, sehr starker Espresso wird in einem Glas mit sehr heißer Milch übergossen.

Cajun-Küche Cajun nennt man die Küste, die Bajous und das Hinterland von Süd-Louisiana. Um 1750

CAJUN-KÜCHE

CAJUN-GEWÜRZ

1 EL Knoblauchpulver, 1 EL Zwiebelpulver, 2 TL weißer Pfeffer, 2 TL zerstoßenen schwarzen Pfeffer, 1 ½ TL Cayenne-Pfeffer, 2 TL getrockneten Thymian und ½ TL getrockneten Oregano mischen. Die Mischung in einem Gewürzglas aufbewahren.

CAJUN-GEMÜSE

1 große Zwiebel, 1 grüne Paprikaschote und 2 kurze Selleriestangen schälen und fein schneiden. Ergibt 3–3 ½ Tassen.

ROUX

Roux ist das wichtigste Element der Cajun-Küche. Zur Herstellung müssen gleiche Teile Öl und Mehl verwendet werden. Eine schwere Pfanne (vorzugsweise aus Gußeisen, weil große Hitze die Beschichtung einer Pfanne beschädigt) erhitzen und Öl hineingeben. Wenn das Öl heiß ist, ¼ der Mehlmenge darüberstreuen und mit dem Schneebesen schnell verrühren. Nach und nach restliches Mehl zugeben, ständig rühren, bis die gewünschte Farbe erzielt ist. Heller Roux braucht 2 Minuten Kochzeit bei starker Hitze, rotbrauner Roux ca. 5 Minuten. Um ein gutes Ergebnis zu erzielen, Hitze auf konstanter Höhe halten, die Pfanne immer wieder für 30 Sekunden vom Herd nehmen. Um Anbrennen zu vermeiden, was den Roux bitter macht, ununterbrochen schnell rühren. Um zu verhindern, daß heißer Roux während des Kochens durch Spritzen die Haut verbrennt, lange Gummihandschuhe tragen. Roux im Kühlschrank aufbewahren und vor Gebrauch auf Zimmertemperatur erwärmen.

FISCH NACH CAJUN-ART

☆ ***Vorbereitungszeit:*** 5 Minuten
Kochzeit: 6–8 Minuten
Für 6 Personen

125 g Butter
6 große, weiße Fischfilets
2 EL Cajun–Gewürz
2 TL süßes Paprikapulver

1 Butter in einer kleinen Pfanne zerlassen.

2 Jedes Filet großzügig mit zerlassener Butter bepinseln. Cajun-Gewürz und Paprika mischen und dick über den Fisch streuen.

3 1 oder 2 Filets gleichzeitig in die heiße Pfanne geben und 1–2 Minuten bei starker Hitze braten. Wenden und einige Minuten weiterbraten, bis der Fisch gar ist. Die Filets sollten auf jeder Seite gut gebräunt sein. Wenn nötig mehr Butter in die Pfanne geben. Restliche Filets auf die gleiche Weise braten. Heiß mit der restlichen Butter und gekochtem Reis servieren.

Oben: Fisch nach Cajun-Art.
Gegenüber: Gumbo mit Shrimps

GUMBO MIT SHRIMPS

☆☆ ***Vorbereitungszeit:*** 20 Minuten
Kochzeit: 1 Stunde
Für 6 Personen

315 g Okras aus der Dose, gewaschen und abgetropft
425 g Tomaten aus der Dose
2 Tassen Cajun-Gemüse, geschnitten
60 g Butter
2 Knoblauchzehen, zerdrückt
2 TL Tomatenmark
2 TL Cajun-Gewürz
2 Lorbeerblätter
¼ TL Piment, gemahlen
2 TL Chilipulver oder gehackte Chilischote
1 TL Worcestersoße
Pfeffer zum Abschmecken
2 Tassen Fischbrühe
¼ Tasse rotbrauner Roux
600 g mittelgroße, rohe Shrimps, geschält und geputzt
1 TL Filé-Pulver, nach Belieben

1 Okras und zerdrückte Tomaten in einen Topf geben. Zum Kochen bringen, Hitze reduzieren, abgedeckt 15 Minuten leicht köcheln lassen.
2 Cajun-Gemüse 2–3 Minuten in Butter schmoren, Knoblauch zugeben, 20 Minuten kochen.
3 Okras und Tomatenmischung mit Tomatenmark, Cajun-Gewürz, Lorbeerblättern, Piment, Chilischote, Worcestersoße und Pfeffer zu dem Cajun-Gemüse geben. 2 Minuten rühren, dann Brühe und Roux zugeben, weitere 15 Minuten kochen.
4 Shrimps zugeben und leicht köcheln lassen, bis alles fast gar ist. Nach Belieben abschmecken und Filé-Pulver zugeben.

»SCHMUTZIGER REIS«

☆☆ ***Vorbereitungszeit:*** 15 Minuten
Kochzeit: 30 Minuten
Für 6 Personen

2 ½ Tassen Cajun-Gemüse, geschnitten
60 g Butter
2 Knoblauchzehen, gehackt
185 g Hühnerleber, geschnitten
250 g Schweinehack
1 ½ TL gekörnte Hühnerbrühe
¼ Tasse rotbrauner Roux
½ TL Tabasco-Soße
2 TL Cajun-Gewürz
schwarzer Pfeffer
2 Tassen weißer Langkornreis
3 Tassen Hühnerbrühe

1 Gemüse in der halben Buttermenge schmoren, bis es weich ist; Knoblauch zugeben, kurz aufkochen lassen. Aus der Pfanne nehmen.
2 Leber und Schweinehack 2–3 Minuten braten; größere Klümpchen Hackfleisch mit der Gabel zerkleinern. Gemüse 2–3 Minuten mitbraten.
3 Gekörnte Hühnerbrühe, Roux, Tabasco-Soße, Cajun-Gewürz, Pfeffer, Reis und Hühnerbrühe hineinrühren und zum Kochen bringen. Hitze reduzieren und ca. 20 Minuten köcheln lassen.
4 Abschmecken, gut rühren und servieren.

Anmerkung: Nach Wunsch gehackte Frühlingszwiebeln zufügen; geschnittene, hartgekochte Eier, gewürfeltes, gekochtes Hühnerfleisch oder Schinken, gekochte Shrimps und rote Kidney-Bohnen für ein Hauptgericht.

Zufluchtsort französischer Hugenotten, die von den Engländern aus Kanada vertrieben worden waren. Das Essen im Cajun ist bodenständig und deftig; seine Wurzeln hat es in den Bauernküchen des ländlichen Frankreich, doch seinen unverwechselbaren Stil erhält es durch indianischen Gebrauch lokaler Kräuter und Wurzeln, Zutaten, die von afrikanischen Sklaven eingeführt wurden (Okra, Sesam, Melonen), und scharfe Gewürze und das kulinarische Vermächtnis früher spanischer Siedler.

Calamari Italienischer und spanischer Name für den Tintenfisch.

Camembert Kuhmilchkäse, hat einen strengen, cremigen Geschmack. Camembert reift von außen nach innen durch Oberflächenschimmel, der mit weicher, zarter Haut den cremigen Kern umschließt.

Canapé Mundgerechtes Stückchen Brot; mit gewürzter Butter oder ähnlichem Auf-

strich, mit Krabben, Kaviar, Räucherlachs, Schinken oder Spargelspitzen belegt, garniert mit gefüllten Oliven, Piment, Kapern oder Gürkchen, wird aus der Hand gegessen.

Cannellini-Bohne Weiße Bohne, ähnlich der Kidney-Bohne geformt und größer als die Haricot- oder Gartenbohne. Mild im Geschmack und locker. Verwendet wird sie in Suppen, Eintöpfen, Schmortöpfen und kalt in Salaten.

Cannelloni Italienische Pastaröhren, die mit Fleisch, Gemüse oder Käse gefüllt und mit Käse oder Soße überbacken werden.

Canola-Öl Rapsöl oder Colza-Öl. Blaßgelbes, nahezu farb- und geschmackloses Öl aus der Rapspflanze. Verwendet als Salat- und Kochöl und bei der Herstellung von Margarine. Reich an einfach ungesättigten Fettsäuren und Vitamin E.

Cappuccino Espressokaffee mit Milch, die durch Dampf aufgeschäumt wird.

Capsicum siehe Paprikaschote.

HÜHNER-RÄUCHER-SCHINKEN-JAMBALAYA

★ ***Vorbereitungszeit:*** 45 Minuten
Zubereitungszeit: 1 ¾ Stunde
Für 6 Personen

1 kg Hühnerteile, Knochen entfernen, aufbewahren
1 kleine Möhre, geraspelt
1 kleine Zwiebel, gehackt
6 Pfefferkörner
2 Stengel Petersilie
1 Stengel frischer Thymian
4 Tassen Wasser
500 g Räucherschinken, gewürfelt
2–3 EL Pflanzenöl
2 Tassen Cajun-Gemüse, geschnitten
2 Knoblauchzehen, gehackt
425 g geschälte Tomaten, aus der Dose
2 ½ Tassen weißer Langkornreis
2 TL Cajun-Gewürz

1 Hühnerknochen und -haut, Möhre, Zwiebel, Pfefferkörner, Petersilie und Thymian in einem Topf mit Wasser aufsetzen. Zum Kochen bringen, Hitze reduzieren und offen 30 Minuten köcheln lassen. Absieben, die Flüssigkeit aufbewahren.
2 Hühnerfleisch in Würfel schneiden und mit dem Schinken 6 Minuten im Öl braten. Geschnittenes Cajun-Gemüse und Knoblauch zugeben und schmoren, bis alles goldbraun ist. Tomaten, Reis, 3 Tassen der aufbewahrten Flüssigkeit und Cajun-Gewürz zugeben; zum Kochen bringen.
3 In eine gefettete Kasserolle geben und ca. 1 Stunde offen im Ofen bei 180 °C backen.

SCHMALZGEBÄCK »HUSHPUPPIES«

★ ***Vorbereitungszeit:*** 10 Minuten
Kochzeit: 10 Minuten
Ergibt 24–36 Stück

1 Tasse feines Maismehl
½ Tasse Mehl mit Backpulver vermischt
2 EL Maisstärke
1 EL Backpulver
½ TL Zwiebelsalz
¼ TL Chilipulver
1 TL Cajun-Gewürz
1 Knoblauchzehe, feingehackt
2 EL Zwiebel, gerieben
2 Eier, leicht verquirlt
¾ Tasse Milch
1 EL Schmalz
Öl zum Fritieren

1 In einer Schüssel Maismehl, Mehl, Maisstärke, Backpulver, Zwiebelsalz, Chilipulver und Gewürz mischen. Knoblauch, Zwiebel und Eier zugeben.
2 Milch und Schmalz bei schwacher Hitze aufkochen. Über die trockenen Zutaten geben, gut verrühren.
3 Öl erhitzen. Mischung eßlöffelweise vorsichtig ins Öl geben. Goldgelb fritieren. Mehrmals wenden.
4 Mit einem Schaumlöffel herausnehmen. Auf Küchenpapier abtropfen lassen. Warm servieren.

Oben: Schmalzgebäck »Hushpuppies«.
Links: Hühner-Räucherschinken-Jambalaya.
Gegenüber, oben: Gebackene Tintenfischringe mit Sauce Tartare; unten: Calamares griechische Art

CALAMARES

GEBACKENE TINTENFISCH-RINGE MIT SAUCE TARTARE

★★★

Vorbereitungszeit: 20 Minuten
Backzeit: 1 Minute pro Portion
Für 4 Personen

500 g kleine, gesäuberte Calamarestrichter
2 EL Maismehl (Stärke)
2 Eier, leicht verquirlt
2 Knoblauchzehen, zerdrückt
2 TL abgeriebene Zitronenschale
1 Tasse Semmelbrösel
Öl zum Fritieren

Sauce Tartare
1 Tasse Mayonnaise
2 EL frischer Schnittlauch, gehackt
2 EL Silberzwiebeln, gehackt
1 EL grober Senf

1 Calamares in dünne Ringe schneiden. Maismehl auf einen Teller geben. Eier, Knoblauch und Zitronenschale in einer Schüssel mischen. Semmelbrösel auf einen dritten Teller geben. Calamaresringe in Maismehl wälzen, in Ei tauchen und in Semmelbröseln wenden. Überschüssiges Mehl oder Brösel abschütteln.
2 Öl in einem tiefen, schweren Topf erhitzen. Calamares vorsichtig portionweise ins Öl geben und bei mittlerer Hitze etwa 1 Minute bräunen. Mit dem Schaumlöffel herausheben und auf Küchenpapier abtropfen lassen; warm halten. Restliche Calamares ebenso zubereiten.
3 Für Sauce Tartare Mayonnaise, Schnittlauch, gehackte Silberzwiebeln und Senf sehr sorgfältig miteinander verrühren. Soße als Dip servieren.

CALAMARES GRIECHISCHE ART

★

Vorbereitungszeit: 30 Minuten
Kochzeit: 35 Minuten
Für 6–8 Personen

1 kg mittelgroße Calamarestrichter
gekochter Reis
1 Ei, leicht verquirlt

Füllung
1–2 EL Olivenöl
2 Frühlingszwiebeln, gehackt
⅓ Tasse Pinienkerne
½ Tasse Korinthen
2 EL frische Petersilie, gehackt
2 TL abgeriebene Zitronenschale 1 ½ Tassen

Soße
1–2 EL Olivenöl
1 Zwiebel, feingehackt
1 Knoblauchzehe, zerdrückt
4 große, reife Tomaten, enthäutet und gehackt
4 EL Rotwein
1 EL frischer Oregano, gehackt

1 Backofen auf 160 °C vorheizen. Calamarestrichter waschen und trocknen. Öl, Zwiebel, Pinienkerne, Korinthen, Petersilie, Zitronenschale, gekochter Reis und Ei in einer Schüssel mischen.
2 Jeden Trichter zu zwei Dritteln füllen. Das Ende mit einem Zahnstocher oder einem Spieß zustekken. Nebeneinander in eine Kasserolle legen.
3 Für die Soße Öl im Topf erhitzen. Zwiebel und Knoblauch darin bei schwacher Hitze in 2 Minuten weich dünsten, mit Tomaten, Wein und Oregano bei schwacher Hitze 10 Minuten köcheln lassen.
4 Soße über die Calamares gießen. Zugedeckt etwa 20 Minuten im Ofen backen. Calamares in dicke Scheiben schneiden. Vor dem Servieren Soße über den Fisch geben.

Carpaccio Gericht aus hauchdünn geschnittenem, rohem Fleisch, meist Rindfleisch, mit Öl und Zitronensaft oder einer cremigen Vinaigrette aus Olivenöl angemacht und als Vorspeise serviert.

Cashewnuß Zarte, bohnenförmige Nuß des gleichnamigen, südamerikanischen Baums. Die Schale enthält ätzende Öle, die durch Erhitzen ungefährlich gemacht werden müssen, bevor die Nuß herausgenommen werden kann.

Cassata Eisdessert aus Italien, meist mehrere Schichten Eiscreme, von denen mindestens eine gehackte Nüsse und kandierte Früchte enthält, und manchmal eine Schicht gesüßte Schlagsahne. Die traditionell rechteckige Form verleiht Cassata den Namen, »kleiner Backstein«.

Cassoulet Herzhafter Bohnen-Fleisch-Eintopf aus dem Languedoc in Südfrankreich.

Cayennepfeffer Feuriges Gewürz aus getrockneten und pulverisierten Schoten und Samen mehrerer Sorten Chillies. Sparsam verwenden, um Käse- und Fischgerichte zu würzen.

Ceviche Gericht aus rohem Fisch oder rohen Muscheln, die in Zitronen- oder Limonensaft mariniert werden, bis das Fleisch undurchsichtig wird. Meist mit rohen Zwiebelringen und Tomaten serviert. Beliebtes Gericht in Lateinamerika und im Südpazifik.

Champignon Zuchtpilz, der jung gepflückt wird, bevor die Lamellen sichtbar sind. Geschätzt wegen seines milden Geschmacks.

Chapatti Flaches, ungesäuertes Brot aus Indien. Es wird aus einem Vollkornweizenteig zubereitet und auf heißem Rost gebacken.

Charlotte Dessert aus pürierten Früchten, die in eine Form gefüllt werden, die mit dünnen, gebutterten Brotscheiben ausgelegt ist. Es wird warm mit kalter Vanillesoße serviert.

CANAPÉS

Canapés werden vor dem Essen oder bei Cocktailpartys meist mit einem Drink serviert. Sie sollten klein genug sein, um in der Hand gehalten und mit einem Bissen verzehrt zu werden.

BASIS UND BELAG SCHNELL ZUR HAND

- Knusprige Brotcroûtons mit Pesto bestreichen und mit einer halben Cocktailtomate belegen.
- Kleine gekochte Pastaschalen mit einer Mischung aus Frischkäse, feingeschnittenem Räucherlachs und feingeschnittenen Schnittlauchröllchen füllen.
- Frisch gebackene Mini-Blinis oder Mini-Pfannkuchen mit dickem Schmand bestreichen und mit Kaviar bestreuen.
- Dicke Scheiben ungeschälte Gurke mit Blauschimmelkäse und Walnüssen oder Räucherlachsscheiben und einem Löffel saurer Sahne belegen.
- Knusprige Brotcroûtons mit Tapenade und in Scheiben geschnittenen, hartgekochten Eiern oder pochierten Wachteleiern belegen.
- Knusprige Brotcroûtons mit dicker Knoblauchmayonnaise bestreichen. Grüne Spargelspitzen darauflegen und mit einem Streifen gegrillter, roter Pfefferschote garnieren.
- Kleine Ecken eines Spinat-Omeletts mit feinen Schinkenstreifen belegen.
- Zu frischen Austern in der Schale frisch zubereitete dicke Kräutermayonnaise geben.
- Knusprige Brotcroûtons mit Hühnerleber- oder Lachspastete belegen und mit einer Scheibe Dillgurke abdecken.
- Runde Pumpernickelscheiben mit Blauschimmelkäse bestreichen und mit geschnittenen gefüllten Oliven garnieren.
- Frische Birnenscheiben oder Cantaloupe-Würfel sorgfältig in hauchdünne Scheiben Prosciutto wickeln.
- Knusprige Brotcroûtons oder runde Pumpernickelscheiben mit grobem Senf bestreichen und mit Roastbeef, englisch, oder Filet und einem Stück Mango belegen.
- Frische weiße Champignons mit einer Mischung aus geschnittenem Schinken und Frischkäse füllen. Mit gerösteten Pinienkernen und feingehackter, frischer Petersilie bestreuen.
- Kleine, gekochte Pastahüllen mit geschnittenen, sonnengetrockneten Tomaten, Basilikum, frischem Ziegenkäse füllen. Überbacken.
- Kleine Mini-Pizzaböden bereiten, mit sautierten Zwiebeln, geschnittenen Sardellen und Parmesankäse bestreichen.

Oben: Verschiedene Canapé-Variationen.
Gegenüber: Mini-Frühlingsrollen

CHINESISCHE KÜCHE

MINI-FRÜHLINGSROLLEN

☆☆ ***Vorbereitungszeit:*** 45 Minuten
Kochzeit: 30 Minuten
Ergibt 20 Stück

4 getrocknete chinesische Pilze
3 Tassen Chinakohl, feingehobelt
2 TL Salz
6 TL Öl
½ TL Knoblauch, zerdrückt
1 TL Ingwer, gerieben
150 g Schweinehack
¼ TL schwarzer Pfeffer, zerstoßen
1–2 EL Sojasoße
1–2 EL Austernsoße
2 große Möhren, geraspelt
3 TL Maismehl (Stärke)
2–3 EL Wasser
10 Frühlingsrollen-Teigplatten (Fertigprodukt)
Öl zum Fritieren

1 Pilze 30 Minuten in heißem Wasser einweichen; Wasser abgießen und Pilze ausdrücken, um überschüssiges Wasser zu entfernen. Stiele entfernen, die Kappen fein schneiden. Kohl in ein Sieb geben und mit Salz bestreuen, um überschüssiges Wasser herauszuziehen. Abspülen und ausdrücken.
2 Im Wok oder einer schweren Bratpfanne Öl erhitzen; leicht schwenken, um Boden und Seiten gut zu bedecken. Knoblauch und Ingwer zugeben, goldgelb braten. Hitze erhöhen, Schweinehack zugeben und kurz anbraten, bis das Fleisch die Farbe wechselt. Pfeffer und Soßen hineinrühren. Pilze, Kohl und Möhren zugeben; 3 Minuten unter Rühren weiterbraten lassen. Stärke mit Wasser anrühren, zur Fleischmischung geben. Kochen und dabei rühren, bis die Flüssigkeit hell und dick wird. Abkühlen lassen.
3 Frühlingsrollenteig diagonal halbieren. Jeweils ein Dreieck verarbeiten; restliche Dreiecke unter einem sauberen, feuchten Küchenhandtuch aufbewahren. 2 TL der Füllung auf das Dreieck geben. Die 2 Seitenspitzen über die Füllung schlagen, dann zur anderen Spitze hin. Spitze mit etwas Mehlpaste verschließen.
4 4 Rollen gleichzeitig im Wok ca. 3 Minuten goldbraun fritieren, abtropfen lassen. Mit süßsaurer Soße servieren.

Anmerkung: Einen Tag vor dem Verzehr zubereiten, im Kühlschrank aufbewahren. Unfritiert im Tiefkühlfach bis zu 1 Monat haltbar. Tiefgefrorene Frühlingsrollen 5 Minuten fritieren.

PEKING-ENTE MIT MANDARIN-PFANNKUCHEN

☆☆☆ ***Vorbereitungszeit:*** 1 Stunde + 4 Stunden Ruhezeit + 1 Stunde Vorbereitungszeit für die Pfannkuchen
Kochzeit: 1 Stunde
Für 4 Personen

1 Ente, ca. 1,75 kg
3 l kochendes Wasser
1–2 EL Honig
½ Tasse heißes Wasser
1 Gurke, dünn geschält
12 Frühlingszwiebeln
2–3 EL Hoisinsoße

Mandarin-Pfannkuchen
2 ½ Tassen Mehl
2 TL sehr feiner Zucker
1 Tasse kochendes Wasser
1–2 EL Sesamöl

Charque (Pemmikan) In feine Streifen geschnittenes, gesalzenes, luftgetrocknetes Rindfleisch.

Chateaubriand Dicke Scheibe Rinderfiletsteak, die gegrillt oder gebraten, meist mit Sauce Béarnaise, serviert wird. Angeblich im 18. Jh. das Lieblingsgericht des französischen Staatsmanns, Autors und Feinschmeckers Vicomte de Chateaubriand.

Cheddar Halbfester Kuhmilchkäse mit dichter, zarter Struktur und nussigem Geschmack. Je nach Reifegrad mild oder sehr scharf. Junger Käse ist nahezu weiß, voll ausgereifter Cheddar dottergelb.

Cherimoya Große, runde, grüne Frucht einer immergrünen Baumart Perus; heute in vielen tropischen Regionen angebaut. Ihr süß duftendes, creme-weißes Fruchtfleisch schmeckt wie eine Kombination aus Banane, Ananas und Erdbeere und wird mit dem Löffel aus der halbierten Frucht herausgeschabt.

Cheshire-Käse Harter, krümeliger, leicht salziger Kuhmilchkäse, dem Cheddar ähnlich. Älteste englische Käsesorte, seit dem 12. Jh. in Cheshire hergestellt.

Chèvre Französischer Ziegenkäse, weich und mild im Geschmack, solange er jung ist. Reiferer Käse ist härter, oft scharf und beißend.

Chicorée (Brüsseler Endivie oder Witlof) Gemüse mit festem, kegelförmigem Kopf und langen, an den Spitzen gelben Blättern, das roh und

geschnitten als Salat oder gedünstet als Gemüse gegessen wird. Es hat je nach Alter einen mehr oder weniger bitteren Geschmack.

Chili Kleine, zarte, lange Schote einer Pflanze der Capsicum-Familie. Kleiner und viel schärfer als Paprika. Die Arten unterscheiden sich erheblich in Größe, Form, Farbe und am

auffälligsten in der Schärfe. Wichtige Zutat der mexikanischen Küche und, seit der Ausbreitung nach Afrika und Asien im ausgehende 16. Jh., auch in Gerichten dieser Regionen häufig verwendet.

1 Ente waschen, Hals und alle größeren Fettpartien entfernen. Ente über die Spüle halten, vorsichtig kochendes Wasser darübergießen, dabei das Tier drehen, so daß die gesamte Haut verbrüht wird. Wenn nötig, noch mehr kochendes Wasser nehmen.
2 Ente auf einen Rost über einem Backblech legen. Für die Glasur Honig und heißes Wasser mischen; Ente zweimal vollständig mit der Glasur bepinseln. Trocknen lassen, am besten an einem trockenen, luftigen Ort aufhängen. Die Trocknung ist ausreichend, wenn die Haut sich papierartig anfühlt.
3 Backofen auf 210 °C vorheizen. Ente 30 Minuten auf dem Rost über der Fettpfanne braten. Vorsichtig umdrehen, ohne die Haut zu verletzen, und von der anderen Seite weitere 30 Minuten braten. Aus dem Ofen nehmen, 1 oder 2 Minuten stehenlassen. In eine warme Schüssel legen.
4 Für die Mandarin-Pfannkuchen Mehl und Zucker in eine mittelgroße Schüssel geben, kochendes Wasser darübergießen. Mischung mehrmals rühren und stehenlassen, bis sie lauwarm ist. Auf einer leicht bemehlten Arbeitsfläche glatten Teig bereiten. 30 Minuten liegenlassen. 2 gestrichene EL Teig zu je einer Kugel rollen. 2 Kreise von 8 cm Durchmesser ausrollen. Einen Kreis leicht mit Sesamöl bepinseln, den anderen Kreis darüberlegen. Erneut ausrollen und einen dünnen Pfannkuchen von ca. 15 cm Durchmesser herstellen. 10 »Doppelpfannkuchen« herstellen. Bratpfanne erhitzen, Pfannkuchen nacheinander einzeln in der trockenen Pfanne braten. Wenn an der Oberfläche Bläschen erscheinen, den Pfannkuchen wenden, dabei die Oberfläche mit einem trockenen Küchenhandtuch drücken. Pfannkuchen sollte aufgeplustert sein, wenn er fertig ist.
5 Auf einen Teller legen. Die zwei Pfannkuchen auseinanderziehen und voneinander trennen. Übereinander stapeln und sofort abdecken, um Austrocknen zu verhindern.
6 Kerne aus der Gurke entfernen, Gurke in feine Streifen schneiden. Von den Frühlingszwiebeln jeweils ein 8 cm langes Stück nehmen und von der Mitte aus feine, parallele Einschnitte zum Ende des Stücks hin machen. In Eiswasser legen.
7 Zum Servieren Gurkenstreifen und Frühlingszwiebeln auf einer Servierplatte anordnen. Hoisinsoße in ein kleines Schälchen geben. Pfannkuchen und feingeschnittene Entenscheiben auf separate Teller legen. Jeder Gast nimmt einen Pfannkuchen, streicht etwas Soße darauf und fügt einige Streifen Gurke, Frühlingszwiebel und schließlich ein Stück knusprige Entenhaut hinzu. Der Pfannkuchen wird dann gefaltet und kann mit den Fingern gegessen werden. Den Vorgang mit Pfannkuchen und Entenfleisch fortsetzen, wenn die Haut aufgebraucht ist.

Anmerkung: Der Pfannkuchen sollte hauchdünn sein. Hat man die Technik der Herstellung erlernt, nur noch einen gestrichenen EL Teig pro Pfannkuchen nehmen und dann wie beschrieben verfahren.

WAN-TAN-SUPPE

☆☆ ***Vorbereitungszeit:*** 40 Minuten
Kochzeit: 5 Minuten
Für 6 Personen

4 getrocknete chinesische Pilze
250 g Schweinehack
125 g rohes Krabbenfleisch (Shrimps), feingeschnitten
1–2 TL Salz
1 EL Sojasoße
1 TL Sesamöl
2 Frühlingszwiebeln, feingehackt
1 TL Ingwer, geraspelt
2 EL Wasserkastanien, feingeschnitten
250 g Wan-Tan-Teigplatten (Fertigprodukt)
1 ¼ l Hühner- oder Rinderbrühe
4 Frühlingszwiebeln, feingeschnitten, zum Garnieren

1 Pilze in heißem Wasser 30 Minuten einweichen; vollständig bedecken. Abgießen, ausdrücken, um überschüssige Flüssigkeit zu entfernen. Stiele entfernen, Hüte fein schneiden. Pilze, Schweinehack, Krabbenfleisch, Salz, Sojasoße, Sesamöl, Frühlingszwiebel, Ingwer und Wasserkastanien sorgfältig mischen. Nur jeweils 1 Wan-Tan-Teigplatte verarbeiten; einen gehäuften TL der Hackfleischmischung in die Mitte des Teigblatts geben.
2 Die Teigkanten befeuchten, diagonal auf die Hälfte falten und zwei Spitzen zusammenbringen. Wan-Tans auf einen mit Mehl bestaubten Teller legen.
3 In sprudelndem Wasser 4–5 Minuten kochen. In einem anderen Topf die Brühe zum Kochen bringen. Wan-Tans herausnehmen. Mit feingeschnittenen Frühlingszwiebeln garnieren, köchelnde Brühe darübergießen und servieren.

GEBRATENER REIS

☆ ***Vorbereitungszeit:*** 15 Minuten
Kochzeit: 10 Minuten
Für 4 Personen

2 Eier, leicht verquirlt
1 mittelgroße Zwiebel
4 Frühlingszwiebeln
250 g Schinken am Stück
2 EL Erdnußöl
2 TL Schmalz, nach Belieben
4 Tassen kalter, gekochter Reis
¼ Tasse gekochte Erbsen
2–3 EL Sojasoße
250 g gekochte, kleine Krabben (Shrimps), geschält

1 Eier mit Salz und Pfeffer würzen. Zwiebel schälen, in 1,5 cm breite keilförmige Stücke schneiden. Frühlingszwiebeln diagonal in kurze Stücke schneiden. Schinken in sehr feine Streifen schneiden. Etwas Öl im Wok erhitzen, Eier zugeben; gestocktes Ei zur Mitte ziehen, die Pfanne schwenken.
2 Wenn die Eier fast gestockt sind, zu Rührei verarbeiten. Auf einen Teller geben.
3 Restliches Öl und Schmalz im Wok erhitzen; Wok schwenken, um Boden und Seiten gut mit Fett zu bedecken. Zwiebel zugeben und bei starker Hitze kurz glasig braten. Schinken zugeben und 1 Minuten kurz anbraten. Reis und Erbsen zugeben, 3 Minuten braten. Eier, Sojasoße, Frühlingszwiebeln und Krabben zugeben, servieren.

Oben: Gebratener Reis; unten: Wan-Tan-Suppe.
Gegenüber: Peking-Ente mit Mandarin-Pfannkuchen

Chili con Carne
Pikantes bis scharfes Gericht aus gewürfeltem Fleisch oder Hackfleisch, roten Kidney-Bohnen und feingeschnittenen Zwiebeln, das mit Chili gewürzt wird.

Chili-Pulver
Mischung aus getrocknetem Chili und anderen Gewürzen. Der Geschmack ist scharf, würzig-pfeffrig. Am besten in kleinen Mengen gekauft, da es schnell an Geschmack verliert.

Chinesische Küche
Traditionelle, chinesische Mahlzeiten unterscheiden sich wesentlich von westlichen Eß- und Serviergewohnheiten. Alle angebotenen Speisen verlangen nach einer harmonischen Kombination von Farbe, Aroma, Geschmack und Textur und nach einem Gleichgewicht der fünf Grundgeschmacksrichtungen – süß, sauer, salzig, bitter und scharf. Es beginnt nicht, wie in westlichen Chinarestaurants heute üblich, mit der Suppe. Die Suppe bildet den Abschluß des Essens. Vorher wird eine Reihe kleiner Leckerbissen in einem »Vorspeisengang« serviert,

gefolgt von Reis-, Fleisch-, Fisch-, Geflügel- und Gemüsegerichten, die alle gleichzeitig aufgetragen werden. Zum Dessert gibt es meist Früchte. Tee ist das Hauptgetränk. Jeder Gast erhält eine kleine Schüssel und Eßstäbchen.

Chipolata Fingerlange Wurst aus Schweinefleisch oder einer Mischung aus Schweine- und Rindfleisch. Als Garnitur zu Braten und Geflügel oder als Cocktailsnack verzehrt.

Choko (Chayote) Blaßgrüne, birnenförmige Frucht einer rankenden Rebe, mit dem Flaschenkürbis verwandt. Geschält und wie Gemüse gekocht oder als Zutat in Chutney verwendet. In Mittelamerika beheimatet.

Chop Suey Gericht, das von nach Amerika immigrierten chinesischen Köchen »erfunden« wurde, gibt es in vielen Chinarestaurants der westlichen Welt. Eine Mischung aus Sojabohnensprossen, feingeschnittenen Gemüsen und Fleisch (meist Huhn oder Schweinefleisch) wird

WAN-TANS MIT CHILIDIP

☆☆ ***Vorbereitungszeit:*** 40 Minuten
Kochzeit: 10-15 Minuten
Ergibt 48 Stück

250 g mageres Schweinefleisch
100 g rohe Garnelen, geschält
60 g Bambussprossen, abgetropft
3 Frühlingszwiebeln, gehackt
1 cm frischer Ingwer, geschält
Salz und weißer Pfeffer
¼ Tasse ungesalzene Erdnüsse, gehackt
½ TL Zucker
1 EL Koriandergrün, gehackt
48 runde Wan-Tan-Blätter (Teig mit Ei hergestellt)
Öl zum Fritieren

Chilidip
6 EL Honig
4 EL süße Chilisoße
1 TL frischer Ingwer, gehackt
1 TL Reisessig

1 Schweinefleisch von Fett und Sehnen befreien, würfeln. Fleisch, Garnelen und Bambussprossen, Zwiebeln und Ingwer in Küchenmaschine 20–30 Sekunden verarbeiten. Salz, Pfeffer, Erdnüsse, Zucker und Koriander zufügen.

2 1 TL der Mischung in die Mitte jedes Teigblatts geben. Ränder mit Wasser bepinseln, zu einem Säckchen zusammenfalten, fest zusammendrücken.

3 Öl in einem tiefen, schweren Topf nicht zu stark erhitzen. Wan-Tans portionsweise etwa 1 Minute fritieren, bis sie goldbraun, knusprig und gar sind. Mit dem Schaumlöffel herausnehmen, abtropfen lassen.

4 Für den Chilidip Honig, Chilisoße, Ingwer und Essig gut verrühren.

GEDÄMPFTE GARNELEN-WAN-TANS

☆☆ ***Vorbereitungszeit:*** 40 Minuten
Kochzeit: 20-30 Minuten
Ergibt 12 Stück

8 große Garnelen oder Shrimps
250 g Schweinehackfleisch
45 g Wasserkastanien aus der Dose, abgetropft und feingehackt
45 g Bambussprossen aus der Dose, abgetropft und feingehackt
1–2 EL Austernsoße
1–2 EL Hoisin-Soße
1–2 EL chinesische Sojasoße
1–2 EL chinesischer Reiswein oder trockener Sherry
1–2 EL Sesamöl
1 Eiweiß, schaumig geschlagen
1 EL Reismehl oder Maismehl
12 Wan-Tan-Blätter

1 Garnelen schälen und sehr fein hacken. Mit Schweinehackfleisch, Wasserkastanien, Bambussprossen, Austernsoße, Hoisin-Soße, Sojasoße, Reiswein oder Sherry, Sesamöl, Eiweiß und Reis- oder Maismehl mischen.

2 1 TL der Mischung in die Mitte jedes Wan-Tan-Blatts legen. Ränder mit Wasser bepinseln. Die Blätter zu Säckchen formen, Ränder vorsichtig zusammendrücken.

3 Den Boden eines Dämpftopfs mit einem Stück Aluminiumfolie belegen. Mit Öl bepinseln, Wan-Tans drauflegen. In 20–30 Minuten gar dämpfen. Direkt aus dem Dämpftopf mit einer pikant-würzigen Soße servieren.

Oben: Wan-Tans mit Chilidip.
Gegenüber: Gemüse-Wan-Tans mit Chilisoße

GEMÜSE-WAN-TANS MIT CHILISOSSE

☆☆ ***Vorbereitungszeit:*** 40 Minuten + 30 Minuten Einweichzeit
Kochzeit: 20 Minuten
Ergibt 25 Stück

8 getrocknete chinesische Champignons
1–2 EL Erdnußöl
1 TL Sesamöl
1 TL geriebener Ingwer
2 Frühlingszwiebeln, feingehackt
1 mittelgroße Möhre, feingehackt
1 mittelgroße Pastinake, feingehackt
90 g Brokkoli, in kleine Röschen geteilt
2 EL Semmelbrösel
1–2 EL Sojasoße
3 EL Wasser
1 Paket Wan-Tan-Blätter (200 g)
Öl zum Fritieren

Chilisoße
1–2 EL Erdnußöl
1 Knoblauchzehe, zerdrückt
4 El süße Chilisoße
3 EL Sojasoße
3 EL Sherry
1–2 EL Zitronensaft

1 Pilze in heißem Wasser 30 Minuten einweichen. Abtropfen lassen, Flüssigkeit ausdrücken. Stiele wegwerfen und Köpfe in feine Streifen schneiden.
2 Öl in Wok oder schwerer Pfanne erhitzen. Ingwer und Frühlingszwiebeln bei mittlerer Hitze 1 Minute braten. Zwiebeln, Möhre, Pastinake und Brokkoli zugeben; 3 Minuten unter Rühren weich braten. Semmelbrösel, Sojasoße und Wasser hinzufügen. Vom Herd nehmen, abkühlen lassen.
3 Einen gehäuften TL der Gemüsemischung in die Mitte jedes Teigblatts geben. Ränder mit Wasser bepinseln, zusammenklappen und in der Mitte zusammendrücken. Öl im Wok oder der Friteuse erhitzen. Wan-Tans portionsweise (nie mehr als vier gleichzeitig) etwa 2 Minuten fritieren. Mit einem Schaumlöffel herausnehmen, auf Küchenpapier abtropfen lassen, mit Chilisoße servieren.
4 Für die Chilisoße Öl erhitzen, Knoblauch darin goldgelb werden lassen. Chili- und Sojasoße, Sherry und Zitronensaft einrühren, bis die Mischung heiß ist.

1

2

3

kurz angebraten und dann in Soße geköchelt. Der Name des nicht traditionellen Gerichts bedeutet »Mischmasch«.

Chorizo Grobe, leicht geräucherte, würzige Schweinefleischwurst spanischer Herkunft. Stark mit Knoblauch und Chili gewürzt, zu vielen spanischen Gerichten. Jede stark gewürzte Salami kann statt Chorizo verwendet werden.

Chowder Dicke Suppe, meist auf Milchbasis, mit Meeresfrüchten, Fisch, Gemüse oder Huhn.

Christstollen Weihnachtskuchen aus Hefeteig mit kandierten Früchten, Mandeln und Rosinen, der nach dem Backen und vor dem Anschneiden dick mit Puderzucker bestreut wird.

Churro Aus fritiertem Brandteig hergestelltes Gebäck, das mit Zucker bestreut und als Dessert oder Frühstücksgebäck serviert wird.

Chutney Süß-saure Soße aus Früchten und Gemüsen. Mit Zucker, Gewürzen und Essig gekocht, bis sie eindickt. Zu Fleisch, Käseplatten und Fischgerichten, vor allem aber zu indischen Currygerichten.

Cidre Französischer Apfelwein, mit oder ohne Kohlensäure erhältlich.

Cock-a-Leekie Dicke schottische Suppe. Sie enthält Hühnerteile, die zusammen mit Lauch in Brühe gekocht werden. Angedickt mit Hafermehl, meist mit gekochten Pflaumen serviert.

Cocktail Alkoholisches Getränk; meist eine Mischung aus Branntwein und Likören, häufig mit Frucht- oder Gemüsesaft und manchmal gesüßt. Cocktails werden eisgekühlt serviert.

Coeur à la Crème Dessert aus unreifem, frischem Käse (Quark, Schichtkäse), mit Sahne, manchmal mit Zucker vermischt. Es wird in einer herzförmigen Form gepreßt und mit frischen Früchten eisgekühlt serviert.

Colby Feiner, dem Cheddar ähnlicher Kuhmilchkäse mit mildem, süßlichem Geschmack; gelb mit winzigen Löchern.

Colcannon Irisches Gericht aus geschnittenem, gekochtem Kohl, gehackten Zwiebeln und Kartoffelbrei.

CHUTNEYS

BANANEN-DATTEL-CHUTNEY

★ ***Vorbereitungszeit:*** 45 Minuten
Kochzeit: 45 Minuten
Ergibt 2 Liter

1 kg Bananen
500 g Zwiebeln
375 g Datteln, entkernt
2 Knoblauchzehen, zerdrückt
1 ½ Tassen Essig (Malzessig)
1 ½ Tassen Sultaninen
⅔ Tasse eingelegter Ingwer, abgetropft und geschnitten
1 Tasse Orangensaft
½ Tasse Zitronensaft
1 EL gelbe Senfkörner
5 ganze Nelken
1 TL Salz
¼ TL scharfe Chiliflocken

1 Bananen schälen und zerdrücken; Zwiebeln und Datteln grob schneiden.
2 In einem großen, schweren Topf oder Bräter Bananen, Zwiebeln, Datteln, Knoblauch und Essig gut mischen. Zum Kochen bringen. Hitze reduzieren; abgedeckt 20 Minuten köcheln lassen. Sultaninen, Ingwer, Orangen- und Zitronensaft, Senfkörner, Nelken, Salz und Chili zugeben. Erneut zum Kochen bringen. Hitze reduzieren, weitere 15–20 Minuten köcheln, dabei eindicken lassen.
3 Chutney in warme, sterilisierte Gläser füllen und gut verschließen. Nach dem Abkühlen Gläser beschriften.

APFEL-TOMATEN-PFEFFERMINZ-CHUTNEY

★★ ***Vorbereitungszeit:*** 1 Stunde
Kochzeit: 2 ½ Stunden
Ergibt 1,5 Liter

1 kg grüne Äpfel
1 kg Tomaten
3 Zwiebeln
⅔ Tasse Pfefferminzblätter
½ Tasse Petersilie
½ Tasse Orangensaft
1 Tasse Rosinen
⅓ Tasse Zitronensaft
3 Tassen brauner Zucker
2 TL Salz
2 Tassen Apfelessig

1 Äpfel, Tomaten und Zwiebeln waschen, schälen, fein schneiden. Die frischen Kräuter fein hacken.
2 Alle Zutaten in einen großen Topf oder Bräter geben. Langsam zum Kochen bringen und 2 ½ Stunden köcheln lassen, bis die Mischung dick wird, gelegentlich rühren.
3 Chutney vom Herd nehmen und 5 Minuten abkühlen lassen. In warme, sterilisierte Gläser geben und sofort verschließen.

Anmerkung: Chutneys sind köstlich zu kaltem Braten, belegten Broten, Curry-Gerichten und Fondue.

Oben: Bananen-Dattel-Chutney und Apfel-Tomaten-Pfefferminz-Chutney.
Gegenüber, oben: Gebackener Vanillepudding

CREMESPEISEN

GEBACKENER VANILLE-PUDDING

☆ ***Vorbereitungszeit:*** 10 Minuten
Backzeit: 40 Minuten
Für 4 Personen

2 Tassen Milch
3 Eier
¼ Tasse sehr feiner Zucker
¼ TL Vanilleessenz
gemahlene Muskatnuß zum Bestreuen

1 Backofen auf 180 °C vorheizen. Eine feuerfeste Form oder Schüssel mit Öl auspinseln. Milch, Eier, Zucker und Vanilleessenz 2 Minuten gut verrühren.
2 Mischung in die vorbereitete Schüssel geben und mit Muskatnuß bestreuen.
3 Die Puddingform in ein großes, tiefes Backblech in den Backofen stellen. Wasser in das Backblech geben, so daß es die Formwand halb bedeckt. 20 Minuten backen, dann die Hitze auf 160 °C reduzieren. Weitere 20 Minuten backen, bis der Pudding fest ist und ein Messer nach dem Einstechen in die Mitte sauber herauskommt. Schüssel aus dem Wasserbad nehmen. Kalt oder warm, nach Wunsch mit Früchten, servieren.

SCHLEMMERPUDDING

☆☆ ***Vorbereitungszeit:*** 10 Minuten
Kochzeit: 12 Minuten
Ergibt 2 ½ Tassen

2 Tassen Milch
4 Eigelb
¼ Tasse Zucker
1 TL Vanilleessenz

1 Milch in einem Dampfeinsatz zum Sieden bringen. Eigelb und Zucker verrühren, langsam in die heiße Milch rühren.
2 Pudding in einem Wasserbad mit einem Handrührgerät rühren, bis der Pudding so dick wird, daß er die Rührer überzieht. Vom Herd nehmen und erneut von Zeit zu Zeit rühren, bis der Pudding abkühlt. Vanille hineinrühren und abkühlen lassen.

Anmerkung: Ist kein Dampfeinsatz zur Hand, die Milch in einem Topf erhitzen, dann in eine feuerfeste Schüssel füllen, die genau auf einen anderen Topf paßt. Besonderer Hinweis: Die feuerfeste Schüssel darf das kochende Wasser darunter nicht berühren.

WISSENSWERTES ÜBER PUDDING

- Es gibt zwei Arten von Pudding: gekochten und gebackenen. Für jede Art werden gleiche Kochprinzipien und ähnliche Zutaten verwendet.
- Beide Arten werden bei kontrollierter Zufuhr mäßiger Hitze (über köchelndem Wasser oder in einem Wasserbad) zubereitet. Dies ist wichtig für die Konsistenz. Eine Ausnahme besteht, wenn Maismehl hinzugefügt wird. Diese Art Pudding, heute am besten bekannt und erhältlich, kann direkt auf der Kochstelle gekocht werden, ohne daß der Pudding Klümpchen bildet.
- Sorgfältiges Verrühren der Eier mit Zucker und Milch ist ebenso wichtig für das Gelingen des Puddings.
- Ein gekochter Pudding hat die richtige Konsistenz erreicht, wenn er den Rücken eines Metallöffels gleichmäßig bedeckt und nicht herunterläuft. Bildet der Pudding Klümpchen, sofort vom Herd nehmen und in eine kalte Schüssel gießen, die in einem Eisbad sitzt; heftig rühren – dadurch kann die weiche Konsistenz wieder erreicht werden.
- Wird ein gekochter Pudding vom Herd genommen, wird er sofort dünnflüssiger. Wird einem gebackenen Pudding zuviel Hitze zugeführt, dann trennen sich die Zutaten und der Pudding zieht beim Stehen Flüssigkeit.

Confit Bei dieser südwestfranzösischen Spezialität wird Fleisch, vorzugsweise Ente, Gans oder Schweinefleisch, im eigenen Fett geschmort und meist in verschlossenen Gläsern oder Krügen aufbewahrt.

Consommé Kraftbrühe aus Fleisch oder Geflügel; sehr lange eingekocht und dann geklärt. Sie wird heiß oder kalt verzehrt.

Coq au Vin Huhn in Rotwein gekocht. Da für dieses Gericht ursprünglich ein Hahn verwendet wurde, der wenigstens 12 Monate alt war, wurde das Fleisch mit Wein zart gemacht. Heute wird statt Hahn Huhn, junges Hähnchenfleisch oder Wildgeflügel verwendet.

Coquilles St. Jacques Gericht, bei dem Muscheln erst in Weißwein pochiert, dann in die Schalen zurückgegeben werden. Serviert mit einer kräftigen Soße.

Corned beef Rindfleisch, das durch Einweichen oder Injizieren von Lake behandelt und haltbar gemacht wurde.

Cornish Pasty Mischung aus zerkleinertem Fleisch und Gemüse in einer Mürbeteighülle.

Cottage Pie siehe Shepherd's Pie.

Coulis Konzentrierter Saft oder Püree aus Früchten oder gekochtem Gemüse. Als Soßengrundlage verwendet.

Courtbouillon Aromatische Brühe zum Kochen von Fisch und Muscheln. Meist aus Wasser, etwas Essig, Wein oder Zitronensaft, Gewürzen, Kräutern und Gemüse.

Couscous Grieß (Bulgur) und Weizenmehl, in Wasser, Fleisch- oder Gemüsebrühe gekocht, bis es weich ist, dann wird Butter hinzugefügt. Als Beilage oder als Bestandteil eines Fleischschmortopfs serviert. In Nordafrika ein Grundnahrungsmittel.

Crème Brûlée Üppiges Dessert in einer Hülle aus hart-karamelisiertem Zucker.

Crème Caramel Vanillecremespeise mit Karamelsoße.

Crème Chantilly Vanillisierte und gesüßte Schlagsahne.

Crème Fraîche Saure Sahne mit

1

2

3

CRÈME BRULÉE MIT PFLAUMEN IN LIMONENSAFT

☆☆ ***Vorbereitungszeit:*** 1 Stunde + 2 Stunden Kühlzeit
Kochzeit: 1 Stunde 10 Minuten
Ergibt 6 Portionen

3 Tassen Sahne
2 Vanilleschoten
8 Eigelb
½ Tasse sehr feiner Zucker
1 TL Vanilleessenz
3 TL Zucker

Pflaumen in Limonensaft
825 g Pflaumen, aus der Dose, entsteint
⅓ Tasse Limonensaft
⅓ Tasse Zucker
Schale von 2 Limonen, feingerieben

1 Sahne und Vanilleschoten in einen großen, schweren Topf geben. Zum Kochen bringen; vom Herd nehmen. Beiseite stellen und ziehen lassen. Vanilleschote herausnehmen, abwaschen und zur Wiederverwendung aufbewahren. Eigelb und Zucker in einer feuerfesten Schüssel schlagen oder rühren, bis die Mischung dick und blaß ist. Schüssel in ein Wasserbad stellen; ständig rühren, bis die Mischung gerade durchgewärmt ist. Nach und nach Sahne zugeben. 10 Minuten rühren. Weiterrühren bis die Mischung leicht dick wird und die Rückseite eines Holzlöffels bedeckt. Vom Herd nehmen, Essenz hineinrühren. Mischung in 6 feuerfeste Pastetenförmchen geben. Etwa 2 Stunden in den Kühlschrank stellen, bis die Crème fest ist.

2 Für die Pflaumen in Limonensaft alle Zutaten in einen mittelgroßen, schweren Topf geben. Bei schwacher Hitze rühren, bis der Zucker sich vollständig aufgelöst hat. Zum Kochen bringen, Hitze reduzieren und 40 Minuten köcheln lassen – dabei gelegentlich rühren, aber die Pflaumen ganz lassen –, bis die Flüssigkeit eingedickt ist. Vom Herd nehmen. Beiseite stellen.

3 30 Minuten vor dem Servieren ½ TL Zucker über jeden Pudding streuen. In eine große, mit Eiswürfeln gefüllte Backform stellen. Etwa 10 Minuten unter einen vorgeheizten Grill stellen, bis der Zucker karamelisiert. Sofort mit Pflaumen in Limonensaft servieren.

CRÈME PATISSIÈRE

3 Eigelb mit ¼ Tasse sehr feinem Zucker, 1 EL Mehl und 1 EL Maismehl (Stärke) in einer Schüssel schlagen, bis die Mischung blaß ist. ½ Tasse Milch in einem Topf erhitzen, bis sie fast kocht, dann vom Herd nehmen. Nach und nach Milch zugeben, dabei ständig rühren. In den Topf abgießen. Bei mittlerer Hitze ständig rühren, bis die Mischung kocht und dick wird. Vom Herd nehmen; 1 TL Vanilleessenz zugeben.

Oben: *Crème Caramel.*
Gegenüber: *Crème Brulée mit Pflaumen in Limonensaft*

CRÈME CARAMEL

☆☆ ***Vorbereitungszeit:*** 25 Minuten + 6 Stunden Kühlzeit
Backzeit: 40–45 Minuten
Für 8 Personen

Karamel	***Pudding***
1 Tasse Zucker	*1/2 Tasse Zucker*
1/4 Tasse Wasser	*1 l warme Milch*
	6 Eier
	1 1/2 TL Vanille–Essenz

1 Backofen auf 180 °C vorheizen. 8 feuerfeste Pastetenförmchen mit zerlassener Butter auspinseln. Zucker und Wasser in einem mittelgroßen Topf bei schwacher Hitze rühren, bis sich der Zucker auflöst. Zum Kochen bringen, Hitze reduzieren und 5–10 Minuten köcheln lassen, bis die Mischung karamelisiert. Vom Herd nehmen. Etwas von der Mischung in jedes Pastetenförmchen geben.
2 Für den Pudding Zucker und Milch in einen Topf geben, bei schwacher Hitze rühren, bis der Zucker sich vollständig aufgelöst hat. Eier und Vanille 2 Minuten rühren, dann warme Milch hineinrühren. In ein Glas abgießen.
3 Eier-Milchmischung in die Förmchen aufteilen und in eine Backform stellen. Heißes Wasser in die Backform gießen, bis es zur Hälfte der Pastetenförmchen reicht. 30 Minuten backen, bis der Pudding fest ist. Abkühlen lassen und vor dem Servieren mindestens 6 Stunden in den Kühlschrank stellen.
4 Um den Pudding aus den Förmchen zu lösen, ein Messer vorsichtig zwischen Form und Kanten des Puddings entlangführen und den Pudding auf einen Servierteller stürzen. Nach Wunsch mit Schlagsahne und Erdbeeren servieren.

PUDDINGTÖRTCHEN

☆☆ ***Vorbereitungszeit:*** 30 Minuten + 20 Minuten Kühlzeit
Backzeit: 45 Minuten
Ergibt 12 Törtchen à 10 cm

	Füllung
2 Tassen Mehl	*3 Eier*
1/3 Tasse Reismehl	*1 1/2 Tassen Milch*
1/4 Tasse Puderzucker	*1/4 Tasse sehr feiner Zucker*
120 g Butter	*1 TL Vanilleessenz*
1 Eigelb	*1/2 TL Muskatnuß, gerieben*
1/4 Tasse Eiswasser	
1 Eiweiß, leicht verquirlt	

1 Mehl, Puderzucker und Butter in die Küchenmaschine geben. 20 Sekunden verarbeiten, bis die Mischung feinkrümelig ist. Eigelb und fast das gesamte Wasser zugeben, 30 Sekunden verarbeiten, bis alles gut vermischt ist; wenn nötig, mehr Wasser zugeben. Teig auf eine leicht bemehlte Unterlage legen und zusammendrücken, bis er weich ist. Teig in 12 gleichgroße Portionen teilen. Ausrollen und 12 kleine Törtchenformen damit auslegen. 20 Minuten im Kühlschrank kühlen.
2 Backofen auf 180 °C vorheizen. Backpapier so schneiden, daß es in die mit Teig ausgekleideten Förmchen paßt. Eine Schicht getrocknete Bohnen oder Reis auf das Papier geben. Formen auf ein Backblech stellen, 10 Minuten blindbacken. Aus dem Ofen nehmen; Papier und Bohnen oder Reis entfernen. Zurück in den Ofen stellen, weitere 10 Minuten backen, bis der Teig leicht goldbraun ist; abkühlen lassen. Boden und Seiten jeder Teighülle mit geschlagenem Eiweiß bepinseln.
3 Für die Füllung Ofenhitze auf 150 °C reduzieren. Eier und Milch in einer mittelgroßen Schüssel vermischen. Nach und nach Zucker zugeben und rühren, bis er sich vollständig aufgelöst hat. Essenz hineinrühren. Mischung in ein Glas gießen, dann in die Teighüllen füllen. Mit Muskatnuß bestreuen und 25 Minuten backen, bis die Füllung gerade fest ist. Törtchen servieren, wenn sie auf Zimmertemperatur abgekühlt sind.

nussigem, leicht saurem Geschmack und mindestens 30 % Fettgehalt. Verwendet in pikanten Soßen für Wild, Geflügel, Fisch und Gemüse, in Salatsoßen, als Suppengarnitur und in Konfekt.

Crème Pâtissière Gerührter Pudding, dem Eischnee untergezogen wird, um ihn lockerer zu machen. Traditionelle Füllung für Éclairs und kleine Windbeutel.

Crêpe Leichter, hauchdünner Pfannkuchen aus Milch, Ei und Mehl. Auf beiden Seiten goldbraun gebraten; kann mit Zucker und Zitronensaft, Butter, Marmelade oder mit pikanten Füllungen verzehrt werden.

Croissant Halbmondförmiges, weiches, blätterteigartiges Brötchen aus Hefe-Milch-Teig, knusprig und goldbraun. Croissants gehören zu einem echten französischen Frühstück. Warm, pur oder aufgeschnitten, mit Butter und Marmelade bestrichen verzehrt. Auch mit Schinken, Käse, Pilzen oder Huhn gefüllt.

Croque Monsieur Greyerzer oder

Emmentaler Käse und Schinken zwischen zwei Scheiben heißem, geröstetem Brot.

Croquembouche Gebäck aus einzeln gebackenen Blätterteigstückchen, die gefüllt, kegelförmig aufeinandergesetzt und mit Karamel überzogen werden. Nach dem Erkalten mit Zucker bestreut.

Crostini Brotscheibe, die geröstet oder gebraten und dann kurz in Fleischbrühe getaucht wurde. Anschließend wird sie mit pikanten Aufstrichen, z. B. Leberpastete, bestrichen.

Croustade (Kruste) Hülle aus fritiertem, ausgehöhltem Brot, Brandteig oder Backkartoffel, die mit gekochtem Fleisch oder Gemüse gefüllt wird.

Croûte, en In Teig oder Gebäck zubereitet, eingewickelt oder eingeschlossen.

Croûton (Krüstchen) Gebratene Brotscheibe, manchmal in kleine Würfel geschnitten, die mit Suppen, Schmorgerichten oder Käsesoßengerichten, kleingewürfelt auch mit Salat, serviert werden.

CURRYS

RINDERCURRY MIT KARTOFFELN

Vorbereitungszeit: 15 Minuten
Kochzeit: 1 Stunde 30 Minuten
Für 4 Personen

1 kg Rinderkamm-Steak
2 EL Öl
3/4 Tasse Kokoscreme
1/2 Tasse Wasser
1–2 EL Tamarindensoße
500 g kleine Kartoffeln, halbiert

Gewürzpaste
2 mittelgroße Zwiebeln, gehackt
2 Knoblauchzehen, gehackt
2 TL abgeriebe Zitronenschale
2 kleine rote Chilischoten, gehackt
2 TL Koriander, gemahlen
2 TL Kreuzkümmel, gemahlen
1 TL Kurkumapulver
1/2 TL Kardamom, gemahlen
1 TL Garam Masala

1 Öl in einer schweren Pfanne erhitzen. Fleisch bei mittlerer Hitze schnell in kleinen Portionen anbraten, bis es gut gebräunt ist.
2 Für die Gewürzpaste alle Zutaten in die Küchenmaschine geben. 1 Minute verarbeiten, bis alles fein zerkleinert ist.
3 Die Paste in die Pfanne geben, bei mittlerer Hitze 2 Minuten unter Rühren anbraten. Fleisch zurück in die Pfanne geben, Kokoscreme, Wasser und Tamarindensoße zugeben; zum Kochen bringen. Hitze reduzieren, abgedeckt 30 Minuten köcheln lassen, gelegentlich rühren.
4 Kartoffeln zugeben. Weitere 30 Minuten kochen, bis das Fleisch weich und die Flüssigkeit fast verdampft ist.

SCHNELLES HÜHNERCURRY

Vorbereitungszeit: 10 Minuten
Kochzeit: 50 Minuten
Für 4 Personen

750 g Hühnerbrustfilets oder entbeintes Oberschenkelfleisch
4 EL Öl
1 große Zwiebel, halbiert und in feine Scheiben geschnitten
1 TL Knoblauchpaste oder zerdrückte Knoblauchzehe
1 1/2 TL Ingwer, gerieben
1 Zimtstange
2 Lorbeerblätter
2 Nelken
2 Kardamom-Kapseln
2 getrocknete Chilischoten
1 EL Koriander, gemahlen
2 TL Garam Masala
1/2 TL Kreuzkümmel
Pfeffer
Zitronensaft
Zitronenscheiben zum Garnieren

1 Hühnerteile in Öl bräunen; beiseite stellen.
2 Zwiebel anbraten, bis sie goldbraun ist, Knoblauch, Ingwer, Zimt, Lorbeerblätter, Nelken, Kardamom und Chilischoten zugeben, 2 Minuten braten, dabei rühren. Gemahlene Gewürze und Pfeffer zugeben.
3 Huhn zurück in die Pfanne geben, Wasser zugeben, bis sie fast bedeckt sind. Pfanne abdecken, 40 Minuten köcheln, bis das Huhn weich ist.
4 Nach Geschmack Zitronensaft zugeben. Mit Zitronenscheiben garnieren, mit Reis und Chutney servieren.

BEILAGEN

- Chutneys, Würzsoßen oder Pickles werden besonders zu indischen Currys als Beilage serviert: süße Beilagen zu scharfen Currys, feurige Beilage um milde Currys interessanter zu machen, knusprige Beilagen zu weichen Gerichten.
- Raita: eine große Gurke schälen, längs halbieren, Samen mit dem Löffel entfernen. Gurke grob in eine Schüssel reiben, ca. 1 TL Salz darüberstreuen, 5 Minuten ziehen lassen. Flüssigkeit abgießen. 1/2 Tasse Joghurt und 1 EL feingehackte Minze mit den Gurken mischen. Mit Kreuzkümmelsamen bestreuen.
- 1 Tasse Joghurt und 1/2 Tasse Sahne verrühren, etwas Salz und 1/2 TL feingehackte rote Chilischote hineinrühren. 2 Bananen schälen, in Scheiben schneiden und zur Joghurtmischung geben.
- 1 rote Zwiebel fein hacken. 2 reife Tomaten fein hacken und zu der Zwiebel geben. Salz, Chilipulver und frisch geschnittene Korianderblätter zugeben.
- Pappadams fritieren oder in der Mikrowelle zubereiten (dazu die Pappadams auf jeder Seite leicht mit Öl bepinseln).

CREMIGES SHRIMPS-CURRY

Vorbereitungszeit: 20 Minuten
Kochzeit: 18–20 Minuten
Für 4 Personen

1 kg mittelgroße, rohe Shrimps
1 mittelgroße Zwiebel, feingehackt
4 EL Pflanzen- oder Erdnußöl
1 TL Ingwer, feingehackt
1 große rote Chilischote, gehackt
1 EL Zitronellgraswurzel, feingehackt
1 TL Knoblauch, gehackt
1 TL Koriander, gemahlen
1 TL Kurkumapulver
1 TL Krabbenpaste
400 ml Kokoscreme
1 TL Tamarinden-Konzentrat
2–3 EL Nuoc Mam (Fischsoße)
1 Bund frischer Koriander

1 Shrimps schälen, Schwanz und den letzten Teil der Schale unversehrt lassen. Köpfe entfernen. In den Rücken der Shrimps einen tiefen Einschnitt machen, Darm entfernen, Shrimps flachdrücken.
2 Zwiebel in Öl braten, bis sie gut gebräunt ist. In einer Gewürzmühle, der Küchenmaschine oder einem Mörser Zwiebel, Ingwer, Chilischote, Zitronellgras und Knoblauch zu einer weichen Paste verarbeiten. Gemahlenen Koriander, Kurkumapulver und Krabbenpaste zugeben, erneut zu einer Paste verarbeiten.
3 Zerriebene Gewürze in die Pfanne geben, die zum Zwiebelbraten verwendet wurde; ca. 5 Minuten anbraten. Kokoscreme und Tamarinden-Konzentrat zugeben. Eben zum Kochen bringen, Hitze reduzieren, unter ständigem Rühren 5 Minuten köcheln.
4 ¾ Tasse Wasser und Shrimps mit der Fischsoße in der Pfanne 3 Minuten kochen lassen.
5 Die Korianderblätter abzupfen, zum Curry geben und sofort mit Reis servieren.

Oben: Cremiges Shrimps-Curry; rechts: Gemüse-Curry. Gegenüber: Schnelles Hühner-Curry

GEMÜSE-CURRY

Vorbereitungszeit: 10 Minuten
Kochzeit: 35 Minuten
Für 6 Personen

1–2 EL Öl
2 Zwiebeln, gehackt
1 EL frischer Ingwer, geraspelt
2 Knoblauchzehen, zerdrückt
2 TL Currypulver
2 TL grüne Currypaste
1 TL Kreuzkümmel, gemahlen
800 g Tomaten aus der Dose, zerdrückt
¼ Tasse Tomatenmark
½ Tasse süßes Fruchtchutney
¼ Tasse grobe Erdnußbutter
Butter
400 ml Kokoscreme
375 g Kürbis, zerkleinert
1 mittelgroße Möhre, geschnitten
125 g frische Bohnen, geschnitten
125 g Squash, gelb oder grün, geschnitten
125 g Blumenkohlröschen
2 mittelgroße Kartoffeln, geschält und geschnitten
315 g Butter- oder Limabohnen, aus der Dose

1 Öl in einem großen Topf erhitzen. Zwiebel, Ingwer, Knoblauch bei mittlerer Hitze 3 Minuten anbraten. Currypulver, Paste und Kreuzkümmel hineinrühren, 2 Minuten schmoren, bis es aromatisch ist.
2 Alle restlichen Zutaten zugeben, rühren, gut vermischen; zum Kochen bringen. Hitze reduzieren, abgedeckt 30 Minuten köcheln lassen. Mit gedämpftem Reis servieren.

Crudités (Rohkost) Rohes Gemüse, meist zu Streifen geschnitten, als Vorspeise, mit Dips und kalten Soßen, serviert.

Cumberlandsoße Tafelsoße aus rotem Johannisbeergelee, Portwein und Gewürzen; kalt zu Schinken, Lamm, Rindfleisch oder Wild serviert.

Curry Pikantes Gericht aus Fleisch, Geflügel, Fisch oder Gemüse. Gewürzt mit scharfen Gewürzen. Als Beilage werden Reis, Pappadams oder indische Brotfladen und eine Reihe von Beilagen wie Chutneys serviert.

Curryblätter Kleine, glänzende, aromatische Blätter, ähnlich wie Lorbeerblätter verwendet. Ihr Geschmack ist dem Curry ähnlich.

Currypaste Zu Currypulver wird Öl, Essig, Wasser oder feuchtes Garam Masala zugefügt.

Currypulver Gewürzmischung für pikante Gerichte. Ein einfaches indisches Currypulver enthält gemahlene rote Chillies, Koriander, Senfkörner, schwarze Pfefferkörner, Bockshornklee, Kreuzkümmel und Kurkuma. Andere Gewürze können zugefügt werden.

D

Daikon Japanische Rettichsorte; lange, fast zylindrische, fleischige, weiße Wurzel mit

mild pfeffrigem Geschmack. Entweder geraspelt oder in Scheiben geschnitten roh in Salaten oder als Gemüse verzehrt. Sauer eingelegt fast zu jeder Mahlzeit serviert. Kaiware, würzig schmeckende Daikonsprossen, in Salaten oder als Garnitur verwendet. Auch als »japanischer Rettich« oder »Mooli« bekannt und in asiatischen Läden erhältlich.

Daiquiri Cocktail aus weißem Rum, Zitronen- oder Limonensaft und Zucker, in einem eisgekühlten Glas serviert. Manchmal werden Früchte, z. B. Pfirsiche, Erdbeeren oder Kiwis zugefügt. Benannt nach einem kleinen Dorf in der

DATTELN

WARME DATTEL-MASCARPONE-TORTE

☆ ***Vorbereitungszeit:*** 25 Minuten
Backzeit: 25 Minuten
Für 6–8 Personen

4 Lagen Filo-Teig oder Blätterteig (siehe Filo-Teig)
40 g Butter, zerlassen
¼ Tasse Mandeln, gemahlen
225 g Datteln, entsteint und geschnitten
2 Eier
2 TL Puddingpulver
125 g Mascarpone
¼ Tasse sehr feiner Zucker
½ Tasse Sahne
2 EL Mandelsplitter

1 Backofen auf 180 °C vorheizen. Flache Backform (10 x 35 cm) mit Öl oder zerlassener Butter auspinseln. 1 Lage Filo- oder Blätterteig sparsam mit zerlassener Butter bepinseln, mit gemahlenen Mandeln bestreuen. Teiglage längs auf die Hälfte falten. Backform längs damit auslegen. Vorgang mit den restlichen Teiglagen wiederholen.
2 Datteln auf dem Teigboden verteilen. Eier, Puddingpulver, Käse, Zucker und Sahne in einer mittelgroßen Schüssel mischen; rühren, bis die Mischung glatt ist. Mischung über die Datteln gießen. Mit Mandelsplittern bestreuen. 25 Minuten backen, bis die Puddingmasse fest und goldbraun ist. Vor dem Schneiden 10 Minute stehenlassen. Warm mit Schlagsahne servieren.

DAMPFPUDDING MIT DATTELN UND PECANNÜSSEN

☆ ***Vorbereitungszeit:*** 30 Minuten
Kochzeit: 2 Stunden
Für 6–8 Personen

125 g Butter
1 Tasse sehr feiner Zucker
4 Eier
2 Tassen Datteln, geschnitten
¾ Tasse Pekannüsse, gehackt
¼ Tasse Milch
1 TL Kardamom, gemahlen
1 Tasse Mehl
1 Tasse Mehl, mit Backpulver vermischt

Kardamomsoße
30 g Butter
2 EL weicher, brauner Zucker
1 TL Kardamom, gemahlen
¾ Tasse Orangensaft

1 1 Puddingform mit 1,5 l Fassungsvermögen mit zerlassener Butter auspinseln. Boden mit Backpapier auslegen; Papier fetten. Butter und Zucker schaumig rühren. Nach und nach Eier zugeben, jedesmal sorgfältig rühren.
2 Mischung in eine große Schüssel geben, Datteln, Pecan-Nüsse und Milch unterheben, Kardamom und gesiebtes Mehl hineinrühren. In die vorbereitete Form geben, mit gefettetem Backpapier abdecken, mit Deckel verschließen.
3 Die Form in ein Wasserbad auf einen Untersetzer stellen, Wasser bis zur Hälfte der Puddingform auffüllen. Abdecken und 2 Stunden kochen lassen. Verdampftes Wasser nachgießen.
4 Für die Kardamomsoße Butter, weichen braunen Zucker und Kardamom in einem kleinen Topf mischen; bei schwacher Hitze rühren, bis die Butter geschmolzen und die Mischung glatt ist. Mit Orangensaft verrühren. Warm servieren.

DATTEL-WALNUSS-KUCHEN

Backofen auf 180 °C vorheizen. 125 g Butter und 1 Tasse weichen braunen Zucker schaumig rühren. 2 Eier nacheinander zugeben, jedesmal sorgfältig rühren. 1 Tasse Milch, 1 ½ Tassen geschnittene Datteln und 1 Tasse gehackte Walnüsse hineinrühren. 3 Tassen mit Backpulver vermischtes Mehl leicht unterheben. Teig in 2 gefettete Kastenformen (14 x 21 cm) geben. 35–40 Minuten backen. Kuchen stürzen, auf einem Kuchengitter auskühlen lassen. In Stücke geschnitten, warm oder kalt, mit Butter bestrichen, servieren. In einem luftdichten Behälter aufbewahren.

Oben: Dampfpudding mit Datteln und Pecan-Nüssen.
Gegenüber: Ananaspudding »verkehrt herum« und Butterscotch-Dessertkugeln

Nähe Santiagos an der kubanischen Küste.

Damaszener Pflaume (Haferschlehe, Haferpflaume) Kleine, dunkelviolette europäische Pflaumenart mit dicker Schale. Zu sauer, um roh verzehrt zu werden, aber hervorragend für Kompott, Marmelade, Gelee und als Füllung für Pasteten. Nicht zu Verwechseln mit der Schlehe des Schwarzdornstrauchs.

Damper Ungesäuertes Brot aus einfachem Mehl-Wasser-Teig. Grundnahrungsmittel der frühen europäischen Siedler im australischen Hinterland. Direkt in der heißen Asche offenen Feuers gebacken oder um einen frisch geschnittenen Ast gewunden und dann

übers Feuer gelegt (»Johnny-Cake«). In späteren Jahren wurden in den Siedlercamps Öfen benutzt und dem Teig wurde, nachdem die Versorgungslage es erlaubte, Backpulver und Trockenmilch zugefügt. Heute bezeichnet der Name Damper ein gesäuertes rundes Brot mit knuspriger Kruste, Geschmack

DESSERTS
TRADITIONELLE PUDDINGS

ANANASPUDDING »VERKEHRT HERUM«

☆☆ ***Vorbereitungszeit:*** 15 Minuten
Backzeit: 45 Minuten
Für 1 runden Kuchen (20 cm)

10 g Butter, zerlassen
1 EL Kokosraspeln
¼ Tasse weicher, brauner Zucker
440 g geschnittene Ananas, aus der Dose, abgetropft
90 g Butter
½ Tasse sehr feiner Zucker
2 Eier, leicht verquirlt
1 TL Vanilleessenz
1 Tasse Mehl, mit Backpulver vermischt
⅓ Tasse Kokosmilch

1 Backofen auf 180 °C vorheizen. Springform (20 cm) mit zerlassener Butter auspinseln, mit Kokosraspeln und Zucker bestreuen. Ananasstücke halbieren, auf den Kokosraspeln anordnen.
2 In einer kleinen Schüssel Butter und Zucker schaumig rühren. Nach und nach Eier zugeben, jedesmal sorgfältig rühren. Vanilleessenz zugeben.
3 Mischung in eine große Schüssel geben. Abwechselnd gesiebtes Mehl und Kokosmilch unterheben. Rühren, bis die Mischung fast glatt ist. Vorsichtig in die Form geben; Oberfläche glätten. 45 Minuten backen, bis eine Nadel bei der Nadelprobe sauber bleibt. Kuchen vor dem Stürzen auf eine Servierplatte 5 Minuten in der Form abkühlen lassen. Mit Vanillesoße oder Sahne servieren.

BUTTERSCOTCH-DESSERT-KUGELN

☆ ***Vorbereitungszeit:*** 15 Minuten
Backzeit: 45 Minuten
Für 6 Personen

90 g Butter, geschnitten
1 Tasse weicher, brauner Zucker
1 ½ Tassen Mehl, mit Backpulver vermischt
1 TL Lebkuchengewürz
¾ Tasse Milch
60 g Butter, zusätzlich
½ Tasse Zucker
¼ Tasse Wasser
1 Tasse Wasser, zusätzlich

1 Backofen auf 180 °C vorheizen. 6 feuerfeste Schüsselchen mit je 250 ml Fassungsvermögen mit Öl oder zerlassener Butter auspinseln. Mit dem Handrührgerät Butter und Zucker schaumig rühren. In eine große Schüssel geben. Mit einem Metallöffel gesiebtes Mehl und Lebkuchengewürz abwechselnd mit der Milch unter die Buttermischung heben. In die Schüsselchen füllen. Auf ein Backblech stellen.
2 Zusätzliche Butter, Zucker und ¼ Tasse Wasser in einem kleinen Topf bei schwacher Hitze rühren, bis die Butter geschmolzen ist und der Zukker sich vollständig aufgelöst hat. Zum Kochen bringen, Hitze reduzieren, ohne Deckel köcheln lassen, bis die Mischung goldbraun ist. Vom Herd nehmen, zusätzliches Wasser hineinrühren.
3 Über jede Dessertkugel die gleiche Menge Flüssigkeit gießen. 35 Minuten backen.

und Textur dem Weißbrot ähnlich. Der Name basiert auf einem englischen Dialektausdruck, der soviel bedeutet wie »den Appetit dämpfen«.

Dämpfen Zubereitungsart, bei der mit der konzentrierten feuchten Hitze (Dampf) des kochenden Wassers gegart wird. Man kann dazu einen Dämpftopf mit Siebeinsatz benutzen, einen geschlossenen Behälter in einen Topf mit kochendem Wasser stellen oder, wie in China und Südostasien üblich, einen mehrschichtigen Metall- oder Bambusdämpftopf benutzen.

Dampfnudeln (Hefeklöße) Hefesüßspeise aus Bayern. Mehl, Zucker, Hefe, Milch, Ei und Butter zu einem geschmeidigen Teig verarbeiten. Eine Prise Salz und die abgeriebene Schale einer unbehandelten Zitrone hinzugeben. Den Hefeteig gehenlassen. Danach gut durchkneten, Bällchen formen, die in eine gebutterte Auflaufform aneinandergereiht werden. Milch hinzugießen. Die Teigkugeln gehenlassen und mit Eigelb bestreichen. Die Auflaufform mit Alufolie verschließen, in den Ofen schieben und so lange backen, bis die Milch verdampft ist.

BUTTERPUDDING

☆ ***Vorbereitungszeit:*** 20 Minuten
Backzeit: 20 Minuten
Für 8 Personen

125 g Butter
3/4 Tasse sehr feiner Zucker
2 Eier, leicht verquirlt
1 TL Vanilleessenz
1 1/2 Tassen Mehl, mit Backpulver vermischt
1/2 Tasse Milch

Helle Sirupcreme
60 g Butter, zusätzlich
1/2 Tasse heller Sirup (Maissirup)
1 1/4 Tassen Sahne

1 Backofen auf 180 °C vorheizen. 8 feuerfeste Pastetenförmchen à 250 ml Fassungvermögen mit zerlassener Butter auspinseln. Mit dem Handrührgerät Butter und Zucker schaumig rühren. Nach und nach Eier zugeben, jedesmal sorgfältig rühren. Essenz zugeben, rühren, bis alles gut vermischt ist. In eine große Schüssel geben. Mit einem Metalllöffel abwechselnd gesiebtes Mehl und Milch unterheben. Rühren, bis die Mischung fast glatt ist.

2 Teig in die Förmchen geben; auf ein großes Backblech stellen, 20 Minuten backen, bis eine Nadel bei der Nadelprobe sauber bleibt. Vor dem Stürzen auf ein Kuchengitter 5 Minuten in den Formen abkühlen lassen.

3 Für die helle Sirupcreme Butter in einem kleinen, schweren Topf schmelzen. Hellen Sirup zugeben, bei mittlerer Hitze rühren, bis alles gut vermischt ist. Sahne zugeben, unter ständigem Rühren zum Kochen bringen. In einen Krug geben. Zum Servieren Dessertkuchen auf Serviersteller legen und mit heller Sirupcreme übergießen. Dazu Sahne oder Vanille-Eis servieren.

Anmerkung: Diese auf traditionelle Art hergestellten Puddings können bis zu 2 Stunden vor dem Verzehr zubereitet werden. Bei Zimmertemperatur abgedeckt aufbewahren. Helle Sirupcreme erst unmittelbar vor dem Servieren zubereiten.

CRÈME CHANTILLY

Gebackene Puddings, Früchtemus und süße Törtchen mit vanillierter Schlagsahne sind eine köstliche Versuchung. 2 Tassen Sahne in eine große Schüssel geben und 1 EL Vanillezucker zugeben. Schlagen, bis die Sahne steif ist.
Vanillezucker selbst herstellen: 2 oder 3 Vanilleschoten in ein Glas mit Zucker legen. Nach jeder Zuckerentnahme Glas wieder auffüllen. Vanille aromatisiert den Zucker ein Jahr lang.

Oben: Butterpudding.
Gegenüber: Früchtebrot-Apfel-Pudding

DESSERTS BROTPUDDINGS

FRÜCHTEBROT-APFEL-PUDDING

☆ ***Vorbereitungszeit:*** 25 Minuten
Backzeit: 35–40 Minuten
Für 6 Personen

12 Scheiben Früchtebrot vom Vortag, ohne Kruste
½ Tasse Apfelsaft
½ Tasse Rotwein
4 große, grüne Äpfel, Kerngehäuse entfernt, geschält und in dünne Schiffchen geschnitten
1 TL Zimt
¾ Tasse Walnüsse, grobgehackt
2 EL weicher, brauner Zucker
1 EL Butter
1 Tasse saure Sahne
3 EL weicher, brauner Zucker, zusätzlich

1 Brot in eine Schüssel legen, halbe Menge Saft und Wein mischen, über das Brot gießen, 5 Minuten ziehen lassen. Brot herausnehmen, 4 Scheiben auf den Boden einer gefetteten, feuerfesten Form legen. Ofen auf 180 °C vorheizen.
2 Äpfel, Zimt, Walnüsse und Zucker mischen. Die Hälfte der Mischung über das Brot geben. Mit 4 Brotscheiben abdecken, Rest der Apfelmischung darüber geben. Mit den restlichen Brotscheiben abdecken, mit Saft und Wein übergießen. Mit Butterflöckchen bestreuen und 35–40 Minuten backen.
3 Saure Sahne und 3 EL braunen Zucker mischen. Pudding 10 Minuten abkühlen lassen; noch warm, mit einem Löffel saure Sahne servieren.

BROTPUDDING MIT BUTTER

☆ ***Vorbereitungszeit:*** 10 Minuten
Backzeit: 50 Minuten
Für 4–6 Personen

30 g Butter, weich
6 dünne Scheiben Weiß- oder Vollkornbrot vom Vortag, ohne Kruste
¾ Tasse gemischtes Dörrobst
3 EL sehr feiner Zucker
1 TL Lebkuchengewürz
2 Eier, leicht verquirlt
1 TL Vanilleessenz
2 ½ Tassen Milch

1 Backofen auf 180 °C vorheizen. Eine flache, mittelgroße, feuerfeste Schüssel fetten. Brotscheiben mit Butter bestreichen, diagonal halbieren. Gebuttertes Brot lagenweise einlegen, jede Lage mit Dörrobst, Zucker und Gewürz bestreuen.
2 Eier, Essenz und Milch mischen, über das Brot gießen, 5 Minuten zum Einweichen beiseite stellen.
3 Pudding 50 Minuten backen, bis er fest und die Oberfläche gebräunt ist.

Warm servieren. Dazu Vanillesoße reichen.

Danish Blue Weicher, cremig-weißer Kuhmilchkäse mit feiner blauer Maserung und scharfem, manchmal salzigem Geschmack. Da seine Konsistenz der Butter ähnlich ist, kann er geschnitten, aber auch auf Brot aufgestrichen werden. Anfang 1900 in Dänemark

erstmals für den Roquefort-Markt in den USA hergestellt. Bekannt auch als Danablu.

Dariolen Begriff, der sowohl Pasteten als auch die pyramidenförmigen Pastetenformen bezeichnet, in denen sie zubereitet werden. Formen werden für süße Pastete, Fruchtkuchen und Puddings, aber ebenso für pikante Sülzen verwendet. Nach Erkalten stürzt man Dariolen umgekehrt auf Servierteller. Auch »Becherpasteten« genannt.

Dashi Brühe aus Fisch und Seetang, verleiht japanischen Gerichten den unverkennbaren Geschmack. Konbu (großblättrige Seetangart) wird in Wasser zum Kochen gebracht und dann herausgenommen. Dem Wasser wird hano-katsuo (kleine, getrocknete Stücke einer »Bonito« genannten Makrelenart, die niemals frisch verwendet wird) hinzugefügt und gerührt, bis die Stücke auf den Boden des Topfes sinken. Dann wird der Sud abgesiebt. Auch als klare Suppe verzehrt, als Dip und als Marinade verwendet. In asiatischen Lebensmittelgeschäften in kleinen Aufgußbeuteln, als Flüssigkonzentrat und in Granulatform erhältlich.

Dattel Ovale, bernstein- bis dunkelbraunfarbene Frucht der Dattelpalme. Ein französischer Schriftsteller sagte, »sie ist für die Menschen der Sahara das, was der Reis den Chinesen ist.« In den heißen Wüsten Westasiens und Nordafrikas ist die Dattelpalme der Baum des Lebens, der die Ränder jeder Oase säumt und noch unter Bedingungen gedeiht, bei denen nichts anderes mehr wächst. Die Palmen können bis

zu 100 Jahre Früchte tragen. Datteln lassen sich gut transportieren, wurden (hauptsächlich von Ägypten

DESSERTS
OBSTSTREUSEL-AUFLÄUFE

BEEREN-KIRSCH-STREUSEL

★ ***Vorbereitungszeit:*** 10 Minuten
Backzeit: 15 Minuten
Für 6 Personen

250 g Erdbeeren, gewaschen und geputzt
200 g Heidelbeeren
425 g dunkle Kirschen, aus der Dose, entsteint und abgetropft, ½ Tasse Kirschsaft aufbewahren
½ TL Maismehl (Stärke)
1 EL Puderzucker

Belag
90 g Butter
¼ Tasse heller Maissirup
2 Tassen Haferflocken

1 Backofen auf 180 °C vorheizen. Erdbeeren halbieren. Mit Heidelbeeren und Kirschen in eine feuerfeste Form geben. Gut mischen. Maismehl mit dem aufbewahrten Kirschsaft verrühren. Über die Früchte gießen. Mit gesiebtem Puderzucker bestreuen. Beiseite stellen.
2 Für den Belag Butter und hellen Maissirup in einem kleinen Topf mischen und bei schwacher Hitze zergehenlassen. Vom Herd nehmen; Haferflocken hineinrühren, bis alles gut vermischt ist, über die Beeren geben. Auflauf 15 Minuten backen, bis der Belag goldbraun und knusprig ist. Heiß servieren.

»TANTE BETTYS APRIKOSEN-AUFLAUF«

★ ***Vorbereitungszeit:*** 10 Minuten
Backzeit: 30 Minuten
Für 6 Personen

850 g Aprikosenhälften aus der Dose, abgetropft, ⅓ Tasse Saft aufbewahren
¼ Tasse sehr feiner Zucker
2 Tassen frische, weiße Semmelbrösel
60 g Butter, zerlassen

1 Backofen auf 180 °C vorheizen. Runde Auflaufform (20 cm) mit zerlassener Butter auspinseln. Die Hälfte der Aprikosen in die vorbereitete Form geben.
2 Hälfte des Zuckers und der Semmelbrösel darüber streuen. Hälfte der zerlassenen Butter und des Safts über die Semmelbrösel gießen.
3 Den ganzen Vorgang mit den restlichen Zutaten wiederholen. 30 Minuten im vorgeheizten Backofen backen. Heiß servieren.

Links: Beeren-Kirsch-Streusel (oben) und Brotpudding mit Butter (unten)

aus) ins antike Griechenland und nach Rom gebracht und dort als süßer Leckerbissen verkauft, genauso wie 1500 Jahre später im mittelalterlichen Europa. Frisch oder getrocknet erhältlich. Der Name aus dem Griechischen, *dáktylos*, bedeutet »Finger«.

Daube, en Französischer Begriff für eine Kochmethode, bei der Fleisch in Rotwein geschmort und mit Kräutern gewürzt wird.

Debrecziner Gulasch Eine Abwandlung des Rindergulaschs. Für diese Gulaschvariante wird Debreczinerwurst in Scheiben geschnitten und zu dem Gulasch gegeben.

Demerara-Zucker Weißer Rohrzucker wird mit Melasse versetzt, bildet ein großes, leicht klebriges, blaßbraunes Kristall. Oft zu Kaffee serviert und bei der Herstellung von.

Gebäck und Süßigkeiten verwendet. Statt Demerara-Zucker kann brauner Zucker oder Rohzucker verwendet werden. Zuerst in der Demerara-Region Guayanas, Westindische Inseln, hergestellt.

Demiglace Braune oder spanische Grundsoße (Kraftsoße), die zu einem kräftigen Sirup eingekocht wird. Zu Fleisch und Wildgerichten gereicht. Auch andere Soßen werden damit angereichert.

Dessert Süßer Nachtisch. Meist als letzter Gang einer Mahlzeit serviert. Vom einfachen Kompott über Eiscreme, Puddingspeisen, süße Pasteten, Dessertkuchen bis zu raffinierten Torten. In der Antike wurden Mahlzeiten mit frischen Früchten, Honig oder Käse beendet. Im mittelalterlichen Europa war es bei Festbanketten Sitte, Grütze oder süße Törtchen zwischen den einzelnen Fleischgängen zu servieren. Im 17. Jh. kamen Eis und Sorbets ebenso in Mode wie Schokolade, deren Geheimnis von Amerika nach Europa gebracht wurde. Vorzugsweise sollte ein leichtes, auf Früchten

DESSERTS
FESTTAGS-DESSERTS

EISCREME-WEIHNACHTS-DESSERT

Vorbereitungszeit: 20 Minuten + 20 Minuten Ruhezeit + Gefrierzeit über Nacht
Kochzeit: 4 Minuten
Für 8–10 Personen

2 Tassen Dörrobst, gemischt
90 g kandierte Kirschen, geviertelt
45 g kandierte Aprikosen, geschnitten
45 g kandierte Ananas, geschnitten
2 TL kandierter Ingwer, feingeschnitten
2 TL Orangenschale, abgerieben
2–3 EL Grand Marnier
1–2 EL Brandy
2 l Vanille-Eis, weich
¼ Tasse Schokoladen-Stückchen
½ Tasse Pekannüsse, gehackt

Schokoladensoße
½ Tasse Wasser
¼ Tasse Kakaopulver, gesiebt
60 g Butter
2 EL weicher, brauner Zucker
100 g Halbbitterschokolade, geschnitten
1–2 EL Brandy

1 Früchte, Orangenschale, Likör und Brandy in einer großen Schüssel mischen. 20 Minuten beiseite stellen; gelegentlich rühren.
2 Mit einem Metallöffel die Eiscreme in einer großen Schüssel aufbrechen. Fruchtmischung, Schokoladenstückchen und Nüsse untermischen.
3 Eine große Puddingform oder Schüssel (2,25 l) mit Plastikfolie auskleiden. Eiscreme-Mischung hineingeben, Oberfläche glätten. Mit Folie abdekken und über Nacht einfrieren. Vor dem Servieren Eis aus der Form stürzen und in Tortenstücke schneiden. Mit Schokoladensoße servieren.
4 Für die Schokoladensoße Wasser, Kakao, Butter und Zucker in einen kleinen Topf geben. Bei schwacher Hitze etwa 4 Minuten rühren, bis die Mischung kocht und der Zucker sich löst. Vom Herd nehmen; Schokolade zugeben. Rühren, bis die Schokolade geschmolzen und die Mischung glatt ist; Brandy hineinrühren.

GEKOCHTER WEIHNACHTS-PUDDING

Vorbereitungszeit: 30 Minuten
Kochzeit: 6–7 Stunden
Für 8–10 Personen

2 Tassen Sultaninen
1 ½ Tassen Rosinen
¾ Tasse Korinthen
1 EL Orangeat und Zitronat, feingeschnitten
¼ Tasse Brandy
¼ Tasse Rum
250 g Butter
1 Tasse weicher, brauner Zucker
5 Eier
1 Tasse Mehl
½ TL Natron
1 ½ TL Lebkuchengewürz
125 g frische Semmelbrösel
¼ Tasse Mandeln, gehackt

1 Früchte, Orangeat und Zitronat, Brandy und Rum in einer Schüssel mischen. Butter und Zukker schaumig rühren. Eier nach und nach zugeben, jedesmal sorgfältig rühren. Nach und nach gesiebtes Mehl, Natron und Gewürze zugeben. Eingeweichte Früchte, Semmelbrösel und gehackte Mandeln unterheben.
2 Mischung in eine gut gefettete Puddingform (2 l) geben. Platz zum Aufgehen einrechnen. Erst mit gefettetem Backpapier abdecken, dann mit Folie umwickeln. Folie mit Schnur festbinden, eine Schlaufe zum Anfassen lassen. Auf einen Untersetzer in einen großen Topf stellen. Heißes Wasser in den Topf geben, bis zu ¾ Höhe der Puddingform. Zum Kochen bringen und 5–6 Stunden sprudelnd kochen lassen. Pudding in der Form abkühlen lassen, dann in den Kühlschrank stellen.
3 Zum Servieren 1 Stunde vor dem Verzehr Pudding im Wasserbad aufwärmen. Mit heißer Brandy-Butter servieren.

BRANDY-BUTTER

250 g Butter, ⅓ Tasse weichen, braunen Zucker und 1 Tasse gesiebten Puderzucker glattrühren. ¼ Tasse Brandy nach und nach hinzugeben, dabei ständig weiterrühren. Ergibt ca. 1 Tasse.

DESSERTS FRÜCHTE

SOMMER-PUDDING

★★ ***Vorbereitungszeit:*** 20 Minuten + 1 Stunde Ruhezeit + Kühlzeit über Nacht
Kochzeit: 13 Minuten
Ergibt 1 runden Kuchen (ca. 20 cm)

425 g Boysenbeeren, aus der Dose
425 g Brombeeren
3/4 Tasse Zucker
1 mittelgroßer Apfel, geschält und grobgerieben
300 g Himbeeren
15 dicke Scheiben Brot, ohne Kruste
frische Erdbeeren, Heidelbeeren, Himbeeren und Brombeeren

1 Beeren abgießen, beiseite stellen. Sirup in einen Topf geben, Zucker zufügen. Bei schwacher Hitze ca. 3 Minuten rühren, bis der Zucker sich gelöst hat. Aufkochen, Hitze reduzieren. Ohne Deckel 10 Minuten köcheln lassen; vom Herd nehmen.
2 Früchte aus der Dose mit Äpfeln und Himbeeren in einer großen Schüssel gut mischen.
3 Brotscheiben diagonal halbieren. Hälfte der Brotscheiben auf dem Boden und an den Seiten einer tiefen, runden Backform (20 cm) anordnen. Mit etwas Sirup bepinseln. Fruchtmischung mit Brot und Sirup lagenweise einschichten.
4 Form auf einen Teller mit Ausguß stellen. Mit Folie abdecken. Einen Teller auf die Folie stellen, mit einem Gewicht beschweren. 1 Stunde stehenlassen. Teller und Gewicht entfernen. Über Nacht kühlen. Stürzen, mit Beeren verzieren.

FRISCHER OBSTSALAT »MAROKKO«

★ ***Vorbereitungszeit:*** 20 Minuten
Kochzeit: 5 Minuten
Für 6 Personen

2 Äpfel
2 Birnen
3/4 Tasse Orangensaft
1–2 EL Zitronensaft
2 Bananen
2–3 EL Orangenblütenwasser
Puderzucker
250 g Erdbeeren, gewaschen und geputzt, längs halbiert
frische Minzeblätter
Schale von 1 Orange

1 Kerngehäuse der Äpfel und Birnen entfernen, Früchte in dünne Scheiben schneiden. In eine Servierschüssel legen und Orangen- und Zitronensaft zugeben, um Verfärbung zu verhindern.
2 Bananen schälen und in dünne Scheiben schneiden. In die Schüssel geben, vorsichtig mischen. Orangenblütenwasser zugeben, nach Geschmack mit Puderzucker bestreuen. Halbierte Erdbeeren zum Obstsalat geben. Mit frischer Minze bestreuen.
3 Bittere, weiße Haut von der Orangenschale abziehen. Orangenschale in feinste Streifen schneiden, in Wasser oder leichtem Zuckersirup 5 Minuten kochen; abtropfen lassen. Streifen über dem Obstsalat verteilen und servieren.

Oben: Frischer Obstsalat »Marokko«.
Links: Sommer-Pudding.
Gegenüber: Eiscreme-Weihnachtsdessert

basierendes Dessert einem schweren Mahl folgen, während eine süße Pastete oder ein nahrhafter Pudding nach einem leichten Mahl angemessen ist. Heute wird auch Käse oder Gebäck als Dessert gereicht. Das Wort kommt vom französischen *desservir,* all das, was serviert wurde, abräumen. Bei einem feierlichen Bankett wurden die Tische, einschließlich Tischtuch, abgeräumt und für den Dessertgang neu eingedeckt.

Dessertwein Süßer, vollmundiger Wein; am Ende einer Mahlzeit mit dem Dessert gereicht. Zu den Dessertweinen gehören Muskateller, Madeira, Tokajer, Malaga, Samos und Sherry. Zum Dessertgang kann jedoch auch Champagner serviert werden.

Devil on Horseback (siehe auch Angel on Horseback) Vorspeise. Entsteinte Pflaumen in durchwachsenem Speck eingewickelt und gegrillt.

Devonshire Tea (Devonshire-Frühstück) Scones, Marmelade und dicke Sahne, zusammen mit einer Kanne Tee serviert; beliebtes, leichtes Vormittagsfrühstück oder Nachmittagsmahl. Die Sahne, die dazu serviert wird (clotted cream), ist eine Spezialität im Südwesten Englands: in einer irdenen Schüssel wird frische Sahne langsam erwärmt. Auf kaltem Steinplatten läßt man die Sahne erkalten und dick werden. Diese Sahne wird auf Marmeladenscones gestrichen.

Dhal Indisches Gericht aus Linsen; mit Knoblauch, Ingwer und Gewürzen gekocht und dann püriert. Dem Porridge (Haferbrei) ähnlich; mit gekochtem Reis oder indischem Fladenbrot, aber auch als Beilage zu einem Fleischgericht serviert.

Diable Kochgeschirr aus zwei unglasierten, irdenen Töpfe, die wie Topf und Deckel genau aufeinanderpassen. Darin werden Kartoffeln, Zwiebeln, Kastanien oder Rote Bete ohne Wasser gegart. Nach der Hälfte der Garzeit

KÖSTLICHE »KLEINIGKEIT«

★ ***Vorbereitungszeit:*** 20 Minuten + 50 Minuten Kühlzeit
Kochzeit: 10 Minuten
Für 6–8 Personen

1 Biskuitkuchen (16 cm Durchmesser, 3 cm Höhe)
¾ Tasse Cream-Sherry oder Portwein
¾ Tasse kochendes Wasser
90 g rote Götterspeise (Pulver)
¾ Tasse kaltes Wasser
¼ Tasse Zucker
¼ Tasse Puddingpulver
2 ½ Tassen Milch
1 TL Vanilleessenz
1 Ei
850 g Pfirsich-Scheiben aus der Dose, abgetropft
1 Tasse Sahne
¼ Tasse Puderzucker
250 g Erdbeeren, gewaschen und geputzt, halbiert

1 Biskuitkuchen in 2 cm große Würfel schneiden und in eine große Servierschüssel (2 l) legen. Sherry über den Kuchen träufeln.
2 Kochendes Wasser über die Götterspeise gießen und rühren, bis sie sich gelöst hat. Kaltes Wasser zugeben. In eine 28 x 18 cm große Backform oder Schüssel gießen und 30 Minuten kühlen, bis sie fest ist.
3 Zucker und Puddingpulver mit Milch bei mittlerer Hitze mit einem Holzlöffel rühren, bis der Pudding kocht und dick wird. Vom Herd nehmen. Mit Essenz und Ei gut mischen, mit Folie abdecken und bei Zimmertemperatur kühlen.
4 Mit einem Plastikspatel Götterspeise in Würfel schneiden. In einer Schicht auf dem Kuchen verteilen. Die Früchte als nächste Lage darüber verteilen, dann den Pudding darübergießen. 20 Minuten in den Kühlschrank stellen, bis der Pudding fest ist. Sahne mit Puderzucker steif schlagen, über den Pudding geben und mit den Erdbeeren verzieren.

OBSTSALAT MIT PORTWEIN

★ ***Vorbereitungszeit:*** 20 Minuten
Für 6 Personen

½ Tasse sehr feiner Zucker
¼ Tasse Zitronensaft
¼ Tasse Portwein
1 Papaya, geschält und in Scheiben geschnitten
250 g Himbeeren
1 Kiwi, geschält und in Scheiben geschnitten
andere Früchte nach Saison

1 Zucker, Zitronensaft und Portwein in ein Glas mit Schraubverschluß geben. Gut schütteln.
2 Papaya, Himbeeren, Kiwi und andere Früchte in eine Servierschüssel geben. Soße darübergießen. Abdecken. Bis zur Verwendung in den Kühlschrank stellen. Mit Schlagsahnehäubchen servieren.

Gegenüber: »Köstliche Kleinigkeit«. Oben: Mangoeiscreme

DESSERTS
EISDESSERTS

EISCREME-FRUCHT-BOMBE

★ ***Vorbereitungszeit:*** 20 Minuten + über Nacht Ruhezeit + Gefrierzeit über Nacht
Für 8 Personen

315 g Fruchtmus oder geschnittene Früchte, aus der Dose
½ Tasse Feigen, feingeschnitten
¼ Tasse Rum
1 Tasse Mandeln, gehobelt
4 Eier
1 Tasse sehr feiner Zucker
1 ½ Tassen Sahne
¾ Tasse Buttermilch

1 Fruchtmus oder geschnittene Früchte aus der Dose, Feigen und Rum in einer kleinen Schüssel mischen. Abdecken, über Nacht durchziehen lassen. Mandeln goldbraun rösten.
2 Mit dem Handrührgerät Eier 5 Minuten schlagen. Nach und nach Zucker zugeben; rühren, bis der Zucker sich gelöst hat und die Mischung blaß und glänzend ist. Nach und nach Sahne und Buttermilch zugeben; weitere 5 Minuten rühren.
3 Früchte und Mandeln unter die Mischung heben. In eine große Puddingform (2 l) gießen und mit Folie abdecken. Über Nacht einfrieren.
4 Mit Hilfe eines zwischen Puddingform und Eis geführten Messers die Masse auf einen Serviterteller stürzen.

MANGOEISCREME

★★ ***Vorbereitungszeit:*** 25 Minuten + Gefrierzeit
Kochzeit: 10 Minuten
Ergibt 1 Liter

4 Eigelb
¾ Tasse Puderzucker
2 Tassen Mango-Püree
1–2 EL Zitronensaft
½ Tasse Kokoscreme
½ Tasse Sahne
Eiswaffelkörbchen, frische Mango und geraspelte, frische Kokosnuß zum Servieren

1 Eigelb und Puderzucker in eine mittelgroße, feuerfeste Schüssel über einen Topf mit köchelndem Wasser stellen und weich und cremig schlagen. Vom Herd nehmen, 1 Minute weiterschlagen, bis die Mischung kalt ist.
2 Mango-Püree, Zitronensaft, Kokoscreme und Sahne in einer großen Schüssel gut mischen. Vorsichtig die Eimischung unterheben.
3 Die Mischung in eine 18 x 28 cm (ca. 1 l) große, rechteckige Form geben. Mit Folie abgedeckt 3 Stunden ins Gefrierfach stellen, bis die Mischung fast gefroren ist.
4 Mit dem Handrührgerät auf höchster Stufe glattrühren. Zurück in die Form oder in einen Gefrierbehälter geben, abgedeckt mindestens 5 Stunden oder über Nacht gefrieren lassen. Mit einem Eiskugellöffel in die Eiswaffelkörbchen geben und mit frischen Mangoscheiben und geraspelter, frischer Kokosnuß verzieren.

Anmerkung: Eiswaffelkörbchen gibt es in Feinkost- und Delikatessengeschäften.

dreht man die Diable herum und beendet den Kochvorgang von der anderen Seite. Sie kann im Backofen verwendet werden, mit einem Untersatz, aber auch auf der elektrischen Herdplatte oder dem Gasring; sollte niemals gespült werden, da durch die Krustenbildung im Topf, ähnlich wie beim Wok, der Geschmack der Speisen noch intensiviert wird.

Dibs Sirup mit Schokoladengeschmack; aus den Schoten der Karobe (Johannisbrot). In Syrien und im Libanon mit Tahini vermischt und als Brotaufstrich verwendet.

Dibs Roman Grenadinen-Melasse. Dunkelrot-violetter Sirup mit streng süß-saurem Geschmack; aus konzentriertem Granatapfelsaft hergestellt. In der Küche des Orients verwendet, um Lammfüllungen für Pasteten mehr Schärfe zu geben, als Marinade für Lammfleisch und als herber Süßstoff für Suppen und Eintöpfe. Auch als Grundlage für Mixgetränke.

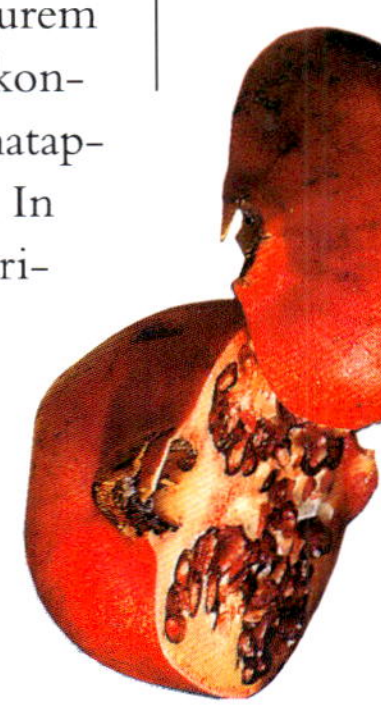

Digestif (frz.: *digérer* = verdauen) Alkoholisches Getränk, das der Unterstützung der Verdauung dient. Deswegen wird ein Digestif am Ende eines reichhaltigen Essens getrunken. Oft reicht man ihn zum Kaffee. Die Digestifarten reichen vom Kräuterlikör über Fruchtbrände bis hin zu Weinbränden.

Dijonnaise Französischer Begriff für Gerichte, die mit Dijonsenf zubereitet werden. Dieser cremige, blasse, ur-französische Senf wird aus Senfkörnern zubereitet, die im sauren, vergorenen Saft unreifer Trauben eingeweicht werden. Dijonnaise: Bezeichnung für eine Mayonnaise mit Senfgeschmack, die zu kaltem Fleisch serviert wird. Benannt ist beides nach Dijon, der Hauptstadt von Burgund.

Dill Aromatisches Gewürzkraut, dem Fenchel ähnlich und mit ihm verwandt. Beheimatet in Südeuropa und Westasien. Sowohl die fedrigen, grünen Blätter, als auch die braunen Samen werden zum Würzen verwendet: Blätter in Suppen, Eiergerichten, Salaten, weichen Käsen und Fischsoßen; Samen in Brot, in Eingemachtem und

DESSERTS
FLAMMERI UND SCHAUMCREME

EINFACHE ORANGENMOUSSE

Vorbereitungszeit: 12 Minuten + 10 Minuten Ruhezeit
Für 8 Personen

1 Tasse Orangensaft
2–3 EL Zitronensaft
2/3 Tasse sehr feiner Zucker
1 EL Gelatine
1/4 Tasse Wasser
1–2 EL Orangenlikör
3 Eiweiß
3/4 Tasse Sahne, steif geschlagen

1 Orangen- und Zitronensaft mischen; Zucker zugeben. 10 Minuten stehenlassen, bis der Zucker durchgezogen ist.
2 In einer kleinen Schüssel Gelatine über Wasser streuen. In kochendes Wasserbad stellen und rühren, bis die Gelatine sich auflöst. Mit dem Orangenlikör zu der Zucker-Saftmischung geben. Gut mischen. In den Kühlschrank stellen, bis die Mischung die Konsistenz von ungeschlagenem Eiweiß hat.
3 Gelatinemasse schlagen, bis sie leicht und luftig ist. Mit dem Handrührgerät Eiweiß steif schlagen. Mit einem Metallöffel Eiweiß und Schlagsahne zusammenmischen. Gelatinemischung unter die Eiweiß-Sahnemischung heben. In 8 Dessertschalen oder Weingläser schöpfen. Mit Orangenschiffchen, Orangenschale und nach Wunsch etwas Schlagsahne garnieren.

Oben: Orangenmousse; rechts: Passionsfrucht-Zitrus-Flammeri. Gegenüber: Heidelbeer-Käsetorte (links) und Buttermilchtorte mit Muskat

PASSIONSFRUCHT-ZITRUS-FLAMMERI

Vorbereitungszeit: 35–40 Minuten + 4 Stunden Kühlzeit
Kochzeit: 10 Minuten
Für 8 Personen

1 EL Mehl
1 Tasse warmes Wasser
1 EL Gelatine
1/4 Tasse kaltes Wasser
1/4 Tasse Zitronensaft
2/3 Tasse Orangensaft
3/4 Tasse sehr feiner Zucker
5 Passionsfrüchte, püriert

1 In einem mittelgroßen Topf Mehl mit etwas Wasser zu einer Paste verrühren, Wasser dabei nach und nach zugeben. Mischung zum Kochen bringen, ständig rühren oder mit dem Schneebesen schlagen. 1 Minute kochen lassen, vom Herd nehmen.
2 Kaltes Wasser und Zitronensaft in einer kleinen Schüssel mischen, Gelatine darüberstreuen. Im Wasserbad schlagen, bis die Gelatine sich ohne Klümpchen gelöst hat.
3 Saft, Gelatinemischung, Zucker und Passionsfruchtpüree zur Mehlmischung geben. Erhitzen und zum Kochen bringen. Mischung in eine große, feuerfeste Schüssel geben.
4 Schüssel in ein Eiswürfelbad stellen, mit dem Handrührgerät rühren, bis die Mischung dick und locker ist. Mischung in eine saubere Schüssel geben, beiseite stellen, bis sie anfängt, fest zu werden. Erneut leicht rühren und die Passionsfruchtkerne gleichmäßig verteilen. In kegelförmige Gläser oder Schalen füllen. 4 Stunden kühlen, mit Sahne und nach Wunsch mit etwas Passionsfruchtpüree servieren.

DESSERTS
TORTEN

HEIDELBEER-KÄSETORTE

★ ***Vorbereitungszeit:*** 30 Minuten
Backzeit: 45 Minuten
Für 6 Personen

1 Grundrezept Mürbeteig
125 g Rahmfrischkäse
2 EL sehr feiner Zucker
1 Ei, leicht verquirlt
1 TL Vanilleessenz
500 g frische oder gefrorene Heidelbeeren
2 EL kernlose Brombeerkonfitüre
2–3 TL Zitronensaft
1 Ei zusätzlich, leicht verquirlt

1 Backofen auf 180 °C vorheizen. Eine Auflaufform (ca. 23 cm) mit der Hälfte des Teiges auslegen; übrigen Teig in lange, dünne Streifen schneiden. Mit dem zusätzlichen, verquirlten Ei bepinseln.
2 Mit dem Handrührgerät Käse und Zucker in einer kleinen Schüssel verrühren, bis die Mischung leicht und cremig ist. Nach und nach Ei zugeben, Vanilleessenz hineinrühren.
3 Käsemischung auf den Teig streichen, mit Heidelbeeren belegen. In einem kleinen Topf Saft und Konfitüre zusammen erhitzen, bis die Konfitüre flüssig ist. Vorsichtig über die Heidelbeeren schöpfen. Teigstreifen im Gittermuster über die Torte legen; die Kanten mit dem Boden zusammendrücken. Überschüssigen Teig abschneiden. 45 Minuten backen. 10 Minuten in der Form abkühlen lassen. Warm oder kalt mit Eiscreme servieren.

BUTTERMILCHTORTE MIT MUSKAT

★★ ***Vorbereitungszeit:*** 30 Minuten
Backzeit: 50 Minuten
Für 6 Personen

½ Grundrezept Mürbeteig

Füllung
2 TL Puddingpulver
3 Eier, leicht verquirlt
⅓ Tasse sehr feiner Zucker
1 TL Vanilleessenz
½ Tasse Sahne
1 Tasse Buttermilch
1 TL Muskatnuß, gemahlen

1 Backofen auf 180 °C vorheizen. Eine runde, feuerfeste Auflaufform (ca. 23 cm) mit Öl oder zerlassener Butter auspinseln.
2 Teiglage in die vorbereitete Form drücken; Kanten passend schneiden. Mit den Fingerspitzen ein Wellenmuster in die Kanten drücken.
3 Für die Füllung Puddingpulver, Eier und Zucker in einer mittelgroßen Schüssel verrühren. Vanilleessenz, Sahne und Buttermilch zugeben und alles gut mischen. Mischung in die Auflaufform füllen, mit Muskat bestreuen.
4 Auflaufform auf ein Backblech stellen. 50 Minuten backen, bis die Füllmasse fest ist und eine Nadel bei der Nadelprobe sauber bleibt. Vor dem Servieren 10 Minuten stehenlassen. Warm oder kalt mit Sahne servieren.

Anmerkung: Puddingtorten vor dem Servieren kühlen, daß die Füllung richtig fest werden kann.

um Essig und gekochten Kohl zu würzen. In den Küchen Nordeuropas häufig verwendet, um Kartoffelsalat, Fischgerichten, Bohnengerichten und eingelegten Gurken zusätzlichen Geschmack zu geben.

Dim Sim Feingeschnittenes Fleisch wird in Wan-Tans eingewickelt und dann fritiert, bis der Teig knusprig und goldbraun ist, oder über Dampf gegart. Der Name stammt aus dem Kantonesischen *tim-sam,* »kleiner Imbiß«, und wird auf eine ganze Reihe kleiner Happen wie gow gee und Frühlingsrollen angewandt.

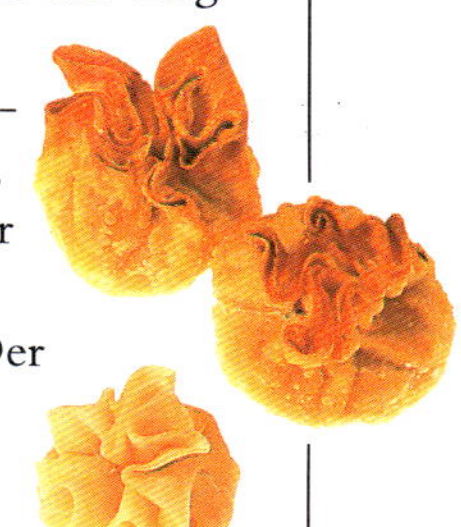

Dip Pürierte oder feingeschnittene Speisen; mit Öl oder anderen Flüssigkeiten zu einer cremigen Soße verrührt. Als Snack oder Appetitanreger serviert. Brot, Kräcker, Mais-Chips (Taco-Chips) oder knackige, rohe Gemüse, in Streifen geschnitten, werden zu den Dips verzehrt. Die Methode, mit einem festeren Nahrungsmittel ein wei-

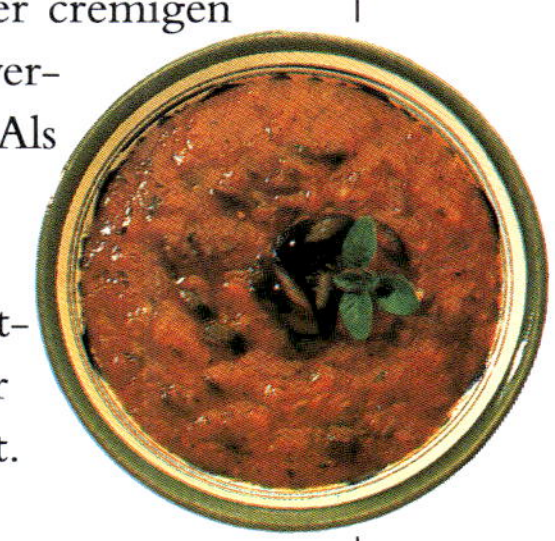

cheres aufzustippen, ist uralt und in allen Teilen der Welt zu finden. Die Römer aßen grobes, in Ziegenmilch getauchtes Brot; Hummus, ein Dip aus Kichererbsen, wird seit Tausenden von Jahren im Nahen Osten zubereitet; Taramasalata, eine Creme aus Meeräschenrogen hat eine lange Tradition im Mittelmeerraum. Die Maya Zentralamerikas liebten Guacamole schon Jahrhunderte vor Ankunft der Spanier im 16. Jh., und in Indien wird Dhal, aus pürierten Linsen, oft mit Chapatti, Roti oder einer anderen Fladenbrotart verzehrt. Eine Vielzahl vorgefertigter Dips ist in vielen Supermärkten erhältlich.

Distelöl Auch Safloröl (Carthamos tinctoria) genannt. Es wird aus den Samen der Färberdistel gewonnen und enthält 9,1 % gesättigte, 12,1 % einfach ungesättigte und 74,5 % mehrfach ungesättigte Fettsäuren. Durch seinen hohen Linolsäuregehalt (78 %) gehört Distelöl zu den sogenannten Diät-Ölen und wird auch zur Herstellung von Diät-Margarine und -Mayonnaise verwendet.

DESSERTS
GEKOCHTE PUDDINGS

DUNKLER SCHOKOLADENPUDDING MIT MOKKASOSSE

☆ ***Vorbereitungszeit:*** 30 Minuten
Kochzeit: 1 Stunde 30 Minuten
Für 6 Personen

1 1/4 Tassen Mehl, mit Backpulver vermischt
1 Tasse Mehl
1/4 Tasse Kakaopulver
1/4 TL Natron
150 g Butter
1/2 Tasse sehr feiner Zucker
1/4 Tasse dunkelbrauner Zucker
100 g dunkle Schokolade, geschnitten
1 TL Vanilleessenz
2 Eier, leicht verquirlt
3/4 Tasse Buttermilch

Mokkasoße
50 g Butter
150 g dunkle Schokolade, geschnitten
1 1/2 Tassen Sahne
1 EL Instant-Kaffeepulver
2 EL Schokoladenlikör

1 Puddingform (2 l) oder Dampfkochtopf mit Öl oder zerlassener Butter auspinseln. Boden mit Backpapier auslegen; Papier fetten. 1 großes Blatt Aluminium-Folie und 1 großes Blatt Backpapier fetten. Papier mit gefetteter Seite nach oben auf die Folie legen. Papier und Folie in der Mitte falten, beiseite legen.
2 Mehl, Kakao und Natron in eine große Schüssel sieben. In der Mitte eine Vertiefung machen. Butter, Zucker, Schokolade und Essenz in einem Topf zusammengeben. Bei schwacher Hitze rühren, bis alles geschmolzen ist und der Zucker sich vollständig aufgelöst hat; vom Herd nehmen. Buttermischung, verquirlte Eier und Buttermilch zu den trockenen Zutaten geben. Mit einem Holzlöffel rühren, bis alles gut vermischt ist.
3 Mischung in die vorbereitete Form füllen. Mit gefetteter Folie und Papier abdecken, gefettete Seite nach unten. Deckel über die Folie legen, mit Klammern befestigen. (Ein Küchenhandtuch kann als Deckelersatz dienen: gefaltetes Tuch über Folie legen, mit Schnur unter dem Rand der Form festbinden. Enden des Küchenhandtuchs zusammenbinden und als Henkel benutzen.)
4 Form auf einen Untersetzer in ein Wasserbad oder einen großen Topf stellen. Heißes Wasser einfüllen, bis zur halben Höhe der Form. Zum Kochen bringen; abdecken und ca. 1 Stunde 15 Minuten kochen lassen. Wenn nötig, kochendes Wasser nachfüllen. Nach Beendigung der Kochzeit Pudding auf einen Servierteller stürzen. Heiß mit Mokkasoße servieren.
5 Für die Mokkasoße Butter, Schokolade, Sahne und Kaffeepulver mischen. Bei schwacher Hitze rühren, bis Butter und Schokolade geschmolzen sind und die Mischung glatt ist. Schokoladenlikör zugeben, gut mischen; vom Herd nehmen.

Oben: Dunkler Schokoladenpudding mit Mokkasoße.
Gegenüber: Fruchtpudding mit Zitrussoße

FRUCHTPUDDING MIT ZITRUSSOSSE

☆☆ ***Vorbereitungszeit:*** 15 Minuten
Kochzeit: 1 Stunde 40 Minuten
Für 6 Personen

125 g Butter
3/4 Tasse sehr feiner Zucker
2 Eier, leicht verquirlt
2 TL Orangenschale, feingerieben
1/2 Tasse gemischtes Fruchtpüree
1 1/2 Tassen Mehl, mit Backpulver vermischt
1/4 Tasse Milch
1/4 Tasse Orangensaft

Zitrussoße
1 EL Zucker
1 Tasse Wasser
1 Tasse Orangensaft
1/2 Tasse Zitronensaft
1 EL Orangenschale, feingerieben
2 TL Zitronenschale, feingerieben
1 EL Maismehl (Stärke)
1 TL Butter
1 Eigelb

1 Eine 18 cm große Puddingform (1,5 l) mit Öl auspinseln. Boden mit Backpapier auslegen; Papier fetten. 1 großes Blatt Aluminiumfolie und 1 großes Blatt Backpapier fetten. Papier mit der gefetteten Seite nach oben auf die Folie legen. Papier und Folie in der Mitte falten, beiseite legen.
2 Mit dem Handrührgerät Butter und Zucker schaumig rühren. Nach und nach Eier zugeben, jedesmal gut rühren. Orangenschale hineinrühren.
3 Mischung in eine große Schüssel geben; Früchte zugeben. Mit einem Metallöffel abwechselnd gesiebtes Mehl und Flüssigkeiten unterheben, glattrühren.
4 Mischung in die vorbereitete Form füllen. Mit gefetteter Folie und Papier abdecken, gefettete Seite nach unten. Deckel über die Folie legen, mit Klammern befestigen. (Ein Küchenhandtuch kann als Deckelersatz dienen: gefaltetes Küchenhandtuch über Folie legen, mit Schnur unter dem Rand der Form festbinden. Enden des Küchenhandtuchs zusammenbinden und als Henkel benutzen.)
5 Form auf einen Untersetzer in ein Wasserbad oder einen großen Topf stellen. Vorsichtig kochendes Wasser einfüllen, bis zur halben Höhe der Form. Zum Kochen bringen, abdecken, 1 Stunde 30 Minuten kochen. Während der Kochzeit, wenn nötig, kochendes Wasser nachfüllen. Nach Beendigung der Kochzeit Pudding 5 Minuten in der Form abkühlen lassen, dann auf einen Servierteller stürzen. Warm mit Zitrussoße servieren.
6 Für die Zitrussoße Zucker und Wasser bis auf 1 EL in einem kleinen Topf mischen. Vorsichtig erhitzen, dabei rühren, bis der Zucker sich gelöst hat. Zitronen- und Orangensaft, sowie die geriebenen Schalen zugeben. Stärke mit dem restlichen EL Wasser zu einer glatten Paste verrühren. Zucker-Saftmischung zum Kochen bringen, angerührte Stärke zugeben; rühren, bis die Soße dick und klar wird. Butter hineinrühren. Topf vom Herd nehmen, leicht abkühlen lassen, dann Eigelb hineinrühren. Durch ein feines Sieb in Sauciere abgießen.

PUDDING MIT ERDBEERKONFITÜRE

☆ ***Vorbereitungszeit:*** 10 Minuten
Kochzeit: 1 Stunde
Für 6 Personen

1/2 Tasse Erdbeerkonfitüre
60 g Butter
1/2 Tasse sehr feiner Zucker
1 Ei
1 1/2 Tassen Mehl
1 TL Backpulver
1/2 Tasse Milch

1 Eine Puddingform (1 l) fetten. Konfitüre in die Schüssel streichen. Butter, Zucker und Ei zu einer glatten, cremigen Masse verrühren.
2 Mehl und Backpulver in die Masse sieben. Milch zugeben, gut mischen. Mischung sorgfältig über der Konfitüre verteilen.
3 Für die Schüssel einen Deckel aus Aluminiumfolie machen; Kanten zudrücken, sorgfältig verschließen. Mit Schnur einen Henkel machen, Schüssel auf einen Untersetzer in einem großen Topf mit kochendem Wasser (5 cm im Topf) stellen. Topf abdecken. Bei schwacher Hitze 1 Stunde köcheln; wenn nötig, kochendes Wasser nachfüllen. Mit einem Messer den Pudding von der Form lösen, auf einen Servierteller stürzen.

Dolmas Kleine, meist mit Reis, Lammhack, feingehackten Zwiebeln, Nüssen und Gewürzen gefüllte Weinblattröllchen. Die Füllung wird in die vorgekochten Weinblätter gewickelt, in Brühe oder Wein gekocht oder geschmort und mit Olivenöl und Zitronensaft beträufelt. Meist kalt gegessen. Wahrscheinlich aus dem Orient stammend; in ganz Griechenland, der Türkei und im Libanon serviert. Der Name aus dem Persischen – *dolmeh* bedeutet »gefüllt«.

Döner Kebab Feingeschnittenes Lammfleisch und Salat wird mit einer auf Tahini basierenden Soße beträufelt, in ein Stück ungesäuertes Brot gefüllt und aus der Hand gegessen. Gleich große Scheiben Lammfleisch ohne Knochen werden bis zu 24 Stunden in einer Mischung aus Olivenöl, Salz, Pfeffer, Zwiebeln, Rigani (einer Oregano-Art), Thymian, Petersilie, manchmal auch Minze, mariniert, fest zusammengeschnürt, mit Fett aus der Schwanzregion gespickt und aufrecht auf einen Grillspieß gesteckt. Heute dreht sich der Spieß vertikal auf einem motorgetriebenen Grill, doch traditionell wird Döner Kebab über dem Holzkohlefeuer zubereitet. Ist die Oberfläche des Lammfleischs zart braun gebraten, wird sie in dünnen Scheiben abgeschabt. Das restliche Fleisch dreht sich dann weiter auf dem Grill. Der Salat besteht meist aus Tabouleh, rohen Zwiebelringen, Salatblättern und Tomaten. Die Soße ist entweder Hummus bi Tahini, Chili- oder Barbecuesoße. Döner Kebab hat seine Heimat in der Türkei und ist im ganzen Mittleren Osten sehr beliebt. Im Libanon ist es unter dem Namen *chawarma* und im Irak unter dem Namen *grass* bekannt.

Dörrfleisch Fettes und mageres Fleisch aus der Seite und vom Rücken des Schweins; durch Trockensalzen haltbar gemacht; auch geräuchert. Schin-

kenspeck aus der Hüfte hat meist einen größeren Anteil an magerem Fleisch, Dörrfleisch hat abwechselnd fette und

DIPS

LACHS-DIP

Vorbereitungszeit: 10 Minuten
Ergibt ca. 3 ½ Tassen

400 g rosa Lachs aus der Dose, abgetropft
250 g Rahmfrischkäse, weich
½ Tasse Mayonnaise
Saft von 1 Zitrone
¼ Tasse saure Sahne
3–4 Gewürzgürkchen, geschnitten
1 EL Schnittlauch, feingehackt
frisch gemahlener schwarzer Pfeffer

1 Alle Zutaten für den Dip in Küchenmaschine verarbeiten, bis die Mischung glatt ist.
2 Dip in eine Servierschale geben. Bis zur Verwendung im Kühlschrank aufbewahren. Mit Kräckern servieren.

LÄNDLICHER LEBERWURST-DIP

1 250 g Hüttenkäse, 125 g Leberwurst, ½ Tasse Mayonnaise, 2 gehackte Dillgurken, 1 gehackte Zwiebel, 1 EL Kapern nach Wunsch und 1 EL Senf in die Küchenmaschine geben. Verarbeiten, bis die Mischung glatt ist.
2 Mischung in eine Servierschale geben. Abgedeckt in den Kühlschrank stellen. Dip mit Maiskräckern und einer Auswahl anderer Kräcker servieren. Für 10 Personen.

Anmerkung: Dieser Dip schmeckt am besten, wenn er Zimmertemperatur hat.

DIP AUS SONNENGETROCKNETEN TOMATEN MIT GRISSINI UND ROHKOSTTELLER

Vorbereitungszeit: 10 Minuten
Für 6 Personen

150 g sonnengetrocknete Tomaten
2 Knoblauchzehen
1 EL Mango-Chutney
2 Frühlingszwiebeln, gehackt
6 Sardellenfilets
2 EL frische Basilikumblätter, feingehackt
2 EL Parmesan, gerieben
1 Tasse saure Sahne
6 Scheiben Parmaschinken
12 Grissini-Stangen
Gemüse für den Rohkostteller – kleine Möhren, Sellerie, Brokkoli, Gurken, rote Paprikaschote

1 Sonnengetrocknete Tomaten abgießen und mit Knoblauch, Chutney, Frühlingszwiebeln, Sardellenfilets, Basilikum, Parmesan und saurer Sahne in die Küchenmaschine geben. 40 Sekunden verarbeiten, bis die Mischung glatt ist.
2 Die Schinkenscheiben der Länge nach halbieren. Um jedes Grissini eine halbe Scheibe Schinken wickeln.
3 Möhren, Sellerie, Gurken, Paprikaschote oder anderes Gemüse für den Rohkostteller in Streifen oder Scheiben schneiden. Brokkoli in kleine Röschen zerpflücken. Dip in eine Servierschale geben, mit Grissini-Stangen und Gemüse attraktiv umlegt auf einer großen Servierplatte servieren.

Oben: Dip aus sonnengetrockneten Tomaten.
Gegenüber: Dip mit Pinienkernen

AVOCADO-DIP

1 große, reife, geschälte und entsteinte Avocado in der Küchenmaschine verarbeiten, bis sie glatt ist. ½ TL abgeriebene Zitronenschale, 1 kleine, zerdrückte Knoblauchzehe, 1 Tasse Joghurt, Salz und frisch gemahlenen schwarzen Pfeffer zugeben und verarbeiten. ¼ Tasse feingehackte, rote spanische Zwiebel und 2 TL feingehackte Petersilie hineinrühren. Mit Kräckern, Maiskräckern, gekochten und geschälten Garnelen, gekochten Baby-Kartoffeln, rohen, kleinen Champignons, knackigem Sellerie und Möhren servieren.

DIP MIT PINIENKERNEN UND RUKOLA

¾ Tasse saure Sahne und ¼ Tasse Mayonnaise in die Küchenmaschine geben. 1 Tasse Rukola-Blätter zugeben, verarbeiten, bis Blätter zerkleinert, aber nicht zu fein sind. Mit Salz und frisch gemahlenem, schwarzem Pfeffer abschmecken. 2 EL Pinienkerne hineinrühren. Mit gekochten, geschälten Garnelen, kleinen Lamm- oder Saté-Spießchen, gebackenen Hähnchenflügeln, rohem Gemüse nach Wunsch servieren.

DIP AUS RÄUCHERLACHS

250 g kalorienarmen Frischkäse glattrühren. ¼ Tasse Sahne, ¼ Tasse feingeschnittenen Räucherlachs, 1 EL feingehackten Schnittlauch und frisch gemahlenen, weißen Pfeffer hineinrühren. Mit Kräckern, Grissinis, knackigen Gurken- oder Selleriestreifen, Cocktail-Tomaten, gekochten, warmen Baby-Kartoffeln, kalten Spargelspitzen oder Artischockenherzen aus der Dose servieren.

WÜRZIGER KOKOSNUSS-DIP

1 Tasse Joghurt mit ¼ Tasse Instant-Kokospulver mischen. 1 EL süße Chilisoße, 1 EL Limonensaft und 1 EL gehackte Korianderblätter hineinrühren. 30 Minuten kühlen und mit frischen Austern, gegrillten Seemuscheln, gekochten und geschälten Garnelen, gegrillten Fischstückchen, Hühnchen- oder Lamm-Saté-Spießchen, Zuckererbsen, blanchierten Prinzeßböhnchen, Selleriestreifen, Melonen- oder Mangoschiffchen servieren.

MITTELMEER-DIP

250 g kalorienarmen Frischkäse mit ½ Tasse Joghurt mischen und rühren, bis die Mischung glatt ist. 1 kleine, zerdrückte Knoblauchzehe, 1 EL geschnittene, gefüllte Oliven, 2 EL geriebenen Parmesan, 1 EL feingehacktes Basilikum oder Oregano und etwas frisch gemahlenen, schwarzen Pfeffer zugeben. Alle Zutaten gut mischen. Den Dip mit Grissini-Stangen, knusprigen Kräckern, kleinen Fleischklößchen, Artischockenherzen aus der Dose und gekochten Spargelstangen oder rohem Sellerie, Möhren, Paprika- oder Zucchinistreifen servieren.

magere Streifen und wird aus dem Endstück der Lende geschnitten. Kanadischer Speck, in England Rückenspeck genannt, ist ganz aus der Lende geschnitten und deshalb magerer als andere Stücke. Siehe auch Schinken, Speck.

Dörrobst Früchte, die durch Wasserentzug konserviert werden: durch Sonnentrocknen, Lufttrocknen oder Dörren in einer Darre (Dörrofen). Wasserentzug verlangsamt Bakterienwachstum und ermöglicht das Aufbewahren von Dörrobst bis zu einem Jahr. Häufig zu Dörrobst verarbeitet werden Äpfel, Aprikosen, Bananen, Datteln, Feigen, Trauben (als Korinthen, Sultaninen und Rosinen), Pfirsiche, Birnen und Pflaumen. Einzeln oder als gemischtes Dörrobst erhältlich; verwendet in Fruchtkuchen, Törtchenfüllungen, in Puddings oder in gekochtem Fruchtkompott.

Dörrpflaume Die getrocknete Frucht verschiedener Pflaumenbaumarten. Dörrpflaumen sind dunkelbraun, faltig und schmecken süß und sehr intensiv. Man weicht sie vor dem Verzehr ein und dämpft sie, reicht sie als Dessert oder zum Frühstücksmüsli oder verwendet sie als Füllung für Gebäck und Pasteten. In Speck gewickelt und gegrillt serviert man sie als Appetithäppchen, reicht sie als Beilage zu pikanten Hauptgerichten wie Schweine-, Kaninchen- und Wildbraten. Man kann sie auch als kleinen Imbiß verspeisen (dazu nicht einweichen). Sonnengetrocknete Pflaumen sind seit den Römern bekannt; heute werden die Früchte künstlich getrocknet.

Dorsch Bezeichnung für den jungen, noch nicht geschlechtsreifen Kabeljau und für den in der Ostsee vorkommenden, kleineren Kabeljau. In Amerika wird er als drei-, vier- und fünfbärtiger Dorsch bezeichnet, je nach Anzahl der Barteln. Dorsch kommt an den europäischen Küsten und vor Neufundland vor. Zubereitet wird der Dorsch wie Kabeljau.

Doughnut Kleines, rundes Ringgebäck aus Hefeteig. In schwimmendem Fett ausgebacken und mit gewürztem Zucker bestreut oder glasiert.

DÖRRFLEISCH

SANDWICH MIT DURCHWACHSENEM SPECK, SALAT UND TOMATE

☆ ***Vorbereitungszeit:*** 10 Minuten
Zubereitungszeit: 5 Minuten
Für 2 Personen

2–4 Streifen Dörrfleisch, Schwarte entfernen
1 feste, reife Tomate
4 Scheiben Weiß- oder Roggenbrot
2 große Salatblätter
Mayonnaise zum Servieren

1 Speckstreifen (Dörrfleisch) halbieren. In einer Bratpfanne bei mittlerer Hitze kroß braten.
2 Tomate in dünne Scheiben schneiden. Brotscheiben leicht toasten, mit Butter bestreichen.
3 Eine Scheibe Brot auf den Servierteller legen. Mit Salatblatt, Speck, Tomatenscheibe und einem Klecks Mayonnaise belegen. Andere Brotscheibe darüberlegen, halbieren und heiß servieren.

VARIATIONEN

- Für ein Club-Sandwich: dünne Streifen Hühner- oder Putenbrust zugeben.
- Eine Scheibe Cheddar auf den Toast legen und schmelzen lassen. Die übrigen Zutaten auf den geschmolzenen Käse legen. Heiß servieren.

BURGER MIT SPECK UND KÄSE

☆ ***Vorbereitungszeit:*** 30 Minuten + 30 Minuten Kühlzeit
Grillzeit: 12 Minuten
Ergibt 8 Burger

500 g Dörrfleisch, ohne Schwarte
250 g mageres Schweinefleisch geschnitten
½ Tasse Cheddar, grob geraspelt
¼ Tasse Parmesan, gerieben
½ Tasse frische Semmelbrösel
etwas Cayenne-Pfeffer
Gewürze nach Belieben
Vollkornbrot oder Brötchen (Rolls)

1 Durchwachsenen Speck, Schweinefleisch, Käse, Semmelbrösel und Gewürze in Küchenmaschine fein verarbeiten. Burger formen und kühlen.
2 Auf mit Öl bepinseltem Grillblech 6 Minuten von jeder Seite grillen. Auf Vollkornbrot servieren, nach Belieben garnieren.

WISSENSWERTES ÜBER DÖRRFLEISCH

- Um zu verhindern, daß sich das Dörrfleisch beim Braten rollt, die Kanten der Schwarte einschneiden. Schwarte nach Belieben abschneiden.
- Auf kaltes Grillblech legen, bei mittlerer Hitze 2–3 Minuten von jeder Seite grillen. Dörrfleisch in der Pfanne braten: ohne Öl oder Fett hineinlegen, bei schwacher Hitze braten, häufig wenden.

DÖRROBST

DÖRROBSTSALAT

★ ***Vorbereitungszeit:*** 20 Minuten + 2 Stunden Kühlzeit
Kochzeit: 15 Minuten
Für 6 Personen

12 Kardamomkapseln
90 g getrocknete Feigen
90 g getrocknete Birnen
90 g getrocknete Äpfel
200 g getrocknete Aprikosen
90 g getrocknete große Rosinen
90 g entsteinte Pflaumen
1 TL Orangenblütenwasser
1 Tasse geröstete Mandelsplitter

Joghurt-Kardamom-Creme
¾ Tasse Joghurt
¾ Tasse saure Sahne
2 EL weicher, brauner Zucker
¼ TL Kardamom, gemahlen

1 Kardamomkapseln in ein Leinensäckchen binden; Nudelholz leicht rollen, um sie aufzubrechen.
2 Feigen und Birnen halbieren. Früchte in einen großen Topf geben, mit Wasser gut bedecken. Zum Kochen bringen und Kardamomsäckchen zugeben. 10 Minuten köcheln, dann abkühlen lassen.
3 Kardamomsäckchen herausnehmen, Früchte in Servierschüssel geben, Orangenblütenwasser hineinrühren. Gut kühlen; mit gerösteten Mandelsplittern bestreuen und mit Joghurt-Kardamom-Creme servieren.
4 Für die Joghurt-Kardamom-Creme Joghurt, saure Sahne, braunen Zucker und gemahlenen Kardamom mischen. Vor dem Servieren kühlen.

ÜBERBACKENES DÖRROBSTDESSERT

★ ***Vorbereitungszeit:*** 20 Minuten
Backzeit: 30 Minuten
Für 6 Personen

500 g gemischtes Dörrobst, zerkleinert
2 Tassen heißes Wasser
⅓ Tasse weicher, brauner Zucker
½ TL Zimt
¼ TL Ingwer, gemahlen
¼ TL Nelken, gemahlen

Belag
2 Tassen Mehl, mit Backpulver vermischt
1 TL Backpulver
60 g Butter, geschnitten
1 EL sehr feiner Zucker
¾ Tasse Milch
weicher, brauner Zucker

1 Backofen auf 180 °C vorheizen. Eine 23 cm große, runde, feuerfeste Schüssel oder Auflaufform (1,5 l) fetten. Dörrobst 10 Minuten in heißem Wasser einweichen. Gut abtropfen lassen; Zucker und Gewürze hineinrühren und mit in die Auflaufform geben. Mit Aluminiumfolie abdecken und 10 Minuten backen.
2 Für den Belag Mehl und Backpulver in eine Schüssel sieben. Mit den Fingerspitzen Butter ins Mehl reiben; Zucker hineinrühren, Flüssigzutaten zugeben und einen weichen Teig bereiten. Teig auf einer bemehlten Arbeitsfläche kneten, dann 1 cm dick ausrollen. Mit einem runden, 5 cm Durchmesser großen Ausstechförmchen 17 Kreise ausstechen. Form aus dem Ofen nehmen, Folie entfernen. Die Teigkreise auf den Früchten anordnen. Mit etwas Milch bepinseln und mit Zucker leicht bestreuen. Nochmals 20 Minuten backen.

Doughnuts haben eine saftige, brotähnliche Textur. Auch mit Marmelade oder Pudding können Doughnuts, die häufig auch zu Zöpfen gedreht werden, gefüllt sein. Der Ring-Doughnut stammt aus dem Nordamerika der Neuzeit und wird John Blondel zugeschrieben, der 1870 einen Locher patentieren ließ, der das Loch in die Mitte des Doughnuts schneiden konnte.

Drambuie Schottischer Likör aus Whisky und Honig.

Dressieren Vorbereiten einer Speise oder eines Lebensmittels, z. B. von Geflügel vor dem Braten (Ausnehmen, Festbinden der Flügel, Feststecken der Halshaut) und das Anrichten einer Speise. Geflügelkeulen und -flügel vor dem Braten mit einem Faden zusammenbinden, damit das Geflügel die Form behält und die Füllung nicht verlorengeht.

Dressing siehe Salatsoße.

Dundee Cake Butterkuchen mit getrockneten Früchten und

Nüssen. Vor dem Backen dick mit blanchierten, halbierten Mandeln bestreut. Seinen Namen hat der Kuchen nach der Stadt Dundee an der Ostküste Schottlands.

Durian (Stinkfrucht) Große, eiförmige Frucht, die rundherum mit eng beieinandersitzenden, harten Stacheln besetzt ist. In Südostasien beheimatet und hauptsächlich in Malaysia, auf den Philippinen und in Vietnam angepflanzt. Auf den Philippinen so hoch angesehen, daß einige Plantagenbesitzer Wachmannschaften einstellen, um Fruchtdiebstahl zu verhindern. Bemerkenswert ist das klebrige, cremefarbene Fruchtfleisch der Durian vor allem wegen des widerlichen Geruchs (besonders bei der vollreifen Frucht) und des köstlichen Geschmacks nach Vanille. Deshalb beschrieben die Franzosen und Engländer ihre Anziehungskraft als »mit dem Charme eines Käses« vergleichbar. Roh, entweder pur, mit Zucker und Sahne oder mit Eiscreme als Dessert verzehrt. Gekühlt verringert sich ihr Gestank. In Java zu Fruchtsülze verarbeitet. Samen können geröstet und wie Nüsse verzehrt werden.

Durra siehe Sorghum.

DRINKS COCKTAILS

MARTINI

Eis, 75 ml Gin und 15 ml trockenen Vermouth in einem Mixbecher rühren. In ein Martini-Glas abgießen und mit 1 Olive garnieren. Für 1 Person.

MARGARITA

Eis, 45 ml Tequila, 30 ml Zitronensaft, 15 ml Cointreau und einen Spritzer geschlagenes Eiweiß in einem Cocktail-Shaker schütteln. In ein Glas mit Salzkrustenrand geben. Mit Zitronenschale garnieren. Für eine Person.

JAPAN-SLIPPER

Eis, je 30 ml Midori, Cointreau und Zitronensaft im Cocktail-Shaker gut schütteln. Abgießen und in geeistem Glas servieren. Mit Zitronenscheiben und einem Blütenstengel garnieren. Für 1 Person.

PIÑA COLADA

Eis, 45 ml weißen Rum, 30 ml Kokoscreme, 15 ml Sahne, 15 ml Zuckersirup und 90 ml Ananassaft in einen Cocktail-Shaker geben und gut schütteln. In Servierglas abgießen und mit einem Stück frischer Ananas oder Maraschino-Kirsche servieren. Für 1 Person.

BRANDY »ALEXANDER«

Eis, 30 ml Brandy, 30 ml Crème de Cacao, 60 ml Sahne in einen Cocktail-Shaker geben und gut schütteln. In Servierglas mit Muskatnuß bestreuen, mit 1 Erdbeere garniert servieren. Für 1 Person.

EISTEE »LONG ISLAND«

Zerstoßenes Eis, 15 ml weißen Rum, 15 ml Wodka, 15 ml Gin, 15 ml Cointreau und 15 ml Tequila in ein hohes Glas geben. Mit Cola und einem Spritzer Zitronensaft auffüllen. Mit Zitronenscheibe garnieren. Für 1 Person.

GEFRORENER ERDBEER-DAIQUIRI

45 ml weißen Rum, 15 ml Erdbeerlikör, 15 ml Limonensaft, 6 Erdbeeren mit etwas zerstoßenem Eis mixen. In ein Glas gießen und mit einer Erdbeere garnieren. Für 1 Person.

Oben, von links nach rechts: Margarita, Piña Colada, Gefrorener Erdbeer-Daiquiri, Japan-Slipper.
Gegenüber, von links nach rechts: Rote Sangria, Pimms Punsch, Bowle aus Ananas und Passionsfrüchten

DRINKS
BOWLEN

CHAMPAGNER-BOWLE

250 g Erdbeeren in eine Schüssel geben. Mit ⅓ Tasse Zucker bestreuen. ½ Flasche Sauternes und ½ Tasse Brandy zugeben. Mindestens 1 Stunde kühlen. Unmittelbar vor dem Servieren langsam 3 Flaschen Champagner zugießen und alle Zutaten vorsichtig mischen. Für 18–20 Personen.

ROTE SANGRIA

3 Flaschen Rotwein, ¾ Tasse Grand Marnier (oder anderen Orangenlikör) und 3 EL sehr feinen Zucker in einem großen Behälter, einer Bowlenschale oder in 2–3 Krügen mischen. 3 Orangen und 3 Zitronen jeweils in 24 Teile schneiden. Die Teile zur Sangria geben und bis zu 24 Stunden kühlen. Vor dem Servieren 750 ml Sodawasser und Eiswürfel zugeben. Für 18–20 Personen.

BOWLE AUS ANANAS UND PASSIONSFRÜCHTEN

2 Tassen starken, heißen Tee mit ¼ Tasse Zucker in eine mittelgroße Schüssel geben. Rühren, bis der Zucker sich aufgelöst hat. Kühlen. ¾ Tasse Zitronensaft, 4 Tassen Ananassaft, 1–2 EL Lime Cordial, 1,25 l Sodawasser, 2,5 l Limonade, 425 g geschnittene Ananas aus der Dose, den gekühlten Tee und das Püree von 5 Passionsfrüchten in eine große Bowlenschüssel geben. Gut mischen. Vor dem Servieren zerstoßenes Eis, gehackte Minze und Orangenscheiben zugeben. Als Variation einige Tropfen Angostura. Für 18–20 Personen.

BRANDY »ALEXANDER«-BOWLE

3 Tassen Brandy, 1 ½ Tassen Crème de Cacao und 2 ⅓ Tassen Sahne in eine große Schüssel oder in einen Krug geben. Mit dem Schneebesen schlagen, bis alles gut vermischt ist. Zerstoßenes Eis in eine Bowlenschüssel geben, Sahnemischung darübergießen. Mit Muskatnuß bestreuen und mit Erdbeerstücken garnieren. Für 10–15 Personen.

PIMMS PUNSCH

Eis in eine große Bowlenschüssel oder in einen Krug geben. Je 1 ½ Tassen Pimms No.1 und Southern Comfort, je ¾ Tasse süßen Vermouth und dunklen Rum (nicht über 40 Vol %), 1 ½ Tassen Orangensaft, 3 Tassen Champagner, 250 g geputzte und halbierte Erdbeeren und Orangen-, Limonen- und Zitronenscheiben zugeben. Für den tropischen Touch frisch geschnittene Mangos zugeben. Sofort servieren. Für 10–15 Personen.

Durum-Weizen Weizensorte, die zu Hartweizengrieß verarbeitet wird, der haltbarer ist als Weizenmehl. Gut geeignet zur Herstellung von Nudeln. Besonders kleberreicher, harter Weizen mit einer satten gelben Farbe.

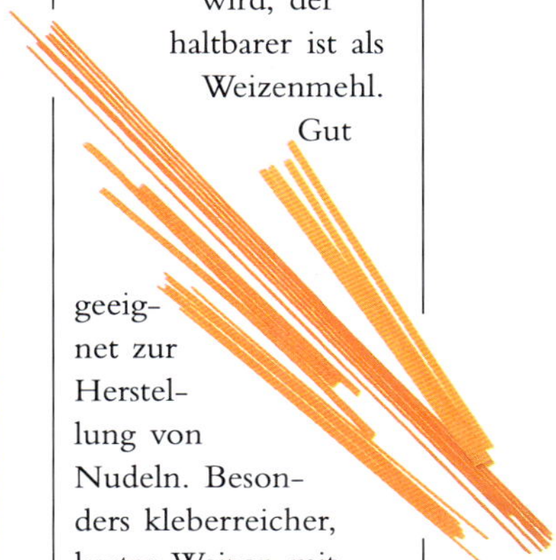

Düsseldorfer Senf (Löwensenf) Feingemahlener, mittelscharfer Senf, der den Bordeauxsenfsorten im Geschmack ähnlich ist und hervorragend zu herzhaften Gerichten paßt. Der Düsseldorfer ißt den Senf auch gerne zu Hartkäse.

Duxelles Pilzmischung, die feingeschnitten mit etwas Frühlingszwiebel in Butter sautiert wird, bis sie weich und trocken ist. Sie verleiht Füllungen, Soßen und Tunken einen intensiven Pilzgeschmack, kann als Garnierung oder zum Überkrusten von Fleisch und Geflügel verwendet werden.

E

Eccles Cake Englisches Kleingebäck aus Blätterteig; mit Korinthen, Gewürz, Zitronat und Orangeat gefüllt.

Éclair Fingerförmiges Brandteiggebäck, der Länge

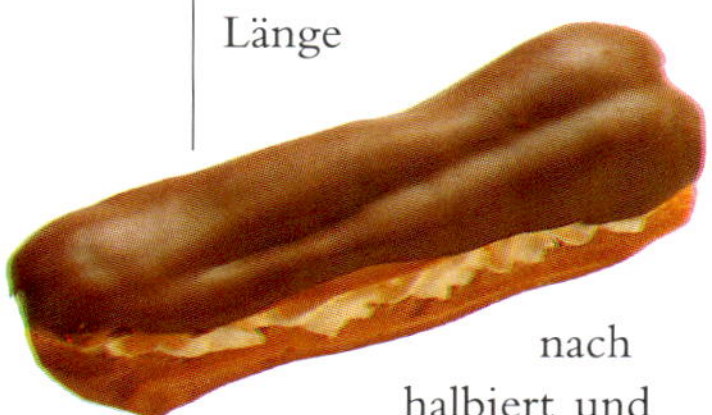

nach halbiert und mit Sahne, Pudding oder Kaffeecreme gefüllt und mit Schokoladen-, Kaffee- oder Karamelglasur versehen (siehe Kaffeegebäck).

Edamer Halbfester Kuhmilchkäse mit mildem

Geschmack. Aus Vollmilch und entrahmter Milch hergestellt, zu einer Kugel geformt und mit rotem oder gelbem Wachs überzogen.

Ei im Fleischmantel Hartgekochtes, geschältes Ei, in Bratwurstfülle gebettet, in

EIER

EIER, LACHS UND REIS-PASTETE

☆☆ ***Vorbereitungszeit:*** 50 Minuten
Backzeit: 1 Stunde
Für 8 Personen

¾ Tasse Fischbrühe
¼ Tasse Reis
40 g Butter
2 EL Mehl
⅔ Tasse Milch
1 Ei, leicht verquirlt
¼ Tasse Petersilie, gehackt
½ Tasse frische oder gefrorene Erbsen
1 Paket TK-Blätterteig
400 g rosa Lachs, aus der Dose, abgetropft
4 Eier, hartgekocht, geviertelt
1 Ei zusätzlich, leicht verquirlt

1 Backofen auf 210 °C vorheizen. 2 Backbleche mit Backpapier auslegen. Fischbrühe zum Kochen bringen, Reis zugeben, Hitze reduzieren. Ohne Deckel 10 Minuten köcheln, vom Herd nehmen.
2 In einer mittelgroßen Pfanne Butter erhitzen, Mehl zugeben. Bei schwacher Hitze 2 Minuten rühren, bis das Mehl goldgelb ist. Nach und nach Milch zugeben, glattrühren. Unter ständigem Rühren weitere 5 Minuten kochen, bis die Mischung dick wird. Leicht abkühlen lassen, Ei, Petersilie und Erbsen hineinrühren.
3 2 Teiglagen vorsichtig auf eine Unterlage legen. Mit einer Gabel Lachs in einer kleinen Schüssel zerkleinern. Gleichmäßig in der Mitte der Teigblätter verteilen, an jeder Seite 3 cm Platz lassen. Die geviertelten Eier obendrauflegen.
4 Reis und Erbsenmischung in einer Schüssel gut mischen, gleichmäßig auf dem Lachs verteilen. Teigkanten mit zusätzlichem Ei bepinseln, Ecken zusammenschlagen und verschließen. Umdrehen, mit der Naht nach unten auf die Backbleche legen. Drei diagonale Schlitze in die Oberfläche der Pastete schneiden. Mit Ei bepinseln. 30 Minuten backen. Vor dem Servieren jede Pastete in 4 Stücke schneiden; mit frischem, grünem Salat servieren.

WISSENSWERTES ÜBER EIER

- Eier nach dem Einkauf so schnell wie möglich verbrauchen; im Karton im Kühlschrank aufbewahren. Spitze Enden sollten nach unten zeigen. Zerbrochene oder angeschlagene Eier nicht verwenden, da sie mit gefährlichen Keimen behaftet sein können. Gerichte, die mit rohen (oder fast rohen) Eiern zubereitet werden, (Mayonnaise, Mousse oder Salatsoße) sollten innerhalb von 2 Tagen verzehrt werden.
- Weiße und braune Eier haben den gleichen Nährwert. Die Art der Geflügelernährung bedingt die Dotterfarbe.
- Zum Kochen Eier mit Zimmertemperatur verwenden. Eier lassen sich leichter trennen, wenn sie frisch und kalt sind. Eiweiß kann bis zu einer Woche aufbewahrt werden; eingefroren, hält es sich bis zu 9 Monate. Unversehrtes Eigelb kann bis zu 3 Tage mit Wasser bedeckt im Kühlschrank aufbewahrt werden.

Oben: Eier, Lachs und Reis-Pastete.
Gegenüber: Rührei mit rotem Paprika

RÜHREI MIT ROTEM PAPRIKA

☆ ***Vorbereitungszeit:*** 10 Minuten
Kochzeit: 10 Minuten
Für 4–6 Personen

1 EL Butter oder Olivenöl
2 Zwiebeln, geschnitten
2 kleine, rote Paprikaschoten
6 Eier
½ Tasse Sahne
frisch gemahlener schwarzer Pfeffer
gehackte Petersilie oder Dill, nach Belieben

1 Butter oder Öl in einer schweren Bratpfanne erhitzen. Zwiebeln zugeben, Paprika in feine Streifen schneiden und weich braten.
2 Eier, Sahne und Pfeffer gut verrühren.
3 Eiermischung über Zwiebel und Paprika gießen. Langsam rühren, bis die Eier cremig und weich sind.
4 Sofort servieren. Nach Wunsch mit gehackter Petersilie oder Dill bestreuen.

Anmerkung: Eier nicht zu stark braten, sonst werden sie fest.

SCHNELLE EIER-FLORENTINE

2 Bündel Spinat in Stücke zerpflücken. Kochen oder in der Mikrowelle garen, bis er zart ist. Spinat mit 30 g Butter, Muskatnuß und Salz mischen. In 2 feuerfeste Pastetenschüsselchen aufteilen. Mit je einem pochierten Ei bedecken, mit geriebenem Cheddar bestreuen. 10–15 Minuten bei 180 °C im Backofen backen, bis der Käse schmilzt.

HUEVOS RANCHEROS

☆ ***Vorbereitungszeit:*** 1 Stunde
Kochzeit: 35 Minuten
Für 6 Personen

2 kleine, rote Paprikaschoten, halbiert und entkernt
2 TL Olivenöl
2 TL Olivenöl, zusätzlich
1 kleine Zwiebel, gehackt
2 EL Tomatenmark
1 TL Oregano, gerebelt
1 mittelgroße, grüne Paprikaschote, feingeschnitten
2 Jalapeño-Chillies, feingeschnitten
6 x 15 cm große Tortillas
6 Eier, gebacken oder pochiert
½ Tasse Cheddar, gerieben

1 Paprikaschoten mit Öl bepinseln. 12–15 Minuten grillen, bis die Haut schwarz ist. Mit feuchtem Küchenhandtuch bedecken, bis sie abgekühlt sind; Haut abziehen, in feine Streifen schneiden, in Küchenmaschine 30 Sekunden verarbeiten. Beiseite stellen.
2 Zusätzliches Öl erhitzen. Zwiebeln, Tomatenmark, Oregano und grüne Paprikaschoten zugeben. Braten, bis alles weich ist. Rotes Paprikapüree und Chillies hineinrühren. Leicht erhitzen.
3 Zum Servieren 1 gebratenes oder pochiertes Ei auf 1 Tortilla legen. Mit einem EL der Paprikasoße bedecken, mit geriebenem Cheddar bestreuen.

WIE MAN EIER POCHIERT

Die Eier sollten weniger als eine Woche alt sein. Flache Pfanne oder Topf zur Hälfte mit kaltem Wasser füllen, aufkochen lassen, Hitze soweit reduzieren, daß das Wasser nur noch leicht köchelt. 1 Ei in eine Tasse aufschlagen, Ei ins Wasser gleiten lassen. Je nach Größe von Pfanne oder Topf mehrere Eier nehmen, dabei zwischen den Eiern Platz lassen. Pfanne oder Topf abdecken, für weiche Eier 3 Minuten weiterköcheln lassen, für festere Eier 5 Minuten. Vom Herd nehmen. Pochierte Eier mit einem Schaumlöffel aus dem Wasser nehmen, auf Küchenpapier abtropfen lassen. Eier auf ein Stück heißes Toastbrot legen.

WIE MAN RÜHREIER MACHT

Mit einem Schneebesen gewünschte Anzahl Eier in einer Schüssel mit etwas Sahne oder Milch schlagen (1 EL pro Ei). 30 g Butter in einer Pfanne zerlassen. Eier in die Pfanne gießen, bei sehr schwacher Hitze rühren, bis die Eimasse dick wird (jetzt Kräuter und Gewürze, aber kein Salz, zugeben). Vom Herd nehmen, 1 Minute weiterrühren. Sofort servieren.

Semmelbröseln gewälzt und fritiert.

Kann heiß oder kalt verzehrt werden.

Eier Hühnereier sind am beliebtesten, auch Eier von Enten, Gänsen, Wachteln, Fasanen, Perlhuhn, Rebhuhn, Kiebitz, Strauß und Emu werden verzehrt. Sehr nährstoffreich und in den Bestandteilen ausgewogen: zwei Eier enthalten den halben Tagesbedarf des Menschen an Eiweiß und Vitaminen. Viele traditionelle Bräuche sind mit dem Ei verknüpft. Seit der Römerzeit wurden Eierschalen zerdrückt, um zu verhindern, daß böse Geister sich darin verstecken. Das Ei war schon immer ein Symbol der Fruchtbarkeit. Die leuchtend bunt bemalten oder verpackten Ostereier unserer Tage haben ihren Ursprung in den bunten

Eiern, die im mittelalterlichen Europa ein Zeichen der Frühlingsfeste waren.

Eier »Benedict« Zwei pochierte Eier, eine Scheibe Schinken und ein Löffel Holländische Soße werden auf ein englisches Muffin gelegt.

Eiernudeln Nudelteig aus Weizenmehl, Eiern und Wasser wird in lange Streifen geschnitten und in Salzwasser gekocht. In vielen verschiedenen Formen, als Hörnchen, Spiralen, Muscheln oder Bandnudeln erhältlich.

Einfrieren Aufbewahren von Nahrungsmitteln unterhalb des Gefrierpunkts, verhindert Bakterien-, Hefe- und Schimmelwachstum.

Eingemachtes Obst Beeren oder geschnittene Früchte werden in heißem

EIER »VINDALOO«

Vorbereitungszeit: 25 Minuten
Kochzeit: 30 Minuten
Für 4–6 Personen

8 Eier
1 TL Essig
4 EL Ghee oder Butter
1 große Zwiebel, grob gerieben
1 TL zerdrückter Knoblauch
½ TL Ingwer, geraspelt
1 grüne Chilischote, entkernt und gehackt
2 EL Vindaloo oder andere scharfe Currypaste
3 EL Kokoscreme
⅓ Tasse Wasser
Pflanzenöl zum Fritieren
1 EL gehackte Koriander- oder Minzeblätter
Zitronensaft

1 Eier 8–9 Minuten in soviel Wasser kochen, daß sie bedeckt sind; (dem Wasser vorher 1 TL Essig zugeben). In eine große Schüssel mit kaltem Wasser geben. Nach dem Abkühlen schälen und rundherum mit einer Gabel einstechen. Gut abtrocknen.
2 Ghee oder Butter zerlassen; Zwiebel, Knoblauch, Ingwer und Chili so lange darin braten, bis die Zwiebel weich und goldgelb ist. Vindaloo oder Currypaste zugeben, bei mittlerer Hitze weitere 2 Minuten braten. Kokoscreme und Wasser zugeben, unter Rühren braten, bis die Soße dick wird.
3 Öl erhitzen, Eier fritieren, bis sie auf der Oberfläche goldbraun sind. In die Pfanne mit der Vindaloomischung geben. Koriander und Zitronensaft nach Geschmack zugeben und in der Soße 8–9 Minuten köcheln lassen. Mit Reis servieren.

OMELETT MIT MÖHREN UND PASTINAKEN

Vorbereitungszeit: 10 Minuten
Kochzeit: 20 Minuten
Für 2–4 Personen

60 g Butter
1 Knoblauchzehe, zerdrückt
2 Pastinaken, geschält und geraspelt
2 Möhren, geschält und geraspelt
4 Eier
3 EL krause Petersilie
frisch gemahlener schwarzer Pfeffer
2 TL Olivenöl

1 Butter zerlassen, Knoblauch zugeben, 1 Minute braten, ohne daß die Butter braun wird. Pastinake und Möhre zugeben, abgedeckt 10 Minuten leicht kochen. Abkühlen lassen.
2 Eier nur leicht verquirlen. Petersilie und frisch gemahlenen schwarzen Pfeffer zugeben. Mischung in das abgekühlte Gemüse rühren.
3 Olivenöl in einer Omelett-Pfanne erhitzen. Eiermischung in die Pfanne geben. Mit einem Spatel die Ränder des Omeletts anheben, daß flüssiges Ei nachrinnen kann. Wenn das Omelett an der Oberfläche fest ist, wenden. Omelett warm, nach Belieben mit Petersilie bestreut, servieren. Dazu einen grünen Salat und frische, knusprige Weißbrot- oder Baguettescheiben.

Anmerkung: Für zusätzlichen Geschmack kann geriebener Cheddar oder Parmesan über das Omelett gestreut werden. Entweder ins Gemüse rühren oder auf die Oberfläche streuen und überbacken. Eine delikate und leichte Mahlzeit.

Links: Eier »Vindaloo«; oben: Omelett mit Möhren und Pastinaken. Gegenüber: Eier »Schottische Art«

EIER »SCHOTTISCHE ART«

★ ***Vorbereitungszeit:*** 15 Minuten
Kochzeit: 8 Minuten
Für 4 Eier

4 hartgekochte Eier
250 g Bratwurstbrät
1 kleine Zwiebel, gerieben
2 EL Semmelbrösel
1 Ei, getrennt
1 EL frische Petersilie, gehackt
Salz und Pfeffer
etwas Muskatnuß
½ Tasse Semmelbrösel, zusätzlich
Öl zum Fritieren

1 Eier schälen. Bratwurstbrät, Zwiebel, Semmelbrösel, Eigelb, Petersilie, Salz, Pfeffer und Muskatnuß gut mischen. Mischung in 4 Teile teilen. Mit nassen Händen eine Portion in der Handfläche so drücken, daß sie groß genug wird, um ein Ei einzuhüllen. Um ein Ei wickeln und andrücken. Vorgang mit den übrigen Eiern und der Brätmasse wiederholen.
2 Eingehüllte Eier mit leicht verquirltem Eiweiß befeuchten, in Semmelbröseln wenden.
3 Öl in einem schweren Topf erhitzen, Eier ins Öl geben und 8 Minuten fritieren, bis sie goldbraun und knusprig sind. Herausnehmen und abtropfen lassen.

»EIER BENEDICT«

★ ***Vorbereitungszeit:*** 10 Minuten
Kochzeit: 10 Minuten
Für 2 Personen

Schnelle Holländische Soße
125 g Butter
4 Eigelb
3 TL Zitronensaft
Cayennepfeffer zum Abschmecken

Schinken mit Ei
30 g Butter
4 dicke Scheiben Schinken
2 Englische Muffins
4 Eier
2 TL roter Kaviar nach Belieben

1 Für die Soße Butter erhitzen; Eigelb, Zitronensaft und Cayennepfeffer in einem Mixer 5 Sekunden verarbeiten. Langsam die heiße Butter zugeben, dabei ständig rühren. Soße in eine Sauciere geben, abdecken und warm halten.
2 Butter in einer Pfanne zerlassen, Schinkenscheiben darin durchwärmen. Muffins durchschneiden, rösten und eine Scheibe Schinken auf jede Muffinscheibe legen. Warmhalten.
3 Pochierte Eier auf die Schinkenscheiben legen.
4 Holländische Soße über die Eier geben. Mit rotem Kaviar garnieren und servieren.

1

2

3

Wasser mit Zucker gekocht. Eingemachtes Obst ist nahrhafter als Marmelade, beim Einmachen behalten die Früchte – anders als bei Marmelade – ihre Form. Man ißt eingemachtes Obst pur, verwendet es für Desserts und als Beilage.

Eintopf Mischung von Fleisch, Geflügel oder Fisch mit Gemüsen, Kräutern und Gewürzen, die langsam bei geschlossenem Topf in Brühe

gekocht wird (auf dem Herd oder im Backofen), bis Fleisch und Gemüse gar sind. Viele preiswerte, zähere Fleischstücke sind für Eintöpfe gut geeignet.

Eisbombe Gefrorenes Dessert, das zum Festwerden in eine Form gegeben wird. Meist besteht die äußere Schicht aus Eiscreme und das Innere aus Pudding, Mous-

se, Obstpüree oder Sahne. Benannt nach der runden Form, in der das Dessert ursprünglich zubereitet wurde.

Eiscreme Gefrorenes Dessert aus gesüßter Sahne oder fetter Milch, manchmal mit Ei oder Ge-

latine angedickt, aromatisiert und unter Kühlung geschlagen, bis es zarte Konsistenz erreicht. In vielen Sorten erhältlich. Kann auch selbst zubereitet werden. Geschmacksstoffe wie Vanille, Schokolade, Karamel, Honig, Kaffee, Alkohol und Likör, aber auch gehackte Nüsse, Stücke von Honigwaben und Fruchtpüree können hineingerührt werden. Hausgemachtes Eis am besten innerhalb von 48 Stunden verzehren; friert härter als Fertigware, 30 Minuten vor dem Servieren vom Gefrierfach in den Kühlschrank stellen.

Eiskaffee Starker, schwarzer Kaffee, gesüßt, gekühlt und in einem hohen Glas, mit Milch oder

KLASSISCHES OMELETT-SOUFFLE

☆ ***Vorbereitungszeit:*** 5 Minuten
Kochzeit: 10 Minuten
Für 2 Personen

4 Eier, aufgeschlagen und getrennt
1–2 EL Milch oder Sahne
Salz und frisch gemahlener schwarzer Pfeffer
30 g Butter

1 Eigelb verquirlen, bis es dick ist. Milch oder Sahne, Salz und Pfeffer zugeben. Eiweiß steif schlagen. Eiweiß unter die Eigelbmischung heben.
2 Butter zerlassen, bis sie den Boden der Pfanne bedeckt und schäumt. Omelettmischung hineingießen, bei mittlerer Hitze braten, bis der Boden des Omeletts fest wird und leicht goldbraun ist.
3 Omeletts 5 Minuten im Backofen bei 180 °C backen, bis es aufgegangen und leicht goldbraun ist. Omelett-Soufflé wird nicht gefaltet, sondern flach serviert.

Anmerkung: Für ein süßes Omelett: Salz und Pfeffer weglassen; 1 EL sehr feinen Zucker vor dem Verquirlen zum Eigelb geben.

KLASSISCHES FRANZÖSISCHES OMELETT

☆ ***Vorbereitungszeit:*** 2 Minuten (für ein ungefülltes Omelett)
Kochzeit: 1 Minute
Für 1 Person

3 Eier
1–2 EL Wasser
Salz
frisch gemahlener Pfeffer
30 g Butter

1 Eier verquirlen, bis Eigelb und Eiweiß verbunden sind. Wasser, Salz und Pfeffer hineinrühren.
2 Butter erhitzen, bis sie den Boden bedeckt und schäumt. Eier in die Pfanne geben. Bei mittlerer Hitze Ränder der Mischung mit einem Spatel zur Mitte ziehen, bis die Eier gerade fest sind.
3 Nach Wunsch heiße, vorbereitete Füllung zugeben. Die Pfanne seitlich etwas anheben, daß Omelett über die Füllung gefaltet werden kann.

Anmerkung: Für ein gefülltes Omelett 2 Eier, für ein ungefülltes Omelett 3 Eier verwenden. Geeignete Füllungen sind geriebener Käse, geschnittener Schinken, gekochter Spargel, Pilze oder Meeresfrüchte.

Klassisches Omelett-Soufflé (rechts); Klassisches französisches Omelett (links)

Schlagsahne bedeckt, serviert. Statt Zucker kann gekühlter Zuckersirup verwendet und eine Kugel Vanille- oder Mokkaeis zugefügt werden.

Eistee Besonders starker Tee, gesüßt und gekühlt, in einem hohen Glas über Eiswürfeln und mit Zitronenscheiben oder Minzezweig garniert serviert. Für stärkeren Minzegeschmack Minzeblätter zum ziehenden Tee geben.

Emmentaler Harter, blaßgelber Kuhmilchkäse mit mild-nußartigem Geschmack. Zu großen, flachen Rädern

geformt; innen charakteristische große, runde Löcher. Nach seinem Ursprungsland auch einfach als »Schweizer Käse« bezeichnet.

Empanada Mit Fleisch oder Fisch gefüllte Pastetchen, die ihren Ursprung in Spanien haben. Aus Blätterteig gebacken und meist kalt gegessen. Beliebt auch in

EINFRIEREN

Einfrieren ist eine hervorragende Art, Nahrungsmittel zu konservieren. Günstige Großeinkäufe werden dadurch möglich, Reste können aufbewahrt und Lieblingsspeisen außerhalb der Saison genossen werden. Solange Nahrungsmittel sorgfältig vor- und zubereitet und verpackt werden, behalten sie auch eingefroren ihre Farbe, Textur, Geschmack und ihren Nährwert.

UTENSILIEN

- Gefrierbeutel: Gefriergut zu einer dünnen Lage abflachen, Luft herausdrücken und mit Klebeband oder Verschlußbändern verschließen.
- Tiefkühlbehälter aus geeignetem Kunststoff, mit fest schließenden Deckeln, sind zum Einfrieren von Flüssigkeiten nützlich. Ca. 1 cm Ausdehnungsraum einkalkulieren.
- Behälter aus Aluminiumfolie: gekochte Speisen können in diesen Behältern wieder erhitzt werden.
- Mikrowellengeeignetes Geschirr ermöglicht es, Speisen direkt aus dem Tiefkühlgerät in die Mikrowelle und von dort auf den Tisch zu bringen.
- Aluminiumfolie zum Einwickeln und Ausfüttern.
- Etiketten und ein wasserfester Stift: Gefriergut-Aufkleber mit Name, Anzahl der Portionen, Einfrierdatum, Informationen jeglicher Art versehen.
- Ein Messer mit Doppelschneide: zum Zerteilen festgefrorener Blöcke.

ROHE FLEISCHWAREN

- Fleisch auf Styroportabletts: umpacken. Als Faustregel: rohes Fleisch kann bis zu 6 Monate eingefroren werden. Teilweise aufgetautes Fleisch nicht wieder einfrieren – erst kochen.
- Steaks und Koteletts: einzeln in Gefrierbeutel verpacken und Luft herausdrücken. Die gewünschte Anzahl Steaks oder Koteletts in einen starken Gefrierbeutel geben, entlüften; Ende des Beutels umschlagen und mit Klebeband verschließen. Beschriften und bis zu 6 Monate einfrieren.
- Würfel oder Streifen zum Schmoren oder Kochen: portionsweise in starke Gefrierbeutel geben und bis in die Ecken mit Fleisch füllen. Bis zu 2 Monate einfrieren.
- Braten und anderes vorbereitetes Fleisch kann bis zu 6 Monate lang in starken Gefrierbeuteln eingefroren werden.
- Huhn: ungekochtes, selbst eingefrorenes Huhn (ohne Innereien) hält sich bis zu 9 Monate. Innereien separat, nicht länger als 8 Wochen, einfrieren. Besonders beachten: Gefülltes Geflügel sollte niemals eingefroren werden, da sich gefährliche Bakterien entwickeln können.
- Aufschnitt: Dörrfleisch, Schinken, Salami und andere Wurstwaren können, gut eingewickelt, bis zu 1 Monat ohne Geschmackseinbußen eingefroren werden.
- Leber, Niere und Hirn eignen sich nicht gut zum Einfrieren. Am besten erst kaufen, wenn sie gebraucht werden.

GEKOCHTE FLEISCHWAREN

- Gekochte Speisen in einer flachen Schale in den Kühlschrank stellen, um die Temperatur zu entziehen. Danach im Kühlschrank völlig auskühlen lassen.
- Eintöpfe, Schmortöpfe, Currys, Suppen: einen geeigneten Behälter mit einem festen Gefrierbeutel auskleiden und Behälter ins Gefriergerät stellen. Ist der Beutelinhalt gefroren, Beutel aus dem Behälter nehmen, entlüften, Beutel verschließen und beschriften. 2 Monate haltbar.
- Fleischsoße, Fleischklößchen in Soße und pikante Hackfleischgerichte können zu ¾ fertig gekocht und dann bis zu 1 Monat eingefroren werden.
- Bratenaufschnitt sollte vor dem Einfrieren mit Bratensaft bedeckt werden, um Feuchtigkeitsverlust zu verhindern. Langsam erwärmen, um zu verhindern, daß das Fleisch zäh und faserig wird. Ganze Braten werden meistens wäßrig und verlieren beim Auftauen an Qualität.

KRÄUTER

- Ganze Thymian- oder Rosmarinstengel in Gefrierbeuteln einfrieren.
- Minze, Basilikum, Majoran und Oregano hakken, mit etwas Wasser mischen und im Eiswürfelbehälter gefrieren lassen. Gefrorene Würfel in Gefrierbeuteln verschließen. Beschriften, denn ein gefrorenes Kräuterpüree sieht wie das andere aus.

GEBÄCK

- Geschnittenes Weißbrot in Gefrierbeuteln eingefroren: bis zu 1 Monat haltbar.
- Selbstgebackenes Brot oder Brötchen in Gefrierbeuteln eingefroren: bis zu 3 Monate haltbar.
- Kuchen ohne Füllung oder Glasur: bis zu 3 Monate haltbar. Glasierte Kuchen erleiden nach 2 Monaten Gefrierzeit Qualitätseinbußen – ohne Folie einfrieren, bis die Glasur fest ist; dann in Folie wickeln und in Behälter legen.
- Plätzchen werden am besten ungebacken eingefroren und halten sich bis zu 6 Monate.
- Croissants und Kaffeestückchen (Blätterteig und Plunder mit Füllung) halten sich 1–2 Monate in Gefrierbeuteln.
- Belegte Brote lassen sich gut bis zu 1 Monat einfrieren. Nicht gekochtes Eiweiß, rohes Gemüse, Mayonnaise und Marmelade verwenden.

TIPS ZUR GEFRIERSICHERHEIT

- Sicherstellen, daß gefroren gekauftes Fleisch oder Geflügel in unversehrten, originalverschlossenen Packungen ist.
- Gefrorenes Huhn im Kühlschrank auftauen – 2–3 Stunden Auftauzeit pro 500 g – um Bakterienwachstum zu verhindern. Wegen des ungleichmäßigen Auftauens ist es nicht empfehlenswert, ganzes Huhn in der Mikrowelle aufzutauen.
- Gefrorenes Fleisch im Kühlschrank oder auf Auftaustufe in der Mikrowelle, niemals bei Zimmertemperatur auftauen lassen. Aufgetautes Fleisch (z.B. durch Stromausfall) nicht wieder einfrieren.
- Vor dem Auftauen gefrorenes Fleisch aus der Verpackung nehmen.

OBST UND GEMÜSE

- Gemüse muß vor dem Einfrieren blanchiert werden; die meisten Obstsorten werden in einem Zuckersirup oder in trockener Zuckerkruste eingefroren.
- Eine Ausnahme bildet Beerenobst, das ohne Vorbehandlung eingefroren werden kann. Backblech mit Backpapier auslegen, gewaschene und getrocknete Beeren so darauf ausbreiten, daß sie sich nicht berühren. Gefriergerät auf höchste Stufe schalten, Beeren einfrieren (ca. 2 Stunden). Dann vom Blech nehmen, in Gefrierbeutel verpacken, entlüften, verschließen und beschriften. Bis zu 3 Monate haltbar.

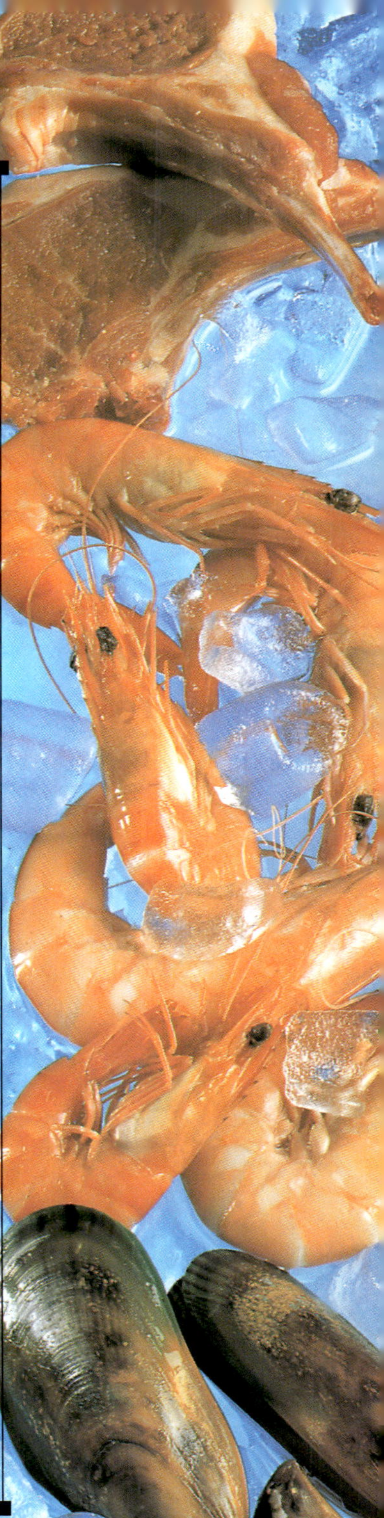

EIS UND SORBETS

Hausgemachtes Eis, Sorbet oder Gelato gehört zu den feinsten Desserts. Eis und Gelato kann in der Eismaschine, Sorbet in der Gefrierschale hergestellt werden.

EIS

Zu den meisten Desserts paßt einfaches Vanilleeis; Früchte-, Nuß- und Schokoladeneis oder Eis mit anderen Geschmackszusätzen ist pur schon ein Genuß. Hausgemachtes Eis friert härter als Fertigeiscreme. Eine halbe Stunde vor dem Servieren aus dem Gefrierfach nehmen.

TRADITIONELLES VANILLEEIS

In eine mittelgroße Schüssel ¾ Tasse sehr feinen Zucker und zwei der Länge nach aufgeschlitzte Vanilleschoten geben. 1 Tasse Milch hineinrühren, Schüssel auf einen Topf mit siedendem Wasser stellen und rühren, bis der Zucker sich aufgelöst hat und die Mischung zu köcheln beginnt. 6 Eigelb in einer großen Schüssel wärmen und nach und nach heiße Milch hineinrühren. Schüssel über köchelndes Wasser stellen, dabei ständig rühren (nicht kochen), bis die Mischung dick ist. Abkühlen lassen, ein Stück Plastikfolie über den Pudding legen, um Hautbildung zu verhindern. 2 Tassen Sahne in den Pudding rühren und 2 Stunden kühlen. Vanilleschoten herausnehmen, Mark auskratzen und zum Pudding geben. Schoten wegwerfen. Pudding in der Eismaschine 30 Minuten rühren lassen, bis das Eis fest und dick geworden ist.

Eiszubereitung ohne Maschine: Pudding in metallene Eisschalen gießen und 2–3 Stunden einfrieren, bis er an den Kanten fest ist. Mit dem Handrührgerät rühren, bis das Eis weich ist.

VARIATIONEN

Vor dem Einfrieren des Puddings können andere Zutaten zugefügt werden:

- **Kaffee:** 2 EL Instant-Kaffeepulver in 1 EL heißem Wasser gelöst zugeben.
- **Kokosnuß:** 2 Tassen Kokoscreme oder 1 Tasse Kokosraspeln zugeben.
- **Schokoladenchips:** 250 g feingeschnittene Halbbitterschokolade, 2 EL Orangensaft zugeben.
- **Banane:** 3 kleine, reife Bananen, zerdrückt oder püriert, mit 1–2 EL Zitronensaft zugeben.
- **Beeren:** 250 g pürierte frische Erdbeeren, Brombeeren oder Himbeeren zugeben.
- **Passionsfrucht:** Mus von 8 Passionsfrüchten in ein Sieb geben und soviel Flüssigkeit wie möglich herauspressen. Samen entfernen. 1 TL Zitronensaft zum Passionsfruchtsaft geben und vor dem Rühren unter die Eismischung heben.
- **Macadamianüsse oder Pistazien:** Vor dem Rühren 2 Tassen grobgehackte Nüsse zugeben.

Von links nach rechts: Vanilleeis, Zitronensorbet, Brombeer-Himbeer-Sorbet und Üppiges Schokoladen-Gelato

SORBETS UND GELATO

Sorbet ist ein wäßriges Eis, das als leichtes Dessert oder zur Erfrischung zwischen Menügängen serviert wird. Fruchtsorbets schmecken erfrischend, doch auch Tee, Kaffee, Champagner, Wein, Branntwein, Likör oder Gewürze eignen sich. Gelati werden immer als Dessert serviert.

ZITRONENSORBET

½ Tasse kaltes Wasser in einen mittelgroßen Topf gießen, mit 1 EL Gelatine bestreuen. 10 Minuten stehenlassen. ½ Tasse kochendes Wasser über die Gelatinemischung gießen, bei schwacher Hitze rühren, bis Gelatine sich aufgelöst hat. 1 Tasse Zucker zugeben und bei schwacher Hitze Zucker auflösen. Vom Herd nehmen. 1 Tasse kaltes Wasser und 1 Tasse durchgesiebten Zitronensaft zugeben. Abkühlen lassen, dann in Gefrierschalen geben. 2–3 Stunden gerade fest gefrieren.

BROMBEER-HIMBEER-SORBET

6 Tassen frische oder gefrorene Brombeeren und 2 Tassen Himbeeren mit 1 Tasse Wasser in einen großen Topf geben. Zum Kochen bringen, Hitze reduzieren und 2 Minuten köcheln lassen. Durch ein feines Sieb passieren, zurück in den Topf geben; 1 Tasse Wasser, 1 ½ Tassen Zucker und 1–2 EL Zitronensaft zugeben, bei schwacher Hitze rühren, bis der Zukker sich aufgelöst hat. Abkühlen lassen, in Gefrierschalen einfrieren, bis das Sorbet breiig ist. In eine Schüssel geben. 2 Eiweiß steif schlagen. Mit einem Metallöffel Eischnee unter die Beerenmischung heben. Zurück in die Gefrierschalen geben, einfrieren.

ÜPPIGES SCHOKOLADEN-GELATO

1 l Milch, 1 ¼ Tassen Zucker und ½ TL Vanilleessenz in einen großen Topf geben. Bei schwacher Hitze rühren, bis der Zucker sich aufgelöst hat, aber nicht kochen lassen. Topf vom Herd nehmen, ¼ TL Instant-Kaffeepulver und 150 g geschnittene, dunkle (Halbbitter-) Schokolade hineinrühren. Weiterrühren, bis die Schokolade geschmolzen und die Mischung glatt ist. Mischung in die Eismaschine geben und 30 Minuten rühren lassen, bis Gelato fest ist.

Herstellung ohne Maschine: Schokoladenmischung in metallene Gefrierschalen geben und einfrieren, bis die Mischung an den Kanten fest wird. Mit dem Handrührgerät rühren, bis die Mischung dick wird. Zurück in die Gefrierschalen geben und 3–4 Stunden einfrieren, bis sie fest ist.

SO WIRD ES EIN ERFOLG

- Die meisten Eiscreme- und Sorbetmischungen schmecken vor dem Einfrieren viel zu süß. Dies gleicht der taubmachende Effekt aus, den Kälte auf die Geschmacksknospen hat. Eis, das zu wenig Süßstoffe enthält, schmeckt schal und nichtssagend. Der Zucker- und Wasseranteil einer Frucht ist genauso unterschiedlich, wie die Zucker-Wasser-Proportion in Sirup. Es ist wichtig, Zucker durch Rühren über direkter Hitze vollständig aufzulösen – ungelöste Zuckerkristalle geben Gefrorenem eine körnige Textur.
- Arbeitsutensilien wie Schüsseln, Gefrierschalen oder Behälter sollten eiskalt sein. Vor dem Einfrieren die Mischung kühlen. Die vorbereitete Mischung vor dem Rühren in einer Eismaschine mindestens 4 Stunden, besser über Nacht, im Kühlschrank aufbewahren; das Eis wird dann cremiger. Hausgemachte Eiscreme auf kältester Stufe einfrieren, besonders, wenn in Gefrierschalen eingefroren wird – langsames Gefrieren führt zu Kristallbildung. Um Kristallisation in Sorbets, Eis und Gelato zu verhindern, die Mischung während des Gefrierprozesses mindestens zweimal im Abstand von 1 Stunde kräftig rühren.

Lateinamerika, wo sie oft mit scharf gewürztem Fleisch gefüllt und heiß als Appetithappen serviert werden.

Enchilada Mexikanisches Gericht. Mais- oder Weizenmehl-Tortillas werden in Chili- oder Tomatensoße getaucht, um Fleisch-, Gemüse- oder Käsefüllungen gewickelt und mit Chili- oder Tomatensoße übergossen. In Mexiko manchmal zum Frühstück serviert. Der Name bedeutet »mit Chili eingewickelt«.

Endivie, Brüsseler Siehe Chicorée.

Endivie, Krause Krause Endivie (Cichorium endivia); ein Salatgemüse mit fransigen, dunkelgrünen Blättern und leicht bitterem Geschmack. Beheimatet im Mittelmeerraum. Kann wie grüner Salat verwendet oder wie Spinat gekocht werden. In den USA und in Frankreich wird krause Endivie Chicorée genannt.

Englische Küche Englische Küche steht

ENGLISCHE KÜCHE

CHELSEA BUNS

☆☆ ***Vorbereitungszeit:*** 35 Minuten
Backzeit: 30–35 Minuten
Ergibt 12 Stück

2 Tassen Mehl, mit Backpulver vermischt
¼ Tasse sehr feiner Zucker
30 g Butter, geschnitten
⅓ Tasse Milch
1 Ei

Füllung
30 g Butter, weich
1 EL weicher, brauner Zucker
1 Tasse Dörrobst, gemischt
1 TL Lebkuchengewürz

Glasur
¼ Tasse Zucker
¼ Tasse Wasser

1 Backofen auf 210 °C vorheizen. Eine viereckige Backform (20 cm) mit Öl oder zerlassener Butter auspinseln. Boden mit Backpapier auslegen. Mehl und Zucker in eine Schüssel sieben, geschnittene Butter zugeben. Mit den Fingerspitzen Butter ins Mehl reiben, bis die Mischung feinkrümelig ist.
2 Milch und Eier mit dem Schneebesen schlagen, zu den trockenen Zutaten geben, einen weichen Teig bereiten. Auf Backpapier zu einem Rechteck (35 x 22 cm) ausrollen.
3 Teig mit weicher Butter bestreichen, mit Zucker, Dörrobst und Lebkuchengewürz bestreuen. Zu einer großen Rolle formen. In 12 gleichmäßig große Stücke schneiden. Stücke nebeneinander in die vorbereitete Form legen, daß sich die Seiten berühren. Backofentemperatur auf 180 °C reduzieren und 25–30 Minuten braun backen. Herausnehmen und zum Auskühlen auf ein Kuchengitter legen.
4 Für die Glasur Zucker und Wasser in einen kleinen Topf geben. Bei mittlerer Hitze rühren, Zucker auflösen. Zum Kochen bringen, ohne zu rühren 2–3 Minuten kochen lassen. Topf von der Kochstelle nehmen, Buns mit der Zuckerlösung bepinseln, solange sie noch warm sind.

CORNISH PASTIES

☆ ***Vorbereitungszeit:*** 30 Minuten + 30 Minuten Kühlzeit
Backzeit: 50 Minuten
Für 6 Pastetchen

Mürbeteig
2 ½ Tassen Mehl
½ TL Senfpulver
125 g Butter, geschnitten
3–4 EL Wasser

Füllung
250 g Hüftsteak, feingeschnitten
2 kleine, mehlig kochende Kartoffeln, geschält und feingeschnitten
1 mittelgroße Zwiebel, geschält und feingehackt
¼ Tasse frische Petersilie, gehackt
¼ Tasse Rinder- oder Hühnerbrühe
weißer Pfeffer
Salz nach Belieben
¼ TL englischer Senf
1 TL Meerrettich, gerieben
verquirltes Ei

1 Ein Backblech einfetten. Mehl, Senfpulver und Butter in die Küchenmaschine geben, verarbeiten, bis eine feinkrümelige Mischung entsteht. Fast das gesamte Wasser zugeben, 20 Sekunden verarbeiten; wenn notwendig, mehr Wasser zugeben. Teig herausnehmen, zu einem Kloß formen, mit Folie einwickeln und 30 Minuten im Kühlschrank aufbewahren.
2 Für die Füllung Fleisch, Kartoffeln, Zwiebeln und Petersilie mischen. Brühe zugeben und mit Pfeffer, Salz, Senf und Meerrettich würzen.
3 Backofen auf 210 °C vorheizen. Teig 5 mm dick ausrollen. 6 Kreise (16 cm) ausstechen, dabei eine Untertasse als Maß benutzen. Füllung in 6 Portionen aufteilen, in die Mitte der Kreise geben.
4 Kanten des Teigs mit Ei bepinseln. Eine Seite über die Füllung legen, daß ein Halbkreis entsteht. Kanten verschließen und mit Ei bepinseln, 10 Minuten auf ein Backblech in den vorgeheizten Backofen legen. Hitze auf 180 °C reduzieren und weitere 40 Minuten backen. Heiß servieren.

Oben: Chelsea Buns.
Gegenüber oben: Bangers and Mash;
unten: Shepherd's Pie

BANGERS AND MASH

☆ **Vorbereitungszeit:** 25 Minuten
Kochzeit: 25 Minuten
Für 4 Personen

8 dicke Würstchen (vorzugsweise Schweinswürstchen)
1–2 EL Öl
2 mittelgroße Zwiebeln, geschnitten
2 EL Soßenpulver
1 ½ Tassen Wasser

Mash (Kartoffelpüree)
4 mittelgroße Kartoffeln
2–3 EL Milch
30 g Butter
Salz und Pfeffer
feingeschnittene Petersilie zum Garnieren

1 Würstchen mit der Gabel einstechen. Öl in einer großen, schweren Bratpfanne erhitzen; Würstchen zugeben. Bei mittlerer Hitze 10 Minuten rundherum braun braten. Auf einen Teller legen; Teller mit Küchenpapier abdecken.
2 Fett abgießen (es sollte ca. 1 EL in der Pfanne bleiben). Zwiebeln zugeben, bei mittlerer Hitze 5 weich und goldbraun Minuten braten.
3 Soßenpulver mit Wasser mischen, bis es sich gelöst hat. In die Pfanne geben, rühren, mit den Zwiebeln mischen. Bei mittlerer Hitze unter ständigem Rühren 2 Minuten kochen, bis die Soße dick wird. Würstchen zurück in die Pfanne geben. Mit Soße mischen und sofort mit Püree servieren.
4 Für das Kartoffelpüree Kartoffeln in einem großen Topf mit Wasser kochen, bis sie weich sind. Gut abgießen. Ohne Klümpchen pürieren. Milch und Butter zugeben. Mit Salz, Pfeffer und Muskatnuß abschmecken. Mit gehackter Petersilie garnieren und einem grünen Gemüse servieren.

SHEPHERD'S PIE

☆ **Vorbereitungszeit:** 15 Minuten
Kochzeit: 1 Stunde
Für 6 Personen

750 g gekochter, magerer Lammbraten
25 g Butter oder Schmalz
2 mittelgroße Zwiebeln, feingeschnitten
¼ Tasse Mehl
½ TL Senfpulver
1 ½ Tassen Hühnerbrühe
¼ Tasse Minze, frisch geschnitten
¼ Tasse Petersilie, frisch gehackt
½ TL gemahlener Pfeffer
Salz zum Abschmecken
2–3 EL Worcestersoße

Kartoffelbelag
4 große, mehlig kochende Kartoffeln, gekocht und püriert
¼–⅓ Tasse heiße Milch
30 g Butter
Salz und Pfeffer zum Abschmecken

1 Eine Kasserolle oder Auflaufform (2 l) mit zerlassener Butter oder Öl auspinseln. Backofen auf 210 °C vorheizen. Fleisch in kleine Würfel schneiden oder zu Hackfleisch verarbeiten. Schmalz oder Butter in einer großen Pfanne zerlassen. Die Zwiebeln zugeben und kräftig braun braten.
2 Mehl und Senfpulver darüberstreuen. Nach und nach Brühe zugeben und glattrühren. Soße zum Kochen bringen, Hitze reduzieren, 3 Minuten köcheln lassen. Fleisch, Minze, Petersilie, Pfeffer und Salz hineingeben, rühren und durchwärmen. In die Auflaufform geben.
3 Für den Kartoffelbelag Kartoffeln, Milch, Butter, Salz und Pfeffer mischen. Gleichmäßig über das Fleisch verteilen. 40–45 Minuten backen, bis die Kartoffeloberfläche goldbraun ist.

in dem Ruf schwer verdaulich und langweilig zu sein. Doch die besten englischen Gerichte suchen ihresgleichen. Gedünsteter Lachs mit Gurkensalat und Mayonnaise, Nierenpastete *(Steak and Kidney Pie)*, gerösteter Schinken,

Sommerpudding und Chelsea Buns sind nur einige Beispiele dafür. Ein Englisches Frühstück besteht meistens aus Schinkenspeck und Eiern, gegrillter Tomate, manchmal noch Würstchen oder Räucherhering mit Toast, Marmelade und einer Tasse Tee. »Ploughman's Lunch«, ein anderes, beliebtes Gericht, besteht aus gutem, frischem Landbrot, einem Stück Cheddar oder Käse der Region und eingelegten Zwiebeln. »Teatime«, eine Institution in England, ist meistens um vier Uhr nachmittags. Eine »ordentliche« Teatime beginnt mit Brot, Butter und hausgemachter Marmelade oder mit kleinen Sandwiches. Fruchtkuchen, üppige Cremekuchen, Teekuchen mit Glasur oder

kleines Kaffeegebäck werden ebenfalls serviert, dazu viel Tee. Englisches Abendessen (Dinner) beginnt meistens mit einer Suppe, gefolgt von einem Fleisch- oder Fischgericht mit Gemüsebeilage, einem Dessert und dem Käsegang.

Englische Muffins Runde, flache, ungesüßte Hefebrötchen; aufgeschnitten mit Butter und Marmelade, Honig oder einem pikanten Aufstrich serviert.

Ente Großer Wasservogel mit dunklem, saftigem Fleisch, das kräftig im Geschmack ist. Seit der frühesten Jägergesellschaft gehören Enten zur Nahrung der Menschen. An Flüssen, Seen, Teichen und in Marschgebieten stets in großer Zahl vorhanden, galt die Jagd nicht nur dem Vogel, sondern auch seinen Eiern. Die ersten Wildvögel wurden wahrscheinlich vor 4000 Jahren in China domestiziert. Andere

SPOTTED DICK

☆☆ ***Vorbereitungszeit:*** 15 Minuten
Kochzeit: 2 ½ Stunden
Für 4 Personen

1 ⅓ Tasse Mehl
1 ½ TL Backpulver
½ Tasse Zucker
1 ½ TL gemahlener Ingwer
2 Tassen weiche Semmelbrösel
½ Tasse Sultaninen
¾ Tasse Korinthen
125 g Butter
2 TL Zitronenschale, feingerieben
2 Eier, leicht verquirlt
1 Tasse Milch
Vanillesoße oder Sahne zum Servieren

1 Eine Puddingform (1,5 l) oder Dampfkochtopf mit Öl auspinseln. Boden mit Backpapier auslegen; Papier fetten. Je ein großes Blatt Alufolie und Backpapier fetten. Papier mit der gefetteten Seite nach oben auf die Folie legen, in der Mitte falten, beiseite legen. Mehl, Backpulver, Zucker und Ingwer in eine Schüssel sieben. Semmelbrösel, Früchte und Fett zugeben. Gut mischen.
2 Eier und Milch mischen, zu den trockenen Zutaten geben. Gut mischen. In die Puddingform geben. Mit Folie und gefettetem Papier abdecken (gefettete Seite nach unten). Deckel über die Folie decken.
3 Ist kein Deckel zur Hand, ein gefaltetes Küchenhandtuch über die Folie legen, mit Schnur unter dem Rand der Form festbinden. Enden des Küchenhandtuchs zusammenbinden und als Henkel benutzen.
4 Form auf einen Untersetzer in einem großen, tiefen Topf stellen. Im Wasserbad zum Kochen bringen, abdecken und 2 ½ Stunden kochen lassen. Gegebenenfalls Wasser nachfüllen. Nach Beendigung der Kochzeit auf eine Servierplatte stürzen, Stücke schneiden, mit warmer Vanillesoße oder Sahne servieren.

Oben: Eccles Cakes.
Gegenüber: Traditionelle englische Weihnachtstörtchen

ECCLES CAKES

☆ ***Vorbereitungszeit:*** 20 Minuten
Kochzeit: 15-20 Minuten
Ergibt 27 Stück

1 Tasse Korinthen
½ Tasse Orangeat und Zitronat, gemischt
1–2 EL Brandy
½ TL Zimt, gemahlen
1 EL Zucker
1 ½ TK-Blätterteig
1 Eiweiß
2 TL Zucker, zusätzlich

1 Backofen auf 210 °C vorheizen. 2 Backbleche mit zerlassener Butter auspinseln. Korinthen, Orangeat und Zitronat, Brandy, Zimt und Zucker in einer Schüssel mischen.
2 Blätterteig ausrollen, 27 Kreise (8 cm) ausstechen. 2 gehäufte TL Füllung auf jeden Kreis geben. Kanten verschließen. Mit der Naht nach unten zu 1 cm dicken Kreisen ausrollen.
3 Kreise auf die Backbleche legen. Mit Eiweiß bepinseln und mit Zucker bestreuen. In die Oberfläche drei Schnitte machen. 15–20 Minuten goldbraun backen.

Anmerkung: Eccles Cakes schmecken noch besser mit selbstgemachtem Blätterteig.

FRUCHTFÜLLUNG

★ ***Vorbereitungszeit:*** 20 Minuten
Ergibt 3 ½ Tassen

275 g feingehackte Rosinen
150 g Sultaninen, gehackt
¼ Tasse getrocknete Aprikosen, feingehackt
2 EL kandierte Kirschen, feingehackt
2 EL gehackte Mandeln
½ Tasse Zitronat und Orangeat
⅓ Tasse Korinthen
180 g weicher, brauner Zucker
1 Apfel, geschält und grobgeraffelt
1 TL abgeriebene Zitronenschale
1 TL abgeriebene Orangenschale
1–2 EL Zitronensaft
1 TL Lebkuchenwürz
¼ TL gemahlene Muskatnuß
4 EL Brandy
60 g geschmolzene Butter

1 Alle Zutaten in einer großen Rührschüssel mit einem Holzlöffel gut mischen.
2 Die Fruchtmischung in luftdichte Behälter oder sterilisierte Gläser füllen, darauf achten, daß Mischung gut verschlossen ist.
3 Die Behälter können an einem kühlen, dunklen Ort bis zu 3 Monate aufbewahrt werden. Gelegentlich umrühren, danach wieder sorgfältig verschließen. Einfrieren möglich.

Anmerkung: Traditionell wird die Fruchtfüllung mit Nierenfett hergestellt; in diesem Rezept wurde es durch Butter ersetzt. Nierenfett wird in Klumpen verkauft und muß gerieben oder geschmolzen werden, wenn man dieses Fett für die Fruchtfüllung, für den Kuchen oder Pudding verwenden will.

ZUBEREITUNG DER ENGLISCHEN WEIHNACHTSTÖRTCHEN

2 Tassen Mehl, 185 g in Stücke geschnittene Butter, 2 EL feiner Zucker und 1 TL Puddingpulver in der Küchenmaschine verarbeiten, bis die Masse fein und krümelig ist. 2 Eigelb und 1 EL Wasser zugeben und gut verrühren. Wenn nötig, noch etwas Wasser zufügen. Auf eine leicht bemehlte Arbeitsfläche geben und Teig geschmeidig kneten. Mit einer Folie bedecken und 15 Minuten in den Kühlschrank stellen. Den Teig zwischen zwei Lagen Backpapier 2,5 mm dick ausrollen. Kreise von 7 cm Durchmesser ausschneiden oder -stechen. Jeden Kreis in gefettete, flache Kuchenförmchen geben und 1–2 TL Fruchtfüllung hineingeben (dazu benötigt man etwa 1 Tasse Fruchtfüllung). Teigreste erneut ausrollen, dekorative Formen ausschneiden, damit die Oberfläche der Törtchen verzieren. Bei 180 °C 10–15 Minuten goldbraun backen. Mit Puderzucker bestäuben.

Quellen verweisen auf die Inka Südamerikas als erste Entenzüchter. Heute in allen Teilen der Welt gehalten, obwohl einige der heute noch zum Verzehr angebotenen Enten immer noch aus Wildbeständen stammen. Zu den für den Verzehr gezüchteten Enten gehören die großen, mageren Barbaryenten Europas: die Aylesbury- und Gadwellenten; die französischen Nantaiser, die oft halbwild gehalten werden, und die Rouener Enten sowie die Pekingente aus China. In Ägypten wurden Nilenten verzehrt. Die Römer labten sich an Brust und Hirn von Wildenten. Obwohl im mittelalterlichen

Europa regelmäßig Enten verzehrt wurden, schienen die Vögel generell aus Wildbeständen zu stammen. Sehr beliebt in der französischen und chinesischen Küche. Die Kunst, Entenfleisch zu trocknen, um das Fleisch zu konservieren und den Geschmack zu intensivieren, wird in China seit 2000 Jahren betrieben (meist werden die entbeinten, flachgedrückten, gesalzenen und gewürzten Enten auf

Bambusgestellen in der Sonne getrocknet). Wegen des hohen Fettgehalts (Enten haben mehr Fett, jedoch weniger Fleisch als Hühner) sollten Enten gebraten oder geschmort werden. Häufig zusammen mit Früchten serviert, um den Fettgehalt zu kaschieren (z. B. bei dem berühmten französischen Gericht »Ente à l'orange«). Von Enten kann fast alles verwendet werden: aus dem

Gerippe läßt sich eine Brühe bereiten, aus der Leber Pastete. In Frankreich entwickelt sich zunehmend ein Markt für foie gras aus Entenleber zur Abdeckung der starken Nachfrage nach traditioneller Gänseleberpastete. Junge Enten im Alter von 6 Wochen bis 2 Monate werden am besten gegrillt, brauchen nicht gefüllt zu werden. Ältere Tiere haben einen intensiveren Geschmack.
Erhältlich frisch oder gefroren, als ganze Tiere oder in Teilen.

Entrecôte Rippenstück vom Rind.

Entrée Erster Gang eines Menüs, zwischen Suppe und Hauptgericht. In den

ENTE

GEBRATENE ENTEN MIT MANDARINENSOSSE

★ ***Vorbereitungszeit:*** 30 Minuten
Kochzeit: 1 Stunde 50 Minuten
Für 8 Personen

3 Enten, je 1,6 kg
60 g Butter, zerlassen

Füllung
90 g Butter
12 Frühlingszwiebeln, gehackt
3 Knoblauchzehen, zerdrückt
3 TL Ingwer, geraspelt
8 Tassen frische, weiße Semmelbrösel
¼ Tasse frischer Koriander, zerkleinert
2 Eier, leicht verquirlt

Mandarinensoße
300 g Mandarinenstückchen aus der Dose
2 EL Maismehl (Stärke)
4 Tassen helle Hühnerbrühe
½ Tasse Orangensaft
2 EL Zitronensaft
1–2 EL Honig
1–2 EL Sojasoße
2 TL Ingwer, geraspelt
1 EL Zucker

1 Backofen auf 180 °C vorheizen. Enten waschen und mit Küchenpapier trockentupfen.
2 **Für die Füllung** Butter in einer mittelgroßen Pfanne erhitzen, Frühlingszwiebeln, Knoblauch und Ingwer zugeben. 3 Minuten kurz anbraten. Semmelbrösel, Koriander und Eier zugeben, rühren, bis alles gut vermischt ist. Vom Herd nehmen. Füllung jeweils zu gleichen Teilen in die Enten drücken.
3 Flügel und Schlegel zusammenbinden. Enten auf einen Rost über ein flaches Backblech legen und mit Butter bepinseln. 1 Stunde braten, gelegentlich mit dem Bratensaft bepinseln. Während die Enten braten: Mandarinensoße zubereiten.
4 **Für die Mandarinensoße** die Mandarinenstückchen aus der Dose samt Saft in der Küchenmaschine oder im Mixer verarbeiten, bis ein glattes Püree entsteht. Maismehl in einen kleinen Topf geben, mit etwas Hühnerbrühe glattrühren. Restliche Hühnerbrühe, Orangen- und Zitronensaft, Honig, Sojasoße, Ingwer, Zucker und Mandarinenpüree zugeben. Bei mittlerer Hitze rühren, bis die Soße kocht und dick wird.
5 Enten aus dem Ofen nehmen, Bratensaft abgießen, Enten auf Backblech legen, Mandarinensoße darübergießen. Weitere 40 Minuten braten. Garprobe: Nadel in den Oberschenkel einstechen. Ist der herausfließende Saft klar, sind die Enten fertig.

WISSENSWERTES ÜBER ENTE

■ Ente vorbereiten: Fettpolster unter der Schwanzwurzel entfernen, sorgfältig in kaltem Wasser waschen. Mit Küchenpapier trocknen. Rundherum einstechen. Vor dem Braten: Halshaut auf dem Rücken befestigen, Beine zum Schwanz hin festbinden und Flügelspitzen darunter feststecken.

ENTE IN SHERRY MIT OLIVEN UND WALNÜSSEN

☆☆ ***Vorbereitungszeit:*** 20 Minuten
Kochzeit: 1 Stunde 45 Minuten
Für 4–6 Personen

2–3 EL Olivenöl
1 Ente, ca. 2 kg, gewaschen und dressiert
2 Zwiebeln, halbiert
2 Möhren, in große Stükke geschnitten
¼ Tasse halbtrockener Sherry
¼ Tasse Hühnerbrühe oder Wasser
40 g Butter
2 EL Mehl
¼ Tasse halbtrockener Sherry, zusätzlich
½ Tasse Orangensaft, frisch gepreßt
½ Tasse Hühnerbrühe oder Wasser, zusätzlich
½ Tasse gefüllte, grüne Oliven, in ihrem Saft erwärmt
½ Tasse Walnußhälften, im Ofen gewärmt

1 Backofen auf 180 °C vorheizen. Olivenöl in einer großen Bratschale auf dem Herd erhitzen. Ente, Zwiebel und Möhren zugeben. Die Ente vorsichtig wenden, um sie rundherum gut zu bräunen, dabei die Haut nicht verletzen. Sherry gemischt mit Hühnerbrühe oder Wasser darübergeben. Mit Alufolie abdecken. Ente im Ofen 1 Stunde braten, dabei gelegentlich mit der Bratenflüssigkeit bepinseln.
2 Ente und Gemüse aus der Bratschale nehmen. Flüssigkeit aufbewahren. Gemüse wegwerfen.
3 Bratschale auf den Herd stellen, bei mittlerer Hitze Butter schmelzen und bräunen; dabei Bratrückstände von der Schale lösen. Vom Herd nehmen. Mehl hineinrühren. Zusätzlichen Sherry, Orangensaft, zusätzliche Hühnerbrühe und aufbewahrte Bratflüssigkeit mischen. Nach und nach in die Bratschale geben. Wieder aufkochen, dabei ständig rühren, bis die Mischung dick wird.
4 Ente zurück in die Bratschale legen und die Soße darübergeben. Abdecken und bei 180 °C 15–20 Minuten weich braten. Auf geheizte Servierplatte legen, mit Soße übergießen. Mit warmen gefüllten Oliven und Walnußhälften garnieren.

Gegenüber: Gebratene Enten mit Mandarinensoße.
Oben: Warmer Entenfleisch-Salat

WARMER ENTENFLEISCH-SALAT

☆ ***Vorbereitungszeit:*** 15 Minuten
Für 4 Personen

Orientalische Soße
¼ Tasse Erdnußöl
1–2 EL Apfel- oder Weißweinessig
1–2 EL Honig, gewärmt
2 TL frischer Ingwer, geraspelt
1 TL Sojasoße
¼ TL chinesisches Fünf-Gewürze-Pulver

1 große, gebratene Ente, entbeint und zerhackt
300 g Mandarinen in der Dose, abgetropft
100 g Zuckerschoten
1 Tasse Sojabohnensprossen
½ Tasse Wasserkastanien aus der Dose, geschnitten
½ Tasse Frühlingszwiebeln, geschnitten

1 ½ Stunde vor dem Servieren Zutaten für die Soße in einem Glas gut schütteln.
2 Entenfleisch, abgetropfte Mandarinen, Zuckerschoten, Sojabohnensprossen, Wasserkastanien, Frühlingszwiebeln mit der Soße mischen, servieren.

USA wird das Hauptgericht gerne als Entrée bezeichnet. Geeignete Entrées sind kleine Ragouts, gefüllte Kroketten oder Pastetchen.

Erbsen, getrocknet
Samen verschiedener Arten von Erbsenpflanzen, die speziell zur Verwendung als Trockenerbsen angebaut werden. Trockenerbsen haben etwas an Bedeutung verloren, seit es Tiefkühlerbsen gibt.

Erbsen, grüne
Kleine, runde, saftiggrüne Samen in einer grünen Schote – weltweit ein beliebtes Gemüse. Bei den meisten Sorten wird die Schote weggeworfen, obwohl man sie für Erbsensuppe verwenden kann; einige Sorten wie die Zuckererbse (Zuckerschote) haben so zarte Schoten, daß sie ganz gekocht werden. Petits pois, eine kleine, süßliche Erbsensorte, die in Frankreich sehr beliebt ist,

ERBSEN UND KARTOFFELN

Für die folgenden Rezepte wurden gefrorene Erbsen verwendet. Man kann auch frische verwenden, dann verlängert sich die Kochzeit. Werden Kartoffeln doppelt zubereitet (z.B. gekocht und gebraten oder gekocht, püriert und überbacken), kocht man sie wegen des frischen Geschmacks erst am Tag der Zubereitung.

Erbsen mit Minze

Zerdrückte Erbsen mit Butter

ERBSEN MIT MINZE

2 Tassen gefrorene Erbsen dünsten, kochen oder in der Mikrowelle zubereiten. 1 EL feingehackte frische Minze und ½ TL weichen braunen Zucker unterrühren. Heiß servieren.

ZERDRÜCKTE ERBSEN MIT BUTTER

2 Tassen gefrorene Erbsen dünsten, kochen oder in der Mikrowelle zubereiten; abtropfen lassen. Mit einer Gabel zerdrücken. 2 TL Butter, Salz und schwarzen Pfeffer aus der Mühle zugeben.

ERBSEN MIT BASILIKUM UND TOMATE

2 TL Öl erhitzen. 1 zerdrückte Knoblauchzehe und ½ Tasse gehackte Tomaten (mit Saft) aus der Dose zugeben. 1 Minute kochen. 2 Tassen gefrorene grüne Erbsen und 2 EL feine Basilikumstreifen zufügen, in 2–3 Minuten gar kochen.

Erbsen mit Basilikum und Tomaten

PFEFFERERBSEN MIT KNOBLAUCH

1–2 EL Öl erhitzen. 2 zerdrückte Knoblauchzehen und 1 TL zerstoßene schwarze Pfefferkörner hineingeben; dazu 2 Tassen gefrorene grüne Erbsen und ½ TL Zucker. Bei mittlerer Hitze in 2–3 Minuten gar kochen. Nach Belieben mit Balsamessig beträufeln.

Pfeffererbsen mit Knoblauch

Schnelles Kartoffelgratin

SCHNELLES KARTOFFELGRATIN

4 mittelgroße Kartoffeln schälen, in dünne Scheiben schneiden. 1 Zwiebel in feine Ringe schneiden. Kartoffeln und Zwiebel abwechselnd in eine Auflaufform schichten. Jede Lage mit geriebenem Käse bestreuen. ½ Tasse Sahne, ¾ Tasse Milch und 1 TL Senfpulver mischen und darübergießen. Mit Käse und gehacktem Schnittlauch bestreuen. Bei 180 °C etwa 40 Minuten backen. Heiß servieren.

Hasselback-Kartoffeln

HASSELBACK-KARTOFFELN

4 mittelgroße Kartoffeln schälen und halbieren. Mit der Schnittfläche nach unten legen. Mit einem sehr scharfen Messer dünne Scheiben einschneiden – nicht ganz durchschneiden. Kartoffeln mit der Schnittfläche nach unten in eine Auflaufform geben. 1–2 EL Olivenöl mit 1–2 EL flüssiger Butter mischen und Kartoffeln damit bepinseln. Mit Zitronenpfeffer bestreuen. Bei 210 °C in 45 Minuten goldbraun und knusprig backen. Sofort servieren.

HERZOGINKARTOFFELN

4 mittelgroße Kartoffeln schälen, in kleine Stücke schneiden. In sprudelndem Wasser gar kochen, abtropfen lassen und zerdrücken. 3 Eigelb, 3 EL Sahne und 2 EL geriebenen Parmesan unterrühren. In Rosettenform auf gefettetes Backblech spritzen und bei 210 °C in 20 Minuten goldbraun backen. Mit Paprika bestreuen und heiß servieren.

Herzoginkartoffeln

POMMES FRITES ODER STROHKARTOFFELN

4 mittelgroße Kartoffeln schälen. Längs in 1 cm dicke Scheiben, dann in 1 cm breite Stifte schneiden. Oder mit dem Gemüseschäler dünne Streifen abschälen. In heißem Öl in 4–5 Minuten (Pommes frites) bzw. in 2–3 Minuten (Strohkartoffeln) fritieren.

Pommes frites / Strohkartoffeln

wird vor der Verwendung geschält. Erbsen können gekocht, geschmort, gedämpft oder in der Mikrowelle zubereitet werden. Man serviert sie heiß als Gemüse oder in Suppen, Schmorgerichten und Salaten.

Erdbeere Rote, herzförmige und saftige Frucht einer mit der Rose verwandten Pflanze, die heute weltweit kultiviert wird. Erdbeeren schmecken in süßen und herzhaften Salaten, mit etwas Sahne oder Zucker und einem Spritzer Zitronensaft; sie werden ganz oder in Scheiben zum Garnieren von Kuchen und Desserts verwendet. Püriert verarbeitet man sie zu Eiscremes und Sorbets, Marmelade und Kuchenfüllungen. Erdbeeren werden seit dem 13. Jh. in Europa kultiviert. Anfang des 18. Jh. erreichte die amerikanische Virginia-Erdbeere Frankreich; dort wurde sie die Vorfahrin der großen Erdbeersorten, die wir heute kennen. Die Wilderdbeere ist kleiner, hat aber ein intensiveres Aroma.

ERBSEN

ERBSENPUDDING

☆ ***Vorbereitungszeit:*** 10 Minuten + Einweichzeit über Nacht
Kochzeit: 2 Stunden
Für 4 Personen

500 g Spalterbsen, über Nacht eingeweicht, abgetropft
1 Zwiebel, feingehackt
1 Zweig frischer Rosmarin
2 Eier, leicht verquirlt
30 g weiche Butter
½ TL weißer Pfeffer
Salz
3 EL Malzessig

1 Ofen auf 180 °C vorheizen. Puddingform von 1,5 l Fassungsvermögen mit flüssiger Butter oder Öl einfetten.
2 Erbsen, Zwiebel und Rosmarin in einen Topf geben. Mit Wasser bedecken und bei geschlossenem Topf und schwacher Hitze 1 Stunde kochen, bis die Erbsen weich sind.
3 Erbsen abtropfen lassen. Rosmarin entfernen. Erbsen mit einem Kartoffelstampfer pürieren. Eier, Butter, Pfeffer, Salz und Essig zufügen und glattrühren.
4 Mischung in die Puddingform geben, verschließen und in einem Topf mit heißem Wasser im Ofen 1 Stunde ziehen lassen.

ERBSENSUPPE MIT SCHINKEN

☆ ***Vorbereitungszeit:*** 30 Minuten + Einweichzeit über Nacht
Kochzeit: 1 ½–2 Stunden
Für 6 Personen

250 g Spalterbsen
500 g Schinkenknochen
2 mittelgroße Zwiebeln, in Würfel geschnitten
2 mittelgroße Möhren, in Würfel geschnitten
1 Tasse Sellerie, in Scheiben geschnitten
2 Lorbeerblätter
2,5 l Hühnerbrühe oder Wasser
Pfeffer aus der Mühle
1 TL frischer Thymian, gehackt
1–2 EL Zitronensaft
3–4 Frankfurter Würstchen, in Scheiben geschnitten (nach Wunsch)
gehackte Petersilie zum Servieren

1 Erbsen gut abspülen und in eine Schüssel geben. In ausreichender Wassermenge über Nacht einweichen; abtropfen lassen.
2 Erbsen mit den Knochen, Zwiebeln, Möhren, Sellerie, Lorbeerblatt, Brühe oder Wasser, Pfeffer und Thymian zum Kochen bringen; bei geschlossenem Topf 1 ½–2 Stunden köcheln lassen. Lorbeerblätter herausnehmen.
3 Schinkenknochen auf einen Teller legen, das Fleisch ablösen. Fleisch in Stücke schneiden und mit Zitronensaft zur Suppe geben. Suppe zum Kochen bringen, Frankfurter zufügen und 3 Minuten erhitzen.
4 Mit Petersilie bestreuen und servieren.

WISSENSWERTES ÜBER GETROCKNETE ERBSEN

- Spalterbsen müssen nicht unbedingt vor dem Kochen in kaltem Wasser eingeweicht werden, aber Einweichen verringert die Kochzeit erheblich.
- Es gibt zwei Arten, Spalterbsen und andere Hülsenfrüchte einzuweichen:
Langsame Methode: Erbsen in eine große Schüssel geben und mit kaltem Wasser bedecken. Nach oben steigende Erbsen herauslesen. 8 Stunden oder über Nacht einweichen lassen. Stehen die Erbsen noch länger, sollte man sie kühl stellen, um den Fermentationsprozeß zu verhindern.
Schnelle Methode: Erbsen waschen und in einem großen Topf mit kaltem Wasser bedecken. Aufkochen und 2 Minuten kochen lassen. Vom Herd nehmen, bei geschlossenem Topf 1–2 Stunden ruhenlassen, bis die Erbsen an Volumen zugenommen haben.
- Erbsen abtropfen lassen, in einem Topf mit frischem Wasser bedecken. Sehr langsam zum Kochen bringen, damit sie nicht hart werden.

ZUCKERERBSEN MIT MÖHREN IN LIMONENBUTTER

☆ ***Vorbereitungszeit:*** 10 Minuten
Kochzeit: 10 Minuten
Für 4 Personen

125 g Möhren
125 g Zuckererbsen
45 Butter
2 Knoblauchzehen, zerdrückt
1–2 EL Limonensaft
½ TL weicher, brauner Zucker
1 Limone

1 Möhren schälen und diagonal in Scheiben schneiden. Zuckererbsen waschen und putzen. Butter erhitzen. Knoblauch darin bei schwacher Hitze 1 Minuten dünsten. Limonensaft und Zukker zufügen und bei schwacher Hitze rühren, bis der Zucker sich aufgelöst hat.
2 Erbsen und Möhren zugeben, bei mittlerer Hitze in 2–3 Minuten bißfest kochen. Heiß servieren und mit Limonenzesten garnieren.

Anmerkung: Für die Zesten kann man Limonenrinde mit dem Gemüseschäler in lange Streifen schälen, das Weiße entfernen, Zesten mit einem scharfen Messer in dünne Streifen schneiden.

Oben: Zuckererbsen mit Möhren in Limonenbutter.
Gegenüber: Erbsenpudding

PFEFFERERBSEN MIT KNOBLAUCH

1–2 EL Öl in einer schweren Pfanne erhitzen. 2 zerdrückte Knoblauchzehen und 1 TL zerstoßene schwarze Pfefferkörner hineingeben; dazu 2 Tassen gefrorene grüne Erbsen und ½ TL Zucker. Bei mittlerer Hitze in 2–3 Minuten gar kochen. Nach Belieben mit Balsamessig beträufeln. Heiß servieren.

SAUTIERTE ERBSEN MIT FRÜHLINGSZWIEBELN

30 g Butter in einer schweren Pfanne erhitzen. 2 Tassen gefrorene Erbsen und 1 TL zerstoßenen schwarzen Pfeffer zufügen. Gemüse bei mittlerer Hitze in 2–3 Minuten kochen, bis die Erbsen und Zwiebeln bißfest sind. Heiß servieren.

SÜSSE KORIANDERERBSEN

30 g Butter in einem Topf erhitzen. 1 ½ TL Zitronensaft, ½ TL Zucker und 2 Tassen gefrorene Erbsen zufügen. Bei mittlerer Hitze in 2–3 Minuten bißfest kochen. Zum Servieren mit 2 EL feingehacktem Koriandergrün gut vermischen.

Erdnuß Eßbare Frucht der Erdnußpflanze. In den leicht zerbrechlichen, braunen Fruchthülsen reifen die Samen unterirdisch heran. Man ißt Erdnüsse frisch, geröstet und gesalzen als Imbiß oder mit Schokolade oder Karamel als Konfekt. Sie spielen in der südostasiatischen Küche eine große Rolle, wo sie zu Satésoßen verarbeitet oder ganz in die Gerichte gegeben werden.

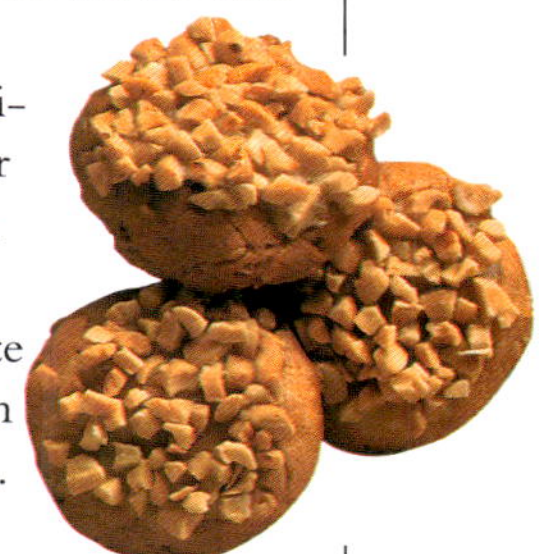

Erdnußbutter Aufstrich aus gemahlenen, gerösteten Erdnüssen, als Belag auf Brot und Toast verwendet.

Erdnußöl Wird aus Erdnußkernen gewonnen und zum Braten und für Salatsoßen verwendet. Europäisches Erdnußöl ist fast geschmacksneutral und sehr mild; es eignet sich sehr gut für Salate mit feinem Aroma. Amerikanisches Öl ist nussiger im Geschmack. Asiatisches Erdnußöl ist dunkler, hat ein stärkeres Aroma und kann sehr hoch erhitzt werden; es ist also gut zum Fritieren geeignet.

Escabèche Würzige Marinade zum Haltbarmachen von Fisch.

Escargot Französisch für Schnecke.

Eskariol (Eskarol, Endivie) Gemüse mit langen, unregelmäßig geformten, blaßgrünen Blättern. Es hat einen leicht bitteren Geschmack und wird entweder als Salat, zusammen mit milderen Salatsorten, oder warm wie Spinat verzehrt.

Espresso Dampf wird durch feingemahlenes Kaffee-

pulver gedrückt. Der extrahierte, starke Kaffee wird in kleinen Tassen serviert.

Eßbare Blumen Frische, ganze Blumen oder Blüten bringen Farbe in Salate, Sorbets und Getränke; kristallisiert oder kandiert als Verzierung von Kuchen, Torten und Desserts verwendet. Häufig zum Verzehr verwendet werden: Blüten

ZUCKERERBSENSALAT

☆ ***Vorbereitungszeit:*** 20 Minuten
Kochzeit: 5 Minuten
Für 8 Personen

200 g Zuckererbsen, diagonal in Stücke geschnitten
1 große rote Paprikaschote, in Stücke geschnitten
4 Blätter Eichblattsalat
5 Blätter grüner Pflücksalat
250 g Kirschtomaten
60 g Brunnenkressezweige
Parmesan zum Servieren

Knoblauch-Croûtons
3 Scheiben Weißbrot
4 EL Olivenöl
1 Knoblauchzehe, zerdrückt

Soße
3 EL Olivenöl
1 EL Mayonnaise
1 EL saure Sahne
3 EL Zitronensaft
1 TL brauner Zucker
zerstoßener Pfeffer

1 Salat und Tomaten waschen. Zuckererbsen, roten Paprika, Salat, Tomaten und Kresse in einer großen Schüssel mischen.
2 Für die Knoblauch-Croûtons Weißbrot entrinden und in 1 cm große Würfel schneiden. Öl in einer Pfanne mit schwerem Boden erhitzen, Knoblauchzehe hinzufügen und Brot darin goldgelb und knusprig braten. Vom Herd nehmen und auf Küchenpapier gründlich abtropfen lassen.
3 Für die Soße alle Zutaten in einer kleinen Schüssel 2 Minuten gründlich verrühren. Erst direkt vor dem Servieren über den Salat gießen und mischen. Knoblauch-Croûtons darüberstreuen und mit gehobeltem Parmesankäse garnieren.

GEBRATENES RINDFLEISCH MIT ZUCKERERBSEN

☆ ***Vorbereitungszeit:*** 10 Minuten
Kochzeit: 5 Minuten
Für 4 Personen

400 g Rumpsteak, in dünne Scheiben geschnitten
3 EL Sojasoße
½ TL geriebener Ingwer
3 EL Erdnußöl
200 g Zuckererbsen, geputzt
1 ½ TL Maismehl (Stärke)
½ Tasse Rinderbrühe
1 TL Sojasoße, zusätzlich
¼ TL Sesamöl

1 Fleisch in eine Schüssel geben. Sojasoße und Ingwer mischen und Fleisch damit beträufeln. Öl in einem Wok oder einer Pfanne erhitzen; dabei schwenken, damit auch die Ränder geölt sind.
2 Rindfleisch und Zuckererbsen bei starker Hitze unter Rühren für 2 Minuten braten, bis das Fleisch die Farbe wechselt.
3 Maismehl in etwas Brühe auflösen. Mit der restlichen Brühe, der zusätzlichen Soße und dem Öl in den Wok geben. Unter Rühren Soße aufkochen und eindicken lassen. Mit gekochtem Reis servieren.

ZUCKERERBSEN-SPARGEL-SALAT

☆ ***Vorbereitungszeit:*** 15 Minuten
Kochzeit: 5 Minuten
Für 4–6 Personen

200 g Zuckererbsen
1 Bund grüne Spargelspitzen

Soße
3 TL Sesamöl
3 EL Erdnußöl
3 TL Reisessig oder Rotweinessig
½ TL Zucker
1 EL Sesamsaat

1 Zuckererbsen putzen. Spargel schälen und holzige Stellen wegschneiden. Spargelstangen halbieren. In einen Topf mit kochendem Wasser geben und 1 Minute ziehen lassen; dann abgießen und in kaltes Wasser tauchen. Gut abtropfen lassen.
2 Für die Soße alle Zutaten in einem kleinen Schraubglas gründlich schütteln. Spargel und Zuckererbsen in einer Servierschüssel anrichten, Soße darübergießen und vorsichtig mischen.
3 Sesamsaat in einer trockenen Pfanne bei mittlerer Hitze 1–2 Minuten goldgelb rösten. Über den Salat streuen und sofort servieren.

Oben: Zuckererbsen-Spargel-Salat.
Gegenüber: Erdbeer-Shortcake

ERDBEEREN

ERDBEER-SHORTCAKE

☆ ***Vorbereitungszeit:*** 20 Minuten
Backzeit: 12–15 Minuten
Ergibt 1 Kuchen von 20 cm Durchmesser

280 g Mehl
4 TL Backpulver
1 TL Salz
1 ½ EL Zucker
¾ Tasse Milch
1 ½ Tassen Sahne, geschlagen
Erdbeeren, halbiert oder anderes frisches Obst in Scheiben

1 Backofen auf 220 °C vorheizen. Eine 20-cm-Springform mit Öl oder Butter einpinseln und mit Mehl bestauben. Mehl, Backpulver, Salz und Zucker in eine große Schüssel geben.
2 Langsam die Milch einrühren; nur so viel, daß der Teig bindet. Teig auf eine leicht bemehlte Arbeitsfläche geben und 1–2 Minuten kneten. Teig in die vorbereitete Form geben und 12–15 Minuten backen. Auf einem Kuchengitter abkühlen lassen.
3 Kuchen mit einem großen Messer in der Mitte teilen. Die untere Hälfte mit der Hälfte der Schlagsahne bestreichen, mit dem Großteil der Erdbeeren belegen und die zweite Kuchenhälfte vorsichtig auflegen. Restliche Sahne oben auf den Kuchen streichen und mit den restlichen Erdbeeren garnieren.

ERDBEEREN EINGEMACHT

☆ ***Vorbereitungszeit:*** 15 Minuten + Einweichzeit über Nacht
Kochzeit: 30–40 Minuten
Ergibt 1 ½ Tassen

500 g Erdbeeren
1 ½ Tassen Zucker

1 Obst waschen und entstielen. Mit ½ Tasse Zucker bedecken und über Nacht ziehen lassen.
2 Flüssigkeit von den Erdbeeren abgießen und auffangen. Zucker hinzufügen. In einem Topf bei schwacher Hitze 10 Minuten rühren, bis der Zucker sich aufgelöst hat. Nicht kochen lassen.
3 Obst hinzufügen und 20–30 Minuten kochen, bis der Gelierpunkt erreicht ist. Warm in sterilisierte Gläser füllen. Nach dem Abkühlen verschließen und etikettieren.

ERDBEER-ORANGEN-EISDESSERT

4 EL Orangensaftkonzentrat im Gefrierschrank eiskalt werden lassen, aber nicht gefrieren. 1 l Vanilleeis 30 Minuten in den Kühlschrank stellen, damit es weicher wird. In einer Schüssel vorsichtig glattrühren. Orangensaftkonzentrat und 3 EL Orangenlikör (z.B. Grand Marnier) einrühren. Entstielte Erdbeeren in 4 Kelchgläser geben und Orangeneis darübergeben. Mit Zimt bestreuen und sofort servieren.

der weißen und gelben Chrysantheme, ganze Kapuzinerkresse- und Ringelblumenblüten, Veilchenblüten, Blüten vom wilden- und Gartenstiefmütterchen, Jelängerjelieber und Kornblumen sowie Blüten von Borretsch und Schnittlauch. Es sollte eine Salatsoße verwendet werden, die nicht zu viel Essig oder Zitronensaft enthält, und die Blüten sollten über dem Salat verteilt werden, nachdem er mit Kräutern und Salat-

soße gemischt wurde, da die Säure die Blütenfarbe beeinträchtigt. Kürbis-, Zucchini- und Squashblüten können teilweise in Ausbackteig getaucht oder ganz darin gewendet und fritiert werden. Kristallisierte, kandierte Blütenblätter (Rose und Veilchen sind am häufigsten) werden hergestellt, indem saubere, trockene Blütenblätter mit einer Pinzette in geschlagenes Eiweiß getaucht und dann in Zucker gewendet werden, bis sie gleichmäßig bedeckt sind. Auf einem Kuchengitter trocknen und in einem luftdichten Behälter aufbewahren.

Essig Scharf-saure Würzflüssigkeit, die durch Vergärung alkoholischer Flüssigkeiten entsteht. Die Essigqualität ist von der des Ausgangsprodukts abhängig. Essig wird für Salatsoßen, Mayonnaise, Senf, Minze- und Rettichsoßen verwendet, in Marinaden, Suppen, Soßen und Eintöpfen, zum Einlegen und Konservieren. Auch aromatisierter Essig mit Kräutern und Obst wird angeboten, kann aber auch selbst gemacht werden. Rotweinessig verwendet man für Kraftsoßen (Demiglace), Wild-, Rind- und Lammgerichte und zur Vinaigrette; Weißweinessigsorten eignen sich für Soßen zu Fischgerichten und für Vinaigrette, Mayonnaise, holländische Soße und als Grundlage für Kräuteressig. Himbeeressig paßt zu Vinaigrette und – mit Sahne – zu Obst oder ersetzt bei Kalb- und Hühnergerichten den Zitronensaft.

ERDBEERKLEINIGKEIT

☆ ***Vorbereitungszeit:*** 35 Minuten + Kühlzeit
Kochzeit: 10–15 Minuten
Für 4–6 Personen

400 g Pfirsiche, aus der Dose, in Scheiben geschnitten
1 Biskuitrolle, mit Marmelade gefüllt
4 EL süßer Sherry
1 Päckchen Götterspeise mit Himbeergeschmack
2 EL Vanillepuddingpulver
2 EL Zucker
2 Tassen Milch
1 ¼ Tassen Sahne, geschlagen
250 g Erdbeeren, halbiert
¼ Tasse Walnußhälften, geröstet

1 Pfirsiche abgießen und Sirup auffangen. Biskuitrolle in 1 cm dicke Scheiben schneiden. Boden und Ränder einer Servierschüssel damit auslegen.
2 Sherry und 3 EL Pfirsichsirup mischen. Pfirsichscheiben auf dem Boden verteilen. Sherry-Sirup-Mischung darüber verteilen. Zugedeckt kalt stellen.
3 Götterspeise nach Anweisung zubereiten und in eine flache Schale gießen. Nach dem Kühlen Götterspeise stürzen und in Würfel schneiden.
4 Puddingpulver und Zucker mit etwas Milch glattrühren; restliche Milch angießen. Bei schwacher Hitze alles zum Kochen und Eindicken bringen. Oberfläche mit Plastikfolie abdecken und erkalten lassen.
5 Götterspeisewürfel auf die Pfirsichscheiben legen. Pudding darauf verteilen und mit Schlagsahne, Erdbeerhälften und Walnüssen dekoriert servieren.

ERDBEER-MARSHMALLOW-PARFAIT

☆ ***Vorbereitungszeit:*** 15 Minuten + 3 Stunden Kühlzeit
Für 6 Personen

90 g Instantpulver für Götterspeise mit Erdbeergeschmack
2 Tassen kochendes Wasser
250 g Erdbeeren, in Stücke geschnitten
½ l Vanilleeis
100 g rosa und weiße Marshmallows, halbiert
Schlagsahne zum Dekorieren
6 ganze Erdbeeren, zusätzlich

1 Pulver mit dem Wasser verrühren, im Kühlschrank fest werden lassen.
2 Die Hälfte der Erdbeeren in der Küchenmaschine 30 Sekunden zerkleinern.
3 Lagenweise die Eiscreme, Götterspeise, restliche Erdbeeren, Marshmallows und Erdbeerpüree in 6 Parfaitgläser schichten. Mit geschlagener Sahne und Erdbeeren garnieren.

ERDBEER-MALLOW

½ Tasse zerkleinerter Marshmallows in einer Schüssel mit 1 Tasse Naturjoghurt verrühren. 250 g frische Erdbeeren in Scheiben schneiden und gut unterheben. 1 Stunde zugedeckt kalt stellen, in 4 Dessertschalen geben und mit gerösteten Mandelblättchen garnieren.

Oben: Erdbeerkleinigkeit.
Gegenüber: Vietnamesischer Hühnersalat

ERDNÜSSSE

VIETNAMESISCHER HÜHNERSALAT

☆ ***Vorbereitungszeit:*** 30 Minuten
Gesamtkochzeit: 5 Minuten
Für 4 Personen

2 EL Pflanzenöl
1 ½ Tassen Rettich, geraffelt
1 Selleriestange, in feine Streifen geschnitten
1 mittelgroße Zwiebel, in feine Ringe geschnitten
1 große Möhre, geraffelt
3 Frühlingszwiebeln, in feinen Streifen
250 g gekochtes Hühnerfleisch, in feine Streifen geschnitten
Salatblätter
2 EL geröstete Erdnüsse, zerdrückt
frische Kräuter (Minze, Petersilie)

Soße
3 EL Nuoc Mam oder dünne Sojasoße
4 EL Limonen- oder Zitronensaft
4 EL Pflanzenöl
2 TL Zucker
1 Knoblauchzehe, zerdrückt

1 Öl in einem Wok oder einer schweren Pfanne erhitzen. Rettich und Sellerie darin bei mittlerer Hitze 2 Minuten unter Rühren weich braten; Zwiebel zugeben, noch 1 Minute weiterbraten. Vom Herd nehmen, abkühlen lassen.
2 Rettich, Sellerie, Zwiebel, Möhre, Frühlingszwiebel und Hühnerfleisch mischen. Auf Salatblättern anrichten und mit zerdrückten Erdnüssen und Kräutern garnieren.
3 Für die Soße alle Zutaten mischen. Kurz vor dem Servieren über den Salat gießen.

SCHOKO-ERDNUSS-HAPPEN

☆ ***Vorbereitungszeit:*** 30 Minuten
Ergibt etwa 20 Stück

3 Tassen Puderzucker
¾ Tasse weicher, brauner Zucker
125 g weiche Butter
2 Tassen Erdnußbutter
1 Tasse Erdnüsse, ungesalzen
250 g Halbbitter- oder Blockschokolade
15 g Butter zusätzlich

1 Zucker und Butter gut verrühren – die Mischung wird krümelig. Erdnußbutter und Nüsse unterheben.
2 In eine ungefettete Metallform (30 x 25 cm) geben und Oberfläche glätten.
3 Schokolade mit zusätzlicher Butter schmelzen und glattrühren. Über die Erdnußmischung gießen, fest werden lassen. In 2,5 cm große Stücke schneiden.

WISSENSWERTES ÜBER ERDNÜSSE

■ Erdnüsse sind leicht mit der Hand zu schälen, man kann aber auch geschälte Erdnüsse kaufen.
■ Zum Rösten Erdnüsse einlagig auf einem Blech mit Backpapier ausbreiten, bei mittlerer Hitze 10 Minuten im Backofen oder bei starker Hitze 5 Minuten unter dem Grill rösten. Vorsicht: die Nüsse brennen leicht an.

Estragonessig paßt zu Sauce Béarnaise, Mayonnaise und Marinade für Hühnergerichte, Fisch und Meeresfrüchte. Rosmarinessig schmeckt zu Lammeintopf und Soßen, zu Fisch und Schalentieren. Siehe auch Balsamessig.

Estouffade Fleischragout, meist Rindfleisch, das in Wein langsam geschmort wird. À l'estouffade bezeichnet auch Gerichte mit Weinsoße.

Estragon Aromatisches Kraut mit lakritzähnlichem Aroma. Es paßt gut zu Hühnchen und wird mit Kerbel, Schnittlauch und Petersilie zu klassischen Fines-Herbes-Mischungen verarbeitet. Estragonessig ist ein wichtiger Bestandteil von Sauce Béarnaise und Mayonnaise. Französischer Estragon hat ein intensiveres Aroma als russischer Estragon. Getrocknet verflüchtigt sich das Aroma des Krauts schnell.

F

Fadennudeln Dünne feine Nudeln. In Frankreich *vermicelles,* in Italien *vermicelli* (»kleine Würmer«). Sie werden ganz gekocht und mit Soße serviert oder, in Stücke gebrochen, als Suppeneinlage verwendet. In der chinesischen Küche werden sie aus Sojamehl gemacht. Gekocht oder gebraten finden sie in Suppen und Gemüsegerichten Verwendung. Kleine Bündel werden in Öl fritiert und als Dekoration verwendet.

Falafel In Öl gebratene Klößchen aus gewürztem Kichererbsenmehl. Beliebtes Gericht aus dem Nahen Osten.

Farce (Füllung) Feingehacktes Fleisch wird mit Kräutern und Gewürzen abgeschmeckt und z. B. zum Füllen von Geflügel verwendet. Auch Gemüse, Pilze, Reis, Semmelbrösel und Ei werden mit Fleisch, Fisch oder Innereien vermischt

FEIGEN

SÜSSER FEIGENPUDDING MIT BRANDY-VANILLESOSSE

★★ ***Vorbereitungszeit:*** 15 Minuten
Kochzeit: 1 Stunde 35 Minuten
Für 8 Personen

1 ½ Tassen Mehl, mit Backpulver vermischt
¾ Tasse Mehl
2 TL Lebkuchengewürz
½ TL Natron
¼ Tasse Milchpulver
150 g Butter
¾ Tasse weicher, brauner Zucker
1 Tasse getrocknete Feigen, geschnitten
¾ Tasse Wasser
2 Eier, leicht verquirlt

Brandy-Vanillesoße
2 ½ Tassen vorbereiteter Vanillepudding
1 ¼ Tassen Sahne
¼ Tasse Brandy

1 Große Puddingform (21 cm) mit Öl auspinseln. Boden mit Backpapier auslegen, Papier fetten. Je 1 großes Blatt Aluminiumfolie und Backpapier fetten. Papier mit gefetteter Seite nach oben auf die Folie legen, in der Mitte falten, beiseite legen.
2 Mehl mit den übrigen trockenen Zutaten in eine große Schüssel sieben. In der Mitte eine Vertiefung machen. In einem kleinen Topf Butter, Zucker, Feigen und Wasser bei schwacher Hitze rühren, bis die Butter geschmolzen ist und der Zucker sich aufgelöst hat.
3 Buttermischung und Eier zu den trockenen Zutaten geben. Rühren, bis alles gerade verbunden ist.
4 Teig in die Form geben. Mit Folie und gefettetem Papier abdecken (gefettete Seite nach unten). Deckel über die Folie decken, mit Klammern befestigen, mit Schnur festbinden. Hat die Puddingform keinen Deckel, gefaltetes Küchenhandtuch über Folie legen; mit Schnur unter dem Rand der Form festbinden. Enden des Küchenhandtuches zusammenbinden und als Henkel benutzen.
5 Form auf einen Untersetzer in einem großen, tiefen Topf stellen. Vorsichtig kochendes Wasser in den Topf gießen, bis das Wasser die Seiten der Form halb bedeckt. Zum Kochen bringen, abgedeckt 1 ½ Stunden kochen lassen, dabei gelegentlich Wasser nachfüllen. Folie abwickeln, Pudding auf eine Servierplatte stürzen. Warm mit der Brandy-Vanillesoße servieren.
6 Für die Brandy-Vanillesoße alle Zutaten in einen kleinen Topf geben. Bei schwacher Hitze rühren, bis alles gut durchgewärmt ist; Soße darf nicht kochen.

WISSENSWERTES ÜBER FEIGEN

Beim Einkauf frische Feigen auswählen. Sie sollten süß riechen, aber nicht geschwitzt sein oder einen säuerlichen Geruch haben (dies ist ein Zeichen für Überreife). Die Farbe der Feigen reicht von Grüngelb bis Violett/Schwarz. Sie verderben schnell; im Kühlschrank aufbewahren. Anstoßen vermeiden; so bald wie möglich verzehren. Frisch, leicht gedämpft oder halbiert, mit Zucker bestreut und kurz unter den heißen Grill gelegt sind sie eine Köstlichkeit.

und gut gewürzt als Füllung verwendet.

Fasan Wildvogel mit aromatischem, weißem Fleisch, der heute in vielen Teilen der Welt gezüchtet wird. Junge Vögel werden gebraten. Dabei häufig mit Fond begießen, damit das Fleisch nicht austrocknet, oder auch mit Speckscheiben belegen. Ältere Vögel werden geschmort. Fasan ist in Wild- und Geflügelgeschäften erhältlich.

Feige Kleine, weiche, birnenförmige Frucht mit süßem, breiigem Fleisch, in dem sich kleine, eßbare Samen befinden. Weltweit in warmem Klima anzutreffen. Die süßeste Frucht. Verzehr: roh in Parmaschinken gewickelt als Vorspeise, in Fruchtsalaten, als Beilage zu Käse oder gebacken als Dessert. Getrocknete Frucht: der Zuckergehalt wird durch Trocknungsprozeß konzentriert und intensiviert; kann gekocht oder in Kuchen und Puddings verwendet werden.

FEIGEN IN SIRUP

☆ ***Vorbereitungszeit:*** 30 Minuten + 3 Stunden Ruhezeit
Kochzeit: 25 Minuten
Für 6 Personen

500 g getrocknete Feigen
3 Tassen kalter Tee
¾ Tasse Zucker
1 ½ Tassen Wasser
½ Tasse Orangensaft
¼ Tasse Honig
feine Streifen Orangenschale
1 ganze Zimtstange
1 TL Orangenblütenwasser
⅓ Tasse Mandelsplitter
200 g Joghurt

1 Feigen waschen, mit kaltem Tee übergießen, 3 Stunden ziehen lassen. Herausnehmen.
2 Zucker, Wasser und Orangensaft erhitzen, gelegentlich rühren, bis der Zucker sich aufgelöst hat. Honig, Orangenschale, Zimtstange zugeben. Zum Kochen bringen.
3 Feigen zugeben, 5 Minuten schwach kochen lassen. Hitze reduzieren, 20 Minuten köcheln lassen, bis die Feigen weich sind und der Sirup eingekocht ist. Orangenblütenwasser hineinrühren.
4 Sirup über die Feigen gießen, mit Mandelsplittern bestreuen und mit Joghurt servieren.

Oben: Feigen in Sirup. Gegenüber: Süßer Feigenpudding mit Brandy-Vanillesoße

FEIGEN-PARMASCHINKEN-SALAT

4 frische Feigen halbieren, jede Hälfte in ein dünnes Stück Parmaschinken wickeln. Auf einem Servierteller 2 Hälften pro Person auf einem Bett aus Rukolablättern anordnen. Mit gemahlenem, schwarzem Pfeffer bestreuen und mit gutem Olivenöl und Balsamessig beträufeln.

GEWÜRZTE FEIGEN UND ORANGEN

1 Tasse Orangensaft, ¼ Tasse Zucker und ½ TL Lebkuchengewürz aufkochen. 3 Minuten köcheln; abkühlen lassen. 6 frische, ungeschälte Feigen und 4 geschälte Orangen schneiden. In eine Servierschüssel geben und Sirup darübergießen. 1 Stunde in den Kühlschrank stellen. Mit einem EL Pinienkernen bestreuen. Für 4 Personen.

FEIGEN MIT RICOTTA

1 Tasse Ricotta und 1 EL Orangeat und Zitronat, 1 EL feingehackten oder geraspelten Ingwer und ¼ Tasse geröstete, gehackte Mandeln mischen. In eine Servierschüssel geben. 4–5 frische Feigen halbieren und auf dem Ricotta verteilen. Für 4 Personen.

Ursprungsgebiet: möglicherweise Vorderer Orient; dort seit mindestens 5000 Jahren; sie wuchsen in den Hängenden Gärten von Babylon. Reife Feigen wurden zur Trocknung und Konservierung mit heißem Wüstensand bedeckt. Ab dem 14. Jh. auf Märkten in Paris angeboten.

Feijoa Ovale Tropenfrucht mit grüner Schale, hellgelbem Fruchtfleisch, im Geschmack ähnlich einer Mischung aus Erdbeeren und Ananas. Auch Ananas-Guave genannt. Angebaut in Neuseeland, Kalifornien und Australien. Verzehr der vollreifen Frucht: roh, Fruchtfleisch mit dem Löffel aus der Schale schaben; zu Käse servieren. Als Salat: Frucht dünsten. Auch zur Herstellung von Marmeladen, Gelees und Sorbets.

Feine Kräutermischung Mischung aus feingehackten, frischen oder getrockneten Kräutern, meist Petersilie, Estragon, Schnittlauch und Kerbel. Zu Omeletts, Soßen und Fisch.

FENCHEL

KNACKIGER FENCHELSALAT

☆ ***Vorbereitungszeit:*** 15 Minuten
Kochzeit: 3 Minuten
Für 4 Personen

4 dünne Scheiben Parmaschinken
1 mittelgroße Fenchelknolle
1 Bund Spinat
2 Orangen, geschält und filetiert
1 EL Schnittlauch, feingehackt
1/4 Tasse Walnüsse, gehackt

Soße
1/2 Tasse Olivenöl
2–3 EL Orangensaft
2 TL grober Senf
frisch gemahlener Pfeffer

1 Parmaschinken ohne Fett knusprig braten. Abkühlen lassen, grob zerkleinern. Beiseite stellen.
2 Grüne Stellen und äußere Stengel von der Fenchelknolle abschneiden, sorgfältig putzen. Knolle vierteln, dann dünn schneiden. Spinat gut waschen, trocknen und in mundgerechte Stücke zerpflücken.
3 Fenchel, Spinat, Orangenstücke, Schnittlauch und Walnüsse mit Soße leicht mischen. In eine Salatschüssel geben und mit dem zerkleinerten Parmaschinken bestreuen. Salat sofort servieren.
4 Für die Soße alle Zutaten in einer kleinen Schüssel sorgfältig mischen.

Oben: Knackiger Fenchelsalat; rechts: Cremige Fenchelsuppe. Gegenüber: Mit Parmesan überbackener Fenchel

CREMIGE FENCHELSUPPE

☆ ***Vorbereitungszeit:*** 10 Minuten
Kochzeit: 20–25 Minuten
Für 4 Personen

1 mittelgroße Fenchelknolle
60 g Butter
2 mittelgroße Kartoffeln, geschält und zerkleinert
2 Tassen Hühnerbrühe
Salz
frisch gemahlener schwarzer Pfeffer
125 g Frischkäse, zerkleinert
1 EL frischer Schnittlauch, gehackt
1–2 EL Zitronensaft

1 Fenchel putzen, schneiden. Butter in einem mittelgroßen Topf erhitzen; Fenchel zugeben. Bei schwacher Hitze ohne Deckel 10 Minuten schmoren, gelegentlich rühren. Kartoffeln und Brühe rühren. Zum Kochen bringen, Hitze auf niedrigste Stufe reduzieren. Abdecken, 10 Minuten ziehen lassen, bis das Gemüse weich ist. Nach Belieben abschmecken. Leicht abkühlen lassen.
2 Käse zur Mischung geben. Verarbeiten, bis die Mischung glatt und cremig ist. Suppe zurück in den Topf geben. Schnittlauch und Saft zugeben und bei schwacher Hitze rühren.

WISSENSWERTES ÜBER FENCHEL

■ Die eßbare Knolle am Stengelende sollte knakkig und weiß sein. Boden abschneiden, einzelne Teile abtrennen, vor dem Knochen in Scheiben schneiden. Knolle hat einen leichten Anisgeschmack und ist köstlich in Salaten, Suppen und in kurz angebratenen Gemüsegerichten. Sie kann auch einfach geschmort oder gedünstet werden, mit Butter und frisch gemahlenem schwarzem Pfeffer serviert werden. Blätter können feingeschnitten als Garnitur und zusätzliche Geschmacksvariante für andere Gerichte verwendet werden. Harte Stengel entfernen.

FISCH-BARBECUE MIT FENCHEL

Vorbereitungszeit: 10 Minuten + 1 Stunde marinieren
Kochzeit: 8–10 Minuten
Für 4 Personen

4 ganze Fische mit weißem Fleisch
1 großer Bund frische Fenchelstangen
Marinade
½ Tasse Olivenöl
Saft von 1 Zitrone
5–6 EL Cognac oder Brandy
Salz und frisch gemahlener schwarzer Pfeffer zum Abschmecken
2 Knoblauchzehen, zerdrückt

1 Fisch säubern. 1 Fenchelstange in jeden Fisch stecken. Fisch auf jeder Seite einstechen.
2 Zutaten für die Marinade mischen. Fisch in eine flache Schale legen, Marinade darübergießen, abdecken, 1 Stunde im Kühlschrank marinieren lassen. Restliche Fenchelstangen im Ofen bei 100 °C trocknen. Auf heißen Barbecuegrill legen. Fisch und Marinade in offenen Folienschiffchen auf die Fenchelstangen legen. Von jeder Seite 5 Minuten grillen. Fenchelstangen verbrennen beim Grillen und geben dem Fisch ein delikates Aroma.

MIT PARMESAN ÜBERBACKENER FENCHEL

Vorbereitungszeit: 15 Minuten
Zubereitungszeit: 20–25 Minuten
Für 4 Personen

2 mittelgroße Fenchelknollen
2 Tomaten, geschält, entkernt und geschnitten
2 EL entsteinte, schwarze Oliven, geschnitten
2 TL frischer Oregano, gehackt
frisch gemahlener schwarzer Pfeffer
45 g Butter
1 Knoblauchzehe, zerdrückt
½ Tasse frisch geriebener Parmesan

1 Backofen auf 180 °C vorheizen. Stengel und grüne Stellen von den Fenchelknollen abschneiden. Knollen oben und unten abschneiden, halbieren und in Scheiben schneiden.
2 In kochendes Wasser geben, 7 Minuten kochen, dann abtropfen lassen. Mit Tomaten, Oliven, Oregano, Pfeffer in feuerfeste Auflaufform geben.
3 In einer kleinen Pfanne Butter zerlassen, darin 30 Sekunden Knoblauch leicht anbraten. Knoblauchbutter über Fenchel schöpfen und mit Käse 15–20 Minuten goldbraun überbacken.

Fenchel Große, federblättrige Pflanze; Blätter dem Dill ähnlich, mit leicht bitterem Anisgeschmack. Frische Fenchelblätter: zu Fischfüllungen, vor dem Grillen um

Meeresfrüchte wickeln, in die Courtbouillon geben. Gehackte Blätter zu Soßen, Füllungen, Salatsoßen, Meeresfrüchtesalaten und beim Einlegen von Gurken verwenden. Samen sind auch verwendbar.

Fenugreek (Bockshornklee) Kleine Pflanze aus der Familie der Erbsen. Die winzigen, viereckigen, braunen, aromatischen Samen haben einen scharfen, leicht bitteren Geschmack, sind sehr hart und können nur in

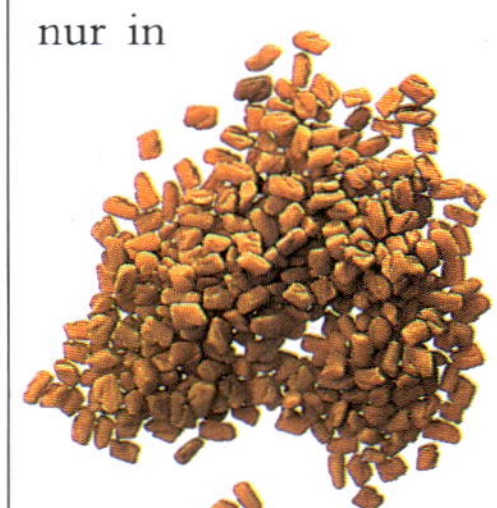

einer speziellen Mühle gemahlen oder in einem Mörser zerstoßen werden. Geröstetes Fenugreekpulver ist ein wesentlicher Bestandteil von

Currypulver und -paste.

Feta Weicher, weißer, krümeliger Käse; ursprünglich aus Schaf- oder Ziegenmilch hergestellt, heute auch oft aus Kuhmilch. Wahrscheinlich von Schäfern aus der Gegend um Athen in der Antike erstmals hergestellt. Wesentliche Zutat in griechischem Salat und pikanten Pasteten.

Fettuccine Italienische Band-Eiernudel. Sie kann selbst hergestellt, aber auch frisch, gefroren oder getrocknet gekauft werden. Manchmal mit Tomaten oder Spinat gefärbt und aromatisiert, wird sie stark mit der Region rund um Rom in Verbindung gebracht.

Feurig Begriff für scharf gewürzte Speisen wie Fleisch, Geflügel, Fisch oder Muscheln, die vor dem Grillen oder Fritieren mit Gewürzen oder Marinaden behandelt wurden. Zu den feurigen Geschmacksstoffen und Gewürzen, mit denen

FETTGEBACKENES

ZWIEBEL-FRITTER

Vorbereitungszeit: 20 Minuten
Kochzeit: 15 Minuten
Ergibt 18–24 Stück

4 große Zwiebeln
4 Knoblauchzehen
3/4 Tasse Besan-Mehl (siehe Anmerkung)
1/2 Tasse Mehl
1 Ei
1 1/2 TL Natron
1 TL Chilipulver (oder süßes Paprikapulver für milderen Geschmack)
Pflanzenöl zum Ausbacken

1 Zwiebeln schälen, halbieren und dann sehr fein schneiden. Knoblauch sehr fein hacken.
2 Mehl mit Ei, Natron, Chili- oder Paprikapulver und ausreichend Wasser zu einem cremigen Teig verarbeiten. Zwiebeln und Knoblauch zugeben.
3 Öl ca. 2 cm hoch in eine breite, flache Pfanne geben. Teig eßlöffelweise in die Pfanne geben. Auf beiden Seiten braten, bis die Zwiebel-Fritter goldbraun und durchgebacken sind. Zum Abtropfen auf ein mit Küchenpapier bedecktes Kuchengitter legen.
4 Fritter heiß mit Chilisoße oder scharfem Mango-Chutney servieren.

Anmerkung: Besan-Mehl ist ein zartes, goldgelbes Mehl aus getrockneten Kichererbsen.

Oben: Zwiebel-Fritter.
Rechts: Kreppel mit Erdbeersoße.
Gegenüber: Fish and Chips

KREPPEL MIT ERDBEERSOSSE

Vorbereitungszeit: 30 Minuten
Kochzeit: 35 Minuten
Für 6–8 Personen

Kreppel
1 Tasse Wasser
60 g Butter
1/4 Tasse sehr feiner Zucker
1/2 Tasse Korinthen
1 TL Orangenschale, gerieben
1 Tasse Mehl
3 Eier, leicht verquirlt

Erdbeersoße
1/4 Tasse sehr feiner Zucker
1/4 Tasse Wasser
250 g Erdbeeren
2–3 EL Brandy oder Erdbeerlikör
Öl zum Fritieren
Puderzucker zum Bestäuben
Sahne zum Servieren

1 Für die Kreppel Wasser, Butter, Zucker, Korinthen und Orangenschale in einem kleinen Topf zum Kochen bringen. Mehl zufügen, mit einem Holzlöffel glattrühren; leicht abkühlen lassen. Nach und nach Eier zugeben, beiseite stellen.
2 Für die Erdbeersoße Zucker und Wasser erhitzen, bis der Zucker sich aufgelöst hat. Erdbeeren zugeben, ohne Deckel 5 Minuten köcheln lassen. Mischung 30 Sekunden in der Küchenmaschine verarbeiten. Nach Wunsch mit Brandy oder Erdbeerlikör abschmecken.
3 Öl in einem tiefen Topf erhitzen. Eßlöffelweise Teig ins heiße Öl geben, bei mittlerer Hitze ausbacken. Auf Küchenpapier abtropfen lassen, mit Puderzucker bestäuben.
4 Mit Erdbeersoße und Schlagsahne servieren. Als Variation Kiwi, Mango, Passionsfrucht oder anderes Beerenobst verwenden.

FISCH
FRISCHER FISCH

FISH AND CHIPS

★ ***Vorbereitungszeit:*** 15 Minuten + 10 Minuten Ruhezeit
Kochzeit: 30 Minuten
Für 6 Personen

Ausbackteig
1 ½ Tassen Mehl
½ Tasse Mehl, mit Backpulver vermischt
Salz zum Abschmecken
⅔ Tasse Wasser
¾ Tasse Milch
1 Ei, leicht verquirlt
2–3 EL weißer Essig
1 kg weiße Fischfilets
5 große, festkochende Kartoffeln
Öl zum Fritieren
Zitronenscheiben zum Servieren

1 Für den Ausbackteig Mehl und Salz in eine große Schüssel sieben, in der Mitte eine Vertiefung machen. Wasser, Milch, Eier und Essig in einem Glas mischen. Nach und nach in die Vertiefung gießen. Mit einem Holzlöffel glattrühren, vor der Verwendung 10 Minuten stehenlassen.

2 Fisch putzen, Haut und Gräten entfernen, in serviergerechte Stücke schneiden. Kartoffeln schälen und zu Pommes frites schneiden. Bis zur Verwendung in Wasser legen.

3 In einem tiefen Topf Öl erhitzen. Kartoffeln aus dem Wasser nehmen, abtropfen lassen, mit Küchenpapier trocknen. In nicht zu großen Portionen 4 Minuten in heißem Öl fritieren, bis sie goldbraun sind. Auf Küchenpapier abtropfen lassen. Warm stellen und mit dem Fisch servieren.

4 Temperatur des Öles reduzieren. Fisch in Ausbackteig tauchen, 4–5 Minuten fritieren, bis die Teighülle knusprig und goldbraun ist. Auf Küchenpapier abtropfen lassen.

WISSENSWERTES ÜBER FISCH

Der ganze, frische Fisch sollte vorstehende Augen, rote Kiemen, glänzende Haut, engsitzende Schuppen und festes, elastisches Fleisch haben. Er sollte angenehm nach Meer riechen. Filets und Koteletts sollten saftiges, elastisches Fleisch ohne Verfärbung oder trockene Stellen haben. Filets sollten nicht mit Wasser vollgesogen, Koteletts fest mit den Gräten verbunden sein. Geräucherter Fisch sollte einen frischen, rauchigen Geruch aufweisen – nicht schwitzen oder ranzig riechen.

Frischen oder geräucherten Fisch im Kühlschrank aufbewahren und innerhalb von 2–3 Tagen verzehren. Fisch kann, in einzelnen Lagen, nur frisch eingefroren werden. Über Nacht im Kühlschrank auftauen.

oft noch während des Grillens bepinselt wird, gehören Senf, Tabasco, Worcestersoße, Cayennepfeffer und Zitronensaft.

Filé-Pulver Pulver aus den getrockneten und gemahlenen Blättern des Sassafras-Baums; thymianartiger Geschmack; in der Cajun-Küche Gumbowürze und Dickungsmittel. Sollte nicht mitgekocht, sondern erst unmittelbar vor dem Servieren zu den Speisen gegeben werden, da es sonst zäh macht.

Filet Bezeichnung für Fleisch- oder Geflügelteile ohne Knochen oder Fischhälften ohne Gräten; mit sehr wenig oder ganz ohne Fett. Rinderfilet oder Lende wegen Zartheit und Schmackhaftigkeit geschätzt. Hühnerfilet: der kleine Streifen Fleisch nächst dem Brustbein.

Filet Mignon Kleines, zartes Steak; vom schmalen Ende des Rinderfilets geschnitten. Meist dick geschnitten und dann vorsichtig zur gewünschten Stärke geklopft.

Filo-Teig Teig aus kleberreichem Mehl (Weizenmehl), Wasser und Öl (Fett), der papierdünn gestreckt und dann zu Blättern geschnitten wird. In der Küche des Vorderen Orients, der Türkei, Griechenlands, Österreichs und Ungarns häufig verwendet. Jedes Blatt wird leicht mit Öl oder zerlassener Butter bepinselt, bevor es mit einem anderen Filo-Blatt bedeckt wird. Übereinandergelegte Blätter um süße oder pikante Füllung wickeln. Kann selbst zubereitet werden. Da dies jedoch Zeit und Geschick erfordert,

wird meist gefroren oder gekühlt erhältlicher Filo-Teig verwendet. Dem Blätterteig ähnlich; kann in den Rezepten durch diesen ersetzt werden. Blättergröße differiert und muß je nach Bedarf durch Ausrollen angepaßt werden. Da Blätterteig mehr Fett enthält als Filo-Teig, sollte beim Bepinseln mit Öl oder Butter sparsamer umgegangen werden. Siehe Wissenswertes über Filo-Teig.

Finnan Haddie
Geräucherter Schellfisch, der vor dem Räuchern ausgenommen, entgrätet, filetiert und in Lake eingelegt wird. Meist über Torffeuer geräuchert, bis das Fleisch

MAROKKANISCHER FISCH MIT FRISCHER TOMATENSOSSE

☆☆ ***Vorbereitungszeit:*** 30 Minuten + 3 Stunden Ruhezeit
Kochzeit: 5–10 Minuten
Für 6 Personen

750 g weiße Fischfilets, ohne Haut
1 mittelgroße, rote Zwiebel, geschält und feingehackt
1 Knoblauchzehe, zerdrückt
2 EL frische Korianderblätter, gehackt
⅓ Tasse glatte Petersilie, gehackt
½ TL süßes Paprikapulver
¼ TL Chilipulver
⅓ Tasse Olivenöl
2–3 EL Zitronensaft

Tomatensoße
4 große, reife, rote Tomaten, geschält, entkernt und geschnitten
2 kleine, rote Chillies, halbiert, entkernt und feingeschnitten
4 Frühlingszwiebeln (Schalotten), mit etwas Grün, feingeschnitten
½ Bund frische Korianderblätter, feingehackt
½ Tasse reines Olivenöl
gemahlener Pfeffer
Zitronen- oder Limonensaft nach Wunsch
1 rote Zwiebel, feingehackt nach Wunsch

1 Fischfilets quer zur Faser in 2 x 2 cm große Quadrate schneiden. Zwiebel, Knoblauch, Koriander, Petersilie, Paprika, Chilipulver, Olivenöl und Zitronensaft mischen, über den Fisch geben, 2 Stunden marinieren oder auch über Nacht stehenlassen.

2 Fisch auf Metallgrillspießchen stecken, grillen, häufig wenden, bis alles gut gebräunt ist.
3 Für die Tomatensoße Tomaten, Chillies, Frühlingszwiebeln und Koriander in einer Schüssel mischen; Olivenöl zugeben und mit Pfeffer abschmecken. Nach Wunsch Zitronen- oder Limonensaft und gehackte Zwiebeln zugeben.
4 Tomatensoße vor dem Servieren mindestens 1 Stunde in den Kühlschrank stellen. Mit dem Fisch servieren.

Anmerkung: Fisch kann statt im Küchengrill auch auf dem Holzkohlegrill zubereitet werden. Die Tomatensoße oder »Salsa« ist eine sehr einfache, schnelle Soße zu Fisch. Tomaten mindestens 30 Minuten abtropfen lassen.

GEBRATENER FISCH MIT PIKANTER ESSIGSOSSE

☆ ***Vorbereitungszeit:*** 20 Minuten
Kochzeit: 20 Minuten
Für 4–6 Personen

Pikante Essigsoße
1 Tasse Weißweinessig
¼ Tasse frischer Thymian
1 Frühlingszwiebel, gehackt
1 TL sehr feiner Zucker
1 TL süßes Paprikapulver
½ Tasse Mehl
½ TL gemahlener Pfeffer
6 kleine, weiße Fischfilets, à 100 g
3 Eier
1 Knoblauchzehe, zerdrückt
1 TL süßes Paprikapulver, zusätzlich
½ Tasse Olivenöl

1 Für die pikante Essigsoße Essig, Thymian, Zwiebeln, Zucker und Paprika in einen kleinen Topf geben. Ohne Deckel 10 Minuten köcheln lassen.
2 Mehl und Pfeffer in einer mittelgroßen Schüssel mischen. Fisch in gewürztem Mehl wenden. Überschüssiges Mehl abschütteln. Eier mit Knoblauch und Paprikapulver verquirlen, bis sie schaumig sind. Jedes Filet in Eiermischung tauchen und überschüssige Flüssigkeit abtropfen lassen.
3 Öl in einer Pfanne erhitzen; Fisch hineinlegen. Bei mittelstarker Hitze 3–4 Minuten von jeder Seite braten, bis sie goldbraun und gar sind. Aus der Pfanne nehmen; kurz auf Küchenpapier abtropfen lassen.
4 Fisch sofort mit pikanter Essigsoße servieren.

Anmerkung: Die Eierpanade wird zu einem feinen, leicht knusprigen Überzug. Fisch sollte so schnell wie möglich nach dem Braten serviert werden, weil sonst die Panade durchweicht.

FISCHPASTETE

☆☆ ***Vorbereitungszeit:*** 45 Minuten
Backzeit: 50 Minuten
Für 4–6 Personen

750 g festes, weißes Fischfilet
1 große Lauchstange, geschnitten
2 Streifen Zitronenschale
¼ TL Muskatnuß, gerieben
8 Pfefferkörner
2 Lorbeerblätter
6 Stengel Petersilie
1 ½ Tassen Milch
30 g Butter
1 Knoblauchzehe, zerdrückt
1 gehackte Lauchstange, zusätzlich
½ Tasse Frühlingszwiebeln
1 kg Kartoffeln, gekocht und püriert
gemahlener Pfeffer
1 TL süßes Paprikapulver, nach Belieben

Soße
2 EL Mehl
Milch oder Sahne, zusätzlich

1 Backofen auf 200 °C vorheizen. Fisch in einen Topf geben, Lauch, Zitronenschale, Muskatnuß, Pfefferkörner, Lorbeerblätter und Petersiliestengel zugeben. Milch zugeben. Ohne Deckel bei schwacher Hitze 15 Minuten köcheln lassen, herausnehmen, Flüssigkeit abgießen, für die Soße aufbewahren.
2 Butter zerlassen; Knoblauch, Lauch, Frühlingszwiebeln bei schwacher Hitze 7 Minuten schmoren. Hälfte herausnehmen, aufbewahren.
3 Für die Soße Mehl über die restliche Mischung im Topf streuen und glattrühren. Aufbewahrte Flüssigkeit abmessen und mit Milch oder Sahne auf 1 ½ Tassen ergänzen. Zur Mehlmischung geben und rühren und eindicken.
4 Fisch in Stücke schneiden, vorsichtig unter die Soße heben. Aufbewahrten Lauch und Frühlingszwiebelmischung zum Kartoffelpüree geben. Alles mit Pfeffer würzen, in eine gefettete, flache Kasserolle geben. Mit Kartoffeln bedecken und mit Paprika bestreuen. 20 Minuten braun backen.

ROLLMOPS

☆☆ ***Vorbereitungszeit:*** 20 Minuten + 5 Tage marinieren
Kochzeit: 10 Minuten
Für 6 Personen

12 Heringe oder frische Sardinen, ausgenommen und gesäubert
2–3 eingelegte Gurken, geschnitten
¼ Tasse Frühlingszwiebeln, gehackt
2 EL Kapern, gehackt
2 mittelgroße Zwiebeln, geschnitten
2 Tassen Weißwein- oder Apfelessig
2 Tassen Wasser
12 schwarze Pfefferkörner
6 Pimentkörner, zerstoßen
6 ganze Nelken
1 EL Senfkörner
2 Lorbeerblätter

1 Filetierte Fische mit Gurken, Frühlingszwiebeln und Kapern bestreuen. Vom Schwanz zum Kopf hin fest aufrollen, mit Zahnstocher feststecken. Abwechselnd mit Zwiebeln in ein Glas schichten.
2 Übrige Zutaten zum Kochen bringen. Ohne Deckel 10 Minuten köcheln; über den Fisch gießen. Abdecken, mindestens 5 Tage im Kühlschrank aufbewahren. Mit Salat und Brot servieren.

goldgelb ist. Der Fisch kann gegrillt, gedünstet oder gebacken werden, bevor er mit einer kräftigen Eiersoße oder zerkleinert in einer Omelettfüllung serviert wird. Auch eine Zutat des Kedgeree, eines Fisch- und Reisgerichts.

Fisch Der Wert von Fisch liegt hauptsächlich im niedrigen Kalorien- und Cholesteringehalt, seinem hohen Proteingehalt und der leichten Verdaulichkeit. Frischer Fisch verdirbt sehr schnell; deshalb am besten sofort am Tag des Einkaufs zubereiten. Fisch kann gegrillt und gebacken, in Wasser oder Fischsud pochiert, paniert und fritiert, gedünstet, in Folie oder gefettetes Backpapier eingewickelt oder in der Mikrowelle zubereitet werden. Auch sauer eingelegt oder geräuchert ist Fisch delikat. Heiß zubereiteter Fisch ist gar, wenn das Fleisch weiß ist und sich leicht mit der Gabel lösen läßt. Der Sud ist dann milchweiß. Einige Gerichte, z. B. Ceviche aus Mexiko und dem südpazifischen Raum und Sashimi aus Japan bestehen aus rohem Fisch.

Es gibt verschiedene Arten, Fisch zu konservieren. Räucherfisch wird zuerst mild gepökelt und dann hängend oder liegend in einer Räucherkammer über brennendem Sägemehl oder Holz heiß oder kalt geräuchert. Der Vorgang des Kalträucherns dauert länger, weil niedrigere Temperaturen eingesetzt werden; der Rauch wird abgekühlt, bevor er den Fisch erreicht. Beim Heißräuchern erreicht der Rauch den Fisch mit hoher, kochfähiger Temperatur. Beim Salzgaren werden Fische aufgeschnitten, ausgenommen und in grobes Salz eingelegt. Ungesalzen getrockneter Fisch wird ausgenommen und 6 Wochen in einen Luftstrom gehängt.

Fischsoße siehe Nuoc Mam.

Flambieren Anzünden von Alkohol, z. B. Brandy, auf Speisen, um durch Verbrennen des Alkohols einen delikaten Geschmack zu erzeugen. Alkohol sollte warm sein, um genügend brennbare Dämpfe abgeben zu können. Auch Kochflüssigkeiten, die Alkohol enthalten, können in einer flachen Schale flambiert werden. Manchmal werden frische Früchte in Butter und Zucker sautiert und

GEDÄMPFTER FISCH MIT INGWER

★ ***Vorbereitungszeit:*** 45 Minuten + Kühlzeit
Kochzeit: 12 Minuten
Für 4 Personen

1 Snapper oder Seebarsch, ca. 750 g, ausgenommen und geschuppt
2 EL Ingwer, feingeraspelt
2 TL trockener Sherry
2–3 EL Sojasoße
2–3 EL Erdnußöl
2 TL Sesamöl
2 Frühlingszwiebeln, diagonal feingeschnitten
½ Tasse Pinienkerne, geröstet
1 Scheibe Frühstücksspeck, gewürfelt und nach Wunsch knusprig angebraten

1 Fisch waschen und lose Schuppen entfernen; mit Küchenpapier trockentupfen. In einer feuerfesten Schale mit Ingwer, Sherry und Sojasoße beträufeln. 30 Minuten im Kühlschrank aufbewahren.
2 Rundes Kuchengitter in einen Wok stellen; Schale mit dem Fisch obendrauf stellen. Vorsichtig 6–8 Tassen kochendes Wasser in den Wok gießen. Wok abdecken und Fisch 10 Minuten über sprudelndem Wasser dämpfen.
3 Prüfen, ob der Fisch gar ist – Fisch ist gar, wenn das Fleisch sich leicht abheben läßt und milchweiß ist. Herd ausschalten und die Schale abgedeckt lassen.
4 Öle stark erhitzen. Fisch aus der Schale nehmen. Frühlingszwiebel über den Fisch streuen und sehr vorsichtig heißes Öl über den Fisch gießen. Nach Wunsch mit Pinienkernen und Frühstücksspeck garnieren. Sofort mit kurz angebratenem Gemüse und gedämpftem Reis servieren.

GEBACKENER FISCH MIT GEWÜRZEN

★ ***Vorbereitungszeit:*** 15 Minuten
Kochzeit: 30 Minuten
Für 2 Personen

2 ganze, weißfleischige Fische à 300 g
1 Zwiebel, gehackt
1 Knoblauchzehe, zerdrückt
1 TL frischer Ingwer, gehobelt
1 TL Zitronenschale, geschnitten
2–3 EL Tamarindensoße
1–2 EL Sojasoße
1–2 EL Erdnußsoße

1 Fisch auf 2 große Lagen Aluminiumfolie legen. 3 tiefe Schnitte in jede Seite machen.
2 In der Küchenmaschine Zwiebeln, Knoblauch, Ingwer, Zitronenschale, Tamarindensoße, Sojasoße und Erdnußöl mischen, bis die Mischung glatt ist.
3 Mischung auf beide Seiten und die Innenseiten des Fischs streichen.
4 Fisch mit Folie umwickeln und verschließen. Auf ein Backblech legen und 30 Minuten bei 180 °C im Backofen backen, bis der Fisch gerade gar ist.

Oben: Gedämpfter Fisch mit Ingwer.
Gegenüber: Geräucherter Schellfisch in weißer Soße

FISCH
GERÄUCHERTER FISCH

FISCHAUFLAUF AUS RÄUCHERFISCH

☆ ***Vorbereitungszeit:*** 20 Minuten
Zubereitungszeit: 45 Minuten
Für 4 Personen

250 g geräucherte Fischfilets
1 kleine Zwiebel, geschnitten
5–6 EL Wasser
5–6 EL Sherry
4 Lagen Filo- oder Blätterteig
75 g Butter
2 EL Mehl
1 Tasse Milch
Zitronensaft zum Abschmecken
1 Ei, verquirlt
½ TL Sardellen-Essenz oder Sardellenpaste
1 EL frische Petersilie, gehackt
Salz und Pfeffer zum Abschmecken

1 Backofen auf 180 °C vorheizen. Fisch, Zwiebel, Wasser und Sherry zum Kochen bringen, Hitze reduzieren, 10 Minuten köcheln lassen, zerkleinern, Gräten und Haut entfernen.
2 Alle Teigplatten mit 45 g zerlassener Butter bepinseln. Jede Platte auf die Hälfte falten. Gefaltete Hälften übereinanderlegen (8 Schichten). Einen 20 cm großen Kreis ausschneiden, der 1 cm größer als die Auflaufform ist. Alle Schichten so in die Form geben, daß Teigkanten um den Rand der Form herum aufrecht stehen.
3 Restliche 30 g Butter zerlassen. Mehl zugeben, unter ständigem Rühren 2 Minuten schmoren. Vom Herd nehmen, nach und nach Milch zugeben, unter Rühren zum Kochen bringen. Hitze reduzieren, 5 Minuten köcheln lassen. Zitronensaft, verquirltes Ei, Sardellen-Essenz und Petersilie zugeben. Nach Belieben abschmecken.
4 Fisch und Zwiebeln auf dem Teigboden verteilen, Soße darübergießen. 20 Minuten backen.

GERÄUCHERTER SCHELLFISCH IN WEISSER SOSSE

☆ ***Vorbereitungszeit:*** 12 Minuten
Kochzeit: 20 Minuten
Für 4 Personen

1 große Zwiebel, feingeschnitten
500 g geräucherter Schellfisch
1 ⅔ Tassen Milch
½ TL schwarzer Pfeffer, zerstoßen
1 ½ TL Senfpulver
25 g weiche Butter
2 TL Mehl
1 Frühlingszwiebel, feingehackt

1 Zwiebel in einen Topf geben. Schellfisch in 2 cm breite Streifen auf den Zwiebeln verteilen.
2 Milch, Pfeffer und Senf verrühren, über den Fisch gießen. Langsam zum Kochen bringen. Hitze reduzieren, abgedeckt 5 Minuten köcheln lassen. Deckel abnehmen, noch 5 Minuten kochen.
3 Fisch herausnehmen, in Servierschüssel warm halten. Mischung im Topf noch 5 Minuten köcheln lassen, rühren.
4 Butter und Mehl mischen, mit den Frühlingszwiebeln bei schwacher Hitze rühren, bis es dick wird. Über den Fisch gießen.

dann mit Brandy oder Rum flambiert.

Flammeri Süßspeise; in vielen Ländern beliebt, oft aber länderbedingt mit unterschiedlichen Dickungsmitteln zubereitet. Ursprünglich aus Wales und nur mit Hafermehl angedickt. Heute bereitet man Flammeri aus Früchten, Fruchtsaft und Sahne oder Milch, dickt mit Gelatine an und schlägt ihn nach dem Festwerden, bis er luftig und locker ist. Dann wird die Masse in eine kalt ausgespülte Puddingform gegossen und gekühlt, bis sie fest ist. Doch auch Grieß (Grießflammeri), Reis, Kartoffel-

mehl und Sago können als Dickungsmittel verwendet werden. Kalt mit Kompott, Frucht- oder Vanillesoße servieren.

Flapjack Dicker Pfannkuchen. Mehrere Flapjacks werden gebuttert, aufeinander geschichtet und mit Ahornsirup übergossen; beliebtes Frühstücksgericht in Nordamerika. Nicht nur in der Pfanne, sondern auch auf einem flachen Blech, das auf die Herdplatte paßt (Griddle), gebacken. In Großbritannien: eine Mischung aus Haferflocken, braunem Zucker und zerlassener Butter, die in eine flache Auflaufform gedrückt und gebacken wird; noch warm wird der Pfannkuchen in Streifen geschnitten oder geviertelt.

Fleisch In der Regel ist damit lediglich Lamm-, Schweine-, Rindfleisch und

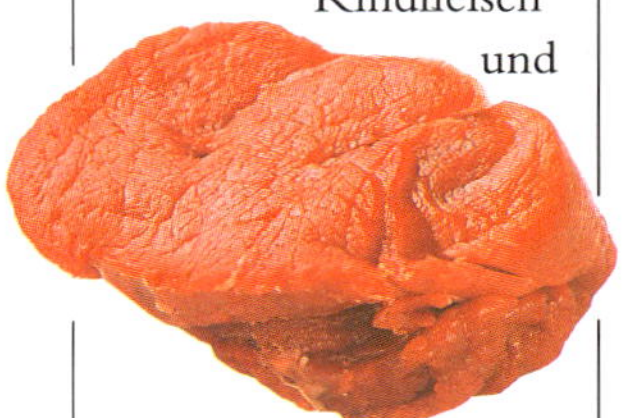

Wild gemeint; Geflügel, Fisch und Meeresfrüchte fallen nicht darunter.

Fleischklößchen Kleine Kugeln aus gehacktem Rind-, Lamm-, Kalb- oder Schweinefleisch, gewürzt und mit Ei und Semmelbröseln oder eingeweichten Brötchen gebunden. Fleischklößchen können gedämpft, gesotten, gebraten oder fritiert werden; man reicht sie als Appetithappen (mit einem Dip), als Vorspeise oder als Hauptgericht.

Fleischsülze Mischung aus gekochtem, entbeintem

CRÊPES MIT DILL UND RÄUCHERLACHS

☆☆ ***Vorbereitungszeit:*** 50 Minuten
Kochzeit: 25 Minuten
Für 9 Crêpes

Crêpes
1 Tasse Mehl
1 Ei, leicht verquirlt
1 ½ Tassen Milch

Füllung
150 g weicher Doppelrahm-Frischkäse
1 EL saure Sahne
1 EL Dill, gehackt
2 TL Minze, gehackt
1–2 EL Zitronensaft
1 kleine Avocado, püriert
200 g Räucherlachs, in dünne Scheiben geschnitten
Dillstengel zum Garnieren

1 Mehl in eine mittelgroße Schüssel sieben; in die Mitte eine Vertiefung machen. Mit einem Holzlöffel nach und nach mit Ei vermischte Milch hineinrühren. Teig in einen Krug geben, mit Folie abgedeckt 30 Minuten stehenlassen.

2 Für die Füllung mit dem Handrührgerät Frischkäse in einer kleinen Schüssel rühren, bis er cremig ist. Saure Sahne, Dill, Minze, Saft und Avocadomus zugeben; 30 Minuten rühren, bis die Mischung weich und cremig ist. Mit Folie abdecken, bis zur Verwendung im Kühlschrank aufbewahren.

3 Je 2–3 EL Teig in leicht gefettete, 20 cm große Crêpes-Pfanne geben und gleichmäßig verteilen. Bei mittlerer Hitze 1 Minute backen, bis die Unterseite goldbraun ist. Crêpe wenden und von der anderen Seite backen. Auf einen Teller legen, mit einem Küchenhandtuch abdecken. Wenn nötig, Pfanne fetten.

4 Crêpes mit Füllung bestreichen, mit Lachsscheiben belegen. Crêpes aufeinanderstapeln, in 8 Tortenstücke schneiden. Mit Dillstengeln garnieren und mit grünem Salat servieren.

Oben: Crêpes mit Dill und Räucherlachs
Gegenüber: Lachsküchlein

RÄUCHERFORELLEN-MOUSSE

☆ ***Vorbereitungszeit:*** 20 Minuten + über Nacht fest werden lassen
Für 4 Personen

750 g Räucherforelle
¾ Tasse Mayonnaise
½ Tasse Sellerie, feingeschnitten
1–2 EL Weißweinessig
2 TL französischer Senf
1 ½ EL Gelatine
½ Tasse kaltes Wasser
eine Prise Cayennepfeffer

1 Forelle enthäuten und filetieren und fein zerdrücken.

2 Mayonnaise, Sellerie, Essig und Senf zur Forelle geben. Gut mischen. Gelatine mit Wasser verrühren, zugeben. Mit Cayennepfeffer abschmecken.

3 Mischung in 4 kalt ausgespülte Pastetenförmchen geben. Kühlen, anschließend auf Serviertellер stürzen.

FISCHKONSERVEN

LACHSKÜCHLEIN

Vorbereitungszeit: 20 Minuten
Kochzeit: 6 Minuten
Für 4 Personen

500 g Kartoffeln
200 g rosa Lachs, aus der Dose, abgetropft
2 EL Mayonnaise
4 Frühlingszwiebeln, gehackt
Mehl
1 Ei
3/4 Tasse Semmelbrösel
1/4 Tasse Öl
Zitronenscheiben zum Servieren

1 Kartoffeln schälen, schneiden und gar kochen. Abgießen und pürieren.
2 Lachs, Mayonnaise und Frühlingszwiebeln zu den Kartoffeln geben. Mit einem Holzlöffel rühren, bis alles gut gemischt ist. Mischung in 8 Portionen aufteilen. Jede Portion zu einem Bällchen rollen und etwas flachdrücken.
3 Pastetchen leicht mit Mehl bestauben. Ei in einer kleinen Schüssel verquirlen. Pastetchen damit bepinseln, dann in Semmelbrösel wenden.
4 In der Bratpfanne Öl erhitzen. Pastetchen in einer Schicht in die Pfanne geben, bei mittlerer Hitze 3 Minuten braten, bis die Unterseite goldbraun ist. Wenden und von der anderen Seite 3 Minuten goldbraun braten. Dann auf Küchenpapier abtropfen lassen, anschließend mit Zitronenscheiben servieren.

Anmerkung: Nach Wunsch kann der rosa Lachs durch abgetropften Thunfisch aus der Dose ersetzt werden.

FETTUCCINE UND THUNFISCH MIT KAPERN

Vorbereitungszeit: 10 Minuten
Kochzeit: 15 Minuten
Für 4–6 Personen

500 g Fettuccine
1/4 Tasse Olivenöl
2 Knoblauchzehen, zerdrückt
225 g Thunfisch, aus der Dose, abgetropft
60 g Butter
1/3 Tasse Zitronensaft
2 EL Kapern, feingehackt
1/2 TL Chillies, feingehackt

1 Fettuccine in einen Topf mit kochendem Wasser geben und »al dente« kochen.
2 Öl in einem Topf erhitzen, Knoblauch zugeben, 1 Minute schmoren; Thunfisch zugeben, weitere 2 Minuten schmoren. Restliche Zutaten zugeben, rühren, bei schwacher Hitze alles gut durchwärmen. Fettuccine abtropfen lassen, zur Soße geben, gut mischen.

THUNFISCH-MORNAY

Vorbereitungszeit: 15 Minuten
Kochzeit: 30 Minuten
Für 4–6 Personen

45 g Butter
2 Frühlingszwiebeln, feingehackt
2 EL Mehl
1 1/2 Tassen Milch
3/4 Tasse Cheddar, gerieben
850 g Thunfisch, abgetropft
1/4 Tasse frische Semmelbrösel
1/4 Tasse Cheddar zusätzlich, gerieben
2 EL frische Petersilie, gehackt

1 Backofen auf 210 °C vorheizen. Butter in einem mittelgroßen Topf erhitzen; Frühlingszwiebeln zugeben, 2 Minuten bei schwacher Hitze schmoren, bis die Mischung goldgelb ist.
2 Milch nach und nach in den Topf geben, rühren, bis die Mischung glatt ist. 4 Minuten bei mittlerer Hitze ständig rühren, bis die Mischung kocht und dick wird. Nach 1 weiteren Minute vom Herd nehmen. Abkühlen lassen. Geriebenen Käse hineinrühren.
3 Thunfisch unter die Mischung heben, dabei die Fischstücke nicht zu sehr zerkleinern. Mischung in eine Kasserolle oder Auflaufform (5 Tassen Fassungsvermögen) geben. Semmelbrösel, zusätzlichen Käse und Petersilie mischen und über die Kasserolle streuen. 20 Minuten goldbraun backen.

Fleisch und Gewürzen, die in Aspik (aus der Kochflüssigkeit gewonnen) eingelegt wird. Sie wird aufgeschnitten kalt serviert. Ursprünglich wurde Fleischsülze ausschließlich aus dem Fleisch (nicht dem Hirn) von Schweineköpfen gemacht (Schweinskopfsülze) – daher die französische Bezeichnung *fromage de tête,* Kopfkäse.

Fleuron Kleines Gebäck aus Blätterteig, meist halbmondförmig, aber auch oval oder achteckig; zum Verzieren von Pasteten oder Fisch- und Geflügelgerichten verwendet. Meist aus abgeschnittenen Blätterteigresten, die bei der Pastetenherstellung anfallen, bepinselt und gebacken oder eingefroren.

Florentine, à la (Florentiner Art) Fisch-, Geflügel- oder Eiergerichte auf einem Spinatbett angerichtet, manchmal mit Mornaysoße serviert.

Florentiner Mandelgebäck mit getrockneten Früchten; auf einer Seite mit Schokolade überzogen. Typisch für Florentiner sind mit der

Gabel gezogene Wellenlinien auf der Schokolade.

Flußkrebs Hummer oder Langusten ähnlicher Süßwasserkrebs. Das meiste Fleisch sitzt in der Schwanzpartie und ist gekocht weiß, mild und saftig.

Focaccia Italienisches Fladenbrot aus Hefeteig,

mit grobem Salz bestreut und in einer flachen, gut gefetteten Pfanne gebacken. Geschmackszusätze und gebackene Beläge wie Kräuter, Tomaten, Zwiebeln, Knoblauch und Oliven sind je nach Region unterschiedlich. Aufgewärmt und mit Salaten, Käse oder Fleisch gefüllt ein beliebter Imbiß oder eine leichte Zwischenmahlzeit.

Foie Gras Vergrößerte Leber einer speziell zu diesem Zweck gemästeten Gans oder Ente. Gänseleber wird gewürzt, gedünstet und oft mit Trüffeln vermischt, kalt als Vorspeise oder auch als weiche Pastete (Gänseleberpastete) serviert.

Fondant Weiche Schmelzglasur aus

FLEISCHKLÖSSCHEN

KRÄUTERFLEISCHKLÖSSCHEN MIT TOMATENSOSSE

★ ***Vorbereitungszeit:*** 40 Minuten
Kochzeit: 10–15 Minuten
Ergibt etwa 45 Stück

1 mittelgroße Zwiebel, feingehackt
750 g Rinderhackfleisch
1 Ei, verquirlt
2 Knoblauchzehen, zerdrückt
2 TL schwarze Pfefferkörner, grob zerstoßen
¼ TL Salz
3 EL Pflaumensoße
1–2 EL Worcestersoße
2–3 EL frisches Rosmarin, feingehackt
2 EL frische Minze oder Basilikum, feingehackt
Öl zum Braten

Tomatensoße
⅜ l Rotwein
1 Knoblauchzehe, zerdrückt
½ Tasse Tomatenpüree
5–6 EL Tomatensoße mit Fruchtfleisch (Fertigprodukt)
2–3 TL Dijonsenf
30 g Butter, in Stücke geschnitten

1 Zwiebel, Rinderhackfleisch, Ei, Knoblauch, Pfeffer, Salz, Soßen und Kräuter in einer Schüssel mischen. Aus je einem gestrichenen Eßlöffel Fleischteig ein Klößchen formen.
2 Öl in einer großen Pfanne erhitzen. Fleischklößchen darin nach und nach bei mittlerer Hitze etwa 5 Minuten braun braten. Auf Küchenpapier abtropfen, warm stellen.
3 Für die Tomatensoße Öl abgießen, Wein und Knoblauch zu der Pfannenflüssigkeit geben. Aufkochen, Hitze reduzieren und bis auf die Hälfte einköcheln lassen. Durch ein Sieb in einen mittelgroßen Topf gießen. Tomatenpüree, Soße, Senf zugeben. Aufkochen, Hitze reduzieren, auf die Hälfte einkochen. Butter unterziehen.

ERBSENSUPPE MIT FLEISCHKLÖSSCHEN

★ ***Vorbereitungszeit:*** 1 ½ Stunden
Kochzeit: 1 ½Stunden
Für 6 Personen

2 Tassen halbe grüne Erbsen
1 ½ l Hühnerfond oder Wasser
½ Tasse gehackter Sellerie
1 große Zwiebel, gehackt
½ TL getrockneter Majoran
¼ TL Pfeffer
500 g gemischtes Hackfleisch (Schwein und Kalb)
2 Scheiben Dörrfleisch, in Würfel geschnitten
2 EL frische Petersilie, gehackt
2 TL abgeriebene Zitronenschale
½ TL getrockneter Salbei
3 Kartoffeln, geschält und in Würfel geschnitten
Saft von 1 Zitrone

1 Erbsen in Topf geben, Hühnerfond oder Wasser, Sellerie, Zwiebel, Majoran und Pfeffer zufügen. Aufkochen. Hitze reduzieren, zugedeckt etwa 1 Stunde köcheln lassen. Nicht abgießen.
2 Hackfleisch, Dörrfleisch, Petersilie, Zitronenschale und Salbei mit den Händen gut durchmischen. Mit nassen Händen zu Klößchen formen.
3 Fleischklößchen und Kartoffeln vorsichtig in die Suppe geben und erneut 20-30 Minuten köcheln lassen. Nach Belieben mit Zitronensaft würzen.

SPAGHETTI MIT FLEISCHKLÖSSCHEN

☆☆ ***Vorbereitungszeit:*** 25 Minuten
Kochzeit: 50 Minuten
Für 6 Personen

Soße
1–2 EL Öl
1 kleine Zwiebel, gehackt
425 g Tomaten, aus der Dose
4 EL Tomatenmark
⅛ l Wasser
⅛ l trockener Rotwein
1 kleine Knoblauchzehe, zerdrückt
1 Lorbeerblatt
1 Prise scharzer Pfeffer

Fleischklößchen
⅛ l Milch
1 Tasse frische Brotkrümel
500 g Steakfleisch, durch den Fleischwolf gedreht
1 kleine Zwiebel, sehr feingehackt
1 EL geriebener Parmesankäse
1 Ei, verquirlt
1 EL frische Petersilie, gehackt
1 Prise schwarzer Pfeffer
¼ TL getrocknete Oreganoblätter
5 EL Öl
500 g Spaghetti
geriebener Parmesankäse zum Servieren

1 Für die Soße Öl erhitzen. Zwiebel zufügen und weich braten. Restliche Soßenzutaten zugeben und 20 Minuten köcheln lassen. Gelegentlich umrühren.
2 Für die Fleischklößchen Milch über die Brotkrümel gießen und 5 Minuten ziehen lassen. Eingeweichte Brotkrümel mit den restlichen Zutaten für den Fleischteig mischen, zu Klößchen formen und in 4 EL Öl braten. In die Soße geben, etwa 15 Minuten leise köcheln lassen. Lorbeerblatt entfernen.
3 Spaghetti kochen. Abtropfen lassen. Fleischklößchen und Soße über die Spaghetti geben, mit Parmesankäse bestreuen.

Oben: Spaghetti mit Fleischklößchen; rechts: Fleischklößchen in Sherrysoße. Gegenüber oben: Kräuterfleischklößchen mit Tomatensoße; unten: Erbsensuppe mit Fleischklößchen

FLEISCHKLÖSSCHEN IN SHERRYSOSSE

☆ ***Vorbereitungszeit:*** 35 Minuten
Kochzeit: 30 Minuten
Für 4–6 Personen

500 g gemischtes Hackfleisch (Schwein/Kalb)
½ Tasse frische Weißbrotkrümel
¼ Tasse frische Petersilie, gehackt
2 Knoblauchzehen, zerdrückt
2 TL Paprika edelsüß
3 EL Olivenöl
30 g Butter
1 mittelgroße Zwiebel, feingehackt
zusätzlich 1 TL Paprika edelsüß
1 EL Mehl
⅛ l trockener oder süßer Sherry
¼ l Hühnerfond
10 kleine neue Kartoffeln
zusätzlich ¼ Tasse frische Petersilie, gehackt

1 Fleisch, Brotkrümel, Petersilie, Knoblauch und Paprika in mittelgroßer Schüssel gut mischen. Mit nassen Händen walnußgroße Klößchen formen.
2 Öl und Butter in einem mittelgroßen Topf erhitzen; Fleischklößchen hineingeben. Bei mittlerer Hitze 3–5 Minuten braun braten. Aus dem Topf nehmen und abtropfen lassen.
3 Zwiebel, Paprika und Mehl zugeben, unter Rühren 2 Minuten braten. Sherry und Fond nach und nach zufügen und glattrühren. Bei mittlerer Hitze weitere 2 Minuten rühren, bis die Soße eindickt.
4 Fleischklößchen wieder in den Topf geben, Kartoffeln zufügen. Zugedeckt bei schwacher Hitze 20 Minuten köcheln lassen. Mit Petersilie servieren.

Zucker, Wasser und etwas Weinsteinsäure. Oft mit zusätzlichen Geschmacksstoffen vermischt und mit Schokolade überzogen.

Fondue Gericht, das direkt am Tisch durch Eintauchen in siedendes Öl oder Soße gekocht wird. Zum Warmhalten des Öls gibt es besondere Fondue-Töpfe; mit speziell dafür bereitgehaltenen, langstieli-

gen Gabeln wird direkt aus dem gemeinsamen Topf gegessen. Verschiedene Fondue-Arten: Käsefondue, ursprünglich aus der Schweiz, ist eine Mischung aus geschmolzenem Käse und Weißwein, in die knusprige, kleine Brotstücke getaucht werden; Fleischfondue, zu dem Fleisch, Geflügel, aber auch Fisch und Gemüse in heißem Öl oder Brühe gegart werden und süßes Fondue (Dessertfondue), bei dem Gebäck, Obst oder Marshmallows in süße Soßen oder Schokolade getaucht werden.

FOCACCIA

Focaccia ist ein helles Hefefladenbrot aus Italien. Meist wird es mit Öl bepinselt und mit Kräutern, Zwiebeln, Oliven, Steinsalz oder selbst Nüssen bestreut. Heute ist es aufgeschnitten und als Sandwich serviert sehr beliebt. Es kann getoastet, im Grill geröstet, ja sogar in der Pfanne gebraten werden, und Grenzen setzt nur die eigene Phantasie.

Focaccia ist eine beliebte Alternative zu gewöhnlichem Butterbrot. Die Textur ist flacher und trockener als die des bekannten Weißbrots. Es wird in großen Quadraten, rund oder als kleines rundes, abgeflachtes Brötchen hergestellt. Es eignet sich hervorragend als Unterlage für feuchte Nahrungsmittel wie mariniertes Gemüse oder Käse.

APHRODITE

Dünn geschnittener, marinierter Feta oder Ziegenkäse, 4–5 sonnengetrocknete Tomaten (das Öl abgetropft) und 4–5 violette Basilikumblätter auf dem Brot verteilen. Nach Wunsch mit frisch gestoßenem schwarzem Pfeffer und gehobeltem Parmesan bestreuen.

Für den marinierten Käse in einer Schüssel ¼ Tasse Olivenöl, ½ TL geriebene Zitronenschale, 1 zerdrückte Knoblauchzehe, je 1 TL gehackte Petersilie, Schnittlauch und Thymian, ¼ TL getrocknete, gehackte Chilischote und frisch gemahlenen schwarzen Pfeffer gut mischen. Käsescheiben in die Schüssel geben und wenden, abgedeckt bis zu 2 Stunden im Kühlschrank aufbewahren.

KOPENHAGEN

Dünne, kleine Spargelspitzen 1 Minute in kochendes Wasser geben, bis sie leuchtend grün werden. Dann in Eiswasser abschrecken; gut abtropfen lassen. Focaccia aufschneiden und mit feingeschnittenen roten oder braunen Zwiebelringen, geräucherten Lachsscheiben, Spargelspitzen und Kapern belegen. Nach Wunsch mit Meerrettichsahne oder Crème fraîche, mit frisch gestoßenem schwarzem Pfeffer bestreut, servieren.

MEDITERRANES POTPOURRI

1 rote Paprikaschote halbieren; Samen und Innenhaut entfernen. Außenhaut mit Olivenöl bepinseln. Unter dem heißen, vorgeheizten Grill mit der Hautseite nach oben grillen, bis die Haut schwarz wird. Mit einem feuchten Küchenhandtuch bedecken, bis sie kalt ist. Haut abziehen und wegwerfen. Paprika in Streifen schneiden. 1–2 kleine, schmale Auberginen der Länge nach schneiden. Die Scheiben in 3 EL Olivenöl zusammen mit 1 zerdrückten Knoblauchzehe 2–3 Minuten von jeder Seite braten; abtropfen lassen. Paprika, Auberginen und dünne Scheiben Provolone auf Focaccia legen. Nach Belieben noch kurz überbacken.

ROMANA-EXPRESS

Einige Blätter Romanasalat oder grünen Salat waschen. Mit 2–3 Scheiben Chili-, Pfeffer und Kräuterkrustensalami und dünn geschnittenem Bocconcini auf Focaccia legen. Mit reinem Olivenöl und gutem Balsamessig beträufeln. Nach Wunsch Bocconcini durch Mozzarella ersetzen.

POMPEI

1 rote Paprikaschote halbieren; alle Samen und Innenhäute entfernen. Haut mit Olivenöl bepinseln. Unter einem heißen, vorgeheizten Grill mit der Hautseite nach oben grillen, bis die Haut Blasen schwarz wird. Mit einem feuchten Küchenhandtuch bedecken und abkühlen lassen. Haut abziehen und wegwerfen. Paprika in dünne Streifen schneiden. Focaccia aufschneiden, mit Olivenpaste bestreichen. Mit Paprikastreifen, halbierten, entsteinten grünen und schwarzen Oliven, marinierten Artischocken und dünnen Mozzarellascheiben belegen.

NEAPEL

1–2 Buschtomaten oder reife Eiertomaten in dünne Scheiben schneiden. Auf aufgeschnittener Focaccia anordnen. Mit frischen Basilikumblättern und dünnen Scheiben Coppa oder Parmaschinken belegen. Mit Steinsalz und zerstoßenem Pfeffer bestreuen und mit Olivenöl beträufeln. Nach Wunsch geriebenen Parmesan oder Peccorino zugeben.

Gegenüber, von oben nach unten: Aphrodite, Kopenhagen, Mediterranes Potpourri, Romana-Expreß, Pompei und Neapel

Fool Englische Bezeichnung für ein Dessert aus frischen oder gekochten Früchten; püriert, gesüßt und gekühlt; kurz vor dem Servieren mit Schlagsahne

oder Pudding vermischt (z. B. Rhabarberdessert).

Forelle Frischwasserfisch aus der Familie der Lachse mit zartem, aromatischem

Fleisch.
Forellen sind frisch, gefroren oder geräuchert erhältlich.

Frankfurter Grüne Soße Sehr fein gehackte Kräuter (Petersilie, Schnittlauch, Kerbel, Dill, Borretsch, Pimpinelle, Sauerampfer) mit hartgekochtem Eigelb verarbeiten. Mit Salz, Pfeffer und Senf abgeschmeckt und mit Mayonnaise vermischt zu Fisch, kaltem Braten, Suppenfleisch usw. reichen.

Frankfurter Würstchen Wurstspezialität aus Frankfurt/Main. Leicht geräucherte, fingerdicke Wurst aus magerem Schweinefleisch und Speck. Vor

FONDUE

KARAMEL-TOFFEE-FONDUE

☆ ***Vorbereitungszeit:*** 30 Minuten
Kochzeit: 20 Minuten
Für 6 Personen

½ Tasse sehr feiner Zucker
½ Tasse Demerara-Zucker
⅛ Tasse Kondensmilch
2 TL Speisestärke
1 Tasse dicke Sahne (Crème double)
Früchte der Saison

1 Zucker in einen großen Topf geben. Auf niedriger Stufe langsam erhitzen, bis der Zucker sich aufgelöst hat. Vom Herd nehmen. Speisestärke in etwas Kondensmilch zu einer glatten Mischung anrühren.
2 Stärkemischung, Sahne und restliche Kondensmilch zum Zucker geben. Wieder auf den Herd stellen, bis sich ein Karamelkloß bildet. Rühren, bis sich der Kloß aufgelöst hat. Das Fondue soll eine dunkle, satte Karamelfarbe haben.
3 Mischung in einen Fonduetopf geben. Häufig rühren, um Anbrennen zu verhindern. Sofort mit einer Auswahl an Früchtespießchen servieren. Fondue kann auch in einer Schüssel serviert werden, die auf einer Platte, zusammen mit den Fruchtspießchen, herumgereicht wird.

BAGNA CAUDA

☆ ***Vorbereitungszeit:*** 20 Minuten
Kochzeit: 10 Minuten
Für 6 Personen

45 g Sardellen aus der Dose, abgetropft und zerkleinert
90 g Butter
5 Knoblauchzehen, zerdrückt
2 Eigelb
Auswahl an rohen Gemüsen, in 5 cm lange Streifen geschnitten

1 Sardellen, Butter und Knoblauch in einer mittelgroßen Pfanne schmoren, bis die Butter geschmolzen ist. Mischung in die Küchenmaschine geben, dann mit Eigelb verarbeiten, bis die Mischung dick wird.
2 In einen Fonduetopf geben, langsam zum Siedepunkt bringen. Sofort mit den Gemüsen und auf Spießchen gestecktem knusprigem Brot servieren.

KÄSEFONDUE

☆ ***Vorbereitungszeit:*** 20 Minuten
Kochzeit: 10 Minuten
Für 10–15 Personen

2 Tassen geriebener, milder Cheddar oder Greyerzer
2 Tassen geriebener, reifer Cheddar oder Greyerzer
1 Tasse geriebener Parmesan
¼ Tasse Mehl
2 TL Senfpulver
2 Tassen Weißwein
2 TL Dijon-Senf
französisches Weißbrot, gewürfelt

1 Käse, Mehl und Senfpulver mischen. Wein in den Fonduetopf gießen, langsam zum Kochpunkt bringen. Eßlöffelweise gemischten Käse zugeben, jedesmal gut rühren, bis der Käse geschmolzen ist.
2 Vorgang wiederholen, bis der gesamte Käse aufgebraucht, geschmolzen und die Mischung dick ist. Dijon-Senf hineinrühren und mit Pfeffer nach Belieben abschmecken.
3 Rühren, bis Fondue Blasen schlägt und glatt ist. Auf dem Rechaud warm halten. Fonduegabeln oder Spießchen für das Brot bereit halten. Das Fondue kann einen Tag im voraus zubereitet werden. Abgedeckt im Kühlschrank aufbewahren. Vor dem Servieren ganz langsam im Fonduetopf erhitzen.

WISSENSWERTES ÜBER FONDUE

- Zum Verzehren Brot- oder Früchtewürfel auf lange Fonduegabeln spießen, im Käse oder der süßen Fonduemischung drehen und vorsichtig von der Gabel direkt in den Mund geben.

dem Verzehr in heißem Wasser warm gemacht, nicht gekocht, da sie sonst platzen. Oft imitiert und in anderen Ländern aus einer

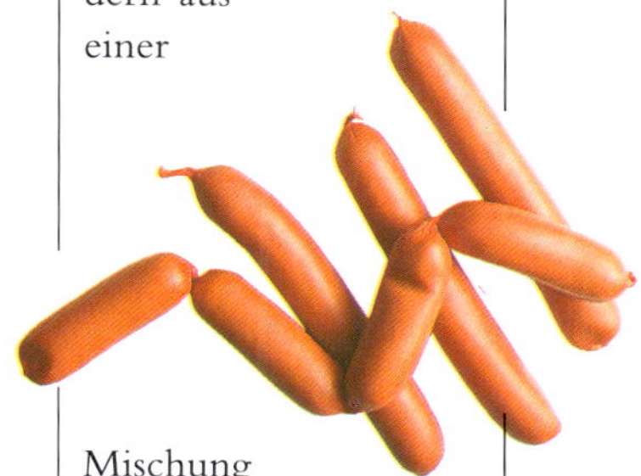

Mischung aus Rind- und Schweinefleisch, manchmal auch Geflügelfleisch hergestellt, unter der Bezeichnung »Frankfurter« angeboten.

Französische Küche
Als feinste Küche der Welt angesehen. Viele alltägliche Gerichte

sind französischen Ursprungs: Omelett, Pastete, Mayonnaise, Quiche, Obsttorten, Rindereintopf, Fischsuppen und Soufflés. Gesundheitsbewußtere Eßgewohnheiten haben die traditionelle französische Küche mit den üppigen Eier-Sahnesoßen etwas verdrängt und ziehen die leichtere Bistro- und Brasserieküche vor, die ein Käsesoufflé mit knackigem Salat

FORELLE

FORELLE MIT MANDELN

☆ ***Vorbereitungszeit:*** 15 Minuten
Kochzeit: 15 Minuten
Für 4 Personen

4 Forellen à 200 g, ausgenommen und geschuppt
¼ Tasse Mehl
gemahlener Pfeffer zum Abschmecken
½ TL getrockneter Dill
¼ TL Senfpulver
7 EL Zitronensaft
90 g Butter
½ Tasse blanchierte Mandeln, halbiert
½ Tasse trockener Weißwein
Zitronenscheiben zum Garnieren
Dill- oder Petersilienzweige zum Garnieren

1 Mit einer Schere Flossen der Forellen abschneiden. Den Fisch mit einem feuchten Tuch abwischen und eventuell lose Schuppen entfernen. Mehl mit Pfeffer, Dill und Senfpulver würzen.
2 Fisch außen dünn mit Zitronensaft bepinseln. Ganze Fische im Mehl wälzen, damit sich eine Kruste bildet. Überschüssiges Mehl abschütteln.
3 Butter in einer Pfanne erhitzen, Mandeln hineingeben und goldgelb rösten. Vom Herd nehmen und auf Küchenpapier abtropfen lassen. Forellen in der Pfanne bei mittlerer Hitze gar braten; dabei einmal wenden und aufpassen, daß sie nicht auseinanderbrechen. Aus der Pfanne nehmen und auf Küchenpapier abtropfen lassen.
4 Restlichen Zitronensaft und Wein in der Pfanne im offenen Topf und bei starker Hitze köcheln lassen, bis der Sud sich auf die Hälfte reduziert hat. Mandeln hineingeben und über den Fisch gießen. Sofort servieren; dazu mit Zitronenscheiben und Dill- oder Petersilienzweigen garnieren.

Oben: Forelle mit Mandeln.
Gegenüber: Käsefondue

GERÄUCHERTE FORELLE MIT KIWISALAT

☆ ***Vorbereitungszeit:*** 20 Minuten
Für 4 Personen

3 ganze, tellergroße geräucherte Forellen
2 Kiwis
1 große reife Avocado
Saft und Schale einer Limone
1–2 EL Weißweinessig
3 EL Haselnußöl
gemischte Salatblätter (roter und grüner Kopfsalat, Romanasalat, Endivie)
¼ Tasse Haselnüsse, feingehackt

1 Forellen häuten. Filets vorsichtig auslösen und jedes Filet in zwei Stücke schneiden. Kiwis und Avocado schälen und in Scheiben schneiden.
2 Limonensaft, Schale, Essig und Öl verrühren.
3 Salat waschen und auf einer großen Platte oder auf Einzeltellern arrangieren.
4 Geräucherte Forellenfilets, Kiwis und Avocado auf den Salat legen und mit Limonendressing beträufeln. Mit Haselnüssen bestreut servieren.

und knusprigem Brot als Hauptgericht serviert. Nach wie vor beliebt sind französische Desserts wie Profiteroles, Törtchen, Crêpes und Gâteaux. Croissants, serviert mit café au lait, sind als Frühstück, mit Schinken und Käse gefüllt als Mittagsimbiß international etabliert.

Frappé Dessert aus teilweise gefrorenem Fruchtsaft oder Getränk, das über zerstoßenes Eis gegossen wird.

French Dressing (Vinaigrette) Salatsoße aus 1 Teil Essig und 3 Teilen Olivenöl, mit Salz und frisch gemahlenem, schwarzem Pfeffer gewürzt.

French Toast Weißbrotscheiben in Ei und Milch getaucht, in Butter ausgebacken, auf

FORELLE MIT DATTELN MAROKKANISCHE ART

☆ ***Vorbereitungszeit:*** 30 Minuten
Kochzeit: 20 Minuten
Für 2 Personen

2 mittelgroße Forellen
1 Tasse Datteln, gehackt
¼ Tasse gekochter Reis
1 Zwiebel, feingehackt
¼ Tasse Mandeln, gehackt
2 EL Koriandergrün, gehackt
½ TL Zimt
30 g Butter, zerlassen
¼ TL Pfeffer, gemahlen
1 TL sehr feiner Zucker
¼ TL Zimt, zusätzlich

1 Backofen auf 160 °C vorheizen. Forelle säubern und unter kaltem Wasser gründlich abspülen. Mit Küchenpapier trockentupfen.

2 Datteln, Reis, Zwiebeln, Mandeln, Koriander und Zimt in einer Schüssel vermischen.

3 Gewürzmischung in den Fisch füllen; Öffnung mit Metallspießen verschließen. Auf ein Backblech legen.

4 Fisch mit flüssiger Butter bepinseln, mit Pfeffer, Ingwer und Zucker bestreuen. In 20 Minuten goldgelb backen. Vor dem Servieren den Fisch mit Zimt bestreuen.

Oben: Forelle mit Datteln marokkanische Art.
Gegenüber: Cassoulet

WISSENSWERTES ÜBER FORELLEN

■ Forellen haben ein ganz zartes Aroma, das von stärkeren Aromen leicht überdeckt werden kann. Das Fleisch ist etwas trocken, nicht zu lange kochen.

■ Die Farbe des Fleisches ist bei Lachs und Forelle von der Nahrung abhängig, die die Fische aufnehmen. Bei Zuchttieren kann durch gezielte Ernährung Einfluß genommen werden.

■ Bevor man die Forelle verzehrt, entfernt man die Haut. Das Fleisch löst sich sehr leicht vom Rückgrat; wenn man die Hälfte gegessen hat, kann man das Rückgrat herausnehmen.

■ Eine der einfachsten und köstlichsten Arten, eine Forelle zu genießen, ist, sie in Olivenöl zu braten. Der Fisch muß aber ganz frisch sein. Fisch innen und außen unter fließendem kalten Wasser abspülen und mit Küchenpapier gut abtrocknen. Flossen mit der Schere abschneiden. Mehl mit Salz und Pfeffer würzen; Forelle darin wälzen; überschüssiges Mehl abschütteln. In einer Pfanne mit ausreichend Platz für die Forelle eine dünne Schicht Olivenöl erhitzen. Forelle darin bei starker Hitze anbraten, dann die Hitze etwas reduzieren. Nach 3 Minuten Forelle umdrehen, Hitze wieder verstärken, reduzieren und etwa 3 Minuten braten, bis der Fisch gar ist. Herausnehmen und auf Küchenpapier abtropfen lassen. Dazu reicht man Zitronenschnitze und eine Soße aus Mayonnaise und saurer Sahne.

FRANZÖSISCHE KÜCHE

CASSOULET

☆☆ ***Vorbereitungszeit:*** 25 Minuten
Kochzeit: 2 Stunden
Für 6 Personen

300 g Hühnerbrustfilet
300 g mageres Lammfleisch
300 g magere Schweinelende
60 g Schmalz
2 mittelgroße Zwiebeln, gehackt
2 Knoblauchzehen, zerdrückt
2 Selleriestangen, geschnitten
1 EL Mehl
400 g Tomaten, aus der Dose, abgetropft, Flüssigkeit aufbewahrt
1 Tasse Weißwein
1 TL frischer Thymian
2 Lorbeerblätter
3 Nelken
gemahlener Pfeffer zum Abschmecken
400 g weiße Cannellini-Bohnen, aus der Dose, abgetropft
200 g eingelegtes Schweinefleisch, geschnitten
90 g Salami, geschnitten

1 Fleisch in 2 cm große Würfel schneiden. Schmalz in einem großen Topf erhitzen. Huhn anbraten, bis es gebräunt ist; herausnehmen. Lammfleisch in den Topf geben, gut bräunen, herausnehmen. Schweinefleisch gut bräunen, herausnehmen. Zwiebeln zum restlichen Fett in den Topf geben und bräunen. Knoblauch und Sellerie zugeben, 1 Minute rühren; herausnehmen.

2 Mehl in den Topf streuen. Geschnittene Tomaten, Tomatensaft und Wein zugeben; rühren, bis die Soße kocht und dick wird. Mit Thymian, Lorbeerblättern, Nelken und Pfeffer zum Kochen bringen, Hitze reduzieren, ohne Deckel 10 Minuten köcheln lassen.

3 Fleisch, Zwiebelmischung und Cannellini-Bohnen zugeben, abgedeckt 1 Stunde köcheln lassen. Deckel abnehmen, eingelegtes Schweinefleisch und Salami zugeben; abdecken, weitere 30 Minuten köcheln lassen.

FRANZÖSISCHE ZWIEBELSUPPE

☆☆ ***Vorbereitungszeit:*** 15 Minuten
Kochzeit: 55 Minuten
Für 4–6 Personen

45 g Butter
1–2 EL Olivenöl
4 große Zwiebeln, in dünnen Scheiben
1 Knoblauchzehe
1 EL Zucker
2–3 EL Rotweinessig
⅓ Tasse Mehl
½ Tasse trockener Sherry
1 Tasse trockener Weißwein
425 ml Rinder-Consommé, aus der Dose
1 ¼ Tassen Wasser
2–3 EL Olivenöl, zusätzlich
1 Knoblauchzehe, zerdrückt, zusätzlich
1 französisches Baguette, in 2 cm breiten Scheiben
½ Tasse geriebener Parmesan
Thymian zum Garnieren

beiden Seiten knusprig und goldbraun. Heiß, mit Zimtzucker, Marmelade oder Sirup zum Frühstück oder als Dessert serviert.

Frikadelle Gebratener Fleischklops; kalt mit Senf oder heiß, mit Pilz- oder Tomatensoße, manchmal auch mit saurer Sahne serviert.

Frikassee Fleisch- oder Geflügelgericht (meist Kalb oder Huhn); in Butter leicht angebraten, dann in heller, angedickter Brühe langsam gekocht; vor dem Servieren wird Sahne hinzugefügt. Meist mit glasierten Zwiebeln und gedünsteten Pilzen garniert.

Frischkäse siehe Hüttenkäse.

Fritieren Nahrungsmittel in sehr heißem Fett oder Öl garen. Fritierte Nahrung hat eine Kruste, die Geschmack und Feuchtigkeit einschließt. Kleingeschnittene Nahrungsmittel in kleinen Portionen fritieren, um die Temperatur des Fetts nicht herabzusetzen. Fisch, Huhn, Kroketten oder weiche Gemüse vor dem Fritieren mit einem Ausbackteig oder mit einer Hülle

aus Semmelbröseln schützen. Erdnuß- oder Maisöl haben einen hohen Brennpunkt und sind deshalb gut zum Fritieren geeignet. Verwendet wird eine Friteuse (hier wird viel Fett benötigt, um Fritiergut ganz untertauchen zu können, und die Nahrungsmittel sind meist in einem Ausbackteig gewendet) oder eine Pfanne (hier wird weniger Fett benötigt, der Boden muß aber gut mit Fett bedeckt sein; Nahrungsmittel sind meist nur leicht mit Mehl oder Semmelbröseln paniert).

Frittata Omelett-ähnliches Gericht; kleingeschnittenes Gemüse, Käse, Fleisch, Huhn oder Meeresfrüchte werden vor dem Braten zum Omeletteig gegeben.

Fritter In Ausbackteig gewendetes oder

getauchtes Gemüse, Obst oder Fleisch, das fritiert wird.

Fritto Misto (gemischtes Fritiertes) Verschiedene Gemüse, Meeresfrüchte oder

1 Butter und Olivenöl in einer großen Bratpfanne erhitzen. Zwiebeln zugeben, 20 Minuten schmoren, bis sie braun sind.

2 Knoblauch und Zucker zugeben, rühren, bis der Zucker gebräunt ist. Essig zugeben, 2 Minuten kochen lassen. Mehl über die Zwiebeln streuen, 1 Minute unter Rühren kochen lassen. Sherry, Weißwein, Consommé und Wasser zugeben, rühren, bis die Mischung kocht und dick wird. Hitze reduzieren; Suppe ohne Deckel 25 Minuten köcheln lassen.

3 Backofen auf 210 °C vorheizen. Zusätzliches Olivenöl und zusätzlichen Knoblauch in einer kleinen Schüssel mischen. Brotscheiben auf beiden Seiten mit der Mischung bepinseln, dann auf einer Seite mit Parmesan bestreuen. Im vorgeheizten Backofen 5 Minuten backen, bis das Brot knusprig und goldbraun ist.

4 Zum Servieren je 1 Scheibe Brot in eine Suppentasse legen, mit Suppe übergießen und mit Thymian garnieren. Alternativ kann man auch eine feingeschnittene Scheibe Schweizerkäse oder Greyerzer auf die Brotscheibe legen und auf der Suppe schwimmen lassen. 1–2 Minuten unter den heißen Grill stellen, bis der Käse geschmolzen ist.

Anmerkung: Wichtig ist, daß die Zwiebeln, die verwendet werden, gut gebräunt sind, um der Suppe den authentischen Geschmack zu geben. Zucker hilft, die Zwiebeln zu karamelisieren. Bei Kochbeginn einige Minuten mit starker Hitze arbeiten, dann auf mittlere Hitze reduzieren, um die Zwiebeln langsam zu bräunen.

RINDERSCHMORTOPF »BURGUNDER ART«

☆ ***Vorbereitungszeit:*** 25 Minuten
Kochzeit: 1 Stunde 30 Minuten
Für 6 Personen

1 kg Rinderschulter
2 Scheiben Dörrfleisch
2–3 EL Olivenöl
12 kleine Perlzwiebeln, geschält
2 Knoblauchzehen, zerdrückt
⅓ Tasse Mehl
2 Tassen Rotwein
1 TL frischer Thymian
1 EL Meerrettich, gerieben oder aus dem Glas
30 g Butter
375 g kleine Champignons
frischer Thymian

1 Fleisch in 1,5 cm große Würfel schneiden. Dörrfleisch in 1 cm breite Streifen schneiden.

2 Öl erhitzen; Dörrfleisch braun braten, dann herausnehmen. Zwiebeln gut bräunen; dann herausnehmen. Knoblauch zum Fett geben, 1 Minute anbraten. Fleischstücke im restlichen Fett bräunen, dann Mehl, Rotwein, Thymian und Meerrettich einrühren, bis die Mischung kocht und dick wird. Zwiebeln und Dörrfleisch zurück in den Topf geben; abdecken, 1 Stunde köcheln lassen.

3 Butter erhitzen; Pilze zugeben, weich schmoren. Pilze und Flüssigkeit mit dem Schmortopf weitere 30 Minuten köcheln lassen.

4 Schmortopf mit frischem Thymian garnieren.

CRÊPES SUZETTE

☆☆ ***Vorbereitungszeit:*** 30 Minuten
Zubereitungszeit: 35 Minuten
Für 4–6 Personen

Crêpe-Teig
1 Tasse Mehl
2 TL sehr feiner Zucker
2 Eier, leicht verquirlt
1 Tasse Milch
15 g Butter, zerlassen
1–2 EL Brandy

Suzette-Soße
60 g Butter
¼ Tasse Zucker
1 EL Orangenschale, gerieben
1 EL Zitronenschale, gerieben
1 Tasse Orangensaft
¼ Tasse Zitronensaft
½ Tasse Grand Marnier
Sahne oder Eis zum Servieren

1 Für den Teig alle Zutaten in die Schüssel der Küchenmaschine geben. 40 Sekunden verarbeiten, bis alle Zutaten gut gemischt sind und die Mischung keine Klümpchen hat. Teigmischung in eine Schüssel oder einen Krug gießen, mit Plastikfolie abgedeckt 1 Stunde stehenlassen. Sie soll dick wie flüssige Sahne sein – dickt die Teigmischung jedoch beim Stehen ein, mit Milch oder Wasser verdünnen.

2 Crêpes backen 2–3 EL Teig in eine leicht gefettete, nicht zu große Crêpe-Pfanne geben; durch Schwenken gleichmäßig verteilen. 1 Minute bei mittlerer Hitze backen, bis die Unterseite goldbraun ist. Crêpe wenden und die andere Seite backen. Auf einen Teller legen, mit Küchenhandtuch abdecken und warm halten. Den Vorgang mit restlichem Teig wiederholen; wenn nötig, Pfanne fetten.

3 Für die Soße Butter in einem Topf erhitzen, Zucker zugeben, bei mittlerer Hitze rühren, bis er karamelisiert. Zitrusschalen und -säfte und Grand Marnier zugeben; ohne Deckel 10 Minuten köcheln lassen.

4 Zur Zubereitung von Crêpes Suzette Backofen auf 210 °C vorheizen. Crêpes zu Vierteln falten und in einer feuerfesten Schale überlappend anordnen. Soße darübergießen. 10–15 Minuten backen und warm, mit Sahne oder Eis, servieren. Dieser Teig kann für alle süßen Crêpe-Rezepte verwendet werden.

Anmerkung: Crêpes können auch flambiert werden. 2–3 EL Grand Marnier, Brandy oder Orangenlikör in einem kleinen Topf oder Ibrik erhitzen. Bei Tisch vorsichtig anzünden und über die Crêpes gießen.

Oben: Crêpes Suzette.
Gegenüber, oben: Französische Zwiebelsuppe; unten: Rinderschmortopf »Burgunder Art«

Fleischstücke in Ausbackteig getaucht, fritiert und heiß serviert. Mit Meeresfrüchten (Tintenfischringe) eine Spezialität in Neapel; mit Huhn, Kaninchen und Gemüse (Artischocken, Zucchini) beliebt in Florenz; in Norditalien pikant (Hirn, Früchtebrot und Kalbfleisch) zubereitet.

Fruchtbecher Erfrischendes Getränk aus Fruchtstücken, Fruchtsaft und Eiswasser, Sodawasser, Limonade oder Alkohol; Dessert aus Eiscreme, Fruchtstücken und Saft.

Fruchtcocktail Fruchtstücke in Zitronensaft, mit Zucker bestreut, gekühlt und als Dessert serviert. Früchte mit Farbkontrast und unterschiedlicher Textur verwenden, z. B. Trauben, Cantaloupes, Erdbeeren und Orangen.

Früchtekuchen Üppiger, saftiger Kuchen mit getrock-

neten, kandierten Früchten, kandierten Fruchtschalen, Nüssen und Piment. Eingewickelt in Leinen, getränkt mit Brandy, Rum oder Fruchtsaft und in luftdichtem Behälter aufbewahrt mehrere Monate lagerfähig, wobei der Geschmack sich intensiviert. Oft aus besonderem Anlaß gebacken (Festtagskuchen). Schon in der Antike von Römern und Griechen aus Honig, Walnüssen, Pinienkernen und getrockneten Feigen zubereitet.

Fruchtfüllung siehe Weihnachtstörtchen.

Frühlingsrolle Dünner Teig wird um eine Füllung aus gekochten Gemüsen und Fleisch gewickelt, aufgerollt und knusprig und goldgelb fritiert. Frühlingsrollen werden mit

einem Dip als Appetithappen oder als Vorspeise serviert. In verschiedenen Variationen sind sie in ganz Südostasien verbreitet. Traditionell werden sie während des Frühlingsfestes serviert.

Frühlingszwiebel Lauchgewächs mit kleinen, weißen, milden Zwiebeln und langen, grünen Blättern. Man ißt sie feingehackt roh im Salat.

Fudge Weiche Süßigkeit aus Zucker, Milch oder Sahne. Dörrobst, Nüsse und Aroma-

FRITTATA

HUHN-SPARGEL-FRITTATA

★ ***Vorbereitungszeit:*** 10 Minuten
Kochzeit: 10 Minuten
Für 4 Personen

30 g Butter
4 Frühlingszwiebeln, feingehackt
6 Eier, leicht verquirlt
1 Tasse Milch
2 TL grober Senf
1 ½ Tassen gekochtes Hühnerfleisch, zerkleinert
frisch gemahlener schwarzer Pfeffer
340 g Spargelstangen, aus der Dose, abgetropft
¾ Tasse Schweizer Käse, gerieben

1 Butter in einer großen Pfanne erhitzen. Frühlingszwiebeln zugeben, unter Rühren 1 Minute weich schmoren lassen. Eier, Milch und Senf zusammenrühren.
2 Huhn und Pfeffer zu der Paste geben. Eiermischung über die Zwiebeln gießen, abgedeckt 8 Minuten bei schwacher Hitze braten.
3 Grill vorheizen. Spargel auf Frittata anordnen und mit Käse bestreuen. 2 Minuten unter den heißen Grill schieben, bis der Käse geschmolzen und goldgelb ist. Mit knackigem, frischem Salat servieren.
Anmerkung: Frittata kann heiß oder kalt serviert werden. Auch als Imbiß für unterwegs bestens geeignet. Als Picknickhappen in Stücke geschnitten.

SPINAT-FRITTATA

★ ***Vorbereitungszeit:*** 2 Minuten
Backzeit: 30 Minuten
Für 4 Personen

6 Eier, leicht verquirlt
1 Tasse Milch
250 g TK-Spinat, aufgetaut
1 Zwiebel, gehackt
½ Tasse Cheddar, gerieben
½ Tasse Parmesan, gerieben
1 Knoblauchzehe, zerdrückt
1 EL frische Petersilie, feingehackt
frisch gemahlener schwarzer Pfeffer zum Abschmecken

1 Backofen auf 180 °C vorheizen. Eier und Milch verrühren. Wasser aus dem Spinat drücken.
2 Spinat, Zwiebeln, Käse, Knoblauch und Pfeffer zum Abschmecken in die Eiermischung rühren.
3 In eine gefettete, 23 cm große Auflaufschale geben. 30 Minuten backen, heiß oder kalt mit knusprigem Vollkornbrot servieren.

WISSENSWERTES ÜBER FRITTATA

- Frittatas sind den Omeletts ähnlich. Sie können gebacken oder gebraten, die Oberseite unter dem Grill gebräunt werden. Zum Braten eine schwere, beschichtete Pfanne mit langem, feuerfestem Stiel verwenden. Mischung in die Pfanne geben und bei mittlerer Hitze braten, bis die Unterseite goldbraun ist. Dann unter den heißen Grill stellen.
- Verschiedene Füllungen ausprobieren – jede Kombination von Fleisch, Fisch oder Gemüse ist geeignet.

Oben: Spinat-Frittata; links: Huhn-Spargel-Frittata. Gegenüber: Vegetarische Minifrühlingsrollen

FRÜHLINGSROLLEN

VEGETARISCHE MINIFRÜHLINGSROLLEN

☆ ***Vorbereitungszeit:*** 35 Minuten + 30 Minuten Ruhezeit
Kochzeit: 20 Minuten
Ergibt 20 Stück

4 getrocknete chinesische Pilze
150 g Tofu
1–2 EL Öl
6 Frühlingszwiebeln, feingehackt
1 TL zerdrückter Knoblauch
³/₄ Tasse Ingwer, feingerieben
3 Tassen Chinakohl, in feine Streifen geschnitten
1 große Möhre, geraffelt
1–2 EL Sojasoße
5 große Teigplatten für Frühlingsrollen
Öl zum Fritieren

1 Pilze in einer Schüssel mit heißem Wasser 30 Minuten ziehen lassen. Abgießen und ausdrücken. Stiele entfernen, Kappen fein hacken. Tofu in sehr kleine Würfel schneiden und beiseite stellen. Öl in einem Wok oder einer schweren Pfanne erhitzen; auch die Ränder sollten ölig sein. Frühlingszwiebeln, Knoblauch, Ingwer, Kohl, Möhre, Pilze und Tofu hineingeben und bei mittlerer Hitze unter Rühren 5 Minuten weich braten. Sojasoße einrühren; abkühlen lassen.

2 Jede Teigplatte in 4 Quadrate schneiden. Immer nur mit einem Quadrat arbeiten; restlichen Teig mit einem feuchten, sauberen Küchentuch abdekken. 2 TL Füllung auf die Platte setzen und Teig einschlagen (siehe Abbildung). Seiten einschlagen und Teigplatte aufrollen. Mit einer Mischung aus Mehl und Wasser die Teigspitze auf der Rolle festkleben. Auf diese Art alle Teigplatten füllen.

3 Zusätzliches Öl im Wok erhitzen und darin immer 4 Rollen gleichzeitig in etwa 3 Minuten goldgelb fritieren. Fertige Rollen mit dem Schaumlöffel aus dem Wok nehmen und auf Küchenpapier abtropfen lassen. Warm servieren.

1

2

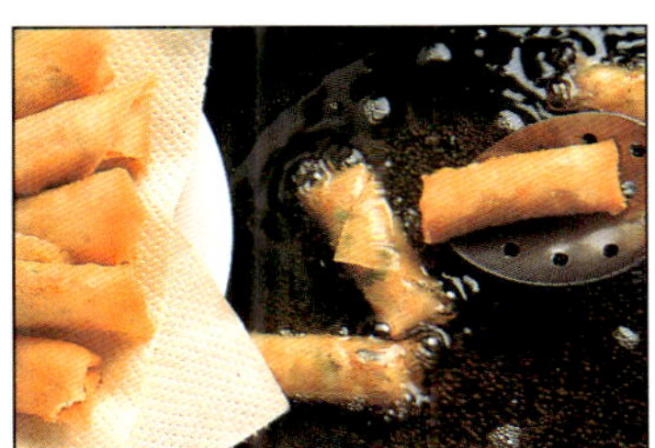
3

stoffe (Schokolade, Kaffee) werden zugefügt. In flache Schalen gegossen und nach dem Erkalten in Würfel geschnitten. Entstand im 19. Jh.

Füllung Gewürzte Mischung aus Semmelbröseln, Reis, Hackfleisch, Geflügel oder Fisch mit zerkleinertem Obst oder Gemüse und Kräutern, die mit Eigelb oder Milch gebunden wird. Man füllt und würzt damit Fleisch, Fisch, Geflügel oder Gemüse. Die Mischungen füllen den Raum aus, der durch Entnahme von Innereien oder Kernen entstanden ist und sorgen dafür, daß das Gericht seine Form behält. Reste der Füllung kann man in einer gefetteten Form separat backen.

Fünf-Gewürze-Pulver Aromatisches Gewürzpulver der chinesischen und vietnamesischen Küche; aus gemahlenem Sternanis, Szechuan-Pfeffer, Zimt, Nelken und Fenchelsamen.

G

Gado Gado Indonesischer Salat aus gekochten und rohen Gemüsen, garniert mit hartgekochten Eiern, mit dicker, würziger Erdnußsoße.

Galangal Ingwerähnliche, scharfe Wurzel der südostasiatischen Küche. Großer Galangal, eine knollige Wurzel mit cremeweißem Fleisch, ist milder im Geschmack. Kleiner Galangal mit orangerotem Fleisch, ist kräftiger und wird als Gemüse gekocht.

Galiamelone gehört zur Familie der Melonen. Die Galiamelone wächst in Israel. Genau wie bei der Ogen-Melone handelt es sich hier um eine Neuzüchtung. Sie ist kugelrund und hat einen Durchmesser von ca. 20 cm. Ähnlich wie bei der Netzmelone ist ihre rauhe Schale wie von einem Netz überzogen. Die

GANS

GÄNSEBRATEN

☆☆ ***Vorbereitungszeit:*** 40 Minuten
Kochzeit: 2 Sunden 45 Minuten
Für 6 Personen

1 Gans, ca. 3 kg
30 g Butter
1 Zwiebel, feingehackt
2 grüne Äpfel, geschält, Kerngehäuse entfernt und geschnitten
1 ½ Tassen Pflaumen, entsteint, geschnitten
3 Tassen kleine Brotwürfel
2 TL Zitronenschale, gerieben
½ Tasse frische Petersilie, gehackt
2 EL Mehl
2–3 EL Brandy
1 ½ Tassen Hühnerbrühe

1 Gans säubern und lose Fettstücke entfernen. Mit einem feinen Grillspieß die Haut über der Brust einstechen. Beiseite stellen.

2 In einem Topf Butter zerlassen, Zwiebel zugeben und goldbraun schmoren. Butter und Zwiebel zu Äpfeln, Pflaumen, Brotwürfeln, Zitronenschale und Petersilie geben; sorgfältig mischen. Die Gans füllen, die Bauchhöhle mit Faden oder Grillspießchen verschließen. Beine festbinden.

3 Backofen auf 200 °C vorheizen. 1 EL Mehl über die Gans streuen. Gans auf einen Rost über eine Fettpfanne legen und 15 Minuten backen. Herausnehmen und Fett aus der Fettpfanne gießen. Haut der Gans einstechen, mit Folie abdecken. Backofentemperatur auf 180 °C reduzieren, Gans zurück in den Ofen stellen und 2 Stunden braten, dabei gelegentlich mit der Bratflüssigkeit begießen. Fett ab und zu abschöpfen. Folie abnehmen und weitere 15 Minuten braten. Vom Rost nehmen, vor dem Tranchieren 15 Minuten stehenlassen; dabei warm halten.

4 Das gesamte Fett bis auf 2 TL aus der Backschale gießen, auf den Herd stellen. Bei schwacher Hitze restliches Mehl zugeben und rühren, um die Rückstände in der Schale zu lösen. Unter ständigem Rühren gut bräunen; nicht anbrennen lassen. Nach und nach Brandy und Hühnerbrühe zugeben. Ständig rühren, bis die Soße kocht und dick wird. Gans mit der Bratensoße, Bratkartoffeln und Zwiebeln servieren.

Anmerkung: Während des Bratens die Gans mit ihrem eigenen Fett bepinseln.

WISSENSWERTES ÜBER GANS

- Gänse wiegen meist zwischen 3 und 5 kg. Deshalb ist Gänsebraten eine Mahlzeit für mindestens 6 Personen. Beim Kauf ein junges Tiers möglichst keinen Ganter auswählen.
- Während des Bratens häufig bepinseln. Mehl über die Oberfläche der Gans gestreut ergibt dunkle, knusprige Hautpartien. Alternativ dazu die Ofentemperatur einige Minuten lang heraufsetzen und die Gans mit einigen Tropfen kaltem Wasser bepinseln.

Oben: Gänsebraten. Gegenüber, oben: Sesamgarnelen mit Minzechutney; unten: Spanischer Garnelensalat

GARNELEN

SESAMGARNELEN (SHRIMPS) MIT MINZECHUTNEY

★
★★ **Vorbereitungszeit:** 20 Minuten
Kochzeit: 2 Minuten pro Portion
Für 4 Personen

24 rohe große Riesengarnelen (ca. 1 kg)
¼ Tasse Mehl
1 Ei, leicht verquirlt
⅔ Tasse Semmelbrösel
½ Tasse Sesamsaat
Öl zum Fritieren

Minzechutney
1 Tasse frische Minzeblätter
½ Tasse Obstchutney
3 EL Zitronensaft

1 Garnelen schälen, Schwanzflosse aber nicht entfernen. Darm herausnehmen und Garnelen etwas flachdrücken.
2 Semmelbrösel und Sesamsaat mischen. Garnelen im Mehl wälzen, abschütteln, in das Ei tauchen und sorfältig in der Sesam-Semmelbrösel-Mischung wälzen.
3 Öl in einem tiefen, schweren Topf erhitzen. Bei mittlerer Hitze die vorbereiteten Garnelen darin in 2 Minuten goldbraun fritieren. Mit einem Schaumlöffel oder einer Zange vorsichtig aus dem Öl herausnehmen und auf Küchenpapier gut abtropfen lassen.
4 Für das Minzechutney Minze, Chutney und Zitronensaft in den Behälter der Küchenmaschine füllen, in 15 Sekunden glattrühren. Als Dip zu den Garnelen servieren.

SPANISCHER GARNELENSALAT

★ **Vorbereitungszeit:** 25 Minuten
Für 6 Personen

500 g mittelgroße Riesengarnelen, gekocht
2 große Orangen
1 kleiner Romanasalat
1 kleine rote Zwiebel, in feine Ringe geschnitten
3 EL Rotweinessig
4 EL Olivenöl
½ TL abgeriebene Orangenschale
1 Knoblauchzehe, zerdrückt

1 Garnelen schälen, Schwanzflosse aber nicht entfernen. Darm herausnehmen. An beiden Enden der Orange ein Stück abschneiden. Mit einem kleinen Messer Schale mit weißer Haut ringsherum abschälen. Orange filetieren, indem man das Messer zwischen Membrane und Fleisch führt.
2 Salat gründlich waschen und trocknen. Blätter auf einer Platte oder 4 Tellern arrangieren; Garnelen, Orangenstücke und Zwiebelringe darauf anrichten.
3 Essig, Olivenöl, Orangenschale und Knoblauch in einem kleinen Schraubdeckelglas schütteln und über den Salat träufeln. Mit Krustenbrot sofort servieren.

WISSENSWERTES ÜBER GARNELEN

■ Wählen Sie feste Garnelen mit knackigen Schalen und frischem, angenehmem Geruch. Alte Garnelen sind schlaff und trocken. Garnelen sind auch gefroren erhältlich, sollten aber nur dann verwendet werden, wenn es im Rezept so angegeben wird. Das Fleisch wird beim Auftauen etwas zu weich.

Farbe des süßen Fruchtfleisches reicht von gelblich grün bis tiefgelb. Bei dieser Melone lassen sich die Kerne leicht entfernen, da sie sich im Innern der Frucht konzentrieren.

Gans Großer Wasservogel mit mildem Fleisch. Mehr Fett und weniger Fleischanteil als anderes Geflügel. Junge Gänse werden gebraten, ältere Tiere geschmort, Gänseleber wird zu Pastete verarbeitet.

Garam Masala Gewürzmischung aus Nordindien für Curry- und andere Gerichte. Hauptbestandteile: Kreuzkümmel, Koriander, Kardamom, Zimt, Pfeffer und Nelken.

Garnele (Shrimp) Kleines, scherenloses Krustentier mit langen Fühlern, schmalen Beinen und einem langen, plumpen Körper. Je nach Art variiert die Farbe (von gelb und grün über bläulichbraun bis hellgrau), aber die meisten werden beim

Kochen orangerot. Es gibt sie in warmen und kalten Gewässern, in Salz- und Süßwasser. Von allen Schalentieren werden sie am häufigsten verzehrt. Ihr festes, feuchtes Fleisch bildet in vielen Ländern die Grundlage für diverse Gerichte. Man ißt sie gekocht und kalt mit Dips als Appe-

tithappen oder in Salaten; sie werden gegrillt, in Teig getaucht und fritiert, in Suppen, Currys, Eintöpfen und Omeletts verarbeitet und mit einer Fülle von Soßen oder als Dekoration serviert. Garnelen sind roh und gekocht erhältlich (mit oder ohne Schale), frisch, eingefroren oder im Sud.

Garnelenpaste (Shrimpspaste) Scharf riechende Würzpaste aus sonnengetrockneten, gesalzenen Garnelen. Wird in der südostasiatischen Küche zum Würzen von Currys und Dips benutzt; sparsam verwenden.

Garnierung Eßbare Bestandteile eines Gerichts, die erst vor

GLASIERTE GARNELEN

☆☆ ***Vorbereitungszeit:*** 15 Minuten + 30 Minuten Marinierzeit
Kochzeit: 20 Minuten
Für 4 Personen

750 g mittelgroße rohe Garnelen
2 Frühlingszwiebeln, grobgehackt
2 TL Salz
1 EL Maismehl
1 Eiweiß, leicht geschlagen
1 kleine rote Paprikaschote
125 g Zuckererbsen (Zuckerschoten)
1–2 EL Austernsoße
2 TL trockener Sherry
1 TL Maismehl zusätzlich
1 TL Sesamöl
Öl zum Fritieren
½ TL zerdrückter Knoblauch
½ TL feingeriebener Ingwer

1 Garnelen schälen, Darm entfernen. Schalen, Köpfe und Frühlingszwiebeln in einem Topf mit Wasser bedecken und aufkochen. Im offenen Topf 15 Minuten köcheln lassen. Durch ein Sieb in eine Schüssel gießen. ½ Tasse Garnelensud aufbewahren. Garnelen in eine Glasschüssel geben. 1 TL Salz hinzufügen und 1 Minute kräftig rühren. Unter fließendem kalten Wasser abspülen. Das Ganze zweimal wiederholen, jeweils mit ½ TL Salz. Abschließend die Garnelen sehr gründlich abspülen und mit Küchenpapier sorgfältig trockentupfen.
2 Maismehl und Eiweiß in einer Schüssel mischen, Garnelen hinzufügen und 30 Minuten ziehen lassen.
3 Paprikaschote in dünne Streifen schneiden; Zuckererbsen waschen und gut abtropfen lassen. ½ Tasse Garnelensud, Austernsoße, Sherry, 1 TL Maismehl und Sesamöl in einer kleinen Schüssel verrühren. Öl im Wok oder einer tiefen schweren Bratpfanne erhitzen. Garnelen darin bei mittlerer Hitze in 1–2 Minuten goldgelb fritieren. Mit einem Schaumlöffel oder einer Zange die Garnelen vorsichtig herausheben und auf Küchenpapier abtropfen lassen. Warm halten.
4 Öl bis auf 3 EL aus der Pfanne nehmen. Knoblauch und Ingwer darin 30 Sekunden unter Rühren braten, Zuckerschoten und Paprika dazugeben und bei starker Hitze 2 Minuten unter Rühren braten. Die Soßenzutaten dazugeben und unter Rühren aufkochen und eindicken lassen. Garnelen hinzufügen, alles gut vermengen. Vom Herd nehmen und sofort servieren.

Gegenüber, oben: Scharf-saure Thaisuppe;
unten: Garnelencrostini.
Oben: Glasierte Garnelen.

SPAGHETTI KREOLISCHE ART

☆ ***Vorbereitungszeit:*** 15 Minuten
Kochzeit: 25–30 Minuten
Für 6 Personen

1–2 EL Öl
500 g Spaghetti
frische gehackte Petersilie zum Garnieren

Soße
60 g Butter
500 g rohe Garnelen, geschält und Darm entfernt
100 ml Weißwein
ca. 400 g Tomaten aus der Dose, zerdrückt
1 Prise schwarzer Pfeffer
2 TL Currypulver
300 ml Sahne
2 EL frisch geriebener Parmesan

1 Spaghetti in einem großen Topf mit Wasser in 10–12 Minuten bißfest kochen. Abgießen, unter warmem Wasser abspülen und abtropfen lassen. Wieder in den Topf geben. Garnelensoße darübergießen und bei schwacher Hitze 1–2 Minuten darin wenden. Mit Petersilie garnieren und servieren.
2 Für die Soße Butter in einer Pfanne zerlassen. Garnelen darin rosa braten. Garnelen herausnehmen und beiseite stellen. Wein, Tomaten, Gewürze, Sahne und Käse in die Pfanne geben und 10 Minuten köcheln lassen.

Anmerkung: Frisch geriebener Parmesan schmeckt wesentlich besser als Parmesan aus der Streudose.

SCHARF-SAURE THAISUPPE

☆ ***Vorbereitungszeit:*** 10 Minuten
Kochzeit: 20 Minuten
Für 4 Personen

400 g mittelgroße rohe Garnelen (Shrimps)
1 ½ EL Öl
1 ½ l Wasser
1 TL grobgehackter Knoblauch
¾ TL Salz
4 rote Chilischoten
1 Stengel Zitronellgras (nur das dicke Ende), grobgehackt
3 getrocknete oder frische Limonenblätter
1 EL Koriandergrün, grobgehackt
2 Frühlingszwiebeln, in feine Ringe geschnitten
1 rote Chilischote zusätzlich, in feine Ringe geschnitten
6 TL Nuoc-Mam-Soße
3 EL Limonensaft

1 Garnelen schälen; Darm entfernen. Köpfe und Schalen zurückbehalten. Öl in einem Topf stark erhitzen, Schalen und Köpfe hineingeben und bei starker Hitze rosa braten. Wasser, Koblauch, Salz, Chilischoten, Zitronellgras und Limonenblätter dazugeben. Aufkochen, Hitze reduzieren und im offenen Topf 15 Minuten köcheln lassen.
2 Brühe durch ein feines Sieb mit einer doppelten Lage Küchenkrepp in einen frischen Topf gießen.
3 Garnelen hinzufügen, zum Kochen bringen und köcheln lassen, bis sie rosa werden. Das dauert nur wenige Minuten. Vom Herd nehmen, Koriander, Frühlingszwiebeln, Chilischote, Nuoc-Mam-Soße und Limonensaft dazugeben. Sofort servieren.

GARNELENCROSTINI

☆☆ ***Vorbereitungszeit:*** 45 Minuten
Kochzeit: 35 Minuten
Für 6 Personen

½ Laib Kastenbrot
½ Tasse Olivenöl
1 Knoblauchzehe, zerdrückt

Füllung
500 g rohe Garnelen
1 ½ Tassen Wasser
2 Scheiben Zitrone
60 g Butter
6 Frühlingszwiebeln, gehackt
3 EL Mehl
gemahlener Pfeffer
1–2 El Zitronensaft
1 TL getrockneter Dill
4 EL Sahne
Petersilie und Zitrone

1 Backofen auf 210 °C vorheizen. Brot in 5 cm dicke Scheiben schneiden und Rinde entfernen. Jede Scheibe diagonal durchschneiden, damit 2 Dreiecke entstehen. Die Dreiecke in der Mitte aushöhlen (Boden nicht durchstechen!). Dabei einen Rand von 1 cm stehenlassen. So entsteht eine Höhle für die Füllung. Öl und Knoblauch in einem Topf erhitzen und die Brotkörbchen damit ringsherum einpinseln. 10 Minuten aufbacken.
2 Für die Füllung Garnelen schälen, Darm entfernen und die Garnelen grob hacken. Mit Wasser bedecken und zusammen mit den Zitronenscheiben 15 Minuten köcheln lassen. Abgießen und Sud auffangen.
3 Butter erhitzen und Frühlingszwiebeln darin weich dünsten; Mehl und Pfeffer hinzufügen. Bei schwacher Hitze 2 Minuten rühren. Nach und nach Garnelensud angießen. Bei mittlerer Hitze unter ständigem Rühren aufkochen und langsam eindicken lassen. Zitronensaft, Dill, Sahne und Garnelen dazugeben und etwa 5 Minuten mit erhitzen.
4 Zum Servieren Füllung in die Brotkörbchen geben und mit Petersilie und Zitrone garnieren.

dem Servieren zu Dekorationszwecken beigefügt werden. Für pikante Gerichte: u. a. Petersilien- und Korianderstengel (frisch, gehackt oder fritiert), Dill und Fenchel (Stengel oder feingehackte Blätter), Wasserkresse, Basilikumblätter, Sellerielocken oder junge Blätter, rohe

Möhren, in Streifen geschnitten; Zwiebelringe, feingehackter Schnittlauch, hartgekochte Eierscheiben; Tomaten, eßbare Blüten (Brunnenkresse); Zitronen-, Orangen- und Gurkenscheiben. Croûtons, kleine Gebäckstücke und geschnittener Schinkenspeck garnieren oft Suppen und Eintöpfe. Gezuckerte Blüten, kandierte Früchte und

Fruchtschalen garnieren Desserts.

Gartenkresse siehe Kresse.

Gâteau Nahrhafter, reich dekorierter, oft alkoholgetränkter Biskuitkuchen mit Sahneschichten. Als Dessert, zu besonderen Anlässen oder zum Kaffee serviert.

Gazpacho Kalte Gemüsesuppe spanischer Herkunft aus reifen Tomaten, rotem

Paprika, Gurke, Olivenöl und Brot- oder Knoblauchbrotkrüstchen.

Gebäckteig Ungesäuerter Teig aus Fett (Butter, Margarine oder Schweineschmalz), Mehl, manchmal Zucker und Wasser als Bindemittel. Durch die Art des Fetts und variierende Mengenanteile entstehen verschiedene Teigarten. Mürbeteig dient als Grundlage für süße und pikante Pies, Kuchen und Törtchen; knuspriger Filo- und luftiger Blätterteig werden vielseitig verwendet: vom Würstchen im Teigmantel bis zu köstlichen Desserts.

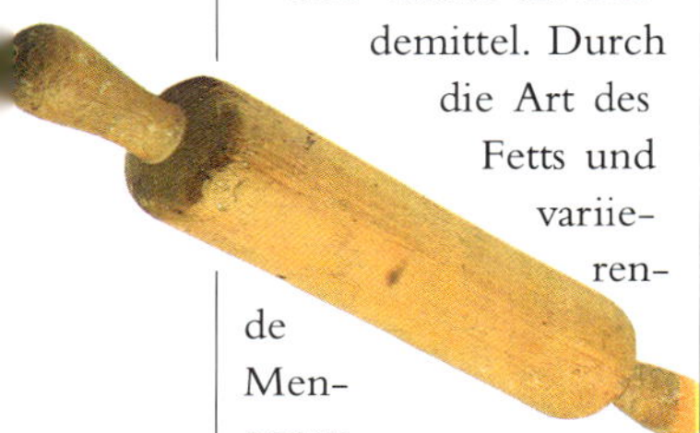

Gefilte Fisch Jüdisches Gericht; Fischklößchen aus zerkleinertem Fisch, kleingewürfelten Zwiebeln, Semmelbröseln oder Matzen-

GEBÄCK

SCHOKOLADENIGEL

Vorbereitungszeit: 30 Minuten + 30 Minuten Kühlzeit
Kochzeit: 5–10 Minuten
Ergibt 50 Stück

250 g Schokoladenplätzchen, zerkrümelt
½ Tasse Kokosflocken
1 Tasse Pekannüsse, grobgehackt
1 EL Kakaopulver, gesiebt
100 g Zartbitterschokolade, in Stücke gebrochen
80 g Butter
1 EL Maissirup
1 Ei, leicht verquirlt
zusätzlich Pekannüsse zum Dekorieren
60 g Zartbitterkuvertüre

Glasur
100 g Zartbitterschokolade, in Stücke gebrochen
45 g Butter

1 Rechteckige Metallform (30 x 20 cm) mit Folie auslegen. Plätzchenkrümel, Kokosflocken, Pekannüsse, Kakao in einer mittelgroßen Rührschüssel mischen und eine Vertiefung in die Mitte drücken.
2 Schokolade, Butter und Sirup in einen Topf geben und bei schwacher Hitze rühren, bis die Butter zerlaufen, die Schokolade geschmolzen und die Mischung glatt ist. Vom Herd nehmen. Mit dem Ei zu den trockenen Zutaten geben und mit einem Holzlöffel verrühren. In die Form drücken; 30 Minuten kalt stellen.
3 Für die Glasur Schokolade und Butter im Wasserbad schmelzen; abkühlen lassen. Über die Masse gießen und abkühlen lassen. Nach dem Erkalten in Quadrate schneiden. Pekannüsse in Schokolade tauchen und als Dekoration aufsetzen.

KOKOS-MARMELADEN-RIEGEL

Vorbereitungszeit: 20 Minuten
Backzeit: 35 Minuten
Ergibt 25 Quadrate

1 ½ Tassen Mehl
150 g Butter
½ Tasse Puderzucker

Belag
⅓ Tasse feiner Zucker
2 Eier
2 Tassen Kokosflocken
⅓ Tasse Brombeermarmelade

1 Backofen auf 180 °C vorheizen. Kuchenform (23 x 23 cm) mit Öl oder flüssiger Butter bepinseln. Mit Backpapier auslegen, an zwei Seiten überstehenlassen. Mehl, Butter und Zucker in der Küchenmaschine 30 Sekunden verarbeiten, bis der Teig bindet. Teig auf eine leicht bemehlte Arbeitsfläche geben und in 20 Sekunden geschmeidig kneten. In die Form drücken und 10 Minuten kalt stellen. In 15 Minuten goldgelb backen; dann abkühlen lassen.
2 Für den Belag Zucker und Eier in einer Schüssel verrühren; Kokosflocken hinzufügen.
3 Marmelade auf den abgekühlten Teig streichen. Belag über die Marmelade geben und mit dem Löffel andrücken. In 20 Minuten goldgelb backen. Nach dem Erkalten in 25 Quadrate schneiden.

SCHOKO-KARAMEL-ECKEN

☆☆ ***Vorbereitungszeit:*** 15 Minuten
Kochzeit: 20 Minuten
Ergibt 24 Dreiecke

125 g einfache, süße Plätzchen, zerkrümelt
80 g Butter, zerlassen
2 EL Kokosflocken
400 g gesüßte Dosenmilch
125 g Butter zusätzlich
⅓ Tasse feiner Zucker
⅓ Tasse Maissirup
250 g Vollmilchkuvertüre
1–2 EL Pflanzenöl

1 Flache, rechteckige Kuchenform (20 x 30 cm) mit Öl oder flüssiger Butter bepinseln. Mit Alufolie auslegen, Folie einfetten. Plätzchen, flüssige Butter und Kokosflocken in einer Schüssel mischen und gleichmäßig in die vorbereitete Form drücken; Oberfläche glätten.
2 In einem Topf Kondensmilch, Butter, Zucker und Sirup bei schwacher Hitze 15 Minuten rühren, bis eine einheitliche Masse entsteht. Vom Herd nehmen, etwas abkühlen lassen. Auf die Plätzchenschicht gießen und Oberfläche sodann glätten.
3 Vollmilchkuvertüre und Öl in eine feuerfeste Schüssel geben und im Wasserbad schmelzen und verrühren, bis die Schokolade weich und glatt ist. Mischung über den Karamel streichen. Vor dem Schneiden in 24 Stücke halbfest werden lassen, anschließend im Kühlschrank gut fest werden lassen.

Oben: Schoko-Karamel-Ecken.
Gegenüber: Schokoladenigel

WALNUSS-BROWNIES

☆ ***Vorbereitungszeit:*** 10 Minuten + 20 Minuten Ruhezeit
Backzeit: 35 Minuten
Ergibt 20 Rauten

100 g Butter
⅔ Tasse weicher, brauner Zucker
¾ Tasse Wasser
¼ Tasse Sultaninen, gehackt
1 Tasse Mehl mit Backpulverzusatz
1 Tasse Mehl
1 TL Zimt
1 EL Kakaopulver
½ Tasse Walnüsse, gehackt
¼ Tasse Schokostückchen
20 Walnußhälften

Glasur
60 g Butter
¾ Tasse Puderzucker
1 EL Kakaopulver
1–2 EL Milch

1 Backofen auf 180 °C vorheizen. Flache, rechteckige Form (27 x 18 cm) mit Öl bepinseln. Boden mit Backpapier auslegen; an den langen Seiten überstehenlassen. Papier einfetten. Butter, Zucker, Wasser und Sultaninen in einem Topf bei schwacher Hitze 5 Minuten verrühren, bis der Zucker sich aufgelöst hat. Anschließend vom Herd nehmen.
2 Mehl, Zimt und Kakao in eine Schüssel sieben; Nüsse und Schokostückchen hinzufügen. Eine Vertiefung in die Mitte drücken. Buttermischung hineingeben und verrühren.

mehl, Eiern und Gewürzen werden in Fischsud gekocht. Kann warm oder kalt verzehrt werden.

Geflügel Sammelbegriff für Hühner, Enten, Gänse, Trut- und Perlhühner, die ihres Fleisches und der Eier wegen als Haustiere gehalten werden. Am häufigsten werden Hühner verzehrt. Geflügel ist frisch oder gefroren, ganz oder portionsweise erhältlich.

Gelatine Weißes, geruch- und geschmackloses Geliermittel aus Kollagen, aus Knochen und Sehnen extrahiert. In Pulver- und Blattform erhältlich. In heißem Wasser aufgelöst bildet es eine zähe Flüssigkeit, die beim Erkalten fest wird. Kann mit fast allen Nahrungsmitteln, in süßen oder pikanten Gerichten verwendet werden. Ausnahmen bilden Ananas, Kiwi und Papaya, die ein Enzym enthalten, das Gelieren verhindert.

Gelato Italienische Eiscreme aus gesüßter Milch oder Sahne, Eigelb und Geschmacksstoffen. Fester und weniger süß als britische oder amerikanische Eiscreme.

Gelee Klare oder halbklare Masse, mit

Pektin oder Gelatine zubereitet und deshalb weich und elastisch. Verschiedene Gelee-Arten: Aufstrich aus mit Zucker gekochtem Fruchtsaft, dem oft handelsübliches Pektin zugesetzt wird; ein Kaltdessert aus Zucker und Fruchtsaft,

manchmal mit Alkohol aromatisiert und in einer Form unter Zusatz von Gelatine verfestigt (Weingelee, Götterspeise, Wackelpeter); Aspik aus Fleisch-, Fisch- oder Gemüsebrühe, mit Gelatine verfestigt; geleeartige Süßigkeiten wie Geleefrüchte, Marshmallows, Türkischer Honig und Jujube aus dickem Sirup, mit Gelatine verfestigt.

Gemüse Jeder eßbare Teil einer als Nahrung kultivierten Pflanze – Blatt, Stiel, Knospe, Blüte, Samen, Wurzel, Zwiebel oder Knolle. Einige Früchte, wie Tomaten, Kürbis, Zucchini, Aubergine und Paprikaschoten, werden wie Gemüse behandelt.

In die Form füllen und 30 Minuten backen (Nadelprobe). 20 Minuten in der Form abkühlen lassen, dann zum Erkalten auf ein Kuchengitter beiseite stellen.

3 Für die Glasur Butter leicht und cremig aufschlagen; Zucker, Kakao und Milch hinzufügen. Glattrühren. Über die Gebäckmasse verteilen. In Rauten schneiden und noch mit Walnußhälften garnieren.

SAFTIGE SCHOKOLADEN-BROWNIES

☆☆ ***Vorbereitungszeit:*** 20 Minuten
Kochzeit: 45 Minuten
Ergibt 36 Quadrate

1 ½ Tassen Mehl
¼ Tasse Kakaopulver
1 TL Backpulver
½ TL Natron
½ Tasse Macadamianüsse, gehackt
125 g Butter
200 g dunkle Blockschokolade, in Stücke gebrochen
1 Tasse sehr feiner Zucker
2 Eier, leicht verquirlt
⅓ Tasse saure Sahne
⅓ Tasse Macadamianüsse zusätzlich, gehackt

Schokoladenglasur
150 g dunkle Blockschokolade, in Stücke gebrochen
½ Tasse saure Sahne

1 Backofen auf 180 °C vorheizen. Quadratische flache Kuchenform (23 x 23 cm) mit Öl oder flüssiger Butter bepinseln. Mit Backpapier auslegen; Papier einfetten. Mehl, Kakao, Backpulver und Natron in eine Schüssel sieben, Nüsse hinzufügen und eine Vertiefung in die Mitte drücken.

2 Butter und Schokolade in eine mittelgroße feuerfeste Form geben. Im Wasserbad schmelzen und dabei so lange rühren, bis die Mischung glatt ist. Vom Herd nehmen, Zucker, Eier und Sahne einrühren. Mit dem Schneebesen dick und glatt schlagen. Schokoladenmischung zu den trockenen Zutaten geben. Mit einem Holzlöffel vorsichtig verrühren und die fertige Mischung in die vorbereitete Form füllen. 40 Minuten backen. Nach der Backzeit Nadelprobe durchführen. In der Form erkalten lassen.

3 Für den Cremebelag Schokolade in eine feuerfeste Form geben und im Wasserbad unter ständigem Rühren schmelzen. Vom Herd nehmen und 2 Minuten ruhenlassen. Sahne hinzufügen und die Mischung mit dem Schneebesen dick und glänzend schlagen. Den Cremebelag noch warm über das abgekühlte Gebäck gießen und mit Nüssen bestreuen. Fest werden lassen und in 4 cm große Quadrate schneiden.

BRANDY-ALEXANDERSCHNITTEN

☆ ***Vorbereitungszeit:*** 20 Minuten + 3 Stunden Kühlzeit
Kochzeit: 5 Minuten
Ergibt 12 Stück

90 g Butter, in Stücke geschnitten
60 g Zartbitterschokolade, in Stücke gebrochen
250 g einfache Schokoladenplätzchen, zerkrümelt
300 g Ricotta
4 EL Sahne
1/3 Tasse Puderzucker, gesiebt
1/2 Tasse Milchschokolade, geraspelt
1–2 EL Brandy
1–2 EL Kakaocremelikör
1/2 TL gemahlene Muskatnuß
60 g Zartbitterkuvertüre

1 Flache Metallform (30 x 20 cm) mit Öl bepinseln und mit Backpapier auslegen. Butter und Schokolade in einer feuerfesten Schüssel unter Rühren im Wasserbad schmelzen; glattrühren. Vom Herd nehmen. Mit einem Messer mit breiter Klinge Plätzchenkrümel und Schokolade in einer Schüssel verrühren. Mischung gleichmäßig in die Form streichen und beiseite stellen.

2 Mit dem Handrührgerät in einer kleinen Rührschüssel Ricotta, Sahne und Zucker auf mittlerer Stufe leicht und cremig aufschlagen. Schokolade, Brandy und Likör hinzufügen. Noch 1 Minute auf langsamer Stufe rühren.

3 Käsemischung auf dem vorbereiteten Boden verteilen. Mit gemahlener Muskatnuß bestreuen. Über Nacht kalt stellen. In 12 Schnitten teilen. Die Zartbitterkuvertüre im Wasserbad in einer feuerfesten Schüssel schmelzen, dann die Schnitten damit dekorieren. Dazu einen Spritzaufsatz verwenden.

KÄSESCHNECKEN MIT PFLAUMEN

☆☆ ***Vorbereitungszeit:*** 30 Minuten + 30 Minuten Kühlzeit
Backzeit: 15 Minuten
Ergibt 20 Stück

1 1/2 Tassen Mehl
1 EL Vanillepuddingpulver
90 g Butter
1/4 Tasse feiner Zucker
1 Eigelb
3–4 EL Milch

Füllung
250 g Frischkäse
1/3 Tasse feiner Zucker
2 TL abgeriebene Zitronenschale
1 Tasse Pflaumen, entsteint und gehackt

1 Backblech (32 x 28 cm) mit Öl oder flüssiger Butter einpinseln. Mehl, Puddingpulver, Butter und Zucker in der Küchenmaschine in etwa 15 Sekunden zu feinen Krümeln verarbeiten. Eigelb und Milch hinzufügen und etwa 15 Sekunden rühren, bis die Mischung bindet (Momentschaltung benutzen).

Teig auf eine leicht bemehlte Arbeitsfläche geben und mit einigen Handgriffen schnell in 1 Minute

Oben: Brandy-Alexanderschnitte.
Gegenüber: Saftige Schokoladen-Brownies

Zu den Hülsenfrüchten gehören Bohnen, Erbsen und Linsen; Spinat, Salat und Kohl sind Blattgemüse; Bleichsellerie ist ein Stauden-

gemüse; Möhren, Steckrüben und Pastinaken sind Wurzelgemüse; Jams und Kartoffeln Knollengemüse; zu den Zwiebelgewächsen gehören Schalotten, Fenchel und

Zwiebel; Brokkoli und Blumenkohl sind Köpfe mit dicht gehäuften Blütenknospen. Champignons und andere Pilze zählt man gewöhnlich zum Gemüse. Gemüse wird roh als

Salat und gekocht als Suppe, Beilage zum Hauptgericht oder selbständiges Gericht verzehrt oder als Konserve eingelegt.

Gemüsekürbis
Wurstförmiges Gemüse, das zu derselben Familie gehört wie zum Beispiel die Zucchini. Junge Kürbisse haben das beste Aroma und ganz zartes Fleisch; man bereitet sie wie Zucchini vor. Große, ältere Kürbisse haben einen hohen Wassergehalt und schmecken milder.

Gemüsepaprika
siehe Paprikaschoten.

Genoiser Torte
Heller Biskuitkuchen. Ei und Zucker bei schwacher Hitze schaumig rühren; nach dem Abkühlen Mehl und zerlassene Butter hinzu-

fügen. Für Schichttorten, Schnitten und Alaska-Eisbombe.

Gerste Dem Weizen verwandtes Korn aus

geschmeidig kneten. Auf Backpapier zu einem Rechteck von 30 x 28 cm ausrollen.

2 Für die Füllung Frischkäse, Zucker und Zitronenschale in einer kleinen Schüssel leicht und cremig aufschlagen, auf den Teig streichen und mit Pflaumen bestreuen.

3 Teig von einer langen Seite her bis zur Mitte aufrollen; mit der Seite gegenüber wiederholen. In etwa 30 Minuten im Kühlschrank fest werden lassen. Backofen auf 180 °C vorheizen. Teigrolle in 1,5 cm dicke Scheiben schneiden und mit ausreichend Abstand auf das Blech legen. In 15 Minuten goldgelb backen. Auf Kuchengitter abkühlen lassen.

SCHOKO-MÖHREN-ECKEN

☆ ***Vorbereitungszeit:*** 15 Minuten
Backzeit: 30 Minuten
Ergibt 32 Stück

1 Tasse Mehl mit Backpulverzusatz
1 TL Zimt
3/4 Tasse sehr feiner Zucker
1/2 Tasse Möhren, feingeraspelt
1 Tasse gemischtes Dörrobst
1/2 Tasse Schokoladenstückchen
1/3 Tasse Kokosflocken
2 Eier, leicht verquirlt
90 g Butter, zerlassen
1/3 Tasse Walnüsse, gehackt

Frischkäseüberzug
125 g Frischkäse
30 g Butter
1 1/2 Tassen Puderzucker, gesiebt
1 TL heißes Wasser

1 Backofen auf 180 °C vorheizen. Eine flache quadratische Kuchenform (23 x 23 cm) mit Öl oder flüssiger Butter einpinseln und Boden und Seiten mit Backpapier auslegen. Mehl und Zimt in eine Schüssel sieben, Zucker, Möhren, Dörrobst, Schokostückchen und Kokosflocken hinzufügen und kurz verrühren, bis alles gut verbunden ist. Mit Butter cremig geschlagene Eier zufügen und gut verrühren.

2 Mischung in die Form streichen, Oberfläche glätten. 30 Minuten goldgelb backen. In der Form erkalten lassen; auf einen ebenen Untergrund stellen.

3 Für den Käseüberzug Frischkäse und Butter mit dem Handrührgerät in einer kleinen Schüssel glattrühren. Puderzucker hinzufügen und in 2 Minuten leicht und luftig aufschlagen. Wasser einrühren. Fertige Mischung mit der flachen Seite eines Messers auf das Gebäck streichen. Mit Walnüssen bestreuen. In 16 Quadrate und jedes Quadrat in 2 Dreiecke teilen.

SCHOKO-RUMSCHNITTEN

☆ ***Vorbereitungszeit:*** 15 Minuten + 1 Stunde Kühlzeit
Kochzeit: 3 Minuten
Ergibt einen Kuchen von 19 x 19 cm

250 g einfache Schokoladenplätzchen, zerkrümelt
1 Tasse gemischtes Dörrobst oder Sultaninen
1/2 Tasse Walnüsse, gehackt
125 g Butter
1/2 Tasse Kondensmilch
1 Ei
1 TL Zimt
3 EL Rum
125 g Zartbitterschokolade, in Stücke gebrochen

1 Tiefe Kuchenform von 19 x 19 cm mit Öl oder flüssiger Butter einpinseln; Seiten und Boden mit Aluminiumfolie auslegen. Plätzchenkrümel, Obst und Nüsse in einer Schüssel mischen und eine Vertiefung in die Mitte drücken.

2 Butter und Milch in einem Topf bei schwacher Hitze rühren, bis die Butter geschmolzen ist. Vom Herd nehmen, Ei, Zimt und Rum unterziehen.

3 Buttermischung zu den trockenen Zutaten geben. Mit einem Holzlöffel gut verrühren. Die Mischung gleichmäßig in die vorbereitete Form drücken.

4 Schokolade in einer Glasschüssel im Wasserbad schmelzen. Vom Herd nehmen. Mit dem Glasurmesser gleichmäßig auf das Gebäck auftragen und Stücke markieren. Im Kühlschrank abgedeckt fest werden lassen. Anschließend zum Servieren in Scheiben schneiden, am besten mit einem kalten Messer.

GRAPEFRUIT

BRUNNENKRESSESALAT MIT GRAPEFRUIT

★ ***Vorbereitungszeit:*** 20 Minuten
Für 6 Personen

220 g Brunnenkresse
1 große Orange
1 mittelgroße Grapefruit
4 EL Olivenöl
1–2 EL Himbeeressig

1 Brunnenkresse sorgfältig waschen und trocknen. Zerpflücken, in eine Servierschüssel geben.
2 Orange schälen. Ein 4 cm langes Stück Orangenschale aufbewahren. Orange teilen. Vorgang mit Grapefruit wiederholen und Teile auf der Brunnenkresse verteilen.
3 Mit einem scharfen Messer weiße Haut von aufbewahrter Orangenschale entfernen. Schale in lange, feine Streifen schneiden.
4 Erst Öl, dann Essig über den Salat träufeln. Leicht mischen. Mit in Streifen geschnittener Orangenschale garnieren.

Anmerkung: Himbeeressig selbst zubereiten: ⅔ Tasse zerdrückte Himbeeren mit 500 ml Weißweinessig mischen. In eine Glasflasche geben, mit einem Korkstopfen oder einer Plastikkappe verschließen. 3 Tage an einem dunklen, kühlen Ort stehenlassen. Vor dem Gebrauch absieben.

Oben: Brunnenkressesalat mit Grapefruit; unten: Grapefruit-Marmelade. Gegenüber: Schoko-Möhren-Ecken

GRAPEFRUIT-MARMELADE

★ ***Vorbereitungszeit:*** 35 Minuten
Kochzeit: 1 Stunde 40 Minuten
Ergibt ca. 1 Liter

750 g Grapefruit
2 mittelgroße Zitronen
2 l Wasser
6 Tassen Zucker, gewärmt

1 Grapefruit und Zitronen dünn schälen. Die Schale in sehr feine Streifen schneiden und in einen großen Topf geben. Weiße Haut vom Fruchtfleisch entfernen und in kleine Stücke schneiden, Kerne und Haut aufbewahren.
2 Einige Kerne und weiße Haut in ein Leinensäckchen einbinden und mit dem Wasser zur Schale geben. Wasser zum Kochen bringen, Hitze reduzieren, köcheln lassen, bis die Schale weich ist.
3 Zucker zugeben, rühren, bis er sich aufgelöst hat, dann stark aufkochen, bis der Gelierpunkt erreicht ist. 10 Minuten stehenlassen. In warme, sterilisierte Gläser geben und verschließen.

WISSENSWERTES ÜBER GRAPEFRUIT

- Grapefruit ist als große gelbe oder kleinere rosa Frucht erhältlich. Beim Kauf stets auf gleichmäßig gefärbte und unbeschädigte Früchte achten.
- Grapefruit sind zum Frühstück sehr beliebt; die Frucht halbieren und leicht mit Zucker bestreuen. Doppelseitig gezahnte Grapefruitmesser vereinfachen das Lösen der Segmente aus der Haut.

den Hügelregionen des Orients. Graupen, glänzende Körner, die in der Mühle so lange bearbeitet werden, bis sie kleinen Perlen ähneln, wurden seit antiken Zeiten zum Kochen verwendet, möglicherweise mit Wasser und Öl vermischt; Bratensaft von Geflügel oder Lamm gab den Geschmack.

Noch heute in Suppen und Eintöpfen verwendet. Aus dem Korn hergestelltes Gerstenwasser war das Lieblingsgetränk des griechischen Arztes Hippokrates und ist auch heute noch ein beliebter Gesundheitstrunk. Gerste wird heute meist zum Bierbrauen benutzt und als lagerfähiges Reservenahrungsmittel vorrätig gehalten.

Gerstenzucker
Bröckelige Süßigkeit (Bonbon); ursprünglich aus Wasser und Zucker, in dem mehrere Stunden lang Gerste geköchelt hat (Gerstenwasser). Heute wird er – ohne Gerste – aus

gekochtem Zucker und den unterschiedlichsten Geschmacksstoffen hergestellt.

Gesäuertes Wasser Wasser mit einer Spur Zitronensaft oder Essig; wird über

geschnittene, rohe Früchte geträufelt, um Verfärbung zu verhindern.

Geschnetzeltes Eine bekannte Spezialität aus der Schweiz, die das traditionelle aus Zürich stammende Kalbfleischgericht bezeichnet (Zürcher Geschnetzeltes). Das leicht mit Mehl bestäubte, kleingeschnittene Fleisch kurz in Öl anbraten. Kalbfleisch herausnehmen. Butter in der Pfanne zerlassen und Zwiebeln andünsten. Nach drei Minuten Sahne und Weißwein hinzugeben und das Fleisch wieder in die Pfanne zurückgeben. Erhitzen, aber nicht kochen. Meistens werden dazu knusprige Röstis gereicht.
Wer es nicht ganz so üppig mag, ißt als Beilage Reis oder Spätzle und einen Salat.

Getreide Pflanzen, die wegen ihres eßbaren Korns und Samens angebaut werden,

GELATINE

AVOCADOMOUSSE IN ASPIK

☆☆ ***Vorbereitungszeit:*** 30 Minuten
Kochzeit: 10–15 Minuten
Für 6 Personen

Aspik
helles Olivenöl
1 Tasse Hühnerbrühe (siehe Anmerkung)
1 EL Gelatinegarnitur (rosa Pfefferkörner, feingeschnittene Zitronen und Avocadoscheiben)

Avocado-Mousse
½ Tasse Hühnerbrühe
1 EL Gelatine
2 reife, mittelgroße Avocados
2–3 EL Zitronensaft
1 ½ Tassen Mayonnaise
1 TL weiße Zwiebel, feingerieben
Salz und weißer Pfeffer
½ Tasse Sahne, geschlagen

1 Für den Aspik eine Form (1 l) mit etwas Olivenöl leicht auspinseln. Hühnerbrühe in einen kleinen Topf geben und mit Gelatine bestreuen. Bei schwacher Hitze rühren, bis die Gelatine sich aufgelöst hat; abkühlen und die Hälfte in die Form gießen. Im Kühlschrank aufbewahren, bis die Mischung fast fest ist; Garnierung zugeben und die restliche Mischung vorsichtig darübergeben. Kühlen, bis sie fest ist.
2 Für die Avocado-Mousse Brühe in einen kleinen Topf geben und mit Gelatine bestreuen. Langsam erhitzen und rühren, bis die Gelatine sich aufgelöst hat; abkühlen, bis die Mischung lauwarm ist.
3 Avocados schälen, halbieren, Stein entfernen, in die Küchenmaschine geben. Mit Zitronensaft, Mayonnaise, Zwiebel, Salz und Pfeffer verarbeiten, bis die Mischung glatt ist. In eine mittelgroße Schüssel geben. Gelöste Gelatine hineinrühren und stehenlassen, bis sie teilweise fest ist.
4 Schlagsahne unter die Mischung heben und die Mousse über den Aspik in der Form gießen. Im Kühlschrank aufbewahren, bis alles fest ist. Zum Stürzen die Mousse vorsichtig von der Form lösen und auf eine Servierplatte gleiten lassen.

Anmerkung: Hühnerbrühe für Aspik muß gut gewürzt, klar und fettfrei sein. Sie kann durch im Handel erhältliches Aspikpulver ersetzt werden.

FRÜCHTE IN CHARDONNAY-GELEE

☆ ***Vorbereitungszeit:*** 30 Minuten
Kochzeit: 5 Minuten
Für 4 Personen

2 EL Gelatine
½ Tasse Wasser
2 Tassen Chardonnay
½ Tasse Zucker
¼ Tasse Mandelsplitter
2 Tassen vorbereitete Früchte (Erdbeeren, Melonenbällchen, kernlose Weintrauben, geschnittene Aprikosen)
Eiscreme oder Schlagsahne zum Servieren

1 In einer kleinen Schüssel Gelatine über Wasser streuen. Chardonnay mit Zucker in Topf unter Rühren langsam erhitzen, um den Zucker aufzulösen. Vom Herd nehmen, Gelatinemischung zugeben und rühren, bis sie sich gelöst hat.
2 Gelee abkühlen lassen, bis er beginnt, etwas dikker zu werden. Einige EL Gelee in eine kalt ausgespülte Form mit 5–6 Tassen Fassungsvermögen schöpfen. Eine Lage Früchte und Mandeln darauf anordnen; fest werden lassen, Vorgang wiederholen, bis alle Früchte und Mandeln aufgebraucht sind.
3 Gelee im Kühlschrank mehrere Stunden aufbewahren, bis er fest geworden ist. Stürzen und pur oder mit Eiscreme oder Schlagsahne servieren. Auch frisch geschnittene Früchte können zum Gelee serviert werden.

Anmerkung: Klaren Apfelsaft mit 1–2 EL Zitronensaft statt des Chardonnay verwenden.

Oben: Früchte in Chardonnay-Gelee. Gegenüber: Kaltes Zitronensoufflé

1
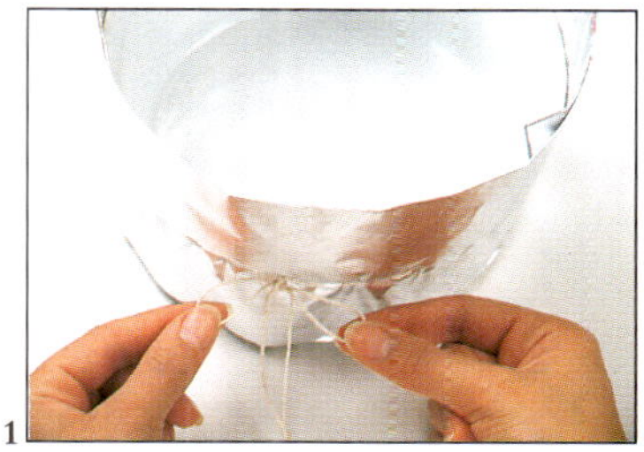

2

3

KALTES ZITRONENSOUFFLÉ

★★★

Vorbereitungszeit: 35 Minuten
Für 4–6 Personen

5 Eier, Eigelb und Eiweiß getrennt
1 Tasse sehr feiner Zucker
2 TL Zitronenschale, feingerieben
¾ Tasse Zitronensaft, durchgesiebt
1 EL Gelatine
¼ Tasse Wasser
300 ml Sahne, leicht geschlagen
gehackte Pistazien oder geröstete, gemahlene Mandeln
Schlagsahne zusätzlich, zum Verzieren

1 1 Stück Aluminiumfolie 5 cm länger als den Umfang einer tiefen, 1,25 l fassenden Auflaufform schneiden. Der Länge nach auf die Hälfte falten. Um die Außenseite der Form wickeln, so daß sie 5 cm über den Rand hinaussteht. Folie mit Bindfaden befestigen.
2 Mit dem Handrührgerät Eigelb, Zucker und Zitronenschale 3 Minuten in einer Schüssel rühren, bis der Zucker sich aufgelöst hat. Zitronensaft erhitzen und nach und nach zur Eigelbmischung geben, dabei rühren, bis alles gut vermischt ist.
3 In einer kleinen Schüssel Gelatine mit Wasser mischen. Schüssel in heißes Wasser stellen und rühren, bis die Gelatine sich aufgelöst hat. Nach und nach zur Zitronenmischung geben, bei niedriger Rührstufe alles gut vermischen. In eine große Schüssel geben, mit Folie abdecken und 15 Minuten im Kühlschrank aufbewahren.
4 Mit einem Metallöffel Schlagsahne unter die Zitronenmischung heben. Mit dem Handrührgerät Eiweiß steif schlagen. Eiweiß zügig und leicht unter die Zitronenmischung heben, bis die Eiweißflocken sich aufgelöst haben, vorsichtig in die vorbereitete Form gießen und kühlen, bis das Soufflé fest ist. Folienmanschette abnehmen, Nüsse über den Soufflérand streuen und die Oberfläche mit der zusätzlichen Schlagsahne verzieren.

WISSENSWERTES ÜBER GELATINE

- Der Extrakt aus Tierknochen und Sehnen ist in Pulverform oder in Blattform erhältlich. Gelatine hat keinen Eigengeschmack, deshalb kann sie als Geliermittel für Pasteten und auch für Desserts verwendet werden.
- Rezeptanweisungen für Gelatine genau beachten, denn bei falschen Maßen gelingt die Gelatine möglicherweise nicht.
- Wird schon gelöste Gelatine zu einer Mischung hinzugefügt, sollten beide Mischungen die gleiche Temperatur haben (lauwarm). Gelöste Gelatine langsam zugeben und ständig rühren, bis die Mischung beginnt, dick zu werden.

z. B. Weizen, Roggen, Hafer, Mais und Gerste. Getreide ist protein-, vitamin- und mineralstoffreich und hat einen hohen Kohlenwasserstoffgehalt. Grundnahrungsmittel der Weltbevölkerung.

Gewürze Überwiegend getrocknete, aromatische Samen, Früchte, Rinde, Wurzeln und Blüten von Bäumen und Sträuchern, mit denen süße und herzhafte Speisen aromatisiert werden. Die meisten Gewürze wachsen in tropischen und subtropischen Klimazonen, vor allem in Indien und Südostasien. (Die Molukken, eine Inselgruppe vor der indonesischen Küste, auf denen Nelken- und Muskatbäume beheimatet sind, waren lange Zeit als Gewürzinseln bekannt.) Jahrtausendelang führten die Gewürzstraßen durch Südwestasien nach Europa. Pfeffer und Zimt erreichten mit als erste das Mittelmeer. Gewürze waren

selten und teuer; sie wurden in unzähligen süßen und herzhaften Gerichten und Soßen verwendet. Jahrhundertelang waren venezianische Kaufleute im Besitz des Handelsmonopols – ein Grund für holländische und portugiesische Schiffe, nach einem Seeweg nach Asien zu suchen. Bei dieser Reise entdeckten sie nicht nur die sagenumwobenen Gewürzinseln Südostasiens, sondern auch Amerika. Gewürze werden ganz oder gemahlen verkauft. Da gemahlene Gewürze schnell an Aroma verlieren, sollte man sie bei Bedarf selbst mahlen oder gemahlene Gewürze regelmäßig ersetzen.

Ghee (Butterschmalz) In der nordindischen Küche häufig verwendetes, reines Butterfett, das stärker erhitzt werden kann als Butter, ohne zu verbrennen. Herstellung: Butter zerlassen, bis sie schäumt, Schaum abschöpfen, flüssige Butter vorsichtig in einen feuerfesten Behälter gießen, feste Milchbestandteile in der Pfanne lassen. Nach dem Abkühlen feste Bestandteile vom Boden entfernen. Vorgang wiederholen, Schmalz durch feines Leinentuch sieben.

Glasierte Früchte Früchte, die zur Kon-

GELEE

GUAVEN-GELEE

★ ***Vorbereitungszeit:*** 30 Minuten + über Nacht Ruhezeit
Kochzeit: 45 Minuten
Ergibt 3 ½ Tassen

1 kg nicht vollreife Guaven
1 grüner Apfel, geschält, ohne Kerngehäuse
½ Tasse Zitronensaft
1 l Wasser
Zucker

1 Guaven und Apfel in dicke Scheiben schneiden.
2 Guaven, Apfel, Zitronensaft und Wasser in einen großen Topf geben. Zum Kochen bringen und offen 10 Minuten schwach kochen lassen. Mit einem Holzlöffel Guaven und Apfel zerkleinern und weitere 10 Minuten schwach kochen lassen.
3 Obst durch ein gespanntes Leinentuch absieben und über Nacht stehenlassen. Abgesiebten Saft abmessen und zurück in den Topf geben. 1 Tasse gewärmten Zucker pro Tasse Saft zugeben; bei schwacher Hitze rühren, bis der Zucker sich aufgelöst hat. Zum Kochen bringen; stark kochen lassen, bis der Gelierpunkt erreicht ist.
4 Vom Herd nehmen, in warme, sterilisierte Gläser abfüllen. Nach dem Abkühlen Gläser verschließen. Aufstrich für Toast oder Muffins.

Diese Seite, oben: Guaven-Gelee; rechts: Rosmarin-Tomaten-Apfel-Gelee. Gegenüber, oben: Minze-Gelee; unten: Salbei-Gelee

ROSMARIN-TOMATEN-APFEL-GELEE

★★★ ***Vorbereitungszeit:*** 25 Minuten
Kochzeit: 1 Stunde 45 Minuten
Ergibt 1,75 Liter

7 mittelgroße grüne Äpfel
2 mittelgroße Birnen
1 reife Tomate
1 Tasse frischer Rosmarin
⅔ Tasse Zitronensaft
Zucker

1 Äpfel, Birnen und Tomate waschen; abtropfen lassen. Äpfel, Birnen und Tomate fein schneiden; Rosmarin grob hacken.
2 Äpfel, Birnen (inklusive der Kerngehäuse und Kerne), Tomate und Rosmarin in einen großen Topf geben und mit Wasser bedecken. Zum Kochen bringen und abgedeckt ca. 1 Stunde köcheln lassen, bis die Früchte weich und breiig sind.
3 Fruchtmischung durch ein gespanntes Leinentuch absieben. Saft abmessen und mit dem Zitronensaft zurück in den Topf geben, zum Kochen bringen. ¾ Tasse Zucker pro Tasse Saft zugeben, rühren, bis der Zucker sich aufgelöst hat. Ohne Deckel 45 Minuten stark kochen lassen, bis der Gelierpunkt erreicht ist.
4 Gelee vom Herd nehmen; 5 Minuten abkühlen lassen. Mit einem Metallöffel Schaum von der Oberfläche abschöpfen. In warme, sterilisierte Gläser gießen, vor dem Verschließen abkühlen lassen. Wenn Gelee fast fest ist, mit einem Bambusspießchen Stengel frischen Rosmarin in die Gläser geben. Zu Lammbraten servieren.

SALBEI-GELEE

☆☆ **Vorbereitungszeit:** 35 Minuten + 3 Stunden Ruhezeit
Kochzeit: 1 Stunde 50 Minuten
Ergibt 2 Liter

8 mittelgroße grüne Äpfel
2 mittelgroße rote Äpfel
40 frische Salbeiblätter
2 TL Zitronenschale, gerieben
⅔ Tasse Zitronensaft
Zucker

1 Früchte waschen und trocknen. Früchte fein schneiden, Salbeiblätter grob hacken.
2 Früchte mit Kerngehäusen und Kernen, Salbeiblättern und Zitronenschale in einen großen Topf oder Bräter geben. Mit Wasser bedecken, zum Kochen bringen und abgedeckt 1 Stunde leicht köcheln lassen.
3 Früchte durch ein über eine Schüssel gespanntes Leinentuch absieben und 3 Stunden stehenlassen. Saft abmessen und zurück in den Topf geben. Zitronensaft zugeben und zum Kochen bringen. ¾ Tasse Zucker pro Tasse Saft zugeben. 45 Minuten stark kochen lassen, bis der Gelierpunkt erreicht ist.
4 Gelee vom Herd nehmen, 5 Minuten stehenlassen. In warme, sterilisierte Gläser füllen. Völlig abkühlen lassen. Wenn das Gelee fast fest ist, nach Wunsch Salbeiblätter in das Gelee geben. Gläser verschließen. Nach dem Abkühlen Gläser beschriften. Mit Schweinebraten servieren.

MINZE-GELEE

☆ **Vorbereitungszeit:** 30 Minuten + über Nacht stehenlassen
Kochzeit: 45 Minuten
Ergibt 3 ½ Tassen

1 kg grüne Äpfel
1 l Wasser
½ Tasse Zitronensaft
2 Tassen frische Minzeblätter
Zucker
grüne Lebensmittelfarbe nach Belieben

1 Äpfel in dicke Scheiben schneiden, aber nicht schälen oder Kerngehäuse entfernen.
2 Äpfel, Wasser, Zitronensaft und Minzeblätter in einen großen Topf geben. Zum Kochen bringen und ohne Deckel ca. 10 Minuten schwach köcheln lassen. Mit einem Holzlöffel die Äpfel zerkleinern und weitere 10 Minuten schwach köcheln lassen, bis die Äpfel weich und breiig sind.
3 Früchte absieben und über Nacht stehenlassen. Abgesiebten Saft abmessen und zurück in den Topf geben, 1 Tasse Zucker pro Tasse Saft zugeben, erwärmen und rühren, bis der Zucker sich aufgelöst hat. Zum Kochen bringen und stark kochen, bis der Gelierpunkt erreicht ist. Nach Belieben einige Tropfen Lebensmittelfarbe zugeben.
4 Topf vom Herd nehmen; 2 Minuten stehenlassen. In warme, sterilisierte Gläser abfüllen. Nach dem Abkühlen Gläser verschließen und beschriften. Zu Lammbraten servieren.

servierung in Sirup eingelegt werden. Innen saftig und klebrig, außen mit »kandierter« Oberfläche durch das Eintauchen in starken Sirup. Haben viermal mehr

Kalorien als frische Früchte.

Glasur (Guß) Dekorativer Überzug, der Austrocknen der Speisen verhindert. Für süße und pikante Speisen verwendet; vor oder nach dem Kochen aufgetragen. Vor dem Backen Gebäck mit Eiweiß, Plätzchen, Kuchen und Brot mit einer Zucker-Milchmischung glasieren; heißes Gemüse mit Zucker und zerlassener Butter bestreichen; kalte, pikante Gerichte mit Aspikgelee und Schinken mit Fruchtsoße glasieren. Fruchttörtchen bekommen einen Guß aus Marmelade oder Gelee.

Gloucesterkäse Fester, strohgelber, englischer Kuhmilchkäse mit mildem Geschmack; dem Cheddar ähnlich. Auch mit Stilton-Blauschimmelkäseschichten durchzogen erhältlich. In England ursprünglich aus der

Milch der heute praktisch ausgestorbenen Gloucester-Kühe hergestellt; heute aus Vollmilch von Herden aus dem benachbarten Somerset, Dorset und Wiltshire zubereitet. Wäre durch die kriegsbedingte Produktionsunterbrechung beinahe verloren gegangen. Nach Kriegsende schien das Wissen um die traditionelle

Herstellungsmethode in Vergessenheit geraten zu sein. Nur dadurch, daß eine alte Bauersfrau ausfindig gemacht werden konnte, die kurz vor ihrem Tod noch ihr Wissen um die Käsezubereitung an Arbeiter einer Käsefabrik weitergab, konnte diese traditionsreiche Käsesorte vor dem Untergang bewahrt werden.

Glühwein Alkoholisches Getränk, das im Winter getrunken wird. Rotwein wird mit Zucker, Zimt, Gewürznelken und der Schale einer unbehandelten Zitrone erhitzt, bis sich weißer Schaum bildet. Die Gewürze abschöpfen und den Glühwein in feuerfeste Gläser füllen. Inzwischen sind nicht nur fertige

GEMÜSE

SÜSSES GEMÜSECURRY

Vorbereitungszeit: 20 Minuten
Kochzeit: 40 Minuten
Für 4 Personen

2 mittelgroße Möhren
1 mittelgroße Pastinake
1 mittelgroße Kartoffel
3 EL Öl
2 mittelgroße Zwiebeln, gehackt
1 TL gemahlener Kardamom
¼ TL gemahlene Nelken
1 ½ TL Kreuzkümmelsaat
1 TL gemahlener Koriander
1 TL Kurkuma
1 TL braune Senfsaat
½ TL Chilipulver
2 TL frischer Ingwer, gerieben
1 ⅓ Tassen Gemüsebrühe
¾ Tasse Aprikosennektar oder -saft
2 EL Obstchutney
1 mittelgroße grüne Paprikaschote
200 g kleine Champignons
ca. 300 g Blumenkohl, in Röschen geteilt
¼ Tasse geriebene Mandeln

1 Möhren, Pastinake, Paprikaschote und Kartoffel in 2 cm große Stücke schneiden. Öl in einem großen schweren Topf erhitzen. Zwiebel darin bei mittlerer Hitze 4 Minuten weich dünsten. Kardamom, Nelken, Kreuzkümmelsaat, Koriander, Kurkuma, Senfsaat, Chilipulver und geriebenen Ingwer hinzufügen und 1 Minute unter Rühren dünsten, bis sich die Aromen allmählich entfalten.
2 Möhren, Pastinake, Kartoffel, Brühe, Nektar und Chutney dazugeben. 25 Minuten bei mittlerer Hitze und geschlossenem Topf kochen. Dabei gelegentlich umrühren.
3 Paprika, Pilze und Blumenkohl dazugeben. Noch 10 Minuten köcheln lassen, damit das Gemüse gar wird. Gemahlene Mandeln einrühren und servieren.

Anmerkung: Für dieses Curry ist jedes Gemüse geeignet (Brokkoli, Zucchini, rote Paprikaschoten, Süßkartoffeln usw.). Dazu kann man gedämpften Reis reichen. Oder es mit einer Dose Kichererbsen (Garbanzo-Bohnen) als vollwertige Mahlzeit servieren.

WEISSER WINTERGEMÜSETOPF

Vorbereitungszeit: 5 Minuten
Kochzeit: 1 Stunde 20 Minuten
Für 4 Personen

8 kleine Kartoffeln, halbiert
2 mittelgroße Steckrüben, geschält und in Scheiben geschnitten
4 kleine Zwiebeln, halbiert
200 g Blumenkohl, in Röschen geteilt
60 g Butter
⅓ Tasse Mehl
ca. 425 g Hühnerkraftbrühe (Fertigprodukt)
1 ½ Tassen Milch
½ Tasse Parmesan, frisch gerieben

1 Backofen auf 180 °C vorheizen. Kartoffeln, Steckrüben, Zwiebel und Blumenkohl in eine gefettete 1,5-l-Kasserolle legen.
2 Butter in einem Topf erhitzen, Mehl hineingeben. Bei schwacher Hitze zu einer goldgelben Paste rühren.
3 Hühnerkraftbrühe und Milch nach und nach angießen und mit der Mehlschwitze glattrühren. Bei mittlerer Hitze unter ständigem Rühren zum Kochen bringen, 2 Minuten kochen und eindikken lassen.
4 Die Soße über das Gemüse gießen. Zugedeckt 1 Stunde im Backofen garen lassen. Dann mit Parmesan bestreuen und unbedeckt noch 10 Minuten überbakken, bis der Käse gebräunt und das Gemüse gar ist.

GEMÜSEPLATTE NACH MITTELMEERART

☆ ***Vorbereitungszeit:*** 30 Minuten + 1 Stunde 15 Minuten Ruhezeit
Kochzeit: 15 Minuten
Für 6 Personen

1 große Aubergine
1 EL Salz
250 g Kirschtomaten
1–2 EL Olivenöl
1 mittelgroße rote Paprikaschote, halbiert
1 kleine grüne Paprikaschote, halbiert
⅓ Tasse frische Basilikumblätter
2 mittelgroße Zucchini, in Scheiben geschnitten
90 g kleine Champignons, halbiert
2 EL frische Oreganoblätter, gehackt
3 EL Balsamessig
1–2 EL Olivenöl zusätzlich

1 Backofen auf 180 °C vorheizen. Ein Backblech mit Öl bepinseln. Aubergine längs in dünne Scheiben schneiden, auf einer großen Platte ausbreiten und mit Salz bestreuen. 15 Minuten beiseite stellen; abspülen und gründlich abtrocknen. Nebeneinander auf das Backblech legen.
2 Jede Tomate über Kreuz einritzen und mit der Aubergine auf das Backblech legen. Gemüse mit Öl bepinseln und 10 Minuten backen. Aus dem Ofen nehmen und erkalten lassen. Aubergine in Streifen schneiden.
3 Paprika putzen, Haut mit Öl bepinseln. Grillen, bis die Haut schwarz wird. Haut abreiben und Paprika in Scheiben schneiden, genauso die Basilikumblätter. Zucchini in eine feuerfeste Form geben und mit kochendem Wasser überbrühen. 1 Minute stehenlassen, dann abgießen und in kaltes Wasser tauchen. Gut abtropfen lassen.
4 Alle Gemüse und Kräuter in eine große Rührschüssel geben. Das Gemüse mit Balsamessig und Öl beträufeln und alles gut mischen. 1 Stunde ruhenlassen, damit die Aromen sich entfalten können. Zimmerwarm servieren.

Anmerkung: Durch das Salz verliert die Aubergine ihre Bitterkeit und nimmt beim Braten weniger Fett auf. Durch die Einschnitte platzen die Tomaten im Ofen nicht. Das Gericht paßt gut zu Lamm- und Rindfleisch. Zur Abwechslung kann man andere Kräuter verwenden.

Oben: Gemüseplatte nach Mittelmeerart.
Gegenüber: Süßes Gemüsecurry

Gewürzmischungen für die Zubereitung von Glühwein, sondern auch bereits in Flaschen abgefüllter Glühwein überall im Handel erhältlich. Jedoch läßt sich die Qualität von gekauftem Glühwein nicht mit selbstgemachtem Glühwein vergleichen.

Gnocchi Pikante Klößchen aus Kartoffeln oder Grieß, gekocht und als Vorspeise mit Soße oder zerlassener Butter und geriebenem Käse, als Hauptgericht mit einem Salat oder als Beilage zu

Braten oder gegrilltem Huhn serviert. Ähnliche Klößchen sind als Knödel, Nockerl und Klöße in den Küchen Österreichs, Ungarns, Deutschlands und Nordost-Frankreichs bekannt.

Gorgonzola Halbfester, blau-grün geäderter Kuhmilchkäse mit cremiger Textur und kräftigem Geschmack. Serviert mit frischen Früchten (Äpfeln oder Birnen) oder beim Kochen verwendet. Nach

einer norditalienischen Stadt benannt und dort erstmals vor 1000 Jahren hergestellt.

Gouda Halbfester, holländischer Kuhmilchkäse mit mildem Butteraroma, das mit der Reifung zunimmt. Dieser radförmige Käse ist weltweit bekannt. Gouda ist in unterschiedlichen Reifegraden überall im Handel erhältlich. Junger Gouda hat ein sehr mildes Aroma. Mittelalter Gouda, der auch zum Überbacken verwendet werden kann, ist im Geschmack kräftiger. Das pikanteste Aroma hat alter Gouda, der auch gerne als Ersatz für Parmesankäse verwendet wird, da er sich gut reiben läßt.

Gougère Brandteig-Käsegebäck in Ringform; als Happen zu Wein (burgundische Spezialität in Weinkellern) oder mit Geflügel oder Fleisch als Vorspeise oder Imbiß serviert.

Granatapfel Runde, orangengroße Frucht mit rotgoldener Schale. Bittere Trennhäute teilen das Fruchtfleisch in verschiedene Kammern, in denen viele eßbare Kerne in süßem, pinkfarbenem, geleeartigem Fruchtfleisch eingebettet sind. Kerne und

GEGRILLTES GEMÜSE MIT KNOBLAUCHMAYONNAISE

☆☆ ***Vorbereitungszeit:*** 30 Minuten
Kochzeit: 15 Minuten
Für 8 Personen

2 mittelgroße Auberginen, längs in Scheiben geschnitten
Salz
4 kleine Lauchstangen, längs halbiert
2 mittelgroße rote Paprikaschoten, geachtelt
4 kleine Zucchini, längs halbiert
8 große, flache Champignons

Soße
1–2 EL Balsamessig
2 EL Dijonsenf
2 TL getrocknete Oreganoblätter
1 Tasse Olivenöl

Knoblauchmayonnaise
2 Eigelb
1–2 EL Zitronensaft
2 Knoblauchzehen, zerdrückt
1 Tasse Olivenöl
1 EL frischer Schnittlauch, gehackt
1–2 EL Wasser

1 Auberginenscheiben mit Salz bestreuen und 30 Minuten ruhenlassen. Unter kaltem Wasser abspülen, auf Küchenpapier abtropfen lassen. Aubergine, Lauch, Paprika und Zucchini nebeneinander auf ein flaches Grillblech legen und mit der Soße bepinseln.
2 Unter dem vorgeheizten Grill bei starker Hitze 5 Minuten grillen; dabei einmal umdrehen. Ab und zu mit der Soße bepinseln. Pilze mit dem Schirm nach oben auf das Blech legen, mit Soße bepinseln und Gemüse weitere 10 Minuten grillen. Pilze nur einmal umdrehen. Zwischendurch wieder bepinseln. Mit würziger Knoblauchmayonnaise servieren.
3 Für die Soße Essig, Senf und Oregano in einer kleinen Schüssel verrühren; Öl nach und nach angießen und mischen.
4 Für die Knoblauchmayonnaise Eigelb, Zitronensaft und Knoblauch in der Küchenmaschine oder im Mixer glattrühren. Mit laufendem Motor in gleichmäßigem, dünnen Strahl Öl angießen, bis alles Öl aufgenommen ist und die Mayonnaise dick und cremig wird. Schnittlauch, Petersilie und Wasser dazugeben und nochmals 3 Sekunden zu einer glatten Masse verarbeiten.

FILOGEMÜSETASCHEN

☆ ***Vorbereitungszeit:*** 45 Minuten
Kochzeit: 35–40 Minuten
Ergibt 12 Stück

Füllung
3 Tassen geraffelte Möhren
2 große Zwiebeln, feingehackt
1 EL Ingwer, gerieben
1 EL Koriandergrün, feingehackt
1 Tasse Wasser
1 Dose Wasserkastanien (ca. 240 g), in Scheiben geschnitten
1 EL Miso
1/4 Tasse Tahinpaste
Pfeffer zum Abschmecken
8 Lagen Filoteig, ersatzweise Blätterteig
125 g Butter, zerlassen

1 Für die Füllung Möhren, Zwiebel, Ingwer, Koriander und Wasser zugedeckt in einem Topf bei schwacher Hitze 20 Minuten kochen. Deckel abnehmen, weitere 5 Minuten kochen lassen (die Flüssigkeit soll verdampfen). Vom Herd nehmen, etwas abkühlen lassen. Wasserkastanien, Miso und Tahinpaste einrühren. Mit Pfeffer abschmecken.
2 Backofen auf 180 °C vorheizen. Zwei Backbleche mit Butter oder Öl bepinseln. Filoteig oder ersatzweise Blätterteig mit einem feuchten Küchentuch vor dem Austrocknen schützen. Eine Lage Filo auf die Arbeitsfläche legen und leicht mit Butter bepinseln. Drei weitere Lagen Teig darauflegen, jede mit Butter bepinseln. Filo in 6 gleich große Quadrate schneiden. Mit den restlichen Teiglagen wiederholen, so daß 12 Quadrate entstehen.
3 Füllung auf die Quadrate aufteilen (in die Mitte legen). Ecken in der Mitte zusammendrücken (siehe Foto). Den unteren Teil der Teigtaschen jeweils mit Butter bepinseln. Auf die vorbereiteten Bleche setzen und in 10–12 Minuten goldbraun und knusprig backen. Nach Wunsch mit heißer süßer Chilisoße servieren.

Anmerkung: Tahinpaste ist eine ölhaltige Paste aus Sesamsaat. Wenn sich das Öl im Glas absetzen sollte, vor Gebrauch gut mischen.

Oben: Filogemüsetaschen;
rechts: Kichererbsen-Gemüsetopf.
Gegenüber: Gegrilltes Gemüse mit Knoblauchmayonnaise

KICHERERBSEN-GEMÜSETOPF

★ ***Vorbereitungszeit:*** 25 Minuten + Einweichzeit (über Nacht)
Kochzeit: 1 Stunde 30 Minuten
Für 4 Personen

1 ½ Tasse getrocknete Kichererbsen
3 EL Öl
1 große Zwiebel, gehackt
1 Knoblauchzehe, zerdrückt
3 TL gemahlener Kreuzkümmel
½ TL Chilipulver
½ TL Piment
ca. 400 g Tomaten aus der Dose, zerdrückt
1 ½ Tassen Gemüsebrühe
ca. 300 g Kürbis, in 2 cm große Würfel geschnitten
150 g grüne Bohnen, in 3 cm lange Stücke geschnitten
200 g Squashkürbis, in Würfel geschnitten
2 EL Tomatenmark
1 TL getrockneter Oregano

1 Kichererbsen mit kaltem Wasser bedecken und über Nacht einweichen lassen. Abgießen. Öl in einem Topf erhitzen; Zwiebel und Knoblauch darin 2 Minuten unter Rühren braten. Kümmel, Chilipulver und Piment dazugeben. 1 Minute braten.
2 Kichererbsen, Tomaten und Brühe hinzufügen. Aufkochen, Hitze reduzieren und bei geschlossenem Topf 1 Stunde köcheln lassen. Dabei gelegentlich umrühren.
3 Gewürfelten Kürbis, grüne Bohnen, Squashkürbis, Tomatenmark und Oregano hinzufügen und verrühren. Weitere 15 Minuten köcheln lassen. Deckel von der Pfanne abnehmen und 10 Minuten weiter köcheln, damit die Soße eindickt.

Fruchtfleisch können ausgelöffelt oder zu Obstsalat gegeben werden. Aus Granatapfelsaft wird der alkoholfreie Sirup Grenadine hergestellt, mit dem Cocktails, Eiscreme, Obstsalat und andere Desserts gefärbt werden. Der Granatapfel stammt aus Asien und erreichte die afrikanische Mittelmeerküste vor vielen tausend Jahren. Er wurde schon von den alten Ägyptern, Hethitern und Persern kultiviert und galt lange als Symbol der Fruchtbarkeit. In der griechischen Mythologie war Persephone, die Göttin des Frühlings, dazu verdammt, die Hälfte jedes Jahres im Hades zu verbringen, weil sie sechs verbotene Granatäpfel gegessen hatte. Wenn sie aus dem Schattenland kam, brachte sie den Frühling mit; wenn sie sechs Monate später wieder in den Hades hinabstieg, begann der Herbst.

Grand Marnier Französischer Likör aus Weinbrand und Schalen von Bitterorangen. Beliebte Beigabe zu Desserts und Crêpes.

Granita Sorbet aus Fruchtsaft, weichen Früchten, Kaffee, Wein oder Likör, gesüßt mit etwas Zucker und eingefroren, bis es körnig ist. Zwischen den Gängen oder als Dessert serviert.

Grapefruit Große, runde Zitrusfrucht mit

saftigem Fruchtfleisch und gelber bis goldrosa Schale. Beliebt zum Frühstück mit etwas Zucker; zu Saft und Marmelade verarbeitet.

Gratin Fertig gekochte Speisen mit goldbraun knuspriger Oberfläche; vor dem Servieren mit Semmelbröseln, Käse und Butterflöckchen bestreut und überbacken.

Graved Lax In Zucker, Salz und Dill marinierte Lachsfilets; norwegisches Konservierungsverfahren. Oft zu Aquavit serviert.

Grècque, à la Auf griechische Art.

Gremolata Milanesische Spezialität, die vor dem Servieren über das Kalbfleischgericht Ossobuco alla milanese gestreut wird: Mischung aus feingehackter Petersilie, feingeriebener Zitronenschale, zerdrückter Knoblauchzehe, manchmal gehackten Sardellen.

GEMÜSEBRATLINGE MIT TOMATENSOSSE

★ ***Vorbereitungszeit:*** 30 Minuten
Kochzeit: 40 Minuten
Ergibt 12 Stück

2 mittelgroße Kartoffeln, geschält
1 mittelgroße Möhre, geschält
2 Zucchini
125 g Süßkartoffeln, geschält
1 kleiner Lauch
2 EL Mehl
3 Eier, leicht verquirlt
Öl zum Braten

Tomatensoße
1–2 EL Öl
1 kleine Zwiebel, feingehackt
1 Knoblauchzehe, zerdrückt
½ TL Paprika
3 reife mittelgroße Tomaten, feingehackt
¼ Tasse frisches Basilikum, in feine Streifen geschnitten

1 Kartoffeln, Möhre, Zucchini und Süßkartoffeln reiben. Mit der Hand soviel Flüssigkeit wie möglich aus der Gemüsemasse drücken. Lauch in feine Ringe schneiden und zu dem Gemüse geben.
2 Mehl über die Gemüsemischung streuen und umrühren. Eier unterziehen. 5 mm hoch Öl in einer Pfanne erhitzen. ¼ Tasse der Mischung hineingeben und zu einem Kreis von 10 cm Durchmesser formen. Bei mittlerer Hitze 2–3 Bratlinge gleichzeitig 3 Minuten pro Seite knusprig backen.
3 Für die Tomatensoße Öl erhitzen. Zwiebel, Knoblauch und Paprika bei mittlerer Hitze 3 Minuten weich dünsten. Tomaten dazugeben, Hitze reduzieren; 10 Minuten kochen. Gelegentlich umrühren. Basilikum einrühren.

CHAMPIGNONS EN CROÛTE

★★ ***Vorbereitungszeit:*** 40 Minuten
Kochzeit: 20–25 Minuten
Ergibt 48 Stück

8 Scheiben Weißbrot
75 g Butter, zerlassen
1–2 EL Olivenöl
1 Knoblauchzehe, zerdrückt
½ kleine Zwiebel, feingehackt
375 g kleine Champignons, in feinen Scheiben
Salz und Pfeffer
1–2 EL trockener Sherry
2 TL Maismehl (Stärke)
⅓ Tasse saure Sahne
1 EL frische Petersilie, feingehackt
1 TL frischer Thymian, feingehackt
¼ Tasse Parmesan, in feine Streifen gehobelt

1 Backofen auf 180 °C vorheizen. Rinde vom Brot entfernen. Beide Seiten der Brote mit flüssiger Butter bepinseln. Jede Scheibe in 6 kleine Rechtecke oder Dreiecke schneiden. Brot-Croûtes auf ein mit Alufolie ausgelegtes Backblech geben. In 5–10 Minuten goldgelb und knusprig backen.
2 Öl erhitzen. Knoblauch und Zwiebel darin bei schwacher Hitze unter Rühren weich dünsten. Pilze bei mittlerer Hitze 5 Minuten mitkochen. Das Ganze mit Salz und Pfeffer abschmecken.

Oben: Gemüsebratlinge mit Tomatensoße.
Gegenüber: Reis-Ratatouille mit Käsekruste

3 Sherry hineingießen. Maismehl mit saurer Sahne glattrühren, zu den Pilzen geben und unter Rühren zum Kochen bringen. Eindicken lassen. Vom Herd nehmen, Thymian und Petersilie einrühren und abkühlen lassen.
4 Pilzmischung auf die Brot-Croûtes verteilen. Mit frisch gehobeltem Parmesan belegen, auf ein Backblech geben und 5 Minuten überbacken.

REIS-RATATOUILLE MIT KÄSEKRUSTE

★ ***Vorbereitungszeit:*** 45 Minuten
Kochzeit: 55–60 Minuten
Für 4–6 Personen

2 große Auberginen
1 TL Salz
750 g Tomaten
⅓ Tasse Olivenöl
6 Knoblauchzehen, geschält und gehackt
2 große Zwiebeln, in 2 cm große Würfel geschnitten
Salz und Pfeffer zum Abschmecken
2 große rote Paprikaschoten, in 2 cm große Quadrate geschnitten
1 große grüne Paprikaschote, in 2 cm große Quadrate geschnitten
500 g Zucchini, in 2 cm dicke Scheiben geschnitten
1 TL Zucker
1 Tasse Wasser
1 Tasse Tomatensaft
½ Tasse Langkornreis

Belag
3 Eier
½ Tasse Sahne
2 TL französischer Senf
1 Tasse Cheddar oder mittelalter Gouda, gerieben
Salz und Pfeffer

1 Backofen auf 180 °C vorheizen. Auberginen schälen und in 3 cm große Würfel schneiden. In ein Sieb geben, mit Salz bestreuen und 15 Minuten ruhenlassen. Unter kaltem Wasser gründlich abspülen, abtropfen lassen und mit Küchenpapier trockentupfen. Tomaten kreuzweise einschneiden. 1–2 Minuten in kochendes Wasser legen, anschließend sofort in kaltem Wasser abschrecken. Tomaten enthäuten und vierteln.
2 Öl in einem großen schweren Topf erhitzen. Auberginen, Knoblauch und Zwiebeln darin bei mittlerer Hitze 5 Minuten dünsten. Mit Salz und Pfeffer abschmecken. Grüne und rote Paprikaschoten, Zucchini, Tomaten und Zucker hinzufügen; weitere 5 Minuten dünsten. Vom Herd nehmen.
3 Wasser, Tomatensaft und Reis unterziehen, gut mischen. In eine feuerfeste 2-l-Form geben. Zugedeckt etwa 20–30 Minuten im Backofen garen.
4 Für den Belag Eier, Sahne und Senf in einem großen Krug mit dem Schneebesen verrühren. Käse dazugeben und mit Salz und Pfeffer abschmecken. Den Belag über das gekochte Gemüse und den Reis gießen. In den Backofen zurückstellen und etwa 15 Minuten überbacken, bis der Belag fest ist. Vor dem Servieren 5 Minuten ruhenlassen.

Anmerkung: Der Käsebelag in diesem Rezept ähnelt einer dünnen Eiercreme, die oben auf dem Gericht stockt. Man kann ihn mit 1 TL gehacktem, frischen Oregano oder Majoran und etwas frischem Parmesan mehr Geschmack verleihen.

G

Grenadille siehe Passionsfrucht.

Greyerzer Schweizer Hartkäse – auch als Gruyère bekannt – mit blasser Farbe, scharfem, cremig-nussigem Geschmack und kleinen Löchern im Innern; stammt aus Greyerz in der Schweiz. Der Quark wird in heißer Molke »gekocht« und zum Reifen in runde Formen gepreßt. Auch in Frankreich, in der Franche-Comté, wird Gruyère hergestellt. Er ist einer der beliebtesten Hartkäsesorten Frankreichs. Gruyère bzw. Greyerzer eignet sich hervorragend für die Zubereitung von Fondues, Saucen und Quiches.

Gribichesoße Mayonnaiseähnliche Soße aus hartgekochtem Eigelb, Kapern, Gürkchen,

gehacktem Eiweiß und feinen Kräutern; zu Fisch und kaltem Fleisch serviert.

Griechische Küche Beim abendlichen Ouzo vor der Taverne liebt man in Griechenland kleine *mezze,* Leckerbissen. Taramasalata gehört genauso dazu wie Tsatsiki (Mischung aus Joghurt, Gurke und

ASIATISCHES GEMÜSE

Die Fülle der exotischen Gemüse, die man in asiatischen Lebensmittelgeschäften und Supermärkten findet, ist schon erstaunlich. Viele Gemüse haben bereits ihren Platz in der westlichen Küche, andere warten noch auf ihre Entdeckung. Wir verraten Ihnen, was Sie wie genießen können.

Bohnensprossen (Nga Soy)

Knackige, weiße, kurze Sprossen sind die zartesten, müssen aber innerhalb von 3 Tagen nach dem Einkauf verbraucht werden. Gut abspülen und eventuell weiche oder braune Sprossen entfernen. Der Kopf der Sprosse enthält besonders viele Nährstoffe. Schmeckt roh in Salaten, kurz gedämpft und mit Sesamöl oder Sojasoße angemacht oder in kurzgebratenen Gerichten.

Bittermelone oder Gurke (Foo Gwa)

Gelb-grüne Melone, die wie eine kleine, warzige Gurke aussieht. Zubereitung: gut abspülen, längs halbieren und Kerne herauskratzen. Quer in Scheiben schneiden. Melonenstücke 3 Minuten blanchieren, abtropfen lassen und mit chinesischer Soße, schwarzen Bohnen oder Knoblauch in kurzgebratenen Gerichten verwenden. Wie der Name vermuten läßt, schmeckt sie bitter und ist gewöhnungsbedürftig. Der bittere Geschmack wird gemindert, wenn man sie mit Fleisch oder Bohnen kocht.

Bok Soy (Chinesischer Mangold, Paksoi)

Die knackigen olivgrünen Blätter und den dicken, weißen, sellerieartigen Stiel (in Scheiben geschnitten) in kurzgebratenen Fleisch- oder Meeresfrüchtegerichten oder in Suppen verwenden. Oder abspülen, bündelweise kurz dämpfen und mit Austernsoße servieren. Die Stiele schmecken mild und leicht süßlich, die Blätter scharf.

Chillies, rote und grüne

Hochgeschätzt und sehr scharf; je kleiner und röter der Chili, desto schärfer ist er. Nicht als Gemüse, sondern als Gewürz zu verwenden. Selten werden sie ganz verzehrt. Wer es milder möchte, gibt eine gewaschene ganze Chilischote in das jeweilige Gericht und entfernt sie vor dem Servieren. Oder Chilischote aufschneiden und Samen und Häute entfernen (das sind die schärfsten Teile). Beim Zerkleinern von Chilischoten mit Handschuhen arbeiten.

Chinakohl (Wong Bok, Selleriekohl)

Der längliche Kohl mit den hellgrünen Blättern und dem leichten Senfaroma wird in Nordchina und Japan sehr häufig verwendet. Blätter abspülen, in mundgerechte Stücke zupfen oder in feine Streifen schneiden. Dämpfen, mit anderen Gemüsen in Austernsoße schmoren oder als Salat anrichten. Ganze Blätter blanchieren, pikant füllen und zusammenrollen. Auch für Kimchi geeignet (feurig eingelegtes koreanisches Gemüse).

Chinesischer Gemüsekürbis (Chit Kou)

Kleine, 15 cm lange Melone mit dunkelgrüner, haariger Schale. Vor dem Verzehr schälen und Stielende entfernen. In Scheiben oder feine Streifen schneiden; dämpfen, kochen oder kurz braten. Er paßt zu süßen und sauren Gerichten.

Soy Sum (Blühender Chinakohl)

Zarte, fleischige, weiße Stiele, leuchtend grüne Blätter. Wenn die kräftig gelben Blüten erscheinen, wird geerntet. Alle Teile sind eßbar; Stiele brauchen eine längere Zubereitungszeit. Dämpfen oder blanchieren, mit Austern- oder Pilzsoße servieren oder als Beilage zu Fleischgerichten.

Chrysanthemenblätter (Shungiku, Tong Ho)

Mit unseren Zierblumen nahe verwandt, aber mit eßbaren, aromatischen dunkelgrünen Blättern. In Japan werden sie angekocht, in Sesamöl gewendet und als Würzkräuter verwendet. In China werden sie unter Rühren gebraten und als Hülle für gedämpfte Füllungen geschätzt. Die Blätter müssen gut abgespült werden.

Daikon (Japanischer Rettich, Loh Bok, chinesische weisse Steckrübe)

Dieser große Rettich wird meist roh in Salaten verzehrt. Schälen, in feine Scheiben schneiden und stifteln oder reiben. In Japan reicht man ihn gern zu fritierten Gerichten. In China wird er in Scheiben oder Würfel geschnitten und mit Fleisch geschmort. Daikon kann in Essig und Salzlake eingelegt werden; manchmal wird er auch getrocknet.

Gai Lan (Chinesischer Brokkoli)

Die fleischigen Stiele, mattgrünen Blätter und kleinen weißen Blütenköpfe sind eßbar. Er gilt als Gourmetgemüse, ähnelt im Geschmack unserem Brokkoli, ist aber etwas erdiger. In chinesischen Restaurants wird er oft leicht gedämpft und mit Austernsoße serviert. Man kann ihn auch blanchieren und in kurzgebratenen Gerichten verwenden. Besonders gut zu Schweinefleisch und gemischtem Gemüse.

Schlangenbohne (Doh Gok, Spargelbohne)

Die bis zu 30 cm lange fadenlose Bohne wird in 5-cm-Stücke geschnitten und in Currys und Suppen verwendet. Sie wird wie andere grüne Bohnen verwendet, hat aber ein schwächeres Aroma.

Zuckererbse (Ho Lan Dow, Zuckerschote)

Hellgrüne, knackige Schoten werden blanchiert und ganz in Salaten, Suppen und kurzgebratenen Gerichten verwendet. Zubereitung: in kaltem Wasser einweichen, Stiele und Fäden entfernen und im letzten Moment zu den Gerichten geben.

Frühlingszwiebeln (Jsung)

Sie werden bündelweise mit Wurzeln verkauft. Zubereitung: Wurzeln, harte Unterseite der Zwiebel und beschädigte Blätter abschneiden. Gut waschen; diagonal in gleichmäßige Stücke schneiden. Der weiße Teil ist besonders aromatisch. Roh zu Salaten, in kurzgebratenene Gerichten oder Suppen. Kurze Garzeit.

Tarowurzeln (Woo Tow)

Große, bräunliche Zwiebel mit harter Außenschale, Ringmarkierungen und weißem Fleisch. Kühl und dunkel lagern (nicht im Kühlschrank). Schälen, in Scheiben schneiden, weich dämpfen oder kochen; dann zu fetthaltigen Fleischgerichten reichen. Wie Kartoffeln kann die Knolle gekocht, püriert, gebacken oder mit Knoblauch sautiert werden.

Brunnenkresse (Sai Yeung Soy)

Kraut mit fiedrigen pikant-bitteren Blättern, das wegen seines hohen Eisengehalts geschätzt wird. Zubereitung: gut abspülen, die Wurzel abschneiden und die ganze Pflanze oder nur die Blätter verarbeiten. In der asiatischen Küche meist blanchiert, mit Sojasoße und Sesamöl serviert. Brunnenkresse schmeckt als Salat, mit Gemüsebrühe püriert als erfrischende Suppe oder gedämpft mit anderen Gemüsen.

Knoblauch), Dolmas, marinierte Gemüse, kaltes Fleisch, Tintenfisch und Fisch, serviert mit Pittabrot. Dicker, sahniger Joghurt mit Honig wird zum Frühstück verzehrt. Feta, der berühmte Ziegenmilchkäse, wird

über griechischen Salat und viele Gerichte gestreut. Lamm (häufiger Hammel) ist im Norden wichtiger Bestandteil der griechischen Küche. Es wird langsam gebraten, bis es sehr weich ist, und mit gebackenen Kartoffeln serviert. Aubergine, Zucchini und Artischocke werden oft mariniert. Desserts sind üppig und klebrig, Gebäck wird oft mit Nüssen und Honig gefüllt und meist mit einem Glas Wasser und sehr starkem, süßem Kaffee serviert.

Grieß Geschälter, grob gemahlener Wei-

GNOCCHI

KARTOFFELGNOCCHI MIT HERZHAFTER TOMATENSOSSE

☆☆ ***Vorbereitungszeit:*** 40 Minuten
Kochzeit: 45 Minuten
Für 4–6 Personen

3 mittelgroße Kartoffeln, geschält und geschnitten
2 Tassen Mehl
30 g Butter, zerlassen
¼ Tasse Parmesan, frisch gerieben
frisch gemahlener Pfeffer

Soße
1–2 EL Olivenöl
1 große Zwiebel, feingehackt
1 Knoblauchzehe, zerdrückt
425 g Tomaten aus der Dose, zerdrückt
2 TL Kapern, fein zerkleinert
4 Sardellen-Filets
1 EL frisches Basilikum, feingehackt
Parmesanspäne

1 Kartoffeln in Topf kochen, abgießen und pürieren. In eine große Schüssel geben. Mehl, Butter, Parmesan und Pfeffer zugeben. Mischen, bis alles gut verbunden ist. Auf eine leicht bemehlte Arbeitsfläche legen. 4 Minuten weich kneten.
2 Teig zu einer langen Rolle formen; in 2,5 cm breite Stücke teilen. Stücke zu kleinen Ovalen formen. Mit Fingerspitzen oder einer Gabel Gnocchiform zurechtdrücken.
3 In einem großen Topf Wasser zum Kochen bringen. Portionsweise Gnocchi ins kochende Wasser geben und ca. 5 Minuten kochen lassen, bis die Gnocchi zur Oberfläche steigen. Abgießen und warm halten.
4 Für die Soße Öl erhitzen, Zwiebel bei mittlerer Hitze 5–8 Minuten weich braten. Knoblauch zugeben; 1 weitere Minute schmoren lassen; zerdrückte Tomaten mit ihrem Saft zugeben. Ohne Deckel 15 Minuten kochen lassen, dann Kapern, Sardellen-Filets und frisches Basilikum zugeben. 1 Minute kochen lassen. Soße über Gnocchi gießen, mit Parmesan servieren.

SPINATGNOCCHI

☆☆ ***Vorbereitungszeit:*** 40 Minuten
Kochzeit: 45 Minuten
Für 4 Personen

750 g Spinat oder Mangold, gewaschen, geputzt und feinst zerkleinert
400 g Ricotta
2 Eier
1 Tasse Parmesan, frisch gerieben
etwas Pfeffer
Muskatnuß, gerieben
Mehl zum Ausrollen
90 g Butter, zerlassen

1 Spinat mit Ricotta, Eiern, der halben Menge Parmesan, Pfeffer und Muskatnuß mischen.
2 Mit bemehlten Händen Spinatmischung zu 5 cm großen Bällchen formen; mit etwas Mehl bestauben. Auf Backpapier legen, bis zur Verwendung beiseite stellen. Backofen auf 200 °C vorheizen.
3 Wasser in einem großen Topf zum Kochen bringen. 3–4 Gnocchi gleichzeitig ins Wasser geben. Köcheln lassen, bis sie zur Oberfläche steigen. Mit einem Schaumlöffel herausnehmen und kurz abtropfen lassen.
4 Gnocchi in eine gefettete Auflaufform geben. Mit restlichem Parmesan bestreuen, mit zerlassener Butter besprenkeln. 15 Minuten braun backen.

Oben: Kartoffelgnocchi mit herzhafter Tomatensoße.
Gegenüber: Kürbisgnocchi mit Salbeibutter

KÜRBISGNOCCHI MIT SALBEIBUTTER

☆☆ ***Vorbereitungszeit:*** 30 Minuten + 5 Minuten Ruhezeit
Kochzeit: 1 Stunde 45 Minuten
Für 4 Personen

500 g Kürbis
1 ½ Tassen Mehl
¼ Tasse Parmesan, frisch gerieben
frisch gemahlener, schwarzer Pfeffer

Salbeibutter
90 g Butter
2 EL Salbei, frisch gehackt
¼ Tasse Parmesan zusätzlich, frisch gerieben

1 Backofen auf 180 °C vorheizen. Backblech mit Öl oder zerlassener Butter bepinseln. Kürbis in große Stücke schneiden und auf das vorbereitete Blech legen. 1 ½ Stunden backen, bis er sehr weich ist. Leicht abkühlen lassen. Mark von der Haut abkratzen, harte und zu krosse Teile entfernen. Kürbismark in eine große Schüssel geben. Mehl darübersieben, Parmesan und Pfeffer zugeben. Gut mischen. Teig auf leicht bemehlte Arbeitsfläche legen und 2 Minuten glatt kneten.

2 Teig halbieren. Mit bemehlten Händen jede Hälfte zu einer 40 cm langen Wurst rollen. In 16 gleich große Stücke teilen. Jedes Stück zu einem Oval formen und mit Gabelzinken eindrücken.

3 Wasser in einem großen Topf zum Kochen bringen. Gnocchi portionsweise ins Wasser geben und kochen, bis sie an die Oberfläche steigen. Dann die Gnocchi noch weitere 3 Minuten kochen lassen. In ein Sieb abgießen, abtropfen lassen und warm halten.

Für die Salbeibutter Butter in einem kleinen Topf erhitzen, vom Herd nehmen und gehackten Salbei zugeben. 5 Minuten beiseite stellen; dabei warm halten. Zum Servieren gleiche Mengen Gnocchi auf Servierteller geben, mit Salbeibutter beträufeln und mit zusätzlichem Parmesan bestreuen.

1

2

3

zen. Weichweizengrieß wird für die Zubereitung von Puddings, Suppen, Aufläufen usw. verwendet, aus Hartweizengrieß macht man Pasta.

Grillen Nahrungsmittel schnell über heißer Kohle oder unter einer heißen Grillspirale garen.

Grissini Lange, dünne, italienische

Gebäckstangen; als Knabberei oder mit Brot zu Mahlzeiten serviert.

Grüner Paprika siehe Paprika.

Grüne Remoulade Sardellen-Mayonnaise mit feingehackter Petersilie, die zu Fisch und Muscheln serviert wird.

Grüne Soße (Sauce verte) Kräuter und Blattgemüse (z. B. Spinat, Estragon, Kerbel, Kresse, Schnittlauch) werden kurz mit Salzwasser überbrüht, sehr fein gehackt, mit Mayonnaise verrührt und zu kaltem Fisch, Eiern und Gemüsegerichten serviert. Siehe auch Frankfurter Grüne Soße.

Grünkern Bezeichnung für das noch nicht reife Dinkelkorn. Vor der Verarbeitung zu Mehl oder bevor er als ganzes Korn oder geschrotet in den Handel kommt, wird Grünkern gedörrt und vorsichtig geschält. Grünkern besitzt eine grüngelbliche Farbe und ein würziges Aroma. Wegen seines herzhaften Geschmacks eignet er sich hervorragend zur Zubereitung von Aufläufen, Suppen und vegetarischen Brotaufstrichen. In einem guten Vollwertrestaurant darf die Grünkernsuppe auf der Speisekarte nicht fehlen.

Grünkohl Kräftig schmeckendes Blattgemüse, auch Braunkohl genannt und wie Mangold zubereitet. Diese Pflanze mit krausen Blättern gehört zu den Kohlsorten. Aufgrund seines intensiven Geschmacks und seiner festen Konsistenz benötigt Grünkohl eine verhältnismäßig lange Garzeit. Im Handel wird er frisch und tiefgefroren angeboten. Erst nach dem ersten Frost werden die Blätter genießbar, so daß er ein echtes Wintergemüse ist.
In Norddeutschland erfreut sich das Gericht »Grünkohl mit Pinkel« großer Beliebtheit.

GRIECHISCHE KÜCHE

TARAMASALATA

Vorbereitungszeit: 20 Minuten + 2 Stunden Kühlzeit
Kochzeit: 20 Minuten
Ergibt ca. 1 ½ Tassen

2 große, festkochende Kartoffeln, geschält
125 g Kabeljau-Rogen oder Tarama
⅔ Tasse Olivenöl
⅓ Tasse Zitronensaft
2 EL frische Petersilie

1 Kartoffeln in 2 cm große Würfel schneiden. In einen kleinen Topf mit Wasser zum Kochen bringen, Hitze reduzieren und abgedeckt 15 Minuten köcheln lassen, bis sie weich sind. Abgießen und gut abtropfen lassen. Kartoffeln mit einer Gabel zerdrücken.
2 Mit dem Handrührgerät Rogen 2 Minuten auf höchster Geschwindigkeit rühren. Nach und nach Kartoffeln zugeben.
3 Nach und nach Öl und Zitronensaft zugeben, jedesmal sorgfältig rühren. Wenn das gesamte Öl und der Saft verbraucht sind, die Mischung 5 Minuten auf höchster Stufe rühren.
4 2 Stunden im Kühlschrank aufbewahren. Petersilie fein hacken. Püree in Servierschüssel geben und mit Petersilie bestreuen. Taramasalata bei Zimmertemperatur mit Brot und Oliven servieren.

Oben: Taramasalata; rechts: Tsatsiki.
Gegenüber: Souvlaki; unten: Käsedreiecke

TSATSIKI

Vorbereitungszeit: 15 Minuten + 2 Stunden Kühlzeit
Kochzeit: 20 Minuten
Für 6 Personen

3 kleine Gurken, grobgehobelt
500 g dicker Joghurt
3 Knoblauchzehen, zerdrückt
1 TL frischer Dill, feingehackt
1–2 EL Olivenöl
Salz und frisch gemahlener schwarzer Pfeffer zum Abschmecken
2 Pittabrote
2–3 EL Olivenöl, zusätzlich

1 Feines Sieb mit Musselintuch auslegen. Gurke in das Sieb geben, mit dem Tuch bedecken. Pressen, um alles Wasser zu entfernen. Gurke in eine Schüssel geben.
2 Joghurt, Knoblauch, Dill und Öl zugeben; gut mischen. Nach Belieben abschmecken. Mit Plastikfolie abdecken und mindestens 2 Stunden oder über Nacht in den Kühlschrank stellen.
3 Backofen auf 180 °C vorheizen. Mit scharfem Messer Pittabrot quer durchschneiden, Innenseite mit Olivenöl bepinseln und in 8 Stücke schneiden. Brot 20 Minuten auf ungefettetem Blech backen, bis es knusprig ist. Abgekühlt mit gekühltem Tsatsiki servieren.

Anmerkung: Tsatsiki kann, statt mit Pittabrot, auch mit pikanten Kräckern serviert werden. Ein sehr erfrischender Dip.

SOUVLAKI

☆ ***Vorbereitungszeit:*** 20 Minuten + Kühlzeit über Nacht
Kochzeit: 10 Minuten
Für 4 Personen

1 kg Lammkeule, entbeint
1 grüne Paprikaschote, in Quadrate (2 cm) geschnitten
1 rote Paprikaschote, in Quadrate (2 cm) geschnitten
⅓ Tasse Zitronensaft
⅔ Tasse Olivenöl
1–2 EL Weißweinessig
2 Knoblauchzehen, zerdrückt
3 TL getrockneter Oregano, gerebelt
2 Lorbeerblätter, gerebelt
Salz und frisch gemahlener schwarzer Pfeffer zum Abschmecken

1 Lammkeule säubern. Gleichmäßig in 3 cm große Würfel schneiden.
2 Fleisch, grüne und rote Paprikastücke abwechselnd auf geölte Grillspieße stecken; in eine flache Schüssel (kein Metell) legen.
3 Saft, Öl, Essig, Knoblauch, Oregano, Lorbeerblätter, Salz und Pfeffer mischen. Über die Fleischspieße gießen. Mit Folie abdecken, über Nacht im Kühlschrank aufbewahren; gelegentlich wenden. Spieße abtropfen lassen und Marinade aufbewahren.
4 Spieße auf leicht geölten Grillrost legen. Bei mittlerer Hitze 10 Minuten grillen, bis das Fleisch weich ist; beim Grillen gelegentlich mit der Marinade bepinseln. Souvlaki mit warmem Pittabrot und griechischem Salat oder mit Tsatsiki (Gurken-Joghurt-Dip) servieren.

KÄSEDREIECKE

☆☆ ***Vorbereitungszeit:*** 35 Minuten
Kochzeit: 20 Minuten
Für 4–6 Personen

200 g Feta
100 g Ricotta
¼ Tasse Mozzarella, gerieben
1 Ei, leicht verquirlt
weißer Pfeffer zum Abschmecken
15 Blätter Filo-Teig oder die entsprechende Menge Blätterteig
2–3 EL Olivenöl
2 EL Butter, zerlassen

1 Backofen auf 180 °C vorheizen. Feta in eine mittelgroße Schüssel geben; mit einer Gabel zerdrücken. Ricotta, Mozzarella, Ei und Pfeffer zugeben, gut mischen.
2 Ein Blatt Teig auf eine Arbeitsfläche legen. Mit Öl-Buttermischung bepinseln. Der Länge nach in Drittel falten.
3 1 EL der Käsemischung in eine Ecke des Teigstreifens geben. Diese Ecke über die Füllung schlagen, daß ein Dreieck entsteht. Weiter falten, bis Füllung eingeschlossen und Ende des Teigstreifens erreicht ist. Vorgang mit restlichem Teig und Füllung wiederholen.
4 Dreiecke auf leicht gefettetes Backblech legen. Mit Öl-Buttermischung bepinseln, 20 Minuten backen, bis sie knusprig und goldgelb sind.

Anmerkung: Während der Arbeit mit Filo-Teig, nicht benötigte Teigblätter mit einem feuchten Küchenhandtuch abdecken.

G

»Pinkel« ist die Bezeichnung für die Brägenwurst. Aufgrund seines gehaltvollen Charakters ist ein Verdauungsschnaps nach dem Verzehr sehr zu empfehlen.

Guacamole Mexikanischer Avocado-Dip: pürierte Avocado, feingehackte Zwiebel, Limonen- oder Zitro-

nensaft, Koriander, manchmal Tomaten mischen, mit Chili würzen, mit Maiskräckern servieren.

Guave Apfelgroße, grün-gelbe Tropenfrucht mit süßsäuerlichem Geschmack, weiß bis rosa Fruchtfleisch, das mit eßbaren Kernen durchsetzt ist. Man ißt sie frisch mit dem Teelöffel aus der Schale oder in Fruchtsalaten; püriert in Eiscreme und Sorbets; gekocht in Gelee und Marmelade. Saft ist beliebtes Getränk in Hawaii.

Gugelhupf Hefekuchen mit

Sultaninen, Korinthen oder Rosinen, einem Schuß Kirschwasser in einer typischen Form gebacken. Der fertige Gugelhupf wird mit Puderzucker bestreut oder mit einer Schokoladenglasur überzogen.

Gulasch Ungarisches Schmorgericht aus

Rind- oder Kalbfleisch, Zwiebeln und Paprika, mit Petersilie bestreut und mit saurer Sahne serviert

Gumbo Dicker, stark gewürzter Eintopf der Cajun-Küche in Louisiana; aus Gemüsen, Meeresfrüchten, Fleisch, Geflügel oder Wurst. Benannt nach einer Okra-Art, Kingombo, die von afrikanischen Sklaven nach Amerika gebracht wurde. Okra gibt dem Gericht gelatineartige Textur, wird jedoch nicht immer verwendet; als Ersatz dient Filé-Pulver als Dickungsmittel und Würze.

Gürkchen (Cornichons) Kleine, rauhschalige Gurken werden sauer eingelegt und als Beigabe zu heißem und kaltem Fleisch, Pasteten, Käse oder als pikanter Partyhappen serviert.

MOUSSAKA

☆☆ ***Vorbereitungszeit:*** 20 Minuten + 1 Stunde Ruhezeit
Kochzeit: 1 Stunde 45 Minuten
Für 6 Personen

3 mittelgroße Auberginen
1 EL Salz
½ Tasse Olivenöl

Fleischsoße
2–3 EL Olivenöl
1 große Zwiebel, feingehackt
500 g Rinderhack
2–3 EL trockener Weißwein
425 g Tomatenpüree aus der Dose
1 EL frische, glatte Petersilie, gehackt
2 TL frische Minze, gehackt
½ TL Zimt, gemahlen
¼ TL gemahlener weißer Pfeffer

Käsesoße
90 g Butter
⅓ Tasse Mehl
2 Tassen Milch
2 Eier, leicht verquirlt
⅔ Tasse Romano-Käse, gerieben

1 Auberginen in 1 cm breite Scheiben schneiden. Beidseitig mit Salz bestreuen; in ein Sieb geben, 1 Stunde stehenlassen. Kalt abwaschen; gut abtropfen lassen; mit Küchenpapier restliche Flüssigkeit ausdrücken.
2 Für die Fleischsoße Öl in einem Topf erhitzen. Zwiebel und Rinderhack zugeben. Bei starker Hitze 10 Minuten rühren, bis alles gut gebräunt und die Flüssigkeit verdampft ist. Wein, Tomatenpüree, Kräuter, Zimt und Pfeffer zugeben; zum Kochen bringen. Hitze reduzieren, abgedeckt 20 Minuten köcheln lassen; Deckel abnehmen und weitere 10 Minuten köcheln lassen.
3 Für die Käsesoße Butter in einem kleinen Topf erhitzen; Mehl zugeben. 2 Minuten bei schwacher Hitze rühren. Nach und nach Milch zugeben; glattrühren. Bei mittlerer Hitze 5 Minuten rühren, bis alles kocht und dick wird. 1 weitere Minute kochen lassen, dann vom Herd nehmen. Eier und Käse zugeben, rühren, bis die Mischung glatt ist.
4 Backofen auf 180 °C vorheizen. In einer schweren Pfanne Öl erhitzen. Auberginenscheiben in Portionen nach und nach anbraten, bis sie goldbraun sind; aus der Pfanne nehmen, auf Küchenpapier abtropfen lassen. Auberginenmenge dritteln. Eine Portion auf dem Boden einer flachen, feuerfesten Form verteilen. Lagenweise Fleischsoße und Auberginen einschichten. Käsesoße über Auberginen verteilen. 45 Minuten backen, bis die Oberfläche goldbraun ist. Vor dem Servieren Moussaka 5 Minuten in der Schüssel stehenlassen.

Oben: Baklava. Gegenüber: Zarte, eingelegte Gurken

BAKLAVA

☆☆ ***Vorbereitungszeit:*** 15 Minuten
Backzeit: 40 Minuten
Für 4–6 Personen

375 g feingehackte Walnüsse
150 g Mandeln, feingehackt
½ TL Zimt, gemahlen
½ TL Lebkuchengewürz
1 EL sehr feiner Zucker
2 EL Butter, zerlassen
1–2 EL Olivenöl
16 Blätter Filo-Teig oder die entsprechende Menge Blätterteig

Sirup
1 Tasse Zucker
⅔ Tasse Wasser
3 ganze Nelken
3 TL Zitronensaft

1 Backofen auf 180 °C vorheizen. Boden und Seiten einer flachen 18 x 28 cm großen, feuerfesten Schale mit Öl bepinseln. Walnüsse, Mandeln, Gewürze und Zucker in einer Schüssel mischen; in drei Portionen aufteilen. Halbes Teigblatt mit Butter und Öl bepinseln; der Breite nach auf die Hälfte falten. Kanten beschneiden. Vorgang mit den restlichen Teigblättern wiederholen.
2 1 Portion der Nußmischung über die Teiglage streuen. Vorgang wiederholen, dabei 4 Teigblätter auf einmal benutzen und 2. Portion der Walnußmischung dazwischen streuen.
3 Teigoberfläche mit restlicher Butter und Öl bepinseln. Teig der Länge nach in 4 Streifen schneiden, dabei nicht durch die unterste Lage schneiden. 30 Minuten backen.
4 Abgekühlten Sirup über die heißen Schnitten geben. Nach dem Abkühlen Schnitten quadratisch schneiden.
5 Für den Sirup Zutaten in einem Topf bei schwacher Hitze aufkochen. Hitze reduzieren, ohne zu rühren 10 Minuten köcheln lassen.

GURKEN

ZARTE, EINGELEGTE GURKEN

☆ ***Vorbereitungszeit:*** 30 Minuten + über Nacht stehenlassen
Kochzeit: 10 Minuten
Ergibt 2 Liter

3 lange, ungeschälte Gurken
Salz
2 Tassen Weißweinessig
3 EL Zucker
½ Tasse heißes Wasser
2 TL Salz
2 TL Senfkörner
1 rote Paprikaschote, fein in Streifen geschnitten

1 Gewaschene, ungeschälte Gurken in sehr feine Scheiben schneiden. In einer großen Schüssel eine Lage Gurken mit Salz bestreuen, die nächste Lage Gurken darüberlegen usw. Abdecken, über Nacht stehenlassen.
2 Gurken unter fließendem, kaltem Wasser abspülen; gut abtropfen lassen. Essig, Zucker, heißes Wasser, Salz und Senfkörner in einem großen Topf zum Kochen bringen und rühren. Ohne Deckel 5 Minuten köcheln lassen.
3 Gurkenscheiben in den Topf geben und erneut zum Kochen bringen. Vom Herd nehmen.
4 Die Gurkenscheiben mit Zangen in warme, sterilisierte Gläser geben. In jedes Glas einige Streifen Paprika geben. Mit der heißen Essigmischung Gurken bedecken. Verschließen und abkühlen lassen.

Anmerkung: Zarte, eingelegte Gurken zusammen mit Salaten servieren, auf Butterbrote oder in Dips geben. Auf Kräckern, zusammen mit Käse, sind sie ebenso köstlich wie als pikante Beilage zu Huhn oder Steak.

DILLGURKEN MIT FENCHEL

☆ ***Vorbereitungszeit:*** 20 Minuten
Kochzeit: 10 Minuten
Für 4–6 Personen

1–2 EL Olivenöl
1 Fenchelknolle, gewaschen, geschält und geschnitten
1 große Gurke, geschält, halbiert, Kerne entfernt und in Scheiben geschnitten
⅓ Tasse Dill, gehackt
frisch gemahlener Pfeffer
60 g geröstete Haselnüsse, grobgehackt

1 Öl in einer großen, flachen Pfanne erhitzen. Geschnittenen Fenchel zugeben, abdecken und bei niedriger Hitze schmoren, bis der Fenchel gerade weich ist.
2 Gurken zugeben und bei niedriger Hitze 3–4 Minuten kochen lassen. Dill und etwas frisch gemahlenen Pfeffer darübergeben. Pfanne schwenken, um alle Zutaten gut zu mischen.
3 Mit gerösteten Haselnüssen garniert auf eine Servierplatte geben.

GURKEN-RELISH

☆ ***Vorbereitungszeit:*** 15 Minuten + über Nacht stehenlassen
Kochzeit: 1 Stunde
Ergibt 1 Liter

1 kg gelbe Gemüsegurken
2 kleine, grüne Gurken
2 EL Salz
1 rote Paprikaschote
1 grüne Paprikaschote
1 mittelgroße Zwiebel
2 TL Selleriesamen
300 g Maiskörner aus der Dose, abgetropft
2 TL braune Senfkörner
1 Tasse heller Essig
1 ½ Tassen Zucker

1 Gurken in dünne Scheiben schneiden. In eine große Schüssel geben, mit Salz bestreuen, mit einem trockenen Tuch abdecken, über Nacht stehenlassen. Paprika würfeln, Zwiebel fein hacken. Gurken absieben, unter kaltem Wasser abwaschen und erneut gut abtropfen lassen.
2 Die marinierten Gurken mit Paprika, Zwiebel, Selleriesamen, Maiskörnern, Senfkörnern, Essig und Zucker in einen großen Topf oder Bräter geben. Zum Kochen bringen, Hitze zurücknehmen und 1 Stunde köcheln lassen, bis die Mischung eindickt; gelegentlich rühren.
3 Vom Herd nehmen. In warme, sterilisierte Gläser geben und verschließen. Nach dem Abkühlen Gläser beschriften.

Anmerkung: Die Würzsoße ist an einem trockenen Ort bis zu einem Monat haltbar. Nach dem Öffnen muß sie im Kühlschrank aufbewahrt werden.

G

Gurke Knackige, saftige Gemüsefrucht mit blassem Fruchtfleisch, die zur Familie der Melonen gehört. Roh, als Salatgemüse, gekocht oder gebraten als Gemüse oder zum Einmachen verwendet. Es gibt viele verschiedene Gurkensorten in den unterschiedlichsten Formen. Die zu jeder Jahreszeit im Handel erhältliche Gurkenart ist die Salatgurke, die schlanker und länger als die Gemüsegurke ist. Die dickere Gemüsegurke besitzt eine rauhe Schale und ist wesentlich intensiver im Geschmack, da sie nicht im Gewächshaus gezüchtet wird.

Gurkenkraut Wird auch Dill (siehe Dill) und Borretsch (siehe Borretsch) genannt. Die Bezeichnung Gurkenkraut verdankt das Küchenkraut seinem Geschmack, der an frische Gurken erinnert.

Guß Tortenüberzug aus Zucker oder Schokolade, der das schnelle Austrocknen von Kuchen und Torten verhindert. Für Obsttorten eignet sich besonders ein Guß aus mit Stärke angedicktem Obstsaft oder erhitzter flüssiger Konfitüre.

H

Haarwild Wild mit Fell im Gegensatz zum Federwild; z. B. Wildschwein, Hase, Hirsch, Reh, Elch, Wildkaninchen.

Hachée, Haschee Gericht aus gekochtem oder gebratenem Feisch, das anschließend gehackt und in Soße serviert wird. Eine beliebte Zubereitungsart auch für Innereien, z. B. Lungenhachée.

Hackbraten Mischung aus gehacktem Rind-, Schweine- oder Kalbfleisch (oder einer Kombination dieser Fleischsorten), gewürzt und mit Ei und Semmelbröseln beziehungsweise eingeweichten Brötchen oder mit Reis gebunden. Die Hackbratenmasse wird zu einem Laib geformt und gebacken. Hackbraten kann heiß oder kalt serviert werden; gewöhnlich reicht man dazu Soße oder Bratensaft.

Hackepeter Im Fleischwolf zerkleinertes, rohes Schweinefleisch, das mit Salz, Pfeffer und Zwiebeln gewürzt wird.

HACKBRATEN

GOURMETHACKBRATEN

☆ ***Vorbereitungszeit:*** 20 Minuten
Kochzeit: 1 Stunde 20 Minuten
Für 6 Personen

500 g gemischtes Hackfleisch (Schwein und Kalb)
250 g Bratwurstfüllung
1 ½ Tassen frische Weißbrotkrümel
1 kleine, grüne Paprikaschote, gehackt
1 mittelgroße Zwiebel, feingehackt
2 Knoblauchzehen, zerdrückt
½ Tasse Nudelsoße Napoli aus dem Glas
½ Tasse Obstchutney
1 Ei, leicht verquirlt
½ Tasse getrocknete Aprikosen, gehackt
1 EL grüne Pfefferkörner, abgetropft und gehackt
2 EL frische Minze, gehackt
2 TL Paprika edelsüß
1 EL geröstete Sesamsaat

Tomatencremesoße
1 ½ Tassen Nudelsoße Napoli aus dem Glas
⅛ l Sahne
3 TL grobkörniger Senf

1 Eine Kastenform von etwa 23 x 13 cm fetten. Backofen auf 180 °C vorheizen. Fleisch mit Brotkrümeln, Paprika, Zwiebel, Knoblauch, Tomatensoße, Chutney, Ei, Aprikosen, Pfefferkörnern, Minze und Paprikapulver mischen.
2 Mischung in die vorbereitete Form drücken und ohne Abdeckung 1 Stunde und 20 Minuten backen. Flüssigkeit abgießen. Hackbraten herausnehmen, mit Sesamsaat bestreuen. In Scheiben schneiden, mit der Tomatencremesoße servieren.
3 Für die Tomatencremesoße alle Zutaten in einem Topf aufkochen. Hitze reduzieren, 3 Minuten köcheln lassen; gelegentlich umrühren.

RINDERHACKBRATEN MIT PIMIENTO UND KÄSE

☆☆ ***Vorbereitungszeit:*** 20 Minuten
Kochzeit: 1 Stunde
Für 6 Personen

1 kg Rinderhackfleisch
2 Tassen frische Weißbrotkrümel
¼ Tasse Tomatenmark
1 EL Senfpulver
2 TL getrocknete, gemischte Kräuter
2 Knoblauchzehen, zerdrückt
1 Ei, leicht verquirlt
1 Tasse Pimiento, gehackt
⅓ Tasse frisches Basilikum, gehackt
2 EL schwarze Oliven, gehackt
250 g Ricotta
125 g Feta

1 Backofen auf 180 °C vorheizen. Eine 12 x 14 x 7 cm große Kastenform mit Alufolie auskleiden. Hackfleisch in einer großen Schüssel mit Brotkrümeln, Tomatenmark, Senfpulver, gemischten Kräutern, Knoblauch und Ei mischen und in 3 große Portionen teilen.
2 Pimiento, Basilikum und Oliven mischen.
3 Eine Portion der Hackfleischmischung gleichmäßig auf dem Boden der Form verteilen und andrücken. Die Hälfte der Pimiento-Mischung darübergeben. Mit einer weiteren Portion Hackfleisch bedecken, dann mit Pimiento und Hackfleisch schließen. Etwa 1 Stunde backen ist. Flüssigkeit abgießen, Braten 5 Minuten ruhenlassen, in Scheiben geschnitten servieren.
4 Ricotta und zerbröckelten Fetakäse mischen und als Beilage reichen.

Oben: Gourmethackbraten.
Gegenüber, oben: Hamburger mit glasierten Zwiebelringen; unten: Hähnchenburger mit grober Senfcreme

HAMBURGER

HAMBURGER MIT GLASIERTEN ZWIEBELRINGEN

☆ ***Vorbereitungszeit:*** 25 Minuten
Kochzeit: 46 Minuten
Für 6 Personen

1 kg Rinderhack
¼ Tasse saure Sahne
1 TL Thymian, getrocknet
1 TL Basilikum, getrocknet
1 TL Rosmarin, getrocknet

Glasierte Zwiebelringe
1–2 EL Olivenöl
1 mittelgroße, rote Zwiebel, in Ringe geschnitten
1–2 EL Balsamessig
1 TL Honig

1 Rinderhack, saure Sahne und Kräuter in eine große Schüssel geben; sorgfältig mischen und in 6 gleichgroße Portionen teilen und zu 1,5 cm dicken Hamburgern formen. Abgedeckt bis zur Verwendung im Kühlschrank aufbewahren.
2 Für die glasierten Zwiebelringe Öl in einer großen Pfanne erhitzen, Zwiebel zugeben und bei mittlerer Hitze 20 Minuten anbraten. Die Zwiebeln sollten sehr weich und goldbraun sein. Essig und Honig zufügen, unter Rühren noch 10 Minuten schmoren.
3 Grill oder Bratpfanne erhitzen und leicht mit Öl bepinseln. Hamburger bei mittlerer Hitze 8 Minuten von jeder Seite braten, mit Salat und warmen glasierten Zwiebelringen servieren.

HÄHNCHENBURGER MIT GROBER SENFCREME

☆ ***Vorbereitungszeit:*** 12 Minuten + 20 Minuten stehenlassen
Kochzeit: 10 Minuten
Für 6 Personen

500 g Hühnerbrust, zu Hackfleisch zerkleinert
⅔ Tasse Semmelbrösel
1 EL mildes Currypulver
1 EL Mangochutney
2 EL glatte Petersilie, feingehackt
1 Ei, leicht verquirlt
Salz und frisch gemahlener schwarzer Pfeffer zum Abschmecken

Grobe Senfcreme
¼ Tasse saure Sahne
1 EL grober Senf
1 EL Mangochutney
¼ Tasse Olivenöl

1 Hack, Semmelbrösel, Currypulver, Chutney, Petersilie, Ei, Salz und Pfeffer in eine Rührschüssel geben.
2 Mit den Händen alles gut mischen. Mit Plastikfolie abdecken und 20 Minuten im Kühlschrank aufbewahren.
3 Mischung in 6 gleichgroße Portionen teilen. Mit leicht geölten Händen jede Portion zu einem Hamburger formen und leicht abflachen. Auf einen leicht geölten Grillrost oder eine Grillplatte legen. Bei mittlerer Hitze 5 Minuten von jeder Seite grillen, bis die Hamburger gut gebräunt und durch sind, dabei einmal wenden. Heiß, mit grober Senfcreme servieren.
4 Für die grobe Senfcreme Sahne, Senf und Chutney in eine Schüssel geben. Mit einem Schneebesen schlagen, bis alles gut vermischt ist. Öl tropfenweise zugeben; schlagen, bis das gesamte Öl verbraucht ist.

Hackfleisch Im Fleischwolf zerkleinertes Fleisch besonders vom Rind oder Schwein. Häufig als Mischung von Schwein und Rind angeboten (Hackfleisch halb und halb).

Hähnchen Gemästeter junger Hahn mit zartem Fleisch und einem Gewicht bis zu 1,5 kg. Besonders gegrillt sehr beliebt.

Haferbrei siehe Porridge.

Haferflocken Gewalzte Haferkörner, die roh zum Frühstück gegessen (z. B. in Müsli), zum Backen verwendet oder zu Schleim und Brei verarbeitet

werden. Für Haferschleim oder Hafersuppe verwendet man Schmelzflocken oder normale Haferflocken, für Müsli eher kernige Haferflocken.

Haferkleie Die rauhen äußeren Schichten des Haferkorns, die beim Mahlen entfernt werden. Haferkleie wird zum Kochen verwendet und als gute Ballaststoffquelle geschätzt. Man kann sie Brot-, Muffin- oder Plätzchenteig zufügen, in

Joghurt oder Quark einrühren oder über Obstsalat und Müsli streuen.

Hafermehl Gemahlene Haferkörner. Grobes und mittelfeines Hafermehl wird wie Haferflocken für Porridge verwendet sowie in manchen Ländern als Zusatz in Wurst- und Fleischteig (z. B. im schottischen Haggis). Feines Hafermehl wird zum Backen von Pfannkuchen, Muffins und anderem Gebäck verwendet.

Haferplätzchen Plätzchen aus ungesäuertem Brotteig, aus Hafermehl, Wasser und wenig

Fett. In England wurden die Teigklumpen auf heißem Backblech gebacken. In Schottland und Wales trocknete man dünne, runde Fladen aus Hafermehlpaste im nur mäßig warmen Ofen.

Haferschleim Hafermehl oder -flocken in Wasser, Gemüsebrühe

oder Milch zu einer dünnen Suppe gekocht.

VEGETARISCHE BURGER MIT KICHERERBSENSOSSE

☆ ***Vorbereitungszeit:*** 20 Minuten + 2 Stunden Kühlzeit
Kochzeit: 20 Minuten
Für 4 Personen

½ Tasse Olivenöl
1 mittelgroße Zwiebel, feingeschnitten
1 EL Currypulver
½ Tasse frische oder gefrorene Erbsen
½ Tasse Möhren, feingeraspelt
½ Tasse Kürbis, feingehobelt
1 reife Tomate, geschält und geschnitten
¾ Tasse frische weiße Semmelbrösel
1 Ei
Salz und Pfeffer
300 g Kichererbsen (Garbanzo-Bohnen) aus der Dose, abgetropft
4 Vollkorn-Hamburger-Brötchen

Salat
1 kleine Gurke, der Länge nach dünn geschnitten
1 Tomate, in feine Scheiben geschnitten
1 rote Zwiebel, in feine Ringe geschnitten

Hummus
300 g Kichererbsen (Garbanzo-Bohnen) aus der Dose, abgetropft
2 Knoblauchzehen, zerdrückt
2–3 EL Zitronensaft
2–3 EL saure Sahne
1 EL Erdnußbutter
1 TL Kreuzkümmel, gemahlen
2 EL Sesamkörner, geröstet

1 2–3 EL Öl in einer mittelgroßen Pfanne erhitzen, Zwiebel und Currypulver zugeben. Bei mittlerer Hitze 3–4 Minuten schmoren lassen, bis die Zwiebeln etwas weicher sind. Erbsen, Möhre und Kürbis zugeben; weitere 2 Minuten schmoren lassen. Geschnittene Tomate zugeben, Hitze reduzieren, abdecken und 3–5 Minuten kochen lassen. Vom Herd nehmen, leicht abkühlen lassen. Semmelbrösel, Ei, Salz und Pfeffer hineinrühren.

2 Kichererbsen in der Küchenmaschine glatt verarbeiten. Zur Gemüsemischung geben und gut mischen. Abgedeckt 2 Stunden im Kühlschrank aufbewahren. Mischung in 4 gleiche Portionen teilen. Jede Portion zu einem Hamburger formen.

3 Restliches Öl in der Pfanne erhitzen. Hamburger bei mittlerer Hitze 3–4 Minuten von jeder Seite braten, bis sie goldbraun und durch sind. Brötchen horizontal halbieren, mit Salat, Gurke, Tomate, Zwiebelringen und gebratenen Hamburgern belegen. Hummus darübergeben. Mit den oberen Hälften abdecken. Servieren.

4 Für Hummus Kichererbsen, Knoblauch, Zitronensaft, saure Sahne, Erdnußbutter, Kreuzkümmel und Sesam in die Küchenmaschine geben. 20–30 Sekunden glatt verarbeiten.

HAMBURGER MIT AUSTERNTASCHE UND MEERRETTICHCREME

☆ ***Vorbereitungszeit:*** 20 Minuten
Kochzeit: 16 Minuten
Für 6 Personen

750 g Rinderhack
1 Tasse frische weiße Semmelbrösel
½ TL Zitronenschale, feingerieben
5 Tropfen Tabasco
1 Ei, leicht verquirlt
6 Austern
6 Hamburger Brötchen
zerpflückte Salatblätter

Meerrettichcreme
½ Tasse saure Sahne
2 TL Meerrettich aus dem Glas

1 Rinderhack, Semmelbrösel, Zitronenschale, Tabasco und Ei in eine große Schüssel geben, sorgfältig mischen. Mischung in 6 gleich große Portionen teilen, jede Portion zu einem 1,5 cm dicken Hamburger formen. Mit dem Daumen eine Vertiefung in die Mitte drücken. 1 Auster in jede Vertiefung geben, Hack über die Auster schlagen.

2 Für die Meerrettichcreme saure Sahne und Meerrettich in eine kleine Schüssel geben, gut verrühren. Bis zur Verwendung im Kühlschrank aufbewahren.

3 Grill oder Bratpfanne erhitzen, leicht mit Öl bepinseln. Hamburger bei mittlerer Hitze ca. 8 Minuten von jeder Seite grillen, dabei einmal wenden. Hamburger Brötchen halbieren, nach Wunsch leicht toasten und mit Butter bestreichen. Bodenteil auf Servierteller legen. Salat auf den Brötchen verteilen und je einen Hamburger darauflegen. Mit Meerrettichcreme bestreichen und obere Hälften darüberlegen.

Oben: Hamburger mit Austerntasche und Meerrettichcreme. Gegenüber: Kaffee-Haselnuß-Plätzchen

HASELNÜSSE

KAFFEE-HASELNUSS-PLÄTZCHEN

☆☆ ***Vorbereitungszeit:*** 15 Minuten + 30 Minuten Gefrierzeit
Backzeit: 15 Minuten
Ergibt 25 Plätzchen

1 1/4 Tassen Mehl
100 g Butter, geschnitten
1/3 Tasse sehr feiner Zucker
3 TL Instant-Kaffee
2 TL kochendes Wasser
1 Eigelb
1/3 Tasse Haselnüsse, gemahlen
2/3 Tasse Haselnüsse, feingehackt
13 ganze Haselnüsse, halbiert

Kaffeeglasur
1/2 Tasse Puderzucker
1/2 TL Instant-Kaffee
10 g Butter, weich
2 TL Milch

1 Backofen auf 180 °C vorheizen. Zwei 32 x 28 cm große Backbleche mit zerlassener Butter oder Öl auspinseln. Boden mit Backpapier auslegen; Papier fetten. Mehl in eine große Schüssel sieben; Butter und Zucker zugeben. Mit den Fingerspitzen 2 Minuten Butter mit Mehl feinkrümelig reiben. Eine Vertiefung in die Mitte machen.
2 Kaffee in Wasser lösen. Ei, abgekühlten Kaffee und gemahlene Haselnüsse in die Vertiefung der Mehlmischung geben. Glatten Teig kneten.
3 Teig auf leicht bemehlte Arbeitsfläche legen. Nochmals 1 Minute kneten, dann zu einer Rolle von 30 x 4 cm formen. Rolle in gehackten Haselnüssen wälzen. Abdecken und 30 Minuten ins Gefrierfach legen. Rolle mit scharfem Messer gleichmäßig in 25 Scheiben schneiden. Scheiben auf die Bleche legen, dazwischen etwa 3 cm Platz lassen. 15 Minuten backen, bis die Plätzchen goldbraun sind. Auf den Blechen abkühlen lassen.
4 Für die Glasur Puderzucker in eine Schüssel sieben; Kaffee, Butter und Milch hineinrühren. Schüssel in ein Wasserbad stellen und glattrühren. Etwas davon in die Mitte der Plätzchen geben und mit einer halben Haselnuß belegen.

WISSENSWERTES ÜBER HASELNÜSSE

■ Haselnußmehl wird beim Plätzchen- und Kuchenbacken häufig statt Mehl verwendet. Die milde Süße der Haselnüsse paßt auch gut zu pikantwürzigen Gerichten. Nüsse grob hacken und mit zerlassener Butter mischen; dann über Hummer oder Forelle geben, in grünen Salat mischen oder über Pilze und Gemüsesuppen streuen.
■ Haselnüsse sind nicht leicht zu knacken, (die Nüsse müssen geröstet, und die Haut mit einem Handtuch abgerieben werden) deshalb am besten schon geschält und ohne Haut kaufen. Ganz, gehackt oder gemahlen erhältlich. Gemahlene Haselnüsse können in vielen Rezepten als Ersatz für gemahlene Mandeln verwendet werden.
■ Haselnußöl ist selten und teuer. Doch es lassen sich damit köstliche Salatsoßen zubereiten.

Hagebutten Leuchtend rote Scheinfrüchte verschiedener Wildrosenarten, die sehr reich an Vitamin C sind und als Tee oder in Marmeladen, Gelees und Obstweinen Verwendung finden.

Hagelzucker Sehr grobkörniger Zucker, oft zur Dekoration von Gebäck verwendet.

Haggis Schottisches Nationalgericht: gehackte Schafinnereien (Herz, Leber, Lunge) mit Rinder- oder Hammelhack, Nierenfett und Hafermehl gemischt, gewürzt mit Cayennepfeffer und feingehackten Zwiebeln; in einen Schafsmagen gefüllt, gekocht und heiß mit Clapshot (Kartoffel-Steckrübenpüree) serviert; ein traditionelles Sylvesteressen.

Haifischflossensuppe Chinesische Suppe vor allem aus den Flossen der Katzenhaie, die sehr vitamin- und nährstoffreich sind und getrocknet in den Handel kommen.

Halbfester Käse Käsesorten, die wesentlich weicher sind als Hartkäse, aber im Gegensatz zu Weichkäse von innen nach außen reifen; z. B. Butterkäse und Edelpilzkäse.

Halbgefrorenes Eisdessert aus Sahne und

geschmackgebenden Zutaten wie Früchten, Kakao, Likören, das unter ständigem Rühren halbfest gefroren wird. Es stammt aus Italien.

Haloumi Schafmilchkäse mit fester Textur und scharfem, cremigem Geschmack. Seit 2000 Jahren in Zypern, Syrien und Libanon hergestellt. Frisch oder vakuumverpackt erhältlich.

Halwa Orientalische Süßigkeit aus Tahini, Butter, Zucker, Honig und Nüssen; mit Rosenblütenwasser oder Safran aromatisiert.

Hamburger Flacher Rinderhackklops, gewürzt, gebraten und mit Salat und anderen Beigaben auf einem weichen Brötchen serviert. Zu Beginn des 20. Jh. in den USA entstanden.

Hammelfleisch Fleisch kastrierter

SCHOKOLADEN-HASELNUSSROLLE

Vorbereitungszeit: 35 Minuten
Backzeit: 25 Minuten
Für 1 Rolle

½ Tasse Mehl, mit Backpulver vermischt
3 Eier
⅓ Tasse sehr feiner Zucker
100 g Schokolade, geraspelt
½ Tasse Haselnußmehl
1–2 EL starker schwarzer Kaffee
1 ¼ Tassen Sahne
1–2 EL starker schwarzer Kaffee zusätzlich
⅓ Tasse Puderzucker
2 EL Kakaopulver

1 Backofen auf 210 °C vorheizen. Eine flache Backform (30 x 25 x 2 cm) mit Öl auspinseln. Boden und zwei Seiten mit Backpapier auslegen; Papier fetten. Mehl dreimal auf Backpapier sieben. Mit dem Handrührgerät Eier 5 Minuten in einer kleinen Schüssel verquirlen, bis sie dick und blaß sind. Nach und nach Zucker zugeben, dabei ständig rühren, bis er sich aufgelöst hat und die Mischung gelb und glänzend ist. In eine große Schüssel geben.
2 Mit einem Metallöffel Schokolade, Haselnüsse, Kaffee und Mehl zügig und leicht unterheben. Mischung in die Form geben; Oberfläche glätten. 12 Minuten backen, bis der Boden goldbraun ist. Sahne mit zusätzlicher Kaffeeflüssigkeit in einer kleinen Schüssel rühren, bis sie steif ist. Bis zur Verwendung im Kühlschrank aufbewahren.
3 Ein trockenes Küchenhandtuch mit Backpapier belegen; mit gesiebtem Puderzucker und Kakao bestauben; Kuchen darauflegen, 1 Minute stehen lassen, mit dem Küchenhandtuch Boden aufrollen. 5 Minuten abkühlen lassen. Wieder aufrollen. Mit der Kaffeecremefüllung bestreichen; wieder zusammenrollen. Enden der Rolle mit einem Wellenschliffmesser gerade schneiden.

GEWÜRZTE HASELNÜSSE

Vorbereitungszeit: 6 Minuten
Backzeit: 30 Minuten
Für 4–5 Tassen

1 Eiweiß
¼ Tasse sehr feiner Zucker
3 TL Zimt, gemahlen
¼ TL Muskatnuß
¼ TL Nelken, gemahlen
250 g Haselnüsse, geröstet

Backofen auf 160 °C vorheizen. Eiweiß steif schlagen; Zucker, Zimt, Muskatnuß und Nelken unterheben. Nüsse in der Mischung schwenken. Auf gefettetem Backblech ausbreiten. 30 Minuten backen. Abkühlen lassen; in mundgerechte Stücke brechen.

HASELNUSS-MÜRBEPLÄTZCHEN

Vorbereitungszeit: 30 Minuten
Backzeit: 15 Minuten
Ergibt 30 Stück

250 g Butter, weich
½ Tasse Zucker
1 Ei und zusätzlich 1 Eigelb
1 TL Vanilleessenz
1 ½ Tassen Mehl
½ TL Backpulver
¼ TL Natron
½ Tasse Haselnüsse, feingemahlen
30 ganze Haselnüsse

1 Ofen auf 180 °C vorheizen. Mit dem Handrührgerät Butter und Zucker schaumig rühren. Ei, Eigelb und Vanille hineinrühren. Mehl, Backpulver und Soda hineinsieben. Gemahlene Haselnüsse zugeben, gut mischen.
2 Gestrichene EL der Mischung zu kleinen Kugeln rollen, auf gefettete Bleche legen; Platz lassen zum Aufgehen. Je 1 Haselnuß in die Mitte drücken.
3 15 Minuten goldbraun backen, dann auf einem Kuchengitter vollständig abkühlen lassen.

Oben: Pizzaschnecken;
unten: Haselnuß-Mürbeplätzchen.
Gegenüber, oben: Schokoladen-Haselnußrolle

HEFEGEBÄCK

PIZZASCHNECKEN

☆
☆☆

Vorbereitungszeit: 1 ½ Stunden
Zubereitungszeit: 40 Minuten
Ergibt ca. 35 Stück

1–2 EL Olivenöl
1 Zwiebel, feingehackt
½ Tasse grüne Paprikaschote, feingehackt
¼ Tasse schwarze Oliven, feingehackt
30 g frische Hefe, zerbröckelt
1 TL Zucker
½ Tasse Vollweizenmehl
⅜ l warmes Wasser
2 ½ Tassen Mehl
½ Tasse Roggenmehl
1 TL Salz
4 EL Tomatenmark
2 TL getrocknetes Basilikum
1 Tasse geriebener Cheddar oder mittelalter Gouda

1 Öl in einem Topf erhitzen. Zwiebel und Paprika zufügen und bei schwacher Hitze etwa 8 Minuten weich dünsten. Oliven zugeben, 2 Minuten mitdünsten. Vom Herd nehmen, abkühlen lassen.
2 Hefe mit Zucker und Vollweizenmehl in eine Schüssel geben. Nach und nach Wasser angießen und glattrühren. Schüssel abdecken, Hefe an einem warmen Ort etwa 10 Minuten gehenlassen.
3 Restliches Mehl in Rührschüssel geben und Salz zufügen. Eine Vertiefung in die Mitte drücken, Hefevorteig zugeben. Zu einem weichen Teig verarbeiten.
4 Teig auf bemehlte Arbeitsfläche geben, in etwa 5 Minuten geschmeidig kneten. Zu einer Kugel formen, in einer leicht geölten Schüssel zugedeckt an einem warmen Ort mindestens 30 Minuten gehenlassen, bis der Teig gut aufgegangen ist.
5 Teig erneut etwa 3 Minuten geschmeidig kneten. Auf einer bemehlten Fläche zu einem Rechteck von 30 x 45 cm ausrollen. Gleichmäßig mit Tomatenmark bestreichen. Darauf die abgekühlte Gemüsemischung verteilen. Mit Basilikum und geriebenem Käse bestreuen.
6 Den Teig zur kürzeren Seite hin fest zusammenrollen. Mit einem scharfen Messer 1 cm breite Stücke von der Rolle schneiden. Die Schnecken auf ein leicht geöltes Backblech legen, etwa 3 cm Abstand dazwischen lassen. Zugedeckt noch einmal etwa 20 Minuten an einem warmen Ort gehenlassen.
7 Bei 200 °C etwa 15 Minuten backen. Hitze auf 180 °C reduzieren, weitere 15 Minuten backen, bis die Schnecken goldgelb und knusprig sind. Dann zum Abkühlen auf ein Kuchengitter legen.

DOUGHNUTS

☆☆

Vorbereitungszeit: 1 Stunde 30 Minuten
Backzeit: 15 Minuten
Ergibt 25 Stück

4 Tassen Weizenmehl Type 812
2 Päckchen Trockenhefe (7 g)
2 EL feiner Zucker
1 TL Salz
1 Ei, verquirlt
300 ml warme Milch
100 g Butter, zerlassen
Olivenöl »Light« oder Butterschmalz zum Fritieren
½ Tasse feiner Zucker zusätzlich
1 TL Zimt

1 Mehl, Hefe, Zucker und Salz in eine Rührschüssel geben. Ei, Milch und Butter verrühren und nach und nach zum Mehl geben. Zu einem weichen Teig vermengen. Auf bemehlte Arbeitsfläche geben und etwa 10 Minuten kneten, bis der Teig geschmeidig und elastisch ist. Zu einer Kugel formen und in einer leicht geölten Schüssel zugedeckt an einem warmen Ort etwa 45 Minuten gehenlassen.
2 Teig 1 Minute kneten, 5 Minuten ruhenlassen. 5 mm dick ausrollen und mit zwei runden Ausstechformen (8 und 4 cm Durchmesser) Doughnutringe ausstechen. Doughnuts auf leicht bemehlte Backbleche setzen und zugedeckt an einem warmen Ort 20 Minuten gehenlassen.
3 Öl erhitzen (6 cm hoch) und Doughnuts auf jeder Seite 1–2 Minuten fritieren, bis sie goldbraun und gar sind. Auf Küchenpapier abtropfen lassen.
4 Zucker und Zimt mischen, die Doughnuts in der Mischung wälzen.

männlicher und junger weiblicher Schafe, im Unterschied zu dem Fleisch von Böcken (nicht kastrierten männlichen Tieren) und alten weiblichen Tieren, das Schaffleisch genannt wird.

Haricot-Bohnen Grüne Gartenbohne; frisch samt Schote verzehrbar. Die weißen Samen für Kasserollen, Suppen und Eintöpfe.

Harissa Scharfe, marokkanische Paste aus Chili und

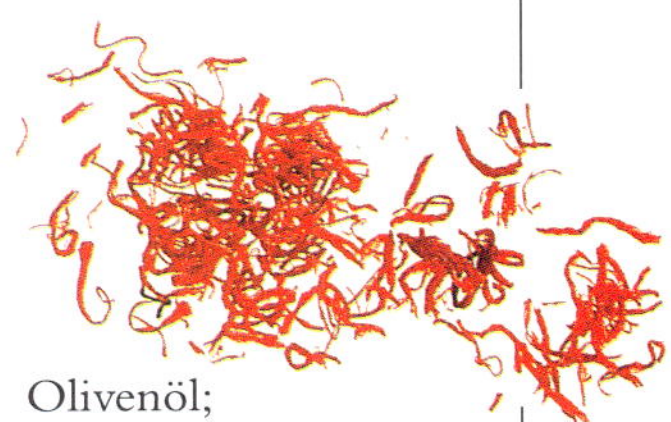

Olivenöl; als Würze zu Couscous und Safransuppen, als Marinade für Huhn, Lamm oder Fisch; in Spezialitäten-Läden erhältlich.

Hartkäse Käsesorten aus festem Käseteig, mit hohem Fettgehalt und einer langen Lager- und Reifezeit, die den Geschmack verstärkt; z. B. Gouda, Emmentaler, Parmesan, Chester.

Harusame Dünne japanische Nudeln aus Bohnenstärke, die beim Kochen durchsichtig werden.

Harzer Käse Sauermilchkäse in Laib- oder Stangenform, der fettarm ist, sehr schnell reift und einen starken Geruch hat.

Hasen In ganz Europa, Westasien und Amerika verbreitetes Haarwild, größer als Kaninchen, mit dunklerem Fleisch und intensivem Wildgeschmack. Sie können bis zu 6 kg schwer werden. Das beste Fleisch haben junge Hasen im Alter von drei bis acht Monaten. Die Jagdsaison läuft von Oktober bis Mitte Januar. Jungtiere können gebraten, ältere Tiere müssen oft vor dem Schmoren mariniert werden; sehr beliebt mit Schinken und Pilzen.

Haselnuß Kleine, runde Nuß mit harter Schale und mild-

süßem Geschmack. Roh oder geröstet und gesalzen verzehrbar.

Hasenpfeffer Gericht aus in Öl und Weinbrand mariniertem Hasenklein (Läufe, Hals, Bauchlappen, Herz und Leber des Hasen), das mit Rotwein geschmort wird und dessen Soße mit Hasenblut und Sahne

RUM-BABA

☆☆ ***Vorbereitungszeit:*** 1 ½ Stunden
Zubereitungszeit: 25 Minuten
Für 8 Personen

2 Tassen Mehl
½ TL Salz
2 EL feiner Zucker
1 Päckchen Trockenhefe (7 g)
⅛ l lauwarme Milch
3 Eier, verquirlt
60 g Butter, zerlassen
½ Tasse Rosinen, gehackt

Sirup
3/8 l Wasser
1 Tasse Zucker
⅛ l Rum

1 Eine tiefe Ringform von 23 cm Durchmesser (1 ¼ l) mit zerlassener Butter auspinseln. Mehl, Salz, Zucker und Hefe in einer Rührschüssel mischen. Eine Vertiefung in die Mitte drücken, Milch, Eier und Butter zufügen, alles zu einem dicken Teig verrühren.
2 Den Teig etwa 6 Minuten mit den Händen gegen die Schüsselwände schlagen, bis er glatt und glänzend, aber noch etwas zäh ist. Immer wieder Teig von den Schüsselwänden abkratzen und in die Mitte bringen. Zugedeckt an einem warmen Ort etwa 1 Stunde gehenlassen, bis der Teig sich verdoppelt hat.
3 Rosinen zufügen und Teig umrühren, bis die Rosinen darin verschwinden. In die vorbereitete Form füllen und zugedeckt an einem warmen Ort etwa 30 Minuten gehenlassen, bis der Teig sich verdoppelt hat. 20 Minuten im vorgeheizten Backofen bei 210 °C backen.
4 Baba sofort auf ein Kuchengitter stellen, flaches Backblech unterlegen. Mit einer Gabel oder Spießen gut und gleichmäßig einstechen. Großzügig heißen Sirup über den Kuchen verteilen.
5 Für den Sirup Wasser und Zucker in einem Topf bei mittlerer Hitze rühren, bis der Zucker gelöst ist. Zum Kochen bringen, 5 Minuten köcheln lassen. Vom Herd nehmen, Rum zufügen.

Anmerkung: Die besten Ergebnisse erhält man bei Verwendung von Weizenmehl Type 812.

Oben: Rum-Baba.
Gegenüber: Knusprige Gewürzbrötchen

WISSENSWERTES ÜBER HEFE

- Frische Hefe verliert ihre Eigenschaften mit zunehmendem Alter. Sie sollte maximal 2 Wochen im Kühlschrank aufbewahrt oder bis zu 2 Monate eingefroren werden. Trockenhefe hat eine längere Haltbarkeitsdauer, wenn sie kühl und trocken aufbewahrt wird.
- Frische Hefe testen: frische Hefe mit einem TL Zucker in etwas warmem Wasser auflösen – innerhalb von 10 Minuten sollte sie zu gehen beginnen.
- Hefe ist von der Raumtemperatur abhängig. Wenn es zu kalt ist, verlangsamt sich ihre Aktivität. Zu hohe Temperaturen dagegen töten die Mikroorganismen ab.

KNUSPRIGE GEWÜRZBRÖTCHEN

☆☆ ***Vorbereitungszeit:*** 2 Stunden
Backzeit: 30–35 Minuten
Ergibt 12 Stück

4 Tassen Mehl
1 ½ TL Lebkuchengewürz
2 Päckchen Trockenhefe (7 g)
½ Tasse feiner Zucker
60 g Butter, zerlassen
2 Eier, verquirlt
⅜ l warme Milch
1 Tasse gemischtes Dörrobst, feingehackt

1 Mehl, Lebkuchengewürz, Hefe und Zucker in der Küchenmaschine 1–2 Minuten verarbeiten. Butter, Ei und Milch verrühren. Bei laufendem Motor die flüssigen Zutaten zu den trockenen gießen und gut verrühren. Mischung auf bemehlte Arbeitsfläche geben, Dörrobst einkneten, anschließend in 10–15 Minuten geschmeidig kneten.
2 Teig in gefetteter Schüssel an einem warmen Ort etwa 1 Stunde gehenlassen, bis der Teig sich verdoppelt hat.
3 Eine 30 x 20 x 3 cm große Metallform mit Öl oder zerlassener Butter auspinseln. Teig in 12 runde Brötchen teilen, mit 2 cm Abstand in die Form setzen. Zugedeckt noch einmal 45 Minuten gehenlassen.
4 Backofen auf 210 °C vorheizen. Ein Kreuz auf jedes Brötchen spritzen. 30–35 Minuten goldbraun backen. Eventuell gegen Ende der Backzeit abdecken. Noch heiß mit Glasur bepinseln.

Anmerkung: Für die Kreuze eine Spritztülle mit einer Mischung aus 40 g Mehl mit Backpulverzusatz und 4 EL Wasser füllen. Für die Glasur ¼ TL Gelatine und 2 TL Honig in 1–2 EL Wasser bei schwacher Hitze auflösen.

PANETTONE

☆☆☆ ***Vorbereitungszeit:*** 1 Stunde 40 Minuten
Backzeit: 1 Stunde 15 Minuten
Ergibt einen Kuchen von 20 cm Durchmesser

½ Tasse Dörrobst
2 EL Fruchtmix (Zitronat, Orangeat, kandierte Kirschen und Melonen)
3 EL Orangensaft
45 g frische Hefe
1 TL Zucker
3 EL lauwarmes Wasser
3 Tassen Mehl
60 g Butter, in kleine Stücke geschnitten
3 Eier, leicht verquirlt
2 EL feiner Zucker
⅛ l lauwarme Milch
zusätzlich Milch zum Bepinseln

1 Eine Charlottenform von 20 cm Durchmesser mit Öl oder zerlassener Butter auspinseln. Fruchtmix, Dörrobst und Orangensaft mischen, beiseite stellen; Teig vorbereiten.
2 Hefe, Zucker und Wasser glattrühren. Zugedeckt an einem warmen Ort etwa 10 Minuten gehenlassen, bis die Hefe Blasen wirft.
3 Mehl in eine große Schüssel sieben, Butter zugeben. Mit den Fingerspitzen ineinander reiben, bis die Mischung fein und krümelig ist. Obstmischung zugeben und gut verrühren.
4 Eier, feinen Zucker und Milch mischen; Hefevorteig einrühren. In die Mitte des Mehls eine Vertiefung machen, Dörrobstmischung hineingeben. Mit Messer zu einem weichen, feuchten Teig vermischen.
5 Mit der Hand den Teig 5 Minuten kräftig kneten, bis er sich ziehen läßt und glatt und glänzend wird. Teig vom Schüsselrand immer wieder abschaben und mitkneten. Zugedeckt an einem warmen Ort etwa 30 Minuten gehenlassen.
6 Erneut 5 Minuten kräftig kneten; auf eine leicht bemehlte Arbeitsfläche geben und weitere 10 Minuten kneten, bis der Teig nicht mehr klebt. In die Form geben, zugedeckt an einem warmen Ort noch einmal etwa 30 Minuten gehenlassen, bis er etwa doppelt so hoch ist.
7 Ofen auf 210 °C vorheizen. Teig mit der zusätzlichen Milch bepinseln, 15 Minuten backen, Backofen auf 180 °C zurückschalten, Kuchen noch etwa 1 Stunde backen, bis er gut gebräunt und durchgebacken ist. Es muß hohl klingen, wenn man mit dem Löffel draufklopft.

gebunden wird. Dazu ißt man gedünstete Maronen.

Hasenrücken Das Sattelstück von den ersten Rippen bis zu den Keulen wird gespickt und leicht rosa gebraten.

Hash Amerikanisches Gericht zur Resteverwertung: Mischung aus gebratenem Gemüse und Fleisch.

Hausen (Beluga) Aus dem Kaspischen und Schwarzen Meer stammender Fisch aus der Familie der Störe, der zum Laichen in die Flüsse aufsteigt. Sein Rogen ist der Beluga-Kaviar, das Fleisch wird vor allem geräuchert gegessen und ist sehr schmackhaft.

Hautgout Geschmack des in Federn oder Fell abgehangenen Wildes, der durch die Zersetzung des Fleischeiweißes entsteht und den Wildgeschmack verstärkt.

Havarti Halbfester, dänischer Käse mit säuerlichem Geschmack und kleinen, unregelmäßigen Löchern im Innern. Geschmack intensiviert sich mit zunehmender Reife.

Hecht Größter Raubfisch der europäischen Seen und Flüsse, der besonders als zweijähriger, junger Fisch gedünstet oder gedämpft gegessen wird. Das feste, gröbere Fleisch älterer Hechte verwendet man eher für Farcen, Klößchen und für Pasteten.

Hefe Besteht aus mikroskopisch kleinen, einzelligen Organismen, die sich unter

warmen und feuchten Bedingungen sehr schnell vermehren. Bäckerhefe wird als Treibmittel für verschiedene Teigarten verwendet. Der Zucker im Teig wird durch die Hefezellen in Kohlendioxid verwandelt; dadurch »geht« der Teig und wird lockerer. Hefe wird seit über 4000 Jahren zum Backen verwendet – seit sie aus Versehen entdeckt wurde. Sie ist in zwei Formen erhältlich: frisch in Würfel à 40 g gepreßt oder als Trockenhefe in Päckchen à 7 g. Hefe wird auch zum Bierbrauen und zur Weinherstellung benutzt.

Heidelbeeren Blaue, kleine Früchte eines vor allem in Nadelwäldern wachsenden niedrigen Strauches, die sehr vitaminreich sind. Sie können roh,

HIMBEEREN

KLEINE HIMBEERTORTE

☆☆ ***Vorbereitungszeit:*** 35 Minuten + Kühlzeit
Backzeit: 15 Minuten
Für 8 Personen

2 EL Mehl
2 EL Mehl mit Backpulverzusatz
2 EL Maismehl (Stärke)
2 Eier
⅓ Tasse Zucker

Himbeercreme
400 g frische oder gefrorene Himbeeren
1 Ei
⅓ Tasse sehr feiner Zucker
250 g weicher Frischkäse
1 ¼ Tassen Crème double
1 EL Gelatine
3 EL Wasser
Puderzucker zum Dekorieren

1 Backofen auf 180 °C vorheizen. Eine Springform (20 cm) mit flüssiger Butter oder Öl bepinseln.

2 Das Mehl und Maismehl dreimal auf das Backpapier sieben. Mit dem Handrührgerät in einer kleinen Schüssel die Eier 3 Minuten aufschlagen. Nach und nach den Zucker einrieseln lassen und weiterschlagen. Der Zucker muß sich vollständig aufgelöst haben, die Mischung hellgelb und glänzend sein.

3 In eine größere Schüssel füllen; mit einem Metallöffel rasch und locker die trockenen Zutaten unterheben. Mischung in die vorbereitete Form füllen und in 15 Minuten goldgelb backen, bis sich der Kuchen von der Form zu lösen beginnt. 3 Minuten in der Form ruhenlassen, dann auf einem Küchengitter erkalten lassen.

4 Für die Himbeercreme 300 g Himbeeren in der Küchenmaschine pürieren und durch ein Sieb streichen. Die Hälfte des Pürees zum Servieren zurückbehalten. Mit dem Handrührgerät in einer kleinen Schüssel Eier und Zucker cremig schlagen, Frischkäse dazugeben und glattrühren. In einer anderen Schüssel Crème double steif schlagen.

5 In einer kleinen Schüssel Gelatine mit Wasser anrühren, in das heiße Wasserbad stellen und rühren, bis die Gelatine sich aufgelöst hat. Mit dem Metallöffel Gelatine, die Hälfte des Himbeerpürees und die ganzen Himbeeren unter die Creme ziehen, anschließend die Sahne unterheben. Mit Plastikfolie abdecken und etwa 10 Minuten kalt stellen, bis die Mischung fest wird. Gelegentlich umrühren.

6 Den Kuchen in der Mitte durchschneiden. Untere Hälfte des Kuchens auf einen Teller legen, gleichmäßig mit der Creme bestreichen und die andere Kuchenhälfte auflegen. Kalt stellen, bis die Creme fest ist.

7 Vor dem Servieren Puderzucker über den Kuchen sieben. In acht Stücke schneiden, auf Dessertteller legen und restliches Fruchtpüree um den Kuchen arrangieren.

Oben: Kleine Himbeertorte.
Gegenüber: Himbeer-Hühner-Salat

HIMBEER-ERDBEER-DESSERT

☆☆ ***Vorbereitungszeit:*** 20 Minuten + Gefrierzeit
Für 8–10 Personen

500 g Erdbeeren
375 g feiner Zucker
3 EL Zitronensaft
2 ¼ Tassen Sahne, leicht geschlagen
125 g Himbeeren
½ Tasse feiner Zucker zusätzlich
Himbeeren und Erdbeeren zum Servieren

1 Eine etwa 2 l fassendene Kastenform mit Alufolie auskleiden. Erdbeeren entstielen. Mit Zucker und Saft in die Küchenmaschine geben und in etwa 30 Sekunden glattrühren.
2 ⅓ Tasse geschlagene Sahne zurückbehalten. Restliche Sahne unter die Erdbeermischung heben. Auf ein Metalltablett gießen. Gefrieren lassen, bis die Mischung dick ist. Dabei gelegentlich umrühren. Nicht ganz fest werden lassen.
3 Mit der Küchenmaschine Himbeeren und zusätzlichen Zucker verrühren. Unter die restliche Sahne ziehen und gut mischen.
4 Auf den Boden der vorbereiteten Kastenform eine Lage Erdbeereis geben. Darüber Himbeermischung und restliches Erdbeereis mit einem Löffel verteilen. Mit einem scharfen Messer oder einem Fleischspieß die Lagen ineinander ziehen. Die Folie darf dabei nicht beschädigt werden. Für 3–4 Stunden gefrieren lassen. Zum Servieren in Scheiben schneiden (oder Eiskugeln formen), auf Dessertteller mit Himbeeren und Erdbeeren garnieren.

HIMBEER-HÜHNER-SALAT

☆ ***Vorbereitungszeit:*** 15 Minuten
Kochzeit: 10 Minuten
Für 4 Personen

4 Hühnerbrustfilets (ca. 450 g)
1 Tasse Weißwein
60 g Endiviensalat
1 roter Pflücksalat
60 g Brunnenkresse
½ Tasse Olivenöl
3 EL Himbeeressig
½ TL französischer Senf
Salz und schwarzer Pfeffer aus der Mühle
200 g Himbeeren

1 Wein in einen großen Topf geben. Mit Wasser auffüllen, bis 2 cm hoch Flüssigkeit im Topf steht. Zugedeckt zum Kochen bringen. Hitze reduzieren, Hühnerfleisch hineingeben und bei geschlossenem Topf 10 Minuten köcheln lassen. Vom Herd nehmen. Abgießen und abkühlen lassen. In Scheiben schneiden.
2 Salate und Kresse waschen und trocknen. In mundgerechte Stücke zupfen; dicke Kressestiele entfernen. In einer großen Schüssel anrichten.
3 Olivenöl, Essig, Senf und Gewürze in einem kleinen Schraubglas zu einer Soße schütteln und ⅓ davon über die Salatblätter gießen. Mischen. ⅓ der Himbeeren und restliche Salatsoße in der Küchenmaschine in 10 Sekunden glattrühren. Salatblätter auf Serviertellern anrichten, Fleischscheiben darauflegen und die restlichen Himbeeren darauf verteilen; mit der Himbeersoße beträufeln und sofort servieren.

HIMBEERMARMELADE

☆ ***Vorbereitungszeit:*** 30 Minuten
Kochzeit: 15 Minuten
Ergibt 3 Tassen

1 kg Himbeeren
1 kg Zucker
1 TL Weinsteinsäure

1 Die Blätter und schlechten Früchte aus dem Obst entfernen. Himbeeren in einen Edelstahltopf geben und mit einem Kartoffelstampfer leicht zerdrücken. Bis zum Siedepunkt erhitzen. Dabei gelegentlich umrühren, damit die Himbeeren nicht ansetzen.
2 Zucker dazugeben und unter Rühren auflösen. Wieder zum Kochen bringen. 3 Minuten stark kochen, Weinsteinsäure hinzufügen und weitere 5 Minuten kochen, bis der Gelierpunkt erreicht ist.
3 Marmelade etwa abkühlen lassen und in heiße, sterilisierte Gläser füllen. Gläser verschließen und nach dem Abkühlen etikettieren. Kühl und dunkel aufbewahren.

als Kompott, Marmelade oder Obstwein genossen werden. Die getrockneten Beeren helfen gegen Durchfall.

Heidschnucken Schafrasse aus der Lüneburger Heide mit besonders zartem Fleisch.

Heilbutt Großer Plattfisch des Nordatlantiks, der meist gekocht oder gebraten wird.

Heiße Kreuzbrötchen (siehe Bun) Kleines Hefegebäck mit Gewürzen und Dörrobst. Oben in Kreuzform aufgeschlitzt und mit Zucker glasiert. Typisches Karfreitagsgebäck im angloamerikanischen Raum. Ursprünglich zu Ehren der heidnischen Frühlingsgöttin gebacken – die runde Form als Symbol des Mondes, das Kreuz für die vier Jahreszeiten.

Heißwasserteig Teig aus heißem Wasser, Schmalz, Mehl und Salz, der schon vor dem Backen seine Form hält. Muß warm verarbeitet werden, da er kalt leicht bricht. Traditionell in England für Wild-, Kalbs-, Schinken- und Schweinefleischpasteten verwendet, die häufig kalt serviert werden.

Helianthi Diese Wurzelknollen einer Sonnenblumenart werden in Nordamerika und Südeuropa angebaut. Sie werden in Stücke geschnitten gekocht und mit verschiedenen Soßen angerichtet.

Heller Maissirup Zum Süßen von Desserts und Gebäck.

Hering Salzwasserfisch des Nordatlantiks mit dunklem, fettem, intensiv schmeckendem Fleisch. Frischer Hering, als ganzer Fisch oder filetiert, wird gegrillt oder gebraten, aber auch gedünstet oder gebacken. Wegen des hohen Fettgehalts zum Räuchern und Marinieren geeignet.

Herz Dunkelroter, magerer Muskel, von Fettgewebe umgeben. Muß langsam und lange gekocht oder geschmort werden. Bevorzugt werden meist Lamm- und Kalbsherzen.

Herzmuscheln Gruppe von Muscheln mit braungestreiften, gerillten Schalen in den flachen Küstengewässern des Atlantiks und des Mittelmeeres,

HIMBEER-KOKOSPLÄTZCHEN

☆☆ ***Vorbereitungszeit:*** 40 Minuten
Backzeit: 15 Minuten
Ergibt 28 Stück

Teig
60 g Butter
½ Tasse feiner Zucker
1 Ei
⅔ Tasse Mehl
⅔ Tasse Mehl mit Backpulverzusatz

Glasur
100 g rosa Marshmallows
45 g Butter
¼ Tasse Puderzucker, gesiebt
½ Tasse Kokosflocken
⅓ Tasse Himbeermarmelade

1 Backofen auf 180 °C vorheizen. Zwei Backbleche mit Backpapier auslegen.
2 Für den Teig mit dem Handrührgerät in einer kleinen Schüssel Butter und Zucker cremig schlagen. Ei einrühren. In eine größere Schüssel umfüllen und mit einem Metallöffel Mehl unterheben. Teig auf eine leicht bemehlte Arbeitsfläche geben. 1 Minute weich kneten. Zwischen zwei Lagen Backpapier 5 mm dick ausrollen. Mit einem Messer oder Teigrad in Rechtecke schneiden (4,5 x 6 cm). Teigreste wieder ausrollen und in Rechtecke schneiden. Mit ausreichend Abstand auf die vorbereiteten Bleche legen und in 10 Minuten goldgelb backen. Anschließend die fertigen Plätzchen zum Erkalten auf ein Kuchengitter legen.
3 Für die Glasur Marshmallows und Butter bei schwacher Hitze in einem Topf zerlassen; Puderzucker unterziehen und glattrühren. Kokosflocken auf ein Stück Backpapier streuen. Rasch die Ränder der Plätzchen mit ¼ TL Glasur überziehen; in der Mitte etwas Platz lassen. Die Plätzchen vorsichtig mit der glasierten Seite in die Kokosflocken tauchen; dann überschüssige Kokosflocken leicht abschütteln.
4 Marmelade in einem Topf erwärmen, bis die Marmelade dünnflüssig wird. Auf die Mitte jedes Plätzchens mit einem Spritzbeutel einen Himbeerstreifen auftragen.

HIMBEERSOSSE

250 g Himbeeren und 1 EL feinen Zucker in einem Topf erhitzen und Zucker unter Rühren auflösen. In der Küchenmaschine pürieren oder mit einem Holzlöffel durch ein Sieb streichen. Beiseite stellen und erkalten lassen. Paßt zu Eiscreme, Schokoladenkuchen oder Zitronentorte. Am besten erst am Tag des Verzehrs zubereiten.

Rechts: Himbeer-Kokosplätzchen

die roh mit Zitronensaft, gebraten oder gedünstet verzehrt werden. Besonders schmackhaft sind sie von Oktober bis April. Der Fang dieser Muscheln im Wattenmeer ist aus Gründen des Umweltschutzes seit 1992 verboten.

Herzoginkartoffeln (Pommes duchesse) Kartoffelpüree mit Butter, Eigelb und Gewürzen verrühren, in einen Spritzbeutel geben, Rosetten- oder Wellenformen auf ein Backblech oder in eine Pfanne spritzen, mit Eigelb bepinseln und backen, bis sie goldbraun sind. Zum Garnieren von Braten oder als dekorative Randbordüre auf

Servierplatten verwendet. Man sagt, diese Augenweide sei speziell für die Herzogin von Bedford erdacht worden.

Hijiki In Japan als Gemüse verzehrte Meeresalgenart, die vor dem Kochen eingeweicht werden muß, da sie getrocknet auf den Markt kommt.

Himbeere Weiche, duftende, saftige

Frucht eines stacheligen, mit der Rose verwandten Strauchs. Man serviert sie frisch mit Sahne oder Eiscreme, im Obstsalat, püriert zu Desserts und als Soße oder im Kuchen. Die

Himbeere ist ursprünglich im kalten Klima der nördlichen Breitengrade zu Hause. Himbeersaison ist im August; gefroren sind sie das ganze Jahr über erhältlich.

Hippen Sehr zarte Gebäckrollen aus dünnem Teig, die häufig mit Schlagsahne oder Cremes gefüllt werden.

Hirn Weiße Innerei, meist von Lamm und Kalb; weich und blaß, mit hohem Fettgehalt.

Hirsche Familie der Paarhufer, zu der auch die Dam- und Rothirsche gehören, die in der Küche im engeren Sinne als »Hirsch« bezeichnet werden. Besonders das Fleisch der noch nicht ganz ausgewachsenen Tiere ist sehr zart und schmackhaft. Rücken und Keule sind die besten Stücke, die besonders in Weinessig und Gewürzen gebeizt zubereitet werden.

HONIG

BRATHUHN MIT HONIG-MINZE-GLASUR

☆ ***Vorbereitungszeit:*** 15 Minuten
Kochzeit: 1 Stunde 10 Minuten
Für 4–6 Personen

1 Huhn, etwa 1,6 kg
2 Knoblauchzehen, zerdrückt
2 EL frische Minze, feingehackt
60 g Butter
Saft von 1 Zitrone
¼ Tasse Honig
1 ½ Tassen Wasser
eingelegter Ingwer zum Servieren
gehackte Mandeln zum Servieren

1 Backofen auf 180 °C vorheizen. Überschüssiges Fett entfernen. Huhn gründlich unter fließendem kalten Wasser waschen und mit Küchenpapier trockentupfen.
2 Zerdrückten Knoblauch und Minze mischen. Mit den Händen oder einem Löffel Mischung unter der Hühnerhaut verteilen. Butter, Zitronensaft und Honig in einer kleinen Pfanne erhitzen, rühren und gut mischen.
3 Huhn mit der Honigmischung bepinseln; Flügel und Schenkel zusammenbinden. Auf einen Grillrost über eine Auffangschale legen. Wasser in die Schale füllen.
4 1 Stunde braten, bis das Huhn goldbraun ist, dabei mit Honigmischung bepinseln. Das Brathuhn mit eingelegtem Ingwer und gehackten Mandeln servieren.

GEGRILLTE MEERESFRÜCHTE MIT HONIG

☆ ***Vorbereitungszeit:*** 15 Minuten + 3 Stunden marinieren
Kochzeit: 5 Minuten
Ergibt 8 Spießchen

500 g Krabben (Shrimps), roh
250 g frische Muscheln, Rogen unversehrt
¼ Tasse Honig
2–3 EL Sojasoße
¼ Tasse Barbecuesoße aus der Flasche
2–3 EL süßer Sherry

1 8 Holzgrillspießchen in Wasser einweichen. Köpfe von den Shrimps entfernen. Schälen und Darm entfernen, Schwänze unversehrt lassen. Muscheln säubern, braune Fasern entfernen.
2 Abwechselnd Shrimps und Muscheln auf die 8 Spießchen stecken (je 3 pro Spieß). In eine flache Schüssel (kein Metall) legen. Honig, Sojasoße, Barbecuesoße und Sherry in einem Glas mischen, über die Spießchen gießen. Abdecken, mehrere Stunden im Kühlschrank aufbewahren. 1 Stunde vor der Zubereitung Grill anheizen.
3 Spießchen aus der Schüssel nehmen, 5 Minuten auf die heiße, leicht gefettete Grillplatte legen. Während des Grillens mit Marinade bepinseln.

WISSENSWERTES ÜBER HONIG

- Honig variiert in der Farbe von hell und klar bis dunkel und undurchsichtig. Jede Sorte hat, je nachdem von welcher Blüte sie stammt, ihren unverkennbaren Geschmack. Als Faustregel gilt: je heller der Honig, desto milder der Geschmack.
- Wird Honig gekocht, läßt die Geschmacksintensität nach. Deshalb zum Kochen dunklere, geschmacksintensivere Sorten wählen.

HONIG-DATTEL-KUCHEN

☆ ***Vorbereitungszeit:*** 10 Minuten + 10 Minuten Ruhezeit
Backzeit: 35 Minuten
Für einen runden Kuchen (20 cm)

1 Paket Butterkuchen-Mischung (ca. 340 g)
½ Tasse Datteln, feingeschnitten
1 TL Lebkuchengewürz
1 Ei
½ Tasse Buttermilch
¼ Tasse Honig
20 g Butter
1–2 EL Wasser

1 Backofen auf 180 °C vorheizen. 1 runde Kuchenform (20 cm) mit zerlassener Butter oder Öl auspinseln, Boden und Seiten mit Backpapier bedecken; Papier fetten.
2 Backmischung, Datteln, Lebkuchengewürz, Ei und Buttermilch in eine kleine Schüssel geben. Mit dem Handrührgerät auf niedriger Stufe 1 Minute rühren, bis alles fast verbunden ist. Dann auf mittlerer Stufe 2 Minuten glattrühren.
3 Mischung in die Form geben. 35 Minuten backen, bis eine Nadel bei der Nadelprobe sauber bleibt. Kuchen in der Form 10 Minuten abkühlen lassen, dann vorsichtig zum Abkühlen auf ein Kuchengitter stürzen.
4 Honig, Butter und Wasser in einer kleinen Pfanne mischen. 1 Minute bei schwacher Hitze rühren, bis die Butter geschmolzen ist. Warme
Niglösung über den warmen Kuchen pinseln. Warm mit Vanillesoße oder Eis servieren. Nach Belieben Kuchen noch mit gesiebtem Puderzucker verzieren.

HONIG-ERDNUSSBUTTER-PLÄTZCHEN

☆ ***Vorbereitungszeit:*** 15 Minuten
Backzeit: 10 Minuten
Ergibt ca. 30 Plätzchen

1 Tasse Mehl
½ Tasse Mehl, mit Backpulver vermischt
1 Tasse Haferflocken
125 g Butter
½ Tasse sehr feiner Zucker
2 EL Erdnußbutter
⅓ Tasse Honig
1 Tasse ungesalzene Erdnüsse, geröstet und feingehackt

Belag
¾ Tasse Puderzucker
25 g Butter, weich
1–2 EL warmes Wasser

1 Backofen auf 180 °C vorheizen. 2 Bleche mit zerlassener Butter oder Öl auspinseln. Mehl in eine große Schüssel sieben; Haferflocken hineinrühren.
2 Butter, Zucker, Erdnußbutter und Honig bei mittlerer Hitze rühren, bis alles geschmolzen ist. Zur Mehlmischung geben. Mit einem Metallöffel rühren und verbinden. Je 1 TL Mischung zu einer Kugel rollen. Auf die Bleche legen, leicht flachdrücken. 10 Minuten goldbraun backen.
3 Für den Belag Puderzucker, Butter und Wasser in einer kleinen Schüssel mischen und glattrühren. Oberfläche der Plätzchen erst in die Mischung, dann in die Nüsse tauchen.

Oben: Honig-Dattel-Kuchen.
Gegenüber, oben: Brathuhn mit Honig-Minze-Glasur; rechts: Gegrillte Meeresfrüchte mit Honig

Hirschhornsalz (Ammonium) Chemisches Backtriebmittel aus verschiedenen Ammoniumsalzen, das besonders für stark gewürztes, dünnes Gebäck verwendet wird. Es zerfällt beim Backen in Kohlendioxid, Wasser und Ammoniak.

Hirschrücken Liefert Hirschkoteletts und Hirschsteaks, die rosa gebraten werden. Die herausgelösten Filets werden meist gespickt gebraten.

Hirse Alte Getreideart, die heute in Gebieten mit Hackkultur vor allem in Afrika, Asien, Südamerika, in Europa, in Italien und Südfrankreich angebaut wird. Hirse war bis zur frühen Neuzeit in Europa in der Form von Hirsebrei ein wichtiges Grundnahrungsmittel.

H-Milch Mehrere Wochen haltbare ultrahocherhitzte Milch mit leichten Veränderungen im Geschmack und Nährwert.

Hoisinsoße Pikante rotbraune Soße aus einer Paste aus fermentierten Sojabohnen,

Mehl, Salz, Zucker, Knoblauch und rotem Reis hergestellt. Gibt als natürliches Färbemittel vielen chinesischen Gerichten die Farbe. Zum Glasieren von Fleischgerichten, zum Würzen von Schweine- und Hühnerschmorgerichten und gebratenem Reis – jedoch sparsam – verwendet.

Holländische Soße Schwere goldgelbe Soße aus Butter, Eigelb, Zitronensaft oder Essig und Gewürzen. Warm zu gedünstetem oder gekochtem Huhn, Fisch, zu Eiergerichten und gedünstetem oder gekochtem Gemüse.

Holunder Strauch mit weißen, stark duftenden Blüten und violettschwarzen Beeren. Die Blüten eignen sich zum Ausbacken in einer Teighülle und für Tees; die Beeren für Suppen, Obstweine und Gelees.

Holzapfel (Speierling) Kleiner, sauer bis bitter schmeckender Apfel; heute fast nur noch zur Zierde angepflanzt. Verwendet in Konfitüren und in eingemachtem Obst. Bei der Apfelweinherstellung verleiht der Zusatz von einigen Speierlingäpfeln pro Faß dem Wein einen herberen, frischeren Geschmack.

HUHN

GEBRATENES HUHN MIT BROTFÜLLUNG

★★ ***Vorbereitungszeit:*** 25 Minuten + 5 Minuten Ruhezeit
Kochzeit: 1 Stunde 30 Minuten
Für 6 Personen

3 Scheiben durchwachsener Speck, feingeschnitten
6 Scheiben Vollkornbrot ohne Krusten
3 Frühlingszwiebeln (Schalotten), gehackt
2 EL Pekannüsse, gehackt
2 TL Korinthen
¼ Tasse Petersilie, feingehackt
1 Ei, leicht verquirlt
¼ Tasse Milch
1,4 kg Huhn
Salz und frisch gemahlener, schwarzer Pfeffer
45 g Butter, zerlassen
1–2 EL Öl
1–2 EL Sojasoße
1 ½ Tassen Wasser
1 Knoblauchzehe, zerdrückt
1 EL Mehl

1 Backofen auf 210 °C vorheizen. Durchwachsenen Speck in einer kleinen Pfanne bei starker Hitze ca. 5 knusprig Minuten braten. Brot in 1 cm große Würfel schneiden, in eine große Schüssel geben. Speck, Frühlingszwiebeln, Nüsse, Korinthen, Petersilie und das mit der Milch vermischte Ei zugeben; abschmecken und gut mischen.
2 Innereien und Fett aus dem Huhn entfernen. Waschen und mit Küchenpapier trockentupfen. Füllung in die Bauchhöhle geben, mit Zahnstochern oder Faden verschließen. Flügel und Schenkel mit Faden zusammenbinden. Huhn mit Pfeffer und Salz einreiben.
3 Rost über eine tiefe Grillpfanne stellen und Huhn darauflegen. Butter, Öl und Sojasoße mischen; Huhn mit der Mischung bepinseln. Restliche Mischung mit der Hälfte des Wassers und Knoblauch in die Grillpfanne gießen. Huhn 1 Stunde 15 Minuten braten, bis es gut gebräunt und weich ist, gelegentlich mit der Flüssigkeit in der Grillpfanne bepinseln. Huhn auf eine Servierplatte legen. Vor dem Tranchieren 5 Minuten leicht mit Folie abgedeckt stehenlassen. Mit Soße und Gemüse servieren.
4 Für die Soße Grillflüssigkeit in einen Topf gießen, auf den Herd stellen. Mehl in die Flüssigkeit geben; zu einer glatten Mischung verrühren. 5 Minuten bei schwacher Hitze ständig rühren, bis die Mischung braun wird. Restliches Wasser zugeben, rühren, kochen und eindicken lassen. Nach Wunsch abschmecken und in Sauciere absieben. Heiß servieren.

COQ AU VIN

☆ ***Vorbereitungszeit:*** 20 Minuten
Kochzeit: 1 Stunde
Für 6 Personen

2 kg Hühnerteile
Mehl
Salz und Pfeffer
2–3 EL Öl
1–2 EL Öl, zusätzlich
4 Scheiben durchwachsener Speck, geschnitten
10 kleine Perlzwiebeln
1 Knoblauchzehe, zerdrückt
1 ½ Tassen guter Rotwein
1 ½ Tassen Hühnerbrühe
¼ Tasse Tomatenmark
250 g kleine Champignons

1 Hühnerteile in gewürztem Mehl wenden, überschüssiges Mehl abschütteln. In einem schweren Topf Öl erhitzen. Fleisch schnell in kleinen Portionen braun anbraten, abtropfen lassen.
2 In einem schweren Topf zusätzliches Öl erhitzen. Speck, Zwiebeln und Knoblauch zugeben; unter Rühren Zwiebeln bräunen. Huhn, Wein, Hühnerbrühe und Tomatenmark zugeben. Zum Kochen bringen, Hitze reduzieren und abgedeckt 30 Minuten köcheln lassen.
3 Pilze zugeben, rühren um gut zu mischen, weitere 10 Minuten unabgedeckt köcheln lassen, bis das Huhn sehr weich und die Soße leicht eingedickt ist.

Oben: Coq au Vin.
Gegenüber: Gebratenes Huhn mit Brotfüllung

HÜHNERSUPPE MIT MAIS

Ein gekochtes Huhn entbeinen, Haut entfernen und Fleisch zerkleinern. 3 Tassen Hühnerbrühe in einem mittelgroßen Topf erhitzen. Hühnerfleisch, 440 g pürierte Maiskörner, 270 g Maiskörner aus der Dose und ½ TL Sojasoße zugeben und gut mischen. Zum Kochen bringen, Hitze reduzieren, 4 Minuten schwach köcheln lassen. 2 feingeschnittene Frühlingszwiebeln hinein rühren. Abschmecken. Für 4 Personen.

HÜHNERBRÜHE

500 g Hühnerknochen und 1 große, geschnittene Zwiebel in eine feuerfeste Form geben und 50 Minuten im Ofen bei 180 °C backen, bis alles gut gebräunt ist. In einen großen Topf füllen. 2 Lorbeerblätter und 6 Pfefferkörner als Bouquet garni in ein Leinensäckchen binden.
1 Möhre und 1 Selleriestange (mit Blättern) schneiden, mit Bouquet garni und 5 Tassen Wasser in den Topf geben. Zum Kochen bringen, Hitze reduzieren, ohne Deckel 40 Minuten köcheln lassen, wenn nötig etwas mehr Wasser zugeben. Brühe absieben. Knochen und Gemüse entfernen. Brühe schnell abkühlen und in den Kühlschrank stellen. An der Oberfläche festgewordenes Fett abschöpfen. Im Kühlschrank aufbewahren oder einfrieren. Brühe verwenden, wie in den Rezepten angegeben. Ergibt 4 Tassen Brühe.

Holzofenbrot Brot mit kräftiger Kruste und vollem Aroma, das freigeschoben im Holzofen gebacken wird. Ein Holzofen ist ein Spezialofen, in dem im Backofenraum selbst ein Holzfeuer entzündet wird, die Asche nach dem Ausbrennen entfernt wird und das anschließend eingeschobene Brot allein durch die in den Steinen gespeicherte Hitze bei fallender Temperatur gebacken wird.

Hominy Grob gemahlener Mais (Maisgrieß) und daraus zubereiteter Maisbrei. Als Gemüse serviert, in Schmortöpfe, Eintöpfe und Suppen gemischt, mit Ei und Mehl gemischt zu Kuchen verbacken. In Nordamerika, ähnlich wie Haferbrei, zum Frühstück serviert.

Hommos, Hummus Püree aus eingeweichten und gekochten Kichererbsen, abgeschmeckt mit Olivenöl, Zitronensaft und Tahinek. Ist ein wichtiger Bestandteil der arabischen Küche.

Homogenisierte Milch Durch mechanische Spaltung und damit Verkleinerung der Milchfetttröpfchen leichter verdaulich gemachte Milch. Übliches Verfahren in der Frischmilchaufbereitung.

Honig Zähe, süße Flüssigkeit aus Honigwaben; von Bienen aus Blütenstaub und Nektar hergestellt. Farbe und Geschmack werden von der Art der Blüten

bestimmt. Je dunkler die Farbe, desto kräftiger der Geschmack. Thymianhonig, einer der besten, ist klar und tief golden; Orangenblütenhonig ist bernsteinfarben mit Zitrusgeschmack; Kleehonig, in Nordamerika weit verbreitet, ist blaß, klar und mild. Flüssiger Honig ist so, wie er aus den Waben herausgeschleudert wurde. Honig wird durch Kristallisieren und Flüssigkeitsverlust bei längerem Stehen fest. Verwendet als Brotaufstrich, beim Backen, in Getränken, als Süßstoff in Müsli und Konfekt.

Honigmelone Runde, hellschalige Melone mit honigduften-

HÜHNCHEN »CACCIATORE«

☆ ***Vorbereitungszeit:*** 15 Minuten
Kochzeit: 55 Minuten
Für 6 Personen

125 g kleine Champignons
12 Hähnchenschenkel, ca. 1,2 kg
1–2 EL Öl
1 mittelgroße Zwiebel, geschnitten
1 Knoblauchzehe, zerdrückt
400 g pürierte Tomaten aus der Dose
½ Tasse Weißwein
½ Tasse Hühnerbrühe
1 TL getrockneter Oregano, gerebelt
1 TL getrockneter Thymian, gerebelt
Salz und Pfeffer nach Belieben

1 Backofen auf 180 °C vorheizen. Pilze vierteln.
2 In einer schweren Pfanne Öl erhitzen. Schenkel in kleinen Portionen bei mittlerer Hitze anbraten, bis sie gut gebräunt sind. In eine große, feuerfeste Schüssel geben.
3 Zwiebel und Knoblauch in eine Pfanne geben; bei mittlerer Hitze goldbraun schmoren. Über die Schenkel geben. Restliche Zutaten in die Pfanne geben, nach Belieben abschmecken. Zum Kochen bringen, Hitze reduzieren und 10 Minuten köcheln lassen. Mischung über die Schenkel geben. Abgedeckt 35 Minuten im Ofen schmoren, bis das Fleisch sehr weich ist.

Oben: Hühnchen »Cacciatore«; rechts: Huhn mit Estragon und Pilzen. Gegenüber: Gegrillte Knoblauch- und Rosmarin-Marylands

HUHN MIT ESTRAGON UND PILZEN

☆ ***Vorbereitungszeit:*** 10 Minuten
Zubereitungszeit: 50 Minuten
Für 6 Personen

6 große Hühnerbrustfilets, ca. 750 g, ohne Haut
¼ Tasse Olivenöl
3 Scheiben durchwachsener Speck, in Streifen geschnitten
300 g kleine Champignons, geschnitten
½ Tasse Weißwein
2 EL Tomatenmark
1 TL getrockneter Estragon, gerebelt
½ Tasse Sahne
3 Frühlingszwiebeln, feingehackt
Salz und frisch gemahlener schwarzer Pfeffer nach Belieben

1 Fleisch säubern. Backofen auf 180 °C vorheizen. In einer großen, schweren Pfanne Öl erhitzen; Hühnerfleisch zugeben. Bei mittlerer Hitze 2 Minuten von jeder Seite anbraten, einmal wenden. Aus der Pfanne nehmen; abtropfen lassen.
2 Durchwachsenen Speck in die Pfanne geben; 2 Minuten anbraten; Pilze zugeben. 5 Minuten schmoren; Wein, Tomatenmark und Estragon zugeben. Rühren, bis die Mischung kocht. Hitze reduzieren; Sahne zugeben; 2 Minuten köcheln lassen. Vom Herd nehmen, Frühlingszwiebeln hineinrühren. Abschmecken. Hühnerfleisch in eine feuerfeste Schüssel geben, Soße darübergießen. Abgedeckt 30 Minuten in Backofen stellen, bis das Fleisch sehr weich ist.

CURRYHUHN »THAI«

☆ ***Vorbereitungszeit:*** 10 Minuten
Kochzeit: 45 Minuten
Für 4 Personen

8 Hühnerbrustfilets, ca. 1,5 kg
2–3 EL Erdnußöl
3 Knoblauchzehen, zerdrückt
3 frische Chilischoten, feingeschnitten
1 EL Ingwer, geraspelt
3 Frühlingszwiebeln, feingehackt
3 Curry-Blätter
½ TL Kreuzkümmel, gemahlen
½ TL Koriander, gemahlen
1 Tasse Wasser
150 g Kokoscreme aus der Dose
½ Tasse frische Korianderblätter, feingehackt
3 TL Nam Pla (Thai-Fischsoße)
2 mittelgroße Tomaten, entkernt und geschnitten
Salz nach Belieben

1 Fleisch säubern. In einem mittelgroßen, schweren Topf Öl erhitzen; Knoblauch, Chili-Schoten, Ingwer, Frühlingszwiebeln und Curry-Blätter zugeben. Bei mittlerer Hitze 1 Minute rühren.
2 Hühnerfleisch und Gewürze in den Topf geben. Bei mittlerer Hitze 5 Minuten von jeder Seite braten, einmal wenden. Wasser in den Topf geben, zum Kochen bringen. Hitze reduzieren und 15 Minuten abgedeckt schwach köcheln lassen, dabei Huhn einmal wenden.
3 Kokoscreme, Koriander, Fischsoße, Tomaten und Salz hineinrühren. Ohne Deckel 10 Minuten ziehen lassen, bis das Fleisch weich ist. Mit gekochtem Reis servieren.

GEGRILLTE KNOBLAUCH- UND ROSMARIN-MARYLANDS

☆ ***Vorbereitungszeit:*** 10 Minuten + 3 Stunden marinieren
Kochzeit: 20 Minuten
Für 4 Personen

4 ganze Hühnerschenkel, ca. 1,75 kg
1 Orange
½ Tasse Orangensaft
⅔ Tasse Olivenöl
3 Knoblauchzehen, zerdrückt
2 EL frischer Rosmarin, gehackt
1 EL frischer Thymian, gehackt
1 TL Dijon-Senf
Salz zum Abschmecken

1 Hühnerschenkel waschen, abtrocknen. Ein Backblech mit Folie auslegen. Folie mit zerlassener Butter bepinseln. 3–4 tiefe Schnitte in die dicksten Teile des Fleischs machen.
2 Mit einem Gemüseschäler lange Streifen Schale von der Hälfte einer Orange schälen.
3 Orangenschale und Saft, Öl, Knoblauch, Rosmarin, Thymian, Senf und Salz mischen. Hühnerfleisch in eine flache Schale geben, die Knoblauch-Kräutermischung darübergießen. Mit Folie abdecken, 3 Stunden marinieren lassen. Fleisch abtropfen lassen, Marinade aufbewahren.
4 Fleisch auf das vorbereitete Blech legen. Bei mittlerer Hitze 10 Minuten von jeder Seite grillen, mit Marinade bepinseln. Mit Orangenscheiben und Rosmarinstengeln garnieren.

WISSENSWERTES ÜBER HUHN

■ Hühnerfleisch muß sorgfältig gehandhabt werden, um eine mögliche Lebensmittelvergiftung zu verhindern. Frisches, ungekochtes Huhn höchstens 1–2 Tage an der kältesten Stelle des Kühlschranks aufbewahren. Andere Lebensmittel nicht mit austropfender Flüssigkeit in Kontakt bringen. Abseits von stark riechenden Lebensmitteln aufbewahren.
■ Gefrorenes Huhn oder Hühnerteile müssen im Kühlschrank vollständig aufgetaut werden. Hühnerteile können auch in der Mikrowelle aufgetaut werden; beim Auftauen nach und nach die Teile trennen.
■ Huhn niemals nur auf dem Küchentisch auftauen lassen – gefährliche Bakterien können sich schnell vermehren. Tiefkühlgeflügel sollte nach dem Kauf nur eingefroren werden, wenn es noch steinhart gefroren ist. Ist es aufgetaut, vollständig im Kühlschrank auftauen lassen, dann kochen, abkühlen und einfrieren. Nach dem Schneiden von rohem Hühnerfleisch, Arbeitsfläche und Utensilien mit heißem Wasser sorgfältig waschen.

dem, blaß-grünem Fleisch. Verzehrt wird sie roh, in Fruchtsalaten oder mit Schinken als Vorspeise.

Honigwabe Von Bienen hergestellte Wachskonstruktion u. a. zur Lagerung des Honigs. Auch eine bröckelige Süßigkeit

dieses Namens: Honig und Zucker zu Sirup verkochen, Natron dazugeben und fest werden lassen. Die Luftblasen im Innern erinnern an das Aussehen von Honigwaben.

Hopfen Schlingpflanze, deren unbefruchteter Blütenstand der weiblichen Pflanze zum Bierbrauen benutzt wird, um Aroma, Klarheit und Haltbarkeit des Bieres zu beeinflussen.

Hopfensprossen Junge Sprossen des Hopfens, die im Frühling geerntet werden und zu Salaten und Gemüsegerichten verarbeitet werden. Werden die Sprossen aus der Erde gestochen, so sind sie weiß und können wie Spargel verarbeitet werden.

Hors d'œuvres Kalte und warme Vorspeisen. Kalte Vorspeisen: Oliven, Nüsse, Pasteten, Aufstriche, Dips und Rohkost, Gemüse, griechische Art, marinierte oder geräucherte Meeresfrüchte und Kaviar. Warme Vorspeisen: Kroketten, Fritter, Vol-au-vents, kleine Pizzen und in Schinken gewickelte Häppchen.

Hotchpotch Pikante Fleischragouts mit Gemüsen, z. B. das typisch schottische Gericht Scotch Hotchpotch mit Hammelfleisch.

Hot Dog Heißes »Frankfurter Würstchen« in aufgeschnittenem

Brötchen mit Senf, Mixed Pickles oder Käse. Erstmals 1904 in St. Louis zur Weltausstellung serviert.

Huevos Rancheros (Eier nach Farmer Art) Eier auf Tortillas, mit Tomatensalsa bedeckt. Tra-

ditionelles Gericht im Südwesten der USA und

HUHN-SCHINKEN-PIE

☆☆ ***Vorbereitungszeit:*** 30 Minuten
Backzeit: 1 Stunde 15 Minuten
Für 6 Personen

1 Grundrezept Mürbeteig
6 Hühnerbrustfilets, ca. 600 g
2–3 EL Öl
60 g Butter
1 mittelgroße Zwiebel, gehackt
⅓ Tasse Mehl
1 ½ Tassen Milch
1 EL grober Senf
1 Tasse Cheddar, gerieben
150 g magerer Schinken, geschnitten
½ rote Paprikaschote, feingeschnitten
3 Frühlingszwiebeln, gehackt
Salz und frisch gemahlener schwarzer Pfeffer zum Abschmecken
2 Eier, hart gekocht, geviertelt
375 g TK-Blätterteig
1 Ei, verquirlt

1 Backofen auf 210 °C vorheizen. Eine tiefe, runde Backform (22 cm) mit zerlassener Butter oder Öl auspinseln. Auf einer leicht bemehlten Unterlage Mürbeteig ausrollen, daß er Boden und Seiten der Form bedeckt. In die Form geben. Ein Stück Backpapier so schneiden, daß es den Teig bedeckt. Eine Lage Bohnen oder Reis auf dem Papier verteilen. Teig 7 Minuten blindbacken. Aus dem Ofen nehmen; Papier und Bohnen entfernen. Teig für weitere 8 Minuten zurück in den Ofen stellen, bis er zart goldbraun ist. Abkühlen lassen.

2 Fleisch säubern. In 2 cm große Stücke schneiden. In einer schweren Bratpfanne Öl erhitzen. Fleisch in kleinen Portionen hineingeben und bei mittlerer Hitze braten, bis es leicht gebräunt und durch ist; auf Küchenpapier abtropfen lassen.

3 In einem mittelgroßen Topf Butter erhitzen. Zwiebel zugeben und 2 Minuten weich schmoren. Mehl zugeben und bei schwacher Hitze 1 Minute rühren, bis die Mischung goldgelb ist. Nach und nach Milch in den Topf geben, glattrühren. Bei mittlerer Hitze rühren, bis die Soße kocht und dick wird; vom Herd nehmen. Senf und Käse hineinrühren; leicht abkühlen lassen. Schinken, Paprika, Frühlingszwiebeln und Huhn zu der Soßenmischung geben, nach Geschmack würzen; alles gut mischen. Die Hälfte der Mischung in die Teighülle geben. Mit geviertelten Eiern belegen, dann den Rest der Mischung darübergießen. Mit einem großen Löffel in der Mitte aufhäufen.

4 Auf leicht bemehlter Unterlage Blätterteig passend für die Form ausrollen. Kanten der gebackenen Teighülle mit geschlagenem Ei bestreichen. Mit Blätterteig abdecken, Kanten zusammendrükken; auf die passende Größe schneiden. Oberfläche mit Ei bestreichen. Nach Wunsch mit dem abgeschnittenen Teig verzieren. Ofentemperatur auf 180 °C reduzieren. 45 Minuten backen, bis die Pastete goldbraun ist. Heiß servieren.

Anmerkung: Die Pastete kann schon am Vortag zubereitet werden, so daß nur noch ein letztes Mal gebacken werden muß. Wie im Rezept angegeben, 45 Minuten fertigbacken.

Oben: Huhn-Schinken-Pie.
Gegenüber: Gegrillte Hühnerflügel in Honig

HUHN »CHOW MEIN«

★ ***Vorbereitungszeit:*** 20 Minuten
Kochzeit: 10 Minuten
Für 4 Personen

60 g chinesische Pilze
500 g Hühnerbrust-Filets, in dünnen Streifen
1–2 EL trockener Sherry
2 TL Maismehl (Stärke)
1/3 Tasse Erdnußöl
1 Knoblauchzehe, zerdrückt
2 TL frischer Ingwer, gerieben
2 Tassen Kohl, gehobelt
1/2 Tasse Frühlingszwiebeln, gehackt
1 Tasse grüne Bohnen, gehackt
1 Tasse Sellerie, geschnitten
1 Tasse Sojabohnensprossen
1/2 Tasse Hühnerbrühe
2 TL Sojasoße
1 TL Zucker
knusprige, gebratene Nudeln zum Servieren

1 Pilze 20 Minuten in Wasser einweichen. Huhn, Sherry und die halbe Menge Maismehl in eine Schüssel geben, wenden und 10 Minuten stehenlassen.
2 Die Hälfte des Öls im Wok oder einer schweren Bratpfanne erhitzen. Huhn zugeben, kurz anbraten, bis das Fleisch fast gar ist. Fleisch herausnehmen, beiseite stellen.
3 Restliches Öl in den Wok geben, Knoblauch und Ingwer einige Sekunden anbraten; vorbereitetes Gemüse und abgetropfte, in Scheiben geschnittene Pilze zugeben; unter Wenden kurz anbraten, bis es zart, aber noch knackig ist. Restliches Maismehl mit Hühnerbrühe, Sojasoße und Zucker mitrühren, bis die Mischung kocht und dick wird. Huhn zurück in den Wok geben, kurz braten, bis es durchgewärmt ist. »Chow Mein« auf knusprigen, gebratenen Nudeln servieren.

GEGRILLTE HÜHNERFLÜGEL IN HONIG

★ ***Vorbereitungszeit:*** 10 Minuten + 2 Stunden marinieren
Kochzeit: 15 Minuten
Für 4 Personen

12 Hühnerflügel, ca. 1250 g
1/4 Tasse Sojasoße
1 Knoblauchzehe, zerdrückt
2–3 EL Sherry
2–3 EL Öl
2–3 EL Honig

1 Flügel mit Küchenpapier abwischen und trokkentupfen. Flügelspitzen zur Unterseite hin befestigen. In eine Glas- oder Keramikschüssel legen; Sojasoße, Knoblauch, Sherry und Öl in einem kleinen Behälter mischen; über die Flügel gießen.
2 Schüssel mit Folie abdecken und 2 Stunden im Kühlschrank marinieren. Flügel abtropfen lassen und auf vorgeheizten, leicht geölten Grillrost legen. Honig in einer kleinen, feuerfesten Tasse auf einem kühleren Platz auf dem Grill erwärmen. Flügel ca. 12 Minuten grillen.
3 Flügel mit Honig bepinseln und weitere 2 Minuten grillen. Sofort servieren.

Mexiko. Eier meist in der Salsa pochiert, aber auch gebraten oder als Rührei zubereitet.

Huhn Weltweit am häufigsten verwendete Fleischsorte. Alle Hühnerrassen stammen

vom roten Urwaldhuhn Indiens ab (wo es noch immer wild lebt). Vor 500 Jahren begann die Domestizierung und Menschen sorgten für seine Verbreitung in alle Teile der Erde, zuerst nach China und in die Pazifikregion, dann in den Mittelmeerraum. Hauptsächlich verwendete Teile sind Hühnerbrust, Schenkel und Flügel. Brustfleisch ist am zartesten; Hühnerbrustfilet ist der dünne Streifen Fleisch neben dem Brustbein. Obwohl Oberschenkelfleisch fetter ist, kann es statt Brustfleisch verwendet werden. Der obere Teil des Beins wird auch als Schlegel bezeichnet,

und mit Maryland bezeichnet man Gerichte, die sowohl

den Schlegel als auch den Unterschenkel (Keule) verwenden.

Huhn »Kiew« Hühnerbrust wird entbeint, flachgedrückt und um eine Mischung aus Butter und Schnittlauch gewickelt, in Ei und Semmelbröseln gewendet und goldbraun und knusprig gebraten.

Hülsenfrüchte Eßbare, getrocknete Samen der Leguminosen. Dazu gehören u. a. Linsen, Bohnen und Erbsen. Als reiche Eiweiß-, Vitamin- und Mineralstoffquellen und für den vegetarischen Speiseplan unersetzlich. Hülsenfrüchte waren in vielen Ländern der Welt jahrtausendelang Grundnahrungsmittel und sind auch heute noch in der Küche vieler Länder beliebt – China, im Vorderen Orient, Ägypten, Afrika, Mittel- und Südamerika.

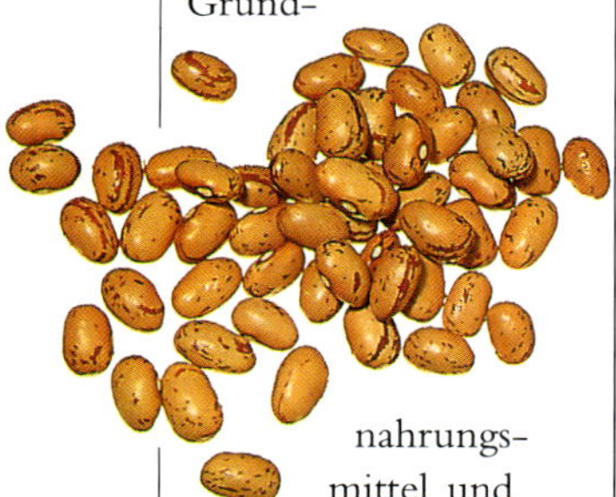

VORGEKOCHTES HUHN

HAHNCHEN »PROVENZALE«

☆ ***Vorbereitungszeit:*** 15 Minuten
Kochzeit: 15 Minuten
Für 4 Personen

1 großes, gegrilltes Hähnchen
1–2 EL Olivenöl
1 mittelgroße Zwiebel, geschnitten
2 Knoblauchzehen, zerdrückt
2 große, rote Paprikaschoten, feingeschnitten
400 g Tomaten aus der Dose, mit Flüssigkeit
1 EL Tomatenmark
¼ Tasse Sherry
½ TL Zucker
⅓ Tasse Basilikumblätter, gehackt
½ Tasse schwarze Oliven, entsteint und halbiert
Salz, frischgemahlener, schwarzer Pfeffer zum Abschmecken

1 Hähnchen in 8 serviergerechte Teile schneiden. Warm halten.
2 In einer mittelgroßen, schweren Pfanne Öl erhitzen, Zwiebel, Knoblauch und Paprika zugeben. Bei mittlerer Hitze weich schmoren. Die zerdrückten Tomaten mit Flüssigkeit, Tomatenmark, Sherry und Zucker zugeben. Zum Kochen bringen, Hitze reduzieren, 10 Minuten ohne Deckel schwach köcheln lassen, bis die Soße dick wird.
3 Hähnchenteile, Basilikum und Oliven zugeben. Rühren, bis alles durchgewärmt ist. Abschmekken; mit grünem Salat und knusprigen Brötchen sofort servieren.

GERÄUCHERTER HÜHNERSALAT MIT SÜSS-SAURER SOSSE

☆ ***Vorbereitungszeit:*** 25 Minuten
Für 4–6 Personen

150 g gemischte Sprossen
1 Möhre, geschält und in feine Streifen geschnitten
150 g Austernpilze
150 g Zuckererbsen
¼ Tasse Cashew-Nüsse
1 kg geräuchertes Huhn, entbeint, Fleisch in Stücke geschnitten

Soße
¼ Tasse Olivenöl
2–3 EL Weißweinessig
2–3 EL süß-saure Soße aus der Flasche
einige Tropfen Tabascosoße

1 Eine Lage Sprossen auf einer Servierplatte verteilen. Mit Möhre, Pilzen, Zuckererbsen, Cashew-Nüssen und geräuchertem Huhn belegen.
2 Für die Soße alle Zutaten in ein Glas mit Schraubverschluß geben. Gut schütteln.
3 Unmittelbar vor dem Servieren über den Salat gießen. Salat mit gekochten neuen Kartoffeln servieren.

WARMER HÜHNERSALAT

☆ ***Vorbereitungszeit:*** 35 Minuten
Kochzeit: 10 Minuten
Für 4 Personen

1 kleine Zwiebel, in feine Scheiben geschnitten
2–3 El Olivenöl
2 große Paprika, entkernt und in dünne Streifen geschnitten
1 kg gekochtes Huhn ohne Haut, Fleisch in Stücke geschnitten
1–2 EL Sojasoße
¼ TL chinesisches Fünf-Gewürze-Pulver
etwas Zucker
frisch gemahlener schwarzer Pfeffer

Soße
1–2 EL Essig
¼ Tasse blanchierte Mandeln, geröstet

1 In einem Topf Zwiebel in der halben Menge Öl braten, bis sie goldgelb ist. Paprikastreifen zugeben und ca. 5 Minuten schmoren, bis sie weich, aber noch knackig sind.
2 Hühnerfleisch, Sojasoße, Fünf-Gewürze-Pulver, Zucker und je nach Geschmack weitere Gewürze hineinrühren. Durchwärmen. In eine Servierschüssel oder auf Servierteller geben.
3 Für die Soße Essig und das restliche Öl mischen; über den Salat träufeln. Mit Mandeln garniert servieren.

Oben: Hähnchen »Provenzale«
Gegenüber: Portwein-Pfeffer-Pastete mit Mondtoast

HÜHNERLEBER

PORTWEIN-PFEFFER-PASTETE MIT MONDTOAST

☆ ***Vorbereitungszeit:*** 40 Minuten + Kühlzeit über Nacht
Kochzeit: 20 Minuten
Für 8 Personen

60 g grüne Pfefferkörner, aus dem Glas
90 g Butter
470 g Hühnerleber, geschnitten
1 mittelgroße Zwiebel, gehackt
2 Knoblauchzehen, zerdrückt
1/3 Tasse Portwein
1/3 Tasse Sahne
1 EL Schnittlauch, gehackt

Mondtoast
10 Scheiben Brot
Zitronenpfeffer zum Würzen

1 Backofen auf 180 °C vorheizen. Ein Backblech mit Folie auslegen. Pfefferkörner abgießen. Butter in einer großen, schweren Pfanne erhitzen. Leber, Zwiebel, Knoblauch und Portwein zugeben. Bei mittlerer Hitze rühren, bis die Leber fast gar und die Zwiebel weich ist. Zum Kochen bringen; 5 Minuten köcheln lassen. Leicht abkühlen lassen.
2 Mischung in der Küchenmaschine 30 Sekunden verarbeiten, bis sie glatt ist. Sahne zugeben, weitere 15 Sekunden verarbeiten.
3 Mischung in eine mittelgroße Schüssel geben. Schnittlauch und Pfefferkörner hineinrühren. Die Pastete in kleine Pastetenförmchen oder in eine große Auflaufform füllen. Über Nacht in den Kühlschrank stellen, bis die Pastete fest ist.
4 Für den Mondtoast mit einem mondförmigen Ausstechförmchen aus den Brotscheiben Monde ausstechen. Auf das vorbereitete Backblech legen. Mit Pfeffer bestreuen. 5 Minuten kroß backen.

Anmerkung: Pastete einen Tag vor dem Verzehr zubereiten. Mondtoast kann eine Woche im voraus zubereitet werden.

HÜHNERLEBER MIT PASTA

☆ ***Vorbereitungszeit:*** 15 Minuten
Kochzeit: 20 Minuten
Für 4–6 Personen

250 g Pasta (Penne, Spiralen oder Rigatoni)
1/4 Tasse Olivenöl
1 große Zwiebel, gehackt
1–2 Knoblauchzehen, zerdrückt
1/2 Tasse magerer Schinkenspeck, geschnitten
500 g Hühnerleber, gesäubert
1 EL Majoran oder Oregano, geschnitten
1 EL Petersilie, gehackt
2–3 EL Rotweinessig
2 Tassen Spinatblätter, zerpflückt
frisch gemahlener schwarzer Pfeffer

1 Pasta »al dente« kochen; abgießen.
2 Öl in einer großen Pfanne erhitzen und Zwiebel schmoren, bis sie weich, aber nicht braun ist. Knoblauch, Schinkenspeck und Hühnerleber zugeben und unter ständigem Rühren braten, bis die Leber fast gar ist; sie sollte innen noch leicht rosa sein.
3 Kräuter, Essig, Spinat, Pfeffer und warme Pasta zugeben und bei mittlerer Hitze wenden, bis der Spinat zusammengefallen ist. Sofort servieren.

Hummer
Großes Salzwasserschalentier, mit Languste und Krebs verwandt. Die Schale eines lebenden Hummers ist, je nach Art, blaugrün bis rötlichbraun; die eines gekochten Hummers leuchtend rot. Hat zwei große Scheren und benutzt den Schwanz zur Fortbewegung. Kann gekocht oder gegrillt werden; das

Fleisch ist fest, weiß, mild und saftig; meist in der Schale mit verschiedenen Soßen serviert. Der korallenrote Rogen der weiblichen Tiere wird als Delikatesse angesehen, mit dem Fleisch serviert oder zur Soße gegeben. Das meiste Fleisch sitzt in den Scheren und dem Schwanz; zum Aufbrechen der Scheren einen Nußknacker verwenden. Lebende Hummer sind ganzjährig erhältlich (bis zur Verwendung in feuchtem Leinensack aufbewahren), aber auch gefroren und ungekocht, ganz oder nur die Schwänze. Vorgekochter ganzer Hummer sollte helle Augen, einen elastischen, eingerollten Schwanz und unversehrte Gliedmaßen haben; vorgekochte Schwänze sind ebenfalls erhältlich. Gekochtes Fleisch ist gefroren oder in Dosen erhältlich.

Hummereier
(Corail) Delikater Hummerrogen, der ungekocht grün und gekocht korallenrot ist.

Hummerkrabbe
(Crevette rose, Shrimp, Gamba) Eine Bezeichnung für Tiefseegarnelen, die auf dem deutschen Markt nicht zugelassen sind.

Hummus bi Tahini
Dip aus gekochten, gemahlenen Kichererbsen (Garbanzo-Bohnen), Tahini (Paste aus geröstetem, gemahlenem Sesam), Knoblauch und Zitronensaft. Der Dip aus dem orientalischen Raum wird, mit Olivenöl, Paprika oder Cayennepfeffer vermischt, zu Pittabrot oder geschnittener Rohkost serviert.

Hushpuppy
Fritiertes Klößchen oder Fritter aus Mais-

HUMMER

HUMMER IN MORNAYSOSSE

☆ ***Vorbereitungszeit:*** 15 Minuten
Kochzeit: 20 Minuten
Für 2 Personen

1 mittelgroßer gekochter Hummer oder Flußkrebs, halbiert
1 ¼ Tassen Milch
1 Lorbeerblatt
1 Zwiebel, gehackt
6 Pfefferkörner
30 g Butter
2 EL Mehl
¼ Tasse Sahne
½ Tasse Cheddar, gerieben
Salz und gemahlener weißer Pfeffer
15 g Butter zusätzlich, zerlassen
½ Tasse frische weiße Semmelbrösel

1 Schwanzfleisch entfernen und Schalen aufbewahren. Hummer würfeln und beiseite stellen.
2 Milch mit Lorbeerblatt, Zwiebel und Pfefferkörnern langsam bis zum Kochpunkt erhitzen. Vom Herd nehmen; 10 Minuten abgedeckt stehenlassen.
3 In einem anderen Topf Butter zerlassen und vom Herd nehmen. Mehl hineinrühren, mit heißer Milch mischen. Topf auf die Kochstelle setzen, ständig rühren, bis die Soße kocht und dick wird. 1 Minute köcheln lassen. Vom Herd nehmen, Sahne, Käse, Salz und Pfeffer zugeben. Rühren, bis der Käse geschmolzen ist, dann Hummer in die Soße geben.
4 Hummermischung in die Schalen aufteilen und in eine flache, feuerfeste Schüssel geben. Zusätzliche Butter in einem kleinen Topf zerlassen, Semmelbrösel zugeben, leicht verrühren. Semmelbrösel über die Füllung verteilen und unter nicht zu heißem Grill goldbraun grillen, bis die Füllung heiß ist.

EISGEKÜHLTER HUMMER MIT HAUSGEMACHTER SCHLEMMERSOSSE

☆ ***Vorbereitungszeit:*** 20 Minuten + Kühlzeit
Für 4 Personen

2 gekochte Hummer, à 1 kg
1 ½ Tassen gute Mayonnaise
1–2 EL Worcestersoße
2 EL Tomatenmark
½ Tasse saure Sahne
1 TL Meerrettichcreme
¼ TL Senfpulver

1 Hummer längs halbieren. Innenseite leicht auswaschen und Schwanzfleisch entfernen.
2 Schwanzfleisch zu Medaillons schneiden und zurück in die Schalenhälften geben. Abdecken und vor dem Servieren gut im Kühlschrank durchkühlen.
3 Restliche Zutaten für die Soße mischen. Pro Person ½ Hummer mit Soße servieren.

Oben: Hummer in Mornaysoße. Gegenüber, unten: Hummermedaillons in Hoisinsoße; oben: Gegrillte Hummerschwänze mit Avocadosoße

GEGRILLTE HUMMERSCHWÄNZE MIT AVOCADOSOSSE

☆☆ ***Vorbereitungszeit:*** 15 Minuten + 3 Stunden marinieren
Kochzeit: 10 Minuten
Für 4 Personen

1/4 Tasse trockener Weißwein
1–2 EL Honig
1 TL Sambal Oelek (gehackte Chillies im Glas)
1 Knoblauchzehe, zerdrückt
1–2 EL Olivenöl
4 frische, rohe Hummerschwänze, ca. 400 g

Avocadosoße
1 mittelgroße reife Avocado, püriert
4 TL Zitronensaft
2 EL saure Sahne
1 kleine Tomate, feingeschnitten
Salz und Pfeffer zum Abschmecken

1 Wein, Honig, Sambal Oelek, Knoblauch und Olivenöl in einem Glas gut mischen. Mit scharfem Messer oder Küchenschere die weiche Schale an der Unterseite des Hummers aufschneiden. Vorsichtig auseinanderziehen, mit den Fingern das rohe Fleisch herausziehen.
2 Hummerfleisch in eine kleine, nichtmetallene Schüssel geben. Marinade darübergießen und gut mischen. Abdecken und mehrere Stunden oder über Nacht im Kühlschrank aufbewahren. Grill 1 Stunde vor dem Gebrauch vorbereiten und anzünden. Hummerschwänze 5–10 Minuten auf heißem, leicht geöltem Grillblech grillen, bis sie gar sind. Zu Medaillons schneiden und diese mit Avocadosoße und nach Wunsch mit grünem Salat servieren.
3 Für die Avocadosoße Avocado, Saft und saure Sahne in einer Schüssel gut mischen. Tomaten dazugeben und mischen; mit Salz und Pfeffer abschmecken.

HUMMERMEDAILLONS IN HOISINSOSSE

☆ ***Vorbereitungszeit:*** 20 Minuten + 1 Stunde marinieren
Kochzeit: 15 Minuten
Für 4 Personen

1,5 kg gekochte Hummer- oder Flußkrebsschwänze
1 Bund Spargel, auf 4 cm Länge geschnitten

Marinade
1/2 Tasse Hoisinsoße
3 EL Tomatenmark
2–3 EL Zitronensaft
2–3 EL Honig
2–3 EL Sojasoße

1 Backofen auf 180 °C vorheizen. Fleisch aus den Hummerschwänzen entfernen. Schalen wegwerfen. Fleisch in ca. 1 cm dicke Medaillons schneiden.
2 Medaillons in eine flache, feuerfeste Schüssel geben. Marinadezutaten mischen und über das Fleisch geben. Abdecken und 1 Stunde im Kühlschrank aufbewahren.
3 Spargel kochen, bis er gerade weich ist. Zum Hummer geben.
4 Schüssel in den Ofen stellen und 10 Minuten schmoren, bis alles gut durchgewärmt ist. Sofort servieren.

mehlausbackteig; oft mit gebratenem Fisch serviert. In den Südstaaten Nordamerikas entstanden, wo angeblich »fritierter Teig nach bellenden Hunden geworfen« wurde (*Hush! Puppy;* »Ruhig! Hund«).

Hüttenkäse
Weicher, körniger Frischkäse. Anfangs verwendete man zur Herstellung saure Milch. Weniger körniger Hüttenkäse wird aus gewaschenem Quark hergestellt. Die sahnige, weiche Variante des Frischkäses

(Doppelrahm- oder Rahmfrischkäse) ist streichfähig und hat einen höheren Fettgehalt als Hüttenkäse. Hergestellt aus reiner Sahne oder einer Mischung aus Sahne und Milch.

Hutzelbrot
Festes, kastenförmiges Gebäck, bei schwacher Hitze aus Dörrobst (Pflaumen, Feigen, Rosinen, Birnen [süddt. Hutzeln]), Nüssen und Gewürzen zubereitet.

Hutzucker
In Kegelform gepreßter Zucker, der besonders für Feuerzangenbowlen benutzt wird.

I

Iç pilavi (türk.): Leckeres türkisches Reisgericht. Reis mit Pinienkernen, Korinthen und Lammleber; wird mit Zwiebeln, Piment und Dill gewürzt.

Île Flottante (Schwimmende Insel) Dessert aus üppigem Pudding, bedeckt mit toffee- oder karamelüberzogenem Baiser. Manchmal mit zerdrückten Pralinen oder gerösteten Mandelsplittern verziert.

Imlee Ein indisches, alkoholfreies Getränk aus Tamarinden. Tamarinden werden in heißem Wasser eingeweicht. Danach wird das Fruchtfleisch herausgedrückt und durch ein Sieb gestrichen. Je nachdem wieviel Wasser hinzugefügt wird, verändert sich die Konsistenz des Getränks.

Imlee Alloo (Kartoffeln mit Tamarinde) Ein beliebtes vegetarisches Gericht aus der indischen Küche. Kreuzkümmel in Öl kurz rösten. Zwiebeln und Knoblauch in dem Öl schmoren. Kartoffeln und Ingwer hinzufügen und

INDISCHE KÜCHE

RINDER-SAMOSAS MIT MINZE-CHUTNEY-DIP

☆ ***Vorbereitungszeit:*** 50 Minuten
Zubereitungszeit: 30–40 Minuten
Für 20 Stück

2–3 EL Öl
1 mittelgroße Zwiebel, feingehackt
2 TL frischer Ingwer, feingeraspelt
400 g Rinderhack
1 EL Currypulver
1 TL Salz
1 mittelgroße Tomate, geschält und geschnitten
1 mittelgroße Kartoffel, gewürfelt
¼ Tasse Wasser
1 EL frische Minze, feingehackt
1 kg Fertig-Blätterteig, in Platten
1 Eigelb, leicht verquirlt
1–2 EL Sahne

Minze-Chutney-Dip
1 Tasse frische Minze
4 Frühlingszwiebeln
1 rote Chilischote, entkernt
¼ TL Salz
1–2 EL Zitronensaft
2 TL sehr feiner Zucker
¼ TL Garam Masala
¼ Tasse Wasser

1 In einer Pfanne Öl erhitzen, Zwiebel und Ingwer zugeben und schmoren, bis die Zwiebel weich und goldgelb ist. Fleisch und Currypulver zugeben. Bei starker Hitze rühren, bis das Fleisch gebräunt ist. Salz und Tomaten zugeben, abgedeckt 5 Minuten schmoren. Kartoffel und Wasser zugeben, 5 Minuten kochen lassen. Vom Herd nehmen und abkühlen lassen. Minze hineinrühren.

2 Backofen auf 210 °C vorheizen. Teig in 13 cm große Kreise schneiden, dann halbieren. Jeden Halbkreis zur Hälfte falten, Tüten formen, Kanten zusammendrücken.

3 2 TL Minzemischung in jede Tüte geben. Kanten zusammendrücken. Auf ein leicht gefettetes Backblech legen. Eigelb mit Sahne verquirlen und über den Teig pinseln. 10–15 Minuten braun backen.

4 Für den Minze-Chutney-Dip Minze, Frühlingszwiebeln und Chilischote grob hacken, in die Küchenmaschine geben, mit restlichen Zutaten mischen; Mischung sorgfältig verarbeiten. Dip mit den heißen Samosas servieren.

GEMÜSE-PAKORAS

☆☆ ***Vorbereitungszeit:*** 30 Minuten
Kochzeit: 20 Minuten
Ergibt ca. 40 Stück

1 große Kartoffel
1 kleiner Blumenkohl
1 kleine rote Paprikaschote
1 mittelgroße Zwiebel
2 Kohl- oder 5 Spinatblätter
½ Tasse Maiskörner, vorgekocht
¾–1 Tasse kaltes Wasser
2 TL Garam Masala
2 TL Koriander, gemahlen
1 ½ Tassen Besanmehl (Kichererbsen-/Garbanzobohnenmehl)
3 EL Mehl
1 TL Natron
1 TL Chilipulver
1–2 EL Zitronensaft
Pflanzenöl zum Fritieren

1 Kartoffel kochen, bis sie gerade weich ist, schälen und fein schneiden.
2 Blumenkohl, Paprika und Zwiebel fein schneiden. Kohl oder Spinat zerpflücken.
3 Aus Wasser und den restlichen Zutaten einen cremigen Ausbackteig bereiten. Rühren, bis die Mischung glatt ist. Gemüse zugeben und gleichmäßig hineinrühren.
4 Öl erhitzen. Mischung eßlöffelweise (etwa 8 EL auf einmal) ins Öl geben; fritieren, bis die Pakoras goldbraun sind. Herausnehmen und auf einem mit Papier belegten Kuchengitter abtropfen lassen.
5 Heiß servieren, nach Wunsch mit süßem Mangochutney oder süßer Chilisoße.

RINDER-VINDALOO

☆ ***Vorbereitungszeit:*** 15 Minuten
Kochzeit: 1 Stunde 15 Minuten
Für 4–6 Personen

1 kg Rindersteak
3–5 EL Vindaloo-Paste (nach Geschmack)
½ Tasse Ghee
1 große Zwiebel
2 EL Mandelblättchen, geröstet

1 Fleisch säubern und in 2 cm große Würfel schneiden. Fleischwürfel und Vindaloo-Paste in eine Schüssel geben. Mischen, bis das Fleisch auf allen Seiten gut bedeckt ist.
2 In einem schweren Topf Ghee erhitzen. Zwiebel fein hacken, in den Topf geben, braten, bis sie ziemlich dunkel ist. Fleisch zugeben und braten, bis es gebräunt ist.
3 Wasser zugeben und Fleisch bedecken. Topf leicht abdecken und 40 Minuten kochen lassen. Deckel abnehmen und kochen, bis das Fleisch zart und die Soße gut eingekocht ist.
4 Vindaloo mit Mandelblättchen garniert und mit gekochtem Reis als Beilage servieren.

Oben: Gemüse-Pakoras.
Gegenüber: Rinder-Samosas mit Minze-Chutney-Dip

JOGHURT-GURKEN-RAITA

☆ ***Vorbereitungszeit:*** 10 Minuten
Für 4–6 Personen

1 große Gurke
1 ¼ TL Salz
½ Tasse Joghurt
3 TL frische Minze, gehackt

1 Gurke schälen, halbieren und mit einem Teelöffel die Samen entfernen. Grob in eine Schüssel hobeln, mit Salz bestreuen und 5–6 Minuten stehenlassen. Die sich bildende Flüssigkeit abgießen.
2 Joghurt und Minze unter die Gurke rühren. Als Beilage zu Currygerichten servieren.

CHAPATTIS

☆☆ ***Vorbereitungszeit:*** 10 Minuten + 30 Minuten Ruhezeit
Kochzeit: 25 Minuten
Ergibt 12 Stück

1 Tasse Mehl
1 Tasse Vollkornmehl oder Atta (siehe Anmerkung)
1 EL Ghee
½ TL Salz
⅔ Tasse Wasser

1 Mehl in eine Schüssel sieben. Mit den Fingerspitzen Ghee hineinreiben, bis alles gut verbunden ist. Salz in Wasser auflösen, zur Mehlmischung gießen und einen Kloß formen. Auf leicht bemehlter Arbeitsfläche zu einem weichen Teig kneten. 30 Minuten kühlen.
2 Teig in 4 Stücke teilen; jedes Stück in 3 Portionen teilen und 12 Kugeln formen. Jede Kugel zu etwa 15 cm Durchmesser ausrollen, mit einem feuchten Küchenhandtuch bedeckt halten.
3 Beschichtete Bratpfanne erhitzen und Chapattis einzeln bei mittlerer Hitze 1 Minute braten. Wenden und eine weitere Minute braten, dabei die Kanten der Chapattis mit einem sauberen, trockenen Küchenhandtuch drücken, damit sie aufgehen.

Anmerkung: Atta-Mehl ist Weizenmehl zur Herstellung von Chapattis. In Naturkostläden erhältlich.

schmoren. Nach ungefähr 10 Minuten Kurkuma, Chilipulver, Salz, Zucker und Tamarindensaft dazugeben und ca. 15 Minuten kochen lassen.

Imleeki Chutney Indisches Chutney aus Tamarinden, das sich sehr leicht zubereiten läßt. Eingeweichte Tamarinden werden ausgedrückt und durch ein Sieb gestrichen. Mit Chilipulver, Zitronensaft, braunem Zucker und Salz vermengen, dann kalt stellen.

Impfen Ansetzen von Joghurt mit Hilfe von Bakterienkulturen (meist Lactobacillus acidaphilus) oder einem Joghurt mit noch lebenden Joghurtkulturen. Die Bakterienkulturen werden zu abgekochter Milch gegeben (=Impfen) und diese bei konstanter Temperatur von ca. 32 °C gehalten. Nach ca. 12 Stunden ist der Joghurt zum Verzehr geeignet.

Imprägnierung Preiswerte Schaumweine werden durch das Verfahren des Imprägnierens hergestellt. Bei dieser Methode führt man sehr kaltem Wein Kohlensäure zu. Hier wird künstlich ein Prozeß eingeleitet, der bei dem Flaschengärverfahren auf natürliche Weise erfolgt. Aber auch Limonaden und Sprudelwassern wird durch diese Methode Kohlensäure zugesetzt.

Indische Dattel siehe Tamarinde.

Indische Feigen siehe Kaktusfeigen.

Indische Küche
Obwohl viele bei »Indischer Küche« an scharfe Currygerichte denken, sind nicht alle indischen Gerichte scharf (Südindische Küche ist in der Regel scharf). Einige Curry- und Reisgerichte, besonders aus dem Norden, haben einen kräftigen Geschmack, sind würzig, aber nicht zu scharf. Je nach Region und religiösem Brauchtum unterscheidet sich das Essen. Hindus essen kein Rind, Muslime kein Schweinefleisch, Südinder sind in der Regel Vegetarier, teils weil sie ärmer sind, teils weil Gemüse dort besonders gut gedeiht. Reis wird im Süden gegessen, Chapatti (aus Weizenmehl) im Norden. Delhi ist bekannt für die Tandoori-Gerichte, Kaschmir für Lamm, Madras für vegetarische Gerichte und

LAMM-KORMA

☆ ***Vorbereitungszeit:*** 15 Minuten
Kochzeit: 35–45 Minuten
Für 4 Personen

1 kg Lammkeule, entbeint
2 große Zwiebeln, gehackt
3 TL Ingwer, geraspelt
3 TL Knoblauch, gehackt
3 große, getrocknete Chillies nach Geschmack
3–4 EL Ghee oder Öl
¾ TL Kurkuma
2 TL Kreuzkümmel, gemahlen
3 TL Koriander, gemahlen
½ Tasse Tomaten, geschält und geschnitten
¼ TL Nelken, gemahlen
½ TL Zimt, gemahlen
¼ TL Kardamom, gemahlen
¼ TL schwarzer Pfeffer, gemahlen
⅓ Tasse Wasser
½ Tasse Sahne

Zwiebel-Minze-Joghurt
1 mittelgroße, weiße Zwiebel, sehr feingeschnitten
2–3 EL weißer Essig
¼ TL Salz
1 EL frische Minze, grobgehackt
2 EL Joghurt

1 Fleisch säubern und in 3 cm große Würfel schneiden. Zwiebel, Ingwer, Knoblauch und Chillies in die Küchenmaschine oder den Mixer geben und verarbeiten, bis die Mischung glatt ist. Wenn nötig etwas Wasser zugeben.
2 Ghee oder Öl in einem Topf erhitzen und Zwiebeln zugeben. Kurkuma, Kreuzkümmel und Koriander zugeben und unter Rühren schmoren, bis die Flüssigkeit verdampft ist. Fleisch zugeben und bei starker Hitze rühren, bis alles gut gebräunt ist.
3 Hitze reduzieren, restliche Zutaten zugeben und abgedeckt 30–40 Minuten leicht köcheln lassen. Gelegentlich rühren, um ein Ansetzen zu verhindern. Mit gedämpftem Langkornreis und Zwiebel-Minze-Joghurt servieren.
4 **Für das Zwiebel-Minze-Joghurt** Zwiebel in eine kleine Glas- oder Porzellanschüssel geben. Weißen Essig darübergießen und 30 Minuten stehenlassen. Essig abgießen, Zwiebel zweimal in kaltem Wasser waschen. Gut abgetropft zusammen mit Salz, gehackter Minze und Joghurt verrühren und gut gekühlt servieren.

Anmerkung: Lamm-Korma kann 3 Tage vorher zubereitet und im Kühlschrank aufbewahrt werden. Es kann auch bis zu 1 Monat eingefroren werden.

TANDOORI-HÄHNCHEN-KEBABS

☆ ***Vorbereitungszeit:*** 10 Minuten + 5 Stunden marinieren
Kochzeit: 10 Minuten
Für 4–6 Personen

500 g Hähnchenbrust
½ Tasse Joghurt
½ TL Knoblauch, püriert
1 EL Tandoori- oder Vindaloo-Paste
2 EL Ghee, zerlassen
2 kleine Limonen
1 ½ TL Garam Masala

1 Fleisch in 3 cm große Würfel schneiden. Würfel auf geölte Grillspieße stecken, 3–4 Würfel pro Spieß. Die Spieße nebeneinander in eine flache Schüssel legen.
2 Joghurt, Knoblauch und Tandoori- oder Vindaloopaste in eine Schüssel geben. Sorgfältig zu einer Paste mischen und gleichmäßig auf dem Fleisch verteilen. Mit Plastikfolie abgedeckt 4–5 Stunden in den Kühlschrank stellen, dabei mehrmals wenden.
3 Grillblech mit Aluminiumfolie auslegen und mit Ghee bepinseln. Die Kebabs 4 Minuten von jeder Seite grillen, bis die Oberfläche braun gesprenkelt und das Fleisch weich ist. Nach der halben Grillzeit Kebabs mit Ghee bepinseln, um das Fleisch saftig zu halten.
4 Auf einer Servierplatte anrichten. Mit gedämpftem Reis, mehreren Zitronenscheiben und mit Garam Masala bestreut servieren.

Oben: Tandoori-Hähnchen-Kebabs.
Gegenüber, unten: Meeresfrüchte Laksa; oben: Hähnchen »Pandang«

INDONESISCHE KÜCHE

MEERESFRÜCHTE LAKSA

Vorbereitungszeit: 25 Minuten
Kochzeit: 10 Minuten
Für 4 Personen

500 g mittelgroße rohe Krabben (Shrimps)
500 g weiße Fischfilets
150 g Vermicelli
1,5 l Fischbrühe
4 Frühlingszwiebeln, gehackt
1 Zitronellgrasstengel, 10 cm lang
1 EL Currypaste
1 TL Sambal Oelek
1 TL Krabbenpaste
1 TL Kurkuma
1 Tasse Kokosmilch
1 ½ Tassen Salat, fein zerkleinert
2 EL Minze, gehackt

1 Krabben schälen und Darm entfernen, Fischfilets in 2 cm große Würfel schneiden.
2 Vermicelli mit heißem Wasser übergießen, 10 Minuten stehenlassen.
3 Fischbrühe mit Frühlingszwiebeln, Zitronellgras, Currypaste, Sambal Oelek, Krabbenpaste und Kurkuma in einen Topf geben, zum Kochen bringen. Bei schwacher Hitze noch 3 Minuten köcheln lassen.
4 Krabben, Fisch und Kokosmilch zugeben, 3 Minuten köcheln lassen, dann Zitronellgras herausnehmen.
5 Zum Servieren Salat und Vermicelli in Schüsseln geben, Suppe darübergießen und mit Minze bestreuen.

HÄHNCHEN »PANDANG«

Vorbereitungszeit: 15 Minuten + 1 Stunde Ruhezeit
Kochzeit: 40–50 Minuten
Für 4 Personen

1 kg Hähnchenbrustfilets, in 3 cm große Würfel geschnitten
½ Tasse Limonensaft
250 g reife Tomaten
1 Tasse Wasser
3 kleine rote Chilischoten, entkernt und in feine, kurze Streifen geschnitten
2 TL frischer Ingwer, gerieben
2 Knoblauchzehen, zerdrückt
1 TL Kurkuma
1 Zitronellgrasstengel, 10 cm lang
1 Tasse Kokoscreme

1 Fleischwürfel in eine Schüssel geben. Limonensaft zugeben, mischen, ca. 1 Stunde ziehen lassen.
2 Tomaten schälen und schneiden; in einer Schüssel mit Wasser zerkleinern, bis die Mischung glatt ist; in einen Topf abgießen.
3 Geschnittene Chilischoten, geriebenen Ingwer, zerdrückten Knoblauch, Kurkuma, Zitronellgras und Fleisch mit Saft zugeben. Zum Kochen bringen, Hitze reduzieren, abdecken und 30 Minuten köcheln lassen.
4 Kokoscreme hineinrühren, ohne Deckel etwa 10 Minuten köcheln lassen. Zitronellgras entfernen. Mit gekochtem Reis servieren.

Bombay für Fisch. In der traditionellen Küche wird kein fertiges Currypulver verwendet; frische Gewürze werden gemahlen, gemischt und gebraten. Fast jede Familie hat ihre eigenen Rezepturen für Gewürzmischungen. In Indien wird mit den Fingern – nur der rechten Hand – gegessen. Chapatti wird immer mit der Hand zerrissen und zum Stippen von anderen Nahrungsmitteln verwendet. Zu indischen Gerichten gehört eine großzügige Portion Reis – sie enthalten mehr Reis und weniger Fleisch oder Gemüse als westliche Gerichte. Gebratene Gerichte sind als Imbiß beliebt. Sie werden als Vorspeisen und manchmal zwischendurch serviert.

Indonesische Küche
Die gesamte Mahlzeit wird auf einmal serviert. Gibt es Suppe, so wird sie

zum Essen getrunken. Reis ist der wichtigste Bestandteil der indonesischen Küche, der zu jeder Mahlzeit serviert wird. Frische, aromatische Gewürze wie Chili, Galgant, Zitronellgras, Kurkuma (Blätter und Wurzel), Basilikum, Minze und Curry werden ausgiebig verwendet. Die Gerichte sind eine Mischung aus würzig und salzig, aromatisch und süß. Die Süße liefert frische Kokosnuß und süße Sojasoße; Limonen und Tamarinden steuern die Säure bei; Biß geben Kerzen- und Erdnuß. Typisch sind auch holländisch-indonesische Gerichte wie

Reistafel oder Nasi Goreng. Tempeh ist eine typisch indonesische Zutat, die im Westen immer beliebter wird. Aus Sojabohnen hergestellt, in feine Streifen geschnitten und mit Erdnüssen, Zwiebeln, Chillies und Tamarinde gebraten, wird es wie Tofu verwendet und Gemüse-, Fleisch- und Fischgerichten zugefügt. Für Saté werden kleine Fleischstücke auf Spießchen gesteckt, über Kohle gegrillt und mit einer Erdnußsoße serviert. Sambal, eine scharfe Mischung aus gemahlenem, frischem Chili, Salz, manchmal Limonensaft, Tomaten und braunem Zucker, wird zu fast jedem Gericht serviert.

NASI GORENG

☆ ***Vorbereitungszeit:*** 15 Minuten
Kochzeit: 8 Minuten
Für 4 Personen als Hauptgericht

500 g mittelgroße rohe Krabben (Shrimps)
2 Hühnerbrustfilets
2 Eier
4 EL Erdnußöl
1 große Möhre, in feinen Juliennestreifen
1 Knoblauchzehe, zerdrückt
1 TL Sambal Oelek
1–2 EL Sojasoße
4 Tassen gekochter Reis (siehe Anmerkung)
4 Frühlingszwiebeln, diagonal geschnitten
Frühlingszwiebeln und rote Paprikaschote zum Garnieren

1 Krabben schälen und Darm entfernen. Hühnerbrustfilets in dünne Streifen schneiden.
2 Eier mit einer Gabel verquirlen. 1–2 EL Öl in der Bratpfanne erhitzen, Eier hineingießen, bei schwacher Hitze braten. Das kalte Omelett aufrollen und dünn schneiden.
3 Restliches Öl in der Pfanne erhitzen, Krabben mit Huhn, Möhre und Knoblauch bräunen.
4 Sambal Oelek, Sojasoße, Reis und Frühlingszwiebeln zugeben, kurz anbraten, bis alles durchgewärmt ist. Mit Omelettstreifen, Frühlingszwiebel- und Paprikalocken garniert servieren.
5 Frühlingszwiebel- und Paprikalocken: feine Streifen in Eiswasser legen.

Anmerkung: Für dieses Rezept werden 1 ½ Tassen roher Reis benötigt. Gekochter Reis sollte vor der Verwendung gekühlt werden, damit er nicht zusammenklebt.

RINDFLEISCH »RENDANG«

☆ ***Vorbereitungszeit:*** 15 Minuten
Kochzeit: 2 Stunden
Für 4 Personen

1 kg Rumpsteak
2 Zwiebeln, gehackt
4 Knoblauchzehen, gehackt
1 EL frischer Ingwer, gehackt
4 kleine, rote Chilischoten, gehackt
½ Tasse Wasser
2 TL Koriander, gemahlen
2–3 EL Tamarindensoße
1 TL Kurkuma
10 Curryblätter
1 Zitronellgrasstengel, 10 cm lang
4 Tassen Kokosmilch

1 Fleisch säubern, in 3 cm große Würfel schneiden und in eine Schüssel geben.
2 Zwiebeln, Knoblauch, Ingwer, Chilischoten und Wasser in die Küchenmaschine geben und verarbeiten, zum Steak geben.
3 Koriander, Tamarindensoße, Kurkuma, Curryblätter und Zitronellgras verrühren. Mit Kokosmilch langsam zum Kochen bringen, auf mittlere Hitze reduzieren, ohne Deckel 1 Stunde köcheln lassen, dabei gelegentlich rühren. Dann noch 30 Minuten schwach köcheln lassen, dabei häufig rühren, bis die Flüssigkeit aufgenommen ist. Vor dem Servieren Zitronellgras herausnehmen.

Anmerkung: Während der letzten 30 Minuten Rindfleisch »Rendang« häufig rühren, damit die Kokosmilch nicht flockt und nichts ansetzt.

INDONESISCHES HUHN IN KOKOSMILCH

☆ ***Vorbereitungszeit:*** 15 Minuten + 1 Stunde marinieren
Kochzeit: 50 Minuten
Für 4 Personen

8 große oder 12 kleine Hähnchenschenkel
2 TL Knoblauch, zerdrückt
1 TL Salz
½ TL gemahlener schwarzer Pfeffer
2 TL Kreuzkümmel, gemahlen
2 TL Koriander, gemahlen
½ TL Zimt
½ TL Fenchel, gemahlen
4 EL Öl
2 mittelgroße Zwiebeln, feingeschnitten
¾ Tasse Kokosmilch
1 Tasse Wasser
1–2 EL Zitronensaft
Malzessig oder Tamarindensaft

1 Fleisch waschen und mit Küchenpapier trockentupfen. Knoblauch, Salz, Pfeffer, Kreuzkümmel, Koriander, Zimt, Fenchel und 2–3 EL Öl mischen. Fleisch mit der Mischung einreiben, abgedeckt 1 Stunde im Kühlschrank marinieren lassen.
2 Restliches Öl in einem Topf erhitzen. Zwiebel zugeben, unter Rühren schmoren. Fleisch zugeben, zügig anbraten, bis es gut gebräunt ist.
3 Kokosmilch, Wasser und Zitronensaft mischen. Über das Fleisch gießen, abdecken und 40 Minuten köcheln, bis das Huhn weich und die Soße eingekocht ist.

Gegenüber, oben: Nasi Goreng; unten: Rindfleisch »Rendang«. Oben: Gado Gado mit Erdnußsoße

GADO GADO

☆ ***Vorbereitungszeit:*** 20 Minuten
Kochzeit: 25 Minuten
Für 6 Personen

3 Eier
2 mittelgroße, orange Süßkartoffeln (Jams)
2 mittelgroße Kartoffeln
125 g gelber Squash
250 g Kohl
2 mittelgroße Möhren, in 1 cm dicke Streifen geschnitten
1 Gurke, dünn geschält, der Länge nach dünn geschnitten
125 g frische Bohnen zum Garnieren
Brunnenkresse zum Garnieren
⅔ Tasse Erdnußsoße (Rezept siehe unten)
⅔ Tasse Kokosmilch

1 Eier zum Kochen bringen, Hitze reduzieren, 10 Minuten köcheln lassen. Abgießen, Eier unter kaltem Wasser abschrecken. Einen großen Topf mit Wasser zum Kochen bringen. Süßkartoffeln in 1 cm dicke Scheiben schneiden. Kartoffeln halbieren, dann in 1,5 cm dicke Scheiben schneiden. Squash halbieren. Kohl grob in große Stücke schneiden.
2 Süßkartoffeln, Kartoffeln, Squash, Kohl und Möhren separat in kochendem Wasser kurz blanchieren. Süßkartoffeln und Kartoffeln benötigen 8–10, Squash 1, Möhren und Kohl 2 Minuten. Mit einem Schaumlöffel herausnehmen, in einer Schüssel mit Eiswasser abschrecken. Gemüse abgießen; trockentupfen.
3 Eier schälen, halbieren oder vierteln. Gemüse in dekorativen Gruppen anrichten und mit den Eiern, Bohnen und Brunnenkresse garnieren.
4 Erdnußsoße und Kokosmilch in einem kleinen Topf erhitzen. In einer Schüssel servieren.

ERDNUSS-SOSSE

☆ ***Vorbereitungszeit:*** 5 Minuten
Kochzeit: 5–10 Minuten
Ergibt 2 Tassen

250 g Erdnüsse, ungesalzen und geröstet
1 kleine Zwiebel, gehackt
1 Knoblauchzehe, gehackt
1 TL frischer Ingwer, gehackt
1 TL Krabbenpaste
1 TL Sambal Oelek
1–2 EL Sojasoße
1–2 EL Zitronensaft
½ Tasse Mango-Chutney
1 Tasse Wasser

1 Erdnüsse und Zwiebeln grob hacken. Alle Zutaten in die Küchenmaschine geben, verarbeiten, bis eine glatte Masse entsteht.
2 Mischung in einen Topf geben, zum Kochen bringen. Hitze reduzieren und 5 Minuten schwach köcheln lassen, gelegentlich rühren, bis die Soße eingekocht ist und dick wird.

Ingwer Scharfe Wurzel, die in der asiatischen Küche in süßen und pikanten Gerichten häufig verwendet wird. Die Länge der Wurzel gibt Auskunft über ihre Reife (ältere Wurzeln sind schärfer). Junge Wurzeln werden geraspelt, feingeschnitten oder zerdrückt; Würze für

Fleisch, Geflügel, Fisch und Gemüse. Ingwerpulver wird für Desserts und beim Kuchenbacken verwendet. Auch sauer eingelegt, als Konserve oder kandiert erhältlich.

Innereien Allgemeiner Begriff, der die inneren Organe von Schlachttieren, Wild und Geflügel beschreibt – Herz, Leber, Kutteln, Nieren, Bries und Hirn, aber auch Zunge, Schwanz, Füße und Kopf gehören dazu. Können für Suppe, Soße oder durchgemahlen als Füllung verwendet werden.

Insalata (ital.): Salat.

Instant (engl.: augenblicklich) ist eine Bezeichnung für solche Lebensmittel, die mit kalter oder heißer Flüssigkeit übergossen werden und sich darauflösen.

Instanthefe Zu den Backtriebmitteln gehörend. Es handelt sich um Hefe (siehe Hefe) in pulverisierter Form. Ihr Vorteil gegenüber frischer Hefe ist die lange Haltbarkeit. Dafür ist ihre Triebwirkung nicht so groß, wie die der frischen Hefe.

Instant-Sauerteig Fertiger Sauerteigansatz, der in Reformhäusern und in gutsortierten Supermärkten erhältlich ist. Er wird genauso verarbeitet wie selbst angesetzter Sauerteig.

Invertzucker (spalten = invertieren) Zucker, der aus einer Mischung aus Frucht- und Traubenzucker besteht. Invertzucker erhält man ebenfalls, wenn Rohrzucker durch Hefefermente oder auf chemische Weise gespalten wird.

Inzolia Tafeltraube, die in Westsizilien angebaut wird und zu den Traubensorten gehört, die zur Herstellung des preiswerten Marsalas (siehe Marsala) verwendet wird.

Irische Küche Irlands traditionelle Küche ist mehr zweckgebunden als verspielt, bestrebt zu erhalten, nicht zu überraschen. Die Gerichte sind bodenständig und von der

INGWER

HÄHNCHENSCHENKEL IN INGWER-CHILI MIT GURKENJOGHURT

☆ ***Vorbereitungszeit:*** 10 Minuten + 3 Stunden marinieren
Kochzeit: 16 Minuten
Für 6 Personen

12 Hähnchenschenkel, ca. 1,3 kg
1 EL frischer Ingwer, geraspelt
2 TL Chilimus, aus der Flasche
¼ TL Kurkuma
1 TL Zitronensaft
1 TL Zitronenschale, gerieben
1 Tasse Joghurt
1 ½ TL weicher, brauner Zucker

Gurkenjoghurt
1 Tasse Joghurt
1 TL Chilimus, aus der Flasche
1 kleine Gurke, feingeschnitten
Salz zum Abschmecken
½ TL sehr feiner Zucker

1 Schenkel waschen und trockentupfen. Ein Grillblech mit Folie auslegen. Leicht mit zerlassener Butter oder Öl bepinseln. Ingwer, Chili, Kurkuma, Zitronensaft und Schale, Joghurt und Zucker in einer großen Schüssel gut mischen. Schenkel zugeben, mit der Marinade bedecken. Mit Folie abgedeckt, 3 Stunden oder über Nacht im Kühlschrank aufbewahren. Gelegentlich rühren. Schenkel abtropfen lassen; Marinade aufbewahren.
2 Schenkel auf vorbereitetes Blech legen und bei mittlerer Hitze 8 Minuten von jeder Seite grillen, dabei häufig mit der Marinade bepinseln, bis sie gar sind. Heiß oder kalt mit Gurkenjoghurt servieren.
3 **Für Gurkenjoghurt** alle Zutaten in einer kleinen Schüssel gut mischen.

INGWERSCHOKOLADE

☆ ***Vorbereitungszeit:*** 10 Minuten
Kochzeit: 5 Minuten
Ergibt ca. 24 Stück

100 g dunkle Schokolade
125 g kandierte Ingwerstücke

1 Ein 32 x 28 cm großes Backblech mit Aluminiumfolie auslegen. Schokolade in eine mittelgroße, feuerfeste Schüssel geben. In einen Topf mit köchelndem Wasser stellen, rühren, bis die Schokolade geschmolzen und weich ist. Leicht abkühlen lassen.
2 Ingwer zur Schokolade geben, gut mischen und Ingwerstücke mit Schokolade bedecken.
3 Gehäufte TL der Mischung auf das vorbereitete Blech setzen und fest werden lassen. Mit Kaffee oder Likör servieren.

Anmerkung: Ingwerschokolade kann bis zu 4 Wochen im voraus hergestellt werden. In einem luftdichten Behälter an einem dunklen, kühlen Ort oder im Kühlschrank aufbewahren.

Links: Ingwerschokolade; oben: Hähnchenschenkel in Ingwer-Chili mit Gurkenjoghurt. Gegenüber: Ingwerbrot

INGWERBROT

☆ ***Vorbereitungszeit:*** 15 Minuten
Backzeit: 30–40 Minuten
Ergibt einen quadratischen Kuchen (19 cm)

250 g Butter
½ Tasse Zucker
½ Tasse Sirup
½ Tasse heller Maissirup
1 Tasse Wasser
1 Tasse Sultaninen
2 TL Natron
2–3 EL kochendes Wasser, zusätzlich
2 Eier, leicht verquirlt
3 ½ Tassen Mehl
1 EL Ingwer, gemahlen
2 TL Piment, gemahlen
½ TL Salz

1 Backofen auf 180 °C vorheizen. Eine tiefe, quadratische Backform (19 cm) mit zerlassener Butter oder Öl bepinseln, Boden und Seiten mit Papier auslegen; Papier fetten. Butter, Zucker, Sirup, Maissirup und Wasser in einem großen Topf bei schwacher Hitze erwärmen, bis die Butter geschmolzen ist und der Zucker gelöst; Sultaninen zugeben, schwach kochen lassen.
2 Natron mit dem zusätzlichen Wasser mischen, mit den leicht verquirlten Eiern zur Buttermischung geben.
3 Mehl, gemahlenen Ingwer, Piment und Salz in eine große Schüssel sieben. Eine Vertiefung in die Mitte machen und Buttermischung hineingeben; rühren, bis alle Zutaten gerade verbunden und befeuchtet sind. In die vorbereitete Form füllen; 30 Minuten backen.
4 Warm mit Schlagsahne oder kalt, mit Puderzucker bestreut oder mit Butter bestrichen, servieren.

GRÜNE BOHNEN MIT INGWER

☆ ***Vorbereitungszeit:*** 5 Minuten
Kochzeit: 7–8 Minuten
Für 6 Personen

1 Stück frischer Ingwer, 1 cm lang, gerieben
1 TL Fenugreek, gemahlen
2 EL frische Minze, feingehackt
500 g grüne Bohnen, geputzt und geschnitten
2–3 EL Olivenöl

1 Topfboden mit Wasser bedecken und erhitzen. Ingwer und Fenugreek zugeben und 2 Minuten kochen lassen.
2 Minze und Bohnen zugeben, leicht mischen. Bei schwacher Hitze gerade weich kochen.
3 Aus dem Topf nehmen und im Kühlschrank durchkühlen. Bohnen vor dem Servieren in Olivenöl wenden.

INGWER-APFEL-MARMELADE

☆ ***Vorbereitungszeit:*** 30 Minuten
Kochzeit: 45 Minuten
Ergibt 1,25 Liter

1 kg Kochäpfel
4 Tassen Zucker
1 Tasse Wasser
2 EL frischer Ingwer, geraspelt
Saft und geriebene Schale von 2 großen Zitronen

1 Äpfel schälen, Kerngehäuse entfernen und kleinschneiden.
2 Zucker und Wasser zum Kochen bringen; rühren, bis der Zucker sich aufgelöst hat. Geraspelten, frischen Ingwer, Zitronenschale, Zitronensaft und kleingeschnittene Äpfel zugeben. Hitze reduzieren und bis zum Gelierpunkt köcheln lassen.
3 In warme, sterilisierte Gläser füllen.

WISSENSWERTES ÜBER INGWER

■ In der asiatischen Küche wird frischer Ingwer ausgiebig in Fisch-, Hühner-, Enten-, Krabben- und Gemüsegerichten verwendet. Frischen Ingwer vorbereiten: die feste Haut von der Wurzel schaben und Ingwer entweder raspeln oder fein schneiden. Getrocknete Ingwerwurzel klopfen, um das Aroma freizusetzen.

■ Reste von frischem Ingwer können mehrere Monate in einem Glas mit Schraubverschluß aufbewahrt werden. Ingwer vollständig mit Sherry bedecken, im Kühlschrank aufbewahren.

■ Gemahlener Ingwer wird für Ingwerplätzchen, Brandy-Kekse und Lebkuchen verwendet. Auch auf Melonen interessant – ein überraschender Kontrast zwischen Schärfe und Kühle.

Küche Frankreichs und anderer europäischer Länder beeinflußt. Trotzdem ist die qualitative Hochwertigkeit vieler Zutaten (frischer Lachs aus dem Fluß, hochwertige Molkereiprodukte, saftiges Lamm und ausgezeichneter Schinken) eine delikate Entschädigung für den Mangel an kulinarischer Ausgefallenheit. Morgens steht ein gekochtes Frühstück mit Porridge, Speck und Eiern oder Fisch, gefolgt von Toast und Marmelade, Tee oder Kaffee bereit. Das Mittagessen, Dinner, ist die Hauptmahlzeit; das Abendessen, Supper, ist ein leichter Imbiß. Die Geschichte Irlands wurde durch die Kartoffel stark beeinflußt, die angeblich von Walter Raleigh im späten 16. Jh. eingeführt wurde; Gottesgeschenk für ein Land, das ständig am Rand von Hungersnöten lebte. Kartoffelanbau rang dem kargen Boden sechsmal mehr Nährstoffertrag ab als Getreideanbau. Die kartoffelabhängige Monokultur und das

durch Trockenfäule verursachte Ausbleiben der Kartoffelernte von 1845 wurde zur nationalen Katastrophe; im ganzen Land verhungerten Menschen. Viele waren gezwungen auszuwandern. Kartoffeln sind weiterhin ein Hauptnahrungsmittel, und es gibt viele traditio-

nelle Kartoffelgerichte – Pratie Cake: Scones aus Kartoffelpüree, auf einem Blech gebacken und zum Abendessen mit Butter serviert; Champ: locker-leichtes Kartoffelpüree mit Milch, Butter und gehackten Frühlingszwiebeln. Kartoffel ist Hauptzutat in Suppen, Eintöpfen, Brot und Teig, besonders in Irish Stew: Hammelschulter, Zwiebeln und Kartoffeln. Sodabrot, mit Buttermilch und Natron zubereitet, ist allgegenwärtig. Meeresfrüchte kommen aus den Fischerdörfern auf die Märkte: geräucherte Makrele ist ganzjährig erhältlich. Regionale Spezia-

litäten sind in Cork Schweinspfoten (Cru-

INNEREIEN

NIEREN MIT SPECK

Vorbereitungszeit: 20 Minuten
Kochzeit: 5 Minuten
Für 4 Personen

4 Scheiben Speck
8 Lammnieren
1/4 Tasse Mehl
Salz und schwarzer Pfeffer aus der Mühle
30 g Butter
1–2 EL Olivenöl
1/8 l Kalbs- oder Hühnerbrühe
2 TL Dijon-Senf
2 TL Zitronensaft
1 EL Petersilie, gehackt

1 Speckschwarte entfernen. In einer Pfanne ohne Fett braten. Auf vorgewärmten Teller legen, warm halten. Pfanne mit Küchenpapier ausreiben.
2 Haut und Harnstränge von den Nieren entfernen, die Nieren quer halbieren. Mehl, Salz und Pfeffer mischen, Nieren wälzen; gut abschütteln. Butter und Öl in einer schweren Pfanne erhitzen, Nieren bei mittlerer Hitze braun braten; innen sollten sie noch rosa und ein bißchen feucht sein. Aus der Pfanne nehmen und warm halten.
3 Brühe, Senf, Zitronensaft und Petersilie in die Pfanne geben und zur Hälfte einköcheln lassen. Nieren wieder in die Soße geben und kurz durchwärmen.
4 Nieren mit der Soße und dem Speck servieren; dazu reicht man heißen Buttertoast.

GEBACKENES HIRN

Vorbereitungszeit: 20 Minuten + 30 Minuten Ruhezeit
Kochzeit: 12 Minuten
Für 4 Personen

4 Lammhirne
2 EL Mehl
Salz und schwarzer Pfeffer aus der Mühle
1 Ei
2–3 EL Milch
80 g Semmelbrösel
Olivenöl zum Ausbacken
gegrillter Speck zum Servieren

1 Hirne unter fließendem kalten Wasser abspülen und sorgfältig Haut, Blutgerinnsel und die größeren Adern entfernen. In einem Topf mit leicht gesalzenem Wasser zum Kochen bringen. Hitze reduzieren und 6–7 Minuten köcheln lassen. Abgießen, Hirn anschließend in eiskaltes Wasser tauchen, um den weiteren Garungsprozeß zu unterbinden. Erneut abtropfen lassen, trockentupfen. Eventuell jedes Hirn horizontal in der Mitte durchschneiden.
2 Mehl, Salz und Pfeffer auf einem fettabweisenden Papier mischen, Hirne in dem Würzmehl wälzen; gut abschütteln. Ei in einer kleinen Schüssel verquirlen, mit Milch verrühren. Hirne mit Semmelbröseln panieren. Überschüssige Brösel abschütteln. Bedeckt etwa 30 Minuten im Kühlschrank ruhenlassen.
3 Reichlich Öl erhitzen; Hirne darin von allen Seiten goldbraun ausbacken. Herausnehmen, abtrocknen lassen. Heiß mit gegrilltem Speck servieren.

LEBER VENEZIANISCHE ART

Vorbereitungszeit: 15 Minuten
Kochzeit: 30 Minuten
Für 4 Personen

500 g Kalbsleber
60 g Butter
4 mittelgroße weiße Zwiebeln, in Ringe geschnitten
200 ml trockener Weißwein
Salz und schwarzer Pfeffer aus der Mühle
60 g Butter extra
Petersilie oder Schnittlauch

1 Leber enthäuten, in sehr dünne Scheiben schneiden. Röhren entfernen. Zugedeckt beiseite stellen.
2 Butter in einer schweren Pfanne erhitzen und Zwiebeln darin glasig dünsten. Wein angießen und langsam etwa 20 Minuten köcheln lassen, bis sie hellgelb sind. Dabei gelegentlich umrühren. Wenn nötig, noch etwas Wasser angießen, damit die Zwiebeln nicht austrocknen. Mit Salz und Pfeffer würzen; Zwiebeln auf einen Servierteller geben und warm halten. Pfanne mit Küchenpapier ausreiben.
3 Zusätzliche Butter hellbraun erhitzen. Leberscheiben bei starker Hitze etwa 1 Minute darin braten. Einmal wenden.
4 Leberscheiben auf den Zwiebeln anrichten, mit Petersilie oder Schnittlauch dekorieren.

KUTTELN MIT ZWIEBELN

Vorbereitungszeit: 25 Minuten
Kochzeit: 2 Stunden 30 Minuten
Für 4 Personen

1 kg Kutteln
1 kleine Zwiebel, gehackt
45 g Butter
zusätzlich 2 mittelgroße Zwiebeln, gehackt
1/4 Tasse Mehl
3/8 l Kuttelbrühe
1/4 l Milch
Salz, Pfeffer und Muskat
2 EL Petersilie, gehackt
Zitronensaft

1 Kutteln gründlich waschen und in kaltem Wasser mit einem kräftigen Schuß Zitronensaft zum Kochen bringen. Wasser abgießen, Kutteln in kaltes Wasser tauchen. Gut abtropfen lassen.
2 Blanchierte Kutteln in schmale Streifen schneiden, mit der gehackten Zwiebel in einen Topf geben. Mit Wasser bedecken und aufkochen. Zugedeckt etwa 2 Stunden weich köcheln lassen. Kutteln abgießen, abtropfen lassen. 3/8 l Kochbrühe für die Soße auffangen.
3 Butter in einer mittelgroßen Pfanne erhitzen, die Zwiebeln darin weich dünsten. Mehl einrühren, 1 Minute kochen. Nach und nach Kuttelbrühe und Milch angießen; glattrühren. Unter ständigem Rühren bei mittlerer Hitze aufkochen und eindicken lassen. Kutteln zugeben, mit Salz, Pfeffer und Muskat würzen und mit Petersilie bestreuen. Noch 5 Minuten köcheln lassen.

Links: Leber venezianische Art; oben: Kutteln mit Zwiebeln. Gegenüber, oben: Gebackenes Hirn; unten: Nieren mit Speck

been), in Dublin Schweinswürste und Kartoffeln (Coddle). Irisches Stout, kräftig und schwarz, wurde der Welt 1759 von Arthur Guinness beschert. Beliebt in Pubs, gibt es beim Kochen ein leicht bitteres Aroma zu Rindereintopf und üppigen Früchtekuchen. Irischer Whisky, aus Gerstenmalz und Weizen oder Hafer, ist das Geheimnis eines guten Irish Coffee. Die Iren waren die ersten Whiskyproduzenten und nannten ihn *uisce beatha*, »Wasser des Lebens«. Die Legende führt das Erlernen des Alkoholbrennens aus Korn statt aus Trauben im 5. Jh. auf St. Patrick, den Schutzpatron Irlands, zurück. Sicher ist, daß irische Mönche lange vor Beginn des Whiskyverkaufs im 11. Jh. schon fleißig Whisky brannten.

Irisches Brot (Soda Bread) Als Weißbrot und als Vollkornbrot herzustellen. Weizen- und Vollkornmehl mit Backpulver, Salz und Buttermilch zu einem lockeren Teig verarbeiten. Oft werden auch Korinthen, Rosinen und Kümmelkörner zugefügt. Kneten, bis der Teig geschmeidig ist. Den gußeisernen Topf im Ofen erwärmen, herausnehmen und den Teig hineinlegen. Der Topf wird mit Alufolie oder einem Deckel ver-

schlossen und wieder in den Ofen geschoben. Brot backen, bis es goldbraun ist.

Irish Coffee Mischung aus irischem Whisky, frisch gebrühtem Kaffee, mit Zucker gesüßt und einer Schicht gekühlter Sahne bedeckt. Zum Ende einer Mahlzeit in hoher Tasse oder feuerfestem Glas serviert. Sahne nicht verrühren; das heiße Getränk soll durch die Sahneschicht hindurch getrunken werden. Ein irischer Barkeeper im Dubliner Airport soll dieses Getränk 1950 kreiert haben.

Irish Stew Herzhafter Eintopf mit Hammel- oder Lammfleisch, geschnittenen Kartoffeln und Zwiebeln, abwechselnd aufeinandergeschichtet, mit Wasser befeuchtet und langsam geköchelt. Da das Fleisch vor dem Kochen nicht

IRISCHE KÜCHE

BRAUNES SODABROT

★ ***Vorbereitungszeit:*** 10 Minuten
Backzeit: 20–30 Minuten
Für 4–6 Personen

2 Tassen Weizenvollkornmehl, mit Backpulver vermischt
2 Tassen Mehl, mit Backpulver vermischt
1 TL Natron
2–3 Tassen Buttermilch

1 Ofen auf 190 °C vorheizen. Backblech mit zerlassener Butter oder Margarine auspinseln. Mehl und Natron in eine große Schüssel geben. Mit ausreichend Buttermilch Zutaten befeuchten und einen weichen Teig herstellen – die Menge Buttermilch richtet sich nach der Stärke des Mehls.
2 Teig auf bemehlte Arbeitsfläche legen und leicht kneten, bis er weich ist. Zu einem 20 cm großen Kreis ausrollen. Auf gefettetes Backblech legen. Mit einem bemehlten Messer ein tiefes Kreuz (1/3 der Dicke) durch den Teig schneiden. Mit Wasser bepinseln und mit etwas Mehl bestreuen. 20–30 Minuten backen, bis es sich hohl anhört, klopft man mit den Knöcheln auf die Brotoberfläche.

Anmerkung: Bei diesem Brot wird keine Hefe verwendet. Natron und Buttermilch lassen das Brot aufgehen, geben Geschmack und Textur. Ist Buttermilch nicht erhältlich, saure Milch verwenden: 1 TL Zitronensaft oder Essig zu 1 Tasse Milch geben. Vor der Verwendung 15 Minuten stehenlassen.

COLCANNON

★ ***Vorbereitungszeit:*** 15 Minuten
Kochzeit: 20 Minuten
Für 4 Personen

4 mittelgroße Kartoffeln
300 g Kohl, geschnitten
60 g Butter
1/2 Tasse Frühlingszwiebeln, gehackt
2/3 Tasse warme Milch
gemahlener Pfeffer
1 EL Petersilie, gehackt, zum Garnieren

1 Kartoffeln schälen, vierteln und 15 Minuten kochen, bis sie weich sind. Abgießen und mit einer Gabel zerdrücken.
2 Kohl 10 Minuten in kochendem Wasser blanchieren, aus dem Topf nehmen, gut abtropfen lassen. Butter in einem großen Topf zerlassen, Kohl zugeben, Frühlingszwiebeln hineinrühren, 1 Minute schmoren lassen.
3 Gemüse mit den zerdrückten Kartoffeln mischen. Genug Milch zugeben, um eine cremige Konsistenz zu erreichen. Mit Pfeffer würzen und mit gehackter Petersilie garniert servieren, etwas zerlassene Butter darüberträufeln.

Anmerkung: Bei diesem irischen »Bubble and Squeak« können andere Gemüsereste den Kohl ersetzen.

Links: Braunes Sodabrot; oben: Colcannon. Gegenüber, unten: Rinderschmortopf mit Bier; oben: Dublin Coddle

RINDERSCHMORTOPF MIT BIER

Vorbereitungszeit: 20 Minuten
Kochzeit: 2 Stunden
Für 4–6 Personen

1 kg Rumpsteak
2–3 EL Bratfett
2 große Zwiebeln, gehackt
2 Knoblauchzehen, zerdrückt
¼ Tasse Mehl
1 Tasse Rinderbrühe
1 Tasse Bier
2 große Möhren, in Scheiben geschnitten
2 Lorbeerblätter
1 Stengel frischer Thymian
gemahlener Pfeffer
½ Tasse Pflaumen, halbiert und entsteint
gehackte Petersilie

1 Fleisch säubern und in 1 cm große Würfel schneiden. In der Hälfte des Bratfetts Zwiebeln anbraten, bis sie goldbraun sind. Knoblauch eine Minute mitschmoren. Herausnehmen, auf Küchenpapier abtropfen lassen.
2 Restliches Bratfett in einem großen Topf erhitzen, Fleisch zugeben und zügig von allen Seiten anbraten. Hitze reduzieren, Mehl hinein rühren.
3 Brühe zugeben und rühren, bis eine glatte Soße entsteht. Bier zugeben und rühren, bis die Soße anfängt zu köcheln. Zwiebeln und Knoblauch, Möhren, Kräuter und Pfeffer zugeben, rühren, bis alles verbunden ist.
4 Abdecken und 1 ½ Stunden schwach köcheln lassen. Deckel abnehmen und ohne Deckel Soße einkochen. Werden Pflaumen verwendet, diese während der letzten 30 Minuten der Kochzeit zugeben. Mit gehackter Petersilie garniert servieren.

DUBLIN CODDLE

Vorbereitungszeit: 40 Minuten
Zubereitungszeit: 1 Stunde 15 Minuten
Für 4 Personen

8 dicke Schweinswürste
4 Scheiben Schinkenspeck, 5 mm dick
30 g Bratfett
2 große Zwiebeln, gehackt
2 Knoblauchzehen, zerdrückt
4 mittelgroße Kartoffeln
¼ TL Salbei, getrocknet
gemahlener Pfeffer
¾ Tasse Hühnerbrühe
2 EL gehackte, frische Petersilie

1 Backofen auf 180 °C vorheizen. Würste mit kaltem Wasser bedeckt zum Kochen bringen. Hitze reduzieren, ohne Deckel 7 Minuten köcheln lassen, abgießen, abkühlen lassen. Schinkenspeck in 2 cm lange Streifen schneiden.
2 Bratfett in einer Pfanne erhitzen, Speck 1 Minute darin anbraten. Zwiebel zugeben und goldbraun braten, dann Knoblauch 1 Minute mitschmoren. Speck, Zwiebel und Knoblauch herausnehmen, auf Küchenpapier abtropfen lassen. Würste in die Pfanne geben, bräunen.
3 Kartoffeln schälen und in 2,5 cm dicke Scheiben schneiden. Kartoffelscheiben auf dem Boden einer feuerfesten Auflaufform anordnen, Schinkenspeck, Zwiebeln und Knoblauch darauf verteilen. Salbei und Pfeffer darüberstreuen, Hühnerbrühe zugeben. Abgetropfte Würste darauflegen, abdekken, 1 Stunde schmoren. Mit Petersilie servieren.

gebräunt wird, heißt das Gericht auch »weißer Eintopf«; mehr Kartoffeln als Fleisch sollten enthalten sein, denn die beim Kochen zerfallenden Kartoffeln dicken die Soße. Zum Servieren: Kartoffeln herausnehmen, mit Fleisch bedecken, Soße darübergeben und mit gehackter Petersilie bestreuen.

Irish Whiskey Alkoholhaltiges Getränk, das meistens aus Gerstenmalz hergestellt wird. Es gibt aber auch Irish Whiskey aus Roggen, Hafer und Weizen. Die Lagerzeit dieses Whiskys beträgt mindestens fünf Jahre. Die irischen Whiskysorten verdanken ihre hohe Qualität, dem hervorragenden Wasser Irlands.

Irmgard Eine mehlig kochende Kartoffelsorte.

Isarhuchen Ein dem Lachs sehr ähnlicher Fisch. Eine besondere Spezialität aus der deutschen Küche ist gesottener Isarhuchen. Den ausgenommenen Fisch mit Salz einreiben und zwei Stunden an einem kühlen Ort stehenlassen. Dann wird er vorsichtig in kochendes Wasser gelegt. Kurz aufkochen lassen, den Topf von der Herdplatte nehmen und solange ziehen lassen, bis er gar ist. Mit zerlassener Butter und Kartoffeln serviert, ist dieser Fisch eine Köstlichkeit.

Ischler Krapfen gehören zu den gehaltvollen österreichischen Süßspeisen.

Islay Whisky Die auf den schottischen Inseln produzierten Whiskys erhalten diese Bezeichnung.

Israelischer Salat ist ein in Israel sehr beliebtes, leichtes Gericht, das manchmal schon zum Frühstück gegessen wird. Mittags wird es als Beilage zu Huhn und anderen Fleischgerichten gegessen. Das Gemüse – die Hauptzutaten sind Gurken und Tomaten, die mit beliebig vielen Gemüsesorten angereichert und kombiniert werden können – wird in sehr kleine Würfel geschnitten. Die Marinade besteht aus Zwiebeln, Petersilie, Olivenöl, Zitronensaft, Salz und Pfeffer. Zum Schluß wird der Salat mit frischer Minze garniert.

Israelisches Orangensorbet Wichtigste Zutat dieses erfrischenden Desserts sind Zitronen- und Orangenschalen, die mit Zucker in reichlich Wasser zum Kochen gebracht werden. Den Sirup über

IRISH STEW

★ ***Vorbereitungszeit:*** 20 Minuten
Kochzeit: 1 Stunde 15 Minuten
Für 4 Personen

8 Lamm-Nackenkoteletts
4 Scheiben Dörrfleisch
1 EL Bratfett
1 kg Kartoffeln, in dicke Scheiben geschnitten
3 Möhren, diagonal geschnitten
3 mittelgroße Zwiebeln, dick geschnitten
gemahlener Pfeffer
2 Tassen Rinderbrühe
1 TL frischer Thymian, gehackt
gehackte, frische Petersilie zum Garnieren

1 Koteletts säubern. Dörrfleisch in 2 cm große Streifen schneiden. Bratfett in einer Pfanne erhitzen, Dörrfleisch zugeben und braten, bis es knusprig und braun ist; aus der Pfanne nehmen, abtropfen lassen.
2 Die Hälfte der Kartoffeln, Möhren und Zwiebeln in einen schweren Topf geben. Mit Pfeffer würzen, die Hälfte des Dörrfleischs zugeben. Koteletts auf die Schicht legen und zum Abschluß mit den restlichen Kartoffeln, Möhren und Zwiebeln bedecken.
3 Brühe und Thymian zugeben. Abdecken, zum Kochen bringen und 1 Stunde köcheln lassen, bis das Fleisch sehr weich ist. Mit gehackter Petersilie garniert servieren.

Oben: Irish Stew; unten: Cremespeise »Irish Mist«.
Gegenüber: Carpaccio

CREMESPEISE »IRISH MIST«

★★ ***Vorbereitungszeit:*** 30 Minuten + 1 Stunde 30 Minuten zum Festwerden
Kochzeit: 10 Minuten
Für 8 Personen

2 ¼ Tassen Milch
4 Eier, Eigelb und Eiweiß getrennt
4 EL sehr feiner Zucker
2 EL Gelatine
¼ Tasse kochendes Wasser
⅓ Tasse Irish-Mist-Likör
½ Tasse Sahne, geschlagen
geschlagene Sahne zusätzlich
Schokolade zum Verzieren

1 Milch in einem Topf zum Kochen bringen. Vom Herd nehmen. In einer Schüssel Eigelb und 2 EL Zucker schlagen. Milch zugeben und rühren. Mischung zurück in den Topf geben, bei schwacher Hitze 7 Minuten erhitzen; nicht kochen lassen.
2 Gelatine in kochendem Wasser auflösen, zur heißen Milchmischung geben und Irish-Mist-Likör hineinrühren. 40 Minuten kühlen.
3 Eiweiß steif schlagen, mit dem restlichen Zucker bestreuen und schlagen, bis er sich aufgelöst hat. Schlagsahne und Eischnee unter die fest werdende Masse heben. In 8 Serviergläser füllen und im Kühlschrank aufbewahren, bis die Creme fest ist.
4 Mit Schlagsahne und Schokoladenlocken verzieren. Mit geraspelter Schokolade bestreuen.

Anmerkung: Cremespeise »Irish Mist« am Vortag zubereiten.

ITALIENISCHE KÜCHE

MINESTRONE

☆ ***Vorbereitungszeit:*** 20 Minuten
Kochzeit: 1 Stunde 30 Minuten
Für 6–8 Personen

⅓ Tasse Olivenöl
2 Knoblauchzehen, feingehackt
2 Zwiebeln, gehackt
½ Tasse geschnittener Frühstücksspeck oder gepökeltes Schweinefleisch
2 Möhren, geschnitten
3 Selleriestangen, geschnitten
2 Kartoffeln, geschält und gewürfelt
2 Zucchini, geschnitten
125 g grüne Bohnen, geschnitten
250 g Wirsing, geschnitten
400 g geschälte Tomaten aus der Dose
1 TL Oregano, getrocknet
2 l Hühner- oder Rinderbrühe
1 Tasse Makkaroni
300 g Cannellini-Bohnen aus der Dose, abgetropft
1 EL frisches Basilikum, gehackt
frisch geriebener Parmesan, zum Servieren

1 Öl erhitzen und Knoblauch, Zwiebeln und Fleisch anbraten. Möhren und Sellerie zugeben, 3 Minuten schmoren. Restliches Gemüse und Tomaten mit Saft aus der Dose zugeben.
2 Oregano und Brühe hineinrühren, 1 Stunde köcheln lassen. Makkaroni zugeben, 10 Minuten kochen; Cannellini-Bohnen und Basilikum zugeben und 5 Minuten kochen lassen.
3 Minestrone großzügig mit Parmesan bestreut servieren. Dickes, knuspriges Brot oder warme Brötchen dazu servieren.

CARPACCIO

☆ ***Vorbereitungszeit:*** 20 Minuten und 2 Stunden Kühlzeit
Für 4 Personen

400 g Filetsteak oder Lende
Olivenöl
frischer Parmesan
frisch gemahlener schwarzer Pfeffer
Salz nach Belieben
Zitronensaft
Zitronenscheiben

1 Fleisch 2 Stunden ins Gefrierfach legen, bis es fest, aber nicht gefroren ist. Mit scharfem Messer Fett abschneiden. Filet in hauchdünne Scheiben schneiden. Die Scheiben in einer Lage auf einem Servierteller verteilen.
2 Fleisch mit Öl beträufeln. Mit einem Gemüseschäler Käsespäne vom Parmesan abhobeln; über das Fleisch streuen. Mit Pfeffer und Salz bestreuen, mit Zitronensaft beträufeln. Mit Zitronenscheiben servieren.

Anmerkung: Nur hochwertiges Rindfleisch mit wenig Fett und Sehnenanteil für dieses Rezept wählen.

KALBSSCHNITZEL MIT AUBERGINE

☆ ***Vorbereitungszeit:*** 25 Minuten
Zubereitungszeit: 30 Minuten
Für 4 Personen

4 große Kalbsschnitzel
Mehl zum Bestauben
60 g Butter
1 kleine Aubergine, dünn geschnitten
1 große Tomate, dünn geschnitten
4 Scheiben Fontina-Käse
2 TL Oregano, getrocknet
frisch gemahlener schwarzer Pfeffer

1 Schnitzel mit Mehl bestäuben. Butter in einer Bratpfanne erhitzen, bis sie beginnt, braun zu werden. Fleisch in einer Schicht in die Pfanne geben und 30 Sekunden zügig von beiden Seiten anbraten; aus der Pfanne nehmen.
2 Auberginenscheiben in die Pfanne geben. Auf beiden Seiten anbraten, bis sie braun sind; herausnehmen, auf Küchenpapier abtropfen lassen.
3 Jedes Kalbskotelett auf eine Lage Bratfolie legen; mit Aubergine, Tomate und Käse bedecken, mit Oregano und Pfeffer bestreuen.
4 Bratfolie locker um das Fleisch wickeln und oben verschließen; Platz zwischen Folie und Käse lassen. Folienpäckchen auf ein Backblech legen und 20 Minuten bei 180 °C braten, bis das Gemüse weich ist. Mit sautierten Kartoffeln als Beilage servieren.

Nacht abkühlen lassen, dann mit Orangen- und Zitronensaft mischen und alles durch ein Sieb gießen. Die dickflüssige Mischung in der Eismaschine gefrieren lassen. Kurz vor dem Servieren antauen lassen und mit Minzeblättern garnieren. Besonders köstlich schmeckt das Sorbet, wenn es mit Sabra beträufelt wird. Sabra ist ein israelischer Schokoladen-Orangen-Likör.

Israelische Weine
Israel ist eine bekannte Weingegend. Die besten Weine kommen aus dem Carmelgebirge.

Italian Dressing
Salatsauce auf Mayonnaisebasis, die in Flaschen abgefüllt kommerziell vertrieben wird. Hausgemachtes Dressing ist dem Fertigprodukt vorzuziehen. Mit Öl und Ei eine Mayonnaise anrühren. Die Mayonnaise mit kleingeschnittenem Paprika und Tomatenwürfeln vermischen und mit Salz, Knoblauch und Zucker abschmecken. Kalorienbewußte können das Dressing mit Vollmilchjoghurt fettärmer zubereiten.

Italico Dieser Weichkäse, der aus Kuhmilch hergestellt wird, stammt – wie sein Name bereits verrät – aus Italien.

Italienische Küche
Einige der beliebtesten Gerichte kommen aus Italien, die kulinarischen Unterschiede zwischen Nord und Süd haben sich verwischt. Dennoch ist italienische Küche eine Regionalküche, die frische, örtliche Zutaten verwendet. Aus dem Süden kommen Oliven, Olivenöl, Tomaten und Weizen. Das spiegelt sich in der Küche wider: Pizza mit Tomatensoße, Mozzarella, Oliven, Sardellen; Pasta mit nahrhaft dicker Tomatensoße, Oliven und frischem Oregano.

Auberginen sind genauso beliebt wie roter Paprika und Artischocken. Meeresfrüchte werden einfach zubereitet, meist gegrillt oder gebraten. Gerichte des Nordens sind raffinierter. Es wird mehr Fleisch, besonders Rindfleisch, gegessen – florentinisches Beefsteak vom Holzkohlegrill gilt als bestes Rindfleischgericht Italiens – und während Pasta überall

SPAGHETTI PUTTANESCA

Vorbereitungszeit: 15 Minuten
Kochzeit: 20–25 Minuten
Für 4 Personen

4 große reife Tomaten (ca. 750 g)
1–2 EL Olivenöl
2 Knoblauchzehen, zerdrückt
2 kleine rote Chilischoten, gehackt
½ Tasse Wasser
12 grüne oder schwarze Oliven, entsteint und geschnitten
8 Sardellen-Filets, geschnitten
2 TL Kapern, gehackt
2 EL Petersilie, gehackt
1 EL frisches Basilikum, gehackt
350 g Spaghetti
frisch gehobelter Parmesan nach Belieben

1 Tomaten schälen, Kerne entfernen; hacken.
2 Öl in einem Topf erhitzen. Knoblauch und Chilischoten zugeben; bei mittlerer Hitze 1 Minute schmoren lassen. Tomaten und Wasser zugeben. Temperatur auf schwache Hitze reduzieren, 10 Minuten köcheln lassen, bis Tomaten weich und zerfallen sind; vielleicht etwas Wasser zugeben.
3 Oliven, Sardellen, Kapern, Petersilie und Basilikum zugeben; 3 Minuten köcheln lassen.
4 Einen großen Topf Wasser zum Kochen bringen, Spaghetti »al dente« kochen. Abtropfen lassen. Zurück in den Topf geben, Soße zugeben und bei schwacher Hitze alles gut mischen. Spaghetti Puttanesca nach Wunsch mit frisch gehobeltem Parmesan bestreut servieren.

TRADITIONELLE KNUSPERPIZZA

Vorbereitungszeit: 30 Minuten
Backzeit: 30 Minuten
Für 4 Personen

Boden
7 g Trockenhefe
2 TL Zucker
¾ Tasse warmes Wasser
2 ½ Tassen Mehl
etwas Salz

Belag
¾ Tasse Tomatensoße aus der Flasche
125 g italienische Salami, in dünne Streifen geschnitten
2 EL frisches Basilikum, gehackt
125 g kleine Champignons, geschnitten
1 Zwiebel, halbiert und dann geschnitten
½ grüne Paprikaschote, geschnitten
12 schwarze Oliven, entsteint und halbiert
6 Sardellen-Filets
1 Tasse Mozzarella, feingeschnitten
¼ Tasse Parmesan, frisch gerieben

1 Für den Boden Hefe und Zucker in einer Schüssel mischen; warmes Wasser hineinrühren. Mehl und Salz in eine andere Schüssel sieben, Hefemischung zugeben und gut vermengen.
2 Teig auf einer leicht bemehlten Arbeitsunterlage 10 Minuten kneten, zu einem Kreis ausrollen, der in eine 30-cm-Pizzaform paßt.
3 Backofen auf 190 °C vorheizen. Pizza mit Tomatensoße bestreichen, mit Salami, Basilikum, Pilzen, Zwiebeln, Paprikaschote, Oliven belegen. Sardellen darüberlegen; mit Mozzarella und Parmesan bestreuen. 30 Minuten backen.

beliebt ist, ist Risotto eine nördliche Spezialität. Im Norden wird Butter dem Olivenöl vorgezogen und viele Käse kommen von dort: Gorgonzola, Mascarpone und Bel Paese. Der berühmte Mozzarella des Südens wird aus Schafsmilch hergestellt. Polenta, ein Gericht aus Maisgrieß, ist im Norden

eine wichtige Beilage. Sie wird gekocht, abgekühlt, quadratisch geschnitten, gebraten und zu Wachtel und anderen Geflügelgerichten serviert.

Italienische Nockerln siehe Gnocchi.

Italienisches Osterbrot mit Käse *(Crescia di Pasqua col Formaggio)* Ein gehaltvoller Hefeteig, dessen Vorteig einen Abend vor dem Backen zubereitet wird. Am nächsten Tag wird die restliche Hefemischung hinzugeben. Parmesankäse, Greyerzer, Butter Schmalz und Salz werden vermischt und unter den Hefeteig gehoben. Der Teig wird zu länglichen Laiben geformt, gehengelassen und im Backofen gebacken, bis die Brote goldbraun sind.

KALBSSCHNITZEL MIT SALBEI UND ZITRONE

★ ***Vorbereitungszeit:*** 10 Minuten
Kochzeit: 10 Minuten
Für 4 Personen

4 Kalbsschnitzel
Mehl zum Bestäuben
1 Ei, verquirlt
2–3 EL Milch
1 EL frischer Salbei, feingehackt oder
2 TL getrockneter Salbei
¾ Tasse Semmelbrösel
30 g Butter
1–2 EL Olivenöl
1 Knoblauchzehe, zerdrückt
Zitronenscheiben

1 Fett vom Fleisch abschneiden, schmale Enden umbiegen und mit Zahnstochern befestigen.
2 Mehl in eine Plastiktüte geben. Fleisch nacheinander in die Tüte legen und gut mit Mehl bedekken, überschüssiges Mehl abschütteln. Ei und Milch in einer Schüssel mischen. Salbei und Semmelbrösel auf einem Teller mischen. Bemehltes Fleisch in die Eimischung tauchen, dann in Semmelbröseln wenden und sorgfältig panieren.
3 Butter, Öl und Knoblauch in einer großen Bratpfanne erhitzen. Schnitzel nebeneinander in die Pfanne legen; bei mittlerer Hitze auf beiden Seiten braten, bis sie durch sind. Mit Zitronenscheiben servieren.

Gegenüber, unten: Spaghetti Puttanesca; oben: Traditionelle Knusperpizza.
Oben: Zitronen-Zabaglione

ZITRONEN-ZABAGLIONE

★ ***Vorbereitungszeit:*** 5 Minuten
Kochzeit: 5 Minuten
Für 4 Personen

3 Eigelb
¼ Tasse Zucker
4 TL Marsala
¼ Tasse Zitronensaft
½ Tasse Weißwein
8 Mandelplätzchen

1 In einer feuerfesten Schüssel Eigelb und Zucker schaumig rühren. Marsala, Zitronensaft und Weißwein zugeben. Rühren, bis alles gut vermischt ist.
2 Die Schüssel in einen Topf mit siedendem Wasser stellen. Mit einem Holzlöffel mindestens 5 Minuten rühren, bis die Mischung dick und sämig wird.
3 In Servierschalen füllen und mit Mandelplätzchen servieren.

Anmerkung: Zabaglione kann für sich allein oder als Zugabe zu Früchten oder Eiscreme serviert werden. Da sehr üppig, nur kleine Portionen servieren.

J

Jackfrucht Große Frucht des ostasiatischen Brotbaums, mit gelbgrüner, warziger Schale, süßem Fleisch und großen Kernen. Fleisch kann frisch für sich allein, in Fruchtsalaten oder püriert in Eiscreme, aber auch gekocht, fritiert und zu Currygerichten gemischt gegessen werden. Die Samen können wie Eßkastanien zubereitet werden; in Afrika werden sie auch zu Mehl verarbeitet.

Jakobsmuschel (Kammuschel, Fächermuschel) Weichtier mit charakteristischer, gerippter, fächerförmiger Schale. Es bewegt sich bei geöffneter Schale mit Hilfe eines großen Muskels fort. Gegessen wird dieser rahmweiße Muskel und der orangefarbene Rogen. Jakobsmuscheln werden gewöhnlich in der

JAPANISCHE KÜCHE

SUNOMONO (GURKEN-KRABBEN/SHRIMP-SALAT)

☆ ***Vorbereitungszeit:*** 20 Minuten + 1 Stunde stehenlassen
Kochzeit: 5 Minuten
Für 4 Personen

1 lange Gurke
Salz
375 g mittelgroße, rohe Krabben (Shrimps)
1/4 Tasse Reisessig
1 EL sehr feiner Zucker
1/4 TL Sojasoße
1/4 TL frischer Ingwer, feingerieben
1 EL Sesam, geröstet

1 Gurke der Länge nach halbieren und Kerne mit einem Teelöffel entfernen. In dünne Scheiben schneiden, mit Salz bestreuen und 5 Minuten stehenlassen. Flüssigkeit vorsichtig aus der Gurke drücken.
2 Krabben in einen Topf mit leicht gesalzenem, kochendem Wasser geben, 2 Minuten köcheln lassen, bis sie gerade weich sind. Abtropfen lassen und in kaltes Wasser geben. Abkühlen lassen; schälen, Darm entfernen.
3 Essig, Zucker, Sojasoße und Ingwer in eine große Schüssel geben und rühren, bis der Zucker sich aufgelöst hat. Krabben und Gurken zugeben und 1 Stunde stehenlassen.
4 Krabbenmischung in ein Sieb abgießen. Auf Serviertellern anrichten, mit Sesamkörnern bestreuen.

Anmerkung: Um Sesam schnell zu rösten, Körner in eine kleine, trockene Pfanne geben, bei schwacher Hitze wenden, bis sie goldbraun sind.

MISOSHIRU (MISO-SUPPE)

☆ ***Vorbereitungszeit:*** 10 Minuten
Kochzeit: 10 Minuten
Für 4 Personen

1 l Dashi (Bonito-Brühe)
100 g rote Miso-Paste
1 EL Mirin
125 g Tofu, gewürfelt
4 kleine Champignons
2 Frühlingszwiebeln

1 Dashi in einen mittelgroßen Topf geben und zum Kochen bringen. Miso mit Mirin mischen und zur heißen Brühe geben.
2 Suppe 2 Minuten ohne Deckel leicht köcheln lassen. Gewürfelten Tofu zur Suppe geben und weitere 5 Minuten köcheln.
3 Pilzstengel an den Kappen abschneiden und die Pilze in feine Scheiben schneiden. Frühlingszwiebeln fein schneiden. Suppe in warme Suppentassen geben und mit Pilzen und Frühlingszwiebeln bestreuen.

Anmerkung: Dashi ist als Instantsuppe in Pulverform oder als Flüssigkonzentrat in japanischen Lebensmittelgeschäften erhältlich. Kochendes Wasser nach Packungsanweisung zugeben.

Oben: Sunomono. Gegenüber: Sushi-Rollen

SUSHI-ROLLEN

★★ ***Vorbereitungszeit:*** 45 Minuten
Kochzeit: 10–15 Minuten
Ergibt ca. 30 Stück

1 Tasse weißen Reis (Rundkornreis)
2 Tassen Wasser
2–3 EL Reisessig
1 EL Zucker
1 TL Salz
3–4 Blätter Nori
1–2 TL Wasabi
125 g Räucherlachs, Räucherforelle oder frischer Sashimi-Thunfisch
½ lange, dünne Gurke, geschält
½ kleine Avocado
¼ Tasse eingelegter Ingwer
Sojasoße zum Dippen

1 Reis in kaltem Wasser waschen, gut abtropfen lassen. Reis und Wasser in mittelgroßen Topf geben. Zum Kochen bringen, Hitze reduzieren, offen 4–5 Minuten köcheln lassen, bis das Wasser absorbiert ist. Abdecken, Hitze reduzieren, weitere 4–5 Minuten ganz schwach kochen lassen. Topf vom Herd nehmen, abkühlen lassen. Essig, Zukker und Salz mischen und in den Reis rühren. Auf einer glatten Arbeitsfläche 1 Blatt Nori auf Backpapier legen. ¼ der Reismenge an einem Ende des Nori-Blatts verteilen; dabei einen 2 cm breiten Rand nach 3 Seiten lassen. Eine sehr kleine Menge Wasabi gleichmäßig über die Mitte der Reisschicht streichen.
2 Fisch in feine Streifen, Gurke und Avocado in kleine Stücke schneiden. Fischstreifen, Gurke, Avocado und Ingwer über Wasabi verteilen.
3 Mit dem Papier als Führung Nori von unten her fest aufrollen und die Zutaten in der Mitte im Reis einschließen. Nori drücken und die Kanten verschließen. Rolle in 2,5 cm große Scheiben schneiden. Sushi-Rollen mit kleinen Schälchen Sojasoße zum Dippen servieren.

1

2

3

Schale zubereitet und serviert; kalte, pochierte Muscheln dienen als Zutat für Meeresfrüchtesalat.

Jalapeño-Chili Kleine, dickfleischige, sehr scharfe Chilischote. Meist grün verkauft, aber auch rote, reife, etwas süßere Schoten sind erhältlich. Beide Arten gibt es auch eingelegt im Glas.

Jambalaya Pfeffriges Gericht der Cajun-Küche mit Reis, Huhn, Krabben (Shrimps) und Schinken, ähnlich der spanischen Paella. Spezialität aus Louisiana; der Name ist eine Ableitung vom spanischen Wort für Schinken, *jamón*.

Jamswurzel Stärkehaltige Knolle einer tropischen Kletterpflanze, die ursprünglich aus China stammt, heute aber überall in den Pazifikstaaten, Afrika und der Karibik vorkommt. Jamswurzeln haben eine bräunliche Schale und gelbes bis weißes Fruchtfleisch. Man kann sie backen (in der Schale), kochen oder braten. Gekocht schmeckt die Jamswurzel ähnlich wie Kartoffeln.

Japanische Küche Eine Mahlzeit ohne

Reis ist in Japan keine vollständige Mahlzeit, sondern nur ein Imbiß. Hauptzutaten der japanischen Küche sind Fischbrühe, Reis und Sojabohnenprodukte. Sashimi (roher Fisch), die Delikatesse und Höhepunkt jedes japanischen Essens, ist absolut frischer Fisch, der geschnitten und mit einer Dipsoße serviert wird, die etwas Wasabi (Meerrettichpaste) enthält. Sushi sind kleine Röllchen aus in Seetang gewickeltem Essigreis mit Fisch- oder Gemüsefüllung. Tempura, das beliebteste japanische Gericht, besteht aus Krabben (Shrimps) und Gemüse; beides in leichten Ausbackteig getaucht, fritiert und sofort serviert. Misosuppe wird während, vor oder nach dem Essen getrunken. Ein beliebtes Restaurantgericht ist Sukiyaki: jeder trifft seine eigene Auswahl an Fleisch und Gemüse und kocht sie im gemeinsamen Topf Brühe.

Jarlsberg
Gelber, halbfester Kuhmilchkäse vom norwegischen Gut

GEMÜSE-TEMPURA

☆ ***Vorbereitungszeit:*** 30 Minuten + 1 Stunde Kühlzeit
Kochzeit: 5 Minuten pro Portion
Für 6 Personen

1 ¼ Tasse Mehl
1 Ei
1 ¼ Tasse Eiswasser
125 g Brokkoli
1 kleine Zwiebel
1 kleine rote Paprikaschote
1 kleine grüne Paprikaschote
1 mittelgroße Möhre
60 g grüne Bohnen
Pflanzenöl zum Fritieren

Soße zum Dippen
4 EL Sojasoße
2 EL Mirin

1 Mehl in eine große Schüssel sieben. In der Mitte eine Vertiefung machen, Ei und Wasser hineingeben und verrühren. Abdecken und 1 Stunde kühl stellen.
2 Brokkoli in kleine Röschen zerteilen. Zwiebeln in feine Scheiben schneiden, Paprika in dünne, ca. 6 cm lange Streifen schneiden. Bohnen auf 6 cm Länge schneiden und der Länge nach halbieren. Gemüse zum Ausbackteig geben und mischen.
3 Öl in einen mittelgroßen Topf geben. Mit einer Zange kleine Portionen mit Teigmasse überzogenes Gemüse (etwa 2 Stücke von jedem Gemüse) ins Öl tauchen und einige Sekunden im Öl festhalten, bis der Teig fest wird und das Gemüse zusammenhält. Aus der Zange lösen und fritieren, bis es knusprig und goldbraun ist. Auf Küchenpapier abtropfen lassen. Vorgang wiederholen, bis das gesamte Gemüse aufgebraucht ist. Sofort mit der Soße zum Dippen servieren.
4 Für die Soße zum Dippen Sojasoße und Mirin in einer kleinen Schüssel mischen.

HÜHNCHEN-TERIYAKI

☆ ***Vorbereitungszeit:*** 20 Minuten + 2 Stunden marinieren
Kochzeit: 6 Minuten
Ergibt 12 Spießchen

750 g Hähnchenbrust
¼ Tasse Sojasoße
2 EL Mirin
2–3 EL Sherry
2 EL weicher, brauner Zucker
2 TL frischer Ingwer, geraspelt
1 roter Paprika, in 2 cm großen Quadraten
4 Frühlingszwiebeln, auf 3 cm Länge geschnitten
2–3 EL Öl

1 Bambusspießchen in Wasser einweichen, Fleisch in eine flache Glas- oder Keramikschüssel legen. Sojasoße, Mirin, Sherry, braunen Zucker und Ingwer mischen, Zucker auflösen und über das Fleisch gießen. Abdecken und bis zu 2 Stunden im Kühlschrank aufbewahren. Abtropfen lassen und der Länge nach halbieren.
2 Fleisch abwechselnd mit Paprika- und Frühlingszwiebelstücken auf die Spießchen stecken.
3 Spieße mit Öl bepinseln und auf eine leicht geölte Grillplatte legen. Bei mittlerer Hitze 6 Minuten grillen, dabei gelegentlich wenden. Sofort mit gedämpftem Reis oder Eiernudeln und kurzgebratenem oder gegrilltem Gemüse servieren.

Oben: Gemüse-Tempura; unten: Hühnchen-Teriyaki. Gegenüber, oben: Joghurthuhn mit Curry; unten: Joghurtkuchen mit Zitronensirup

JOGHURT

JOGHURTHUHN MIT CURRY

☆ ***Vorbereitungszeit:*** 20 Minuten + marinieren
Backzeit: 40–45 Minuten
Für 6 Personen

250 ml Naturjoghurt
½ Tasse Kokoscreme
¼ Tasse Koriandergrün, gehackt
1 Zwiebel, feingehackt
1 Knoblauchzehe, zerdrückt
1–2 EL Limonensaft
1 TL feingeriebene Limonenschale
1 EL Curry
schwarzer Pfeffer aus der Mühle
1 kg Hühnerteile
250 ml Naturjoghurt zusätzlich

1 Joghurt, Kokoscreme, gehackten Koriander, Zwiebel, Knoblauch, Limonensaft und -rinde, Curry und Pfeffer in einer großen, flachen Glasform oder Keramikschüssel gut mischen, die Hühnerteile zugeben, ganz mit der Joghurtmischung bedecken.
2 Form mit Folie abdecken und mehrere Stunden, am besten über Nacht, im Kühlschrank durchziehen lassen.
3 Huhn aus der Marinade nehmen. In einer flachen Auflaufform bei 180 °C im vorgeheizten Backofen 40–45 Minuten backen.
4 Mit Koriandergrün bestreuen, mit dem zusätzlichen Joghurt und Reis oder Salat servieren.

JOGHURTKUCHEN MIT ZITRONENSIRUP

☆☆ ***Vorbereitungszeit:*** 20 Minuten
Backzeit: 1 Stunde 10 Minuten
Für 8–10 Personen

2 ½ Tassen Mehl mit Backpulverzusatz
½ TL Backpulver
1 Tasse feiner Zucker
250 ml Naturjoghurt
250 ml Milch
2 Eier, leicht verquirlt

Zitronensirup
¼ Tasse feiner Zucker
200 ml Wasser
Zeste einer Zitrone, in dünnen Streifen
4 EL Zitronensaft
Zitronenzeste zusätzlich, in dünne Streifen geschnitten, zum Servieren
geschlagene Sahne zum Servieren

1 Backofen auf 180 °C vorheizen. Eine runde Springform von 23 cm Durchmesser mit Öl oder zerlassener Butter auspinseln. Boden mit Backpapier auslegen, Papier einfetten. Mehl, Backpulver und Zucker mit Joghurt, Milch und Eiern verrühren. Mit dem Handrührgerät auf kleinster Stufe 2 Minuten verrühren, 5 Minuten auf höchster Stufe.
2 In die Form füllen. Etwa 1 Stunde backen, bis der Kuchen durch ist (Nadelprobe). Die Hälfte des vorbereiteten Zitronensirups sofort darübergießen; anschließend 10 Minuten ruhenlassen. Mit Zestenstreifen, Sirup und Sahne servieren.
3 Für den Zitronensirup alle Zutaten in einem Topf bei schwacher Hitze rühren, bis der Zucker gelöst ist. Nicht kochen lassen. Etwa 7 Minuten sanft köcheln lassen. Sirup eindicken. Zestenstreifen vor dem Servieren herausnehmen.

Jarlsberg, mit süßem, nußartigen Geschmack. Quark wird in heißer Molke »gekocht« und in eine runde Form gepreßt. Im Innern des Käses sind große, unregelmäßig geformte Löcher, die Rinde wird mit gelbem Wachs überzogen.

Jerusalem-Artischocke siehe Artischocke.

Joghurt Dickes, sahniges, säuerlich schmeckendes Milchprodukt; es entsteht durch Versetzen von Milch mit Bakterienkulturen. Joghurt kann für alle Bestandteile eines Menüs verwendet werden. Im Vorderen Orient ist er die Grundlage einiger Dips, man dickt damit Suppen, Eintöpfe und Currys an. Joghurt kühlt und besänftigt den Gaumen und wird oft mit gehackter Gurke als Beilage zu einem scharfen Gericht serviert. Auch in Salatsoßen oder Soßen für heißes, gekochtes Gemüse findet er Verwendung. Joghurtmarinaden zum Weichmachen von Fleisch sind häufiger Bestandteil der indischen Küche. Als Dessert wird Joghurt mit Honig gesüßt oder mit frischem Obst oder Kompott gemischt;

JOGHURT UND FRISCHKÄSE

Joghurt und weicher, frischer Käse sind leicht selbst herzustellen und sehr nahrhaft. Der Fettgehalt hängt vom Fettgehalt der Milch ab. Der Zusatz von Milchpulver (aus Vollmilch oder teilentrahmter Milch) zu selbstgemachtem Joghurt erhöht den Eiweiß- und Kalziumgehalt und verbessert die Struktur.

Von links nach rechts unten: Heidelbeererfrischung, Crème fraîche, Lassi, Kräuterrolle, Weichkäse

JOGHURT

Joghurt kann man in vielen Kombinationen mit frischem Obst, Kompott oder gehackten Nüssen genießen. Er ist als Marinade für Fleisch und Geflügel geeignet, zum Andicken und Anreichern von Schmortöpfen, Eintöpfen und einigen Suppen und als Soße für scharfe Gemüsegerichte.

Naturjoghurt, der die „guten" Bakterien Lactobacillus acidophilus und Bifidobacteria bacterium enthält, soll die Funktionen unseres Verdauungssystems unterstützen.

DICKER, SAHNIGER JOGHURT

700 ml Joghurt mit ⅓ Tasse Vollmilchpulver in einem Topf langsam bis zum Siedepunkt erhitzen, bis Schaum aufsteigt. Hitze reduzieren und die Milch ganz sanft 20 Minuten köcheln lassen. Vom Herd nehmen und beiseite stellen, bis die Mischung lauwarm ist. Am besten prüfen Sie die Temperatur mit einem Thermometer – es sollte 45 °C anzeigen. Die Haut von der Milch entfernen; dann 6 EL Naturjoghurt mit 4 EL Milch verrühren, vorsichtig unter die Mischung rühren. In sterilisierte Gläser füllen und verschließen. Die Gläser in einen Topf mit heißem Wasser stellen. Eine Decke um den Topf wickeln, um die Wärme zu halten, mindestens 6 Stunden beiseite stellen. Joghurt vor der Weiterverwendung mindestens 3–4 Stunden gut kühlen. Ergibt 500 ml.

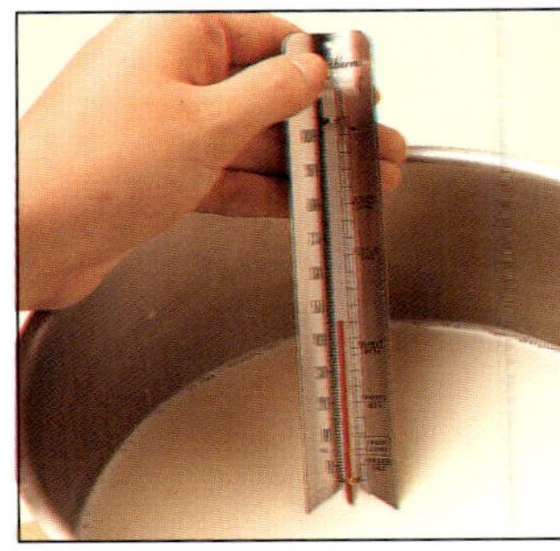

Joghurt hält im Kühlschrank bis zu einer Woche.

Anmerkung:
Bei einem elektrischen Joghurtbereiter nach den Angaben des Herstellers richten.

HEIDELBEERERFRISCHUNG

200 g frische Heidelbeeren in der Küchenmaschine pürieren. Eventuell mit 1–2 TL feinem Zucker abschmecken. 1 großen Löffel Naturjoghurt in ein hohes Glas geben, das Glas drehen, dabei abwechselnd Heidelbeermus und Joghurt einfüllen. Ergibt 4 Gläser.

CRÈME FRAÎCHE

Crème fraîche ist eine reichhaltige, leicht herbe Sahne, mit der man Obst, Fisch und einige Suppen, Soßen und herzhafte Gerichte verfeinern kann. Crème fraîche ist erhältlich, kann aber auch leicht selbst hergestellt werden. Gleich große Mengen frische Sahne und saure Sahne in einer Schüssel mischen. Bei Raumtemperatur so lange stehenlassen, bis die Sahnemischung eingedickt ist – das dauert etwa 1–2 Tage. Vor Verwendung zugedeckt in den Kühlschrank stellen (eine Woche haltbar).

INDISCHES MINZE-LASSI

In Schüssel oder Glas 5–6 EL Naturjoghurt, 3–4 TL Zucker und 1 EL gehackte frische Minze mit dem Schneebesen mischen. Nach und nach 580 ml Eiswasser oder Soda zugießen und mit dem Schneebesen glattrühren. Eiswürfel in ein hohes Glas geben, Mischung darübergießen. Zur Abwechslung statt der Minze einmal ⅓ Tasse Mangopüree verwenden. Ergibt ein erfrischendes Getränk für 4 Personen.

FRISCHKÄSE

KRÄUTERROLLE

Mit dem Handrührgerät 500 g Doppelrahmfrischkäse glatt und cremig schlagen. 200 g frischen Ricotta zugeben, gut verrühren. Mischung in einem Quadrat von 25 x 25 cm gleichmäßig auf ein Backpapier streichen. 2 EL gehackten frischen Schnittlauch, je 1 EL gehackten Zitronenthymian und Oregano, 1–2 TL abgeriebene Zitronenschale und 2–3 EL feingeriebenen Parmesankäse mischen, auf das Käsequadrat streuen; Backpapier mit dem Käse auf ein flaches Tablett legen und 2–3 Stunden im Kühlschrank kalt stellen. Mit Backpapier Käsemasse vorsichtig aufrollen, auf eine Folie heben. Folie fest um die Käserolle wickeln, über Nacht in den Kühlschrank stellen. Käserolle in gerösteten, gemahlenen Mandeln wälzen. Zu verschiedenen Brotsorten servieren.

Weichkäseherstellung: Käse und saure Sahne durch ein Sieb streichen

WEICHKÄSE

250 g Hüttenkäse, 125 ml saure Sahne durch feines Sieb streichen. Nach und nach 2 TL gehackten Schnittlauch, 2 TL gehackte Petersilie und 2 zerdrückte Knoblauchzehen unterheben. Mit Salz und schwarzem Pfeffer würzen. In ein mit einem Leinentuch ausgelegtes Sieb geben, Schüssel unterstellen. Leinentuch über dem Käse zusammenbinden, ein kleines Gewicht auflegen, 24 Stunden in den Kühlschrank stellen. Mit Kapern, grünen Salatblättern und Toast Melba servieren.

Käsemischung in mit Leinentuch ausgelegtes Sieb legen; Tuch über dem Käse zusammenfalten

beim Backen verwendet man ihn für Kuchen, Käsekuchen und Plätzchen. Es heißt, Naturjoghurt mit Bakterienkulturen wie Lactobacillus acidophilus und Bifidobacteria bacterium habe eine positive Wirkung auf das Verdauungssystem. Sie tragen dazu bei, ein gesundes Gleichgewicht im Verdauungstrakt wiederherzustellen.

Johannisbeere Kleine, runde, zarte, etwas herb schmeckende Beere. Es gibt rote, schwarze und – seltener – weiße Johannisbeeren. Rote und schwarze Johannisbeeren werden roh, mit Zucker und Sahne oder in Obstsalaten verzehrt, zu Gelee, Marmelade und Soßen verarbeitet. Schwarze Johannisbeeren sind eine Zutat im Cordial- und Cassislikör.

Johnny-Cake Flacher, ungesäuerter Brotfladen, in Nordamerika aus Maismehl, Wasser oder Milch und Salz, der auf einer heißen Platte gebacken wird.

Jüdische Küche Obwohl jüdische Küche aus einer Vielzahl von Gerichten verschiedener Länder

JÜDISCHE KÜCHE

HÜHNERSUPPE MIT MATZENKLÖSSCHEN

☆☆ ***Vorbereitungszeit:*** 30 Minuten + 1 Stunde Kühlzeit
Kochzeit: 2 Stunden 30 Minuten
Für 6 Personen

Suppe
1 Huhn, 1,75 kg
4 l Wasser
3 Zwiebeln, geschnitten
4 Möhren, geschnitten
4 Selleriestangen, geschnitten
1 Lauchstange, geschnitten
2 große Stengel Petersilie
1 Lorbeerblatt
8 Pfefferkörner
1 EL Salz

Matzenklößchen
2 EL Hühnerfett oder Pflanzenöl
1 mittelgroße Zwiebel, feingehackt
1 Tasse Matzenmehl, grob
2 Eier, verquirlt
1 EL frische Petersilie, gehackt
Salz und Pfeffer
Mandelmehl

1 Überschüssiges Fett aus dem Huhn entfernen und beiseite legen. Huhn in 8–9 Stücke schneiden, in einen großen Topf mit Wasser und den übrigen Suppenzutaten legen. Langsam zum Kochen bringen; Schaum von der Oberfläche abschöpfen. Hitze reduzieren, 2 Stunden köcheln lassen. Abgießen, die Suppe zum Kochen bringen Hühnerfleisch für die Suppe aufbewahren.
2 Matzenklößchen zugeben, offen 15 Minuten ziehen lassen. Das zerkleinerte Hühnerfleisch in den Topf geben, 5–10 Minuten köcheln lassen.
3 Für die Matzenklößchen Fett oder Öl in einer mittelgroßen Pfanne erhitzen, Zwiebel goldbraun anbraten. Pfanneninhalt in eine Schüssel geben. Matzenmehl, Ei und Petersilie zugeben, mit Salz und Pfeffer würzen. Ausreichend Mandelmehl zugeben, um die Mischung zu binden. Abdecken, 1 Stunde im Kühlschrank aufbewahren. Zu kleinen Bällchen (2 cm) rollen.

GEHACKTE HÜHNERLEBER

☆ ***Vorbereitungszeit:*** 15 Minuten
Kochzeit: 10 Minuten
Für 4 Personen

1 EL Hühnerfett
1 mittelgroße Zwiebel, gehackt
1 Knoblauchzehe, zerdrückt
250 g Hühnerleber, gesäubert
2 hartgekochte Eier
1 EL frische weiße Semmelbrösel
Hühnerfett, zusätzlich
Salz
schwarzer Pfeffer
Muskatnuß

1 Hühnerfett in einer Pfanne zerlassen, Zwiebel und Knoblauch darin anbraten, bis die Zwiebel weich ist. Leber zugeben und zügig weich braten.
2 Alles einige Minuten abkühlen lassen; mit hartgekochten Eiern und Semmelbröseln in der Küchenmaschine verarbeiten.
3 Mit Salz, Pfeffer und Muskatnuß würzen.

Gegenüber, oben: Latkes; unten: Gefilte Fisch.
Diese Seite, oben: Hühnersuppe mit Matzenklößchen; rechts: Gehackte Hühnerleber

LATKES

☆ ***Vorbereitungszeit:*** 35 Minuten
Kochzeit: 30 Minuten
Für 4 Personen

1,5 kg mittelgroße Kartoffeln
1–2 EL Öl
1 Ei, verquirlt
Salz und frisch gemahlener schwarzer Pfeffer
2 EL Mehl
Pflanzenöl zum Fritieren

1 Kartoffeln gut waschen, schälen und grob reiben; waschen und abgießen. Überschüssige Flüssigkeit mit Küchenpapier herausdrücken. In eine Schüssel geben.
2 Öl und verquirltes Ei mit den Kartoffeln und Mehl mischen. Mit Pfeffer und Salz würzen.
3 Mit bemehlten Händen zu runden, flachen Kuchen formen. Öl in der Pfanne erhitzen und Kartoffelkuchen von beiden Seiten goldbraun braten.

GEBRATENE RINDERBRUST

In einer Kasserolle 2,5 kg magere Rinderbrust von beiden Seiten in Öl anbraten. Aus dem Topf nehmen. Im gleichen Topf in Öl 3 kleingeschnittene Zwiebeln anbraten, bis sie glasig sind. Rinderbrust und 1 Tasse Wasser zugeben. Fleisch mit 1 EL Mehl bestäuben, Salz und Knoblauch nach Geschmack zugeben und 3 ½ Stunden im vorgeheizten Backofen bei 160 °C schmoren.

GEFILTE FISCH

☆☆ ***Vorbereitungszeit:*** 5 Minuten
Kochzeit: 1 Stunde 45 Minuten
Für 4 Personen

1 kg Kabeljau, Brasse oder Schellfisch mit Haut und Gräten
2 Selleriestangen, geschnitten
2 Zwiebeln, gehackt
2 mittelgroße Möhren, in Scheiben
3 Tassen Wasser
1 EL Petersilie, gehackt
2 EL Mandeln, gemahlen
2 Eier, verquirlt
Salz, weißer Pfeffer
Matzenmehl

1 Haut und Gräten vom Fisch entfernen und mit Sellerie, der Hälfte der Zwiebeln und Möhren mit Wasser zum Kochen bringen und 30 Minuten köcheln lassen. Brühe absieben.
2 Fisch grob schneiden, mit den restlichen Zwiebeln und Petersilie in der Küchenmaschine verarbeiten; fein zerkleinern, Mandeln, Eier, Salz, Pfeffer und ausreichend Matzenmehl zum Binden zugeben. Mit bemehlten Händen zu 8 Kugeln rollen.
3 Die restlichen Möhrenscheiben 10 Minuten in Fischbrühe köcheln lassen und herausnehmen. Fischklößchen zur Brühe geben, abdecken und 1 Stunde schwach köcheln lassen. Auf Serviertelller legen, mit Möhrenscheiben verzieren.
4 Fischbrühe absieben, etwas über die Klößchen geben. Restliche Fischbrühe kühlen; sie wird gelieren. Gelee schneiden und als Garnierung für die Fischklößchen benutzen.

besteht, die alle von Produkten der diversesten Regionen beeinflußt sind, gleichen sich doch erstaunlich viele Gerichte. Sie ist eng mit religiösen Festtagen verbunden. Hefezopf (Challah), Honig und Eier sind Teile des Festtagsmahls und haben biblische Bedeutung. Alle Früchte und Gemüse sind koscher (rein, und damit nach den jüdischen Speisevorschriften erlaubt), doch es gelten strenge Regeln für Fleisch, Fisch und Molkereiprodukte. Schweinefleisch, Wildgeflügel, Schalentiere und Fisch ohne Schuppen sind verboten. Milchprodukte dürfen nicht mit Fleischgerichten verzehrt und nicht mit den gleichen Utensilien zubereitet werden. Viele jüdische Traditionen wurden von Nicht-Juden übernommen, z. B. das Braten von Fisch in Olivenöl: Öl muß frisch und heiß sein, Fisch wird mit Mehl

bestaubt und gebraten, bis er auf beiden Seiten gebräunt ist. Auch nicht-orthodoxe Juden essen an Feiertagen traditionelle Gerichte: Suppe mit Matzenklößchen, Haroset

(Früchte und Nüsse in Rotwein) zu Pessach (Ostern) und Lekach (Honigkuchen) zu Rosch Ha-Schana (Jüdisches Neujahr).

Julienne-Streifen Besonders Gemüse wie Möhren, Rüben, Sellerie oder Lauch wird in feine, kurze Streifen geschnitten; in Salaten, leicht blanchiert als Garnierung in Suppen, oder als ein

Gemüse zum Hauptgericht serviert. Gekochtes Fleisch für Fleischsalat kann genauso geschnitten werden; ebenso Zitrusschalen.

Junket Süßer Milchpudding, mit Schokolade oder Vanille aromatisiert, mit Labferment zum Gerinnen gebracht und mit Muskat, Zimt oder kandierter Zitronenschale als Garnierung serviert.

Jus, au »Im eigenen Saft«, Fleisch, das im eigenen Saft serviert wird. Wasser oder Brühe werden zur Pfannenflüssigkeit gegeben und gekocht, bis die Soße eingekocht und konzentriert ist.

PLINSEN MIT HÜTTENKÄSE

☆☆ ***Vorbereitungszeit:*** 15 Minuten + 1 Stunde Ruhezeit
Kochzeit: 30 Minuten
Für 4–6 Personen

1 Tasse Mehl
½ TL Salz
3 Eier
¼ Tasse Milch
45 g Butter, zerlassen

Füllung
375 g Hüttenkäse
2 EL saure Sahne
2 Eigelb
2 EL sehr feiner Zucker
Schale 1 Zitrone, feingerieben
½ TL Vanilleessenz
¼ Tasse Sultaninen (kernlose Rosinen)

1 Mehl und Salz in eine mittelgroße Schüssel geben. Eine Vertiefung in der Mitte machen. Eier nacheinander zugeben, jedesmal die Mischung gut rühren. Die Milch und zerlassene Butter hineinrühren. Ausbackteig abdecken und 1 Stunde stehenlassen.
2 Eine 18–20 cm große Crêpe-Pfanne erhitzen und mit Öl auspinseln. 2–3 El Teig in die Pfanne geben, gleichmäßig über den Boden verteilen. Bei mittlerer Hitze braten, bis die Unterseite goldbraun ist. Pfannkuchen wenden, die andere Seite braten. Pfannkuchen auf einen Teller legen und mit einem Küchenhandtuch abdecken. Vorgang mit restlichem Teig wiederholen, Pfanne mit Öl auspinseln.
3 Einen gehäuften EL Füllung auf eine Seite jedes Pfannkuchens geben, fest aufrollen, Enden umschlagen.
4 Pfannkuchen in eine flache, feuerfeste Schüssel legen und 10 Minuten im heißen Ofen (220 °C) backen. Plinsen mit gesiebtem Puderzucker bestreuen und heiß servieren.
5 Für die Füllung Hüttenkäse in eine mittelgroße Schüssel geben, saure Sahne und Eigelb hineinrühren. Zucker, Zitronenschale, Vanilleessenz und die Sultaninen hineinrühren und sorgfältig mischen.

Oben: Plinsen mit Hüttenkäse.
Gegenüber, oben: Kokosmakronen; unten: Fischcurry mit Kokosnuß

HAROSET

☆ ***Vorbereitungszeit:*** 15 Minuten + 1 Stunde Kühlzeit
Für 6 Personen

2 mittelgroße rote Äpfel
¼ Tasse blanchierte Mandeln oder Walnüsse, feingehackt
1 TL Zimt
2–3 EL Rotwein
1–2 EL Honig

1 Äpfel halbieren, Kerngehäuse entfernen, mit Schale fein schneiden und in eine kleine Schüssel geben.
2 Mandeln oder Walnüsse, Zimt, Wein und Honig in die Schüssel geben und gut mischen. Vor dem Servieren 1 Stunde kühlen.

Anmerkung: Haroset sollte am Herstellungstag verzehrt werden, denn es hält sich nicht. Ist der verwendete Wein sehr süß, kann man die Honigmenge für das Haroset auch reduzieren, damit es nicht zu klebrig-süß wird.

BAGEL UND LOX

1 Bagel pro Person horizontal halbieren. Beide Seiten mit weichem Frischkäse bestreichen. Mit 2–3 Scheiben frischem Räucherlachs (Lox) belegen und Hälften zusammenklappen. Es können auch Kapern und Zwiebelscheiben hinzugefügt werden.

Anmerkung: Dies ist die klassische Bagelkombination, obwohl es verschiedene Serviervorschläge gibt. Jeder Brotbelag eignet sich für ein Bagel. Sie werden meist ungefüllt und leicht getoastet mit Rührei serviert. Sie sind weiß oder braun, mit Mohn, Zwiebel, Knoblauch oder Zimt bestreut im Handel erhältlich.

KOKOSNÜSSE

FISCHCURRY MIT KOKOSNUSS

☆ ***Vorbereitungszeit:*** 20 Minuten
Kochzeit: 20 Minuten
Für 4–6 Personen

650 g dickes, weißes Fischfilet
2 TL Zitronensaft
1 TL Kreuzkümmel
½ TL Fenchelsamen
½ Tasse Kokosraspeln
2 getrocknete, rote Chillies, in heißem Wasser eingeweicht
2 Knoblauchzehen
1 Stück Ingwer, ca. 2 cm lang, gehackt
1 mittelgroße Zwiebel
¾ TL Kurkuma
2 TL Tamarinden-Konzentrat, ersatzweise 1-2 EL Zitronensaft
2 EL Butter
1 ½ Tassen Wasser
2 EL frischer Koriander, geschnitten

1 Das Filet quer in dicke Scheiben schneiden. Mit Zitronensaft beträufeln und beiseite stellen.
2 Kreuzkümmel, Fenchel und Kokosraspeln in einer trockenen Pfanne rösten, in einem Mörser zu Pulver zerstoßen.
3 Chillies, Knoblauch, Ingwer und Zwiebel zu einer Paste zerreiben; Gewürze zugeben.
4 Mischung 1 ½–2 Minuten unter Rühren in Butter braten. Mit Wasser aufkochen, 6 Minuten köcheln lassen.
5 Fisch und die Hälfte des Korianders zugeben. Ca. 6 Minuten leicht köcheln lassen, bis der Fisch weich ist. Mit Reis und Koriander garniert servieren.

KOKOSMAKRONEN

☆ ***Vorbereitungszeit:*** 15 Minuten
Backzeit: 15–20 Minuten
Ergibt ca. 60 Stück

3 Eiweiß
1 ¼ Tassen sehr feiner Zucker
1 TL Zitronenschale, abgerieben
2 EL Maismehl (Stärke), gesiebt
3 Tassen Kokosraspeln
125 g dunkle Schokolade, geschmolzen

1 Backofen auf 160 °C vorheizen. 2 Backbleche (32 x 28 cm) mit Backpapier auslegen. Eiweiß in eine kleine, trockene Schüssel geben. Mit dem Handrührgerät Eiweiß schlagen, bis es steif ist. Nach und nach Zucker zugeben, dabei ständig rühren, bis die Mischung dick und glänzend ist und der Zucker sich vollständig aufgelöst hat. Zitronenschale zugeben; rühren, bis alles gerade verbunden ist.
2 Mischung in eine große Schüssel geben; Stärkemehl und Kokosraspeln zugeben. Mit einem Metalllöffel rühren, bis alles gerade verbunden ist.
3 Gehäufte TL der Mischung in jeweils 3 cm Abstand auf die Bleche setzen. 15–20 Minuten auf der obersten Schiene des Ofens goldbraun backen.
4 Makronen auf den Blechen auskühlen lassen. Jede Makrone bis zur Hälfte in geschmolzene Schokolade tauchen.

WISSENSWERTES ÜBER KOKOSNÜSSE

- Kokosmilch wird folgendermaßen hergestellt: frische Kokosnuß in eine Schüssel raspeln, mit heißem Wasser übergießen und absieben. Viel einfacher ist es, fertige Kokosraspeln oder gleich Kokosmilch aus der Dose zu nehmen.
- Kokoscreme ist die dicke Schicht, die sich auf der Milch bildet, nachdem sie im Kühlschrank aufbewahrt wurde. Im Handel ist sie in gepreßten Quadern erhältlich, die nach dem Öffnen mehrere Jahre im Kühlschrank haltbar sind.

K

Kabeljau (Dorsch) Fisch mit saftigem, cremig-weißem, festem Fleisch, das sich beim Kochen in große, abbröckelnde Stücke auflöst. Besonders im Nord-Atlantikraum verbreitet. Seit prähistorischen Zeiten verzehrt; getrocknet diente er den Wikingern als Nahrung auf ihren Seereisen. Kabeljau wurde als erste Fischart in großen Mengen für den Handel gefangen und sofort nach dem Fang eingesalzen.

Kabinettpudding Mehlspeise aus gewürfeltem Brot oder Kuchen, mit Butter und Rosinen. Wird in einer Form entweder gekocht oder gebacken und mit heißer Vanillesoße serviert.

Kaffee Geröstete und gemahlene Bohnen des tropischen Kaffeebaums, die zu einem Getränk verarbeitet und als Geschmacksstoff verwendet werden. Als »Kaffeebohnen« bezeichnet man die Samen der roten Kaffeebeere. Werden sie geröstet, entwickeln sie das charakteristische Kaffee-

KAFFEE

Kaffee mit seinem unvergleichlichen Geschmack ist eines der beliebtesten Getränke der Welt. Kaffee kann geröstet, gemischt und auf unterschiedlichste Arten zubereitet werden. Serviert wird er heiß oder kalt, schwarz oder mit Milch oder Sahne, mit Zucker gesüßt oder durch die Zugabe von Gewürzen oder Alkohol im Geschmack verfeinert.

Kaffee von links nach rechts: Caffè Latte; Cappuccino; Eiskaffee; Schwarzer Kaffee; Caffè Macchiato

VON MISCHUNGEN UND RÖSTARTEN

Kaffeegeschmack wird durch die Sorte der Kaffeebohne, der Region ihres Wachstums, das Klima und den Boden bestimmt. Spezialisierte Kaffeehändler wählen und mischen Kaffeebohnen, um feinste Geschmacksnuancen herzustellen.

- Helle, leichte Röstung verstärkt zarte, feine Geschmacksnuancen; zu diesem Kaffee paßt Milch besonders gut.
- Mittlere Röstung verleiht einen kräftigeren Geschmack und ein stärkeres Aroma – dieser Kaffee eignet sich als Getränk zu jeder Tageszeit, mit oder ohne Milch.
- Dunkle, volle Röstung macht den Kaffee stark im Aroma und voll im Geschmack. Geeignet als Getränk nach einer Mahlzeit, schwarz.
- Kontinentale – oder Doppelröstung gibt Kaffee ein rauchiges Aroma. Die Bohnen sind glänzend und sehr dunkel. Der Kaffee schmeckt fast bitter, wird schwarz serviert.

VOM MAHLEN DES KAFFEES

Kaffee ist in ganzen Bohnen und fertig gemahlen im Handel erhältlich. Die Auswahl reicht von grob- über mittelfein-, fein- und sehr feingemahlen. Sehr feingemahlener Kaffee wird oft »Espresso« oder »Türkischer Kaffee« genannt. Gemahlener Kaffee verliert eher das Aroma.

ZUBEREITUNG DES KAFFEES

Trotz der in großer Zahl erhältlichen Hilfsmittel zum Kaffeekochen gibt es nur zwei grundlegende Methoden der Kaffeezubereitung: Überbrühen und Kochen.

- **Mit dem Perkolator:** Dampfdruck treibt kochendes Wasser über eine Mittelröhre nach oben, von wo es sich über gemahlenes Kaffeepulver ergießt. Dauer je nach Größe des Perkolators ca. 15 Minuten. Grobgemahlenen Kaffee verwenden.
- **Mit einer Cafetière:** Wasser wird erhitzt, bis es gerade anfängt zu kochen, dann über den gemahlenen Kaffee in einen Topf gegossen. Dieser wird von einem Deckel mit daran befestigtem Tauchkolben verschlossen; der Kaffee sollte mehrere Minuten ziehen. Geeignet ist ein mittelfein gemahlener Kaffee.
- **Mit dem Filter:** Kaffeepulver wird auf das Filterpapier gegeben, kochendes Wasser langsam auf das Kaffeepulver gegossen. Das Kaffeefiltrat läuft in die unter dem Aufsatz stehende Kanne. Für diese Methode eignet sich feingemahlener Kaffee.

BELIEBTE INTERNATIONALE KAFFEESPEZIALITÄTEN

- ESPRESSO: Dieser sehr starke Kaffee wird von einer Maschine bereitet, die eine Mischung aus Wasser und Dampf durch sehr feines Kaffeepulver drückt. Meist wird Espresso in kleinen Tassen, schwarz, mit Zucker nach Belieben, serviert.
- CAPPUCCINO: Wird auch in der Espressomaschine bereitet. Doch der Kaffee ist nicht ganz so stark und wird in großen Tassen serviert. Obendrauf gehört eine durch Dampf aufgeschäumte Milchhaube. Meist wird noch geriebene Schokolade oder Zimt auf die Haube gestreut.

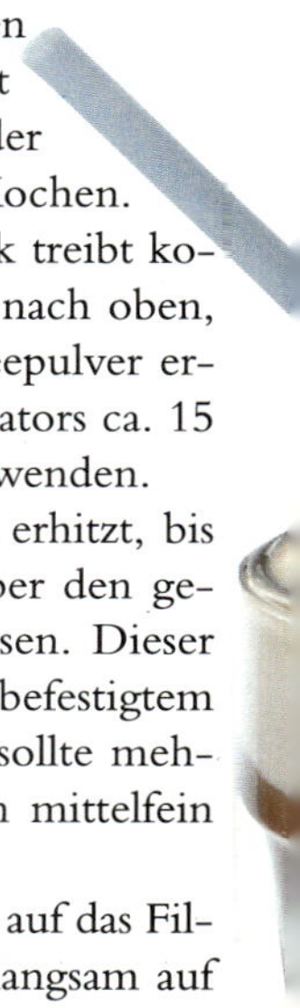

■ CAFFÈ MACCHIATO: Dies ist eine andere italienische Spezialität. Ein 90 ml fassendes Glas wird mit Espresso bis 5 mm unter den Rand gefüllt. Ein kleiner Spritzer kalte Milch wird am Glasrand entlang in den Kaffee gegeben, so daß sich eine helle, kaffeebraune Schicht über dem Espresso bildet. Auf eine Untertasse stellen, eine kleine Papierserviette zum Anfassen dazulegen.

■ CAFFÈ LATTE: Der italienische Frühstückskaffee. Zubereitet aus gleichen Teilen Espresso und heißer Milch. Ein 250 ml fassendes Glas wird halb mit Espresso gefüllt und mit heißer Milch aufgefüllt. Die Milch bildet an der Oberfläche etwas Schaum. Serviert wird das Glas auf einem Untersetzer, eine Papierserviette zum Anfassen wird um die Mitte gebunden.

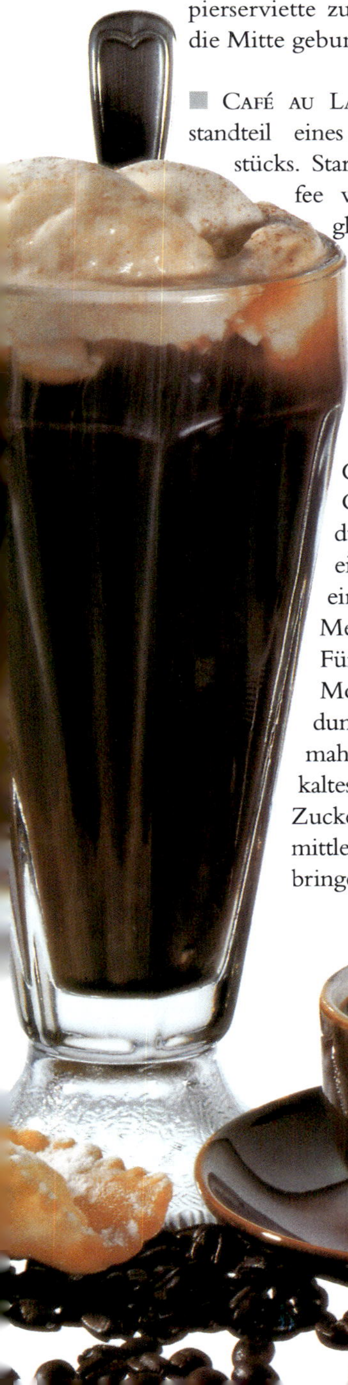

■ CAFÉ AU LAIT: Wesentlicher Bestandteil eines französischen Frühstücks. Starkem, schwarzem Kaffee wird heiße Milch zu gleichen Teilen zugegeben. Die Teile werden gleichzeitig in eine große Tasse oder Schale gegossen.

■ TÜRKISCH MOKKA: In der Türkei, in Griechenland und dem Orient wird kräftiger, dunkler, süßer Kaffee in einem *ibrik* zubereitet, einem kleinen Topf aus Messing mit langem Stiel. Für eine kleine Tasse Mokka: 1 gehäufter TL dunkelgerösteten feingemahlenen Kaffee, 60 ml kaltes Wasser und 1 TL Zucker in Topf geben. Bei mittlerer Hitze zum Kochen bringen; sobald der Kaffee aufschäumt, vom Herd nehmen. Etwas Kaffee in eine Tasse geben, den Rest erneut zum Kochen bringen und wieder etwas davon in die Tasse geben; den Vorgang ein drittes Mal wiederholen und darauf achten, daß auf der Tasse Schaum ist. Meist wird ein Glas Eiswasser dazu gereicht.

■ IRISH COFFEE: Pro Person 2 Würfel (oder 1 TL) Zucker und 1 Maß (45 ml) irischen Whiskey in ein gewärmtes, hohes Stielglas geben und ⅔ des Glases mit heißem, starkem, schwarzem Kaffee auffüllen. Kurz rühren und vorsichtig Sahne zugeben, so daß sie auf der Oberfläche schwimmt. Nicht mischen.

■ WIENER GEWÜRZKAFFEE: 3 Tassen heißen, starken Kaffee, 2 Zimtstangen, 4 Nelken und 4 Pimentkörner in einen Topf geben und bei schwacher Hitze 10–15 Minuten köcheln lassen. In vorgewärmte Weingläser oder Becher absieben. Mit Schlagsahne bedecken, mit Muskatnuß bestreuen. Nach Wunsch süßen.

■ EISKAFFEE: Starken, schwarzen Kaffee zubereiten und nach Geschmack süßen, solange er heiß ist. Etwas davon in die Eiswürfelschale geben. Den gekühlten Kaffee in hohen, schmalen Gläsern servieren, einen Kaffee-Eiswürfel zugeben und Schlagsahne obendrauf geben. (Statt des Kaffee-Eiswürfels kann als köstliche Alternative eine Vanille- oder Mokka-Speiseeiskugel ins Glas gegeben werden.)

■ GRANITA DI CAFFÈ: Dieses Softeis aus Wasser, auch *café frappé* genannt, ist ein Sommerhit in europäischen Bars. Gekühlten starken, schwarzen Kaffee in eine kleine, flache Schale geben und einfrieren. Gefroren im Mixer verarbeiten. Die gefrorenen Splitter in ein hohes Glas geben, mit Schlagsahne bedecken und mit Schokoladenpulver bestreuen.

■ HEISSER MOKKA »JAVA«: Der sehr starke Mokka-Geschmack wird oft mit Schokolade kombiniert. In diesem Rezept ist es Anis, der ihm eine besondere Note verleiht. Die Schale von 1 Orange und 1 Zitrone mit 4 Zimtstangen, ¼ Tasse Schokoladensirup, 4 Tropfen Anisöl und 8 Tassen starkem, heißem Kaffee in einem Topf bei schwacher Hitze 15 Minuten ziehen lassen; absieben, in Mokkatassen gießen. Eine Zitronenscheibe zugeben. Mit Schlagsahne bedecken. Für 12 Personen.

SO GELINGT KAFFEE

■ *Schwarzer Kaffee sollte stark und sehr heiß sein. 1–1 ½ EL Kaffee auf 200 ml Wasser nehmen. Für schwächeren Kaffee den Kaffee in normaler Stärke zubereiten und mit heißem Wasser nach Geschmack verdünnen.*

■ *Kaffee, der nach der Zubereitung zu lange gestanden hat, verliert seinen Geschmack, weil sich saure und bittere Rückstände bilden.*

■ *Kaffeetassen nach der Benutzung sorgfältig reinigen.*

■ *Kaffee nur in kleinen Mengen kaufen; nicht länger als 2 Wochen aufbewahren. In einem verschlossenen Behälter im Kühlschrank aufbewahren.*

aroma. Der Kaffeebaum, aus Äthiopien und dem Sudan stammend, wird heute in Neu-Guinea, Nord- und Südamerika und Afrika angepflanzt. In Europa wurde der Genuß von Kaffee erst im 17. Jh. populär. In ganzen oder gemahlenen Bohnen, Instantpulver

oder Kaffeegranulat erhältlich. Die Kaffesorte Coffea arabica, die auch den überwiegenden Teil der Welternte bildet, ist in vielen Kaffeemischungen enthalten und wird auch pur, besonders als Espressokaffee, angeboten. Mit heißem Wasser auf unterschiedliche Weise (Filtrieren, Druckverfahren, Aufbrühen) zubereitet, kann Kaffee noch durch Zugabe von Milch, Sahne, Zucker und Alkohol verfeinert werden, z. B. zu Café brulot, Irish Coffee, Melange, Türkischem Kaffee, Cappuccino.

Kaffeegebäck Kleingebäck; vorzugsweise zum Nachmittagskaffee oder als kleine Vormittagszwischenmahlzeit angeboten. Aus Brand-, Plunder-, Blätter- oder Hefeteig, mit oder ohne Fül-

KALB

KALBSSCHNITZEL

★ ***Vorbereitungszeit:*** 20 Minuten + 30 Minuten Kühlzeit
Kochzeit: 8 Minuten
Für 4 Personen

4 Kalbsschnitzel
1/4 Tasse Mehl
schwarzer Pfeffer aus der Mühle
1 Ei, verquirlt
1 Tasse frische Brotkrümel
leichtes Olivenöl zum Braten
4 Scheiben Zitrone
2 TL Kapern
frische Petersilie, gehackt

1 Kalbsschnitzel zwischen 2 Lagen Plastikfolie legen und mit dem Nudelholz vorsichtig flachdrükken. Fleisch dabei nicht beschädigen. Fleisch ringsherum am Rand einschneiden, damit das Fleisch sich während des Bratens nicht einrollt.
2 Mehl und Pfeffer auf einem Stück Backpapier mischen. Fleisch im Mehl wälzen, abschütteln. In verquirltem Ei wenden. Mit Brotkrümeln bestreuen; Krümel fest andrücken. Fleisch auf einen Teller legen und vor dem Braten 30 Minuten kalt stellen.
3 Öl in einer schweren Pfanne erhitzen. Zwei Schnitzel darin auf jeder Seite in 2 Minuten goldbraun braten. Aus der Pfanne nehmen, auf Küchenpapier abtropfen lassen und warm halten. Restliche Schnitzel zubereiten.
4 Kalbsschnitzel heiß mit einer Scheibe Zitrone, einigen Kapern und gehackter Petersilie dekoriert servieren.

KALBSSTEAKS MIT WEIN-SENF-SOSSE

★ ***Vorbereitungszeit:*** 10 Minuten
Kochzeit: 20 Minuten
Für 6 Personen

6 Kalbssteaks à 150 g
1/2 Tasse Mehl
1 TL gemahlene Senfsaat
45 g Butter
2 TL Öl
1 Tasse trockenen Weißwein
2/3 Tasse Hühnerbrühe
3 TL Senf

1 Steaks von Fetträndern befreien. Mehl und Senfsaat auf einem Stück Backpapier mischen. Fleisch in dem gewürzten Mehl wälzen, überschüssiges Mehl abschütteln. 3 TL von dem gewürzten Mehl zurückbehalten.
2 Butter und Öl in einer schweren Pfanne erhitzen und Steaks – eventuell portionsweise – darin bei mittlerer Hitze in 3 oder 4 Minuten von jeder Seite braten. Aus der Pfanne nehmen, auf Küchenpapier abtropfen lassen und warm halten. Mit den restlichen Steaks wiederholen.
3 Wein, Brühe, Senf und das zurückbehaltene gewürzte Mehl mischen und unter Rühren damit in der Pfanne den Bratensatz loskochen. Aufkochen und eindicken lassen. Die Kalbssteaks auf einem Servierteller anrichten und mit der Wein-Senf-Soße begießen.

Oben: Kalbssteaks mit Wein-Senf-Soße.
Gegenüber: Kalbssteak Marsala

KALBSSTEAK MARSALA

★ ***Vorbereitungszeit:*** 10 Minuten
Kochzeit: 10 Minuten
Für 4 Personen

4 Kalbssteaks à 200 g
2 EL Mehl
3 EL Öl
⅓ Tasse Marsala
⅓ Tasse Hühnerbrühe
1–2 EL Sojasoße
2 TL Pflaumenmus
1 Frühlingszwiebel, feingehackt

1 Fett und Sehnen vom Fleisch trennen. Kalbssteaks zwischen 2 Lagen Plastikfolie legen und mit dem Nudelholz vorsichtig flachdrücken. Fleisch dabei nicht beschädigen. Mehl und Pfeffer auf einem Stück Backpapier mischen. Kalbssteaks in dem gewürzten Mehl wälzen, überschüssiges Mehl abschütteln.
2 Öl in einer schweren Pfanne erhitzen. Fleisch darin bei mittlerer Hitze 3 Minuten von jeder Seite braten. Aus der Pfanne nehmen, auf Küchenpapier abtropfen lassen und mit Alufolie bedeckt an einen warmen Ort stellen, bis die Marsala-Soße zubereitet ist.
3 Marsala und Hühnerbrühe in die Pfanne geben und zum Kochen bringen. 1 Minute offen unter ständigem Rühren kochen. Sojasoße und Pflaumenmus dazugeben und unterrühren, bis alles gut durch und warm ist. Steaks in die Pfanne geben und in der Soße 1 Minute heiß werden lassen. Mit Frühlingszwiebel bestreuen und sofort servieren. Dazu kann man gekochte neue Kartoffeln reichen.

KALBFLEISCHTOPF MIT PILZEN

★ ***Vorbereitungszeit:*** 20 Minuten
Kochzeit: 2 Stunden
Für 4 Personen

750 g Steakfleisch vom Kalb
¼ Tasse Mehl
30 g Butter
1 Knoblauchzehe, zerdrückt
1 EL Dijonsenf
1 Tasse Sahne
½ Tasse guter trockener Weißwein
1 EL frischer Thymian, gehackt
1 Tasse Hühnerbrühe
375 g kleine Champignons, halbiert

1 Kalbfleisch von Fett und Sehnen befreien. Fleisch in 1 cm breite Streifen schneiden. Fleisch in Mehl wenden und überschüssiges Mehl abschütteln. Butter und Knoblauch in einem schweren Topf erhitzen und Fleisch darin portionsweise bei mittlerer Hitze schnell braun braten. Auf Küchenpapier abtropfen lassen.
2 Fleisch wieder in den Topf geben. Senf, Sahne, Weißwein, Thymian und Brühe angießen und zum Kochen bringen. Hitze reduzieren und bei geschlossenem Topf 1 ½ Stunden köcheln lassen. Dabei gelegentlich umrühren.
3 Pilze dazugeben und weitere 15 Minuten kochen. Dazu kann man Pasta und gedämpfte Gemüsestreifen (Julienne) reichen.

Anmerkung: Statt Dijonsenf kann man auch Körnersenf oder scharfen Senf verwenden.

lung, üppig (Windbeutel, Éclairs) oder einfach nur mit Butter bestrichen (Hefezopf). Früher oft nur aus speziellem Anlaß gebacken (Eccles Cake), im Lauf der Zeit jedoch auf den Kaffeetafeln vieler Länder als kleiner Leckerbissen für zwischendurch etabliert.

Kakao Dunkelbraunes Pulver aus den Samen des im tropischen Amerika beheimateten Kakao-Baums. Samen werden geröstet und zu Paste vermahlen. Kakaopulver wird aus den trockenen Rückständen der Paste gemahlen, die nach dem Entzug des als Kakaobutter bekannten Pflanzenfetts übrigbleiben.

Kaki (Kakipflaume, Dattelpflaume) Glatthäutige, tomatenförmige Frucht mit gelb-orangefarbenem Fleisch, das reif weich, süß und geleeartig schmeckt, ansonsten jedoch scharf und durchdringend. Das Fleisch reifer Kakis kann man roh essen, im Obstsalat, in Mousse oder Creme oder als Eiscremebelag;

auch zu Marmelade wird es verarbeitet. Die Kaki stammt aus China und Japan, wo sie seit über 1000 Jahren angebaut wird. Aus Israel stammt die Sharonfrucht, eine Variante der Kaki, kann auch roh gegessen werden, wenn sie noch nicht ganz reif ist.

Kalbfleisch Fleisch eines noch nicht oder gerade erst entwöhnten Kalbs, das als Schlachttier aufgezogen wurde. Das Fleisch säugender Kälber ist blaßrosa mit feiner Struktur und enthält nur wenig seidig glänzendes, weißes Fett. Tiere, die bereits Gras fressen, haben ein dunkleres, gröber strukturiertes Fleisch, das nicht mehr so stark nach Rind schmeckt. Kalbfleisch ist zart und mager, hat wenig Eigenfett und eignet sich daher für langsame Zubereitungsarten. Schmoren und feuchte Hitze sind ideal; grillen oder braten sollte man das Fleisch bei geringeren Temperaturen als andere Sorten. Genau wie Hühnerfleisch hat Kalbfleisch wenig Eigengeschmack, nimmt aber sehr gut das Aroma der mitgekochten Gemüse und Kräuter an und paßt gut zu scharfen

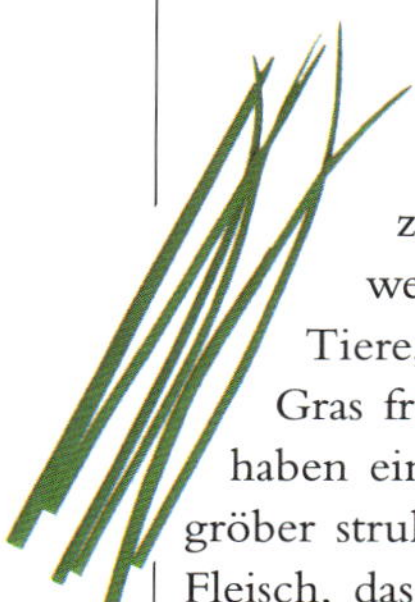

KALBFLEISCHTOPF ITALIENISCHE ART

☆☆ ***Vorbereitungszeit:*** 30 Minuten
Kochzeit: 1 Stunde 50 Minuten
Für 4–6 Personen

1 ½ kg Kalbsfilet, zum Füllen aufgeschnitten
1–2 EL Olivenöl
1 Zwiebel, gerieben
1 Knoblauchzehe, zerdrückt
½ kleine rote Chilischote, feingehackt
1 große Möhre, geraffelt
½ Tasse geriebene Mandeln
¼ Tasse Pinienkerne
⅓ Tasse Rosinen, gehackt
1 Eigelb
1 EL Chutney
1–2 EL Olivenöl zusätzlich
2 Tassen trockener Rotwein
1 Tasse Rinderbrühe
ganze kleine gekochte Kartoffeln und Zwiebeln zum Garnieren (nach Wunsch)

1 Überschüssiges Fett und Sehnen entfernen. Öl in einem Topf erhitzen; Zwiebel, Knoblauch und Chilischote zugeben und 2–3 Minuten braten. Geraffelte Möhre hinzufügen, 2 Minuten weiterbraten, dabei ununterbrochen rühren. Vom Herd nehmen, gemahlene Mandeln, Pinienkerne und gehackte Rosinen einrühren. Etwas abkühlen lassen, dann Eigelb und Chutney unterziehen.
2 Füllung mit dem Löffel in die Fleischtasche drücken; Fleisch fest zusammenbinden.
3 Öl erhitzen. Fleisch darin von allen Seiten gut braun anbraten. Wein und Brühe angießen, zum Kochen bringen und Hitze reduzieren. Etwa 1 ½ Stunden bei geschlossenem Topf gar köcheln.
4 Fleisch aus dem Topf nehmen. Sud aufkochen und köcheln lassen, bis die Soße um die Hälfte reduziert ist und eindickt. Fleisch in Scheiben schneiden, zum Servieren mit Soße begießen.

OSSO BUCCO

☆ ***Vorbereitungszeit:*** 10 Minuten
Kochzeit: 1 Stunde 35 Minuten
Für 4–6 Personen

8 Kalbshaxen, in kleine Stücke geschnitten
½ Tasse Mehl
5–6 EL Olivenöl
1 große Zwiebel, feingehackt
1 große Möhre, feingehackt
1 Knoblauchzehe, zerdrückt
1 Tasse Hühnerbrühe
½ Tasse guter trockener Weißwein
ca. 450 g Tomaten aus der Dose, zerdrückt
2 EL frische Petersilie, feingehackt
1 EL abgeriebene Zitronenschale
1 Knoblauchzehe zusätzlich, feingehackt

1 Backofen auf 180 °C vorheizen. Fleischstücke panieren, indem man Mehl in eine Plastiktüte füllt oder in eine Gefrierdose. Mehrere Fleischstücke gleichzeitig dazugeben, schütteln.
2 Öl in einem schweren Topf erhitzen. Kalbfleisch bei mittlerer Hitze rasch bräunen, auf Küchenpapier abtropfen lassen.
3 Fleisch in eine 1,5-l-Kasserolle geben. Zwiebeln, Möhre, Knoblauch, Brühe, Wein und Tomaten mit Flüssigkeit hinzufügen. Zugedeckt etwa 1 ½ Stunden im Ofen garen.
4 Zum Servieren mit Petersilie, Zitronenschale und Knoblauch bestreuen (siehe Gremolata).

Oben: Osso Bucco; links: Kalbfleischtopf italienische Art.
Gegenüber: Kalbsrouladen in Tomatensoße

KALBSROULADEN IN TOMATENSOSSE

☆☆ ***Vorbereitungszeit:*** 12 Minuten
Kochzeit: 40 Minuten
Für 6 Personen

6 Kalbssteaks à 100 g
12 dünne Scheiben Parmaschinken
1 Tasse Mozzarella, zerpflückt
12 Sardellen in Öl, abgetropft
2 EL Mehl
1/4 TL schwarzer Pfeffer aus der Mühle
3 EL Öl
1/3 Tasse trockener Weißwein
1/3 Tasse Hühnerbrühe
1/2 Tasse Tomatensoße mit Stücken, Fertigprodukt
1 TL Kapern
1 EL frische Petersilie, gehackt

1 Backofen auf 180 °C vorheizen. Steaks zwischen zwei Lagen Plastikfolie vorsichtig flachdrücken (2,5 mm), am besten mit einem Nudelholz, dabei das Fleisch nicht beschädigen. Auf jedes Steak 2 Scheiben Parmaschinken legen, mit 2 EL Käse bestreuen und mit 3 Sardellen belegen.

2 Steaks aufrollen und gleichmäßig mit Schnur zusammenbinden, damit sie während des Kochens nicht die Form verlieren. Mehl und Pfeffer auf Backpapier mischen, Kalbsrouladen darin wälzen.

3 Öl in einer Pfanne erhitzen und Fleisch darin bei mittlerer Hitze ringsherum anbräunen. Nebeneinander in eine Kasserolle legen. Weißwein, Brühe, Tomatensoße und Kapern in den Topf geben und zum Kochen bringen. Soße über das Fleisch gießen. Kasserolle bedecken und im Ofen 35 Minuten garen. Kurz vor dem Servieren Schnur entfernen und mit Petersilie bestreuen.

WISSENSWERTES ÜBER KALBFLEISCH

■ Kalbfleisch hat keinen besonders starken Eigengeschmack und wird daher gerne z.B. mit Sardellen oder Kapern kombiniert. Dazu reicht man Zitronen-, Wein-, Marsala- oder Tomatensoße mit vielen Kräutern. So bleibt das Fleisch saftig, und das Aroma kommt besser zur Geltung.

1  2  3 

Soßen. Kalbschnitzel sind dünne Fleischscheiben, die quer zur Faser geschnitten werden (in Frankreich escalope, in Italien scaloppine); sie werden in Butter gebraten und mit verschiedenen Soßen und Beilagen serviert, mit einer Füllung

bestrichen, aufgerollt und geschmort oder mit Salbei und Parmaschinken in Butter gebraten und mit Weißwein abgelöscht, wie in dem italienischen Gericht *saltimbocca*.

Kamille In Nordeuropa beheimatet. Verwendet seit der Zeit des antiken Ägyptens, entweder innerlich angewendet oder aufgetragen, um Verstauchungen, Muskelzerrungen, Krämpfe und Koliken zu behandeln. Im Mittelalter vertrieb der Duft ihrer zer-

drückten Blätter üble Gerüche im Haus. Kamillentee, aus den Blüten zubereitet, ist ein beruhigendes Getränk.

Känguruh Mageres, dunkles Fleisch mit hohem Proteingehalt, das in der Pfanne gebraten, geröstet, über Kohle gegrillt und geschmort werden kann.

Kaninchen Kleines Pelztier aus der Familie der Nagetiere. Junge Zuchtkaninchen haben mageres, zartes, weißes Fleisch; Wildkaninchenfleisch ist etwas zäher und dunkler. Beliebte Zubereitungsart ist das Einlegen in Wein mit Schalotten, Knoblauch und Thymian; anschließend wird das Fleisch sautiert, gedünstet oder geschmort. Beim Braten oder Grillen darauf achten, daß es nicht austrocknet. Kaninchen sind in Spezialgeschäften küchenfertig frisch oder gefroren erhältlich.

Kantalupe (Warzenmelone) Benannt nach dem Ort Cantalupo, wo sich die Sommerresidenz der Päpste befand. Während der Renaissance züchteten Mönche diese Melonensorte.

Kapaun Hahn, der kastriert wurde, um zartes Fleisch zu produzieren. Er hat mehr weißes Brust- als dunkles Muskelfleisch.

KARTOFFELN

KARTOFFEL-APFELAUFLAUF

☆ ***Vorbereitungszeit:*** 20 Minuten
Kochzeit: 45 Minuten
Für 6 Personen

2 große Kartoffeln
3 mittelgroße grüne Äpfel
1 mittelgroße Zwiebel
½ Tasse Cheddar oder mittelalter Gouda, feingerieben
1 Tasse Sahne
¼ TL gemahlene Muskatnuß
schwarzer Pfeffer, frischgemahlen

1 Backofen auf 180 °C vorheizen. Feuerfeste Form (Fassungsvermögen 2 l) mit flüssiger Butter oder Öl auspinseln. Kartoffeln schälen und in 5 mm dicke Scheiben schneiden. Äpfel schälen, Kerngehäuse entfernen und vierteln. In 5 mm dicke Scheiben schneiden. Zwiebel in sehr feine Ringe schneiden.
2 Kartoffeln, Äpfel und Zwiebel lagenweise in die Form legen; mit Kartoffeln abschließen. Gleichmäßig mit Käse bestreuen. Sahne darübergießen; die Lagen sollten möglichst gleichmäßig bedeckt sein.
3 Mit Muskat und schwarzem Pfeffer würzen. In 45 Minuten goldbraun backen. Aus dem Backofen nehmen und vor dem Servieren 5 Minuten ruhen lassen.

Anmerkung: Damit Kartoffel- und Apfelscheiben in der Vorbereitungszeit nicht braun werden, taucht man sie in kaltes, mit einem Schuß Zitronensaft versetztes Wasser. Abtropfen und mit Küchentüchern trockentupfen.

KNUSPRIGE KARTOFFELSCHALEN MIT CHILI-KÄSE-DIP

☆ ***Vorbereitungszeit:*** 30 Minuten
Kochzeit: 1 Stunde 15 Minuten
Für 4–6 Personen

6 mittelgroße Kartoffeln (etwa 1,2 kg)
Öl zum Ausbacken

Chili-Käse-Dip
1–2 EL Öl
1 kleine Zwiebel, feingehackt
1 Knoblauchzehe, zerdrückt
1 TL mildes Chilipulver
¾ Tasse saure Sahne
2 Tassen geriebener Cheddar

1 Backofen auf 210 °C vorheizen. Kartoffeln mit der Bürste abschrubben und gut trocknen. Nicht schälen. Jede Kartoffel zweimal mit der Gabel einstechen. 1 Stunde backen, dabei einmal wenden. Die Schale soll knusprig, das Fleisch weich sein. Aus dem Ofen nehmen und abkühlen lassen.
2 Kartoffeln halbieren und Fleisch bis auf einen 5 mm dicken Rand herausschaben. Kartoffelmasse anderweitig verwenden. Jede Kartoffelhälfte in drei Ecken schneiden.
3 Öl in einem Topf erhitzen. Kartoffelschalen portionsweise darin in 1–2 Minuten goldbraun und knusprig ausbacken. Auf Küchenpapier abtropfen lassen, mit Chili-Käse-Dip servieren.
4 Für den Chili-Käse-Dip Öl erhitzen. Zwiebel darin bei mittlerer Hitze 2 Minuten weich dünsten. Knoblauch und Chilipulver zufügen, 1 Minute unter Rühren kochen. Saure Sahne einrühren. Käse unter Rühren hinzufügen. Wenn der Käse geschmolzen und die Mischung beinahe glatt ist, heiß servieren.

WISSENSWERTES ÜBER KARTOFFELN

- Kartoffeln gehören – wie Tomaten und Auberginen – zu den Nachtschattengewächsen. Sind sie dem Tageslicht ausgesetzt, bildet sich das giftige Solanin (erkennbar an der grünen Verfärbung), das bei empfindlichen Menschen Krankheitserscheinungen hervorrufen kann.
- Kartoffeln nicht im Kühlschrank aufbewahren – durch die niedrige Temperatur verwandelt sich die Stärke in Zucker, und die Kartoffeln werden schwarz. Lagern Sie sie kühl, dunkel und trocken.
- Zum Fritieren (z.B. für Pommes frites) die Kartoffelstücke eine Stunde vorher in Wasser einweichen, damit sie knuspriger werden. Vor dem Fritieren gründlich mit Küchenpapier abtrocknen.

OFENKARTOFFELN MIT FÜLLUNG

2 große Kartoffeln ringsherum mit einer Gabel einstechen. Auf dem Rost im Ofen bei 210 °C etwa 1 Stunde backen. In der Zwischenzeit Füllung vorbereiten. Kartoffeln tief einschneiden (längs oder über Kreuz), Schnitt aufhalten und Füllung hineingeben. Für 2 Personen.

Anmerkung: Für die Zubereitung in der Mikrowelle Kartoffeln überall einstechen. Jede Kartoffel in Küchenpapier einwickeln und direkt auf den Drehteller legen. Bei höchster Stufe 10 Minuten kochen. Danach 2 Minuten ruhenlassen.

SCHARFE CHILI-FÜLLUNG

250 g Hackfleisch in 1 TL Olivenöl bei mittlerer Hitze in 5 Minuten braun braten. 1 kleine Zwiebel, in Ringe geschnitten, 2 zerdrückte Knoblauchzehen, 1 rote Chilischote, in Ringe geschnitten, ½ rote Paprikaschote, geputzt und in dünne Streifen geschnitten, 2 EL Tomatenmark und 1 Tasse Rinderbrühe hinzufügen. Aufkochen, Hitze reduzieren und im offenen Topf 20 Minuten köcheln lassen. Mit schwarzem Pfeffer aus der Mühle würzen. 2 Ofenkartoffeln der Länge nach einschneiden, leicht auseinanderdrücken und die Fleischfüllung hineingeben. Mit Chilischeibchen garnieren. Für 2 Personen.

Gegenüber: Knusprige Kartoffelschalen.
Oben: Ofenkartoffeln mit Füllung

KNOBLAUCHCHAMPIGNONS

125 g geviertelte, kleine Champignons und 1 zerdrückte Knoblauchzehe in 45 g Butter weich dünsten. 2 TL feingehackte Petersilie und schwarzen Pfeffer dazugeben. In zwei kreuzförmig aufgeschnittene Kartoffeln füllen. Für 2 Personen.

NAPOLETANA

Reife Tomaten enthäuten und kleinschneiden. Mit 1–2 EL Olivenöl und einer Prise getrocknetem Oregano 1 Minute dünsten. Vom Herd nehmen, mit schwarzem Pfeffer würzen. Von 2 Ofenkartoffeln einen Deckel abschneiden. Fleisch mit einer Gabel auflockern, mit Tomatenmischung, Sardellenfilets und entsteinten schwarzen Oliven garnieren.

PIKANTE GARNELENFÜLLUNG (SHRIMPSFÜLLUNG)

250 g geschälte, gekochte, mittelgroße Garnelen, etwas Kurkuma und eine Prise gemahlenen Koriander in 15 g Butter bei mittlerer Hitze 1 Minute dünsten. Mit Pfeffer abschmecken. 2 Ofenkartoffeln mit Garnelenmischung füllen.

FÜLLUNG RUSSISCHE ART

2 Ofenkartoffeln längs aufschneiden. Auf jede 30 g Räucherlachs, ½ Zitronenscheibe und 1 EL saure Sahne geben. Mit schwarzem Kaviar garnieren und servieren. Für 2 Personen.

Kaper Ungeöffnete, olivgrüne Blüte eines stacheligen Strauchs des Mittelmeerraums, Nahen Ostens und Nordafrikas. Sie wird in Gewürzessig oder Salz eingelegt, in Gläsern konserviert oder in Holzkistchen verpackt. Die Blüten öffnen sich in der Sonne und müssen deshalb vor Sonnenaufgang gepflückt werden. Schon im antiken Griechenland als Würze verwendet. Ihr eindringlich saurer Geschmack paßt gut zu Fisch, Käse und pikanten Cremes sowie zu weißen Soßen, Salaten und Mayonnaisen. Außerdem werden sie als Garnitur auf Appetithappen, Pizzen und Broten verwendet. Gesalzene Kapern vor dem Verzehr sorgfältig unter fließendem, kaltem Wasser abspülen.

Kap-Stachelbeere Eßbare Beere einer tropischen Pflanze. Ursprünglich aus Peru, wird sie heute in allen warmen Ländern der Erde, vornehmlich aber in der Kapregion Südafrikas gezüchtet. Die goldfarbene Frucht ist kirschgroß und in einem mullartigen Staubbeutel

eingeschlossen, der vor dem Verzehr entfernt wird. Die Kap-Stachelbeere hat einen herben Geschmack und kann frisch, püriert und als Zugabe zu Sorbets und Eis gegessen werden. Auch zu Sirup und Marmelade verkocht. Andere Namen: Goldbeere, Erdbeertomate, Winterkirsche und Erdkirsche.

Karambola Frucht eines ursprünglich in Indonesien und Malaysia beheimateten Baums, der heute in ganz Südostasien, China, Indien, der Karibik und Teilen Südamerikas gezogen wird. Die kleine, ovale, goldgelbe Frucht hat 5–6 vorstehende Rippen, die eine sternförmige Scheibe ergeben, wenn sie quer durchgeschnitten wird – daher auch ihr bekannterer Name »Sternfrucht«. Strenger, süß-saurer Geschmack. Kann frisch gegessen, als Beigabe zu Obst- und pikanten Salaten, als Garnitur, püriert in Sorbets und Eis oder in südostasiatischen Gerichten gekocht verwendet werden. Auch gut zu Käse.

PIKANTES KARTOFFELGEBÄCK

☆ ***Vorbereitungszeit:*** 40 Minuten
Backzeit: 25 Minuten
Für 4–6 Personen

4 große Kartoffeln (1,3 kg), geschält und in kleine Würfel geschnitten
30 g Butter
1 Knoblauchzehe, zerdrückt
2 TL frischer Ingwer, feingerieben
1 mittelgroße Zwiebel, feingehackt
1 TL Kurkuma
1 TL Garam Marsala
1 TL gemahlener Kardamom
1–2 EL Zitronensaft
¼ Tasse Koriandergrün, gehackt
¼ Tasse frische Minze, gehackt
4 Scheiben Blätterteig, quadratisch ausgerollt
1 Ei, leicht verquirlt
2 TL Mohn

1 Backofen auf 180 °C vorheizen. Backblech mit flüssiger Butter oder Öl einpinseln. Kartoffeln in sprudelndem Wasser bißfest kochen. Abtropfen lassen und beiseite stellen.

2 Butter in einem Topf erhitzen. Knoblauch, Ingwer, Zwiebel und Gewürze darin bei mittlerer Hitze 4 Minuten weich dünsten. Kartoffeln, Zitronensaft, Koriander und Minze hinzufügen und gut mischen. Vom Herd nehmen und abkühlen lassen.

3 Jede Scheibe Blätterteig in 9 gleich große Quadrate schneiden. Ränder mit verquirltem Ei bestreichen. 2 TL Kartoffelmischung in die Mitte jedes Quadrats geben, zu einem Dreieck formen und Ränder fest zusammendrücken.

4 Oberfläche der Dreiecke mit Ei bepinseln und mit Mohn bestreuen. Mit 2,5 cm Abstand auf das vorbereitete Backblech legen und 15 Minuten backen.

KARTOFFEL-KÄSE-KÜCHLEIN MIT APFELSOSSE

☆ ***Vorbereitungszeit:*** 25 Minuten
Kochzeit: 20 Minuten
Ergibt 18 Stück

2 Tassen zerdrückte, gekochte Kartoffeln
125 g Cheddar oder mittelalter Gouda, gerieben
2 EL Mehl
1 Ei, leicht verquirlt
½ TL geriebene Muskatnuß
1–2 EL Olivenöl

Apfelsoße
2 große grüne Äpfel, geschält und vom Kerngehäuse befreit
3 EL Wasser
2 EL frische Minze, gehackt
1–2 EL weißer Essig

1 Kartoffeln, Käse, gesiebtes Mehl, Ei und Muskatnuß in einer Schüssel zu einem Teig verrühren; nicht zu lange schlagen.

2 Olivenöl in einer schweren Pfanne erhitzen. Die Kartoffelmischung eßlöffelweise hineingeben und bei mittlerer Hitze 5 Minuten pro Seite braten. Die Küchlein sollen goldbraun und gar sein. Auf jedes Kartoffel-Käse-Küchlein 1 Löffel Apfelsoße geben und sofort servieren.

3 Für die Apfelsoße Äpfel in große Würfel schneiden und mit wenig Wasser bei schwacher Hitze gar kochen; das Wasser sollte ganz verdampft sein. Mit einer Gabel zerdrücken, Minze und Essig hinzufügen und gut verrühren.

KARTOFFEL-SALAMI-PIKELETS

☆ ***Vorbereitungszeit:*** 25 Minuten
Kochzeit: 6 Minuten pro Portion
Ergibt 18–20 Stück

½ Tasse Milch
1 TL weißer Essig
½ Tasse Mehl mit Backpulverzusatz
1 TL Natron
½ Tasse zerdrückte gekochte Kartoffeln
2 Eier, leicht verquirlt
30 g Butter, zerlassen
45 g Salami, in kleine Stücke geschnitten
zusätzlich 30 g Butter
30 g sonnengetrocknete Tomaten, in feine Streifen geschnitten (zum Garnieren)
frische Basilikumblätter zum Garnieren

1 Milch und Essig in einer kleinen Schüssel verrühren und 5 Minuten ruhenlassen. Mehl und Natron in eine mittelgroße Rührschüssel sieben. Eine Vertiefung in die Mitte drücken, Kartoffeln, Eier und Milchmischung hineingeben. Mit einem Holzlöffel gut mischen.
2 Flüssige Butter und gehackte Salami vorsichtig unterziehen.
3 Zusätzlich Butter in einer Pfanne erhitzen. Pro Pfannkuchen 1 gestrichenen EL Teig in die Pfanne geben (2 cm Abstand lassen).
4 Bei mittlerer Hitze jede Seite in 3 Minuten goldgelb braten. Mit sonnengetrockneten Tomaten und Basilikumblättern garnieren und sofort servieren.

Gegenüber: Pikantes Kartoffelgebäck.
Oben: Kartoffel-Salami-Pikelets und Kartoffel-Tomaten-Suppe

KARTOFFEL-TOMATEN-SUPPE

☆ ***Vorbereitungszeit:*** 30 Minuten
Kochzeit: 25 Minuten
Für 4–6 Personen

15 g Butter
1 große Zwiebel, gehackt
1 Knoblauchzehe, zerdrückt
500 g Tomaten, in Scheiben geschnitten
2 mittelgroße Kartoffeln (ca. 460 g), geschält und in Scheiben geschnitten
2 EL frischer Schnittlauch oder Frühlingszwiebeln, gehackt
1 EL Tomatenmark
1 Würfel Hühnerbrühe, zerdrückt
1 TL abgeriebene Zitronenschale
½ TL gemahlener Thymian
1 Lorbeerblatt
1 l Wasser
schwarzer Pfeffer aus der Mühle
saure Sahne
frische Thymianzweige

1 Butter in einem Topf erhitzen. Zwiebel und Knoblauch darin bei mittlerer Hitze weich dünsten. Tomaten, Kartoffeln, Schnittlauch, Tomatenmark, Brühwürfel, Zitronenschale, Thymian, Lorbeerblatt und Wasser hinzufügen.
2 Aufkochen, Hitze reduzieren und im offenen Topf 20 Minuten köcheln lassen, bis die Kartoffeln weich sind. Vom Herd nehmen, Lorbeerblatt entfernen und abkühlen lassen.
3 Mischung portionsweise in einer Küchenmaschine 30 Sekunden glattrühren. Wieder in den Topf geben, mit Pfeffer abschmecken und heiß werden lassen. Mit etwas saurer Sahne und Thymianzweigen garnieren und servieren.

KARTOFFELSOUFFLÉ

☆ ***Vorbereitungszeit:*** 20 Minuten
Zubereitungszeit: 1 Stunde
Für 2–4 Personen

2 große Kartoffeln
⅓ Tasse saure Sahne
90 g Cheddar, gerieben
4 Eier, getrennt
Pfeffer und Salz
4 Frühlingszwiebeln, feingehackt
1 Prise Weinstein

1 Backofen auf 180 °C vorheizen. Eine Soufflé-form (1,5 l) mit Butter einfetten.
2 Kartoffeln schälen, in je 4 Stücke schneiden und in einem Topf mit wenig Wasser gar kochen. Vom Herd nehmen, abtropfen lassen und zerdrücken (keine Butter oder Milch dazugeben).
3 Saure Sahne, Käse, Eigelb und Gewürze zum Abschmecken hinzufügen. Gut mischen, dann die Frühlingszwiebeln dazugeben.
4 Eiweiß mit Weinstein steif schlagen, unter die Kartoffelmischung heben und in die vorbereitete Form füllen. 45 Minuten backen.

Karamel Zucker, der erhitzt wird und zu einem braunen Sirup schmilzt. Verwendet in Kuchen, süßen Soßen und Desserts, um Puddingformen auszukleiden, als süße, bröckelige Umhüllung für Obst, z. B. Erdbeeren, und um Suppen, Eintöpfen und Fleischsoßen Farbe zu geben. Karamel wird auch ein süßes, zähes Bonbon aus Zucker, Butter, Sahne oder Milch genannt.

Karbonade Dünne, gebratene oder geschmorte Scheibe vor allem aus dem Rückenstück von Schwein, Kalb und Hammel, der Hüfte des Rindes oder dem Hals des Schweins.

Kardamom Aromatische, abgerundete Samenschoten eines Strauchs, der im tropischen Asien beheimatet ist. Die Schoten, die winzige schwarze Samen enthalten, werden gepflückt, bevor sie reif sind und dann getrocknet. Ungeöffnet in einem luftdicht verschlossenen Behälter aufbewahren und bei Bedarf zerstoßen. Kardamom ist ein Bestandteil des Currypulvers und wird außerdem beim Einmachen, in Reis und süßen Gerichten verwendet. In arabischen Ländern wird Kaffee oft zusammen mit Kardamomsamen gemahlen. Da jede Schote einzeln per Hand gepflückt werden muß, ist Kardamom nach dem Safran das teuerste Gewürz der Welt.

Kardone Im südlichen Europa beheimatete und mit der Artischocke verwandte Gemüsefrucht. Auch »spanische Artischocke« oder »Cardy« genannt. Die dem Sellerie ähnlichen Stangen werden als Gemüse gekocht, über Dampf gegart oder gebraten und meist mit einer Soße serviert. Am zartesten und delikatesten ist die Kardone mit weißen Stangen, die während des Wachstums in Papier eingewickelt wurde.

Karkasse Noch mit Fleischresten behaftete Gerippe kleiner Tiere, vor allem des Geflügels, die ausgekocht eine gute Soßengrundlage ergeben.

Karobe Frucht des Johannisbrotbaums, der im Mittelmeerraum beheimatet ist. Die langen, lederartigen Schoten enthalten

KÄSE

KÄSEKRÄCKER MIT KRÄUTERN

☆☆ ***Vorbereitungszeit:*** 20 Minuten
Backzeit: 8 Minuten pro Blech
Ergibt ca. 20 Stück

Biskuitteig
1 Tasse Mehl
½ TL Backpulver
60 g Butter, geschnitten
1 Ei, leicht verquirlt
1–2 EL Eiswasser
½ Tasse Cheddar, gerieben
1 TL Schnittlauch, feingehackt
1 TL Petersilie, feingehackt

Käsefüllung
75 g Frischkäse
25 g Butter
1 EL frischer Schnittlauch, geschnitten
1 EL frische Petersilie, gehackt
¼ TL Zitronenpfeffer
¾ Tasse Cheddar, gerieben

1 Backofen auf 210 °C vorheizen. Zwei Backbleche mit Backpapier auslegen.
2 Mehl und Backpulver in die Küchenmaschine geben; Butter zugeben. 30 Sekunden verarbeiten, bis die Mischung krümelig ist. Ei, Wasser und Käse in die Schüssel geben, 40 Sekunden verarbeiten, bis die Mischung verbunden ist. Auf bemehlte Arbeitsfläche legen, Kräuter in den Teig kneten.
3 Teig zwischen 2 Lagen Backpapier 2,5 mm dick ausrollen. Mit einem Ausstechförmchen 5 cm große Kreise ausstechen. Auf die vorbereiteten Bleche legen. 8 Minuten backen, bis sie leicht gebräunt sind. Auf einem Kuchengitter abkühlen lassen.

4 Für die Käsefüllung mit dem Handrührgerät Frischkäse und Butter in einer Schüssel locker und cremig rühren. Kräuter, Pfeffer und Käse zufügen. Rühren, bis die Mischung glatt ist. Die Hälfte der Kräcker mit Füllung bestreichen, die andere Hälfte auflegen.

KÄSESTREIFEN

☆ ***Vorbereitungszeit:*** 10 Minuten
Backzeit: 10 Minuten
Ergibt ca. 36 Stück

1 Tasse Mehl
½ TL Salz
½ TL Senfpulver
½ Tasse Cheddar, grobgehobelt
2 EL Parmesan, gerieben
60 g Butter, gewürfelt
1 Eigelb
2 TL Zitronensaft

1 Backofen auf 180 °C vorheizen. Mehl, Salz, Senfpulver, Cheddar und Parmesan in die Küchenmaschine geben; Metallschneider verwenden. Einige Sekunden verarbeiten, um die Zutaten zu mischen.
2 Butter hinzufügen und verarbeiten, bis die Mischung krümelig ist.
3 Eigelb mit Zitronensaft in einer kleinen Schüssel schlagen, zu den trockenen Zutaten geben, während die Maschine läuft. Nur so lange verarbeiten, bis sich die Mischung um die Schneide herumwickelt. Teig herausnehmen und einen dicken Kloß formen.
4 Auf einer leicht bemehlten Arbeitsfläche Teig 5 mm dick ausrollen. In 6 x 1 cm lange Streifen schneiden. Auf ein gefettetes Backblech legen, 10 Minuten goldbraun backen. Auf dem Blech abkühlen lassen und in einem luftdichten Behälter aufbewahren.

KÄSE-TOAST

☆ ***Vorbereitungszeit:*** 10 Minuten
Backzeit: 10 Minuten
Für 4 Personen

1 Tasse Cheddar, gerieben
2 EL Chutney
1 EL Zwiebeln, gerieben
1–2 EL Tomatensoße
1 TL Worcestersoße
30 g Butter
6 dicke Scheiben Vollkornbrot

1 Geriebenen Käse in eine Schüssel geben. Chutney, Zwiebel und Soßen zufügen.
2 Butter zerlassen, in die Schüssel geben, rühren.
3 Grill auf hohe Temperatur schalten. Brot von einer Seite rösten. Käsemischung auf ungeröstete Seite streichen. Zurück unter den Grill legen, bis der Käse geschmolzen ist. Schneiden und sofort servieren.

WARMER ZIEGENKÄSE-SALAT

☆ ***Vorbereitungszeit:*** 15 Minuten
Zubereitungszeit: 15 Minuten
Für 6 Personen

6 Scheiben Vollkornbrot	***Soße***
2 runde Ziegenkäse à 100 g	*1–2 EL Estragon-Essig*
100 g gemischte Salatblätter	*4 EL Olivenöl*
	½ TL Senfkörner

1 Backofen auf 180 °C vorheizen. Mit einem Ausstechförmchen oder einem Messer aus dem Brot Kreise in der Größe der Ziegenkäse ausschneiden (das Brot darf nicht größer als der Käse sein, sonst brennt es an). Brot auf ein Backblech legen und 10 Minuten backen.
2 Jeden Käse in 3 runde Scheiben schneiden. Eine Scheibe Käse auf jeden Brotkreis legen. Auf einer Servierplatte ein Bett aus Salatblättern anrichten.
3 Käse unter dem heißen Grill 5 Minuten grillen, bis er goldbraun ist und anfängt, Blasen zu schlagen. Salatblätter mit der Soße beträufeln, Käse auflegen, servieren.
4 Für die Salatsoße Essig, Öl und Senf in einem kleinen Glas mit Schraubverschluß schütteln.

Gegenüber: Käsekräcker mit Kräutern.
Oben: Warmer Ziegenkäse-Salat.
Rechts: Käseauflauf

KÄSEAUFLAUF

☆ ***Vorbereitungszeit:*** 20 Minuten + 30 Minuten Ruhezeit
Backzeit: 30 Minuten
Für 4 Personen

8 Scheiben altbackenes Brot	*4 Eier*
60 g weiche Butter	*1 Tasse Hühnerbrühe*
150 g Cheddar, gerieben	*½ Tasse Sahne*
	frisch gemahlener Pfeffer

1 Backofen auf 150 °C vorheizen. Krusten vom Brot abschneiden, jede Scheibe nur auf einer Seite mit Butter bestreichen. ⅔ des geriebenen Käses auf 4 Scheiben Brot streuen, mit den übrigen Brotscheiben zusammenfügen. Die Käsebrote diagonal halbieren.
2 Eine flache, feuerfeste Schüssel mit der restlichen Butter fetten. Brote darin anordnen.
3 Eier, Brühe und Sahne miteinander verrühren; Mischung über das Brot geben, dabei jedes gut befeuchten. 30 Minuten stehenlassen.
4 Den restlichen Käse auf der Oberfläche verteilen und mit gemahlenem schwarzem Pfeffer würzen. Backen, bis der Auflauf fest und goldbraun ist.

Anmerkung: Käseauflauf ist ein traditionelles irisches Gericht. Es ist preiswert und lecker zugleich. Als Sonntagabendessen braucht es als Begleitung nur einen grünen Salat und knuspriges Brot.

harte, rotbraune Samen in einer braunen Fruchtmasse. Frische Schote und Fruchtmasse können roh gegessen werden, schmecken süß und schokoladenähnlich. Das aus getrockneter, gemahlener Schote und Fruchtmasse gewonnene Pulver kann beim Kochen wie Kakao verwendet werden.

Karolinen Röllchen aus Brandteig, die mit süßen oder pikanten Cremes gefüllt werden.

Karotin, Carotin Ein in größeren Mengen in Möhren, Früchten und Blüten vorkommender gelbroter, fettlöslicher Farbstoff, der im menschlichen Körper in Vitamin A (wichtig u. a. für die lichtempfindlichen Pigmente im Auge) umgewandelt wird. Die Aufnahme von Karotin wird durch die Kombination mit Fett erleichtert.

Karpfen Aus Asien stammender, aber seit dem Mittelalter in ganz Europa vorkommender Süßwasserfisch, der vor allem in Teichwirtschaft als Spiegel-, Schuppen-, oder Lederkarpfen gehalten wird. Seltener ist der in Fließgewässern vorkommende Flußkarpfen. Besonders junge, dreijährige Karpfen (Karpfen können bis zu 100

KÄSEKUCHEN

Cremige, köstliche Käsekuchen sind immer ein beliebtes Dessert. Hier finden sich einfache Rezepte für gebackene und ungebackene Käsekuchenversionen sowie Vorschläge, die zu einer Veränderung der Kuchenböden, der Füllungen und der Beläge einladen, um einige aufregende Varianten dieses beliebten Gebäcks zu bereiten.

GEBACKENER KÄSEKUCHEN MIT SAURER-SAHNE-HAUBE

Gebackener Käsekuchen ist schon eine Köstlichkeit, wenn er nur mit einer einfachen Füllung aus saurer Sahne serviert wird. Doch er bietet sich geradezu für eine ganze Reihe von üppigen Frucht-, Nuß- und Sahnekombinationen an. Nach Wunsch kann die Saure-Sahne-Füllung weggelassen und auf den einfachen Boden nach dem Abkühlen Früchte und Sahne gehäuft werden.

■ 60 g Walnußplätzchen in der Küchenmaschine zerkrümeln und 1 TL Lebkuchengewürz zugeben. 100 g Butter schmelzen, zu den zerkrümelten Plätzchen geben, verarbeiten, bis alle Krümel feucht sind. Boden einer runden 20 cm großen Springform mit Backpapier auslegen und mit Öl bepinseln. Plätzchenkrümel auf Boden und Seiten der Form festdrücken. 20 Minuten im Kühlschrank kühlen.

Für die Füllung Backofen auf 180 °C vorheizen. Mit dem Handrührgerät 500 g Frischkäse schlagen, bis er weich ist. ⅔ Tasse sehr feinen Zucker, 1 TL Vanilleessenz und 1–2 EL Zitronensaft zugeben. Rühren, bis die Masse glatt ist. Nacheinander 4 ganze Eier zugeben, jedesmal gut mischen. Masse in die gekühlte Teighülle füllen, 45 Minuten backen, bis der Käsekuchen sich gerade fest anfühlt.

Für den Belag 1 Tasse saure Sahne in eine Schüssel geben, ½ TL Vanilleessenz, 3 TL Zitronensaft und 1 EL sehr feinen Zucker zugeben. Gut verrühren. Über den heißen Käsekuchen gießen, mit Muskatnuß bestreuen, ca. 7 Minuten zurück in den Ofen stellen. Im Ofen abkühlen lassen und dann im Kühlschrank kühlen.

VARIATIONEN

■ **Käsekuchen mit Heidel- und Erdbeeren**
¾ Tasse Sahne schlagen, bis sie steif ist. Über den Käsekuchen streichen, mit frischen Heidelbeeren und Erdbeerhälften belegen und mit gesiebtem Puderzucker leicht bestreuen.

■ **Käsekuchen mit Paranuß**
Mit einem Gemüseschäler ¼ Tasse Paranüsse in fein Streifen schälen. 1 Tasse Sahne steif schlagen. Käsekuchen mit Schlagsahne und den Paranüssen verzieren.Nach Wunsch mit gemahlener Muskatnuß bestreuen.

■ **Käsekuchen mit Mangos**
1–2 frische Mangos in feine Scheiben schneiden. Auf dem Käsekuchen anordnen. ⅓ Tasse Aprikosenmarmelade und 2–3 TL Brandy erhitzen. Rühren, bis die Marmelade geschmolzen ist. Durch ein Sieb passieren. Warme Marmeladenmischung über die Mangoscheiben pinseln. Kuchen abkühlen, in Stücken servieren.

■ **Käsekuchen mit Kiwi und Kokosnuß**
1 Tasse Sahne steif schlagen. Käsekuchen mit der Sahne bestreichen, 1–2 geschälte, in dünne Scheiben geschnittene Kiwis darauf anordnen und mit ¼ Tasse gerösteten Kokosflocken bestreuen.

KÄSEKUCHEN »NEW YORKER ART«

Dies ist ein fester Käsekuchen mit einem Teigboden. Er enthält häufig Sultaninen. Diese Variante hat eine Füllung mit Zitronengeschmack und einen Belag aus kandierter Orangen-und Zitronenschale. Das Rezept kommt deutschem Käsekuchen am nächsten.

■ ½ Tasse Mehl mit Backpulver vermischt, 1 Tasse Mehl, ¼ Tasse

sehr feinen Zucker, 1 TL abgeriebene Zitronenschale und 75 g gewürfelte Butter in die Schüssel der Küchenmaschine geben. Verarbeiten bis die Mischung gerade verbunden ist. Teig vorsichtig kneten, zu einem Kloß formen und in Folie gewickelt 20 Minuten im Kühlschrank aufbewahren. Teig ausrollen, in eine 22 cm große Springform geben und Kanten passend schneiden. 10 Minuten im auf 210 °C vorgeheizten Ofen backen, bis der Teig gerade gar ist. Kühlen. 750 g Quark in eine große Schüssel geben. Mit dem Handrührgerät rühren, bis er weich ist. ¼ Tasse Mehl und je 2 TL kandierte Orangen- und Zitronenschale zugeben; glattrühren. Nacheinander 4 Eier zugeben, jedesmal gut rühren. ⅔ Tasse Sahne zugeben und gut mischen. Füllmasse in die Teighülle geben und 1 Stunde backen, bis die Masse sich fest anfühlt. Abkühlen lassen.

Für die kandierten Fruchtschalen 1 Tasse Zucker und ¼ Tasse Wasser in einen mittelgroßen Topf geben. Auf der heißen Kochstelle Zucker auflösen, nicht kochen lassen. Die abgeriebene Schalen von 3 Limonen und 3 Orangen zugeben. Zum Kochen bringen, Hitze reduzieren, ohne Deckel 10 Minuten köcheln lassen. Vom Herd nehmen und abkühlen lassen. Schale herausnehmen, abtropfen lassen und Sirup aufbewahren. 1 Tasse Sahne steif schlagen. Über den abgekühlten Käsekuchen streichen, mit kandierten Schalen verzieren. Kuchenstücke – nach Wunsch – mit zurückbehaltenem Sirup servieren.

DREIFACHER SCHOKOLADEN-KÄSEKUCHEN

Hier ein Beispiel für ungebackenen Käsekuchen, mit Gelatine zubereitet und vor dem Servieren im Kühlschrank verfestigt. Es gibt viel einfachere Rezepte, doch dieses zeigt besonders gut, wie atemberaubend ein mit Gelatine zubereiteter Käsekuchen sein kann.

■ Den Boden einer 20 cm großen Springform mit gefettetem Backpapier auslegen. 125 g einfache Schokoladenplätzchen in der Küchenmaschine zerkrümeln. ½ TL gemahlenen Zimt und 60 g zerlassene Butter zugeben. Gut mischen. Krümelmasse auf den Boden der Form drücken und mindestens 20 Minuten in den Kühlschrank stellen.

Für die Füllung In einer kleinen Schüssel 1 EL Gelatine (oder die entsprechende Menge Blattgelatine) über ¼ Tasse Wasser streuen. Die Schüssel in ein Wasserbad stellen und rühren, bis sich die Gelatine aufgelöst hat; leicht abkühlen lassen. Mit dem Handrührgerät 375 g Quark in einer Schüssel glattrühren. ½ Tasse Milch und ½ Tasse sehr feinen Zucker hineinrühren. Die Mischung in drei verschiedenen Schüsseln in drei gleiche Portionen aufteilen. 60 g geschmolzene weiße Schokolade unter eine Portion, die gleiche Menge Vollmilchschokolade unter die nächste Portion, und die gleiche Menge dunkle Schokolade unter die dritte Portion heben. Je ⅓ der Gelatinemischung unter die Portionen heben. 1 Tasse Sahne steif schlagen, in 3 gleiche Teile aufteilen und jedes Teil unter eine der Portionen heben. Die weiße Schokoladenmischung auf den Keksboden streichen. Vorsichtig mit der Milchschokoladenmischung abdekken, darauf die dunkle Schokoladenmischung geben. 3 Stunden zum Festwerden im Kühlschrank aufbewahren. Den Käsekuchen mit Schlagsahne, halbierten Schokoladentäfelchen und -locken dekorieren. Mit Puderzucker bestreuen.

Für die Schokoladenlocken 250 g geschmolzene Schokolade ca. 1 cm dick auf eine Marmorunterlage auftragen und die Oberfläche leicht glätten. Abkühlen lassen, bis die Schokolade fast fest ist. Ein scharfes Messer mit flacher Klinge fast horizontal an der Schokoladenoberfläche ansetzen. Unter konstantem Druck auf die Klinge mit beiden Händen das Messer zum Körper hin ziehen.

Alle Käsekuchen sind von oben und im Querschnitt abgebildet. Gegenüber, von links oben: Gebackener Käsekuchen mit Heidelbeer- und Erdbeerbelag; mit Paranuß- und mit Mango-Belag; diese Seite, von links unten nach oben: Käsekuchen »New Yorker Art«, dreifacher Schokoladenkäsekuchen und gebackener Käsekuchen mit Kiwi- und Kokosnußbelag

Jahren alt werden) mit einem Gewicht von 1 bis 2 kg sind in der Küche beliebt. Vor der Zubereitung (gekocht – Karpfen blau – oder gebacken) sollte der Karpfen 24 Stunden lebend in Frischwasser verbringen, damit der ernährungsbedingte Modergeruch der sich am Teichgrund in trübem Wasser aufhaltenden Fische verschwindet. Karpfen sind eine traditionelle Silvester- und Weihnachtsspeise. Von Mönchen wurden sie erstmals in Europa systematisch als Fastenspeise gezüchtet.

Karpfenmilch Sperma des Karpfens, das als Delikatesse gilt und gebraten oder in Teighülle ausgebacken gegessen wird.

Karree Vorderer Rückenteil (Rippenstück) von Schwein, Kalb und Hammel, das besonders vom Schwein gerne mit der Schwarte zubereitet wird, um saftig zu bleiben.

Kartoffel Stärkehaltige Knolle eines Nachtschattengewächses mit knackigem, weißem oder gelbem Fleisch und glatter, brauner, rostbrauner, gelber oder violetter

KEBAB

GEGRILLTE RINDER-TERIYAKI-SPIESSCHEN

☆ ***Vorbereitungszeit:*** 15 Minuten + 2 Stunden marinieren
Kochzeit: 6–14 Minuten
Für 6 Personen

6 Steaks aus der Oberschale, je ca. 350 g
1 Tasse Rinderbrühe
¼ Tasse Teriyakisoße
2–3 EL Hoisinsoße
2–3 EL Limonensaft
1–2 EL Honig
2 Frühlingszwiebeln, feingehackt
2 Knoblauchzehen, zerdrückt
1 TL frischer Ingwer, feingeraspelt

1 Fleisch säubern und quer zur Faser in lange, dünne Streifen schneiden, auf Spieße stecken.
2 Brühe, Teriyaki- und Hoisinsoße, Limonensaft, Honig, Frühlingszwiebeln, Knoblauch und Ingwer in einer kleinen Schüssel 1 Minute rühren, bis alles gut gemischt ist. Fleischspieße in eine flache Schüssel legen, Marinade darübergießen. Mit Plastikfolie abgedeckt 2 Stunden oder über Nacht im Kühlschrank aufbewahren, gelegentlich wenden. Abgießen, Marinade aufbewahren.
3 Fleischspieße auf kaltes, leicht geöltes Grillblech legen. Bei starker Hitze 2 Minuten von jeder Seite grillen, dabei einmal wenden. Rare: 1 Minute länger von jeder Seite grillen; medium oder well done: Grillblech tiefer setzen oder Hitze reduzieren, 2–3 Minuten länger für medium, 4–6 Minuten länger für well done grillen. Während des Grillens gelegentlich mit Marinade bepinseln.

FISCHKEBAB MIT KREUZKÜMMEL

☆ ***Vorbereitungszeit:*** 10 Minuten + 3 Stunden marinieren
Kochzeit: 5–6 Minuten
Für 4 Personen

750 g festes weißes Fischfilet

Marinade
2–3 EL Olivenöl
1 Knoblauchzehe, zerdrückt
1 EL frischer Koriander, gehackt
2 TL Kreuzkümmel, gemahlen
1 TL Pfeffer, gemahlen

1 Fischfilet in 3 cm große Würfel schneiden. Auf geölte Spieße stecken und beiseite stellen.
2 Für die Marinade Öl, Knoblauch, Koriander, Kreuzkümmel und Pfeffer mischen. Fisch damit bepinseln. Mit Folie abdecken und mehrere Stunden oder über Nacht im Kühlschrank aufbewahren; abgießen, Marinade aufbewahren.
3 Spieße auf kalten, leicht geölten Grill legen. Bei mittlerer Hitze 5–6 Minuten grillen, bis der Fisch weich ist, dabei einmal wenden, gelegentlich mit der aufbewahrten Marinade bepinseln. Mit Pittabrot und Limonenscheiben servieren.

Oben: Fischkebab mit Kreuzkümmel. Gegenüber, unten: Griechische Lammspieße; oben: Knoblauch-Hähnchenkebab

KNOBLAUCH-HÄHNCHENKEBAB

☆ ***Vorbereitungszeit:*** 20 Minuten
Kochzeit: 12 Minuten
Ergibt 12 Spieße

750 g Hähnchenbrustfilet
1 mittelgroße rote Paprikaschote, in 3 cm große Stücke geschnitten
1 mittelgroße grüne Paprikaschote, in 3 cm große Stücke geschnitten
2 große rote Zwiebeln, in 12 Teile geschnitten
½ Tasse Öl
2 Knoblauchzehen, zerdrückt
1 EL frischer Schnittlauch, gehackt
2 EL frische Minze, gehackt
1 EL frischer Thymian, gehackt
½ TL Gewürzpfeffermischung

1 Bambusspieße mehrere Stunden in Wasser einweichen. Hähnchenfleisch säubern, in 3 cm große Würfel schneiden.
2 Fleisch, Paprika und Zwiebeln abwechselnd auf die Spieße stecken. Öl, Knoblauch, Kräuter und Pfeffer in einer kleinen Schüssel mischen.
3 Kebabs auf leicht geölten Grill legen. Bei mittlerer Hitze 6 Minuten von jeder Seite grillen, mehrmals mit Kräutermischung bepinseln.

ORIENTALISCHE KALBSSPIESSCHEN

☆ ***Vorbereitungszeit:*** 6 Minuten
Kochzeit: 6–8 Minuten
Für 4 Personen

750 g Kalbfleisch, in Streifen geschnitten
½ Tasse Pflaumensoße
2 TL Sojasoße
1 Knoblauchzehe, zerdrückt
½ TL frischer Ingwer, geraspelt
¼ TL Chili, kleingeschnitten

1 Fleisch auf 8 Bambusspieße stecken.
2 Pflaumen- und Sojasoße, Knoblauch, Ingwer und Chili mischen. Spieße mit der Chili-Pflaumenmischung bepinseln. Über heißer Kohle 3–4 Minuten grillen, dabei ständig mit Soße bepinseln.
3 Spieße mit braunem Reis und Salat servieren, restliche Marinade dazu als Dip reichen.

GRIECHISCHE LAMMSPIESSE

☆ ***Vorbereitungszeit:*** 20 Minuten + 2 Stunden marinieren
Kochzeit: 12 Minuten
Ergibt 20 Spieße

1,5 kg Lammkeule, entbeint
⅓ Tasse Olivenöl
¼ Tasse Zitronensaft
2–3 EL trockener Weißwein
2 Knoblauchzehen, zerdrückt
2–3 EL Sojasoße
1 TL getrockneter Oregano
½ TL schwarzer Pfeffer, gemahlen
1 große Zwiebel, feingehackt
¼ Tasse frische Petersilie, gehackt

1 Fleisch säubern und in 3 cm große Würfel schneiden. Würfel auf geölte Spieße stecken. Öl, Saft, Wein, Knoblauch, Soße, Oregano und Pfeffer in eine Schüssel geben. 2 Minuten rühren, bis alles gut vermischt ist. Über das Fleisch geben.
2 Mit Plastikfolie abgedeckt 2 Stunden kühlen. Abtropfen lassen, Marinade aufbewahren.
3 Fleisch auf kalten, leicht geölten Grill legen. Bei starker Hitze 12 Minuten grillen, bis es weich ist; einmal wenden. Mehrmals mit der Marinade bepinseln. Zwiebel und Petersilie mischen, über die Spieße streuen. Servieren.

Schale. Das erstaunlich vielseitige Nahrungsmittel, das gebacken, gebraten, gegrillt, gedämpft oder gekocht werden kann, ist die klassische Beilage zu Fisch und Fleischgerichten, kann aber auch allein Grundlage eines Hauptgerichts sein. Neue Kartoffeln sind kleine, junge Kartoffeln; das

Fleisch ist wachsartig, die Schale zart, beinahe durchsichtig. Sie wird mitgegessen. Man kocht neue Kartoffeln ganz und serviert sie mit flüssiger Butter. Man unterscheidet festkochende Kartoffeln (für Salate), vorwiegend festkochende (für Pell- und Salzkartoffeln, Pommes frites und Kartoffelchips) und mehligkochende Kartoffeln (für Suppen, Pürees, Klöße). Die Kartoffel stammt aus Südamerika und wurde bereits vor 5000 Jahren in den Anden kultiviert. Als Sir Francis Drake sie im 16. Jh. nach England brachte, fand sie in Irland rasch Anklang, da sie auf mageren Böden wuchs, die sonst keine Frucht trugen. In Deutschland wurde der Kartoffelanbau durch Friedrich den Großen in Preußen gefördert. Im frühen 18. Jh. überquerte sie erneut den Atlantik und hielt Einzug in den amerikanischen Kolonien. Im restli-

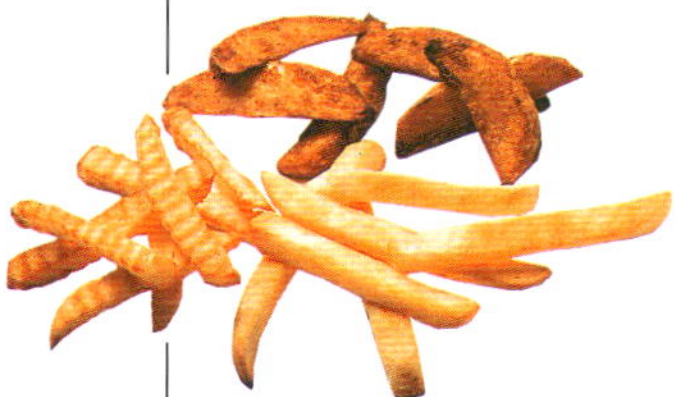

chen Europa fand sie nur langsam Anklang. Die Franzosen hielten sie lange Zeit für ungenießbar, erst als der Agronom Auguste Parmentier sie im 18. Jh. ins rechte Licht rückte, entwickelte sie sich zum Grundnahrungsmittel der Franzosen. Frische Kartoffeln sind das ganze Jahr über erhältlich; sie lassen sich auch gut im Keller überwintern. Kartoffelpüree, Kartoffelklöße etc. sind auch als Halbfertigprodukt erhältlich.

Kartoffelmehl (Kartoffelstärke) Stärkemehl, das aus der Kartoffel gewonnen wird und dank seiner Quellfähigkeit ein gutes Bindemittel für Suppen und Soßen bildet und den Teig von Backwaren verfeinert.

Kartoffelsago (Perlsago) Kleine, künstlich aus Kartoffelstärke hergestellte Körner. In kochenden Flüssigkeiten quellen die Kügelchen auf und werden durchsichtig,

KIRSCHEN

JUBILÄUMSKIRSCHEN

☆

Vorbereitungszeit: 20 Minuten
Zubereitungszeit: 15 Minuten
Für 4 Personen

½ Tasse Wasser
¾ Tasse Zucker
2 Streifen Zitronenschale
500 g süße rote oder schwarze Kirschen, entsteint
1 EL Maismehl (Stärke)
Vanille-Eis zum Servieren
¼ Tasse Brandy

1 In einem Topf Wasser erhitzen, Zucker zugeben und auflösen. Sirup zum Kochen bringen, Zitronenschale und Kirschen zugeben und köcheln, bis die Kirschen weich sind.
2 Kirschen mit einem Schaumlöffel aus dem Sirup nehmen, Zitronenschale entfernen, Sirup 3 Minuten stark kochen lassen. Maismehl mit etwas zusätzlichem, kaltem Wasser mischen; etwas Kirschsirup hineinrühren. Mischung in den Topf geben und rühren, bis sie kocht und dick wird. Kirschen zugeben.
3 Eis in feuerfeste Servierschüsselchen geben. Kirschen am Kochpunkt halten. Brandy erwärmen, zu den Kirschen geben und vorsichtig anzünden. Die flambierten Kirschen und die Soße über das Eis geben und sofort servieren.

Anmerkung: Es können auch Kirschen in Sirup aus der Dose oder dem Glas verwendet werden.

SCHWARZE KIRSCH-MARMELADE

☆☆

Vorbereitungszeit: 35 Minuten + über Nacht stehenlassen
Kochzeit: 1 Stunde
Ergibt ca. 1 Liter

1 kg schwarze Kirschen
Saft von 2 Zitronen
1 Tasse Wasser
2 ½ Tassen Zucker

1 Kirschen waschen, gut abtrocknen, entsteinen. Zitronensaft und Wasser in eine Schüssel geben; etwas Zucker zugeben, dann eine Lage Kirschen. Mit dem restlichen Zucker und den Kirschen den Vorgang wiederholen. Abdecken und über Nacht stehenlassen.
2 Am nächsten Tag Sirup in einen großen Topf abgießen und bei mittlerer Hitze rühren, bis sich der Zucker gelöst hat. Zum Kochen bringen, Kirschen zugeben und 45 Minuten kochen, bis der Gelierpunkt erreicht ist (siehe: Marmeladen). Häufig rühren, damit nichts anbrennt.
3 Vom Herd nehmen und 5 Minuten stehenlassen. Marmelade in warme, sterilisierte Gläser füllen und sofort verschließen. Nach dem Abkühlen Gläser beschriften.

KIRSCH-KLAFOUTIS

☆

Vorbereitungszeit: 25 Minuten
Kochzeit: 50 Minuten
Für 8 Personen

500 g Kirschen, ohne Stiel
30 g Butter
2 EL Zucker
2 EL Mehl
½ TL Backpulver
etwas Salz
⅓ Tasse sehr feiner Zucker
4 Eier, leicht verquirlt
1 ½ Tassen Milch
30 g Butter zusätzlich, zerlassen
2–3 EL Brandy

1 Backofen auf 180 °C vorheizen. In einer großen Bratpfanne Butter zerlassen und Kirschen zugeben. 2–3 Minuten schmoren lassen. Zucker darüberstreuen, bei mittlerer Hitze 5 Minuten kochen, bis sich Saft bildet.
2 Mehl, Backpulver und Salz in eine mittelgroße Schüssel sieben. Zucker zugeben. Eier und Milch zusammenrühren. In die Mehlmischung geben. Die Butter mit Brandy mischen und zugeben. Die Kirschen in eine flache, feuerfeste Form geben. Anschließend den Ausbackteig darübergießen. Kirsch-Klafoutis 40 Minuten backen, bis der Teig sich in der Mitte gerade fest anfühlt. Nach Wunsch kann man diesen Auflauf heiß oder warm, mit Puderzucker bestreut servieren.

KLEIE

BANANEN-KLEIE-MUFFINS

☆ ***Vorbereitungszeit:*** 20 Minuten + 1 Stunde Ruhezeit
Backzeit: 15–20 Minuten
Ergibt ca. 12 Stück

1 Tasse kochendes Wasser
1 Tasse Kleie
½ Tasse reife Bananen, zerdrückt
1 Ei, verquirlt
2–3 EL Pflanzenöl
⅓ Tasse weicher, brauner Zucker
1 TL Vanilleessenz
1 Tasse Mehl
⅓ Tasse Magermilchpulver
1 ½ TL Backpulver
1 ½ TL Natron

1 Kleie in einer mittelgroßen Schüssel mit kochendem Wasser übergießen. Rühren, dann eine Stunde ruhenlassen.
2 Den Backofen auf 200 °C vorheizen. Den Boden von 12 Muffin- oder Pastetenbackförmchen mit Öl bepinseln. Bananen, Ei, Öl, braunen Zukker und Vanilleessenz zur Kleie geben, gut durchmischen.
3 Gesiebtes Mehl, Milchpulver, Backpulver und Natron in eine mittelgroße Schüssel geben. Kleie- und Bananenmischung zusammen zur Mehlmischung geben. Mit einer Gabel vorsichtig rühren, bis alle Zutaten gerade feucht sind.
4 Mischung mit einem Löffel gleichmäßig in die Muffin-Formen geben, bis diese zu ⅔ gefüllt sind. 15–20 Minuten goldbraun backen. Warm mit Butter servieren.

KLEIE-FRUCHTKUCHEN

☆ ***Vorbereitungszeit:*** 15 Minuten
Backzeit: 50 Minuten
Für 8 Personen

1 ½ Tassen Mehl
2 TL Backpulver
2 TL Lebkuchengewürz
1 Tasse unbehandelte Kleie
½ Tasse weicher, brauner Zucker
½ Tasse Pflanzenöl
2 Eier, verquirlt
¾ Tasse Milch
½ Tasse Sultaninen
½ Tasse getrocknete Aprikosen, geschnitten
2 Äpfel, geschält und gerieben

1 Ofen auf 180 °C vorheizen. Eine Kastenform (20 x 15 x 7 cm) mit zerlassener Butter oder Öl auspinseln. Den Boden mit Backpapier belegen und das Papier fetten. Mehl, Backpulver und Gewürz in eine große Schüssel sieben; Kleie und Zucker hineinrühren. In der Mitte eine Vertiefung machen. In einer kleinen Schüssel Öl, Eier und Milch mischen.
2 Die Flüssigkeit zu den trockenen Zutaten geben. Mit einem Holzlöffel leicht rühren, bis alles gut vermischt ist. Sultaninen, Aprikosen und Apfel hineinrühren.
3 Teig in die vorbereitete Form gießen. 50 Minuten backen, bis bei der Nadelprobe die Nadel sauber bleibt. Kuchen vor dem Stürzen 10 Minuten in der Form abkühlen lassen.

Oben: Kleie-Fruchtkuchen.
Gegenüber: Jubiläumskirschen

bis sie sich vollständig auflösen und als Bindemittel dienen. Nur kurz gekocht ist Sago eine gute Suppeneinlage, als Bindemittel wird er besonders für Kaltschalen und Rote Grütze verwendet.

Kascha Osteuropäisches Gericht aus Buchweizen, Butter und Milch.

Käse Nahrhaftes Nahrungsmittel aus geronnener Milch, die sich in Quark (milchweiße Feststoffklümpchen) und Molke (eine trübe Flüssigkeit) aufgetrennt hat. Meistens aus Kuhmilch hergestellt, doch auch Milch von Schafen, Ziegen, Büffeln, Rentieren, Kamelen und anderen wiederkäuenden Haustieren wird zur Käseherstellung verwendet. Textur und Geschmack wird von der Art der Milch bestimmt, die zur Herstellung verwendet wird (entrahmte oder teilentrahmte Milch, Vollmilch oder mit Rahm angereicherte Milch). Andere geschmacksbestimmende Faktoren sind: Zusätze, die zur Milchgerinnung beitragen, Kulturen, die im Fermentationsprozeß verwendet werden

und die Verarbeitungsmethode. Nach der Textur beurteilt, läßt sich Käse in 4 Haupttypen einteilen: Frischkäse (unreifer Käse wie: Hüttenkäse, Quark oder Schichtkäse, Mozzarella und Ricotta), weicher, erst kürzlich gereifter Käse, der streichfähig ist und einen hohen Feuchtigkeits- und Fettanteil hat (Brie, Camembert, Feta und Blauschimmelkäse), halbfester Käse, weiter ausgereift mit weniger Feuchtigkeitsanteil (Cheddar, Edelpilzkäse, Gouda) und Hartkäse, ein trockener, langgereifter, oft scharfer Käse (Parmesan, Pecorino, Emmentaler, Chester). Nomadenvölker im Orient entdeckten die Methode der Käseherstellung, als Milch, die sie in Behältern aus Tiermägen mit sich führten, gerann. Bis zum Mittelalter wurde in Europa Quark in Weidenkörben entwässert und dann in Holzmodeln gepreßt.

Käsekuchen Üppiges Dessert oder Kaffeegebäck. Eine süße, krümelige Teigumhüllung wird mit Quark, Frischkäse oder einer puddingähnlichen Mischung, deren Hauptbestandteil frischer, unreifer Käse

KLÖSSCHEN

SUPPE MIT HÜHNERFLEISCH-KLÖSSCHEN

★★ ***Vorbereitungszeit:*** 25 Minuten
Kochzeit: 15 Minuten
Für 6 Personen

1 Hühnerbrust-Filet
2 Eier
½ Tasse Lauch, feingehackt
½ Tasse Zwiebeln, feingehackt
½ Tasse Möhren, geraspelt
1 TL Pfeffer
1 TL getrockneter Thymian
3 Tassen frische, weiße Semmelbrösel
1 EL Petersilie, gehackt
3 Tassen kräftige Hühnerbrühe
gehackte Petersilie, zusätzlich

1 Hühnerbrust in kleine Stücke schneiden. Eier in der Küchenmaschine verarbeiten, bis sie dick und cremig sind. Lauch, Zwiebeln und Möhren zugeben, glatt verarbeiten. Hühnerfleisch zugeben, mischen, in eine Schüssel geben.
2 Pfeffer, Thymian, Semmelbrösel und Petersilie zugeben. Klößchen formen, auf gefettetes Blech legen und beiseite stellen.
3 Klößchen vorsichtig in die köchelnde Brühe geben, kochen lassen, bis sie zur Oberfläche steigen. Abdecken, 10 Minuten köcheln. Alles auf 6 Suppentassen verteilen, mit gehackter Petersilie bestreuen.

GRUNDREZEPT FÜR KLÖSSCHEN

★ ***Vorbereitungszeit:*** 5 Minuten
Kochzeit: 15–20 Minuten
Für 4 Personen

1 Tasse Mehl, mit Backpulver vermischt
¼ TL Salz
gemahlener weißer Pfeffer
30 g Butter
1 Ei, verquirlt
¼ Tasse Milch

1 Mehl, Salz und Pfeffer in eine Schüssel sieben. Butter in die Mischung reiben, mit Ei und Milch und Mehl zu einem weichen Teig verarbeiten.
2 Mit leicht bemehlten Händen 3 cm große Kugeln formen. 20 Minuten, bevor das Gericht, zu dem die Klößchen gereicht werden sollen, fertig ist, Klößchen in einer Schicht auf dem Gericht anordnen, dabei zwischen den Klößchen Platz lassen.
3 Gericht abdecken und ca. 15–20 Minuten leicht kochen, bis Klößchen leicht und locker sind.

Anmerkung: Klößchen können auch im Locheinsatz des Dampfkochtopfs zubereitet werden.

KRÄUTERKLÖSSCHEN

1 EL gehackte Petersilie und 1 TL gerebelten Thymian zum Grundrezept geben. Besonders gut zu Kalbs-, Hühner- oder Rinderragout und im Gemüseeintopf.

KLÖSSCHEN MIT ZUCCHINI UND KÄSE

¼ Tasse geriebene Zucchini und 1 EL geriebenen Parmesan zum Grundrezept geben. Zu Hühner-, Lamm- oder Rinderragout servieren.

ORANGENKLÖSSCHEN

1 TL feingeriebene Orangenschale und 2 TL gehackte Petersilie zum Grundrezept zugeben. Delikat zu Schweine-, Lamm- und Kalbsragout.

BALLASTSTOFFREICHE KLÖSSCHEN

Grundrezept: Vollkornmehl, mit Backpulver vermischt, verwenden und zu den trockenen Zutaten 1 EL gehackten Schnittlauch geben. Gut zu Rinder-, Lamm- oder Gemüseeintöpfen.

Oben: Suppe mit Hühnerfleischklößchen. Gegenüber: Rindergulasch mit Kümmelklößchen

RINDERGULASCH MIT KÜMMELKLÖSSCHEN

☆☆ ***Vorbereitungszeit:*** 1 Stunde
Kochzeit: 1 Stunde 15 Minuten
Für 6 Personen

1,5 kg falsches Rinderfilet oder Nacken
½ Tasse Mehl
¼ TL schwarzer Pfeffer, gemahlen
⅓ Tasse Olivenöl
1 Knoblauchzehe, zerdrückt
2 mittelgroße Zwiebeln, geschnitten
1 TL süßes Paprikapulver
½ TL Zimt, gemahlen
½ Tasse Rinderbrühe
⅓ Tasse Rotwein
½ TL gemischte Kräuter, getrocknet
⅔ Tasse dicke Tomatensoße, aus der Packung
1 große, rote Paprikaschote

Kümmelklößchen
1 ½ Tassen Mehl, mit Backpulver vermischt
65 g Butter
½ Tasse Milch
1 TL Kümmelsamen
1–2 EL Milch

1 Backofen auf 180 °C vorheizen. Fleisch säubern, in 3 cm große Würfel schneiden. Mehl und Pfeffer auf Backpapier mischen. Fleisch in gewürztem Mehl wenden, überschüssiges Mehl abschütteln.
2 2 EL des Öls in einem schweren Topf erhitzen. Fleisch in Portionen bei mittlerer Hitze rundherum schnell anbraten, abtropfen lassen.
3 Restliches Öl erhitzen. Knoblauch und Zwiebeln zugeben, bei mittlerer Hitze 2 Minuten weich dünsten.
4 Fleisch zurück in den Topf geben, Gewürze, Brühe, Wein, gemischte Kräuter und Tomatensoße hinzufügen; zum Kochen bringen. Vom Herd nehmen, in eine tiefe Kasserolle geben. Abgedeckt 45 Minuten im Backofen schmoren lassen. Herausnehmen, Deckel entfernen, Backofentemperatur auf 240 °C erhöhen.
5 Paprikaschote der Länge nach halbieren, Samenkerne entfernen. Mit der Hautseite nach oben auf ein kaltes, gefettetes Backblech legen. 10 Minuten grillen, Haut abziehen, Paprika in 2 cm breite Streifen schneiden. Über dem Gulasch verteilen.
6 Für die Kümmelklößchen Mehl und Butter in der Küchenmaschine 10 Sekunden verarbeiten, bis die Mischung krümelig ist. Milch zugeben, 10 Sekunden verarbeiten, bis ein weicher Teig entsteht. Teig auf leicht bemehlte Arbeitsfläche geben. Kümmel zugeben, 1 Minute kneten, bis der Teig glatt ist. Mit den Händen auf 1 cm Dicke drücken. Mit einem Ausstecher 4 cm große, runde Scheiben ausstechen. Scheiben auf das Fleisch legen, mit der zusätzlichen Milch bepinseln. Zurück in den Backofen stellen, ohne Deckel 15 Minuten goldbraun backen.

Anmerkung: Dick geschnittene Kartoffeln oder in dünne Scheiben geschnittene Kartoffeln bei Schritt 4 überlappend über das Fleisch legen. Mit Butterflöckchen bestreuen und backen, bis sie goldbraun und knusprig sind.

wie Hüttenkäse oder Ricotta ist, gefüllt. Es gibt zwei Arten von Käsekuchen: der eine wird bei schwacher Hitze im Ofen gebacken, der andere im Kühlschrank gekühlt.

Kasseler Gepökelte und schnell geräucherte Teile vom Schwein. Verwendet wird meist das Rippenstück (Kasseler Rippenspeer), aber auch Kamm und Schulter, selten der Bauch. Es wird vor allem gekocht oder mit Gemüse geschmort und ist eine Erfindung des Berliner Fleischermeisters Cassel aus dem 19. Jahrhundert.

Kasserolle Fleisch, Geflügel oder Fisch und Gemüse, Kräuter, Gewürze und Flüssigkeit werden langsam in einem zugedeckten Topf im Backofen geschmort und meist aus dem Schmortopf serviert. Der Begriff bezeichnet sowohl das verwendete Kochutensil mit Deckel als auch die Kochmethode und das Gericht. Er kommt aus dem Französischen – casse, Topf oder Schöpfkelle.

Kastorzucker Besonders feinkörniger Zucker, der auch als »Feiner Zucker« im Handel erhältlich ist.

Katzenzungen Längliches Biskuitgebäck (Löffelbiskuit), das zu Eisdessert, Fruchtsalat, Dessertwein und Champagner serviert

wird; in Deutschland für feine Schokoladenblättchen verwendeter Begriff.

Kaviar Eier des Stör, die gesalzen als Delikatesse serviert werden. Ihre Farbe reicht von Grau, Gelblich-Braun bis Tiefschwarz und die Größe von stecknadelkopfgroßen (Sevruga-Kaviar) bis zu den teuren, perlengroßen Eiern des Beluga-Störs. Gepreßter Kaviar wird aus reifen Eiern gemacht, die gesalzen und zu

einem Block gepreßt werden. Größere Mengen werden im Kaspischen Meer geerntet, Lachs- und Seehasenrogen werden oft als »roter Kaviar« angeboten.

KNOBLAUCH

KRÄUTER-KNOBLAUCH-MAISBROTSCHEIBEN

☆ ***Vorbereitungszeit:*** 20 Minuten
Backzeit: 50 Minuten
Ergibt ca. 16 Scheiben

2/3 Tasse Mehl, mit Backpulver vermischt
2 TL Backpulver
1/2 TL Chilipulver
1 1/2 Tassen Maisgrieß (fein)
90 g Butter, zerlassen
3 Eier, leicht verquirlt
3/4 Tasse Milch

Kräuter-Knoblauch-Butter
125 g Butter, weich
1 EL frische Petersilie, gehackt
1 EL frischer Schnittlauch, gehackt
2 Knoblauchzehen, zerdrückt

1 Backofen auf 180 °C vorheizen. Eine 21 x 14 x 7 cm große Kastenform mit zerlassener Butter oder Öl auspinseln; Boden und Seiten mit Backpapier auslegen. Mehl, Backpulver und Chilipulver in eine Schüssel sieben. Maisgrieß zugeben, gut mischen. Eine Vertiefung in die Mitte machen. Butter, Eier und Milch zu den trockenen Zutaten geben. Mit einem Holzlöffel alles verbinden; nicht zu stark rühren.

2 Mischung in die Form gießen. 45 Minuten backen, bis das Brot in der Mitte fest ist und beginnt, an den Rändern braun zu werden. Brot auf ein Kuchengitter stürzen, völlig auskühlen lassen. Mit einem scharfen Messer in Scheiben schneiden.

3 Für die Kräuter-Knoblauch-Butter Butter, Petersilie, Schnittlauch und Knoblauch mischen. Auf die Brotscheiben streichen. Scheiben auf ein Backblech legen, 5 Minuten knusprig backen.

WISSENSWERTES ÜBER KNOBLAUCH

- Nur feste, kompakte Knoblauchzwiebeln mit fester Haut wählen. Frische Knoblauchzwiebeln 2–3 Wochen an einem kühlen, trockenen, dunklen Ort aufbewahren.
- Knoblauch verliert bei längerem Kochen seinen Geschmack. Wird eine ganze Zwiebel im Ofen geröstet, ist ihr Fleisch weich und erstaunlich süß, während eine frisch zerdrückte, einzelne, rohe Zehe Salat einen unverkennbaren Biß gibt. Knoblauch am Ende des Kochvorgangs zugeben – wie in den meisten Rezepten angegeben.
- Da häufig in vielen Küchen verwendet, ist Knoblauch auch gemahlen, getrocknet und als Püree erhältlich; doch frisch ist er viel delikater.
- Am einfachsten: geschälte Knoblauchzehen in einer Knoblauchpresse zerdrücken. Ist keine Presse zur Hand, Zehe mit flacher Messerschneide oder Löffelrücken zerdrücken und zu einer Paste verarbeiten.
- Ein Schneidebrett für das Arbeiten mit Knoblauch reservieren. Knoblauchgeruch mit Salz oder Zitrone von den Händen entfernen.

Oben: Kräuter-Knoblauch-Maisbrotscheiben.
Gegenüber: Knoblauchsuppe

KNOBLAUCHSUPPE

☆ ***Vorbereitungszeit:*** 15 Minuten
Kochzeit: 35–40 Minuten
Für 4–6 Personen

¼ Tasse Olivenöl
6 Knoblauchzehen, zerdrückt
1 ½ Tassen frische Weißbrotwürfel
3 mittelgroße reife Tomaten, geschält und geschnitten
½ TL Chilipulver
1 TL süßes Paprikapulver
1 l Wasser
2 Eier, leicht verquirlt
¼ Tasse frische Petersilie, gehackt

1 Öl erhitzen; Knoblauch zugeben. Bei schwacher Hitze 1–2 Minuten schmoren, bis er weich, aber nicht braun ist. Brotwürfel zugeben, bei mittlerer Hitze 3 Minuten leicht goldbraun braten.
2 Geschnittene Tomaten, Chilipulver, Paprikapulver und Wasser zugeben. Zum Kochen bringen; abgedeckt 30 Minuten köcheln lassen.
3 Eier in dünnem Strahl zur köchelnden Suppe laufen lassen. Noch 2 Minuten köcheln.
4 In Servierschüssel geben, mit Petersilie bestreuen, heiß und stark gewürzt servieren.

KNOBLAUCHBROT

■ Traditionell aus französischem Stangenweißbrot zubereitet, kann jedes andere, krustige Brot zu Knoblauchbrot werden. Brot in Scheiben fast ganz durchschneiden, aufklappen, mit Knoblauchbutter bestreichen und heiß aufbacken.

WALNUSS-KNOBLAUCH-SOSSE

☆ ***Vorbereitungszeit:*** 10 Minuten
Kochzeit: 5 Minuten
Ergibt 1 Tasse

100 g Walnußhälften
4 Knoblauchzehen, geschält
2 Tassen Olivenöl
⅓ Tasse Weißweinessig
Salz

1 Walnüsse auf ein Backblech legen, 5 Minuten bei 180 °C rösten. Abkühlen lassen.
2 Walnüsse und Knoblauch in der Küchenmaschine verarbeiten, bis alles feingemahlen ist. Öl in feinem Strahl zulaufen lassen, bis die Mischung dick und cremig ist. Essig und Salz nach Belieben zugeben.
3 In ein kleines Glas füllen, mit einer dünnen Schicht Öl bedecken, im Kühlschrank bis zu einer Woche aufbewahren. Vor dem Gebrauch Öl abgießen. Als Dip für frisches Brot oder rohen Sellerie oder als Soße zu kaltem Kalb- oder Schweinefleisch verwenden.

GERÖSTETE KNOBLAUCHPASTE

☆ ***Vorbereitungszeit:*** 5 Minuten
Backzeit: 1 Stunde
Ergibt 1 Tasse

10 Knoblauchzwiebeln
2–3 EL Olivenöl
⅓ Tasse Wasser

1 Backofen auf 180 °C vorheizen. Die lose, papierartige Haut von den Zwiebeln entfernen. Zwiebeln in eine gefettete Backform legen; mit Öl und Wasser übergießen.
2 Knoblauch 1 Stunde im Ofen backen, bis er sehr weich ist. Während der Backzeit Öl und Wasser aus der Form über den Knoblauch schöpfen; wenn nötig Wasser in die Form geben. Knoblauch aus dem Ofen nehmen und abkühlen lassen.
3 Zehen trennen, gebackenen Knoblauch aus der Haut heraus in eine Schüssel drücken. Mit einer Gabel zerdrücken, bis er cremig ist.
4 Auf getoastetes Baguette streichen.

GERÖSTETER KNOBLAUCH

Wird ein Braten im Backofen zubereitet, zur gleichen Zeit eine Zwiebel Knoblauch mitbraten. Mit einem scharfen Messer den oberen Teil der Zwiebel abschneiden. Bei mittlerer Hitze 30–40 Minuten in den Backofen legen. 1 oder 2 Zehen pro Person. Das weiche, süße Fleisch kann über das Gericht verteilt oder auf geröstete Weißbrotscheiben gestrichen werden.

Kebab Kleine Fleisch-, Geflügel- oder Fischstücke werden auf Spießchen gesteckt und gegrillt. Oft vorm Grillen mariniert.

Kedgeree Mischung aus Reis und zerkleinertem Fisch, manchmal Räucherfisch; indischer Herkunft.

Kefir Getränk aus von dem sogenannten Kefirpilz und Bakterien vergorener Milch mit leicht säuerlichem Geschmack. Es enthält alle Milchnährstoffe, ist aber wesentlich besser verdaulich, da der Milchzucker bereits vergoren ist. Wirkt regulierend auf die Verdauung. Kefir stammt ursprünglich aus dem nördlichen Kaukasus.

Kehlen Methode des Ausnehmens von Fischen, vor allem von Heringen, bei der nur Kiemen, Darm, Leber und Herz entfernt werden.

Keimlinge Aus Samen vor allem von Hülsenfrüchten und Getreide gezogene Keimpflanzen, die sehr viele Vitamine und Eiweißstoffe enthalten. Vor dem Ver-

KOHL UND BLUMENKOHL

Kohl, der meist zu lange gekocht wird, war nicht immer beliebt. Doch als eine der nährstoffreichsten Gemüsesorten ist er köstlich, wenn er phantasievoll zubereitet wird. Auch Blumenkohl hat darunter gelitten, stets in einer dicken weißen Soße ertränkt zu werden. Hier einige leckere Alternativen.

Schneller Krautsalat

SCHNELLER KRAUTSALAT

½ feingehobeltes Weißkraut mit 2 geriebenen Möhren, 1 feingeschnittene Selleriestange, 1 feingeschnittene Zwiebel, je 1 feingeschnittenen grünen und roten Paprikaschote und ½ Tasse Krautsalatsoßenmischung in einer großen Schüssel mischen. Nach Wunsch ¼ Tasse frischgehackte, gemischte Kräuter zugeben. Vor dem Servieren kühlen.

KOHL-KARTOFFEL-PFANNKUCHEN

1 Tasse gehobeltes, gekochtes Weißkraut, ½ Tasse grob zerdrückte, gekochte Kartoffeln, 1 feingeschnittene Frühlingszwiebel, 2 leicht verquirlte Eier, sowie Salz und frischgemahlenen Pfeffer zum Abschmecken gut mischen. In einer Bratpfanne etwas Butter oder Öl erhitzen. Mischung eßlöffelweise ca. 2 Minuten von jeder Seite backen.

Kohl-Kartoffel-Pfannkuchen

SÜSSES KÜMMELROTKRAUT

½ kleines Rotkraut fein hobeln. 30 g Butter, 1 TL Kümmel, 1 TL Balsamessig und einen TL brauner Zucker in einem Topf erhitzen. Rotkraut zugeben, 2–3 Minuten kochen, dabei rühren, bis das Kraut gerade weich ist. Heiß servieren.

WEISSKRAUT MIT KNOBLAUCHPFEFFER

½ kleines Weißkraut fein hobeln. 30 g Butter und 1 TL Öl in schwerer Bratpfanne oder Wok erhitzen. 2 TL Knoblauchpfeffer und das Kraut zugeben. 2–3 Minuten kurz anbraten, bis es weich ist. Heiß servieren.

Süßes Kümmelrotkraut

Weißkraut mit Knoblauchpfeffer

BLUMENKOHL MIT DÖRRFLEISCH

1 kleinen Blumenkohl in Röschen zerteilen. Über Wasserdampf oder in der Mikrowelle weich garen. 1 TL Öl erhitzen. 2 Scheiben feingeschnittenes Dörrfleisch bräunen. Blumenkohl und 2 feingeschnittene Frühlingszwiebeln unterrühren.

Blumenkohl mitDörrfleisch

BLUMENKOHL MIT TOMATENSOSSE

1 kleinen Blumenkohl in mittelgroße Röschen zerteilen. Über Wasserdampf oder in der Mikrowelle gerade weich garen. 1 EL Öl in einer mittelgroßen Pfanne erhitzen. ½ TL zerstoßenen Pfeffer, 1 TL gemischte italienische Kräuter und 1 zerdrückte Knoblauchzehe zugeben. 1 Minute braten. 400 g zerdrückte Tomaten aus der Dose zugeben. Zum Kochen bringen, Hitze reduzieren, 5 Minuten eindicken lassen; über den Kohl geben.

Blumenkohl mit Tomatensoße

BLUMENKOHL IM PARMESANMANTEL

1 kleinen Blumenkohl in Röschen zerteilen. In einer Schüssel ¼ Tasse Mehl, 2 EL feingeriebenen Parmesan und 1 TL getrocknete gemischte Kräuter mischen. Röschen in der Mischung wenden. 2 EL Öl und 45 g Butter in einer schweren Bratpfanne erhitzen. Portionsweise den Blumenkohl vorsichtig weich braten. Heiß servieren.

SCHARFER CHILI-BLUMENKOHL

1 kleinen Blumenkohl in Röschen zerteilen. Über Wasserdampf oder in der Mikrowelle garen, bis sie gerade weich sind. 45 g zerlassene Butter, 1 EL Tomatenmark, 2 EL gehackter frischer Koriander und ¼ TL Chilipulver mischen. Blumenkohl darin wenden. Heiß servieren.

Blumenkohl im Parmesanmantel

Scharfer Chili-Blumenkohl

zehr sollten sie sehr sorgfältig abgespült werden.

Kerbel Kleine Kräuterpflanze; der Petersilie sehr ähnlich. Die feinen, saftig grünen Blättchen haben einen delikaten, an Anis erinnernden Geschmack. Würze verfeinert viele Soßen, u. a. Sauce Béarnaise.

Gehackte Kerbelblätter unmittelbar vor dem Servieren zu Eiergerichten, Geflügel, Fisch, Salaten, Kartoffelbrei, Soßen, Suppen und Mornay-Soßen (Käsesoßen) geben, denn sie verlieren durch Kochen ihren Geschmack.

Kerbelrübchen (Erdkastanien, Knollenknobel) Wildwachsende oder kultivierte Gemüsepflanze mit ca. 5 cm dicken und 7 cm langen, süßlich schmeckenden Knollen, die außen bräunlich und innen weiß sind. Vor der Zubereitung (Dünsten, Glasieren) werden sie 5 Minuten in Wasser gekocht und dann geschält.

Ketchup Würzsoße mit Tomaten als Basiszutat. Ursprünglich

KONFEKT

ERDNUSSBRUCH

☆☆ ***Vorbereitungszeit:*** 20 Minuten
Kochzeit: 15 Minuten
Ergibt ca. 500 g

2 Tassen Zucker
1 Tasse brauner Zucker
½ Tasse heller Maissirup
½ Tasse Wasser
60 g Butter
2 ½ Tassen Erdnüsse, ungesalzen und geröstet

1 Boden und Seiten einer flachen Form (30 x 25 x 2 cm) mit Backpapier auslegen. Papier mit Öl oder zerlassener Butter bepinseln. Zucker, Sirup und Wasser in einen großen, schweren Topf geben. Bei mittlerer Hitze rühren, bis der Zucker sich vollständig aufgelöst hat, jedoch nicht kochen lassen. Zuckerkristalle an der Topfwand mit einem nassen Backpinsel entfernen. Butter zugeben, rühren, bis die Butter geschmolzen ist. Zum Kochen bringen, Hitze leicht zurücknehmen, ohne zu rühren 15–20 Minuten kochen lassen; oder bis ein TL der Mischung, in kaltes Wasser getropft, kristallisiert. Anschließend sofort vom Herd nehmen.
2 Erdnüsse unterheben. In die Form gießen, auf einem Kuchengitter abkühlen lassen; die Masse in Stücke brechen, wenn sie fast vollständig fest ist.

KARAMELBONBONS

☆☆ ***Vorbereitungszeit:*** 10 Minuten + 30 Minuten Kühlzeit
Kochzeit: 25 Minuten
Ergibt ca. 36 Stück

125 g Butter
400 ml Kondensmilch
1 Tasse sehr feiner Zucker
½ Tasse heller Maissirup

1 Boden und Seiten einer flachen, quadratischen Backform (17 cm) so mit Folie auslegen, daß die Kanten überhängen. Folie mit Öl oder zerlassener Butter bepinseln. Butter, Kondensmilch, Zucker und Sirup in einen mittelgroßen, schweren Topf geben. Bei schwacher Hitze rühren, bis der Zucker aufgelöst ist. Zum Kochen bringen; Hitze leicht zurücknehmen. Ständig rühren, um ein Anbrennen zu vermeiden, und 15–20 Minuten kochen lassen, bis die Mischung eine dunkle, goldene Karamelfarbe annimmt.
2 Mischung in die vorbereitete Form gießen; Oberfläche glätten. In Quadrate einteilen. 30 Minuten im Kühlschrank kühlen, bis der Karamel fest ist. Aus der Form nehmen; durchschneiden. In luftdichtem Behälter bis zu 3 Wochen im Kühlschrank haltbar.

BESCHWIPSTER KARAMEL

☆ ***Vorbereitungszeit:*** 10 Minuten
Kochzeit: 25 Minuten
Ergibt ca. 36 Stück

¾ Tasse Sultaninen
2–3 EL Rum
3 Tassen Zucker
1 Tasse Milch
2–3 EL Zuckersirup
90 g Butter

1 Eine quadratische Backform (20 cm) mit zerlassener Butter oder Öl auspinseln. Boden und Seiten mit Folie auslegen; Folie fetten. Sultaninen mit Rum zusammen beiseite stellen.
2 Zucker, Milch und Zuckersirup in einen großen, schweren Topf geben. Bei mittlerer Hitze rühren, bis der Zucker sich vollständig aufgelöst hat, nicht kochen lassen. Zuckerkristalle an der Topfwand mit einem nassen Backpinsel entfernen. Zum Kochen bringen, Hitze leicht zurücknehmen und ohne zu rühren ca. 20 Minuten kochen lassen; oder bis ein TL der Lösung, in kaltes Wasser getropft, kristallisiert.
3 Butter zugeben, jedoch nicht rühren. 5 Minuten stehenlassen, Sultaninen zugeben und rühren, bis die Mischung dick und cremig wird. In die Form gießen. Abkühlen lassen. Nach dem Erkalten in Quadrate schneiden. In luftdichtem Behälter an einem kühlen, dunklen Ort bis zu 1 Woche aufbewahren.

»TÜRKISCHER HONIG«

☆☆ ***Vorbereitungszeit:*** 30 Minuten + über Nacht stehenlassen
Kochzeit: 20 Minuten
Ergibt ca. 50 Stück

Schale von 1 mittelgroßen Zitrone
Schale von 1 mittelgroßen Orange
¼ Tasse Orangensaft
2–3 EL Zitronensaft
3 Tassen sehr feiner Zukker
½ Tasse Wasser
2 EL Gelatine
1 Tasse Wasser, zusätzlich
⅔ Tassen Maismehl (Stärke)
3–4 Tropfen Orangenblüten- oder Rosenwasser
rote Lebensmittelfarbe
½ Tasse Puderzucker

1 Boden und Seiten einer tiefen, quadratischen Backform (17 cm) mit Aluminiumfolie so auslegen, daß die Kanten überhängen. Folie mit Öl oder zerlassener Butter bepinseln. Von den Zitrusschalen die weiße Haut entfernen.
2 Schale, Saft, Zucker und Wasser bei mittlerer Hitze rühren, bis der Zucker sich vollständig aufgelöst hat, jedoch dabei nicht kochen lassen. Zum Kochen bringen, Hitze leicht zurücknehmen und ohne zu rühren ca. 5 Minuten kochen lassen; oder bis ein TL der Mischung, in kaltes Wasser getropft, lange Fäden zieht.

Oben: »Türkischer Honig«, Honigwabe und Beschwipster Karamel. Gegenüber: Erdnußbruch und Karamelbonbons

3 Gelatine mit ½ Tasse Wasser im Wasserbad unter Rühren auflösen. In einer anderen Schüssel Stärkemehl mit dem restlichen Wasser glattrühren.
4 Gelatine und angerührte Stärke zum Zuckersirup geben. Bei mittlerer Hitze rühren, bis die Mischung kocht und klar wird. Rosenwasser und einige Tropfen rote Lebensmittelfarbe hineinrühren. Mischung in die Form absieben; über Nacht in den Kühlschrank stellen. Folie abziehen und in Quadrate schneiden. In Puderzucker wenden.

HONIGWABE

Boden und Seiten einer 27 x 18 cm großen Kastenform mit Aluminiumfolie auslegen; Folie mit zerlassener Butter oder Öl bepinseln. 1 ¾ Tassen Zucker, ¼ Tasse flüssiger Traubenzucker und ½ Tasse Wasser bei mittlerer Hitze rühren, bis der Zucker gelöst ist, nicht kochen lassen. Zum Kochen bringen, Hitze leicht zurücknehmen und ohne zu rühren ca. 8 Minuten kochen lassen, bis die Mischung anfängt zu bräunen. Sofort vom Herd nehmen. 2 TL Natron in die Zuckermischung sieben. Mit einem Holzlöffel rühren, bis die Bläschenbildung nachläßt und kein Natron mehr sichtbar an der Oberfläche schwimmt. In die Form gießen und 1 ¼ Stunden fest werden lassen. Die Masse aus der Form nehmen, Folie abziehen, dann in Stücke schneiden. In einem luftdichten Behälter an einem kühlen, dunklen Ort bis zu 7 Tage aufbewahren. Ergibt ca. 28 Stück.

eine allgemeine Bezeichnung für verschiedene Würzsoßen, wird heute meist nur Tomatenketchup, das als Fertigprodukt erhältlich ist, genannt.

Kibbi Gericht aus magerem Lamm, Bulgur und feingehackten Zwiebeln; orientalischer Herkunft.

Kichererbse (auch Garbanzobohne, Platterbse). Runder, blaßgoldfarbener, erbsenähnlicher Samen einer buschigen Pflanze in Südeuropa und Westasien mit nußartigem Geschmack. Meist in Suppen und Eintöpfen verwendet. Gekocht und zu Paste vermahlen sind sie Hauptbestandteil von Hummus, einem Dip aus

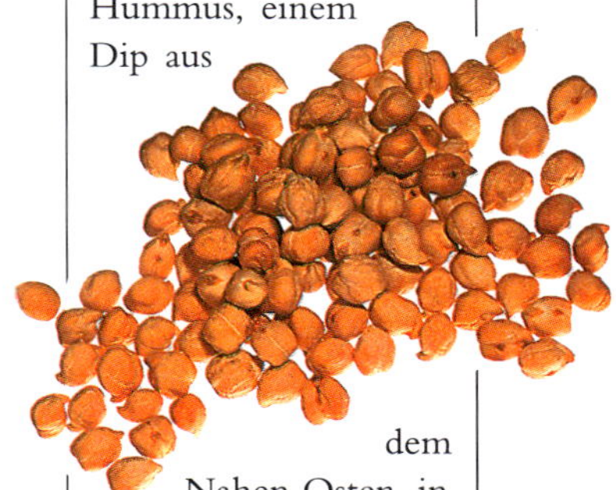

dem Nahen Osten, in Indien zu Besan-Mehl vermahlen. Trocken geröstet und mit Gewürzen bestreut eine beliebte Knabberei. Es wird angenommen, daß die Phönizier sie nach Spanien brachten, wo sie seither Grundnahrungsmittel sind. In Eintöpfen gekocht und kalt zu Salaten gegeben.

Kidney-Bohne Getrockneter, nierenförmiger, roter Same der Haricot-Bohne; für Salate und zum Kochen verwendet.

Kieler Sprotten Sehr zarte, geräucherte Sprotten (kleine Heringsart) aus der Ostsee, die durch die Räucherung goldglänzend werden.

Kilkies Norwegische Bezeichnung für in Salzlake mit Gewürzen marinierte Sardellen.

Kipferl Österreichische Bezeichnung für Hefehörnchen, die anläßlich des Sieges über die Türken nach der Belagerung von Wien von Wiener Bäckern erfunden worden sein sollen. Auch als Kurzbezeichnung für Vanillekipferl, ein zartes, mit Puderzucker umhülltes Gebäck, gebräuchlich.

Kipper Ausgenommener, entgräteter Hering; gepökelt, getrocknet und geräuchert; beliebtes britisches Frühstücksgericht.

Kir Mischung aus trockenem Weißwein und Cassislikör, die sich gut als Aperitif eignet. In einer Abwandlung mit Champagner anstelle des Weißweins wird sie Kir Royal genannt.

SCHOKO-KIRSCH-PRALINEN

★★★

Vorbereitungszeit: 30 Minuten
Kochzeit: 10 Minuten
Ergibt ca. 40 Stück

125 g Butter
2 Tassen Puderzucker
1/3 Tasse Crème double
2 Tassen Kokosraspeln
rosa Lebensmittelfarbe
220 g kandierte Kirschen
100 g dunkle Schokolade, geschnitten
30 g weißes Pflanzenfett
60 g weiße Schokoladenkuvertüre

1 Butter in einem kleinen Topf erhitzen, bis sie leicht gebräunt ist, dann vom Herd nehmen. Gesiebten Puderzucker, Crème double, Kokosraspeln und einige Tropfen Lebensmittelfarbe zugeben, gut mischen.
2 Jede Kirsche in 2 TL der Mischung gleichmäßig einbetten.
3 Dunkle Schokolade und Pflanzenfett in eine kleine, feuerfeste Schüssel geben. Im Wasserbad rühren, bis Schokolade und Fett geschmolzen und glatt sind.
4 Kuchengitter über ein Backblech legen, Topf mit Fettglasur daraufstellen. Mit zwei Gabeln Kirschen in die Schokolade tauchen; abtropfen lassen. Auf ein Kuchengitter legen, fest werden lassen.
5 Weiße Schokolade im Wasserbad rühren, bis die Schokolade geschmolzen ist. Mischung leicht abkühlen lassen; in einen kleinen Papierspritzbeutel füllen. Das offene Ende verschließen und die Tülle des Beutels abschneiden. Weiße Schokolade zur Dekoration über jede Kirsche träufeln; fest werden lassen.

WÜRZIGE FRUCHT-NUSS-RIEGEL

★★

Vorbereitungszeit: 20 Minuten
Kochzeit: 40 Minuten
Ergibt 32 Stück

2/3 Tasse Mandeln, blanchiert
2/3 Tasse Walnüsse
1/2 Tasse Orangeat und Zitronat
1/3 Tasse Dörrobst, gemischt
2 EL Kakao
2 EL Mehl
1/2 TL Zimt
1/4 TL Nelkenpulver
1/4 TL Muskatnuß, gemahlen
1/3 Tasse sehr feiner Zucker
1/4 Tasse Honig
1/4 Tasse Wasser
250 g dunkle Schokolade, geschnitten

1 Backofen auf 180 °C vorheizen. Eine quadratische Backform (20 cm) mit Aluminiumfolie auslegen; Folie fetten. Mandeln und Walnüsse auf einem Backblech verteilen und 5 Minuten goldbraun rösten. Zum Abkühlen vom Blech nehmen und fein hacken. Nüsse, Orangeat und Zitronat, Trockenfrüchte, Kakao, Mehl und Gewürze in eine große Schüssel geben.
2 Zucker, Honig und Wasser in einem schweren Topf bei mittlerer Hitze rühren, bis der Zucker gelöst ist, nicht kochen lassen. Zuckerkristalle mit einem nassen Backpinsel entfernen. Zum Kochen bringen, Hitze leicht zurücknehmen, 10 Minuten kochen, nicht rühren. Vom Herd nehmen, über die Fruchtmischung gießen und gut mischen. Mit dem Rücken eines geölten Löffels in die Form drücken, 20 Minuten backen. In der Form abkühlen lassen; herausnehmen, Folie abziehen. Kuchen in 4 lange Riegel, dann jeden Riegel in acht kurze Riegel schneiden.
3 Schokolade im Wasserbad rühren, bis sie geschmolzen und glatt ist. Leicht abkühlen lassen. Mit einem Löffel jeden Riegel in der geschmolzenen Schokolade wenden, dann mit einer Gabel herausnehmen.

KORIANDER

PIKANTES LAMM MIT KORIANDER

☆ ***Vorbereitungszeit:*** 10 Minuten
Kochzeit: 1 Stunde 10 Minuten
Für 6 Personen

1 kg Lammkoteletts
1–2 EL Olivenöl
2 kleine Zwiebeln, gehackt
2 Knoblauchzehen, zerdrückt
1 EL Ingwer, geraspelt
1 EL Koriander, gemahlen
2 TL Kreuzkümmel, gemahlen
1 TL Kurkuma, gemahlen
⅓ Tasse frischer Koriander, feingehackt
frisch gemahlener, schwarzer Pfeffer
2 Tassen Hühnerbrühe

1 Fleisch säubern. In einem großen, schweren Topf Öl erhitzen. Fleisch bei mittlerer Hitze 2 Minuten in kleinen Portionen anbraten, bis es gut gebräunt ist; auf Küchenpapier abtropfen lassen.
2 Zwiebeln und Knoblauch in den Topf geben, zwei Minuten braten, bis alles gebräunt ist. Restliche Zutaten, außer der Hühnerbrühe, zusammen hineinrühren.
3 Fleisch mit der Hühnerbrühe in den Topf geben; zum Kochen bringen. Hitze reduzieren, ohne Deckel eine Stunde köcheln lassen, mit gekochtem Reis servieren.

Gegenüber, oben: Schoko-Kirsch-Pralinen; unten: Würzige Frucht-Nuß-Riegel.
Oben: Pikante Tortilla-Ecken

KARTOFFELSALAT MIT KORIANDER

6 große Kartoffeln (ca. 2 kg) in dicke Scheiben schneiden, kochen, bis sie gerade weich sind; abgießen und in eine Schüssel geben. ½ Tasse Weißweinessig, ⅓ Tasse Olivenöl, 1 zerdrückte Knoblauchzehe, 1 EL feingeraspelten, frischen Ingwer und 1 TL feinstgeschnittene, frische, rote Chilischote 2 Minuten verrühren. Mischung über die Kartoffeln gießen und mit ½ Tasse gehacktem Koriander bestreuen. Sofort servieren. Für 4–6 Personen.

PIKANTE TORTILLA-ECKEN

☆☆ ***Vorbereitungszeit:*** 20 Minuten
Kochzeit: 10 Minuten
Ergibt 24 Stück

2 Mehltortillas, à 23 cm
ungefähr ¼ Tasse Öl

Belag
1–2 EL Öl
1 Zwiebel, feingehackt
2 kleine, rote Chilischoten, feingehackt
2 Knoblauchzehen, zerdrückt
400 g Pinto-Bohnen aus der Dose, abgetropft und grob zerdrückt
1 Tasse dicke Salsa-Soße, aus der Flasche
2 EL Koriander, geschnitten
½ Tasse geriebener Cheddar

1 Tortillas vierteln. Jedes Viertel in drei Dreiecke schneiden. In einer Bratpfanne 2 EL Öl erhitzen. Portionsweise Dreiecke in die Pfanne geben, von jeder Seite 30 Sekunden braten, bis sie knusprig und goldbraun sind. Aus der Pfanne nehmen, auf Küchenpapier abtropfen lassen.
2 Für den Belag Öl in einer flachen Pfanne erhitzen, Zwiebel, Knoblauch und Chilischoten zugeben, bei mittlerer Hitze unter Rühren 3 Minuten weich braten. Bohnen, Salsa und Koriander hineinrühren. Abkühlen lassen.
3 Belag auf die Dreiecke streichen und mit Käse bestreuen. Unter dem vorgeheizten Grill 1 Minute grillen, bis der Käse geschmolzen ist.

Anmerkung: Die Dreiecke können auch im Ofen gebacken werden. In einem auf 180 °C vorgeheizten Ofen 5 Minuten knusprig backen. Belag auf die Dreiecke geben, 3–5 Minuten backen, bis der Käse geschmolzen ist.

WISSENSWERTES ÜBER KORIANDER

Geschnittene Blätter dieses aromatischen Gewürzes verleihen Huhn, Lamm- und Gemüsegerichten herrlichen Duft und Frische.

Kirsche Kleine, saftige Steinfrucht; mit Pflaumen verwandt; wahrscheinlich aus Asien stammend. Schon in prähistorischen Zeiten breitete sie sich nach Europa und Nordamerika aus. Die Römer brachten sie nach Britannien. Seit dem Mittelalter zeigen »Kirschenfeste« den Beginn des Sommers an. Zu Beginn des Sommers nur für sehr kurze Zeit erhältlich. Besonders köstlich schmecken sie roh.

Kitz Junge Ziege, die ähnlich wie Lamm zubereitet wird.

Kiwano (Zitromelone, Lemonbana, Hornmelone) Ursprünglich aus der Kalahariwüste stammende Frucht. Wird vor allem aus Neuseeland importiert. Vorwiegend frisch oder als Teil von Mixgetränken zu genießen.

Kiwi-Frucht (Chinesische Stachelbeere) Eiförmige, haarige Frucht mit süßem,

saftigem Fleisch. Verzehr: frisch, geschält, geschnitten oder halbiert; in Fruchtsalaten oder in

Pürees, in Eis und Sorbets.

Klären Methode zur Entfernung von Trübstoffen aus Suppen und Soßen. Eiweiß wird in die heiße Flüssigkeit geschlagen, wobei während des Gerinnungsprozesses die Schwebstoffe in dem sich an der Oberfläche absetzenden Eiweiß gebunden werden, das dann abgeschöpft werden kann. Die verbleibende heiße Flüssigkeit wird nachträglich durch ein Tuch gegossen.

Klarer Bezeichnung mehrerer, aber nicht aller farbloser Trinkbranntweine, die keine speziellen Qualitätsanforderungen erfüllen müssen; z. B. Korn, Gin, Aquavit, Steinhäger.

Kleberbrot Ein Diätbrot, das wenig Kohlenhydrate, aber einen hohen Gehalt an Getreideeiweiß enthält. Für Diabetiker geeignet.

Kleie Hüll- oder Innenschalen von Weizen- und anderen

Getreidekörnern, die beim Kornmahlen anfallen. Ballaststoff mit hohem

KRABBEN

KRABBEN IN SCHWARZE-BOHNEN-SOSSE

☆ ***Vorbereitungszeit:*** 40 Minuten
Kochzeit: 10 Minuten
Für 4 Personen

4 Krabben	*1 TL Knoblauch, feingehackt*
1 mittelgroße Zwiebel	*1 TL Ingwer, feingeschnitten*
½ rote Paprikaschote	*1 TL Zucker*
½ grüne Paprikaschote	*1–2 EL Sojasoße*
2 Frühlingszwiebeln	*⅓ Tasse Wasser*
½ Tasse Öl	*2 TL Maismehl (Stärke)*
3 TL gesalzene schwarze Bohnen, feingehackt	

1 Schwanzende der Krabben abbrechen.
2 Schale vom Körper entfernen; graues Gewebe herausschneiden. Krabben waschen, halbieren. Lange Scheren mit Fleischklopfer aufbrechen. Gemüse in 8 cm lange Streifen schneiden.
3 Öl im Wok erhitzen. Krabbenstücke 3 Minuten im Öl braten. Abtropfen lassen. Öl absieben, 2–3 EL davon zurück in den Wok geben. Schwarze Bohnen, Knoblauch und Ingwer 30 Sekunden kurz anbraten. Zucker und Gemüse zugeben. 2 Minuten kurz anbraten.
4 Krabben zugeben. Sojasoße, Wasser und Stärkemehl verrühren und in den Wok geben. Kochen, bis die Soße dick wird. Vom Herd nehmen. Sofort servieren.

WISSENSWERTES ÜBER KRABBEN

Krabben sind gekocht oder roh erhältlich. Blaue Schwimmkrabben werden auch oft roh verkauft. Die meisten anderen Krabbenarten, die ungekocht verkauft werden, sollten noch leben – Krabbenfleisch verdirbt schnell.

1

2

3

4

CHILI-KRABBEN MIT ZARTEN NUDELN

★ ***Vorbereitungszeit:*** 20 Minuten
Kochzeit: 7–10 Minuten
Für 4–6 Personen

10–12 große Chinakohlblätter
2–3 EL Öl
200 g Eiernudeln, gekocht und abgekühlt
2 TL Ingwer, geraspelt
1 Knoblauchzehe, zerdrückt
200 g Krabbenfleisch
1 Bund Spargel, gekocht, in 4 cm lange Stücke geschnitten
1 Tasse Bambussprossen
1 rote Paprikaschote, in feinen Streifen
1–2 EL Öl
2–3 EL Sojasoße
1 TL Chilisoße

1 Kohlblätter nacheinander 30 Sekunden in kochendes Wasser geben, herausnehmen, in Eiswasser abschrecken, trockentupfen.
2 Öl in einer großen Pfanne erhitzen, Nudeln zugeben, 3–4 Minuten braten, herausnehmen und beiseite stellen. Öl abgießen, Ingwer, Knoblauch, Krabbenfleisch in der Pfanne unter Rühren 2–3 Minuten anbraten. Zu den Nudeln geben.
3 Spargel, Bambussprossen und rote Paprikaschote zu der Mischung geben. Öl, Sojasoße und Chili verrühren, zu den Nudeln geben, gut mischen.
4 Kohlblätter in einer großen Servierschüssel anordnen, Krabben-Nudelmischung in eine andere Servierschüssel geben.

Gegenüber: Krabben in Schwarze-Bohnen-Soße.
Oben: Chili-Krabben mit zarten Nudeln.
Rechts: Krabbenküchlein mit scharfer Salsa

KRABBENKÜCHLEIN MIT SCHARFER SALSA

★ ***Vorbereitungszeit:*** 30 Minuten + 30 Minuten Kühlzeit + 1 Stunde Ruhezeit
Kochzeit: pro Portion 5–6 Minuten
Für 6 Personen

100 g Vermicelli, auf 8 cm Länge gebrochen
600 g Krabbenfleisch
2 EL frische Petersilie, feingehackt
1 kleine rote Paprikaschote
¼ Tasse Parmesan, feingerieben
¼ Tasse Mehl
2 Frühlingszwiebeln, feingehackt
frisch gemahlener schwarzer Pfeffer
2 Eier, leicht verquirlt
3 EL Öl zum Braten

Scharfe Salsa
2 große, reife Tomaten
1 mittelgroße Zwiebel, feingehackt
2 Knoblauchzehen, zerdrückt
1 TL getrockneter Oregano
2–3 EL süße Chilisoße

1 Vermicelli in siedendem Wasser »al dente« kochen; absieben. Nudeln, Krabbenfleisch, Petersilie, rote Paprikaschote, Parmesan, Mehl, Zwiebeln und Pfeffer in eine große Schüssel geben. Eier zufügen, gut mischen.
2 Mischung zu 12 flachen Küchlein formen; 30 Minuten kühl stellen. Öl in einer großen, schweren Pfanne erhitzen; Krabbenküchlein portionsweise bei mittlerer Hitze goldbraun braten. Mit scharfer Salsa servieren.
3 **Für die scharfe Salsa** alle Zutaten mischen. 1 Stunde bei Zimmertemperatur stehenlassen.

Vitamin B- und Phosphorgehalt.

Klippfisch Luftgetrockneter, gesalzener Seefisch, z. B. Schellfisch, Kabeljau, Seelachs, der früher von den Fischern auf den Klippen getrocknet wurde.

Klöße Kleine oder größere süße oder pikante, gedämpfte Teigbällchen, die als Beigabe zu Fleischgerichten oder zu Desserts gereicht wird. Zu gekochtem oder gebratenem Rindfleisch werden meist pikante Klößchen serviert, die in der Fleischbrühe oder im Schmortopf mitgegart wurden. In Asien meist Mischungen aus

feingehacktem Schweine- oder Rindfleisch und Gemüsen, in Teigblätter eingewickelt und gedämpft. Süße Klößchen werden entweder in der Dessertsoße oder in Fruchtsaft gegart.

Kluft Teil der Rinderkeule, aus deren bestem Teil das ca. 200 g schwere und 2 bis 3 cm dicke Kluftsteak geschnitten wird, das nur kurz,

KRÄUTER

Frisch geschnittene Kräuter machen aus vielen Allerweltsgerichten kleine Besonderheiten. Deshalb gibt es keinen Grund, sparsam mit Kräutern umzugehen. Nur bei getrockneten Kräutern ist Vorsicht angebracht, denn sie sind konzentriert; zuviel kann ein Gericht verderben.

BASILIKUM: Leuchtend grüne Blätter; unverkennbar in Geschmack und Aroma. Wichtigstes Gewürz der italienischen Küche; unersetzlich für Pesto. Erhältlich: frisch, im Topf oder getrocknet. Verwendung: ganze oder gehackte Blätter als Gewürz oder Garnitur. Kochen verringert den Geschmack. Für: Tomaten, Auberginen, Zucchini, grünen Salat und Nudelgerichte.

LORBEER: Glänzend dunkelgrüne Blätter. Wesentlicher Bestandteil von Bouquet garni und Marinaden. Erhältlich: getrocknete, ganze Blätter; kaum frisch. Verwendung: ganze Blätter für den Geschmack; Kochen verstärkt das Aroma; vor dem Servieren Blätter entfernen. Für: Fleisch- und Geflügelgerichte, gebackenen Fisch und Marinaden.

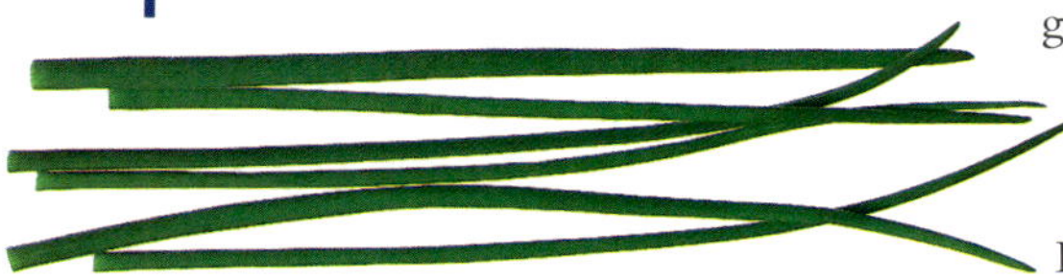

SCHNITTLAUCH: Dünnes, grasartiges Lauchgewächs. Erhältlich: frisch, im Topf oder getrocknet; etwa ⅓ weniger von getrocknetem Schnittlauch nehmen. Verwendung: gehackt oder als Stengel zur Garnierung, als Zutat. Erst kurz vor dem Servieren zugeben. Für: Eiergerichte, grüne Salate, Kartoffelsalat, Tomatengerichte, Suppen, Kräuterquark und Dips.

KORIANDER: Hellgrünes Gewürzkraut mit feinen Blättern. Erhältlich: frisch (in Bündeln, manchmal mit Wurzeln) oder gehackt in Gläsern. Verwendung: Blätter zur Garnierung, gehackte Blätter und Wurzeln als Zutat. Sparsam verwenden. Für: kurzgebratene Gerichte, Salate, Meeresfrüchte, Salsa-Chutneys. Anderer Name: Chinesische Petersilie, Cilantro.

DILL: Leicht anisartiger Geschmack und Aroma. Erhältlich: frisch, 2–3 Tage in Wasser haltbar, oder getrocknet. Verwendung: frisch zum Garnieren, unmittelbar vor dem Servieren zugeben; getrocknet nur ⅓ verwenden. Für: Kartoffeln, Eiergerichte, cremige Soßen, eingelegte Gurken, Reisgerichte, Salate und Fisch.

KNOBLAUCH: Intensiv schmeckende, aromatische Knolle. Erhältlich: frisch als Brutzwiebeln, 2–3 Wochen haltbar; getrocknet als Pulver, Flocken oder Püree. Verwendung: ganze, geschälte Zehe, gehackt oder zerdrückt. Für: Geflügel- und Fleischgerichte, Pastasoße, Pizza, Knoblauchbrot, Currys, Muscheln, Salatsoßen.

SCHNITTKNOBLAUCH: Dunkelgrüne, grasähnliche, flache Halme. Häufig in asiatischen Gerichten. Erhältlich: frisch, in Folie 5 Tage im Kühlschrank haltbar. Verwendung: gehackte, grüne Teile als Garnierung und Zutat, 2–3 Minuten vor dem Servieren zugeben. Würze für: Suppen, Rühreier, Dips.

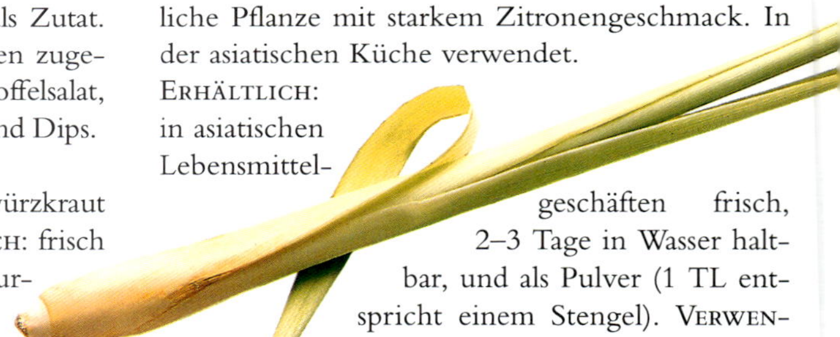

ZITRONELLGRAS: Lange, stämmige, grasähnliche Pflanze mit starkem Zitronengeschmack. In der asiatischen Küche verwendet. Erhältlich: in asiatischen Lebensmittelgeschäften frisch, 2–3 Tage in Wasser haltbar, und als Pulver (1 TL entspricht einem Stengel). Verwendung: nur die ersten 10 cm von geschnittenen Stengeln als Zutat; nicht ungekocht verwenden. Für: Fisch, Geflügel, Currys. Anderer Name: Sereh, Zitronengras.

MAJORAN: Dunkelgrünes Küchenkraut; weniger intensiv als Oregano. Erhältlich: Frisch oder getrocknet. Verwendung: gehackte Blätter zur Garnierung. Für: pikante Scones, Klöße, Pasteten, Hackbraten, Fisch.

MINZE: Dunkelgrün mit starkem, frischem Geschmack: Viele Arten, am gebräuchlichsten ist Pfefferminze. Erhältlich: frisch oder getrocknet. Verwendung: ganze Blätter zum Garnieren, gehackte Blätter als Zutat. Für: Erbsen-, Kartoffel- und Lammgerichte, Entenbraten, asiatische Salate, Fruchtgetränke. Arten: Pfefferminze, Apfel, Ananas, Vietnamesische Minze.

OREGANO: Kleinblättrig, aromatisch, mit strengem Geschmack; häufig in griechischen und italienischen Gerichten. Erhältlich: frisch, 5 Tage in Wasser haltbar, oder getrocknet. Verwendung: gehackte Blätter als Zutat oder Garnierung. Für: Pizza, griechische Salate, Moussaka, Salatsoßen, Tomatensoßen, Risotto, Schmortöpfe, Nudelgerichte.

KRAUSE PETERSILIE: Krause, mit mildem, würzigem Geschmack. Erhältlich: frisch, 2 Wochen im Kühlschrank haltbar, oder getrocknet. Verwendung: gehackt als Zutat oder Garnierung. Kochen verringert den Geschmack. Mit Thymian und Lorbeer in Bouquet garni. Würze für: alle würzigen Gerichte, besonders Eiergerichte, Schmortöpfe, Mornaysoße, Suppen, Salate, Fisch, Muscheln, Huhn, Tomaten, Auberginen.

GLATTE PETERSILIE: Dunkelgrün, mit kräftigerem Geschmack als krause Petersilie. Erhältlich: frisch, 7 Tage in Wasser haltbar. Verwendung: gehackte oder ganze Blätter zum Garnieren, gehackt als Zutat. Kochen verringert den Geschmack, obwohl hitzeresistenter als krause Petersilie. Für: Salate, Suppen, Omeletts, Tabouleh, Huhn, Muscheln, Nudelgerichte, Gemüse, Frischkäse.

ROSMARIN: Dunkelgrüne, stachlige Blätter, intensiv in Geschmack und Aroma. Erhältlich: frisch, 5 Tage im Kühlschrank haltbar, oder getrocknet. Getrocknet nur ⅓ der Frischmenge nehmen. Verwendung: ganze Stengel, Blätter oder feingehackt als Zutat. Kochen verstärkt den Geschmack. Vor dem Servieren ganze Stengel oder Blätter entfernen. Für: Lammgerichte, Brathuhn, Kalb-, Schweine- und Rindfleisch sowie Fisch.

SALBEI: Graugrün, langblättrig mit würzigem, trockenem Aroma und kräftigem Geschmack. Seit jeher zu fetten, schweren Fleischgerichten. Erhältlich: frisch, in Wasser 5 Tage haltbar, oder getrocknet. Getrocknet nur ⅓ der Frischmenge verwenden. Verwendung: ganze oder gehackte Blätter als Zutat, vor dem Servieren entfernen. Für: Füllungen in Huhn, Gänse- oder Entenbraten, Kalb, Leber, Wurst, sehr fetten Fisch.

SAUERAMPFER: Großblättrig; ähnelt jungem Spinat; säuerlicher Geschmack und zitronenähnliches Aroma. Erhältlich: frisch, 5 Tage in Wasser haltbar. Verwendung: ganze Blätter als Zutat oder zum Garnieren. Kochen verringert den Geschmack. Für: Suppen, Omeletts, Salate. Arten: Wild- und Gartensauerampfer.

ESTRAGON: Dünne, dunkelgrüne Blätter. Häufig in der französischen Küche verwendet. Erhältlich: frisch, 2–3 Tage in Wasser haltbar. Verwendung: gehackt als Zutat oder Garnierung. Vom getrockneten Kraut nur ⅓ der Frischmenge verwenden. Für: Geflügelgerichte, Omeletts, Fisch, Salatsoße, Sauce Béarnaise. Arten: französischer, russischer Estragon.

THYMIAN: Aromatisch, mit kleinen Blättchen und kräftigem Geschmack. Erhältlich: frisch, 7 Tage in Wasser haltbar, oder getrocknet. Verwendung: ganze Stengel als Garnierung, ganze oder gehackte Blätter als Zutat. Für: Braten, Pasteten, Terrinen, Kräuterbrot, Marinaden und Füllungen. Arten: Zitronen-, Orangenthymian.

meist rosa, gebraten wird.

Knoblauch Lauchgattung; stark aromatische Zwiebel, deren Würzkraft in Gerichten aus Nah- und Fernost, dem Mittelmeerraum und

Osteuropa verwendet wird. Jede Zwiebel besteht aus mehreren Zehen. Für intensiveren Geschmack Zehen zerdrücken.

Knochenmark Fetthaltiges Gewebe im Innern von Tierknochen. Es ist von blasser Farbe und nimmt nach dem Kochen und Abkühlen eine glatte, geleeartige Konsistenz an. Rohes Mark aus größeren Rinderknochen kann gehackt und als Bestandteil von Füllungen verwendet werden. Gekochtes Mark kann als Aufstrich auf Toast als Vorspeise gereicht werden, oder man verwendet es in Gerichten wie Risotto Milanese.

Knollensellerie Weißfleischige Wurzelknolle des Sellerie. In Italien wurde sie während der Renaissance bekannt; bis zum 18. Jh. war sie auch in Frankreich und Deutschland bekannt. Geschält wie

KUCHEN UND TORTEN

EINFACHER BUTTERKUCHEN

★ ***Vorbereitungszeit:*** 20 Minuten
Backzeit: 45 Minuten
Für eine 20 cm große Springform

125 g Butter
3/4 Tasse sehr feiner Zucker
2 Eier, leicht verquirlt
1 TL Vanilleessenz
2 Tassen Mehl, mit Backpulver vermischt
1/2 Tasse Milch

Zitronenglasur
1 Tasse Puderzucker
15 g Butter, zerlassen
3–4 TL Zitronensaft

1 Ofen auf 180 °C vorheizen. Springform mit zerlassener Butter oder Öl auspinseln; Boden und Seiten mit Backpapier auslegen, Papier fetten. Mit dem Handrührgerät Butter und Zucker in einer kleinen Schüssel schaumig rühren. Nach und nach Eier zugeben, jedesmal sorgfältig rühren. Vanilleessenz zugeben; rühren, bis alles gut vermischt ist.
2 Mischung in eine große Schüssel geben. Mit einem Metallöffel abwechselnd gesiebtes Mehl und Milch unterheben. Rühren, bis alles fast verbunden und die Mischung fast glatt ist. Mischung in die vorbereitete Backform geben, Oberfläche glattstreichen. 45 Minuten backen, bis eine Nadel bei der Nadelprobe sauber bleibt. Kuchen vor dem Stürzen in der Form abkühlen lassen.
3 **Für die Zitronenglasur** gesiebten Puderzucker, zerlassene Butter und ausreichend Zitronensaft in einer kleinen Schüssel zu einer steifen Paste verarbeiten. Schüssel in ein Wasserbad stellen und rühren, bis die Glasur weich und glänzend ist; nicht zu stark rühren, weil die Glasur sonst stumpf und körnig wird. Vom Herd nehmen. Mit der Messerklinge die Glasur auf dem Kuchen verteilen.

Anmerkung: Beim Kuchenbacken sorgt Zucker für das Einschleusen von Luft in die fette Teigmasse. Deshalb ist es wichtig, dem Rezept angepaßten Zucker zu verwenden. Sehr feiner Zucker ist wegen seiner Kristallgröße zum Backen von Butterkuchen ideal: je kleiner das Kristall, desto mehr Luftzellen können in der Teigmischung entstehen, desto lockerer wird der fertige Kuchen.

MARMORKUCHEN

Einfachen Butterkuchen-Teig gleichmäßig auf 3 Schüsseln aufteilen. 2 EL gesiebtes Kakao-Pulver und 1 zusätzlichen EL Milch in die erste Schüssel geben; gut mischen. Ausreichend rote Lebensmittelfarbe zur zweiten Schüssel geben, um den Teig rosa zu färben. Der Teig in der dritten Schüssel bleibt unverändert. Löffelweise Teig abwechselnd in die vorbereitete Backform geben. Mit einem Grillspieß oder Messer durch den Teig fahren, um die Farben zu verwirbeln. Backen wie angegeben.

ELFENKÜCHLEIN

☆☆ ***Vorbereitungszeit:*** 30 Minuten
Backzeit: 10–15 Minuten
Ergibt ca. 36 Pastetchen

150 g Butter
¾ Tasse sehr feiner Zucker
2 Eier, leicht verquirlt
1 TL Vanilleessenz
2 TL Zitronensaft
2 Tassen Mehl mit Backpulver vermischt
½ Tasse Milch
½ Tasse Himbeermarmelade
1 ¼ Tassen Sahne, geschlagen
Puderzucker zum Dekorieren

1 Ofen auf 180 °C vorheizen. 24 Pasteten- oder Petit-four-Förmchen mit Papier auslegen. Mit dem Handrührgerät Butter und Zucker in einer kleinen Schüssel schaumig rühren. Nach und nach Eier zugeben, jedesmal sorgfältig rühren. Essenz und Saft zugeben und gut verrühren.
2 In eine große Schüssel geben. Mit einem Metallöffel abwechselnd gesiebtes Mehl und Milch unterheben. Rühren, bis alles fast verbunden ist. Gestrichene Eßlöffel voll Teig in Pastetenförmchen geben. 10–15 Minuten goldbraun backen. 5 Minuten in den Förmchen abkühlen lassen. Herausnehmen; auf Kuchengitter auskühlen lassen.
3 Erneut die Förmchen auslegen und den Vorgang mit dem restlichen Teig wiederholen. Wenn die Küchlein kalt sind, Spitze und einen ca. 2 cm tiefen Kreis für die Füllung herausschneiden.
4 In jedes Pastetchen ½ Tl Marmelade geben, mit 1 TL Sahne abdecken, Kappen aufsetzen. Mit gesiebtem Puderzucker bestauben.

MADEIRA-KUCHEN

☆ ***Vorbereitungszeit:*** 20 Minuten
Backzeit: 55 Minuten
Für 1 Kastenform/Kuchen

150 g Butter
¾ Tasse sehr feiner Zucker
3 Eier, leicht verquirlt
2 TL abgeriebene Orangen- und Zitronenschale
½ Tasse Mandeln, gemahlen
1 ¾ Tassen Mehl mit Backpulver vermischt
Puderzucker zum Dekorieren

1 Ofen auf 180 °C vorheizen. Eine Kastenform (23 x 13 x 7 cm) mit zerlassener Butter oder Öl auspinseln. Boden und Seiten mit Backpapier auslegen, Papier fetten. Mit dem Handrührgerät Butter und Zucker schaumig rühren. Nach und nach Eier zugeben. Abgeriebene Schalen zugeben.
2 Mischung in eine große Schüssel geben. Mit einem Metallöffel gemahlene Mandeln und gesiebtes Mehl unterheben.
3 Teig in die vorbereitete Form füllen; Oberfläche glätten. 55 Minuten backen, bis eine Nadel bei der Nadelprobe sauber bleibt. Kuchen vor dem Stürzen 10 Minuten in der Form abkühlen lassen. Den Kuchen leicht mit Puderzucker bestauben.

WISSENSWERTES ÜBER KUCHEN

- Vor dem Backbeginn Rezepte sorgfältig und vollständig lesen und alle Zutaten und Backgeräte bereitstellen. Ofen auf die richtige Temperatur vorheizen, Backformen vorbereiten.
- Zutaten korrekt abmessen – nicht abschätzen. Standardmeßgeräte verwenden. Butter und Eier sollten Zimmertemperatur haben. Trockene Zutaten sieben.
- Butter und Zucker sorgfältig mit dem Handrührgerät schaumig rühren. Die Mischung sollte sich im Volumen verdoppelt haben und keine nicht gelösten Zuckerkristalle aufweisen. Zutaten sorgfältig unterheben, sanft, jedoch gleichmäßig mischen (zu starkes Rühren hat feste Kuchen mit grober Textur zur Folge).
- Ofentemperatur kontrollieren. Öffnen der Ofentür vermeiden, bevor nicht ⅔ der Backzeit vergangen sind. Die angegebenen Backzeiten sind durchschnittliche Backzeiten und können, je nach Ofentemperatur, variieren. Den Kuchen für die angegebene Zeit in der Form lassen, bevor er zum Auskühlen auf ein Kuchengitter gestürzt wird.

Oben: Elfenküchlein.
Gegenüber: Einfacher Butterkuchen

Kartoffeln, kann sie in Salaten (roh, geraspelt oder mit Soße gemischt) oder dampfgegart, gekocht und heiß mit einer Soße serviert werden.

Knurrhahn Stachelflossiger Fisch aus der Nordsee mit sehr delikatem Fleisch. Mit Hilfe seiner Schwimmblase kann er Knurrtöne erzeugen.

Kochbanane siehe Plantaine.

Köcheln Lebensmittel in einer Flüssigkeit knapp unter dem Siedepunkt gar ziehen lassen. Wenn die Flüssigkeit köchelt, steigen Blasen auf.

Kochwurst Größtenteils aus gekochtem Material hergestellte Wurst.

Köfte Fleisch- oder Hühnerfleischbällchen, in würziger Soße gekocht; beliebt in Nahost und Asien.

Kohl Gemüse mit blaßgrünen Blättern, die zu einem festen Kopf eingerollt sind. Kann roh, feingehobelt in Salaten, feingeschnitten

und gedämpft oder gekocht verzehrt oder in der Mikrowelle zubereitet werden. Serviert als Gemüse oder in Suppen, Eintöpfen und

Schmortöpfen; die zarten, gewellten Außenblätter dienen als Umhüllung für pikante Füllungen. In Europa und im westlichen Asien beheimatet, ist Kohl eine der ältesten Gemüsesorten. Anfangs wurden eher die Strünke, nicht die Blätter gegessen. Der hohe Vitamin-C-Gehalt wurde im 18. Jh. von Seefahrern erkannt, die kistenweise Kohl mit an Bord nahmen, um Skorbut vorzubeugen.

Kokosmilch Flüssigkeit, die sich im Hohlraum der Kokosnuß befindet, und die aus Kokosmark herausgepreßt wird. In vielen Gerichten Asiens, besonders in Currygerichten, wird sie verwendet. Kokoscreme wird aus gekühlter Kokosmilch gewonnen. Die ölige Oberflächen-»sahne« wird abgeschöpft und wie die Milch verwendet. Beides in Dosen erhältlich.

Kokosnuß Frucht der Kokospalme. In den gesamten Tropen

»PANFORTE«

☆ ***Vorbereitungszeit:*** 30 Minuten
Backzeit: 50 Minuten
Für 1 runden Kuchen

2/3 Tasse Mandelsplitter
2/3 Tasse Macadamianüsse, geschnitten
2/3 Tasse Walnüsse, geschnitten
1 1/2 Tassen gemischtes Dörrobst
2/3 Tasse Mehl
2 EL Kakaopulver
1 TL Zimt, gemahlen
60 g dunkle Halbbitter-Schokolade, geschnitten
60 g Butter
1/3 Tasse sehr feiner Zucker
1/4 Tasse Honig
Puderzucker

1 Ofen auf 180 °C vorheizen. 1 flache Backform (20 cm Durchmesser) mit zerlassener Butter oder Öl auspinseln, Boden und Seiten mit Backpapier auslegen, Papier fetten. Nüsse und Dörrobst in einer großen Schüssel zusammengeben. Gesiebtes Mehl, Kakao und Zimt zugeben, gut mischen. In der Mitte eine Vertiefung machen.
2 In einem kleinen Topf Schokolade, Butter, Zucker und Honig bei schwacher Hitze rühren, bis alles geschmolzen und gut verbunden ist; vom Herd nehmen. Buttermischung zu den trockenen Zutaten geben. Mit einem Holzlöffel leicht rühren, bis alles gut gemischt ist.
3 Teig in die vorbereitete Form geben; Oberfläche glätten. 50 Minuten backen, bis der Kuchen einem Druck auf die Mitte nicht mehr nachgibt. Kuchen vor dem Stürzen auf ein Kuchengitter in der Form etwas abkühlen lassen.

EINFACHER SCHOKOLADENKUCHEN

☆ ***Vorbereitungszeit:*** 20 Minuten
Backzeit: 35 Minuten
Für 1 doppelstöckigen Kuchen

125 g Butter
3/4 Tasse sehr feiner Zucker
1 Ei
1 TL Vanilleessenz
1 1/2 Tassen Mehl, mit Backpulver vermischt
1 EL Kakaopulver, gesiebt
1/2 Tasse Milch
1/4 TL Natron
60 ml heißes Wasser
1/2 Tasse Sahne, geschlagen
Puderzucker
Erdbeeren

1 Ofen auf 180 °C vorheizen. 2 flache Backformen (20 cm Durchmesser) mit zerlassener Butter oder Öl auspinseln, Boden und Seiten mit Backpapier auslegen, Papier fetten. Mit dem Handrührgerät Butter und Zucker schaumig rühren. Ei zugeben und sorgfältig rühren. Vanilleessenz zugeben; nochmals rühren.
2 Mischung in eine große Schüssel geben. Mit einem Metallöffel gesiebte Zutaten abwechselnd mit der Milch unterheben. Rühren, bis alles fast verbunden und die Mischung glatt ist. Natron in heißem Wasser lösen. Unter die Mischung heben.
3 Teig in die vorbereiteten Formen geben; Oberfläche glätten. 35 Minuten backen, bis eine Nadel bei der Nadelprobe sauber bleibt. Die Kuchen vor dem Stürzen auf ein Kuchengitter 5 Minuten abkühlen lassen, mit Schlagsahne zusammenfügen. Mit Puderzucker bestauben und mit Erdbeeren dekorieren.

SCHOKOLADENKUCHEN

☆☆ ***Vorbereitungszeit:*** 40 Minuten
Backzeit: 2 ¼ Stunden
Für 8–10 Personen

2 Tassen Zucker
1 ¼ Tassen Mehl
1 Tasse Mehl, mit Backpulver gemischt
½ Tasse Kakaopulver
½ TL Natron
4 Eier, leicht verquirlt
1 Tasse Buttermilch
1 TL Vanilleessenz
etwas Salz
300 g Butter, zerlassen
200 g dunkle Halbbitter-Schokolade, feingeschnitten
weiße Schokolade

Glasur
200 g dunkle Halbbitter-Schokolade, geschnitten
⅓ Tasse Sahne

1 Backofen auf 150 °C vorheizen. Eine tiefe, runde Backform (23 cm Durchmesser) mit Öl oder zerlassener Butter auspinseln; Boden und Seiten mit Backpapier auslegen, fetten.
2 Zucker in eine große Schüssel geben. Gesiebtes Mehl, Kakao und Soda zugeben. In der Mitte eine Vertiefung machen. Mischung aus Eiern, Buttermilch, Essenz und Salz unterheben. Gut mischen.
3 Butter und Schokolade zugeben, gut mischen. Den Teig in die vorbereitete Backform geben, Oberfläche glätten. 2–2 ¼ Stunden backen, bis eine Nadel bei der Nadelprobe sauber bleibt. Kuchen in der Form abkühlen lassen, mit einem Wellenschliffmesser die Kuppel des Kuchens abschneiden. Den Kuchen umdrehen und auf ein Kuchengitter über eine mit Papier abgedeckte Arbeitsfläche stellen. Glasur über den Kuchen gießen, Oberfläche und Seiten mit einer flachen Messerklinge glätten. Glasur fest werden lassen. Den Kuchen vorsichtig auf eine Kuchenplatte legen. Mit Schlagsahne und Hobelspänen aus weißer Schokolade garnieren.
4 Für die Glasur Schokolade und Sahne bei schwacher Hitze rühren, bis die Schokolade geschmolzen und die Mischung weich ist. Vom Herd nehmen. Leicht abkühlen lassen.

WISSENSWERTES ÜBER DAS SCHMELZEN VON SCHOKOLADE

■ Schokolade in gleichmäßig große Stücke schneiden und in eine Glasschüssel geben. Schüssel über einen Topf mit köchelndem Wasser stellen; vorsichtig rühren, bis die Schokolade geschmolzen ist. Kein Wasser in die Schokolade tropfen lassen! Vor dem Gebrauch Schokolade leicht abkühlen lassen.

■ Schokolade in der Mikrowelle zu schmelzen, ist einfach. Für das Rezept benötigte Schokoladenmenge in gleichmäßig große Stücke schneiden und in eine für Mikrowelle geeignete Schüssel geben. Mikrowelle auf 50 % einstellen, in kurzen Abständen anstellen, um zu verhindern, daß die Schokolade ungleichmäßig heiß wird. Schüssel herausnehmen, die Schokolade vorsichtig rühren, bis sie ganz weich ist. Um Anbrennen zu vermeiden: vor dem erneuten Erhitzen in der Mikrowelle rühren.

Oben: Schokoladenkuchen.
Gegenüber: »Panforte«

K

angebaut; wichtiges Nahrungsmittel mit ölreichem, weißem Fleisch und erfrischender Flüssigkeit (Kokosmilch). Die weiche Fruchtmasse einer jungen Kokosnuß kann direkt mit dem Löffel aus der Schale heraus gegessen werden; in manchen Regionen das erste feste Nahrungsmittel für Säuglinge. Ob der eigentliche Herkunftsort der Kokosnuß Melanesien ist, ist ungewiß, denn die riesige Nuß ist schwimmfähig und kann so, über den Ozean treibend, Wurzeln schlagen, wo immer sie angelandet wird. Getrocknete Kokosraspeln und -flocken werden in Kuchen, Plätzchen und anderen Süßigkeiten verwendet. Frisch geraspeltes Kokosmark eignet sich zum Panieren von Fleisch und Fisch, kann aber auch roh verzehrt werden. Das getrocknete Mark (Kopra) ist Ausgangsbasis für Kokosfettgewinnung.

Kompott Frisches oder getrocknetes Obst, in Zucker oder Sirup, oft auch süß-sauer gekocht. In Dosen oder Gläsern eingemacht. Früchte behalten dabei meist ihre Form. Warm oder

kalt als Dessert serviert.

Konditorcreme Creme zur Füllung von Torten und Gebäck aus Milch, Eigelb und Zucker. Heiße Milch, in der man zuvor eine Vanilleschote hat ziehen lassen, wird unter mit Zucker schaumig geschlagenes Eigelb gezogen und auf dem Herd bei leichter Hitze cremig gerührt. Die Creme kann auch mit Kaffeepulver, Kakao, Likör etc. aromatisiert werden.

Konfitüre Bezeichnung für süße Aufstriche; Früchte werden in Zucker und Wasser gekocht, bis der Gelierpunkt erreicht ist, der vom natürlichen Pektingehalt der Frucht abhängig ist (Pektin ist als Pulver im Handel und kann beim Einkochen zugegeben werden).

Früchte mit hohem Pektingehalt sind Äpfel, Brombeeren, Zitronen, Orangen, Quitten und rote Johannisbeeren. Eine dieser Fruchtsorten kann mit kräftig schmeckenden Früchten pektinarmer Sorten gemischt werden. Konfitüre wird von

VOLLKORNKUCHEN MIT FRÜCHTEN UND NÜSSEN

☆ ***Vorbereitungszeit:*** 45 Minuten
Backzeit: 2 ½–3 Stunden
Für 1 Kuchen

180 g Butter
¾ Tasse weicher, dunkelbrauner Zucker
3 Eier, leicht verquirlt
200 g Feigen, geschnitten
200 g getrocknete Aprikosen, geschnitten
100 g Korinthen
100 g Sultaninen
100 g Walnüsse, geschnitten oder grob gehackt
½ Tasse Sonnenblumenkerne
1 ½ Tassen Vollkornmehl
½ Tasse Mehl, mit Backpulver vermischt
1 TL Zimt, gemahlen
1 TL Muskatnuß, gerieben
1 TL Piment, gemahlen
½ Tasse Aprikosennektar (Saft)

Gewürzter Nuß-Belag
¼ Tasse Walnüsse, feingehackt
1 EL Sonnenblumenkerne
½ TL Zimt, gemahlen
½ TL Muskatnuß, gerieben
½ TL Piment, gemahlen

1 Backofen auf 160 °C vorheizen. Eine tiefe, viereckige Backform mit zerlassener Butter oder Öl auspinseln. Boden und Seiten mit Backpapier auslegen; Papier fetten. Mit dem Handrührgerät Butter und Zucker schaumig rühren. Nach und nach Eier zugeben, jedesmal sorgfältig rühren.
2 Mischung in eine große Schüssel geben; Früchte, Walnüsse und Kerne zugeben. Mit einem Metallöffel die gesiebten trockenen Zutaten abwechselnd mit dem Aprikosennektar unterheben. In die Backform geben; Oberfläche glätten.
3 Für den gewürzten Nuß-Belag alle Zutaten mischen. Löffelweise auf die Kuchenoberfläche geben. Mit dem Löffelrücken fest in die Oberfläche drücken.
4 2 ½–3 Stunden backen, Kuchen mehrere Stunden in der Form abkühlen lassen.

WISSENSWERTES ÜBER FRÜCHTEKUCHEN

- Alle herkömmlichen Früchtekuchen müssen eine bestimmte Zeit in der Form abkühlen, sonst brechen sie auseinander.
- Früchtekuchen halten sich gut. Sie können, in mehrere Lagen Folie eingewickelt, bis zu 2 Monate im Kühlschrank aufbewahrt werden.

FESTLICHER FRÜCHTEKUCHEN

☆ ***Vorbereitungszeit:*** 30 Minuten
Backzeit: 1–1 ½ Stunden
Für zwei Kastenkuchen

125 g Butter
¼ Tasse weicher, brauner Zucker
2 Eier, leicht verquirlt
¼ Tasse heller Maissirup
250 g Datteln, entsteint
125 g kandierte Ananas, in 2 cm große Stücke geschnitten
125 g kandierte Aprikosen, in 2 cm große Stücke geschnitten
200 g ganze kandierte Kirschen
125 g ganze Macadamianüsse
125 g ganze Paranüsse
125 g ganze Haselnüsse
¼ Tasse Mehl, mit Backpulver vermischt
¼ Tasse Mehl
2 EL Portwein oder Brandy

1 Backofen auf 150 °C vorheizen. Boden und Seiten von 2 Kastenformen (26 x 8 x 4,5 cm) mit Backpapier auslegen. Mit dem Handrührgerät in einer kleinen Schüssel Butter und Zucker schaumig rühren. Nach und nach Eier zugeben, jedesmal sorgfältig rühren. Sirup zugeben; rühren, bis alles gut vermischt ist.
2 Mischung in eine große Schüssel geben; Früchte und Nüsse zugeben. Mit einem Metallöffel die gesiebten trockenen Zutaten abwechselnd mit der Flüssigkeit unterheben. Rühren, bis die Mischung fast glatt ist.
3 Teig gleichmäßig in die vorbereiteten Formen geben; Oberfläche glätten. 1 ¼ Stunden backen, bis eine Nadel bei der Nadelprobe sauber bleibt. Kuchen 1 Stunde in den Formen auskühlen lassen.

DUNDEE-CAKE

☆ ***Vorbereitungszeit:*** 30 Minuten
Backzeit: 2–2 ½ Stunden
Für einen runden Kuchen

250 g Butter
1 Tasse weicher, brauner Zucker
4 Eier, leicht verquirlt
⅓ Tasse Orangeat und Zitronat, gemischt
1 Tasse Rosinen
1 Tasse Sultaninen
¼ Tasse kandierte Kirschen, geschnitten
1 ⅓ Tassen Korinthen
1 Tasse Mandelmehl
¾ Tasse Mandelsplitter
1 ½ Tassen Mehl
½ Tasse Mehl, mit Backpulver vermischt
2–3 EL Rum
½ Tasse ganze Mandeln zur Dekoration

1 Ofen auf 150 °C vorheizen. Eine runde, tiefe Backform (20 cm Durchmesser) mit Öl oder zerlassener Butter auspinseln. Boden und Seiten mit Backpapier auslegen. Mit dem Handrührgerät Butter und Zucker schaumig rühren. Nach und nach Eier zugeben, jedesmal sorgfältig mischen.
2 Mischung in eine große Schüssel geben, Orangeat und Zitronat, Früchte und Nüsse zugeben. Mit einem Metallöffel die gesiebten, trockenen Zutaten abwechselnd mit der Flüssigkeit unterheben. Rühren, bis alles gut vermischt und fast glatt ist.
3 Teig in die vorbereitete Form geben; Oberfläche glätten. Mandeln auf der Oberfläche anordnen. 2–2 ½ Stunden backen. Kuchen mehrere Stunden in der Form abkühlen lassen.

Oben: Dundee-Cake.
Gegenüber: Vollkornkuchen mit Früchten und Nüssen

K

zerdrückten oder geschnittenen Früchten zubereitet und unterscheidet sich von Marmelade, in der die Früchte oder Fruchtstücke unversehrt bleiben und von Gelee, der aus durchgesiebtem Fruchtsaft und Zucker zubereitet wird.

Königskuchen Rührkuchen, der mit viel Butter, vielen Eiern und kandierten Früchten gebacken wird und lange frisch bleibt.

Kopfkäse siehe Fleischsülze.

Kopfsalat Salatpflanze mit grünen Außen- und gelben Innenblättern. Die im Handel gebräuchlichste, ganzjährig zu erhaltende Salatpflanze ist nur im Sommer aus Freilandzucht empfehlenswert. Gewaschen, getrocknet und in ein feuchtes Tuch eingewickelt kann der Salat im Gemüsefach des Kühlschranks aufbewahrt werden. Aber um den Gehalt an wichtigen Mineralstoffen (Kalzium, Phosphor und Eisen) zu erhalten, sollte der Kopfsalat unmittelbar nach der Ernte verzehrt werden. Für die Zubereitung die äußeren Blätter entfernen, die frischen Blätter vorsichtig ablösen, waschen und in einer Salatschleuder trocknen. Die Marinade erst unmittelbar vor dem Verzehr über den Salat gießen.

Koriander Einjährige Kräuterpflanze. Die grünen, feinen Blätter mit herb-aromatischem Geschmack werden frisch verwendet; die Wurzeln haben, feingehackt, einen ähnlichen, doch intensiveren Geschmack. Blätter und Wurzeln sind eine wichtige Zutat der südostasiatischen, chinesischen, mittelamerikanischen, nah- und mittelöstlichen Küche. Die gerösteten und gemahlenen Samen würzen Currygerichte. In Nordeuropa werden Koriandersamen beim Einmachen von Gurken und Zwiebeln und in Marinade verwendet.

Korinthe Getrocknete Beere einer dunkelvioletten, kernlosen Traube. Zum Backen, für Füllungen in Wild und Geflügel, in pikanten Soßen und in Reisgerichten verwendet.

Korma Indisches Gericht aus magerem Fleisch oder Huhn, in würziger Joghurt- oder Sahnesoße geschmort.

Kornbranntwein (Korn) Branntwein, der aus Weizen, Roggen, Buchweizen, Hafer oder Gerste hergestellt wird. Der Alkoholgehalt beträgt

EINFACHE BISKUITTORTE MIT FÜLLUNG

☆ ***Vorbereitungszeit:*** 25 Minuten
Backzeit: 20–25 Minuten
Für 1 runden Kuchen

3 Eier, getrennt
¾ Tasse sehr feiner Zucker
1 Tasse Mehl, mit Backpulver vermischt, gesiebt
4 EL sehr heißes Wasser
½ Tasse Erdbeermarmelade (oder andere gewünschte Marmelade)
300 ml Crème double, geschlagen
2 EL Puderzucker

1 Backofen auf 180 °C vorheizen. 2 Backformen (20 cm Durchmesser) fetten und mit Mehl bestauben. Eiweiß mit Zucker schlagen, bis die Masse dick und glänzend ist.

2 3 verquirlte Eigelb unterziehen, dann Mehl und Wasser unterheben.

3 Teig gleichmäßig auf die 2 vorbereiteten Formen aufteilen. 20–25 Minuten backen, bis die Kuchen bei Berührung elastisch zurückspringen.

4 Beide Kuchen aus den Formen nehmen. Auf einem Kuchengitter auskühlen lassen. Wenn die Kuchen kalt sind, mit Marmelade und Crème double bestreichen und zusammenfügen. Kuchenoberfläche mit gesiebtem Puderzucker dekorieren.

VARIATIONEN

- **Schokoladenbiskuittorte:** Statt 1 Tasse Mehl, ¾ Tasse Mehl, mit Backpulver vermischt, ¼ Tasse Kakaopulver nehmen und sieben; statt 4 EL Wasser 4 EL kochende Milch nehmen.
- **Mokkabiskuittorte:** 2 TL Pulverkaffee zum Mehl sieben.
- **Zitronenbiskuittorte:** 2 TL geriebene Zitronenschale mit dem Zucker mischen; mit Zitronenguß glasieren.
- **Orangenbiskuittorte:** 2 TL geriebene Orangenschale mit dem Zucker mischen. Mit einer Orangenlikör-Creme füllen, mit Orangenguß glasieren, mit Orangenscheiben dekorieren.
- **Nußbiskuittorte:** ¼ Tasse feingemahlene Mandeln, Hasel-, Wal- oder Pekannüsse unterheben. Biskuitkuchen mit Kaffeecreme füllen.

WISSENSWERTES ÜBER BISKUIT

- Eier sind die wichtigste Zutat bei der Herstellung von Biskuitkuchen. Nur frische Eier verwenden. Zucker nur nach und nach, teelöffelweise, zu Eiweiß oder Eigelb geben. Zum Unterheben trockener Zutaten einen langen Metallöffel verwenden, tief in die Schüssel eintauchen und die untenliegende Masse über die Masse an der Oberfläche heben.

ZITRONEN-GENOISE

★ ***Vorbereitungszeit:*** 40 Minuten
Backzeit: 20 Minuten
Für runden Schichtkuchen

1 Tasse Mehl, mit Backpulver vermischt
4 Eier, leicht verquirlt
½ Tasse sehr feiner Zucker
60 g Butter, zerlassen und abgekühlt
2 TL geriebene Orangenschale
1 TL geriebene Zitronenschale

Zitronenquark-Füllung
6 TL Maismehl (Stärke)
⅓ Tasse sehr feiner Zucker
¾ Tasse Milch
⅓ Tasse Zitronensaft
2 Eier, leicht verquirlt

1 Backofen auf 180 °C vorheizen. 2 flache, runde Backformen (20 cm Durchmesser) mit zerlassener Butter oder Öl auspinseln. Boden mit Backpapier auslegen, Papier fetten. Formen leicht mit Mehl ausstauben, überschüssiges Mehl ausschütten. Mehl dreimal auf Backpapier sieben. Eier und Zucker in eine mittelgroße, feuerfeste Schüssel geben. Schüssel über einen Topf mit köchelndem Wasser stellen. Schlagen, bis die Mischung dick und blaßgelb ist. Vom Herd nehmen, weiterschlagen bis die Mischung abgekühlt ist und sich das Volumen vergrößert hat.
2 Mehl, zerlassene Butter, Zitronen- und Orangenschale zu der Mischung geben. Mit einem Metallöffel schnell und leicht unterheben, bis alle Zutaten gerade verbunden sind. Teig gleichmäßig in die vorbereiteten Backformen geben. 20 Minuten backen, bis die Kuchen leicht goldbraun sind und sich von den Seitenwänden der Formen zu lösen beginnen. Kuchen 5 Minuten in den Formen abkühlen lassen, herausnehmen und auf einem Kuchengitter auskühlen lassen.
3 Für die Zitronenquark-Füllung Maismehl, Zucker, Milch, Zitronensaft und Eier gut mischen. Bei schwacher Hitze rühren, bis die Mischung kocht und dick wird. Dann noch 1 Minute kochen lassen. Vom Herd nehmen. In eine Schüssel geben, mit Folie abgedeckt vor dem Gebrauch abkühlen lassen.
4 Jeden Kuchen horizontal durchschneiden. 1 Kuchenlage auf eine Servierplatte legen. Gleichmäßig mit der Füllung bestreichen, nächste Kuchenlage auflegen, mit Füllung bestreichen, ebenso die dritte Lage. Mit der letzten Lage abdecken und Oberfläche nach Wunsch mit Puderzucker bestreuen.

BISKUITKUCHEN

★★ ***Vorbereitungszeit:*** 15 Minuten
Backzeit: 45 Minuten
Für 8 Personen

1 Tasse Mehl
1 Tasse sehr feiner Zucker
300 ml Eiweiß (von ca. 10 Eiern)
¼ TL Salz
1 TL Weinstein
1 TL Vanilleessenz
¼ TL Mandelessenz
Puderzucker
Erdbeeren zum Servieren

1 Backofen auf 170 °C vorheizen. Mehl mit der halben Zuckermenge dreimal sieben. Eiweiß mit Salz und Weinstein in eine große, trockene Schüssel geben. Mit dem Handrührgerät steif schlagen. Nach und nach restlichen Zucker zugeben, schlagen, bis die Mischung dick und glänzend ist und der Zucker sich gelöst hat.
2 Vanille- und Mandelessenz leicht hineinrühren. Mehl-Zuckermischung in 3–4 Portionen erneut über das Eiweiß sieben, jedesmal vorsichtig unterheben.
3 Mischung in eine ungefettete Biskuitform geben. Leicht mit der Form auf den Tisch klopfen, um Luftbläschen aufzulösen. Auf mittlerer Schiene 45 Minuten backen, bis die Nadel bei der Nadelprobe sauber bleibt. Herausnehmen und umgekehrt auf ein Kuchengitter stellen. Vor dem Herausnehmen aus der Form Kuchen völlig auskühlen lassen. Kanten vorsichtig mit einem Spatel von den Wänden der Form lösen.

Oben: Biskuitkuchen.
Gegenüber: Orangenbiskuittorte

mindestens 32 % Vol., bei Doppelkorn mindestens 38 % Vol.

Koscher (hebr.: rein) Bezeichnung für Koch-, Zubereitungs- und Serviertechniken, bei denen die jüdischen Speisegesetze eingehalten werden. Grundlegend ist die Trennung bestimmter Lebensmittel bei Herstellung, Zubereitung und Verspeisung. So werden vor allem Fleisch und Milchprodukte streng voneinander getrennt.
Besonders bei der tierischen Nahrung sind viele Regeln von der Schlachtung bis zur Zubereitung einzuhalten. So wird besonderer Wert auf ein völliges Ausbluten der Tiere gelegt und eine Untersuchung der inneren Organe vorgenommen. Die Schlachtung darf nur von autorisiertem Fachpersonal vorgenommen werden. Generell verboten ist der Genuß von Schwein, Hase, Kaninchen, Aalen, Krustentieren und vor allem von Blut.

Kotelett Scheibe aus dem Karree vom Schwein, bei dem der Wirbelknochen abgehackt wurde, der Rippenknochen aber verbleibt. Koteletts werden paniert oder naturell in der Pfanne gebraten und mit verschiedenen Soßen und Beilagen angerichtet.

Krabbe Lebend unterscheiden sich die verschiedenen Krabbenarten in der Farbe. Gekocht sind sie alle rot-orange. Das Fleisch ist weiß, saftig und mild. Lebensraum sind die Küstengewässer. Frisch, gefroren oder in der Dose erhältlich.

Krachmandeln Dünnschalige süße Mandelsorte aus Südfrankreich und Spanien.

Kraftbrühe, Consommé. Sehr kräftige, geklärte Fleischbrühe mit einem Verhältnis von Fleisch und Wasser von 5:1, die nach dem Klären nochmals aufgekocht wird.

Kräuter Blätter und Stengel verschiedener Pflanzen, die vielen Gerichten Geschmack und Farbe geben. Die gebräuchlichsten sind: Petersilie, Minze, Thymian, Rosmarin, Salbei, Basilikum, Dill,

Majoran, Estragon, Oregano und Lorbeerblätter. Zu manchen Gerichten passen bestimmte Kräuter besonders gut (Basilikum – Tomate, Minze – Lamm, Dill – Fisch).

Kräutertee Aufguß aus Blüten und/oder

WEIHNACHTSKUCHEN MIT ZUCKERGUSS

★ ***Vorbereitungszeit:*** 1 Stunde
Backzeit: 3–3 ½ Stunden
Für quadratischen Kuchen

250 g Butter
1 Tasse weicher, brauner Zucker
4 Eier, leicht verquirlt
1 TL Vanilleessenz
1 EL Orangenmarmelade
1–2 EL Maissirup
1 ¼ kg Dörrobst, gemischt
2 Tassen Mehl
½ Tasse Mehl, mit Backpulver vermischt
2 TL Lebkuchengewürz
1 TL Zimt, gemahlen
½ Tasse Rum, Brandy oder Portwein

Zuckerguß Royal
4 Eiweiß
5 ½ Tassen Puderzucker
2 TL Zitronensaft

Dekoration
1 m Schmuckband
kleine Weihnachtsschmuckanhänger

1 Ofen auf 150 °C vorheizen. Boden und Seiten einer tiefen, quadratischen Backform (20 cm) mit Backpapier auslegen. Butter und Zucker in einer kleinen Schüssel schaumig rühren. Nach und nach Eier zugeben, jedesmal gut rühren. Essenz, Orangenmarmelade und Sirup zugeben; schlagen, bis die Zutaten verbunden sind.

2 Mischung in eine große Schüssel geben; Früchte zugeben. Mit einem Metallöffel abwechselnd gesiebtes Mehl, Gewürze und Flüssigkeit unterheben. Rühren, bis alle Zutaten gerade verbunden sind und die Mischung fast glatt ist. In die vorbereitete Form geben; Oberfläche mit der nassen Hand glätten.

3 Form leicht auf den Tisch klopfen, so daß sich der Teig setzt. Eine doppelte Lage braunes Packpapier um die Form wickeln; mit Heftklammern befestigen. 3–3 ½ Stunden backen. Kuchen über Nacht in der Form auskühlen lassen.

4 Für den Zuckerguß Royal mit dem Handrührgerät Eiweiß in einer sauberen, trockenen Schüssel 30 Sekunden schlagen. Teelöffelweise Puderzucker zugeben, dabei ständig auf kleiner Stufe rühren, bis die Mischung sehr steif ist. Zitronensaft hineinrühren. Mit feuchtem Tuch oder Folie abdecken.

5 Auf den Kuchen mit einer breiten Messerklinge den Zuckerguß auftragen, 2 EL für die Dekoration zurückbehalten. Mit dem Messer Spitzen in den Guß drücken. 2 Stunden fest werden lassen.

6 Schmuckband um den Kuchen wickeln, mit etwas Zuckerguß befestigen. Überschüssiges Band abschneiden, Schleife binden, Ecken einschneiden. Etwas Zuckerguß auf die Rückseite der Schleife geben, mit einer Stecknadel auf die Verbindungsstellen des Schmuckbands stecken. Nadel herausziehen, wenn der Guß fest ist. Schmuckanhänger mit etwas Zuckerguß befestigen.

Anmerkung: Zuckerguß Royal wird sehr schnell fest; deshalb zügig arbeiten. Nach Wunsch kann der Guß mit Lebensmittelfarbe eingefärbt werden.

SCHOKOTORTE »SCHWARZWÄLDER ART«

☆☆ ***Vorbereitungszeit:*** 1 Stunde 15 Minuten
Backzeit: 40–50 Minuten
Für runde Torte (23 cm)

200 g Butter
¾ Tasse sehr feiner Zucker
3 Eier, leicht verquirlt
1 TL Vanilleessenz
1 ⅔ Tassen Mehl, mit Backpulver vermischt
⅓ Tasse Mehl
¾ Tasse Kakaopulver
1 EL Pulverkaffee
½ TL Natron
½ Tasse Buttermilch
⅓ Tasse Milch
1 ¼ Tassen Sahne, geschlagen
425 g Kirschen aus der Dose, entsteint und abgetropft
weiße und dunkle Schokoladenlocken

Falsche Schokoladencreme
200 g dunkle Halbbitter-Schokolade, geschnitten
250 g Butter

1 Ofen auf 180 °C vorheizen. Eine tiefe, runde Backform (23 cm) mit Öl oder zerlassener Butter auspinseln, Boden und Seiten mit Backpapier auslegen; Papier fetten. Butter und Zucker schaumig rühren. Nach und nach Eier zugeben, sorgfältig rühren. Essenz zugeben und mischen. Mit einem Metallöffel gesiebtes Mehl, Kakao, Pulverkaffee und Natron abwechselnd mit der Buttermilch-Milchmischung unterheben.
2 Mischung gleichmäßig in die Form geben; Oberfläche glätten. 40–50 Minuten backen. Nadelprobe machen. Den Kuchen vor dem Stürzen auf ein Kuchengitter 20 Minuten in der Form abkühlen lassen.
3 Für die falsche Schokoladencreme Schokolade in eine Glasschüssel geben. Über schwach köchelndem Wasser rühren, bis sie geschmolzen ist; vom Herd nehmen. In einer kleinen Schüssel Butter schaumig schlagen. Schokolade zugeben, 1 Minute schlagen, bis alles glatt und glänzend ist.
4 Kuchen mit der Oberseite nach unten auf eine Arbeitsfläche legen; horizontal in drei runde Scheiben schneiden. Erste Scheibe auf eine Servierplatte legen. Mit der Hälfte der Schlagsahne bestreichen, die Hälfte der Kirschen daraufgeben, nächste Scheibe darüberlegen, Vorgang wiederholen, mit der letzten Scheibe abdecken.
5 Mit einer breiten Messerklinge den Kuchen oben und an den Seiten mit Schokoladencreme bestreichen. Mit der restlichen Mischung Sterne auf den Kuchenrand spritzen. Mit Schokoladenlocken dekorieren.
6 Für die Schokoladenlocken Auf eine Steinunterlage oder andere kalte Arbeitsunterlage 250 g geschmolzene Schokolade ca. 1 cm dick auftragen. Abkühlen lassen, bis sie fast fest ist. Ein scharfes Messer mit beiden Händen horizontal gegen die Schokoladenoberfläche halten, etwas andrükken und mit gleichbleibendem Druck zum Körper hin ziehen. Je mehr Druck, desto dicker die Schokoladenlocken.

Oben: Schokotorte »Schwarzwälder Art«.
Gegenüber: Weihnachtskuchen mit Zuckerguß

Blättern von Pflanzen, der wegen seiner medizinischen Wirkung getrunken wird. Dazu gehört Brustwurz (Angelika) für die Verdauung, Kamille (zur Beruhigung des Magens und für

einen guten Schlaf), Zitronenmelisse (zur Nervenberuhigung und Verdauungsförderung), Pfefferminztee (soll vor Erkältungen schützen) und Rosenblüten und Veilchen mit Honig gegen Husten.

Krautsalat Salat aus feingehobeltem Weißkraut und anderen Gemüsen, z. B. Möhren, Sellerie, Paprika und Zwiebeln. Amerikanischer Krautsalat (Coleslaw) wird in einer Mayonnaisesoße serviert.

Krebsbutter Entweder zerstoßene Schalen gekochter Krebse durch ein Sieb streichen und mit Butter vermischen, oder Krebsfleisch aus der Dose pürieren, mit Butter vermischen und mit Salz, Pfeffer und Zitronensaft würzen. Butter zu einer Rolle geformt abgedeckt im Kühlschrank aufbewahren. In Scheiben geschnitten auf Eiswürfeln servieren.

Krebse (Flußkrebse) Handelsbezeichnung für scherentragende Krustentiere, die im Süßwasser leben. Bis 1876, als in Frankreich die Krebspest ausbrach und alle mitteleuropäischen Krebsbestände ausrottete, in ganz Europa beheimatet. Heute nur noch in Teilen Frankreichs, in Skandinavien, Polen und der Türkei, woher die größten Importe stammen. Die besten Krebse erhält man zwischen Mai und August nach der Häutung. Die noch lebenden Krebse werden unter fließendem Wasser gewaschen und in Salzwasser gekocht. Sie werden lebend mit dem Kopf voran in das kochende Wasser gegeben. Ein Hinweis auf die Qualität des Krebses ist der sich im heißen Wasser stark einrollende

Schwanz und die beim Kochen entstehende gleichmäßig rote Farbe. Krebse werden aus der Hand gegessen, wobei die Scheren abgebrochen und mit der Krebszange aufgeknackt werden. Sogenanntes Krebsfleisch wird aus gepreßtem, gefärbtem und aromatisiertem Fisch hergestellt.

TEEKUCHEN MIT KIRSCHEN

☆ ***Vorbereitungszeit:*** 15 Minuten
Backzeit: 30 Minuten
Für runden Kuchen

60 g Butter
2/3 Tasse sehr feiner Zucker
1/2 TL Kokos-Essenz
3 Eier, leicht verquirlt
1/3 Tasse kandierte Kirschen, geschnitten
1/4 Tasse Kokosraspeln
1 1/4 Tassen Mehl mit Backpulver vermischt
1/3 Tasse Maismehl (Stärke)

Rosa Zuckerguß
1 1/2 Tassen Puderzucker
1 TL Butter
2 TL kochendes Wasser
2–3 Tropfen rosa Lebensmittelfarbe

1 Backofen auf 180 °C vorheizen. Eine tiefe, runde Backform (20 cm Durchmesser) mit Öl oder zerlassener Butter auspinseln. Boden mit Backpapier auslegen; Papier fetten. Mit dem Handrührgerät in einer kleinen Schüssel Butter, Zucker und Essenz schaumig rühren.
2 Eier zugeben und 3 Minuten rühren, bis alles fast verbunden ist. Mischung in eine große Schüssel geben. Kirschen, Kokosraspeln, gesiebtes Mehl und Stärke 1 Minute rühren, bis die Mischung fast glatt ist. Gleichmäßig in die Form geben; 30 Minuten backen, Nadelprobe machen. Den Kuchen 10 Minuten in der Form abkühlen lassen. Dann zum Auskühlen auf ein Kuchengitter stürzen.
3 Für den rosa Zuckerguß gesiebten Puderzucker, Butter und Wasser zu einer steifen Paste verarbeiten. Schüssel über köchelndes Wasser stellen und rühren, bis der Guß glänzt; vom Herd nehmen, den Zuckerguß mit Lebensmittelfarbe einfärben und anschließend den Kuchen mit Guß bestreichen.

HONIG-KOKOSNUSS-KUCHEN

☆ ***Vorbereitungszeit:*** 40 Minuten
Backzeit: 30 Minuten
Für 28 cm langen Kastenkuchen

125 g Butter
2/3 Tasse Rohzucker
2 Eier, leicht verquirlt
1 TL Vanilleessenz
1/4 Tasse Honig
1/4 Tasse Kokosraspeln
1 3/4 Tassen Mehl, mit Backpulver vermischt
1 TL Muskatnuß, gemahlen
1/4 TL Zimt, gemahlen
1/4 TL Piment, gemahlen
1/2 Tasse Milch
etwas Muskatnuß zum Verzieren

Honig-Frischkäse-Überzug
125 g (Doppelrahm-) Frischkäse, weich
1/2 Tasse Puderzucker
1–2 EL Honig

1 Backofen auf 180 °C vorheizen. Eine flache, rechteckige Kastenform (28 x 18 x 3 cm) mit Öl oder zerlassener Butter auspinseln, Boden und Seiten mit Backpapier auslegen; Papier fetten. Mit dem Handrührgerät Butter und Zucker schaumig rühren. Nach und nach Eier zugeben, jedesmal gut rühren. Essenz und Honig zugeben; rühren, bis alles gut verbunden ist.
2 Mischung in eine große Schüssel geben; Kokosraspeln zugeben. Mit einem Metallöffel abwechselnd gesiebtes Mehl, Gewürze und Milch unterheben. Rühren, bis alle Zutaten gerade verbunden und die Mischung fast glatt ist. Teig in die vorbereitete Form geben und die Oberfläche glätten.
3 30 Minuten backen, Nadelprobe machen. Kuchen 10 Minuten in der Form abkühlen lassen, dann auf einem Kuchengitter auskühlen lassen.
4 Für den Honig-Frischkäse-Überzug Frischkäse mit dem Handrührgerät locker und cremig rühren. Gesiebten Puderzucker und Honig zugeben. 3 Minuten rühren, bis die Mischung zart und locker ist. Den Kuchen rundherum damit bestreichen, mit Muskatnuß bestauben.

OBSTTORTE

☆ ***Vorbereitungszeit:*** 40 Minuten + Kühlzeit
Backzeit: 30 Minuten
Ergibt 2 Torten von 23 cm Durchmesser

2 ½ Tassen Mehl
¼ Tasse Zucker
180 g Butter, in Stücke geschnitten
1 Ei
1 Eigelb
1–2 EL Wasser

Vanillecreme
2 ½ Tassen Milch
3 Eier
2 EL Mehl
2 EL Maismehl (Stärke)
½ Tasse sehr feiner Zucker
2 TL Vanilleessenz

Belag
2 Kiwi, in Scheiben geschnitten
ca. 425 g Pfirsichhälften aus der Dose, in Scheiben geschnitten
14 blaue Trauben
250 g Erdbeeren, halbiert
½ Tasse Erdbeermarmelade
1–2 EL Brandy

1 Mehl, Butter und Zucker in der Küchenmaschine in 30 Sekunden zu einer feinen, krümeligen Masse verarbeiten. Ei, Eigelb und Wasser hinzufügen und weitere 20 Sekunden verarbeiten, bis die Mischung bindet, wenn man sie zusammendrückt. Teig auf eine leicht bemehlte Arbeitsfläche geben und vorsichtig zu einem geschmeidigen Teig kneten. In Plastikfolie gewickelt 20 Minuten kalt stellen.

2 Backofen auf 210 °C vorheizen. Teig halbieren. Eine Hälfte wieder in Folie einwickeln und beiseite stellen. Die andere Hälfte auf einer bemehlten Arbeitsfläche ausrollen, so daß sie in eine 23-cm-Form paßt. Teig in die Form drücken, Ränder mit einem scharfen Messer begradigen. Mit der ersten Teighälfte wiederholen und eine zweite Form damit auslegen. Beide Formen 10 Minuten blindbacken, Papier und Hülsenfrüchte entfernen und den Kuchen in weiteren 10 Minuten braun backen; auf einem Kuchengitter abkühlen lassen.

3 Für die Vanillecreme ½ Tasse Milch mit Eiern, gesiebtem Mehl und Zucker in einer Schüssel verrühren. Restliche Milch in einem Topf erwärmen. Vom Herd nehmen. Nach und nach in die Eimischung einrühren. Wieder in den Topf geben und unter Rühren zum Kochen und Eindicken bringen. 3 Minuten köcheln lassen, Vanilleessenz einrühren. Vom Herd nehmen und abkühlen lassen. In die Teigform füllen.

4 Für den Belag Obst dekorativ auf der Creme arrangieren. Marmelade und Brandy zusammen in einem kleinen Topf erwärmen und durch ein Sieb streichen; Obst damit bepinseln. Vor dem Servieren kalt stellen.

Oben: Obsttorte.
Gegenüber, oben: Honig-Kokosnuß-Kuchen, unten: Teekuchen mit Kirschen

Kresse Art der Senfpflanze. Gegessen wird die keimende Pflanze; der feine Stengel und die winzigen Blätter geben Salaten, Füllungen, als Fleischgarnitur oder als Brotbelag einen pfeffrigen, würzigen Geschmack.

Kreuzkümmel (Cumin) Gewürz aus den Samen einer petersilieähnlichen Pflanze. Die langen, aromatischen, gelbbraunen Samen haben einen würzigen, dem Kümmel ähnlichen Geschmack; ganz oder gemahlen in einer Reihe orientalischer und indischer Gerichte verwendet.

Kroepoek (Krupuk) Indonesisches Gebäck aus Tapiokamehl, gemahlenen Shrimps und Gewürzen, das als Beilage zu vielen indonesischen Gerichten gereicht wird. Es ist backfertig in kleinen Tafeln erhältlich, die in Fett ausgebacken werden.

Krokant Karamelmasse, der gemahlene, grobgehackte oder gestiftelte Mandeln und Nüsse zugesetzt werden und die knusprig hart ist. Sie dient u. a. als Grundlage für Nougat. Wesentlich lockerere Konsistenz hat Blätterkrokant, der aus sehr dünnen, locker geschichteten Krokantlagen besteht.

Kroketten Vorspeisen oder Beilagen in Form von Röllchen, die in Fett ausgebacken werden. Es gibt sowohl süße als auch herzhafte Kroketten. Für den Teig werden die Zutaten, z. B. Fleisch, Fisch oder Gemüse, kleingehackt, gegart, mit Stärke oder Reis gebunden, zu Röllchen geformt, in Ei und Paniermehl gewendet und in Fett ausgebacken. Besonders beliebt als Beilage sind Kartoffelkroketten.

Kronenlamm Englische und australische Küche: 2 Lammrippenstücke, zu einer Kronenform angeordnet und miteinander befestigt, daß die hohle Mitte mit einer pikanten Füllung ausgestopft werden kann.

Kroutons Siehe Croûtons.

Kubebenpfeffer Unreife, getrocknete Früchte eines indonesischen Pfeffergewächses.

Kuchen Begriff, der eine ganze Reihe süßer Backwaren umfaßt, deren Beschaffenheit dem Brot ähnlich ist und die meist aus Mehl, Zucker, Eiern und Flüssigkeit hergestellt

RICOTTATORTE MIT PASSIONSFRÜCHTEN

☆☆ ***Vorbereitungszeit:*** 30 Minuten + 1 Stunde 20 Minuten Kühlzeit
Backzeit: 20 Minuten
Für 6 Personen

1 ¼ Tassen Mehl
90 g Butter, in Stücke geschnitten
¼ Tasse feiner Zucker
3 EL Eiswasser

Füllung
1 ½ Tassen Ricotta
½ Tasse Zucker
3 Eier
½ Tasse Sahne
3 Passionsfrüchte
2 TL Puderzucker

1 Mehl in eine Schüssel sieben. Butter mit den Fingerspitzen etwa 2 Minuten hineinreiben, bis eine feine, krümelige Masse entsteht. Mit dem Großteil des Wassers zu einem festen Teig mischen; eventuell mehr Wasser zugeben. Teig auf eine leicht bemehlte Arbeitsfläche geben und zusammendrücken, bis er geschmeidig ist. Ausrollen und eine tiefe 20-cm-Form damit auskleiden, mit Plastikfolie bedecken und 20 Minuten kalt stellen.
2 Backofen auf 180 °C vorheizen. Teig 10 Minuten blindbacken. Dazu ein Backpapier in der Größe der Kuchenform zurechtschneiden. Über die Form ausbreiten und mit getrockneten Bohnen oder Reis füllen. Papier und Hülsenfrüchte entfernen und den Teig in weiteren 10 Minuten goldgelb backen. Dann abkühlen lassen.
3 Für die Füllung Ricotta, Zucker, Eier und Sahne in der Küchenmaschine in 20 Sekunden zu einer glatten Masse verarbeiten. Passionsfruchtfleisch dazugeben und noch 5 Sekunden rühren. Die Käse-Fruchtmischung in die Teigform füllen und in 1 Stunde goldgelb backen. Die Mischung soll stocken. Abkühlen lassen und 1 Stunde kalt stellen. Vor dem Servieren noch mit Puderzucker bestreuen.

APFELKUCHEN MIT SAURER SAHNE

☆☆ ***Vorbereitungszeit:*** 35 Minuten + 30 Minuten Kühlzeit
Backzeit: 45 Minuten
Für 4–6 Personen

1 Tasse Mehl
¼ Tasse Cheddar oder mittelalter Gouda, feingerieben
30 g Butter, in Stücke geschnitten
2 EL Eiswasser

Füllung
2 kleine grüne Äpfel
1 Ei, leicht verquirlt
¼ Tasse feiner Zucker
2 EL Maismehl
1 TL Vanilleessenz
¾ Tasse saure Sahne
30 g Butter, zerlassen
2 EL Aprikosenmarmelade, erwärmt und durch ein Sieb gestrichen

1 Mehl, Butter und Zucker in der Küchenmaschine in 20 Sekunden zu einer feinen, krümeligen Masse verarbeiten. Den Großteil des Wassers hinzufügen und weitere 15 Sekunden verarbeiten, bis die Mischung gebunden ist. Teig auf eine leicht bemehlte Arbeitsfläche geben und vorsichtig zu einem geschmeidigen Teig kneten. Eine 20-cm-Form mit Öl oder flüssiger Butter einpinseln. Teig passend ausrollen und Form damit auskleiden. Mit Plastikfolie bedeckt 30 Minuten kalt stellen.
2 Backofen auf 180 °C vorheizen. Teig 10 Minuten blindbacken. Dazu ein Backpapier in der Größe der Kuchenform zurechtschneiden. Über die Form ausbreiten und mit getrockneten Bohnen oder Reis füllen. Papier entfernen und Teig in weiteren 10 Minuten goldgelb backen. Vor dem Füllen beiseite stellen und abkühlen lassen.
3 Für die Füllung Äpfel schälen, vom Kerngehäuse befreien und in dünne Scheiben schneiden. Eier, Zucker, Maismehl, Vanilleessenz und saure Sahne glattrühren. Mischung in die Kuchenform füllen und Apfelscheiben darauf arrangieren. Mit flüssiger Butter bepinseln. Etwa 25 Minuten backen, bis die Äpfel goldgelb werden. Noch warm mit Aprikosenmarmelade bestreichen. Warm oder kalt servieren.

NUSS-KARAMEL-TÖRTCHEN

☆☆ ***Vorbereitungszeit:*** 30 Minuten
Backzeit: 40 Minuten
Ergibt 18 Stück

½ Tasse Mehl
1 EL sehr feiner Zucker
45 g Butter
1–2 EL Milch

Füllung
250 g gemischte, ganze Nüsse, ungesalzen
½ Tasse Zucker
¼ Tasse Wasser
¼ Tasse Sahne

1 Backofen auf 180 °C vorheizen. Mehl in eine Schüssel sieben, Zucker hinzufügen. Butter mit den Fingerspitzen etwa 2 Minuten hineinreiben, bis eine feine, krümelige Masse entsteht. Mit der Milch zu einem weichen Teig mischen. Teig auf eine leicht bemehlte Arbeitsfläche geben und in 1 Minute geschmeidig kneten.
2 Teig dünn ausrollen und mit einer gewellten Form Kreise von 6 cm Durchmesser ausstechen. In kleine gefettete Förmchen drücken, mit einer Gabel einstechen, in 10 Minuten goldgelb backen.
3 Für die Füllung Nüsse auf einem Backblech ausbreiten. In 10 Minuten goldgelb rösten. Zukker und Wasser in einem Topf unter Rühren erhitzen, bis der Zucker sich aufgelöst hat; zum Kochen bringen. Hitze reduzieren und ohne Rühren im offenen Topf 10 Minuten köcheln lassen; die Mischung wird goldbraun. Vom Herd nehmen und die Sahne einrühren. Nüsse unterheben. In die Teigförmchen füllen und erkalten lassen.

Oben: Nuß-Karamel-Törtchen.
Gegenüber: Ricottatorte mit Passionsfrüchten

KRÄUTERTÖRTCHEN

☆ ***Vorbereitungszeit:*** 15 Minuten
Backzeit: 35 Minuten
Ergibt 18 Stück

18 Scheiben Weißbrot, entrindet
40 g weiche Butter

Füllung
2 Eier
3 EL Milch
2 TL frischer Schnittlauch, gehackt
1 TL frischer Dill, gehackt
1 TL frischer Thymian, gehackt
1 TL frische Petersilie, gehackt
½ Tasse Sahne
2 EL Parmesan, gerieben

1 Backofen auf 210 °C vorheizen. Zwei Muffinformen oder 18 Pastetenförmchen mit Öl oder flüssiger Butter einpinseln. Mit einer glatten Form 8 cm große Kreise aus dem Brot stechen. Mit dem Nudelholz flachdrücken. Die runden Brotscheiben dann von beiden Seiten mit Butter bestreichen und vorsichtig in die Muffinformen drücken. In etwa 10 Minuten knusprig und zartbraun rösten. Nicht zu lange rösten, sonst werden sie brüchig.
2 Für die Füllung Backofen auf 180 °C zurückschalten. Eier, Milch, Kräuter und Sahne in einer Schüssel gut verrühren. Eiermischung in die vorbereiteten Brotförmchen gießen und mit Parmesan bestreuen. Etwa 25 Minuten backen; die Füllung sollte gestockt und leicht gebräunt sein. Sofort servieren.

werden. Kuchen werden nach dem Anteil ihrer Hauptzutat klassifiziert. Viele Kuchen haben eine feierliche oder zeremonielle Bedeutung, wie der üppige Weihnachtskuchen, der Hochzeitskuchen, Tauf- und Geburtstagskuchen.

Kuchen, beschwipst Dessert aus Biskuit oder Sponge Cake, der großzügig mit Sherry, Brandy oder süßem Weißwein getränkt und dann mit Mandelblättchen und Schlagsahne serviert wird.

Kuchen, verkehrt herum Obstkuchen, der meist als Dessert serviert wird. Eine Lage pochierter Früchte (Ananasringe, Pfirsiche, Äpfel, Aprikosen, Birnen und Kirschen) und manchmal auch Nüsse werden auf den Boden einer Form gelegt und mit einem Butter-Zucker-Sirup bedeckt, worauf noch ein Kuchenteig kommt. Der fertiggebackene Kuchen wird herumgedreht und warm mit Sahne serviert.

Kümmel Ursprung in Südeuropa, dem Mittelmeerraum und Teilen Westasiens. Die sehr aromatischen, harten, braunen, halbmondförmigen

KUCHEN VERZIEREN

Ein einfacher Biskuitkuchen kann mit Puderzucker bestreut, ein Schokoladenkuchen mit Buttercreme bestrichen, Rosetten können auf die Schokoladencreme gespritzt oder der Kuchen mit Schokoladenspänen und gefächerten Erdbeeren belegt werden. Wie ein Kuchen verziert wird, hängt von der Art des Kuchens und – vor allem – vom eigenen Geschmack ab.

METHODEN

Wenn im Rezept nicht anders angegeben, beim Verzieren immer mit völlig ausgekühltem Kuchen arbeiten. Die Glasur läßt sich schwer handhaben, wenn der Kuchen noch warm ist, und es besteht die Gefahr, daß sie beim späteren Schneiden reißt oder bricht. Einige Kuchen haben nach dem Backen oben eine leichte Aufwölbung, die abgeschnitten werden kann, um der Glasur eine bessere Form zu geben. Zum Abschneiden ein langes, scharfes Wellenschliffmesser verwenden – nur soviel abschneiden, daß eine ebene Fläche entsteht. Kuchen vor dem Glasieren mit dem Boden nach oben auf eine Kuchenplatte legen.

Viele Torten werden vor dem Füllen horizontal halbiert oder in eine oder mehrere Lagen geschnitten. Um dies zu vereinfachen, die Mittellinie des Kuchens rund um die Seiten mit Zahnstochern markieren. Langes, scharfes Wellenschliffmesser zum Schneiden verwenden; mit vorsichtigen Sägebewegungen schneiden. Den Vorgang für jede Kuchenlage wiederholen.

WIE MAN KUCHEN GLASIERT

Mit einem Kuchenpinsel alle losen Krümel entfernen. Messer mit flacher, breiter Klinge zum Auftragen der Glasur verwenden. Torten mit mehreren Lagen: schneiden, wie oben beschrieben. Einen Tupfer Glasur oder Füllung auf eine Kuchenplatte und in die Mitte der 1. Lage geben (so kann die Lage nicht verrutschen). Wenn im Rezept angegeben, Marmelade auf die Lage streichen, dann gleichmäßig die Füllung darauf verteilen. Mit einem Messer mit flacher, breiter Klinge oder mit einem Spatel die Füllung bis auf 5 mm vor dem Rand der Lage ausbreiten. Das Bestreichen wird einfacher, wenn das Messer oder der Spatel gelegentlich in heißes Wasser getaucht wird; vor dem Weiterarbeiten mit einem sauberen Tuch abwischen. Die 2. Lage auf die Füllung legen, Vorgang wiederholen. Die letzte Lage, mit dem Boden nach oben, auf die Füllung legen. Eine dünne Schicht Creme oder Glasur um die Seiten und auf dem Kuchen verteilen, um die Löcher auszufüllen. Dann die Abschlußschicht Creme oder Glasur gleichmäßig, erst um die Seiten, dann auf dem Kuchen verteilen; die Anschlußstellen glattstreichen.

GLASUR UND FÜLLUNGEN

Buttercreme ist eine ausgezeichnete Füllung oder Umhüllung für Kuchen. Derart eingehüllte Kuchen bleiben viel länger feucht und frisch als Kuchen ohne Umhüllung. Die Herstellung einer Buttercreme reicht von sehr einfachen Mischungen von Puderzucker, Butter und Geschmacksstoffen bis zur nahrhaften Kombination von Butter, Eigelb und Zuckersirups für eine weiche, samtige Füllung. Das Geheimnis guter Buttercreme ist die Butter und deren Verarbeitung durch sorgfältiges Schlagen, bis die Mischung eine leichte, cremige Konsistenz erreicht.

KUCHEN ABKÜHLEN

Wenn ein Kuchen aus dem Ofen kommt, ist er ziemlich zerbrechlich. Am besten bleibt er noch kurz in der Form, bevor er zum Auskühlen auf ein Kuchengitter gestürzt wird. Mit Messer mit flacher Klinge zwischen Kuchen und Form fahren, um den Kuchen zu lösen. Kuchen, die in mit Papier ausgelegten Formen gebacken werden, lösen sich einfacher: vorsichtig mit dünnem Spatel oder Messer anheben, dann den Kuchen herausstürzen; Papier sofort entfernen. Kuchengitter mit Pflanzenöl bepinseln, damit der Kuchen nicht kleben bleibt.

SPRITZBEUTEL HERSTELLEN

Aus festem Pergament- oder Backpapier ein 25 cm großes Quadrat schneiden, diagonal falten, um ein Dreieck zu bilden. Eine Tüte daraus drehen, die Enden der Nahtseite umknicken. Mit einer Schere die Spitze der Tüte so abschneiden, daß sie die passende Größe hat (je kleiner das Loch, desto feiner der Strang). In die Tüte kann auch eine geeignete, vorgefertigte Tülle eingesetzt werden. Die Tüte zur Hälfte mit Schokolade oder Glasur füllen. Den leeren, oberen Teil der Tüte zur Füllung hin einrollen, und die Tüte verschließen. Die Tüte so umfassen, daß das volle Ende in der Handfläche liegt. Mit Druck aus der Handfläche die Füllung durch die Tülle herauspressen.

WIENER BUTTERCREME

100 g Butter in einer Schüssel schaumig schlagen. Nach und nach 250 g gesiebten Puderzucker zugeben und schlagen, bis die Mischung leicht und locker ist. 2–3 EL heißes Wasser und 1 TL Vanilleessenz zugeben und gut rühren. Diese Creme kann sowohl zum Füllen von Kuchen und Plätzchen als auch zum Überziehen von Torten verwendet werden.

VANILLE-BUTTERCREME

In einer Schüssel 250 g Butter und 2 EL Puderzucker zusammenrühren, bis die Mischung leicht, locker und blaß ist. Nach und nach 1 ¼ Tassen Puderzucker zugeben und jedesmal gut rühren. Dann 2 verquirlte Eigelb und 2–3 EL kochendes Wasser zugeben, mit dem Schneebesen sorgfältig schlagen, bis eine weiche und gleichmäßig glatte Masse entsteht. Nach Geschmack kann man Vanilleessenz zugeben.

GUSSÜBERZUG

Ein Gußüberzug ist ein dünner, glänzender Überzug der über die Mitte des Kuchens gegossen wird. Der Guß sollte an den Seiten herunterlaufen; mit einer flachen, breiten Messerklinge den Guß verstreichen. In einer feuerfesten Schüssel 1 Tasse Puderzucker, 2 TL Butter, Geschmacksstoffe nach Wahl und ausreichend Flüssigkeit mischen, um eine zähe Paste zu bereiten. Die Schüssel über einen Topf mit köchelndem Wasser stellen und rühren, bis der Guß weich und glänzend wird.

- **Zitronenguß:** zu Zucker und Butter 1 TL feingeriebene Zitronenschale und 2 EL Zitronensaft zugeben.
- **Orangenguß:** zu Zucker und Butter 1 TL feingeriebene Orangenschale und 2 EL Orangensaft zugeben.
- **Passionsfruchtguß:** zu Zucker und Butter 2 EL Passionsfruchtpüree zugeben.
- **Kaffeeguß:** zu Zucker und Butter 1 TL Instant-Kaffeepulver und 2 EL Wasser zugeben.
- **Schokoladenguß:** zu Zucker und Butter 1 EL Kakaopulver und 2 EL heiße Milch zugeben.

FRISCHKÄSE-ÜBERZUG

Mit dem Handrührgerät in einer kleinen Schüssel 100 g Frischkäse und ¾ Tasse gesiebten Puderzucker rühren, bis die Mischung leicht und cremig wird. Geschmacksstoffe nach Wahl, wenn nötig auch etwas Milch zugeben. 2 Minuten rühren, bis die Mischung eine weiche, lockere Konsistenz hat. Den Überzug mit einem Messer dick auf dem Kuchen verstreichen.

- **Zitronenüberzug:** zu Frischkäse und Zucker 1–2 TL geriebene Zitronenschale und 2–3 TL Milch zugeben.
- **Orangenüberzug:** zu Frischkäse und Zucker 1–2 TL geriebene Orangenschale und 2–3 TL Milch zugeben.
- **Honigüberzug:** zu Frischkäse und Zucker 1–2 TL warmen Honig und 2–3 TL Milch zugeben.
- **Passionsfruchtüberzug:** zu Frischkäse und Zucker 1 EL Passionsfruchtpüree zugeben.

KUCHEN VERZIEREN

VERZIEREN MIT SCHOKOLADE

Mit Schokolade lassen sich auf unkomplizierte Weise einfache Kuchen oder Plätzchen verzieren. Sie wird nicht nur für Füllungen oder Glasuren verwendet, sondern auch, um Schokoladenröllchen, -locken und -blätter herzustellen. Geschmolzene Schokolade kann in dekorativen Mustern auf Plätzchen getröpfelt werden. Obwohl gute Speiseschokolade einen besseren Geschmack hat, läßt sich Blockschokolade leichter verarbeiten. Sie wird schneller fest und schmilzt besser im Wasserbad.

SCHOKOLADENORNAMENTE

Ein flaches, kaltes Backblech mit Pergament- oder Backpapier auslegen und leicht mit Öl bepinseln. Halbbitter- oder Vollmilchschokolade in kleine Stükke brechen und in einer Schüssel ins Wasserbad stellen. Schokolade rühren, bis sie fast geschmolzen ist. Die Schokolade über eine breite, flache Messerklinge auf das vorbereitete Blech gießen, um einen dicken, ebenen Überzug zu bekommen. An einen kühlen Ort stellen, bis die Schokolade gerade fest ist. Die gewünschten Ornamente oder Formen aus der Schokolade herausschneiden oder ausstechen. Vor dem Herausheben stark kühlen, kühl und trocken aufbewahren. Geeignet nicht nur als Kuchen- und Tortenverzierungen, sondern auch als Garnitur für Desserts und Eis.

SCHOKOLADENLOCKEN

Halbbitter- oder Vollmilchschokolade in einer Schüssel im Wasserbad schmelzen. Dann mit einem Palettenmesser dünn auf ein glattes Brett streichen. Beiseite stellen, bis die Schokolade fast fest ist. Nun ein Messer mit glatter Klinge verwenden, über die Schokolade zum Körper hin ziehen, um Locken abzuschaben.

SCHOKOLADENSPÄNE

Mit Gemüseschäler oder Käsehobel Späne von einem Block Schokolade schälen. Mit langen, gleichmäßigen Zügen über Backpapier oder einem Teller arbeiten. Schokolade vor dem »Schälen« 10–15 Minuten warm stellen. Für das gewünschte Resultat sollte die Schokolade gerade ausreichend erwärmt sein. Mit dem Löffel die Späne auf den glasierten Kuchen streuen.

SCHOKOLADEN-BLÜTENBLÄTTER

Folie in Quadrate der gewünschten Größe schneiden. Halbbitter- oder Vollmilchschokolade im Wasserbad schmelzen, leicht abkühlen lassen. Ein Quadrat auf die Handfläche legen. Mit einem Palettenmesser oder einem Löffel die geschmolzene Schokolade dünn in der Form eines Blütenblatts auftragen. Mit den Fingern in eine natürliche Form bringen, solange die Schokolade noch weich ist. Fest werden lassen. Mit der restlichen Schokolade den Vorgang wiederholen. Vor der Verwendung die Folie abziehen. Blätter können zu einer Blüte angeordnet werden, indem man sie mit geschmolzener Schokolade zusammenfügt.

SCHOKOLADENKEILE

Den Boden einer runden Backform (ca. 20 cm) mit Folie auslegen. Im Wasserbad ca. 150 g Halbbitter- oder Vollmilchschokolade schmelzen. Geschmolzene Schokolade in gleichmäßig dicker Schicht über die Folie streichen, in den Kühlschrank stellen, bis sie halbfest ist. Mit einem scharfen Messer die Schokolade in 12 Keile gleicher Größe schneiden. In den Kühlschrank stellen, bis die Schokolade völlig fest ist. Folie abziehen. Keile sind eine ideale Verzierung für die Oberfläche runder Kuchen.

QUADRATE

Mit Quadraten verziert man unkompliziert und dennoch eindrucksvoll die Seiten eines Kuchens oder ein besonderes Dessert.

Ein Backblech (32 x 28 cm) mit Folie abdecken. 200 g geschmolzene Schokolade gleichmäßig dick darauf verstreichen und mit einer Gabel Wellenlinien zeichnen. Kühlen, bis die Schokolade halbfest ist. Schokolade in ca. 6 cm große Quadrate einteilen. Zurück in den Kühlschrank stellen, bis die Schokolade ganz fest ist. Folie abziehen. Quadrate als Dekoration vorsichtig um die Oberkante des Kuchens in die Glasur drücken.

SCHOKOLADE SCHMELZEN

Nur die beste Schokolade zum Verzieren und Glasieren verwenden. Mit Blockschokolade läßt sich einfacher arbeiten, obwohl sie nicht an den Geschmack guter Speiseschokolade heranreicht. Schokolade in gleichmäßig große Stücke schneiden und im Wasserbad vorsichtig rühren, bis die Schokolade geschmolzen ist. Es darf kein Wassertropfen in die geschmolzene Schokolade fallen, weil sie sonst sofort fest wird und zum Verzieren nicht mehr geeignet ist. Vor der Verwendung Schokolade leicht abkühlen lassen.

ANDERE VERZIERUNGEN

Kuchen können bezaubernd aussehen, wenn sie zur Dekoration mit kandierten Früchten und Blumen, Marzipanfrüchten, Zuckerkringeln, silbernen Zuckerperlen oder farbigen Sprenkeln verziert sind.

KANDIERTE BLUMEN

1 Eiweiß leicht verquirlen, bis es schaumig ist. 1 Tasse sehr feinen Zucker in eine flache Schüssel geben. Die Blüten von kleinen, frischen Blumen (z.B. Veilchen oder Rosenknospen) oder die Blütenblätter von großen Blumen (z.B. Rosen) mit einem Pinsel mit Eiweiß bestreichen, anschließend in Zucker tauchen. Zum Trocknen auf Drahtuntersatz legen. In einem luftdichten Behälter aufbewahren.

ZUCKERMUSTER

Pergament- oder Backpapier in lange, dünne Streifen schneiden, kreuz und quer oder in anderen Mustern auf den Kuchen legen. Puderzucker darübersieben. Hier eine einfache Methode, ein Zuckermuster anzufertigen: Ein durchbrochenes Papierdeckchen (Zierserviette) auf den Kuchen legen. Zucker darübersieben, Deckchen vorsichtig entfernen.

GESPONNENER ZUCKER

1 Tasse Zucker und ½ Tasse Wasser in einen Topf geben und mischen. Bei mittlerer Hitze ständig rühren, bis sich der Zucker aufgelöst hat. Dann zum Kochen bringen und ohne zu rühren kräftig kochen lassen, bis die Mischung eine goldbraune Farbe annimmt. Topf vom Herd nehmen und mit einem Metallöffel Zucker in einem dünnen Strahl kreuz und quer auf ein leicht geöltes Backblech tröpfeln. Nach dem Erstarren Toffee in kleine Stücke brechen und auf den Kuchen legen. Toffee kann auch über die Kuchenglasur »gesponnen« werden. Zwei Gabeln mit dem Rücken zueinander in die Toffeemischung tauchen. Toffee in feinen Fäden über den Kuchen ziehen.

MANDELSPLITTER-VERZIERUNG

180 g Mandelsplitter auf einem ungefetteten Backblech verteilen und 5 Minuten bei 180 °C rösten, bis sie leicht goldbraun sind. 1 gehäuften EL gerösteter Mandeln in die Hand nehmen und leicht und gleichmäßig um die Seiten des Kuchens herum drücken, bevor die Glasur vollständig fest ist. Verzierungen mit gerösteten Mandelsplittern sind eine beliebte Art der Dekoration, denn sie lassen sich leicht in die Glasur drücken und geben dem Kuchen einen wunderbaren Geschmack.

Samen wurden von den Arabern erstmals als Gewürz verwendet. Seit Jahrhunderten werden sie Kuchen, Roggenbrot, Käsen, Schmortöpfen, Kartoffeln, Salaten und Sauerkraut zugefügt. Aus Kümmel gewonnenes Öl gibt Kümmel-Likör seinen Geschmack.

Kumquat Beerengroße, orange Zitrusfrucht mit süßsäuerlichem Geschmack, die mit Schale verzehrt wird. Beheimatet in China; zu Marmelade verkocht oder in Sirup oder Brandy eingelegt.

Kürbis Große, hartschalige Frucht einer liegenden oder kletternden Pflanze. Goldgelbes Fleisch mit nussigem Aroma. Die flachen, ovalen Kerne sitzen in einer Höhlung in der Mitte. Es gibt viele verschiedene Kürbisarten, vom hellen, flachen Squashkürbis über den glockenförmigen Butterkürbis, den birnenförmigen Hubbard-Kürbis und den zylinderförmigen Bananenkürbis bis zum gerippten Queensland-Kürbis. Kürbis kann als Gemüse serviert werden (gedämpft, gekocht und püriert oder gebacken), man

KNABBERGEBÄCK

SONNENBLUMEN-PARMESAN-KRÄCKER

★ ***Vorbereitungszeit:*** 30 Minuten
Backzeit: 10–15 Minuten
Ergibt ca. 30 Stück

150 g Butter
$\frac{3}{4}$ Tasse Parmesan, gerieben
$\frac{1}{3}$ Tasse Cheddar, gerieben
1 $\frac{1}{4}$ Tassen Mehl
2–3 TL Zitronenpfeffer
$\frac{1}{4}$ Tasse Sonnenblumenkerne
$\frac{1}{4}$ Tasse Parmesan, zusätzlich, gerieben

1 Ofen auf 180 °C vorheizen. 2 Backbleche mit Backpapier auslegen. Mit dem Handrührgerät Butter schaumig rühren. Parmesan und Cheddar zugeben und schlagen, bis alles gebunden ist.
2 Mit einem Metallöffel gesiebtes Mehl und Zitronenpfeffer unterheben. Sonnenblumenkerne zugeben. Mit gut bemehlten Händen mischen. Auf leicht bemehlte Arbeitsfläche legen und 2–3 Minuten kneten, bis der Teig glatt ist.
3 Teig zwischen 2 Lagen Backpapier 5 mm dick ausrollen. In 4 cm große Quadrate schneiden. Auf die Backbleche legen, Platz lassen zum Aufgehen. Mit Parmesankäse bestreuen. 10–15 Minuten backen, bis das Gebäck goldbraun ist. Auf den Blechen abkühlen lassen.

GEWÜRZSPIRALEN

★ ***Vorbereitungszeit:*** 25 Minuten
Backzeit: 10–15 Minuten
Ergibt ca. 25 Stück

40 g weiche Butter
je 1 EL geschnittener Schnittlauch, Petersilie und Rosmarin
1 Knoblauchzehe, zerdrückt
Pfeffer zum Abschmecken
2 Lagen TK-Blätterteig, aufgetaut
20 g Butter zusätzlich, zerlassen
2 EL Mohn

1 Butter, Kräuter, Knoblauch und Pfeffer in eine kleine Schüssel geben, gut mischen.
2 Mischung gleichmäßig auf eine Lage Teig streichen. Mit der anderen Lage Teig abdecken. Kanten verschließen. Oberfläche mit zerlassener Butter bestreichen. Mit Mohn bestreuen.
3 Teig in 2 cm breite Streifen schneiden. Streifen an beiden Enden drehen, so daß eine Spirale entsteht. Auf ein ungefettetes Backblech legen.
4 10–15 Minuten bei 230 °C goldbraun backen. In einem luftdichten Behälter aufbewahren. Warm oder kalt servieren.

PIKANTE STREIFEN

★ ***Vorbereitungszeit:*** 25 Minuten
Backzeit: 15–20 Minuten
Ergibt ca. 60 Stück

$\frac{1}{2}$ Tasse Mehl, gesiebt
$\frac{1}{2}$ Tasse Mehl, mit Backpulver vermischt
$\frac{1}{2}$ TL Salz
$\frac{1}{4}$ TL Paprikapulver
$\frac{1}{4}$ TL Cayennepfeffer
1 $\frac{1}{2}$ Tassen reifer Cheddar, gerieben
1 Ei
$\frac{1}{4}$ Tasse Bier
Bier zusätzlich, zum Bepinseln
grobes Salz, zum Bestreuen

1 In einer Schüssel gesiebtes Mehl mit Gewürzen und Käse mischen. Ei leicht verquirlen und Bier zugeben. Zum Mehl geben und alles zu einem festen Teig verarbeiten.
2 Auf einer bemehlten Arbeitsfläche Teig leicht kneten. Dünn ausrollen und in 1 x 5 cm Streifen schneiden. Auf ein ungefettetes Backblech legen. Leicht mit Bier bepinseln. Mit Salz bestreuen.
3 15–20 Minuten bei 180 °C goldbraun backen. 2–3 Minuten auf dem Blech abkühlen lassen. In luftdichtem Behälter aufbewahren.

WISSENSWERTES ÜBER KNABBERGEBÄCK

Alle Zutaten sollten, wenn nicht anders angegeben, Zimmertemperatur haben. Die Ofentür erst öffnen, wenn $\frac{2}{3}$ der Backzeit vergangen sind.

KÜRBIS

KÜRBISPIE

☆☆ ***Vorbereitungszeit:*** 20 Minuten + 30 Minuten Ruhezeit
Kochzeit: 55 Minuten
Für 8 Personen

1 ¼ Tassen Mehl
100 g Butter, in Stücke geschnitten
2 TL feiner Zucker
4 EL Eiswasser
1 Eigelb, leicht verquirlt
1–2 EL Milch

Füllung
2 Eier, leicht verquirlt
¾ Tasse brauner Zucker
500 g Kürbis, gekocht, zerdrückt und abgekühlt
5–6 EL Sahne
1–2 EL Sherry
1 TL gemahlener Zimt
½ TL gemahlene Muskatnuß
½ TL gemahlener Ingwer

1 Backofen auf 180 °C vorheizen. Mehl in eine Schüssel sieben. Butter hinzugeben und mit den Fingerspitzen zu einer krümeligen Masse verreiben. Zucker einrühren. Den Großteil des Wassers hinzufügen, einen festen Teig herstellen und eventuell noch etwas Wasser dazugeben, sollte er zu trocken sein. Teig auf eine leicht bemehlte Arbeitsfläche geben und 1 Minute geschmeidig kneten. In Plastikfolie gewickelt mindestens 30 Minuten im Kühlschrank ruhenlassen.
2 Teig zwischen zwei Lagen Plastikfolie so ausrollen, daß er Boden und Seiten einer 23-cm-Form bedeckt. Teigreste aufbewahren und 2,5 mm dick ausrollen und mit einem scharfen Messer Blätter verschiedener Größen oder Formen ausschneiden. Blattadern einritzen. Eigelb mit Milch verrühren und Teigrand damit bestreichen. Blätter darauflegen, vorsichtig andrücken und leicht mit Eigelbmischung bepinseln.
3 Teig 10 Minuten blindbacken, Papier und Hülsenfrüchte entfernen und 5 Minuten weiterbacken. Beiseite stellen und abkühlen lassen.
4 Für die Füllung Eier und Zucker in einer großen Schüssel mit dem Schneebesen verschlagen. Kürbis, Sahne, Sherry und Gewürze dazugeben und gut mischen. In die Teigform gießen und ca. 40 Minuten backen. Wenn der Teigrand zu braun wird, während des Backens mit Alufolie abdekken. Zimmerwarm servieren.

WISSENSWERTES ÜBER KÜRBIS

- Im ganzen läßt sich Kürbis länger lagern als angeschnitten. Einzelne Stücke in Plastikfolie wikkeln und im Kühlschrank aufbewahren.
- Bedeckt man die Schnittfläche eines Kürbis (Kerne müssen entfernt sein) mit einer Lage grobgemahlenen schwarzen Pfeffer, wird der Kürbis nicht so schnell weich.
- Kürbis eignet sich nicht zum Einfrieren.

Oben: Kürbispie.
Gegenüber: Sonnenblumen-Parmesan-Kräcker

kann ihn füllen oder für Suppen, Gebäck, Pfannkuchen, Pies, Käsekuchen, Brot und Chutney verwenden. Die duftenden, trompetenförmigen Blüten werden gehackt in den Salat gestreut, in Butter gebraten oder gefüllt. Kürbiskerne schmecken geröstet und gesalzen als Knabberei. Der Kürbis ist in Amerika zu Hause und wurde dort vermutlich schon vor 10 000 Jahren kultiviert, also einige Jahrtausende vor dem Anbau von Mais und Bohnen. Nach Europa kam er im 17.Jh., wurde aber erst im 18. und 19. Jh. richtig angebaut, weil man ihn erst spät wegen seiner einfachen Kultivierung und langen Haltbarkeit als Winterkost schätzen lernte.

Kurkuma Gewürz in Form von leuchtend gelbem Pulver, das aus den getrockneten Wurzeln einer tropischen, mit dem Ingwer verwandten Pflanze gewonnen

wird. Der Geschmack ist mild und bitter-süß. Kurkuma ist ein wesentlicher Bestandteil von Currymischungen und -pasten und wird für Konserven, Chutneys und Senf verwendet.

Kutteln (Kaldaunen, Pansen) Vormagen der Wiederkäuer. Kutteln werden gründlich gewässert, abgebrüht und in Salzwasser oder einer Wasser-Milchmischung gekocht. Man kann sie u. a. mit Zwiebeln in Petersiliensoße, in Tomatensoße oder mit Zwiebeln sautiert servieren.

Kuvertüre Schokoladenüberzugmasse, die einen Mindestanteil von 35 % Kakaomasse und 31 % Kakaobutter enthält, deren Zuckeranteil aber höchstens 50 % betragen darf. Wegen des hohen Anteils an Kakaobutter schmilzt die Kuvertüre besonders leicht, ist gut verstreichbar und erstarrt mattglänzend. Zum Überziehen von Torten und Kleingebäck eignet sie sich noch besser als kakaohaltige Fettglasur, da sie intensiver nach Schokolade schmeckt und weniger süß ist.

Kwaß, Kwas Russisches Leichtbier, das aus Roggenbrot, Zucker, Hefe, Malz und Wasser gebraut wird. Zutat für Soljanka.

KÜRBISSUPPE MIT CURRY

Vorbereitungszeit: 15 Minuten
Kochzeit: 45 Minuten
Für 6 Personen

1 mittelgroße Zwiebel, gehackt
1 Knoblauchzehe, zerdrückt
60 g Butter
750 g – 1 kg Kürbis, geschält, gewürfelt, gedämpft und zerdrückt
je 1 Prise Zucker und Muskatnuß
1 EL Curry
1 Lorbeerblatt
1 l Hühnerbrühe
2 Tassen Milch
4 EL Sahne
schwarzer Pfeffer aus der Mühle
Pfeffer und frischer Schnittlauch zum Garnieren

1 Zwiebel und Knoblauch in der Butter sautieren; sie sollten sehr weich sein. Kürbis, Zucker, Muskatnuß, Curry und Lorbeerblatt dazugeben und abschmekken. Brühe angießen und zum Kochen bringen.
2 Hitze reduzieren und 30 Minuten köcheln lassen. Vom Herd nehmen und Lorbeerblatt entfernen.
3 Milch einrühren und 2–3 Minuten unter Rühren erhitzen. Mit Sahne, Pfeffer und gehacktem Schnittlauch servieren.

FRITIERTE KÜRBISLOCKEN

500 g Kürbis schälen. Fruchtfleisch mit dem Sparschäler in dünne Streifen schälen. Einen mittelgroßen Topf halb mit Öl füllen und Kürbislocken darin portionsweise knusprig und goldbraun fritieren. Auf Küchenpapier abtropfen lassen. Mit Salz und Pfeffer bestreuen und heiß servieren.

KÜRBISSCONES

Vorbereitungszeit: 35 Minuten
Kochzeit: 12 Minuten
Ergibt 12 Stück

30 g Butter
2 EL feiner Zucker
½ Tasse Kürbispüree
1 Ei, leicht verquirlt
½ Tasse Milch
2 ½ Tassen Mehl mit Backpulverzusatz, gesiebt

1 Backofen auf 220 °C vorheizen. Butter und Zucker locker und luftig aufschlagen. Kürbis, Eier und Milch einrühren.
2 Mehl locker unterheben und alles zu einem weichen Teig verarbeiten.
3 Auf ein bemehltes Backbrett geben. Leicht kneten und mit den Händen zu einem 2 cm dicken Kreis zurechtdrücken oder ausrollen.
4 Mit einer in Mehl getauchten Form Kreise ausstechen und auf ein gefettetes Backblech legen. Mit etwas Milch bepinseln. 10–12 Minuten backen; warm mit Butter servieren.

SÜSSER GEWÜRZKÜRBIS

500 g Kürbis schälen und in dünne Scheiben schneiden. Auf ein gefettetes, mit Folie ausgelegtes Backblech legen. 40 g Butter zerlassen und den Kürbis damit bepinseln. Je ½ TL Kreuzkümmel, gemahlenen Koriander, gemahlenen Ingwer und 1 TL weichen, braunen Zucker in einer Schüssel mischen. Die Kürbisscheiben damit bestreuen. In mittelheißem Backofen bei 180 °C 35 Minuten backen. Wenn er weich ist, heiß servieren.

L

Lab Ferment aus dem Magen säugender Kälber, das zur Gerinnung von Quark und Hartkäse benötigt wird.

Lachs Großer Fisch. Sein fettes Fleisch ist rosafarben und zart. Lachs kann gegrillt, gebacken oder pochiert werden, das Fleisch läßt sich auch räuchern oder pökeln. Lachs ist die Grundlage vieler klassischer Gerichte wie skandinavischer *Graved Lax* (roher Lachs, in Salz, Zucker, Pfeffer und Dill gepökelt) oder russische *Kulebjaka* (Hefeteigpastete). Räucherlachs wird kalt in dünnen Scheiben mit Zitrone und Kapern oder mit Frischkäse oder Meerrettichsahne serviert. Dazu ißt man häufig Brot, Toast oder Blinis und Butter. Lachs ist außerdem Bestandteil einer Fülle kalter und warmer Gerichte: Mousse, Dips, Crêpes, Omeletts, Pastasoßen, Pasteten und Rühreiern. Früher einmal gab es im Nordatlantik

LACHS

POCHIERTE LACHSKOTELETTS

☆ ***Vorbereitungszeit:*** 5 Minuten
Kochzeit: 15 Minuten
Für 4 Personen

¼ Tasse frische Petersilie
1 ½ Tassen Fischbrühe
½ TL Salz
½ TL zerdrückter schwarzer Pfeffer
1 Prise Muskatnuß
½ Tasse trockener Weißwein
2 Frühlingszwiebeln, feingehackt
4 Lachskoteletts vom Schwanzstück
2 EL frische Petersilie zusätzlich, gehackt

1 Frische Petersilie hacken.
2 Fischbrühe, Salz, Pfeffer, Muskatnuß, Wein und Frühlingszwiebeln in einem flachen Topf mischen. Langsam zum Kochen bringen und 1 Minute kochen lassen.
3 Lachskoteletts nebeneinander in die Brühe legen; bei geschlossenem Topf 10 Minuten köcheln lassen. Lachskoteletts mit einem Schaumlöffel herausnehmen, auf 4 Servierteller legen und warm halten.
4 Brühe noch 1 Minute kochen und die frische, gehackte Petersilie hinzufügen. Die Flüssigkeit über den Lachs gießen und sofort servieren.

LACHS MIT DILLMAYONNAISE

☆ ***Vorbereitungszeit:*** 30 Minuten
Kochzeit: 15–20 Minuten
Für 4 Personen

1,5 kg ganzer Lachs
2 Tassen Fischbrühe
1 Tasse selbstgemachte Mayonnaise
2 EL frischer Dill, feingehackt
Pfeffer

1 Lachs abschuppen, waschen und putzen. In einen Fischtopf oder einen großen Topf geben. Fischbrühe darübergießen und etwa 15 Minuten pochieren, bis das Fleisch sich zerlegen läßt. Dabei nicht wenden.
2 Lachs herausnehmen und gut kühlen.
3 Mayonnaise mit Dill und Pfeffer in einer Schüssel gut verrühren. In einer Servierschüssel anrichten, mit einem frischen Dillzweig garnieren.
4 Lachs auf einer Seite enthäuten und das Fleisch auf jeder Seite des Rückgrats mit Löffel und Gabel herausnehmen.

Anmerkung: Zum Entfernen der Flossen und des Schwanzes nehmen Sie eine große Küchenschere.

Oben: Pochierte Lachskoteletts. Gegenüber, oben: Kürbisscones; unten: Fritierte Kürbislocken

Lachs im Überfluß; er war der am häufigsten verzehrte Fisch im Europa des Mittelalters, und im 17. Jh. gab es davon so viele in den schottischen Flüssen, daß ein Gesetz den Arbeitgebern verbot, ihren Bediensteten mehr als dreimal wöchentlich Lachs vorzusetzen.

Ladyfinger Bezeichnung für verschiedene schlanke, fingerförmige Nahrungsmittel: Okra, ein in Nordafrika und der Karibik häufig verwendetes Gemüse, wird so genannt; ebenso eine Bananenart (Fingerbananen), ein knuspriges Biskuitgebäck (Löffelbiskuit) und gefüllte Filo-Röllchen im orientalischen Raum.

Lake Starke Salzlösung zum Einlegen und Haltbarmachen von Fleisch, Fisch und Gemüse.

Lamington Kleine Biskuit- oder Rührkuchenwürfel, in Schokoladenguß getaucht, mit Kokosraspeln bestreut.

Lamm Unter 1 Jahr altes Schaf; Babylamm unter 3 Monaten, Osterlamm 3 bis 9 Monate alt. Fleisch sollte fest und rosarot

1

2

3

CAMEMBERT-LACHS-KROKETTEN

☆☆ ***Vorbereitungszeit:*** 40 Minuten + 3 Stunden Ruhezeit
Kochzeit: 30–35 Minuten
Ergibt 16 Stück

1 kg Kartoffeln, geschält und in kleine Stücke geschnitten
1 kleine Zwiebel, feingehackt
450 g Lachs aus der Dose, abgetropft und in Stükke zerpflückt
1 EL frische Petersilie, gehackt
2 TL abgeriebene Zitronenschale
4 EL Zitronensaft
1–2 EL Essig
1 Ei, leicht verquirlt
schwarzer Pfeffer aus der Mühle
60 g Camembert, in 16 Würfel geschnitten
¼ Tasse Mehl
gemahlener Pfeffer zusätzlich
2 Eier zusätzlich, leicht verquirlt
1 ½ Tassen frische Weißbrotkrümel
Öl zum Fritieren

1 Kartoffeln gar kochen, abtropfen lassen und zerdrücken. In eine große Schüssel geben. Zwiebeln, Lachs, Petersilie, Zitronenschale und -saft, Essig, Ei und Pfeffer hinzufügen und verrühren. Mischung in 16 gleichgroße Portionen teilen. Je Portion zu einer 7 cm langen Rolle formen; in die Mitte 1 Stück Käse einarbeiten.

2 Mehl und Pfeffer auf Backpapier mischen und die Kroketten darin wälzen. Überschüssiges Mehl abschütteln. Die Kroketten danach in verquirltes Ei tauchen und in die Brotkrümel drücken; Überschüssiges abschütteln. Zugedeckt im Kühlschrank 3 Stunden ruhenlassen.

3 Öl in einem tiefen Topf erhitzen. Kroketten portionsweise vorsichtig ins heiße Öl geben und bei mittlerer Hitze 5 Minuten fritieren, dann mit einer Zange vorsichtig herausheben, auf Küchenpapier abtropfen lassen und warm halten. Anschließend warm als Vorspeise, als Beilage oder Hauptgericht mit Gemüse oder Salat servieren.

WISSENSWERTES ÜBER LACHS

- Frischer Lachs ist ganz, in Schnitten oder als Filet erhältlich. Das Fleisch ist tiefrosa, wird wegen seines wohlschmeckenden Aromas geschätzt.
- Ganzer Lachs schmeckt pochiert oder gebakken gut, warm oder kalt servieren.
- Frischer Lachs läßt sich ausgezeichnet marinieren und roh servieren. Mit Ingwer und frischen Kräutern würzen.
- Lachspasteten schmecken nicht nur köstlich, sie sehen auch wegen der Farbe des Fischfleisches gut aus.
- Lachs in Dosen ist als Brotbelag und für die schnelle Küche beliebt.

GRAVED LAX

Vorbereitungszeit: 20 Minuten + 2 Tage marinieren
Für 8 Personen

2 Lachsfilets à 350–500 g
3 EL Meersalz
1 ½ EL Zucker
1 TL weißer Pfeffer
1 Tasse frischer Dill, grobgehackt, mit Stielen

1 Filets gründlich waschen. Nicht enthäuten.
2 Salz, Zucker und Pfeffer in einer kleinen Schüssel gut mischen. Salzmischung von jeder Seite gründlich in das Fleisch reiben.
3 Ein Lachsfilet mit der Haut nach unten in ein flaches Gefäß legen. Mit Dill bestreuen. Das zweite Filet mit der Haut nach oben auf das erste legen. Mit einem Gefäß beschweren, so daß der Lachs flachgedrückt wird. Mit Folie bedecken.
4 Lachs 48 Stunden in den Kühlschrank stellen. Fisch alle 12 Stunden umdrehen. Regelmäßig mit der Fischflüssigkeit bestreichen.
5 Zum Servieren Dill und Salzmischung abkratzen. Fisch trockentupfen und schräg in dünne Scheiben schneiden (wie Räucherlachs). Eventuell den Fisch vor dem Schneiden noch mit besonders feingehackten Dillblättern bestreuen, so daß jede Scheibe einen Dillrand hat. Mit Senfsoße, frischem Toast und grünem Salat servieren.

Oben: Graved Lax.
Gegenüber: Camembert-Lachs-Kroketten

LACHSKOTELETTS MIT ORIENTALISCHER MAYONNAISE

Vorbereitungszeit: 10 Minuten
Kochzeit: 5 Minuten
Für 4 Personen

Orientalische Mayonnaise
1 Tasse Mayonnaise, selbstgemacht oder gutes Fertigprodukt
2 EL Koriandergrün, gehackt
2 TL frischer Ingwer, feingerieben
2 TL warmer Honig
1 TL Sojasoße
½ TL Sesamöl
4 EL Pflanzenöl
2 TL Balsamessig
schwarzer Pfeffer aus der Mühle
4 Lachskoteletts à 160 g

1 Orientalische Mayonnaise 30 Minuten vor dem Servieren zubereiten. Dafür die frisch hergestellte Mayonnaise mit restlichen Zutaten in einer Schüssel gut verrühren.
2 Pflanzenöl, Essig und Pfeffer in einer flachen Schale mischen und Lachs darin wälzen.
3 Eine schwere Pfanne stark erhitzen und Lachskoteletts bei starker Hitze von jeder Seite 2–3 Minuten braten. Der Lachs sollte in der Mitte noch leicht rosa und feucht sein. Mit der Mayonnaise servieren.

LACHS-NUDEL-AUFLAUF

Vorbereitungszeit: 10 Minuten
Kochzeit: 45–50 Minuten
Für 4–5 Personen

250 g Nudeln
200 g roter Lachs aus der Dose, mit Flüssigkeit
1 Tomate, enthäutet und feingehackt
2 TL frischer Dill, feingehackt
1–2 EL Zitronensaft
1 Tasse Brokkoli, feingehackt
2 Eier, leicht verquirlt
200 g Ricotta, durch ein Sieb gestrichen
3 Frühlingszwiebeln, feingehackt
⅔ Tasse Cheddar oder mittelalter Gouda, gerieben

1 Nudeln in sprudelndem Wasser bißfest kochen; abtropfen und abkühlen lassen. Backofen auf 180 °C vorheizen. Lachs entgräten und mit einer Gabel zerdrücken. Tomaten, Dill, Saft und Brokkoli hinzufügen und gut mischen.
2 Nudeln mit Eiern, Ricotta und Zwiebeln gut verrühren. Die Hälfte der Nudelmischung in eine mit Papier ausgelegte und gefettete Springform füllen (20 cm Durchmesser). Lachsmischung auf die Nudeln drücken und mit einem Löffel glattstreichen. Restliche Nudelmischung darübergeben. Mit Käse bestreuen und in 35 Minuten goldgelb backen.

sein, mit feiner Struktur und gleichmäßigem Fettrand; in der Regel saftig, zum Braten und Grillen geeignet. Viele Länder verwenden es in der Küche; in Griechenland: langsam gebraten in *Kleftiko;* im orientalischen Raum: gewürfelt, mariniert und gegrillt als

Kebab, für das Festtagsgericht *Mansaaf* in würziger Joghurtsoße geköchelt; *Mechoui,* ein Gericht aus Nordafrika, ist Lammspießbraten; in Frankreich wird Lammkeule während des Bratens mit Buttermischung bepinselt; im Iran geschmort; Lamm auf mongolische Art, in würziger Soße, ist in China beliebt; Lamm ist Hauptzutat von Irish Stew und Lancashire-Ragout.

Lancashire-Ragout Herzhaftes Ragout aus Lamm, Zwiebeln und Kartoffeln, mit krustigen Kartoffelscheiben bedeckt. Ursprünglich enthielt es auch Pilze und Austern und wurde in einem speziellen irdenen Topf gekocht.

Langkornreis Reissorte mit länglichem Korn, die vor allem aus Pakistan und Indien (Patnareis) und aus den USA (Karolinareis) eingeführt wird. Sie ist weniger klebrig als Rundkornreis und eigenet sich gut für lockere, pikant gewürzte Reisgerichte.

Langusten (engl. *main lobster, crawfish;* frz. *langouste*) Im Mittelmeer, dem Indischen Ozean und in Teilen der Nordsee vorkommendes Krustentier, das dem Hummer ähnlich sieht, aber keine Scheren trägt.

Lasagne Italienische Nudelsorte in Blattform. Die Blätter werden in Wasser gekocht, mit Soßen kombiniert und mit Käse überbacken.

Lassi Erfrischendes, indisches Joghurtgetränk. Joghurt wird mit Eiswasser vermischt, mit Salz und Pfeffer gewürzt oder mit Zucker gesüßt.

Lauch (Porree) Zu den Zwiebeln gehörendes Wintergemüse; der frischen, mild schmeckenden Stengel wegen geschätzt. Vorbereitung: äußere Blätter entfernen, Wurzeln und harte grüne Blattspitzen abschneiden; sorgfältig waschen. Verwendung: als heißes Gemüse gedämpft,

LAMM

LAMM-KRONENBRATEN MIT ROSMARINFÜLLUNG

☆☆ ***Vorbereitungszeit:*** 20 Minuten
Backzeit: 45 Minuten
Für 6 Personen

1 Kronenbraten (mindestens 12 Koteletts)
2 mittelgroße Zwiebeln, geschält und gehackt
1 grüner oder Kochapfel, geschält und geschnitten
15 g Butter
2 Tassen frische Semmelbrösel
2 EL frischer Rosmarin
1 EL Petersilie, gehackt
¼ Tasse ungesüßter Apfelsaft
2 Eier, Eigelb und Eiweiß getrennt

1 Backofen auf 210 °C vorheizen. Fleisch säubern. Zwiebel und Apfel in Butter braten, bis sie weich sind. Vom Herd nehmen, Semmelbrösel und Kräuter hineinrühren. Apfelsaft und Eigelb verrühren. Semmelbröselmischung unterrühren.
2 Eiweiß in kleine, trockene Schüssel geben. Mit dem Handrührgerät steif schlagen. Leicht unter die Füllmasse heben.
3 Kronenbraten in eine Bratschale legen. Ein Stück stark gefettete Folie unter den Braten legen, um die Füllung zu halten. Füllung in die Mitte des Bratens geben. 45 Minuten nach Belieben backen. Mit einem scharfen Messer die Koteletts trennen.

Anmerkung: Kronenbraten beim Metzger vorbestellen, formen, binden lassen. Folie um die Enden der Kotelettknochen wickeln, um Ansengen zu verhindern; vor dem Servieren abnehmen.

WISSENSWERTES ÜBER LAMM

■ Die Beliebtheit von magerem Lammfleisch hat in den letzten Jahren zugenommen. Es ist eine schmack- und nahrhafte Alternative zu Rind; Lammsteaks oder -Filets werden meist zügig gebraten und englisch oder medium serviert. (Prüfen: Fleisch vorsichtig mit der Grillzange drücken – Lammfleisch englisch ist sehr weich, medium etwas fester.) Lammhack ist eine Alternative für Rinderhack.
■ Bekannter ist die Methode, Lamm so lange zu schmoren, bis es fast von allein auseinanderfällt. Lammcurrys, Eintöpfe und Schmortöpfe sollten sehr langsam gekocht werden, bis das Fleisch fast im Mund zergeht.

Oben: Lamm-Kronenbraten mit Rosmarinfüllung. Gegenüber, unten: Gebratene Lammkeule mit Salbei und Estragon; oben: Lammragout mit Gemüse

GEBRATENE LAMMKEULE MIT SALBEI UND ESTRAGON

★ ***Vorbereitungszeit:*** 15 Minuten
Kochzeit: 1 Stunde 30 Minuten
Für 6 Personen

2 kg Lammkeule
¼ Tasse frischer Salbei, grobgehackt
2 EL frischer Estragon, grobgehackt
1 Knoblauchzehe
1 mittelgroße Zwiebel, gehackt
1–2 EL Öl
2–3 EL Pflaumensoße
1 Tasse Weißwein
¼ Tasse Hühnerbrühe

1 Backofen auf 180 °C vorheizen. Mit einem kleinen, scharfen Messer Fleisch säubern. Salbei, Estragon, Knoblauch, Zwiebel, Öl und Pflaumensoße in die Küchenmaschine geben: 30 Sekunden verarbeiten, bis die Mischung glatt ist.
2 Fleisch in eine tiefe Bratschale legen. Rundherum mit Salbeimischung einreiben. Etwas Wasser in die Bratschale geben, um Anbrennen zu verhindern. Ohne Deckel 1 Stunde 15 Minuten braten. Auf eine Tranchierplatte legen. Lose mit Folie abdecken und vor dem Schneiden 10 Minuten warm halten.
3 Bratschale auf Herdplatte stellen. Wein und Brühe zu der Bratflüssigkeit geben, gut rühren und Boden der Schale abkratzen. Zum Kochen bringen, Hitze reduzieren, 5 Minuten köcheln lassen. Bei Tisch über die Lammscheiben geben.

LAMMRAGOUT MIT GEMÜSE

★ ***Vorbereitungszeit:*** 20 Minuten
Kochzeit: 1 Stunde 45 Minuten
Für 6 Personen

1 kg Lammkoteletts
30 g Butter
¼ Tasse Olivenöl
2 mittelgroße Zwiebeln, gehackt
1 Knoblauchzehe
2 Pastinaken, geschnitten
2 Möhren, geschnitten
2 Selleriestangen, geschnitten
¼ Tasse Mehl
440 g Tomaten aus der Dose, abgetropft, Saft aufbewahren
½ Tasse Wasser
1 Tasse Hühnerbrühe
2 EL frische Minze, gehackt
½ Tasse gefrorene grüne Bohnen
½ Tasse frische Petersilie, gehackt
1 TL frischer Thymian
gemahlener Pfeffer, zum Abschmecken
1 EL französischer Senf
½ Tasse frische Petersilie zusätzlich, gehackt

1 Backofen auf 150 °C vorheizen. Knochen und überschüssiges Fett vom Fleisch abschneiden; in 2 cm große Würfel schneiden. Butter und Öl erhitzen. Fleisch bei mittlerer Hitze in Portionen anbraten, gut bräunen; auf Küchenpapier abtropfen lassen.
2 Zwiebel goldbraun braten; Knoblauch, Pastinake, Möhre und Sellerie zugeben; braten, bis alle Gemüse leicht gebräunt sind. Mehl hineinrühren, grob zerkleinerte Tomaten mit Saft, Wasser, Brühe, Minze, Bohnen, Petersilie, Thymian zugeben, Pfeffer und Senf zum Abschmecken.
3 Fleisch mit in die Kasserolle geben, zugedeckt 1 ½ Stunden schmoren. Mit gehackter Petersilie bestreuen.

gekocht oder geschmort; gekocht in Suppen, Pasteten und vegetarischen Torten, als kurzgebratenes Gemüse; kalt als Salat mit Mayonnaise oder Vinaigrette. Schon im antiken Ägypten bekannt und vor 3500 Jahren in einem chinesischen Kochbuch erwähnt. Nero soll täglich Lauchsuppe gegessen

haben, weil er glaubte, dies würde seine Stimme kräftigen. Die Kelten Großbritanniens nannten Gemüsebeete *leactun*, »Lauchbeet«; in Wales ist Lauch Nationalsymbol.

Lauchblättriger Bocksbart Langes, dünnes Wurzelgemüse mit köstlichem, austernähnlichem Geschmack. Die bekannteste Sorte hat helles, fast weißes Fleisch und eine hellbraune Schale. Scorzonera, eine Sorte mit schwarzer Schale, hat rahmfarbenes Fleisch. Bocksbart wird gewöhnlich gekocht oder sautiert und mit Butter und Petersilie oder mit Béchamel- oder Sahnesoße serviert.

Laugengebäck Verschieden geformte Weizenbackwaren (Brezeln, Stangen, Brötchen), die vor dem Backen in

Natronlauge mit höchstens 4% Natriumhydroxid getaucht und mit grobkörnigem Salz bestreut werden. Besonders beliebt im süddeutschen Raum.

Leber Zu den Innereien gehörendes, rotbraunes Organ der Blutreinigung mit ausgeprägtem Geschmack. Verzehrt wird Leber von Lamm, Schaf, Kalb, Ochsen, Schwein, Geflügel und Wild. Vorbereitung: waschen und trockentupfen; dünne äußere Haut, Fett und Blutgefäße entfernen. Dünn schneiden und braten, bis sie nicht mehr rosa ist (nicht zu lange braten, da sie leicht hart wird). Kann gebraten, gegrillt, fritiert, geschmort und langsam gekocht werden. Sautierte Kalbs- und Lammleber mit Speck ist ein beliebtes Frühstück. Gänse- und Hühnerleber wird zu Pastete verarbeitet.

Leberwurst Weiche Wurst aus Leber, Schweinehack, Zwiebel und Gewürzen. Als Brotaufstrich oder auf Kräckern; kann in Füllungen verarbeitet werden. Hat eine lange Tradition in vielen europäischen

LAMMKOTELETTS MIT TOMATEN-MINZE-SOSSE

☆ ***Vorbereitungszeit:*** 20 Minuten + 1 Stunde Ruhezeit
Kochzeit: 15 Minuten
Für 6 Personen

12 Lammkoteletts, je ca. 75 g
1–2 EL Olivenöl

Tomaten-Minze-Soße
3 mittelgroße Tomaten
1 TL Apfelessig
2 TL weicher, brauner Zucker
1 Frühlingszwiebel, feingehackt
2 TL frische Minze, gehackt

1 Kotelettknochen sauber abkratzen, Fleisch rund schneiden. Öl erhitzen. Koteletts bei starker Hitze 2 Minuten von jeder Seite anbraten, um Poren zu verschließen, dann 1 weitere Minute von jeder Seite braten. Mit Tomaten-Minze-Soße servieren.
2 Für die Tomaten-Minze-Soße jede Tomate oben kreuzförmig einschneiden. 1–2 Minuten in kochendes Wasser legen, dann sofort in kaltes Wasser geben. Herausnehmen und die Haut vom Kreuz her abziehen. Tomaten halbieren und vorsichtig Kerne herausdrücken. Restliche Kerne mit Teelöffel entfernen. Tomaten fein hacken.
3 Tomaten, Essig, Zucker und Zwiebel bei mittlerer Hitze zum Kochen bringen, Hitze reduzieren, 5 Minuten köcheln lassen. Vom Herd nehmen, bei Zimmertemperatur mindestens 1 Stunde stehenlassen. Vor dem Servieren Minze hineinrühren.

LAMM AUF MONGOLISCHE ART

☆ ***Vorbereitungszeit:*** 15 Minuten + 1 Stunde marinieren
Kochzeit: 10 Minuten
Für 4 Personen

750 g Lammfilet
2 Knoblauchzehen, zerdrückt
1 TL frischer Ingwer, geraspelt
1–2 EL Sesamöl
2–3 EL Erdnußöl
4 mittelgroße Zwiebeln, in Stücke geschnitten
3 TL Maismehl (Stärke)
1–2 EL Sojasoße
¼ Tasse trockener Sherry
1 EL gerösteter Sesam (siehe Anmerkung)

1 Fleisch in dünne Scheiben schneiden. Knoblauch, Ingwer und Sesamöl mischen; Fleisch zugeben, rühren und gut bedecken. 1 Stunde oder über Nacht mit Folie abgedeckt im Kühlschrank aufbewahren; gelegentlich wenden.
2 In Wok oder schwerer Bratpfanne Erdnußöl erhitzen, schwenken. Zwiebeln zugeben, bei mittlerer Hitze 4 Minuten kurz anbraten, herausnehmen und warm halten. Wok wieder erhitzen, Fleisch in kleinen Portionen bei starker Hitze zügig braten, bis es braun, aber nicht durchgebraten ist. Aus dem Wok nehmen.
3 Maismehl, Sojasoße, Sherry zu glatter Paste mischen. Fleisch mit der Paste in den Wok geben; bei starker Hitze braten, bis Fleisch weich und Soße dick ist. Vom Herd nehmen, Zwiebeln darübergeben, mit geröstetem Sesam bestreuen.

Anmerkung: Sesamkörner rösten: In einer trokkenen Pfanne bei schwacher Hitze wenden.

LANCASHIRE-RAGOUT

☆ ***Vorbereitungszeit:*** 20 Minuten
Kochzeit: 2 Stunden
Für 8 Personen

8 Lammbrust- oder Lammnackenkoteletts, 2,5 cm dick
¼ Tasse Mehl
45 g Bratfett oder Butter
2 große Zwiebeln, geschnitten
2 Selleriestangen, geschnitten
1 große Pastinake, geschält und geschnitten
1 ¾ Tassen Hühner- oder Rinderbrühe
200 g Pilze, geschnitten
½ TL weißer Pfeffer
Salz zum Abschmecken
2 TL gemischte Kräuter, getrocknet
1–2 EL Worcestersoße
4 mittelgroße, festkochende Kartoffeln, geschält, in sehr dünne Scheiben geschnitten

1 Backofen auf 160 °C vorheizen. Eine große, 6 Tassen fassende, feuerfeste Kasserolle mit zerlassener Butter oder Öl auspinseln. Fleisch säubern. Mehl in eine Plastiktüte geben, Koteletts im Mehl schütteln. Überschüssiges Mehl abschütteln und zu späterem Gebrauch aufbewahren. Bratfett oder Butter in einer Pfanne erhitzen. Koteletts hineinlegen und braten, bis beide Seiten braun sind. Koteletts herausnehmen; in die Kasserolle legen.

Gegenüber, oben: Lammkoteletts mit Tomaten-Minze-Soße; unten: Lamm auf mongolische Art.
Oben: Lancashire-Ragout

2 Zwiebeln, Sellerie und Pastinake in die Pfanne geben, braten, auf die Koteletts geben.
3 Aufbewahrtes Mehl in die Pfanne streuen und unter Rühren schmoren, bis es dunkelbraun ist. Nach und nach Brühe hineingießen, rühren, bis Mischung anfängt zu kochen. Pilze, Pfeffer, Salz, Kräuter, Worcestersoße zugeben, 10 Minuten köcheln lassen, über die Koteletts gießen.
4 Kartoffelscheiben überlappend darüberlegen, so daß sie Fleisch und Gemüse völlig abdecken. Kasserolle mit einem Deckel verschließen und in den vorgeheizten Backofen schieben. 1 ¼ Stunden schmoren lassen. Deckel abnehmen und weitere 30 Minuten knusprig schmoren.

JHAL FARAZI

In einer Pfanne etwas Öl erhitzen; 1 geschnittene Zwiebel 8 Minuten darin braten. ½ TL geraspelten Ingwer zugeben, 1 weitere Minute braten. In einer Schüssel ½ TL Kurkuma, ½ TL Garam Masala, ¼ TL Chilipulver und ½ TL Salz mischen, etwas kaltes Wasser zugießen und zu einer Paste verarbeiten. In die Pfanne geben, unter Rühren 1 Minute braten, nicht anbrennen lassen. 200 g geschnittene Lammbratenreste zugeben und gut mischen. 1 geschnittene Kartoffel mit 2–3 EL Wasser zugeben. Pfanne abdecken, bei schwacher Hitze schmoren, bis alles durchgewärmt ist. Vor dem Servieren mit Zitronensaft und gehackter Minze bestreuen.

Regionen und wurde oft zum Garnieren von Festtagsbraten verwendet.

Lebkuchen Würzig-süßes Gebäck mit Ingwer, Sirup und Zimt.

Legieren siehe Binden.

Leicester Halbfester Kuhmilchkäse mit saftiger, körniger Struktur und mildem Geschmack. Seine orange Farbe erhält er durch Orleanfarbstoff. Gut als Brotbelag, Imbiß, mit Früchten und Salatgemüsen, zum Kochen. Herkunftsgebiet ist die Umgebung um Melton Mowbray in Leicestershire, England.

Lende siehe Filet.

Leyden Halbfester, dunkelgelber, trockener Kuhmilchkäse mit herbsaurem Geschmack. Meist mit Kümmelsamen gewürzt, manchmal mit Kreuzkümmel und Nelken oder einer Mischung davon. Wird zylindrisch geformt, mit Orleanfarbstoff gefärbt und hat eine dunkelgelbe Rinde, die mit Wachs überzogen wird. Gestempelt ist er mit zwei gekreuzten Schwertern, dem Symbol der holländischen Stadt Leyden.

Libanesische Küche Sesam, Pistazien, Bulgur, Filo-Teig, Kichererbsen und Joghurt sind die Hauptzutaten der libanesischen Küche.

Am bekanntesten: Tabouleh, ein Salat aus Bulgur, Petersilie, Minze und Tomaten; Falafel, kleine Kichererbsenknödel, und Hummus, ein Dip aus pürierten Kichererbsen, manchmal mit Tahini (Sesampaste) gemischt. Obwohl oft nur diese Speisen im Westen bekannt sind, ist die libanesische Küche fein und elegant, z.B. Kibbeh, ein bekanntes Lammfleischgericht und viele Lammpasteten. Gemüse, die verwendet werden, sind die

im Mittelmeerraum gebräuchlichen: Auberginen, Zucchini und Tomaten, aber auch Okras, Saubohnen (Fava-

ROGHAN JOSH

☆☆ ***Vorbereitungszeit:*** 25 Minuten
Kochzeit: 1 Stunde 10 Minuten
Für 6 Personen

1 EL Koriandersamen
½ –1 ½ TL Chiliflocken
1 kg Lammfleisch, ohne Knochen, in 3 cm große Würfel geschnitten
½ TL frischer Ingwer, geraspelt
4 EL Ghee oder Butter
4 ganze Nelken
¾ Tasse Joghurt
½ TL Muskatnuß
½ TL Kardamom, gemahlen
1 Tasse Wasser
3 TL Garam Masala
¼ TL Safranpulver
½ Tasse Sahne

1 Koriandersamen in einer trockenen Pfanne rösten, bis sie sehr aromatisch sind. Chiliflocken zugeben und sehr kurz erhitzen, aus der Pfanne nehmen und zu feinem Pulver zerstoßen.
2 Fleisch mit Ingwer würzen und mit den Nelken in Ghee oder Butter bräunen. Mit Koriander-Chilipulver bestreuen. Joghurt, Muskatnuß und Kardamom in die Pfanne geben und 8 Minuten kochen, gelegentlich rühren.
3 Wasser zugeben, Pfanne abdecken und 50 Minuten köcheln, bis das Fleisch sehr weich ist. Wird ein trockneres Curry bevorzugt, nach der halben Kochzeit aufdecken, um die Soße einzukochen. Garam Masala zugeben.
4 Safran in die Sahne rühren, zum Fleisch geben. 3–4 Minuten unter Rühren schwach kochen lassen. Mit gedämpftem Reis servieren.

LAMMHAXEN MIT GEBRATENEM KNOBLAUCH

☆ ***Vorbereitungszeit:*** 20 Minuten
Kochzeit: 1 Stunde 40 Minuten
Für 6 Personen

6 große Lammhaxen
frisch gemahlener schwarzer Pfeffer zum Abschmecken
1–2 EL Öl
2 mittelgroße Lauchstangen, geschnitten
1 mittelgroßer Zweig Rosmarin
1 Tasse trockener Weißwein
1 Knoblauchknolle

1 Backofen auf 180 °C vorheizen. Haxen mit Pfeffer würzen. Öl in einer schweren Pfanne erhitzen. Haxen portionsweise bei mittlerer Hitze zügig gut bräunen; auf Küchenpapier abtropfen lassen. In eine feuerfeste Kasserolle geben.
2 Lauch in die Pfanne geben, weich schmoren. Mit Rosmarin und Wein in die Kasserolle geben.
3 Knoblauchknolle durchschneiden. Oberfläche mit etwas Öl bepinseln. Mit der Schnittseite nach oben in die Kasserolle legen, doch nicht mit Flüssigkeit bedecken. Abgedeckt 1 Stunde schmoren. Deckel abnehmen, weitere 15 Minuten schmoren. Vor dem Servieren Rosmarinzweig herausnehmen. Mit gedünstetem Gemüse und krustigem, mit gebratenem Knoblauch bestrichenen Brot servieren.

Links: Roghan Josh; oben: Lammhaxen mit gebratenem Knoblauch. Gegenüber: Lauchtorte

LAUCH

LAUCHTORTE

★★ ***Vorbereitungszeit:*** 30 Minuten + 30 Minuten Kühlzeit
Backzeit: 40–50 Minuten
Für eine Torte (23 cm)

Teig
2 ½ Tassen Mehl
150 g Butter, geschnitten
2–3 EL Zitronensaft
1–2 EL Wasser

Füllung
30 g Butter
2 Scheiben Frühstücksspeck, feingeschnitten
4 Lauchstangen, feingeschnitten
1–2 EL Weißweinessig
¼ Tasse Mehl
1 Tasse Milch
2 Eier, verquirlt
1 Tasse Cheddar, gerieben
1 TL gemahlener schwarzer Pfeffer
verquirltes Ei zum Glasieren
frische Kräuter zum Garnieren

1 Ofen auf 210 °C vorheizen. Eine flache, runde Auflaufform (23 cm) mit zerlassener Butter oder Öl auspinseln.
2 Für den Teig Mehl und geschnittene Butter in die Küchenmaschine geben. 30 Sekunden verarbeiten, bis die Mischung feinkrümelig ist. Zitronensaft und fast die gesamte Wassermenge zugeben, 30 Sekunden verarbeiten, bis die Mischung glatt ist; wenn nötig mehr Wasser zugeben. Teig, mit Folie abgedeckt 30 Minuten im Kühlschrank aufbewahren.
3 Für die Füllung Butter erhitzen, Speck darin braten, bis er knusprig ist. Lauch zugeben, 5 Minuten weich schmoren. Essig und Mehl hineinrühren. Vom Herd nehmen. Nach und nach Milch zugeben, glattrühren. Auf die Kochstelle geben, rühren, bis die Soße kocht und dick wird. Leicht abkühlen lassen. Eier, Käse und Pfeffer hineinrühren.
4 ⅔ des Teigs ausrollen, die Form damit auslegen. Füllung auf den Teig geben. Restlichen Teig ausrollen, Füllung damit abdecken. Kanten passend schneiden und verzieren, mit verquirltem Ei bepinseln. 3 tiefe Schlitze als Dampfabzug in die Oberfläche schneiden. 30–40 Minuten goldbraun und knusprig backen. Zum Servieren mit frischen Kräutern garnieren und die Lauchtorte in Stücke teilen.

LAUCH IN KRÄUTERSOSSE

Von 12 kleinen Lauchstangen die grünen Spitzen abschneiden. Lauch sorgfältig waschen und etwa 10 Minuten in gesalzenem Wasser köcheln lassen, bis sie weich sind. Abgießen und auf eine Servierschüssel legen. Soße mischen aus: 6–7 EL Olivenöl, 1–2 EL Weißweinessig, 1 großen feingeschnittene Frühlingszwiebel, 2 TL feingehackten Kapern, 1 TL gehackter Petersilie, ½ TL frischem, gehacktem Estragon, ½ TL frischem, gehacktem Schnittlauch und 125 ml Sahne. Soße über den Lauch gießen und zum Kühlen beiseite stellen. Den Lauch in Kräutersoße bei Zimmertemperatur servieren.

Bohnen) und Gurken. Süße, duftende Desserts sind beliebt, und Orangenblütenwasser, Rosenwasser, Honig, Nüsse und Gewürze finden darin Verwendung.

Liebstöckel (Maggikraut) Sehr geruchs- und geschmacksintensives Küchenkraut, das vor allem zum Würzen von Fleisch-, Fisch- und Gemüsebrühen verwendet wird, in denen die vor dem Verzehr zu entfernenden Blätter oder Wurzeln mitgekocht werden.

Liköre Süße Spirituosen mit Zusätzen von Zucker, Sirup, Essenzen, Früchten und Pflanzenteilen, deren Alkoholgehalt 32 % Vol. betragen muß. Außer Vanillin dürfen keine künstlichen Aromastoffe zugesetzt werden.

Lima-Bohne Guatemaltekische Bohne mit hellgrünen oder weißen, leicht nierenförmigen Samen. Hauptsächlich

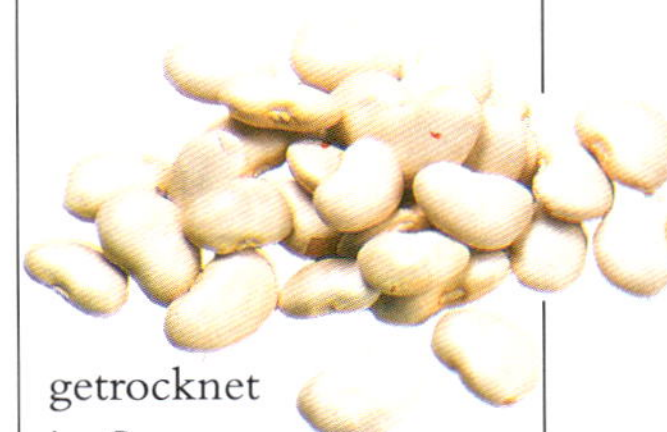

getrocknet in Suppen und Schmortöpfen verwendet, aber auch als Salat zubereitet. Können auch frisch als Gemüse serviert werden. Frisch, getrocknet, gefroren und in Dosen erhältlich.

Limburger Halbweicher Kuhmilchkäse mit kräftigem Aroma, unverkennbarem, scharfem Geschmack, gelb-cremiger Textur und feiner, rotbrauner Rinde. Er sollte beim Servieren zusammen mit dunklem Brot und Zwiebeln oder Rettich Zimmertemperatur haben.

Limone Grünschalige Zitrusfrucht von der Größe einer kleinen Zitrone, mit sau-

rem, grüngelbem Fleisch. Saft und Schale geben süßen (Eis, Sorbet, Mousse, Soufflé und Pastetenfüllung) und würzigen Gerichten (Currygerichte, Hühner- oder Fischeintopf) einen pikanten Geschmack. Frucht zu Marmelade verkochen; Saft in Cordial und anderen Getränken verwenden. Als Tropenfrucht häufig in den Küchen dieser Region verwendet; in Südamerika und der Pazifikregion dient Limonensaft zum »Rohkochen« von Fisch (Ceviche). In

LIBANESISCHE KÜCHE

LADIES FINGERS

★★ ***Vorbereitungszeit*:** 25 Minuten
Kochzeit: 30–35 Minuten
Ergibt 20 Stück

2–3 EL Olivenöl
1 Zwiebel, feingehackt
⅓ Tasse Pinienkerne
500 g Lammhack
¼ Tasse Rosinen, geschnitten
1 Tasse Cheddar, gerieben
2 EL frischer Koriander, gehackt
1 TL gemahlener Pfeffer
2 EL frische Minze, gehackt
375 g Filo-Teig, ersatzweise Blätterteig
90 g Butter, zerlassen

Joghurtsoße
¼ kleine Gurke
¾ Tasse Joghurt
1 EL frischer Koriander, gehackt

1 Backofen auf 190 °C vorheizen. Ein 32 x 28 cm großes Blech mit Backpapier auslegen. In einer schweren Pfanne Öl erhitzen. Bei mittlerer Hitze Zwiebel und Pinienkerne 5 Minuten goldbraun braten. Lammhack zugeben und bei mittlerer Hitze 5–10 Minuten braten, bis es gut gebräunt und fast alle Flüssigkeit verdampft ist. Während des Bratens mit einer Gabel größere Hackklümpchen zerkleinern.
2 Vom Herd nehmen, leicht abkühlen lassen. Rosinen, Käse, Koriander, Pfeffer und Minze zugeben; mischen.
3 10 Lagen Filo-Teig, ersatzweise Blätterteig, auf eine Arbeitsfläche legen. Mit scharfem Messer oder Schere Teig der Länge nach in 4 Streifen schneiden, abdecken. 2 Streifen mit zerlassener Butter bepinseln, aufeinanderlegen. 1 EL Lammmischung an ein Ende des Streifens setzen. Enden

falten, zu Fingerform aufrollen. Teig und Füllung verbrauchen.
4 Rollen auf vorbereitetes Backblech legen, mit restlicher Butter bepinseln. 15–20 Minuten backen, bis sie goldbraun sind. Warm oder kalt, nach Wunsch mit Joghurtsoße servieren.
5 Für die Joghurtsoße Gurke schälen, Kerne entfernen, schneiden und in eine Schüssel legen. Joghurt und Koriander zugeben und mischen.

HUMMUS

★ ***Vorbereitungszeit:*** 10 Minuten + 4 Stunden Einweichzeit
Kochzeit: 1 Stunde
Für 8–10 Personen

1 Tasse Kichererbsen (Garbanzo-Bohnen)
3 Tassen Wasser
¼ Tasse Zitronensaft
¼ Tasse Olivenöl
2 Knoblauchzehen, grobgehackt
2–3 EL Wasser, zusätzlich
½ TL Salz
süßes Paprikapulver, zum Garnieren

1 Kichererbsen 4 Stunden oder über Nacht in Wasser einweichen. Abgießen, mit Wasser in einen Topf geben und zum Kochen bringen. Ohne Deckel 1 Stunde köcheln lassen, abgießen.
2 Kichererbsen, Zitronensaft, Olivenöl, gehackten Knoblauch, Wasser und Salz in die Küchenmaschine geben, 30 Sekunden verarbeiten, bis die Mischung glatt ist. Mit Paprika bestreuen und als Dip mit Pittabrot servieren.

FALAFEL MIT TOMATENRELISH

★★ ***Vorbereitungszeit:*** 25 Minuten + 30 Minuten Ruhezeit + 4 Stunden Einweichzeit
Kochzeit: 20–25 Minuten
Für 6 Personen

Falafel

2 Tassen Kichererbsen (Garbanzo-Bohnen)
3 Tassen Wasser
1 kleine Zwiebel, feingeschnitten
2 Knoblauchzehen, zerdrückt
2 EL frische Petersilie, gehackt
1 EL frischer Koriander, gehackt
2 TL Kreuzkümmel, gemahlen
1–2 EL Wasser
½ EL Backpulver
Öl zum Fritieren

Tomatenrelish

2 mittelgroße Tomaten, geschält und feingehackt
¼ kleine Gurke, feingeschnitten
½ grüne Paprikaschote, feingeschnitten
2 EL frische Petersilie, gehackt
1 TL Zucker
2 TL Chilisoße
½ TL gemahlener schwarzer Pfeffer
Saft und geriebene Schale von 1 Zitrone

1 Für Falafel Kichererbsen 4 Stunden einweichen. Abgießen, in der Küchenmaschine fein mahlen.
2 Zwiebel, Knoblauch, Petersilie, Koriander, Kreuzkümmel, Wasser und Backpulver dazugeben, 10 Sekunden verarbeiten, bis eine grobe Paste entsteht. 30 Minuten stehenlassen.

Oben: Falafel mit Tomatenrelish; unten: Baba Ganusch. Gegenüber, oben: Hummus; unten: Ladies Fingers

3 Für das Tomatenrelish alle Zutaten in eine Schüssel geben und mischen; beiseite stellen.
4 Gehäufte EL der Mischung zu Klößchen formen. Klößchen auf einem Löffel in nicht zu heißes Öl geben. Nacheinander auf dem Löffel 3–4 Minuten braten, schütteln, um Anhängen zu vermeiden. Mit einem Schaumlöffel herausnehmen, wenn alles gut gebräunt ist. Heiß oder kalt auf einem Bett aus Tomatenrelish oder in Pittabrot mit Relish und Hummus servieren.

BABA GANUSCH

★ ***Vorbereitungszeit:*** 20 Minuten
Kochzeit: 20 Minuten
Für 6–8 Personen

2 kleine Auberginen, der Länge nach halbiert
Salz
2 Knoblauchzehen, zerdrückt
2–3 EL Zitronensaft
¼ Tasse Tahini
1–2 EL Olivenöl
Salz zusätzlich zum Abschmecken
1 EL frische Minze, feingehackt

1 Backofen auf 190 °C vorheizen. Fleisch der Auberginen mit Salz bestreuen. 10–15 Minuten stehenlassen, Salz abspülen, trockentupfen.
2 Auberginen mit der Fleischseite nach oben 20 Minuten backen. Haut abziehen und wegwerfen.
3 Auberginenfleisch, Knoblauch, Zitronensaft, Tahini und Olivenöl in der Küchenmaschine pürieren, salzen. Mit Minze garnieren und mit Pittabrot servieren.

Key-Lime-Kuchen (benannt nach dem Herkunftsgebiet der halbwild wachsenden Limonen in den Florida Keys) setzt die scharfe Säure einen angenehmen Kontrast zur süßen, cremigen Füllung. Eingelegte Limonen werden zu Fleisch und Fisch serviert; Schale wird kandiert als Garnierung verwendet. Saison für frische Früchte ist Frühling und Herbst.

Linsen Die winzigen, kleinen, flachen Samen der Linsen sind eine gute Quelle pflanzlichen Eiweißes. Seit prähistorischen Zeiten dienen sie als Nahrungsmittel. Braune Linsen, oft in Eintöpfen, Schmortöpfen und Salaten verwendet, haben einen nußartig milden Geschmack; rote Linsen, häufig in der asiatischen Küche und auch als gespaltene Linsen bekannt, sind eigentümlich kräftig; aus ihnen wird in Indien Dhal zubereitet. Beide Sorten werden für vegetarische Pasteten verwendet und zu Mehl gemahlen. Getrocknet oder als vorgekochtes Mus erhältlich. Im antiken Ägypten angebaut und nach Italien und Griechenland exportiert.

Linzer Torte Üppiger Kuchen mit Marmeladenfüllung. Benannt nach der Stadt Linz in Österreich. Mit Zimt und Muskatnuß aromatisierter Mürbeteigboden wird dick mit Himbeerkonfitüre

bestrichen und mit restlichen Teigstreifen gitterförmig belegt. In kleinen Stücken serviert.

Litschi Kirschgroße, ovale Frucht mit dünner, warziger, rötlicher Schale und süßem, blaßrosa

Fleisch mit traubenähnlichem Geschmack, das einen glänzend braunen Stein umschließt. Verzehrt wird sie frisch pur, in Fruchtsalaten oder pikanten Salaten, als Dessert mit Sahne oder Eis; gedünstet wird sie zu süßen und pikanten Gerichten gegeben. Saison ist im Sommer; auch in Dosen und getrocknet erhältlich. Seit 4000 Jahren wird sie in Südchina angebaut.

TABBOULEH

Vorbereitungszeit: 20 Minuten
Für 6–8 Personen

1 Tasse Weizenschrot, mittelfein
2 Tassen Wasser
¾ Tasse glatte Petersilie, gehackt
¾ Tasse Minze, gehackt
4 Frühlingszwiebeln, feingehackt
2 mittelgroße Tomaten, feingehackt
2–3 EL Zitronensaft
1–2 EL Olivenöl
1 TL gemahlener Pfeffer

1 Weizenschrot 10 Minuten in Wasser einweichen, abgießen, restliches Wasser in einem Sieb mit dem Löffelrücken aus dem Weizen herausdrücken.
2 Weizen, Petersilie, Minze, Frühlingszwiebel, Tomate, Zitronensaft, Öl und Pfeffer in eine Schüssel geben und mischen. Kann als Vorspeise mit knackigem Salat oder als Hauptgericht serviert werden.

Anmerkung: Tabbouleh hält sich bis zu zwei Tage mit Plastikfolie abgedeckt im Kühlschrank, doch am besten wird es bald nach der Zubereitung gegessen.

Gegenüber: Zitronen-Limonen-Kuchen. Diese Seite, oben: Tabbouleh; unten: Würziges Lamm in Pittabrot

WÜRZIGES LAMM IN PITTABROT

Vorbereitungszeit: 10 Minuten + 2 Stunden marinieren
Kochzeit: 10 Minuten
Für 6 Personen

2 Lammlenden
2 TL Olivenöl
4 große Pittabrote
2 Tomaten, geschnitten
Hummus zum Servieren
Tabbouleh zum Servieren
2 TL Zwiebelpulver
1 TL frischer Ingwer, gerieben
1 TL gemahlener Pfeffer
1 EL frischer Koriander, feingehackt
½ Tasse Rotwein

Marinade
2 Knoblauchzehen, zerdrückt

1 Für die Marinade alle Zutaten in einer mittelgroßen Schüssel mischen.
2 Fett oder Sehnen vom Lamm abschneiden. Fleisch zur Marinade geben, gut bedecken; mit Folie abgedeckt mehrere Stunden oder über Nacht in Kühlschrank stellen, gelegentlich wenden, abtropfen lassen; Marinade aufbewahren.
3 Fleisch bei mittlerer Hitze 5 Minuten von jeder Seite braten. Während der letzten 3 Minuten Marinade dazugießen, bis auf 2–3 EL bei starker Hitze einkochen lassen. Lamm sehr fein schneiden.
4 Lamm in warmes, aufgeschnittenes Pittabrot geben. Mit Tomaten, Hummus und Tabbouleh bedecken. Brot über die Füllung klappen; servieren.

LIMONEN

ZITRONEN-LIMONEN-KUCHEN

☆☆ ***Vorbereitungszeit:*** 1 Stunde + Ruhezeit über Nacht
Backzeit: 1 Stunde
Für einen runden Kuchen (23 cm)

1/4 Tasse Reismehl
1/2 Tasse Mehl
2 EL Puderzucker
2 TL sehr feiner Zucker
1/4 Tasse Kokosraspeln
1/2 Tasse Mandeln, gemahlen
125 g Butter, gekühlt und geschnitten

Füllung
2 EL Puddingpulver
2 EL sehr feiner Zucker
1/4 Tasse Zitronensaft
1/4 Tasse Limonensaft
1/2 Tasse saure Sahne
1 Tasse Sahne, geschlagen

Kandierte Schale
1 Tasse sehr feiner Zucker
1/4 Tasse Wasser
Schale von 3 Zitronen
Schale von 3 Limonen

1 Backofen auf 180 °C vorheizen. Eine flache, runde Backform (23 cm) mit zerlassener Butter auspinseln. Boden und Seiten mit Mehl bestauben; überschüssiges Mehl ausschütten. Mehl, Zucker, Kokosraspeln, Mandeln und Butter in der Küchenmaschine 20 Sekunden verarbeiten, bis die Mischung feinkrümelig ist. Weitere 10–15 Sekunden verarbeiten. Teig auf eine bemehlte Arbeitsfläche legen, 5 Minuten gut kneten, bis er weich ist. Abgedeckt 15 Minuten im Kühlschrank aufbewahren.

2 Teig zwischen 2 Lagen Folie ausrollen, bis er Boden und Seiten der Form bedeckt. Kanten passend schneiden. Teig mit einer Lage Backpapier abdecken. Eine Schicht getrocknete Bohnen oder Reis gleichmäßig darauf verteilen. 15 Minuten backen. Aus dem Ofen nehmen, Papier und Bohnen oder Reis entfernen. Für weitere 10–15 Minuten backen, bis der Teig goldgelb ist. Den Teig in der Form auf einem Kuchengitter abkühlen lassen.

3 Für die Füllung Puddingpulver, Zucker, Säfte und saure Sahne in einem kleinen, schweren Topf mischen. Bei schwacher Hitze unter ständigem Rühren kochen, bis die Mischung dick wird; vom Herd nehmen. Leicht abkühlen lassen. Mischung in eine Schüssel geben. Mit einem Metalllöffel Sahne unterheben. Rühren, bis die Mischung glatt ist. Mischung in die Teighülle gießen; Oberfläche glätten. Über Nacht im Kühlschrank aufbewahren.

4 Für die kandierte Schale Zucker und Wasser in einem schweren Topf mischen. Bei schwacher Hitze Zucker auflösen. Schalen zugeben, zum Kochen bringen, Hitze reduzieren, 10 Minuten köcheln lassen. Vom Herd nehmen, abgekühlte Schalen abtropfen lassen, Sirup aufbewahren. Ränder des Kuchens mit Schlagsahne verzieren, kandierte Schale über die Sahne streuen. Mit Sirup servieren.

Loganbeere Große, weiche, rosa bis rote Beerenfrucht. Kreuzung zwischen Brombeere (von der sie die Form hat) und Himbeere (von der sie den Geschmack hat). 1880 vom in Schottland geborenen kalifornischen Richter und Hobbygärtner James A. Logan gezüchtet und erstmals 1897 in London ausgestellt. Kann frisch, als Dessert mit Schlagsahne, Eis oder Likör, püriert in Eiscreme, Sorbet, Soufflé, Mousse und Fool, gekocht in Pasteten- und Törtchenfüllungen oder als Marmelade verzehrt werden.

Longane Der Litschi ähnliche, etwas kleinere, ovale Frucht mit stumpfer, rotbrauner Schale und festem, durchscheinendem Fleisch, das einen dunklen Stein umgibt. Verzehr: frisch, in Fruchtsalat und pikanten Salaten; gedünstet für süße oder pikante Gerichte. Saison: Spätsommer und Frühherbst. Auch in Dosen (in Sirup eingelegt) und getrocknet erhältlich. Getrocknete Longanen wie anderes Dörrobst verwenden oder zu geschmorten süß-sauren

chinesischen Gerichten hinzufügen. Der chinesische Name der Frucht *lung-yen* bedeutet »Drachenaugen«.

Loquat (Mispel) Birnenförmige Frucht eines kleinen, immergrünen Baums in Asien, der auch im Mittelmeergebiet angepflanzt wird. Hat die Größe einer kleinen Pflaume, saftig süßsaures Fleisch und ist glänzend gelborange. Verzehrt wird sie frisch pur, in Fruchtsalaten und anderen Desserts (in Asien oft in Gelee oder Agar-Agar verfestigt) oder in Konfitüre.

Lorbeer Der Lorbeerbaum ist im Mittelmeerraum beheimatet. Im Mittelalter wurden Lorbeerblätter gekocht, um abgestandene Gerüche zu vertreiben; erst später wurde ihr kulinarischer Wert geschätzt. Die Blätter können frisch oder getrocknet, gerebelt oder pulverisiert verwendet werden, um den Geschmack von Suppen und Schmortöpfen zu beleben; immer Bestandteil eines Bouquet garni.

Lotus In China und Indien beheimatete Wasserlilienart. Alle Teile der Pflanze sind eßbar; am häufigsten wird die knackige, rötliche Wurzel ver-

KEY-LIME-KUCHEN

☆☆ ***Vorbereitungszeit:*** 40 Minuten + 20 Minuten Ruhezeit
Backzeit: 30–35 Minuten
Für 6–8 Personen

1 1/3 Tassen Mehl
1 TL Puderzucker
100 g Butter, geschnitten
1 Eigelb
2 EL Eiswasser

Füllung
4 Eier, getrennt
1/2 Tasse Kondensmilch
feingeriebene Schale von 4 Limonen
1/3 Tasse Limonensaft

1 Mehl, Zucker und Butter in der Küchenmaschine 30 Sekunden verarbeiten. Eigelb und fast das gesamte Wasser zugeben und weitere 20 Sekunden verarbeiten. Auf eine leicht bemehlte Arbeitsfläche legen und vorsichtig zu einem weichen Teig kneten. Mit Plastikfolie abgedeckt 20 Minuten im Kühlschrank aufbewahren.
2 Backofen auf 180 °C vorheizen. Eine flache, runde Backform (23 cm) mit zerlassener Butter oder Öl auspinseln. Teig zwischen 2 Lagen Backpapier so groß ausrollen, daß er Boden und Seiten der Form bedeckt. Teig in die Form drücken; Kanten passend schneiden. Eine Lage Backpapier über den Teig legen. 10 Minuten blindbacken, aus dem Ofen nehmen, Papier und Bohnen herausnehmen. Weitere 7 Minuten backen, bis der Teig goldgelb ist; abkühlen lassen.
3 Für die Füllung mit dem Handrührgerät Eigelb dick und cremig schlagen. Nach und nach Kondensmilch in dünnem Strahl zulaufen lassen. Weiterrühren, bis die Mischung dick und blaß ist. Schale zugeben; gut mischen. Nach und nach Saft hineinrühren, bis alles verbunden ist. In einer anderen Schüssel Eiweiß steif schlagen. Mit einem Metallöffel Eiweiß unter die Eigelbmischung heben. Glattrühren, Mischung in die Teighülle geben. 15–20 Minuten backen, bis die Füllung fest und die Oberfläche leicht goldbraun ist. Kalt oder eisgekühlt mit Schlagsahne servieren. Vor dem Servieren mit Puderzucker bestreuen.

CEVICHE

☆ ***Vorbereitungszeit:*** 20 Minuten + 2 Stunden marinieren
Für 4 Personen

750 g weiße Fischfilets
3 Zwiebeln, dünn geschnitten
3 Knoblauchzehen, zerdrückt
1 kleine rote Chilischote, feingehackt
3/4 Tasse Limonensaft
1 TL Salz
1 TL frisch gemahlener schwarzer Pfeffer

Garnierung
3 Tomaten, geschnitten
1 große, grüne Paprikaschote, feingewürfelt
4 hartgekochte Eier, geviertelt

1 Filets waschen und enthäuten, in dünne Streifen schneiden. Zwiebeln, Knoblauch, Chili zufügen.
2 Saft, Salz und Pfeffer in einer kleinen Schüssel verrühren. Über den Fisch geben. 2 Stunden abgedeckt im Kühlschrank marinieren lassen. Der Fisch ist fertig, wenn das Fleisch weiß wird.
3 Fisch mit geschnittenen Tomaten, gewürfelter Paprika und geviertelten, hartgekochten Eiern servieren.

WISSENSWERTES ÜBER LIMONEN

- Nur Limonen mit dunkelgrüner Schale kaufen – gelbliche Limonen sind überreif und ohne herbe Säure. Limonen verderben schnell; bei Zimmertemperatur 1 Woche aufbewahren, dann in den Kühlschrank legen.
- Limonen als milderen Ersatz für Zitronen in süßen und pikanten Gerichten verwenden. Limonensaft kann zum Marinieren von Fleisch und Fisch verwendet werden. In Halbgefrorenem, Sorbets und Eis schmeckt geriebene Limonenschale köstlich.
- Als Verzierung für sommerliche Getränke: Schale zu Locken, Knoten oder Spiralen formen.

Oben: Ceviche. Gegenüber, oben: Würzig-cremige Linsen; unten: Warmer Linsen-Reis-Salat

LINSEN

WARMER LINSEN-REIS-SALAT

☆☆ ***Vorbereitungszeit:*** 15 Minuten
Kochzeit: 50 Minuten
Für 6 Personen

1 Tasse braune Linsen
1 Tasse Basmati-Reis
4 große rote Zwiebeln, feingeschnitten
4 Knoblauchzehen, zerdrückt
1 Tasse Olivenöl
45 g Butter
2 TL Zimt, gemahlen
2 TL süßes Paprikapulver
2 TL Kreuzkümmel, gemahlen
2 TL Koriander, gemahlen
3 Frühlingszwiebeln, geschnitten
gemahlener Pfeffer

1 Linsen und Reis in separaten Töpfen kochen, bis die Körner gerade weich sind; abgießen.
2 Zwiebel und Knoblauch 30 Minuten bei schwacher Hitze in Öl und Butter weich schmoren.
3 Zimt, Paprika, Kreuzkümmel, Koriander hineinrühren, einige Minuten weiterschmoren lassen.
4 Zwiebel-Gewürzmischung mit gut abgetropftem Reis und Linsen mischen. Gehackte Frühlingszwiebeln hineinrühren, gut mischen, mit Pfeffer nach Geschmack würzen. Warm servieren.

Anmerkung: Keine roten Linsen verwenden, denn sie werden sehr schnell breiig und verlieren ihre Form. Vor dem Kochen braune Linsen sorgfältig waschen.

WÜRZIG-CREMIGE LINSEN

☆ ***Vorbereitungszeit:*** 5 Minuten
Kochzeit: 45 Minuten
Für 4 Personen

1 Tasse rote Linsen
2 EL Ghee oder Öl
1 große Zwiebel, feingeschnitten
2 TL Knoblauch, feingehackt
1 TL Ingwer, feingehackt
½ TL Kurkuma
2 ½ Tassen Wasser
½ TL Garam Masala
frische Korianderstengel, zum Garnieren

1 Linsen waschen und sorgfältig abtropfen lassen. Fett erhitzen. Zwiebel, Knoblauch und Ingwer zugeben und schmoren, bis die Zwiebel weich ist. Kurkuma und abgetropfte Linsen zugeben, dann 1–2 Minuten kochen lassen.
2 Wasser zugeben, zum Kochen bringen, Hitze reduzieren, bis es köchelt. Salz hineingeben und Linsenmischung ohne Deckel 15 Minuten köcheln lassen.
3 Garam Masala zugeben, weitere 15 Minuten kochen, bis die Linsen weich sind und die meiste Flüssigkeit verdampft ist.
Mit frischen Korianderstengeln garnieren und mit Reis oder Brot servieren.

WISSENSWERTES ÜBER LINSEN

■ Rote Linsen sind gespalten erhältlich und brauchen nicht eingeweicht werden. Sie sind nach etwa 20 Minuten weich und breiig und werden in Suppen, Pürees und Eintöpfen verwendet.
■ Grüne und braune Linsen müssen länger gekocht werden – je nach Alter bis zu 1 ½ Stunden. Um die Kochzeit zu verkürzen, können sie 2 Stunden vor Gebrauch eingeweicht werden.

wendet und kurzgebraten, geschmort, in Ausbackteig gehüllt und fritiert oder in Brühe geköchelt. Sie ist von Löchern durchzogen und quer durchgeschnitten in der japanischen Küche eine attraktive Garnierung. Samen können roh, gekocht oder gegrillt verzehrt oder gekocht, gesüßt und püriert als Füllung für Pasteten und Kuchen verwendet werden. Getrocknete Blätter werden zum Einwickeln von Speisen benutzt; sie geben Blattaroma an die Speisen ab, sind aber zu zäh zum Essen.

Löwenzahn Blühende mehrjährige Pflanze, die wild auf gut gedüngten Wiesen wächst. Junge Blätter können wie Salat gegessen werden. Der etwas pfeffrige Geschmack verträgt sich gut mit roter Bete sowie mit Schinkenspeck. Blätter vor dem Aufblühen der Pflanze pflücken, später können sie hart und bitter sein; dicht an der Wurzel abschneiden. Gebleichte Löwenzahnblätter: wachsende Pflanze mit einem umgedrehten Blumentopf bedecken; Ergebnis sind knackige, blasse Blätter mit mildem Geschmack.

Lyonnaise, à la »Lyoner Art«. Gerichte, die gehackte und sautierte Zwiebeln enthalten.

M

Macadamia-Nuß Runde Frucht eines in Australien heimischen Baums. Frisch oder geröstet ißt man sie zwischendurch als kleinen Imbiß; zerstoßene Nüsse werden als Zutat für Eiscreme, Plätzchen, Kuchen und Brot verwendet. Ganze Nüsse werden mit Schokolade überzogen und als Konfekt gereicht.

Macis siehe Muskatblüte.

Madeirakuchen Üppiger Kuchen, der mit Zitronen- oder Orangensaft aromatisiert und mit einem Stück Zitronat auf der Oberfläche gebacken wird.

Madeleines Kleine Kuchen, die in muschelförmigen Formen gebacken und meist mit Puderzucker bestreut serviert werden.

Madrilène Klare Suppe (Hühner- oder Gemüsebrühe), die mit Tomatenfruchtfleisch angedickt und abgeschmeckt wird. Wird gewöhnlich gekühlt serviert.

Mais Runde, gelbe Körner an langen,

MAIS

MAIS MIT SCHARFEM CHILI

★ ***Vorbereitungszeit:*** 30 Minuten
Kochzeit: 10 Minuten
Für 6 Personen

3 ganze Maiskolben, in 3 cm dicken Scheiben
30 g zerlassene Butter
1 EL Tomatenmark
2 EL frischer Koriander, geschnitten
1/4 TL Chilipulver
saure Sahne

1 Einen großen Topf halb mit Wasser füllen. Zum Kochen bringen und Mais zugeben. Hitze reduzieren und köcheln, bis der Mais weich ist. Abgießen.
2 Butter, Tomatenmark, Koriander und Chili mischen. Heißen Mais zugeben. Gut mischen. Sofort mit saurer Sahne servieren.

MAIS-DÖRRFLEISCH-SCHMORTOPF

★ ***Vorbereitungszeit:*** 20 Minuten
Kochzeit: 30 Minuten
Für 4 Personen

250 g Dörrfleisch, in breiten Streifen
2 Zwiebeln, geschnitten
1 Knoblauchzehe, zerdrückt
400 g Dosentomaten
4 kleine Kartoffeln, geschnitten
Pfeffer
4 frische oder gefrorene Maiskolben

1 Dörrfleisch im eigenen Fett braten, bis es gut gebräunt ist. Aus dem Topf nehmen. Zwiebeln und Knoblauch in den Topf geben und einige Minuten braten. Tomaten samt Flüssigkeit, geschnittene Kartoffeln, Pfeffer nach Belieben und Dörrfleisch zugeben. 10–15 Minuten zugedeckt schwach köcheln lassen.
2 Die Maiskolben in Scheiben schneiden und in den Schmortopf geben; wenn notwendig etwas Gemüsebrühe zugeben. Topf abdecken und ca. 10 Minuten kochen, bis der Mais weich ist.

SUPPE MIT MAIS UND KRABBENFLEISCH

★ ***Vorbereitungszeit:*** 20 Minuten
Kochzeit: 10 Minuten
Für 4–6 Personen

2 Tassen Maiskörner
100 g Krabbenfleisch
1 Frühlingszwiebel, nur der weiße Teil, feingehackt
2 TL gekörnte Hühnerbrühe
3 1/2 Tassen Wasser
3 EL Maismehl
2 EL Sojasoße
2 EL Frühlingszwiebelgrün, zum Garnieren

1 Mais auftauen oder abgießen. Körner in einer Küchenmaschine zerkleinern.
2 Mais, Krabbenfleisch und die weißen Teile der Frühlingszwiebel in einem Topf mischen; gekörnte Brühe, Wasser und Maismehl zugeben. Zum Kochen bringen, unter Rühren köcheln, bis die Suppe dick wird.
3 Mit Sojasoße würzen. In Suppenschüsseln geben, mit Frühlingszwiebelgrün garnieren.

MANDELN

MANDEL-BIRNEN-TORTE

☆☆ ***Vorbereitungszeit:*** 35 Minuten + 20 Minuten Kühlzeit
Backzeit: 40 Minuten
Für 4–6 Personen

1 ¼ Tassen Mehl
¼ Tasse Puderzucker
90 g Butter, geschnitten
1 Eigelb, leicht verquirlt
2 EL eiskaltes Wasser
¼ Tasse feiner Zucker
1 Ei, leicht verquirlt
1 TL Vanilleessenz
2 TL Mehl
50 g Mandeln, gemahlen
2 EL Aprikosenmarmelade, erwärmt und durchpassiert

Füllung
2 große Birnen
50 g Butter

1 Mehl, Zucker und Butter in der Küchenmaschine verarbeiten, bis die Masse feinkrümelig ist. Eigelb und fast gesamtes Wasser zugeben, 20 Sekunden verarbeiten, bis alles gut verbunden ist; wenn nötig, Wasser zugeben. Auf leicht bemehlte Unterlage legen, Teig weich kneten. Eine 35 x 11 cm große Form mit zerlassener Butter oder Öl auspinseln. Teig so ausrollen, daß er Boden und Seiten der Form bedeckt. Teig vorsichtig in die Form legen, überschüssigen Teig abschneiden. Mit Folie abdecken, 20 Minuten in den Kühlschrank stellen.

2 Ofen auf 180 °C vorheizen. Backpapier über den Teig legen und 10 Minuten blindbacken, aus dem Ofen nehmen, Papier und Bohnen entfernen. Form zurück in den Ofen stellen, 10 Minuten goldgelb backen.

3 Für die Füllung Birnen schälen, halbieren und Kerngehäuse entfernen. In einen kleinen Topf mit kochendem Wasser geben und bei mittlerer Hitze 10 Minuten gerade weich kochen. Abtropfen und abkühlen lassen, fein in Scheiben schneiden.

4 Mit dem Handrührgerät Butter und Zucker schaumig rühren. Das geschlagene Ei nach und nach zugeben, gut mischen. Vanilleessenz zugeben. Mit einem Metallöffel Mehl und Mandeln unterheben. Masse auf dem Teig in der Form verteilen, Birnenscheiben darauf anordnen. 20 Minuten backen, bis die Masse fest und goldbraun ist. Während der Teig noch warm ist, Birnen mit der Marmelade bestreichen.

GEWÜRZMANDELN

2 EL Olivenöl in einer Bratpfanne erhitzen. Je ½ TL zerstoßenen Kreuzkümmel, zerstoßenen Koriander, Knoblauchpulver und Chilipulver und je ¼ TL gemahlenen Ingwer und gemahlenen Zimt zugeben. Bei schwacher Hitze 2 Minuten rühren. Vom Herd nehmen, 2 Tassen ganze, gehäutete Mandeln zugeben, rühren, bis die Mandeln mit der Gewürzmischung überzogen sind. Mandeln auf einem Backblech bei 150 °C 15 Minuten rösten. Herausnehmen.

Oben: Mandel-Birnen-Torte. Gegenüber, oben: Mais mit scharfem Chili; unten: Mais-Dörrfleisch-Schmortopf

kegelförmigen Kolben, die in grüne Hüllblätter eingeschlossen sind. Maispflanzen stammen aus Nord- und Südamerika.

Maismehl Gelbes Mehl aus feingemahlenen, getrockneten Maiskörnern. In Norditalien ebenso

wichtiger Nahrungsbestandteil (dort oft Polenta genannt, nach einem Gericht, das aus Maisgrieß zubereitet wird) wie in Nord- und Lateinamerika. Zur Herstellung von Brot, Gebäck und Ausbackteig verwendet.

Maisstärke/Maizena Feines, weißes Pulver aus vermahlenen Maiskörnern. Bindemittel für Soßen, Puddings und Gemüsetöpfe, aber auch zum Brot- und Kuchenbacken.

Majoran Aromatisches Gewürz mit kräftig schmeckenden, kleinen,

graugrünen Blättern, die zum Würzen von Fleisch, Geflügel, Eiern, Käse, Kartoffeln, Kohl, grünen Bohnen und Tomatengerichten verwendet werden.

Makkaroni Röhrenförmige, lan-

ge, getrocknete Nudeln.

Makrele Salzwasserfisch mit öligem, dunklem, festem Fleisch. Kann gebacken, gegrillt, in der Pfanne gebraten oder pochiert verzehrt werden.

Makrone Ein kleines, flaches, rundes Plätzchen, das außen knusprig, innen feucht und weich ist. Es besteht aus gemahlenen Mandeln, Zucker und Eiweiß. Makronen kommen ursprünglich aus Frankreich.

Malz Die Bezeichnung für Getreide, meistens Gerste, das eingeweicht, zum Keimen gebracht, geröstet und zerquetscht wurde. Während dieser Vorgänge verwandelt sich der Stärkegehalt des Getreides durch Fermentation teilweise in Zucker. Durch die weitere Verarbeitung entsteht Bier; durch Destillieren Whisky.

LAMMCURRY MIT MANDELN UND KOKOSNUSS

★★ ***Vorbereitungszeit:*** 25 Minuten
Kochzeit: 50 Minuten
Für 4 Personen

8 Lammnacken- oder Rippenkoteletts à 140 g
¼ Tasse Olivenöl
1 mittelgroße Zwiebel, geschnitten
1 mittelgroßer Kochapfel, geschält, geschnitten
2 mittelgroße Möhren, geschnitten
1 EL frische Korianderblätter
3 getrocknete Curryblätter
½ TL Garam Masala
½ TL Kreuzkümmel, zerstoßen
½ TL Gelbwurzelpulver
150 g Kokoscreme
1 EL Mandeln, geraspelt
1 ¼ Tassen Mandeln, gehobelt, geröstet

1 Fleisch entbeinen und säubern. Gleichmäßig in 3 cm große Würfel schneiden.
2 2 EL Öl in einer Pfanne erhitzen. Fleisch in kleinen Portionen bei mittlerer Hitze zügig braun anbraten; auf Küchenpapier abtropfen lassen.
3 Restliches Öl in der Pfanne erhitzen. Zwiebel zugeben, bei mittlerer Hitze 5 Minuten weich braten. Fleisch, Apfel, Möhren, Kräuter, Gewürze und Kokosnußcreme zugeben; zum Kochen bringen. Hitze reduzieren und abgedeckt 35 Minuten köcheln lassen, bis alles zart ist. Vor dem Servieren geraspelte Mandeln zugeben. Mit Curry und gerösteten, gehobelten Mandeln bestreut servieren.

WISSENSWERTES ÜBER MANDELN

- Mandeln blanchieren: in eine kleine Schüssel geben, mit kochendem Wasser übergießen und 4 Minuten stehenlassen. Nach und nach die einzelnen Mandeln herausnehmen, dann zwischen Zeigefinger und Daumen drücken; der Kern sollte leicht aus der Haut herausschlüpfen.
- Mandeln rösten: in einer einzelnen Schicht auf ein Backblech legen. In Scheiben geschnittene Mandeln 4 Minuten bei 180 °C, ganze Mandeln 8 Minuten rösten. Besondere Aufmerksamkeit während der letzten Backminuten, denn die Kerne bräunen sehr schnell.
- Am besten kauft man gemahlene Mandeln fertig. Es kann schwierig sein, die richtige Konsistenz beim Zerkleinern mit der Küchenmaschine zu erreichen – bei zu langem Mahlen werden die Mandeln cremig. Will man es dennoch selbst probieren, Mandeln nur in kleinen Mengen verarbeiten.
- Mandeln können bis zu 2 Monate luftdicht im Kühlschrank aufbewahrt werden.

Rechts: Lammcurry mit Mandeln und Kokosnuß

Mandarine Kleine Zitrusfrucht mit loser Schale, deren

süße, saftige Segmente sich leicht teilen lassen.

Mandeln Aus dem Orient stammend; am häufigsten verwendete und am längsten angebaute Nußsorte. Es gibt zwei Arten von Mandeln: Süßmandeln vom rosablühenden Mandelbaum (am häufigsten verwendet); die streng schmeckende Bittermandel vom weißblühenden Baum; breiter und kürzer in der Form, enthält

Blausäure und ist giftig, wenn mehr als winzigste Mengen verzehrt werden. Roh, geröstet und gesalzen verzehrbar; gehackt oder gemahlen in pikanten Füllungen und in Desserts, Kuchen und Konfekt verwendet.

Mango Tropische Frucht mit saftigem,

süßem, goldgelbem Fleisch, das fest um den großen Kern liegt. Mangos sind frisch ein wahrer Genuß. Besonders gut passen sie zu Hühnerfleisch.

Mangos sind bei uns das ganze Jahr über erhältlich, frisch und in Dosen.

Mangold Blattgemüse. Die fleischigen Stiele erinnern an

Staudensellerie, die großen grünen Blätter ähneln im Geschmack dem Spinat. Sie werden auch wie Spinat zubereitet.

Mangostane Tropische Frucht von der Größe und Form eines Apfels, mit einer glänzenden, dicken, purpurfarbenen Schale, die vier bis sechs Segmente weiches, weißes, lycheeartiges Fleisch enthält. Mangostane wird frisch gegessen. Man halbiert sie und löffelt dann das Fruchtfleisch heraus.

Maniok (auch Cassava) Im tropischen Amerika beheimatete

MANDELMAKRONEN

★★ ***Vorbereitungszeit:*** 30 Minuten
Backzeit: 15–20 Minuten
Für 6 Personen

1 Tasse Puderzucker, gesiebt
1 Ei, verquirlt
2 Tassen Mandeln, gemahlen
2 TL Zitronenschale, feingerieben
1 TL Vanilleessenz
¼ TL Zimt, gemahlen
Puderzucker zum Bestauben

1 Puderzucker und Ei in eine große Schüssel geben, rühren, bis die Mischung weiß wird.
2 In einer anderen Schüssel gemahlene Mandeln, Zitronenschale, Essenz und Zimt mischen. Nach und nach zur Zucker-Ei-Mischung geben.
3 Den Teig in der Schüssel 5 Minuten kneten, bis er nicht mehr reißt. Mit einem Küchenhandtuch abdecken, beiseite stellen.
4 Ofen auf 180 °C vorheizen. Auf einer leicht bemehlten Unterlage Teig zu einer langen, 4 cm dicken Wurst rollen. In 24 Stücke schneiden, diese zu gleichmäßig großen Kugeln rollen.
5 Handflächen leicht fetten, die Kugeln zu Kreisen von 4 cm Durchmesser flachdrücken. Auf das gefettete Backblech legen; dabei zwischen den einzelnen Makronen genügend Platz zum Aufgehenlassen; mit Puderzucker bestauben. 15–20 Minuten backen, bis sie goldbraun sind. Die fertigen Makronen auf einem Kuchengitter abkühlen lassen.

MANDELBROT

★ ***Vorbereitungszeit:*** 10 Minuten
Backzeit: 45 Minuten
Ergibt ca. 36 Stück

4 Eiweiß
etwas Weinsteinpulver
½ Tasse sehr feiner Zucker
1 Tasse Mehl, gesiebt
¾ Tasse ganze Mandeln, ungehäutet
einige Tropfen Mandelessenz

1 Ofen auf 200 °C vorheizen; kleine Kastenform fetten. Eiweiß mit Weinstein verquirlen, bis es steif ist. Nach und nach Zucker zugeben, ständig schlagen, bis die Masse steif ist. Mehl, Mandeln und Essenz unterheben.
2 Die Mischung mit einem Löffel in die Form geben; 30–35 Minuten backen. 5 Minuten in der Form abkühlen lassen, dann auf ein Kuchengitter stürzen und vollständig abkühlen lassen.
3 Den Laib mit einem Messer in waffeldünne Scheiben schneiden. Auf ein ungefettetes Backblech legen. Hitze auf 150 °C reduzieren und die Scheiben 10–12 Minuten backen. Abkühlen lassen; in luftdichtem Behälter aufbewahren.

Anmerkung: Als köstliche Alternative zu Mandeln sollte man eine Mischung aus Macadamia-Nüssen, Pekannüssen und Pistazien probieren. Der halbgebackene Laib kann eingefroren werden; so viele Stücke wie benötigt aus dem gefrorenen Teig herausbacken. Mandelbrot eignet sich als Gebäck zu Tee, Kaffee oder als Nachtisch.

MANGOS

HÜHNERCURRY MIT MANGO UND SAHNE

Vorbereitungszeit: 10 Minuten
Kochzeit: 20 Minuten
Für 4 Personen

750 g Hühnerbrustfilet
3 EL Butterschmalz oder Öl
2 große Zwiebeln, in feine Ringe geschnitten
2 rote Chilischoten, entkernt und in feine Stücke geschnitten
1 TL geriebener frischer Ingwer
¼ TL Safranstränge
1–2 EL heißes Wasser
½ TL Salz
¼ TL gemahlener weißer Pfeffer
½ TL gemahlener Kardamom
1/8 l Sahne
2 reife Mangos oder 425 g Mangoscheiben aus der Dose, abgetropft

Minz-Joghurt-Raita
250 g Naturjoghurt
¼ Tasse feingehackte, frische Minzeblätter
1 grüne Chilischote, entkernt und gehackt
1 TL feingehackter Ingwer
½ TL Salz

1 Hühnerfleisch mit kaltem Wasser abspülen, abtrocknen. Hühnerfleisch in 3 cm lange Streifen schneiden. Öl oder Butterschmalz in einem Topf erhitzen, Zwiebeln, Chillies und Ingwer hinzufügen und weich dünsten.
2 Safranstränge bei schwacher Hitze in einer trockenen Pfanne unter ständigem Rühren braten, bis sie knusprig sind. Abkühlen lassen. Safran in eine Schüssel geben und mit einem Löffelrücken zerdrücken, mit heißem Wasser auflösen. Hühnerfleischstreifen, Salz, Pfeffer und Kardamom zur

Zwiebelmischung in den Topf geben, rühren, bis Fleisch mit Gewürzen bedeckt ist. Safran, Sahne dazugeben. 10 Minuten offen köcheln lassen.
3 Mangos schälen und Fleisch vom Stein lösen; in Scheiben schneiden, in den Topf geben. Weitere 4 Minuten köcheln lassen.
4 Für die Minz-Joghurt-Raita alle Zutaten mischen und gekühlt servieren.

HEISSE KARAMELMANGOS

Vorbereitungszeit: 20 Minuten
Kochzeit: 5 Minuten
Für 6 Personen

3 große Mangos
200 ml Sahne
2 EL feiner brauner Zucker
1 EL feiner weißer Zucker

1 Mangos schälen. Fruchtfleisch in dünne Scheiben schneiden und auf sechs Auflaufformen verteilen. Sahne gleichmäßig über alle sechs Portionen gießen. Mit gemischtem Zucker bestreuen.
2 Grill auf hoher Stufe vorheizen. Formen etwa 5 Minuten unter den Grill stellen, bis der Zucker karamelisiert. Sofort mit Waffel oder Mandelplätzchen servieren.

WISSENSWERTES ÜBER MANGOS

■ Mangos reifen nach der Ernte nach. Wenn sie nicht sofort verzehrt werden sollen, kauft man besser Früchte, die noch leicht grün und fest sind.

Links: Heiße Karamelmangos; oben: Hühnercurry mit Mango und Sahne. Gegenüber: Mandelmakronen

Pflanze, die im ganzen Pazifikraum, in Indonesien, auf den Philippinen und in Teilen Afrikas angebaut wird. Die stärkereiche, knollige Wurzel kann wie Kartoffeln, die zarten Blätter können wie Spinat zubereitet werden; mit den größeren, festeren Blättern werden vor dem Braten Speisen eingewickelt. Maniok darf wegen des hohen Blausäuregehalts niemals roh gegessen werden.

Maraschino Likör, der aus einer schwarzen Sauerkirsche, der Maraska, hergestellt wird. Maraschinokirschen sind gebleichte, entkernte Süßkirschen, die in einen mit Maraschino aromatisierten Zuckersirup getaucht wurden.

Man verwendet sie beim Backen und zum Dekorieren von Cocktails.

Margarine Streichbare, butterähnliche Substanz. In den meisten Rezepten kann man Butter durch Margarine ersetzen. Reine Pflanzenmargarine mit mehrfach ungesättigten Fettsäuren wird nur aus pflanzlichen Fetten und Ölen hergestellt

MARMELADEN

Gelee und Marmelade entsteht, wenn Zucker und Frucht in einer Konzentration zusammen gekocht wird, die hoch genug ist, die Mischung zu konservieren. Obwohl Marmelade nicht unbegrenzt haltbar ist, hat sie doch eine Lagerfähigkeit von bis zu 2 Jahren.

GELEE

Gelee soll fest werden und eine gute, klare Farbe haben, die der Frucht, aus der es zubereitet wird, entspricht. Der Fruchtgeschmack sollte, ohne übermäßige Süße oder Säure, zu erkennen sein. Pektin und Säure läßt Gelee fest werden. Da Pektin und Säure in unterschiedlichen Anteilen in den verschiedenen Fruchtsorten enthalten sind, werden oft zwei oder drei Fruchtsorten kombiniert. Alternative: Zitronensaft und im Handel erhältliches Pektin zur Saftmenge geben. Der Pektingehalt ist bei leicht unreifen Früchten am höchsten, er ist in der Schale und im Kerngehäuse konzentriert und in der weißen Haut und Kernen von Zitrusfrüchten.

Pektingehalt

Der Pektingehalt von Früchten variiert, einige Früchte sind pektin- und säurereich, gelieren schnell, während andere wenig Pektin enthalten. Hier der Pektingehalt einiger Früchte:

Hoch	Mittel	Niedrig
Zitrusfrüchte	*Aprikosen*	*Bananen*
Kochäpfel	*frühe Brombeeren*	*späte Brombeeren*
Speierling	*Reineclauden*	*Kirschen*
Preiselbeeren	*Loganbeeren*	*Feigen*
Johannisbeeren (rot & schwarz)	*Maulbeeren*	*Guaven*
Schlehen	*Himbeeren*	*Melonen*
Stachelbeeren	*süße Äpfel*	*Nektarinen*
Weintrauben	*Pfirsiche*	
Pflaumen (einige Arten)	*Birnen*	
Quitten	*Ananas*	
	Rhabarber	
	Erdbeeren	
	Tomaten	

MARMELADE- UND GELEEZUBEREITUNG – SCHRITT FÜR SCHRITT

1 Vorbereiten der Früchte
Leicht unreife Früchte auswählen. Sorgfältig waschen, abtropfen lassen, Blätter und Stengel entfernen, alle beschädigten Früchte aussortieren.

2 Pektinaufschluß
Früchte je nach Rezeptvorgabe kochen, um das Pektin aufzuschließen. In einen großen Topf geben, Wasser nach Angabe zufügen, zum Kochen bringen, Hitze reduzieren, abgedeckt köcheln lassen. Wird kein Rezept benutzt, den Pektingehalt prüfen.

Pektingehalt prüfen
1 TL Flüssigkeit aus dem Topf in ein Glas geben. Abkühlen lassen; 3 TL Äthanol (reiner Alkohol) zufügen, 3 Minuten stehenlassen. Ist der Pektingehalt hoch, wird die Flüssigkeit fest. Wird sie nur teilweise fest, Fruchtmischung noch etwas länger kochen und pro kg Frucht 1 EL Zitronensaft zufügen; erneut prüfen. Geliert es immer noch nicht, handelsübliches Pektin zufügen.

Von links: Orangenmarmelade, Limonenmarmelade, Aprikosengelee; rechts: Erdbeerkonfitüre

3 Kochen mit Zucker

Die im Rezept angegebene Menge Zucker verwenden. Für ein sicheres Gelingen den Zucker vor der Zugabe zu den Früchten im Ofen erwärmen – das verringert den Schaum, der beim Kochen auf der Oberfläche entsteht. Früchte zum Kochen bringen, Zucker hinzufügen; rühren, bis der Zucker sich vollständig aufgelöst hat. Zum Kochen bringen und der Zeitangabe entsprechend kochen, ohne zu rühren. Mit einem Holzlöffel prüfen, ob die Mischung nicht anbrennt. Der

Gelierpunkt ist erreicht, wenn die richtige Zukkerkonzentration erreicht ist. Wird mit dem Zukkerthermometer kontrolliert, sollte es 105 °C anzeigen. Alternativ dazu etwas Fruchtmasse oder Flüssigkeit auf einen kalten Teller geben; abkühlen lassen. Ist der Gelierpunkt erreicht, behält der Klecks seine Form.

4 Abfüllen

Vor dem Abfüllen mit einem Metallöffel den gesamten Schaum von der Oberfläche entfernen. 10 Minuten stehenlassen um zu verhindern, daß dickes Fruchtmus beim Abfüllen auf den Boden der Gläser sinkt. Heiß in warme, sterilisierte Gläser bis ca. 1 cm unter den Rand füllen und sofort verschließen. Geeignet sind Plastik- oder plastikbeschichtete Metalldeckel oder Einmachcellophan.

MARMELADE

Das Prinzip der Herstellung ist das gleiche wie bei Gelee. Die Früchte werden nicht ganz zu Mus verkocht, sondern bleiben als sichtbare Stückchen erhalten. Wird Zitrusfruchtmarmelade hergestellt, werden die vorbereiteten Früchte meist vor dem Kochen über Nacht in Wasser eingeweicht, denn die Schale ist dick, deshalb ist die Anfangskochzeit länger, und es wird mehr Wasser benötigt. Es ist wichtig, vor dem Hinzufügen des Zuckers die Schale richtig weich zu kochen. Das Schneiden der Zitrusfrüchte kann durch die Verwendung von Küchenmaschine oder Gemüseschäler vereinfacht werden. Zitrusfrüchte haben einen hohen Pektingehalt, deshalb ist es nicht nötig, den Gehalt während des Kochens zu prüfen.

1 Zitrusfrüchte dünn schneiden. Früchte und Wasser in eine große Schüssel geben. Abdecken und über Nacht einweichen.

2 Früchte und Wasser in einen großen Topf geben und zum Kochen bringen. Köcheln lassen, bis die Zitrusschalen weich sind.

3 Zucker in den Topf geben und rühren, bis der Zucker sich vollständig aufgelöst hat.

4 Kochen ohne zu rühren, bis die Mischung den Gelierpunkt bei 105 °C erreicht hat.

5 Vorsichtig in warme, sterilisierte Gläser füllen.

6 Zum Versiegeln vorsichtig geschmolzenes Wachs darübergeben. Gläser beschriften.

GLÄSER STERILISIEREN

Gläser sorgfältig mit sehr heißem Wasser ausspülen und abtropfen lassen. Gläser 30 Minuten bei 150 °C aufrecht in den Backofen stellen. Die Gläser direkt verwenden, um zu verhindern, daß sie beim Einfüllen der heißen Fruchtmischung platzen.

Zitrusfrüchte dünn schneiden. Mit Wasser bedeckt über Nacht einweichen.

Zucker zu den weichen Früchten geben.

Marmelade in warme, sterilisierte Gläser füllen. Baumwollhandschuhe zum Halten benutzen.

und läßt sich leicht streichen. Koch- oder Backmargarine ist fester, besteht aus tierischen und pflanzlichen Fetten und hat einen höheren Anteil an gesättigten Fettsäuren. Sie wird beim Backen und Braten wie Butter verwendet.

Marinade Gewürzte Flüssigkeit, in der rohes Fleisch, Geflügel, Fisch oder Meeresfrüchte eingelegt (mariniert) werden; die Kochzeit verkürzt sich, weil die Fasern zarter werden, und die eingelegten Stücke nehmen das Aroma der Gewürze an.

Markkürbis (auch Eierkürbis) Ein wurstförmiges Gemüse aus der Familie der Zucchini. Junge Markkürbisse haben das beste Aroma und besonders zartes Fleisch. Man bereitet sie wie Zucchini zu. Große, ältere Kürbisse enthalten viel Wasser und schmecken sehr mild; man füllt sie mit einer kräftig gewürzten Füllung und backt oder dünstet sie schonend in Butter und im eigenen Saft.

Marmelade Mit Zucker eingekochtes Fruchtmus ohne Fruchtstücke. Orangen-/Zitronenmarmelade (engl.: *marmalade*) ist ein dicker, konfitüreähnlicher Aufstrich aus Zitrus-

MAROKKANISCHE KÜCHE

GEMÜSE-COUSCOUS

☆☆ ***Vorbereitungszeit:*** 40 Minuten + Einweichen über Nacht
Kochzeit: 2 Stunden
Für 6 Personen

2 Tassen getrocknete Kichererbsen
5–6 EL Pflanzenöl
1 Zwiebel, feingehackt
1 kleine Zimtstange
200 g Aubergine, in 2 cm große Würfel geschnitten
3 mittelgroße Möhren, in 5 mm dicke Scheiben geschnitten
3 mittelgroße neue Kartoffeln, in 1 cm große Würfel geschnitten
150 g Kürbis, in 1 cm große Würfel geschnitten
1/4 TL Piment
3 TL Harissa (nach Wunsch)
500 ml kochendes Wasser
100 g zarte grüne Bohnen, diagonal in 5 cm lange Stücke geschnitten
2 Zucchini, ungeschält in 1 cm dicke Scheiben geschnitten
1 mittelgroße reife Tomate, geachtelt
1 EL großblättrige Petersilie, gehackt
1 EL Koriandergrün, gehackt
gemahlener Pfeffer

Couscous
1 Tasse Couscous
200 ml kochendes Wasser
2 TL Butter

1 Kichererbsen mit kaltem Wasser über Nacht einweichen. Abtropfen lassen, gut waschen und in einem großen Topf 1 ½ Stunden köcheln lassen. Abgießen.
2 Öl in einem großen, schweren Topf erhitzen und Zwiebel und Zimtstange bei schwacher Hitze weich dünsten. Aubergine, Möhren und Kartoffeln zugeben. Zugedeckt bei schwacher Hitze 10 Minuten dünsten; dabei mit einem Holzlöffel gelegentlich umrühren.
3 Kürbis, Piment und Harissa zufügen. Kochendes Wasser über die Mischung gießen und Kichererbsen, Bohnen und Zucchini zugeben. Weitere 15 Minuten zugedeckt köcheln lassen. Tomate kurz vor dem Servieren zugeben. Mit frischer Petersilie und Koriandergrün garnieren. Mit Pfeffer bestreuen.
4 Für das Couscous in einer Schüssel kochendes Wasser über das Couscous gießen. Butter einrühren und 10 Minuten ruhenlassen. In einem Topf mit fest schließendem Deckel bei schwacher Hitze 5 Minuten dämpfen. Mit dem Gemüse servieren.

HARISSA

☆ ***Vorbereitungszeit:*** 10 Minuten
Für 6 Personen

100 g getrocknete rote Chillies
6 Knoblauchzehen, geschält
1/3 Tasse Salz
1/2 Tasse gemahlener Koriander
1/3 Tasse gemahlener Kreuzkümmel
160 ml Olivenöl

1 Mit Baumwoll- oder Gummihandschuhen die Stiele der Chilischoten entfernen. Chillies halbieren, entkernen, in heißem Wasser einweichen.
2 Knoblauch, Salz, gemahlene Koriander- und Kreuzkümmel mit den abgetropften roten Chillies zu einer Paste verarbeiten, langsam das Olivenöl unterrühren.

B'STILLA (HÜHNERSTREIFENPIE)

☆
☆☆

Vorbereitungszeit: 45 Minuten
Zubereitungszeit: 2 Stunden 30 Minuten
Für 8 Personen als Vorspeise

Füllung

1 Huhn von 1,6 kg
1 große Zwiebel, feingehackt
1 großer Bund glattblättrige Petersilie, gehackt
1 Bund Koriandergrün, gehackt
¼ TL Kurkuma, gemahlen
¼ TL Safran, gemahlen
3 EL Planzenöl
1 TL gemahlener Zimt
1 TL gemahlener Ingwer
⅜ l Wasser
5 Eier, leicht verquirlt
1 Tasse Puderzucker
gemahlener Zimt
gemahlener Pfeffer
500 g Blätterteig oder Filo
250 g Butter, zerlassen
1 Tasse gemahlene Mandeln
zusätzlich gemahlener Zimt
zusätzlich 1 Tasse Puderzucker

1 Backofen auf 180 °C vorheizen. Huhn, Zwiebeln, Petersilie, Koriandergrün, Kurkuma, Safran, Öl, Zimt, Ingwer und Wasser in einen Bräter geben. 1 ½ Stunden im Ofen braten. Fleisch von den Knochen lösen.
2 Fett abschöpfen, die Flüssigkeit zum Köcheln bringen; Eier, Zucker, Zimt und Pfeffer nach Geschmack zugeben. Eindicken lassen.
3 Auflaufform von 20 cm Durchmesser einfetten. Eine dünne Lage Blätterteig hineingeben, mit Butter bepinseln. Auf diese Art sieben hauchdünne Lagen aufeinanderlegen, immer wieder mit Butter bepinseln. Gemahlene Mandeln mit Zimt und Puderzucker mischen, etwas davon auf die obere Teiglage streuen.
4 Hühnerfleisch und Eiermischung auf den Teig legen und die Ränder umklappen. Erneut mit Butter bepinseln. Mit vier weiteren Teiglagen ebenso verfahren, als Deckel auflegen. Restlichen Teig dünn ausrollen, mit Butter bepinseln und zu Blüten formen; Oberfläche damit dekorieren. Mit dem Rest zerlassener Butter bepinseln. 30–45 Minuten backen, mit der restlichen Mandelmischung bestreuen.

Oben: B'stilla (Hühnerstreifenpie); rechts: Khobz (Vollweizenfladen)

KHOBZ (VOLLWEIZENFLADEN)

☆☆

Vorbereitungszeit: 1 Stunde
Backzeit: 12 Minuten
Ergibt 16 Stück

2 ½ Tassen Vollweizenmehl
1 TL feiner Zucker
1 TL Salz
1 Päckchen (7 g) Trockenhefe
300 ml lauwarmes Wasser
½ TL Paprika edelsüß
⅓ Tasse Maismehl
1–2 EL Öl
1 Ei, leicht verquirlt
2–3 EL Sesamsaat

1 Ofen auf 180 °C vorheizen. 80 g Mehl, Zucker, Salz, Hefe und Wasser mischen, an einem warmen Ort aufgehenlassen.
2 Restliches Mehl, Paprika und Maismehl in eine Schüssel sieben, Öl zufügen. Hefevorteig zugeben und zu einem festen Teig verarbeiten. An einem warmen Ort zugedeckt 20 Minuten gehenlassen.
3 In 16 Portionen unterteilen, zu Kugeln formen, diese zu Kreisen von 10 cm Durchmesser flachdrücken.
4 Auf ein gefettetes Backblech legen. Mit Ei bepinseln und mit Sesamsaat bestreuen. Zugedeckt aufgehenlassen. 12 Minuten backen.

früchten und darüber hinaus Rinde (eine Obstart oder mehrere Obstarten

gemischt). Man ißt sie zum Frühstück auf heißem Buttertoast oder verwendet sie zum Herstellen von Kuchen, Torten und Desserts. Siehe auch Konfitüre, Gelee.

Marmorkuchen Kuchen, der nach dem Aufschneiden marmoriert aussieht. Das erreicht man, indem man den Teig in zwei Hälften teilt und eine Portion mit Kakao dunkel färbt. Dann füllt man den Teig nacheinander in die Form und mischt die Portionen mit der Gabel.

Marokkanische Küche Im Gegensatz zu ihren nordafrikanischen Nachbarn gehen die Marokkaner dezent mit Gewürzen um. Zitrone ist ein sehr beliebtes Aroma, und viele berühmte marokkanische Gerichte enthalten eingelegte Zitronenschale.

Zimt, Koriander und Orangenwasser sind ebenfalls weit verbreitet. Die Ausnahme dieser zurückhaltenden Verwendung von Gewürzen bildet die Harissa, eine feurige Zutat, die auch in Algerien und Tunesien verwendet wird. Die Hauptbestandteile der Harissa sind Chilischoten, Knoblauch und Koriander. Man serviert sie mit Couscous und in Suppen. Couscous ist vermutlich das bekannteste Gericht Nordafrikas. Es wird aus Weizengrieß gemacht, den man traditionell in einem Couscousier – einer Metallpfanne mit einem Dampfaufsatz – über einem Fleisch-Gemüseeintopf dämpft. Das Fleisch und das Gemüse kochen unten, während der Weizengrieß obendrauf gart. In Marokko wird Couscous manchmal auch süß mit Zimt gereicht. Beispiel für die Vorliebe der

Marokkaner für das Süße ist Tagine, ein langsamkochender Eintopf, meistens mit Lamm- oder Hammelfleisch, der mit Quitten und Honig abgeschmeckt wird.

Marone Runde, schwere Nuß mit weißlichem Fleisch, eingehüllt in eine

SAFRANHUHN

☆ ***Vorbereitungszeit:*** 30 Minuten + Einweichen über Nacht
Kochzeit: 1 Stunde 15 Minuten
Für 6 Personen

12 Hühnerteile
½ TL Paprika edelsüß
½ TL gemahlener Kreuzkümmel
Pfeffer
90 g Butter
750 g rote oder braune Zwiebeln, in Ringe geschnitten
¼ TL gemahlener Safran oder Kurkuma
125 g Kichererbsen, über Nacht eingeweicht
¾ l Hühnerfond
⅓ Tasse großblättrige Petersilie, feingehackt
1 EL frischer Zitronenthymian
250 g gekochter Reis
Zitronensaft

1 Hühnerteile mit Paprika, Kreuzkümmel und Pfeffer würzen. Butter in einem tiefen Topf mit schwerem Boden erhitzen und Zwiebeln und Hühnerteile zugeben. Braten, bis die Hühnerteile goldbraun sind.
2 Huhn mit Safran bestreuen, abgetropfte Kichererbsen und Hühnerfond zufügen. Offen etwa 1 Stunde köcheln lassen.
3 Gehackte Petersilie und Zitronenthymian kurz vor dem Servieren zugeben. Reis in eine vorgewärmte Servierschüssel füllen. Hühnerteile auflegen und Soße darübergießen. Mit Zitronensaft beträufeln, servieren.

Oben: Safranhuhn; unten: eingelegte Zitronen.
Gegenüber: Schokoladen-Maronen-Mousse

EINGELEGTE ZITRONEN

☆ ***Vorbereitungszeit:*** 1 Stunde, auf 3 Tage verteilt
Haltbarkeit: 3 Wochen
Ergibt 16 Stück

16 Zitronen mit dünner Schale
Wasser
grobes Salz
Zitronensaft

1 Zitronen gut waschen. In einen großen Behälter aus Glas, Edelstahl oder Plastik legen. Mit kaltem Wasser bedecken, 3–5 Tage weichen lassen; Wasser täglich wechseln.
2 Zitronen abtropfen lassen. Mit einem scharfen Messer 5 mm vom unteren Ende der Zitrone entfernt ansetzen und die Schale längs viermal einschneiden. Schnitte vertiefen, so daß die Zitrone durchgeschnitten ist, aber an den Enden noch zusammenhält.
3 ¼ TL grobes Salz in die Mitte jeder Zitrone geben; die Zitronen anschließend in sterilisierte Einmachgläser legen, mit 1 EL grobem Salz bestreuen. Ausgepreßten Saft einer Zitrone in jedes Glas gießen und mit soviel kochendem Wasser auffüllen, daß die Zitronen bedeckt sind. An einem kühlen, dunklen Ort mindestens 3 Wochen aufbewahren. Verwendung: nur die Schale; gründlich abspülen; zu arabischen Fisch- oder Fleischgerichten.

MARONEN

MARONENFÜLLUNG FÜR TRUTHAHN

☆☆ ***Vorbereitungszeit:*** 30 Minuten
Kochzeit: 30 Minuten
Für 10 Personen

20–25 große Maronen	*1 Ei, verquirlt*
60 g Butter	*500 g Schweinehack*
1 mittelgroße Zwiebel, gehackt	*1 Tasse frische, weiße Semmelbrösel*
½ Tasse Sellerie, feingehackt	*2 TL getrockneter Majoran, gerebelt*
1 grüner Kochapfel, geschält und geschnitten	*Salz*
	frisch gemahlener Pfeffer

1 Mit einem scharfen Messer jede Marone an einer Seite einschneiden und dann in einen Topf mit kaltem Wasser geben; zum Kochen bringen, abdecken und 20 Minuten köcheln lassen, bis die Maronen weich sind. Maronen im Wasser lassen, bis sie kühl genug zum Anfassen sind, dann äußere und innere Haut abziehen. Maronen grob hacken.
2 Butter in einem Topf zerlassen, Zwiebel, Sellerie und Apfel zugeben und bei schwacher Hitze langsam kochen, bis alles weich ist. Gehackte Maronen, Ei, Schweinehack, Semmelbrösel, Majoran, Salz und Pfeffer zugeben und alles gut mischen.
3 Maronenfüllung für Truthahn, Huhn oder Ente verwenden. Ausreichend für einen Truthahn oder zwei Hühner oder Enten.

Anmerkung: Sind frische Maronen nicht erhältlich, können sie durch ganze Maronen aus der Dose oder getrocknete Maronen, die über Nacht in kaltem Wasser eingeweicht oder 15 Minuten in Hühnerbrühe gekocht wurden, ersetzt werden.

SCHOKOLADEN-MARONEN-MOUSSE

☆☆ ***Vorbereitungszeit:*** 30 Minuten
Kochzeit: 25 Minuten
Für 6 Personen

250–300 g frische Eß-Maronen	*2–3 EL Brandy*
150 g dunkle Schokolade (Halbbitter)	*2 EL sehr feiner Zucker*
4 Eier, getrennt	*Schlagsahne zur Dekoration*
	Erdbeeren zum Servieren

1 Um die Maronen vorzubereiten, jede Marone mit einem scharfen Messer an einer Seite einschneiden und dann in einen Topf mit kaltem Wasser geben, zum Kochen bringen, abdecken und 20 Minuten köcheln lassen, bis sie weich sind. Maronen im Wasser lassen, bis sie kühl genug zum Anfassen sind, dann äußere und innere Haut abziehen. In der Küchenmaschine die Maronen fein mahlen; dann 1 gehäufte Tasse Maronen abmessen.
2 Schokolade in der Mikrowelle oder im Wasserbad schmelzen. Eigelb und Brandy hineinrühren, bis eine glatte Mischung entsteht. Die gemahlenen Maronen zugeben.
3 Mit dem Handrührgerät Eiweiß steif schlagen, dann während des Schlagens nach und nach Zukker zugeben. 1 EL Eiweiß in die Schokoladenmischung rühren, um sie aufzulockern, dann das restliche Eiweiß unterheben.
4 Mousse in 6 Schüsselchen geben. Im Kühlschrank aufbewahren, bis sie fest ist. Vor dem Servieren mit Schlagsahne und Erdbeeren garnieren.

WISSENSWERTES ÜBER MARONEN

■ Maronen halten sich nicht gut bei Zimmertemperatur und sollten in einem luftdurchlässigen Behälter im Kühlschrank aufbewahrt werden. Ganze, geschälte Maronen können in Wasser blanchiert und bis zu 1 Monat eingefroren werden.
■ Maronen rösten: mit einem scharfen Messer in das spitze Ende der Maronen einen Einschnitt machen; im Ofen bei 210 °C ca. 20 Minuten rösten, bis die Schalen platzen und die Maronen goldgelb sind.
■ Maronen enthalten mehr Stärke und weniger Öl als andere Nüsse und werden deshalb oft wie Gemüse verwendet.

dünne, braune Haut und umschlossen von einer glänzenden, braunen Schale. Gekocht hat die Nuß einen

süßen, mehligen Geschmack. Im Gegensatz zu den meisten Nußarten, die fettreich und stärkearm sind, enthalten Kastanien weniger als 3 % Fett und haben einen hohen Kohlenhydratanteil. Geröstet sind sie ein beliebter Winterimbiß (heiße Maroni). Die geschälte Nuß kann in Fleisch- oder Gemüsebrühe gekocht oder als Gemüse serviert werden. Pürierte Kastanien finden Verwendung in Suppen, Füllungen und Gebäck oder gesüßt und mit Sahne gemischt als Dessert. Für das französische Gericht *marrons glacés* werden sie kandiert oder glasiert. Frisch, getrocknet und in Dosen eingelegt erhältlich.

Marshmallow Süßigkeit aus Gelatine, Zucker, Aroma- und Farbstoffen. Marshmallows gibt es in

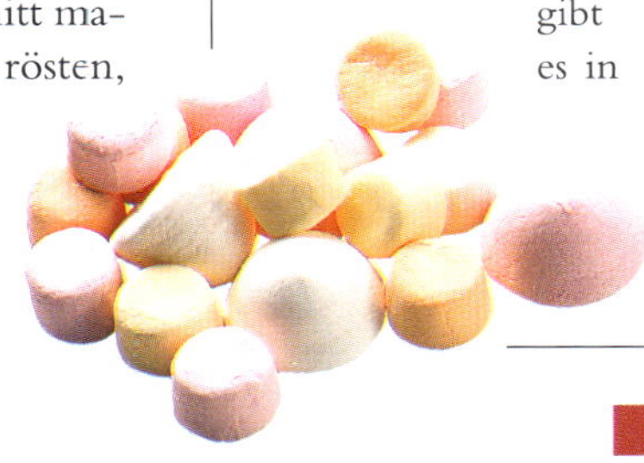

Beuteln im Supermarkt zu kaufen; man kann sie aber auch selbst herstellen.

Marzipan Mandelpaste aus Mandeln und Zucker; ausgerollt wird sie verwendet, um schwere

Fruchtkuchen vor dem Glasieren mit einer zarten, gleichmäßigen Oberfläche zu versehen. Hält Kuchen frisch und verhindert Verfärbung der Glasur.

Auch zur Herstellung von Marzipankonfekt und als Füllung für Blätterteiggebäck verwendet.

Mascarpone Frischer, ungereifter, weicher, cremiger Käse aus Kuhmilch mit hohem Fettgehalt und üppigem Buttergeschmack. Er wird normalerweise als Nachtisch mit gesüßtem Obst oder mit Brandy oder Likör vermischt serviert.

Matzen Dünne Scheiben ungesäuerten Brotes, meist nur aus Wasser und Weizenmehl hergestellt. Das Brot wird traditionell während des

MEERESFRÜCHTE

MEERESFRÜCHTEKASSEROLLE MORNAY

★ ***Vorbereitungszeit:*** 25 Minuten
Zubereitungszeit: 40 Minuten
Für 4–6 Personen

3 mittelgroße Weißfischfilets
250 g mittelgroße rohe Garnelen
200 g Jakobsmuscheln
400 g Miesmuscheln
1 kleine Zwiebel, halbiert
2 Lorbeerblätter
½ Zitrone, in Scheiben geschnitten
½ Tasse trockener Weißwein

Soße
45 g Butter
1 Selleriestange, gehackt
1 große Möhre, feingehackt
6 EL Mehl
1 ½ Tassen Milch
125 g Greyerzer, gerieben
1 Tasse gefrorene Erbsen

Belag
1 Tasse frische Weißbrotkrümel
½ Tasse Mandelblättchen
2 TL abgeriebene Zitronenschale
½ TL schwarzer Pfeffer aus der Mühle
60 g Butter, in Stücke geschnitten

1 Backofen auf 180 °C vorheizen. Fischfilets, falls erforderlich, enthäuten und entgräten; in 3 cm große Würfel schneiden. Garnelen schälen und Darm entfernen. Muscheln säubern und gründlich waschen, aus den Schalen holen. Fisch, Garnelen und Muscheln in einen Topf geben und mit kaltem Wasser bedecken. Zwiebel, Lorbeerblatt, Zitronensaft und Wein dazugießen. Langsam zum Kochen bringen. Hitze reduzieren, bei geschlossenem Topf 3–4 Minuten köcheln lassen. Meeresfrüchte aus dem kochenden Sud nehmen und in eine leicht gefettete Kasserolle geben.
2 Für die Soße Butter erhitzen. Sellerie und Möhre darin 1 Minute braten; Mehl dazugeben. Bei schwacher Hitze 2 Minuten rühren, bis die Mischung goldgelb ist. Milch nach und nach angießen und Mischung glattrühren. Bei mittlerer Hitze unter ständigem Rühren weitere 3 Minuten aufkochen und eindicken lassen. Noch 1 Minute kochen. Vom Herd nehmen und abkühlen lassen.
3 Käse und Erbsen in die Soße rühren. Mischung über die Meeresfrüchte gießen, vorsichtig mischen.
4 Für den Belag Brotkrümel, Mandelblättchen, Zitronenschale und Pfeffer gut mischen. Auf die Meeresfrüchte geben. Mit Butterflöckchen besetzen und 20 Minuten im Backofen überbacken. Mit einem Dillzweig garniert servieren.

VARIATIONEN

- Für eine schlichte Version des Gerichtes nur Weißfischfilet nehmen, keine Schalentiere. Oder für besondere Anlässe Hummerfleisch und frische Austern hinzufügen.
- Eine Mischung aus Cornflakesbröseln und geriebenen Parmesan als Belag verwenden.

NUDELN MIT MEERESFRÜCHTEN

☆ ***Vorbereitungszeit:*** 35 Minuten
Kochzeit: 30 Minuten
Für 4–6 Personen

500 g rohe Riesengarnelen
2 Fischfilets (etwa 250 g) ohne Gräten
4 kleine Calamarestrichter
3 EL Olivenöl
3 Knoblauchzehen, zerdrückt
1 TL Paprika edelsüß
1 TL rote Chilischote, gehackt
3 kleine reife Tomaten, enthäutet und gehackt
2 EL Tomatenmark
1 Tasse Fischbrühe
1 Tasse Rotwein
1 TL weicher, brauner Zucker
500 g Pasta

1 Garnelen schälen und Darm entfernen; Schwänze dabei ganz lassen. Fisch in 3 cm große Stücke schneiden. Calamares mit einem scharfen Messer in Ringe schneiden; beiseite stellen.
2 Öl in einem Wok oder einer Pfanne erhitzen. Knoblauch, Paprika und Chili darin bei mittlerer Hitze 2 Minuten braten. Garnelen, Fischfilet und Tintenfisch dazugeben und bei starker Hitze 3–4 Minuten unter Rühren braten. Herausnehmen und beiseite stellen.
3 Tomaten, Tomatenmark, Fischbrühe, Rotwein und braunen Zucker in den Topf geben Langsam zum Kochen bringen, Hitze reduzieren und im offenen Topf 10 Minuten köcheln lassen. Meeresfrüchte wieder in den Topf geben, gut mischen.
4 Pasta in einem großen Topf mit sprudelndem Wasser bißfest kochen. Gut abtropfen lassen. Mit den Meeresfrüchten vermischen und anschließend sofort servieren.

Oben: Nudeln mit Meeresfrüchten.
Gegenüber: Meeresfrüchtekasserolle Mornay

MEERESFRÜCHTESALAT

☆ ***Vorbereitungszeit:*** 50 Minuten
Kochzeit: 10 Minuten
Für 4 Personen

500 g rohe Garnelen, geschält und ohne Darm
1 kleine gekochte Languste
250 g Jakobsmuscheln
3 EL Zitronensaft
2 mittelgroße festfleischige Weißfischfilets

Soße
7 EL Olivenöl
1–2 EL Zitronensaft
Salz
¼ TL getrocknete Chiliflocken
schwarzer Pfeffer aus der Mühle
1 römischer Salat
1 Avocado, geschält und in Scheiben geschnitten
2 hartgekochte Eier, davon 1 gehackt
2 EL Petersilie, feingehackt

1 Einen großen Topf mit Salzwasser zum Kochen bringen und Garnelen darin 3 Minuten kochen (sie werden rosa). Sofort herausnehmen und in eine Schüssel mit Eiswasser tauchen.
2 Languste halbieren, Fleisch aus dem Panzer nehmen und in kleine Stücke schneiden.
3 Muscheln in Zitronenwasser 1–2 Minuten pochieren; herausnehmen und abtropfen lassen. Fisch im selben Wasser 5 Minuten pochieren; abtropfen lassen und in große Stücke zerpflücken.
4 Für die Soße Öl, Zitronensaft, Salz, Chiliflokken und Pfeffer in einer großen Schüssel mischen. Abgetropfte Meeresfrüchte hineingeben und vorsichtig unterheben, so daß alles bedeckt ist.
5 Salat in große Stücke zerpflücken und damit den Boden einer großen Porzellan- oder Glasschüssel auslegen. Meeresfrüchte mit einem Schaumlöffel aus der Soße nehmen und 1 Lage davon auf den Salat geben, darauf eine Lage Avocadoscheiben schichten. Mit gehacktem Ei bestreuen. In dieser Reihenfolge fortfahren; mit Meeresfrüchten abschließen.
6 Das Eigelb des 2. Eis durch ein Sieb streichen und mit der Petersilie mischen. Das Eiweiß gehackt auf den Salat streuen oder anderweitig verwenden.
7 Den Salat mit der Eigelb-Petersilienmischung bestreuen und als Salatsoße Grüne Göttin dazu reichen (siehe Register).

jüdischen Passahfestes gegessen, wenn nur ungesäuerte Lebensmittel gegessen werden dürfen. Matzenmehl wird aus gemahlenen Matzenkräckern hergestellt und während des Passahfestes als Ersatz für Brotkrümel verwendet.

Maulbeeren Saftige Beere, deren Äußeres an die Heidelbeere erinnert. Maulbeeren werden frisch gegessen (mit Zucker bestreut und mit Schlagsahne), püriert unter Sorbets und Eiscreme gezogen, gekocht als Füllung für Pies verwendet oder zu Konfitüre verarbeitet. Maulbeeren sind im Handel normalerweise nicht erhältlich, weil die Beeren so druckempfindlich sind, aber Maulbeerbäume wachsen in vielen Gärten und bringen jedes Jahr eine üppige Ernte.

Mayonnaise Kalte, nicht gekochte Soße. Man stellt sie her, indem man Öl und Eigelb zu einer Emulsion rührt. Mayonnaise Zitronensaft, Essig oder Senf und Gewürzen abgeschmeckt. Sie wird als Salatsoße und als Beilage zu kaltem Fleisch, Fisch und Eiergerichten gereicht und dient als Grundlage für viele andere Soßen.

Meeresfrüchte Sammelbezeichnung für eßbare Fische und Schalentiere. Unter der Bezeichnung »Meeresfrüchtecocktail« o.ä. wird gewöhnlich eine Mischung mit Tintenfisch, geschälten Shrimps, Muscheln und Krebsfleisch verkauft, die als Pizzabelag, für Spaghetti Marinara oder in Tomatensoße Verwendung findet.

Meerrettich Zum Senf gehörende Pflanze osteuropäischen Ursprungs; wegen der scharfen Wurzel angebaut. Geriebene Wurzel aromatisiert Soßen für Rindfleisch- und Fischgerichte; erst vor der Verwendung reiben, da

sie schnell die Schärfe verliert. Frisch beim Gemüsehändler und als Konserve erhältlich. Meerrettichcreme

MEERESFRÜCHTE ÜBERBACKEN

★ ***Vorbereitungszeit:*** 25 Minuten
Kochzeit: 25 Minuten
Für 10–12 Personen

30 g Butter
2 EL Mehl
3 EL trockener Weißwein
1–2 EL Zitronensaft
1 EL Tomatenmark
1 Tasse Sahne
2 TL Körnersenf
½ TL schwarze Pfefferkörner, zerdrückt
1 kg rohe Garnelen
500 g Jakobsmuscheln
1 kg Weißfischfilets (ohne Gräten)
2 Tassen Croûtons
1 Tasse Schweizer Käse, gerieben
2 EL Mandelblättchen

1 Backofen auf 210 °C vorheizen. Butter in einem Topf erhitzen. Mehl einrühren und bei schwacher Hitze 1 Minute goldgelb rösten. Wein, Zitronensaft und Tomatenmark in den Topf geben und bei mittlerer Hitze unter Rühren in 3 Minuten aufkochen und eindicken lassen. Vom Herd nehmen, Senf und groben Pfeffer einrühren, abkühlen lassen.
2 Garnelen schälen und Darm entfernen. Gut abspülen und trocknen. Muscheln waschen und säubern; Rogen intakt lassen. Gut abtrocknen. Die Fischfilets in 3 cm große Würfel schneiden. Meeresfrüchte, Soße und 1 ½ Tassen Croûtons und ¼ Tasse von dem geriebenen Käse zugeben.
3 In eine flache, feuerfeste Form füllen; mit den restlichen Croûtons, den Mandelblättchen und dem Käse bestreuen. In 20 Minuten goldgelb backen; die Meeresfrüchte sollen heiß und gar sein.

Anmerkung: Croûtons sind knusprig geröstete Brotwürfel, die im Supermarkt und in Feinkostgeschäften fertig abgepackt erhältlich sind. Für die Zubereitung zu Hause die Kruste von sechs dicken Scheiben Toastbrot abschneiden. Brot in 1,5 cm große Würfel schneiden. Backblech mit Alufolie belegen und die Brotwürfel darauf bei mittlerer Hitze in 15 Minuten goldgelb backen.

WISSENSWERTES ÜBER MEERESFRÜCHTE

- Frische Jakobsmuscheln sollten weiß und fest sein, der Rogen leuchtend orange, der Geruch frisch. Nicht einfrieren!
- Gekochtes Hummerfleisch hat einen leicht süß-salzigen Geschmack. Am besten kocht man Hummer schnell (braten, backen, kochen, dämpfen, pochieren oder grillen), damit das Fleisch saftig bleibt. Lebende Hummer mindestens 6 Stunden in den Kühlschrank legen, bevor man sie durch Abkochen tötet.
- Die Schalen frischer Miesmuscheln sind beim Kauf dicht geschlossen. Man kann sie, in ein feuchtes Tuch gehüllt, einen Tag im Kühlschrank aufbewahren. Sobald die Schalen sich öffnen, Muscheln aus dem Kochsud nehmen. Muscheln, die sich nicht öffnen, unbedingt wegwerfen.

MEERESFRÜCHTETOPF

★ ***Vorbereitungszeit:*** 20 Minuten
Kochzeit: 50 Minuten
Für 4–6 Personen

ca. 320 g rohe Garnelen
4 EL Olivenöl
2 mittelgroße Zwiebeln, feingehackt
2 mittelgroße Möhren, gehackt
2 Selleriestangen, feingehackt
2 Knoblauchzehen, zerdrückt
6 mittelgroße Tomaten (ca. 1 kg), enthäutet und gehackt
4 EL guter trockener Weißwein
2 EL Tomatenmark
1 kg Fischfilet, in 3 cm großen Stücken
Salz und Pfeffer
12 Miesmuscheln, Bart entfernt
4 EL Weißwein zusätzlich
2 EL Petersilie, gehackt
1 EL frische Thymianblätter

1 Garnelen schälen und Darm entfernen; Schwanz intakt lassen. Öl erhitzen, Zwiebel darin 10 Minuten dünsten. Möhren, Sellerie und Knoblauch hinzufügen. Unter Rühren 10 Minuten dünsten.
2 Tomaten und Wein zufügen, zum Kochen bringen und Hitze reduzieren. 20 Minuten bei geschlossenem Topf köcheln lassen. Tomatenmark einrühren, Garnelen hineingeben. Bei geschlossenem Topf 3 Minuten köcheln. Fisch, Salz und Pfeffer zufügen, 2 Minuten köcheln.
3 Muscheln mit Kräutern und zusätzlichem Wein in einen Topf geben. Bei mittlerer Hitze zugedeckt 2–3 Minuten kochen, bis die Muscheln sich öffnen. Sud in die Tomatenmischung rühren und Muscheln darauf anrichten.

Oben: Meeresfrüchtetopf.
Gegenüber: Meeresfrüchte überbacken

MEERESFRÜCHTE MIT MANGOSOSSE

★★ ***Vorbereitungszeit:*** 30 Minuten + 1 Stunde Kühlzeit
Kochzeit: 3 Minuten
Für 6 Personen

1 Dutzend Austern in der Schale
2 mittelgroße Calamarestrichter (ca. 320 g)
15 g Butter
1–2 EL Zitronensaft
1 EL frische Petersilie, feingehackt
12 gekochte Garnelen, ungeschält

Mangosalsa
1 große reife Mango
1 kleine frische rote Chilischote
1 Stengel Zitronellgras
1 TL Koriandergrün, feingehackt
1 TL frischer Ingwer, feingehackt

Dill-Vinaigrette
3 El Weißweinessig
½ Tasse Öl
1 TL Dijonsenf
2 TL frischer Dill, feingehackt
2 TL Honig
Salz und weißer Pfeffer

1 Oberfläche des Austernfleischs säubern. Calamarestrichter in 1 cm breite Ringe schneiden. Butter in einer Bratpfanne erhitzen. Calamares und Zitronensaft hinzufügen und bei mittlerer Hitze unter Rühren 3 Minuten dünsten. Petersilie einrühren. Dann die Mischung aus dem Topf nehmen und beiseite stellen; abkühlen lassen. Mit Garnelen und Austern bis zur weiteren Verarbeitung im Kühlschrank aufbewahren.
2 Für die Mangosalsa Frucht schälen, Stein entfernen und Fleisch in kleine Würfel schneiden. Chilischote längs halbieren, Kerne entfernen und Chili in feine Ringe schneiden. Ein 2 cm großes Stück vom weißen Teil des Zitronellgrases fein hacken. Mango, Chili, Koriander und Ingwer in einer kleinen Schüssel gut vermischen und 1 Stunde kalt stellen. Salsa 10 Minuten vor dem Servieren aus dem Kühlschrank nehmen, so entfaltet sich das Aroma.
3 Für die Dill-Vinaigrette Essig, Öl, Senf, Dill und Honig in ein kleines Glas füllen und gründlich miteinander vermischen und mit Salz und Pfeffer abschmecken.
4 Zum Servieren Austern, Calamares und Garnelen auf einzelne Teller verteilen. Auf jeden Teller 1 EL Mangosalsa geben. Dill-Vinaigrette in kleine Schüsseln füllen und separat zu jedem Teller plazieren oder in einem kleinen Krug auf den Tisch stellen, damit jeder Gast sich bedienen kann.

wird aus geriebener Wurzel, Öl, Weißweinessig und Zucker zubereitet; junge Meerrettichblätter in Salaten verwenden.

Mehl Produkt aus feingemahlenem Getreide, Samen oder Wurzeln. Steht meist für gemahlenen Weizen, Mais, Gerste, Hafer, Roggen und Reis. In westlichen Ländern wird der Ausdruck meist nur für Getreidemehl verwendet. Getrocknete Kichererbsen werden zu Besan-Mehl vermahlen; Pfeilwurzmehl wird aus den Wurzelknollen der Maniokpflanze gewonnen; Sojabohnen werden auch zu Mehl gemahlen.

Mehlschwitze (Roux) Einbrenne aus Butter und Mehl, die bei schwacher Hitze gekocht wird und Soßen

andickt. Mit Milch die Grundlage für Béchamelsoße, mit Kalbs- oder Hühnerbrühe für Velouté. Für dunkle Soßen wird die Mehl-Buttermischung länger gebräunt, im Anschluß davon mit Wasser oder Brühe angegossen.

Melasse Dicker, dunkler Sirup, der bei der Verarbeitung von Zuckerrohr entsteht.

Melone Große Frucht mit dicker Schale und saftigem Fleisch. Die vielen verschiedenen Sorten lassen sich in

zwei Hauptgruppen zusammenfassen: die Wassermelonen und die Zuckermelonen. Wassermelonen sind größer und haben meist rötliches Fruchtfleisch mit dunklen Kernen. Bei den Zuckermelonen kann man noch einmal nach der Form der Frucht und der Farbe des Fruchtfleisches unterscheiden: Galiamelonen und Cantaloupe (Warzenmelonen) z.B. sind rund und haben eine netzartig gezeichnete, borkenähnliche Schale; das Fruchtfleisch ist orangefarben und hat einen angenehmen Duft. Ogenmelone, Honigmelone und ihre Verwandten dagegen sind oval mit glatter Schale und haben rahmweißes bis dunkelgrünes süßes Fruchtfleisch; Melonen ißt man frisch und im Obstsalat; einige Arten werden mit Schinken als Vorspeise gereicht.

MEERRETTICH

GEGRILLTE FORELLE MIT MEERRETTICHSAHNE UND ZITRONENSOSSE

Vorbereitungszeit: 20 Minuten
Kochzeit: 15 Minuten
Für 4 Personen

¼ Tasse frischer Dill, gehackt
2 EL frischer Rosmarin, gehackt
⅓ Tasse glatte Petersilie, grobgehackt
2 TL frischer Thymian, gehackt
6 TL grüne Pfefferkörner, zerstoßen
⅓ Tasse Zitronensaft
Salz und Pfeffer
2 Zitronen
4 ganze, frische Forellen
⅓ Tasse trockener Weißwein

Meerrettichsahne
1 EL Meerrettichcreme
½ Tasse saure Sahne
2–3 EL Sahne
Salz und Pfeffer

Zitronensoße
2 Eigelb
150 g Butter, zerlassen
5 EL Zitronensaft
Salz und Pfeffer zum Abschmecken

1 4 große Stücke doppellagige Folie leicht fetten. Kräuter, Pfefferkörner, Saft, Salz und Pfeffer gut mischen. Jede Zitrone in 8 Scheiben schneiden, jede Scheibe halbieren. Pro Fisch 2 Zitronenstükke in die Bauchhöhle legen. Mit der Gewürzmischung löffelweise jeden Fisch füllen.

2 Fische auf die Folie legen, jeden mit 1 EL Wein beträufeln. Fisch in Folie einwickeln und verschließen. 10–15 Minuten grillen, bis der Fisch gerade durch ist (Fisch ist gar, wenn sich Fleisch leicht mit der Gabel abheben läßt.) Fisch 5 Minuten in der Folie stehenlassen, dann mit Meerrettichsahne und Zitronensoße servieren.
3 Für die Meerrettichsahne alle Zutaten in einer Schüssel gut mischen.
4 Für die Zitronensoße Eigelb in die Küchenmaschine geben. 20 Sekunden verarbeiten. Bei laufender Maschine Butter in dünnem Strahl langsam zulaufen lassen. Weiterverarbeiten, bis die Mischung dick und cremig ist. Saft zugeben, mit Salz und Pfeffer würzen.

FRISCHER MEERRETTICH

Vorbereitungszeit: 5 Minuten
Ergibt 200 ml

6 EL Meerrettichwurzel, gerieben
2 TL Salz
2 EL Rohzucker
4 EL Essig

Meerrettich in eine kleine Schüssel geben und Salz, Zucker und Essig nach Geschmack hineinrühren. In sterilisierte Gläser füllen und bis zur Verwendung im Kühlschrank aufbewahren.

Anmerkung: Meerrettich ist köstlich als Beilage zu Rinderbraten, fettem Fisch und gegrilltem Fleisch. Mit Sahne oder Hüttenkäse mischen und als Aufstrich oder Dip verwenden.

WISSENSWERTES ÜBER MEERRETTICH

- Geriebener Meerrettich in Salz und Essig ist in Supermärkten und Feinkostgeschäften in Gläsern erhältlich.
- Beim Einkauf von frischem Meerrettich feste Wurzeln ohne Triebe oder grüne Sprossen wählen – diese sind sehr bitter. Wurzeln sorgfältig schälen und dann fein reiben oder in der Küchenmaschine verarbeiten. Nur soviel Meerrettich reiben, wie gebraucht wird, denn er verliert schnell seine Schärfe.
- Pflanzen an einem dunklen, kühlen Ort aufbewahren, um zu verhindern, daß die Wurzeln grün werden. (Alternativ dazu im Handel erhältlichen fertigen Meerrettich verwenden oder getrockneten Meerrettich mit Flüssigkeit aufbereiten.)
- Geriebener Meerrettich kann mit leicht geschlagener Sahne, einer guten Mayonnaise, saurer Sahne oder einem guten, hellen Essig vermischt und als Relish oder Soße verwendet werden.

MELONEN

MELONE MIT INGWERSIRUP

Vorbereitungszeit: 40 Minuten
Kochzeit: 5 Minuten
Ergibt etwa 25 Spieße

1 Warzenmelone, halbiert
1 Honigmelone, halbiert
½ kleine Wassermelone

Ingwersirup
1 Tasse feiner Zucker
250 ml Wasser
2–3 EL Brandy
2–3 EL eingemachter Ingwersirup oder grüner Ingwerwein

1 Die Melonen entkernen und mit einem Kugelausstecher das Melonenfleisch ausstechen. Kugeln in eine große Schüssel geben, mit Folie abdecken. Gut kühlen.
2 Für Ingwersirup Zucker und Wasser in einen kleinen Topf geben. Langsam erhitzen, bis der Zucker sich aufgelöst hat und leicht eindickt.
3 Brandy und Ingwersirup oder grünen Ingwerwein einrühren. Abkühlen lassen, dann über die Melonen gießen. Mit Folie bedecken und im Kühlschrank gut kühlen.
4 Zum Servieren auf jeden Spieß drei verschiedene Melonenkugeln aufspießen. Melonenspieße mit Schlagsahne oder Eiscreme servieren.

Oben: Melonen mit Ingwersirup. Gegenüber: Gegrillte Forelle mit Meerrettichsahne und Zitronensoße

SOMMERMELONENSALAT

Vorbereitungszeit: 15 Minuten
Für 6 Personen

350 g Honigmelone
350 g Warzenmelone
350 g Wassermelone (nach Wunsch)
2 kleine rote Zwiebeln
1 EL frische Petersilie, gehackt
3 EL Zitronensaft

1 Melonenfleisch in 1 cm dicke und 4 x 4 cm große Stücke schneiden. Zwiebeln in sehr feine Ringe schneiden.
2 Zwiebeln, Petersilie und Zitronensaft in einer kleinen Schüssel verrühren. Die Zwiebeln herausnehmen.
3 Melonen und Zwiebeln abwechselnd in eine Glasschüssel schichten und Saft darübergießen. Sofort servieren.

WISSENSWERTES ÜBER MELONEN

- Die harte Schale einer Melone täuscht über das süße, weiche Innere hinweg und macht es schwierig, den Reifegrad der Frucht einzuschätzen. Beim Einkauf Melonen mit süßem Duft wählen, die auf Druck am Stielende leicht nachgeben.
- Angeschnittene Melonen sollten rasch verbraucht werden. Selbst gut eingewickelt und im Kühlschrank aufbewahrt, können sie das Aroma anderer Speisen verderben.

Meunière Bestimmte Art, Fisch zuzubereiten. Filet oder ein kleiner ganzer Fisch wird mit Mehl bestaubt und dann in der Pfanne in Butter gebraten. Man serviert ihn mit einer Soße aus brauner Butter, Zitronensaft und gehackter Petersilie.

Mexikanische Küche Die mexikanische Küche entstand aus einer Mischung der alten indianischen Traditionen und der Nahrung der spanischen Kolonisten. Die Chilischote gehört zu jedem mexikanischen Gericht. Es gibt über hundert Arten, von mild bis feurig. Große Chilischoten werden mit Fleisch und Nüssen gefüllt, kleinere Arten gemahlen oder zerdrückt und als Gewürz für fast alle Gerichte verwendet. Tortillas (Teigfladen aus Maismehl) nehmen in der mexikanischen Küche eine zentrale Stellung ein. Sie werden knusprig gebraten und zu Tacos geformt, in Stücke gepflückt, fritiert und als Schöpfer für Soßen verwendet (Tostadifas); mit Bohnen,

Käse und saurer Sahne gefüllt und überbacken (Enchiladas).

Oder man backt sie und stapelt sie mit Füllung dazwischen zu einem Turm (Tostadas). Texanisch-mexikanische Küche ist das, was man außerhalb Mexikos als mexikanische Küche kennt. Die Gerichte sind weniger scharf und enthalten mehr Fleisch, Käse und saure Sahne als Originalrezepte. Texanisch-mexikanische Tortillas bestehen meistens aus Weizenmehl.

Mikrowelle Zubereitungsmethode, bei der man sich elektrische Wellen zunutze macht, die von den Lebensmittelmolekülen absorbiert werden. Sie versetzen die Moleküle in starke Schwingungen, und die daraus entstehende Reibung erzeugt die Wärme, die die Lebensmittel gar werden läßt. Mit der Mikrowelle lassen sich Speisen sehr viel schneller zubereiten als mit der normalen Kochmethode. Besonders schonend ist die Zubereitung von Gemüse, Obst und Fisch. Die Mikrowelle eignet sich hervorragend zum Auftauen oder zum Aufwärmen von Lebensmitteln.

Mille-Feuille
Gebäck, das aus Lagen knusprigen Blätterteigs und einer Füllung aus geschlagener Sahne, Crème pâtissière oder Konfitüre

MEXIKANISCHE KÜCHE

LAMM-EMPANADAS

☆ ***Vorbereitungszeit:*** 1 Stunde
Kochzeit: 20 Minuten
Für 6 Personen

2 TL Olivenöl
250 g Lammhackfleisch
½ kleine Zwiebel, feingehackt
½ mittelgroße grüne Paprikaschote, feingehackt
1 kleine Möhre, feingehackt
1 Tl gemahlener Zimt
2 TL brauner Zucker
2–3 EL Tomatenmark

Teig
2 Tassen gesiebtes Mehl mit Backpulverzusatz
250 g Butter, in Stücke geschnitten
1 Ei
4 EL Wasser
30 g weiche Butter
1 Eigelb, leicht verquirlt

1 Öl in einem mittelgroßen Topf erhitzen. Hackfleisch und Zwiebel bei mittlerer Hitze 3 Minuten anbraten. Paprika, Möhre, Zimt, Zucker und Tomatenmark zugeben. Gut mischen. Vom Herd nehmen und abkühlen lassen.
2 Ofen auf 200 °C vorheizen. Ein 32 x 28 cm großes Blech mit geschmolzener Butter oder Öl einpinseln. Mit Mehl bestauben und überschüssiges Mehl abschütteln.
3 Für den Teig Mehl und Butter in der Küchenmaschine etwa 30 Sekunden mischen. Ei und Wasser zufügen. In etwa 30 Sekunden glattrühren. Teig auf eine leicht bemehlte Fläche geben und nur so lange kneten, bis er geschmeidig ist. Darauf achten, daß der Teig nicht zu klebrig wird. In drei gleich große Portionen teilen.
4 Auf einer bemehlten Fläche jede Portion zu einem 20 x 20 cm großen Quadrat ausrollen. Zwei der Quadrate mit der zusätzlichen Butter bestreichen. Alle drei Quadrate aufeinanderlegen, das ungebutterte bildet die oberste Lage. Die Lagen zusammen ausrollen.
5 Für die Fertigstellung sechs 15 cm große Kreise aus dem Teig ausstechen. Mischung gleichmäßig auf die 6 Teigkreise verteilen. Die Ränder mit Eigelb bestreichen. Kreise zusammenklappen, Ränder fest andrücken. Auf das vorbereitete Blech legen und etwa 15 Minuten backen, bis der Teig aufgeht und eine goldbraune Farbe bekommt. Kann mit Tomatensalsa und grünem Salat serviert werden.

GUACAMOLE

☆ ***Vorbereitungszeit:*** 20 Minuten
Für 6 Personen

2 reife Avocados
1 kleine Zwiebel
1 mittelgroße Tomate
1 EL gehacktes Koriandergrün
4 EL saure Sahne
1–2 EL Zitronensaft
Tabascosoße nach Belieben

1 Avocado halbieren, mit scharfem Messer den Stein entfernen. Avocados schälen, Fleisch in eine mittelgroße Schüssel geben. Mit einer Gabel gut zerdrücken.
2 Zwiebel schälen, Tomate enthäuten, beides fein hacken. Mit dem gehackten Koriandergrün mischen und in die Schüssel mit dem Avocadofleisch geben. Alles gut verrühren. Als Dip mit Maischips servieren oder zu einer Tacofüllung reichen.

(meist Erdbeer- oder Himbeerkonfitüre) besteht.

Die oberste Teiglage wird mit Puderzucker bestaubt oder mit Zuckerguß glasiert. Herzhafte Mille-Feuilles mit einer Füllung aus Lachscreme oder Schalentieren können als Vorspeise serviert werden oder den Bestandteil eines Buffets bilden.

Minestrone Herzhafte Suppe aus Italien. Minestrone wird von Region zu Region unterschiedlich zubereitet; sie enthält immer frisches Gemüse und getrocknete Bohnen und wird mit Reis oder Pasta angedickt.

Minze Kraut mit einem starken frischen Duft und Aroma. Es gibt viele verschiedene Arten. Grüne Minze wird zum Kochen am häufigsten verwendet. Als Minzgelee und Minzsoße wird sie zu Lamm gereicht. Minze paßt auch gut zu Erbsen und gekochten Kartoffeln. Feingehackt wird sie häufig

BURRITOS

☆ ***Vorbereitungszeit:*** 15 Minuten
Kochzeit: 40 Minuten
Für 4 Personen

500 g Rumpsteak
1 TL Olivenöl
1 mittelgroße Zwiebel, in feine Ringe geschnitten
1 Zimtstange
4 Nelken
1 Lorbeerblatt
½ l Rinderfond
8 Tortillas, 20 cm groß
Tomatensalsa

1 Fett vom Fleisch entfernen; in 2 cm große Würfel schneiden. Öl erhitzen und Zwiebel hineingeben. Goldbraun braten.
2 Fleisch, Zimtstange, Nelken, Lorbeerblatt und Rinderfond dazugeben. Aufkochen. Hitze reduzieren, zugedeckt etwa 30 Minuten köcheln lassen, bis das Fleisch weich und die Flüssigkeit fast vollständig aufgenommen ist. Zimtstange, Nelken und Lorbeerblatt entfernen.
3 Fleisch mit zwei Gabeln zerpflücken. In die Tortillas einwickeln, mit Tomatensalsa und Salat servieren.

Gegenüber, oben: Lamm-Empanadas; unten: Guacamole. Oben: Burritos und Tomatensalsa

TOMATENSALSA

☆ ***Vorbereitungszeit:*** 10 Minuten
Für 4–6 Personen

1 mittelgroße Tomate, feingehackt
1 mittelgroße rote Zwiebel, in feine Ringe geschnitten
4 EL Zitronensaft
2–3 EL Koriandergrün, gehackt
2 TL abgeriebene Zitronenschale

1 Alle Zutaten in einer mittelgroßen Schüssel gründlich mischen.
2 Als Beilage zu Empanadas, als Füllung für Tacos, für Burritos in eine Tortilla gewickelt oder als erfrischende Soße zu Fleisch, Huhn oder Meeresfrüchten. Schmeckt am besten zimmerwarm.

Anmerkung: Um einen milderen Geschmack zu erzielen, Frühlingszwiebeln statt der roten Zwiebeln verwenden. Wenn die Soße würziger sein soll, kann man nach Belieben etwas feingehackten grünen oder roten Chili dazugeben. Die Soßenmenge hängt von der Größe der Tomate und der Zwiebel ab. Tomatensalsa ißt man am besten frisch, hält auch luftdicht verpackt zwei Tage im Kühlschrank.

für arabische Salate und Dips und zum Aromatisieren von Getränken verwendet. Mit Apfelminze, Zitronenminze und Ananasminze würzt man Obstsalate. Pfefferminzöl findet in der Süßwarenindustrie Verwendung.

Miso Dicke, salzige Paste mit Nußaroma. Sie besteht aus einer Mischung von zerdrückten, gesalzenen Sojabohnen mit Reis-, Gersten- oder Weizenkörnern, die dann fermentiert wird. Helle oder gelbe Miso wird mit Reis gemacht. Sie ist süß und cremig und dient zum Würzen von Suppen und Salatsoßen. Rote Miso (mit Gerste) ist sehr salzig und intensiv im Geschmack und wird für Suppen, Schmortöpfe und allgemein zum Kochen verwendet. Miso wird bei heißen Gerichten erst kurz vor dem Servieren zugegeben und darf nicht mitkochen.

Mispel Pflaumengroße Frucht mit gelbbrauner Haut und festem, grauen Fleisch, die von einem ursprünglich in Zentralasien beheimateten Baum stammt. Die Frucht ist nur im überreifen Zustand eßbar und hat ein leicht säuerliches Aroma.

TEXANISCH-MEXIKANISCHES CHILI CON CARNE

★ ***Vorbereitungszeit:*** 30 Minuten
Kochzeit: 40 Minuten
Für 4 Personen

1–2 EL Olivenöl
2 Knoblauchzehen, zerdrückt
750 g mageres, rundes Steak, in 2 cm große Würfel geschnitten
1 große Zwiebel, gehackt
2 Lorbeerblätter
¼ l Tomatensaft
440 g Tomaten aus der Dose, zerdrückt
470 g rote Bohnen aus der Dose, abgetropft
½ TL gemahlenes Oregano
1 TL gemahlener Kümmel
½ TL Chilipulver

1 Olivenöl und zerdrückten Knoblauch in einem großen Topf erhitzen. Fleisch zugeben, portionsweise bei mittlerer Hitze braun braten.
2 Gehackte Zwiebel, Lorbeerblatt, Tomatensaft und zerdrückte Tomaten mitkochen.
3 Bei geschlossenem Topf köcheln lassen, bis das Fleisch weich und die Flüssigkeit zur Hälfte reduziert ist. Rote Bohnen, Oregano, Kreuzkümmel und Chilipulver einrühren. Mit Guacamole und Maischips servieren.

Oben: Texanisch-mexikanisches Chili con carne.
Rechts: Scharfes Rindfleisch mit Bohnentacos.
Gegenüber: Lammsalat mit Minze

SCHARFES RINDFLEISCH MIT BOHNENTACOS

★ ***Vorbereitungszeit:*** 25 Minuten
Kochzeit: 15 Minuten
Für 4 Personen

2 TL Olivenöl
250 g Rinderhackfleisch
1 kleine Zwiebel, feingehackt
¼ TL Chilipulver
¼ Tasse Tomatenmark
1 TL gemahlener Kreuzkümmel
1 TL gemahlener Koriander
440 g gebackene Bohnen aus der Dose
12 Tacos
½ Tasse gemahlener Gouda oder Cheddar
2 kleine Möhren, geraspelt
2 mittelgroße Tomaten, in Scheiben geschnitten
½ kleiner Salat, in feine Streifen geschnitten

1 Öl in einem mittelgroßen Topf erhitzen; Hackfleisch und Zwiebel zugeben. Bei mittlerer Hitze etwa 3 Minuten braun braten; die Flüssigkeit sollte fast vollständig verdampft sein.
2 Chilipulver, Tomatenmark, Kreuzkümmel, Koriander und gebackene Bohnen zufügen, gut verrühren. Etwa zwei bis drei Minuten kochen, dabei gelegentlich umrühren.
3 Backofen auf 180 °C vorheizen. Tacos über die Streben des Ofengitters hängen. Dadurch verhindert man, daß sie sich beim Aufwärmen schließen. Etwa acht Minuten erhitzen oder nach Packungsanweisung in der Mikrowelle erhitzen. Die Tacos mit der Hackfleischmasse, Käse, Möhren, Tomaten und Salat füllen. Nach Wunsch Guacamole oder saure Sahne darübergeben und als kräftigen Imbiß servieren.

MINZE

LAMMSALAT MIT MINZE

Vorbereitungszeit: 25 Minuten
Kochzeit: 10 Minuten
Für 4 Personen

500 g Lammfilet
1–2 EL Olivenöl
1 roter Eichblattsalat
60 g gelbe Tomaten
60 g Kirschtomaten (Cocktailtomaten)
zusätzlich 4 EL Olivenöl
½ TL Zucker
1–2 EL Weißweinessig
½ TL französischer Senf
1 EL frische Minze, gehackt
100 g Haloumi-Käse
zusätzlich 1–2 EL Olivenöl

1 Fleisch von Fett und Sehnen befreien. Öl in einer schweren Pfanne erhitzen; Fleisch hineingeben. Bei mittlerer Hitze 7–8 Minuten Fleisch medium braten. Nicht zu lange braten; das Fleisch sollte in der Mitte noch rosa sein. Dabei häufig wenden. Auf einen Teller legen, lose mit Folie bedecken. Abkühlen lassen, diagonal in dünne Scheiben schneiden.
2 Salat gründlich waschen und trocknen, in mundgerechte Stücke zerpflücken. Auf vier Teller verteilen, Tomaten und Lammstücke darauf anrichten. Öl, Essig, Zucker, Senf und Minze in Schraubglas gut schütteln.
3 Käse abtropfen lassen und in 1 cm dicke und 4 cm lange Stücke schneiden. Trockentupfen. Zusätzliches Öl in die Pfanne geben und bei mittlerer Hitze Käse zugeben und etwa 2 Minuten goldbraun braten. Gelegentlich wenden. Auf Küchentuch abtropfen lassen. Warmen Käse auf dem Salat anrichten, Soße erneut gut schütteln und über den Salat tröpfeln. Sofort servieren.

Anmerkung: Haloumi ist ein fester, salziger, weißer Käse aus Zypern. Wird gegrillt oder gebraten, schmilzt nicht und bleibt nicht in der Pfanne kleben. In griechischen Feinkostgeschäften erhältlich. Man kann ihn durch Fetastreifen ersetzen (Feta jedoch nicht braten).

WARMER KARTOFFELSALAT MIT MINZE

Vorbereitungszeit: 30 Minuten
Kochzeit: 20 Minuten
Für 8 Personen

1 kg sehr kleine, neue Kartoffeln
5 große Zweige frische Minze
250 ml saure Sahne
1 mittelgroße Zwiebel, gerieben
2 EL Mayonnaise
¼ Tasse frische Petersilie, gehackt
2–3 EL frischer Dill, gehackt
2–3 EL frischer Schnittlauch, gehackt
Salz und gemahlener Pfeffer

1 Kartoffeln und Minze in einem großen Topf mit Wasser bedecken. Zum Kochen bringen; Hitze reduzieren und den Topf zudecken. Sanft köcheln lassen, bis die Kartoffeln gerade gar sind (etwa 10–12 Minuten). Gut abtropfen lassen und Minze entfernen.
2 Saure Sahne, Zwiebel, Mayonnaise und frische Kräuter mischen und mit Salz und Pfeffer abschmecken. Zu den heißen Kartoffeln geben und warm servieren.

SAMBAL MIT MINZE

Vorbereitungszeit: 5 Minuten
Ergibt etwa 200 ml

1 Tasse frische Minzeblätter
1 mittelgroße Zwiebel, geschält
½ Tasse Naturjoghurt
1 grüne Chilischote (nach Wunsch)

Minze und Zwiebel im Mixer zerkleinern. Genug Joghurt zugeben, damit eine glatte, sahnige Mischung entsteht. Nach Wunsch gehackte Chilischote zufügen. Zu Currygerichten oder mariniertem Huhn reichen. Diese Soße kann auch als Marinade für Huhn verwendet werden. Dann gibt man noch etwas gehackten, frischen Ingwer und ¼ TL Kurkuma dazu. Über Nacht in der Marinade ziehen lassen; Huhn im Backofen oder über dem Holzkohlenfeuer grillen.

Mohnsamen Feine, blaugraue Samen der Mohnpflanze. Sie haben ein starkes Nußaroma und werden oft vor dem Backen auf Brot und Knabbergebäck

gestreut. Damit wird der traditionelle Mohnkuchen der jüdischen Küche gebacken. Die Mohnpflanze ist in Asien heimisch. Mohnsamen erhält man in Supermärkten, Reformhäusern und Naturkostläden.

Möhre (Karotte) Wurzelgemüse, das mit Petersilie, Pastinake und Sellerie verwandt ist. Das knackige, orangerote Fleisch wird roh in Salaten oder gekocht in pikanten und süßen Gerichten verzehrt. Ursprünglich wildwachsende

Pflanze. Die Holländer machten sie im Mittelalter in Europa bekannt. Kleine Möhren

MIKROWELLE

Setzen Sie die Mikrowelle zum Kochen von Gemüse, zum Erhitzen von Milch für Soßen und Kaffee, zum Schmelzen von Butter und Schokolade, zum Erhitzen vorbereiteter Mahlzeiten und zum Auftauen roher und gekochter Lebensmittel ein. Die meisten Nahrungsmittel, die gedünstet oder gegart werden, kann man auch in der Mikrowelle zubereiten.

MIKROWELLENGESCHIRR

- Glas: Normales Glasgeschirr zum kurzfristigen Erhitzen oder Auftauen auf niedriger Stufe verwenden. Feuerfestes Glas eignet sich für jede Zubereitungsart.
- Keramik oder Töpferware: nicht wasserdurchlässig, aber gut glasiert, ohne Metallanteile; nur zum Auftauen oder Garen bei geringer Leistung.
- Porzellan: Nur zum Aufwärmen. Kein Porzellan mit Metallrand oder -muster verwenden.
- Papier: Zum Abdecken von Speisen können auch Papiertücher verwendet werden. Jedoch müssen sie mikrowellenfest sein, d.h. frei von Metallrückständen, Farb- und Kunststoffen. Geeignet zum raschen Erhitzen oder Aufwärmen.
- Aluminiumfolie: In kleinen Mengen zu verwenden, um Lebensmittel zu schützen. Nie Gerichte ganz mit Folie bedecken. Sie darf auch nicht die Wände des Geräts berühren und nicht mit metallischen Flächen in Berührung kommen.
- Plastik: Kochgeschirr aus Plastik und Plastikfolie, das mikrowellengeeignet ist, kann für die meisten Zubereitungsarten eingesetzt werden. Plastiktüten niemals mit Metallclips verschließen, Löcher in die Tüten bohren, damit der Dampf entweichen kann.

Fleisch und Geflügel auftauen

Auftaustufe benutzen (etwa 30 % der Gesamtleistung)

Fleischsorte	Mikrowellenzeit pro 500 g	Ruhezeit
Roastbeef	8–10 Minuten	10–15 Minuten
Steaks	4–6 Minuten	5–10 Minuten
Rinderhack	5–8 Minuten	5–10 Minuten
Schweinebraten	8–12 Minuten	5–10 Minuten
Schweinekotelett	5–8 Minuten	5–10 Minuten
Rippchen	6–8 Minuten	5–10 Minuten
Schweinehack	6–8 Minuten	5–10 Minuten
Lammbraten	8–10 Minuten	10–15 Minuten
Lammschulter	7–10 Minuten	10–15 Minuten
Lammkotelett	5–8 Minuten	5–10 Minuten
Pute, ganz	6–10 Minuten	20–30 Minuten
Putenbrust	5–10 Minuten	15–20 Minuten
Putenteile	7–10 Minuten	10–15 Minuten
Huhn, ganz	5–8 Minuten	10–15 Minuten
Hühnerteile	5–7 Minuten	10–15 Minuten
Ente	8–10 Minuten	10–15 Minuten

AUFTAUEN IN DER MIKROWELLE

- Lebensmittel aus der Verpackung oder dem Behälter nehmen. Bei Fertiggerichten die Anweisung auf der Packung befolgen.
- Lebensmittel nach Möglichkeit auf Küchendraht in einen mikrowellengeeigneten Behälter stellen. Der Rand sollte hoch genug sein, um die Auftauflüssigkeit aufzufangen.
- Alle Lebensmittel leicht bedeckt nach den Anweisungen des Geräteherstellers auftauen.
- Größere Stücke wie Keulen oder Rollbraten ein- oder zweimal während des Auftauens wenden, für gleichmäßiges Erwärmen.
- Wenn der Auftauvorgang beendet ist, Lebensmittel nach Anweisung ruhenlassen. Danach wie vorgesehen zubereiten oder aufwärmen.

GEMÜSE IN DER MIKROWELLE ZUBEREITEN

Ein Mikrowellengerät zeigt sich bei der Zubereitung von Gemüse von seiner besten Seite. Das Gemüse sollte mit etwas Wasser und Gewürzen abgedeckt und auf höchster Stufe entsprechend der angegebenen Zeit gegart werden. Das Gemüse behält seine Farbe, bleibt knackig, die Nährstoffe bleiben erhalten.

Gemüse	Menge	Vorbereitung	Kochzeit (Minuten)
Artischocken	250 g	4 EL Wasser	8–9
Aubergine, in Scheiben	250 g	mit Öl bepinseln	3–4
Blumenkohl, frisch	½ Kopf	Stiele der Röschen einschneiden, 2–3 EL Wasser	7–8
Blumenkohl, gefroren	250 g	2-3 EL Wasser	5–7
Bohnen, frisch	250 g	1–2 EL Wasser	3–4
Bohnen, gefroren	250 g	1 El Wasser	5–7
Brokkoli, frisch	250 g	2–3 EL Wasser	3–4
Brokkoli, gefroren	250 g	2–3 EL Wasser	5–7
Erbsen, frisch	250 g	2 EL Wasser	3–5
Erbsen, gefroren	250 g	1 EL Wasser	2–4
Kartoffeln, gekocht	250 g	vierteln, 2 El Wasser	6–8
Kartoffeln i.d. Schale	250 g	Schale einstechen, mit Öl einreiben, nach drei Minuten wenden	4–6
Kohl, in feinen Streifen	½ kleiner Kopf	abtropfnaß, Butter	6–8
Kürbis	250 g	in serviergerechte Stücke geschnitten, 2 EL Wasser	4–6
Lauch, ganz	250 g	2-3 EL Wasser	5–7
Maiskolben, frisch	2 Hülsen	entfernen, mit Butter bepinseln, in Plastikfolie wickeln,	6–8
Maiskolben, gefroren	250 g	mit Butter bepinseln	8–10
Möhren, frisch	250 g	2-3 EL Wasser	3–4
Möhren, gefroren	250 g	2–3 EL Wasser	6–8
Pastinaken, in Scheiben	250 g	2–3 EL Wasser	5–6
Pilze, frisch	250 g	ganz oder in Scheiben, mit Butter bepinseln	3–5
Rosenkohl, frisch	250 g	2–3 EL Wasser	3–4
Rosenkohl, gefroren	250 g	2–3 EL Wasser	5–7
Spargel, frisch	250 g	2–3 EL Wasser	2–4
Spargel, gefroren	250 g	2–3 EL Wasser	2–3
Spinat, frisch	250 g	abtropfnaß, 1 EL Butter	4–5
Spinat, gefroren	250 g	Muskat und Pfeffer	5–7
Tomaten, halbiert	250 g	mit Butterflöckchen besetzen, pfeffern	3–4
Zucchini, in Scheiben	250 g	1 EL Butter, pfeffern	3–4
Zwiebeln, in Ringen	250 g	1 EL Butter	3–4

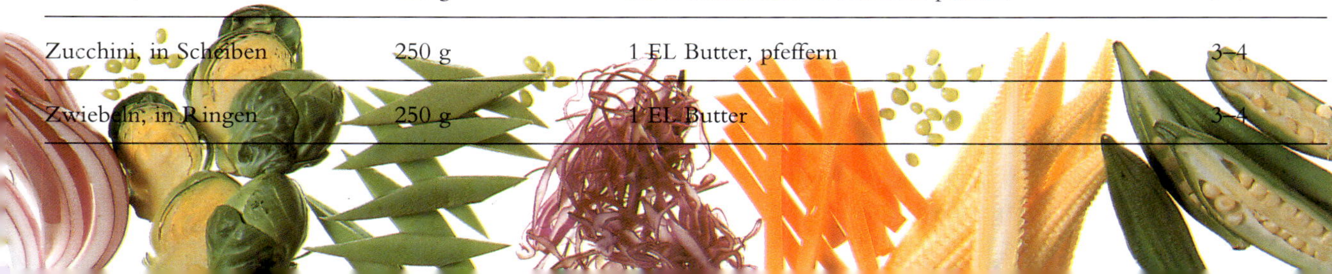

können im ganzen gekocht werden. Ältere Möhren sollten geschabt oder geschält und vor dem Kochen geschnitten, gewürfelt oder zu Julienne-Streifen geschnitten werden. Rohe Möhren am besten geraspelt verwenden oder für Dips in Streifen schneiden.

Mokka Arabische Kaffeebohne

mit starkem Aroma. Sie stammt aus der Umgebung des Roten Meeres und wurde nach dem jemenitischen Hafen benannt, von dem aus sie exportiert wurde. Beim Kochen weist die Bezeichnung »Mokka« darauf hin, daß Nahrungsmittel (wie Eiscreme oder Kuchen) Kaffee oder eine Kaffee-Schokoladenmischung enthalten.

Monterey Jack Blaßgelber Hartkäse aus Kuhmilch.

Moorschneehuhn Kleiner, bodenbrütender Wildvogel; jung gegrillt, älter geschmort; in Schottland meist mit Brotsoße und rotem Johannisbeergelee serviert.

MOHN

MOHNLAIB

★ ***Vorbereitungszeit:*** 15 Minuten
Backzeit: 50 Minuten
Ergibt 1 Laib

2 ½ Tassen Mehl mit Backpulverzusatz
¼ Tasse Zucker
¼ Tasse Mohnsamen
1 kg Kartoffeln, geschält und gerieben
200 g Butter, zerlassen und abgekühlt
2 Eier, leicht verquirlt
zusätzlich 1 TL Mohnsamen

1 Backofen auf 180 °C vorheizen. Kastenform mit zerlassener Butter einpinseln und mit Backpapier auslegen, Backpapier einfetten.
2 Mehl in eine Schüssel sieben. Zucker, Mohn und Kartoffeln dazugeben und eine Vertiefung in der Mitte formen. Butter und Eier hineingeben. Mit dem Holzlöffel glattrühren; dabei nicht zu stark rühren.
3 Mischung in die Form geben, Oberfläche glätten und mit Mohn bestreuen. 50 Minuten backen (Nadelprobe!). Laib 3 Minuten ruhenlassen, dann aus der Form auf ein Kuchengitter stürzen, abkühlen lassen.

Anmerkung: Im Kühlschrank hält sich der Laib 4 Tage, eingefroren bis zu 4 Wochen. Als Beilage zu einer Käse-Obst-Platte servieren.

Oben: Mohnlaib.
Rechts: Mohnstangen.
Gegenüber: Möhrentorte

MOHNSTANGEN

★★ ***Vorbereitungszeit:*** 20 Minuten + 15 Minuten Kühlzeit
Backzeit: 15 Minuten
Ergibt 24 Stück

½ Tasse Mehl
50 g Butter, in Stücke geschnitten
3 EL Eiswasser
1 EL Mohnsamen
1 Ei, verquirlt

1 Backofen auf 180 °C vorheizen. Backblech mit flüssiger Butter oder Öl bepinseln. Mehl in eine Schüssel geben, eine Vertiefung in die Mitte drükken und Butter hineingeben. Mit zwei Messern die Butter über Kreuz zu sehr kleinen Stücken verarbeiten. Mit dem Messer das Wasser einrühren und zu einem festen Teig verarbeiten. Auf eine leicht bemehlte Arbeitsfläche legen und 1 Minute geschmeidig kneten. In Frischhaltefolie 15 Minuten im Kühlschrank ruhenlassen.
2 Teig auf der bemehlten Arbeitsfläche zu einem Rechteck (24 x 16 cm) ausrollen. Mohn darüberstreuen und leicht mit dem Löffelrücken in den Teig drücken. Dann den Teig in drei Lagen falten und erneut ausrollen (30 x 12 cm). In 24 Streifen schneiden.
3 Einen Streifen an einem Ende festhalten und am anderen drehen. Auf das vorbereitete Blech legen und mit Ei bepinseln. In 15 Minuten goldgelb backen. Auf einem Kuchengitter abkühlen lassen. Mit Suppe oder als Hors d'œuvre reichen.

MÖHREN

MÖHRENTORTE

☆ ***Vorbereitungszeit:*** 15 Minuten
Backzeit: 35 Minuten
Für 8 Personen

125 g Butter
1 Tasse Zucker
etwas Zimt, Muskatnuß und Piment
abgeriebene Schale von 1 Orange
2 Eier
1 große Möhre, geraspelt
60 g ungeschälte Mandeln, gehackt
1 ¼ Tassen (Vollkornmehl, Weizenmehl oder halb und halb)
1 ½ TL Backpulver
etwas Salz
¼ Tasse warmes Wasser

1 Backofen auf 180 °C vorheizen. Eine quadratische Backform (20 x 20 cm) mit Butter oder Öl auspinseln. Boden und Seiten mit Backpapier auslegen, Papier einfetten.
2 Mit dem Handrührgerät oder einem Holzlöffel Butter schaumig schlagen. Zucker zugeben und rühren, bis alles vermischt ist. Gewürze und Orangenschale zugeben, gut mischen. Nacheinander die Eier zugeben, rühren und gut mischen, dann Möhre und Mandeln, gesiebtes Mehl, Backpulver und Salz zugeben. Den Teig mit etwas Wasser glätten.
3 Teig in die Backform geben; Oberfläche glätten. 35 Minuten backen, bis eine Nadel bei der Nadelprobe sauber bleibt. Kuchen 10 Minuten in der Form abkühlen lassen, dann auf ein Kuchengitter stürzen und auskühlen lassen. Mit Zitronenguß oder einer dicken Buttercreme verzieren.

MÖHRENSUPPE

☆ ***Vorbereitungszeit:*** 12 Minuten
Kochzeit: 33 Minuten
Für 4 Personen

30 g Butter
6 Möhren, geschnitten
1 Knoblauchzehe, zerdrückt
1 Zwiebel, gehackt
2 mittelgroße Kartoffeln, gewürfelt
4 Tassen Hühnerbrühe
¾ Tasse saure Sahne oder Joghurt
2 EL frische Kräuter zum Garnieren, gehackt

1 Butter in einem großen Topf zerlassen, Möhren, Knoblauch und Zwiebeln zugeben und 2–3 Minuten schmoren. Kartoffeln zugeben, Hitze reduzieren, abdecken und 4–5 Minuten schmoren lassen.
2 Hühnerbrühe dazugießen und zum Kochen bringen. Abschmecken. Hitze reduzieren und die Suppe abgedeckt 25 Minuten köcheln lassen.
3 Suppe in der Küchenmaschine oder im Mixer pürieren. Mit einem Löffel saurer Sahne oder Joghurt und gehackten Kräutern garniert servieren.

GERASPELTER MÖHRENSALAT

☆ ***Vorbereitungszeit:*** 15 Minuten
Für 6 Personen

10 große Möhren
2 kleine Gurken
100 g Rosinen
1–2 EL Zitronensaft
½ TL gemahlener Ingwer
1–2 EL Honig
1 TL gemahlener Zimt
100 ml Olivenöl
gemahlener Pfeffer
½ Tasse Mandelblättchen

1 Möhren schälen und grob raspeln. Gurken der Länge nach vierteln, dann in dicke Scheiben schneiden. Möhren und Gurken in eine Schüssel geben. Rosinen zugeben und durchmischen.
2 Zitronensaft, Ingwer, Zimt, Honig, Olivenöl und Pfeffer in einer kleinen Schüssel verrühren oder in einem Glas mit Schraubverschluß schütteln, um die Zutaten gut zu mischen.
3 Mandelblättchen bei schwacher Hitze rösten, bis sie leicht goldbraun sind.
4 Die Soße über den Salat geben, mit Mandeln garnieren und servieren.

WISSENSWERTES ÜBER MÖHREN

■ Nur Möhren kaufen, die fest und glatt sind und eine tieforange Farbe haben. Zur Vorbereitung waschen und nach Wunsch leicht schaben oder schälen. Junge Möhren brauchen nicht geschält zu werden.
■ Der Geschmack von Ingwer, Nelke, Dill, Honig und Majoran paßt gut zu Möhren.

Mornay-Soße Mit Gruyère oder Parmesan verfeinerte Béchamelsoße zum Überbacken von Meeresfrüchten, Eier- und Gemüsegerichten.

Mortadella Große, leicht geräucherte Wurst, aus Schweinefleisch oder einer Mischung aus Schweine- und Rindfleisch oder Kalbfleisch und Schinken mit grob gewürfeltem Schweinefett, Gewürzen und Petersilie und mit Pistazien und grünen Oliven gespickt. In hauchdünne Scheiben geschnitten als Vorspeise, als Brotbelag oder in einem Salat.

Moussaka Auflaufgericht aus Aubergine, gehacktem Lamm- oder Rindfleisch und einer Käsesoße. Es ist im ganzen arabischen Raum sehr beliebt und stammt trotz seines arabischen Namens mit großer Wahrscheinlichkeit aus Griechenland.

MUFFINS

Muffins werden schnell zubereitet und noch schneller gegessen. Es gibt sie in süßen und herzhaften Varianten und als gesunde Vollwertmuffins. Reichen Sie Muffins zum Frühstück oder als Mittagsimbiß, als Kaffeegebäck oder zu Suppe als leichtes Abendessen.

Von oben nach unten: Kleie-, Kürbis-, Pflaumen-, Schokoladen- und Beerenmuffins

Diese Muffins sind in der Zubereitung erstaunlich einfach: Mischen Sie alle flüssigen Zutaten miteinander sowie alle trockenen. Dann verrühren Sie mit einer Gabel die trockene mit der flüssigen Mischung – der Teig wird noch ziemlich klumpig aussehen, aber nur so entsteht ein luftiger, lockerer Muffin. Verwenden Sie nach Möglichkeit die amerikanische Art der Muffinformen (siehe gegenüber). Nur den Boden mit Öl bepinseln. Durch die nicht geölten Seiten geht der Teig besser auf, es bilden sich hübsche runde Kuppen an der Oberfläche. Muffins ißt man am besten frisch mit warmer Butter. Wenn nötig kann man sie bis zu zwei Tage in einem luftdichten Behälter im Kühlschrank aufbewahren; vor dem Servieren bei schwacher Hitze im Backofen erwärmen. Muffins lassen sich bis zu 3 Monate einfrieren und können in Alufolie im Backofen (schwache Hitze) in 10–12 Minuten aufgewärmt werden.

MUFFIN-GRUNDREZEPT

Ofen auf 200 °C vorheizen. Den Boden von 12 Vertiefungen im Muffinblech mit Öl bepinseln. 270 g Mehl in eine Schüssel sieben. 2 EL feinen Zucker und 1 TL Backpulver zugeben, gut mischen. 75 g Butter schmelzen und mit 1 Ei und 190 ml Milch gut verquirlen.

Die gesamte Flüssigkeit auf einmal zu den trokkenen Zutaten geben, mit einer Gabel vorsichtig unterziehen. Der Teig sollte noch klumpig sein. Teig gleichmäßig bis zu ⅔ in die Förmchen füllen. In 20–25 Minuten goldbraun backen. Muffins mit einem Spachtel lösen und auf einem Kuchengitter etwas abkühlen lassen. Warm servieren.

VARIATIONEN

- Beerenmuffins: 1 Tasse frische Heidelbeeren oder kleingeschnittene Erdbeeren zu den trockenen Zutaten geben.
- Vollwertmuffins: 120 g des Mehls durch Vollweizenmehl ersetzen; 1 TL Lebkuchengewürz und 90 g Sultaninen zu den trockenen Zutaten geben.
- Apfelmuffins: 1 TL Zimt, ¼ TL Muskatnuß, 1 Tasse kleingehackte Äpfel (ohne Schale und Kerngehäuse) zu den trockenen Zutaten geben. Zuckermenge auf 80 g erhöhen.
- Käse-Schinken-Muffins: 3 Scheiben sehr feingewürfelten Schinkenspeck knusprig braten; abtropfen lassen. Schinkenspeck mit 1 Tasse geriebenem Gouda oder Cheddar zu den trockenen Zutaten geben. Zuckermenge auf 1 EL reduzieren.
- Orangen-Mohn-Muffins: 3 TL abgeriebene Orangenschale und 1–2 EL Mohnsamen zu den trockenen Zutaten geben.
- Bananenmuffins: 1 zerdrückte Banane, ½ TL Lebkuchengewürz zu den trockenen Zutaten geben.

KLEIEMUFFINS

1 Tasse Kleie mit ¼ l kochendem Wasser übergießen und 1 Stunde stehenlassen. Ofen auf 200 °C vorheizen. Den Boden von 12 Muffinförmchen mit Öl bepinseln.

1 verquirltes Ei, 60 g weichen, braunen Zucker und 2–3 EL Pflanzenöl zur eingeweichten Kleie geben. Gut mischen. In eine andere Schüssel 150 g Mehl sieben. Mit ⅓ Tasse Milchpulver, 1 ½ TL Backpulver und 1 ½ TL Natron mischen. Die Kleiemischung auf einmal hineingeben und mit einer Gabel kurz verrühren. In die Förmchen füllen (Füllhöhe ⅔). In etwa 15–20 Minuten goldbraun backen.

VARIATIONEN

- Möhren-Ananas-Muffins: ½ Tasse geraspelte Möhre. ½ Tasse gut abgetropfte und zerdrückte, ungesüßte Ananas aus der Dose und ½ TL gemahlener Ingwer mit dem Ei zufügen.
- Kürbis-Pflaumen-Muffins: 1 Tasse gekochter, pürierter Kürbis und ¾ Tasse feingehackte, entsteinte Pflaumen mit dem Ei zufügen. Menge des braunen Zuckers auf 90 g erhöhen.

SCHOKOLADENMUFFINS

Backofen auf 180 °C vorheizen. Boden von 15 Muffinförmchen mit Öl bepinseln.

In einer Rührschüssel 300 g Mehl, 125 g Zucker, 125 g in kleine Stücke gebrochene Milchschokolade, 2 Eier, 2 TL Vanilleessenz, 75 g zerlassene Butter und 1 Tasse saure Sahne mischen. Mit dem Handrührgerät 1 Minute auf kleiner Stufe schlagen, dann auf höchster Stufe noch 1 Minute schlagen.

Die Hälfte der Masse in die Förmchen löffeln, 1 Stück dunkle Schokolade guter Qualität in die Mitte von jedem Muffin geben, den restlichen Teig darauf verteilen. Die Oberfläche dicht mit Schokoladentropfen oder -stückchen verzieren. Etwa 15 Minuten goldbraun backen.

Wenn man Schokoladenmuffins warm serviert, ist die Schokolade in der Mitte noch flüssig. Schokoladenmuffins sollten auf jeden Fall an dem Tag gegessen werden, an dem sie gebacken wurden, da sie Frische und Aroma rasch verlieren.

Oben, vorne, von links nach rechts: Apfel-, Beeren- und Orangen-Mohn-Muffin; zweite Reihe: Beeren-, Schokoladen-, Beerenmuffin; dritte Reihe: Beeren- und Kleiemuffin

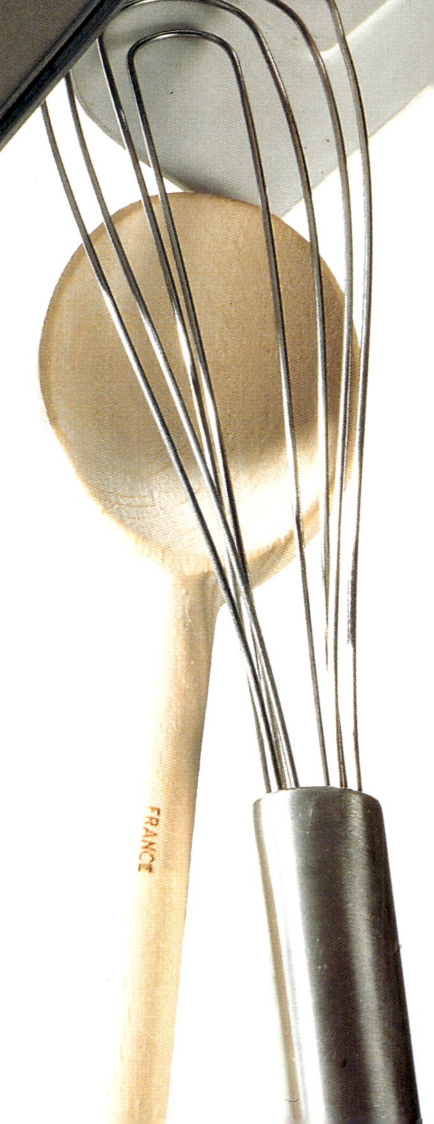

Mousse Üppige, leicht gesüßte oder herzhafte Speise, die ihre zarte, schaumige Struktur durch steifgeschlagenes Eiweiß, geschlagene Sahne oder beides erhält.

Mousseline Mousseähnliches pikantes Gericht, in dem Meeresfrüchte oder Geflügel unter eine Mischung aus geschlagener Sahne und steifgeschlagenem Eiweiß gehoben und in kleinen Förmchen gekocht werden.

Mozzarella Ungereifter Schichtkäse ohne Rinde mit einer weichen, gummiartigen Struktur und sehr mildem, leicht süßlichem Milchgeschmack. Ursprünglich wurde Mozzarella aus Büffelmilch hergestellt; heute produziert man ihn aus Kuhmilch. Er ist meist nur wenige Tage alt und sollte ein paar Tage nach dem Einkauf verbraucht werden. Mozzarella wird hauptsächlich zum Kochen verwendet, auf Pizzen und in Pastagerichten und als Belag zum Überbacken.

Muffin Leichtes, süßes Gebäck, das in

MUFFINS

ENGLISCHE MUFFINS

☆☆ ***Vorbereitungszeit:*** 20 Minuten + 1 Stunde 40 Minuten Ruhezeit
Backzeit: 16 Minuten
Ergibt 15 Stück

7 g Trockenhefe
½ TL Zucker
1 TL Mehl
4 EL warmes Wasser
4 Tassen Mehl extra
1 TL Salz
330 ml lauwarme Milch
1 Ei, leicht verquirlt
40 g Butter, zerlassen

1 Zwei Bleche von 32 x 28 cm Größe leicht mit Mehl bestauben. Hefe, Zucker, Mehl und Wasser in einer kleinen Schüssel glattrühren. Mit Frischhaltefolie bedeckt etwa 10 Minuten ruhenlassen, bis die Mischung schaumig wird.

2 Zusätzliches Mehl und Salz in eine große Schüssel sieben. Eine Vertiefung in die Mitte drücken, Milch, Eier, Butter und Hefevorteig hineingeben. Mit einem Messer zu einem weichen Teig verarbeiten. Teig auf einer leicht bemehlten Arbeitsfläche in etwa 2 Minuten geschmeidig kneten. Zu einer Kugel formen, in leicht geölte Schüssel legen. Mit Frischhaltefolie bedecken und an einem warmen Ort etwa 1 ½ Stunden stehenlassen, bis der Teig gut aufgegangen ist.

3 Backofen auf 210 °C vorheizen. Teig noch einmal 2 Minuten durchkneten und 1 cm dick ausrollen. Kreise von 8 cm Durchmesser ausstechen, auf die vorbereiteten Bleche legen. Bedeckt noch einmal 10 Minuten an einem warmen Ort ruhenlassen. Muffins 8 Minuten backen, wenden, von der anderen Seite ebenfalls 8 Minuten backen.

Anmerkung: Reichen Sie Muffins zum Frühstück, als Mittagsimbiß oder als Kaffee- bzw. Teegebäck. Muffins sollten am Tag der Herstellung verzehrt werden. Servieren Sie sie warm mit Butter. Tiefkühlen bis zu 3 Monate möglich.

1

2

3

kleinen, tiefen, runden Förmchen gebacken wird. Die Teiggrundlage besteht aus Eiern, Milch, Mehl und Zucker. Süße oder pikante Geschmackszutaten werden nach Wunsch hinzugefügt.

Mulligatawny Scharfes, suppenähnliches Gericht aus gekochtem Reis, übergossen mit einem Hühner- oder Rinderfond, kräftig mit Pfeffer und Curry gewürzt. Das Gericht stammt aus der Zeit der britischen Kolonialherrschaft in Indien.

Münster Weichkäse aus Kuhmilch, dessen Struktur von glatt und weich bis trocken und krümelig reicht. Sein scharfer Geruch und Geschmack sind unverwechselbar.

Mürbeteig Knetteig, bei dem Fett (Butter, Margarine oder Schmalz) mit Mehl, einer Prise Salz und ganz wenig Flüssigkeit – meistens Wasser oder Ei – zu einem festen Teig verarbeitet wird. Der Teig muß vor der Weiterverwendung kalt gestellt werden. Mürbeteig wird für Kuchen mit Zucker zubereitet, für Pasteten mit etwas mehr Salz. Für pikante Gerichte kann man ihn auch mit Kräutern und geriebenem Käse mischen.

MUSCHELN

KRÄUTERMUSCHELKEBAB

☆☆ ***Vorbereitungszeit:*** 1 Stunde
Zubereitungszeit: 5–10 Minuten
Für 8 Personen

24 Jakobsmuscheln
6 große Frühlingszwiebeln, nur das Grün verwenden
2 Zucchini
2 mittelgroße Möhren
15 g Butter, zerlassen
2 TL Zitronensaft
1 EL Weißwein
2 TL gemischte, getrocknete Kräuter
¼ TL Zwiebelpulver

1 Muscheln waschen und säubern; mit Küchenpapier trockentupfen. Grün der Frühlingszwiebeln längs halbieren, dann in 8 cm lange Stücke schneiden. Backblech mit Alufolie auslegen. Mit dem Gemüseschäler Zucchini und Möhren längs in dünne Bänder schälen. Gemüsestreifen in einen Topf mit spudelndem Wasser geben, 2 Minuten darin lassen, herausnehmen und in kaltes Wasser tauchen. Nach dem Abkühlen abtropfen lassen. Mit Küchenpapier trockentupfen.

2 Eine Muschel in einen Zwiebel-, einen Zucchini- und einen Möhrenstreifen einwickeln und mit einem Holzspieß fixieren. Auf diese Art alle Muscheln aufspießen. Freies Ende der Spieße mit Alufolie umwickeln, damit sie nicht ansengen Die Spießchen auf einem Teller kurz beiseite stellen.

3 Butter, Saft und Wein in einer kleinen Schüssel verrühren und die Muscheln damit bepinseln. Mit Kräutern und Zwiebelpulver bestreuen. Auf dem heißen Grill in 5–10 Minuten backen, bis die Muscheln gar sind.

Oben: Kräutermuschelkebab.
Gegenüber: Englische Muffins

MUSCHELSALAT MIT LIMONE UND INGWER

☆ ***Vorbereitungszeit:*** 20 Minuten
Kochzeit: 2 Minuten
Für 4 Personen

ca. 400 g Jakobsmuscheln (ohne Schale gewogen)
1–2 EL Erdnußöl
4 EL Erdnußöl zusätzlich
1–2 EL Limonensaft
1 TL frischer Ingwer, gerieben
½ TL Honig
1 EL Koriandergrün, gehackt
3 mittelgroße Zucchini, streichholzgroß gestiftelt
2 mittelgroße Möhren, streichholzgroß gestiftelt
2 Frühlingszwiebeln, diagonal in 1 cm breite Ringe geschnitten

1 Muscheln waschen und säubern. Mit Küchenpapier trockentupfen. Öl in einer Pfanne erhitzen und darin Muscheln bei starker Hitze in 2 Minuten goldgelb braten; einmal wenden. Aus der Pfanne nehmen und warm halten.

2 Zusätzliches Öl, Limonensaft, Ingwer, Koriander und Honig in ein Schraubglas geben und gut schütteln.

3 Auf 4 Tellern oder einer Platte ein Gemüsebett arrangieren. Muscheln auf das Gemüse legen, anschließend die Soße darübergießen und sofort servieren.

Muschel Weichtier mit glatter, mandelförmiger Schale. Wie Austern sind Muscheln Strudelfilterer und daher anfällig für Verseuchung. Man sollte sie keinesfalls in Gebieten sammeln, wo mit Umweltverschmutzung zu rechnen ist. Muscheln erhält man frisch (noch lebend) in der Schale oder in Dosen und Gläsern (gekocht, geräuchert oder in verschiedenen Soßen eingelegt).

Muskatblüte Faseriger Samenmantel, von dem die Muskatnuß umgeben ist. Sie hat ein ganz charakteristisches Aroma und wird als Gewürz verwendet. Man würzt damit klare Suppen, Gelees und helle Soßen, Eintopfgerichte, Schweinefleischgerichte und Béchamelsoße.

Muskatnuß Harte, braune, ovale Nuß, die zu einem duftenden Gewürz gemahlen wird. Am besten würzt und duftet es frisch gerieben.

Müsli Frühstück aus gemischtem rohem Getreide, Kleie, Weizenkeimen, Nüssen und Dörrobst, das man mit Milch oder Joghurt ißt.

MUSCHELN MIT TOMATEN UND KNOBLAUCH

☆ ***Vorbereitungszeit:*** 15 Minuten
Kochzeit: 15 Minuten
Für 2–3 Personen

18 große, frische Muscheln
30 g Butter
3 Knoblauchzehen, zerdrückt
3 große, reife Tomaten, gehackt
1–2 EL Worcestersoße
2 EL Tomatenmark
4 EL Apfelsaft

1 Muscheln spülen und mit einem kleinen Messer öffnen. Das Muschelfleisch hängt an einer Hälfte der Schale; andere Hälfte wegwerfen.
2 Butter zerlassen. Knoblauch 1 Minute goldbraun braten. Tomaten, Worcestersoße, Tomatenmark und Apfelsaft zufügen. Aufkochen, Hitze reduzieren. Bei offenem Topf 5 Minuten köcheln lassen.
3 Muscheln zugeben und bei geschlossenem Topf weitere 5 Minuten köcheln lassen.

GEGRILLTE MUSCHELN

☆ ***Vorbereitungszeit:*** 10 Minuten
Kochzeit: 5-10 Minuten
Für 2–4 Personen

500 g Muscheln
2–3 EL Zitronensaft
1 Knoblauchzehe, zerdrückt
1 kleiner roter Chili, feingehackt

1 Muscheln in Topf mit siedendem Wasser geben. Herausnehmen, wenn die Schalen sich öffnen.
2 Fleisch mit einer Schere aus der Schale herauslösen. Muscheln wieder in die Schalenhälften legen, restliche Hälften wegwerfen.
3 Zitronensaft, Knoblauch und Chili über Muscheln verteilen, bei mittlerer Hitze grillen. Vor dem Servieren mit Petersilie bestreuen.

WISSENSWERTES ÜBER MUSCHELN

■ Muscheln für mindestens 1 Stunde in Salzwasser mit Hafer- oder Weizenmehl legen. Frische Muscheln nehmen das Mehl auf, werden dicker und stoßen den Sand aus.

1

2

3

1

2

3

NUDELN UND PASTA

RAVIOLI MIT RICOTTA-FÜLLUNG UND FRISCHER TOMATENSOSSE

☆☆ ***Vorbereitungszeit:*** 45 Minuten + 30 Minuten Ruhezeit
Kochzeit: 45 Minuten
Für 4–6 Personen

Ravioliteig
1 Tasse Mehl
1 Ei
1–2 EL Öl
1 TL Wasser

Füllung
500 g Ricotta
125 g Parmaschinken, feingehackt
1 EL großblättrige Petersilie
1 Eigelb

Soße
1–2 EL Öl
1 Zwiebel, gehackt
2 Knoblauchzehen, zerdrückt
1 Möhre, in kleine Stücke geschnitten
1 kg reife Tomaten, enthäutet, in Stücke geschnitten
45 g Tomatenmark
1 TL weicher, brauner Zucker
⅛ l Hühnerbrühe
1–2 EL Worcestersoße
½ Tasse frisches Basilikum, gehackt

1 Für den Ravioliteig Mehl in eine Schüssel sieben. Eine Vertiefung in die Mitte drücken, Ei, Öl und Wasser zufügen, nach und nach mit dem Mehl zu einem glatten Teig verarbeiten. Teig auf einer bemehlten Arbeitsfläche kneten, bis er geschmeidig und elastisch ist. Teig bedecken, 30 Minuten beiseite stellen.
2 Für die Füllung Ricotta, Parmaschinken, Petersilie und Eigelb gut mischen.
Für die Soße Öl erhitzen. Zwiebel, Knoblauch und Möhre zufügen. Bei schwacher Hitze 5–7 Minuten dünsten. Tomaten, Tomatenmark, Zucker, Hühnerbrühe, Worcestersoße und Basilikum zufügen, zum Kochen bringen, Hitze reduzieren und bei geschlossenem Topf 30 Minuten köcheln. Mischung mit dem Mixer pürieren und warm halten.
3 Teig halbieren und jede Hälfte zu einer glatten Kugel formen. Jede Kugel zu einem dünnen Rechteck ausrollen. Die Füllung teelöffelweise im Abstand von 5 cm auf eine Teiglage häufen. Teig zwischen den Häufchen mit der Füllung mit Wasser bepinseln, zweite Teiglage vorsichtig auflegen. Zwischen den Häufchen Teig fest andrücken. Mit einem Teigrädchen oder einem scharfen Messer in Quadrate schneiden. Ravioli in kochendem Salzwasser 8–10 Minuten gar kochen. Mit Schaumlöffel herausnehmen und in eine vorgewärmte Schüssel geben. Sofort mit Soße und Parmesan servieren.

N

Naan Tropfenförmiges, flaches, gesäuertes indisches Brot, das traditionell zum Backen an die Innenseiten des Tandoor, eines urnenförmigen Tonofens, geklebt wird.

Nährstoffe Bestandteile der Nahrung, die den Energiebedarf des Körpers decken. Dazu gehören Kohlenhydrate, Eiweiße und Fette. Zusätzlich benötigt der Körper Vitamine und Mineralstoffe.

Nam Pla siehe Nuoc Mam.

Nantais *(fromage du curé)* Kuhmilchkäse in quadratischer Form aus der Bretagne.

Napfkuchen In einer hohen Form mit Spiralmuster gebackener Kuchen aus Hefe- oder Rührteig mit Rosinen und Mandeln.

Napfschnecke An felsigen Küsten häufig zu findende Schneckenart, die sich an felsigem Untergrund festsaugt, so daß ihr Gehäuse fest am Felsen anliegt. Sie wird roh mit Zitronensaft gegessen.

NUDELN UND PASTA

Pasta ist der italienische Name für einen Nudelteig, der original in seiner Grundform aus Hartweizengrieß und Wasser hergestellt wird. Dieses nahrhafte Lebensmittel wird zu einer ungeheuren Vielfalt von Größen und Formen verarbeitet, die noch viel mehr Namen haben, die in Italien von Region zu Region variieren können.

Einige Pastasorten, frische wie getrocknete, werden mit Kräutern und Gewürzen aromatisiert oder mit Spinat und Tomatenmark gefärbt.

Jede Pastaform ist ideal für eine bestimmte Soße. Spaghetti passen ausgezeichnet zu einer reichhaltigen Tomatensoße und zu Butter- und Sahnesoßen. Kürzere Sorten wie Penne, Rigatoni und Fussili passen zu Soßen mit Fleischstücken, da die Form der Nudeln die Soße aufnimmt und die Fleischstücke gleichmäßig verteilt werden. Vermicelli machen sich gut mit Sahne-, Käse- oder Eiersoßen. Zu flachen, breiten Nudeln wie Malfade reicht man gut gewürzte Tomaten- oder Wildsoßen. Kleinere Formen wie Hörnchen reichern Suppen und Ragouts an. Farfalle und Muschelnudeln serviert man am besten mit attraktiven Zutaten wie Gemüsestücken, Garnelen und Muscheln. Gefüllte Pastasorten wie Ravioli und Tortellini schmecken am besten mit einer leichten Soße, die die Füllung nicht übertrumpft.

WIE MAN PASTA KOCHT

Besonders wichtig ist ein großer, tiefer Topf. Pro 125 g Nudeln rechnet man 1 l Wasser; etwas Öl und Salz zugeben und das Wasser rasch zum Kochen bringen. Pasta nach und nach in den Topf geben, um das Kochen nicht zu unterbrechen. Bei offenem Topf nach Packungsanweisung kochen; die Pasta sollte »al dente«, also bißfest sein. Wenn die Pasta gar ist, abgießen, in einer vorgewärmten Servierschüssel mit der Soße mischen; oder abgetropfte Pasta wieder in den Topf geben, 250 ml Soße und einen Spritzer Olivenöl zufügen. Gut mischen, mit der restlichen Soße servieren.

Kochzeiten: Schmale Formen frischer Pasta wie Fettuccine nach 2 Minuten probieren, gefüllte wie Ravioli nach 5 Minuten. Trockene Pasta braucht länger. Kleine Formen nach 5 Minuten probieren, größere nach 7–8 Minuten, ganz große nach 10–12 Minuten.

Spaghetti
Cannelloni
Linguini
Fusilli Bucati Lunghi
Tagliatelle
Farfalle
Fusilli
Rädchen
Muscheln
Tortellini getrocknet
Orecchiette
Twists
Frische Tortellini
Frische Ravioli
Frische Fettuccine
Lasagne
Malfade

Napoleon Kleines Gebäck aus drei Lagen Blätterteig, gefüllt mit Mandelcreme, mit Puderzucker bestaubt oder mit Zuckerguß und geschmolzener Schokolade dekoriert.

Nappa-Kohl Kohlsorte mit keulenförmigem, gedrungenem Kopf und mildem Senfgeschmack. Er gleicht dem Chinakohl und wird ähnlich wie dieser zubereitet.

Nappieren Gleichmäßiges Überziehen eines Gerichtes mit einer dickflüssigen Soße.

Nashi Goldfarbene bis grüne apfelförmige Birne. Das transparente Fruchtfleisch ist knackig, saftig und süß, wird pur gegessen oder mit Käse serviert. Man nennt die Nashi auch asiatische Birne, Apfelbirne oder chinesische Birne.

Nasi Goreng Indonesisches Gericht aus gebratenem Reis mit Chillies, kleinen Fleischstücken, gebratenen Zwiebeln und Pfannkuchenstreifen.

Natrium (Na) Für die menschliche Ernährung wichtiges chemisches Element,

FETTUCCINE BOLOGNESE

★ ***Vorbereitungszeit:*** 10 Minuten
Kochzeit: 1 Stunde 40 Minuten
Für 6 Personen

3 EL Öl
2 mittelgroße Zwiebeln, gehackt
2 Knoblauchzehen, zerdrückt
500 g Rinderhackfleisch
250 g kleine Champignons, in Scheiben
2 EL frisches Basilikum, gehackt
ca. 440 g Tomaten aus der Dose (mit Flüssigkeit), zerdrückt
½ Tasse Tomatenmark
1 EL frischer Oregano, gehackt
1 l Wasser
500 g Fettuccine

1 Öl erhitzen, Zwiebeln zufügen und bei mittlerer Hitze 3 Minuten rühren, bis sie weich sind. Knoblauch zufügen, 1 Minute weiterrühren. Hackfleisch bei starker Hitze 5 Minuten mitbraten, bis es braun geworden und die Flüssigkeit verdampft ist. Größere Fleischklumpen während des Bratens mit einer Gabel zerkleinern.
2 Pilze, Basilikum, zerdrückte Tomaten mit Flüssigkeit, Tomatenmark, Oregano und Wasser zugeben. Alles zum Kochen bringen, dann Hitze reduzieren. Im offenen Topf 1 ½ Stunden köcheln lassen, bis die Soße eingedickt ist.
3 Salzwasser zum Kochen bringen. Fettuccine hineingeben und bißfest kochen. Mit der Fleischsoße servieren.

SPAGHETTI CARBONARA

★★ ***Vorbereitungszeit:*** 20 Minuten
Kochzeit: 10 Minuten
Für 6 Personen

4 Knoblauchzehen
1–2 EL Öl
6 Scheiben Schinkenspeck oder Dörrfleisch, in kleine Stücke geschnitten
5–6 EL Weißwein
4 Eier
¾ Tasse Parmesan, in Streifen gehobelt
¾ Tasse Cheddar oder mittelalter Gouda, gerieben
schwarzer Pfeffer aus der Mühle
¼ Tasse Petersilie, gehackt
500 g Spaghetti, gekocht und warmgehalten

1 Knoblauchzehen schälen und halbieren. Öl erhitzen, Knoblauch zugeben und rühren, bis er goldbraun ist. Knoblauch herausnehmen. Speck in die Pfanne geben, bei mittlerer Hitze knusprig braten. Wein zufügen, noch 1 Minute kochen lassen.
2 Eier mit dem Schneebesen verquirlen; Käse, Pfeffer und Petersilie zufügen.
3 Zum Servieren abgetropfte Spaghetti in eine große Schüssel geben, Speck und Flüssigkeit im Topf zugeben und gut mischen. Eier-Käsemischung unterziehen. Sofort servieren. Nach Wunsch zusätzlich Parmesan reichen.

Oben: Fettuccine Bolognese.
Gegenüber: Pasta mit Lamm und Gemüse

PASTA MIT LAMM UND GEMÜSE

☆ ***Vorbereitungszeit:*** 15 Minuten
Kochzeit: 20 Minuten
Für 4 Personen

3 EL Öl
1 große Zwiebel, geachtelt
2 Knoblauchzehen, zerdrückt
500 g Lammhackfleisch
1 kleine rote Paprikaschote, entkernt, in kleine Stücke geschnitten
150 g Saubohnen
125 g kleine Champignons, halbiert
ca. 440 g Tomaten aus der Dose
3 EL Tomatenmark
500 g getrocknete Penne
125 g Feta
2 EL frisches Basilikum, in feine Streifen geschnitten

1 Öl erhitzen, Zwiebel und Knoblauch zufügen, bei mittlerer Hitze unter Rühren leicht braun braten. Lammfleisch zugeben, bei starker Hitze 4 Minuten unter Rühren braten, bis das Fleisch braun und die Flüssigkeit verdampft ist. Größere Fleischklumpen während des Bratens mit der Gabel zerkleinern.
2 Paprikaschote, Saubohnen, Pilze, zerdrückte Tomaten aus der Dose (mit Flüssigkeit) und Tomatenmark zufügen; zum Kochen bringen, Hitze reduzieren und bei geschlossenem Topf 10 Minuten gar köcheln lassen. Gelegentlich umrühren.
3 Penne in sprudelndem Salzwasser und etwas Öl kochen, bis sie bißfest sind. Vom Herd nehmen und abtropfen lassen. Pasta auf Servierteller verteilen, Lamm-Gemüsesoße darübergießen und mit zerbröckeltem Käse und Basilikum bestreuen.

HÜHNER-CANNELLONI MIT CHILI-TOMATENSOSSE

☆☆ ***Vorbereitungszeit:*** 20 Minuten
Kochzeit: 45 Minuten
Für 4 Personen

1–2 EL Öl
1 kleine Zwiebel, feingehackt
2 TL eingelegte, zerdrückte Chillies
3 kleine Möhren, in feine Würfel geschnitten
½ Tasse Petersilie, gehackt
ca. 800 g geschälte Tomaten aus der Dose, in Stücke geschnitten
4 EL Weißwein oder Hühnerbrühe
1 Ei, verquirlt
500 g Hühnerfleisch, durch den Wolf gedreht
2 Frühlingszwiebeln, gehackt
⅛ l Sahne
2 EL Parmesan, gerieben
125 g Cannellonirollen

Zum Garnieren
250 ml saure Sahne
2 mittelgroße Avocados, in Scheiben geschnitten

1 Backofen auf 180 °C vorheizen. Eine flache, längliche Aufflaufform von etwa 35 x 20 x 6 cm mit Öl oder zerlassener Butter einpinseln.
2 Öl erhitzen. Zwiebel, Chillies und Möhren zufügen und Zwiebel in 3–4 Minuten weich dünsten. Petersilie, Tomaten und Wein oder Brühe angießen und unter Rühren zum Kochen bringen. Hitze reduzieren und Soße bei geschlossenem Topf 10 Minuten köcheln lassen.
3 Ei, Hühnerhackfleisch, Frühlingszwiebeln, Sahne und Parmesan gut mischen. In einen Spritzbeutel mit großem, einfachem Vorsatz füllen und in die Cannelloni-Rollen spritzen.
4 Die Hälfte der Tomatensoße auf den Boden der vorbereiteten Form geben. Gefüllte Cannelloni-Rollen auflegen (nur 1 Lage). Restliche Tomatensoße darübergießen. 30 Minuten backen, bis die Pasta gar ist. Mit saurer Sahne und Avocadoscheiben garnieren und servieren.

Anmerkung: Die Fleischmischung sehr vorsichtig in die Cannellonirollen füllen, weil diese dünn und zerbrechlich sind. Am besten die Rollen senkrecht auf ein Brett stellen und bis oben hin füllen.

das meist in Form von Kochsalz aufgenommen wird und im Körper vor allem der Regulation des Wasserhaushalts, des Säure-Basen-Gleichgewichts und der Aufnahme von Nähr- und Mineralstoffen in die Zellen dient. Die empfohlene Tagesmenge beträgt 2 bis 3 Gramm. Natriummangel führt zu Blutdruckabfall mit Schwäche und Übelkeit, Durchfall und Muskelkrämpfen. Natriumüberversorgung vor allem durch den häufigen Verzehr stark gesalzener Speisen (Käse, Wurst) führt zu Bluthochdruck.

Natriumbikarbonat
(Soda, Natron) Feines, weißes Pulver, das die alkalische (nicht-saure) Komponente des Backpulvers bildet. Für sich allein verwendet, hat es keine Treibwirkung; wenn es mit Säure oder sauren Salzen (wie Weinsteinsäure, dem anderen Bestandteil des Backpulvers) zusammenkommt und feucht wird, bildet es Kohlensäure.

Natriumglutamat
Natriumsalz mit wenig Eigengeschmack. Es kommt in vielen Nahrungsmitteln vor und wird außerdem als künstlicher Geschmacksverstärker hergestellt, hauptsächlich als

Zutat für die asiatische Küche.

Natron siehe Natriumbikarbonat.

Natto Paste aus gekochten und vergorenen Bohnen, die in der japanischen Küche zum Färben von Soßen benutzt wird.

Naturell Nicht durch Soßen oder Panaden ergänzte Zubereitungsart, bei der der Eigengeschmack eines Gerichts möglichst erhalten bleibt. Beispielsweise werden Gemüse nur gedünstet und in Butter geschwenkt; Schnitzel werden ohne Panade und nur leicht mit Salz und Pfeffer gewürzt gebraten.

Navarin Hammelragout mit weißen Rüben, Möhren, kleinen Zwiebeln und Kartoffeln.

Navelorangen Sehr saftige Orangensorte ohne Kerne.

Nebukadnezar Größenbezeichnung für eine sehr große und seltene Champagnerflasche mit einem Inhalt von 14 l.

Nektar Fruchtgetränk, das mindestens 50 % Fruchtsaft enthalten muß.

Nektarine (Glatthäutiger Pfirsisch) Runde, glänzende Frucht mit rötlicher Schale und

PASTA MIT GEMÜSE

☆ ***Vorbereitungszeit:*** 20 Minuten
Zubereitungszeit: 50–55 Minuten
Für 4 Personen

1–2 EL Olivenöl
1 große Zwiebel, feingehackt
1 Knoblauchzehe, zerdrückt
3 mittelgroße Zucchini, in Scheiben geschnitten
4 Champignons, in Scheiben geschnitten
1 Tasse gefrorene Erbsen
1/2 l Tomatensoße
Salz und Pfeffer
zusätzlich 1–2 EL Olivenöl
1 1/2 Tassen getrocknete Pasta (Penne oder Spirelli)
1/3 Tasse geriebener Parmesan

1 Backofen auf 150 °C vorheizen. Öl erhitzen. Zwiebeln und Knoblauch zufügen und bei schwacher Hitze 4 Minuten weich dünsten. Zucchini und Pilze zufügen, weitere 3 Minuten dünsten. Erbsen und Tomatensoße zugeben und 3 Minuten kochen. Mit Salz und Pfeffer abschmecken.
2 Salzwasser zum Kochen bringen, etwas Öl und die Pasta hineingeben, in 10–12 Minuten sprudelnd gar kochen. Abtropfen lassen, zu dem Gemüse in die Pfanne geben.
3 Mischung in eine hohe Auflaufform füllen, mit Parmesan bestreuen und abgedeckt 20–30 Minuten backen.

Oben: Pasta mit Gemüse; rechts: Fettuccine mit Pesto.
Gegenüber: Lasagne mit Rindfleisch

FETTUCCINE MIT PESTO

☆ ***Vorbereitungszeit:*** 20 Minuten
Kochzeit: 10 Minuten
Für 4 Personen

1/3 Tasse Pinienkerne
2 Tassen frische Basilikumblätter
1/4 l Olivenöl
2 Knoblauchzehen
2/3 Tasse Parmesan
50 g weiche Butter
schwarzer Pfeffer aus der Mühle
500 g Fettuccine, gekocht

1 Pinienkerne in eine trockene Pfanne geben und bei mittlerer Hitze unter Rühren goldgelb rösten. Mit Basilikumblättern, Olivenöl und Knoblauch in der Küchenmaschine glatt verarbeiten, in eine große Schüssel füllen.
2 Parmesan, Butter und schwarzen Pfeffer zugeben und gut mischen.
3 Zum Servieren Pasta gut abtropfen lassen, Pesto zugeben und mischen. Sofort servieren. Auf Wunsch vor dem Servieren mit zusätzlichem Parmesan bestreuen.

Anmerkung: Pesto kann zur späteren Verwendung in größeren Mengen hergestellt werden. Im Kühlschrank in gut schließendem Schraubglas mindestens eine Woche haltbar. Vor dem Verschließen immer eine dünne Lage Olivenöl oben auf die Soße gießen. Pesto kann auch eingefroren werden, behält Aroma und Farbe.

LASAGNE MIT RINDFLEISCH

☆☆ ***Vorbereitungszeit:*** 45 Minuten
Zubereitungszeit: 1 Stunde 40 Minuten
Für 16 Personen

1–2 EL Öl
1,5 kg Rinderhackfleisch
zusätzlich 3 EL Öl
2 Zwiebeln, gehackt
2 mittelgroße Zucchini, gehackt
250 g kleine Champignons, in Scheiben geschnitten
750 g fertige Nudelsoße (Tomaten) aus dem Glas
ca. 800 g Tomatenstücke aus der Dose
280 g Tomatenmark
1 EL feiner Zucker
¼ l Rotwein
Salz und Pfeffer
500 g fertige Lasagneblätter

Käsesoße
125 g Butter
⅔ Tasse Mehl
1,5 l Milch
Salz und Pfeffer
150 g Cheddar oder mittelalter Gouda, gerieben
¼ Tasse Parmesan, gerieben

1 Backofen auf 180 °C vorheizen. Zwei Auflaufformen von 20 x 35 x 7 cm einfetten. Öl erhitzen, Hackfleisch darin portionsweise braun braten. In eine Schüssel geben. Zusätzliches Öl im selben Topf erhitzen, Zwiebel darin weich dünsten. Zucchini und Pilze zugeben, gar dünsten. Fleisch zum Gemüse zurück in den Topf geben, Nudelsoße, Tomatenstücke und Tomatenmark, Zucker, Wein, Salz und Pfeffer zufügen, 30 Minuten bei geschlossenem Topf köcheln lassen. Vom Herd nehmen, beiseite stellen.

2 Für die Käsesoße Butter zerlassen. Mehl zugeben, bei schwacher Hitze rühren, bis die Mischung Blasen wirft. Vom Herd nehmen, nach und nach Milch zugießen und glattrühren. Unter ständigem Rühren bei starker Hitze Soße eindikken. Salz, Pfeffer und Käse hinzufügen. So lange rühren, bis die Soße glatt und der Käse geschmolzen ist.

3 Die Hälfte der Tomatenmischung auf die beiden Formen verteilen. Lasagneblätter darüberlegen. Ein Sechstel der Käsesoße über die Pasta gießen und darüber wieder ein Viertel der Tomatensoße. Abwechselnd weiter Pasta, Käse- und Tomatensoße einschichten; die letzte Lage wird von Lasagneblättern und Käsesoße gebildet. Mit geriebenem Parmesan bestreuen. Lasagne 45 Minuten backen, bis die Pasta gar ist und die Oberfläche leicht gebräunt ist.

duftendem, saftigem Fruchtfleisch, das einen großen Stein umschließt. Man ißt sie roh, im Obstsalat, gedämpft oder gebacken. Ernte im Spätsommer.

Nelke Duftende, sonnengetrocknete Blütenknospe eines aromatischen, immergrünen Baums der Molukken- oder Gewürzinseln vor der indonesischen Küste. Nelken haben ein süßes, pfeffriges Aroma und einen warmen, fruchtigen, leicht bitteren Geschmack. Im Mittelalter sowohl als Medizin als auch als Gewürz verwendet. Ganz oder zu Pulver vermahlen erhältlich. Zu gekochtem Obst, Gewürzkuchen und Brot, Schweine- und Rindfleischgerichten,

Soßen, Chutneys, Pickles und Marinaden geben, aber auch in Glühwein.

Nelkenpfeffer Siehe Piment.

Nesselrode-Pudding Ein gekühltes Dessert

aus Kastanien-

püree, Eigelb, Sahne und (nach Wunsch) kandierten Früchten.

Neuenahrer Rauchfleisch Oberschale und Kugelstücke junger Rinder, die mit einer Salzmischung eingerieben, in Naturlake 14 Tage durchgesalzen, anschließend luftgetrocknet und warmgeräuchert werden.

Neufchâtel Französischer Weichkäse aus teil- oder ganzentrahmter Kuhmilch. Ähnelt einem Frischkäse, aber Neufchâtel ist weicher, enthält mehr Feuchtigkeit und hat einen geringeren Fettgehalt. Man ißt ihn frisch zu Obst oder verarbeitet ihn zu Käsekuchen, Mousse, Glasuren und Tortenbelag.

Newburg Schalentiere, normalerweise gedünsteter Hummer, der mit einer üppigen Soße aus Sahne, Eigelb und Sherry serviert wird.

Niçoise, à la Französische Bezeichnung für Gerichte, in deren Soße Tomaten, Knoblauch, schwarze Oliven, Anchovis und Olivenöl ent-

SPAGHETTI MARINARA

☆ ***Vorbereitungszeit:*** 20 Minuten
Kochzeit: 25–30 Minuten
Für 4 Personen

1–2 EL Olivenöl
1 kleine Zwiebel, feingehackt
1 Knoblauchzehe, gehackt
1 große Möhre, in Würfel geschnitten
1 Selleriestange, in Würfel geschnitten
¼ Tasse Petersilie, gehackt
800 g geschälte Tomaten aus der Dose, püriert
⅛ l Weißwein
375 g Meeresfrüchtemix (siehe Anmerkung)
4 EL Sahne
500 g Spaghetti, gekocht

1 Öl in einem Topf erhitzen. Zwiebel, Knoblauch, Möhre und Sellerie zugeben. Gemüse gar kochen. Pürierte Tomaten, Petersilie und Weißwein zufügen. 15 Minuten im offenen Topf köcheln lassen, gelegentlich umrühren.
2 Meeresfrüchtemix mit der Sahne zur Soße geben, alles gut mischen und noch 2 Minuten kochen lassen.
3 Zum Servieren Soße unter die gut abgetropften Spaghetti heben. Sofort servieren.

Anmerkung: Meeresfrüchtemix, eine Mischung aus verschiedenen Meeresfrüchten (wie z.B. Tintenfisch, Calamares, Muscheln und Garnelen oder Shrimps), beim Fischhändler erhältlich.

FETTUCCINE ALFREDO

☆ ***Vorbereitungszeit:*** 10 Minuten
Kochzeit: 5–10 Minuten
Für 4 Personen

500 g frische Fettuccine (einfache oder mit Spinat oder Tomate)
¼ l Sahne
60 g Butter
⅔ Tasse Parmesan, gerieben
schwarzer Pfeffer

1 Salzwasser zum Kochen bringen. Fettuccine hineingeben und Topf bedecken, bis das Wasser wieder kocht – frische Fettuccine sind in wenigen Minuten gar. In Sieb abtropfen lassen.
2 ⅔ der Sahne mit der Butter in einer schweren Kasserolle erhitzen, bei mittlerer Hitze etwa 1 Minute köcheln lassen, bis die Sahne etwas eindickt.
3 Abgetropfte Fettuccine in die Kasserolle geben, bei schwacher Hitze restliche Sahne, Käse und Pfeffer unterheben, Fettuccine müssen überall bedeckt sein. Sofort servieren, auf Wunsch zusätzlich Parmesan reichen.

Oben: Spaghetti Marinara.
Gegenüber: Gemüselasagne

GEMÜSELASAGNE

☆☆ ***Vorbereitungszeit:*** 20 Minuten
Zubereitungszeit: 1 Stunde 15 Minuten
Für 6 Personen

3 große rote Paprika
2 große Auberginen
3 EL Öl
1 große Zwiebel, feingehackt
3 Knoblauchzehen, zerdrückt
1 TL getrocknete, gemischte Kräuter
1 TL getrockneter Oregano
500 g Champignons, in Scheiben geschnitten
ca. 440 g Tomaten aus der Dose, zerdrückt
ca. 440 rote Bohnen aus der Dose, abgetropft
1–2 EL süße Chilisoße
Salz und Pfeffer
250 g Lasagneblätter
1 Bund Spinat, gehackt
1 Tasse Basilikumblätter
100 g sonnengetrocknete Tomaten, in Scheiben geschnitten
¼ Tasse Parmesan, gerieben
¼ Tasse Cheddar oder mittelalter Gouda, gerieben

Käsesoße
60 g Butter
¼ Tasse Mehl
½ l Milch
600 g Ricotta

1 Backofen auf 180 °C vorheizen. Eine feuerfeste Kasserolle von 35 x 28 cm mit Öl oder zerlassener Butter bepinseln. Paprika vierteln. Kerne und Membran entfernen. Mit der Außenseite nach oben unter den Grill legen, mit Öl bepinseln und 10 Minuten grillen, bis die Haut schwarz wird. Unter einem feuchten Küchentuch abkühlen, Haut abziehen, Paprikaviertel in schmale Streifen schneiden, beiseite stellen. Auberginen in 1 cm dicke Scheiben schneiden und in einen großen Topf mit kochendem Wasser geben. 1 Minute kochen, abtropfen lassen, mit Küchenpapier troktupfen. Beiseite stellen.
2 Öl in einer Pfanne erhitzen. Zwiebeln, Knoblauch und Kräuter zugeben. Bei mittlerer Hitze 5 Minuten weich dünsten. Pilze zufügen und 1 Minute kochen lassen. Tomaten, Bohnen, Soße, Salz und Pfeffer zugeben. Zum Kochen bringen, Hitze reduzieren. 15 Minuten im offenen Topf köcheln lassen, bis die Soße eindickt. Vom Herd nehmen.
3 Lasagneblätter in heißes Wasser tauchen, damit sie weich werden. Vier Blätter auf den Boden der Form legen. Die Hälfte von Auberginen, Spinat, Basilikum, Paprika, Pilzmischung und sonnengetrockneten Tomaten über die Pasta geben. Mit einer Lage Pasta abdecken, vorsichtig andrücken. Wiederholen. Mit Käsesoße begießen, mit der Parmesan-Goudamischung bestreuen. Etwa 45 Minuten backen, bis die Pasta weich ist.
4 Für die Käsesoße Butter erhitzen und Mehl zugeben. Bei mittlerer Hitze etwa 2 Minuten rühren, bis die Masse goldbraun ist. Nach und nach Milch angießen; weiterrühren, bis die Mischung eindickt. 1 Minute kochen lassen. Ricotta zufügen und glattrühren.

TORTELLINI MIT PILZ-SAHNE-SOSSE

☆ ***Vorbereitungszeit:*** 10 Minuten
Kochzeit: 8 Minuten
Für 4 Personen

60 g Butter
200 g kleine Champignons, in Scheiben geschnitten
1 Knoblauchzehe, zerdrückt
300 ml Sahne
1 TL abgeriebene Zitronenschale
1 Prise Pfeffer
1 Prise Muskat
3 EL Parmesan, gerieben
500 g gefüllte Tortellini, gekocht und warmgehalten

1 Butter zerlassen. Pilze zufügen, bei mittlerer Hitze etwa 30 Sekunden braten. Knoblauch, Sahne, Zitronenschale, Pfeffer und Muskat zugeben und abschrecken.
2 Bei schwacher Hitze 1–2 Minuten rühren. Parmesan zufügen, noch 3 Minuten kochen.
3 Zum Servieren abgetropfte Pasta mit der Soße mischen. Sofort servieren.

halten sind. Dieser Kochstil stammt aus der Region um Nizza in Südfrankreich.

Niere Zu den Innereien gehörend. Nieren von Lamm, Kalb, Rind und Schwein unterscheiden sich in der Farbe von hellem bis zu tiefem Rotbraun. Lammnieren (Hammelnieren) können halbiert und gegrillt, Kalbsnieren gewürfelt und geschmort, Schweinenieren langsam geschmort werden.

Nierenfett Weißes Fett, das um Rinder- und Lammnieren liegt. Es ist fest, trocken und fühlt sich nicht fettig an. Es wird für die Zubereitung von Pasteten und reichhaltigen gegarten Puddings verwendet. Nierenfett ist beim Metzger erhältlich.

Ninis Kleine, mit feingehackten kandierten Kirschen und Konditorcreme gefüllte Windbeutel, die mit Kirschwasserglasur überzogen und einer halben kandierten Kirsche verziert werden.

Nitrat Salz verschiedener Ammoniumverbindungen, das im Boden gebildet wird. Es dient den Pflanzen als Stickstoffquelle und wird von ihnen aufgenommen. Auf diese Weise gelangt es in die Nahrungskette. Es kann in giftiges

Nitrit (NO_2) umgewandelt werden, das bei Säuglingen zu der sogenannten Blausucht führen kann und nach einer Reaktion mit körpereigenen Eiweißbestandteilen zu Nitrosaminen krebserregend wirkt. Deswegen ist eine übermäßige Aufnahme von Nitraten zu vermeiden.

Mit gesetzlich geregelten Grenzwerten wird versucht, die Nitratmenge in der täglich aufgenommenen Nahrung zu verringern. Nitrat ist u.a. in Gemüsen (vor allem in Gemüsen, die im Winter in Gewächshäusern gezogen werden, in Spinat, Salat, Rettich), gepökeltem Fleisch und Trinkwasser enthalten. Besonders die Säuglingsernährung sollte nitratarm sein. Zudem sollte die wiederholte Erhitzung nitrathaltiger Speisen vermieden werden.

Nitritpökelsalz Mischung aus Kochsalz und 0,4 bis 0,5 % Natriumnitrit, das zum Pökeln verwendet wird und dem gepökelten Fleisch die typische Rosafärbung verleiht. Bedenklich ist beim Verzehr der Anteil des im gepökelten Fleisch vorhandenen Restnitrits (siehe Nitrat).

Nizzaer Art siehe Niçoise, à la.

NUDELN

RINDERSUPPE MIT REISNUDELN

☆☆ ***Vorbereitungszeit:*** 30 Minuten + 1 Stunde Marinierzeit
Kochzeit: 1 Stunde
Für 4 Personen

375 g Lendensteak
2 TL Sojasoße
4 EL Kokosmilch
1 EL Erdnußbutter mit Stückchen
1 EL weicher, brauner Zucker oder Palmzucker
2 TL Sambal Oelek oder 1 kleiner roter Chili, feingehackt
1 TL Öl
125 g Reisnudeln (Vermicelli)
1 kleine dünnhäutige Gurke
1 ½ l Rinderbrühe
2 EL weicher, brauner Zucker extra
3 EL Nuoc-Mam-Soße (Fischsoße)
1 Tasse frische Bohnensprossen
2 Salatblätter, in kleine Stücke geschnitten
6 EL frische Minzeblätter, feingehackt
½ Tasse geröstete Erdnüsse, feingehackt

1 Fleisch quer zur Faser in dünne, gleichmäßige Scheiben schneiden. In Mischung aus Sojasoße, Kokosmilch, Erdnußbutter, Zucker, Sambal Oelek 1 Stunde zugedeckt im Kühlschrank marinieren.
2 Fleisch in kleinen Portionen bei starker Hitze 3 Minuten bräunen. Vom Herd nehmen. Reisvermicelli in heißem Wasser 10 Minuten einweichen; erkalten, abtropfen lassen.
3 Gurke längs in Viertel, dann in dünne Scheiben schneiden. Brühe bis zum Siedepunkt erhitzen Wenn sie kocht, extra Zucker und Fischsoße hineingeben.
4 Die Bohnensprossen putzen. 1 EL Gurkenscheiben in jede Suppenschüssel geben. Sprossen, Salat und Minze gleichmäßig auf die Suppenschüsseln verteilen, dann Reisnudeln und 1 Schöpfkelle Suppe hinzufügen, Fleischscheiben daraufgeben, mit Erdnüssen bestreuen. Sofort servieren.

NUDELN MIT SHRIMPS UND SCHWEINEFLEISCH

☆☆ ***Vorbereitungszeit:*** 20 Minuten
Kochzeit: 10 Minuten
Für 4 Personen

10 große Shrimps, gekocht
200 g gebratenes Schweinefleisch oder chinesisch mariniertes, gebratenes Schweinefleisch
500 g frische, dicke Nudeln
4 EL Erdnußöl
2 TL Knoblauch, feingehackt
1 EL schwarze Sojabohnensoße
1 EL Sojasoße
1 EL Chili- und Ingwersoße (Fertigprodukt, nach Wunsch)
1 EL weißer Essig
4 EL Hühnerbrühe
125 g frische, geputzte Bohnensprossen
3 Frühlingszwiebeln, in feine Ringe geschnitten
¼ Tasse gehacktes frisches Koriandergrün zum Servieren

1 Shrimps schälen, Darm entfernen. Schweinefleisch in dünne Scheiben schneiden. Nudeln in sprudelndem Wasser bißfest kochen; abtropfen lassen, beiseite stellen.
2 Öl in einem Wok oder einer Pfanne mit schwerem Boden erhitzen; dabei hin- und herschwenken. Knoblauch hineingeben und unter Rühren goldgelb braten. Shrimps und Schweinefleisch zugeben und 1 Minute rühren. Nudeln mit schwarzer Bohnensoße, Sojasoße, Chili- und Ingwersoße, Essig und Hühnerbrühe zufügen, bei starker Hitze unter Rühren braten, bis alles durch und durch heiß ist und die Soßen aufgesaugt wurden.
3 Bohnensprossen und Frühlingszwiebeln kurz mitbraten. Mit Koriander garnieren, servieren.

Anmerkung: Chinesisch mariniertes, gebratenes Schweinefleisch gibt es in Spezialgeschäften.

Oben: Rindersuppe mit Reisnudeln.
Gegenüber: Knusprig fritierte Thai-Nudeln

KNUSPRIG FRITIERTE THAI-NUDELN

☆ ☆☆

Vorbereitungszeit: 30 Minuten
Kochzeit: 20 Minuten
Für 6 Personen als Vorspeise

Öl zum Fritieren
125 g Reisvermicelli
1 TL gehackter Knoblauch
250 g Schweinehackfleisch
8 mittelgroße rohe Shrimps, geschält, ohne Darm
2 EL sehr feiner Zucker
2–3 EL weißer Essig
1 EL Fischsoße (Nuoc Mam)
1 roter Chili, entkernt, feingehackt
2 Eier, leicht verquirlt
125 g frische Bohnensprossen, geputzt
2 EL frische Korianderblätter

1 Öl in einem Wok erhitzen. Mit einer Zange kleinere Portionen der Vermicelli ins Öl geben – die Nudeln gehen sofort auf. Jede Portion goldgelb fritieren, dabei wenden. Auf Küchenpapier trocknen lassen; Öl auf Raumtemperatur abkühlen lassen.
2 Öl bis auf 2 EL aus dem Wok entfernen, dann erhitzen und Knoblauch unter Rühren goldgelb braten. Minze zufügen. Bei starker Hitze 3 Minuten Fleisch braun braten. Shrimps zugeben, weitere 30 Sekunden unter Rühren braten. Zucker, Essig, Fischsoße und Chili hinzufügen. Unter Rühren aufkochen, die Eier zugeben. Unter Rühren weiterkochen, bis die Eier gestockt sind.
3 Bohnensprossen und Nudeln mischen, in den Wok geben. Mit Korianderblättern bestreuen und sofort servieren.

Anmerkung: Nicht zu große Nudelportionen auf einmal fritieren – sie werden dann nicht knusprig. Wenn sie zwar aufgegangen, aber noch weiß sind, weichen sie in der Soße auf.

NUDELSALAT

☆

Vorbereitungszeit: 10 Minuten + 10 Minuten Ruhezeit + Kühlzeit
Zubereitungszeit: 20 Minuten
Für 4 Personen

250 g frische dicke Eiernudeln
2 rote Paprika, entkernt und geviertelt
2 grüne Paprika, entkernt und geviertelt
3 Frühlingszwiebeln
1 große Möhre, in feine, 6 cm lange Streifen geschnitten
6 EL Olivenöl
3 EL Zitronensaft
1 EL frische Minze, feingehackt

1 Nudeln bißfest kochen, abtropfen und erkalten lassen.
2 Paprika mit der Außenseite nach oben auf ein mit Folie ausgelegtes Backblech legen, etwa 20 Minuten bei mittlerer Hitze grillen, bis die Haut Blasen wirft und schwarz wird. Vom Grill nehmen, mit einem feuchten Küchentuch bedecken, 10 Minuten ruhenlassen.
3 Die Haut der Paprika sorgfältig abziehen, in 1 cm breite Streifen schneiden. Mit Nudeln, Frühlingszwiebeln und Möhre mischen.
4 Öl, Zitronensaft, Minze in Schraubglas gut durchschütteln, über den Salat gießen. Bedeckt mehrere Stunden kühl stellen. Vor dem Servieren noch einmal mischen.

Noisette Französische Bezeichnung für Gerichte oder Lebensmittel, die mit Haselnüssen aromatisiert oder hergestellt sind. Es bezeichnet auch eine dicke, runde Scheibe Fleisch aus dem Rücken von Hammel, Lamm, Kalb, Reh u.ä.

Nonnenfürzchen Kleine, in Fett ausgebackene Brandteigkugeln, die mit Creme oder Konfitüre gefüllt und mit Zucker bestreut werden.

Nonpareilles (Liebesperlen) Winzige Kugeln aus gefärbtem Zuckerguß zum Verzieren von Gebäck.

Nori Getrockneter, sehr mineralstoff- und vitaminreicher Purpurtang, der an der Sonne getrocknet und zu dünnen Blättern gepreßt wird. In der japanischen und koreanischen Küche wird er als Speisewürze benutzt und dient knusprig geröstet als Hülle für Reiskekse oder gesäuerte Reisportionen.

Nougat Süßigkeit aus gehackten, gerösteten Mandeln oder Haselnüssen, leicht karamelisiertem Zucker und Kuvertüre.

Nouvelle Cuisine Art zu kochen, die besonderen Wert auf frische, natürliche Zutaten und Aromen, einfache Kochmethoden und einfallsreiche Präsentation legt. Die Soßen sind leicht, haben eher reduzierte Fonds und Pürees als Mehl und Fett als Grundlage.

Nudeln Teigwaren aus Mehl und Wasser (auch mit Eigelb oder Vollei), in verschiedenen Formen, frisch oder getrocknet. Nudeln stammen ursprünglich aus Asien und

nehmen in der Küche des Mittelmeeres, besonders in der italienischen, und in den Ländern Nordeuropas eine zentrale Stellung ein. Asiatische Nudeln werden häufig auch aus Reismehl, Buchweizenmehl, Meeresalgen oder gemahlenen Mungbohnen hergestellt. Italienische Nudeln siehe Pasta.

Nuoc Mam Wird auch *Nam Pla* genannt; wörtlich übersetzt »Fischwasser«. Klare, bernsteinfarbene Würzsoße aus fermentiertem Fisch, die einen intensiven Geruch und Geschmack hat. Sie wird in der vietnamesischen und thailändischen Küche verwendet, um den

NUDELEINTOPF MIT MEERESFRÜCHTEN

☆ ***Vorbereitungszeit:*** 15 Minuten
Kochzeit: 14 Minuten
Für 4–6 Personen

3 EL Pflanzenöl
4 cm großes Stück frischer Ingwer, geschält, geraspelt
4 Frühlingszwiebeln, geputzt und in Ringe geschnitten
½ kleiner Weißkohl, in feine Streifen geschnitten
2 l Wasser oder Fischbrühe
5–6 EL Sojasoße
3 EL trockener Sherry
1–2 EL Sesamöl
200 g flache Reisnudeln
250 g Austern aus dem Glas, abgetropft
250 g Muscheln
250 g rohe Shrimps, geschält, ohne Darm, mit Schwanz
feingeschnittenes Grün der Frühlingszwiebel zum Garnieren

1 Öl erhitzen, Ingwer, Frühlingszwiebel und Kohl zufügen und schmoren, bis der Kohl gerade weich ist.
2 Wasser, Sojasoße, Sherry und Sesamöl zugießen, Nudeln hineingeben, 8 Minuten kochen. Hitze reduzieren, bis die Mischung nur noch köchelt; Austern, Muscheln und Shrimps zugeben, 3–4 Minuten gar kochen.
3 In Servierschüssel mit den Frühlingszwiebelstreifen garnieren und servieren.

Oben: Nudeleintopf mit Meeresfrüchten; rechts: Knusprig fritierte Nudeln mit Paprikagemüse.
Gegenüber: Lammsaté mit Nudeln

KNUSPRIG FRITIERTE NUDELN MIT PAPRIKAGEMÜSE

☆ ***Vorbereitungszeit:*** 25 Minuten
Kochzeit: 10 Minuten
Für 4–6 Personen

100 g Reisvermicelli
Öl zum Fritieren
1 TL Öl
2 TL geriebener frischer Ingwer
1 El Koriandergrün, feingehackt
1 Knoblauchzehe, in feine Würfel geschnitten
1 Zwiebel, dünn in Viertelringe geschnitten
1 grüner Paprika, in Streifen geschnitten
1 roter Paprika, in Streifen geschnitten
1 große Möhre, in dünne Streifen geschnitten
1 Dose Mais (ca. 400 g), abgetropft
1 Dose Strohpilze oder Champignons (ca. 400 g), abgetropft
⅛ l Sojasoße
4 EL Malzessig
2 TL brauner Zucker
1 TL eingelegte Chilischote, feingehackt
½ Tasse Korianderblätter zum Garnieren

1 Reisvermicelli in heißem Öl fritieren. Auf Küchenpapier abtropfen lassen, auf Servierteller warm halten.
2 1 TL Öl in einem großen Topf erhitzen. Ingwer, Koriander, Knoblauch zufügen und 2 Minuten braten. Anschließend Zwiebel, Paprika und Möhre zugeben und 3 Minuten unter Rühren braten. Sojasoße, Essig, braunen Zucker und Chilischote mischen, mit Mais und Pilzen in den Topf geben und bei starker Hitze unter Rühren noch 3 Minuten braten.
3 Gemüse über die Nudeln geben, mit Soße übergießen. Mit Koriandergrün garnieren und servieren.

LAMMSATÉ MIT NUDELN

☆ ***Vorbereitungszeit:*** 15 Minuten
Kochzeit: 10 Minuten
Für 4 Personen

750 g Lammfilet
4 EL Erdnußöl
3 große Zwiebeln, dünn in Viertelringe geschnitten
⅓ Tasse Erdnußbutter mit Stückchen
3 EL Hoisin-Soße
⅛ l Kokosmilch
¼ TL Garam Masala
100 g getrocknete Eiernudeln
3 TL Sesamöl
2 Frühlingszwiebeln, feingehackt

1 Lammfleisch von Fett und Sehnen befreien. Quer zur Faser in gleichmäßig dünne Scheiben schneiden. 1 EL Öl im Wok oder einer schweren Pfanne erhitzen; Zwiebel darin bei starker Hitze 5 Minuten unter Rühren braten. Aus dem Wok nehmen und warm halten.
2 Restliches Öl im Wok erhitzen; Rand und Boden sollen bedeckt sein. Fleisch rasch in kleinen Portionen bei starker Hitze braun braten, aber nicht ganz durch. Herausnehmen, auf Küchenpapier abtropfen lassen.
3 Erdnußbutter, Hoisinsoße, Kokosmilch und Garam Masala mischen. In den Wok gießen und bei mittlerer Hitze unter ständigem Rühren zum Kochen bringen. Fleisch und Zwiebeln wieder in den Wok geben und rühren, bis alle Zutaten warm sind.
4 Nudeln bißfest kochen; abtropfen lassen. Mit Sesamöl und Frühlingszwiebeln mischen. Lamm auf den Nudeln anrichten, servieren.

NUDELSALAT MIT MARINIERTEM RINDFLEISCH

☆ ***Vorbereitungszeit:*** 20 Minuten + 1 Stunde marinieren
Kochzeit: 5 Minuten
Für 4–6 Personen

400 g Roastbeef, nicht durchgebraten und in dünne Streifen geschnitten

Marinade
4 EL Fischsoße (Nuoc Mam)
3 EL Sojasoße
3 TL brauner Zucker
2 TL Sambal Oelek

Salat
300 g frische Weizennudeln
1 Tasse Minzeblätter, grobgehackt
1 Tasse Korianderblätter, grobgehackt
1 Kopfsalat, in mundgerechte Stücke zerpflückt
1 Gurke, geschält, entkernt, in Scheiben geschnitten
1 rote Zwiebel, in Ringe geschnitten

1 Zutaten für die Marinade mischen; über das Rindfleisch gießen, abgedeckt 2 Stunden ziehen lassen.
2 Nudeln bißfest kochen, abtropfen lassen. Noch heiß mit Minze und Koriander mischen.
3 Salat, Gurken und Zwiebel auf Servierteller verteilen, Nudeln zufügen. Fleischscheiben darauf anrichten, mit Marinade übergießen.

EIERNUDELN MIT HUHN UND SCHINKEN

☆ ***Vorbereitungszeit:*** 20 Minuten + 5 Minuten Einweichzeit
Kochzeit: 5 Minuten
Für 4–6 Personen

300 g chinesische Eiernudeln, 5 Minuten in Wasser eingeweicht
Öl zum Fritieren
1 EL Ingwer, gehackt
2 Frühlingszwiebeln, gehackt
300 g Mais aus der Dose
Fleisch von ½ gekochten Huhn, in dünne Streifen geschnitten
100 g Knochenschinken, in dünnen Streifen
200 ml Hühnerbrühe
3 EL trockener Sherry
1–2 EL Sojasoße

1 Abgetropfte Nudeln in heißem Öl knusprig fritieren. Auf Servierplatte warm halten. Öl bis auf 2 TL aus dem Topf nehmen.
2 Ingwer und Frühlingszwiebeln in den Topf geben, 2 Minuten braten. Mais, Huhn, Schinken zufügen. Brühe, Sherry und Sojasoße angießen, 3–4 Minuten kochen.
3 Hühner-Schinkenmischung auf die Nudeln geben, mit der Soße begießen. Servieren.

Geschmack der Speisen besser zur Geltung zu bringen. Vietnamesische Nuoc Mam ist dunkler und schmeckt stärker nach Fisch als andere Arten.

Nürnberger Rostbratwürste Besonders zum Grillen geeignete, kleine, nur kurz gebrühte Würste aus Schweine- und Kalbfleisch.

Nuß Schalenobst, vor allem mit eßbarem Kern. Nüsse passen zu Desserts, Kuchen und Süßigkeiten genausogut wie zu Currys und kurzgebratenen Gerichten. Geröstet sind sie eine beliebte Knabberei.

Nußbutter *(Beurre noisette)* Soße, bei der geschmolzene Butter durch ein Tuch passiert wird; dann erhitzt man sie erneut, bis ihre Farbe goldbraun und nußähnlich ist. Anschließend sofort über Fisch, Bries, Eier oder gekochtes Gemüse gießen.

Nüßlisalat siehe Feldsalat.

Nußöl Wertvolles, kaltgepreßtes Öl aus Hasel- oder Walnüssen mit Nußaroma.

Nußschinken Gepökeltes und geräuchertes Stück aus der entbeinten Schweineschulter.

N

NUDELN, ASIATISCHE ART

Die meisten asiatischen Nudeln haben die Form langer, dünner Schnüre oder flacher Streifen, und ihre Länge ist ein Symbol für langes Leben. Für Nudeln werden verschiedene Mehlsorten verwendet. Einige Nudeln werden mit Ei, andere ohne hergestellt, und einige müssen vor der Verwendung eingeweicht werden.

Nudeln gibt es frisch und getrocknet: Frische Nudeln halten sich im Kühlschrank 3–4 Tage; für getrocknete Nudeln gibt es kaum ein Verfallsdatum. In der asiatischen Küche werden Nudeln in Suppen und kurzgebratenen Gerichten serviert und auch fritiert.

Weizennudeln werden ohne Eier hergestellt. Man erhält sie frisch oder getrocknet in zusammengepreßten Bündeln und in verschiedenen Formen: dick oder dünn, flach (für Suppen) oder rund (zum Braten). Nach dem Kochen läßt man sie abtropfen, spült sie kurz unter kaltem Wasser und läßt sie nochmals abtropfen.

Weizennudeln aus Japan Dazu gehören Somen, sehr feine, dünne, weiße Nudeln, die man nach dem Kochen abtropfen läßt und kalt mit einem Dip ißt oder in einer klaren, feinen Suppe mitköchelt. Udon sind eine dickere, dunklere Sorte, die für deftigere Suppen verwendet wird. Getrocknet in Bündeln, seltener frisch im Vakuumpack erhältlich.

Reisnudeln aus gemahlenem Reis und Wasser gibt es verschieden breit und dick; die dünnen Reisvermicelli (mi fun) und die flachen, getrockneten (ho fun) oder Reisstäbchen sind am beliebtesten. Sie werden 10 Minuten in heißem Wasser eingeweicht, bevor man sie in Suppen gibt oder brät. Als knusprige Dekoration kann man kleine Vermicellibündel direkt aus der Packung heraus in heißem Öl fritieren. Dickere Nudeln weicht man etwa 30–40 Minuten ein und kocht sie anschließend 6–10 Minuten bißfest.

Frische Reisnudeln sind dick und perlweiß; man bekommt sie in asiatischen Lebensmittelläden. Manche haben einen leicht öligen Überzug, der verschwindet, wenn man kochendes Wasser über die Nudeln gießt. Reisnudeln gibt es auch in Form von großen, gerollten Teigblättern, die quer in Bänder geschnitten werden. Nudeln 2 Minuten in heißem Wasser einweichen, gut abtropfen lassen und mitbraten.

Gemahlener Buchweizen und etwas Weizenmehl bilden die Grundlage der japanischen Soba-Nudeln. Die normalerweise beigen Nudeln werden gelegentlich mit grünem Tee oder Roter Bete zart eingefärbt. Man erhält sie getrocknet in asiatischen Lebensmittelgeschäften und in Naturkostläden; frische Soba-Nudeln sind allerdings nur schwer zu finden. Bißfest kochen, abtropfen lassen. In heißer Brühe oder kalt mit einem Dip servieren.

Glasnudeln werden mit Soja- oder Mungbohnenstärke hergestellt und verdanken ihren Namen ihrem transparenten Aussehen. Glasnudeln 10 Minuten in heißem Wasser einweichen, gut abtropfen lassen und dann zu kurzgebratenen Gerichten geben. Man kann sie auch in kleinen Bündeln fritieren (dann nicht einweichen).

Reisvermicelli

Frische Reisnudeln

Harusame (japanische Nudeln aus Bohnenmehl)

Glasnudeln

Harusame (japanische Nudeln aus Bohnenmehl)

Chinesische Nudeln ohne Ei

Chinesische Nudeln

Frische chinesische Eiernudeln
Frische chinesische Nudeln
Frische Buchweizennudeln
Getrocknete grüne Erbsen-Buchweizennudeln
Getrocknete Buchweizennudeln
Udon-Nudeln
Frische Nudeln ohne Ei
Somen-Nudeln

O

Oberschale Großes Stück Rindfleisch ohne Knochen, das aus dem oberen Hinterbein geschnitten wird. Es kann im Topf oder im Ofen gebraten werden.

Obst Früchte mit fleischigem, süßem und saftigem

Fruchtfleisch, das die Samen von Blütenpflanzen umschließt. Mit geringem Fett- und hohem Ballaststoffanteil wesentlicher Teil gesunder Ernährung. Kann

frisch und gekocht verzehrt werden.

Obstsalat Mischung aus geschnittenen frischen Früchten, mit Sahne, Eis oder Pudding als Dessert serviert.

OCHSENSCHWANZ

OCHSENSCHWANZSUPPE

☆ ***Vorbereitungszeit:*** 10 Minuten
Kochzeit: 3 Stunden
Ergibt 4 Liter

1 Ochsenschwanz (etwa 750 g)
30 g Butter
1 große Pastinake, geschält, feingehackt
1 weiße Rübe, geschält, feingehackt
2 große Möhren, geschält, feingehackt
2 Selleriestangen, feingehackt
1 große Zwiebel, feingehackt
2 EL Gerste
4 ganze Nelken
¼ Tasse Petersilie, gehackt
2 l Rinderbrühe
weißer Pfeffer
Salz

1 Ochsenschwanz putzen, in 2,5 cm lange Stücke schneiden.

2 Butter in einem großen, schweren Topf zerlassen. Ochsenschwanz portionsweise braun werden lassen; herausnehmen, abtropfen lassen. Pastinake, weiße Rübe, Möhren, Sellerie und Zwiebel zufügen; rühren, bis die Zwiebel glasig wird. Fleisch wieder in den Topf geben. Gerste, Nelken, Petersilie, Brühe, Pfeffer und Salz zufügen.

3 2 ½ Stunden köcheln lassen. Suppe mit Brot oder Toast servieren.

WISSENSWERTES ÜBER OCHSENSCHWANZ

■ Ochsenschwanz muß lange und mit viel Flüssigkeit gekocht werden, damit das Fleisch zart wird. Es ist von einer dicken Schicht Fett umgeben, die zu dem besonderen Aroma beiträgt. Während des Kochens Schaum an der Oberfläche regelmäßig mit einem Schaumlöffel abschöpfen. Man kann den Ochsenschwanz auch einen Tag im voraus kochen (besonders feines Aroma).

■ Ochsenschwanz eignet sich nicht nur für Suppe, sondern auch für Eintopf. Von Knochen befreien, füllen und schmoren lassen.

1

2

3

OKRAS

OKRAS MIT ZWIEBELN UND TOMATEN

★★ ***Vorbereitungszeit:*** 10 Minuten + 4 Stunden Einweichzeit
Kochzeit: 1 Stunde 4 Minuten
Für 4 Personen

1 Tasse Kichererbsen
³/₄ l Wasser
1–2 EL Olivenöl
8 kleine eingelegte Zwiebeln
2 Knoblauchzehen, zerdrückt
4 mittelgroße Tomaten, geschält, in Stücke geschnitten
³/₈ l Tomatensaft
1–2 EL Zitronensaft
3 EL Rotwein (nach Wunsch)
500 g Okra-Schoten
1 EL frischer Oregano, gehackt
1 TL gemahlener Pfeffer

1 Kichererbsen 4 Stunden einweichen, abtropfen lassen. Öl erhitzen; Zwiebeln und Knoblauchzehen bei mittlerer Hitze 4 Minuten goldbraun braten. Tomaten, Kichererbsen, Tomatensaft, Zitronensaft und Wein zufügen. Zugedeckt 40 Minuten köcheln lassen.
2 Mit Okra-Schoten weitere 20 Minuten köcheln lassen. Mit Oregano und Pfeffer würzen. Mit Reis als Hauptgericht oder als Beilage zu einem Fleischgericht servieren.

Oben: Huhn mit Okras; unten: Okras mit Zwiebeln und Tomaten. Gegenüber: Ochsenschwanzsuppe

HUHN MIT OKRAS

★ ***Vorbereitungszeit:*** 10 Minuten
Kochzeit: 55 Minuten
Für 4 Personen

750 g Hühnerbrustfilet, in 8 gleich große Stücke geschnitten
3 EL zerlassene Butter
2 Knoblauchzehe, zerdrückt
4 El Olivenöl
2 große Zwiebeln, in feine Ringe geschnitten
440 g Tomaten aus der Dose, in kleine Stücke geschnitten
¹/₄ TL gemahlener schwarzer Pfeffer
1 kg kleine Okra-Schoten

1 Hühnerfleisch von Fett und Sehnen befreien. Auf ein kaltes, leicht geöltes Grillblech legen. Bei mittlerer Hitze etwa 12 Minuten braten; einmal umdrehen. Mit einer Mischung aus Butter und der Hälfte des Knoblauchs mehrmals während des Bratens bestreichen. Aus dem Grill nehmen und warm halten.
2 Öl in schwerem Topf erhitzen. Zwiebeln und restlichen Knoblauch zugeben. Bei starker Hitze 3 Minuten unter Rühren braten. Bei schwacher Hitze weitere 10 Minuten braten. Gelegentlich umrühren. Tomaten und Pfeffer zufügen, zugedeckt 5 Minuten köcheln lassen.
3 Ofen auf 210 °C vorheizen. Okras putzen und in den Topf geben. Vorsichtig mischen, zugedeckt 10 Minuten köcheln lassen, dann in flache Auflaufform geben.
4 Hühnerfleisch auf den Okra-Schoten anrichten. Etwa 15 Minuten backen. Warm mit Brot, Oliven und Käse servieren.

Ochsenschwanz Schmackhaftes Fleischstück aus dem enthäuteten Schwanz von Ochse oder Kuh. Muß für Suppen und Eintöpfe sehr lange bei schwacher Hitze gekocht werden. Ochsenschwanzsuppe gilt als traditionelles britisches Gericht.

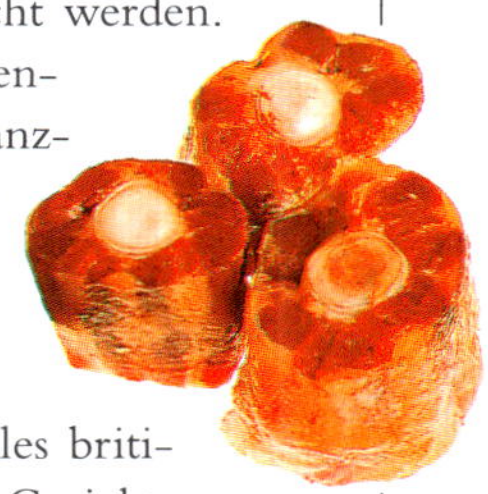

Œufs à la Neige (Eier im Schnee) Dessert aus eigroßen Baiserstücken, die in gesüßter Vanillemilch pochiert und mit Vanillesoße serviert werden.

Okra (Ladyfinger, Gumbo, Gambo, Gombo oder Bamia) Eine fingerlange, fünfseitige, grüne, feste Schote mit Stielansatz, die viele kleine weiße Samen enthält. Okras bilden beim Kochen Schleim und werden in Eintöpfen oft zum Andicken verwendet. In der griechischen Küche und der Küche des Fernen Ostens wird die Schote gewöhnlich ganz gelassen; in der Cajunküche schneidet man sie in radförmige Scheiben und serviert sie oft mit Tomaten. Okras stammen aus den afrikanischen Tropen; sie kamen durch den Sklavenhandel nach Amerika.

Olive Kleine, ovale, ölhaltige Frucht eines immergrünen Baumes aus dem Mittelmeerraum. Oliven werden unreif (grüne Oliven) und reif (schwarze Oliven) gepflückt. Die

Früchte werden entbittert und in Salzwasser eingelegt. Das Öl der reifen Frucht wird nicht nur zu kulinarischen, sondern auch zu medizinischen und kosmetischen Zwecken verwendet. Grüne Oliven schmecken herb, da sie unreif geerntet werden. Der Ölbaum ist der am längsten kultivierte Baum. Am östlichen Mittelmeer reicht diese Tradition 6000 Jahre zurück. Ägyptische Bilder zeigen die Olivenernte; Kreta wurde vor 3800 Jahren das Exportzentrum für den Transport von Olivenöl nach Ägypten und Kleinasien. Die Olive war in der Antike praktisch unentbehrlich. Das Fruchtfleisch wurde genauso

geschätzt wie das vielseitig verwendbare Öl, das man aus der Frucht gewinnen konnte, und das feinkörnige Hartholz des

OLIVEN

HUHN MIT OLIVEN

★★ ***Vorbereitungszeit:*** 30 Minuten + 1 Stunde Ruhezeit
Kochzeit: 1 Stunde
Für 6 Personen

12 Hühnerteile
1 TL gemahlener Zimt
1 TL gemahlener Ingwer
½ TL gemahlenes Kurkuma
1 TL Paprika edelsüß
½ TL gemahlener Pfeffer
4 EL Olivenöl
2 Zwiebeln, gehackt
1 roter Paprika, gehackt
¼ Tasse Koriandergrün, gehackt
1 ½ Tassen Hühnerbrühe
4 Streifen eingemachte Zitronenrinde, gerieben
3 EL Zitronensaft
1 Tasse grüne Oliven

1 Hühnerteile mit Gewürzen zugedeckt eine Stunde ziehen lassen. 3 EL Öl in einem großen Topf erhitzen. Hühnerteile darin braun anbraten und in einen größeren Topf geben.

2 Restliches Öl in den ersten Topf geben. Zwiebeln und Paprika zufügen. Bei schwacher Hitze etwa 5 Minuten unter Rühren dünsten. Zu den Hühnerteilen im größeren Topf geben.

3 Koriander, Zitronenschale, Zitronensaft, Oliven und Brühe zugeben. 40 Minuten gar köcheln lassen. Mit Reis servieren.

EINGELEGTE OLIVEN

■ Olivenöl, zerdrückten Knoblauch, feingehackte Orangenschale, Orangensaft und frisch gemahlenen schwarzen Pfeffer verrühren. Kalamata-Oliven und 1 rote Zwiebel in Ringen zugeben. Zugedeckt 2–3 Stunden ziehen lassen.

■ Grüne Oliven ringsherum einschneiden. Olivenöl, trockenen Wermut und zerdrückte Wacholderbeeren mit frisch gemahlenem schwarzen Pfeffer mischen. Oliven, ganze blanchierte Mandeln und Zitronenscheiben zugeben; zugedeckt 12 Stunden im Kühlschrank ziehen lassen.

■ Olivenöl, Zitronensaft, zerdrückten Knoblauch, gehackten frischen Oregano und zerdrücktes Lorbeerblatt mischen. Schwarze Oliven, in feinste Streifen geschnittene Zitronenschale, gehackten Sellerie, gehackten roten Paprika und gehackte großblättrige Petersilie mischen. Abdekken, 2–3 Stunden ziehen lassen.

■ Olivenöl, zerdrückten Knoblauch, Balsamessig, schwarzen Pfeffer mischen. Ein paar schwarze Oliven, sonnengetrocknete, gehackte Tomaten, gehacktes frisches Basilikum und Pinienkerne zufügen und mischen. Zudecken und 2–3 Stunden ziehen lassen.

Oben: Huhn mit Oliven.
Gegenüber: Zwiebelkuchen mit Oliven

ZWIEBELKUCHEN MIT OLIVEN

☆☆ ***Vorbereitungszeit:*** 1 Stunde + 30 Minuten Kühlzeit
Zubereitungszeit: 1 Stunde 25 Minuten
Für 8 Personen

2 Tassen Mehl
100 g Butter, in kleine Stücke geschnitten
6 EL Eiswasser
1 kg weiße Zwiebeln, geschält, in Ringen
30 g Butter extra
1–2 EL französischer Senf
1 Tasse saure Sahne
3 Eier, leicht verquirlt
⅓ Tasse entkernte schwarze Oliven, in Ringe geschnitten

1 Mehl in eine Schüssel sieben; Butter zugeben. Mit den Händen ineinander reiben, dann den Großteil des Wassers zugeben, zu einem festen Teig kneten. Auf bemehlter Fläche 1 Minute durchkneten; dann in eine Backform von 23 cm Durchmesser drücken. 30 Minuten kalt stellen.
2 Backofen auf 180 °C vorheizen. Teig 10 Minuten blindbacken, Papier und Bohnen entfernen, Teig noch einmal 10 Minuten backen.
3 Extra Butter in einem Topf erhitzen. Zwiebeln hinzufügen und bei schwacher Hitze 45 Minuten dünsten; abkühlen lassen. Teig mit Senf bestreichen. Saure Sahne und Eier mit dem Schneebesen verrühren. Zwiebeln auf den Senf geben, Eiermischung darübergießen. Mit Oliven bestreuen. Etwa 35 Minuten backen, bis die Masse gestockt ist. Vor dem Anschneiden 5 Minuten ruhenlassen.

OLIVEN-ROSMARIN-FOCACCIA

☆ ***Vorbereitungszeit:*** 30 Minuten + 55 Minuten Ruhezeit
Backzeit: 30 Minuten
Ergibt 8 Stück

7 g Trockenhefe
1 TL Zucker
200 ml warmes Wasser
2 ¾ Tassen Mehl
1 TL Salz
1–2 EL Olivenöl
1 EL getrocknetes Rosmarin
⅓ Tasse entkernte schwarze Oliven, in Ringe geschnitten
3 EL Olivenöl extra

1 Hefe und Zucker mischen. ⅓ des Wassers hineingießen. Zugedeckt etwa 10 Minuten an einem warmen Ort stehenlassen.
2 Mehl und Salz in eine große Schüssel sieben. Rosmarin unterrühren. Öl, Hefemischung und restliches Wasser hineingießen. Zu einem festen Teig verarbeiten. Teig auf bemehlter Arbeitsfläche 10 Minuten kneten und in eine große, leicht geölte Schüssel legen. Bedeckt an einem warmen Ort etwa 45 Minuten gehenlassen.
3 Backofen auf 210 °C vorheizen. Zwei Backbleche (32 x 28 cm) mit Öl bepinseln. Teig noch einmal durchkneten. In 8 Portionen teilen. Eine nach der anderen durchkneten und zu einem flachen Kreis von 10 cm Durchmesser formen. Oliven in die Oberfläche drücken und mit zusätzlichem Öl bepinseln. Etwa 30 Minuten goldgelb backen.

Baumes. Oliven werden meist eingelegt verkauft, auch entsteint und mit Paprika oder Mandeln gefüllt.

Olivenöl Blasses, gelbes bis dunkelgrünes Pflanzenöl mit einfach ungesättigten Fettsäuren, das aus dem Fruchtfleisch reifer Oliven gepreßt wird. Es hat einen fruchtigen Geschmack und wertvolle Nährstoffe. Kaltgepreßtes Olivenöl entsteht nur durch Pressung. Werden die Früchte erhitzt, läßt sich mehr Öl gewinnen, aber das Aroma leidet. Olivenöl wird nach seinem Säuregehalt eingeteilt: das beste, extra natives Olivenöl, hat weniger als 1 % Säure, ist von tiefgrüner Farbe und hat das beste Aroma; fein natives Olivenöl hat weniger als 1,5 % Säure; natives Olivenöl hat weniger als 3 % Säure. Reines Olivenöl wird aus einem Verschnitt von nativem Öl und raffiniertem Olivenöl hergestellt und hat denselben Säuregehalt wie natives Öl.

Raffiniertes Olivenöl entsteht durch Herausfiltern der Unreinheiten der Öle, die den Qualitätsstandard für natives oder extra natives Olivenöl nicht erreichen. Ein solcher Verschnitt ist wesentlich milder im Aroma, wird manchmal unter der Bezeichnung »light« angeboten. Spanien und Italien sind in der Produktion von gutem Olivenöl führend.

Omelett Gericht aus schaumig geschlagenen Eiern, die in einer Pfanne gebacken und häufig gefüllt werden. Mit einer süßen Füllung wird das Omelett zum Dessert. Omeletts sind in Frankreich seit dem Mittelalter bekannt.

Orange Runde Zitrusfrucht mit leuchtend orangefarbener Schale und saftigem, orangefarbenem Fruchtfleisch, das in Segmenten angeordnet ist. Orangen ißt man frisch als Obst, im Obstsalat, in süßen und herzhaften warmen Gerichten und als Marmelade. Ihr Saft ist beliebt zum Frühstück. Abgeriebene Orangenschale

OLIVEN-ROSMARIN-GEBÄCK

☆ ***Vorbereitungszeit:*** 20 Minuten
Backzeit: 15 Minuten
Ergibt 30 Stück

½ Tasse entsteinte schwarze Oliven, gehackt
⅓ Tasse geriebenen Parmesankäse
1 EL Rosmarin, gehackt
4 Scheiben Salami, gehackt
3 El Öl
2 TL Dijon-Senf
2 Platten Fertigblätterteig
Öl oder zerlassene Butter

1 Backofen auf 200 °C vorheizen. Zwei Bleche mit zerlassener Butter oder Öl bepinseln. Oliven, Käse, Rosmarin, Salami, Öl und Senf in der Küchenmaschine zu einer Paste verarbeiten.
2 Eine Teigplatte auf die Arbeitsfläche legen und rechteckig ausrollen. Gleichmäßig mit der Hälfte der Paste bestreichen. So einschlagen, daß beide Ränder in der Mitte gleichmäßig aneinander liegen. Noch einmal einschlagen, zum Schluß eine Hälfte über die andere legen, so daß 8 Schichten Teig übereinander liegen.
3 Gefalteten Teig in 1 cm breite Scheiben schneiden. Mit der Schnittfläche nach oben auf die vorbereiteten Bleche legen. Die Scheiben an der gefalteten Seite etwas aufbiegen, so daß ein »V« entsteht. Mit der zweiten Teigplatte und der restlichen Paste genauso verfahren. Etwa 15 Minuten goldbraun backen.

ROHKOSTPLATTE MIT OLIVENPASTE

☆ ***Vorbereitungszeit:*** 15 Minuten
Für 6 Personen

500 g schwarze Oliven
5–6 EL Olivenöl
2 Knoblauchzehen, geschält
¼ Tasse Basilikumblätter
1–2 EL Zitronensaft
schwarzer Pfeffer aus der Mühle
eine Auswahl frischer Gemüse – Zuckererbsen, Radieschen, Gurkenstücke, kleine Champignons

1 Oliven entsteinen, mit Olivenöl, Knoblauchzehen, Basilikumblätter und Zitronensaft in die Küchenmaschine geben.
2 Die Zutaten auf höchster Stufe schnell zu einer groben Paste verarbeiten – nicht zu fein zerkleinern. Nach Belieben mit schwarzem Pfeffer abschmecken.
3 Olivenpaste in der Mitte einer Servierschüssel anrichten und frisches Gemüse der Saison ringsherum arrangieren.

Anmerkung: Olivenpaste kann 2–3 Tage vorher zubereitet werden. Kühl stellen.

Oben: Rohkostplatte mit Olivenpaste; links: Oliven-Rosmarin-Gebäck.
Gegenüber, oben: Orangen-Gelato; unten: Orangensalat mit Spinat

ORANGEN

ORANGENSALAT MIT SESAM UND REIS

☆ ***Vorbereitungszeit:*** 30 Minuten
Für 8 Personen

12 frische grüne Spargelstangen
150 g kleine Zuckererbsen
2 Orangen
2 Tassen Langkornreis, gekocht und abgekühlt
1 kleine Gurke, in dünne Scheiben geschnitten
1 großer roter Paprika, in dünne Streifen geschnitten
2 große Frühlingszwiebeln
1 große rote Zwiebel, in feine Ringe geschnitten

Soße
3 EL Sesamöl
160 ml Orangensaft
2 TL gemahlener Ingwer
2 TL abgeriebene Orangenschale
1 Knoblauchzehe, zerdrückt
1–2 EL Honig

1 Spargel in eine Schüssel mit kochendem Wasser geben, etwa 2 Minuten stehenlassen, bis er leuchtend grün und etwas weicher ist; abtropfen lassen. Spargelstangen in Eiswasser tauchen. Wenn sie abgekühlt sind, abtropfen, trockentupfen. Spargelstangen schräg in 3 cm lange Stücke schneiden. Zuckererbsen putzen.
2 Orangen gründlich schälen, die äußere Membran entfernen; filetieren.
3 Alle Zutaten in einer Schüssel mit Salatsoße übergießen und sorgfältig mischen.
4 Für die Salatsoße alle Zutaten in einem kleinem Schraubglas 30 Sekunden kräftig schütteln.

ORANGEN-GELATO

☆ ***Vorbereitungszeit:*** 30 Minuten + Rühr-/Kühlzeit
Kochzeit: 20 Minuten
Ergibt 1,5 l

1 1/4 Tassen Puderzucker
3/8 l frisch ausgepreßter Orangensaft
1/2 l Wasser
1–2 EL Zitronensaft
3 EL Cointreau oder Grand Marnier
2 Eiweiß
1/4 Tasse Puderzucker extra
Orangenscheiben zum Garnieren

1 Puderzucker, Orangensaft, Wasser und Zitronensaft bei mittlerer Hitze etwa 4-5 Minuten rühren, bis der Zucker gelöst ist. Zum Kochen bringen. Hitze reduzieren, etwa 15 Minuten köcheln lassen. Vom Herd nehmen.
2 Mischung in eine große Schüssel geben und abkühlen lassen. Alkohol einrühren.
3 Mit dem Handrührgerät Eiweiß steifschlagen. Nach und nach den zusätzlichen Puderzucker unterrühren und dick und cremig schlagen.
4 Das Eiweiß vorsichtig unter die Orangenmischung heben. In die Eismaschine füllen und etwa 30 Minuten rühren/kühlen, bis das Eis fest ist.
5 Für die Zubereitung ohne Eismaschine Schritte 1–3 nachvollziehen. Bevor das Eiweiß in die Masse kommt, Mischung auf Gefriertablett gefrieren lassen, bis sie an den Rändern fest wird.
6 Aus dem Gefrierschrank nehmen, gut durchrühren. Eiweiß mit Zucker steif schlagen. Unter die Orangenmischung heben. Wieder auf das Tablett geben, gefrieren lassen. Mit Orangenscheiben servieren.

verwendet man frisch oder getrocknet zum Aromatisieren von Desserts, Kuchen und pikanten Soßen. Man unterscheidet drei Arten von Orangen: süße Orangen mit dicker Schale und dickem »Nabel« am Blütenansatz (auch Navel- oder Nahelorangen), die kleineren Valencia-Orangen mit dünnerer Schale, die man zum Auspressen und als

Dessert- und Imbißfrucht verwendet; bittere Orangen für Marmeladen und bitterscharfe Soßen; und Blutorangen mit süßem, saftigem, blutrotem Fleisch, die man auspreßt oder als Dessertfrucht verwendet.
Die Orange stammt aus Südasien und wird in China seit mindestens 4000 Jahren kultiviert. Sie war den Römern bekannt und wuchs in der Antike im Fernen Osten. Die Mauren pflanzten in Spanien seit dem 8. Jh. Orangenhaine. Die Spanier brachten sie nach Amerika und pflanzten im 16. Jh. in Florida die ersten Orangenbäume. Heute werden Orangen weltweit in tropischen und subtropischen Regionen angebaut.

Orangenblütenwasser Wohlriechende Flüssigkeit aus Nerolinen, den ätherischen Ölen der süß duftenden Blüte des Bitterorangenbaumes. Wegen seines intensiven Aromas wird es nur sparsam eingesetzt; es dient zum Aromatisieren von Biskuitkuchen und Süßigkeiten und ist besonders in der Küche des Vorderen Orients beliebt.

Oregano (Wilder Majoran) Oregano gehört zu den winterharten, mehrjährigen Stauden, ähnelt dem Majoran im Aussehen und ist mit ihm verwandt. Oregano hat jedoch ein kräftigeres Aroma. Man würzt

damit Pizzabelag, Tomatensoßen, Zucchinigerichte, Auberginen und Füllungen.

Ossobuco Gericht aus gekochter Kalbshaxe (mit Knochen und Mark), das vor dem Servieren mit Gremolata, einer Mischung aus gehackter Petersilie, Knoblauch und abgeriebener Zitronenschale, bestreut wird. Das Knochenmark kann mit einem Zahnstocher herausgeholt werden.

ORANGEN-HEFEKUCHEN

☆ ***Vorbereitungszeit:*** 45 Minuten + 1 Stunde 5 Minuten Ruhezeit
Backzeit: 20 Minuten
Ergibt Kuchen von 23 cm Durchmesser

2 Tassen Mehl
7 g Trockenhefe
1/3 Tasse Zitronat und Orangeat
2 EL feiner Zucker
2 TL abgeriebene Orangenschale
5–6 EL warme Milch
5–6 EL Orangensaft
1 Ei, leicht verquirlt
30 g Butter, zerlassen

Glasur
1–2 EL Wasser
1 TL Zucker
1 TL Gelatine

1 Eine tiefe runde Kuchenform von 23 cm Durchmesser mit Öl oder zerlassener Butter einpinseln. Mehl in eine große Rührschüssel sieben, mit Hefe, Zitronat, Zucker und Orangenschale verrühren. Eine Vertiefung in die Mitte drücken.
2 Milch, Orangensaft, Eier und Butter mischen, mit der Mehlmischung zu einem weichen Teig verrühren. Teig auf eine bemehlte Arbeitsfläche geben und etwa 10 Minuten glattkneten. Als Probe mit dem Finger in den Teig drücken. Wenn die Druckstelle sich gleich wieder schließt, hat der Teig die richtige Konsistenz.
3 Teig in eine große, leicht geölte Schüssel geben, mit Folie abdecken; an einem warmen Ort etwa 45 Minuten gehenlassen.
4 Teig noch einmal in etwa 1 Minute geschmeidig kneten. In vorbereitete Kuchenform füllen. Erneut bedecken, an einem warmen Ort 20 Minuten gehenlassen.
5 Backofen auf 180 °C vorheizen. Den Teig mit einem scharfen, spitzen, geölten Messer so einschneiden, daß 8 Keile entstehen. Darauf achten, daß der Teig nicht zusammenfällt; im Zweifelsfall noch etwa 5 Minuten stehenlassen, bis er wieder aufgeht.
6 Etwa 20 Minuten goldbraun backen. Der Kuchen sollte hohl klingen, wenn man auf den Boden klopft. Auf ein Kuchengitter stürzen.
7 Für die Glasur Wasser mit Zucker und Gelatine im Wasserbad auflösen. Den Kuchen sofort damit bestreichen.

ORANGENSALAT MIT SPINAT

☆ ***Vorbereitungszeit:*** 15 Minuten
Für 4–6 Personen

4 mittelgroße Orangen
10–12 Spinatblätter
1 mittelgroße rote Zwiebel, in Ringe geschnitten
1/2 Tasse entsteinte schwarze Oliven
5–6 EL Olivenöl
4 EL roter Weinessig
1/4 Tasse geröstete Pinienkerne

1 An jedem Ende der Orange zwei Zentimeter abschneiden, so daß das Fruchtfleisch sichtbar ist. Ringsherum abschälen, äußere Membran entfernen; anschließend Orange filetieren. Die Orangen dabei über eine Schüssel halten, damit der Saft nicht verlorengeht.
2 Spinat in mundgerechte Stücke zerpflücken, Zwiebelringe, Orangen und schwarze Oliven zufügen.
3 Olivenöl und Essig mit dem Schneebesen gut mischen.
4 Über den Salat gießen, vorsichtig unterheben. In eine Servierschüssel füllen, mit gerösteten Pinienkernen bestreuen und sofort servieren.

WISSENSWERTES ÜBER ORANGEN

- Orangen sind mehrere Wochen haltbar. Wenn die Schale jedoch weiche Stellen bekommt, sollte die Frucht schnell verbraucht werden.
- Für Orangensaft die Frucht ausdrücken, anschließend Kerne entfernen oder eine Zitruspresse verwenden. Eingefroren mehrere Monate haltbar: Saft in der Eiswürfelform gefrieren lassen, verwenden, wenn nur geringe Mengen nötig sind.

Oben: Orangen-Hefekuchen.
Gegenüber, oben: Würzig eingelegte Papaya;
unten: Thailändischer Papaya-Salat

PAPAYAS

WÜRZIG EINGELEGTE PAPAYA

Vorbereitungszeit: 15 Minuten + Ruhezeit über Nacht
Kochzeit: 40 Minuten
Ergibt 1 l

1 große, reife, feste Papaya
Zucker
weißer Essig
1 EL ganze Nelken
2 TL ganze Pimentkörner
1 Stück Zimtstange (5 cm lang)

1 Papaya schälen, halbieren, Kerne herausnehmen. Hälften in fingerlange Stücke schneiden. Papayastücke wiegen. Auf 50 g Obst 375 g Zucker abwiegen. Obst in einen Behälter geben, Zucker darüberstreuen und über Nacht stehenlassen.
2 Obst und Sirup in einen großen Topf geben und sanft erhitzen; dabei umrühren, bis der Zucker gelöst ist. Köcheln lassen, bis die Papayastücke glasig aussehen. Obst abtropfen lassen, Sirup auffangen. Pro 625 ml Sirup 190 ml Essig abmessen. Essig mit Nelken, Piment, leicht zerdrückter Zimtstange zum Sirup geben.
3 Zum Kochen bringen, 10 Minuten bei schwacher Hitze köcheln lassen. Beiseite stellen, erkalten lassen; dann filtern. Sirup wieder in den Topf geben, Papayastücke zufügen, 7 Minuten kochen lassen.
4 Vom Herd nehmen, mit Schaumlöffel die Papayastücke herausheben, in sterilisierte Gläser füllen. Sirup wieder zum Kochen bringen, über die Papaya gießen. Vor dem Verschließen erkalten lassen.

THAILÄNDISCHER PAPAYASALAT

Vorbereitungszeit: 15 Minuten
Für 4–6 Personen

1 mittelgroße Papaya (etwa 750 g)
1/4 Tasse chinesische getrocknete Garnelen, 10 Minuten in kochendem Wasser eingeweicht
1 TL zerdrückter Knoblauch
6–8 EL Zitronensaft
6–8 EL Nuoc-Mam-Soße (Fischsoße)
1–2 TL Zucker
1–4 TL süße Chilisoße

1 Papaya schälen, in große Würfel schneiden.
2 Garnelen und Knoblauch in der Küchenmaschine oder im Mörser zu einer Paste mahlen; die Hälfte des Zitronensafts und der Nuoc-Mam-Soße zugeben. Unter die Papayawürfel rühren.
3 Langsam mit dem restlichen Zitronensaft und der Fischsoße, mit Zucker und Chilisoße abschmecken. Der Salat sollte pikante Süße haben.
4 Den Salat in einer Schale auf Salatblättern anrichten, auf Wunsch mit hauchdünnen Streifen Gurke und Frühlingszwiebel garnieren.

WISSENSWERTES ÜBER PAPAYA

- Reife Papaya schneidet man am besten kurz vor dem Servieren auf; mit Limonen- oder Zitronensaft beträufeln.
- Papaya im Kühlschrank nur in einem fest verschlossenen Behälter aufbewahren, da der Geruch das Aroma anderer Speisen verdirbt.

P

Paella Spanisches Reisgericht mit Olivenöl, Fisch, Huhn, Gemüse und Knoblauch; wird mit Safran gelb gefärbt. Es wird in der paellera, einer flachen Pfanne mit zwei Henkeln, zubereitet. Die Paella stammt aus Valencia im Osten Spaniens.

Palatschinken Süßspeise, die aus Österreich und Ungarn stammt. Pfannkuchen werden aufgerollt und mit einer Nußfüllung versehen. Vor dem Servieren mit Puderzucker bestäuben und in der Form reichen.

Palmherzen (Palmenmark) Zarter, spargelähnlicher Inhalt der Blattstiele mancher Palmenarten.

Palmöl Aus den Früchten der Ölpalme gewonnen. Ist eine wichtige Zutat in der afrikanischen und brasilianischen Küche. Dient ebenfalls der Margarineherstellung.

Pampelmuse siehe Grapefruit.

Pancetta Ungeräucherter Bauchspeck vom Schwein, mit Gewürzen, Salz und Pfeffer eingelegt. Im Handel wird er in Rollenform angeboten; man serviert ihn in dünnen Scheiben.

Panettone Süßer Hefekuchen mit Eigelb, kandierten Früchten und Rosinen in der Form eines hohen, runden Laibs. Panettone ist eine milanesische Spezialität und mittlerweile weltweit erhältlich.

Panforte Flacher, sehr reichhaltiger, nougatähnlicher Kuchen mit Nüssen, Honig, kandierten Früchten und Gewürzen aus Siena. Wegen seines hohen Nährwerts sollen ihn die

Kreuzritter angeblich auf ihre Züge mitgenommen haben.

Panieren Fleisch-, Fischfilets und manche Kartoffel- oder Mehlspeisen werden in wenig Mehl, dann in verschlagenem Ei und schließlich in Semmelbröseln gewendet, dann in heißem Fett gebacken. So entsteht eine Kruste, die das Austreten von Saft verhindert.

1

2

3

PAPRIKASCHOTEN

MARINIERTE KRÄUTERPAPRIKA

☆ ***Vorbereitungszeit:*** 20 Minuten + 2 Stunden marinieren
Kochzeit: 5 Minuten
Für 4 Personen

4 rote Paprikaschoten
½ Tasse Olivenöl
3 EL Zitronensaft
1 EL frisches Basilikum, gehackt
1 EL frische Petersilie, gehackt
2 TL frischer Oregano, gehackt
8 Raukeblätter
8 Blätter Römischer Salat
200 g Feta, in Würfel geschnitten

1 Paprikaschoten vierteln und entkernen. Rippen entfernen. Mit der Außenseite nach oben unter einen vorgeheizten Grill legen. Wenn die Haut Blasen bildet und schwarz wird, herausnehmen, mit einem feuchten Tuch bedecken und 5 Minuten ruhenlassen. Haut entfernen.
2 Paprika in 2 cm breite Streifen schneiden. Olivenöl, Zitronensaft und Kräuter verrühren.
3 Paprikastreifen in eine Schüssel geben, Öl darübergießen und mindestens 2 Stunden (besser über Nacht) ziehen lassen. Mit Salatblättern und Fetawürfeln servieren.

KNOBLAUCHPAPRIKA

☆ ***Vorbereitungszeit:*** 15 Minuten
Kochzeit: 15 Minuten
Ergibt 1 l

1 grüne Paprikaschote
1 rote Paprikaschote
2 Knoblauchzehen, geschält und in Scheiben geschnitten
½ Tasse Zucker
2 Tassen Weißweinessig
2 TL Salz

1 Paprika längs vierteln. Kerne und Rippen entfernen. Etwa 1 Minute blanchieren, abtropfen lassen und mit den Knoblauchscheiben dicht gepackt in ein Glas schichten.
2 In einem Topf Zucker, Essig und Salz erhitzen. Rühren, bis der Zucker sich löst. Aufkochen.
3 Heiße Flüssigkeit über die Paprika gießen. Sofort luftdicht verschließen und etikettieren. Vor dem Verzehr mindestens 1 Woche ziehen lassen.

WISSENSWERTES ÜBER PAPRIKASCHOTEN

- Paprikaschoten ißt man roh oder gekocht. Zu ihrem Aroma passen Tomaten, Auberginen, Knoblauch, Zwiebeln, Thymian, Oregano und Olivenöl besonders gut.
- Rösten oder Grillen und Häuten nimmt den bitteren Geschmack, intensiviert das süße Aroma.

GEFÜLLTE PAPRIKASCHOTEN

☆ ***Vorbereitungszeit:*** 40 Minuten
Kochzeit: 25 Minuten
Für 6 Personen

3 kleine rote Paprikaschoten
3 kleine grüne Paprikaschoten
1–2 EL Olivenöl
1 kleine Zwiebel, gehackt
¼ TL Chilipulver
½ TL gemahlener Kreuzkümmel
1 TL Instanthühnerbrüh-Pulver
2 EL Tomatenmark
1 Tasse Rundkornreis
2 Tassen Wasser
ca. 300 g Maiskörner aus der Dose
2 Jalapeño-Chilischoten, gehackt
¾ Tasse Cheddar oder mittelalter Gouda, gerieben

1 Ofen auf 180 °C vorheizen. Deckel der Paprikaschoten abschneiden und beiseite legen. Kerne und Rippen entfernen; die Schote dabei unbedingt ganz lassen.
2 Öl in einem Topf erhitzen. Zwiebel, Chilipulver, Kümmel, Instantbrüh-Pulver, Tomatenmark und Reis zufügen. Wasser angießen. Bei geschlossenem Topf langsam zum Kochen bringen; einmal umrühren. Hitze reduzieren und köcheln lassen, bis das Wasser fast ganz aufgesogen ist. Vom Herd nehmen. Noch 5 Minuten ruhenlassen. Mais, Chilischoten und ½ Tasse Käse vorsichtig unterheben.
3 Paprikaschoten mit der Reismischung füllen. Mit dem restlichen Käse bestreuen; Deckel aufsetzen. Auf einem Blech etwa 15 Minuten im Backofen backen. Warm servieren; dazu Tortillas und Salat reichen.

PAPRIKA-OLIVEN-PIE

☆☆ ***Vorbereitungszeit:*** 20 Minuten
Kochzeit: 40 Minuten
Für 4–6 Personen

1 Portion Mürbeteig nach dem Grundrezept
1 Tasse schwarze Oliven, entsteint
1 TL Olivenöl
2 Knoblauchzehen, zerdrückt
½ TL Zucker
1 mittelgroße rote Paprikaschote
1 gelbe Paprikaschote
1–2 EL Olivenöl zusätzlich
1 große rote Zwiebel, in schmale Keile geschnitten
⅔ Tasse Greyerzer, fein gerieben

1 Backofen auf 210 °C vorheizen. Eine Obstkuchenform (23 cm Durchmesser) mit flüssiger Butter oder Öl bepinseln. Mürbeteig ausrollen und die Form damit auskleiden. Rand mit einem scharfen Messer begradigen. Teig mit Backpapier auskleiden, eine Lage Hülsenfrüchte oder Reis einfüllen und 10 Minuten backen. Aus dem Backofen nehmen, Hülsenfrüchte und Papier entfernen und Teig in weiteren 10 Minuten leicht braun backen.
2 Oliven, Öl, Knoblauch und Zucker in der Küchenmaschine glattrühren. Auf den Boden der Form streichen. Paprika vierteln. Grillen, bis die Haut Blasen bildet und schwarz wird. Anschließend unter einem feuchten Küchentuch etwas abkühlen lassen. Haut abziehen und Paprika in 1 cm breite Streifen schneiden.
3 Öl in einem Topf erhitzen und Zwiebeln darin weich dünsten. Paprikastreifen hinzufügen und erhitzen. Die Hälfte des Käses über die Olivenmischung streuen, darauf die Paprika-Zwiebelmischung geben. Mit restlichem Käse bestreuen und etwa 10 Minuten backen. Der Käse sollte geschmolzen, die Pie heiß sein.

Gegenüber: Marinierte Kräuterpaprika;
oben: Gefüllte Paprikaschoten

Panna cotta Beliebtes italienisches Dessert. Sahne mit ausgekratztem Vanillemark und Zucker zum Kochen bringen. Gelatine unter die Sahnemischung ziehen und kalt stellen.

Pansen Magen von Wiederkäuern, der auch Kaldaunen genannt wird.

Papaya Große, ovale, tropische Frucht mit glatter gelb-grüner Schale und saftigem, goldfarbenem Fruchtfleisch, das dem einer Melone ähnelt. In einer Aushöhlung in der Mitte liegen kleine schwarze Kerne. Servieren Sie vollreife Papaya frisch, mit einem Spritzer Limonensaft zum Frühstück oder Dessert, oder geben Sie sie gewürfelt zum Obstsalat (besonders lecker mit Passionsfrüchten). Nicht ganz reife Früchte kann man als Gemüse verwenden und kochen. Papayas sind in Südamerika heimisch und wurden vermutlich von portugiesischen Eroberern nach Europa gebracht. Heute wächst die Frucht in allen tropischen Regionen. Der Name der Frucht stammt von dem karibischen Wort *ababai*.

Papierhülle, in der (en papillote) Zubereitungsmethode, bei der kleine Portionen Fleisch, Fisch, Geflügel oder Gemüse in steifes, geöltes Papier oder Alufolie gewickelt und darin gegart oder gebacken werden. So bleiben Flüssigkeit und Aroma erhalten. Auch die Papierhülle, die man um die Knochen von Lamm- und Kalbskoteletts oder Hühnerbeinen drapiert, wird als Papillote bezeichnet.

Papillote, en siehe Papierhülle.

Pappadam Dünne, knusprige, indische Waffel aus Linsen-, Kartoffel- oder Reismehl. Man backt sie einzeln in heißem Pflanzenöl aus: mit der Zange 3 Sekunden eintauchen, umdrehen und noch 3 Sekunden backen. Die Pappadams gehen auf, bilden Blasen und werden goldbraun. Herausnehmen und auf Küchenpapier abtropfen lassen.

Pappadams werden heiß als Beilage zu indischen Gerichten serviert und sind in Feinkostgeschäften getrocknet erhältlich.

PASSIONSFRÜCHTE

VANILLESCHNITTEN MIT PASSIONSFRÜCHTEN

★ ***Vorbereitungszeit:*** 35 Minuten
Kochzeit: 20–25 Minuten
Ergibt 12 Stück

2 Lagen Fertigblätterteig, ausgerollt
1/2 TL Vanilleessenz

Cremefüllung
1/4 Tasse Puddingpulver
1/4 Tasse feiner Zucker
1/4 l Sahne
3/8 l Milch

Glasur
1/4 Tasse Passionsfruchtmus
25 g Butter
1 1/4 Tassen Puderzucker

1 Backofen auf 210 °C vorheizen. Backbleche mit Backpapier auslegen, Teigplatten darauflegen und mit einer Gabel überall einstechen. 10–15 Minuten goldbraun und knusprig backen. Auf einem Küchengitter abkühlen lassen.
2 Für die Cremefüllung Puddingpulver, Zucker und Sahne in einen schweren Topf geben. Nach und nach die Milch angießen. Bei mittlerer Hitze unter ständigem Rühren zum Kochen bringen, eindicken lassen. Vom Herd nehmen, Vanilleessenz einrühren. Oberfläche der Creme abdecken, damit sich keine Haut bildet. Erkalten lassen.
3 Eine Teiglage mit Creme bestreichen. Zweite Teiglage mit der Unterseite nach oben auflegen.
4 Für die Glasur Fruchtmus, Butter und Puderzucker im Wasserbad glatt und glänzend rühren. Gleichmäßig mit einem flachen Messer über die obere Teiglage verteilen. Vor dem Anschneiden

mehrere Stunden in den Kühlschrank stellen, bis der Teig etwas weicher geworden ist. Anschließend in 12 Quadrate schneiden.

PASSIONSFRUCHT-PISTAZIEN-NUSSEISCREME

★ ***Vorbereitungszeit:*** 15 Minuten + Gefrierzeit über Nacht
Kochzeit: 15 Minuten
Für 8 Personen

1/8 l Milch
3/8 l Sahne
6 Eigelb
1 1/4 Tassen feiner Zucker
Fruchtfleisch von 8 Passionsfrüchten
50 g geschälte, gehackte Pistazien
Passionsfruchtmark zum Servieren

1 Milch und Sahne bis zum Siedepunkt erhitzen.
2 Mit dem Handrührgerät Eigelb und Zucker schlagen. Nach und nach Milch und Sahne angießen. Glattrühren. Mischung zu der Milch geben. Bei mittlerer Hitze ständig rühren, bis alles leicht eindickt; nicht kochen. In eine Schüssel gießen. Abkühlen lassen, gelegentlich umrühren.
3 1/4 Becher des Passionsfruchtfleischs beiseite stellen. Rest bei mittlerer Hitze 1–2 Minuten erwärmen. Vom Herd nehmen, abseihen. Passionsfruchtsaft und restliches Fruchtfleisch zugeben. Auf einem Metalltablett (1,5 l) etwa 3–4 Stunden gefrieren lassen.
4 In einer Rührschüssel mit dem Handrührgerät dick und cremig schlagen. Pistazien zugeben. Gut mischen. Wieder gefrieren lassen. Mit Passionsfruchtmark servieren.

Links: Vanilleschnitten mit Passionsfrüchten; oben: Passionsfrucht-Pistazien-Nußeiscreme. Gegenüber: Rote Paprikapaté

Paprika (spanischer Pfeffer, türkischer Pfeffer) Gewürz aus dem getrockneten, gemahlenen Fleisch spindelförmiger, mehr oder weniger scharfer roter Paprikaschoten; sie wachsen an einer krautartigen Pflanze, einem Nachtschattengewächs, das in Zentralamerika heimisch und seit Kolumbus' Tagen auch in Europa bekannt ist. Paprika ist als milder,

würziger edelsüßer Paprika und als scharfer Rosenpaprika erhältlich. Man verwendet ihn zum Würzen von Gulasch, Ragout, Füllungen und Soßen, streut ihn auf Dips und Eier, Käsegerichte und Meeresfrüchte. Der Name Paprika stammt von dem ungarischen Wort für »süßer Pfeffer«.

Paprikaschote (Gemüsepaprika) Die große, glänzende, meist hohle Frucht eines tropischen südamerikanischen Strauchs. Sie gehört zur selben Familie wie die feurigen Chilischoten. Das knackige, feuchte Fruchtfleisch schmeckt sehr mild und wird als Salat oder Gemüse zubereitet. Die roten, grünen und gelben Schoten

PATÉS

ROTE PAPRIKAPATÉ

☆ ***Vorbereitungszeit:*** 8 Minuten
Kochzeit: 35 Minuten
Ergibt 1 Tasse

4 große rote Paprika
3 Knoblauchzehen, ungeschält
3 EL Balsamessig
1–2 EL süße Chilisoße
150 g Butter, zerlassen
1 Prise Zucker
2 TL Petersilie, feingehackt

1 Ofen auf 240 °C vorheizen. Backblech mit Folie auslegen. Paprika längs halbieren, aushöhlen und entkernen. Nochmals halbieren. Mit den Knoblauchzehen auf das Blech legen und 20 Minuten backen. Aus dem Herd nehmen; unter einem feuchten Küchentuch erkalten lassen. Paprikastücke und Knoblauch schälen.
2 Paprika, Knoblauch, Essig und Chilisoße in der Küchenmaschine glattrühren. Bei laufendem Motor flüssige Butter in dickem, gleichmäßigen Strahl einlaufen lassen. Zu einer cremigen Masse verarbeiten.
3 Mischung in einen Topf geben und bei schwacher Hitze 15 Minuten rühren. Dann vom Herd nehmen, Zucker und Petersilie einrühren. Mit Kräkkern oder Melbatoast servieren. In einem luftdichten Behälter hält sich die Paté bis zu 3 Wochen.

Anmerkung: Rote Paprikapaté kann bei einer Pizza die Tomatensoße ersetzen. Auch auf Blini, garniert mit Schinken, Putenfleisch oder frischen Kräutern schmeckt sie ausgezeichnet.

LACHSPATÉ

☆ ***Vorbereitungszeit:*** 10 Minuten + Kühlzeit
Für 4 Personen

ca. 200 g Lachs aus der Dose
200 g weicher Frischkäse
1 Zwiebel, grobgehackt
2 Gewürzgurken
3 EL Sahne
1–2 EL Zitronensaft
1 TL Körnersenf
ein paar Spritzer Tabascosoße
Pfeffer aus der Mühle

1 Alle Zutaten in der Küchenmaschine zu einer glatten Masse verarbeiten.
2 In einer Servierschüssel Mischung mehrere Stunden kalt stellen. Anschließend mit Kräckern oder Melbatoast servieren.

haben einen Stiel, Kerne und weiße Rippen, die man vor dem Verzehr entfernt. Man schätzt sie als Rohkost oder in Salaten (in feine Streifen geschnitten), als Zutat in Schmortöpfen oder abwechslungsreich gefüllt. In Mittel-

amerika, dem Mittelmeerraum, dem Vorderen Orient und Asien ist die Paprikaschote ein wichtiger Bestandteil des Speisezettels.

Paranuß Hartschalige, cremig-kernige Nuß eines großen, in den Tropen Südamerikas beheimateten Baums. Der größte Teil der Welternte stammt von wild-

wachsenden Bäumen entlang des Amazonas. Paranüsse können roh, in Fruchtkuchen oder mit Schokolade oder Karamel überzogen verzehrt werden.

Parasol (Schirmpilz) 30 cm großer Pilz, der im Sommer und Herbst auf Wiesen geerntet wird. Wächst in der Nähe von Bäumen. Der Pilz ist reif, wenn sich der mit

Oben: Grand-Marnier-Paté. Gegenüber, oben: Pastinakenchips; unten: Pastinakensuppe

GRAND-MARNIER-PATÉ

☆ ***Vorbereitungszeit:*** 30 Minuten + Kühlzeit über Nacht
Kochzeit: 10–15 Minuten
Für 8 Personen

500 g Hühner- oder Entenleber
125 g Butter
1 mittelgroße Zwiebel, gehackt
2 Frühlingszwiebeln, gehackt
2 Knoblauchzehen, zerdrückt
3–4 EL Grand Marnier
½ Tasse Sahne
2 TL frischer Thymian, gehackt
2 TL frische Petersilie oder Schnittlauch, gehackt
Salz und Pfeffer
12 Scheiben Weiß- oder Mischbrot

1 Backofen auf 180 °C vorheizen. Leber säubern. Butter in einer schweren Pfanne erhitzen; Leber, Knoblauch und Grand Marnier hineingeben. Bei mittlerer Hitze rühren, bis die Leber gar und die Zwiebel weich ist. Dann das ganze zum Kochen bringen und 4–5 Minuten köcheln lassen. Vom Herd nehmen und zunächst etwas abkühlen lassen.
2 In der Küchenmaschine Mischung in 20–30 Sekunden glattrühren. Sahne zufügen, weitere 10 Sekunden verarbeiten. Die Mischung in eine Schüssel geben und die Kräuter unterziehen, anschließend salzen. Bei Zimmertemperatur servieren. Dazu Melbatoast reichen.
3 Für den Melbatoast Brot entrinden. Scheiben mit dem Nudelholz flachdrücken, diagonal halbieren oder vierteln. In 5–10 Minuten knusprig und goldbraun backen. Abkühlen lassen. Oder stark geröstetes, halbiertes Toastbrot verwenden.

Anmerkung: Grand Marnier kann durch die gleiche Menge Cognac oder Portwein ersetzt werden.

HÜHNERLEBERPATÉ MIT BRANDY

☆ ***Vorbereitungszeit:*** 30 Minuten + Kühlzeit über Nacht
Kochzeit: 10–15 Minuten
Für 4–6 Personen

125 g Butter
1 große Zwiebel, gehackt
2 Knoblauchzehen, zerdrückt
2 Scheiben Speck ohne Schwarte, kleingeschnitten
250 g Hühnerleber, gesäubert
¼ TL getrockneter Thymian
schwarzer Pfeffer aus der Mühle
3 EL Sahne
1–2 EL Brandy
zusätzlich 30 g Butter, zerlassen

Belag
60 g Butter, zerlassen
2 EL Schnittlauch, kleingeschnitten

1 Butter in einem Topf zerlassen, Zwiebel, Knoblauch und Speck zugeben. Zwiebel weich und Speck gar dünsten.
2 Hühnerleber zugeben, unter gelegentlichem Rühren 5–10 Minuten dünsten. Vom Herd nehmen. Thymian, Pfeffer, Sahne, Brandy und flüssige Butter zufügen.
3 Mischung in die Küchenmaschine geben und glattrühren. In Servierschüsseln füllen.
4 Für den Belag flüssige Butter über die Paté gießen. Mit Schnittlauch bestreuen. Über Nacht kalt stellen. Vor dem Servieren 30 Minuten bei Zimmertemperatur aufbewahren. Dazu Toast, Kräcker oder französisches Weißbrot reichen.

Anmerkung: Leberpatés haben ein intensives Aroma; deshalb muß die Würze ausgewogen sein – Zwiebel, Knoblauch, Gewürze und Alkohol. Sie schmecken besser, wenn sie vor dem Servieren 2–3 Tage ruhen und halten sich im Kühlschrank bis zu einer Woche.

PASTINAKEN

PASTINAKENCHIPS

Vorbereitungszeit: 10 Minuten
Kochzeit: 6 Minuten
Für 8 Personen

4 große Pastinaken
3 EL Zitronensaft
Öl zum Fritieren

1 Pastinaken schälen. Die Pastinaken diagonal in 2,5 mm dicke Scheiben schneiden. Scheiben in einer großen Schüssel mit Wasser bedecken. Zitronensaft zugeben, damit nichts braun wird, und beiseite stellen.
2 Kurz vor der Zubereitung Pastinakenscheiben abtropfen lassen, mit Küchenpapier gut trocknen.
3 Öl in einem schweren, hohen Topf erhitzen. Vorsichtig ein Drittel der Pastinakenscheiben in das nicht zu heiße Öl gleiten lassen und bei mittlerer Hitze 1–2 Minuten goldgelb fritieren. Mit einem Schaumlöffel herausheben. Restliche Scheiben fritieren. Die Pastinakenchips auf Küchenpapier abtropfen lassen, sofort servieren.

Anmerkung: Zum Fritieren am besten Erdnuß-, Maiskeim-, Distel- oder Sojaöl verwenden. Diese Öle haben ein mildes Aroma und können sehr hoch erhitzt werden, ohne zu verbrennen oder zu rauchen, während anderes Fett dazu weniger geeignet ist.

PASTINAKENSUPPE

Vorbereitungszeit: 20 Minuten
Kochzeit: 40 Minuten
Für 4–6 Personen

60 g Butter
1 kg kleine Pastinaken, geschält, in kleine Stücke geschnitten
2 Zwiebeln, gehackt
1 TL Curry
½ TL gemahlener Kardamom
½ TL gemahlenes Kurkuma
1 l Gemüsebrühe
250 ml Kondensmilch
Croûtons oder gehackte Kräuter zum Garnieren

1 Butter zerlassen. Pastinaken und Zwiebeln zufügen. Zugedeckt bei schwacher Hitze 3–4 Minuten dünsten.
2 Curry, Kardamom und Kurkuma zugeben. Umrühren und 1 Minute kochen. Gemüsebrühe angießen und zum Kochen bringen. Hitze reduzieren, zugedeckt etwa 30 Minuten köcheln lassen.
3 Suppe vom Herd nehmen. Etwa 10 Minuten abkühlen lassen; anschließend mit Mixer oder in der Küchenmaschine glattmixen. Flüssigkeit wieder in den Topf gießen, Kondensmilch zufügen. Bei schwacher Hitze rühren, bis die Suppe heiß ist. Mit Croûtons oder frischen, gehackten Kräutern servieren.

Anmerkung: Pastinaken haben einen charakteristischen nussigen Geschmack, der zu Suppen oder anderen Gemüsegerichten, Eintöpfen und Schmorgerichten etwas Süße beisteuert. Kleine, feste Pastinaken wählen. Größere könnten holzig und damit ungenießbar sein.

Schuppen besetzte Hut wie ein Schirm öffnet.

Paratha Ungesäuertes, reichhaltiges, blätteriges indisches Brot, dessen Teig aus Weizenvollkornmehl, geklärter Butter, Salz und Wasser besteht. Es wird zu runden Scheiben geformt und von beiden Seiten gebacken oder gefüllt, indem man eine Gemüsemischung in den Teig faltet. Parathas werden zu besonderen Gelegenheiten gegessen und zu Hause zubereitet.

Parfait Kalte Speise aus einer Farce, die mit Gelatine oder Eigelb gebunden, in kleine Formen gefüllt und nach dem Erkalten und Stürzen phantasievoll garniert wird (z.B. Gänseleberparfait). Bei einem süßen Parfait handelt es sich um gekühltes Dessert in einem hohen Glas. Es besteht gewöhnlich aus einer Eiercreme, Gelee, Eiscreme und Schlagsahne.

Parmaschinken (Prosciutto) Hochwertiger gepökelter Hinterschinken einer Schweinerasse, die in der norditalienischen

Region um Parma mit speziellem Futter aufgezogen wird. Der Schinken wird mit Salz eingerieben, ruht mehrere Wochen an einem kühlen Ort, wird abgewaschen und kommt zum Trocknen und Reifen für 10 bis 12 Monate in einen gut gelüfteten Raum. Der zartrosa, von feinen Fettäderchen durchzogene und

nur leicht gesalzene Schinken wird in hauchdünnen Scheiben mit Melone oder frischen Feigen serviert und weltweit als Vorspeise geschätzt. Die Legende sagt, daß man Hannibal auf seinem Weg von Karthago nach Rom im Jahr 217 v. Chr. in Parma bei einem Bankett diesen Schinken serviert habe.

Parmesan Sehr harter, italienischer Kuhmilchkäse mit intensivem Aroma und körniger Struktur, der gerne zum Reiben verwendet wird. Zu seiner Herstellung

wird Süßmilchquark in heißer Molke »gekocht«. Der Käse reift bis zu drei Jahre. Wegen seines

PEKANNÜSSE

PEKAN-KAFFEE-SCHNITTEN

★ ***Vorbereitungszeit:*** 50 Minuten
Backzeit: 40 Minuten
Ergibt 15 Stück

1 ½ Tassen Mehl
½ Tasse Puderzucker
150 g Butter

Belag
3 EL Sahne
3 EL Melasse oder dunkler Maissirup
⅓ Tasse weicher, brauner Zucker
75 g Butter, zerlassen
2 Eier, leicht verquirlt
1 TL Kaffeepulver
2 Tassen Pekannüsse, halbiert

1 Ofen auf 180 °C vorheizen. Eine flache Metallform (18 x 27 cm) mit flüssiger Butter oder Öl auspinseln. So mit Backpapier auskleiden, daß es auf zwei Seiten übersteht. Mehl, Puderzucker und Butter in die Küchenmaschine geben und in 1 Minute zusammenrühren. Auf eine bemehlte Arbeitsfläche geben und Teig in 30 Sekunden geschmeidig kneten. In die Form drücken und in 15 Minuten goldgelb backen. Auf einem Kuchendraht abkühlen lassen.
2 Für den Belag Sahne, Sirup, Zucker, Butter, Eier und Kaffeepulver mischen und mit einem Holzlöffel glattrühren. Dann die Pekannüsse einrühren.
3 Belag auf den Teigboden gießen und ca. 25 Minuten backen. In der Form erkalten lassen. Herausheben und in Quadrate schneiden.

PEKANHUHN

★ ***Vorbereitungszeit:*** 30 Minuten
Kochzeit: 10 Minuten
Für 4 Personen

4 Hühnerbrustfilets (1 cm dick)
1 Tasse Pekannüsse, halbiert
½ Tasse Gouda, gerieben
½ Tasse Semmelbrösel
½ Tasse frische Weißbrotkrümel
1 TL Salbei, gemahlen
schwarzer Pfeffer aus der Mühle
1 Ei, leicht verquirlt
1–2 EL Wasser
60 g Butter
3 EL Öl
Brunnenkresse oder Petersilienzwei zum Garnieren

1 8 Pekanhälften zurückbehalten; die restlichen fein hacken. In einer flachen Schüssel Nüsse, Käse, Brösel, Krümel, Salbei und Pfeffer mischen. In einer anderen Schüssel Ei und Wasser kurz verrühren.
2 Filets in der Hälfte der Pekannüsse wälzen, in die Eiermischung tauchen und mit den restlichen Nüssen panieren.
3 Öl und Butter in einer flachen Pfanne erhitzen. Zwei Filets gleichzeitig in die Pfanne geben. In 2–3 Minuten pro Seite braun und gar braten. Warm halten und die restlichen Filets braten. Zum Servieren mit den restlichen Nüssen und Brunnenkresse oder Petersilie garnieren.

Oben: Pekan-Kaffee-Schnitten.
Gegenüber: Pikelets

PFANNKUCHEN

PIKELETS (SAUERMILCHPFANNKUCHEN)

★ ***Vorbereitungszeit:*** 10 Minuten
Kochzeit: 15 Minuten
Ergibt 16 Stück

1 Tasse Mehl mit Backpulverzusatz
2 EL Zucker
¼ TL Natron
½ TL Zitronensaft oder Obstessig
125–190 ml Milch
1 Ei, leicht verquirlt
30 g Butter, zerlassen
zerlassene Butter zusätzlich

1 Mehl, Zucker und Natron in eine Rührschüssel sieben. Saft oder Essig in die Milch geben, um sie zu säuern; 5 Minuten ruhenlassen.
2 Eine Vertiefung in die Mitte des Mehls drücken und Ei, Milch und Butter zufügen. Zu einem geschmeidigen Teig rühren.
3 Boden einer Bratpfanne dünn mit zerlassener Butter bepinseln. Pro Pfannkuchen 1–2 EL des Teigs in die Pfanne geben; dazwischen etwa 2 cm Abstand lassen. Etwa 1 Minute backen, bis die Unterseite goldbraun ist. Pfannkuchen umdrehen und andere Seite braun backen. Warm mit Butter servieren.

WISSENSWERTES ÜBER PFANNKUCHEN

- Pfannkuchenteig wird durch die Ruhezeit besser, läßt sich aber nicht gut aufbewahren. Nur so viel Teig zubereiten, wie man tatsächlich braucht, 1–2 Stunden vor dem Backen.
- Teig variieren, indem man andere Mehlarten verwendet – Maismehl, Buchweizenmehl oder Weizenvollkornmehle.
- Süß oder herzhaft servieren. Für ein schnelles Mittagessen mit Resten von Schmortöpfen, Nudel- oder Käsesoßen füllen.

1

2

3

geringen Feuchtigkeitsgehalts kann man ihn bei niedrigen Temperaturen beinahe unbegrenzt aufbewahren. Er wird gerieben zum Kochen und zum Garnieren verwendet (im Gegensatz zu den meisten anderen Käsesorten zieht er keine Fäden); jungen Parmesan kann man mit Obst als Dessert reichen. Echter Parmesan kommt aus den Provinzen Parma und Reggio Emilia in Norditalien; eine der bekanntesten Sorten ist »Parmigiano-Reggiano«. Parmesan ist gerieben und abgepackt erhältlich, aber am besten kauft man ihn am Stück und reibt ihn frisch.

Passieren Durch ein feines Sieb streichen.

Passionsfrucht Eiförmige Frucht der Passiflorapflanze. Das saftreiche,

orangefarbene Fleisch ist scharf-süß und enthält kleine, schwarze, eßbare Kerne. Die Farbe der ledrigen Schale variiert von gelb-grün über rosa bis zu dunklem Braunviolett. Unreife Früchte sind glatt und glänzend, reife haben eine verschrumpelte Schale. Man löffelt sie frisch aus der Schale, gibt das Fruchtfleisch in Obstsalate, Joghurt und Eiscreme, Mousse und Dessertsoßen. Passionsfrüchte sind der klassische Belag der Baisertorte Pawlowa. Die Frucht stammt aus den tropischen Gebieten Amerikas. Ihren Namen erhielt sie von spanischen Jesuiten in Südamerika, die in der wundervollen Blüte die Kreuzigung Christi (die drei Nägel, die fünf Wunden, die Dornenkrone und die Apostel) zu erkennen glaubten.

Pasta Italienischer Nudelteig aus Hartweizengrieß (immer häufiger auch mit Weizenmehl), Wasser und Salz, der in sprudelndem Wasser gekocht und mit verschiedenen Soßen serviert wird. Pasta wird in verschiedenen Formen produziert: Bänder, Hörnchen, Streifen, Ringe, Röhren, Spiralen und Muscheln, die alle eigene Bezeichnungen haben.

GRUNDREZEPT FÜR PFANNKUCHEN

☆ ***Vorbereitungszeit:*** 15 Minuten + 1 Stunde Ruhezeit
Backzeit: 5–10 Minuten
Ergibt etwa 12 Stück

1 Tasse Mehl mit Backpulverzusatz
eine Prise Salz
1 Ei
310 ml Milch
Öl
Zitronensaft und Zucker zum Servieren

1 Mehl und Salz in eine Schüssel sieben, eine Vertiefung in die Mitte drücken. Ei und Milch zugeben, glattrühren. 1 Stunde ruhenlassen.
2 Eine leicht geölte Bratpfanne erhitzen. 3 EL Teig in die Pfanne geben, Teig gleichmäßig verteilen. Die Ränder vorsichtig mit einem Messer anheben. Wenn die Unterseite des Teigs goldgelb ist, umdrehen, andere Seite backen. Auf einem Teller mit Zitronensaft beträufeln und mit Zucker bestreuen. Zusammenrollen, heiß servieren.

Anmerkung: Statt mit Zitronensaft und Zucker kann man Pfannkuchen auch heiß mit Sahne oder Eiscreme servieren. Das Grundrezept kann beliebig variiert werden.

Oben: Flapjacks; rechts: Pfannkuchen nach Grundrezept. Gegenüber: Kleine Pfannkuchen mit saurer Sahne und Räucherlachs

FLAPJACKS

☆ ***Vorbereitungszeit:*** 20 Minuten
Backzeit: 20 Minuten
Ergibt 10 Stück

2 Tassen Mehl mit Backpulverzusatz
¼ TL Backpulver
250 ml Milch
2 EL Honig
2 Eier, leicht verquirlt
45 g Butter, zerlassen
Butter zum Einfetten
geschlagene Butter und Ahornsirup zum Servieren

1 Mehl und Backpulver in eine Schüssel sieben, eine Vertiefung in die Mitte drücken. Milch, Honig, Eier und Butter in einer anderen Schüssel mischen, dann zum Mehl geben.
2 Mischung so lange schlagen, bis sie keine Klümpchen mehr hat.
3 Mittelgroße Pfanne erhitzen, mit Butter einfetten. 2 EL Teig in die Pfanne geben. Bei mittlerer Hitze 2 Minuten backen, bis die Unterseite goldbraun ist. Umdrehen, weitere 2 Minuten backen. Auf einen Teller legen, mit einem Küchentuch bedecken. Warm halten.
4 Mit dem restlichen Teig wiederholen; bei Bedarf die Pfanne wieder einfetten. Flapjacks mit geschlagener Butter und Ahornsirup servieren.
5 Für die geschlagene Butter weiche Butter – sie sollte Zimmertemperatur haben – mit dem Handrührgerät 3–4 Minuten schlagen, bis sie lokker und sahnig ist.

Anmerkung: Flapjack-Teig dickt ein, wenn er längere Zeit steht. Beim Zubereiten großer Mengen muß der restliche Teig eventuell von Zeit zu Zeit mit etwas Milch verdünnt werden. Echter Ahornsirup ist zwar teurer als verschnittener, aber sein Aroma ist um vieles besser.

GEMÜSESATÉ UND SPROSSENPFANNKUCHEN

★ ***Vorbereitungszeit:*** 35 Minuten
Kochzeit: 15 Minuten
Für 4–6 Personen

Pfannkuchen
1 ¼ Tassen Mehl
1 TL Backpulver
1 Ei
⅜ l Milch
1 TL Öl
250 g kleine Champignons, in dünne Scheiben geschnitten
1 große Möhre, grobgeraffelt
1 Tasse geröstete Erdnüsse

Füllung
250 g frische Zuckererbsensprossen
250 g Mungbohnensprossen
6 Frühlingszwiebeln, in feine Ringe geschnitten

Soße
½ Tasse Erdnußbutter mit Stückchen
3 EL Apfelessig
3 EL Zitronensaft
2 TL Sambal Oelek

1 Für die Pfannkuchen Mehl und Backpulver in eine Schüssel sieben. Eine Vertiefung in die Mitte drücken. Eier, Milch und Öl verrühren, in die Mitte gießen. Zu einem glatten Teig verrühren, in Meßbecher oder Krug gießen.
2 Heiße Pfanne mit Öl auspinseln. Nur so viel Teig hineingießen, daß er den Boden hauchdünn bedeckt. 2–3 Minuten backen, wenden und noch einmal 1–2 Minuten backen. Auf einen Teller legen, mit Backpapier abdecken. Restlichen Teig verbrauchen. Pfannkuchen warm halten.
3 Für die Füllung Gemüse mit Erdnüssen mischen. Auf die Pfannkuchen verteilen. Jeden Pfannkuchen falten oder rollen, auf Servierplatte geben oder auf einzelne Teller verteilen.
4 Für die Soße alle Zutaten gut verrühren. Über die Pfannkuchen gießen oder getrennt reichen.

KLEINE PFANNKUCHEN MIT SAURER SAHNE UND RÄUCHERLACHS

★ ***Vorbereitungszeit:*** 15 Minuten
Backzeit: 10–15 Minuten
Ergibt etwa 50 Stück

Pfannkuchen
1 Tasse Mehl mit Backpulverzusatz
2 Eier, leicht verquirlt
⅛ l Milch
1 EL saure Sahne

Belag
½ Tasse saure Sahne
2 EL Mayonnaise
2 TL Zitronensaft
1 EL Schnittlauch, feingehackt
1 EL Minze, feingehackt
125 g Räucherlachs in Scheiben

1 Mehl in eine Schüssel sieben, Vertiefung in die Mitte drücken. Eier, Milch und saure Sahne verrühren und zugeben. Teig glattrühren, 10 Minuten ruhenlassen.
2 Beschichtete Pfanne erhitzen, mit Öl oder zerlassener Butter bepinseln, Teig teelöffelweise in die Pfanne geben. Wenn der Teig Blasen schlägt, Pfannkuchen umdrehen.
3 Für den Belag saure Sahne, Mayonnaise, Zitronensaft, Schnittlauch und Minze verrühren, etwas auf jedes Küchlein häufen, Räucherlachs daraufsetzen. Nach Wunsch mit Zitronenzeste garnieren.

Pasta ist leicht selbst herzustellen, kann aber auch frisch oder getrocknet gekauft werden. Pasta ist ungefüllt und gefüllt (z.B. als Ravioli oder Tortellini) erhältlich. Sie wird häufig als italienische Nationalspeise bezeichnet. Der römische Dichter Horaz schätzte eine Art Lasagne mit Lauch und Kichererbsen (ein ähnliches Gericht gibt es heute noch in Süditalien). In mittelalterlichen Schriften werden häufig Makkaroni erwähnt, darunter ein Rezept für Makkaroni mit Käse; in einem Kochbuch aus dem 15. Jh. findet sich eine Anleitung zum Trocknen von Vermicelli in der Sonne, und Tagliatelle sind mindestens seit dem 16. Jh. bekannt. Seit dem Ende des 18. Jh. gab es Straßenstände mit Pasta: sie wurde frisch gekocht und an Ort und Stelle mit den Fingern gegessen. Die ersten Pastafabriken gab es im 19. Jh.

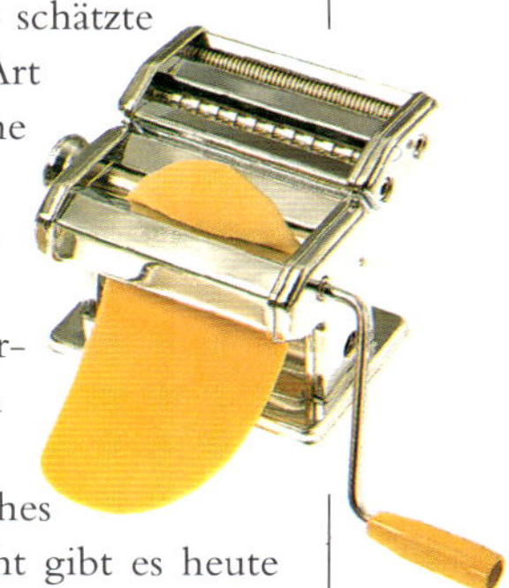

Pastetchen
(Bouchée) Kleine, runde Gebäckhülle aus Blätter- oder Brandteig, die erst kurz vor dem Verzehr mit heißen oder kalten, pikanten oder

süßen Füllungen versehen wird.

Pastete siehe Pâté.

Pastinake Möhrenförmiges Wurzelgemüse mit weißgelblichem Fruchtfleisch. Gekocht

haben sie ein starkes, süßliches Aroma, das gut zu gebratenem Fleisch paßt. Die Pastinake stammt aus Osteuropa und wurde in Deutschland kultiviert. Viele Jahrhunderte lang galt sie in Europa als Arme-Leute-Essen. Im frühen 17. Jh. kam die Pastinake nach Nordamerika.

Pastrami Mageres Rindfleisch, gepökelt, gewürzt und mit getrockneten Chilischoten und schwarzen Pfefferkörnern eingerieben. Pastrami ist dunkelrot und wird, in Scheiben geschnitten, als kaltes Fleisch oder Brotbelag serviert.

Pâté Brisée Mürbeteig aus Butter, Margarine oder Schweineschmalz (oder einer Kombination davon), Mehl, Zucker, Ei und Wasser. Auf der

THAILÄNDISCHE MAISPFANNKUCHEN MIT KORIANDERMAYONNAISE

☆☆ ***Vorbereitungszeit:*** 15 Minuten
Backzeit: 3–5 Minuten pro Stück
Für 6 Personen

2 Knoblauchzehen
1 kleine rote Chilischote
2 cm frischer Ingwer
2 Eier
1/4 Tasse Maismehl
2 EL frische Korianderblätter
schwarzer Pfeffer aus der Mühle
1–2 EL süße Chilisoße
ca. 440 g Maiskörner aus der Dose, abgetropft
1–2 EL Erdnußöl

Koriandermayonnaise
2/3 Tasse Volleimayonnaise
4 EL Zitronensaft
1/3 Tasse Korianderblätter, gehackt
8 Frühlingszwiebeln, feingehackt
schwarzer Pfeffer aus der Mühle

1 Knoblauch grob hacken; Chili und Ingwer hacken. Eier, Maismehl, Koriander, Knoblauch, Chilischote, Ingwer, Pfeffer, Chilisoße und die Hälfte der Maiskörner in der Küchenmaschine etwa 30 Sekunden glatt verarbeiten, Momentschaltung benutzen. Zwischendurch Konsistenz kontrollieren. Die pürierte Masse in eine Schüssel geben und die restlichen Maiskörner schnell unterziehen.
2 Öl in einer Pfanne erhitzen. 2 EL Maismischung in die Pfanne geben, bei mittlerer Hitze 2–3 Minuten goldbraun backen. Wenden, Rückseite 1–2 Minuten backen. Restliche Pfannkuchen ausbacken, auf Küchenpapier abtropfen lassen.
3 Für die Koriandermayonnaise Zitronensaft, Mayonnaise, Koriander und Frühlingszwiebeln in einer Schüssel mischen. Mit Pfeffer abschmecken. Pfannkuchen heiß oder kalt mit einem Klecks Koriandermayonnaise servieren.

GESCHICHTETE CRÊPES MIT LANGUSTE UND SHRIMPS

☆☆ ***Vorbereitungszeit:*** 25–30 Minuten
Kochzeit: 20 Minuten
Für 4–6 Personen

250 g gekochtes Langustenfleisch
250 g gekochtes Garnelen- oder Shrimpsfleisch
75 g Butter
2 Frühlingszwiebeln, in feine Ringe geschnitten
4 EL Mehl
3/8 l Milch
200 ml Joghurt
1–2 EL Zitronensaft
Pfeffer
3/4 Tasse geriebener Cheddar oder mittelalter Gouda

Crêpeteig
1 Tasse Mehl
2 TL abgeriebene Zitronenschale
1 Ei
500–600 ml Milch
1 EL Butter, zerlassen
Butter zum Braten

1 Langustenfleisch zerpflücken, mit Garnelen oder Shrimps kleinhacken.
2 Butter zerlassen. Frühlingszwiebeln 2–3 Minuten dünsten. Mehl zufügen. 1 Minute dünsten. Nach und nach Milch angießen, rühren, bis zum Eindicken. Mit Joghurt, Zitronensaft, Pfeffer gut verrühren. Langusten- und Garnelenfleisch zugeben, beiseite stellen.
3 Für den Crêpeteig Mehl in eine Schüssel sieben. Abgeriebene Zitronenschale zugeben. In einer anderen Schüssel Ei und Milch leicht verquirlen. Zerlassene Butter hinzufügen. Eiermischung nach und nach mit Mehl zu einem glatten Teig rühren.
4 Etwas Butter zerlassen, nach und nach Crêpes von 20 cm Durchmesser backen. Crêpes herausnehmen, auf einen Stapel legen, bis der ganze Teig verbraucht ist.
5 Ofen auf 150 °C vorheizen. Ersten Crêpe auf einen Teller legen, etwas von der Soßenmischung gleichmäßig darauf verteilen. Nächstes Crêpe auflegen und so lange fortfahren, bis alle Crêpes und die Soße verbraucht sind. Oberfläche mit geriebenem Käse bestreuen, 10 Minuten in den Backofen stellen, bis der Käse geschmolzen und die Crêpes heiß sind.

Oben: Thailändische Maispfannkuchen mit Koriandermayonnaise. Gegenüber: Marinierte Pfeffersteaks mit Mango-Avocado-Salsa

noch 2–3 bzw. 4–6 Minuten grillen. Mit Mango-Avocado-Salsa servieren.

4 Für die Salsa Mango schälen, Stein entfernen und Fleisch würfeln. Avocado schälen und das Fruchtfleisch würfeln. Mango und Avocado mit Frühlingszwiebel, Limonensaft und der Tabascosoße in einer kleinen Schüssel vermischen. Bis zum Verzehr zugedeckt kalt stellen.

PFEFFER

MARINIERTE PFEFFERSTEAKS MIT MANGO-AVOCADO-SALSA

☆☆ ***Vorbereitungszeit:*** 10 Minuten + 20 Minuten Ruhezeit
Kochzeit: 6–16 Minuten
Für 6 Personen

6 Filetsteaks à 125 g (gleich dick)
1–2 EL ganze weiße Pfefferkörner
1 EL weiße Senfsamen
3 EL Öl

Mango-Avocado-Salsa
1 große reife Mango
1 große reife Avocado
1 Frühlingszwiebel, in feine Ringe geschnitten
1–2 EL Limonensaft
1 Spritzer Tabascosoße

1 Die Fleischränder einschneiden, damit sich das Fleisch beim Braten nicht wellt, Fett und Sehnen entfernen. Pfefferkörner und Senfsamen grob zerkleinern, mit der Küchenmaschine oder in eine Plastiktüte füllen und mit der Kuchenrolle zerdrücken. Auf einem Teller ausbreiten.

2 Steaks mit Öl einreiben und in die Gewürzmischung pressen. Das Fleisch soll gut bedeckt sein. Mit Frischhaltefolie bedeckt 30 Minuten im Kühlschrank ruhenlassen.

3 Fleisch auf einen leicht geölten vorgeheizten Grill geben und bei starker Hitze jede Seite 2 Minuten grillen, damit sich die Poren schließen. Für blutige Steaks pro Seite noch 1 Minute grillen; für halb durchgebratene Steaks (medium) oder durchgebratenes Fleisch bei mittlerer Hitze pro Seite

RINDERFILET MIT PFEFFERSOSSE

☆ ***Vorbereitungszeit:*** 10 Minuten
Kochzeit: 50 Minuten bis 1 Stunde 35 Minuten
Für 6 Personen

1 kg Rinderfilet oder Hochrippen-Medaillon am Stück
1–2 EL Sojasoße
2 EL zerdrückte schwarze Pfefferkörner
4 EL Olivenöl

Grüne Pfeffersoße
½ Tasse Hühnerbrühe
½ Tasse Sahne
2 TL grüner Pfeffer aus dem Glas, abgespült und abgetropft
2 TL Brandy

1 Backofen auf 210 °C vorheizen. Fleisch in regelmäßigen Abständen zusammenbinden, damit es die Form nicht verliert. Mit Sojasoße einreiben und in den zerdrückten schwarzen Pfefferkörnern wälzen, bis Enden und Oberfläche ganz bedeckt sind.

2 Öl in einem Bräter erhitzen und Fleisch bei starker Hitze ringsherum anbraten. Mit dem Bräter in den vorgeheizten Backofen stellen.

3 Je nach gewünschtem Zustand 45 Minuten (blutig), 1 Stunde (medium) oder 1 Stunde 30 Minuten (gut durch) im Ofen lassen. Zwischendurch immer wieder mit Bratensaft begießen. Aus dem Ofen nehmen und mit Folie zugedeckt 10 Minuten warm stehenlassen. Schnur entfernen und Fleisch in Scheiben schneiden. Mit grüner Pfeffersoße servieren.

4 Für die Soße Hühnerbrühe zum Bratensaft geben. Bei schwacher Hitze unter Rühren zum Kochen bringen; anschließend die Sahne und den abgetropften grünen Pfeffer dazugeben. Mischung 2 Minuten unter Rühren kochen; Brandy hinzufügen. Noch 1 Minute kochen und vom Herd nehmen.

Arbeitsfläche die trockenen Zutaten mischen, eine Vertiefung in die Mitte drücken und die restlichen Zutaten hineingeben. Mit den Fingerspitzen zuerst die flüssigen Zutaten mischen, dann nach und nach die trockenen einkneten. Pâté Brisée wird in der französischen Küche für süße und pikante Gerichte verwendet.

Pâté Sucrée Wörtlich »Zuckerteig«; ein süßer, knuspriger Mürbeteig aus Butter oder Margarine (niemals Schweineschmalz), Zucker und Eigelb, der in der französischen Küche für Torteletts und Obstkuchenböden verwendet wird. Zubereitung siehe Pâté Brisée.

Pâtés und Terrinen Sie bestehen aus fein zerkleinertem Fisch, Fleisch, Wild, Geflügel oder Gemüse. Pâté ist gewöhnlich eine feinstrukturierte Paste oder ein Aufstrich (von franz. *pâté en croûte,* einer im Teig gebackenen, reichhaltigen, pikanten Fleisch-, Geflügel- oder Wildmischung). Gilt auch als Bezeichnung für gebackene oder sautierte, anschließend pürierte Mischungen. Eine

Terrine hat eine grobere Struktur und wird aufgeschnitten serviert. Pâté reicht man zimmerwarm als Appetithappen auf Brot oder Kräckern oder, in dicke Scheiben geschnitten, als Vorspeise. Bereits im alten Rom gab es eine Art Pâté aus Schweinefleisch, die manchmal auch marinierte Vogelzungen enthielt.

Paupiette Dünnes Fisch-, Fleisch- oder Geflügelfilet, mit feingehacktem Fleisch, Gemüse, Kräutern und Gewürzen gefüllt und aufgerollt, mit Zahnstochern befestigt und geschmort.

Peanuts siehe Erdnüsse.

Pecorino Italienischer Schafmilchkäse, der aus in Molke gekochtem Sauermilchquark hergestellt wird. Man unterscheidet zwischen zwei Versionen: Pecorino romano, einem harten Reibkäse (der erstmals in der Region um Rom hergestellt wurde), der zum Kochen verwendet wird und in der Struktur dem Parmesan ähnelt, und Pecorino fresco, einer jungen, weichen und

PFIRSICHE

PFIRSICH MIT MARSALASAHNE UND VANILLEFINGERN

☆☆ ***Vorbereitungszeit:*** 50 Minuten
Zubereitungszeit: 30 Minuten
Für 8 Personen

4 Eigelb
1/4 Tasse feiner Zucker
4 EL Marsala
1 1/4 Tassen Sahne, geschlagen
1 Tasse Zucker
4 Tassen Wasser
8 mittelgroße Pfirsiche

Vanillefinger
60 g Butter
3/4 Tasse Puderzucker
2 Eiweiß
1/4 TL Vanilleessenz
1/2 Tasse Mehl

1 Mit dem Handrührgerät Eigelb und Zucker in einer feuerfesten Form 1 Minute schlagen. Im Wasserbad unter ständigem Rühren erwärmen. Nach und nach Marsala angießen und in 3 Minuten schaumig schlagen. Vom Herd nehmen und 2 Minuten weiterschlagen, bis die Mischung abgekühlt ist. In eine saubere Schüssel geben und Schlagsahne unterziehen. Zugedeckt kalt stellen.
2 Zucker und Wasser in einem schweren Topf geben. Bei mittlerer Hitze Zucker unter Rühren auflösen. Aufkochen, Hitze etwas reduzieren und ganze Pfirsiche zugeben; bei geschlossenem Topf 20 Minuten köcheln lassen. Dabei gelegentlich wenden. Pfirsiche mit dem Schaumlöffel auf einen Teller legen; erkalten lassen. Haut mit den Fingern abziehen. In Folie gewickelt bis zum Gebrauch im Kühlschrank aufbewahren. Vor dem Servieren Pfirsiche 15 Minuten bei Raumtemperatur stehenlassen.
3 Für die Vanillefinger Ofen auf 180 °C vorheizen. Backpapier auf Backblechgröße zuschneiden; mit Bleistift und Lineal im Abstand von 7 cm parallele Linie ziehen. Blech mit Öl bepinseln und Papier mit der Schriftseite nach unten drauflegen. Mit dem Handrührgerät Butter und Puderzucker in einer mittleren Schüssel locker und cremig schlagen. Eiweiß nach und nach einzeln unterrühren und dabei weiterschlagen. Vanilleessenz zufügen und glattrühren. Mit einem Metallöffel gesiebtes Mehl unterheben.
4 Mischung in einen Spritzbeutel mit einer einfachen 1-cm-Spitze füllen. Entlang der Linien auf dem Papier 7 cm lange Streifen spritzen (Abstand zwischen den Streifen 5 cm). In ca. 7 Minuten goldgelb backen. Auf dem Blech lassen, bis sie fest sind; dann auf einem Kuchengitter erkalten lassen. Zum Servieren je einen Pfirsich mit einem großen Klecks Marsalasahne und drei Vanillefingern pro Teller anrichten.

Oben: Pfirsich mit Marsalasahne und Vanillefingern.
Gegenüber: Pfirsich Melba

PFIRSICH MELBA

Vorbereitungszeit: 15 Minuten
Kochzeit: 8 Minuten
Für 4 Personen

2 Tassen Wasser	*250 g Himbeeren*
½ Tasse Zucker	*¼ Tasse Puderzucker*
1 kleine Vanilleschote	*2 TL Zitronensaft*
4 reife Pfirsiche	*4 Kugeln Vanilleeis*

1 Wasser, Zucker und Vanilleschote in einem Topf erhitzen. Unter ständigem Rühren den Zucker auflösen. Sirup 2 Minuten köcheln lassen.
2 Pfirsiche halbieren, schälen und entsteinen. Im Sirup fast gar kochen. Vom Herd nehmen, im Sirup erkalten lassen; anschließend gut kühlen.
3 Himbeeren mit Puderzucker und Zitronensaft im Mixer pürieren. Durch ein Sieb streichen und kalt stellen.
4 Auf jeden Teller 1 Kugel Eis geben, gut abgetropfte Pfirsichhälften darübergeben und mit Himbeerpüree begießen. Sofort servieren.

PFIRSICH-ZUCCHINI-MUFFINS

Vorbereitungszeit: 8 Minuten + 5 Minuten Ruhezit
Backzeit: 18 Minuten
Ergibt 15 Muffins

350 g Teigmischung für Butterkuchen	*½ Tasse Pfirsiche im eigenen Saft, gut abgetropft und feingehackt*
1 Ei	*60 g Butter, zerlassen*
2 TL abgeriebene Zitronenschale	
⅔ Tasse Zucchini, grob geraffelt	

1 Ofen auf 210 °C vorheizen. Eine 15er-Muffin-Form mit Öl oder flüssiger Butter einpinseln.
2 Teigmischung, Ei, Zitronenschale, Zucchini, Pfirsiche und Butter mit einem Holzlöffel in einer Schüssel mischen.
3 In die vorbereitete Form füllen (⅔ der Höhe) und in etwa 18 Minuten hellbraun backen. 5 Minuten in der Form abkühlen lassen; auf einem Kuchengitter erkalten lassen. Mit Buttercreme oder Frischkäseglasur bestreichen. Nach Belieben mit Pfirsichscheiben aus der Dose garnieren.

PFIRSICH-PUDDING-PARFAIT

Vorbereitungszeit: 10 Minuten
Für 4 Personen

425 g Pfirsichscheiben aus der Dose, abgetropft und in Stücke geschnitten	*1 ½ Tassen Vanillepudding*
6 TL Pfirsichlikör	*½ Tasse Sahne, geschlagen*
½ l Vanilleeis	*2 EL Mandelblätter, geröstet*

1 Pfirsiche und Likör in eine Schüssel geben und 5 Minuten ziehen lassen.
2 Eiscreme, Pfirsiche und Pudding in 4 Parfaitgläser schichten. Mit Schlagsahne garnieren und mit Mandelblättern bestreuen. Sofort servieren.

Anmerkung: Als Variante 90 g Götterspeisenpulver (Orangengeschmack) anrühren. Feste Masse in Stücke schneiden, unter den Pudding mischen.

WISSENSWERTES ÜBER PFIRSICHE

- Pfirsiche kurz vor der Reife eignen sich zum Kochen und Backen am besten und sind leichter zu schälen.
- Zum Schälen Früchte 30 Sekunden in kochendes Wasser geben. Herausnehmen, in Eiswasser tauchen – die Haut löst sich. Vor dem Schälen Pfirsiche halbieren und entsteinen. Fruchtfleisch mit Zitronensaft einreiben, damit es sich nicht verfärbt.

milden Version, die als Tafelkäse dient. Pecorino entstand vor beinahe 2000 Jahren in Süditalien und wurde traditionell von den Schafhirten hergestellt. Er hat seinen Namen vom italienischen Wort für Mutterschaf, pecora.

Pekannuß Elliptische, glattschalige Frucht mit festem Kern (ähnelt einer Walnuß) und süßem Butteraroma. Ganze Pekannüsse ißt man als Knabberei (frisch oder geröstet und gesalzen) und verwendet sie in Plätzchen, Kuchen, Broten.

In Amerika ist Pekanpie besonders beliebt. Man kann die Nüsse hacken oder mahlen und sie über Eiscreme streuen, zum Füllen von Gebäck oder als Konfekt verwenden. Der Pekannußbaum ist in Nordamerika zu Hause. Die Nüsse sind vakuumverpackt oder frisch erhältlich.

Pektin Natürliches Geliermittel, das in einigen Früchten enthalten ist. Kocht man pektinhaltiges Obst mit Zucker, bildet sich eine feste Marmelade. Schwarze und rote Johannisbeeren,

PICKLES & CHUTNEYS

Pickles (sauer Eingelegtes) und Chutneys (scharf gewürzte Soßen) dienten ursprünglich der Konservierung von Lebensmitteln. Gemüse für Chutneys wird in Essig, Zucker und Gewürzen weichgedämpft. Eingelegtes Gemüse wird kürzer gekocht und behält seine Form.

Die Qualität von Pickles und Chutneys hängt von der Qualität der Zutaten ab. Altes, schlaffes Gemüse schmeckt auch mit reichlich Essig, Gewürzen und Salz immer noch wie altes, schlaffes Gemüse.

■ OBST UND GEMÜSE: Wählen Sie frisches, junges, festes Obst und Gemüse. Obst kann eingelegt werden, wenn es noch nicht ganz reif ist. Gemüse wie Zwiebeln und Gurken sollte klein und von einheitlicher Größe sein. Sorgfältig waschen, um jegliche Bakterientätigkeit zu unterbinden. Gemüse kann roh oder gekocht eingelegt werden. Rohes Obst und Gemüse wird gewöhnlich zuerst gesalzen, um den Wassergehalt zu verringern und das Ergebnis zu verbessern.

■ ESSIG: Verwenden Sie zum Konservieren Qualitätsessig mit einem Mindestsäuregehalt von 5 %. Malzessig eignet sich für Zutaten mit starkem Eigenaroma; Apfel- und Weinessig eignet sich für feinere Aromen, zum Beispiel bei Obst.

■ GEWÜRZE: Wenn im Rezept nicht anders angegeben, nur ungemahlene Gewürze verwenden, z.B. Nelken, rote Chilischoten, Pfefferkörner, Koriander- und Senfsamen, da sie keinen Bodensatz bilden. Zu alte Gewürze schmecken modrig. Für eingelegtes Obst und Gemüse und für Chutneys bindet man die Gewürze in ein Leinensäckchen und nimmt sie nach dem Kochen wieder heraus.

■ SALZ: Verwenden Sie grobkörniges Salz zum Einsalzen des Gemüses, Jod und in Tafelsalz enthaltene andere Stoffe können die Farbe der Zutaten verändern und zur Trübung führen.

PICKLES

EINGELEGTE BIRNEN

3 feste Birnen schälen, halbieren und entkernen. Mit Saft und Zestenstreifen einer Zitrone in einen Topf geben, mit kaltem Wasser bedecken und zum Kochen bringen. Hitze reduzieren und Birnen bißfest köcheln lassen.
In einem anderen Topf ½ Tasse Zucker, 1 ½ Tassen weißen Essig, 1 Zimtstange und 1 TL ganze Nelken unter Rühren erhitzen, bis der Zucker sich auflöst. Aufkochen und vom Herd nehmen. Birnen mit Zimt und Nelken dicht in ein warmes, sterilisiertes Glas füllen. Mit heißem Zuckersirup auffüllen und luftdicht verschließen. Vor dem Verzehr mindestens 2 Wochen ruhenlassen. Eingelegte Birnen halten sich bis zu 4 Monate. Mit kaltem Putenfleisch oder Schinken servieren.

EINGELEGTES GEMÜSE (MIXED PICKLES)

½ kleinen Blumenkohl, 1 rote Paprikaschote, 2 ungeschälte Gurken, 1 Möhre, 3 Stangen Sellerie und 2 Zwiebeln grob hakken. In einer Schüssel mit Wasser bedekken und mit 315 g grobem Salz bestreuen. Mit einem trockenen Tuch abdecken und über Nacht ruhenlassen. Abtropfen lassen,

abspülen und wieder abtropfen lassen. 1 ¼ l weißen Essig, 5 ganze getrocknete Chilischoten, ½ Tasse Zucker, 1 TL Selleriesaat und 1 EL Senfsaat zusammen in einen großen Topf geben.
Unter Rühren langsam erhitzen, bis der Zucker sich aufgelöst hat. 3 Minuten köcheln lassen, Gemüse hinzufügen und 12 Minuten kochen. Vom Herd nehmen. Gemüse mit einem Schaumlöffel in warme, sterilisierte Gläser füllen. Flüssigkeit wieder zum Kochen bringen und über das Gemüse gießen. Erkalten lassen, luftdicht verschließen und etikettieren. Eingelegtes Gemüse kann z.B. als Teil einer Vorspeisenplatte oder kleingehackt in Thunfischmayonnaise serviert werden.

LIMONEN-CURRY-PICKLE

12 Limonen in je 8–10 Schnitze schneiden. In einer Glasschüssel ausbreiten und 4 EL Salz darüberstreuen. Mit einem sauberen Tuch abdecken und an einem warmen, trockenen Ort 3 Tage stehenlassen. Dabei gelegentlich umrühren. Limonen abtropfen lassen und abspülen.
In einem Topf 1 ½ Tassen gutes Olivenöl, 1 EL geröstete zerdrückte gelbe Senfsaat, 2 TL gemahlene Kreuzkümmel, 2 TL gemahlenen Ingwer und ½ TL grob gemahlenen Pfeffer bei schwacher Hitze heiß werden lassen. Limonen mit ⅓ Tasse Weißweinessig, 3 zerdrückten Knoblauchzehen und 2 langen roten Chilischoten (entkernt und gehackt) einrühren. Bei mittlerer Hitze 5 Minuten rühren; 3 EL Zucker hinzufügen und unter Rühren auflösen. In warme, sterilisierte Gläser füllen und luftdicht verschließen. Abkühlen lassen und etikettieren. Zu Currys reichen.

CHUTNEYS

TOMATENCHUTNEY

3 Zwiebeln,2 grüne Äpfel schälen, mit 1 kg reifen, abgezogenen Tomaten grob hacken. 3 Pfirsiche häuten, entsteinen und grob hacken. Alles in einen großen Topf oder Bräter geben. 2 ¾ Tassen dunklen, braunen Zucker, 2 Tassen weißen Essig, 1 EL Salz und je 1 TL Lebkuchengewürz und mexikanisches Chilipulver dazugeben und langsam zum Kochen bringen.
2 Stunden im offenen Topf einkochen lassen. Gelegentlich umrühren. Chutney vom Herd nehmen und 5 Minuten ruhenlassen. In warme, sterilisierte Gläser füllen und sofort luftdicht verschließen.

VARIATIONEN

- Statt reifer Tomaten können grüne Tomaten verwendet werden.
- Einen großen roten oder grünen Paprika, abgezogen und kleingehackt, dazugeben.
- Statt des weißen Essigs dunklen Malzessig verwenden.

WAS SIE UNBEDINGT BEACHTEN SOLLTEN

- Pickles und Chutneys nach dem Kochen so bald wie möglich verschließen (rostfreie Deckel!). Kunststoff, mit Plastik überzogenes Metall, Kork oder Deckel mit Wachsüberzug sind geeignet. Für Chutneys keine lichtdurchlässigen Deckel oder Abdeckungen verwenden. Metalldeckel müssen einen Kunststoffüberzug haben, weil die Berührung von Essig und Metall zur Oxidierung führt.
- Chutneys sollten nach dem Einkochen mindestens einen Monat ruhen, damit sich das Aroma gut entwickeln kann.
- Pickles und Chutneys sind an einem kühlen, dunklen Ort bis zu einem Jahr haltbar. Nach dem Öffnen im Kühlschrank aufbewahren.
- Gläser vor dem Einfüllen gründlich mit warmem Wasser und Spülmittel reinigen und mit Wasser nachspülen. Bei 140 °C im Ofen trocknen. Füllen, solange die Gläser warm sind.

Im Uhrzeigersinn von oben: Limonen-Curry-Pickle, Tomatenchutney, Tomatenchutney mit grünem Paprika, Tomatenchutney mit Malzessig, eingelegte Birnen und eingelegtes Gemüse (Mixed Pickles)

Zitrusfrüchte, Kochäpfel, Quitten, Stachelbeeren und Pflaumen haben einen hohen Pektingehalt; Erdbeeren und Birnen einen geringen. Früchte, die kurz vor der Reife stehen oder gerade reif geworden sind, enthalten mehr Pektin als überreifes Obst. Pektin ist auch als Pulver erhältlich.

Pellkartoffeln Kartoffeln, die mit der Schale in Salzwasser gegart werden.

Penne Kurze, getrocknete Röhrennudeln.

Peperoniwurst Wurst italienischer Herkunft aus zerkleinertem Schweine- und Rindfleisch und Fett, die mit gemahlenen Chillies und anderen Gewürzen abgeschmeckt ist. Sie ist verzehrfertig und wird oft als Pizzabelag verwendet.

Pepino (Birnenmelone) Apfelgroße, melonenförmige Frucht; die Schale ist glatt und gelbgrün mit lila Streifen, das Fleisch gelb und saftig. Die eßbaren Kerne sitzen in der Mitte. Pepinos kann man frisch wie Melonen genießen, gewürfelt im Obstsalat oder leicht sautiert als Beilage

PFLAUMEN

SCHWEINEMEDAILLONS MIT PFLAUMEN

☆ ***Vorbereitungszeit:*** 15 Minuten
Kochzeit: 30 Minuten
Für 4 Personen

4 Schweinemedaillons à 200 g
2 Tassen Hühnerbrühe
3 EL Öl
1 große Zwiebel, in Keile geschnitten
2 Knoblauchzehen, zerdrückt
1 EL frische Thymianblätter
1 große Tomate, enthäutet, entkernt und feingehackt
½ Tasse Sahne
16 Pflaumen, entsteint

1 Fleisch von Fett und Sehnen befreien. Medaillons mit einer Schnur rundbinden. Brühe in einem Topf zum Kochen bringen. Hitze reduzieren und im offenen Topf 5 Minuten köcheln lassen, bis die Flüssigkeit sich auf ¾ Tasse Brühe reduziert hat.
2 Öl in einer Pfanne erhitzen und Fleisch darin bei starker Hitze von jeder Seite 2–3 Minuten braten, damit sich die Poren schließen. Auf Küchenpapier abtropfen lassen.
3 Zwiebel und Knoblauch in die Pfanne geben und 2 Minuten unter Rühren braten. Fleisch mit Thymian, Tomate und Brühe wieder dazugeben, auf schwache Hitze reduzieren. Bei geschlossenem Topf etwa 10 Minuten köcheln lassen. Das Fleisch dabei einmal wenden. Sahne und Pflaumen dazugeben, weitere 5 Minuten köcheln lassen, dann servieren.

PFLAUMEN-NUSS-BROT

☆ ***Vorbereitungszeit:*** 40 Minuten
Backzeit: 1 Stunde
Ergibt 1 Laib

1 Tasse Weizenvollkornmehl, gesiebt
1 Tasse Mehl, gesiebt
1 Tasse Haferflocken
½ Tasse sehr feiner Zucker
1 TL Natron
1 TL Lebkuchengewürz
125 g Butter, in Stücke geschnitten
2 Eier
½ Tasse saure Sahne
4 EL Milch
1 Tasse gehackte, entsteinte Pflaumen
⅓ Tasse Walnußhälften

1 Backofen auf 190 °C vorheizen. Mehl, Haferflocken, Zucker, Natron und Lebkuchengewürz in einer großen Schüssel mischen. Butter hinzufügen und mit den Fingern zu einer krümeligen Masse verreiben.
2 Eier und saure Sahne mit dem Schneebesen verrühren. In die Mitte der Mehl-Haferflockenmischung eine Vertiefung drücken; Eiermischung und Milch hineingeben. Zu einem feuchten, aber festen Teig verarbeiten. Die gehackten und entsteinten Pflaumen und Walnußhälften unterheben.
3 Mischung in eine gefettete Kastenform geben (ca. 14 x 21 cm). Oberfläche glätten und eventuell mit Walnußhälften belegen. Etwa 1 Stunde backen (Nadelprobe machen!).
4 Brot 5 Minuten abkühlen lassen. Dann auf ein Kuchengitter stürzen und vollkommen erkalten lassen. Nach dem Abkühlen in einem luftdichten Behälter aufbewahren.

PFLAUMEN IN PORTWEIN

☆ ***Vorbereitungszeit:*** 10 Minuten
Kochzeit: 5 Minuten
Ergibt etwa 1 l

750 g Pflaumen, entsteint
3 Tassen Portwein
¼ Tasse brauner Zucker
2 Zimtstangen
Schale von 1 Zitrone und 1 Orange, in dünne Streifen geschnitten

1 Pflaumen in eine Schüssel geben. Portwein, Zucker, Zimstange und Zitrusfruchtschale in einem Topf bis zum Siedepunkt erhitzen.
2 Mischung über die Pflaumen gießen. Erkalten lassen. Zimtstangen herausnehmen.
3 Pflaumen in sterilisierte Gläser geben und mit Sirup auffüllen, so daß die Pflaumen ganz bedeckt sind. Luftdicht verschließen und etikettieren. Vor dem Verzehr mindestens 1 Woche ruhenlassen. Bei guter Lagerung halten sich die Pflaumen bis zu 12 Monate.

PIES

SCHINKENPIE MIT KRÄUTERN UND GEMÜSE

☆☆ ***Vorbereitungszeit:*** 25 Minuten
Zubereitungszeit: 55 Minuten
Für 6 Personen

30 g Butter
1 Knoblauchzehe, zerdrückt
1 mittelgroße Zwiebel, gehackt
1 EL Mehl
100 g kleine Champignons, halbiert
150 g Knochenschinken, in Stücke geschnitten
1 große Möhre, in Stücke geschnitten
1 Pastinake, in Stücke geschnitten
2 Lauchstangen, in dünne Ringe geschnitten
1 1/4 Tassen Sahne
1 EL frischer Rosmarin, gehackt
2 Scheiben Blätterteig, ausgerollt
1 Ei, leicht verquirlt

1 Backofen auf 180 °C vorheizen. Butter in einem schweren Topf erhitzen. Knoblauch und Zwiebel darin 3 Minuten goldgelb braten. Mehl hinzufügen, 1 Minute rühren.
2 Pilze und Schinken zufügen und 5 Minuten braten. Möhre, Pastinake und Lauch zugeben. Nach und nach Sahne und Rosmarin zufügen. Aufkochen, Hitze reduzieren und Gemüse bei geschlossenem Topf in 15 Minuten gar kochen.
3 Mischung in eine Pieform von 23 cm geben. Jede ausgerollte Teigplatte in 12 gleich große Streifen schneiden und ein Gittermuster legen. Mit Ei bepinseln und vorsichtig auf die Form legen. Ränder mit einem scharfen Messer abschneiden. Deckel mit Ei bepinseln und Pie in 25 Minuten goldbraun backen.

HÜHNERPIE

☆☆ ***Vorbereitungszeit:*** 40 Minuten
Backzeit: 1 Stunde
Für 6–8 Personen

Teig
2 Tassen Mehl
1/2 TL Salz
140 g Butter
1 TL Wasser

Füllung
1 kg Hühnerbrustfilets
200 g Schinken
gemahlener Pfeffer
2 EL Mehl
1/2 TL gemahlene Muskatnuß
2 große Lauchstangen, in Stücke geschnitten
1 Zwiebel, in feine Ringe geschnitten
75 g Butter, zerlassen
1/2 Tasse Hühnerbrühe
1 Ei zum Bepinseln
1/2 Tasse Sahne

1 Für den Teig Mehl in eine Schüssel geben; Salz hinzufügen. Mit der Butter zu feinen Bröseln verarbeiten. Mit Wasser zu einem festen Teig kneten und kalt stellen.
2 Für die Füllung Hühnerfleisch in 2 1/2 cm breite Streifen, den Schinken in 1 cm breite Streifen schneiden.
3 Backofen auf 200 °C vorheizen. Große, flache, feuerfeste Form mit breitem Rand mit flüssiger Butter auspinseln. Pfeffer, Mehl und Muskat mi-

Oben: Schinkenpie mit Kräutern und Gemüse.
Gegenüber: Pflaumen-Nuß-Brot

zu Fisch und Fleisch. Die Frucht kommt aus Chile und Peru und gelangte von dort im späten 19. Jh. nach Florida.

Perlhuhn Ehemals den Wildvögeln zugehörig; wird inzwischen gezüchtet. Besitzt viel Brustfleisch. Fleisch ist zart und hat leichten Wildgeschmack. Besonders beliebt in Südfrankreich, Ungarn und Jugoslawien. Selten im Handel erhältlich, außer in Delikatesseläden. Im Ofen oder geschmort und ähnlich wie Fasan zubereitet.

Pernod Anis-Likör aus Frankreich. Meistens als Longdrink serviert. Wird im Verhältnis 1:5 mit Wasser verdünnt. Wegen seines erfrischenden Geschmacks eignet er sich als Sommergetränk.

Persipan Ein Marzipanersatz. Siehe Marzipan.

Pesto Dicke, nicht gekochte Soße, bei der Basilikumblätter, Olivenöl, Knoblauch, Pinienkerne und Parmesan zu einer Masse verarbeitet werden. Traditionell wird die Soße im Mörser hergestellt, aber es geht auch mit der Küchenmaschine. Pesto wird gewöhnlich zu Pasta gereicht; in Genua, der Heimat der Soße (auch als *pesto alla Genovese* bekannt), gibt man sie an die Minestrone. Pesto ist das italienische Wort für Paste.

Petersilie Grünes Küchenkraut mit farnartigen Blättern und mildem, sellerieähnli-

chem Aroma, das sehr häufig zum Würzen und Garnieren verwendet wird. Man unterscheidet Schnittpetersilie und Wurzelpetersilie. Schnittpetersilie hat krause oder glatte Blätter. Die krause Petersilie ist etwas milder. Schnittpetersilie wird zum Garnieren und, feingehackt, zum Würzen von Salaten, Eiergerichten, Eintöpfen, Gemüse-, Reis- und Nudelgerichten verwendet. Gebackene Petersiliensträußchen sind eine beliebte Beigabe zu gegrilltem Fleisch und Fisch. Petersilie ist auch Bestandteil des *bouquet garni.* Das Kraut stammt aus Südeuropa und wird seit der Antike angebaut. Es wird auch

schen, Hühnerstreifen darin wälzen. Überschüssiges Mehl abschütteln.

4 Die Hälfte des Lauchs und die Zwiebel lagenweise auf den Boden der Form schichten. Die Hälfte der Schinken- und Hühnerstreifen darübergeben. Mit der zweiten Hälfte wiederholen. Mit flüssiger Butter beträufeln.

5 Teig leicht kneten, auf die Größe der Form passend ausrollen. Den Rand der Form mit Ei bepinseln und Teigdeckel auflegen. Einen dekorativen, gut schließenden Rand formen. Drei tiefe Schlitze in den Deckel schneiden, damit der Dampf entweichen kann. Den Deckel mit Ei bepinseln. In etwa 1 Stunde goldbraun und gar backen. Aus dem Ofen nehmen und 5 Minuten ruhenlassen. Sahne durch die Schlitze gießen und noch 10 Minuten ruhenlassen, dann servieren.

BROMBEERPIE

☆☆ ***Vorbereitungszeit:*** 45 Minuten
Backzeit: 45 Minuten
Für 6–8 Personen

Füllung
1/4 Tasse Maismehl
850 g Brombeeren (Konserve), Saft zurückbehalten
2 EL feiner Zucker
1 TL fein abgeriebene Orangenschale
2 Tassen Mehl mit Backpulverzusatz
2 EL Puderzucker
2 EL Vanillepuddingpulver
250 g kalte Butter, in Stücke geschnitten
1 Ei, leicht verquirlt
4 EL Wasser
zusätzlich 1 Ei, leicht verquirlt
1 EL grober Zucker

1 Backofen auf 180 °C vorheizen. Eine flache, runde Pieform (23 cm) mit flüssiger Butter oder Öl auspinseln.

2 Für die Füllung Maismehl mit etwas Brombeersaft glattrühren. Restlichen Saft, feinen Zucker, Orangenschale und die Maismehlmischung in einen Topf geben. Bei mittlerer Hitze unter Rühren in 5 Minuten aufkochen und eindicken lassen. Vom Herd nehmen, beiseite stellen und abkühlen lassen.

3 Mehl, Puderzucker, Puddingpulver und Butter in der Küchenmaschine in 15 Sekunden zu feinen Krümeln verarbeiten. Wasser und Ei hinzufügen, glattrühren (eventuell mehr Wasser dazugeben). Den Teig auf eine leicht bemehlte Arbeitsfläche geben und in 2 Minuten geschmeidig kneten. In Frischhaltefolie gewickelt 15 Minuten in den Kühlschrank legen.

4 ⅔ des Teiges auf der Arbeitsfläche so ausrollen, daß er Boden und Wände der vorbereiteten Form auskleidet. Maismehlmischung gleichmäßig auf dem Boden verteilen und die Brombeeren daraufgeben. Restlichen Teig in Deckelgröße ausrollen. Ränder mit Ei bepinseln und mit einem scharfen Messer begradigen. Deckel auflegen und mit Ei bepinseln. Mit der Gabel ein Muster in den Deckelrand drücken. Dann Pie mit grobem Zucker bestreuen. In 35 Minuten knusprig und goldbraun backen. Vor dem Anschneiden 5 Minuten ruhenlassen. Dann heiß mit Sahne oder Eiscreme servieren, je nach Belieben.

FLEISCHPIE

★ ***Vorbereitungszeit:*** 20 Minuten
Zubereitungszeit: 1 Stunde 10 Minuten
Für 4–6 Personen

1–2 EL Öl
1 mittelgroße Zwiebel, gehackt
750 g Rinderhackfleisch
90 g kleine Champignons, in Scheiben geschnitten
2 EL Tomatenmark
1 Tasse Rinderbrühe
2 EL Mehl
1 Grundrezept Mürbeteig
1 Scheibe TK-Blätterteig, aufgetaut
1 Ei, leicht verquirlt

1 Backofen auf 240 °C vorheizen. Öl in schwerem Topf erhitzen. Zwiebel und Fleisch bei mittlerer Hitze braun braten. Die Flüssigkeit soll verdampft sein. Größere Fleischbrocken mit einer Gabel etwas zerkleinern.
2 Pilze, Tomatenmark und Brühe angießen. Hitze reduzieren und im offenen Topf 15 Minuten köcheln lassen. Mehl mit etwas kaltem Wasser zu einer glatten Paste rühren. In die Fleischmischung rühren, aufkochen und eindicken lassen. Erkalten lassen.
3 Eine Pieform von 23 cm Durchmesser mit Mürbeteig gut auskleiden. Mit der Fleischmischung füllen. Ränder mit Wasser bestreichen, anschließend mit ausgerolltem Blätterteig bedecken und festdrücken. Ränder gerade schneiden und die Pie nach Wunsch dekorieren.
4 Oberfläche mit Ei bepinseln und kleine Löcher hineinschneiden. Auf einem Backblech 10 Minuten backen. Backofen auf 180 °C zurückschalten und in 30 Minuten goldgelb fertigbacken.

GEMÜSEPIE

★ ***Vorbereitungszeit:*** 40 Minuten + 40 Minuten Kühlzeit
Zubereitungszeit: 55 Minuten
Für 4–6 Personen

Teig
1 ½ Tassen Weizenvollkornmehl
125 g Butter, zerdrückt
1–2 EL Eiswasser
1 Eigelb, leicht verquirlt
2 TL Zitronensaft

Füllung
30 g Butter
1 kleine Zwiebel, feingehackt
6 Spinatblätter, gewaschen und gehackt
½ TL gemahlene Muskatnuß
1 Tasse zerdrückte Kartoffeln (ca. 300 g Rohkartoffeln)
1 Tasse zerdrückter Kürbis (200 g Rohkürbis)
2 große, feste Tomaten, in Scheiben geschnitten
1 Tasse geriebener Käse

1 Für den Teig Mehl in eine große Schüssel sieben. Ausgesiebtes wieder zum Mehl geben. Butter und Mehl mit den Fingern zu feinen Bröseln zerreiben. Vertiefung in die Mitte drücken. Wasser, Eigelb und Zitronensaft mischen, hineingießen und alles zu einer Kugel verarbeiten. Auf leicht bemehlter Arbeitsfläche 1 Minute kneten. Mit Plastikfolie bedecken und 30 Minuten kalt stellen.
2 Backofen auf 210 °C vorheizen. Tiefe Pieform (20 cm Durchmesser) mit zerlassener Butter oder Öl auspinseln. Den Teig zwischen 2 Lagen Backpapier auf bemehlter Arbeitsfläche ausrollen. Die vorbereitete Form damit auskleiden und Rand mit einem großen Messer gerade schneiden. 10 Minuten kalt stellen.
3 Anschließend den Teig 12 Minuten blindbacken, Papier und Hülsenfrüchte entfernen und weitere 15 Minuten goldbraun backen. Anschließend 5 Minuten abkühlen lassen.
4 Für die Füllung Butter in einem Topf zerlassen. Zwiebel darin bei mittlerer Hitze 2 Minuten braten. Gehackten Spinat und Muskatnuß dazugeben. Bei geschlossenem Topf gar kochen.
5 Zerdrückte Kartoffeln auf den Boden der Teigform streichen. Darauf Spinatmischung, zerdrückten Kürbis, Tomaten und geriebenen Käse geben. 20 Minuten backen. Die Pie kann heiß oder kalt serviert werden.

Oben: Fleischpie.
Gegenüber: Hühnerpie

wegen seiner medizinischen Bedeutung geschätzt, da es reich an Vitamin C und Mineralien ist. Die alten Römer verwendeten Petersilie, um einem Kater nach übermäßigem Alkoholkonsum vorzubeugen.

Petits fours Feines, kleines, reichdekoriertes Back-

werk, das mit Kaffee zum Nachtisch gereicht wird.

Pfannkuchen Dünner, flacher Kuchen aus Mehl, Ei und Milch. Wird in einer gefetteten Pfanne von beiden Seiten kurz gebacken und heiß serviert, häufig mit pikanter oder süßer Füllung. Pfannkuchen entsprechen Crêpes, sind aber dicker. In Nordamerika sind Pfannkuchen, aufgestapelt und mit Ahornsirup übergossen, ein beliebtes Frühstück.

Pfeffer Scharfes Gewürz, das aus den beerenähnlichen Früchten einer tropischen Kletterpflanze gewonnen wird.

Weißer und schwarzer Pfeffer stammen von derselben Pflanze, sie werden in verschiedenen Reifegraden gepflückt. Schwarzer Pfeffer entsteht, wenn die unreifen grünen Beeren an der Sonne getrocknet und fermentiert werden.

Weißer Pfeffer entsteht aus den reifen Beeren. Sie werden in Wasser eingeweicht, damit sich die Haut löst. Schwarzer und weißer Pfeffer werden für alle Arten von pikanten Gerichten verwendet. Erst kurz vor Ende der Kochzeit gemahlenen Pfeffer an die Gerichte geben – bei langen Kochzeiten ein Leinensäckchen mit Pfefferkörnern mitkochen und vor dem Servieren entfernen. Grüne Pfefferkörner sind unreife, unfermentierte Beeren; sie werden in Lake auf-

bewahrt und sparsam zum Würzen von Suppen, Eintöpfen, Pâtés und Soßen verwendet. Rosa Pfefferkörner sind die weichen, beinahe reifen Beeren eines südamerikanischen Baums,

PILZE

WÜRZIG GEFÜLLTE CHAMPIGNONS

☆ ***Vorbereitungszeit:*** 15 Minuten
Zubereitungszeit: 20 Minuten
Ergibt 16 Stück

16 mittelgroße Champignons
3 EL Olivenöl
2 Scheiben Schinkenspeck, in Würfeln
30 g frische, weiche Brotkrümel
1 Knoblauchzehe, zerdrückt
2 Frühlingszwiebeln, feingehackt
¼ Tasse geriebener Parmesankäse
2 EL großblättrige Petersilie, feingehackt
1 Ei, leicht verquirlt

1 Backofen auf 240 °C vorheizen. Ein 32 x 28 cm großes Blech mit Folie auslegen, Folie einfetten. Stiele der Champignons entfernen, fein hacken. Köpfe auf das Blech legen.
2 Öl in einer großen Bratpfanne erhitzen und Schinkenspeck zufügen. Bei mittlerer Hitze 3 Minuten braten. Dabei gelegentlich umrühren. Gehackte Champignonstiele zum Speck in die Pfanne geben. Zugedeckt bei starker Hitze 2 Minuten braten, vom Herd nehmen.
3 Mischung in eine mittelgroße Schüssel geben. Brotkrümel, Knoblauch, Zwiebeln, Käse, Petersilie und Ei dazugeben. Mit einem Holzlöffel gut vermischen.
4 Von der Speck-Champignon-Mischung in jeden Champignonkopf eine Portion drücken. Etwa 12 Minuten backen, bis die Pilze leicht bräunen.

CHAMPIGNONS PROVENZALISCH

☆ ***Vorbereitungszeit:*** 45 Minuten
Zubereitungszeit: 50 Minuten
Für 4–6 Personen

500 g Champignons
1 mittelgroßer Lauch
60 g Butter
1 Knoblauchzehe, zerdrückt
Saft und abgeriebene Schale einer Zitrone
Pfeffer
½ Tasse Petersilie
frisch gemahlenes Muskat
1 ½ Tassen weiche Vollkornbrösel
2–3 EL Olivenöl
1 Knoblauchzehe

1 Champignons mit Tuch abwischen und in Scheiben schneiden. Lauch putzen und waschen; in feine Streifen schneiden. Backofen auf 200 °C vorheizen, Auflaufform einfetten.
2 Butter in einem schweren Topf schmelzen, Lauch zufügen, unter Rühren 5 Minuten bei schwacher Hitze dünsten. Champignonscheiben zugeben und rühren, bei geschlossenem Topf 10 Minuten dünsten. Deckel abnehmen, zerdrückten Knoblauch und Zitronenschale zugeben und kochen, bis Flüssigkeit fast verdampft ist.
3 Zitronensaft darübergießen, einkochen lassen und mit Pfeffer, Petersilie und Muskat würzen. Ein Drittel der Brotkrümel unterheben. Masse in die vorbereitete Form füllen.
4 Knoblauchzehe braun braten, herausnehmen und wegwerfen. Restliche Brotkrümel ins Öl geben und wenden.
5 Krümel über die Pilzmasse bröseln. Etwa 20 Minuten backen, bis der Belag knusprig ist.

CHAMPIGNONS MIT KNOBLAUCH UND ROTEN PAPRIKASOSSEN

☆☆ ***Vorbereitungszeit:*** 30 Minuten + 1 Stunde Kühlzeit
Kochzeit: 2 Minuten pro Portion
Für 8 Personen

700 g Champignons
⅓ Tasse Mehl
3 Eier
1 Tasse Semmelbrösel
1 kleine rote Paprika
250 ml Olivenöl
2 Eigelb
1 TL Dijon-Senf
1–2 EL Zitronensaft
1 kleine Knoblauchzehe, zerdrückt
3 EL Naturjoghurt
2 TL frische Petersilie, feingehackt
Olivenöl zum Fritieren

1 Champignons mit einem feuchten Tuch abreiben, um Sand und Erde zu entfernen. Mehl in eine Plastiktüte geben, Champignons zugeben und schütteln, bis die Pilze gleichmäßig mit Mehl bedeckt sind. Eier leicht verquirlen. Überschüssiges Mehl von den Champignons schütteln. Die Hälfte der Pilze in den Eiern wälzen, dann die andere Hälfte mit Eigelb befeuchten.
2 Semmelbrösel in eine große Plastiktüte füllen und die Hälfte der Pilze hineingeben; gut schütteln, bis sie gleichmäßig bedeckt sind. Mit der zweiten Hälfte wiederholen. Anschließend die panierten Champignons in einer großen Schüssel zugedeckt noch etwa 1 Stunde im Kühlschrank stehenlassen.
3 Paprika mit etwas Öl bepinseln und auf den Grill legen, bis die Haut schwarz wird. In ein feuchtes Küchentuch wickeln, abkühlen lassen. Haut abrubbeln, Paprika in der Küchenmaschine pürieren. Eigelb, Senf und die Hälfte des Zitronensafts in einer mittelgroßen Rührschüssel mit dem Handrührgerät 1 Minute schlagen. Öl teelöffelweise zugeben, dabei ständig weiterschlagen, bis die Mischung dick und cremig ist. Je dicker die Mayonnaise wird, um so schneller das Öl hinzufügen. Weiter schlagen, bis das ganze Öl eingebunden ist, dann erst restlichen Zitronensaft zufügen. Mayonnaise in zwei Portionen teilen. In einer Schüssel mit Knoblauch, Petersilie und Joghurt verrühren; in der anderen mit Paprikapaste.
4 Zusätzliches Olivenöl in einem mittelgroßen, schweren Topf erhitzen. Pilze portionsweise in nicht zu heißem Öl etwa 1 Minute goldbraun backen. Mit Schaumlöffel herausheben und auf Küchenpapier abtropfen lassen. Champignons zum Servieren auf Teller verteilen; Soßen separat dazu reichen.

Oben: Champignons mit Knoblauch und roten Paprikasoßen. Gegenüber: Würzig gefüllte Champignons

der nicht mit der Pfefferpflanze verwandt ist. Sie werden eher wegen ihrer Farbe als wegen des Aromas verwendet. Pfeffer verliert rasch sein Aroma, deshalb stets frisch mahlen.

Pfefferminze Wird in Minzsoße zum Lammbraten gereicht, würzt Erbsen und Kartoffeln und ist in der Thaiküche von großer Bedeutung. Pfefferminzessenz wird zum Aromatisieren von Konfekt verwendet, für Schokoladenfüllungen, Kuchenglasuren und zur Herstellung von Pfefferminzlikör. Aus den Blättern kann man Kräutertee zubereiten oder sie gehackt als Küchenkraut verwenden.

Pfeffernüsse Beliebtes Weihnachtsgebäck. Pfeffernüsse sind unmittelbar nach dem Backen sehr hart, werden aber täglich weicher. Lassen sich monatelang lagern.

Pfeilkraut Wasserpflanze mit Blättern in Form eines Pfeils. Blätter und Wurzel finden häufig Verwendung in der chinesischen Küche.

Pfeilwurz Feines weißes Pulver aus der Wurzel der karibischen Maranta-Pflanze. Leicht verdauliche Stärke, die zum Andicken von süßen und würzigen Soßen verwendet wird. Weil es bei niedrigerer Temperatur als Mehl oder Maisstärke eindickt, wird Pfeilwurz häufig für delikate Soßen verwendet, die nicht kochen dürfen.

Pfifferling Auch Gelbling, Reherl, Eierschwamm genannt. Lamellenpilz, der in Laub- und Nadelwäldern, aber am häufigsten in Buchenwäldern vorkommt. Trichterfömiger gelber Hut, darunter blasses Fleisch. Die Lamellen ziehen sich vom Fuß bis unter den Hut. Pfifferlinge sind reich an Vitamin A und D. Von Juni bis August frisch auf dem Markt erhältlich. Tiefgefroren lassen sich Pfifferlinge ½ Jahr lagern. Ansonsten kann man sie in Konserven und Gläsern kaufen.

Pfirsich Rundes, gelb bis rosa-orangefarbenes Steinobst mit samtiger Haut und aromatischem, hellem Fruchtfleisch. Der Name stammt vom lateinischen *Persicum malum*, persischer Apfel. Pfirsichsaison ist von Frühsommer bis Herbst; man erhält

CHINESISCHES GEMÜSE MIT PILZEN UND AUSTERNSOSSE

★ ***Vorbereitungszeit:*** 20 Minuten
Kochzeit: 8 Minuten
Für 4 Personen

8 getrocknete Chinesische Champignons
1 Bund chinesisches Gemüse (chin. Brokkoli, chin. Grünkohl und chin. Spinat)
3 EL Pflanzenöl
3 EL Austernsoße

1 Pilze in heißem Wasser einweichen. Blattgemüse gründlich waschen und gut abtropfen lassen. Dicke Stiele wegen der längeren Kochzeit herausschneiden.
2 Stiele von den Pilzen entfernen, Köpfe ausdrükken. In leicht gesalzenem Wasser 5 Minuten köcheln, dann abtropfen lassen.
3 Einen Topf mit Wasser zum Kochen bringen, Gemüsestiele hineingeben; 1–2 Minuten kochen lassen. Herausnehmen, abtropfen lassen. Blätter kurz blanchieren, ebenfalls abtropfen lassen.
4 Öl in einer Pfanne erhitzen. Gut abgetropftes Gemüse und Pilze bei mittlerer Hitze im Öl wenden. Mit Austernsoße beträufelt servieren.

MARINIERTE CHAMPIGNONS

★ ***Vorbereitungszeit:*** 5 Minuten
Kochzeit: 8 Minuten
Für 4 Personen

375 g Champignons
4 EL Olivenöl
1 Knoblauchzehe, zerdrückt
1 EL Zitronensaft
250 ml trockener Weißwein oder Apfelsaft
1 Lorbeerblatt
1 EL frisches Estragon, gehackt
schwarzer Pfeffer aus der Mühle
1 El frische Petersilie, gehackt

1 Champignons mit einem feuchten Tuch abreiben, Stiele abschneiden. Öl in einem mittelgroßen Topf erhitzen, Knoblauch und Pilze zugeben und bei starker Hitze so lange wenden, bis die Champignons das Öl aufgenommen haben.
2 Zitronensaft, Weißwein oder Apfelsaft, Lorbeerblatt, Estragon und Pfeffer zufügen, aufkochen und 5 Minuten köcheln lassen. Champignons im Sud abkühlen lassen. Lorbeerblatt entfernen. Pilze mit gehackter Petersilie bestreuen.
3 Abtropfen lassen, auf Cocktailspießen als Vorspeise oder als Salat servieren.

Anmerkung: Auf Wunsch kann man zusammen mit dem Wein noch 2 enthäutete, gehackte Tomaten zufügen.

CHAMPIGNONSUPPE

★ ***Vorbereitungszeit:*** 15 Minuten
Kochzeit: 20 Minuten
Für 4 Personen

500 g wilde Champignons
90 g Butter
1 große Zwiebel, gehackt
1 Knoblauchzehe, zerdrückt
2 EL Mehl
1 l heißer Hühnerfond
1 Lorbeerblatt
Salz
schwarzer Pfeffer aus der Mühle
⅛ l Sahne

1 Champignons mit feuchtem Tuch abreiben, Stiele abschneiden. Butter in einem großen Topf zerlassen, Zwiebeln und Knoblauch zufügen. Zwiebel glasig dünsten; Pilze zugeben, bei starker Hitze 3 Minuten unter ständigem Rühren braten.
2 Mehl über die Champignons stäuben, gut verrühren und den heißen Fond angießen. Aufkochen lassen, Lorbeerblatt zugeben und 10 Minuten köcheln lassen. Lorbeerblatt entfernen, Suppe etwas abkühlen lassen.
3 Suppe in der Küchenmaschine zu einer glatten Creme verarbeiten (bei Bedarf auch portionsweise).
4 Suppe mit Salz und Pfeffer abschmecken, aufkochen. Sahne einrühren, servieren.

PIZZA

GOURMETGEMÜSEPIZZA

☆☆ ***Vorbereitungszeit:*** 30 Minuten + 30 Minuten Ruhezeit
Zubereitungszeit: 1 Stunde
Für 6 Personen

Pizzateig
2 EL Maismehl
1 TL Trockenhefe
1 TL Zucker
1 ½ Tassen Mehl
½ Tasse warmes Wasser
1 TL Salz
⅓ Tasse Basilikumblätter, feingehackt
1–2 EL Olivenöl

Tomatensoße
1–2 EL Olivenöl
1 kleine rote Zwiebel, feingehackt
1 Knoblauchzehe, zerdrückt
1 große Tomate, gehackt
1 EL Tomatenmark
½ TL Oregano

Belag
60 g kleine Champignons, in feine Scheiben geschnitten
100 g kleine Maiskölbchen
1 ½ Tassen geschnittener Mozzarella
60 g Spinatblätter, in feine Streifen geschnitten
1 kleinen roten Paprika, in dünne, kurze Streifen geschnitten
2 EL Pinienkerne

1 Pizzaform (30 cm Durchmesser) mit Öl einfetten und mit Maismehl bestauben.

Oben: Gourmetgemüsepizza. Gegenüber: Chinesisches Gemüse mit Pilzen und Austersoße

2 Für den Pizzateig Hefe, Zucker und 2 El Mehl in einer kleinen Schüssel verrühren. Nach und nach Wasser angießen und glattrühren. Zugedeckt an einem warmen Ort mindestens 10 Minuten gehenlassen, bis der Vorteig Blasen wirft.
3 Restliches Mehl in eine Schüssel geben. Salz und Basilikum hinzufügen, eine Vertiefung in die Mitte drücken. Hefevorteig und Öl hineingeben, mit dem Messer zu einem weichen Teig mischen.
4 Teig auf eine leicht bemehlte Arbeitsfläche geben, in 5 Minuten geschmeidig kneten. Den Teig zu einer Kugel formen und zugedeckt an einem warmen Ort 20 Minuten in einer leicht geölten Schüssel gehenlassen. In der Zwischenzeit die Soße zubereiten.
5 Für die Soße Öl in einem Topf erhitzen. Zwiebel und Knoblauch darin 3 Minuten bei mittlerer Hitze weich dünsten. Tomate dazugeben, Hitze reduzieren und 10 Minuten köcheln lassen. Dabei gelegentlich umrühren. Tomatenmark und Oregano dazugeben, weitere 3 Minuten kochen. Vor der Weiterverwendung abkühlen lassen.
6 Backofen auf 210 °C vorheizen. Teig auf der bemehlten Arbeitsfläche nochmals 5 Minuten kneten, ausrollen und die Pizzaform damit auskleiden.
7 Soße auf dem Pizzateig verteilen, Pilze und Mais auflegen. Die Hälfte des Mozzarella auf Pilzen und Mais verteilen, dann folgt Spinat, Paprika und der restliche Käse. Mit Pinienkernen bestreuen. In etwa 40 Minuten knusprig backen. Sofort in Stücke schneiden und servieren.

Pfirsiche aber auch in Dosen.

Pfirsich Melba Pfirsiche, in Vanillesirup gekocht, gekühlt und mit Vanilleeis und frischem Himbeerpüree serviert. Angeregt durch ihren Auftritt in Lohengrin, kreierte der französische Chefkoch Auguste Escoffier dieses Dessert für die australische Diva Nellie Melba. Ursprünglich wurden Pfirsiche und Eiscreme zwischen den Flügeln eines aus Eis geformten Schwans serviert und mit Zucker umsponnen.

Pflanzenöl Klare Flüssigkeit, die beim Auspressen verschiedener Saaten, Nüsse und Obstsorten gewonnen wird. Dazu gehören Mandel, Avocado, Raps, Kokosnuß, Baumwollsamen, Traubenkern, Haselnuß, Maiskeim, Oliven, Erdnuß, Kürbiskern, Färberdistel, Sesamsaat, Sojabohne, Sonnenblumenkern und Walnuß. Öle mit feinem Aroma wie Olivenöl, Walnußöl, Haselnußöl, Mandelöl und Kürbiskernöl werden meist zur Zubereitung kalter

Speisen verwendet; zu heißen Speisen gibt man sie kurz vor dem Servieren, damit ihr Aroma nicht verlorengeht. Zum Kochen verwendet man hauptsächlich Öle wie Maiskeimöl, Distelöl, Erdnußöl, Kokosnußöl (hoher Gehalt an gesättigten Fettsäuren), Baumwollsaatöl, Sonnenblumenöl und Pflanzenöl.

Pflaume Runde Frucht mit glatter Haut, die je nach Sorte dunkelviolett bis grün, gelb oder rot gefärbt ist. Pflaumen haben süßes, saftiges Fruchtfleisch und einen

flachen Stein. Sie werden roh gegessen, entsteint und zerkleinert im Obstsalat oder püriert für Soßen, Desserts und Eiscreme. Gedünstet, als Kompott, als Füllung für Pies, Kuchen und Torten, in Fruchtpudding und als Marmelade findet sie Verwendung. Pikante Pflaumensoße paßt gut zu gebratenem Fleisch (vor allem Schwein) und Geflügel. Pflaumen haben im Spätsommer und Herbst Saison, auch getrocknet oder als Konserve erhältlich.

KLASSISCHE PIZZA

☆☆ ***Vorbereitungszeit:*** 1 Stunde
Zubereitungszeit: 45 Minuten
Für 6 Personen

Pizzateig
2 TL Maismehl
1 TL Trockenhefe
1 TL Zucker
1 ½ Tassen Mehl
½ Tasse warmes Wasser
1 TL Salz
1–2 EL Olivenöl

Tomatensoße
1–2 EL Olivenöl
1 kleine Zwiebel, feingehackt
1 Knoblauchzehe, zerdrückt
1 große Tomate, feingehackt
1 EL Tomatenmark
½ TL getrockneter Oregano

1 Backofen auf 210 °C vorheizen. Pizzaform (30 cm Durchmesser) mit Öl auspinseln und mit Maismehl bestreuen. Hefe, Zucker und 2 El Mehl in einer kleinen Schüssel verrühren. Nach und nach Wasser angießen und glattrühren. Zugedeckt an einem warmen Ort mindestens 10 Minuten gehenlassen.
2 Restliches Mehl in eine Schüssel geben. Salz hinzufügen, eine Vertiefung in die Mitte drücken. Hefevorteig und Öl hineingeben und mit dem Messer zu einem weichen Teig mischen.
3 Teig auf eine leicht bemehlte Arbeitsfläche geben, in 5 Minuten geschmeidig kneten. Zu einer Kugel formen und zugedeckt in einer geölten Schüssel an einem warmen Ort etwa 20 Minuten gehenlassen.
4 Teig auf der bemehlten Arbeitsfläche 5 Minuten geschmeidig kneten, ausrollen und die Pizzaform damit auskleiden. Belag daraufstreichen und 30 Minuten backen.
5 Für die Soße Öl in einem Topf erhitzen. Zwiebel und Knoblauch darin 3 Minuten bei mittlerer Hitze weich dünsten. Tomate dazugeben, Hitze reduzieren und 10 Minuten köcheln lassen. Dabei gelegentlich umrühren. Tomatenmark und Oregano dazugeben, weitere 2 Minuten kochen. Zum Abkühlen beiseite stellen.

VARIATIONEN

- **Napolitana:** 1 Portion Tomatensoße auf den Boden streichen. 1 Tasse geschnittenen Mozzarella und 1 EL frischen, gehackten Oregano darüberstreuen. Im vorgeheizten Backofen 30 Minuten backen.
- **Peperoni:** 1 Portion Tomatensoße auf den Boden streichen. Mit 125 g Mozzarella und 1 feingehackten roten Paprikaschote bestreuen. 125 g Peperoni, in dünne Scheiben geschnitten, darübergeben. 30 Minuten backen.
- **Vierjahreszeiten:** ½ Portion Tomatensoße auf den Boden streichen. Getrennt voneinander 75 g Champignonscheiben, 3 Scheiben gehacktes Dörrfleisch und 1 feingeschnittene Zwiebel in Öl braten. Auf je ein Viertel der Pizza legen. 5 Anchovis aus der Dose auf die Zwiebel legen. 3 kleine Bocconcini in Scheiben schneiden und mit 1 EL Basilikumstreifen auf das restliche Viertel geben. 30 Minuten backen.

PLÄTZCHEN

SÜSSE VERSUCHUNG

★

Vorbereitungszeit: 15 Minuten
Backzeit: 15 Minuten
Ergibt ca. 45 Stück

180 g Butter
⅓ Tasse Puderzucker
1 TL Vanilleessenz
⅓ Tasse Maismehl (Stärke)
1 Tasse Mehl
100 g kandierte Kirschen (Belegkirschen)

1 Backofen auf 180 °C vorheizen. Ein 32 x 28 cm großes Backblech mit Backpapier auslegen. Mit dem Handrührgerät Butter, Zucker und Vanilleessenz in einer kleinen Schüssel schaumig schlagen. Gesiebtes Mehl unterheben, bis alles glatt ist.
2 Teig in einen Spritzbeutel mit einer 1-cm-Tülle geben. 4 cm große Rosetten nebeneinander auf das Blech spritzen. Zwischen den einzelnen Rosetten Platz lassen.
3 Jede Rosette mit einer Kirsche belegen. 15 Minuten backen, bis die Rosetten goldbraun und knusprig sind. Plätzchen auf einem Kuchengitter abkühlen lassen.

Oben: Süße Versuchung.
Gegenüber: Klassische Pizza

Anmerkung: Je 2 Kekse mit Himbeermarmelade zusammenkleben. Plätzchen mit Puderzucker bestauben. Weiche Butterglasur kann zur Dekoration auf die Plätzchen gespritzt oder statt der Marmelade zum Zusammenkleben der Plätzchen verwendet werden. Geschmolzene Schokolade auf die Plätzchen träufeln oder die Plätzchen in Schokolade tauchen.

MANDEL-TUILES

★★★

Vorbereitungszeit: 8 Minuten + 2 Stunden Ruhezeit
Backzeit: 5 Minuten pro Blech
Ergibt 22 Stück

⅔ Tasse Mehl
½ Tasse sehr feiner Zucker
60 g Butter, zerlassen
2 Eiweiß, leicht verquirlt
¼ TL Mandelessenz
½ Tasse Mandelsplitter, geröstet

1 2 Backbleche (32 x 28 cm) mit Öl oder zerlassener Butter auspinseln, Boden mit Backpapier belegen, Papier fetten. Mehl in eine mittelgroße Schüssel sieben; Zucker zugeben. Eine Vertiefung in der Mitte machen. Butter, Eiweiß und Essenz in die Schüssel geben. Mit einem Holzlöffel rühren, bis alles gut gemischt ist. Mit Folie abgedeckt 2 Stunden ruhenlassen.

Pickles und Relish Eingelegte Gemüse wie Zwiebeln, Gurken, Blumenkohl und Paprika, eventuell in Scheiben geschnitten, in Salzlake eingelegt, abgespült, in Gläser gefüllt und mit gewürztem Essig übergossen. Auch Eier und Walnüsse können eingelegt werden.

Pie Süße oder pikante Mischung, die mit einem

Teigdeckel gebacken wird. Häufig ist auch der Boden der Form mit Teig ausgelegt.

Pikelet (Sauermilchpfannkuchen) Kleiner, dicker, süßer Pfannkuchen, der warm oder kalt

mit Butter und Marmelade oder Honig serviert wird.

Pilaf (Pilaw, Pilau) In Butter oder Öl leicht gebräunter Reis, der anschließend in gewürzter Brühe gekocht wird. Nach der Hälfte der Kochzeit gibt man, wenn gewünscht, Gemüse, Fleisch, Geflügel oder Fisch dazu. Zum Servieren lockert man den Reis mit einer Gabel auf und türmt ihn auf einen Teller, oder man drückt ihn in eine geölte Ringform, die auf den Teller gestürzt wird. Pilaf kann als Hauptgericht oder als Beilage serviert werden. Das Gericht stammt aus dem Vorderen Orient, der Name aus dem Persischen (»gekochter Reis«). In Indien und Pakistan wird er ähnlich zubereitet.

Pilze Eßbare Fungi, die in einer Vielzahl von Formen und Größen vorkommen. Der Geschmack reicht von mild und nussig bis stark und fleischig. Pilze ißt man roh in Salaten oder gekocht. Am weitesten verbreitet ist der Champignon mit schirmförmigem Kopf. Riesenchampignons eignen sich gut zum Füllen. Die Trüffel ist ein Pilz mit runder, fleischiger Kappe und knolligem Stamm, der wegen seines erdigen Geschmacks geschätzt wird. Der Pfifferling mit seinem trichterförmig vertieften Hut ist von blaßgelber bis dottergelber Farbe und schmeckt fleischig. Die Morchel

1

2

3

2 Ofen auf 180 °C vorheizen. Pro Plätzchen 2 gehäufte TL der Mischung gleichzeitig auf die vorbereiteten Bleche setzen und flachdrücken, daß 10–12 cm große, runde Plätzchen entstehen. Jedes mit Mandelsplittern bestreuen.

3 Plätzchen 5 Minuten goldbraun backen. Aus dem Ofen nehmen, 30 Sekunden auf dem Blech abkühlen lassen. Vorsichtig vom Blech lösen und über eine Flasche oder Nudelholz legen, damit sie sich wellen.

FLORENTINER

☆☆ ***Vorbereitungszeit:*** 25 Minuten
Backzeit: pro Portion 7 Minuten
Ergibt ca. 24 Stück

¼ Tasse Mehl
2 EL Walnüsse, gehackt
2 EL Mandelsplitter
2 EL kandierte Kirschen, feingeschnitten
2 EL gemischtes Orangeat und Zitronat
75 g Butter
¼ Tasse brauner Zucker
185 g dunkle Halbbitter-Schokolade, geschnitten

1 Ofen auf 180 °C vorheizen. Backblech (32 x 28 cm) mit Backpapier auslegen. Mehl in eine kleine Schüssel sieben. Walnüsse, Mandeln, Kirschen, Orangeat und Zitronat zugeben. Gut mischen, Vertiefung in die Mitte machen. Butter und Zucker in eine kleine Pfanne geben, bei schwacher Hitze rühren, bis Butter geschmolzen ist; vom Herd nehmen.

2 Butter in die Vertiefung zu den trockenen Zutaten geben. Mit einem Holzlöffel leicht rühren, bis alles fast gebunden ist; nicht zu stark rühren. 1 gehäuften TL voll Teig auf vorbereitetes Backblech geben. Ca. 8 cm Platz zwischen jedem Häufchen lassen. Mischung drücken und zu 5 cm großen Kreisen formen. 7 Minuten backen. Blech aus dem Ofen nehmen. Während die Plätzchen noch weich sind, mit einem flachen Messer zu akkuraten Kreisen formen. 5 Minuten auf dem Blech abkühlen lassen. Auf ein Kuchengitter legen, vollständig auskühlen lassen.

3 Schokolade in eine feuerfeste Form geben. Über heißem Wasser rühren, bis sich die Schokolade aufgelöst hat. Schokolade auf die Unterseite der Florentiner streichen. Gabel durch die Schokolade ziehen, um das charakteristische Wellenmuster zu gestalten. Plätzchen zum Trocknen mit der Schokoladenseite nach oben auf ein Kuchengitter legen. Anschließend in einer gut schließenden Dose verwahren.

Anmerkung: Florentiner werden am besten einen Tag im voraus gebacken und eignen sich bestens als Gebäck zum Kaffee nach Tisch oder zum Nachmittagstee.

ORANGEN-KORINTHEN-PLÄTZCHEN

☆ ***Vorbereitungszeit:*** 8 Minuten
Backzeit: 20 Minuten
Ergibt 9 Stück

1 ½ Tassen Mehl mit Backpulverzusatz
1 TL abgeriebene Orangenschale
60 g ungesalzene Butter, zerlassen
½ Tasse Korinthen
¼ Tasse sehr feiner Zucker
1 Ei, leicht verquirlt
3 EL Orangensaft
2 TL Zucker

1 Backofen auf 210 °C vorheizen. Ein Backblech von 32 x 28 cm einfetten und mit Backpapier auslegen. Papier einfetten.
2 Mehl in eine kleine Schüssel sieben, Butter und Orangenschale zufügen und mit dem Handrührgerät glattrühren
3 Korinthen, Zucker, Eier und Saft hinzufügen und mit dem Handrührgerät 1 Minute auf höchster Stufe verrühren, damit alle Zutaten gut verbunden sind.
4 Mit 5 cm Abstand 3 gestrichene EL Teig pro Plätzchen auf das Backblech häufen. Mit Zucker bestreuen. In 20 Minuten goldbraun backen. Auf einem Kuchengitter abkühlen lassen. Warm oder kalt nach Belieben mit Butter und Marmelade servieren.

Oben: Orangen-Korinthen-Plätzchen.
Gegenüber: Florentiner

ROCK CAKES

☆ ***Vorbereitungszeit:*** 30 Minuten
Kochzeit: 10–15 Minuten
Ergibt 20 Stück

2 Tassen Mehl mit Backpulverzusatz, gesiebt
90 g Butter oder Margarine, in Stücke geschnitten
½ Tasse sehr feiner Zucker
½ Tasse Fruchtmix
1 EL gemischte Nüsse, gehackt, nach Belieben
½ TL gemahlener Ingwer
1 Ei
¼ Tasse Milch

1 Backofen auf 200 °C vorheizen. Zwei Backbleche mit zerlassener Butter oder Öl einfetten, mit Backpapier belegen und Papier einfetten. Mehl in eine Schüssel sieben, Butter hinzufügen und mit den Fingerspitzen zu einer krümeligen Masse verreiben.
2 Mit Zucker, Obst, Nüssen und Ingwer mischen. Ei und Milch verrühren und zu den trockenen Zutaten gießen. Einen festen Teig herstellen.
3 3 gestrichene EL Teig pro Plätzchen auf die Backbleche häufen. In 10–15 Minuten goldbraun backen. Auf einem Kuchengitter abkühlen lassen. Vor dem Servieren eventuell aufschneiden und nach Belieben mit Butter bestreichen.

VARIATIONEN

- Statt des normalen Mehls kann man auch Weizenvollkornmehl verwenden.
- Plätzchen vor dem Backen mit Zimt, braunem Zucker oder feinem Kandis bestreuen.

hat einen spitzen, schwammigen, goldenen Kopf mit fleischigem Aroma. Zu den asiatischen Pilzarten gehören der Matsutake mit dunkelbraunem Kopf und dickem, fleischigen Stiel. Zart gegrillt, gilt er in Japan als große Delikatesse. Ebenfalls in der japanischen Küche zu Hause ist der Enokotake oder Enoki, ein

winziger Pilz mit rundem Kopf auf einem schlanken Stiel. Mit seinem milden Aroma und der knusprigen Struktur wird er gern für Suppen und Eintöpfe verwendet. Der große, wabbelige Kopf des Shiitake wird gewöhnlich getrocknet verkauft und ist fester Bestandteil der chinesischen und japanischen Küche.

Piment Gewürz aus den Beeren eines tropischen Baumes; in ganz Mittelamerika, insbesondere in Jamaika, heimisch. Aroma und Geschmack ähneln einer Mischung aus Nelken, Zimt und Muskat. Beeren werden grün gepflückt und in der Sonne getrocknet, bis sie

dunkelrot sind. Ganze Beeren für Eintöpfe, Schmortöpfe und Chutneys; zerstoßene Beeren für Apfelgerichte, Milchpuddings, Lebkuchen und Tomatensoße. Auch Allspice oder Jamaika-Pfeffer genannt. Das Gewürz ist gemahlen und als Körner erhältlich, es wird vor allem als Back- und Wurstgewürz verwendet.

Pimiento Dünne, lange Paprikaschote mit mildem Fruchtfleisch, das in dünne Streifen geschnitten wird. Sie bringen Farbe in viele Gerichte. Pimientostreifen werden in Salaten, als Beilage zu kaltem Fleisch, als Dekoration und als Füllung für Oliven verwendet. Die Farbe variiert von grün bis rot, je nach Reifegrad der Frucht beim Pflücken. Pimiento ist in Gläsern oder Dosen erhältlich (in Öl oder Salzlake eingelegt). Das getrocknete und geriebene Fruchtfleisch, *pimientón,* ist ein paprikaähnliches Gewürz, das in der spanischen Küche häufig verwendet wird.

Pimpinell Wildes Kraut, auch Pimpernell und Bibernelle genannt. Würziger, gurkenähnlicher Geschmack. Würzt Suppen, Saucen, Gemüse und Fischgerichte. Junge Blätter

KLASSISCHES SHORTBREAD

☆ ***Vorbereitungszeit:*** 20 Minuten
Backzeit: 40 Minuten
Ergibt 8 Ecken

250 g weiche Butter
½ Tasse Puderzucker, gesiebt
1 ⅔ Tassen Mehl
¼ Tasse Reismehl

1 Butter und Puderzucker mit dem Handrührgerät leicht und locker aufschlagen. Mehl hineinsieben und mit einem Holzlöffel verrühren. Teig zu einer Kugel formen; geschmeidig kneten. Teig 1 cm dick in eine gefettete Form von 23 cm Durchmesser drücken oder auf dem Backblech zu einem Kreis dieser Größe formen.
2 Wie in der Abbildung mit bemehlten Fingern einen dekorativen Rand in den Teig drücken.
3 Oberfläche in 8 gleich große Ecken teilen und mit einer Gabel einstechen. Bei 140 °C im Backofen 35–40 Minuten braun backen. Auf dem Backblech 2–3 Minuten abkühlen lassen, dann auf einem Kuchengitter erkalten lassen. Wenn Shortbread fast kalt ist, an den Markierungen in Ecken schneiden (am besten mit einem Brotmesser mit Wellenschliff). Dann völlig erkalten lassen. In einem luftdichten Behälter aufbewahren.

WISSENSWERTES ÜBER SHORTBREAD

- Bei Shortbread gibt es viele Rezeptvarianten. Zu den beliebten klassischen Rezepten in Schottland gehören die Petticoat Tails (runde Shortbreads, die nach den Reifröcken im 19. Jh. benannt wurden), Ayrshire Shortbread (mit Sahne hergestellt) und Hafermehl-Shortbread. Für alle gilt, daß nur die besten Zutaten ein optimales Ergebnis liefern.
- Shortbreadteig nicht zu lange kneten, er wird sonst zäh.
- Shortbread wird gerne mit kandierten Früchten und Mandeln dekoriert.

1

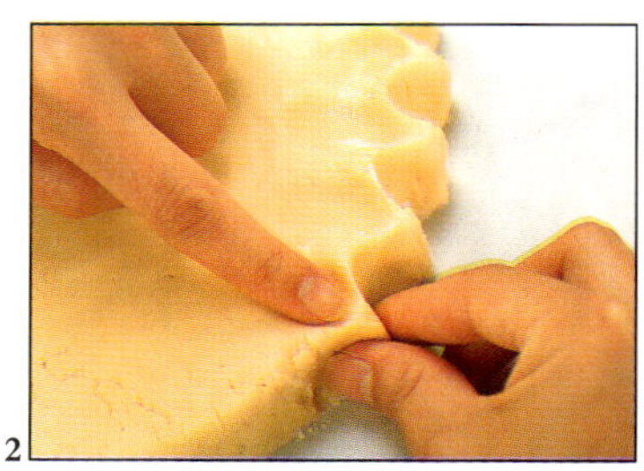
2

3

GRIECHISCHES SHORTBREAD

☆ ***Vorbereitungszeit:*** 20 Minuten
Backzeit: 15 Minuten
Ergibt etwa 38 Stück

200 g Butter
1 Tasse Puderzucker, gesiebt
1 TL abgeriebene Orangenschale
1 Ei
1 Eigelb
2 ½ Tassen Mehl
1 ½ TL Backpulver
1 TL Zimt
250 g blanchierte Mandeln, geröstet und feingehackt
Puderzucker zusätzlich

1 Backofen auf 160 °C vorheizen. Ein Backblech mit Backpapier auslegen. Mit dem Handrührgerät Butter, Zucker und Orangenschale in einer kleinen Rührschüssel leicht und cremig zu einer weichen Masse aufschlagen. Ei und Eigelb hinzufügen, gründlich verrühren.
2 Alles in eine große Schüssel umfüllen. Mit einem Metallöffel Mehl, Backpulver, Zimt und Mandeln einrühren. Alles gut mischen.
3 Gestrichene Teelöffel der Teigmischung zu Halbmonden formen und auf das Backblech setzen. In 15 Minuten goldgelb backen. 5 Minuten abkühlen lassen, dann auf ein Kuchengitter geben. Solange sie warm sind, mit Puderzucker bestauben. Kurz vor dem Servieren noch einmal kräftig mit Puderzucker bestauben, denn die Kekse nehmen sehr viel Puderzucker auf.

Oben: Griechisches Shortbread.
Rechts: Ingwercreme-Shortbread.
Gegenüber: Klassisches Shortbread

INGWERCREME-SHORTBREAD

☆ ***Vorbereitungszeit:*** 25 Minuten
Kochzeit: 15 Minuten
Ergibt 22 Stück

½ Tasse Mehl
½ Tasse Mehl mit Backpulverzusatz
2 EL Maismehl (Stärke)
100 g Butter, in Stücke geschnitten
2 El weicher, brauner Zucker

Füllung
60 g Butter
⅓ Tasse Puderzucker
1 EL kandierter Ingwer, feingehackt

1 Backofen auf 180 °C vorheizen. Ein Backblech (32 x 28 cm) mit Backpapier auslegen. Mehl, Butter und Zucker in der Küchenmaschine 30 Sekunden verarbeiten. Teig auf eine leicht bemehlte Arbeitsfläche geben, 20 Sekunden kneten.
2 Gestrichene Teelöffel der Mischung zu Kugeln formen. Auf das Blech legen und mit der Gabel ein Gitter in die Oberfläche drücken. In 15 Minuten goldgelb backen. Vor dem Füllen auf einem Kuchengitter erkalten lassen.
3 Für die Füllung Puderzucker und Butter leicht und cremig aufschlagen; Ingwer hinzufügen und gut unterrühren. Die Hälfte der Plätzchen mit der Füllung bestreichen, die andere Hälfte darauflegen.

dienen als Zutat in Salaten.

Pinienkerne Kleine, längliche, weiche und helle Samen von den reifen Zapfen einiger Pinienarten. Pinienkerne bereichern Füllungen, Soßen, Salate,

Gemüsegerichte, Eintöpfe, Kuchen und Plätzchen.

Piroschki Kleine, gefüllte russische Teigtaschen, die heiß als Appetithappen, Vorspeise oder zur Suppe gereicht werden. Sie können aus Hefeteig oder Mürbeteig bestehen und werden mit Käse, geräuchertem Schweinefleisch, Fisch, gehacktem Gemüse, Wild oder Geflügel gefüllt. Sie werden gebacken oder fritiert.

Pissaladière Pikanter gebackener Teigfladen mit einem Belag aus Zwiebeln (in Olivenöl gedünstet), Anchovisfilets und schwarzen Oliven. Pissaladière stammt aus Südfrankreich, aus der Gegend um

Nizza, und entspricht der italienischen Pizza.

Pistazie Kleine ovale Nuß mit brauner Schale und grünem Kern mit mildsüßem Geschmack. Man ißt sie direkt aus der Schale, gesalzen oder ungesalzen, als Snack. Geschälte Pistazien bereichern Pâtés, Terrinen und Füllungen oder verzieren Reisgerichte. Auch in Konfekt, Eiscreme, Kuchen, süßen Pastetenfüllungen und Plätzchen findet die Pistazie Verwendung.

Pistou Französische Gemüse-Nudelsuppe, eine provenzalische Spezialität. Kurz vor dem Servieren wird sie mit zerstoßenen Basilikumblättern, Öl und Parmesan gewürzt. Pistou ist mit der italienischen Minestrone verwandt, die in Norditalien mit Pesto alla Genovese serviert wird.

Pitta Leicht gesäuertes, weiches flaches Brot aus Weizenmehl, das nach dem Backen aufgegangen und innen hohl ist. Pitta

LEBKUCHENFIGUREN

☆☆ ***Vorbereitungszeit:*** 30 Minuten + 15 Minuten Kühlzeit
Backzeit: 10 Minuten
Ergibt 16 Stück

125 g Butter
1/3 Tasse weicher dunkler oder brauner Zucker
1/4 Tasse heller Maissirup
1 Ei, leicht verquirlt
2 Tassen Mehl
1/4 Tasse Mehl, mit Backpulver vermischt
1 EL Ingwerpulver
1 TL Natron
1 EL Korinthen

Glasur
1 Eiweiß
1/2 Tl Zitronensaft
1 1/4 Tassen Puderzucker, gesiebt
verschiedene Lebensmittelfarben

1 Ofen auf 180 °C vorheizen. 2 oder 3 Backbleche mit Backpapier auslegen. Mit dem Handrührgerät Butter, Zucker und Sirup in einer kleinen Schüssel leicht und schaumig rühren. Nach und nach Ei zugeben, jedesmal sorgfältig rühren.
2 Mischung in eine große Schüssel geben. Trockene Zutaten zur Buttermischung sieben. Mit einem Messer kurz durcharbeiten, mit gut bemehlten Händen Teig verkneten. Auf eine gut bemehlte Arbeitsfläche legen und 1–2 Minuten kneten, bis der Teig glatt ist.
3 Ein großes Holzbrett mit Backpapier belegen. Teig auf den Brett 5 cm dick ausrollen. Auf dem Brett 15 Minuten kühlen, bis der Teig fest genug zum Schneiden ist.
4 Mit einem ca. 13 cm großen Figurenförmchen die gewünschten Formen ausstechen. Restlichen Teig zusammendrücken und erneut ausrollen; weitere Formen ausstechen. Teigfiguren auf vorbereitete Backbleche legen. Augen und Nasen der Figuren mit Korinthen legen. 10 Minuten backen, bis sie hellbraun sind. Aus dem Ofen nehmen, auf den Blechen abkühlen lassen.
5 Für die Glasur Eiweiß mit dem Handrührgerät schaumig rühren. Zitronensaft und Puderzucker nach und nach zugeben. Schlagen, bis alles dick und cremig ist. Glasur in mehrere Schüsselchen aufteilen und mit verschiedenen Lebensmittelfarben einfärben. Mit kleinen Papier-Spritzbeuteln Gesichter und Kleidung mit der Glasur auf die Figuren spritzen.

Anmerkung: Wenn die Glasur völlig trocken ist, können die Lebkuchenfiguren in einem luftdichten Behälter mindestens bis zu 3 Tage aufbewahrt werden.

Gegenüber: Lebkuchenfiguren

wird halbiert oder an einer Seite aufgeschnitten und mit heißem Fleisch (z.B. Lammwürfel), Gemüsemischungen (z.B. Falafel) oder Salat gefüllt. In kleine Stücke geschnitten oder gebrochen als traditionelle Beilage zu Dips wie *hummus bi tahini* und *baba ghannousch*. Pitta stammt aus dem Vorderen Orient.

Pizza Flacher Brotteig mit verschiedenen pikanten Belägen (z.B. Tomatenmark, Käse, Salami, Schinken, Meeresfrüchte, zerkleinerte Gemüse, Anchovis, Oliven), mit Kräutern und Knoblauch gewürzt, mit Olivenöl beträufelt und gebacken – traditionell in einem Holzofen. Pizza wird heiß als Hauptgericht gegessen; kleine Portionen oder Minipizzen können auch als Appetithappen serviert werden. Pizza stammt aus Neapel, wo Straßenhändler im 19. Jh. miteinander um die Gunst der Kunden wetteiferten. Die klassische *Pizza*

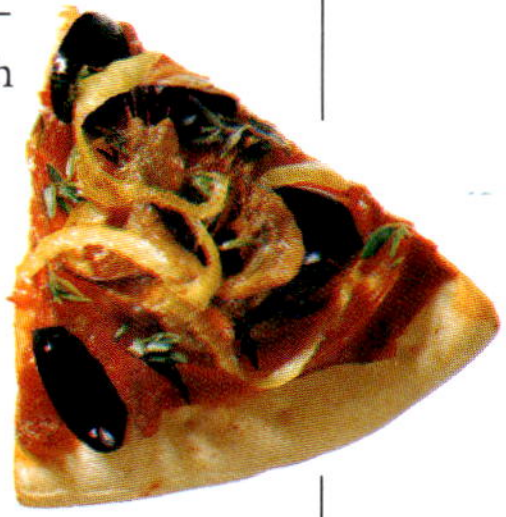

napolitana besteht aus einem dünnen, knusprigen Teig mit einem Belag aus Tomatenscheiben, Mozzarella, Sardellenfilets und grünen Oliven. In Rom wird Pizza in rechteckigen Pfannen gebakken und geschnitten nach Gewicht verkauft. Aus Sizilien kommt die Pfannenpizza, deren Teig dicker ist als der des Originals. Sie wird in einer gefetteten Pfanne gebacken.

Planten (Kochbanane, Gemüsebanane) Tropische Frucht aus der Familie der Bananen. Plumper und länger als die Tafelbanane, mit dicker grüner Schale und festem, faserreichen Fleisch. Planten kann man gegrillt oder gebraten als Gemüse servieren oder gewürfelt in Currys, Suppen, Schmortöpfen und Omeletts. Zu lange gekocht wird sie bitter.

Plätzchen (Biskuit) Trockenes, flaches, süßes oder gewürztes Gebäck. Der Name kommt aus dem Französischen *bis* zweimal, *cuit* gekocht, denn ursprünglich wurde das Gebäck nach dem Backen ein zweites Mal in den Ofen geschoben, um es knuspriger zu machen und die Haltbarkeit zu

PLÄTZCHEN »MONTE CRÈME«

☆ ***Vorbereitungszeit:*** 30 Minuten
Backzeit: 15–20 Minuten
Ergibt ca. 25 Stück

125 g Butter
½ Tasse sehr feiner Zucker
¼ Tasse Milch
1 ½ Tassen Mehl, mit Backpulver vermischt, gesiebt
¼ Tasse Puddingpulver, gesiebt
⅓ Tasse Kokosflocken

Füllung
75 g Butter
⅔ Tasse Puderzucker
2 TL Milch
⅓ Tasse Erdbeermarmelade

1 Ofen auf 180 °C vorheizen. 2 Backbleche (32 x 28 cm) mit Backpapier auslegen. Mit dem Handrührgerät Butter und Zucker in einer mittelgroßen Schüssel schaumig rühren. Milch zugeben, rühren, bis alles vermischt ist. Mehl, Puddingpulver und Kokosflocken zugeben, einen weichen Teig herstellen.
2 Je 2 TL der Mischung zu einer Kugel rollen. Auf die vorbereiteten Bleche legen. Mit der Gabel drücken. Die Gabel gelegentlich in Puddingpulver tauchen, um zu verhindern, daß der Teig anklebt. Die Plätzchen etwa 15–20 Minuten goldbraun backen. Vor dem Füllen zum vollständigen Abkühlen auf ein Kuchengitter legen, währenddessen die Füllung zubereiten.
3 Für die Füllung mit dem Handrührgerät Butter und Puderzucker schaumig schlagen. Milch zugeben und verrühren. Auf ein Plätzchen ca. ½ TL der Mischung streichen, auf ein anderes Plätzchen ca. ½ TL Marmelade streichen. Bestrichene Plätzchen zusammenfügen.

PLÄTZCHEN MIT SCHOKO-STÜCKCHEN

☆ ***Vorbereitungszeit:*** 10 Minuten
Backzeit: 15 Minuten
Ergibt ca. 24 Stück

150 g Butter
¼ Tasse weicher, brauner Zucker
⅓ Tasse sehr feiner Zucker
1 Eigelb
1 TL Vanilleessenz
1 ½ Tassen Mehl, mit Backpulver vermischt
1 Tasse Schokoladen-Stückchen

1 Ofen auf 180 °C vorheizen. Backblech (32 x 28 cm) mit Backpapier auslegen. Mit dem Handrührgerät Butter, Zucker und Eigelb in einer kleinen Schüssel schaumig rühren. Essenz zugeben, rühren, bis alles gut gemischt ist.
2 Mischung in eine große Schüssel geben; Mehl und ⅔ der Schokoladen-Stückchen zugeben. Mit einem Metallöffel verrühren, bis die Zutaten gerade verbunden sind.
3 Mit den Händen die Mischung zu einem weichen Teig verarbeiten. Mischung eßlöffelweise zu Kugeln rollen.
4 Restliche Schokoladen-Stückchen fest in die Kugeloberflächen drücken. Auf das vorbereitete Blech legen, Platz zum Aufgehenlassen. 15 Minuten knusprig und hellbraun backen. Auf dem Blech abkühlen lassen. Nach dem Erkalten in gut schließende Dosen füllen.

SCHOKO-MINZ-WIRBEL

☆☆ ***Vorbereitungszeit:*** 30 Minuten
Backzeit: 15 Minuten
Ergibt 22 Stück

65 g Butter
¼ Tasse Zucker
½ Tasse Mehl
⅓ Tasse Mehl, mit Backpulver vermischt
2 EL Kakaopulver
2 EL Milch

Dekoration
100 g Butter, zusätzlich
1 ⅓ Tassen Puderzucker
einige Tropfen Pfefferminzessenz
22 Schoko-Stückchen
1 TL Puderzucker, zusätzlich
1 TL Kakaopulver

1 Ofen auf 180 °C vorheizen. 2 Backbleche (32 x 28 cm) mit Backpapier auslegen. Butter und Zukker schaumig rühren. Gesiebtes Mehl, Kakao und Milch zugeben. Mit der Hand rühren, bis die Mischung zu einem Teig wird. Teig auf eine Lage Backpapier legen, 1 Minute kneten, bis der Teig weich ist.
2 Teig 5 cm dick ausrollen. 4 cm große Kreise ausstechen. Auf das vorbereitete Blech legen und 15 Minuten backen. Auf einem Kuchengitter abkühlen lassen.
3 Für die Dekoration Butter schaumig rühren. Puderzucker zugeben und rühren, bis die Mischung leicht und cremig ist. Essenz zugeben; rühren und gut mischen. Wenn die Plätzchen abgekühlt sind, Pfefferminzcreme mit einem Spritzbeutel auf die Plätzchen spritzen. Ein Schoko-Stückchen in die Mitte der Spritzrosette legen. Plätzchen mit Puderzucker und Kakaopulver bestreuen.

Oben: Schoko-Minz-Wirbel.
Gegenüber, oben: Plätzchen »Monte Crème«; unten: Plätzchen mit Schoko-Stückchen

PFEFFERNÜSSE

☆ ***Vorbereitungszeit:*** 15 Minuten
Backzeit: 15 Minuten
Ergibt ca. 55 Stück

2 Tassen Mehl
½ TL Natron
1 EL Ingwerpulver
½ TL Lebkuchengewürz
125 g Butter
1 Tasse weicher, brauner Zucker
¼ Tasse kochendes Wasser
1–2 EL heller Maissirup

1 Ofen auf 180 °Cvorheizen. 2 Backbleche (32 x 28 cm) mit Backpapier auslegen. Mehl mit den übrigen trockenen Zutaten in eine große Schüssel sieben; geschnittene Butter und Zucker zugeben. Mit den Händen 3 Minuten die Butter unter das Mehl feinkrümelig kneten.
2 Kochendes Wasser in einen kleinen Becher geben, Sirup zugeben und rühren, bis er sich aufgelöst hat. Wasser-Sirupmischung zur Mehlmischung geben und die Masse rasch zu einem weichen Teig kneten.
3 Je 2 TL Teig zu einer Kugel rollen. Auf die vorbereiteten Bleche legen, leicht mit den Fingerspitzen abflachen. 15 Minuten backen. Pfeffernüsse 10 Minuten auf den Blechen, anschließend auf Kuchengitter vollständig auskühlen lassen.

erhöhen. In den Vereinigten Staaten wird der Begriff »Biscuit« für ein kleines, helles, brotähnliches Gebäck (ähnlich den Scones) verwendet, das warm serviert, aufgeschnitten und mit Butter bestrichen wird. Gewürzte Kekse werden in den Vereinigten Staaten und in anderen Teilen der Welt Kräcker genannt.

Plinsen Pfannkuchen mit pikanter oder süßer Füllung. Zuerst auf einer Seite gebacken, Füllung in die Mitte gesetzt, der Pfannkuchen darübergeschlagen und die Kanten festgedrückt, bevor das Ganze noch einmal gebacken wird. Traditionelles jüdisches Gericht.

Plumpudding
Üppiger Pudding aus getrocknetem Obst (Pflaumen, Rosinen, Sultaninen und kandierten Kirschen), Nüssen, Rindernierenfett und Alkohol (Rum oder Whisky). Die Struktur ist kuchenähnlich, fest und feucht. Traditionell ein englisches Weihnachtsessen.

Plunderstückchen Süßes, blättriges Hefeteiggebäck mit Füllungen aus gekochten Früchten, Pudding, Eingemachtem, Nüssen und Käse. Teig wird zu Rollen oder Zöpfen geformt, dann mit Glasur überzogen und mit grobem Zucker

bestreut, bevor er gebacken wird.

Pochieren In wenig Flüssigkeit in einem flachen Topf gar ziehen lassen. Ursprünglich: aufgeschlagene Eier in siedendem Essigwasser kochen.

Polenta Gekochter, dicker Brei aus Maismehl, Wasser und Butter. Wird heiß als Brei gegessen; mit Parmesan vermischt gebacken; gebraten oder fritiert und in Stücke geschnitten als Beilage zu Gemüsegerichten. Der Brei kann auch mit kleingehacktem Fleisch oder Gemüse

gemischt werden. Kalte Polentascheiben werden oft in Butter gebraten

AMARETTI

★★ ***Vorbereitungszeit:*** 15 Minuten + 1 Stunde Ruhezeit
Backzeit: 15–20 Minuten
Ergibt 40 Stück

1 EL Mehl
1 EL Maismehl (Stärke)
1 TL Zimt, gemahlen
2/3 Tasse sehr feiner Zucker
1 TL Zitronenschale, gerieben
125 g Mandeln, gemahlen
2 Eiweiß
1/4 Tasse Puderzucker

1 Backblech (32 x 28 cm) mit Backpapier auslegen. Mehl, Maismehl, Zimt und halbe Zuckermenge in eine große Schüssel sieben; Zitronenschale und gemahlene Mandeln zugeben.
2 Mit dem Handrührgerät Eiweiß steif schlagen. Restlichen Zucker nach und nach zugeben, ständig rühren, bis die Mischung dick und glänzend ist und der Zucker sich gelöst hat. Mit einem Metallöffel Eischnee unter die trockenen Zutaten heben. Rühren, bis alle Zutaten gerade verbunden sind und ein weicher Teig entsteht.
3 Je 2 gestrichene TL mit öligen oder nassen Händen zu einer Kugel rollen. Auf das vorbereitete Blech legen, Platz zum Aufgehenlassen. Blech offen 1 Stunde beiseite stellen, damit die Plätzchen etwas antrocknen.
4 Backofen auf 180 °C vorheizen. Großzügig Puderzucker über die Plätzchen streuen. 15–20 Minuten knusprig und goldbraun backen. Dann die Plätzchen auf einem Kuchengitter auskühlen lassen.

BRANDY-RÖLLCHEN MIT KAFFEELIKÖR-CREME

★★★ ***Vorbereitungszeit:*** 12 Minuten + 1 Stunde Ruhezeit
Backzeit: pro Blech 6 Minuten
Ergibt 25 Stück

60 g Butter
2–3 EL heller Maissirup
1/3 Tasse weicher, brauner Zucker
1/4 Tasse Mehl
1 1/2 TL Ingwerpulver

Kaffeelikör-Creme
2/3 Tasse Sahne
1 EL Puderzucker, gesiebt
1 EL Instant-Kaffeepulver
1 EL Kaffee-Likör
80 g dunkle Halbbitter-Schokolade, geschmolzen, zur Dekoration

1 Backofen auf 180 °C vorheizen. 2 Backbleche (32 x 28 cm) mit Backpapier auslegen. Butter, Sirup und Zucker in einen kleinen Topf geben. Bei

schwacher Hitze rühren, bis die Butter geschmolzen ist und der Zucker sich aufgelöst hat; vom Herd nehmen. Gesiebtes Mehl und Ingwer in den Topf geben. Mit einem Holzlöffel leicht rühren, bis alles gut verbunden ist.
2 Portionsweise Plätzchen herausbacken: jeweils 3–4 gestrichene TL Teig mit ca. 13 cm Abstand auf die Bleche geben. Zu 8 cm großen Kreisen flachdrücken. 6 Minuten backen, bis sie leicht gebräunt sind.
3 Plätzchen 30 Sekunden auf den Blechen abkühlen lassen. Solange die Plätzchen heiß sind, vorsichtig vom Blech abheben und über den Griff eines Holzlöffels legen, bis sie sich biegen; abkühlen lassen.
4 Für die Kaffeelikör-Creme alle Zutaten in einer kleinen Schüssel mischen. Mit Plastikfolie abdecken und 1 Stunde in den Kühlschrank stellen. Mit dem Handrührgerät rühren, bis die Mischung dick und steif ist. Die Röllchen mit der Kaffeelikör-Creme füllen und mit geschmolzener Schokolade dekorieren. Wenn die Schokolade fest ist, in gut schließenden Behälter geben.

Anmerkung: Brandy-Röllchen können bis zu 2 Tage in einem luftdichten Behälter aufbewahrt oder ohne Füllung bis zu 2 Monate eingefroren werden. Zum Füllen Creme mit einem Spritzbeutel in die Röllchen spritzen.

Oben: Anzac-Plätzchen.
Gegenüber: Lebkuchen

LEBKUCHEN

★ ***Vorbereitungszeit:*** 25 Minuten
Backzeit: 25 Minuten
Ergibt 35 Stück

2 1/3 Tassen Mehl
1/2 Tasse Maismehl (Stärke)
2 TL Kakaopulver
1 TL Lebkuchengewürz
1 TL Zimtpulver
1/2 TL Muskatnuß, gemahlen
100 g Butter
3/4 Tasse heller Maissirup
2–3 EL Milch
150 g weiße Schokoladenkuvertüre
1/4 TL Lebkuchengewürz, zusätzlich

1 Ofen auf 180 °C vorheizen. 1 Backblech (32 x 28 cm) mit Backpapier auslegen. Mehl, Kakao und Gewürze in eine große Schüssel sieben. In der Mitte eine Vertiefung machen.
2 Butter, Sirup und Milch in einen kleinen Topf geben. Bei schwacher Hitze Butter schmelzen und alles glattrühren; vom Herd nehmen.
3 Buttermischung zu den trockenen Zutaten in die Vertiefung geben. Mit einem Messer durcharbeiten, bis sich ein weicher Teig bildet. 1 Minute auf einer bemehlten Arbeitsfläche nur leicht kneten. Teig zu einem Kloß formen.
4 Teig 1 cm dick ausrollen. 6 cm große Herzformen ausstechen. Auf vorbereitetes Blech legen; 25 Minuten backen, bis die Herzen leicht gebräunt sind. Auskühlen lassen.
5 Schokoladenkuvertüre in eine feuerfeste Schüssel geben. Im Wasserbad Schokolade schmelzen lassen. Vom Herd nehmen und kurz abkühlen.
6 Eine Seite der Herzen in die Schokolade tauchen. Plätzchen auf Pergamentpapier legen, bis die Schokolade fest ist. Mit Lebkuchengewürz bestreuen.

ANZAC-PLÄTZCHEN

★ ***Vorbereitungszeit:*** 12 Minuten
Backzeit: 20 Minuten
Ergibt 26 Stück

1 Tasse Mehl
2/3 Tasse Zucker
1 Tasse Haferflocken
1 Tasse Kokosflocken
125 g Butter
1/4 Tasse heller Maissirup
1/2 TL Natron
1–2 EL kochendes Wasser

1 Ofen auf 180 °C vorheizen. Ein Backblech (32 x 28 cm) mit Backpapier auslegen. Mehl und Zucker in eine Schüssel sieben. Haferflocken und Kokosflocken zugeben; Vertiefung in der Mitte machen.
2 Butter und Sirup in einen kleinen Topf geben. Bei schwacher Hitze die Butter schmelzen und mit Sirup glattrühren; vom Herd nehmen. Natron in Wasser lösen; sofort zur Buttermischung geben. Buttermischung zu den trockenen Zutaten geben. Mit einem Holzlöffel rühren, bis alles gut verbunden ist.
3 Je 1 gestrichenen EL Teig auf das Backblech setzen. Vorsichtig flachdrücken, Platz zum Aufgehenlassen. 20 Minuten gerade braun backen. Aus dem Ofen nehmen. Auf Kuchengitter auskühlen lassen.

und mit Tomatensoße serviert. Seit Mais im 16. Jh. aus Amerika nach Italien kam, gehört Polenta dort zu den Grundnahrungsmitteln.

Pomeranzen Auch als Bitter- oder Sevillaorange bekannt. Kleiner als Apfelsinen, mit dicker Schale und von säuerlich bitterem Geschmack. Orangeat wird aus den Schalen der Pomeranze hergestellt.

Pommes frites (French fries, Chips) Fritierte dünne Kartoffelstreifen. Beliebte Beilage.

Popcorn Snack aus Maiskörnern, die in etwas Öl erhitzt werden. Die Feuchtigkeit im Korn wird zu Dampf, der das weiche, stärkehaltige Innere auftreibt, bis es als flockiger weißer Ball durch die Hülle bricht. Man ißt es aus der Hand oder mit flüssiger Butter

und Salz; manchmal auch mit einem bunten süßen Überzug. Spezieller Mais für Popcorn ist in Tüten erhältlich: etwas Öl in einen schweren Topf geben, Mais auf dem Topfboden ausbreiten und sofort den Deckel auflegen. Nach etwa 1 Minute sollte das typische Geräusch zu hören sein.

Popover Luftiger Puddingteig oder schnelles Brot aus Mehl, Ei und Milch (ähnelt dem Teigrezept für Yorkshirepudding). Popover wird im sehr heißen Ofen in gefetteten Muffin-Formen oder Tassen gebacken, so daß der Teig rasch aufgeht und oben eine knusprige, goldene Schale bildet; die Innenseite bleibt feucht und beinahe hohl. Man ißt Popover heiß mit Butter und Marmelade oder Honig oder aufgeschnitten mit pikanten Fleisch- oder Gemüsezubereitungen gefüllt. Dem Teig wird, je nach Verwendung, Zucker oder Kräuter und geriebener Käse beigemischt.

Porridge Hafermehl oder Haferflocken, die mit Wasser oder Milch zu einem dicken, cremigen Brei gerührt werden. Man ißt Porridge heiß mit Milch und Zucker zum Frühstück oder kalt mit Salz gewürzt.

Port Salut Halbfester pasteurisierter Kuhmilchkäse mit mild-pikantem Geschmack, cremiger Struktur, orangeroter Rinde und goldfarbener Käsemasse mit wenigen winzi-

POLENTA

KNOBLAUCHBUTTERPOLENTA MIT GEGRILLTEM PAPRIKA

★ ***Vorbereitungszeit:*** 30 Minuten + 2 Stunden Kühlzeit
Kochzeit: 10–15 Minuten
Für 2–4 Personen

1 1/3 Tassen Hühner- oder Gemüsebrühe
1 Tasse Wasser
1 Tasse Maismehl
1/2 Tasse frisch geriebener Parmesankäse
25 g Butter
2 große rote Paprikaschoten
25 g Butter zusätzlich, zerlassen
1–2 EL Olivenöl
1 Knoblauchzehe, zerdrückt
zusätzlich frisch gemahlener Parmesankäse zum Servieren
Ricotta zum Servieren

1 Brühe und Wasser in einem Topf aufkochen. Maismehl dazugeben, Hitze reduzieren und in 3–6 Minuten unter Rühren dick werden lassen. Vom Herd nehmen, Parmesan und Butter einrühren. Auf einer Platte ausstreichen, Oberfläche glätten. Kalt stellen.
2 Paprikaschoten halbieren und putzen. Mit der Außenseite nach oben unter den vorgeheizten Grill schieben, bis die Haut Blasen bildet. Abkühlen lassen. Haut entfernen. Fleisch in schmale Streifen schneiden.
3 Polenta aus dem Kühlschrank nehmen und in Scheiben schneiden. Zerlassene Butter, Öl und Knoblauch mischen und eine Seite der Schnitten damit bestreichen.
4 Unter dem vorgeheizten Grill 3–4 Minuten leicht bräunen. Mit der Rückseite wiederholen. Mit heißen Paprikastreifen, geriebenem Parmesan und frischem Ricotta servieren.

WISSENSWERTES ÜBER POLENTA

- Polenta ist feingemahlenes Maismehl, das mit Wasser langsam unter Rühren zu einem dicken Brei einköchelt. Sie ist ein Grundnahrungsmittel der italienischen Küche und wird vielseitig eingesetzt. Da sie wenig Eigengeschmack hat, paßt sie nach Belieben zu süßen oder pikanten Gerichten.
- Polenta ist leicht zuzubereiten und eine beliebte Alternative zu Kartoffeln, Reis und Nudeln. Sie wird gern zu pikant-scharfen Würstchen, sautierter Leber, gebratenem Wild oder mariniertem gegrilltem Gemüse serviert.
- Polenta kann durch Milch oder Weichkäse angereichert werden; man kann sie in Suppen oder Eintöpfe einrühren und zu Klößen formen.
- Zum Braten, Grillen oder Fritieren Polenta in eine gebutterte Form streichen und abkühlen lassen. In Rauten oder Rechtecke schneiden und weiter verarbeiten. Als Beilage zu pikanten Gerichten oder nur mit Butter oder Käse servieren.
- Polentascheiben aromatisiert man nach dem Kochen, indem man sie mit Olivenöl einpinselt, mit Olivenpaste, zerdrückten Sardellen oder Feta bestreicht.

Oben: Knoblauchpolenta. Gegenüber, oben: Glasierter Putenbraten; unten: Feurig gebratene Putenstreifen

PUTE

GLASIERTER PUTENBRATEN

☆☆ ***Vorbereitungszeit:*** 15 Minuten
Kochzeit: 1 Stunde 20 Minuten
Für 8 Personen

3 kg Putenbrust mit Knochen
¼ Tasse rotes Johannisbeergleee
3 EL Maissirup
¼ Tasse brauner Zucker
40 g Butter, zerlassen
1 Tasse Wasser

Bratensoße
2 EL Mehl
¾ Tasse Hühnerbrühe

Apfelfüllung
20 g Butter
1 mittelgroße Möhre, feingehackt
1 großer grüner Apfel, feingehackt
2 Frühlingszwiebeln, feingehackt
4 Scheiben trockenes Brot, gerieben
1 EL Schnittlauch, gehackt
2 TL Zitronensaft

1 Backofen auf 180 °C vorheizen. Putenbrust von überschüssigem Fett befreien. Gelee, Sirup und Zucker in einer kleinen Schüssel glattrühren. Pute rundherum mit flüssiger Butter bepinseln. Auf einen Rost in die Grillpfanne oder einen Bräter stellen. Wasser einfüllen. Mit Folie bedecken und 40 Minuten braten. Aus dem Ofen nehmen; mit der Geleemischung großzügig bestreichen. Unbedeckt 20 Minuten weiterbraten. Vorgang wiederholen, wieder 20 Minuten backen. Aus dem Ofen nehmen und mit Folie bedeckt 15 Minuten ruhenlassen, dabei warm halten. Dann erst aufschneiden.
2 Für die Bratensoße Mehl gleichmäßig auf ein Backblech streuen. Unter dem heißen Grill Mehl goldgelb rösten. Zu dem Sud geben und bei schwacher Hitze 2 Minuten rühren. Nach und nach mit Brühe angießen; Mischung glattrühren und bei mittlerer Hitze in 5 Minuten Soße aufkochen und eindicken lassen.
3 Für die Apfelfüllung Butter in einer schweren Pfanne erhitzen. Zwiebel und Apfel zugeben und goldbraun braten. Mit den übrigen Zutaten mischen und heiß zur Putenbrust servieren.

FEURIG GEBRATENE PUTENSTREIFEN

☆ ***Vorbereitungszeit:*** 10 Minuten
Kochzeit: 7 Minuten
Für 4–6 Personen

1 rote Paprikaschote
1 grüne Paprikaschote
1 Selleriestange
1 Möhre
3 EL Erdnußöl
4 Tassen grobgehacktes, gekochtes Putenfleisch
2 EL Mango-Chutney (Fertigprodukt)
1–2 EL Worcestersoße
1 EL Dijonsenf

1 Paprika halbieren, Kerne entfernen und in feine Streifen schneiden. Sellerie diagonal in Scheiben schneiden, Möhre in dünne Scheiben schneiden. In heißem Öl bei mittlerer Hitze 5 Minuten unter Rühren braten.
2 Putenfleisch zufügen, 1 Minute unter Rühren braten.
3 Chutney, Worcestersoße und Senf unter Rühren 1 Minute mitkochen. Mit Reis oder Nudeln servieren.

gen Löchern. Port Salut sollte zimmerwarm auf einem Käsebrett mit frischem oder getrocknetem Obst, als Tafelkäse oder als Brotbelag serviert werden. Auch für pikante Vor- und Nachspeisen wird er verwendet.

Portwein Schwerer, süßer, durch Versetzen mit Weindestillat angereicherter Wein, der als Küchenzutat (Enten- und Wildgerichte, Soßen, vor allem Cumberlandsoße, Pâtés) und als Dessertwein geschätzt wird (Gelee, Cremes, Sirup für pochierte Früchte). Echter Portwein stammt aus dem Norden Portugals. Er wird von der alten Hafenstadt Porto aus verschifft.

Praline Süßigkeit mit Schokoladenüberzug, die mit Alkohol, Nougat, Früchten, Nüssen oder Cremes gefüllt sein kann.

Preiselbeere Kleine, runde, rote Beere, die oft sehr sauer ist. Meist in Soßen verwendet; traditionelle Beigabe zu Puten-, Gänse- und Entenbraten.

Profiterole Kleiner Windbeutel mit süßer oder pikanter Füllung. Profiteroles werden gerne als Dessert serviert: gefüllt mit Schlagsahne oder Pudding und mit

Schokoladen-, Karamel- oder Mokkaglasur bestrichen.

Prosciutto Italienischer Hinterschinken, der mit Salz und Gewürzen eingerieben acht bis zehn Monate reifen muß. Er ist von tiefem Rosa und glänzt etwas. Die bekanntesten Sorten sind Parmaschinken und San Daniele aus der Region Friaul im Nordosten Italiens, der als der beste gilt.

Provençale, à la siehe Provenzalische Art.

Provenzalische Art Gerichte, Soßen und Dekorationen mit Olivenöl, Knoblauch und Tomaten; für die Provence typische Zubereitungsart.

Provolone Weicher, gelber Kuhmilchkäse aus dem süditalienischen Campania, dessen Aroma altersbedingt von mild bis scharf variiert; der Käse ist glatt, ohne Löcher und wird nach der *pasta filata*-Methode hergestellt (Quark wird in heißem Wasser oder Molke geknetet und bearbeitet).

Pudding Mischung aus Ei und Milch, die gesüßt, gekocht und heiß oder kalt als Dessert serviert wird. Vom üppigen Fruchtpudding für Festtage über Reispudding bis zu Brot- und Butterpudding ist alles ver-

PUTE MIT SAUERKIRSCHSOSSE

★ ***Vorbereitungszeit:*** 20 Minuten
Kochzeit: 2 Stunden 55 Minuten
Für 8–10 Personen

4 kg Pute
45 g Butter
1 große Zwiebel, feingehackt
250 g Wasserkastanien aus der Dose, abgetropft und gehackt
2 EL blanchierte Mandeln, gehackt
1 mittelgroßer Apfel, geschält und gehackt
2 Frühlingszwiebeln, gehackt
Salz, Pfeffer
2 El großblättrige Petersilie, feingehackt
1 Ei
1 Tasse Langkornreis, gekocht
2 Tassen Wasser

Sauerkirschsoße
1 Glas Schattenmorellen, entsteint
¼ Tasse roter Johannisbeergelee
2 TL Balsamessig
2 Tassen Sud, durch ein Sieb passiert
Salz, Pfeffer
¼ Tasse Maismehl (Stärke)
⅓ Tasse Wasser

1 Backofen auf 180 °C vorheizen. Pute gut abwaschen. Innen und außen mit Küchenpapier abtrocknen. Flügel unter den Körper binden. Mit der Brustseite nach oben auf einen Rost über eine Grillpfanne oder in einen Bräter legen. Butter zerlassen und die Zwiebel darin bei schwacher Hitze 5 Minuten dünsten. Wasserkastanien und Mandeln zufügen, dabei gelegentlich umrühren. Apfel und Frühlingszwiebeln dazugeben und erhitzen. Vom Herd nehmen, mit Salz und Pfeffer, Petersilie, Ei und Reis abschmecken. Mischung in die Pute füllen, zunähen oder feststecken. Wasser in den Topf geben.
2 Pute 2 Stunden braten, ab und zu mit dem Sud bestreichen. Überall mit einer Gabel einstechen und nochmals 30 Minuten backen. Aus dem Ofen nehmen, Sud aufbewahren. 15 Minuten ruhenlassen. Tranchieren und mit Gewürzmischung und Sauerkirschsoße reichen.
3 Für die Kirschsoße Kirschsaft in einen schweren Topf geben, Gelee, Essig und Säfte hinzufügen. Bei mittlerer Hitze unter Rühren in 10 Minuten etwas einkochen. Kirschen hinzufügen, 2 Minuten kochen und abschmecken. Maismehl (Stärke) mit Wasser verrühren und unter die Soße heben. Bei mittlerer Hitze rühren, bis die Soße kocht und eindickt.

Rechts: Putenbraten mit Sauerkirschsoße

treten. Pudding bezeichnet auch eine kalte, cremige Süßspeise, die heute hauptsächlich mit Puddingpulver zubereitet wird. Außerdem gibt es Fleisch-, Fisch- und Gemüsepuddings.

Puderzucker Zu feinem Puder vermahlener Kristallzucker. Verwendet für Glasuren, Zuckerguß und bei der Konfektherstellung.

Puftaloon Kleine runde Kuchen aus Scones-Teig, der fritiert wird. Man serviert sie heiß mit Butter, Sirup oder Honig.

Pumpernickel Festes, dunkles, bittersüßes Roggenschrotbrot.

Punsch Heißes oder kaltes Getränk, das aus einer Mischung von Fruchtsaft, Wasser und Alkohol besteht.

Püree Dicke, cremige Paste oder Brei: feste Nahrungsmittel werden in der Küchenmaschine zerkleinert oder durch ein Sieb gestrichen.

Puri Flaches, ungesäuertes, fritiertes Brot aus Indien. Der Teig wird dünn ausgerollt, in runde Scheiben geschnitten und fritiert, bis er goldbraun und luftig ist.

Pute siehe Truthahn.

Q

Quark Frischkäse, in verschiedenen Fettstufen erhältlich. Quark wird mit Hilfe von Lab oder durch natürliche Säuerung aus Milch gewonnen. Quark ist pur, mit Fruchtzubereitung oder pikant gewürzt erhältlich. In Frankreich für Soßen, als Überzug für gedünstetes Gemüse, als Salatdressing, Dip oder Soße zu frischem Obst verwendet.

Quatre Épices siehe Vier-Gewürze-Pulver.

Quendel (Gewöhnlicher Thymian, Feldthymian) Mit dem Thymian verwandter Lippenblüter mit herbbitterem Geschmack. Er wird wie Thymian besonders in der Küche des Mittelmeeres verwendet. Wegen seiner magenstärkenden Wirkung ist er Bestandteil einiger Kräuterschnäpse und -liköre wie z.B. Chartreuse.

Quenelle Kleiner, leichter, pikanter Kloß aus feingehacktem oder püriertem Fisch, Fleisch oder Geflügel,

QUICHE

QUICHE LORRAINE

☆ ***Vorbereitungszeit:*** 30 Minuten + 20 Minuten Kühlzeit
Backzeit: 1 Stunde 10 Minuten
Für 10–12 Personen

Teig
1 ¼ Tassen Mehl
100 g Butter, in kleine Stücke geschnitten
1 Ei
etwa 1–2 EL Wasser

Füllung
10 dünne Scheiben durchwachsener Räucherspeck
6 Eier
160 ml Milch
300 ml dicke Sahne
Salz und Pfeffer
½ Tasse geriebener Cheddar oder Greyerzer

1 Für den Teig Mehl und Butter in der Küchenmaschine 30 Sekunden verarbeiten. Ei und den Großteil des Wassers zugeben und noch einmal 20 Sekunden verarbeiten, so daß der Teig gerade aneinanderklebt, wenn man ihn drückt. Eventuell noch etwas Wasser zufügen. Teig auf eine leicht bemehlte Arbeitsfläche geben und geschmeidig kneten. Mit Frischhaltefolie bedeckt 20 Minuten im Kühlschrank ruhenlassen. Backofen auf 210 °C vorheizen.
2 Teig auf einer bemehlten Arbeitsfläche für eine Springform von 32 cm Durchmesser ausrollen. Teig in die Form drücken, einen kleinen Rand ringsherum stehenlassen und mit dem Messer geradeschneiden. Teig 15 Minuten blindbacken. Dann erneut 10 Minuten backen, bis der Teig leicht gebräunt ist. Abkühlen lassen. Backofentemperatur auf 180 °C bringen.
3 Für die Füllung Speck bis auf vier Scheiben in kleine Stücke schneiden. In einer heißen Pfanne knusprig braten, auf Küchenpapier abtropfen lassen. Eier, Milch, Sahne, Salz und Pfeffer in einem Schraubglas gut schütteln. Speck auf dem Teigboden verteilen, Sahnemischung darübergießen. Restliche Speckscheiben längs halbieren, die Streifen auf die Sahnemischung legen und mit Käse bestreuen. Etwa 40 Minuten goldbraun backen. Heiß oder kalt servieren.

Anmerkung: Teig nicht zu lange in der Küchenmaschine verarbeiten, weil er sonst zu fest wird.

Oben: Quiche Lorraine.
Gegenüber: Quiche mit Huhn und Mais

QUICHE MIT HUHN UND MAIS

☆☆ ***Vorbereitungszeit:*** 35 Minuten + 20 Minuten Kühlzeit
Backzeit: 1 Stunde
Für 4 Personen

1 Tasse Mehl
60 g Butter, in kleine Stücke geschnitten
1 Eigelb
½ Tasse geriebener Cheddar
2 EL Eiswasser

Füllung
25 g Butter, in kleine Stücke geschnitten
1 mittelgroße Zwiebel, feingehackt
1 ½ Tassen gekochtes Hühnerfleisch, in kleine Stücke geschnitten
125 g Maiskörner aus der Dose, abgetropft
½ mittelgroßer, roter Paprika, gehackt
2 Eier
⅛ l Sahne
⅛ l Milch
¼ Tasse geriebener Cheddar
1 EL frischer Schnittlauch, gehackt

1 Mehl in eine große Schüssel sieben und Butter zufügen. Mit den Fingern verreiben, bis die Mischung fein und krümelig ist. Eigelb, geriebenen Käse und genug Wasser zufügen, um einen festen Teig zu erhalten. Auf einer bemehlten Arbeitsfläche in etwa 30 Sekunden geschmeidig kneten. In Plastikfolie gewickelt mindestens 20 Minuten im Kühlschrank ruhenlassen, dann nochmals kurz durchkneten.

2 Backofen auf 210 °C vorheizen. Eine flache Kuchenform von 20 cm Durchmesser mit zerlassener Butter oder Öl auspinseln. Teig zwischen zwei Lagen Folie so ausrollen, um Seiten und Boden der Form zu bedecken. Teig in die Form drücken, die Ränder mit einem scharfen Messer begradigen.
3 Den Teig 10 Minuten blindbacken. Aus dem Ofen nehmen und für weitere 7 Minuten weiterbacken, bis der Teig goldgelb ist. Dann etwas abkühlen lassen.
4 Für die Füllung Backofen auf 180 °C zurückdrehen. Butter in einem kleinen Topf erhitzen, Zwiebel darin weich dünsten; auf Küchenpapier abtropfen lassen. Zwiebel, Hühnerfleisch, Mais und Paprika auf dem Teigboden verteilen. Restliche Zutaten mischen und darübergießen. 35 Minuten backen, bis die Quiche gar ist und die Soße stockt. Vor dem Anschneiden 5 Minuten ruhenlassen. Heiß oder kalt mit grünem Salat servieren.

KLEINE MEERESFRÜCHTEQUICHES

☆ ***Vorbereitungszeit:*** 30 Minuten
Backzeit: 30 Minuten
Für 8 Personen

8 Scheiben Blätterteig oder Filo
60 g zerlassene Butter
150 g geschälte, gekochte Shrimps
150 g frische Muscheln, geputzt und halbiert
3 Eier
200 ml Sahne
⅛ l Milch
4 Frühlingszwiebeln, gehackt
¼ Tasse geriebener Cheddar oder mittelalter Gouda
2 EL Mehl
1 EL Zitronenthymian, gehackt

1 Backofen auf 180 °C. 8 Törtchenformen von 8 cm Durchmesser mit zerlassener Butter oder Öl einpinseln. Vier Teigblätter mit Butter bepinseln und aufeinanderlegen (Blätterteig vorher dünn und quadratisch ausrollen). Teig halbieren und die Hälften in vier Quadrate teilen. Mit dem restlichen Teig und der Butter genauso vorgehen. Förmchen mit vier Teigquadraten auslegen, im rechten Winkel zueinander. Mit restlicher Butter bepinseln.
2 Shrimps und Muscheln auf die Förmchen verteilen. In einer großen Schüssel Eier, Sahne, Milch, gehackte Frühlingszwiebeln, Käse und Mehl verrühren. Mischung über die Meeresfrüchte gießen, mit Zitronenthymian bestreuen und 30 Minuten goldbraun backen. Vor dem Servieren 5 Minuten ruhenlassen. Heiß mit grünem Salat und Krustenbrot schmecken diese Quiches besonders gut.

der mit Ei und Mehl gebunden wird. Der Teig wird zu erbsen- oder olivengroßen Klößchen geformt und als Suppen- oder Eintopfeinlage verwendet; größere Klöße reicht man als Beilage.

Quiche Pikanter Kuchen mit dünnem Mürbeteigboden und -rand, der mit einer reichhaltigen, würzigen Eiersahnesoße und verschiedenen Zutaten wie Schinkenspeck, Käse, Zwiebel, Lauch, Spinat, Pilzen, Spargel oder Meeresfrüchten gefüllt wird. Meist warm als Vorspeise oder leichtes Hauptgericht serviert; kleine Quiches werden als Appetithappen angeboten, und kalte Quiche ist beliebter Bestandteil eines Picknicks. Die Quiche ist in Nancy in Lothringen entstanden, wo sie seit dem 16. Jh. bekannt ist; ursprünglich wurde sie mit Brotteig zubereitet. Quiche Lorraine, der Lothringer Speckkuchen, mit einer Füllung aus Schinken oder Schinkenspeck und Eiern ist eine Spezialität der Region. Echte Quiche Lorraine enthält keinen Käse; er gilt als Pariser Variation des Rezepts.

Quinoa (Reismelde) Körner eines Gänsefußgewächses aus dem Andenhochland Südamerikas, die der Hirse ähnlich sehen. Um die sie umgebende, bittere Saponinschicht zu entfernen, sollten die Körner vor dem Kochen sehr gut gewaschen werden. Man läßt sie in ungesalzenen Wasser bei mittlerer Hitze quellen, bis sie weich, aber noch knusprig sind.

Quitte Große, wohlriechende Frucht mit gelber Schale, rund bis birnenförmig, zu hart und zu sauer, um sie roh zu essen. Gekocht wird das Fruchtfleisch jedoch weich, rosa und angenehm süß. Quitten sind mit Äpfeln und Birnen verwandt. Mit gedämpften Quitten kann man Pies und Kuchen füllen, Quittenpaste paßt gut zu reifem

Weichkäse, gebackene ganze Quitten sind beliebte Beilage zu Wild. Da Quitten viel Pektin enthalten, lassen sie sich gut zu Gelee, Marmelade und Kompott verarbeiten. Der Pektingehalt ist am höchsten, wenn die Schale der Früchte grünlich-gelb ist. Eingelegte Quitten in Sirup sind als Dessert in Norditalien

GEMÜSEQUICHE

☆☆ ***Vorbereitungszeit:*** 40 Minuten + 20 Minuten Kühlzeit
Zubereitungszeit: 50 Minuten
Für 4–6 Personen

3/4 Tasse Mehl
1/2 Tasse Vollweizenmehl
100 g Butter, in kleine Stücke geschnitten
2 El Zitronensaft

Füllung
100 g Brokkoli, in kleine Röschen geteilt
2 kleine Zucchini, in 2 cm dicke Scheiben geschnitten
150 g Kürbis, in 2 cm große Würfel geschnitten
2 TL Öl
1 kleine rote Paprikaschote, in 2 cm große Quadrate geschnitten
1 mittelgroße Zwiebel, gehackt
50–60 g Butter
3 El Mehl
1/4 l Milch
2 Eigelb
1 Tasse feingeriebener Cheddar oder mittelalter Gouda
schwarzer Pfeffer aus der Mühle
125 g Maiskörner aus der Dose, abgetropft

1 Mehl in eine große Schüssel sieben (auch die Hülsen). Mit den Fingerspitzen Butter und Mehl 2 Minuten verreiben, bis eine feine, krümelige Mischung entsteht. Den Großteil des Zitronensaftes zugeben und zu einem festen Teig verarbeiten. Eventuell mehr Flüssigkeit zugeben. Auf leicht bemehlter Arbeitsfläche Teig glatt verarbeiten. Eine Kuchenform von 20 cm Durchmesser mit gewelltem Rand mit Öl auspinseln. Teig groß genug ausrollen, in die Form drücken, Rand glätten. Mit Folie bedecken und 20 Minuten im Kühlschrank ruhenlassen.
2 Backofen auf 180 °C vorheizen. Teig 10 Minuten blindbacken, aus dem Ofen nehmen. Noch weitere 10 Minuten backen, bis der Teig goldgelb ist. Beiseite stellen und abkühlen lassen.
3 Für die Füllung Brokkoli, Zucchini und Kürbis bißfest kochen und abtropfen lassen. Öl in einer schweren Pfanne erhitzen, Paprika und Zwiebeln bei mittlerer Hitze weich dünsten. Beiseite stellen. Butter in einem kleinen Topf erhitzen und Mehl zufügen. Bei schwacher Hitze 2 Minuten glattrühren; nach und nach Milch angießen, dabei ständig Rühren. Bei mittlerer Hitze unter ständigem Rühren zum Kochen bringen. 1 Minute kochen, bis die Mischung eindickt, vom Herd nehmen. Eigelb einrühren, anschließend Käse unterziehen.
4 Gekochtes Gemüse in eine große Schüssel geben. Mais und Paprika zufügen. Heiße Soße darübergießen und mischen. Gemüse in die Teigform gießen, 20 Minuten backen. Heiß servieren.

BLAUSCHIMMELQUICHE

☆☆ ***Vorbereitungszeit:*** 50 Minuten + 20 Minuten Kühlzeit
Backzeit: 50 Minuten
Für 4–6 Personen

1 Tasse Mehl
1/2 Tasse gemahlene Walnüsse
60 g Butter, in kleine Stücke geschnitten
2 EL Wasser

Füllung
150 g Blauschimmelkäse
1/8 l Sahne
2 Eier, leicht verquirlt
1 EL frische Petersilie, gehackt

1 Mehl in eine Schüssel sieben; Walnüsse und Butter zufügen. Mit den Fingerspitzen Butter und Mehl 2 Minuten krümelig reiben. 1 EL Wasser zugeben, zu einem festen Teig verarbeiten. Eventuell mehr Flüssigkeit zugeben. Auf eine leicht bemehlte Arbeitsfläche geben, zusammendrücken, bis der Teig glatt ist. Eine Kuchenform von 20 cm Durchmesser mit Öl auspinseln. Teig so ausrollen, daß Boden und Seiten der Form bedeckt sind. Teig in die Form drücken, Rand glätten. 20 Minuten im Kühlschrank ruhenlassen.
2 Backofen auf 180 °C vorheizen. Teig 10 Minuten blindbacken, aus dem Ofen nehmen. Noch weitere 10 Minuten backen, bis der Teig goldgelb ist. Abkühlen lassen.
3 Für die Füllung Käse in eine Schüssel geben und zerdrücken. Sahne, Eier und Petersilie zufügen, mit dem Schneebesen glattrühren. In die vorbereitete Form füllen, 30 Minuten goldgelb backen. Warm servieren.

QUITTEN

LAMM-TAGINE MIT QUITTEN

☆ ***Vorbereitungszeit:*** 50 Minuten
Kochzeit: 1 Stunde
Für 6 Personen

1 kg Lammschulter, in 2 cm große Würfel geschnitten
2 große Zwiebeln, gehackt
gemahlener Pfeffer
½ TL Paprika edelsüß
1 Bündel Koriandergrün, feingehackt
¼ TL gemahlener Safran
½ TL gemahlener Ingwer
500 g Quitten, geschält, halbiert, ohne Kerne
60 g Butter
1 Tasse getrocknete Pflaumen, entsteint, eingeweicht

1 Lammwürfel und 1 gehackte Zwiebel in einen großen, schweren Topf geben, mit Pfeffer und Paprika würzen, mit Wasser bedecken.
2 Koriandergrün, Safran und Ingwer zugeben. Zum Kochen bringen, Hitze reduzieren, bei geschlossenem Topf das Fleisch 1 Stunde weich köcheln lassen.
3 Quitten in etwa 2 cm große Würfel schneiden, mit der zweiten gehackten Zwiebel in einem Topf mit Butter goldgelb dünsten.
4 Wenn das Lammfleisch eine halbe Stunde köchelt, Quitten, Zwiebel und Pflaumen zugeben. Wenn das Fleisch gar ist, in einer vorgewärmten Schüssel servieren.

Oben: Lamm-Tagine mit Quitten; unten: Eingemachte Quitten. Gegenüber: Gemüsequiche

Anmerkung: Ein marokkanisches Gericht, eine der besten Kombinationen von Fleisch und Obst. Wer es schärfer möchte, ersetzt Paprika edelsüß durch rosenscharfen Paprika. Pflaumen können durch Datteln, Quitten auch durch Birnen ersetzt werden.

EINGEMACHTE QUITTEN

☆☆ ***Vorbereitungszeit:*** 30 Minuten
Kochzeit: 1 Stunde 30 Minuten
Ergibt 1,5 l

1,5 kg Quitten
2,5 l Wasser
2 TL abgeriebene Zitronenschale
190 ml Zitronensaft
1400 g Zucker, angewärmt

1 Quitten schälen, vom Kerngehäuse befreien; in dünne Scheiben schneiden. Schalen und Kerngehäuse in ein Leinensäckchen füllen und zubinden.
2 Quitten, Leinensäckchen, Wasser und Zitronenschale in einen großen Topf geben, zum Kochen bringen. Bei geschlossenem Topf etwa 50 Minuten köcheln lassen. Leinensäckchen herausnehmen, Zitronensaft einrühren.
3 Warmen Zucker zufügen und rühren, bis er sich gelöst hat. Bei offenem Topf 40 Minuten kochen, bis die Masse fest wird.
4 Eingekochte Masse vom Herd nehmen, 10 Minuten ruhenlassen. In warme, sterilisierte Gläser füllen, sofort verschließen.

seit Generationen beliebt. In der Küche des Vorderen Orients werden Quitten gerne mit Erbsen, Bohnen oder Hackfleisch und Gewürzen gefüllt. Die Quitte stammt ursprünglich aus Asien und fand in der Antike ihren Weg ans östliche Mittelmeer. Schon bei den alten Griechen waren ausgehöhlte, in Honig

gebackene Quitten sehr beliebt. Auf dem Weg nach Norden und Westen änderte die Quitte auch ihren Namen: in Südfrankreich wurde aus der *kydonia* die *cydonea,* in Nordfrankreich die *coing,* und in England nannte man sie *quince.* In der griechischen Mythologie war die Quitte der berühmte goldene Apfel, den Paris Aphrodite, der Göttin der Liebe, zusprach. Seit der Antike ist die Quitte ein Symbol der Liebe, Ehe und Fruchtbarkeit. In Europa galt im Mittelalter ein Geschenk aus Quitten als Erklärung ernsthafter Absichten.

R

Raclette Halbfester Kuhmilchkäse aus der Schweiz mit mindestens 50 % Fett i.Tr. und mildwürzigem Geschmack. Nach 2 Monaten Reifezeit kann er verzehrt werden. Er wird geschmolzen zu Pellkartoffeln und eingelegten Gurken und Gemüse gegessen. Im Handel gibt es kleine Tischgrills, in denen man in kleinen Pfannen Raclettescheiben schmelzen kann.

Radicchio Salat mit weißgerippten, knackigen, weinroten Blättern und bitter-scharfem Geschmack. Er gibt gemischten Salaten eine interessante Note, kann aber auch gedünstet zu Fleisch oder Geflügel serviert werden. Radicchio ist eine Variante des Chicorée und ganzjährig erhältlich.

Ragout Gericht aus gewürfeltem Fleisch, Geflügel, Fisch, Wild oder Gemüse, das in einer gut gewürzten, angedickten Brühe gekocht wird.

RATATOUILLE

RATATOUILLE

Vorbereitungszeit: 30 Minuten + 30 Minuten Ruhezeit
Kochzeit: 45 Minuten
Für 4–6 Personen

2 große Auberginen
Salz
2 mittelgroße Zucchini, in 5 cm dicke Scheiben geschnitten
½ Tasse Olivenöl
1 große Zwiebel
2 Knoblauchzehen, zerdrückt
2 TL Zucker
gemahlener Pfeffer
3 EL Rotweinessig
2 mittelgroße reife Tomaten, enthäutet, ohne Kerne und gehackt
4 EL Weißwein
¼ Tasse Parmesan, gerieben

1 Aubergine waschen, in 1 cm dicke Scheiben schneiden, mit Salz bestreuen und ruhenlassen. Zucchinischeiben leicht salzen und 30 Minuten ruhenlassen. Salz von Aubergine und Zucchini abspülen, mit Küchenpapier trockentupfen.
2 Öl in einer Pfanne erhitzen. Zwiebel darin goldbraun braten. Knoblauch und Auberginenstücke hinzufügen und braun braten; herausnehmen. Anschließend Zucchinistücke leicht goldgelb braten.
3 Gemüse in einen großen Topf geben. Mit Zukker, Pfeffer und Essig würzen, die Tomaten und den Wein hinzufügen. 30 Minuten bei geschlossenem Topf köcheln lassen.
4 Mit geriebenem Parmesan bestreuen und sofort servieren.

RATATOUILLE-QUADRATE

Vorbereitungszeit: 15 Minuten
Kochzeit: 45 Minuten
Ergibt 4 Stück

2 Scheiben Blätterteig, quadratisch ausgerollt
1 Ei, leicht verquirlt
1–2 EL Olivenöl
1 mittelgroße Zwiebel, in feine Ringe geschnitten
2 Knoblauchzehen, zerdrückt
2 mittelgroße schlanke Auberginen, in 1 cm dicken Scheiben
2 mittelgroße Zucchini, in 1 cm dicke Scheiben geschnitten
1 mittelgroße rote Paprikaschote, in 2 cm große Quadrate geschnitten
1 mittelgroße grüne Paprikaschote, in 2 cm große Quadrate geschnitten
2 mittelgroße Tomaten, grobgehackt

1 Backofen auf 180 °C vorheizen. Eine Teiglage mit Ei bepinseln, andere Lage darüberlegen. In vier Quadrate schneiden. Auf einem Backblech in 20 Minuten goldbraun backen. Zum Abkühlen beiseite stellen.
2 Öl in einer schweren Pfanne erhitzen. Zwiebel und Knoblauch darin bei mittlerer Hitze 5 Minuten dünsten. Aubergine, Zucchini und Paprikaschoten dazugeben. 10 Minuten bei geschlossenem Topf kochen. Dabei gelegentlich umrühren.
3 Tomaten hinzufügen und im offenen Topf 10 Minuten unter gelegentlichem Rühren kochen. Die Flüssigkeit soll zum Großteil verdampfen. Zum Servieren ein Loch von 8 cm Durchmesser in die Teigquadrate schneiden, Blätterteig herausnehmen und jedes Blätterteigquadrat mit der Ratatouille füllen. Sofort servieren.

REIS

GEBRATENER REIS BALINESISCHE ART

☆☆ ***Vorbereitungszeit:*** 30 Minuten
Kochzeit: 20 Minuten
Für 6 Personen

2 TL Öl
2 Eier, leicht verquirlt
2 mittelgroße Zwiebeln, gehackt
2 Knoblauchzehen
4 EL Öl zusätzlich
¼ TL Garnelenpaste
250 g rohes Garnelenfleisch
125 g Rumpsteak, in feine Scheiben geschnitten
1 gekochte Hühnerbrust, in feine Scheiben geschnitten
5 Tassen kalter, gekochter Reis
1–2 EL Sojasoße
1–2 EL Nuoc-Mam-Soße
1 EL Sambal Oelek
1 EL Tomatenmark
6 Frühlingszwiebeln, feingehackt
Frühlingszwiebeln, dünnschalige Gurke und 2–3 lange, rote Chilischoten zum Garnieren

1 Öl im Wok oder einer tiefen Pfanne erhitzen. Eier würzen und hineingeben. Ein Omelett bereiten: dazu die gekochten Ränder des Eis in die Mitte der Pfanne ziehen. Wenn das Ei gestockt ist, herausnehmen und abkühlen lassen. In feine Streifen schneiden, beiseite stellen.
2 Zwiebeln und Knoblauch in der Küchenmaschine (oder mit der Hand mit einem scharfen Messer) fein zerkleinern. Zusätzliches Öl im Wok erhitzen und die Zwiebelmischung darin unter ständigem Rühren glasig dünsten, bis alles etwas eingekocht ist. Die Garnelenpaste hinzufügen und 1 Minute weiter dünsten.
3 Garnelenfleisch und Rumpsteakscheiben dazugeben und bei starker Hitze unter Rühren braten. Gekochtes Hühnerfleisch und Reis hinzufügen, mischen und heiß werden lassen. Sojasoße, Nuoc Mam, Sambal Oelek, Tomatenmark und Frühlingszwiebeln in einer Schüssel mischen und zum Reis geben. Alles gut vermischen. Wok vom Herd nehmen und Frühlingszwiebelbürsten auf das Gericht legen. Auf einem Servierteller mit Omelettstreifen, Gurken und Chiliblüten anrichten.
4 Für die Frühlingszwiebelbürsten je ein 7 cm langes Stück zurechtschneiden. Aus einer Chilischote einen Ring herausschneiden. Vom Zwiebelende zur Mitte hin feine parallele Schnitte anbringen. In Eiswasser legen, bis die Zwiebel sich öffnet.
5 Für die Gurkenscheiben mit den Gabelzinken die Gurke der Länge nach einritzen und dann in Scheiben schneiden.
6 Für die Chiliblüten die Schoten mit einem sehr scharfen Messer fünfmal der Länge nach einschneiden; kurz vor der Unterseite innehalten. 30 Minuten in eine Schüssel mit Eiswasser legen, damit sich die Blüte »öffnet«.

SALAT MIT WILD- UND NATURREIS

☆ ***Vorbereitungszeit:*** 10 Minuten
Kochzeit: 40 Minuten
Für 6 Personen

½ Tasse Wildreis
1 Tasse Naturreis
¼ Tasse Mandelblättchen
1 EL gehackte, frische Petersilie
1 EL frischer Schnittlauch, gehackt
1 EL gehacktes, frisches Basilikum
4 EL leichtes Pflanzenöl
2 TL Weißweinessig

1 Wildreis und Naturreis getrennt in großen Töpfen mit sprudelndem Wasser bißfest kochen. Abgießen, unter kaltem Wasser abspülen und gründlich abtropfen lassen. Der Reis sollte ziemlich trocken sein, wenn er mit den anderen Zutaten vermischt wird.
2 Backofen auf 180 °C vorheizen. Die Mandelblättchen auf ein mit Folie ausgelegtes Blech legen und in 3 Minuten goldbraun rösten.
3 Den kalten Wildreis, Naturreis und Kräuter mit Öl und Essig in einer Servierschüssel vermischen; vor dem Servieren mit den abgekühlten Mandelblättchen bestreuen.

Oben: Gebratener Reis balinesische Art. Gegenüber, unten: Ratatouille-Quadrate; oben: Ratatouille

Rambutan Kleine, ovale, mit der Litschi verwandte Frucht, umgeben von einer dicken, roten, weichborstigen Schale. Das perlmuttglänzende Fruchtfleisch erinnert im Geschmack an Weintrauben. Geschält und entsteint verwendet man die Frucht in Obstsalat, grünem oder Fischsalat oder

auf dem Käsebrett. Die Rambutan ist in Dosen erhältlich.

Rarebit (Welsh Rarebit) Heißer Imbiß aus mit Bier geschmolzenem Käse, der mit Senf oder Worcestersoße gewürzt, auf einen Toast gestrichen und überbacken wird.

Ratatouille Ein Gericht aus Sommergemüsen, das ursprünglich aus der Provence stammt. Die klassischen Zutaten sind Auberginen, Zucchini, Zwiebeln, Tomaten und Knoblauch.

Rauke (Rucola) Blattsalat mit schlanken, tiefgrünen Blättern, die den Rettich-

blättern ähneln. Ihr herbwürziger Geschmack harmoniert gut mit anderen grünen Salaten. Je älter und größer die Blätter, desto schärfer der Geschmack.

Ravigote Scharfe Kräutersoße. Kalte Ravigote, eine Vinaigrette mit Kapern, gehackten Kräutern und Zwiebel, wird zu kaltem Fleisch und Fisch serviert. Für heiße Ravigote kocht man gehackte Schalotten in Weinessig und gibt Kalbsvelouté, gehackte Petersilie, Estragon, Schnittlauch und Kerbel dazu. Ravigotebutter wird mit gehackten Schalotten, Kräutern und eventuell Senf gewürzt.

Ravioli Kleine quadratische Nudelteigtaschen, gefüllt mit Fleisch, Käse oder Gemüse, die in sprudelndem Wasser gekocht und mit Soße und Parmesan als Vorspeise oder Hauptgericht serviert werden.

Rebhuhn Mit dem Fasan verwandtes Wildgeflügel, das über ganz Europa verbreitet ist. Rebhühner werden ungerupft und nicht ausgenommen nach dem Erlegen drei

REIS VALENCIENNER ART

☆ ***Vorbereitungszeit:*** 10 Minuten
Kochzeit: 15 Minuten
Für 4–6 Personen

1 1/4 Tassen Langkornreis
1–2 EL Olivenöl
15 g Butter
1 mittelgroße Zwiebel, gehackt
2 TL abgeriebene Orangenschale
1/2 Tasse Orangensaft
1/2 Tasse süßer Sherry
1 1/2 Tassen Hühnerbrühe

1 Reis 10 Minuten in kaltem Wasser einweichen, abspülen, erneut waschen und abtropfen lassen.
2 Öl und Butter bei mittlerer Hitze erwärmen. Zwiebel und darin goldbraun braten. Reis hinzufügen, Hitze reduzieren und Reis unter Rühren 2 Minuten glasig braten.
3 Restliche Zutaten hinzufügen. Topf mit gut schließendem Deckel abdecken. Reis zum Kochen bringen, einmal umrühren; Hitze reduzieren, bei geschlossenem Topf 8–10 Minuten köcheln lassen. Vom Herd nehmen, zugedeckt 5 Minuten ruhenlassen.

EINFACHER BEILAGENREIS

☆ ***Vorbereitungszeit:*** 10 Minuten
Kochzeit: 20 Minuten
Für 4 Personen

1–2 EL Öl
1 mittelgroße Zwiebel, in feine Ringe geschnitten
1 1/2 Tasse Langkornreis
1 TL Salz
3 Tassen kochendes Wasser

1 Butter in einem Topf mit gut schließendem Deckel erhitzen, Zwiebel darin goldbraun braten, herausnehmen und auf einem Teller beiseite stel-

len. Reis in den Topf geben und in der verbliebenen Butter unter Rühren 2 Minuten dünsten.
2 Salz und kochendes Wasser hinzufügen; im offenen Topf kochen, bis soviel Wasser verdampft ist, daß die Reiskörner sichtbar werden. Abdecken, Hitze so weit wie möglich reduzieren und den Reis nochmals 15 Minuten garen lassen.
3 Deckel abnehmen. Reis mit einer Gabel lockern und Dampf entweichen lassen. Auf einen Teller geben, mit den gebratenen Zwiebeln garnieren.

WISSENSWERTES ÜBER REIS

■ Reis gibt es geschält oder als Naturreis; man unterscheidet zwischen Langkorn- und Rundkornreis. Die Garzeit von Naturreis (mit Silberhäutchen) ist etwa doppelt so lang wie die von geschältem Reis.
■ Für lockeren weißen Reis, der nicht klebt, bringt man 8 Tassen Wasser zum Kochen, gibt 1 Tasse Reis hinein (Salz nach Wunsch) und kocht im offenen Topf 12–15 Minuten. In einem Sieb abgießen. Soll der Reis kleben, 1 Tasse Reis in einen Topf geben, soviel Wasser angießen, daß es 2,5 cm über dem Reis steht und zum Kochen bringen. Hitze so weit wie möglich reduzieren, Topf abdecken und 20 Minuten garen lassen.
■ Gekochter Reis hält sich einige Tage abgedeckt im Kühlschrank. Er läßt sich einfrieren und bei Bedarf in der Mikrowelle oder in einem Sieb über kochendem Wasser aufwärmen.

Oben: Reis Valencienner Art; links: Einfacher Beilagenreis. Gegenüber, oben: Gefüllte Weinblätter; unten: Gefüllte Tomaten

GEFÜLLTE TOMATEN

☆☆ ***Vorbereitungszeit:*** 30 Minuten
Zubereitungszeit: 1 Stunde 30 Minuten
Für 4 Personen

8 große reife Tomaten (etwa 1 ½ kg)
⅓ Tasse Olivenöl
3 große Zwiebeln, feingehackt
⅔ Tasse Rundkornreis
¼ Tasse Tomatenmark
1 Tasse glattblättrige Petersilie, grobgehackt
Salz und schwarzer Pfeffer aus der Mühle
½ Tasse Wasser
3 EL Olivenöl zusätzlich

1 Tomaten mit der Unterseite nach oben auf ein Brett setzen. Mit einem scharfen Messer einen Deckel abschneiden. Mit einem Löffel Fleisch und Kerne herausheben. Fleisch in Stücke schneiden. Tomaten beiseite stellen.
2 Öl in einem schweren Topf erhitzen. Zwiebeln darin bei schwacher Hitze 20 Minuten weich dünsten. Dabei gelegentlich umrühren. Reis hinzufügen, 3 Minuten rühren. Gehackte Tomaten und Tomatenmark dazugeben, zum Kochen bringen und Hitze reduzieren; bei geschlossenem Topf 7 Minuten köcheln lassen. Vom Herd nehmen, leicht abkühlen lassen. Petersilie unterziehen und mit Salz und Pfeffer abschmecken.
3 Backofen auf 180 °C vorheizen. Reismischung mit dem Löffel auf die Tomaten verteilen und den Deckel aufsetzen. Die gefüllten Tomaten in eine tiefe Auflaufform setzen.
4 Wasser in die Form gießen. Etwas davon über die Tomaten träufeln. Form mit Alufolie abdecken und 30 Minuten backen; dann ohne Folie weitere 30 Minuten backen. Kurz vor dem Servieren mit dem Sud bepinseln. Heiß servieren.

GEFÜLLTE WEINBLÄTTER

☆☆ ***Vorbereitungszeit:*** 1 Stunde + 1 Stunde Ruhezeit
Kochzeit: 55 Minuten
Ergibt etwa 35 Stück

250 g Weinblätter in Salzlake
¾ Tasse Olivenöl
2 große Zwiebeln, feingehackt
¾ Tasse Rundkornreis
6 Frühlingszwiebeln, gehackt
⅓ Tasse frischer Dill, grobgehackt
1 EL frische Minze, feingehackt
Salz und schwarzer Pfeffer aus der Mühle
1 ½ Tassen Wasser
1–2 EL Zitronensaft

1 Weinblätter unter kaltem Wasser abspülen und 1 Stunde in warmem Wasser einweichen; abtropfen lassen. ½ Tasse Öl in einem Topf erhitzen. Zwiebeln darin bei schwacher Hitze 5 Minuten dünsten, vom Herd nehmen, 5 Minuten ruhenlassen.
2 Reis, Frühlingszwiebeln, Kräuter, Salz und Pfeffer hinzufügen; gut mischen. Ein Weinblatt mit der geäderten Seite nach oben legen.
3 3 TL Reismischung in die Mitte geben. Seiten über der Mischung einschlagen, zur Blattspitze hin aufrollen. Restliche Blätter füllen.
4 Gefüllte Weinblätter in zwei Lagen in Topf einschichten, mit restlichem Öl beträufeln. Einen Teller auf die Blätter legen, mit Wasser bedecken. Bei geschlossenem Topf 45 Minuten köcheln lassen. Teller herausnehmen; mit Zitronensaft beträufeln.

oder vier Tage aufgehängt, damit sich das Aroma entwickelt und das Fleisch zart wird. Junge Vögel können wie Hühner gebraten oder gegrillt werden; ältere Vögel schmort man am besten. Pro Person rechnet man einen Vogel.

Reduzieren Soße oder Bratensaft einkochen, so daß Wasser verdampft, die Soße dicker und das Aroma kräftiger wird.

Reineclaude Pflaumenart mit gelbgrüner Schale und süßem, gelbem Fruchtfleisch. Frisch oder gekocht verzehrt, zu Marmelade oder Törtchenfüllung verarbeitet.

Reinigen Fleisch, Geflügel, Innereien oder Fisch in kaltem Wasser einweichen, um Blut, Verschmutzung oder »modrigen« Geschmack aus Süßwasserfisch herauszuziehen.

Reis Kleines, ovales Korn einer wasserliebenden Graspflanze, die in warmem Klima gedeiht; Grundnahrungsmittel für über die Hälfte der Weltbevölkerung. Reis wird stets gekocht verzehrt (kalt oder warm). Bei Naturreis oder Vollkornreis

sind nur die nicht eßbaren Spelzen entfernt; er schmeckt kräftig und leicht nussig. Bei weißem, poliertem Reis ist auch das Silberhäutchen entfernt. Man unterscheidet zwischen den Hauptgruppen Langkornreis (dazu gehört der Basmatireis) und Rundkorn- oder Milchreis.
In China und Asien wird Langkornreis verwendet; seine langen, schmalen Körner kleben beim Kochen nicht und eignen sich für Beilagenreis, Füllungen und Reissalate. Rundkornreis hat beinah runde Körner, die beim Kochen klebrig werden. Er wächst z.B. in Italien, wo die Sorte Arborio für Risotto verwendet wird; in Spanien

nimmt man ihn zur Paella. Rundkornreis eignet sich für Reisbrei, Pudding und Reisringe. Der asiatische Klebreis, eine Variante vom Rundkornreis, ist für süße Gerichte sehr beliebt. Wildreis ist der Samen eines Wassergrases, das in Nordamerika in den Minnesotaseen heimisch ist.

Reisessig Milde, blaßgelbe Flüssigkeit, die aus fermentiertem

WARMER REISSALAT MIT DATTELN

☆ ***Vorbereitungszeit:*** 25 Minuten
Kochzeit: 1 Stunde
Für 4–6 Personen

½ Tasse Wildreis
¾ Tasse Basmati- oder Jasminreis
1 Tasse frische Datteln, gehackt
1 Banane, in Scheiben geschnitten
4 EL Olivenöl
4 EL Zitronensaft
2 TL weicher, brauner Zucker
1 TL französischer Körnersenf
⅓ Tasse geröstete Macadamianüsse, gehackt

1 Wildreis waschen und abtropfen lassen. In 450 ml kochendes Wasser geben. Zugedeckt 45 Minuten köcheln lassen, bis der Reis weich ist.
2 Basmati gründlich waschen. In einen Topf geben, 1 cm hoch mit kaltem Wasser bedecken, zum Kochen bringen und bei geschlossenem Topf in 10–15 Minuten gar kochen.
3 Für die Soße Öl, Zitronensaft, braunen Zucker und Senf in einem Schraubglas schütteln, bis alles gut verbunden ist.
4 Reis, Datteln und Bananen mischen. Mit Salatsoße beträufeln und vorsichtig mischen. Auf einen Servierteller geben und mit den Macadamianüssen garnieren. Sofort servieren.

KEDGEREE

☆ ***Vorbereitungszeit:*** 15 Minuten
Kochzeit: 30 Minuten
Für 4 Personen

500 g geräucherter Schellfisch
1 TL abgeriebene Zitronenschale
1 Lorbeerblatt
1 ½ Tassen gekochter Langkornreis
3 hartgekochte Eier, feingehackt
¼ TL gemahlene Muskatnuß
1 Prise Pfeffer
Salz
1–2 EL Zitronensaft
45 g Butter, in kleine Stücke geschnitten
¾ Tasse Sahne

1 Backofen auf 180 °C vorheizen. Eine flache feuerfeste 1,5-l-Form mit flüssiger Butter oder Öl bepinseln. Fisch in 3 cm große Würfel schneiden; mit Zitronensaft und Lorbeerblatt in einen großen Topf geben und, mit Wasser bedeckt, in 6–8 Minuten gar köcheln lassen.
2 Mit dem Schaumlöffel herausnehmen. Den Fisch mit einer Gabel leicht zerpflücken.
3 Gekochten Reis in einer großen Schüssel mit Eiern, Fisch, Gewürzen und Zitronensaft mischen und abschmecken.
4 Mischung in die vorbereitete Form füllen, Butterflöckchen aufsetzen und mit Sahne begießen. 20 Minuten backen. Mit Buttertoast und Zitronenscheiben servieren.

REISAUFLAUF

☆ ***Vorbereitungszeit:*** 20 Minuten
Zubereitungszeit: 1 Stunde
Für 4 Personen

¼ Tasse Rundkornreis
2 Eier
¼ Tasse sehr feiner Zucker
1 ½ Tassen Milch
½ Tasse Sahne
1 TL Vanilleessenz
1–2 TL abgeriebene Zitronenschale
¼ Tasse Sultaninen oder Korinthen (nach Wunsch)
¼ TL gemahlene Muskatnuß oder Zimt

1 Backofen auf 160 °C vorheizen. Tiefe, feuerfeste 1,5-l-Form (20 cm Durchmesser) mit flüssiger Butter oder Öl bepinseln. Reis in einem mittelgroßen Topf mit kochendem Wasser bißfest kochen, abtropfen lassen.
2 In einer mittelgroßen Rührschüssel mit dem Schneebesen Eier, Zucker, Milch, Sahne mit Vanilleessenz und Zitronenschale 2 Minuten schlagen. Gekochten Reis und Sultaninen unterziehen, in die vorbereitete Form füllen. Mit Zimt oder Muskat bestreuen.
3 Die gefüllte Auflaufform in eine tiefe Backform oder einen Topf stellen und diesen halbhoch mit Wasser füllen. 50 Minuten backen (»Nadelprobe« mit einem Messer machen, das Messer bleibt sauber, wenn der Auflauf gar ist). Die Auflaufform sofort aus dem Wasser nehmen und 5 Minuten ruhenlassen. Mit Sahne oder Kompott servieren.

MÖHRENPILAW

☆ ***Vorbereitungszeit:*** 15 Minuten
Kochzeit: 30 Minuten
Für 4–6 Personen

2 Tassen Langkornreis
2 EL Butter
3 EL Olivenöl
2 Tassen grob geraffelte Möhren
fein gemahlener schwarzer Pfeffer
1–2 EL heller Maissirup
2 ½ Tassen Hühnerbrühe
1 Tasse Weißwein
½ Tasse Pistazien, gehackt

1 Reis so lange unter fließendem kalten Wasser waschen, bis das Wasser klar ist. Den Reis gut abtropfen lassen.
2 Butter und Öl in einem schweren Topf erhitzen. Reis darin 3–4 Minuten braten. Möhren und Pfeffer hinzufügen und unter ständigem Rühren 5 Minuten braten. Sirup dazugeben und gründlich mischen.
3 Brühe und Wein angießen, zum Kochen bringen. Hitze auf niedrigste Stufe reduzieren, gut schließenden Deckel aufsetzen und in 20–25 Minuten gar kochen. Mit Pistazien bestreuen.

NATURREIS MIT PETERSILIE

1 ½ Tasse, schnellkochendem Naturreis in viel kochendes Wasser geben und nach Packungsanweisung gar kochen; abtropfen lassen. 1 Bund gehackte Petersilie, 1 ½ EL abgeriebene Zitronenschale und ½ TL zerstoßene schwarze Pfefferkörner unterheben.

Oben: Gemüse-Reis-Pilaw.
Gegenüber: Kedgeree

GEMÜSE-REIS-PILAW

☆ ***Vorbereitungszeit:*** 20 Minuten
Kochzeit: 35 Minuten
Für 4 Personen

4 EL Olivenöl
1 mittelgroße Zwiebel, in Ringe geschnitten
2 Knoblauchzehen, zerdrückt
2 TL Kreuzkümmel, gemahlen
2 TL Paprika
½ TL Piment
1 ½ Tassen Langkornreis
1 ½ Tassen Gemüsebrühe
¾ Tasse Weißwein
3 mittelgroße Tomaten, gehackt
150 g kleine Champignons, in Scheiben geschnitten
2 mittelgroße Zucchini, in Scheiben geschnitten
150 g Brokkoli, in Röschen geteilt

1 Öl in einem großen schweren Topf erhitzen. Zwiebel darin bei mittlerer Hitze in 10 Minuten goldbraun braten. Knoblauch und Gewürze hinzufügen und 1 Minute braten.
2 Reis in den Topf geben und gut verrühren. Brühe, Wein, Tomaten und Pilze dazugeben, zum Kochen bringen. Hitze auf niedrige Stufe reduzieren und bei geschlossenem Topf noch 15 Minuten köcheln lassen. Vom Herd nehmen.
3 Zucchini und Brokkoli hinzufügen und bei geschlossenem Topf in 5–7 Minuten gar kochen. Servieren.

Reis destilliert wird. Häufige Verwendung in der chinesischen und japanischen Küche, manchmal auch für Salatsoßen. Reisessig ist in kleinen Flaschen erhältlich.

Reismehl Feingemahlene Reiskörner. In Asien macht man daraus Reisnudeln. Eignet sich hervorragend zum Andicken und für Pudding und Süßspeisen.

Reispapier Dünnes, beinah transparentes, eßbares Papier aus Reisstroh, das zum Einwickeln von süßen und pikanten Speisen dient; Makronen und Lebkuchen werden oft auf Reispapier gebacken, weil es zum Verzehr nicht entfernt werden muß.

Remouladensoße Kräutermayonnaise mit gehacktem Estragon, Kerbel, Petersilie, Gewürzgurken und Kapern. Wird zu kaltem Geflügel, Fisch, Schalentieren, Fleisch und Eiern serviert.

Rendang Scharf gewürztes Currygericht indone-

sischer Herkunft. Gewürfeltes Rind-, Hammel- oder Hühnerfleisch wird mit Gewürzen angebraten und langsam in Kokosmilch gegart; das Fleisch muß weich, die Soße dick und breiig sein.

Rettich Wurzelgemüse mit scharfem, knackigem, weißem Fleisch. Farbe, Form und Größe variieren von den kleinen, roten, runden Verwandten, den Radieschen, bis zu großen, langen und dünnen weißen Rettichen. Rettich wird roh in Salaten, mit Dips und als Garnierung verwendet, kann aber auch als Gemüse gekocht oder gedämpft werden. Der große weiße Daikon-Rettich ist ein

wichtiger Bestandteil der chinesischen und japanischen Küche. Frischen Rettich gibt es vom Sommer bis zum Spätherbst.

Rhabarber Rosafarbene, fleischige Blattstiele eines Knöterichgewächses. Die geputzten Stiele werden im Frühjahr ver-

GEMÜSERISOTTO

☆☆ ***Vorbereitungszeit:*** 15 Minuten
Kochzeit: 30 Minuten
Für 6 Personen

1 ¼ l Hühnerbrühe
1 Bund grüner Spargel, in 3 cm lange Stücke geschnitten
2 mittelgroße Zucchini, in 2 cm dicke Scheiben geschnitten
100 g Zuckererbsen, in 2 cm lange Stücke geschnitten
3 EL Olivenöl
1 mittelgroße Zwiebel, feingehackt
1 ½ Tassen Rundkornreis
2 kleine Tomaten, gehackt
½ Tasse Parmesan, frischgerieben

1 Hühnerbrühe bei geschlossenem Topf zum Kochen bringen. Hitze reduzieren und köcheln lassen. Spargel, Zucchini und Zuckererbsen überbrühen. 2 Minuten ziehen lassen, dann abgießen. Mit kaltem Wasser abspülen und gut abtropfen lassen.
2 Öl in einem schweren Topf erhitzen. Zwiebel darin bei mittlerer Hitze goldgelb braten; Reis hinzufügen. Hitze etwas reduzieren und Reis unter Rühren 3 Minuten hellgelb braten. ¼ der Flüssigkeit angießen. Sie muß unter ständigem Rühren vom Reis aufgenommen werden (ca. 7 Minuten).
3 Wiederholen, bis nur noch ½ Tasse Brühe übrig und der Reis beinahe weich ist. Gemüse und die restliche Brühe hinzufügen; 5 Minuten rühren. Die Flüssigkeit muß aufgenommen und das Gemüse gar sein. Parmesan unterheben und servieren.

PILZ-ZWIEBEL-RISOTTO

☆☆ ***Vorbereitungszeit:*** 10 Minuten + 45 Minuten Einweichzeit
Kochzeit: 30 Minuten
Für 4 Personen

15 g getrocknete Pilze
1 l Hühnerbrühe
60 g Butter
2 Zwiebeln, gehackt
1 Knoblauchzehe, zerdrückt
1 ½ Tassen Arborio (oder anderer Rundkornreis)
150 g frische Champignons, gehackt
2 EL Petersilie, gehackt
¼ Tasse Parmesan, frischgerieben

1 Getrocknete Pilze 45 Minuten in heißem Wasser einweichen; abtropfen lassen. Hühnerbrühe zum Kochen bringen. In der Zwischenzeit Butter in einer Pfanne zerlassen. Zwiebel und Knoblauch darin bei schwacher Hitze gar und braun braten.
2 Reis hinzufügen und verrühren. 1 Tasse kochende Brühe angießen; zum Kochen bringen. Unter häufigem Rühren kochen. Wenn die Flüssigkeit aufgenommen wurde, wiederholen. Erneut kochen, bis die Flüssigkeit aufgenommen ist. Anschließend getrocknete und frische Pilze hinzufügen und wieder Brühe angießen. Das dauert insgesamt etwa 20 Minuten, bis alle Brühe aufgebraucht ist.
3 Hitze auf niedrige Stufe reduzieren; Petersilie und geriebenen Parmesan unterheben. Zugedeckt 2 Minuten weiterkochen und anschließend sofort servieren.

RHABARBER

RHABARBER-BIRNEN-AUFLAUF

★ ***Vorbereitungszeit:*** 25 Minuten
Zubereitungszeit: 35 Minuten
Für 4 Personen

400 g Rhabarber
3 große Birnen, geschält
1 EL abgeriebene Orangenschale
1 EL abgeriebene Zitronenschale
½ TL Lebkuchengewürz
⅓ Tasse brauner Rohrzucker
3 EL Marsala
3 EL Orangensaft

Teig
¼ Tasse Kokosflocken
2 EL Mehl
⅓ Tasse Mehl mit Backpulverzusatz
2 EL sehr feiner Zucker
2 Eier, leicht verquirlt
3 EL Milch
30 g Butter, zerlassen

Belag
1 Tasse frische Weißbrotkrümel
½ Tasse brauner Rohrzucker zusätzlich
4 EL Kokosflocken
60 g Butter, zerlassen

1 Backofen auf 180 °C vorheizen. Tiefe, rechteckige feuerfeste 1,5-l-Form mit flüssiger Butter oder Öl bepinseln. Rhabarber waschen, die Stiele in 3 cm lange Stücke schneiden. Birnen in 2 cm große Würfel schneiden. Rhabarber, Birnen, Zitrusfruchtschale, Gewürze, Zucker, Marsala und Saft zusammen in einen großen Topf geben, dann bei geschlossenem Topf 10 Minuten köcheln lassen. Dabei gelegentlich umrühren. Vom Herd nehmen, warm stellen.
2 Für den Teig Kokosflocken, Mehl und Zucker in eine Schüssel sieben. Eine Vertiefung in die Mitte drücken. Eier, Milch und Butter verrühren und auf einmal hineingießen. Mit dem Schneebesen zu einer glatten, klümpchenfreien Masse schlagen.
3 Heißes Obst in die Form geben; Teig gleichmäßig darauf verteilen.
4 Für den Belag Brotkrümel, Zucker, Kokosflocken und Butter in einer kleinen Rührschüssel mischen und über den Teig krümeln. 25 Minuten backen, mit der Nadel prüfen, ob der Auflauf gar ist. Sofort servieren.

Oben: Rhabarber-Birnen-Auflauf; rechts: Rhabarberdessert. Gegenüber, oben: Gemüserisotto; unten: Pilz-Zwiebel-Risotto

RHABARBERDESSERT

Ein Bund Rhabarber in 1 cm lange Stücke schneiden, in einem Sieb gut abwaschen. Mit wenig Wasser, gerade soviel, daß der Rhabarber nicht ansetzt, in einen Topf füllen und mit 3 EL Zucker und 1 Prise Zimt bei geschlossenem Topf in 15–20 Minuten weich kochen. Vom Herd nehmen und mit einem Holzlöffel glattrühren. Abkühlen lassen. Dann 150 ml leicht geschlagene Sahne unterheben und gut verrühren. Als Dessert oder mit heißen Croissants zum Frühstück servieren.

wendet, solange der Oxalatgehalt in den Blättern noch nicht zu hoch ist. Die gekochten Stücke werden zu Rhabarberkuchen und Marmelade verarbeitet, das Kompott wird als Dessert gereicht.

Ricotta Italienischer weißer, quarkähnlicher Weichkäse mit mild-süßlichem Aroma. Traditionell wird Ricotta aus Molke hergestellt, die beim Erhitzen wie Eiweiß gerinnt. Manchmal wird Vollmilch oder halbfette Kuhmilch zugefügt, damit der Käse sahniger und aromatischer wird. Ricotta wird mit Obst oder warmem Honig als Dessert gereicht, als Käsekuchenfüllung

verwendet oder mit einem scharf-würzigen Frischkäse in Cannelloni gefüllt. Ricotta wird frisch verkauft und muß rasch verzehrt werden.

Rigani Oreganoart, die meist getrocknet verwendet wird. Rigani ist sehr beliebt in der griechischen Küche.

Rillettes Brotaufstrich aus Schweinefleisch (manchmal auch Kaninchen, Gans oder Geflügel). Das Fleisch wird mit Knoblauch, Zwiebeln und Kräutern gewürzt, in Schweineschmalz gebraten und zu einer Paste zerkleinert.

Rinderkarbonade Dünne Scheiben Rindfleisch, bei starker Hitze schnell gebräunt und dann mit Zwiebeln und Bier gekocht. Ursprünglich belgisches Gericht; der Name stammt jedoch von dem italienischen Wort *carbonate*, »auf Holzkohle gegrillt«, ab. Karbonade bezeichnet in Frankreich auch gegrillte Schweinelende und im Süden Frankreichs einen Rindereintopf mit Rotwein.

Rinderkraftbrühe Nahrhafte Brühe aus magerem Rinderhack, das langsam in Wasser gekocht und dann abgesiebt wird.

Rinderlende Rindfleisch, das zwischen Schwanz und Rippen herausgeschnitten wird. Daraus werden Porterhouse- und T-Bone-Steaks geschnitten, oder man zerlegt es zum Braten in Stücke.

RICOTTA

RICOTTA-PESTO-PIZZEN

☆☆ ***Vorbereitungszeit:*** 1 Stunde
Backzeit: 15 Minuten
Ergibt 6 Pizzen

Pizzateig
1 Päckchen Trockenhefe (7 g)
1 ¾ Tassen warmes Wasser
4 Tassen Weizenvollkornmehl
3 EL Olivenöl

Belag
2 Knoblauchzehen
1 Tasse frische Basilikumblätter
½ Tasse frische Petersilienzweige
⅓ Tasse Walnüsse
¾ Tasse Parmesan, gerieben
½ Tasse Olivenöl
250 g Ricotta-Käse
250 g sonnengetrocknete Tomaten, in Scheiben geschnitten

1 Hefe und Wasser verrühren und 10 Minuten warm stellen. Mehl in eine große Schüssel sieben, eine Vertiefung in die Mitte drücken, Hefemischung und Öl hineingeben. Mit einem Holzlöffel zu einem weichen Teig rühren, der eine Kugel bildet.
2 Teig auf eine leicht bemehlte Arbeitsfläche geben und geschmeidig kneten. In einer großen geölten Schüssel abgedeckt an einem warmen Ort auf doppelte Größe aufgehenlassen. In der Zwischenzeit den Belag für die Pizzen vorbereiten.
3 Backofen auf 200 °C vorheizen. Zwei Backbleche einfetten.
4 Für den Belag Knoblauch, Basilikum, Petersilie, Walnüsse und Parmesan in der Küchenmaschine verrühren. Bei mittlerer Geschwindigkeit Öl in langsamen Strahl angießen.
5 Teig nochmals kurz durchkneten, dann flachdrücken, in 6 gleich große Portionen teilen, und jede Portion zu einem Kreis von 13 cm Durchmesser formen. Alle Teigplatten auf die Backbleche legen.
6 Ricotta-Käse auf den Teig streichen, darüber Basilikumpaste. Darauf die Tomatenscheiben arrangieren. Etwa 15 Minuten goldbraun backen. Pizzen sofort vom Backblech nehmen und mit frischem Salat servieren.

RICOTTA-SCHOKOLADEN-TORTE

☆☆☆ ***Vorbereitungszeit:*** 30 Minuten
Backzeit: 40 Minuten
Für 8 Personen

Kuchen
125 g weiche Butter
1 Tasse sehr feiner Zucker
2 Eier
1 ¼ Tassen Mehl mit Backpulverzusatz
½ Tasse Kakao
¾ Tasse Wasser

Füllung
200 g Ricotta
2 EL sehr feiner Zucker
30 g Zitronat und Orangeat, feingehackt
30 g kandierte Kirschen, feingehackt

Belag
2 TL Pulverkaffee
1 TL heißes Wasser
300 ml Sahne
4 EL Brandy
¾ Tasse geröstete Mandelblättchen

1 Backofen auf 180 °C vorheizen. Butter, Zucker, Eier, gesiebtes Mehl, Kakao und Wasser mit dem Handrührgerät in einer kleinen Schüssel in 3 Minuten glattrühren, bis die Mischung glänzt.
2 Mischung in eine gefettete und ausgelegte 23-cm-Kuchenform gießen. 40 Minuten backen; auf einem Kuchengitter erkalten lassen. Wenn nötig, Oberfläche gerade schneiden. Kuchen quer in drei Böden schneiden.
3 Für die Füllung Ricotta, Zucker, Zitronat und Orangeat und kandierte Kirschen mischen.
4 Kaffeepulver in Wasser auflösen. Mit der Sahne mischen und sehr steif schlagen.
5 Einen Boden auf eine Kuchenplatte legen, mit etwas Brandy bepinseln und mit der Hälfte der Füllung bestreichen. Zweiten Boden auflegen, bepinseln und mit restlicher Füllung bestreichen. Mit drittem Boden bedecken. Diesen bepinseln und Oberfläche und Seiten mit dem Belag bestreichen. Mit gerösteten Mandelblättchen bestreuen.

Links: Ricotta-Pesto-Pizzen.
Gegenüber: Roastbeef mit Yorkshire Pudding

RIND

ROASTBEEF MIT YORKSHIRE PUDDING

☆☆ ***Vorbereitungszeit:*** 15 Minuten
Zubereitungszeit: 1 ½–2 Stunden
Für 6 Personen

2 kg Roastbeef
½ TL Senfpulver
½ TL gemahlener schwarzer Pfeffer
Salz zum Abschmecken
60 g Bratfett oder Öl

Yorkshire Pudding
¾ Tasse Mehl
Salz zum Abschmecken
1 Ei, leicht verquirlt
¼ Tasse Wasser
½ Tasse Milch
30 g Bratfett oder zerlassene Butter

1 Ofen auf 180 °C vorheizen. Fleisch vorbereiten; Fett einschneiden, Oberfläche mit einer Mischung aus Senf, Pfeffer und Salz einreiben. Fleisch mit der Fettseite nach unten in die Pfanne geben, schnell rundherum gut anbraten.

2 Fleisch mit der Fettseite nach oben auf einen Rost über einem Backblech legen. 25–30 Minuten Bratzeit pro 500 g Fleisch rechnen für ein Roastbeef medium. Vor dem Anschneiden Braten 15 Minuten ruhenlassen.

3 Für den Yorkshire Pudding Mehl und Salz, Ei und Wasser zu einem Teig verarbeiten. Milch erhitzen und zu der Mischung gießen und alles glattrühren. Beiseite stellen. Bratfett in 12 kleine Pastetenförmchen oder feuerfeste Schüsselchen geben; 5 Minuten im Ofen bei 210 °C erhitzen. Mit einem Löffel Teig in die Förmchen geben; 10–15 Minuten backen, bis die Puddings aufgegangen sind.

WISSENSWERTES ÜBER ROASTBEEF

Bratzeiten beziehen sich auf je 500 g Fleisch:

- **Rare:** auch »blau«, »blutig« oder »englisch«, 20–25 Minuten (60 °C Innentemperatur bei Fleischthermometer)
- **Medium:** oder »hellrosa«, 25–30 Minuten (70 °C Innentemperatur bei Fleischthermometer)
- **Well done:** oder »durchgebraten«, 30–35 Minuten (75 °C Innentemperatur bei Fleischthermometer).
- Wird ein Fleischthermometer benutzt, dieses in den dicksten Teil des Bratens stechen.

Rindfleisch
Fleisch von zur Fleischproduktion gezüchtetem Weidevieh. Obwohl die Domestizierung von Vieh schon vor einigen 10 000 Jahren begann, wurde es hauptsächlich als Arbeitsvieh gezüchtet. Im Mittelalter kam Roastbeef (gebratenes Rindfleisch) bei festlichen Banketten in England in Mode; die Bezeichnung »Beefeater«, heute für die königliche Leibgarde des Tower in London verwendet, bezeichnete ursprünglich einen gut genährten Hausbediensteten. Der Brauch, gegrilltes Rindfleisch zu essen, kam mit den englischen Truppen nach Frankreich. Heute haben die Franzosen den größten Pro-Kopf-Verbrauch in Europa, während die Amerikaner den Weltrekord sowohl in der Rindfleischproduktion als auch im Gesamtverbrauch halten. Hochwertiges Rindfleisch hat eine kräftige, rote Farbe, feine Struktur, seidigen Glanz, feste Konsistenz beim

Anfassen, und die dickeren Teilen sind von Fettadern marmoriert. Das zarteste Fleisch kommt aus Rücken und Lende; Stücke aus den muskelreichen Schalen, der Hüfte und dem Schulterblatt müssen länger gegart werden.

Risotto Rundkornreis (am besten Arborio) wird in Butter oder Öl sautiert, dann läßt man ihn in Brühe ganz langsam gar ziehen. Man kann verschiedene Zutaten in den Reis geben: Schalentiere,

Hühnerleber, Rindermark, pikant gewürzte Würstchen und Gemüse. Risotto wird in Italien statt Pasta mit Butter und Parmesan gereicht. Der Name bedeutet »kleiner Reis«.

Roastbeef Besonders zarter Teil des Rinderrückens zwischen Rippenteil und Hinterkeulen. Es wird als Braten schonend rosa gebraten und kann warm oder kalt gegessen werden.

Rock Cake Kleine Plätzchen mit Trocken-

GESCHMORTER OCHSENSCHWANZ

☆ ***Vorbereitungszeit:*** 15 Minuten
Kochzeit: 2 Stunden 20 Minuten
Für 6 Personen

¼ Tasse Öl
16 kleine Stücke Ochsenschwanz, ca. 1,5 kg
4 kleine Kartoffeln, halbiert
1 große Zwiebel, geschnitten
2 mittelgroße Möhren, geschnitten
250 g kleine Champignons
2 EL Mehl
3 Tassen Rinderbrühe
1 TL getrockneter Majoran
2 EL Worcestersoße

1 Ofen auf 180 °C vorheizen. 2–3 EL Öl in einer schweren Pfanne erhitzen. Ochsenschwanz bei mittlerer Hitze gut anbräunen; in eine tiefe Kasserolle geben; Kartoffeln zugeben.

2 Restliches Öl in der Pfanne erhitzen. Zwiebeln und Möhren zugeben, bei mittlerer Hitze 5 Minuten rühren. In die Kasserolle geben. Pilze in die Pfanne geben, bei mittlerer Hitze 5 Minuten rühren. Mehl hineinrühren. Hitze reduzieren, weitere 2 Minuten rühren.

3 Nach und nach Rinderbrühe zugeben, rühren, bis die Flüssigkeit kocht und dick wird. Majoran und Worcestersoße zugeben. Die Mischung über die Zutaten in der Kasserolle gießen. In den Ofen stellen. Abgedeckt 1 Stunde und 30 Minuten schmoren lassen. Rühren und offen weitere 30 Minuten schmoren.

RINDERBRÜHE

500 g Rindernacken, Hochrippe oder Brust mit Knochen mit 2 l Wasser in einem großen Topf zum Kochen bringen; nicht rühren, denn Rühren macht die Brühe trüb. Topf abdecken, Hitze reduzieren und 3–4 Stunden köcheln lassen. Gelegentlich mit dem Schaumlöffel Schaum von der Oberfläche abschöpfen. In der letzten Stunde Kochzeit eine große Möhre, Lauch, Sellerie, eine ganze Zwiebeln und ungeschälte, ganze Knoblauchzehen zugeben. Nach Belieben ein Bouquet garni aus Lorbeerblatt, Thymian und Petersilie zugeben. Brühe nach dem Kochen vorsichtig durch ein feines Sieb in eine große Schüssel gießen. Fett mit saugfähigem Papier von der Oberfläche entfernen; abdecken und kühl stellen. Ergibt 1,5 l.

WISSENWERTES ÜBER RINDERBRÜHE

- Gute Rinderbrühe muß aus besten, frischen Zutaten zubereitet werden.
- Brühe hält sich 1 Woche im Kühlschrank. Vor dem Einfrieren entscheiden, wofür die Brühe verwendet werden soll. Als Suppenbasis: in einem Gefrierbehälter mit Schraubdeckelverschluß einfrieren. Um in kleiner Menge Soße oder Schmortöpfe anzureichern oder um Gemüse darin zu kochen: Brühe in der Eiswürfelschale einfrieren.

Oben: Geschmorter Ochsenschwanz.
Gegenüber: Rinderfilet »Wellington«

RINDERFILET »WELLINGTON«

☆☆ ***Vorbereitungszeit:*** 25 Minuten
Kochzeit: 50 Minuten – 1 Stunde 35 Minuten
Für 6–8 Personen

1 kg Rinderfilet
frisch gemahlener, schwarzer Pfeffer
1–2 EL Öl
2–3 EL Brandy
125 g Leberpastete mit schwarzen Pfefferkörnern
2 Scheiben TK-Blätterteig, aufgetaut
1 Ei, leicht verquirlt

1 Ofen auf 210 °C vorheizen. Fleisch säubern; Lende übereinanderschlagen, fest zusammenbinden; Fleisch mit Pfeffer einreiben.

2 Öl in einer großen, schweren Pfanne erhitzen. Fleisch hineingeben, bei starker Hitze anbraten, rundherum gut bräunen. Vom Herd nehmen. Brandy zugeben und vorsichtig mit einem langen Streichholz anzünden. Pfanne schwenken, bis die Flammen erlöschen. Fleisch aus der Pfanne nehmen, abkühlen lassen. Bindfaden entfernen. Oben und an den Seiten mit Leberpastete bestreichen.

3 1 Lage Teig auf leicht bemehlte Arbeitsfläche legen. Kanten mit verquirltem Ei bepinseln, Kante der anderen Teiglage darauflegen, gut andrücken. Fleisch in den Teig einwickeln; überschüssigen Teig abschneiden und zur Dekoration verwenden. Teigkanten mit Ei bepinseln und verschließen; einige Schlitze als Dampfabzug in die Oberfläche schneiden. Oberfläche und Seiten großzügig mit Ei bepinseln.

4 Auf ein gefettetes Backblech legen; Garzeit: 45 Minuten für »englisch«, 1 Stunde für »medium« und 1 Stunde 30 Minuten für »durchgebraten«. Aus dem Backofen nehmen. 10 Minuten leicht mit Folie abgedeckt an einen warmen Ort stellen. Das Fleisch in 2 cm dicke Scheiben schneiden und mit Meerrettich-Sahne (1–2 EL Meerrettich aus dem Glas und 1 Tasse saure oder süße Sahne) servieren.

1
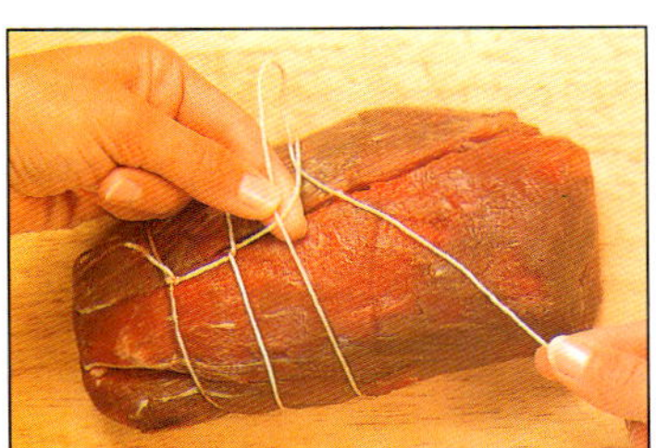

2

3

obst, die eine feste Struktur und eine grobe Oberfläche haben.

Rogen Bezeichnung für männlichen und weiblichen Fischlaich. Zum weiblichen Laich gehört auch Störrogen (echter Kaviar), See- oder Meerhasenrogen (falscher Kaviar) und Lachsrogen. Männlicher Rogen, der Samen, wird Milcher genannt. Heringsmilcher hat eine cremige, glatte Struktur und wird oft in Butter gebraten und mit Zitronensaft serviert. Rogen von Kabeljau und Meeräsche wird mit gekochten Kartoffeln, Olivenöl und Zitronensaft in Griechenland als Dip serviert (Taramasalata).

Roggen Getreide, das zum Backen von Brot und zur Herstellung von Kornbranntwein verwendet wird.

Roggenbrot Dunkles, festes Brot mit säuerlichem Geschmack.

Rollmops Heringsfilet, um eine Zwiebelscheibe und

Gewürzgurke gerollt, mit einem Holzstäbchen befestigt und in Essig eingelegt. Fertig zubereitet in Gläsern erhältlich.

Romanasalat Grüner Salat mit langen, knackigen Blättern. Die äußeren Blätter sind dunkel und scharf im Geschmack, die inneren hell und mild. Romanasalat wird für seine Knackigkeit geschätzt.

Romano Harter, italienischer Reibkäse, gewöhnlich aus Kuhmilch, der dem Parmesan in Struktur und Geschmack ähnelt.

Roquefort Sahniger Blauschimmelkäse mit charakteristischem Aroma und salzig-scharfem Geschmack. Der Käse reift drei Monate in den feuchten Felshöhlen von Roquefort-sur-Soulzon im Südosten Frankreichs.

Rosenkohl Grünes Gemüse, das einem winzigen Kohl ähnelt. Der englische Name *Brussels Sprouts* Brüsseler Sprossen – läßt auf belgischen Ursprung des Gemüses schließen, doch die Belgier vermuten, daß Rosenkohl durch die Römer ins Land gebracht wurde.

Rosenwasser Lösung aus Rosenöl (aus duftenden Rosenblütenblättern destilliert)

STEAK-ZWIEBEL-TOMATEN-PASTETCHEN

☆☆ ***Vorbereitungszeit:*** 10 Minuten
Zubereitungszeit: 2 Stunden
Ergibt 4 Stück

750 g Rinderkamm
Mehl
2–3 EL Öl
1 große Zwiebel, feingeschnitten
1 ½ Tassen Rinderbrühe
1 TL Sojasoße
2 TL Maismehl (Stärke)
1–2 EL Wasser
2 Lagen Mürbeteig
1 Tomate, geschnitten
1 Ei, leicht verquirlt
2 Lagen Fertig-Blätterteig

1 Fleisch säubern, in 1 cm große Würfel schneiden. Gut mit Mehl bestauben. Öl in einem schweren Topf erhitzen. Fleisch bei mittlerer Hitze in kleinen Portionen schnell anbraten, bis es gut gebräunt ist; auf Küchenpapier kurz abtropfen lassen.

2 Zwiebeln in den Topf geben, bei mittlerer Hitze schmoren, bis sie weich sind. Fleisch zurück in den Topf geben. Rinderbrühe und Sojasoße zugeben. Zum Kochen bringen; Hitze reduzieren. Abgedeckt 1 ¼ Stunden köcheln, bis das Fleisch weich ist, gelegentlich rühren. Maismehl und Wasser in einem kleinen Becher anrühren; in den Topf geben. Köcheln lassen und rühren, bis die Flüssigkeit dick wird.

3 Ofen auf 210 °C vorheizen. Jede Mürbeteiglage diagonal halbieren. 4 Pastetenförmchen (4 cm) mit dem Teig auslegen, Kanten beschneiden. ¼ der Füllung in jedes Förmchen geben. Tomatenscheibe auflegen. Teigkanten mit geschlagenem Ei bepinseln, mit Blätterteiglage abdecken, verschließen und Kante beschneiden. Aus Teigresten Blätter schneiden. Auf die Pastetchen legen, mit Ei bepinseln; 25 Minuten goldbraun backen. Aus den Förmchen nehmen, auf ein Backblech setzen und weitere 5 Minuten backen, bis die Pastete gar ist.

RINDERFILET MIT EINFACHER SAUCE BÉARNAISE

☆ ***Vorbereitungszeit:*** 10 Minuten
Kochzeit: 45–70 Minuten
Für 6 Personen

1,5 kg ganzes Rinderfilet
frisch gemahlener, schwarzer Pfeffer zum Abschmecken
1–2 EL Öl
30 g Butter
1 Knoblauchzehe, zerdrückt
1 Tasse Wasser

Einfache Sauce Béarnaise
2 Lorbeerblätter
½ Tasse Estragonessig
2 TL schwarze Pfefferkörner
4 Frühlingszwiebeln (Schalotten), geschnitten
5 Eigelb, leicht verquirlt
250 g Butter, zerlassen

1 Ofen auf 210 °C vorheizen. Fleisch säubern. Filet zusammenlegen und mit Bindfaden fest zusammenbinden, um eine gute Form zu erhalten. Mit Pfeffer einreiben.

2 Öl, Butter und Knoblauch in einem tiefen Backblech auf dem Herd erhitzen, Fleisch hineinlegen; bei starker Hitze von allen Seiten gut bräunen. In den Ofen stellen. Fleisch braten, Garzeit: 45 Minuten für englisch, 1 Stunde für medium und 1 Stunde 10 Minuten für durchgebraten. Gelegentlich mit dem Fleischsaft bepinseln. Aus dem Backofen nehmen. Mit Folie abgedeckt 10 Minuten an einen warmen Ort stellen. Vor dem Schneiden des Filets den Bindfaden vorsichtig entfernen.

3 Für die einfache Sauce Béarnaise Lorbeerblätter, Essig, Pfefferkörner und Frühlingszwiebeln in einem kleinen Topf zusammen kochen; Hitze reduzieren und offen köcheln lassen, bis die Flüssigkeit auf 2–3 EL eingekocht ist. Durchsieben, Flüssigkeit und Eigelb in die Küchenmaschine geben und 30 Sekunden verarbeiten. Bei laufender Maschine langsam in dünnem Strahl zerlassene Butter zulaufen lassen, weiterverarbeiten, bis die gesamte Butter zugegeben ist. Sauce Béarnaise zum geschnittenen Fleisch servieren.

Oben: Steak-Zwiebel-Tomaten-Pastetchen.
Gegenüber: Rindertopf mit Auberginen

RINDFLEISCH IN SCHWARZER BOHNENSOSSE

☆ ***Vorbereitungszeit:*** 10 Minuten
Zubereitungszeit: 10 Minuten
Für 4 Personen

2 EL gesalzene schwarze Bohnen, aus der Dose
1 mittelgroße Zwiebel
1 kleine rote Paprikaschote
1 kleine grüne Paprikaschote
2 TL Maismehl (Stärke)
½ Tasse Rinderbrühe
2 TL Sojasoße
1 TL Zucker
2–3 EL Öl
1 TL Knoblauch, fein zerdrückt
¼ TL gemahlener schwarzer Pfeffer
400 g Rump- oder Filetsteak, feingeschnitten

1 Schwarze Bohnen waschen, dabei mehrmals das Wasser wechseln. Abtropfen lassen und zerdrükken. Zwiebel vierteln. Paprika halbieren, Samen entfernen, dann kleinschneiden. Maismehl, Sojasoße und Zucker in Rinderbrühe einrühren.
2 1–2 EL Öl in Wok oder schwerer Bratpfanne erhitzen, dabei schwenken, um Boden und Seiten gut zu bedecken. Knoblauch, Pfeffer, Zwiebel und Paprika bei starker Hitze 1 Minute kurz anbraten; herausnehmen und beiseite stellen.
3 Restliches Öl in den Wok geben, wieder schwenken, um Boden und Seiten gut mit Öl zu bedecken. Fleisch bei starker Hitze 2 Minuten kurz anbraten, bis es bräunt. Schwarze Bohnen, Maismehlmischung und Gemüse zugeben. Rühren, bis die Soße kocht und dick wird. Mit über Dampf gegartem Reis servieren.

RINDERTOPF MIT AUBERGINEN UND SÜSSKARTOFFELN

☆ ***Vorbereitungszeit:*** 20 Minuten
Kochzeit: 1 Stunde 15 Minuten
Für 4 Personen

1 kg Rinder-Oberschale
2–3 EL Öl
1 Tasse Rinderbrühe
1 mittelgroße Zwiebel, geschnitten
1 Knoblauchzehe, zerdrückt
4 große Tomaten, geschält, entkernt und geschnitten
1 TL Kreuzkümmel, gemahlen
1 TL Gelbwurzelpulver
1 TL Zitronenschale, gerieben
2–3 EL Zitronensaft
1 mittelgroße Aubergine, in 3 cm großen Würfeln
1 mittelgroße Süßkartoffel, halbiert und in 1 cm dicken Scheiben
2 EL Mehl
4 EL Wasser
1 EL frischer Koriander, gehackt

1 Fleisch zurechtschneiden. Öl erhitzen, Fleisch bei mittlerer Hitze gut anbräunen.
2 Topf vom Herd nehmen, Rinderbrühe, Zwiebel, Knoblauch, Tomaten, Kreuzkümmel, Gelbwurzelpulver, Zitronenschale und Saft hineingeben. Zugedeckt wieder langsam zum Kochen bringen und 45 Minuten köcheln lassen.
3 Aubergine und Süßkartoffel zugeben, 30 Minuten offen kochen lassen, Fleisch vor dem Schneiden 10 Minuten mit Folie abdecken. Mehl und Wasser mischen, mit Koriander zur Soße geben, noch 3 Minuten kochen lassen.

und Wasser, die vor allem in der indischen und vorderorientalischen Küche verwendet wird. (z.B. für das indische Dessert *gulab jamun,* gebratene, in Rosenwassersirup getränkte Klöße). Bei uns wird es zum Aromatisieren von Weihnachtsgebäck und Konditorwaren verwendet.

Rosinen Süße, kernlose Weintrauben, die in der Sonne oder künstlich getrocknet werden. Sie gehören ins Müsli, passen zu Reis, Salat,

Kuchen, Keksen und Pudding. Geschwefelte Rosinen sollten vor Gebrauch gewaschen werden.

Rosmarin Lange, dünne, aromatische, graugrüne Blätter eines Strauchs, die frisch oder getrocknet verwendet werden. Rosmarin paßt gut zu Lamm-, Kalb-, Spanferkel-, Geflügel- und Kaninchengerichten. Frische junge Blätter gibt man gehackt in Füllun-

gen, Zweige legt man in die Bratpfanne oder auf den Holzkohlengrill. Ein Rosmarinzweig in der Essigflasche verbessert die Salatsoßen, und die winzigen, sternförmigen blauen Blüten können im Salat verwendet oder mit Zucker überzogen werden.

Röstbrot (Toast) Brotscheibe, die trockener Hitze ausgesetzt und so trocken und braun wird.

Rösten Speisen bräunen oder knusprig machen, indem man sie trockener Hitze aussetzt. Bei Nüssen und Kernen erreicht man damit ein volleres Aroma.

Rote Bete Knollenartiges Wurzelgemüse mit mildem, dunkelrotem Fleisch. Ihren Ursprung hat sie im Gebiet zwischen Mittelmeer und Kaspischem Meer. Anfangs wurden nicht die Knollen, sondern die Blätter verzehrt (sie können wie Spinat zubereitet werden). Rote Bete ist Hauptbestandteil des osteuropäischen Borschtsch und wird auch als Salatgemüse verwendet.

Rote Johannisbeere siehe Johannisbeere.

PIKANTE BAUERNKASSEROLLE MIT KRÄUTER-SCONES

★★ ***Vorbereitungszeit:*** 30 Minuten
Zubereitungszeit: 2 Stunden 10 Minuten
Für 4 Personen

1 kg Rinderkamm
¼ Tasse Mehl
2–3 EL Öl
4 mittelgroße Zwiebeln, grobgeschnitten
2 Knoblauchzehen, zerdrückt
⅓ Tasse Pflaumenmus
⅓ Tasse brauner Essig
1 Tasse Rinderbrühe
2 TL süße Chilisoße

Kräuter-Scones
2 Tassen Mehl
30 g Butter
2 EL frischer Schnittlauch, feingeschnitten
2 EL frische Petersilie, feingehackt
¾ Tasse Milch

1 Ofen auf 180 °C vorheizen. Fleisch säubern. In 3 cm große Würfel schneiden. In Mehl wenden. 2–3 EL Öl in einen schweren Topf geben. Fleisch bei mittlerer Hitze in kleinen Portionen schnell braun anbraten. Abtropfen lassen.
2 Restliches Öl im Topf erhitzen, Zwiebeln und Knoblauch zugeben, 3 Minuten braten, dabei rühren. Zwiebelmischung und Fleisch in eine große Schüssel geben.
3 Marmelade, Essig, Rinderbrühe und Chilisoße zugeben und gut mischen. Alles zusammen in eine feuerfeste Schüssel geben. Abdecken und 90 Minuten schmoren.
4 Schüssel aufdecken, Ofen auf 240 °C hochheizen. Kräuter-Scones auf das Fleisch legen und offen 30 Minuten backen, bis die Scones goldbraun sind.
5 Für die Kräuter-Scones Mehl in eine Schüssel sieben, Butter hineinreiben; mischen. Schnittlauch und Petersilie hineinrühren. Milch zugeben und alles glattrühren. Auf leicht bemehlte Arbeitsfläche legen, kneten, bis der Teig weich ist. Zu einer 4 cm dicken Rolle formen, dann 5 cm große Stücke abschneiden und zu kleinen Bällchen formen.

Anmerkung: Kasserolle kann ohne die Scones 2 Tage vor dem Verzehr zubereitet und im Kühlschrank oder 2 Wochen im Gefrierfach aufbewahrt werden.

VARIATIONEN

■ KÄSE-SCONES: Die Mehlmenge um ¼ Tasse reduzieren und durch die gleiche Menge geriebenen Parmesan ersetzen. 2 feingehackte Frühlingszwiebeln zugeben.

ROTE BETE

WÜRZIG GEBACKENE ROTE BETE

☆ ***Vorbereitungszeit:*** 15 Minuten
Zubereitungszeit: 1 Stunde 25 Minuten
Für 6 Personen

12 kleine Rote Bete, ca. 1,2 kg
2–3 El Olivenöl
1 TL Kreuzkümmel, gemahlen
1 TL Koriander, gemahlen
½ TL Muskatnuß
3 TL Zucker
1–2 EL Rotweinessig

1 Ofen auf 180 °C vorheizen. Ein Backblech mit Öl oder zerlassener Butter bepinseln. Blätter von den Knollen abschneiden; Rüben sorgfältig waschen, auf das Backblech legen und 75 Minuten backen. Leicht abkühlen lassen. Haut abziehen, Blatt- und Wurzelenden sauber abschneiden.
2 Öl in einem großen Topf erhitzen. Gewürze zugeben und 1 Minute bei mittlerer Hitze schmoren, dabei ständig rühren. Zucker und Rotweinessig zugeben, 2–3 Minuten rühren.
3 Rüben in den Topf geben, Hitze reduzieren und bei schwacher Hitze 5 Minuten vorsichtig rühren, bis Rüben gut glasiert sind. Warm oder kalt zu heißem oder kaltem Braten oder Geflügel servieren.

Anmerkung: Dieses Gericht kann 2 Tage im voraus zubereitet werden. Bis zum Verzehr in einem verschlossenen Behälter im Kühlschrank aufbewahren.

ROTE-BETE-SALAT

☆ ***Vorbereitungszeit:*** 25 Minuten
Für 4–6 Personen

3 frische Rote Bete, geschält und geraspelt
2 große Möhren, geschält und geraspelt
⅓ Tasse Orangensaft
2 TL Orangenschale, gerieben
1 EL Tahini
½ kleiner roter Chili, feingeschnitten
1 EL Sesamkörner, geröstet

1 Geraspelte Rote Bete und Möhren in einer großen Schüssel mischen.
2 Für die Soße Orangensaft, Orangenschale, Tahini und Chili in eine kleine Schüssel geben, gut mit dem Schneebesen mischen.
3 Soße über die Rote-Bete-Mischung geben. Gut mischen und mit Sesamkörnern bestreuen.

BORSCHTSCH

☆ ***Vorbereitungszeit:*** 5 Minuten
Kochzeit: 1 Stunde 15 Minuten
Für 8 Personen

1 kg Rinder-Beinfleisch
2 l Wasser
1 Zwiebel, geschnitten
3 Lorbeerblätter
1 TL Pimentkörner
2 Tomaten, geschält und geschnitten
2 Kartoffeln, geschält und in dünne Streifen geschnitten
1 kleiner Weißkohl, gehobelt
2 Möhren, geschält, in dünnen Streifen
750 g Rote Bete, in dünne Streifen geschnitten
2 TL Essig
frisch gemahlener schwarzer Pfeffer
¼ Tasse frische Petersilie, gehackt
2 EL frischer Dill, gehackt

1 Rindfleisch, Wasser, Zwiebel, Lorbeerblätter und Piment in einen großen Topf geben; zum Kochen bringen. Zugedeckt 1 Stunde köcheln lassen, Schaum an der Oberfläche entfernen.
2 In der Zwischenzeit mit einem scharfen Messer Gemüse schneiden. Wenn das Fleisch gar ist, aus dem Topf nehmen, in dicken Streifen vom Knochen abschneiden, zurück in den Topf geben. Gemüse zugeben; offen noch 15 Minuten kochen lassen (wird der Topf wieder zugedeckt, wird die Suppe nicht so leuchtend appetitlich in der Farbe).
3 Essig, Pfeffer, Petersilie und Dill hineinrühren. Heiß mit Schwarzbrot und, wenn gewünscht, mit 1 Löffel Schlagsahne mit Meerrettichcreme vermischt servieren.

Oben: Würzig gebackene Rote Bete. Gegenüber: Pikante Bauernkasserolle mit Kräuter-Scones

Rotkohl (Rotkraut, Blaukraut) Gemüse mit blauvioletten Blättern. Mit Zwiebeln und Äpfeln weichgedünstet und mit Salz, Piment und Wacholderbeeren gewürzt eine beliebte Beilage zu Gänsebraten, Schweinebraten und Wild.

Rouille Feurig-scharfe Soße aus getrockneten roten Chilischoten, Olivenöl, Semmelbröseln und Safran. Zu Bouillabaisse oder gegrilltem Fisch serviert.

Roulade Fleisch, Geflügel, Fisch oder Kohl, um Gemüse oder andere Füllungen gerollt. Man streicht die Füllung auf Fleischscheiben oder Gemüseblätter, rollt sie auf, hält sie mit Bindfaden, Zahnstocher oder Klammer zusammen und schmort sie in einer Soße oder im eigenen Saft.

Rum Branntwein aus Zuckerrohr. Man aromatisiert damit Desserts und verwendet ihn für Mischgetränke. Rum paßt gut zu Gemüse wie Kochbananen und Süßkartoffeln.

Rum-Baba siehe Baba mit Rum.

Rutabaga siehe Steckrübe.

S

Sabayon siehe Weinschaum.

Sachertorte Dunkler Schokoladenkuchen, der mit Aprikosenmarmelade gefüllt und mit Schokoladenkuvertüre überzogen wird. Vom späteren Wiener Hofbäcker Franz Sacher als Lehrling kreiert und dem Fürsten Metternich gewidmet.

Safran Gewürz aus den getrockneten Stempeln der Safranpflanzenblüte. Sehr starkes Würz- und Färbemittel. Safran ist sehr teuer, da die kleine Blüte nur drei Staubfäden hat, die mit der Hand gepflückt werden müssen. Für 1 kg getrockneten Safran benötigt man 150 000 Blüten. Zum Glück benötigt man zum Würzen und Färben nur winzige Mengen. Safran wird für Fischgerichte (z. B. Bouillabaisse), Reis (spanische Paella,

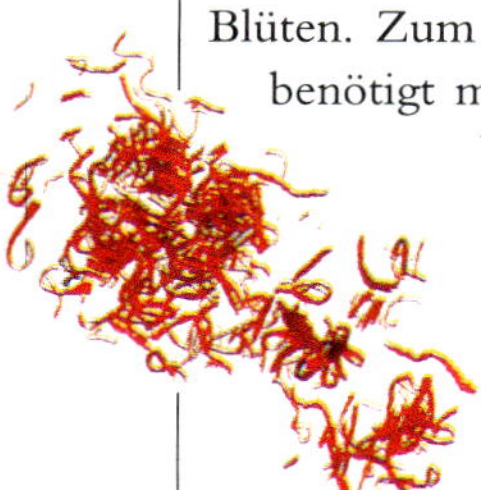

SALATE

CÄSAR-SALAT

Vorbereitungszeit: 20 Minuten
Zubereitungszeit: 15 Minuten
Für 4–6 Personen

1 Knoblauchzehe
1–2 EL Olivenöl
3 dicke Weißbrotscheiben
2 Scheiben Schinkenspeck
1 Römischer Salat
4 EL Olivenöl
1–2 EL Zitronensaft
1 EL Saure Sahne
½ TL Worcestersoße
4 Sardellen, gehackt
100 g Parmesan in hauchdünnen Scheiben

1 Ofen auf 180 °C vorheizen. Knoblauch vierteln und in Öl 10 Minuten ziehen lassen; gelegentlich umrühren. Knoblauch entfernen. Für die Croûtons die Rinde vom Brot entfernen. Das Brot mit Öl bestreichen, in kleine Würfel schneiden. Auf ein Backblech legen, etwa 10 Minuten im Ofen goldbraun backen. Abkühlen lassen.
2 Schwarte und Fett vom Schinkenspeck entfernen; in schmale Streifen schneiden. Bei mittlerer Hitze knusprig braten.
3 Salat gründlich waschen, abtrocknen. Größere Blätter zum Auskleiden der Servierschüssel verwenden. Restliche Blätter in mundgerechte Stükke zerpflücken.
4 Olivenöl, Zitronensaft, saure Sahne und Soße in einem kleinem Schraubglas schütteln. Die Soße über den Salat träufeln. Schinkenspeck, Sardellen, Croûtons und Parmesan (etwas Parmesan zum Garnieren zurückbehalten) vorsichtig unterheben. Sofort servieren.

KRAUTSALAT

Vorbereitungszeit: 15 Minuten
Für 6 Personen

¼ kleiner Weißkohl, feingehobelt
2 mittelgroße Möhren, feingehackt
1 große weiße Zwiebel, feingehackt
1 kleine rote Paprikaschote, feingehackt

Soße
½ Tasse Mayonnaise
3 EL Weißweinessig
1 TL feiner Dijon-Senf

1 Gemüse in eine große Schüssel geben und gut mischen.
2 In einer zweiten Schüssel die Zutaten für die Salatsoße verrühren, über den Salat gießen und gut mischen. Den Salat in einer Servierschüssel anrichten.

Oben: Cäsar-Salat. Gegenüber, unten: Waldorfsalat; oben: Nizza-Salat

NIZZA-SALAT

Vorbereitungszeit: 20 Minuten
Für 4–6 Personen

150 g grüne Bohnen
2 mittelgroße Tomaten, geachtelt
1 kleine rote Zwiebel, in Ringe geschnitten
3 hartgekochte Eier, geviertelt
⅔ Tasse schwarze, entsteinte Oliven
ca. 400 g Thunfisch aus der Dose, abgetropft
45 g Anchovis aus der Dose, abgetropft
60 ml Olivenöl
1–2 EL Weißweinessig
1 Knoblauchzehe, zerdrückt
½ TL Dijon-Senf

1 Grüne Bohnen putzen und in 1 Minute kochendem Wasser blanchieren, abgießen und in Eiswasser tauchen. Gut abtropfen lassen.
2 Bohnen, Tomaten, Zwiebel, Eier, Oliven, Thunfischstücke und Anchovis auf Servierplatte oder in flacher Schale anrichten.
3 Olivenöl, Essig, Knoblauch und Dijon-Senf in ein kleines Schraubglas füllen und gut schütteln. Soße über den Salat träufeln, sofort mit Krustenbrot servieren.

MEERESFRÜCHTE-SALAT

Vorbereitungszeit: 20 Minuten
Kochzeit: 2 Minuten
Für 4 Personen

200 g Calamari (Tintenfischringe)
500 g mittelgroße Königsgarnelen, gekocht
200 g Muscheln aus dem Glas
4 große Salatblätter
80 ml Thousand Island Dressing
1–2 EL Sahne
1 TL feingehackte, frische Petersilie

1 Eine große Bratpfanne 3 cm hoch mit Wasser füllen, zum Kochen bringen. Tintenfischringe

hineingeben, 2 Minuten köcheln lassen; dabei umdrehen. Nicht zu lange kochen, damit die Calamari nicht zäh werden. Mit dem Schaumlöffel aus der Pfanne nehmen und zum Abkühlen beiseite stellen.
2 Garnelen schälen, Darm entfernen, Muscheln abtropfen lassen.
3 Meeresfrüchte auf Salatblättern anrichten. Dressing mit der Sahne vermischen, über die Meeresfrüchte gießen. Mit Petersilie bestreuen, sofort servieren.

WALDORFSALAT

Vorbereitungszeit: 15 Minuten
Für 6 Personen

3 mittelgroße rote Äpfel
2 mittelgroße grüne Äpfel
2 Selleriestangen, in Scheiben geschnitten
¼ Tasse Walnußhälften
¼ Tasse Mayonnaise
3 EL Vinaigrette
1 EL saure Sahne

1 Die Äpfel vierteln, Kerngehäuse entfernen und in 2 cm große Stücke schneiden.
2 Mit dem Sellerie und den Walnüssen in einer großen Schüssel mischen.
3 In einer anderen Schüssel Mayonnaise, Vinaigrette und saure Sahne gut mischen. Zum Salat geben und sorgfältig unterheben. In einer mit Salatblättern ausgelegten Schüssel anrichten. Sofort servieren.

asiatischer Safranreis), Geflügel- und Rinderschmorgerichte, Currys, Tomatensoßen, süße Brote und Plätzchen verwendet. Safran am besten in Fäden kaufen, vor Gebrauch im Mörser zerkleinern und in wenig warmem Wasser lösen, damit sich das Aroma entfaltet.

Sage Derby Fester Kuhmilchkäse, der mit frischen Salbeiblättern gewürzt wird.

Sago Winzige Stärkekörner aus der inneren Rinde der Sagopalme, die in den malayischen Sümpfen, auf den Philippinen und in Indien heimisch ist. Sago wird wegen seiner Bindekraft für Süßspeisen verwendet. Deutscher Sago wird aus Kartoffelstärke hergestellt.

Sahne Fetter Anteil der Milch; steigt nach einiger Zeit zur Oberfläche, wenn die Milch steht. Ausgangsprodukt der Butter- und Käseherstellung. Süße Sahne (Rahm, Schmant) zum Binden und Verfeinern von Suppen, Soßen und Schmortöpfen; als Schlagsahne zu Gebäck, Desserts und frischen Früchten und

als Füllung für Torten; flüssig verfeinert sie Kaffee und Kakao. Saure Sahne wird sehr gerne für Salatsoßen und zum Verfeinern von Soßen und Ragouts verwendet.

Saibling Süßwasserfisch, auch Rötel genannt. Lebt in Seen, Flüssen und Strömen. Wird bis zu 40 cm lang. Der Fisch mit rötlicher Bauchseite wird wie die Forelle zubereitet.

Saint Paulin Pasteurisierter, halbfester Kuhmilchkäse (Butterkäse) mit mildem Geschmack. Ein Ableger des Port Salut, der im frühen 19. Jahrhundert im Kloster Port-du-Salut in der Bretagne entstand.

Sake (Reiswein) Japanisches alkoholisches Getränk aus fermentiertem Reis. Süßer Sake, Mirin, ist ein wichtiges Würzmittel der japanischen Küche. Sake kann durch süßen Sherry ersetzt werden.

Salami Gesalzene, getrocknete Wurst, ursprünglich aus Eselsfleisch, Schweinefleisch und Speck. Heute wird das Eselsfleisch

ASIATISCHER NUDEL-GEMÜSESALAT

Vorbereitungszeit: 30 Minuten
Kochzeit: 15 Minuten
Für 4–6 Personen

6 Frühlingszwiebeln
500 g dicke Reisnudeln
4 reife Fleischtomaten
1 mittelgroße Möhre
12 Zuckerschoten
125 g Maiskölbchen aus der Dose, abgetropft und halbiert oder frischer Mais
150 g frische Bohnensprossen
45 g geröstete Erdnüsse
Sojasoße (nach Wunsch)

Salatsoße
2 TL Sesamöl
4 EL Olivenöl
5 TL weißer Reisessig
1 1/4 TL Zucker
Salz und zerstoßener schwarzer Pfeffer
1 TL rote Chilischote, feingehackt
1–2 EL Koriandergrün, gehackt

1 Frühlingszwiebeln diagonal in Scheiben schneiden. Nudeln in sprudelndem Wasser in etwa 3–4 Minuten bißfest kochen. Abgießen. Mit kaltem Wasser abspülen, abtropfen lassen.
2 Jede Tomate kreuzweise einschneiden. 1–2 Minuten in kochendes Wasser legen, anschließend in kaltem Wasser abschrecken, abtrocknen. Haut abziehen, Tomaten halbieren, die Kerne entfernen. Fleisch in schmale Streifen schneiden. Möhre schälen und stifteln. Zuckerschoten putzen, diagonal in Scheiben schneiden.
3 Frischen jungen Mais in leicht gesalzenem Wasser 3 Minuten kochen, abgießen. In kaltes Wasser tauchen, abtropfen lassen, beiseite stellen. Bohnensprossen 1–2 Minuten in kochendes Wasser geben, abtropfen lassen. Alles Gemüse und Erdnüsse in einer Salatschüssel mischen. Soße zugeben, sorgfältig unterheben. Vor dem Servieren kurz kalt stellen. Nach Wunsch noch mit Sojasoße beträufeln.
4 Für die Soße Öle, Essig, Zucker, Salz, Pfeffer, Chilischote und Koriander in Schraubglas füllen, kräftig schütteln.

SPARGELSALAT MIT PARMASCHINKEN

Vorbereitungszeit: 20 Minuten
Kochzeit: 3 Minuten
Für 4 Personen

2 Bund Spargel (etwa 6 Stangen pro Person)
4 Scheiben Parmaschinken
4 EL Olivenöl
3 TL Estragonessig
2 TL Mohnsamen
30 g Parmesankäse

1 Spargel schälen, holzige Enden entfernen. In kochendem Wasser 1 Minute blanchieren, abgießen und in Eiswasser tauchen. Gut abtropfen lassen, auf 4 Teller verteilen.
2 Parmaschinken etwa 2 Minuten auf den heißen Grill legen. Abkühlen lassen.
3 Öl, Estragonessig und Mohnsamen in kleinem Schraubglas gut schütteln. Über den Spargel träufeln, Parmaschinken darüberbröseln. Mit Gemüseschäler oder scharfem Messer hauchdünne Parmesanscheiben abhobeln und auf den Salat geben. Sofort servieren.

Anmerkung: Parmaschinken (Prosciutto) ist italienisches, geräuchertes Fleisch, hauchdünn geschnitten; im Feinkostgeschäft erhältlich.

ENDIVIENSALAT MIT PARMASCHINKEN UND KNOBLAUCHCROUTONS

☆ ***Vorbereitungszeit:*** 20 Minuten
Zubereitungszeit: 5 Minuten
Für 4–6 Personen

1 Kopf Endiviensalat
½ roter Eichblattsalat
2 rote Zwiebeln
4 Scheiben Weißbrot oder Roggenbrot
2 große Knoblauchzehen, zerdrückt
50 g weiche Butter
35 g Feta, zerdrückt
4–6 dünne Scheiben Parmaschinken
1 große Avocado

Dressing
3 EL Olivenöl
60 g Zucker
4 EL scharfe Tomatensoße
1–2 EL Sojasoße
5–6 EL roter Weinessig

1 Endivien- und Eichblattsalat waschen, trockenschleudern. Endivie und Eichblattsalat in mundgerechte Stücke zerpflücken. Zwiebeln schälen, in Ringe schneiden. Endivie, Eichblattsalat und Zwiebelringe in Salatschüssel oder großer, flacher Schale mischen.
2 Brot auf einer Seite rösten, Knoblauch, Feta und Butter zu einer Paste verarbeiten und auf die ungeröstete Brotseite streichen. Die gebutterte Seite knusprig und goldbraun rösten. Jede Scheibe in 1 cm große Würfel schneiden.
3 Parmaschinken unter dem sehr heißen Grill einige Sekunden knusprig rösten. Herausnehmen, in 5 cm große Stücke schneiden. Beiseite stellen. Avocado schälen, den Kern herauslösen, in dünne Scheiben schneiden.
4 Für die Soße Öl, Zucker, Tomatensoße, Sojasoße und Essig mischen. Parmaschinken und Avocado in den Salat geben und die Hälfte der Salatsoße darübergießen. Mit Croûtons bestreuen. Restliche Salatsoße separat reichen.

Oben: Endiviensalat mit Parmaschinken und Knoblauchcroutons. Gegenüber, oben: Asiatischer Nudel-Gemüsesalat; unten: Spargelsalat mit Parmaschinken

CHEFSALAT

☆ ***Vorbereitungszeit:*** 15 Minuten
Für 6 Personen

6 große Salatblätter
60 g Schweizer Käse, in dünne Streifen geschnitten
4 dünne Scheiben gekochter Schinken
¾ Tasse gekochtes, gehacktes Hühnerfleisch
3 mittelgroße Eiertomaten
2 EL eingelegten roten Paprika, gehackt (nach Wunsch)
2 hartgekochte Eier, geviertelt
125 ml Vinaigrette

1 Salat waschen, abtrocknen. Käse und Schinken in gleich große, dünne Streifen schneiden. Tomaten sechsteln.
2 Käse, Schinken, Huhn, Tomaten, Paprika und Eier in eine Schüssel geben und vorsichtig mischen. Den Salat auf den Salatblättern anrichten. Soße darüberträufeln und sofort servieren.

überwiegend durch Rindfleisch ersetzt. Salami wird in hauchdünnen Scheiben als Appetithappen serviert, als Brot- und Pizzabelag und als Salatzutat verwendet. Ursprünglich italienische Spezialität; besondere Salamisorten werden auch in Dänemark, Ungarn, Österreich, Spanien und in Deutschland hergestellt.

Salat Die großen, knackigen Blätter werden in Salaten verwendet,

manchmal gedämpft oder blanchiert und heiß serviert. Drei verschiedene Salatblatt-Typen: lose gepackte Blätter und weiche Textur (Kopfsalat, Mignonette); Salat mit knackigen, festgepackten Blättern (Eisbergsalat) und lange, dunkelgrüne Blätter, oft Pflücksalat

(Romanasalat). Salate können miteinander gemischt oder jede Sorte für sich zubereitet werden.

Salate Mischung verschiedener Lebensmittel wie Gemüse (roh oder gekocht), Salatblätter, frisches Obst, Meeresfrüchte, Geflügel, Fleisch, Eier, Nudeln, Reis und Getreide. Herzhafte Salate werden gewöhnlich mit einer Soße gereicht. Einfache Salate wie grüne Salate und Gemüsesalate werden meist als Beilage zum warmen Hauptgericht serviert. Zusammengesetzte Salate sind

als Bestandteil eines kalten Buffets oder als Imbiß beliebt (z. B. Nudel-, Kartoffel-, Reis- oder Käsesalat) oder werden als Vorspeise oder Zwischengang serviert (z. B. Caesar-Salat, Waldorfsalat, Geflügelsalat). Obstsalat wird als Dessert gereicht; Melonen, Trauben, Grapefruits etc. sind aber auch Bestandteil pikanter Salate. Der Platz, den Salat in der Menüfolge einnimmt, variiert von Land zu Land.

Salatsoße (auch Dressing) Flüssigkeit, die einer Anzahl von Gerichten wie Salaten, gekochten Gemüsen, rohem Fleisch oder Fischgerichten Feuchtigkeit und Würze

AUBERGINEN-SALAT MIT GEGRILLTEM RINDFLEISCH

☆ ***Vorbereitungszeit:*** 25 Minuten + 30 Minuten marinieren
Zubereitungszeit: 20 Minuten
Für 4 Personen

2 mittelgroße Auberginen
2 EL Salz
3 mittelgroße Zucchini
2 mittelgroße rote Paprika
100 g kleine Champignons
2 mittelgroße Zwiebeln
4 EL Olivenöl
1–2 EL Zitronensaft
750 g Lenden- oder Rumpsteak
45 g Zuckerschotensprossen
1/4 Tasse Basilikum, geschnitten

1 Auberginen längs halbieren, mit der Schnittfläche nach unten legen und längs in 1 cm breite Streifen schneiden. Die Streifen nebeneinander auf eine Platte legen, mit Salz bestreuen. 15 Minuten ziehen lassen, dann abspülen und gründlich trocknen.
2 Zucchini in 2 cm große Stücke, Paprika in 2 cm lange Streifen schneiden. Champignons halbieren, Zwiebeln in dicke Ringe schneiden. Das ganze Gemüse mit Öl und Zitronensaft mischen. Mit Folie abdecken und dann bei Zimmertemperatur 30 Minuten ziehen lassen.
3 Überschüssiges Fett und Sehnen vom Fleisch entfernen. Auf einen leicht gefetteten Holzkohlengrill oder in eine Pfanne legen und bei starker Hitze auf beiden Seiten 2 Minuten braten. Fleisch auf den weniger heißen Teil des Grills legen. Um das Fleisch medium zu braten, weitere zwei Minuten pro Seite auf dem Grill lassen. Dann auf eine Platte legen und lose mit Folie bedecken. Nach dem Abkühlen in sehr dünne Scheiben schneiden.
4 Mit einem Schaumlöffel Gemüse aus der Marinade nehmen und in zwei Portionen auf dem Grill je 5 Minuten braten, bis es leicht gebräunt und bißfest ist. Abkühlen lassen.
5 Auf einem Berg Zuckerschotensprossen auf jedem Teller Fleisch und das abgekühlte Gemüse anrichten. Mit Basilikumstreifen garnieren. Sofort zimmerwarm servieren.

Anmerkung: Auberginen können bittere Säfte enthalten, vor allem, wenn sie schon sehr reif sind. Mit Salz bestreut, werden die Säfte herausgezogen, die Aubergine verliert ihren bitteren Geschmack. Außerdem nimmt sie danach weniger Fett auf. Vor dem Weiterverarbeiten Aubergine gut abtrocknen.

Oben: Auberginensalat mit gegrilltem Rindfleisch.
Gegenüber: Thunfischsalat mit Knoblauchmayonnaise

THUNFISCHSALAT MIT KNOBLAUCHMAYONNAISE

Vorbereitungszeit: 25 Minuten
Zubereitungszeit: 10 Minuten
Für 6 Personen

6 kleine rote Kartoffeln, geschält
150 g Zuckerschoten
1 Bund Spargel
250 g Kirschtomaten
850 g Thunfisch aus der Dose, abgetropft

Knoblauchmayonnaise
3 Eigelb
1 Knoblauchzehe, zerdrückt
½ TL feiner Dijon-Senf
2–3 EL Zitronensaft
250 ml Olivenöl

1 Kartoffeln in 2 cm Würfel schneiden und gar, aber nicht zu weich kochen. Abgießen und beiseite stellen. Zuckerschoten in kochendes Wasser geben, 1 Minute blanchieren, abgießen und in Eiswasser tauchen. Abtropfen lassen und beiseite stellen. Spargel schälen, holzige Enden entfernen und wie mit Zuckerschoten verfahren.
2 Für die Knoblauchmayonnaise Eigelb, Knoblauch, Senf und Zitronensaft mit dem Handrührgerät etwa 1 Minute glattrühren. Öl teelöffelweise zugeben, dabei ständig weiterrühren, bis die Mischung dick und cremig ist. Je dicker die Mayonnaise wird, desto schneller kann das Öl zugefügt werden. Weiterrühren, bis das gesamte Öl eingearbeitet ist.
3 Kartoffeln, Zuckerschoten, Spargel, Tomaten und Thunfischstücke auf 6 Tellern anrichten, auf jeden Teller einen Eßlöffel Mayonnaise geben oder Mayonnaise extra servieren.

DUFTENDER REISSALAT

Vorbereitungszeit: 25 Minuten
Gesamtkochzeit: 10 Minuten
Für 4 Personen

1 Tasse Basmatireis oder thailändischer Duftreis
2 mittelgroße Möhren, diagonal in Scheiben geschnitten
1 mittelgroßer grüner Paprika, in kurze, dünne Streifen geschnitten
200 g kleine Maiskölbchen aus der Dose, in 2 cm lange Stücke geschnitten
2 Frühlingszwiebeln, in Ringe geschnitten
150 g Schweinefleisch, auf chinesische Art mariniert, gegrillt, in dünnen Scheiben
3 EL Erdnußöl
1–2 EL Sesamöl
2 TL Zitronensaft
2 TL Sojasoße

1 Reis in einem großen Topf gar kochen. Abgießen, mit kaltem Wasser abspülen, gründlich abtropfen lassen.
2 Reis, Möhren, Paprika, Maiskölbchen, Frühlingszwiebeln und Schweinefleisch in eine Servierschüssel geben und mischen.
3 Erdnuß- und Sesamöl, Zitronensaft und Sojasoße in einem kleinen Schraubglas gut schütteln. Über den Salat gießen und untermengen. Sofort servieren.

Anmerkung: Mariniertes, gegrilltes Schweinefleisch ist in chinesischen Lebensmittelgeschäften erhältlich.

PUTENSALAT MIT PREISELBEERSOSSE

Vorbereitungszeit: 15 Minuten
Für 4 Personen

125 g Brunnenkresse
500 g kaltes Putenfleisch in Scheiben
2 kleine Orangen
3 El Preiselbeersoße
1–2 EL Öl
1 TL Weißweinessig
2 EL gehackte Pistazien

1 Kresse gründlich waschen und abtrocknen. In große Zweige brechen; dicke Stengel entfernen. Auf Servierplatte legen.
2 Putenfleischscheiben in der Mitte der Kresse anrichten. Mit einem scharfen Messer die Orangen schälen und die weiße Membran entfernen. In Scheiben schneiden und um das Putenfleisch legen.
3 Preiselbeersoße mit Öl und Essig verrühren und über das Fleisch löffeln. Mit gehackten Pistazien bestreuen und sofort servieren.

verleiht. Grundlage ist Öl, Zitronensaft, Wein oder Essig, mit verschiedenen Gewürzen und Geschmacksstoffen. Üppigere Salatsoßen enthalten Ei (Mayonnaise) und Sahne oder Joghurt.

Salbei Kraut mit aromatischen, graugrünen Blättern mit scharfem, leicht bitterem Aroma. Früher hauptsächlich als Heilmittel, heute mehr in der Küche eingesetzt. Gut geeignet zum Würzen von Geflügel- und Schweinefleischfüllungen oder Hüttenkäse. Die italienische Küche würzt damit Fleischgerichte, in Deutschland wird Salbei oft

gemahlen und mit anderen Kräutern als Würzmischung verwendet. Salbei ist am nördlichen Mittelmeer zu Hause.

Salchichón Hartwurst aus Spanien. Ähnelt der Salami.

Salmon Englische Bezeichnung für Lachs.

Salsa Stark gewürzte Soße mit Gemüsestückchen, die aus Tomaten, Chilischoten, Knoblauch und

Zwiebeln besteht und als Beilage zu mexikanischen Gerichten serviert wird. Das Aroma reicht von mild bis feurig.

Saltimbocca Dünne Kalbfleischscheiben werden sautiert, mit Schinken oder Parmaschinken und Salbei belegt und, mit einem Zahnstocher zusammengesteckt, in Weißwein geschmort.

Salz (Kochsalz) Weiße, geruchlose Kristalle mit scharfem Geschmack; Natriumchlorid. Wird als Konservierungs- und Würzmittel benutzt. Man gewinnt es aus unterirdischen Steinsalzlagern, aus Salzquellen oder Meerwasser. Tafelsalz ist feingemahlenes Steinsalz

mit einem Reinheitsgrad von 98 %. Koscheres Salz ist eingedunstetes Salz mit großen, unregelmäßig geformten Kristallen; es enthält weder Zusätze noch Jod.

MITTELMEERSALAT

☆ ***Vorbereitungszeit:*** 40 Minuten
Kochzeit: 2 Minuten
Für 8 Personen

1 mittelgroße Aubergine
Salz
3 EL Öl
250 g Kirschtomaten, halbiert
2 kleine Salatgurken, halbiert, in Scheiben geschnitten
1 rote Zwiebel, in dünne Ringe geschnitten
250 g Fetakäse, in 2 cm große Würfel geschnitten
2/3 Becher schwarze entsteinte Oliven
1–2 EL Basilikumblätter, in feine Streifen geschnitten

Soße
5–6 EL Olivenöl
1–2 EL Balsamessig
1 Knoblauchzehe, zerdrückt
1 EL frischer Oregano, gehackt

1 Aubergine in 2,5 cm große Würfel schneiden, auf einem Teller verteilen. Mit etwas Salz bestreuen und 30 Minuten ziehen lassen. Unter kaltem Wasser abspülen, trockentupfen.
2 Öl in einer flachen Pfanne erhitzen, Aubergine bei mittlerer Hitze etwa 2 Minuten unter Rühren braten, bis sie gebräunt und weich ist. Abtropfen lassen; abkühlen. Aubergine in einer Schüssel mit Tomaten, Gurken, Zwiebeln, Käse, Oliven und Basilikum mischen.
3 Für die Soße alle Zutaten in ein kleines Schraubglas füllen und 10 Sekunden schütteln, bis eine glatte Mischung entsteht. Zum Salat geben und gut unterheben.

RÄUCHERLACHSSALAT

☆ ***Vorbereitungszeit:*** 20 Minuten
Für 4 Personen

60 g Brunnenkresse
200 g Räucherlachs, in Scheiben
1 mittelgroße Avocado, längs in Scheiben geschnitten
1 kleine Zwiebel, in feine Ringe geschnitten
1 Selleriestange
5–6 ml Olivenöl
1–2 EL Zitronensaft
1/3 Tasse weicher Frischkäse
3 EL Sahne
1 EL feingehackter, frischer Dill

1 Brunnenkresse sorgfältig waschen und trocknen. In große Zweige brechen. Die Zweige auf 4 Teller oder eine Servierplatte verteilen, Lachs, Avocado und Zwiebeln darauf anrichten. Sellerie in 5 cm lange Stücke, dann in Streifen schneiden. Über den Salat streuen.
2 Öl, Essig und Frischkäse mit der Küchenmaschine oder dem Mixer glattrühren. Sahne und Dill unterziehen. Soße über den Salat träufeln und sofort mit knusprigen Brotstangen servieren.

ZITRUSFRUCHTSALAT MIT WALNÜSSEN

☆ ***Vorbereitungszeit:*** 20 Minuten
Für 8 Personen

2 Orangen
2 Grapefruit
125 g Zuckererbsen
1/2 Bündel Rauke (Rucola)
1/2 Kopf Eichblattsalat, in feine Streifen geschnitten
1 große Gurke, in Scheiben geschnitten
1/3 Tasse Walnußstücke

Walnußsoße
3 EL Walnußöl
3 EL Öl
2 TL Estragonessig
2 TL Körnersenf
1 TL süße Chilisoße

1 Mit einem scharfen Messer Orangen und Grapefruit schälen, weiße Haut ganz entfernen. Früchte filetieren, Kerne entfernen. Erbsen mit kochendem Wasser übergießen und 2 Minuten ruhenlassen. Danach sofort in eiskaltes Wasser tauchen. Abtropfen, mit Küchentuch trockentupfen. Obst, Erbsen, Rauke, Gurke und Walnußstücke in einer großen Schüssel mischen.
2 Für die Walnußsoße Öle, Essig, Senf und Chilisoße in einem Schraubglas mischen.
3 Die Walnußsoße über den Salat gießen und kurz unterheben.

Oben: Bunter Nudelsalat. Gegenüber: Mittelmeersalat

BUNTER NUDELSALAT

★ ***Vorbereitungszeit:*** 20 Minuten + 1 Stunde Ruhezeit
Kochzeit: 10 Minuten
Für 6 Personen

3 EL Olivenöl
3 EL Weißweinessig
1 kleine Knoblauchzehe, halbiert
375 g dreifarbige Spiralnudeln
1–2 EL Olivenöl zusätzlich
¾ Tasse sonnengetrocknete Tomaten in Öl, abgetropft
½ Tasse entsteinte schwarze Oliven
100 g Parmesankäse
1 Tasse geviertelte Artischockenherzen
½ Tasse frische Basilikumblätter, in feine Streifen geschnitten

1 Olivenöl, Essig und Knoblauch in einem Schraubglas mischen und 1 Stunde ruhenlassen.
2 In einem großen Topf Wasser zum Kochen bringen und die Spiralnudeln bißfest kochen. In ein Sieb abgießen und noch heiß mit dem zusätzlichen Olivenöl beträufeln. Erkalten lassen.
3 Getrocknete Tomaten in feine Streifen schneiden und Oliven halbieren. Parmesan in hauchdünne Scheibchen hobeln.
4 Nudeln, Tomaten, Oliven, Käse, Artischocken und Basilikum in Servierschüssel geben. Knoblauch aus der Salatsoße nehmen, Soße über die Mischung gießen. Vorsichtig unterheben.

GARTENSALAT

★ ***Vorbereitungszeit:*** 15 Minuten
Für 8 Personen

200 g gemischte grüne Salatblätter
125 g Rotkohl
1 mittelgroße Möhre
1 große Stange Sellerie
1 kleine grüne Paprikaschote
4 EL Vinaigrette

1 Salatblätter gründlich waschen und trocknen; in mundgerechte Stücke zerpflücken.
2 Rotkohl fein hobeln. Möhre raspeln; Sellerie und Paprikaschote in dünne Scheiben schneiden. In Salatschüssel mischen, die Soße vorsichtig unterheben. Sofort servieren.

ROTER BLATTSALAT

★ ***Vorbereitungszeit:*** 15 Minuten
Für 6 Personen

150 g gemischte rote Salatblätter
100 g Fenchelknolle
1 kleine rote Zwiebel
3 EL Olivenöl
1–2 EL Balsamessig

1 Salatblätter gründlich waschen und abtrocknen. In mundgerechte Stücke zerpflücken.
2 Fenchel in dünnen Scheiben, Zwiebel in feinen Ringen und Salat in eine Servierschüssel geben. Zuerst Öl auf den Salat träufeln, dann den Essig. Vorsichtig mischen, sofort servieren.

Sambal Beilage zu einem indonesischen Curry- oder Reisgericht. Sambals werden aus Chillies, feingehackten Zwiebeln, Öl und Zitronensaft gemacht und oft mit anderen Zutaten wie Garnelenpaste oder Tomaten variiert.

Sambal Oelek Sehr scharfes Chilirelish aus der indonesischen Küche. Man kann damit in beinahe jedem Gericht die frischen Chilischoten ersetzen.

Samos Dessertwein von der griechischen Insel Samos. Süßer, gehaltvoller Wein mit einem Alkoholgehalt von 18 bis 20 %.

Samosa Kleiner pikanter Snack indischer Herkunft. Gewürztes Hackfleisch und gehacktes Gemüse werden in ein rundes Teigstück einge-

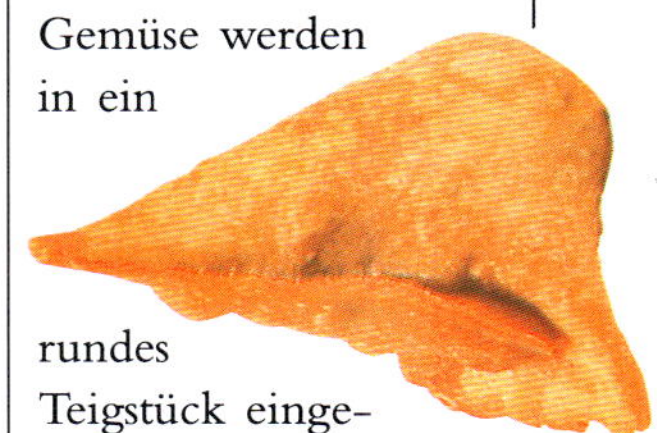

schlagen, die halbkreisförmigen Teigtaschen in Butterschmalz oder Öl fritiert. Sie werden heiß mit Minz- oder Korianderchutney serviert.

Sanddorn Beeren sind Früchte eines Ölweidengewächses mit einem sehr hohen Gehalt an Vitamin C.

Sandwich Ein einfaches Sandwich besteht aus einer pikanten oder süßen Füllung oder einem Aufstrich zwischen

zwei Scheiben Brot und kann aus der Hand gegessen werden. Es gibt viele Varianten, darunter das sogenannte »offene« Sandwich, ein üppig belegtes Brot; gerollte Sandwiches, bei denen das Brot um eine Füllung gerollt wird; dreilagige Sandwiches wie z. B. das Club Sandwich; und Sandwiches mit heißer Füllung (Schinkenspeck, Roastbeef, Steak). In Frankreich bezeichnet man damit ein längs aufgeschnittenes Baguette, das mit Pastete,

KARTOFFELSALAT THAILÄNDISCHE ART

☆ ***Vorbereitungszeit:*** 15 Minuten
Kochzeit: 5 Minuten
Für 8 Personen

1 kg kleine Kartoffeln

Soße
1 Knoblauchzehe
4 EL Zitronensaft
2–3 EL Öl
2 EL frische Minze, gehackt
2 EL Koriandergrün, gehackt
1–2 EL Nam Pla (siehe Anmerkung)
2 TL süße thailändische Chilisoße
1 TL Zucker

1 Kartoffeln unter kaltem Wasser abschrubben. Halbieren, etwa 5 Minuten gerade gar kochen. Abgießen, mit kaltem Wasser abspülen und erkalten lassen.
2 Für die Soße Knoblauchzehe in einer Schüssel zerdrücken. Zitronensaft, Öl, Minze und Koriander, Nam Pla, Chilisoße und Zucker zufügen, umrühren.
3 Mit dem Schneebesen glattrühren oder in Schraubglas 30 Sekunden schütteln. Kartoffeln in eine Schüssel geben, Soße darübergießen, sorgfältig unterheben.

Anmerkung: Nam Pla ist die thailändische Version der Fischsoße, in asiatischen Lebensmittelgeschäften erhältlich.

BOHNENSALAT

☆ ***Vorbereitungszeit:*** 10 Minuten
Für 6 Personen

150 g frische grüne Bohnen
300 g dicke Bohnen aus der Dose
300 g Wachsbohnen aus der Dose
440 g Kidneybohnen aus der Dose
1 kleine rote Zwiebel, in dünnen Scheiben
2 EL gehackte Petersilie
3 EL Vinaigrette

1 Grüne Bohnen putzen. In 4 cm lange Stücke schneiden und in kochendem Wasser 1 Minute blanchieren, dann abtropfen lassen und in Eiswasser tauchen. Gut abtrocknen.
2 Bohnen aus der Dose in ein Sieb schütten, unter fließendem Wasser abspülen. Abtropfen lassen. Bohnen, Zwiebel und Petersilie mischen. Soße darübergießen und mischen.

Anmerkung: Für diesen Salat ist jede Kombination von Bohnen möglich. Wählen Sie solche, bei denen Farbe und Größe gut kontrastieren.

Oben: Kartoffelsalat, thailändische Art. Gegenüber, unten: Schneller Hühnersalat; oben: Koriandersalat

SCHNELLER HÜHNERSALAT

☆ ***Vorbereitungszeit:*** 20 Minuten
Für 4 Personen

1 roter Eichblatt- oder Pflücksalat
1 mariniertes, gegrilltes Huhn
1 mittelgroße Avocado, in dünne Scheiben geschnitten
2 Selleriestangen, in 1 cm breite Scheiben geschnitten
¼ Tasse Fertigmayonnaise
4 EL Buttermilch
2 TL Estragonessig
⅓ Tasse gehackte Pekan- oder Walnüsse

1 Salat gründlich waschen und abtrocknen. In mundgerechte Stücke zerpflücken, auf Servierplatte oder 4 Teller verteilen. Huhn in Stücke teilen. Möglichst die Haut am Fleisch lassen, große Stücke auseinanderschneiden, alle Teile etwa gleich groß.
2 Die Hälfte der Hühnerstücke auf dem Salat anrichten, Hälfte der Avocado darübergeben. Mit dem restlichen Hühnerfleisch und Avocado wiederholen und zum Schluß Selleriestückchen darüberstreuen.
3 Mayonnaise, Buttermilch und Essig in einem Schraubglas gut schütteln. Über den Salat träufeln. Mit Nüssen garnieren, sofort mit heißen Vollweizenbrötchen oder auch französischem Weißbrot servieren.

KORIANDERSALAT

☆ ***Vorbereitungszeit:*** 15 Minuten + 20 Minuten Einweichzeit
Kochzeit: 1 Minute
Für 6 Personen

⅓ Tasse Burghul
⅛ l Orangensaft
1 Tasse frische Korianderblätter
200 g Rotkohl, in feine Streifen geschnitten
1 kleine rote Zwiebel, in feine Ringe geschnitten
½ TL Honig
3 EL Balsamessig
4 EL Olivenöl
1 kleine Knoblauchzehe, zerdrückt
¼ TL Dijon-Senf

1 Burghul in eine kleine Rührschüssel geben. Orangensaft erhitzen, über den Burghul gießen. Mindestens 20 Minuten ruhenlassen, bis die Flüssigkeit ganz aufgenommen wurde.
2 Burghul, Koriander, Rotkohl und Zwiebel in einer großen Schüssel gut mischen.
3 Honig, Essig, Öl, Knoblauch und Senf in kleinem Schraubglas kräftig schütteln.
4 Soße über den Salat geben, gut mit den Zutaten vermischen. In eine Servierschüssel füllen. Dieser Salat paßt besonders gut zu gegrilltem oder mariniertem Fleisch und Geflügel oder auch zu Fisch.

Schinken oder Käse gefüllt wird. Erfinder war der Earl of Sandwich (1718 bis 92).

Sapote Tropische Frucht aus Mittelamerika. Die schwarze Sapote, auch Schokoladenpuddingfrucht genannt, ähnelt in Form und Farbe einer Kakipflaume. Die Schale ist grün, das Fleisch süß und dunkelbraun. Die weiße Sapote hat ebenfalls eine grüne Schale, aber hellgelbes, butterartiges, süßes Fleisch.

Sapotille Runde Frucht mit dünner, ledriger, grüner bis brauner Schale und hellem, süßem Fruchtfleisch mit cremiger Struktur, das im Geschmack an weichen braunen Zucker erinnert. Der Sapotillebaum ist in Mittelamerika und der Karibik heimisch und wurde von den Spaniern auf die Philippinen gebracht. Aus der milchigen Absonderung seiner Rinde gewinnt man die Grundlage für Kaugummi.

Sardelle (Anchovis) Kleiner, schlanker, heringähnlicher Salzwasserfisch, mit leicht öligem Fleisch und kräftigem, sardinenähnlichem Geschmack. Die

SALATSOSSEN

Es ist die Soße, die einen Salat ausmacht – selbst eine Schüssel zerpflückter Salatblätter kann mit der richtigen Soße köstlich schmecken. Besondere Zutaten zu einer Vinaigrette oder Mayonnaise sorgen für den charakteristischen Geschmack und das Aroma.

Eine gute Salatsoße hebt das Aroma der Zutaten hervor, ohne es zu überdecken. Der Erfolg einer Soße hängt hauptsächlich von der Qualität ihrer Zutaten und der Ausgewogenheit dieser Zutaten untereinander zusammen.

- Nehmen Sie ein gutes, nicht zu fruchtiges Olivenöl als Grundlage.
- Pflanzenöl oder Nußöle können zusammen mit Olivenöl verwendet werden; asiatische Salate gewinnen durch das Aroma von Chili- und Sesamöl.
- Weinessig wird aus Rot- und Weißwein hergestellt; Kräuteressige und ebenso spezielle Fruchtessige wie etwa Himbeeressig sind köstlich, wenn man sie sparsam verwendet.
- Essig kann ganz oder teilweise durch Zitronensaft ersetzt werden.
- Japanischer und chinesischer Reisessig schmecken mild-süß und passen gut zu Kohl und Möhren.
- Salatsoße direkt vor dem Servieren über den Salat geben, damit grüne Blätter nicht welken.

VARIATIONEN

- Der scharfe Geschmack der Vinaigrette kann nach Wunsch durch ½ TL Zucker etwas gemildert werden.
- Frisch gepreßten Zitronensaft statt Essig verwenden. Das schmeckt vor allem bei Geflügel- und Wildsalaten sehr gut.
- 1–2 EL frische gehackte Kräuter wie Schnittlauch, Petersilie, Majoran und Thymian in die Soße geben.
- Für Salate aus feingeschnittenen, rohen grünen Blattgemüsen wie Spinat oder Kohl 1 EL frischgeriebenen Parmesan an die Soße geben.
- Vinaigrette wird etwas glatter und dicker, wenn man feingehacktes Eiweiß und durch ein Sieb gestrichenes Eigelb von einem hartgekochten Ei hinzufügt.

VINAIGRETTE

GRUNDREZEPT

4 EL Olivenöl, 3 EL Weißweinessig, 1 TL körnigen Senf und schwarzen Pfeffer aus der Mühle in ein kleines Schraubglas füllen und gut schütteln. Oder die Zutaten in einer Schüssel mit einem Schneebesen oder einer Gabel mischen. Soße sofort verwenden. Ergibt ½ Tasse Soße.

MAYONNAISE

GRUNDREZEPT

2 Eigelb, 2–3 TL weißen Essig und etwas weißen Pfeffer in der Küchenmaschine 15 Sekunden glattrühren. Bei laufendem Motor 1 Tasse Olivenöl langsam in gleichmäßigem, dünnem Strahl hineingießen und die Mischung rühren, bis sie dick und cremig ist. Nach Wunsch noch mit Essig nachwürzen. Wenn die Mischung zu dick ist, kann man mit etwas heißem Wasser verdünnen. Ergibt etwa 1 ¼ Tassen.

VARIATIONEN

- Die Salatsoße wird heller, wenn man zu gleichen Teilen Olivenöl und ein gutes Pflanzenöl verwendet.
- Püriertes Fleisch von 1 Avocado locker unter die Mayonnaise ziehen.
- Die Soße wird leichter, wenn man 2–3 EL Naturjoghurt unterzieht.
- 2 EL Tomatenmark und 1 EL gehacktes, frisches Basilikum unterziehen.
- ⅔ Tasse dicke Sahne mit 2 EL Mayonnaise mischen und zu Salaten mit Obst reichen.

THOUSAND ISLAND DRESSING

Diese Salatsoße wird gewöhnlich zu Blattsalaten serviert. Mayonnaise in einer Schüssel mit 2 TL Tomatenmark, 1 TL französischem Senf, 1 Prise Cayennepfeffer, 1–2 TL Worcestersoße, 1 EL feingehackter Staudensellerie, 1 EL süß eingelegtem gemischtem Gemüse (Pickles), 1 TL gehackten Kapern, 1 gehacktem, hartgekochtem Ei, Salz und schwarzem Pfeffer aus der Mühle verrühren.

MAYONNAISE-SOSSEN

Viele Varianten der Mayonnaise werden nicht als Salatsoße, sondern als Soße für Fischgerichte verwendet.

AÏOLI

Aïoli wird zu Fischsuppen oder Gemüse gereicht und stammt vom Mittelmeer. Eigelb mit 3 zerdrückten Knoblauchzehen und ½ TL Salz in einen Mixer geben; danach wie im Grundrezept vorgehen. Wenn das Öl aufgenommen ist, mit 3–4 TL Zitronensaft statt mit Essig würzen.

SAUCE TARTARE

1 Tasse Mayonnaise nach dem Grundrezept in einer Schüssel mit 4 EL feingehackten Kapern, 6 EL gehackten Gewürzgurken, 2 EL frischer gehackter Petersilie und 2–3 EL Sahne oder saurer Sahne verrühren. Mit Salz und Pfeffer abschmecken. Zu gebratenem oder gegrilltem Fisch reichen.

GRÜNE SOSSE

Grüne Soße paßt besonders gut zu Lachs und Forelle und zu kalten Eiergerichten. 10 Zweige Brunnenkresse blanchieren. 1 Tasse Mayonnaise mit ¼ Tasse gekochten, abgetropften und feingehackten Spinatblättern, Brunnenkresse und je 4 Zweigen frischem Estragon und Petersilie in der Küchenmaschine verarbeiten.

GRÜNE GÖTTIN

Diese Soße wird vorzugsweise zu Schaltieren gereicht. Nach dem Grundrezept Mayonnaise zubereiten und in eine Schüssel geben. Dazu 3–4 gehackte Sardellenfilets, 1 feingehackte Knoblauchzehe, ¼ Tasse saure Sahne und ¼ Tasse gehackte, gemischte frisch gehackte Kräuter einrühren.

Von links: Sauce Tartare, Himbeeressig, natives Olivenöl, frische Kräutervinaigrette, Zitronenvinaigrette, Estragonöl

in Fässer mit Brühe eingelegten ganzen Fische werden verwendet, um Fleischgerichten Geschmack und Salzwürze zu geben. Eingelegte Anchovis-Filets werden zu Hors d'œuvres, auf Pizza, in Salaten und als Garnierung verwendet; entgrätete Anchovis werden zu einer Paste verarbeitet, die als Soßenbasis dient.

Sardine Kleiner, silbriger Salzwasserfisch mit weichem, dunklem, öligem Fleisch und intensivem Geschmack aus der Familie der Heringe. Frische Sardinen am besten grillen oder in Mehl wälzen und in der Pfanne braten; dazu reicht man gekochte Kartoffeln und Zitronenschnitze. Seit dem Altertum wurde die Sardine in Salz eingelegt. In Frankreich wurden im Mittelalter Sardinen in Öl oder Essig eingelegt und in Tontöpfen ins Binnenland gebracht. Der Fisch ist nach der Mittelmeerinsel Sardinien benannt, einst Zentrum einer Fischindustrie, die sich auf die Sardine stützte.

SANDWICHES

BELAG FÜR EINLAGIGE SANDWICHES

Einlagige Sandwiches müssen mit Messer und Gabel gegessen werden, weil der hoch aufgetürmte Belag nicht von einer zweiten Brotschicht festgehalten wird und leicht herunterfällt. Sie werden mit Nüssen und Kräutern dekoriert.

- Roggenbrot oder Pumpernickel buttern. Mayonnaise und saure Sahne zu gleichen Teilen verrühren und gehackte, hartgekochte Eier unterziehen. Mischung auf das Brot häufen, mit Räucherlachsscheiben belegen und einen Löffel Lachsrogen oder Kaviar auf den Lachs setzen. Mit ein oder zwei Dillzweigen garnieren.
- Weizenvollkornbrot mit Butter bestreichen, mit einem Salatblatt und Roastbeefscheiben belegen. Mangoscheiben oder reife Papaya und einen großzügig bemessenen Löffel Körnersenf darauflegen und mit Brunnenkresse oder Alfalfasprossen garnieren.
- Aufgeschnittene Bagels oder Croissants buttern und mit Raukeblättern belegen. Kleingeschnittenes, gekochtes Hühnerfleisch mit Mayonnaise, gehacktem Apfel, Sellerie und grünen Frühlingszwiebeln mischen und auf die Rauke türmen. Vor dem Servieren mit Pekannüssen garnieren.
- Roggenbrot oder Pumpernickel mit Butter bestreichen und mit einem Salatblatt und geräucherter Forelle belegen. Mit Meerettichsahne, einer dünnen Zitronenscheibe und einem Petersilienzweig garnieren.
- Roggenbrot buttern und mit Salatblättern, Tomatenscheiben und dünnen Gurkenscheiben belegen. Ganze geschälte Garnelen auflegen, feine rote Zwiebelringe und einen Löffel Sauce Tartare oben draufgeben.
- Ein Baguette quer aufschneiden und mit Butter bestreichen. Mit Brunnenkresse und zartgrünen Spargelspitzen belegen. Darauf kommen dünne Scheiben Parmaschinken- und Eierscheiben. Mit Mayonnaise und Paprika garnieren.
- Weizenvollkornbrot dick mit Hüttenkäse bestreichen und darauf geraffelte Möhre, Pastrami- oder Corned-beef-Scheiben, eingelegte Dillgurken und rote Paprikastreifen legen.
- Kleine Hörnchen aufschneiden und buttern. Mit Salatblättern, Avocado- und Tomatenscheiben und knusprig gebratenem Speck belegen.
- Walnuß- oder Vollkornbrot großzügig mit Frischkäse oder Ricotta-Käse bestreichen. Mit Birnen- und Feigenscheiben, feingehacktem kandiertem Ingwer belegen und mit 1–2 Walnußhälften dekorieren.
- Roggenbrot oder Pumpernickel mit weichem Blauschimmelkäse bestreichen und mit Apfelscheiben und gehacktem Staudensellerie belegen. Mit gehackten Frühlingszwiebeln garnieren.
- Roggenknäckebrot mit Butter und Salatstreifen belegen. Mit Schinkenscheiben, Schweizer Käse und Tomatenscheiben belegen und zum Schluß mit gehackten Frühlingszwiebeln garnieren.

SARDELLEN

RÖSTKARTOFFELN MIT SARDELLEN

☆ ***Vorbereitungszeit:*** 10 Minuten
Kochzeit: 30 Minuten
Für 4–6 Personen

750 g alte (festkochende) Kartoffeln
⅓ Tasse Olivenöl
2 EL Butter
4 Sardellen-Filets
Salz und frisch gemahlener, schwarzer Pfeffer zum Abschmecken
2 Knoblauchzehen, geschält und feingehackt
2 EL frischer Rosmarin, feingehackt

1 Kartoffeln schälen und in 1 cm dicke Scheiben schneiden; mindestens 5 Minuten in kaltem Wasser einweichen. Abtropfen; mit Küchenpapier sorgfältig trockentupfen. Öl und zerlassene Butter in einer großen Pfanne erhitzen. Geschnittene Sardellen 1 Minute darin braten, dabei leicht mit einem Holzlöffel zerdrücken.

2 Kartoffeln in die Bratpfanne geben, bei großer Hitze 2–3 Minuten knusprig braten. Hitze reduzieren; zudecken und weitere 7 Minuten braten, gelegentlich wenden. Deckel von der Pfanne nehmen, weitere 15 Minuten braten, bis die Kartoffeln weich sind. Mit Salz und Pfeffer würzen. Knoblauch und Rosmarin zugeben. 1 Minute braten, gut vermischen. Sofort als Beilage zu Braten oder als leichte Mahlzeit mit Brot und Salat servieren.

Oben: Pissaladière.
Gegenüber: Belag für einlagige Sandwiches

PISSALADIÈRE

☆ ***Vorbereitungszeit:*** 15 Minuten
Backzeit: 35 Minuten
Für 6–8 Personen

1 Lage Blätterteig
2 TL Olivenöl
2 mittelgroße Zwiebeln, feingeschnitten
¼ TL Thymian, getrocknet
½ TL Oregano, getrocknet
2 mittelgroße Tomaten in Scheiben
¼ Tasse Cheddar, gerieben
45 g Sardellen-Filets aus der Dose
¼ Tasse schwarze Oliven, entsteint und halbiert
1 Ei, leicht verquirlt

1 Ofen auf 180 °C vorheizen. Backblech mit Öl oder zerlassener Butter bepinseln. Teig auf vorbereitetes Blech legen.

2 Öl erhitzen, Zwiebeln und Kräuter bei mittlerer Hitze 10 Minuten weich braten. Auf den Teig geben, dabei 2 cm breiten Rand lassen. Tomaten darauf verteilen; mit Käse bestreuen.

3 Sardellen abtropfen lassen und der Länge nach halbieren. In Gittermuster über der Füllung anordnen. Eine Olivenhälfte in jedes Gitter legen. Kanten des Teigs mit verquirltem Ei bepinseln. 25 Minuten goldbraun backen. Warm servieren.

WISSENSWERTES ÜBER SARDELLEN

▪ Sardellen entsalzen: 5 Minuten in kalte Milch legen. Mit den Fingern die weiche Rückengräte von den Filets entfernen.

▪ Nach dem Öffnen in Öl luftdicht verschlossen bis zu 5 Tage im Kühlschrank aufbewahren.

Sashimi Japanisches Gericht aus rohem, sehr frischem Fisch, gewürfelt (Lachs und Thunfisch) oder in hauchdünne Scheiben geschnitten (Flunder und Brasse), mit geraffeltem Daikon, in Streifen geschnittenem Salat, Gurke und dünnen Möhrenstreifen oder feingehacktem Ingwer; dazu reicht man Wasabi, dunkle Sojasoße und süßen Kochwein. Sashimi wird als Vorspeise serviert.

Saté Bambus- oder Holzspieße mit kleinen Stücken von mariniertem Rind-, Lamm- oder Schweinefleisch, Geflügel oder Meeresfrüchten. Saté wird heiß mit Erdnußsoße und Gurkenwürfeln als Vorspeise serviert und ist ein Bestandteil der südostasiatischen Küche.

Saubohne Bohne mit flacher, grüner Schote,

die große, blaßgrüne Samen enthält. Hauptnahrungsmittel im antiken Ägypten, meist als Bohnenkuchen – *tamia* –, dem Vorläufer des heutigen *tamiya* in Ägypten, zubereitet. Im antiken Griechenland verwendete

man dort die getrockneten Samen als Abstimmungscoupons bei Richterwahlen. In Italien waren sie Teil des Beerdigungsmahls. Seit über 4000 Jahren wird die Saubohne in China angebaut. China ist heute Hauptproduzent dieser Bohnensorte.

Sauce Béarnaise
Cremige Soße aus Butter und Eigelb, die heiß zu gegrilltem

und gebratenem Fleisch, Fisch und Huhn serviert wird. Während der Herrschaft Heinrichs IV. in Frankreich entstanden, ist sie nach seinem Geburtsort, Béarn, in den Pyrenäen benannt.

SARDINEN

SARDINEN MIT TOMATENSOSSE

☆ ***Vorbereitungszeit:*** 30 Minuten
Kochzeit: 15 Minuten
Für 4–6 Personen

Tomatensoße
1–2 EL Olivenöl
2 Knoblauchzehen, zerdrückt
ca. 440 g Tomaten aus der Dose, zerdrückt
4 EL Weißwein
2 EL Tomatenmark
¼ Tasse frisches Basilikum, gehackt
500 g kleine frische Sardinen
½ Tasse Mehl
½ TL Pfeffer, gemahlen
5–6 EL Olivenöl
nach Wunsch Zitronen- und Limonenschnitze zum Servieren

1 Für die Tomatensoße Öl in einem Topf erhitzen. Knoblauch darin bei schwacher Hitze 2 Minuten braten. Tomaten, Weißwein, Tomatenmark und Basilikum dazugeben. 10 Minuten im offenen Topf köcheln lassen.
2 Sardinenköpfe abschneiden; Fisch säubern und unter fließendem kaltem Wasser abspülen. Trockentupfen.
3 Mehl und Pfeffer in einer Schüssel mischen und Sardinen darin wälzen. Überschüssiges Mehl abschütteln. Öl in einer Pfanne erhitzen und Sardinen darin bei mittlerer Hitze auf jeder Seite 2 Minuten braten; auf Küchenpapier abtropfen lassen.
4 Sardinen auf einer großen Platte anrichten, mit Tomatensoße übergießen und sofort mit Zitronen- oder Limonenschnitzen servieren.

KRÄUTERSARDINEN

☆ ***Vorbereitungszeit:*** 10 Minuten
Kochzeit: 5 Minuten
Für 2–4 Personen

ca. 200 g Sardinen aus der Dose
60 g Butter
2 EL gehackte, gemischte frische Kräuter (Petersilie, Kerbel, Zitronenthymian, Schnittlauch)
1 Knoblauchzehe, zerdrückt
2 TL Zitronensaft
schwarzer Pfeffer aus der Mühle
4 große Scheiben Brioche oder französisches bzw. italienisches Weißbrot

1 Sardinen abtropfen lassen und mit Küchenpapier überschüssiges Öl abtupfen.
2 Butter in einer kleinen Schüssel weich schlagen und die gehackten Kräuter, Knoblauch, Zitronensaft und Pfeffer hinzufügen.
3 Brioche- oder Weißbrotscheiben auf einer Seite goldgelb rösten. Sardinen auf die ungetoastete Seite geben, vorsichtig die Buttermischung darauf verteilen und unter den Grill schieben, bis die Butter geschmolzen ist und die Sardinen heiß sind. Sofort servieren.

GEBRATENE SARDINEN MIT SAMBUCA

☆ ***Vorbereitungszeit:*** 15 Minuten
Kochzeit: 3 Minuten
Für 4 Personen

8 große Sardinen
Mehl zum Bestauben
2 Eier, leicht verquirlt
3 EL Sambuca
2 EL frische Petersilie, gehackt
2 EL Parmesan, frischgerieben
schwarzer Pfeffer aus der Mühle
60 g Butter
Zitronenschnitze

1 Sardinenköpfe abschneiden. Fisch an der Unterseide aufschneiden, ausnehmen und flachdrücken. Rückgrat herausnehmen.
2 Sardinen mit Mehl bestauben. Eier, Sambuca, Petersilie, Käse und Pfeffer mischen. Fisch in der Mischung wälzen.
3 Butter in einer Pfanne zerlassen und Sardinen nebeneinanderlegen. Auf jeder Seite in etwa 1 Minute braun braten; auf Küchenpapier abtropfen lassen. Mit Zitronenschnitzen servieren.

Anmerkung: Sambuca ist ein italienischer Anislikör, der gewöhnlich mit zwei Kaffeebohnen im Glas getrunken wird.

Oben: Sardinen mit Tomatensoße. Gegenüber, unten: Kokos-Lamm-Saté; oben: Schweinefleischsaté

SATÉ

SCHWEINEFLEISCHSATÉ

★ ***Vorbereitungszeit:*** 30 Minuten + marinieren über Nacht
Kochzeit: 8 Minuten
Ergibt 8 Spieße

750 g Schweinefilet
1 große Zwiebel, grobgehackt
2 Knoblauchzehen
1 Zweig Zitronellgras, nur das dicke Ende, gehackt oder 2 Streifen Zitronenrinde
2 dicke Scheiben Galgant nach Wunsch
1 TL frischer Ingwer, gehackt
1 TL Kreuzkümmel, gemahlen
½ TL Fenchel, gemahlen
1 EL Koriander, gemahlen
1 TL Kurkuma
½ TL Salz
1 EL weicher, brauner Zucker
1 EL Zitronensaft, Malzessig oder Tamarindensaft

1 Schweinefilet etwa 30 Minuten in den Kühlschrank stellen, damit es sich gut schneiden läßt. Fleisch von Fett und Sehnen befreien. Quer zur Faser in sehr dünne, gleichmäßige Streifen schneiden. Zwiebel in der Küchenmaschine fein zerkleinern. Knoblauch und Zitronellgras hinzufügen. Glattrühren, eventuell mit etwas Wasser. Anschließend die Zwiebelmischung in eine große Schüssel füllen.
2 Galgant, Ingwer, Kümmel, Fenchel, Koriander, Kurkuma, Salz, Zucker und Zitronensaft einrühren. Fleisch hinzufügen und gut verrühren. Zugedeckt über Nacht im Kühlschrank ziehen lassen.

Dabei gelegentlich wenden. Abtropfen lassen und Marinade aufbewahren.
3 Fleisch auf lange Bambusspieße stecken. Enden mit Folie umwickeln, damit sie nicht verschmoren. Fleischspieße auf einen kalten, leicht geölten Grill legen. Bei mittlerer Hitze gar grillen. Spieße dabei gelegentlich umdrehen und dabei einige Male dick mit der zurückbehaltenen Marinade bestreichen.

KOKOS-LAMM-SATÉ

★ ***Vorbereitungszeit:*** 10 Minuten + 2 Stunden Ruhezeit
Kochzeit: 3 Minuten
Für 4 Personen

4 Lammkoteletts (800 g)
1 kleine Zwiebel
1 Knoblauchzehe, zerdrückt
1–2 EL Tamarindensoße
1–2 EL Essig
1–2 EL helle Sojasoße
1 TL Sambal Oelek
¼ Tasse Kokosflocken
3 EL Öl
1 TL Sesamöl

1 Fett und Knochen entfernen, Lamm in 2 cm große Würfel schneiden.
2 Zwiebel hacken. In eine Schüssel geben und mit den Lammwürfeln, Knoblauch, Tamarindensoße, Essig, Sojasoße, Sambal und Kokosflocken verrühren. 2 Stunden zugedeckt im Kühlschrank ziehen lassen oder über Nacht.
3 Lammstücke aufspießen, mit der Ölmischung bepinseln und unter dem vorgeheizten Grill 3 Minuten grillen; dabei gelegentlich wenden.

Sauce Bolognaise Dicke Soße aus Fleisch und Tomaten. Ihren Ursprung hat diese Soße in der norditalienischen Stadt Bologna. Ihre Zutaten sind meist geschnittener Schinken, Rindfleisch, mageres Schweinefleisch, Hühnerleber, verschiedene Gemüse und Weißwein.

Sauerampfer Grüne Blattpflanze mit bitterem, leicht zitronigem Aroma. Sauerampfer wird wie Spinat

gekocht, als Omelettfüllung püriert, als Fischfüllung oder zu Suppe verarbeitet. Sehr junge, zarte Blätter können auch (sparsam) als Salatzutat verwendet werden.

Sauerbraten Rindfleisch wird bis zu drei Tagen in einer Mischung aus Rotwein, Essig und Gewürzen eingelegt, angebraten und in der Marinade geschmort. In dünne Scheiben schneiden und heiß mit Klößen und Rotkraut servieren.

Sauerkraut Fein gehobeltes Weißkraut, gesalzen und durch natürliche Milchsäuregärung in 4 bis 6 Wochen gesäuert. Es wird roh als Salat serviert, gekocht oder geschmort. Klassische Beilage zu Rippchen, Leberknödeln, Eisbein und Schlachtplatte.

Sauerteig Biologisches Treibmittel, das den Teig lockert. Es wird für Teige aus Roggen- oder Vollkornmehl benötigt. Sauerteig kann man selbst ansetzen, beim Bäcker kaufen oder im Reformhaus Flüssigsauerteig oder Instant-Sauerteigansatz erwerben. Vom fertigen Teig nimmt man eine Handvoll ab und verwendet sie als Ansatz für den nächsten Teig.

Saure Sahne Sahne, die durch Zusatz einer speziellen Kultur in Milchsäuregärung übergegangen ist und einen leicht sauren Beigeschmack hat. Sie ist dicker als normale Sahne und wird in Suppen, Dips und Salatsoßen und als Füllung für Ofenkartoffeln verwendet.

Sautieren Lebensmittel in etwas heißer Butter anbraten oder braunbraten.

Savarin Großer ringförmiger Kuchen aus Babateig ohne Rosinen. Nach dem Backen wird er mit Rumsirup getränkt und in der Mitte mit

SCHÄLRIPPCHEN

SCHÄLRIPPCHEN MEXIKANISCHE ART

☆ ***Vorbereitungszeit:*** 15 Minuten
Kochzeit: 1 Stunde
Für 4 Personen

1,5 kg frische Schälrippchen vom Rind
2 Lorbeerblätter
1 ½ Tassen Wasser
¼ Tasse weicher, brauner Zucker
1 Knoblauchzehe, zerdrückt

Soße
1–2 EL Pflanzenöl
½ Tasse Zwiebel, gehackt
1 Knoblauchzehe, zerdrückt
1 EL weißer Zucker
3 EL Apfelessig
ca. 400 g Tomatenpüree aus der Dose
1 EL Chilipulver mexikanische Art (oder nach Wunsch)
1 TL getrockneter Oregano
1 TL gemahlener Kreuzkümmel
scharfe Paprikasoße (Fertigprodukt aus dem Glas)

1 Fleisch mit Lorbeerblättern in einen Topf geben. Wasser, braunen Zucker und Knoblauch mischen und über das Fleisch gießen; zum Kochen bringen, Hitze reduzieren und bei geschlossenem Topf etwa 30–45 Minuten köcheln lassen. Dabei gelegentlich wenden.

2 Für die Soße Öl erhitzen. Knoblauch und Zwiebel darin weich dünsten. Restliche Zutaten in den Topf geben und aufkochen. Hitze reduzieren und unter gelegentlichem Rühren 5 Minuten köcheln lassen. Zugedeckt warm stellen.

3 Rippchen auf Küchenpapier abtropfen lassen. Dann auf dem Holzkohlegrill (13 cm Höhe) etwa 15 Minuten grillen. Häufig wenden, mit Soße bepinseln. Mit der restlichen Soße servieren.

MARINIERTE SCHWEINERIPPCHEN

☆ ***Vorbereitungszeit:*** 5 Minuten + 2 Stunden marinieren
Grillzeit: 20 Minuten
Für 6–8 Personen

1 kg Schälrippchen vom Schwein
2 EL Tomatenmark
3 EL Hoisinsoße
3 EL Chilisoße
4 EL Zitronensaft
¼ Tasse Honig
2 EL Sesamsaat, geröstet

1 Schwarte und überschüssiges Fett vom Fleisch entfernen. Tomatenmark, Soßen, Zitronensaft und Honig in einer Schüssel oder einem Krug verrühren. Rippchen in eine flache Schale legen und Marinade darübergießen. Im Kühlschrank mit Folie abgedeckt 2 Stunden oder über Nacht ziehen lassen. Gelegentlich wenden.

2 Fleisch abtropfen lassen, Marinade auffangen. Rippchen auf einen leicht geölten, vorgeheizten Grill legen. Bei mittlerer Hitze 20 Minuten grillen; dabei gelegentlich wenden.

3 Restliche Marinade in einem kleinen Topf bei schwacher Hitze erwärmen; nicht kochen lassen. Vor dem Servieren über die Rippchen gießen.

4 Mit gerösteter Sesamsaat bestreuen. Kann mit gekochtem oder gebratenem Reis und gedämpftem grünem Gemüse serviert werden.

SCHINKEN

SCHINKENSTEAK IN WHISKYSOSSE

☆ ***Vorbereitungszeit:*** 30 Minuten
Kochzeit: 35 Minuten
Für 4 Personen

4 Scheiben Schinkensteaks, je 1,5 cm dick
15 g Butter
1 große Zwiebel, in dünne Scheiben geschnitten
15 g Butter, zusätzlich
2 grüne Äpfel, geschält, Kerngehäuse entfernt und in 5 mm dicke Ringe geschnitten
1 EL brauner Zucker
2–3 EL Irischer Whisky
1 EL Mehl
¾ Tasse Hühnerbrühe
gemahlener Pfeffer
2–3 EL Sahne

1 Schinkensteaks vorbereiten. Butter erhitzen, bis sie schaumig ist, die Steaks von beiden Seiten zügig anbraten, herausnehmen, warm halten. Zwiebel braten, herausnehmen, warm halten.
2 Zusätzliche Butter erhitzen, Apfelringe zugeben, schmoren, bis sie weich sind, herausnehmen, warm halten. Zucker in die Pfanne streuen, kochen, bis der Zucker sich aufgelöst hat. Whisky mit der Flüssigkeit verrühren.
3 Mehl hineinrühren, 1 Minute kochen lassen, Hühnerbrühe zugeben, rühren, bis die Mischung glatt ist. Kochen, bis die Soße dick wird, mit Pfeffer abschmecken. Unmittelbar vor dem Servieren Sahne zugeben.
4 Schinkensteaks auf einer Servierplatte anrichten, Soße darübergießen. Zwiebel und Apfelringe darauf verteilen. Mit Kartoffelpüree und gedämpftem Kraut servieren.

WISSENSWERTES ÜBER SCHINKEN

■ Für große Gesellschaften, besonders für die Festlichkeiten ist Schinken das geeignete Gericht. Metzgereien halten Schinkenstücke für die gewünschte Anzahl von Personen bereit – als Faustregel gilt: ½ Bein für 5–10, ein ganzer Schinken für bis zu 20 Personen.
■ Schinken kann im Backofen gebraten oder über offenem Feuer geröstet werden. Schwarte und das meiste Fett entfernen, Haut rautenförmig einschneiden und würzen. Schinken wird meist mit Fruchtglasur (Orangen- oder Kirschglasur) überzogen und mit ganzen Nelken gespickt. Warm oder kalt mit mehreren Soßen servieren.
■ Schinken im Kühlschrank aufbewahren, dabei leicht mit einem sauberen Tuch (jeden 2.–3. Tag Tuch wechseln) bedecken. Sorgfältig gelagert bis zu 3 Wochen haltbar. Kalte Schinkenscheiben zu gebratenen Eiern servieren, in gebratenen Reis oder Pastasoße würfeln oder als Brotbelag verwenden. Knochen kann bis zu 1 Monat eingefroren werden und ist eine ausgezeichnete Suppenbasis.

Oben: Schinkensteak in Whiskysoße.
Gegenüber: Marinierte Schweinerippchen

Schlagsahne oder Vanillesoße und Obst gefüllt.

Scaloppine Norditalienisches Gericht. Kalbsschnitzel werden in Mehl gewälzt, in Butter gebraten und mit einer Tomaten- oder Weinsoße serviert. Siehe Schnitzel.

Scampo (Kaisergranat) Mehrzahl: Scampi. Italienischer Name eines Tiefseekrebses mit langen, dünnen

Scheren. Das weiße Schwanzfleisch ist eine Delikatesse, meist in Butter, Knoblauch, Weißwein und Kräutern zubereitet oder in Teig ausgebacken (Scampi fritti). Der französische Name ist *langoustine.*

Schaffleisch Fleisch von Böcken (Widdern) und alten weiblichen Tieren.

Schafgarbe Gehört zur gleichen Familie wie die Gänseblümchen und wächst in Europa wild. Die leicht bitteren Blätter können gedämpft oder geschmort als Gemüse gegessen, zu Suppe verarbeitet oder feingehackt als Salatzutat verwendet werden.

Schalentiere Im Wasser lebende Tiere

mit Schale oder Panzer. Es gibt drei Kategorien: Krustentiere wie Hummer, Languste, Krebs und Garnelen; Weichtiere (Mollusken) wie Austern, Jakobsmuscheln, Venusmuscheln

und Miesmuscheln; Kopffüßer wie Tintenfisch und Calamares.

Schalotte Kleine Zwiebel, deren Form an Knoblauchzehen erinnert; die Schale ist rötlich-braun, das Fleisch weiß-violett durchzogen. Das Aroma ist mild. Grün und Zwiebel der Schalotte

werden roh und feingehackt in Salaten verwendet; in der nordfranzösischen Küche auch gekocht in Soßen und Schmorgerichten.

Schälrippchen Schweineschälrippchen werden aus der Bauchregion geschnitten und bestehen aus langen, schmalen Streifen schmackhaften, mageren Fleisches mit Fettlagen und kleinen Knochen dazwischen. Auch für

1

2

3

SCHINKEN MIT ORANGENGLASUR

☆☆ ***Vorbereitungszeit:*** 10 Minuten + 1 Stunde Ruhezeit
Kochzeit: 3 Stunden 45 Minuten
Für 20 Personen

1 Schinkenbein, 7 kg
1 große Orange
2 Tassen Wasser
6 ganze Nelken
1 1/4 Tassen Zucker
1 EL Senfpulver
1 Tasse Maissirup
1 TL gelbe Senfkörner
ganze Nelken

Senfsahnecreme
2 EL Französischer Senf
1/2 Tasse saure Sahne
1/2 Tasse Sahne

1 Backofen auf 180 °C vorheizen. Schwarte vom Schinken entfernen: Daumen unter der Schwarte, entlang der Kanten, führen. Am breiten Ende der Schwarte ziehen, bis 10 cm von Ende des Schenkels; rund um den Schenkelknochen durch die Schwarte schneiden. Mit scharfem Messer überschüssiges Fett entfernen. 1 Orange entsaften, Saft aufbewahren. Orangenschale in lange, dünne Streifen schneiden. Schinken auf einen Rost über eine Auffangschale legen; Wasser, Orangenschale und Nelken in die Schale geben. Schinken und Schale fest mit Folie umwickeln; etwa 2 Stunden braten.

2 Schale aus dem Ofen nehmen. Fleisch abtropfen lassen, 250 ml Flüssigkeit aus der Schale aufbewahren. Mit scharfem Messer Fettschicht tief diagonal einschneiden, daß ein Rautenmuster entsteht. Zucker, Senfpulver und Sirup in einer mittelgroßen Schüssel zu einer dicken Paste mischen. Hälfte der Paste dick auf dem Schinken verteilen. Zurück in den Ofen geben (210 °C), ohne Abdeckung nochmals 30 Minuten braten.

3 Für die Glasur Orangensaft und Senfkörner mit der Zuckerpaste mischen; rühren, bis die Mischung glatt ist. Schinken aus dem Ofen nehmen; mit etwas Glasur bestreichen, eine Nelke in jede Raute drücken, zurück in den Ofen stellen. Unabgedeckt 1 Stunde braten lassen; alle 10 Minuten mit Glasur bepinseln. Aufbewahrte Flüssigkeit aus der Schale, restliche Orange und Zuckerglasur in einen kleinen Topf geben. Bei schwacher Hitze rühren, bis die Mischung kocht. 3 Minuten ohne zu rühren weiterkochen lassen. Schinken warm oder kalt mit Glasur und der Senfsahnecreme servieren.

Für die Senfsahnecreme Französischen Senf, saure Sahne und Sahne verrühren und gut zu mischen. Abgedeckt 1 Stunde stehenlassen.

Anmerkung: Schinken hält sich im Kühlschrank bis zu 3 Wochen. Mit einem feuchten Tuch abdecken; das Tuch regelmäßig wechseln, möglichst alle 2–3 Tage.

SCHINKEN-PILZKROKETTEN

☆ ***Vorbereitungszeit:*** 15 Minuten + Kühlzeit
Kochzeit: 10 Minuten
Für 4 Personen

45 g Butter
⅓ Tasse Mehl
1 Tasse heiße Milch
125 g Schinken, feingeschnitten
15 g Butter, zusätzlich
100 g kleine Champignons, geschnitten
1 TL Zitronensaft
Salz und frisch gemahlener Pfeffer zum Abschmecken
1–2 EL Sahne
1 EL Petersilie, gehackt
Semmelbrösel
1 Ei, leicht verquirlt
helles Olivenöl zum Braten

1 Butter in einem kleinen Topf zerlassen, vom Herd nehmen. Mehl und heiße Milch hineinrühren. Topf zurück auf den Herd stellen, ständig rühren, bis die Mischung kocht und dick wird. Schinken zugeben, 1 Minute köcheln lassen.
2 In einem anderen Topf zusätzliche Butter zerlassen, 2 Minuten bei starker Hitze Pilze darin schwenken. Zitronensaft zugeben. Pilze zur heißen Schinkensoße geben, Salz, Pfeffer, Sahne und Petersilie hineinrühren. Mischung in eine flache Schale füllen, kühlen, am besten über Nacht.
3 Mischung in 8 Teile teilen, Rollen formen. In Semmelbröseln wenden, in verquirltes Ei tauchen, erneut in Semmelbröseln wenden. Kroketten mindestens 1 Stunde im Kühlschrank aufbewahren. Öl erhitzen, Kroketten goldbraun braten. Servieren.

Oben: Schinkensalat.
Gegenüber: Schinken mit Orangenglasur

SCHINKENSALAT

☆ ***Vorbereitungszeit:*** 20 Minuten
Kochzeit: 1–2 Minuten
Für 4–6 Personen

200 g gemischte grüne Salatblätter
1 rote Zwiebel, feingeschnitten
1 Bund dünne, frische Spargel
3 Eier, hartgekocht
8 Scheiben Knochenschinken
Vinaigrette, Mayonnaise oder Chutney nach Belieben

1 Salatblätter sorgfältig waschen und vorsichtig mit Küchenpapier trockentupfen. In einer großen Schüssel mit Zwiebel mischen.
2 Holzige Enden vom Spargel abschneiden. 1–2 Minuten in kochendes Wasser geben, bis er hellgrün wird und gerade weich ist. Abgießen und in einer Schüssel mit Eiswasser abschrecken. Gut abtropfen lassen.
3 Eier schälen und vierteln. Salatblätter, Zwiebel, Spargel, Eier und Schinkenscheiben auf Serviertellern anrichten. Mit Vinaigrette beträufeln oder nach Belieben mit dünnem Mayonnaisedressing oder Fruchtchutney beträufeln.

Brustrippen wird der Ausdruck verwendet.

Schaschlik Russischer Name für Hammel- oder Lammfleischstücke, die in Essig und Öl mariniert, mit Thymian, Muskat, Zwiebel und Lorbeer gewürzt und dann gegrillt werden. Schaschlik entspricht dem orientalischen Kebab.

Schellfisch Mit Kabeljau verwandter Nordatlantikfisch mit festem, weißem Fleisch.

Scherbet Eisdessert aus Milch, Zucker, manchmal Gelatine oder Eiweiß und säuerlichem Fruchtaroma, meistens Zitrusfrucht. Scherbet ist weicher und nicht so reichhaltig wie Eiscreme, und obwohl es dem Sorbet (das keine Milch enthält) sehr ähnlich ist, hat es nicht dessen durchdringenden Fruchtgeschmack. Es kann mit einigen Löffeln Champagner oder Likör und mit frischem Obst serviert werden. Scherbet und Sorbet sind beides Erfindungen der alten Perser – »Scherbet« stammt vom arabischen *sharbia,* Getränk.

Schinken Schweinekeule, roh oder gekocht, gepökelt, meist geräuchert. Gepökelte rohe Schinken mit kräftigem Geschmack sind z. B. Parmaschinken und Prager Schinken; Westfälischer Schinken wird geräuchert oder luftgetrocknet, meist hauchdünn geschnitten als Vorspeise serviert. Gekochte Schinken werden gebraten, aber auch kalt in Salaten, als Brotbelag und in anderen Gerichten serviert. Leicht geräucherter York-Schinken ist eine britische Spezialität. Landschinken wie der

mit Zucker behandelte, geräucherte Virginia und der über Hickory- und Apfelbaumholz geräucherte Kentucky sind fester als andere Schinken, sehr salzig und müssen vor dem Braten eingeweicht und ausgekocht werden.

Schisch Kebab siehe Kebab.

Schmalz Ausgelassenes Schweinefett, weiß und geruchlos; Brat- und Fritierfett.

Schnecken (Weinbergschnecken) Vor allem in Europa als

SCHOKOLADE

KLASSISCHE MOUSSE AU CHOCOLAT

★ ***Vorbereitungszeit:*** 25 Minuten + 2 Stunden Kühlzeit
Kochzeit: 5 Minuten
Für 6 Personen

200 g dunkle Halbbitterschokolade, geschnitten
45 g Butter
1 EL Puderzucker
1 TL Vanilleessenz
4 Eier, getrennt
2/3 Tasse Sahne, geschlagen
1 EL Brandy, Cognac oder Orangenlikör
Schlagsahne zusätzlich, zum Servieren

1 Schokolade in eine feuerfeste Schüssel geben. Ins Wasserbad stellen und rühren, bis die Schokolade geschmolzen und weich ist. Vom Herd nehmen, vor der Weiterverarbeitung leicht abkühlen lassen.
2 Mit dem Handrührgerät Butter, Zucker und Vanilleessenz schaumig rühren. Eigelb nacheinander zugeben, jedesmal gut rühren. Schokolade zugeben, rühren, bis die Masse glatt ist. 1/3 der Sahne unterheben.
3 Eiweiß in einer kleinen, trockenen Schüssel steif schlagen. Mit einem Metallöffel Eiweiß, restliche Sahne und Alkohol unter die Schokoladenmasse heben. Die Masse in einzelne Glasschalen füllen. 2 Stunden in den Kühlschrank stellen, bis sie fest ist. Mit Sahne servieren.

EINFACHES SCHOKOLADEN-FUDGE

★ ***Vorbereitungszeit:*** 10 Minuten
Kochzeit: 5 Minuten
Ergibt ca. 64 Stück

125 g dunkle Halbbitterschokolade, geschnitten
125 g Butter
1 1/2 Tassen Puderzucker, gesiebt
2–3 EL Milch
1/2 Tasse Pekannüsse, Mandeln, Wal- oder Haselnüsse, grob-gehackt

1 Boden und Seiten einer flachen, quadratischen Backform (17 cm) mit Aluminiumfolie auslegen. Folie mit Öl oder zerlassener Butter bepinseln. Schokolade, Butter, Zucker und Milch in einen mittelgroßen, schweren Topf geben. Bei schwacher Hitze rühren, bis Schokolade und Butter geschmolzen sind. Zum Kochen bringen; nur 1 Minute kochen lassen, mit einem Holzlöffel glattrühren, gehackte Nüsse unterheben.
2 Mischung in die vorbereitete Backform geben; Oberfläche glätten. Backform auf einem Kuchengitter abkühlen lassen. Wenn das Fudge fest ist, aus der Form nehmen. Sorgfältig die Folie abziehen, Fudge in Quadrate schneiden. Einfaches Schokoladen-Fudge luftdicht an einem kühlen, dunklen Ort bis zu 7 Tage aufbewahren.

SCHOKOLADENSOSSE

150 g dunkle (Halbbitter-) Schokolade in kleine Stücke brechen und mit 1/2 Tasse Sahne in einen Topf geben. Vorsichtig erwärmen, bis die Schokolade geschmolzen ist; glattrühren. Warm oder lauwarm servieren. Ergibt ca. 1 Tasse.

SCHOKOLADENSCHNITTEN MIT SAURER SAHNE

★ ***Vorbereitungszeit:*** 15 Minuten
Backzeit: 40 Minuten
Ergibt 1 Kuchen von 30 x 20 cm

100 g dunkle Vollmilch- oder Halbbitterschokolade, geschnitten
1 Tasse sehr feiner Zucker
1 Tasse Mehl
¼ Tasse Kakao
3 Eier
⅔ Tasse saure Sahne
150 g Butter, zerlassen

Glasur
100 g Vollmilchschokolade, geschnitten
2 EL saure Sahne

1 Backofen auf 180 °C vorheizen. Eine flache Backform (30 x 20 cm) mit zerlassener Butter oder Öl auspinseln, Boden und Seiten mit Backpapier auslegen; Papier fetten.
2 Schokolade in eine Glasschüssel geben. Über einem Wasserbad die Schokolade schmelzen; vom Herd nehmen.
3 Alle Zutaten in die Küchenmaschine geben. 10 Sekunden verarbeiten, bis die Mischung glatt ist. In die Form geben. 35 Minuten backen, bis eine Nadel bei der Nadelprobe sauber bleibt. 10 Minuten abkühlen lassen, dann zum Auskühlen auf ein Kuchengitter stürzen.
4 Für die Glasur Schokolade und saure Sahne in einen kleinen Topf geben. Bei schwacher Hitze rühren, bis die Mischung glatt ist; leicht abkühlen lassen. Mit einem Palettenmesser gleichmäßig über den Kuchen geben.

SCHOKOLADENSCHNITTEN MIT DATTELN

★ ***Vorbereitungszeit:*** 25 Minuten
Backzeit: 35 Minuten
Ergibt 1 Kuchen von 30 x 20 cm

1 Tasse Mehl, mit Backpulver vermischt, gesiebt
½ Tasse Datteln, geschnitten
½ Tasse Walnüsse, geschnitten
1 TL Zitronenschale, abgerieben
125 g Butter
1 Tasse brauner Zucker
2 EL Kakao
2–3 EL Maissirup
1 Ei, leicht verquirlt
60 g dunkle Schokolade, geschnitten

1 Backofen auf 180 °C vorheizen. Eine flache Backform (30 x 20 cm) mit Öl oder zerlassener Butter auspinseln. Boden und 2 Seiten mit Backpapier auslegen; Papier fetten. Mehl, Datteln, Walnüsse und Zitronenschale in eine große Schüssel geben. In die Mitte eine Vertiefung machen.
2 Butter, braunen Zucker, Kakao und Sirup in einen kleinen Topf geben. Bei schwacher Hitze rühren, bis die Butter geschmolzen und der Zucker gelöst ist; vom Herd nehmen. Leicht abkühlen lassen, mit dem Schneebesen Ei hineinrühren.
3 Mischung zu den trockenen Zutaten geben. Mit einem Metallöffel alles gut vermischen. In die Form geben; Oberfläche glätten. 25 Minuten backen, Nadelprobe machen; abkühlen lassen.
4 Schokolade im Wasserbad auflösen; vom Herd nehmen. Über den Kuchen träufeln. In Scheiben schneiden zum Servieren.

FRÜCHTE UND BLÜTENBLÄTTER MIT SCHOKOLADENGLASUR

In Schokolade getauchte Blütenblätter sind eine sehr attraktive Verzierung für Kuchen und Dessert, und in Schokolade gebadete Früchte sind ein köstlicher Abschluß einer Mahlzeit. 125 g dunkle Schokolade über einem Wasserbad schmelzen; leicht abkühlen lassen. Vorsichtig die Blütenblätter von kleinen Rosen oder anderen eßbaren Blumen auseinanderpflücken. Ein Blatt nach dem anderen bis zur Hälfte in die Schokolade tauchen, zum Festwerden beiseite stellen. Erdbeeren oder kandierte Früchte auf die gleiche Weise glasieren. Zu Kaffee und Likör servieren.

Oben: Schokoladenschnitten mit saurer Sahne und Schokoladenschnitten mit Datteln. Gegenüber, oben: Einfaches Schokoladen-Fudge; unten: Klassische Mousse au Chocolat

Delikatesse geschätztes Weichtier, das mit Knoblauchbutter zubereitet und im Gehäuse serviert wird. Schnecken werden gezüchtet und häufig mit einer

Mischung aus Kohl, Weizen oder Hafer gemästet. Am meisten geschätzt werden Schnecken aus dem französischen Burgund, die mit Weinblättern ernährt werden.

Schneller Blätterteig Eine Variante des Blätterteigs, die schneller zubereitet ist und knusprige Teiglagen hat, aber nicht so stark aufgeht wie normaler Blätterteig. Gut geeignet für Würstchen im Teigmantel, Pasteten und Fleischpies.

Schnittlauch Mit Zwiebel und Lauch verwandte Pflanze. Seine hohlen, grasähnlichen Blätter werden frisch und feingehackt verwendet; verleiht Gemüse-, Käse- und Eiergerichten, Salaten und pikanten Dips einen feinen Zwiebelgeschmack. Gehackt gut einzufrieren.

Schnitzel Bezeichnung für ein dünnes Stück weißes Fleisch ohne Knochen, meistens Kalbfleisch, aber auch Schweineschnitzel. Das Fleisch wird dünn geklopft, in Semmelbröseln paniert und gebraten. In Frankreich nennt man sie *escalope,* in Italien *scaloppine* (siehe Scaloppine).

Schokolade Aus Samen des in Zentralamerika beheimateten Kakaobaums hergestelltes Erzeugnis. Die weißen Bohnen werden fermentiert, um Geschmack zu entwickeln, getrocknet, geröstet und zu einer dunkelbraunen Paste vermahlen, die als Rohschokoladenmasse (auch Bitter- oder ungesüßte Schokolade genannt) in Blöcke gepreßt wird. Über die Hälfte des Rohgewichts ist Fettanteil, Kakaobutter. Wird dieses Fett extrahiert, können die festen Überreste zu Kakaopulver vermahlen werden. Die Maya kultivierten als erste Kakaobäume. Erst der spanische Eroberer Cortez brachte die Bohnen und das Verarbeitungsverfahren nach Europa.

SCHOKOLADENROLLE MIT CREMIGER BEERENFÜLLUNG

☆☆ ***Vorbereitungszeit:*** 30 Minuten
Backzeit: 20 Minuten
Für 1 Roulade

60 g dunkle Schokolade, geschnitten
4 Eier
¾ Tasse sehr feiner Zucker
1 TL Vanilleessenz
½ Tasse Mehl, gesiebt
½ TL Backpulver
2–3 EL kaltes Wasser
½ TL Natron
Puderzucker, gesiebt

Füllung
1 Tasse Sahne, geschlagen
250 g frische Himbeeren, halbiert

1 Ofen auf 200 °C vorheizen. Eine flache Biskuitform (30 x 25 x 2 cm) fetten. Boden und zwei Seiten mit Backpapier auslegen; Papier fetten. Schokolade über einem Wasserbad rühren, bis sie geschmolzen ist; vom Herd nehmen. Mit dem Handrührgerät in einer Schüssel Eier schlagen. Nach und nach Zucker zugeben, rühren, bis der Zucker sich aufgelöst hat. Vanilleessenz hineinrühren. Mehl und Backpulver unterheben.
2 Wasser und Natron in die erkaltete Schokolade rühren. Unter die Mehlmischung heben. In die vorbereitete Form geben. 15 Minuten backen, bis der Boden sich beim Anfassen elastisch anfühlt. Boden auf ein mit Backpapier bedecktes Küchenhandtuch legen. Mit dem Küchenhandtuch den Boden samt Papier aufrollen; 5 Minuten stehenlassen, bis er abgekühlt ist. Dann den Boden wieder aufwickeln, Papier entfernen.
3 Kuchen mit Sahne bestreichen, Früchte über die Sahne geben; wieder zusammenrollen. Die Enden der Rolle geradeschneiden; Rolle mit Puderzucker bestauben.

TRÜFFELPRALINEN MIT PISTAZIEN

☆☆ ***Vorbereitungszeit:*** 50 Minuten + 15 Minuten Kühlzeit
Kochzeit: 20 Minuten
Ergibt 55 Stück

⅓ Tasse geschälte Pistazien
½ Tasse Zucker
¼ Tasse Wasser
45 g Butter, geschnitten
250 g dunkle Schokolade, geschnitten
⅓ Tasse Sahne
2 TL Brandy oder Cognac
⅓ Tasse Kakaopulver, gesiebt

1 Ofen auf 180 °C vorheizen. Die geschälten Pistazien in eine flache Backform geben. 5–10 Minuten leicht anrösten; abkühlen lassen. Zucker und Wasser bei schwacher Hitze rühren. Zum Kochen bringen, Hitze reduzieren und 8–10 Minuten köcheln, bis der Sirup golden wird. Vom Herd nehmen, Nüsse hineinrühren. Mischung auf ein mit Folie abgedecktes, geöltes Backblech gießen.
2 Butter und Schokolade über ein Wasserbad stellen, bis die Mischung geschmolzen und weich ist. Vom Herd nehmen; leicht abkühlen lassen. Mit Sahne und Brandy gut mischen; vollständig abkühlen lassen.
3 Mit Fleischklopfer oder Nudelholz den festgewordenen Karamel fein zerschlagen. Zur Schokoladenmischung geben, gut mischen. Abgedeckt etwa 45 Minuten kühl stellen, bis die Mischung fest genug zum Verarbeiten ist.
4 Teelöffelweise zu kleinen Kugeln rollen. Auf ein mit Backpapier ausgelegtes Tablett legen, 15 Minuten kühlen. In gesiebtem Kakao rollen und servieren.

SCHOTTISCHE KÜCHE

SCHOTTISCHER EINTOPF

☆ ***Vorbereitungszeit:*** 25 Minuten + Einweichzeit über Nacht
Kochzeit: 2 Stunden
Für 4–6 Personen

¼ Tasse getrocknete Erbsen
2 EL Perlgraupen
6 Lammkoteletts (750 g)
1,5 l Wasser
1 Lauch, in 2 cm große Stücke geschnitten
1 weiße Rübe, in 1 cm große Stücke geschnitten
1 große Möhre, in 1 cm großen Würfeln
1 Stange Sellerie, in Scheiben geschnitten
2 Tassen Weißkraut, in Streifen geschnitten
Salz und Pfeffer
¼ Tasse frische Petersilie, gehackt

1 Ganze getrocknete Erbsen in einer Schüssel mit warmem Wasser bedecken und über Nacht einweichen. Zweimal waschen und gründlich abtropfen lassen.
2 Erbsen, Graupen, Koteletts und Wasser in einem großen Topf zum Kochen bringen; Schaum abschöpfen. Lauch und weiße Rübe dazugeben. Hitze zurückschalten und bei geschlossenem Topf 1 ½ Stunden köcheln lassen.
3 Möhre und Sellerie dazugeben; im offenen Topf weitere 30 Minuten köcheln lassen.
4 Kohlstreifen zugeben und rühren, bis sie heiß und weich sind, dann abschmecken. Petersilie erst kurz vor dem Servieren einstreuen.

HAFERPLÄTZCHEN

☆ ***Vorbereitungszeit:*** 5 Minuten
Kochzeit: 25 Minuten
Ergibt 25 Stück

1 Tasse feines Hafermehl
1 Tasse mittelfeines Hafermehl
½ TL Backpulver
½ TL Salz
1 TL feiner Zucker
60 g Backfett, zerlassen
½ Tasse warmes Wasser

1 Backofen auf 180 °C vorheizen. Zwei Backbleche (32 x 28 cm) mit Backpapier auslegen. Das ganze Hafermehl, Backpulver, Salz und Zucker mischen und eine Vertiefung in die Mitte drükken. Fett und Wasser hinzufügen.
2 Mit einem Messer mit breiter Klinge zu einem festen Teig verarbeiten. Teig auf einer leicht bemehlten Arbeitsfläche mit feinem Hafermehl bestauben. Zu einem flachen Quadrat drücken.
3 Ein Teigquadrat auf 30 x 30 cm ausrollen, bei Bedarf mit Hafermehl bestauben. Rauten von 6 cm ausschneiden. Restteig wieder ausrollen und ausschneiden.
4 Plätzchen mit 5 mm Abstand auf die Backbleche legen. 25 Minuten backen. Auf den Blechen abkühlen lassen. Warm mit Butter servieren.

Links: Schottischer Eintopf; oben: Haferplätzchen. Gegenüber, oben: Trüffelpralinen mit Pistazien; unten: Schokoladenrolle mit cremiger Beerenfüllung

Schottische Küche
Bei Schottland denkt man gewöhlich an einfache, aber kräftigende Gerichte, die man in dieser rauhen Landschaft braucht. Dampfendes Porridge, heiße Brühe, Haferplätzchen und Haggis – traditionelles Gericht der Hochlandbewohner – sind die Antwort auf das unwirtliche Klima. Hier sind jedoch auch Delikatessen zu Hause, die an die frühere Verbindung Schottlands mit Frankreich erinnern. Seit Jahrhunderten werden in den Küchen des Hochlandadels Cremesuppen, in Wein geschmortes Wild, üppige Soßen und Pasteten zubereitet. Die Flüsse sind reich an Lachs und Forellen, es gibt reichlich Moorhühner, Haar- und Federwild. In den Lowlands und in Glasgow und Edinburgh wurde schon immer mehr Weizenmehl verwendet. Dort entstanden köstliche Brote, Brötchen, Kuchen und Gebäck. Ein traditionelles schottisches Frühstück besteht aus Hafermehlporridge (ohne Zucker), Rühreiern

mit Schinken oder frischem Fisch, Räucherhering oder Finnan Haddie (siehe Glossar), danach Toast, Haferplätzchen oder warme Baps mit Marmelade, Tee oder Kaffee. Die Hauptmahlzeit wurde traditionell mittags eingenommen: Dazu gehört eine

Suppe (Kraftsuppe oder Fleischsuppe mit Kartoffeln auch als Hauptgericht) und Fisch (z. B. Forelle, Lachs, Schellfisch, Heilbutt oder Kabeljau), Fleisch (Rind oder Lamm), Wild oder Fleischzubereitungen wie Haggis, Pies oder Blutwurst. Den Abschluß bilden gedämpfte und gebackene Puddings, Obst oder Beerentörtchen. Zum leichten Abendessen, »High Tea« genannt, serviert man kaltes Fleisch, Shepherd's Pie, Fish and Chips oder Eier mit Speck.

Kuchen, Scones, Brötchen und Plätzchen gehören immer dazu; besonders das butterzarte Shortbread und der Dundee-

PANIERTE FORELLE MIT PETERSILIENBUTTER

★ ***Vorbereitungszeit:*** 15 Minuten + 20 Minuten Kühlzeit
Kochzeit: 4 Minuten
Für 6–8 Personen

2 große Forellenfilets (etwa 500 g), ohne Haut
2 TL Milch
¼ Tasse feines Hafermehl
4 EL Öl
¼ TL schwarze Pfefferkörner, zerdrückt
1 Frühlingszwiebel, feingehackt
1 EL frische Petersilie, feingehackt

Petersilienbutter
60 g weiche Butter
3 TL Zitronensaft

1 Jedes Filet in vier gleich große Stücke schneiden und mit Milch bepinseln und in Hafermehl wälzen. Filetstücke nebeneinander auf eine Platte legen, mit Plastikfolie bedecken und 20 Minuten in den Kühlschrank kalt stellen.
2 Für die Petersilienbutter Butter mit einer Gabel zerdrücken. Nach und nach Zitronensaft und Pfeffer einarbeiten, dann Frühlingszwiebeln und Petersilie. Zu einer Rolle formen und in Scheiben schneiden oder als Kugeln servieren.
3 Das Öl in einer beschichteten Pfanne erhitzen und die Filetstücke darin bei mittlerer Hitze auf jeder Seite 2 Minuten bräunen. Mit der Petersilienbutter servieren.

HOTCH-POTCH (LAMMEINTOPF)

★ ***Vorbereitungszeit:*** 25 Minuten
Kochzeit: 1 Stunde 45 Minuten
Für 4–6 Personen

1–2 EL Öl
3 Lammhaxen (1 kg)
1 große Zwiebel, gehackt
1 große weiße Rübe, gehackt
1 Selleriestange, gehackt
1 l Wasser
2 TL Salz
1 TL schwarze Pfefferkörner, zerdrückt
ca. 320 g Blumenkohl, gehackt
2 Möhren, gehackt
1 Tasse gefrorene Erbsen, aufgetaut
2 Tassen Salat, in feine Streifen geschnitten
2 EL frische Petersilie, feingehackt

1 Öl erhitzen. Lamm darin bei mittlerer Hitze etwa 10 Minuten bräunen. Zwiebel, weiße Rübe, Sellerie, Wasser, Salz und Pfeffer dazugeben, zum Kochen bringen und Hitze reduzieren. 1 Stunde bei schwacher Hitze und bei geschlossenem Topf köcheln lassen. Gelegentlich umrühren.
2 Blumenkohl, Möhren und Erbsen dazugeben; im offenen Topf 30 Minuten köcheln lassen.
3 Lamm mit dem Schaumlöffel vorsichtig herausnehmen. Fleisch von den Knochen lösen und grob schneiden. Knochen wegwerfen.
4 Lamm mit Salat und Petersilie in den Topf zurückgeben. Bei schwacher Hitze in 3 Minuten heiß werden lassen.

QUEEN-MARY-TORTE

☆ ***Vorbereitungszeit:*** 8 Minuten + 20 Minuten Kühlzeit
Backzeit: 45 Minuten
Ergibt einen Kuchen von 22 cm Durchmesser

250 g Tiefkühlblätterteig, aufgetaut
2 EL Aprikosenmarmelade
90 g Butter
⅓ Tasse sehr feiner Zucker
4 Eier, leicht verquirlt
½ Tasse Zitronat und Orangeat
¼ Tasse Sultaninen
3 TL Mehl mit Backpulverzusatz, gesiebt

1 Backofen auf 240 °C vorheizen. Quicheform (22 cm) mit flüssiger Butter einfetten. Teig so ausrollen, daß Boden und Rand der Form bedeckt sind; Rand gerade abschneiden. 20 Minuten kalt stellen. Teig gleichmäßig mit einer Gabel einstechen; 10 Minuten backen. Aus dem Ofen nehmen und Boden mit Marmelade bestreichen.
2 Butter und Zucker locker und cremig aufschlagen. Eier eins nach dem anderen unterziehen, sorgfältig verrühren. Kandierte Früchte, Sultaninen und Mehl auf kleinster Stufe 20 Sekunden einrühren, bis die Zutaten alle gut vermischt sind.
3 Mischung in die gekühlte Teigform gießen; 10 Minuten backen. Hitze auf 210 °C reduzieren und die Torte weitere 25 Minuten backen, warm oder kalt servieren.

Oben: Queen-Mary-Torte. Gegenüber, oben: Hotch-Potch; unten: panierte Forelle mit Petersilienbutter

ATHOLL BROSE

☆ ***Vorbereitungszeit:*** 5 Minuten + 30 Minuten Ruhezeit
Ergibt 1 l

¾ Tasse feines Hafermehl
1 Tasse warmes Wasser
2 TL Honig
½ Tasse Drambuie
½ Tasse dicke Sahne

1 Hafermehl in eine Schüssel geben und eine Vertiefung in die Mitte drücken. Nach und nach Wasser angießen; mit einem Holzlöffel verrühren. Beiseite stellen und mit einem Küchentuch bedeckt 30 Minuten ziehen lassen.
2 Mischung durch ein grobes Sieb gießen, Hafermehl auspressen, bis es trocken ist, anschließend wegwerfen. Flüssigkeit auffangen und nochmals durch ein feines Sieb in einen sauberen Krug umfüllen.
3 Honig, Drambuie und Sahne hinzufügen. Gründlich mischen. In sterilisierte Gläser oder Flaschen füllen und gut schütteln. Verschlossen in einem kühlen Schrank bis zum Verbrauch aufbewahren. Vor dem Öffnen schütteln.

Anmerkung: Atholl Brose ist ein Getränk, das traditionell zu den Feiertagen Weihnachten und Silvester gereicht wird.

Kuchen mit Mandelkruste. Berühmt ist Schottland für seinen Whisky.

Schüsselpastete siehe Pie.

Schwarzbrot siehe Roggenbrot.

Schwarze Johannisbeere Schwarze, ziemlich saure, saftige Frucht eines nordeuropäischen Strauchs. Grundlage für französischen Cassis, verleiht Fruchtlikören und Sirup Geschmack und wird zu Marmelade, Gelee und Törtchenfüllung verarbeitet.

Schwarzwälder Kirschtorte Üppiger Schokoladenkuchen, mit Kirschwasser getränkt, mit Schlagsahne gefüllt und überzogen, mit Kirschen und Schokoladenraspeln dekoriert.

Schweinefleisch Fleisch des Hausschweins. Es ist hell und saftig und wird seit langem wegen seines Nährwerts und Aromas geschätzt. Ein

Spanferkel wird im Alter von 2 Monaten geschlachtet. Hochwertiges Schweinefleisch ist blaßrosa, glatt und von feinen, weißen Fettadern durchzogen. Man kann es braten, grillen, marinieren und schmoren, räuchern und pökeln. Am gesündesten ist es, magere Stücke zu wählen und eventuell vorhandenes Fett zu entfernen. Schweinefleisch nimmt in der chinesischen und südostasiatischen Küche einen dominierenden Platz ein. In China und Vietnam ist das Schwein ein Symbol für Wohlstand. Jahrhundertelang war Schweinefleisch das einzige Fleisch, das bei europäischen Bauern auf den Tisch kam – von den Ohren bis zu den Haxen wurde alles verwendet. Der Kochbuchautor Charles Morselet beschrieb das Schwein im 19. Jh. als riesiges Gericht, das herumläuft und darauf wartet, verspeist zu werden. Schweinefleisch ist frisch, geräuchert oder gepökelt erhältlich. Salbei und Wacholder unterstützen sein Aroma besonders gut.

Scone Kleiner Kuchen aus einfachem Mehl-Milchteig mit

SCHWEIN

SCHWEINEFLEISCH MIT ORANGENSOSSE

☆ ***Vorbereitungszeit:*** 10 Minuten + marinieren (über Nacht)
Kochzeit: 30 Minuten
Für 8 Personen

8 Schweinemedaillons oder Koteletts (ca. 185 g pro Stück)
¾ Tasse Orangensaft
4 EL Sojasoße
3 EL Olivenöl
2 Knoblauchzehen, zerdrückt
2 TL getrockneter Rosmarin
1 EL Honig
1–2 EL Olivenöl zusätzlich zum Braten

1 Schweinesteaks von Fett und Sehnen befreien, nebeneinander in eine große flache Glas- oder Keramikform legen. Orangensaft, Sojasoße, Öl, Knoblauch, Rosmarin und Honig mischen und darübergießen. Für einige Stunden oder über Nacht im Kühlschrank ziehen lassen.
2 Backofen auf 150 °C vorheizen. Öl in einer schweren Pfanne erhitzen. Steaks aus der Marinade nehmen, Marinade aufheben. Steaks portionsweise bei mittlerer Hitze auf jeder Seite 4–5 Minuten braten. Vom Herd nehmen und auf Küchenpapier abtropfen lassen. Fertige Steaks auf einen Teller legen, mit Alufolie bedecken und im Ofen warm halten.
3 Marinade in einen Topf gießen. Bei mittlerer Hitze unter Rühren zum Kochen bringen, 5 Minuten köcheln lassen, damit sich die Soße auf die Hälfte reduziert. Zum Servieren Steaks auf Teller legen und mit etwas Soße begießen. Dazu gedämpftes Gemüse reichen (z.B. Spargel oder Zukkerschoten).

Anmerkung: Die Schweinemedaillons können nach Wunsch durch Weißfischfilets ersetzt werden. Dann muß die Marinierzeit um einige Stunden verkürzt werden, weil sonst der Fisch auseinanderfällt. Auch die Kochzeit verkürzt sich dementsprechend.

INGWERSATÉ

☆ ***Vorbereitungszeit:*** 20 Minuten + 1 Stunde marinieren
Kochzeit: 10 Minuten
Für 6 Personen

500 g Schweinefilet
2 EL frischer Ingwer, gerieben
½ TL gemahlener Pfeffer
1 TL Sesamöl
1–2 EL Zitronensaft
1 kleine Zwiebel, gerieben
Salz und Pfeffer zum Abschmecken

1 Fleisch in gleich große Würfel schneiden. Ingwer, Pfeffer, Sesamöl, Zitronensaft, Zwiebel sowie Salz und Pfeffer in einer Schüssel mischen, Fleischstücke dazugeben, 1 Stunde ziehen lassen.
2 Fleisch auf Spieße stecken und auf vorgeheizter Grillplatte auf jeder Seite 5 Minuten (oder nach persönlichem Geschmack) grillen. Mit Salat und heißen Brötchen servieren.

Anmerkung: Wählen Sie ein mageres Filetstück, an dem nur wenig Fett zu erkennen ist, sonst auf anderes mageres Stück zurückgreifen.

SCHWEINSHAXE, GEBRATEN

☆ ***Vorbereitungszeit:*** 30 Minuten
Kochzeit: 3 Stunden 30 Minuten
Für 6–8 Personen

4 kg Schweinshaxe
Kochsalz
60 g Butter, in Würfel geschnitten

Apfelsoße
500g grüne oder Kochäpfel, geschält, entkernt und geviertelt
½ Tasse Wasser
1 El feiner Zucker

Bratensoße
1–2 EL Brandy oder Calvados
2 EL Mehl
2 Tassen Hühnerbrühe

1 Backofen auf 260 °C vorheizen. Schwarte mit einem scharfen Messer im 2-cm-Abstand einritzen. Kochsalz einreiben, damit die Schwarte schön knusprig wird. Haxe mit der Schwarte nach oben auf den Rost legen, darunter Grillpfanne einschieben. Etwas Wasser in die Pfanne geben. 30 Minuten braten, bis die Haut aufbricht und Blasen bildet. Backofen auf 180 °C zurückschalten und die Haxe 2 Stunden 40 Minuten braten (etwa 20 Minuten pro 500 g).

2 Fleisch immer wieder mit dem Saft aus der Grillpfanne bestreichen. Fleisch nicht bedecken, sonst wird die Kruste weich. Aus dem Backofen nehmen und vor dem Servieren mit Alufolie bedeckt an einem warmen Ort 10 Minuten ruhenlassen. Mit Apfelsoße und Bratensoße servieren.

3 Für die Apfelsoße Äpfel und Wasser in einem geschlossenen Topf 10 Minuten weich köcheln lassen. Vom Herd nehmen, Zucker und Butter in die warmen Äpfel einrühren. Nach Wunsch durch ein Sieb streichen.

Für die Bratensoße 3 EL Flüssigkeit aus der Grillpfanne erhitzen, Brandy hinzufügen und unter Rühren 1 Minute kochen. Vom Herd nehmen, Mehl einrühren. Wieder auf den Herd stellen und unter ständigem Rühren 2 Minuten kochen. Nach und nach Hühnerbrühe angießen. Aufkochen und eindicken lassen. Dabei gelegentlich umrühren. Abschmecken.

Unten: Schweinshaxe, gebraten.
Gegenüber: Schweinefleisch mit Orangensoße

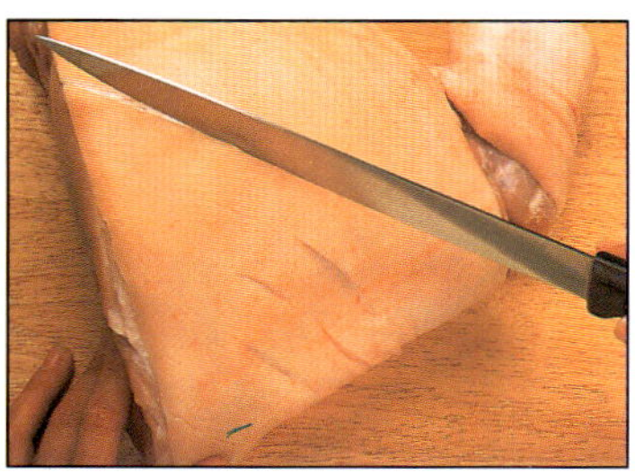
1

2

3

Backpulver oder Natron. In Nordamerika Bezeichnung für ein süßes Backpulverbrot, dessen Teig Ei enthält. Scones werden frischgebacken und halbiert mit Butter oder Sahne und Marmelade oder Honig serviert: als zweites

Frühstück oder zum Nachmittagskaffee. Scones mit dicker Sahne und Erdbeermarmelade sind die Grundlage des Devonshire Frühstücks. Der Teig kann mit Dörrobst zubereitet werden oder pikant mit Zwiebeln, Käse oder Kräutern. In Nordamerika werden sie auch als Beilage gereicht oder wie ein Sandwich aufgeschnitten und mit geräuchertem Truthahnfleisch oder Schinken belegt. Scones stammen aus Schottland und wurden ursprünglich auf einem *griddle,* einem flachen Eisen mit Griff, gebacken.

Seeigel Meerestier mit weichem Körper in einer harten, kugelförmigen Schale mit nadelspitzen Stacheln; kein Weichtier, sondern ein Stachelhäuter. Eßbar ist der leuchtend orangerote, salzige Rogen, der die Konsistenz eines rohen Eis hat.

Senf Scharfe Würzpaste, die aus den Samen dreier Mitglieder der Kohlfamilie hergestellt wird.

Weiße Senfsamen, die mildesten im Geschmack, werden zu amerikanischem Senf verarbeitet. Die braunen und schwarzen Senfsamen sind schärfer. Schwarze Samen werden in der indischen Küche sowie in Chutneys und Pickles verwendet. Braune und/oder schwarze Samen werden zu Senfpulver gemahlen (woraus englischer Senf hergestellt wird) oder zu französischem Senf verarbeitet. Deutscher Senf kann gemahlene schwarze oder weiße Senfkörner, Essig, Weinmost, Pfeffer, Gewürznelken, Zimt, Zucker, Meerrettich und Salz enthalten. Man reicht ihn als Beilage zu Fleisch, Geflügel und Fisch und würzt damit Soßen und Salatsoßen.

Sesam (Sesamsaat, Sesamkörner) Kleine, ovale Samenkörner des asiatischen Sesamkrauts. Leicht geröstet streut man sie in

SCHWEINELENDE MIT FENCHEL

☆ ***Vorbereitungszeit:*** 35 Minuten
Kochzeit: 1 Stunde 40 Minuten
Für 6 Personen

1 TL Olivenöl
3 Scheiben Dörrfleisch, in kleine Stücke geschnitten
1,4 kg Schweinelende
1 Tasse frische Weißbrotkrümel
1 Tasse frischer Fenchel, feingehackt
1 EL Kapern, gehackt
2 EL frischer Schnittlauch, gehackt
1 Ei, leicht verquirlt
30 g Butter
1–2 EL Olivenöl zusätzlich
½ Tasse süßer Sherry
½ Tasse Orangensaft
3 EL Rotweinessig
1 TL fein abgeriebene Orangenschale

1 Backofen auf 180 °C vorheizen. Öl in einem Topf erhitzen, Dörrfleisch hineingeben. Bei mittlerer Hitze 2 Minuten knusprig braten, herausnehmen und auf Küchenpapier abtropfen lassen.
2 Fleisch der Länge nach auf-, aber nicht durchschneiden. Auseinanderklappen und mit der Hand flachdrücken.
3 Dörrfleisch, Brotkrümel, Fenchel, Kapern und Schnittlauch mit Ei gut vermischen. Füllung in die Mitte der Lende pressen, Fleisch zusammenrollen und gut festbinden.
4 Butter in einer Pfanne erhitzen. Lende darin bei mittlerer Hitze ringsherum 3–4 Minuten anbräunen. In große Auflaufform oder Bräter geben.
5 Bratensatz aus der Pfanne kratzen. Sherry, Orangensaft, Rotweinessig und Orangenschale hineingeben und ohne Deckel 2 Minuten köcheln lassen. Über das Fleisch gießen. In 1 ½ Stunden gar braten.
6 Schnur entfernen, Fleisch in Scheiben schneiden und zum Servieren auf Tellern anrichten. Mit der Soße begießen.

SCHWEINEFILET MIT ZITRONEN-SAHNESOSSE

☆ ***Vorbereitungszeit:*** 10 Minuten
Kochzeit: 45–50 Minuten
Für 4 Personen

750 g Schweinefilet, in Würfel geschnitten
25 g Butter
185 g kleine Champignons, in Scheiben geschnitten
1 Tasse Hühnerbrühe
1 EL Mehl
½ Tasse Sahne
1–2 EL Zitronensaft
schwarzer Pfeffer aus der Mühle
½ kleine Zitrone, in kleine Schnitze geschnitten
frische Petersilie, feingehackt

1 Fleisch von Fett und Sehnen befreien. Butter in einem Topf erhitzen. Fleisch darin portionsweise bei mittlerer Hitze braun braten.
2 Pilze in den Topf geben und 2 Minuten braten. Fleisch mit Brühe dazugeben und aufkochen. Hitze reduzieren und bei geschlossenem Topf in 30 Minuten weich köcheln lassen. Dabei gelegentlich umrühren.
3 Mehl und Sahne verrühren. In den Topf geben, Hitze erhöhen und Soße unter Rühren eindicken lassen. 2 Minuten köcheln lassen. Mit Zitronensaft und Pfeffer würzen. Mit Zitronenschnitzen und Petersilie garnieren und mit Nudeln servieren.

SCHWEINEFLEISCH SÜSS-SAUER

☆☆ ***Vorbereitungszeit:*** 20 Minuten + 20 Minuten marinieren
Kochzeit: 12 Minuten
Für 4–6 Personen

750 g Schweinebauch oder Schälrippchen
1–2 EL Sojasoße
1–2 EL trockener Sherry
½ mittelgroße Gurke
2 EL chinesische süße Mixed Pickles
1 Tasse Maismehl
1 ¼ l Pflanzenöl zum Fritieren
¼ grüne Paprikaschote, in feine Streifen geschnitten
¼ rote Paprikaschote, in feine Streifen geschnitten
1 mittelgroße Zwiebel, in Ringe geschnitten
½ Tasse weißer Essig
1 Tasse Wasser
4 EL Tomatensoße
⅓ Tasse Zucker
1 TL Instanthühnerbrühe
1 EL Maismehl zusätzlich

1 Fleisch in dicke Scheiben und in 1 cm breite Streifen schneiden (jeder Streifen sollte Fleisch- und Fettlagen enthalten). Knorpel oder Knochen entfernen. Mit Sojasoße und Sherry bepinseln und 20 Minuten beiseite stellen.
2 Gurke schälen, halbieren und Kerne herauskratzen. Längs in dünne Scheiben schneiden. Pickles fein hacken oder in feine Streifen schneiden.
3 Fleisch in Maismehl wälzen und leicht schütteln. Portionsweise in etwa 2 Minuten goldbraun fritieren. Herausnehmen und auf einem Gitter abkühlen lassen.
4 4 EL vom Fritieröl abnehmen und damit Paprikaschoten und Zwiebel unter Rühren kurz anbraten. Gurken und Pickles dazugeben und kurz mitbraten; Essig, Wasser, Soße, Zucker, Hühnerbrühe und zusätzliches Maismehl hineinrühren. Zum Kochen bringen, weiter köcheln und unter Rühren eindicken lassen.
5 Öl wieder erhitzen, Fleisch erneut fritieren, bis es knusprig ist. Soße darübergießen und servieren.

SCHWEINESTEAKS MIT SENFSOSSE

☆ ***Vorbereitungszeit:*** 15 Minuten
Kochzeit: 12 Minuten
Für 6 Personen

6 Schmetterlingssteaks vom Schwein à 200 g oder 6 Nüßchen
3 EL Mehl
½ TL schwarzer Pfeffer aus der Mühle
4 EL Öl
1 mittelgroße Zwiebel, feingehackt
¾ Tasse Orangensaft
1 Würfel Hühnerbrühe, zerdrückt
1 TL Sojasoße
2 TL Körnersenf
1 TL Maismehl (Stärke)
⅓ Tasse saure Sahne

1 Fleisch von Fett und Sehnen befreien. Mehl und Pfeffer auf Backpapier mischen und Steaks darin wenden. Überschüssige Mischung abschütteln.
2 2–3 EL Öl in einer schweren Pfanne erhitzen; Fleisch darin auf jeder Seite in 2–3 Minuten weich braten. Aus der Pfanne nehmen und auf Küchenpapier abtropfen lassen.

Oben: Schweinefleisch süß-sauer. Unten: Schweinesteaks mit Senfsoße. Gegenüber: Schweinelende mit Fenchel

Salat, Gemüsegerichte, Füllungen und Eintöpfe; roh werden sie oft vor dem Backen auf Backwerk gestreut. Im Vorderen Orient werden aus gemahlenem Sesam die Süßspeise Halwa und Tahinpaste hergestellt. In Japan und Korea werden frischgeröstete, zerdrückte Körner an Salatsoßen und Dips gegeben, in China verwendet man ganze Körner zum Dekorieren und gemahlene zur Herstellung einer braunen, nußartigen Paste.

Sesamöl Bernsteinfarbenes, aromatisches Öl aus gerösteter Sesamsaat. Es wird in der chinesischen Küche hauptsächlich zum Aromatisieren verwendet; in Japan wird es mit anderen Ölen gemischt, um Tempura zu fritieren. Beim Erhitzen verliert Sesamöl viel von seinem Aroma. Kleopatra soll es als Hautöl benutzt haben, und Marco Polo pries es als das beste Öl, das er auf seinen Reisen kennengelernt habe.

Shepherd's Pie Gericht aus grob- oder feingehacktem, gekochten Lammfleisch, gebratenen Zwiebeln und Brühe, mit Worcestersoße abgeschmeckt, mit

Mehl angedickt und in einer Pieform mit Kartoffelpüree unter dem Grill überbacken. Cottage Pie enthält Lamm- statt Rindfleisch. Beide entstanden als Resteverwertung.

Sherry Spanischer Dessertwein, der meist als Aperitif getrunken wird. Trockener und süßer Sherry werden auch in der Küche verwendet (z. B. zum Würzen von Soßen und Wildgerichten – gewöhnlich gibt man ihn kurz vor dem Servieren dazu – und für Süßspeisen). Sherry wurde nach dem 16. Jh. vom spanischen Hafen Jerez de la Frontera nach England exportiert. Der englische Name Sherry entstand bei dem Versuch, das spanische *Jerez* wiederzugeben.

Shortbread Klassisches schottisches Gebäck; traditionelles Weihnachtsgebäck in Großbritannien. Leicht gesüßte, dicke Plätzchen aus Mehl, Zucker und Butter. Shortbread wird in einer

3 Restliches Öl in einem Topf erhitzen. Zwiebel darin in 3 Minuten weich dünsten. Die Hälfte des Saftes, Brühwürfel, Soße und Senf hinzufügen und verrühren. Maismehl mit restlichem Saft glattrühren und in den Topf geben. Bei schwacher Hitze unter Rühren zum Kochen bringen, eindicken lassen. Vom Herd nehmen, etwas abkühlen lassen. Zum Schluß saure Sahne unterheben und glattrühren. Fleisch hineinlegen und warm werden lassen.

SCHWEINEMEDAILLONS MIT TAPENADE

☆ ***Vorbereitungszeit:*** 20 Minuten
Kochzeit: 15 Minuten
Für 4 Personen

4 Schmetterlingsmedaillons à 200 g oder Filetsteaks à 150 g vom Schwein
3 EL Olivenöl
1–2 EL Zitronensaft
1 EL frische Thymianblätter
¼ TL schwarzer Pfeffer aus der Mühle

Tapenade
3 EL Olivenöl
½ kleine Zwiebel, feingehackt
1 Knoblauchzehe, zerdrückt
125 g schwarze Oliven, entsteint und feingehackt
2 Sardellen, feingehackt
1 kleine, reife Tomate, enthäutet, entkernt und gehackt
2 TL Balsamessig
1 mittelgroße rote Chilischote, feingehackt
1 EL frische Basilikumblätter, gehackt

1 Bei der Verwendung von Filetsteaks dünneres Ende am Hauptstück mit einem Zahnstocher befestigen. Fleisch von Fett und Sehnen befreien.
2 Öl, Zitronensaft, Thymian und Pfeffer mischen; Fleisch damit bepinseln.
3 Fleisch auf eine leicht geölte, vorgeheizte Grillplatte oder einen Rost legen. Bei mittlerer Hitze in 5 Minuten pro Seite gar grillen. Mit Tapenade servieren.
4 Für die Tapenade Öl in einem Topf erhitzen. Zwiebeln und Knoblauch darin unter Rühren weich dünsten. Oliven, Sardellen, Tomate, Essig, Chilischote und Basilikum hinzufügen. Noch 1 Minute umrühren und gut mischen. Nach Geschmack heiß oder kalt servieren.

Anmerkung: Dieses Schweinefleisch kann unter dem vorgeheizten Grill zubereitet werden, aber vorsichtig bei mittlerer Hitze, da es sonst trocken und zäh wird. Diese Fleischstücke sind gar, wenn das Fleisch sich ziemlich fest anfühlt. Es sollte innen immer noch saftig und leicht rosa sein.
Für die Schmetterlingsmedaillons Fleisch vom Kotelettknochen trennen. Knochen wegwerfen. Fleisch von der fetten Seite mit einem scharfen Messer horizontal ein-, aber nicht durchschneiden. Das Fleisch auseinanderklappen und mit der Hand flachdrücken und nach Rezept weiterverwenden. Man kann das Fleisch für Schweinemedaillons aber auch fertig zugeschnitten beim Metzger kaufen.

Oben: Schweinemedaillons mit Tapenade. Gegenüber, oben: Zitrusrunde; unten: Devonshire Scones

SCONES

SCHNITTLAUCH-SCONES MIT SPECKBUTTER

Vorbereitungszeit: 12 Minuten + 30 Minuten Ruhezeit
Backzeit: 25 Minuten
Ergibt 32 Stück

Speckbutter
90 g weiche Butter
2 TL Kartoffelchips mit Speckgeschmack, zerbröselt

Schnittlauch- und Zwiebelscones
3 Tassen Mehl mit Backpulverzusatz
40 g Trockenmischung für französische Zwiebelsuppe
60 g Butter
1 Tasse Milch
1 Eigelb
2 EL Schnittlauch, frisch gehackt
zusätzlich 3 EL Milch

1 Für die Speckbutter Butter und Chips in einer Schüssel gut verrühren; mit Plastikfolie bedeckt 30 Minuten in den Kühlschrank stellen.

2 Backofen auf 240 °C vorheizen. Ein Backblech (32 x 28 cm) mit Backpapier auslegen. Mehl, Suppenmischung und Butter in der Küchenmaschine mit der Momentschaltung 15 Sekunden verarbeiten. Milch, Eigelb und Schnittlauch hinzugeben und 5 Sekunden verarbeiten, bis sich eine Art Teig bildet.

3 Teig auf eine leicht bemehlte Arbeitsfläche geben; 30 Sekunden kneten. Gleichmäßig in eine flache, rechteckige Metallform drücken (20 x 30 cm). Wieder auf die Arbeitsfläche stürzen und dann mit einem scharfen Messer in 32 Stücke teilen. Oberfläche mit Milch bepinseln.

4 Teigstücke mit ausreichend Abstand auf das vorbereitete Backblech legen und 10 Minuten backen. Temperatur auf 210 °C zurückdrehen und weitere 15 Minuten backen, bis der Teig aufgegangen und die Scones gut gebräunt sind. Warm mit gekühlter Speckbutter servieren.

DEVONSHIRE SCONES

Vorbereitungszeit: 15 Minuten
Backzeit: 15–20 Minuten
Ergibt 15 Stück

3 Tassen Mehl mit Backpulverzusatz
2 EL Zucker
60 g Butter, in Stücke geschnitten
1 Tasse Milch
verquirltes Ei zum Bepinseln
Erdbeermarmelade und Schlagsahne zum Servieren

1 Backofen auf 210 °C vorheizen. Backblech mit Öl bepinseln, Mehl in eine Schüssel sieben. Mehl und Butter mit den Fingerspitzen zu Krümeln zerreiben. Eine Vertiefung in die Mitte drücken, Milch hineingießen und anschließend alles rasch zu einem weichen, noch leicht klebrigen Teig verarbeiten.

2 Teig auf eine leicht bemehlte Arbeitsfläche geben und leicht kneten. 2 cm dick ausrollen. Dann 6 cm große Kreise ausstechen und dicht nebeneinander auf das vorbereitete Blech legen.

3 Scones mit geschlagenem Ei bepinseln und etwa 15–20 Minuten backen. Heiß mit Marmelade und Sahne servieren.

runden Form gebacken und vor dem Backen in Stücke unterteilt; auch lange, rechteckige Formen gibt es (»Finger«).

Shortcake (Mürbeteigkuchen) Kuchen, dessen

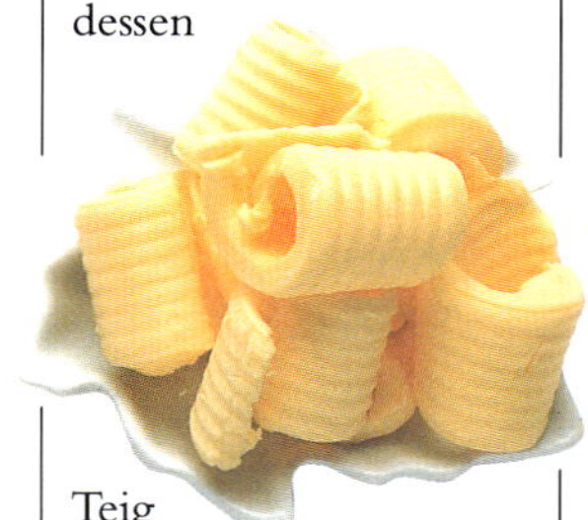

Teig dem der Scones ähnelt, der aber Butter, Zucker und Milch oder Sahne enthält. Auch ein Sponge Cake (biskuitähnlich) kann verwendet werden. Man serviert ihn als Dessert: quer aufgeschnitten und mit gesüßter Schlagsahne und Obstscheiben gefüllt (meist Erdbeeren, aber auch Heidelbeeren und Pfirsiche). Die Oberfläche wird mit Sahne und Obst dekoriert. Shortcake ist eine amerikanische Erfindung.

Shrimps Kleine Garnelenart; rosa Shrimps werden an der nordeuropäischen Atlantikküste gefangen, graue Shrimps vor Großbritannien und Frankreich. Beide Arten werden für Suppen und Salate verwendet. In Nordamerika werden mit Shrimps Garnelen jeglicher Größe bezeichnet.

Sichuanpfeffer (Chinapfeffer) Duftendes Gewürz mit intensivem Aroma (aber nicht feurig-scharf) aus den getrockneten Beeren des chinesischen Gelbholzbaums.

Simnelkuchen Obstkuchen, der aufgeschnitten und mit Mandelcreme gefüllt und bestrichen wird. Traditioneller australischer Osterkuchen, der ursprünglich für den Muttertag kreiert worden war.

Sirup Süße Flüssigkeit, meistens eine Zucker-Wasserlösung. Maissirup ist die flüssige Form aus Mais

gewonnenen Zuckers. Heller Maissirup ist nicht so süß wie Zucker; dunkler Maissirup ist mit Karamelfarbe und -aroma versetzt und schmeckt ähnlich wie Melasse. Siehe auch Ahornsirup und Maissirup.

Smørrebrød Das dänische Wort für »Butterbrot«. Dünne Brotscheiben, sorgfältig mit Butter bestrichen, um den Belag vom Brot zu trennen. Als Belag dienen großzügige Mengen frischer Salatgemüse, kaltes Fleisch, geräu-

ZITRUSRUNDE

☆ ***Vorbereitungszeit:*** 20 Minuten
Backzeit: 20 Minuten
Ergibt 8 Stück

2 Tassen Mehl mit Backpulverzusatz
60 g Butter
2 EL Zitronat und Orangeat
1 EL sehr feiner Zucker
2 TL abgeriebene Zitronenschale
⅓ Tasse Weizenkeime
1 Ei, leicht verquirlt
1–2 El Zitronensaft
4 EL Milch

1 Backofen auf 220 °C vorheizen. Mehl in eine Schüssel sieben. Mehl und Butter mit den Fingerspitzen zu Krümeln zerreiben. Kandierte Früchte, Zucker, Zitronenschale und Weizenkeime kurz einarbeiten.
2 Eier, Zitronensaft und Milch mischen. Eine Vertiefung in die Mitte des Mehls drücken und Flüssigkeit auf einmal hineingießen. Rasch zu einem weichen Teig verrühren. Teig auf eine leicht bemehlte Arbeitsfläche geben und etwas kneten.
3 Teig rund (20 cm) formen und auf ein gefettetes Backblech legen. Mit einem bemehlten Messer bis zum Boden einschneiden, so daß 8 keilförmige Stücke entstehen. Dann die Oberfläche mit Milch bepinseln.
4 Etwa 20 Minuten backen. Anschließend auf einem Kuchengitter 5 Minuten abkühlen lassen und warm mit Butter und Marmelade servieren.

KARTOFFELSCONES

☆ ***Vorbereitungszeit:*** 20 Minuten
Backzeit: 15–20 Minuten
Ergibt 8 große Scones

1 ½ Tassen Mehl mit Backpulverzusatz
1 Tasse kalte, zerdrückte Kartoffeln
30 g Butter
¾–1 Tasse Milch
½ Tasse pikant gewürzter Käse, grobgerieben

1 Backofen auf 200 °C vorheizen. Backblech mit flüssiger Butter oder Margarine einfetten und mit Mehl bestauben. Mehl in eine Schüssel sieben. Mit den Kartoffeln gut verrühren. Mit Butter und Milch zu einem weichen Teig verarbeiten und dann auf eine leicht bemehlte Arbeitsfläche geben.
2 Teig leicht durchkneten, dann in 8 Portionen teilen. Jede Portion zu einer dünnen, 25 cm langen Rolle formen und jede Rolle zu einem dicken Knoten schlingen. Auf das vorbereitete Blech legen.
3 Die Oberfläche der Knoten mit der restlichen Milch bepinseln und mit geriebenem Käse bestreuen. Auf das Backblech setzen; in 15–20 Minuten goldgelb und knusprig backen. Scones warm mit Butter servieren.

Anmerkung: Kartoffelscones schmecken gut zu einem herzhaften Eintopf.

1

2

3

Oben: Huhn »Dijon«.
Gegenüber: Kartoffelscones

SENF

HUHN »DIJON«

Vorbereitungszeit: 10 Minuten
Backzeit: 20 Minuten
Für 6 Personen

6 Hühnerbrustfilets
¼ Tasse Dijon-Senf
¾ Tasse Vollei-mayonnaise

1 Backofen auf 180 °C vorheizen. Ein Backblech mit großem Stück Alufolie auskleiden. Folie mit Öl oder zerlassener Butter bepinseln. Hühnerbrüste nebeneinander auf das Blech legen.
2 Senf und Mayonnaise in einer kleinen Rührschüssel mischen; gut verrühren.
3 Mayonnaisemischung über die Hühnerbrustfilets verteilen.
4 Hühnerfleisch mit großem Stück Alufolie bedecken. Folienränder ineinander falten, so daß die Folie ringsherum gut verschlossen ist. Etwa 20 Minuten backen, bis die Filets gar sind.
5 Zum Servieren den Sud über die Filets gießen. Dazu reicht man grünen Salat.

KRÄUTERSENF

¼ Tasse weiße Senfsamen und 1 Tasse blanchierte Mandeln in der Küchenmaschine fein mahlen. In einer mittelgroßen Schüssel ¼ l Öl, ¼ l Weißweinessig und 4 EL Sherry mit je 1 El frischen Schnittlauch, Petersilie und Dill verrühren. Nach und nach bei laufendem Motor in die Küchenmaschine gießen und zu einer dicken, cremigen Masse verarbeiten. In sterilisierte Gläser füllen. Gläser luftdicht verschließen und etikettieren. Der Senf hält sich kühlgestellt bis zu vier Wochen. Dieses Rezept ergibt etwa 2 Tassen Kräutersenf.

SCHARFER KÖRNERSENF

In einer mittelgroßen feuerfesten Schüssel ½ Tasse schwarze Senfsamen, ½ Tasse gelbe Senfsamen, 1 TL grob zerdrückte schwarze Pfefferkörner, ¼ l Öl, ¼ l Weißweinessig und 2 TL gehackte frische Kräuter Ihrer Wahl verrühren. Gut vermischte Zutaten in Schüssel über einen Topf mit siedendem Wasser stellen. Nach und nach 2 verquirlte Eigelb unterziehen und cremig schlagen. Schüssel vom Herd nehmen. Mischung abkühlen lassen und in sterilisierte Gläser füllen. Luftdicht verschließen, etikettieren, kühlgestellt kann man diesen Senf bis zu 2 Wochen aufbewahren. Dieses Rezept ergibt etwa 3 Tassen scharfen Körnersenf.

TEUFELSSOSSE

In einer kleinen Schüssel je 1 TL Dijonsenf, Anchovissoße, Worcestersoße, Weißweinessig und Zucker mischen. 250 ml geschlagene Sahne unterheben und zu kaltem Huhn reichen.

cherter Fisch, Käse, pikante Mayonnaise-pickles, Gürkchen und Relish mit frischen Kräutern wie Petersilie, Dill, Kerbel und Kresse. Am besten ißt

man diese reich belegten Brote mit Messer und Gabel.

Smörrebröd siehe Smørrebrød.

Soda Bread Irisches Brot, bei dem als Treibmittel Natron und Buttermilch (oder eine andere saure Zutat) verwendet werden, die miteinander reagieren und Kohlendioxidbläschen bilden. Das klassische irische Soda

Bread wird aus Weizenmehl, Buttermilch, Natron und Salz hergestellt und tief kreuzweise eingekerbt, damit es gleichmäßig gar wird.

Sojabohne Ovale, erbsengroße Bohne aus den pelzigen

Schoten eines aus China stammenden Baums. Am bekanntesten ist die gelbe Sorte, aber es gibt sie auch rot, violett, braun oder schwarz. Sojabohnen werden wegen ihres hohen Eiweißgehalts geschätzt und können auf vielfältige Art zubereitet werden: frisch, getrocknet, als Sprossen, gemahlen, als Tofu (Sojabohnenquark) oder als Sojamilch. Miso, eine wichtige

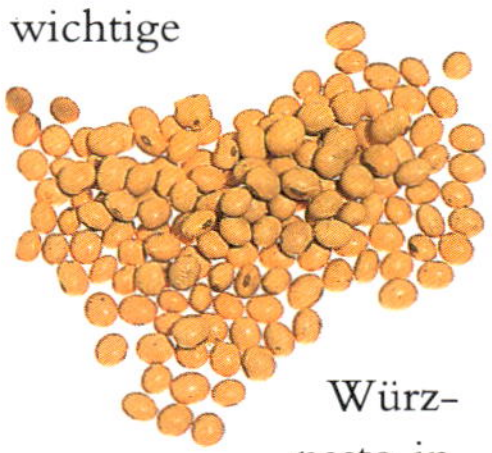

Würzpaste in der japanischen Küche, besteht aus fermentierten, gesalzenen Sojabohnen. Getrocknete Sojabohnen werden in Suppen, Eintöpfen und Schmorgerichten verarbeitet.

Sojasoße Dunkle, salzige Soße chinesischer Herkunft aus fermentierten, gerösteten Sojabohnen, Getreide (meistens Weizen) und Salzlake. Die Mischung muß zwei Jahre reifen; dann wird sie gefiltert und abgefüllt. Dunkle Sojasoße hat eine längere Reifezeit und wird gegen Ende mit Melasse gefärbt und gewürzt. Sojasoße ist in der asiatischen Küche als Gewürz, Marinade und »Farb-

SELLERIE

GESCHMORTER SELLERIE

Vorbereitungszeit: 15 Minuten
Kochzeit: 40 Minuten
Für 6 Personen

1 Sellerie
30 g Butter
2 Tassen Hühnerbrühe
2 TL abgeriebene Zitronenschale
¼ Tasse Zitronensaft
¼ Tasse Sahne
2 Eigelb
1 EL Maismehl (Stärke)
¼ Tasse Petersilie, gehackt
weißer Pfeffer und Salz zum Abschmecken
½ TL Muskatblüte, gemahlen

1 Eine feuerfeste, 1 ½ l fassende, flache Schüssel mit zerlassener Butter oder Öl auspinseln. Ofen auf 180 °C vorheizen. Sellerie putzen, in 5 cm lange Stücke schneiden. Butter in einer großen Pfanne zerlassen. Sellerie zufügen und schwenken, gleichmäßig mit der Butter überziehen. Abdecken und 2 Minuten schmoren lassen.
2 Brühe, Zitronenschale und Saft darübergießen, 10 Minuten köcheln lassen. Sellerie mit einem Schaumlöffel herausnehmen, in die vorbereitete Schüssel geben. ¼ Tasse der Schmorflüssigkeit aufbewahren.
3 Sahne, Eigelb und Stärke mischen. Aufbewahrte Schmorflüssigkeit unterrühren. Zurück auf den Herd stellen, kochen und eindicken lassen. Petersilie, Pfeffer, Salz und Muskatblüte zufügen.
4 Soße über Sellerie in der feuerfesten Schüssel gießen. Im Ofen 15–20 Minuten schmoren.

HUHN-APFEL-SELLERIE-SALAT MIT CURRY

Vorbereitungszeit: 30 Minuten
Zubereitungszeit: 20 Minuten
Für 8 Personen

2 kg Hühnerfleisch
1 Tasse Orangensaft
2 Tassen Wasser
2 mittelgroße, rote Äpfel
2 Selleriestangen
220 g kernlose, grüne Trauben
¾ Tasse Walnüsse, grobgehackt

Currymayonnaise
60 g Butter
1 Zwiebel, feingehackt
3 TL Currypulver
⅓ Tasse Mayonnaise
½ Tasse saure Sahne
2 EL Zitronensaft
2 TL weicher, brauner Zucker
Salz zum Abschmecken

1 Fleisch säubern, in eine große, schwere Pfanne geben. Orangensaft und Wasser zufügen. Zum Kochen bringen, dann abgedeckt köcheln lassen, bis das Fleisch weich ist. Knochen entfernen; Fleisch in 2 cm große Stücke schneiden.
2 Äpfel halbieren, Kerngehäuse entfernen, in 1 cm große Würfel schneiden. Sellerie schneiden. Huhn, Äpfel, Sellerie, Trauben und Walnüsse in eine große Schüssel geben.
3 Für die Currymayonnaise Butter zerlassen. Zwiebel 2 Minuten schmoren, mit Currypulver 30 Sekunden aufkochen lassen. Mayonnaise, Sahne, Saft, Zucker und Salz zufügen.

Oben: Geschmorter Sellerie.
Gegenüber: Chinesische Hühnchen mit Nudeln

SOJABOHNEN-SPROSSEN

CHINESISCHES HÜHNCHEN MIT NUDELN

☆ ***Vorbereitungszeit:*** 10 Minuten
Kochzeit: 15 Minuten
Für 4 Personen

6 Hühnerbrust-Filets, ca. 660 g
⅓ Tasse Satésoße
2–3 EL Sojasoße
2–3 EL Sherry
2–3 EL Öl
1 Zwiebel, in 8 Teile geschnitten
2 mittelgroße Möhren, dünn geschnitten
125 g ganze Zuckererbsen
4 Tassen geschnittener Chinakohl (bok choy)
2 Tassen Sojabohnen-Sprossen
2 EL Maismehl (Maisstärke)
1 Tasse helle Hühnerbrühe
Salz zum Abschmecken
105 g frische chinesische Eiernudeln

1 Fleisch säubern. In 2 cm große Würfel schneiden und mit Satésoße, Sojasoße und Sherry in einer großen Schüssel mischen.
2 Öl in einer schweren Bratpfanne erhitzen. Zwiebeln und Möhren zugeben und bei starker Hitze 2 Minuten braten, gelegentlich rühren. Zuckererbsen und Chinakohl zugeben, 1 Minute kochen. Aus der Pfanne nehmen und beiseite stellen.
3 Huhn in die Pfanne geben. Bei starker Hitze ca. 4 Minuten kochen, bis das Huhn weich ist, dabei gelegentlich rühren.
4 Gemüse in die Pfanne zurückgeben. Sojabohnen-Sprossen und mit Maismehl gemischte Hühnerbrühe zugeben. Mit Salz abschmecken, 2 Minuten rühren, bis die Soße kocht und dick wird. Nudeln in einem mittelgroßen Topf mit sprudelndem Wasser ca. 2 Minuten kochen, bis sie gerade weich sind. Abgießen. In tiefe Servierteller geben, Huhn und Gemüse darüber, sofort servieren.

WISSENSWERTES ÜBER SOJABOHNEN-SPROSSEN

■ Sojabohnen-Sprossen ziehen: ¼–½ Tasse Mung-Bohnen in ein großes Glas geben. Gut waschen und 12 Stunden in kaltem Wasser weichen lassen. Wasser abgießen, Glas mit einem Stück Leinen abdecken und zubinden. Glas an einem warmen, hellen Ort (nicht in direktem Sonnenlicht) auf die Seite legen; 3–4 Tage lang zweimal am Tag Bohnen waschen und abtropfen lassen. Keime sind zum Verzehr geeignet, wenn sie ca. 2,5 cm lang sind.
■ Keime in einer großen Schüssel mit Wasser schwenken, um die Keimblätter zu entfernen. Keimblätter mit dem Schaumlöffel abnehmen.
■ Aus Alfalfa und anderen Bohnenarten können auch Keime gezogen werden.

stoff« unentbehrlich. Die chinesische Küche verwendet dunkle und helle Sojasoße: die helle für Meeresfrüchte, Huhn, Gemüse, Suppen und Dips, die dunkle für rotes Fleisch. Shoyu, die japanische Sojasoße, ist süßer und weniger salzig als die chinesische; in Indonesien verwendet man häufig Ketjap Manis, eine dicke, dunkle, gesüßte Sojasoße. Mit Shih, einem Gewürz aus fermentierten Sojabohnen, wurde in China schon vor 2000 Jahren gekocht.

Sommerpudding
Traditionelles englisches Dessert. Ein Gefäß wird mit Brot ausgelegt, mit leicht pochierten weichen Früchten wie Himbeeren, roten und schwarzen Johannisbeeren, Logan- und Brombeeren aufgefüllt und über Nacht kaltgestellt, damit der Obstsaft das Brot durchweicht. Mit Schlagsahne serviert.

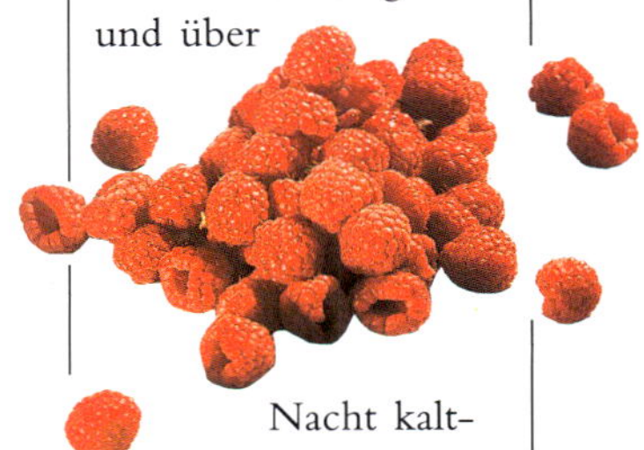

Sonnenblumenkerne
Kleine, flache, ovale Kerne aus der Mitte

KLASSISCHE SOSSEN

Soßen werden als Würze, Beilage oder Überzug einer Speise serviert; einige halten die Zutaten zusammen. Eine gute, glatte, ausgewogen gewürzte Soße verbessert Geschmack und Aussehen des Gerichtes, zu dem sie gereicht wird.

Hier stellen wir die sechs Grundsoßen vor. Wenn Sie die Zubereitung erst einmal beherrschen, können Sie beinahe endlos variieren.

WEISSE GRUNDSOSSE

30 g Butter in einem kleinen Topf zerlassen, 30 g Mehl einrühren und 1 Minute unter ständigem Rühren kochen. Vom Herd nehmen und nach und nach 300 ml handwarme Milch einrühren. Mischung langsam zum Kochen bringen und unter ständigem Rühren leicht kochen lassen, bis sie eindickt. Weitere 2–3 Minuten vorsichtig köcheln lassen. Mit Salz und weißem Pfeffer würzen. Ergibt 300 ml. Zu Gemüse reichen (Brokkoli, Blumenkohl) oder zu Fisch, Schalentieren oder Corned beef.

VARIATIONEN

■ Käsesosse (Sauce Mornay): Grundrezept für weiße Soße befolgen, aber vor dem Würzen 60 g feingeriebenen Greyerzer, Parmesan oder Emmentaler, 1 TL Dijonsenf und 1 Prise Cayennepfeffer einrühren.

■ Kapernsosse: Soße nach dem Grundrezept zubereiten; die Hälfte der Milch durch Fleischbrühe ersetzen. Vor dem Würzen 1 EL Kapern und 1–2 TL Zitronensaft hinzufügen.

■ Béchamelsosse: Für diese klassische französische Soße Milch in einem Topf mit einer Zwiebelscheibe, ½ gehackten Selleriestange und ½ gehackten Möhre, 1 Lorbeerblatt und 3 schwarzen Pfefferkörnern erhitzen. Langsam zum Kochen bringen, vom Herd nehmen und zugedeckt 30 Minuten ziehen lassen. Durch ein Sieb streichen, die Milch wie im Grundrezept verwenden.

SAUCE BÉARNAISE

5–6 EL Weißweinessig, 2 gehackte Frühlingszwiebeln und einige gehackte Estragonzweige in einen Topf geben. Langsam köcheln lassen, bis die Flüssigkeit um ein Drittel reduziert ist. Beiseite stellen und abkühlen lassen, dann in eine feuerfeste Schüssel füllen und auf ein Wasserbad setzen. 2 Eigelb zum Essig geben und über siedendem Wasser erhitzen, mit dem Schneebesen glattrühren. Stückchenweise 125 g weiche Butter unterziehen; abschmekken und warm servieren. Ergibt 200 ml. Zu Steak, Huhn und gebratenem Fisch reichen.

HOLLÄNDISCHE SOSSE

185 g Butter in einem kleinen Topf zerlassen. Schaum abschöpfen. Etwas abkühlen, aber nicht fest werden lassen. 2–3 EL Wasser und 4 Eigelb in einem kleinen Topf mit dem Schneebesen in 30 Sekunden cremig schlagen. Topf auf den Herd stellen und bei schwacher Hitze 3 Minuten weiterschlagen, bis die Mischung dick ist. Vom Herd nehmen und abgekühlte Butter nach und nach einarbeiten (Molke auf dem Boden des Topfes nicht verwerten). 2–3 EL Zitronensaft einrühren und nach Wunsch abschmecken. Warm servieren. Ergibt 250 ml. Zu Spargel, Brokkoli, pochierten Eiern (Eier Benedict), gegrilltem oder pochiertem Fisch.

VARIATIONEN

- Mousseline (Sauce Chantilly): Vor dem Servieren 3 EL geschlagene Sahne unterheben.
- Leichte Hollandaise: Direkt vor dem Servieren zwei steif geschlagene Eiweiß unterheben.
- Sauce Maltaise: Statt Zitronenschale abgeriebene Schale von 1 Orange und 5–6 EL Orangensaft.

BUTTERSOSSE

1 Tasse Weißwein und 1 EL feingehackte Frühlingszwiebeln in einem kleinen Topf köcheln; auf 3 EL Flüssigkeit reduzieren. Vom Herd nehmen. 250 g gekühlte Butter in kleine Würfel schneiden. 2 Würfel zur Weinmischung geben und kräftig mit dem Schneebesen schlagen. Topf wieder auf niedriger Stufe erhitzen und ein Stück Butter nach dem anderen einrühren. Die Soße dickt auf die Konsistenz flüssiger Sahne ein. Vom Herd

nehmen. Ergibt 250 ml. Zu gegrilltem Fisch oder Spargel servieren.

KRÄFTIGE TOMATENSOSSE

2–3 EL Olivenöl in einem Topf erhitzen. 1 feingehackte Zwiebel darin bei mittlerer Hitze 5 Minuten goldgelb dünsten; gelegentlich umrühren. 2 zerdrückte Knoblauchzehen hinzufügen und 1 Minute dünsten. 1–2 EL Rotweinessig und 1 kg große reife Tomaten (enthäutet und gehackt) hinzufügen, zum Kochen bringen. 25 Minuten im offenen Topf bei schwacher Hitze köcheln lassen. Dabei gelegentlich umrühren. ¼ Tasse Tomatenmark, 1 TL Zucker. 1 TL getrocknetes Basilikum und 1 TL getrockneten Oregano dazugeben. 15 Minuten köcheln lassen; dabei häufig umrühren. Als Pizzabelag oder Pastasoße verwenden oder warm zu Würstchen oder Steak. Ergibt etwa 400 ml.

SPANISCHE SOSSE

125 g Butter in einem großen Topf zerlassen. Je 60 g feingehackten Sellerie, Möhre, Zwiebel und Dörrfleisch hinzufügen. Bei mittlerer Hitze in 10 Minuten bräunen. 2 EL Mehl dazugeben, bei schwacher Hitze 8–10 Minuten durchrösten. Vom Herd nehmen. 2 l Rinderbrühe und 2–3 EL Tomatenmark einrühren. Bouquet garni dazugeben. Bei halboffenem Topf und schwacher Hitze 1 ½ Stunden köcheln lassen, bis die Flüssigkeit auf die Hälfte reduziert ist; regelmäßig die Oberfläche abschäumen. Vom Herd nehmen. Mit Salz und Pfeffer abschmecken, durchseihen und erwärmen. Ergibt 500 ml. Zu gegrillten Steaks, Koteletts, Wildbraten oder Gemüse servieren. Reichhaltiger wird die Soße, wenn man 1–2 EL Sherry oder Madeira hinzufügt.

Im Uhrzeigersinn von oben links: Sauce Béarnaise, Tomatensoße, Béchamelsoße, Sauce Maltaise, Holländische Soße. Mitte: Spanische Soße

der Blütenköpfe der Sonnenblume. Die Kerne können roh in Suppen, Nudel- und Reisgerichten verwendet werden. Geröstet machen sie einen Salat oder gekochtes Gemüse knackiger. Gekocht werden sie

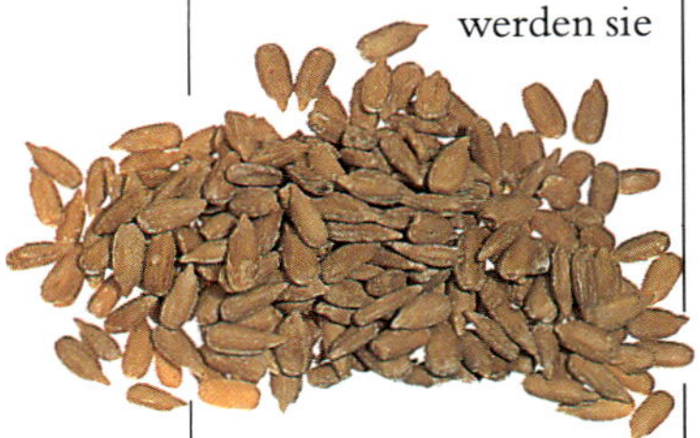

in Kuchen, Plätzchen und Puddings verarbeitet. In Naturkostläden erhält man Mehl aus gerösteten Sonnenblumenkernen. Das Öl aus den Kernen wird zum Kochen, in Salatsoßen, Margarinen und Backfetten verwendet.

Sorbet Geeistes Dessert mit saurem Aroma, das aus Zuckersirup und Fruchtsaft besteht, manchmal auch Likör oder Champagner. Sorbets werden in hohen Gläsern oder flachen Schalen mit geeisten Früchten und Fruchtsoße serviert. Gelegentlich wird etwas Sorbet zur

SÜSSE SOSSEN

KARAMELSOSSE

1 Tasse Wasser in einem Topf erhitzen. 1 Tasse Zucker darin unter Rühren auflösen. Topf wieder auf den Herd stellen und zum Kochen bringen. Rasch, ohne zu rühren, goldbraun werden lassen. Dabei gelegentlich mit Backpinsel Zuckerkristalle von der Innenseite des Topfes entfernen. Topf in die Spüle stellen und ½ Tasse Wasser hineingeben. Dabei die Hand mit einem Tuch bedecken, weil die heiße Mischung spritzt. Wieder auf den Herd stellen und rühren, bis der Karamel sich aufgelöst hat. Vor dem Servieren kalt stellen.

VANILLESOSSE

1 Tasse Sahne und ½ Tasse Milch in einem Topf bis zum Siedepunkt erhitzen. Mit dem Handrührgerät 3 Eigelb, 1 TL Maismehlstärke und 2 EL sehr feinen Zucker in einer Schüssel verrühren; die heiße Sahnemischung unter ständigem Rühren dazugeben. Wieder in den Topf geben, vorsichtig erhitzen und glattrühren (nicht kochen). Soße in eine kalte Schüssel seihen und ½ TL Vanilleessenz dazugeben. Kalt stellen.

RUM- ODER BRANDYSOSSE

Mit dem Handrührgerät 1 Eigelb und 2 EL sehr feinen Zucker in einer kleinen Schüssel schlagen, bis die Mischung hell ist. 3 EL Brandy oder Rum und ½ Tasse leicht geschlagene Sahne einrühren. 1 steifgeschlagenes Eiweiß vorsichtig unterheben und innerhalb von 30 Minuten servieren.

HEISSE FUDGE-SOSSE

100 g Halbbitterschokolade in Stücke brechen und mit 30 g Butter, 2 EL Maissirup, ½ Tasse weichem, braunem Zucker und ½ Tasse Sahne in einen Topf geben. Bei schwacher Hitze rühren, bis alle Zutaten geschmolzen sind. Dann zum Kochen bringen und vom Herd nehmen. Warm oder heiß servieren.

ERDBEERSOSSE

250 g Erdbeeren ohne Stiele in der Küchenmaschine mit 2 EL sehr feinem Zucker und 1–2 EL Zitronen- oder Orangensaft glattrühren. Eventuell durchseihen. Vor dem Servieren kalt stellen.

HARTE SOSSE

125 g Butter in einer Schüssel schlagen, bis sie weich ist. Nach und nach 2 Tassen gesiebten Puderzucker einrühren; luftig und sahnig schlagen. 1–2 EL Brandy, Whisky oder Rum einrühren. Zugedeckt kühl stellen, bis sie fest ist.

BUTTERTOFFEESOSSE

60 g Butter mit 1 Tasse weichem, braunem Zucker, 1 Tasse Sahne und 3 EL Maissirup in einen mittelgroßen Topf geben, unter Rühren zum Kochen bringen, 1 Minute köcheln lassen. Abkühlen.

SPANISCHE KÜCHE

GAZPACHO

☆ ***Vorbereitungszeit:*** 15 Minuten + 1–2 Stunden Kühlzeit
Für 4–6 Personen

3 Scheiben Weißbrot ohne Rinde
8 große, reife Tomaten, enthäutet, entkernt und gehackt
1 Gurke, geschält, entkernt und gehackt
1 kleine, grüne Paprikaschote, gehackt
⅓ Tasse frische Minze, gehackt
2 Knoblauchzehen, zerdrückt
3 EL Rotweinessig
2 EL Tomatenmark
3 EL Olivenöl
1–2 Tassen Eiswasser

Zum Garnieren
1 mittelgroße rote Paprikaschote, in dünne Streifen geschnitten
1 mittelgroße Zwiebel, in feine Ringe geschnitten
1 kleine Gurke, geschält, entkernt und gehackt
2 hartgekochte Eier, gehackt
½ Tasse grüne Oliven, in Scheiben geschnitten

1 Alle Zutaten für die Suppe (außer Eiswasser) in eine große Schüssel geben und zugedeckt 20 Minuten ziehen lassen.
2 Mischung dritteln. Ein Drittel in der Küchenmaschine in 30 Sekunden glattrühren, Momentanschaltung benutzen; in eine große Schüssel gießen. Mit der restlichen Mischung wiederholen. Die Suppe mit Eiswasser auf die gewünschte Konsistenz verdünnen. Mit Folie zugedeckt mindestens 1 Stunde kalt stellen.
3 Zum Garnieren die Zutaten separat in kleine Schüsseln füllen und auf den Tisch stellen. Suppenteller zur Hälfte mit kleinen Eiswürfeln füllen; Suppe darauf anrichten. Die Gäste garnieren sich ihre Suppe, wie sie möchten.

KARTOFFEL-ZWIEBEL-OMELETT

☆ ***Vorbereitungszeit:*** 15 Minuten
Kochzeit: 20 Minuten
Für 4–6 Personen

3 EL Olivenöl
2 große Kartoffeln, in kleine Würfel geschnitten
2 mittelgroße Zwiebeln, gehackt
4 Eier
¼ TL Paprika, edelsüß
1–2 EL Olivenöl zusätzlich

1 Öl in einem schweren Topf erhitzen. Zwiebel und Kartoffeln darin bei mittlerer Hitze goldbraun braten; sie sollen gut mit Öl bedeckt sein. Hitze reduzieren und bei geschlossenem Topf 5–6 Minuten weich dünsten. Dabei gelegentlich umrühren.
2 Kartoffeln und Zwiebel aus dem Topf herausnehmen und auf Küchenpapier abtropfen lassen. Eier mit Paprika in Rührschüssel schaumig schlagen; Kartoffel-Zwiebelmischung vorsichtig einrühren.
3 Öl in einer Pfanne erhitzen. Eiermischung hineingeben und bei geschlossenem Deckel bei mittlerer Hitze 15–20 Minuten stocken lassen. Anschließend unter dem heißen Grill bräunen.
4 Omelett heiß oder kalt servieren, in Viertel schneiden und einen einfachen Salat dazu reichen.

Oben: Gazpacho; unten: Kartoffel-Zwiebel-Omelett
Gegenüber: Eisbecher mit Erdbeersoße

Gaumenerfrischung zwischen den Gängen eines Menüs gereicht. Pikante Sorbets (z. B. mit Thymian, Rosmarin, Avocado und Oliven) dienen auch als Beilage zu Fleischgängen. Siehe auch Scherbet.

Sorghum (Durra) Getreide, das in Teilen Afrikas und Asiens als Grundnahrungsmittel dient. Es wird wie Reis gekocht oder zu Mehl gemahlen und zu Brei oder gebackenen Fladen verarbeitet. Aus den Samen wird ein fermentiertes Getränk hergestellt.

Soße Heiße oder kalte gewürzte Flüssigkeit, die einem Gericht Würze gibt. Sie kann dick oder dünn, mit Stücken oder passiert sein. Klassische Soßen gehen auf eine

Grundsoße aus Butter und Mehl zurück (Béchamel, braune Soße), auf eine Butteremulsion (Béarnaise, Hollandaise) oder auf eine kalte Emulsion von Öl und Eigelb (Mayonnaise). Alle können durch viele Zutaten variiert werden. Andere Soßengrundlagen sind püriertes Obst oder Gemüse (Coulis), gemahlene Nüsse (Saté), gekochte Tomaten (Ketchup), Sahne, Joghurt, Frischkäse und Öl. Zu den süßen Soßen gehören Eiercremes, üppige Sahnesoßen und Fruchtpürees.

Soufflé Leichtes, lockeres Eiergericht, süß oder herzhaft, heiß oder kalt serviert. Die luftige Struktur des heißen Soufflés entsteht durch steifge-

schlagenes Eiweiß, das unter eine warme Soße oder ein Püree gehoben wird. Die im Eiweiß eingeschlossene Luft läßt das Soufflé aufgehen. Es muß sofort serviert werden. Ein kaltes Soufflé (Eissoufflé) ist eine der Mousse ähnliche Mischung, die mit geschlagenem Eiweiß aufgelockert wird. Es wird in eine Form gefüllt, die eine Manschette aus Pergamentpapier bekommt.

Spaghetti Pasta in der Form langer, dünner Stränge. Man serviert sie am besten mit Soßen auf Öl-

PAELLA

☆☆ ***Vorbereitungszeit:*** 25 Minuten
Kochzeit: 50 Minuten
Für 4–6 Personen

1–2 EL Olivenöl
4 Hähnchenschenkel, Knochen entfernt, in 4 Stücke geschnitten
1 große rote Paprikaschote, gehackt
1 EL Petersilie, gehackt
ca. 450 g Meeresfrüchtecocktail
2 Tassen Langkornreis
1–2 EL Olivenöl zusätzlich
2 Knoblauchzehen, zerdrückt
1 mittelgroße Zwiebel, in Ringe geschnitten
½ TL Kurkuma
1 l Hühnerbrühe
1 Tasse gefrorene Erbsen
125 g Salami, in dünne Scheiben geschnitten
1 Zitrone, in 6 Schnitze geschnitten

1 Öl in einer schweren Pfanne erhitzen. Hühnerteile darin bei mittlerer Hitze 2–3 Minuten braun braten; dabei einmal umdrehen. Aus der Pfanne nehmen und auf Küchenpapier abtropfen lassen. Pfeffer, Petersilie und Meeresfrüchte in die Pfanne geben und bei mittlerer Hitze 1 Minute unter Rühren braten. Herausnehmen und kurz beiseite stellen.
2 Reis 10 Minuten in kaltem Wasser einweichen; abgießen, unter fließendem kaltem Wasser abspülen und abtropfen lassen.
3 Öl in der Pfanne erhitzen. Knoblauch und Zwiebel darin bei mittlerer Hitze 1 Minute goldgelb braten. Reis dazugeben und umrühren; die Körner sollen gut mit Öl bedeckt sein. Kurkuma und Brühe hinzufügen und gut schließenden Deckel aufsetzen.
4 Reis und Brühe langsam zum Kochen bringen, einmal umrühren. Hitze reduzieren und zugedeckt 8–10 Minuten köcheln lassen. Huhn auf den Reis legen und bei geschlossenem Topf weitere 10 Minuten köcheln lassen (schwache Hitze).
5 Pfeffer, Meeresfrüchte, Erbsen und Salami hinzufügen und noch 8–10 Minuten gar ziehen lassen. Der Reis sollte die Flüssigkeit fast vollständig aufgenommen haben.
6 Vom Herd nehmen und beiseite stellen. 5 Minuten ruhenlassen. Reiskörner mit einer Gabel auflockern; auf einer großen Platte mit den Zitronenschnitzen servieren.

GEMISCHTES GEMÜSE MIT KNOBLAUCHMAYONNAISE

☆ ***Vorbereitungszeit:*** 30 Minuten
Kochzeit: 15 Minuten
Für 4–6 Personen

Knoblauchmayonnaise
2 Eigelb
4 Knoblauchzehen, zerdrückt
1 Tasse Olivenöl
1 Prise Pfeffer
3 EL Zitronensaft

Gemüse
4 kleine Auberginen
4 mittelgroße rote Paprikaschoten
4 mittelgroße feste Tomaten
4 kleine Zwiebeln
⅓ Tasse Olivenöl
⅓ Tasse frische Petersilie, gehackt
1 Knoblauchzehe, zerdrückt
¼ TL gemahlener Pfeffer

1 Für die Mayonnaise Eigelb und Knoblauch in einer Schüssel 1 Minute mit dem Schneebesen verrühren. Öl teelöffelweise unterrühren; dabei ständig schlagen, bis die Mischung dick und cremig ist. Je dicker die Mayonnaise wird, desto schneller kann das Öl angegossen werden. Zitronensaft und Pfeffer einrühren; beiseite stellen.
2 Gemüse ganz und ungeschält auf einen leicht geölten, heißen Grill legen. 6–8 Minuten grillen, dabei einmal umdrehen, so daß das Gemüse ringsherum schwarz wird. Mit einem sauberen, feuchten Küchentuch vom Grill nehmen und abkühlen lassen. Haut abziehen und Gemüse in 2 cm große Würfel schneiden. Auf einer Platte anrichten.
3 Olivenöl, Petersilie, Knoblauch und Pfeffer in einer kleinen Schüssel verrühren und über das Gemüse gießen. Warm als Hauptmahlzeit mit Knoblauchmayonnaise und Brot servieren.

Oben: Gemischtes Gemüse mit Knoblauchmayonnaise. Gegenüber, oben: Orangen-Karamelpudding; unten: Hühnchen spanische Art

HÜHNCHEN SPANISCHE ART

★ ***Vorbereitungszeit:*** 30 Minuten
Kochzeit: 35 Minuten
Für 4–6 Personen

6 Hühnerbrustfilets
6 dünne Scheiben Hinterschinken
Zahnstocher
60 g Butter
1 kleine Zwiebel, gehackt
1 kleine Möhre, feingehackt
1 EL Mehl
1 ½ Tassen Hühnerbrühe
1 Tasse Cidre oder Apfelwein
¼ TL gemahlener Pfeffer
¼ TL gemahlene Muskatnuß

1 Backofen auf 180 °C vorheizen. Mit einem scharfen Messer die Hühnerbrust an der dicksten Stelle tief einschneiden. Eine Scheibe Schinken hineinstecken und mit einem Zahnstocher verschließen. In Folie einwickeln und kalt stellen.
2 Butter in einem Topf erhitzen. Möhre und Zwiebel darin bei schwacher Hitze in 4 Minuten weich dünsten. Mehl hinzufügen und bei schwacher Hitze durchrösten. Brühe und Cidre mischen und angießen; Mischung glattrühren. Pfeffer und Muskat hinzufügen. Bei mittlerer Hitze unter ständigem Rühren in 3 Minuten zum Kochen und Eindicken bringen; noch 1 Minute kochen. Vom Herd nehmen.
3 Hühnerstücke nebeneinander in eine feuerfeste, flache Form legen. Soße darübergießen und zugedeckt 20–25 Minuten im Backofen überbacken.
4 Zahnstocher herausziehen und Huhn mit einem Löffel Soße servieren.

ORANGEN-KARAMELPUDDING

★ ***Vorbereitungszeit:*** 30 Minuten + 8 Stunden Kühlzeit
Zubereitungszeit: 55 Minuten
Für 4–6 Personen

Karamel
½ Tasse Wasser
1 Tasse sehr feiner Zucker

Pudding
1 Tasse Milch
1 Tasse Sahne
1 TL abgeriebene Orangenschale
3 Eier
3 Eigelb zusätzlich
⅓ Tasse sehr feiner Zucker

1 Backofen auf 160 °C vorheizen. Eine tiefe, runde, feuerfeste Form (20 cm) mit flüssiger Butter einpinseln.
2 Für den Karamel Wasser und Zucker bei schwacher Hitze rühren, bis der Zucker sich aufgelöst hat; zum Kochen bringen. Hitze reduzieren und ohne Rühren im offenen Topf 3–4 Minuten köcheln lassen. In die Form gießen.
3 Für den Pudding Milch, Sahne und Orangenschale bis zum Siedepunkt erhitzen. Dann abkühlen lassen und durch ein Sieb gießen. Eier, Eigelb und Zucker mit dem Handrührgerät dick und hell aufschlagen. Nach und nach Milch angießen; dabei ständig weiterschlagen.
4 Nochmals durch ein feines Sieb auf den Karamel gießen. Form in eine tiefe Auflaufform stellen, die halbhoch mit heißem Wasser gefüllt wird. 45 Minuten gar ziehen lassen. Schüssel aus dem Wasserbad nehmen und abkühlen lassen. Dann 8 Stunden kalt stellen. Servieren.

basis, weil die einzelnen Nudeln dann nicht verkleben. Spaghetti werden in Süditalien seit Hunderten von Jahren hergestellt.

Spalterbsen Getrocknete gelbe oder grüne Erbsen ohne Hülsen, die an der natürlichen Spaltstelle geteilt sind. Aus Spalterbsen macht man Erbsensuppe und Erbsenpudding. In Indien stellt man aus gelben Spalterbsen Dhal her.

Spanferkel Junges Schwein, das bei der Schlachtung nicht älter als 8 Wochen ist. Es wird wegen seines süßen, reichhaltigen, saftigen Fleisches geschätzt. Es wird auf dem Drehgrill oder im Ofen gebraten.

Spanische Küche Wie seine Mittelmeernachbarn nutzt Spanien eine Fülle an Fisch und Schalentieren, die aromatischen Bergkräuter und das römische Vermächtnis der Oliven.

Die Phönizier brachten die Kichererbse und den Salzfisch mit. Was Spaniens Küche

SOUFFLÉS

Gebackene Soufflés bestehen aus einer reichhaltigen Soße oder einem Püree, unter das steifgeschlagenes Eiweiß gehoben wird. Man backt sie in speziellen, tiefen Souffléförmchen. Sie gehen in Windeseile golden und luftig auf und müssen sofort serviert werden, bevor sie wieder zusammenfallen.

Diese Seite, mittlere Reihe, von links: Kaffee, Heidelbeer, Spinat; unten: Kräuter. Gegenüber, oben: Schokolade; mittlere Reihe, von links: Himbeer, Mokka, Käse; unten: Lachs

Ganz gleich, ob süß oder herzhaft – Soufflés können in einer großen oder mehreren kleinen Formen gebacken werden. Wählen Sie hübsche Formen beim Kauf, da warme Soufflés gewöhnlich in der Form serviert werden. Das Eiweiß darf erst kurz vor dem Backen geschlagen werden; wenn es nicht direkt untergehoben wird oder das Soufflé vor dem Backen noch eine Weile steht, wird es wäßrig und fällt zusammen. Zu herzhaften warmen Soufflés reicht man einen einfachen Salat, zu süßen Soufflés z.B. Vanilleeis oder Schlagsahne.

KÄSESOUFFLÉ

Backofen auf 180 °C vorheizen. Große Souffléform (18 cm) oder vier kleine Förmchen großzügig mit Butter einfetten und mit feinen, trockenen Semmelbröseln bestauben. 125 g Butter zerlassen und 1 Tasse Mehl hinzufügen. Gründlich verrühren und bei schwacher Hitze 1 Minute kochen lassen. Vom Herd nehmen, 1 Tasse warme Milch hinzufügen und mit dem Schneebesen glattrühen. Wieder auf den Herd stellen und unter Rühren kochen und eindicken lassen. Vom Herd nehmen. 4 Eigelb gut verquirlen und unter ständigem Rühren in die Soße geben. 125 g geriebenen mittelalten Gouda, Salz, Pfeffer und ½ TL Dijonsenf einrühren. Soße etwas abkühlen lassen. 4 Eiweiß sehr steif schlagen. ⅓ der Masse mit einem Metallöffel unter die abgekühlte Soße heben, dann den Rest vorsichtig unterziehen. Sofort vorsichtig in die Förmchen gießen (bis 1 cm unter den Rand). Mit 1 EL frischgeriebenem Parmesan bestreuen. Großes Soufflé 40–45 Minuten, kleine Soufflés 25–30 Minuten backen. Sofort servieren, damit das Soufflé nicht zusammenfällt und wäßrig wird.

VARIATIONEN

- Kräutersoufflé: 1 feingehackte Frühlingszwiebel und 1 EL feingehackte frische Kräuter (Kerbel, Petersilie, Majoran oder Schnittlauch) gleichzeitig mit dem Käse zur Soße geben.
- Spinatsoufflé: Gouda durch ½ Tasse gekochten, feingehackten Spinat (nach dem Hacken mit den Händen Flüssigkeit ausdrücken), 1 Prise Muskatnuß, 1 EL frischgeriebenen Parmesan und 2 EL geriebenen Schweizer Käse ersetzen. Vor dem Eiweiß unter die gekochte Soße heben.
- Lachssoufflé: Mittelalten Gouda durch eine 250-g-Dose Lachs (abgetropft und zerpflückt) und 2 EL feingehackten frischen Schnittlauch ersetzen. Die Zutaten vor dem Eiweiß unter die gekochte Soße heben.

GRUNDREZEPT FÜR SÜSSE SOUFFLÉS

Backofen auf 190 °C vorheizen. Eine Souffléform (20 cm) einfetten und mit feinem Zucker bestreuen. 45 g Butter zerlassen und 45 g Mehl hinzufügen. Gründlich verrühren und bei schwacher Hitze 1 Minute rühren, bis die Mischung weich ist. Vom Herd nehmen, nach und nach 1 Tasse warme Milch hinzufügen und mit dem Schneebesen glattrühren. ¼ TL Salz, ½ Tasse Zucker und 1 TL Vanilleessenz dazugeben, wieder auf den Herd stellen und unter Rühren kochen und eindicken lassen. Vom Herd nehmen und abkühlen lassen. 4 Eigelb gut verquirlen und nach und nach unter ständigem Rühren in die abgekühlte Soße geben. 5 Eiweiß sehr steif schlagen und sorgfältig mit einem Metallöffel unterziehen. Die Mischung sofort vorsichtig in die Förmchen gießen (bis 1 cm unter den Rand). Souffléform in eine mit heißem Wasser halb gefüllte tiefe Auflaufform stellen. 15 Minuten im vorgeheizten Backofen backen, dann auf 180 °C herunterschalten und weitere 25 Minuten backen. Sofort servieren.

WICHTIG FÜRS GELINGEN

- Aroma immer vor dem Eischnee zur Grundsoße geben.
- Die Eier sollten zimmerwarm sein.
- Das Eiweiß darf keine Spur von Eigelb mehr enthalten, sonst wird es nicht steif. Schüssel und Rührstäbe müssen trocken und gänzlich fettfrei sein. Falls beim Trennen doch einmal Eigelb in die Eiweißschüssel rutscht, mit einer Eierschale oder einem Teelöffel sorgfältig entfernen.
- Das beste Ergebnis erzielt man, wenn man das Eiweiß mit dem Schneebesen schlägt, nicht mit dem Handrührgerät.
- Eiweiß nur so lange schlagen, bis sich feste Spitzen bilden. Der Eischnee sollte hochstehen, wenn man den Schneebesen herauszieht. Wenn das Eiweiß zu lange geschlagen wird, fällt es beim Unterheben zusammen, und das Soufflé geht nicht richtig auf.

VARIATIONEN

- Kaffeesoufflé: Die Hälfte der Milch durch sehr starken Kaffee ersetzen.
- Schokoladensoufflé: 60 g Zartbitterschokolade auf dem Wasserbad schmelzen und in die Soße rühren, bevor man das Eigelb zugibt.
- Heidelbeersoufflé: 200 g frische Heidelbeeren in der Küchenmaschine pürieren und mit den Eigelb vorsichtig in die Soße rühren.
- Himbeersoufflé: 250 g Himbeeren pürieren, durchsieben, mit den Eigelb in die Soße rühren.
- Mokkasoufflé: 1–2 EL Pulverkaffee in 1 EL heißem Wasser auflösen. 60 g Zartbitterschokolade auf dem Wasserbad schmelzen, mit dem Kaffee mischen. Abkühlen lassen und in die Soße rühren, bevor man das Eigelb in die Soße gibt.

- Steifen Eischnee leicht und rasch unter die warme Soße heben.
- Damit das Soufflé gleichmäßig backt, bereits beim Vorheizen ein Backblech in den Ofen schieben und Souffléform auf das heiße Backblech stellen.
- Darauf achten, daß das Soufflé im Ofen genug Platz zum Aufgehen hat.
- Wenn man während des Backvorgangs die Backofentür öffnet, unbedingt Zug vermeiden.
- Ein gutes Soufflé ist in der Mitte noch etwas sahnig, also nie ganz trocken. Die sahnige Mitte dient als Soße. Auf jeden Teller etwas von der trockenen gebackenen Masse und von der Soße geben.

jedoch charakterisiert, ist der arabische Einfluß der Mauren, die das Land vom 8. bis 15. Jh. regierten. Aus dieser Zeit stammt die Verwendung vieler Gewürze wie Muskatnuß, Nelken, Safran, Kreuzkümmel, Zimt, Kurkuma und

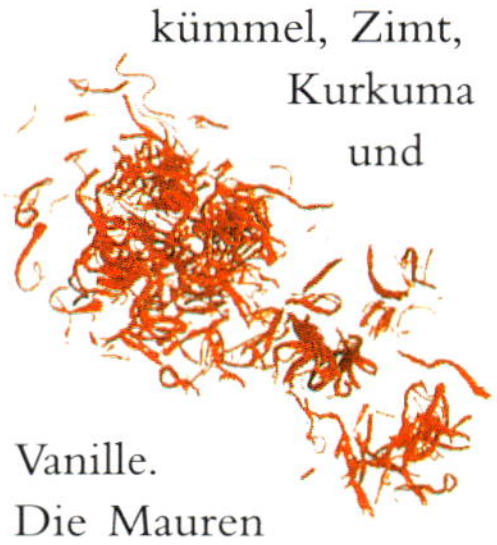

Vanille. Die Mauren bauten Bewässerungssysteme und pflanzten in ganz Spanien Orangenhaine. Sie brachten Auberginen und Spargel, Aprikosen und Granatäpfel, Mandeln und Pistazien, Reis und Zucker ins Land. Auch das sirupgetränkte spanische Gebäck verrät arabischen Einfluß. Den nächsten Entwicklungsschub bekam die

spanische Küche mit der Einführung neuer Lebensmittel aus Amerika – Paprika, Chili und Tomaten, die heute fest mit Nationalgerichten assoziiert werden, und Kartoffeln und Schokolade (Schokoladengetränke waren lange Zeit als täglicher

SPARGEL

SPARGELRÖLLCHEN »HOLLANDAISE«

☆ ***Vorbereitungszeit:*** 30 Minuten
Zubereitungszeit: 15 Minuten
Ergibt ca. 30 Stück

1 Bund Spargel
30 Scheiben Weißbrot

Sauce Hollandaise
1–2 EL weißer Essig
5 Pfefferkörner
½ TL getrockneter Estragon
2 Eigelb
125 g Butter, zerlassen
2 TL Zitronensaft

1 Geschälte Spargelstangen halbieren. Mit etwas Wasser in einen mittelgroßen Topf geben. Bei schwacher Hitze kochen, bis sie gerade weich sind. In kaltem Wasser abschrecken, abgießen, mit Küchenpapier trockentupfen.

2 Aus jeder Brotscheibe einen Kreis von 8 cm Durchmesser schneiden.

3 Ein Stück Spargel über den Kreis legen, mit 1 TL Sauce Hollandaise überziehen. Brot über Spargelstück falten, mit Zahnstocher feststecken.

4 Für die Sauce Hollandaise Essig, Pfefferkörner und Estragon in einer kleinen Pfanne mischen. Zum Kochen bringen und die Flüssigkeit bis auf 1 TL einkochen. Eigelb in die Küchenmaschine geben. Durchgesiebte Essigmischung zugeben. Verarbeiten. Zerlassene Butter in dünnem Strahl zulaufen lassen, dabei die Maschine weiterlaufen lassen. Zuletzt Zitronensaft hineinrühren.

RINDFLEISCH-SPARGEL-TOPF

☆ ***Vorbereitungszeit:*** 15 Minuten + 30 Minuten marinieren
Kochzeit: 10 Minuten
Für 4 Personen

500 g Rumpsteak
2–3 EL Sojasoße
1–2 EL trockener Sherry
2 TL Ingwer, geraspelt
1 TL Sesamöl
1 Knoblauchzehe, zerdrückt
1 mittelgroßer, roter Chili in feinen Streifen
12 frische Spargelstangen
2–3 EL Erdnußöl
1 TL Maismehl (Stärke)

1 Fleisch säubern. Quer zur Faser gleichmäßig in lange dünne Streifen schneiden. Sojasoße, Sherry, Ingwer, Sesamöl, Knoblauch und Chili mischen; Fleisch darin 30 Minuten marinieren. Fleisch herausnehmen, Marinade aufbewahren.

2 Holzige Enden vom Spargel abschneiden; geschälte Stangen in 5 cm lange Stücke schneiden. 1–2 EL Öl in einen Wok geben und vorsichtig schwenken. Spargel hineingeben; bei mittlerer Hitze 2 Minuten unter Rühren braten. Aus dem Wok nehmen; warm stellen. Restliches Öl erhitzen, Fleisch bei starker Hitze in kleinen Portionen schnell anbraten, bis es gut gebräunt ist. Auf Küchenpapier abtropfen lassen.

3 Maismehl unter die aufbewahrte Marinade ziehen. Spargel und Fleisch zurück in den Wok geben, die Marinade dazugeben. Bei starker Hitze rühren und braten, bis das Fleisch durch und die Soße eingedickt ist. Sofort servieren.

SPARGEL IN ZITRONENSOSSE

★ ***Vorbereitungszeit:*** 20 Minuten
Kochzeit: 10 Minuten
Für 6 Personen

3 Bund frischer Spargel
30 g Butter
1 EL Mehl
¾ Tasse Wasser
1 Eigelb
⅓ Tasse Zitronensaft
2 TL Zitronenschale, feingerieben
⅓ Tasse ganze, blanchierte Mandeln, geröstet

1 Vorbereiteten Spargel in eine große, flache Pfanne mit köchelndem Wasser geben, ohne Dekkel ca. 8–10 Minuten köcheln, bis er gerade weich ist. Auf Küchenpapier abtropfen lassen.
2 In einer kleinen Pfanne Butter zerlassen. Mehl zugeben; 1 Minute unter Rühren braten. Vom Herd nehmen, nach und nach Wasser dazugießen. Auf die Kochstelle zurückstellen und ständig rühren, bis alles eindickt. Von der Kochstelle nehmen, die Mischung aus Eigelb, Zitronensaft und Zitronenschale mit dem Schneebesen hineinrühren. Auf schwacher Hitze 3–4 Minuten rühren.
3 Spargel auf einer Platte oder einem Servierteller anrichten; Zitronensoße darübergießen. Mit gerösteten Mandeln garnieren und servieren.

SPARGEL MIT THAI-SOSSE

★ ***Vorbereitungszeit:*** 8 Minuten
Kochzeit: 6 Minuten
Für 6–8 Personen

2 Bund frischer Spargel
1 kleine Zwiebel, geschnitten
½ Tasse Minze, feingehackt
½ Tasse Koriander, feingehackt
¼ Tasse Pflanzenöl
1–2 EL Limonen- oder Zitronensaft
1–2 EL Nuoc Mam
eine Prise rotes Chilipulver
Salatblätter zum Garnieren

1 Spargel schälen und diagonal in 8 cm lange Stücke schneiden. In einer zugedeckten Kasserolle ca. 4–6 Minuten über köchelndem Wasser garen. Unter fließendem, kaltem Wasser abschrecken. Auf Küchenpapier abtropfen lassen.
2 Spargel mit Zwiebeln, Minze und Koriander zusammengeben. Zudecken; vor dem Servieren 2–3 Stunden kühlen.
3 Öl, Zitrussaft, Nuoc Mam und Chili vermischen; über die Spargelmischung geben; auf mit Salatblättern ausgelegten Tellern anrichten.

Rechts: Spargelcremesuppe.
Gegenüber: Rindfleisch-Spargel-Topf

SPARGELCREMESUPPE

★ ***Vorbereitungszeit:*** 5 Minuten
Kochzeit: 5 Minuten
Für 4 Personen

700 g grüne Spargelstangen aus der Dose
1 Tasse Hühnerbrühe
¾ Tasse Sahne
2 Eigelb
frisch gemahlener weißer Pfeffer
1 EL Schnittlauch, feingehackt

1 Spargelstangen samt Flüssigkeit und Hühnerbrühe in der Küchenmaschine verarbeiten, bis alles gebunden ist, in Topf zum Kochen bringen. Von der Kochstelle nehmen.
2 Sahne leicht mit dem Eigelb verquirlen, langsam in die Suppe rühren, mit Pfeffer würzen. Suppe nochmals aufwärmen, nicht kochen lassen.
3 Suppe mit feingehacktem Schnittlauch bestreut servieren.

WISSENSWERTES ÜBER SPARGEL

- Für einheitliche Garzeit: knackige, gerade Stangen gleicher Länge wählen.
- Aufbewahrung: in feuchtes Küchenpapier und Plastikbeutel eingewickelt im Kühlschrank lagern. Kochvorbereitung: Stangen von oben nach unten schälen, holzige Teile am unteren Stangenende abschneiden.
- Spargel ohne Dampfeinsatz garen: Stangen zusammenbinden, Bündel in einen großen Topf mit etwas köchelndem Wasser stellen. Zudecken und bei schwacher Hitze fast weich kochen.

Energiespender beliebt). Ungeachtet all dieser Einflüsse ist die spanische Küche doch eine einfache Küche, die auf hochwertige Produkte und das natürliche Aroma von Knoblauch, Zwiebeln, Paprikaschoten, Olivenöl, Safran und Kreuzkümmel baut, statt auf komplizierte Zubereitungsmethoden. Von allen Fleischsorten wird Schwein am meisten verwendet.
Traditionell beginnt der Tag mit Churros (siehe Glossar) und Kaffee mit dicker Milch. Mittags treffen die meisten Spanier

Freunde im Café bzw. in der Kneipe, bedienen sich von den Tapas, den Vorspeisen, (z. B. Oliven, eingelegtes Gemüse, fritierte und marinierte Meeresfrüchte, pikante Pastetchen), bevor sie sich der Hauptmahlzeit *(comida)* zuwenden: eine gemütliche Angelegenheit, die sich stundenlang hinziehen kann. Die Mahlzeit beginnt mit einem grünen Salat; eine Gewohnheit aus der Zeit der maurischen Herrschaft.
In den frühen Abendstunden füllen sich die Cafés wieder, und das Tapas-Ritual wiederholt sich.

Spanische Soße Anderer Name für »Braune Soße«.

Spargel Delikate junge Triebe eines den Lilien verwandten Gewächses. Zwei Hauptsorten: schlankstämmiger

grüner Spargel, geerntet, wenn die Stangen ca. 20 cm über dem Boden stehen, und weißer Spargel, zur gleichen Sorte gehörend, jedoch blaß, weil die Stangen gestochen werden, solange sie noch im Boden sind.

Spatchcock Zubereitetes Huhn oder Wildvogel, am Rückgrat aufgeschnitten, flachgedrückt und dann am Spieß gegrillt oder gebraten.

Speck siehe Dörrfleisch.

Spekulatius Dünnes, knuspriges Weihnachtsgebäck aus Mürbeteig, das mit einer Auswahl aus Nelken, Kardamom, Muskat, Piment, Koriander und Zimt gewürzt und in traditionellen Modeln zu Figuren geformt wird.

Spicken Mageres Fleisch mit Speck-

SPINAT

SPINATBRATLINGE MIT WALNUSSOSSE

☆ ***Vorbereitungszeit:*** 20 Minuten
Kochzeit: 6–8 Minuten
Für 6 Personen

12 Spinatblätter (ohne Stengel)
2 Eier, leicht verquirlt
2 Tassen Vollkornbrotbrösel
1 Tasse Walnüsse, gemahlen
4 Spritzer Tabasco
5–6 EL Öl

Soße
½ Tasse geröstete, gemahlene Walnüsse
1 Tasse Naturjoghurt
1 Prise gemahlener Safran

1 Spinat unter fließendem kalten Wasser waschen. Grob hacken und in einem geschlossenen Topf gar kochen. Abgießen und abkühlen lassen. Mit den Händen ausdrücken und fein hacken.
2 Spinat mit den leicht verquirlten Eiern, Vollkornbröseln, Nüssen und Tabasco in einer Schüssel mischen. In 12 gleich große Portionen teilen und runde Bratlinge formen. Öl in einer flachen Pfanne erhitzen und Bratlinge auf beiden Seiten goldbraun braten; dabei einmal umdrehen.
3 In der Zwischenzeit die Soße anrühren; Walnußsoße zu den Bratlingen servieren.

Anmerkung: Wenn es keinen frischen Spinat gibt, kann man auch 250 g gefrorenen Blattspinat verwenden. Nach dem Auftauen besonders gut ausdrücken!

AVOCADO-SPINATSALAT

☆ ***Vorbereitungszeit:*** 15 Minuten
Für 6 Personen

12 große Spinatblätter
75 g Walnüsse, gehackt
1 mittelgroße Avocado, in Scheiben geschnitten
3 EL Walnußöl
3 TL Weißweinessig

1 Spinat gründlich waschen und trocknen. Mit den Walnüssen und der Avocado in eine Servierschüssel geben.
2 Öl und Essig in einem Schraubglas gut schütteln und über die Salatzutaten gießen. Vorsichtig unterheben. Sofort servieren.

CREMESPINAT

1 Bund Spinat in Stücke zerpflücken. 15 g Butter in einer Pfanne erhitzen. 1 kleine Zwiebel, in Ringe geschnitten, darin in 2–3 Minuten weich dünsten. Spinat dazugeben und 1 Minute kochen. 4 EL Sahne hinzufügen und erhitzen. Mit Muskatnuß und geriebenem Käse bestreuen. Sofort heiß servieren.

SPINATSTREIFEN MIT SPECK

1 Bund Spinat in feine Streifen schneiden. 2 Scheiben Dörrfleisch oder durchwachsenen Speck in dünne Streifen schneiden. 2 TL Olivenöl in einer Pfanne erhitzen. Speck darin bei mittlerer Hitze fast knusprig braten. Spinat dazugeben und rühren, bis die Blätter weich werden. Sofort heiß servieren.

SPINAT-LACHS-TERRINE

☆☆ ***Vorbereitungszeit:*** 35 Minuten
Kochzeit: 10 Minuten
Für 8 Personen

2 Päckchen gefrorener Blattspinat, aufgetaut und feingehackt
30 g Butter
½ Tasse Frühlingszwiebeln, gehackt
1 EL frischer Dill, gehackt
Muskatnuß und Pfeffer
6 Eier
1 EL Maismehl (Stärke)
1–2 EL Zitronensaft
¼ Tasse Parmesan, gerieben

Füllung
¼ Tasse Frühlingszwiebeln, gehackt
1 TL frischer Dill, gehackt
1–2 EL Zitronensaft
1 EL Meerrettich
250 g Neufchâtel-Käse
200 g Räucherlachs in Scheiben

1 Backofen auf 180 °C vorheizen. Eine flache Backform (30 x 25 cm) mit Öl oder flüssiger Butter einpinseln, mit Backpapier auslegen und an jeder Seite 5 cm überstehenlassen. Spinat mit Küchenpapier ausdrücken. Butter in einem mittleren Topf erhitzen. Zwiebeln und Dill darin bei mittlerer Hitze 1 Minute dünsten. Spinat hinzufügen, heiß werden lassen. Mit Muskat und Pfeffer abschmecken. Vom Herd nehmen.
2 Eier in einer Schüssel verquirlen. Maismehl und Zitronensaft glattrühren. Mit den Eiern und dem Spinat mischen. In die Form geben und etwa 7 Minuten backen (Oberfläche soll sich fest anfühlen.) Feuchtes Küchentuch mit Backpapier auslegen und Papier mit Käse bestreuen. Darauf Spinatmischung stürzen. Mit dem Tuch bedeckt abkühlen lassen.
3 Für die Füllung Zwiebeln, Dill, Zitronensaft, Meerrettich und Käse in der Küchenmaschine in 30 Sekunden zu einer glatten Masse verarbeiten.
4 Spinatmasse in drei Streifen schneiden. Einen Streifen auf eine Platte legen. Mit Füllung bestreichen und ein Drittel der Lachsscheiben darauflegen. Zweiten Spinatstreifen bestreichen und mit der Käseseite auf den Lachs legen. Mit der dritten Lage wiederholen. Mit gerollten Lachsscheiben garnieren. Zum Servieren in 2 cm breite Stücke schneiden. Kalt als Vorspeise servieren; dazu einen leichten Salat als Beilage reichen.

BASILIKUM-SPINAT-SALAT

1 Bund Spinat in Stücke zerpflücken. In einer Schüssel mit ¼ Tasse feinen Basilikumstreifen und 2 EL gerösteten Pinienkernen mischen. 1 Scheibe Dörrfleisch sehr fein würfeln. In einer kleinen Pfanne knusprig braten. Herausnehmen und auf Küchenpapier abtropfen lassen. 3 EL Öl, 1–2 EL Weißweinessig, 1 EL saure Sahne, ½ TL Zucker und 1 zerdrückte Knoblauchzehe gut mischen. Über den Salat träufeln und mit Dörrfleisch und geriebenem Parmesan bestreuen.

Oben: Spinat-Lachs-Terrine.
Gegenüber: Avocado-Spinatsalat;
unten: Spinatbratlinge mit Walnußsoße

streifen durchziehen oder umwickeln, um es vor Austrocknung zu schützen und um dem Fleisch zusätzlichen Geschmack zu verleihen.

Spinat Dunkelgrünes Blattgemüse, das oft mit Butter und Muskat zubereitet und als Beilage zu Kalbfleisch und Geflügel serviert wird. Spinat eignet sich auch für Füllungen, Soufflés und Quiches; rohe Blätter können als Salat verzehrt werden. Vermutlich stammt er aus Südwestasien und wurde von den Mauren im 11. oder 12. Jh. in Spanien eingeführt. Spinat wächst in kalten Klimazonen am besten.

Spirituosen Branntwein und Fruchtbranntwein: Likör – ein sirupartiger Alkohol, aus Wein oder Branntwein destilliert, mit Früchten, Kräutern oder Gewürzen aromatisiert. Crème de Cacao wird aus Kakaobohnen hergestellt. Cointreau erhält den starken Orangen-

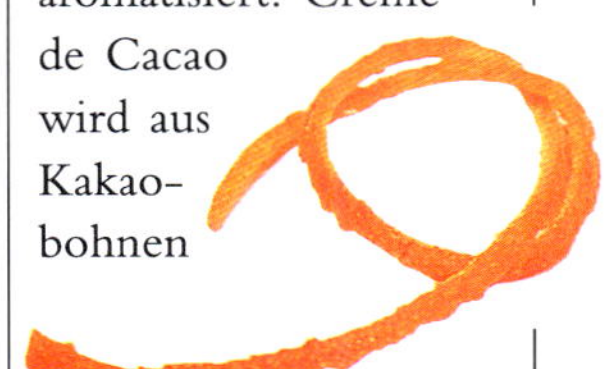

geschmack von Orangenschale. Bei anderen Likören werden zerkleinerte Früchte mit Alkohol und Zucker angesetzt. Einige Liköre werden mit Kräutern und Gewürzen aromatisiert. Likör gibt süßen und würzigen Gerichten Geschmack; wird auch in kleinen Gläsern zum Kaffee nach dem Essen serviert.

Sponge Cake
(»Schwammkuchen«) Luftiger, biskuitähnlicher Teig, der durch steifgeschlagenes Eiweiß locker wird. Man kann ihn mit

Vanille, abgeriebener Zitronenschale, Kakao oder Orangenblütenwasser aromatisieren. Nach dem Backen wird er mit Likör oder dünnem Sirup getränkt. Man macht aus diesem Teig Schichtkuchen, die mit Sahne und Marmelade gefüllt und mit Puderzucker dekoriert werden. Auch *sponge fingers,* »Schwammfinger«, fingerlange Plätzchen, werden aus diesem Teig gemacht. Sie sind außen fest und innen weich. Man reicht sie zu gekühlten Sahnedesserts, Eiscreme und

STEAK

STEAK DIANA

Vorbereitungszeit: 5 Minuten
Kochzeit: 15–20 Minuten
Für 6 Personen

6 Filetsteaks à 125 g
½ TL gemahlener schwarzer Pfeffer
45 g Butter
15 g Butter zusätzlich
2 Frühlingszwiebeln, feingehackt
4 Knoblauchzehen, zerdrückt
3 EL Worcestersoße
1–2 EL Brandy
½ Tasse Sahne
2 EL frische Petersilie, feingehackt

1 Fleisch vorbereiten, indem man die Sehnen und das überschüssige Fett entfernt. Steaks flachdrükken, so daß alle gleich dick sind. An den Rändern einschneiden, damit sie sich nicht aufrollen. Jedes Steak mit Pfeffer bestreuen. Butter in einer Pfanne erhitzen. Steaks darin bei starker Hitze 2 Minuten pro Seite anbraten, damit die Poren sich schließen. Für blutige Steaks pro Seite noch 1 Minute braten; für halb durchgebratene Steaks (medium) oder durchgebratenes Fleisch bei mittlerer Hitze pro Seite noch 2–3 bzw. 4–6 Minuten braten. Aus der Pfanne nehmen und auf Küchenpapier abtropfen lassen.
2 Zusätzliche Butter in der Pfanne erhitzen. Gehackte Frühlingszwiebeln und Knoblauch darin 3 Minuten braten. Anschließend die Worcestersoße und den Brandy hinzufügen, rühren und damit den Bratensatz auf dem Pfannenboden loskochen. Sahne einrühren und 5 Minuten köcheln lassen. Steaks wieder in die Pfanne geben, in der Soße erhitzen und mit Petersilie bestreuen.

STEAK MIT KORIANDER-BUTTER

Vorbereitungszeit: 20 Minuten
Kochzeit: 5–15 Minuten
Für 8 Personen

8 Filetsteaks à 180 g

Korianderbutter
150 g weiche Butter
2 EL Koriandergrün, feingehackt
1 EL frische Minze, feingehackt
1 TL abgeriebene Orangenschale
2 TL Ingwer, feingerieben

1 Fleisch vom Fett und Sehnen säubern. Fleisch mit Faden oder Holzstäbchen befestigen.
2 Für die Korianderbutter Butter in einer kleinen Schüssel cremig schlagen. Koriandergrün, Minze, Orangenschale und Ingwer gut unterrühren. Zu einer Rolle formen und im Kühlschrank fest werden lassen.
3 Steaks auf einen vorgeheizten, geölten Grill oder eine Grillfläche legen. Bei starker Hitze auf jeder Seite 2 Minuten grillen, damit sich die Poren schließen. Für blutige Steaks pro Seite noch 1 Minute grillen; für halb durchgebratene Steaks (medium) oder durchgebratenes Fleisch bei mittlerer Hitze pro Seite noch 2–3 bzw. 4–6 Minuten grillen. Korianderbutter in Scheiben schneiden und vor dem Servieren auf die heißen Steaks legen.

STEAK- UND NIERENPUDDING

★★★

Vorbereitungszeit: 30 Minuten
Kochzeit: 4 Stunden 10 Minuten
Für 4 Personen

500 g Rumpsteak
200 g Lammnieren
2 EL Mehl
30 g Butter
1–2 EL Öl
1 mittelgroße Zwiebel, in Ringe geschnitten
1 Knoblauchzehe, zerdrückt
125 g kleine Champignons, geviertelt
½ Tasse Rotwein
1 Tasse Rinderbrühe
2 EL frische Petersilie, gehackt
1 Lorbeerblatt

Teig
1 ½ Tassen Mehl
90 g Rindernierenfett, feingerieben
etwa ½ Tasse Wasser

1 Überschüssiges Fett und Sehnen entfernen. Fleisch in 3 cm große Würfel schneiden. Nieren enthäuten, vierteln und Fett und Röhren entfernen. Fleisch und Nieren in einer Schale in Mehl wälzen; überschüssiges Mehl abschütteln.
2 Butter und Öl in einem schweren Topf erhitzen. Darin Zwiebeln und Knoblauch unter Rühren weich braten und herausnehmen. Portionsweise Fleisch und Nieren hineingeben. Rasch bei mittlerer Hitze rundherum bräunen; auf Küchenpapier abtropfen lassen.
3 Zwiebel, Knoblauch, Fleisch und Nieren wieder in den Topf geben. Pilze, Wein, Brühe, Petersilie und Lorbeerblatt hinzufügen; zum Kochen bringen. Hitze reduzieren und 1 Stunde bei geschlossenem Topf köcheln lassen, bis das Fleisch gar ist. Dabei gelegentlich umrühren. Mischung abkühlen lassen.
4 Für den Teig Mehl in eine Schüssel sieben; Fett einrühren. Genug Wasser hinzufügen, um einen festen Teig zu erzielen. Teig auf eine leicht bemehlte Arbeitsfläche geben und geschmeidig kneten. Zwei Drittel des Teigs ausrollen und damit eine 2-l-Puddingform auskleiden; den oberen Rand mit Wasser bepinseln.
5 Abgekühlte Fleischmischung in die Form geben. Restlichen Teig ausrollen, um einen Deckel zu formen, auf die Form legen und Ränder fest andrücken. Ein Stück Backpapier zuschneiden und einfetten – dabei vom oberen Durchmesser der Puddingform ausgehen und ringsherum 5 cm zugeben. Papier auf den Pudding legen.
6 Auf das Papier eine Lage Alufolie legen und mit einer Schnur festbinden. Form in einem großen Topf auf einen Dreifuß stellen; bis zur Hälfte der Form mit Wasser aufgießen, zum Kochen bringen, Hitze reduzieren. Bei geschlossenem Topf 3 Stunden ziehen lassen. Stürzen und zum Servieren in Stücke schneiden.

STEAK TARTARE

★

Vorbereitungszeit: 15 Minuten
Für 4 Personen

500 g Hochrippenmedaillon
Salz und Pfeffer
4 Eigelb
1 mittelgroße Zwiebel, feingehackt
2 EL gehackte Kapern
2 EL frische Petersilie, gehackt
Pumpernickel oder Toastdreiecke zum Servieren

1 Fleisch im Fleischwolf oder in der Küchenmaschine fein zerkleinern (nicht pürieren). Gut mit Salz und Pfeffer abschmecken.
2 Mischung in vier gleich große Portionen teilen, zu runden Steaks formen und auf einen Teller legen. Mit einem Suppenlöffel flache Vertiefungen in die Steaks drücken und in jede ein ganzes Eigelb gleiten lassen.
3 Jedes Steak mit etwas Zwiebel, Kapern und Petersilie servieren und als Beilage Pumpernickel oder Toastdreiecke dazu reichen.

Anmerkung: Man kann dieses Steak auch mit Tabasco oder Chilisoße servieren.

Oben: Steak- und Nierenpudding.
Gegenüber, oben: Steak Diana;
unten: Steak mit Korianderbutter

Fruchtpüree. Wie Löffelbiskuits kann man sie auch für den Rand kalter Charlotten verwenden.

Spotted Dick Englisches Dessert aus Mehlpudding mit Korinthen, Sultaninen oder anderem Dörrobst; wird meistens heiß serviert.

Spring Roll Wrapper Biegsame, hauchdünne Teigplatte aus weißem Reismehl, die in asiatischen Lebensmittelgeschäften häufig gefroren verkauft wird. Während des Verarbeitens nicht benutzte Platten mit einem Tuch abdecken.

Sprossen (Keimlinge) Keime, die sich aus Pflanzensamen entwickeln (z. B. aus Getreide, Hülsenfrüchten oder Samen). Am bekanntesten sind Mungbohnen, Sojabohnen und Alfalfa (Luzerne). Die kleinen, knackigen Sprossen passen gut zu Salaten und sind beliebter Bestandteil der chinesischen Küche.

Spumone Italienisches gefrorenes Dessert aus Eiscremeschichten, die in eine Form gefüllt und dann gefroren werden. Spumone enthält gewöhnlich eine Schicht Schokoladeneis, eine mit Erdbeer- oder Himbeereis und eine mit Pistazieneis. Die inneren Schichten können auch aus Schlagsahne oder alkoholgetränkten Früchten bestehen. Das Dessert wird zum Servieren in Scheiben geschnitten.

Squash (Squash-Kürbis) Bezeichnung für eßbare Mitglieder der Kürbisfamilie aus Amerika. Sie werden in Sommer- und Wintersquash unterteilt. Sommersquash wächst rasch und hat eine dünne Schale – in diese Gruppe gehören

auch Zucchini. Kleinere Exemplare können gedämpft oder gekocht werden. Zu Wintersquash gehören die großen, langsam wachsenden Arten mit harter Schale wie der Gartenkürbis.

Stachelbeere Kleine, feste, herb-saure Frucht mit gelber, grüner oder rot-schwarzer Schale. Ursprungsgebiet ist Nordeuropa. Kann frisch oder gekocht serviert werden.

Staudensellerie Gemüse, das haupt-

STROGANOW

FILETSPITZEN STROGANOW

Vorbereitungszeit: 25 Minuten
Kochzeit: 15 Minuten
Für 6 Personen

1 kg Filetsteak
⅓ Tasse Mehl
¼ TL schwarzer Pfeffer, gemahlen
4 EL Olivenöl
1 große Zwiebel, gehackt
500 g kleine Champignons
1 EL Paprika, edelsüß
1 EL Tomatenmark
2 TL französischer Senf
½ Tasse trockener Weißwein
4 EL Hühnerbrühe
¾ Tasse saure Sahne
1 EL frische Petersilie, feingehackt

1 Filetsteak von Fett und Sehnen befreien. Fleisch quer zur Faser gleichmäßig in kurze, dünne Streifen schneiden. Mehl und Pfeffer auf Backpapier vermischen und Fleisch darin wälzen. Überschüssiges Mehl abschütteln.
2 3 EL Öl in einer schweren Pfanne erhitzen. Fleisch darin rasch portionsweise bei mittlerer Hitze unter Rühren braun braten; auf Küchenpapier abtropfen lassen.
3 Restliches Öl in die Pfanne geben, Zwiebel darin bei mittlerer Hitze in 3 Minuten weich dünsten. Pilze hinzufügen und bei mittlerer Hitze 5 Minuten dünsten. Paprika, Tomatenmark, Senf, Wein und Brühe dazugeben und zum Kochen bringen. Hitze reduzieren und im offenen Topf 5 Minuten köcheln lassen. Dabei gelegentlich umrühren.
4 Fleisch wieder in die Pfanne geben. Saure Sahne unterheben, verrühren und heiß werden lassen. Vor dem Servieren mit Petersilie bestreuen.

HUHN STROGANOW

Vorbereitungszeit: 20 Minuten
Kochzeit: 15 Minuten
Für 6 Personen

30 g Butter
3 EL Öl
2 Zwiebeln, in feine Ringe geschnitten
2 Knoblauchzehen, zerdrückt
8 Hühnerbrustfilets, in Scheiben geschnitten
250 g Champignons, in Scheiben geschnitten
2 TL Paprika edelsüß
1 Tasse saure Sahne
¼ Tasse Tomatenmark
schwarzer Pfeffer aus der Mühle
2 EL frische Petersilie, gehackt

1 Butter und Öl in einer großen Pfanne erhitzen. Knoblauch und Zwiebeln zufügen und darin bei mittlerer Hitze 3 Minuten weich dünsten.
2 Hühnerscheiben hinzufügen. Unter Rühren gar braten. Anschließend Pilze und Paprika einrühren; Pilze gar braten.
3 Saure Sahne, Tomatenmark und Pfeffer mischen und in die Pfanne einrühren. Köcheln lassen, bis alles heiß ist. Zum Schluß mit gehackter Petersilie bestreuen und mit gekochtem Reis oder zu Pasta servieren.

Oben: Filetspitzen Stroganow.
Gegenüber: Blätterteig-Käse-Strudel

STRUDEL

SAHNIGER HÜHNERSTRUDEL

★★ ***Vorbereitungszeit:*** 30 Minuten
Backzeit: 40 Minuten
Für 4 Personen

1–2 EL Öl
1 große Zwiebel, gehackt
2 Knoblauchzehen, zerdrückt
250 g Hühnerfleisch, durch den Wolf gedreht
1 EL Currypulver
⅓ Tasse Ricotta
¼ Tasse saure Sahne
10 Platten Filo-Teig, ersatzweise Blätterteig
90 g Butter, zerlassen
1 Selleriestange, feingehackt
1 kleine rote Paprikaschote, feingehackt
1 kleine Avocado, in Scheiben geschnitten
1 EL Sesamsaat

1 Backofen auf 180 °C vorheizen. Backblech mit Öl oder flüssiger Butter einpinseln. Öl in einem schweren Topf erhitzen. Zwiebel und Knoblauch darin bei mittlerer Hitze in 2 Minuten leicht bräunen. Hühnerfleisch dazugeben und bei starker Hitze 4 Minuten braten; die Flüssigkeit sollte verdampft sein. Dabei mit einer Gabel größere Bröckchen zerkleinern. Currypulver 1 Minute mitbraten. Vom Herd nehmen und abkühlen lassen. Mit dem Ricotta-Käse und der sauren Sahne mischen.
2 Filo-Teig, ersatzweise Blätterteig, mit einem feuchten Küchentuch bedecken. Ein Teigblatt herausnehmen, auf die Arbeitsfläche legen und mit flüssiger Butter bepinseln. Ein zweites Blatt auflegen und mit Butter bepinseln. Mit den restlichen Teigplatten und dem Großteil der Butter so verfahren.
3 Hühnermischung längs auf den Teig legen. Mit Sellerie, Paprika und Avocado belegen.
4 Teig aufrollen, dabei die Enden einschlagen. Mit der Nahtstelle nach unten auf ein Blech legen, mit Butter bepinseln und mit Sesamsaat bestreuen. In 30 Minuten goldbraun backen. Zum Servieren in Scheiben schneiden.

BLÄTTERTEIG-KÄSE-STRUDEL

★★ ***Vorbereitungszeit:*** 15 Minuten
Backzeit: 25 Minuten
Für 6 Personen

250 g weicher Frischkäse
1–2 EL Zitronensaft
3 EL feiner Zucker
¼ Tasse Mehl, gesiebt
⅓ Tasse Sultaninen
2 Platten Blätterteig, aufgetaut und ausgerollt
3 EL Milch
1 EL sehr feiner Zucker, zusätzlich

1 Backofen auf 180 °C vorheizen. Frischkäse, Zitronensaft und den feinen Zucker glattrühren. Sultaninen und gesiebtes Mehl ganz vorsichtig unterheben.
2 Teigplatten auf die Arbeitsfläche legen. Längs auf jede Platte die Hälfte der Käsemischung legen, etwa 5 cm vom Rand entfernt. Wie eine Biskuitrolle aufrollen. Enden fest zusammendrücken.
3 Beide Strudel auf ein gefettetes Backblech legen, mit Milch bestreichen und mit Zucker bestreuen. Etwa 25 Minuten backen, bis beide goldbraun sind.

sächlich wegen seiner langen, saftigen Stengel geschätzt wird, obwohl Blätter und Samen auch eßbar sind. Das heute so beliebte

Salatgemüse ohne Fäden wurde in Utah, USA, gezüchtet. Sellerie wird roh oder in Suppen, Eintöpfen und Schmortöpfen gekocht verzehrt, gekocht, dampfgegart oder geschmort als Gemüse zubereitet.

Steak Fleischscheibe, die aus dem Teil zwischen Schwanzstück und Rippe geschnitten wird. Dazu gehören T-Bone-Steak, Porterhouse-Steak, Lendensteak, Kalbs- und Schweinesteak usw. Das beste ist das Filetsteak, das aus der Mitte des Filets geschnitten wird.

Steak kann mariniert und gegrillt oder in der Pfanne gebraten werden; gewöhnlich serviert man es mit Kräuterbutter oder Soße.

Steamboat Chinesische Mahlzeit aus kleinen Portionen Fleisch und Fisch, die am Tisch in siedender Brühe zubereitet werden. Jeder Gast verwendet lange Stäbchen oder einen langstieligen Draht- oder Bastschaumlöffel, um Speisen in die Brühe zu geben und herauszuholen. Die gekochten Portionen werden in Soße getaucht und gegessen. Zum Abschluß werden Nudeln in der Brühe gekocht und damit als Suppe serviert. Das Gericht wird traditionell in einem mongolischen Feuertopf gekocht, einem Kochgerät, das auf den Tisch gestellt wird. Um einen schornsteinähnlichen Schacht liegt ein Behälter für die Brühe. Das Ganze wird durch glühende Kohlen erhitzt. Der Feuertopf läßt sich aber auch durch ein Fondueset ersetzen. Diese Art der Zubereitung soll bei den Nomaden der nordchinesischen Mongolei entstanden sein.

Steckrübe (Kohlrübe, Erdrübe, Bodenkohlrabi) Fleischiges Wurzelgemüse. Größer als Pastinaken und mit starkem, kohlähnlichem Aroma. Steckrüben können gekocht, gebacken oder mit Fleisch gebraten wer-

PILZSTRUDEL

★ ***Vorbereitungszeit:*** 20 Minuten
Zubereitungszeit: 25 Minuten
Für 4–6 Personen

15 g Butter
1 Knoblauchzehe, zerdrückt
2 TL Zitronensaft
500 g mittelgroße Champignonköpfe
2 TL abgeriebene Zitronenschale
Pfeffer aus der Mühle
8 Platten Filo-Teig, ersatzweise Blätterteig
90 g Butter zusätzlich, zerlassen
½ Tasse Pekorino, gerieben
6 Frühlingszwiebeln, in Ringe geschnitten
2 TL Mohnsamen

1 Butter in einem Topf zerlassen. Knoblauch und Zitronensaft darin bei schwacher Hitze 2 Minuten kochen. Pilze, Zitronenschale und Pfeffer hineingeben. Die Pilze gar kochen, abkühlen lassen.
2 Filo-Teig, ersatzweise Blätterteig, mit einem feuchten Tuch bedecken. Eine Platte herausnehmen, mit Butter bepinseln. Nächste Platte darauflegen, mit Butter bepinseln usw. Mit restlichem Teig wiederholen. (Bei Blätterteig etwas weniger Butter verwenden.)
3 Abgekühlte Füllung längs in die Mitte legen. Mit Käse und Frühlingszwiebeln bestreuen. Teig aufrollen und die Enden einschlagen. Mit der Nahtstelle nach unten auf ein gefettetes Backblech legen. Mit Milch bepinseln und mit Mohn bestreuen.
4 Bei 200 °C 8 Minuten backen; anschließend Hitze auf 180 °C zurücknehmen und weitere 15 Minuten backen.

APFELSTRUDEL

★★ ***Vorbereitungszeit:*** 20 Minuten
Backzeit: 30 Minuten
Für 8 Personen

½ Tasse Walnüsse, gemahlen
1 EL weicher, brauner Zucker
1 TL Zimt
6 Platten Filo-Teig, ersatzweise Blätterteig
60 g Butter, zerlassen
ca. 450 g Apfelkompott mit Stücken aus dem Glas
½ Tasse Sultaninen

1 Backofen auf 210 °C vorheizen. Die Walnüsse mit Zucker und Zimt mischen.
2 Filo-Platten oder Blätterteigplatten mit einem feuchten Tuch abdecken, um Austrocknen zu verhindern. Eine herausnehmen, mit flüssiger Butter bepinseln und mit 2 TL Nußmischung bestreuen. So fortfahren, bis alle Platten verbraucht sind und alle Lagen übereinanderliegen; nur die oberste Lage nicht mit der Nußmischung bestreuen.
3 Äpfel und Sultaninen mischen. Mischung längs auf die Mitte des Teiges streichen. Die kurzen Enden einschlagen, lange Seiten darüberschlagen. Mit der Nahtstelle nach unten auf ein leicht gefettetes Backblech legen. Mit Butter bepinseln und in 3 cm Abstand schräg einschneiden.
4 Apfelstrudel 15 Minuten backen. Backofen auf 180 °C zurückschalten und in weiteren 15 Minuten knusprig und goldgelb backen. Dann warm servieren.

KIRSCHSTRUDEL

470-g-Glas Kirschen abgießen. Kirschen halbieren und in einem Sieb abtropfen lassen. ¾ Tasse sehr feingehackte Walnüsse, ½ Tasse Zucker, 1 EL abgeriebene Zitronenschale und je 1 TL Zimt und Piment mischen. In einer anderen Schüssel ¾ Tasse weiche Weißbrotkrümel mit 60 g flüssiger Butter mischen. Zur Nußmischung geben und gut verrühren.

1 Platte Blätterteig ausrollen und mit etwas Butter bepinseln. Nußmischung aufstreichen und mit Kirschen belegen. Ringsherum einen Rand von 5 cm frei lassen. Der Länge nach falten und zusammendrücken; Enden einschlagen. Ringsherum mit flüssiger Butter bepinseln, eventuell mit Mohnsamen bestreuen und auf ein gefettetes Backblech legen. 10 Minuten im vorgeheizten Backofen bei 200 °C backen, dann auf 180 °C zurückschalten, in weiteren 25–30 Minuten goldgelb backen. Warm mit Schlagsahne servieren.

Oben: Pilzstrudel.
Gegenüber: Hühnersuppe mit Lauch

SUPPEN

MULLIGATAWNY

☆ ***Vorbereitungszeit:*** 30 Minuten
Kochzeit: 1 Stunde 10 Minuten
Für 6 Personen

1 kg Hühnerteile (Flügel, Schenkel, Brust)
2 EL Mehl
2 TL Currypulver
1 TL Kurkuma
½ TL Ingwer, gemahlen
60 g Butter
6 Nelken
12 Pfefferkörner
1 großer Apfel, geschält und in Scheiben geschnitten
1 ½ l Hühnerbrühe
3 EL Zitronensaft
½ Tasse frische Sahne
gekochter Reis oder Chutney zum Servieren

1 Hühnerteile mit Küchenpapier abreiben. Mehl, Currypulver, Kurkuma und Ingwer mischen und die Hühnerteile damit rundherum einreiben.
2 Butter in einem Topf erhitzen und Hühnerfleisch darin von allen Seiten bräunen. Nelken, Pfefferkörner, Apfel und Brühe hinzufügen; zum Kochen bringen, bei geschlossenem Topf 1 Stunde köcheln lassen.
3 Huhn herausnehmen, Pfeffer und Nelken entfernen. Huhn enthäuten und Fleisch in kleine Würfel schneiden. Mit Zitronensaft und Sahne in die Suppe zurückgeben und langsam erhitzen.
4 In vorgewärmten Schüsseln mit gekochtem Reis und Chutney (Chutney separat reichen, um es nach Bedarf in die Suppe zu rühren) servieren. Man kann aber auch Kokosnuß, Sultaninen oder gehackte Erdnüsse als Beilage anbieten.

HÜHNERSUPPE MIT LAUCH

☆ ***Vorbereitungszeit:*** 20 Minuten
Kochzeit: 1 Stunde 45 Minuten
Für 6–8 Personen

1,2 kg Huhn
2 große Stangen Lauch, gehackt
1 ½ l Wasser
1 Lorbeerblatt
1 TL frische Thymianblätter
1 kleiner Bund Petersilie
2 TL Salz
1 TL zerstoßene schwarze Pfefferkörner
12 entsteinte Pflaumen

1 Huhn innen und außen unter fließendem kalten Wasser gründlich abspülen, abtropfen lassen und mit Küchenpapier trockentupfen. Huhn halbieren, überschüssiges Fett entfernen.
2 Huhn, Lauch, Wasser, Kräuter und Salz in einem großen Topf langsam zum Kochen bringen; Hitze reduzieren. Bei schwacher Hitze im offenen Topf 1 ½ Stunden köcheln lassen. Lorbeerblatt und Petersilie entfernen.
3 Hühnerhälften mit Schaumlöffel herausnehmen und etwas abkühlen lassen. Fleisch von den Knochen lösen und in grobe Streifen schneiden.
4 Hühnerfleisch mit Pfeffer und Pflaumen in den Topf geben und unter Rühren heiß werden lassen.

den. Oft püriert man sie für herzhafte Puddings und Pies.

Steinobst Sammelbegriff für Früchte wie Pfirsiche, Kirschen oder Aprikosen, die einen Stein als Kern besitzen.

Sternanis Getrocknete sternförmige Frucht eines südchinesischen

Baums, die als Gewürz verwendet wird. Sie schmeckt stark nach Anis. Sternanis wird in der asiatischen Küche für Fleisch- und Geflügelgerichte verwendet und ist Bestandteil des Fünf-Gewürze-Pulvers.

Sternfrucht siehe Karambole.

Stilton Cremiger, halbfester Blauschimmelkäse aus Kuhmilch; die Farbe variiert von rahmweiß bis bernsteinfarben, das starke Aroma erinnert an Birnen. Stilton wird zimmerwarm zum Abschluß einer Mahlzeit serviert.

Stollen siehe Christstollen.

Stroganoff Traditionelles russisches Gericht aus Rinderfiletstreifen, leicht sautiert und mit einer Saure-Sahne-Soße überzogen. Manchmal enthält es auch Pilze und Zwiebeln. Stroganoff wird oft zu Nudeln gereicht. Es ist seit dem 18. Jh. bekannt und wird

einem Mitglied der Familie Stroganow, wohlhabenden Kaufleuten aus Nowgorod, zugeschrieben.

Strudel Dessert oder herzhaftes Gericht aus hauchdünnem Teig, der mit einer Füllung bestrichen und aufgerollt, danach gebacken oder gekocht wird. Man serviert ihn meist warm.

Süße Füllungen können aus Äpfeln, Sauerkirschen oder Quark bestehen, pikante aus gekochtem Hackfleisch mit Speck und Zwiebeln. Herkunftsland ist Österreich.

Succotash Gericht aus Nordamerika. Es besteht aus Maiskörnern und Limabohnen und wird als

RINDERKRAFTBRÜHE

☆☆ ***Vorbereitungszeit:*** 45 Minuten
Kochzeit: 4–5 Stunden
Für 6 Personen

1 große Möhre, gehackt
1 große braune Zwiebel, gehackt
3 Selleriestangen, gehackt
2 kg zersägte Rinds- und Kalbsknochen
500 g Rinderhaxe oder Rindersaftbraten, in Stücke geschnitten
3 l kaltes Wasser
2 TL Salz
Bouquet garni
10 Pfefferkörner
2 Eiweiß
zerdrückte Eierschalen der beiden Eier
4 El trockener Sherry

1 Möhre, Zwiebel und Sellerie in einen großen Bräter geben; darauf Knochen und Fleisch legen. Bei 180 °C im Backofen 1 Stunde rösten; dabei gelegentlich wenden.
2 Fleisch und Gemüse in einen großen Suppentopf legen und mit kaltem Wasser bedecken. Mit Salz, Bouquet garni und Pfeffer langsam zum Kochen bringen; Schaum von der Oberfläche gelegentlich abschöpfen. Brühe im halboffenen Topf 3–4 Stunden köcheln lassen. Suppe durch ein feines Sieb oder ein Leintuch gießen. Brühe abkühlen lassen, bis zum Gelieren in den Kühlschrank stellen. Fett an der Oberfläche abschöpfen.
3 Entfettete Brühe mit den Eiweiß und den Eierschalen in einen großen, sauberen Topf geben, langsam zum Kochen bringen und gelegentlich mit dem Schneebesen durchrühren, wenn die Flüssigkeit zu brodeln beginnt. 20 Minuten köcheln lassen. Nochmals durch ein Leintuch oder feines Sieb gießen.
4 Aufwärmen; Sherry hinzufügen. In vorgewärmten Suppentassen servieren.

BRUNNENKRESSESUPPE

☆ ***Vorbereitungszeit:*** 40 Minuten
Kochzeit: 15 Minuten
Für 8 Personen

1 große Zwiebel
4 Frühlingszwiebeln
ca. 450 g Brunnenkresse
90 g Butter
1/3 Tasse Mehl
2 1/4 Tassen Hühnerbrühe
2 Tassen Wasser
saure Sahne zum Servieren

1 Zwiebel, Frühlingszwiebeln und Brunnenkresse grob hacken. Butter in einem großen Topf erhitzen, Zwiebeln und Brunnenkresse darin bei schwacher Hitze 3 Minuten weich dünsten. Mehl hinzufügen und gut verrühren.
2 Brühe und Wasser mischen und nach und nach in den Topf gießen; Mischung glattrühren. Bei

mittlerer Hitze unter ständigem Rühren aufkochen und eindicken lassen. Noch 1 Minute kochen. Vom Herd nehmen und zum Abkühlen beiseite stellen.
3 Die Mischung in kleinen Portionen in die Küchenmaschine geben und mit der Momentschaltung in etwa 15 Sekunden pürieren. Suppe wieder in den Topf geben und erhitzen. Warm mit einem Klecks saurer Sahne servieren.

VICHYSOISSE

☆ ***Vorbereitungszeit:*** 25 Minuten + 1 Stunde Kühlzeit
Kochzeit: 30 Minuten
Für 6 Personen

2 große Stangen Lauch, in Ringe geschnitten
2 mittelgroße Kartoffeln (etwa 450 g), geschält, in Stücke geschnitten
2 EL frischer Schnittlauch, gehackt
3 Tassen Hühnerbrühe
1 Tasse Milch
1/2 Tasse Sahne
geriebene Muskatnuß

1 Lauch, Kartoffeln, Schnittlauch und Brühe in einem großen Topf zum Kochen bringen. Hitze reduzieren, bei geschlossenem Topf etwa 30 Minuten gar köcheln. Milch hinzufügen.
2 Suppe in der Küchenmaschine in 30 Sekunden glattrühren. In einer großen Schüssel Sahne einrühren. Zugedeckt im Kühlschrank 1 Stunde oder über Nacht ziehen lassen. Mit Muskatnuß bestreuen und servieren.

Anmerkung: Die klassische Vichysoisse wird kalt serviert, man kann sie auch vorsichtig erwärmen.

HÜHNERSUPPE MIT NUDELN UND PILZEN

☆ ***Vorbereitungszeit:*** 15 Minuten + 15 Minuten Einweichzeit
Kochzeit: 20 Minuten
Für 4–6 Personen

2 TL Sesamöl
2 TL Pflanzenöl
3 halbe Hühnerbrustfilets, in Würfel geschnitten
1 ¼ l Hühnerbrühe
3 EL Sojasoße
1 Scheibe frische Ingwerwurzel
½ Tasse geschnittene getrocknete Pilze, 15 Minuten in heißem Wasser eingeweicht
100 g Glasnudeln, 15 Minuten in Wasser eingeweicht
⅓ Tasse Schnittlauchröllchen zum Servieren

1 Öle in einer großen Pfanne erhitzen; Huhn zufügen und rundherum goldbraun braten. Herausnehmen und Öl aus der Pfanne weggießen.
2 Huhn mit Brühe, Sojasoße, Ingwer und Pilzen in die Pfanne geben und zum Kochen bringen. 10 Minuten ohne Deckel köcheln lassen. Gut abgetropfte Nudeln hinzufügen und noch 5 Minuten köcheln lassen. Ingwerscheibe herausnehmen.
3 Mit Schnittlauch garnieren. Sofort servieren.

Anmerkung: Glasnudeln werden aus Soja- oder Mungbohnenmehl hergestellt. Sie sind in asiatischen Lebensmittelgeschäften und in großen Supermärkten erhältlich.

RISONISUPPE MIT MEERESFRÜCHTEN

☆ ***Vorbereitungszeit:*** 20 Minuten
Kochzeit: 20 Minuten
Für 4–6 Personen

4 EL Olivenöl
1 Zwiebel, gehackt
2 Knoblauchzehen, zerdrückt
2 EL Petersilie, gehackt
1 Tasse Rotwein
1 Tasse Tomatenpüree
2 Tassen Wasser
2 EL Tomatenmark
¾ Tasse Risoni (Orzo)
ca. 300 g Meeresfrüchtecocktail
schwarzer Pfeffer

Brotscheiben
1 kleines Weißbrot, in dünnen Scheiben
⅓ Tasse Olivenöl
2 Knoblauchzehen zusätzlich, zerdrückt

1 Öl in einem schweren Topf erhitzen. Zwiebel und Knoblauch darin goldgelb braten. Petersilie und Wein hinzufügen; 5 Minuten kochen lassen. Tomatenpüree, Wasser und Tomatenmark dazugeben, zum Kochen bringen und die Risoni einstreuen. Sanft köcheln lassen, bis sie weich sind.
2 Meeresfrüchtecocktail hinzufügen und 3 Minuten mitkochen. Mit knusprigem Brot servieren.
3 Brotscheiben auf ein Backblech legen. Öl und zerdrückte Knoblauchzehen verrühren und die Brote damit bepinseln. Bei 200 °C knusprig und goldbraun backen.

Links: Hühnersuppe mit Nudeln und Pilzen; oben: Risonisuppe mit Meeresfrüchten. Gegenüber: Brunnenkressesuppe

Beilage zu Geflügel oder Fleisch serviert.

Sukiyaki Eintopfähnliches japanisches Gericht, das aus feingeschnittenem Fleisch (meistens Rind, aber auch Schwein, Huhn und Meeresfrüchte) und Gemüse, Sojasoße und Sake am Tisch zubereitet wird (dazu kann man eine elektrische Bratpfanne verwenden). Jeder Gast schlägt in seinem Schälchen ein rohes Ei auf, verquirlt es mit Eßstäbchen und taucht vor dem Verzehr die heißen Häppchen hinein.

Sultanine Getrocknete Sultanatraube, weicher und süßer als Rosine und Korinthe. Sultaninen werden für Kuchen, Plätzchen, Puddinge und Gebäck, in Schmorgerichten und Currys, in Müslimischungen und Salaten verwendet.

Suppe Flüssiges Gericht aus Fleisch, Geflügel oder Fisch, gewöhnlich mit oder aus Gemüse, das meist heiß serviert wird. Suppe wird häufig als Vorspeise gereicht, herzhafte, dicke Suppen auch als Hauptgericht. Zu den vielen

Suppenvariationen gehören klare Fleischbrühen, pürierte Gemüsesuppen mit Sahne,

angedickte Fleisch- und Gemüsemischungen und kalte Suppen.

Suprême (Königsgericht) Das auf besondere Art zubereitete beste Stück eines Tieres, z. B. zarte Hühnerbrust, am Stück zubereitet und mit einer edlen Rahmsoße serviert.

Sushi Japanisches Gericht aus kleinen, in Seetang gehüllten Portionen von gekochtem Reis und pikanten Füllungen wie eine dünne Scheibe roher Fisch

(meist Thunfisch), Omelett oder

Gemüse. Sushi mit Seetang heißen *maki,* aus Fisch

RAHMSUPPE MIT HUHN UND GEMÜSE

☆☆ ***Vorbereitungszeit:*** 20 Minuten
Kochzeit: 1 Stunde 45 Minuten
Für 6 Personen

Brühe
1 kg Huhn
1 ½ l Wasser
½ Selleriestange, gehackt
6 Pfefferkörner
1 Lorbeerblatt
1 Knoblauchzehe, in Scheiben geschnitten
1 kleine Zwiebel, gehackt

Suppe
1 mittelgroße Möhre
1–2 EL Öl
1 mittelgroße Zwiebel, in Scheiben geschnitten
200 g kleine Champignons, in Scheiben geschnitten
¼ Tasse Mehl
⅔ Tasse Milch
1 Tasse Sahne
100 g Zuckererbsen, in dünne Scheiben geschnitten
3 mittelgroße Tomaten, enthäutet, entkernt und gehackt
1–2 EL Sojasoße
Salz und schwarzer Pfeffer aus der Mühle

1 Für die Brühe Huhn mit Küchenpapier abtrocknen. In Brust, Flügel, Ober- und Unterschenkel teilen. Wasser, Sellerie, Pfefferkörner, Lorbeer, Zwiebel und Knoblauchzehe zum Kochen bringen. Hitze reduzieren; 1 ¼ Stunden bei geschlossenem Topf köcheln lassen. Vom Herd nehmen, etwas abkühlen lassen. Durch ein Sieb gießen. Hühnerteile und 1 ½ l Brühe aufbewahren; Zwiebelmischung im Sieb wegwerfen.
2 Für die Suppe Möhre in streichholzgroße Stifte schneiden. Zwiebel, Möhre und Pilze in Öl bei schwacher Hitze dünsten, Brühe angießen; Mehl und Milch einarbeiten. Mischung zum Kochen bringen. Hitze reduzieren und unter Rühren köcheln und eindicken lassen.
3 Das Hühnerfleisch in dünne Streifen schneiden. Mit Sahne, Zuckererbsen, Tomaten und Sojasoße in die Suppe rühren. Gut durchwärmen. Nach Geschmack würzen und heiß servieren.

MAISEINTOPF MIT KÄSE

☆ ***Vorbereitungszeit:*** 15 Minuten
Kochzeit: 30 Minuten
Für 8 Personen

90 g Butter
2 große Zwiebeln, feingehackt
1 Knoblauchzehe, zerdrückt
2 TL Kreuzkümmelsamen
1 l Hühnerbrühe
2 mittelgroße Kartoffeln, geschält und in Stücke geschnitten
1 Tasse Maiskörner aus der Dose, zerdrückt und mit weicher Butter gebunden
2 Tassen frische Maiskörner
¼ Tasse frische Petersilie, gehackt
1 Tasse mittelalter Gouda, gerieben
Salz und schwarzer Pfeffer aus der Mühle
4 EL Sahne (nach Wunsch)
2 EL frischer Schnittlauch zum Garnieren, gehackt

1 Butter in einer schweren Pfanne erhitzen. Zwiebel darin bei mittlerer Hitze in 5 Minuten goldbraun braten. Knoblauch und Kreuzkümmel hinzufügen und unter ständigem Rühren 1 Minute braten. Hühnerbrühe angießen und zum Kochen bringen. Kartoffeln dazugeben; Hitze reduzieren und im offenen Topf 10 Minuten köcheln lassen.
2 Frischen Mais, Maispüree und Petersilie hinzufügen, bei schwacher Hitze noch 10 Minuten köcheln.
3 Käse und Sahne einrühren und abschmecken. Sofort servieren; dazu mit gehacktem Schnittlauch bestreuen.

SÜSSKARTOFFELN

KARTOFFEL-BATATEN-PLÄTZCHEN

☆ ***Vorbereitungszeit:*** 20 Minuten
Kochzeit: 25 Minuten
Für 4–6 Personen

3 Scheiben Dörrfleisch, in feine Würfel geschnitten
250 g orangefarbene Süßkartoffeln
500 g Kartoffeln
1 große Zwiebel, feingehackt
3 EL Olivenöl
Salz, schwarzer Pfeffer
saure Sahne
2 El frischer Schnittlauch, gehackt

1 Backofen auf 180 °C vorheizen. Ein Backblech mit Öl oder flüssiger Butter einpinseln. Dörrfleisch in einer kleinen Pfanne bei mittlerer Hitze 3 Minuten braten, auf Küchenpapier abtropfen lassen. Süßkartoffeln und Kartoffeln schälen und reiben. Teig ausdrücken.
2 Kartoffeln, Zwiebel, Dörrfleisch, Öl, Salz und Pfeffer gut miteinander mischen. Die Mischung löffelweise auf das Blech füllen, Oberfläche glattdrücken.
3 In 20 Minuten knusprig und braun backen. Sofort servieren (mit saurer Sahne und frisch geschnittenem Schnittlauch).

Oben: Kartoffel-Bataten-Plätzchen; rechts: Süßkartoffel- und Auberginenchips. Gegenüber, oben: Rahmsuppe mit Huhn und Gemüse; unten: Maiseintopf mit Käse

SÜSSKARTOFFEL- UND AUBERGINENCHIPS

☆ ***Vorbereitungszeit:*** 5 Minuten
Kochzeit: 20 Minuten
Für 4–6 Personen

1 orangefarbene Süßkartoffel, etwa 300 g
1 schlanke Aubergine, etwa 375 g
Öl zum Fritieren
¼ TL Chilipulver
¼ TL Koriander, gemahlen
1 TL Hähnchengewürz

1 Süßkartoffel schälen. Süßkartoffel und Aubergine in gleichmäßige, lange, dünne Streifen schneiden. In einer großen Schüssel mischen.
2 Öl in einem tiefen, schweren Topf erhitzen. Die Hälfte der Süßkartoffel- und Auberginenmischung hineingeben und bei mittlerer Hitze 10 Minuten goldbraun und knusprig fritieren. Vorsichtig mit dem Schaumlöffel oder einer Küchenzange herausheben, abtropfen lassen. Mit der restlichen Menge wiederholen.
3 Chilipulver, Koriander und Salz mischen und über die knusprig fritierten Gemüsechips streuen. Gut vermischen. Sofort servieren.

WISSENSWERTES ÜBER SÜSSKARTOFFELN

- Süßkartoffeln haben weißes, gelbes oder orangefarbenes Fruchtfleisch und süßlichen Geschmack.
- In feine Schnitze geschnitten und fritiert als Alternative zu Pommes frites.

oder Meeresfrüchten *nigri* und mit Omelett *fukusu*. In Japan wird Sushi in kleinen Spezialitätenrestaurants oder in großen Restaurants an einer Spezialtheke serviert. Man reicht Sushi kalt, mit hauchdünnen, eingelegten Ingwerscheiben und ißt es mit den Fingern. Ursprünglich war es ein Imbiß der Fischer.

Süßer Kümmel
Andere Bezeichnung für Anis.

Süßkartoffeln
Stärkehaltiges Knollengewächs, das nicht mit der Kartoffel verwandt ist. Man unterscheidet drei Arten, die sich in der Farbe unterscheiden:

weiß, orange und rot. Sie werden wie Kartoffeln zubereitet. Manchmal gibt man jedoch etwas Zucker dazu, um die natürliche Süße zu betonen.

Süß-saure Soße
Chinesische Soße, bei der süße und saure Zutaten kombiniert werden. Zucker und Essig werden mit Maismehl angedickt; dazu kommen z. B. Obstsaft, Ananasstücke oder Paprikaschoten.

T

Tabasco Dünne, rote, feurige Soße aus fermentierten, gesalzenen Chilischoten, die vier Jahre in Eichenfässern reift, gefiltert und mit Essig angereichert wird. Sehr sparsam zum Würzen von

Soßen, Salatsoßen, Tomatensaft, Fleisch, Krebsfleisch und Hummergerichten verwendet. Fester Bestandteil der Cajun-Küche.

Taco Gefaltete, knusprig gebratene Tortilla mit einer würzigen Füllung.

Tagliatelle Lange Bandnudeln, häufig auch mit Tomaten- oder Spinatsaft gefärbt.

Tahin-Paste Dicke, glatte

TAFELSPITZ

RINDFLEISCH MIT ZWIEBELSOSSE UND MEERRETTICHCREME

☆ ***Vorbereitungszeit:*** 5 Minuten
Kochzeit: 1 Stunde 45 Minuten
Für 6–8 Personen

1 Stück Rinderkeule oder Rinderbrust, ca. 1,5 kg
1–2 EL Öl
1–2 EL Weißweinessig
1 EL weicher, brauner Zucker
4 ganze Nelken
4 ganze, schwarze Pfefferkörner
2 Lorbeerblätter
1 Knoblauchzehe, zerdrückt
1 großer Stengel Petersilie
4 mittelgroße Möhren
4 mittelgroße Kartoffeln, ca. 750 g
6 kleine Zwiebeln

Zwiebelsoße
30 g Butter
2 mittelgroße weiße Zwiebeln, gehackt
2 EL Mehl
1 ⅓ Tassen Milch

Meerrettichcreme
3 EL Meerrettich aus dem Glas
1–2 EL Weißweinessig
frischgemahlener schwarzer Pfeffer zum Abschmecken
½ Tasse Sahne, geschlagen

1 Fleisch vorbereiten. In einem großen, schweren Topf Öl erhitzen. Fleisch zugeben, bei mittlerer Hitze braten, bis alle Seiten gut gebräunt sind, dabei wenden. Vom Herd nehmen; Essig, Zucker, Nelken, Pfefferkörner, Lorbeerblätter, Knoblauch und Petersilie zugeben.
2 Mit Wasser bedecken, Topf zurück auf den Herd stellen. Hitze reduzieren, abdecken, langsam zum Kochen bringen, 30 Minuten köcheln lassen. Möhren und Kartoffeln in große Stücke schneiden; mit den Zwiebeln in den Topf geben, wieder abdecken, 1 Stunde köcheln lassen. Mit Schaumlöffel Gemüse herausnehmen, warm stellen. ½ Tasse der Flüssigkeit für die Zwiebelsoße noch aufbewahren.
3 Fleisch aus dem Topf nehmen. Das Fleisch in Scheiben schneiden und mit Gemüse, Zwiebelsoße und Meerrettichcreme servieren.
4 Für die Zwiebelsoße Butter in einem kleinen Topf erhitzen. Zwiebeln zugeben, 10 Minuten langsam glasig schmoren. Zwiebeln in eine Schüssel geben. Zu der Butter im Topf Mehl zugeben; bei schwacher Hitze 2 Minuten rühren, bis das Mehl hell goldgelb ist. Nach und nach Milch und halbe Tasse aufbewahrte Flüssigkeit in den Topf geben; rühren, bis die Soße kocht und dick wird. 1 Minute kochen; vom Herd nehmen, die gebratenen Zwiebeln hineinrühren. Abschmecken.
5 Für die Meerrettichcreme alle Zutaten mischen und glattrühren.

WISSENSWERTES ÜBER RINDFLEISCH

- Rindfleisch hat eine kräftige, rosarote Farbe. Es wird küchenfertig beim Metzger oder in der Fleischabteilung von Supermärkten verkauft. Das Fleisch wird meistens in einer mit Nelken und Zwiebeln gewürzten Brühe geköchelt.
- Corned beef als kalter Aufschnitt eignet sich hervorragend für belegte Brote und Salate.

TERRINEN

ROTE PAPRIKATERRINE

☆☆ ***Vorbereitungszeit:*** 30 Minuten + 45 Minuten Ruhezeit
Kochzeit: 1 Stunde 15 Minuten
Für 8 Personen

3 große rote Paprika
750 g Auberginen
Salz
5–6 EL Öl
500 g Spinat
⅓ Tasse Pesto

1 Backofen auf 180 °C vorheizen. Paprikaschoten halbieren und Kerne entfernen. Mit der Schnittseite nach unten auf ein Backblech setzen und etwa 30 Minuten rösten. Mit feuchtem Küchentuch bedecken, abkühlen lassen und enthäuten.
2 Auberginen in 5 mm dicke Scheiben schneiden. Mit Salz bestreuen und 45 Minuten ruhenlassen. Unter kaltem Wasser abspülen, abtropfen lassen und mit Küchenpapier trockentupfen.
3 1–2 EL Öl in einem Topf erhitzen und 1 Lage Auberginenscheiben hineingeben. Bei mittlerer Hitze auf jeder Seite 2 Minuten bräunen; abtropfen lassen. Mit den restlichen Scheiben und dem Öl wiederholen.
4 Spinat putzen, Stiele entfernen, in einen Topf geben und mit heißem Wasser bedecken. 1 Minute ziehen lassen; dann abgießen und unter kaltem Wasser abspülen. Eine Kastenform (31 x 12 cm) mit einer doppelten Lage Spinatblätter auslegen; die Blätter sollen über die Seiten der Form heraushängen.
5 Ein Viertel der Auberginenscheiben überlappend auf den Boden der Form geben, darauf ein Drittel der Paprikaschoten legen, darauf ein Viertel der Pestomenge. Lagenweise die restlichen Auberginenscheiben, Paprika und Pesto aufbringen.
6 Spinatblätter über der Füllung zusammenklappen. 30 Minuten backen, zum Abkühlen beiseite stellen. Terrine in Plastikfolie gewickelt im Kühlschrank aufbewahren.

Oben: Rote Paprikaterrine. Gegenüber: Tafelspitz

TERRINE MIT KALB- UND SCHWEINEFLEISCH

☆☆ ***Vorbereitungszeit:*** 30 Minuten
Kochzeit: 2 Stunden
Für 6 Personen

500 g Schweinefleisch, durch den Wolf gedreht
500 g Kalbfleisch, durch den Wolf gedreht
2 Eier, verquirlt
1 Zwiebel, feingehackt
1 Knoblauchzehe, feingehackt
2 EL Backfett, zerlassen
1 Tasse trockener Weißwein
Salz und Pfeffer aus der Mühle
½ TL frischer Thymian, gehackt
½ TL Muskatblüte, gemahlen
6 Scheiben durchwachsener Speck, ohne Schwarte

1 Backofen auf 150 °C vorheizen. Schweinefleisch und Kalbfleisch in einer großen Schüssel mischen. Verquirlte Eier, Zwiebel, Knoblauch, Fett, Wein und Gewürze zugeben und gut verrühren.
2 Terrine (21 x 14 cm) mit Speck auslegen. Mischung in die Form füllen und die Enden der Speckscheiben darüber zusammenklappen.
3 Mit einem Deckel oder Alufolie abdecken und in einen mit Wasser halbgefüllten Bräter stellen. Terrine 2 Stunden im Backofen garen lassen.
4 Wenn die Terrine kalt ist, aus der Form nehmen und in Scheiben schneiden. Zimmerwarm mit Krustenbrot oder einem knackigen Salat servieren.

WISSENSWERTES ÜBER TERRINEN

- Terrinen werden traditionell in einer speziellen Tonform mit fest schließendem Deckel gegart. Einige werden auch ohne Deckel zubereitet, abgekühlt und mit einem Gewicht beschwert, um sie zum Aufschneiden zu komprimieren.
- Schweinefleisch ist lange Zeit das beliebteste Fleisch für Terrinen und Pâtés gewesen, doch heute gibt es eine Fülle von Rezepten auch für Gemüse- und Fischterrinen, die weniger fett sind.

Paste aus gerösteter, gemahlener Sesamsaat. Im Vorderen Orient verarbeitet man sie mit Zitronensaft, Knoblauch und Kichererbsen zu einem Dip, der mit Fladenbrot serviert wird.

Tamarillo (Baumtomate) Eiförmige Frucht aus Peru mit glänzender, tiefroter, manchmal auch gelber Schale und saurem Fruchtfleisch mit kleinen Kernen. Die ungenießbare Schale wird durch Blanchieren entfernt.

Tamarinde Süß-saure Frucht eines tropischen Baums. Das Fruchtfleisch (eher Fruchtmus) wird zur Herstellung von

Süßwaren und Erfrischungsgetränken, zum Würzen von Currys, Eintöpfen und Chutneys und als Zutat für Worcestersoße verwendet.

Tandoori Traditionelle indische Zubereitungsmethode, bei der Huhn oder Lamm in einer scharfen roten Paste mariniert, auf lange Spieße gesteckt und in einem Tandoor (einem Tonofen) zubereitet wird.

TEIGHERSTELLUNG

Der Erfolg einer Torte, einer Quiche oder eines Obstkuchens hängt von der verwendeten Teiggrundlage ab – sie sollte locker, knusprig und goldgelb sein. Wer einmal die goldenen Regeln der Teigherstellung beherrscht, dem wird alles gelingen. Für Quiches und Käsekuchen eignen sich Mürbe- und Blätterteig; für Obstkuchen läßt sich auch Biskuit gut verwenden. Auch tiefgefrorener Blätter- und Hefeteig liefert ein gutes Backergebnis, ebenso Backmischungen.

WISSENSWERTES ÜBER MÜRBETEIG

Mürbeteig wird meist mit »normalem« Mehl, also Weizenmehl Type 405 hergestellt. Durch Zugabe von Backpulver wird der Teig lockerer. Zwar kann man auch andere Backfette verwenden, aber mit Butter gelingt der Teig am besten. Die Butter sollte in sehr kleine Stücke geschnitten werden und muß unbedingt kalt sein. Durch Eier wird der Teig mürbe und reichhaltig; durch Milch entsteht ein weicher Teig, der gut bräunt.

Gleichgültig, ob der Teig in der Küchenmaschine oder mit der Hand bereitet wird, es muß schnell und locker geschehen, denn die Butter darf nicht schmelzen. Enthält der Teig zuviel Flüssigkeit, wird er beim Backen zäh.

Wenn Butter und Mehl miteinander verrieben sind, eiskaltes Wasser (oder andere Flüssigkeit) löffelweise zugeben, bis ein fester Teig entsteht.

Den Teig zu einer Kugel formen, fest in Folie wickeln und vor dem Ausrollen mindestens 30 Minuten kühlen. Der Teig läßt sich dann besser ausrollen und schrumpft beim Backen nicht.

WISSENSWERTES ÜBER BRANDTEIG

Brandteig unterscheidet sich von anderen Teigarten dadurch, daß das Mehl ins kochende Wasser geschüttet wird und die Eier nachher einzeln eingearbeitet werden. Beim Backen entstehen duftige Teiggebilde mit Hohlraum. Brandteig wird für Éclairs, Windbeutel und Profiteroles verwendet. Fertig gefüllt sollte man sie sofort verzehren, damit sie nicht weich werden.

WISSENSWERTES ÜBER BLÄTTERTEIG

Blätterteig ist vermutlich am schwierigsten herzustellen, gilt aber auch als der feinste von allen. Er ist als Fertigprodukt in guter Qualität überall erhältlich. Alle Rezepte in diesem Buch werden mit Fertigblätterteig zubereitet.

TEIG AUSROLLEN

Zum Ausrollen ein Nudelholz aus glattpoliertem Holz oder Marmor verwenden. Eventuell Teig halbieren. Auf einer glatten, mit etwas Mehl bestaubten Fläche ausrollen oder zwischen zwei Lagen Folie oder Backpapier. Mit kurzen, schnellen Bewegungen vom Körper weg rollen. Nach jeder Rollbewegung Teig um 90° drehen, nicht auseinanderziehen.

IN DIE FORM GEBEN

Ausgerollten Teig locker über das Nudelholz legen und vorsichtig in die Form gleiten lassen, dabei nicht auseinanderziehen. Teig an die Form anpassen und den Rand mit den Fingern festdrükken. Bei Metallform mit dem Nudelholz über den Rand rollen und überschüssigen Teig entfernen. Bei Keramikform Rand mit einem scharfen Messer glattschneiden.

RÄNDER DEKORATIV GESTALTEN

Damit Ränder von Pies hübsch aussehen, kann man den Teig um den Rand herum mit den Fingern falten, mit einer Gabel einstechen oder in regelmäßigen Abständen einschneiden und die einzelnen Teile übereinanderfalten.
Eine andere Möglichkeit ist, den Teig bis zum Rand zu ziehen und mit Wasser zu bepinseln. Aus den Teigresten Kreise von 1,5 cm Durchmesser ausstechen und am Rand ringsherum legen; die Stücke sollen sich etwas überlappen. Vorsichtig andrücken.

BLINDBACKEN

Eine Teighülle ohne Füllung zu backen, nennt man »blindbacken«. Man erhält dadurch einen festen, knusprigen Boden für eine feuchte Füllung. Bei einigen Gerichten kann es passieren, daß zwar die Füllung gar ist, aber der Teig matschig wird, wenn man ihn vorher nicht blindbackt. Teigform mit einem Blatt Backpapier auslegen und Hülsenfrüchte oder Reis gleichmäßig darauf verteilen. Das Gewicht verhindert, daß der Teigboden sich nach oben wölbt. Ofen auf 220 °C vorheizen, Teig 10–15 Minuten backen. Hülsenfrüchte oder Reis und Papier entfernen. Teig weitere 5–10 Minuten goldgelb backen. Dann die Füllung auf den vorgebackenen Teig geben.

TIPS UND TRICKS

- Backen Sie immer bei richtiger Temperatur: wenn Ihr Ofen etwas von der Norm abweicht, müssen Sie die Backzeit anpassen. Der Teig sollte knusprig und leicht gebräunt sein, die Füllung gestockt und gar.
- Keramik- und Glasformen leiten die Hitze nicht so gut wie Metallformen, sehen aber hübscher aus. Damit der Teig auch in diesen Formen schön knusprig wird, bereits beim Aufheizen einen Rost in den Ofen schieben und darauf die Form stellen. Der Rost sorgt dafür, daß der Teigboden besser backt.
- Eine Form von 20 cm Durchmesser können Sie in 5–6 Stücke schneiden, bei besonders reichhaltigen Pies oder Kuchen auch in 7–8. Bei 23 cm Durchmesser erhalten Sie 6–8, bei 25 cm 8–12 Stücke oder mehr.

VORBEREITUNG

Mit Teig ausgekleidete Formen können backfertig im Kühl- oder Gefrierschrank aufbewahrt werden. Form mit Teig auskleiden, mit fester Alu- oder Plastikfolie bedecken und bis zu 24 Stunden im Kühlschrank aufbewahren. Vor dem Füllen ungebackene, gefrorene Teigform auftauen, auf Zimmertemperatur erwärmen und bei 220 °C 10–15 Minuten blindbacken. Oder direkt aus dem Gefrierschrank 15–20 Minuten backen.

Tangelo Zitrusfrucht; Kreuzung zwischen Grapefruit und Mandarine mit hellem, gelborangem und

saftigem, saurem Fruchtfleisch. Ihre orangefarbene Schale läßt sich leicht abziehen.

Tapas Platten mit kalten oder warmen kleinen Snacks – Oliven, Nüsse, eingelegtes bzw. gefülltes oder gegrilltes Gemüse und Trockenwürste. Siehe Spanische Küche.

Tapenade Würziger Aufstrich aus pürierten schwarzen Oliven mit Anchovis, Kapern, Knoblauch, Zitronensaft und Olivenöl. Mit Krustenbrot serviert oder mit Olivenöl ver-

dünnt als Soße für gegrillte Paprikaschoten und Auberginen verwendet.

Tapioka Winzige Stärkekügelchen, die aus den Wurzelknollen des Maniok gewonnen werden. Maniok wächst im tropischen Amerika, auf den

THUNFISCH

THUNFISCHSTEAKS MIT OLIVENPASTE

☆ ***Vorbereitungszeit:*** 15 Minuten + 1 Stunde marinieren
Kochzeit: 4 Minuten pro Steak
Für 6 Personen

Marinade
5–6 EL Olivenöl
3 EL trockener Weißwein
3 EL Zitronensaft
6 Thunfischsteaks à 200 g

Olivenpaste
1 Tasse schwarze Oliven, entsteint
2 TL Kapern
1 Knoblauchzehe, zerdrückt
1–2 EL Olivenöl
1 EL Petersilie, feingehackt
6 EL saure Sahne

1 Olivenöl, Weißwein und Zitronensaft in einem kleinen Schraubdeckelglas zu einer Soße schütteln. Thunfischsteaks nebeneinander in eine flache Keramik- oder Glasschüssel legen. Mit Marinade begießen und 1 Stunde kalt stellen. Nach der Hälfte der Zeit Thunfisch wenden.
2 Für die Olivenpaste Oliven, Kapern, Knoblauch und Öl in der Küchenmaschine in 30 Sekunden glattrühren, dabei Momentschaltung benutzen. Bis zum Verzehr kalt stellen.
3 Thunfischsteaks von der Platte nehmen und Marinade aufheben. Fisch auf einen vorgeheizten, leicht geölten Holzkohlegrill oder eine Grillplatte legen. Bei starker Hitze auf jeder Seite 2–3 Minuten grillen; dabei immer wieder mit der Marinade bepinseln. Oder in einer mit Folie ausgelegten Grillpfanne unter starker Hitze 2–3 Minuten pro Seite grillen; auch dabei bepinseln. Gehackte Petersilie in die Olivenpaste rühren, 10 Minuten bei Zimmertemperatur beiseite stellen.
4 Zum Servieren Thunfisch auf die Teller verteilen, je 1 Löffel Olivenpaste und saure Sahne obendraufgeben. Sofort servieren.

THUNFISCH TERIYAKI

☆ ***Vorbereitungszeit:*** 10 Minuten + 30 Minuten marinieren
Kochzeit: 10 Minuten
Für 4 Personen

500 g Thunfischfilet

Teriyaki-Marinade
2 cm Stück Ingwer, feingerieben
3 EL Sojasoße
1–2 EL Zitronensaft
3 EL trockener Sherry
½ Tasse Fischbrühe

1 Thunfischfilet falls nötig enthäuten; in vier gleich große Teile schneiden.
2 In einer flachen Schale alle Marinadenzutaten gründlich verrühren.
3 Thunfisch in die Marinade legen und mindestens 30 Minuten ziehen lassen; Thunfisch gelegentlich wenden.
4 Thunfisch auf einer mit Folie ausgeschlagenen Grillpfanne etwa 2–3 Minuten pro Seite grillen, bis das Fleisch auseinanderfällt. Während des Grillens mit der Marinade bepinseln, dann sofort servieren.

FRISCHER THUNFISCH MIT KRÄUTERN UND BALSAMESSIG

☆ ***Vorbereitungszeit:*** 5 Minuten
Kochzeit: 10 Minuten
Für 4 Personen

3 EL Olivenöl
4 Thunfischsteaks
1 El Petersilie, gehackt
1 EL Basilikum, gehackt
3 EL Balsamessig

1 Öl in einer großen Bratpfanne erhitzen. Thunfischsteaks nebeneinander in die Pfanne hineingeben und auf beiden Seiten bei mittlerer Hitze etwa 10 Minuten braten (die Bratzeit hängt von der Dicke der Fischsteaks ab).
2 Thunfischsteaks auf einen Servierteller geben. Mit gehackter Petersilie und Basilikum bestreuen und mit Balsamessig beträufeln.

Anmerkung: Thunfisch ist ein sehr fetthaltiger Fisch; er sollte deshalb so frisch wie möglich verzehrt werden. Thunfischsteaks werden gewöhnlich mit Haut zubereitet.

Oben: Frischer Thunfisch mit Kräutern und Balsamessig.
Gegenüber: Thunfischsteaks mit Olivenpaste

FRISCHE THUNFISCH-KLÖSSCHEN

☆ ***Vorbereitungszeit:*** 20 Minuten
Kochzeit: 10–15 Minuten
Für 4 Personen

500 g frisches Thunfischfilet
1 mittelgroße Zwiebel, gehackt
1 ½ Tassen zerdrückte Kartoffeln
1 EL Pimiento, feingehackt
Pfeffer
2 EL Petersilie, feingehackt
gewürztes Mehl
1 Ei, verquirlt
Semmelbrösel
Öl zum Ausbacken

1 Thunfischfilet enthäuten, in kleine Stücke schneiden und durch die feine Scheibe des Fleischwolfes drehen.
2 Thunfischmasse in einer Schüssel mit Zwiebel, Kartoffeln, Pimiento, Pfeffer und Petersilie gut vermischen. Löffelweise zu Klößchen formen.
3 Klößchen in Mehl wälzen, in verquirltes Ei tauchen und in Semmelbröseln wenden.
4 Immer nur wenige Klößchen gleichzeitig in das heiße Öl geben. Goldgelb ausbacken, einmal wenden. Anschließend auf Küchenpapier abtropfen lassen und servieren.

FRISCHE THUNFISCH-FETTUCCINE

☆☆ ***Vorbereitungszeit:*** 15 Minuten
Kochzeit: 15–20 Minuten
Für 6 Personen

750 g Fettuccine
2 große, reife Tomaten
125 g frischer Spargel, in 3 cm langen Stücken
½ Tasse Olivenöl
500 g Thunfischsteaks
3 Knoblauchzehen, zerdrückt
2 Zwiebeln, in Ringe geschnitten
¼ Tasse Basilikum, in feinen Streifen
¼ Tasse Kapern, gehackt

1 Fettuccine in einem großen Topf mit sprudelndem Salzwasser bißfest kochen. Abgießen und mit etwas Öl vermischen, damit sie nicht kleben.
2 Tomaten enthäuten und hacken. Spargel 2 Minuten in stark kochendes Wasser geben, abgießen, kalt abspülen und abtropfen lassen.
3 1–2 El Öl in einer großen Pfanne erhitzen. Thunfischsteaks darin auf jeder Seite 2 Minuten braun braten; Gräten entfernen und beiseite stellen.
4 Restliches Öl in der Pfanne erhitzen, Knoblauch und Zwiebel zufügen und bei mittlerer Hitze 3 Minuten dünsten. Wenn der Fisch gar ist, gekochte Fettuccine, Spargel, Thunfisch, gehackte Tomaten, Basilikum und Kapern hinzufügen.

pazifischen Inseln, in Indonesien, Afrika und auf den Philippinen. Sie wird in gesüßter Milch oder Wasser als Dessert gekocht oder zum Andicken von Suppen und Eintöpfen verwendet.

Taramasalata Sahniger Dip aus pürierten *tarama,* getrockneten, gesalzenen und gepreßten Rogen der Seebarbe und Brot, Knoblauch, Zwiebel, Olivenöl und Zitronensaft.

Taro Unterart der Süßkartoffel. Unter der braunen Schale mit ringartiger Gliederung liegt das feste, helle Fruchtfleisch. Im Pazifik und in Südostasien wird sie gekocht oder gebacken als Gemüse serviert oder gedämpft und gesüßt zu Süßspeisen verarbeitet.

Tarte Tatin Apfelkuchen, in dem karamelisierte Äpfel mit einer Lage Teig bedeckt werden. Nach dem Backen wird der Kuchen herumgedreht und mit der Obstseite nach oben heiß serviert.

Taube Kleiner Wildvogel mit charakteri-

TEIGREZEPTE

EINFACHER MÜRBETEIG

In diesem Rezept wird Senf verwendet; es ist also für pikante Pies und Kuchen geeignet. Für süße Gerichte ersetzt man den Senf durch 2 EL feinen Zucker. Menge reicht für eine Form von 23 cm. 2 ½ Tassen Mehl und ½ TL Senfpulver in der Küchenmaschine mit 125 g kleingeschnittener kalter Butter zu Bröseln, dann langsam mit 2–3 EL kaltem Wasser zu einem Teig verarbeiten; eventuell Wasser zufügen. In Folie wickeln, 30 Minuten im Kühlschrank kalt stellen.

Zubereitung ohne Maschine: Mehl und Senfpulver in eine Schüssel sieben; Butter zufügen. Mit den Fingerspitzen 3 Minuten ineinanderreiben, bis feine Krümel entstehen. Mit Wasser zu einem weichen Teig verarbeiten, zu einer Kugel formen und in Folie gewickelt 30 Minuten kühlen.

FEINER MÜRBETEIG

Für süße Kuchen, Torten und Pies verwendet man feinen Mürbeteig (Menge für eine 23-cm-Form). 2 Tassen Mehl mit 125 g kalter, kleingeschnittener Butter und 2 EL Zucker in der Küchenmaschine verarbeiten. 1 Eigelb zufügen, dann langsam mit 2–3 EL kaltem Wasser zu einem Teig verarbeiten; eventuell mehr Wasser zufügen. In Folie wickeln und 30 Minuten kühlen.

Zubereitung ohne Maschine: Mehl in eine Schüssel sieben; Butter zufügen. Mit den Fingerspitzen 3 Minuten ineinanderreiben, bis feine Krümel entstehen. Zucker dazugeben. Mit Eigelb und Wasser zu einem weichen Teig verarbeiten, zu einer Kugel formen und in Folie gewickelt 30 Minuten kühlen.

APRIKOSENBLÄTTERTEIG-GEBÄCK

2 Scheiben Fertigblätterteig ausrollen, in je 9 Quadrate teilen. 30 g weiche Butter mit ¼ Tasse Puderzucker glattrühren. 1 Eigelb und ¼ Tasse gemahlene Mandeln unterheben.

Etwas Füllung auf jedes Teigquadrat streichen. Je zwei Aprikosenhälften aus der Dose diagonal in die Mitte setzen, die anderen beiden Teigecken darüber zusammenlegen und festdrücken. Ofen auf 210 °C vorheizen. Gebäckstücke auf ein Backblech setzen und in etwa 15 Minuten goldbraun backen. Aus dem Ofen nehmen.

½ Tasse Aprikosenmarmelade mit 1–2 EL Wasser erhitzen. Durch ein Sieb streichen und das Gebäck damit glasieren. Abgekühlt servieren.

BRANDTEIG

1 Tasse Mehl, 1 TL feiner Zucker und ¼ TL Salz mischen. 1 Tasse Wasser mit 90 g Butter in einem Topf erhitzen, bis die Butter geschmolzen ist. Vom Herd nehmen und die Mehlmischung auf einmal hineinschütten. Mit einem Holzlöffel kräftig rühren, bis die Mischung einen Kloß bildet.

Teigkloß in eine Rührschüssel umfüllen und nach und nach die Eier einzeln unterrühren (der Teig soll glatt und glänzend werden). Gehäufte Teelöffel des Teigs mit ausreichend Abstand auf ein gefettetes Backblech geben. Bei 220 °C 10 Minuten backen, Hitze auf 180 °C reduzieren und in weiteren 15 Minuten goldbraun und knusprig backen. Backofen ausschalten.

Jeden Windbeutel an der Seite einschneiden und bei offener Tür 10 Minuten in den Backofen stellen, damit die Mitte trocknet. Auf Kuchengitter abkühlen lassen. Kurz vor dem Servieren aufschneiden und füllen.

FÜLLUNGEN FÜR WINDBEUTEL

Sahnewindbeutel: Windbeutel mit Schlagsahne füllen, mit Puderzucker bestreuen.

Profiteroles: Sehr kleine Windbeutel backen, mit Crème Pâtissière füllen, mit Schokoladensoße garnieren.

Pikante Windbeutel: Zucker weglassen, mit Lachs- oder Käsecreme füllen.

Lachsfüllung: 60 g Butter erhitzen und ¼ Tasse Mehl zufügen. Bei schwacher Hitze 2 Minuten rühren. 1 ¼ Tassen Milch nach und nach angießen. Unter ständigem Rühren zum Kochen bringen; eindicken lassen. Noch 1 Minute kochen. Vom Herd nehmen. 125 g Lachs aus der Dose enthäuten, entgräten und in Stücke pflücken. Mit 2 TL Zitronensaft, 1 EL Mayonnaise und ⅓ Tasse feingehackten Schnittlauch in den Topf geben, vorsichtig glattrühren.

Käsefüllung: 1 EL Butter erhitzen, 125 g Champignons in dünnen Scheiben zugeben und in 3 Minuten gar dünsten. ¼ Tasse Mehl und 1 TL schwarzen Pfeffer aus der Mühle zufügen. Bei schwacher Hitze 2 Minuten rühren, bis die Mischung goldgelb ist. 1 Tasse Milch und 4 EL Sahne langsam zugießen und glattrühren. Unter ständigem Rühren zum Kochen bringen; eindicken lassen. Noch 1 Minute kochen lassen. Vom Herd nehmen. ½ Tasse geriebenen Cheddar oder Gouda und ¼ Tasse feingehackte Petersilie unterziehen.

Im Uhrzeigersinn von oben rechts: Quiche Lorraine (S. 374); Weihnachtstörtchen (S. 99); Windbeutel; Heidelbeer-Käse-Torte (S. 77); Zitronen-Limonen-Kuchen (S. 277); Obsttörtchen (S. 255) und Aprikosenblätterteiggebäck

stischem, dunklem Fleisch; junge Tauben haben milderes, helles Fleisch. Zuchttauben werden gegrillt oder gebraten; das Brustfleisch kann, in feine Scheiben geschnitten, roh mit einer Soße serviert werden. Ältere Vögel oder Wildvögel sind zäher und benötigen eine längere Zubereitungszeit.

Tee Getränk, das durch Überbrühen von Teeblättern (den getrockneten Blättern eines mit den Kamelien verwandten

Strauchs) mit siedendem Wasser zubereitet wird. Es wird eisgekühlt oder heiß, wahlweise mit Milch, Zucker oder Kandis serviert. Tee wurde vermutlich bereits vor 5000 Jahren in China angebaut. Kräutertees sind Aufgüsse mit frischen oder getrockneten Blüten oder Blättern wie Minze, Hagebutte, Ysop, Salbei und Kamille.

Teekuchen Leichter Kuchen, der warm, aufgeschnitten und gebuttert verzehrt wird. Der traditionelle englische Teekuchen ist rund, aus Hefeteig,

1

2

3

TINTENFISCH

MARINIERTER TINTENFISCH-SALAT

☆ ***Vorbereitungszeit:*** 25 Minuten + 1 Stunde marinieren
Kochzeit: 10 Minuten
Für 4 Personen

800 g kleine Tintenfische
5–6 EL Olivenöl
2 Knoblauchzehen, zerdrückt
1 mittelgroßer roter Paprika, feingehackt
1–2 EL thailändische süße Chilisoße
2 EL gehackter, frischer Koriander
3 EL Zitronensaft

1 Tintenfische putzen, entweder den ganzen Kopf abschneiden oder Kopf aufschlitzen, Beutel entfernen.
2 Körper in die Hand nehmen, mit dem Zeigefinger Knorpel hochdrücken. Entfernen und wegwerfen. Unter fließendem Wasser reinigen und trockentupfen. Tintenfische, Öl und Knoblauch mischen. Mit Frischhaltefolie bedecken, 1–2 Stunden ziehen lassen.
3 Grill stark aufheizen. Tintenfische darunter gar grillen, (etwa 3–5 Minuten). Auf Küchenpapier gut abtrocknen lassen. Paprika, Chilisoße, Koriander und Zitronensaft in einer Servierschüssel mischen, Tintenfisch hineingeben, mischen. Warm oder kalt servieren.

TINTENFISCH IN ROTWEIN

☆☆ ***Vorbereitungszeit:*** 20 Minuten
Kochzeit: 35 Minuten
Für 4 Personen

1 kg kleine Tintenfische
5–6 EL Olivenöl
1 große Zwiebel, feingehackt
2 Lorbeerblätter
3 EL trockener Rotwein
3 EL brauner Essig
½ TL zerstoßener schwarzer Pfeffer
½ TL getrocknete Oreganoblätter

1 Tintenfisch putzen, mit einem kleinen, scharfen Messer Kopf entfernen. Körper in die Hand nehmen und mit dem Zeigefinger den Knorpel hochdrücken. Entfernen und wegwerfen. Tintenfisch anschließend unter fließendem Wasser reinigen, trockentupfen.
2 Tintenfisch, Öl, Zwiebel und Lorbeerblätter in eine große, schwere Bratpfanne geben. Ohne Deckel bei mittlerer Hitze etwa 20 Minuten braten, gelegentlich umrühren.
3 Restliche Zutaten in die Pfanne geben. Aufkochen, Hitze reduzieren, zugedeckt etwa 15 Minuten gar köcheln lassen. Warm oder kalt mit griechischem Salat servieren.

TOFU

GEMÜSE MIT TOFU, IN HONIG GESCHMORT

☆ ***Vorbereitungszeit:*** 30 Minuten
Kochzeit: 15 Minuten
Für 6 Personen

8 Chinesische Pilze, getrocknet
3 dünne Scheiben Ingwer
2–3 EL Erdnußöl
250 g Süßkartoffeln, halbiert und geschnitten
2–3 EL Sojasoße
45 g gebratener Tofu, in 1 cm Streifen
1–2 EL Honig
2 TL Sesamöl
2 TL Maismehl (Maisstärke)
4 Frühlingszwiebeln (Schalotten), auf 4 cm Länge geschnitten
410 g Maiskölbchen aus der Dose
230 g Wasserkastanien, aus der Dose, abgetropft

1 Pilze in heißem Wasser 30 Minuten einweichen. Abtropfen lassen, ¾ der Flüssigkeit aufbewahren. Pilze ausdrücken, überschüssiges Wasser entfernen. Stengel entfernen. Pilze fein schneiden. Ingwer fein schneiden.
2 Öl in Wok oder schwerer Bratpfanne erhitzen, dabei schwenken, um Boden und Seiten gut zu bedecken. Ingwer zugeben und bei mittlerer Hitze 1 Minute kurz anbraten. Pilze zugeben und 30 Sekunden kurz anbraten. Süßkartoffeln, Sojasoße, gebratenen Bohnenquark, Honig, Sesamöl und Pilzflüssigkeit zugeben. Ohne Deckel 15 Minuten köcheln lassen.
3 Maisstärke in etwas Wasser anrühren, zum Gemüse geben. Rühren, bis die Flüssigkeit eindickt. Frühlingszwiebeln, Mais und Wasserkastanien zugeben; 1 Minute köcheln lassen.

Anmerkung: Getrocknete Lilienknospen sind in chinesischen Lebensmittelgeschäften erhältlich. Verwendet wegen ihrer Textur und dem eigentlichen Geschmack sind sie durch nichts anderes zu ersetzen. Doch es verändert dieses Gericht nicht grundlegend, wenn sie weggelassen werden.

WISSENSWERTES ÜBER TOFU

- Frischer Bohnenquark oder Tofu wird in Supermärkten, asiatischen Lebensmittelgeschäften und Naturkostläden in Plastikbehältern in der Kühltruhe vorrätig gehalten; nach dem Öffnen 4 Tage im Kühlschrank haltbar. Festen (gepreßten) Tofu gibt es in quadratischen Päckchen; eignet sich besonders zum Schneiden, Würfeln und zum kurz Anbraten; weicher Tofu eignet sich zum Mischen mit anderen Zutaten und zum Anreichern von Gerichten. Gebratener Tofu ist manchmal auch vakuumverpackt erhältlich.
- Haltbar gemachter Tofu hält sich ungekühlt bis zu 6 Monate.
- Auch Tofupulver ist im Handel erhältlich.

Oben: Gemüse mit Tofu, in Honig geschmort.
Gegenüber: Marinierter Tintenfischsalat

aufgeschnitten und getoastet; dann wird er heiß mit Butter serviert, mit Zucker oder Gewürzen bestreut oder anderweitig belegt.

Teig Mischung aus Mehl und Flüssigkeit, meist Wasser, der oft noch andere Zutaten (Butter, Margarine, Gewürze und Süßstoffe) zugefügt werden; dann zu Brot oder

Gebäck verbacken. Es gibt zwei Teigtypen: weichen Teig, mit etwas höherem Flüssigkeitsgehalt für Scones und Doughnuts; zäheren Teig, mit weniger Flüssigkeitsgehalt für Kuchen, Pasteten und Plätzchen. Gegorener Teig, auch Sauerteig genannt, wird beim Brotbacken verwendet; er dient an Stelle von Hefe als Treibmittel.

Terrine Zubereitung aus feingehacktem Fleisch, Geflügel, Wild, Fisch oder Gemüse, die in einer

tiefen Form mit geraden Wänden gekocht wird. Die Form wird mit Speckscheiben ausgelegt, damit das Fleisch nicht austrocknet, und mit einem dichten Deckel verschlossen.

Thaiküche Thaiküche ist für die gelungene Verbindung von süßen, scharfen, salzigen, bitteren und sauren Aromen bekannt. Sie

ist von China, Indien, Java, Kambodscha und Sri Lanka beeinflußt. Die Chilischote erreichte Thailand erst im 16. Jh. durch die Portugiesen. Heute gehört sie mit Minze, Basilikum, Frühlingszwiebeln, Koriander und Kokosmilch zu den wichtigsten Würzzutaten. Eine traditionelle Mahlzeit besteht aus vielen verschiedenen Gerichten, die nach der Ausgewogenheit der Aromen, Strukturen und Farben ausgewählt werden. Alle werden gleichzeitig serviert und mit Löffel und Gabel warm oder zimmerwarm verzehrt. Reis

gehört immer dazu. Die Hauptmahlzeit wird immer mit frischen, tropischen Früchten und Kuchen und Desserts aus Mungbohnenmehl, Reis, Kokosnuß,

TOFUSALAT ASIATISCHE ART

☆ ***Vorbereitungszeit:*** 20 Minuten + 1 Stunde marinieren
Für 4 Personen

2 TL thailändische süße Chilisoße
½ TL Ingwer, gerieben
1 Knoblauchzehe, zerdrückt
2 TL Sojasoße
3 EL Öl
250 g fester Tofu
100 g Zuckererbsen, in 3 cm lange Stücke geschnitten
2 kleine Möhren, in streichholzgroße Stifte geschnitten
100 g Rotkraut, in feine Streifen geschnitten
2 EL Erdnüsse, gehackt

1 Chilisoße, Ingwer, Knoblauch, Sojasoße und Öl in einem kleinen Schraubdeckelglas gut schütteln. Tofu in 2 cm große Würfel schneiden, Marinade darübergießen und umrühren. In einer Schüssel mit Plastikfolie bedeckt 1 Stunde im Kühlschrank ziehen lassen.

2 Zuckererbsen in einen Topf geben, mit kochendem Wasser überbrühen und 1 Minute ziehen lassen. Abgießen und in Eiswasser tauchen; gut abtropfen lassen.

3 Zuckererbsen, Möhren und Kohl zum Tofu geben und alles vorsichtig unterheben. In einer Servierschüssel oder auf 4 einzelnen Tellern anrichten, mit Nüssen bestreuen und den Salat sofort servieren.

FRITIERTER TOFU

☆ ***Vorbereitungszeit:*** 10 Minuten
Kochzeit: 10 Minuten
Für 4 Personen

375 g fester Tofu am Stück
½ Tasse Reismehl
2 TL Koriander, gemahlen
1 TL Kardamom, gemahlen
1 Knoblauchzehe, zerdrückt
½ Tasse Wasser
Öl zum Fritieren

1 Tofu abtropfen lassen, in Scheiben schneiden.

2 Mehl, Knoblauch und Gewürze in einer Schüssel mischen und mit dem Wasser glattrühren.

3 Öl in einem schweren Topf erhitzen. Tofuscheiben in die Gewürzmischung tauchen.

4 Drei Tofuscheiben langsam in das heiße Öl geben und bei mittlerer Hitze auf jeder Seite in 1 Minute knusprig und goldbraun fritieren; auf Küchenpapier abtropfen lassen. Heiß mit Tomaten-Chilisoße zum Dippen servieren.

WISSENSWERTES ÜBER TOFU

- Tofu wird auch als Bohnenquark oder Sojakäse bezeichnet. Genau wie Tempeh (aus gekochter und fermentierter Sojapaste hergestellt) ist er ein eiweißhaltiges Nahrungsmittel.
- Tofu immer mit Wasser bedeckt im Kühlschrank aufbewahren. Er bleibt bis zu einer Woche frisch.
- Tofu ist in unterschiedlicher Konsistenz erhältlich. Zum Braten oder für Salate eignen sich die festen Sorten besser, auch gebraten erhältlich.

TOMATEN

WARMER TOMATENSALAT MIT KRÄUTERN

☆ ***Vorbereitungszeit:*** 20 Minuten
Kochzeit: 15 Minuten
Für 6 Personen

1 Knoblauchzehe, zerdrückt
1–2 EL Olivenöl
12 Scheiben französisches Weißbrot, 2 cm dick
zusätzlich 1–2 EL Olivenöl
250 g Kirschtomaten
250 g gelbe Tomaten
¼ Tasse Basilikumblätter, in feine Streifen geschnitten
1 EL frisches Estragon, gehackt
¼ Tasse frische Petersilie, gehackt
Salz und schwarzer Pfeffer aus der Mühle

1 Backofen auf 180 °C vorheizen. Knoblauch und Öl in einer kleinen Schüssel verrühren. Brot auf einer Seite mit der Mischung bepinseln, auf ein Backblech legen und 7 Minuten rösten. Brot wenden, andere Seite bepinseln und noch einmal 5 Minuten rösten. Zum Abkühlen beiseite stellen.
2 Zusätzliches Öl in einer Pfanne erhitzen. Tomaten darin bei mittlerer Hitze unter Rühren 2 Minuten weich dünsten.
3 Kräuter, Salz und Pfeffer hinzufügen und unter Rühren 1 Minute braten. Warm mit Croûtons servieren.

Oben: Warmer Tomatensalat mit Kräutern.
Gegenüber, oben: Tofusalat asiatische Art;
unten: Fritierter Tofu

KIRSCHTOMATEN MIT PESTO

☆ ***Vorbereitungszeit:*** 35 Minuten
Ergibt etwa 50 Stück

1 Tasse frische Petersilie, gehackt
2 Knoblauchzehen
2 EL Pinienkerne
4 EL Olivenöl
⅔ Tasse Parmesan, gerieben
¼ Tasse frische Basilikumblätter
15 g Butter, zimmerwarm
Pfeffer aus der Mühle
500 g Kirschtomaten

1 Petersilie, Knoblauch, Pinienkerne und Öl in der Küchenmaschine rasch zu einem weichen Püree verarbeiten.
2 Restliche Zutaten mit Ausnahme der Tomaten hinzufügen. Gut verrühren, bis eine glatte Masse entsteht.
3 Von den Tomaten oben Deckel abschneiden. Etwas Pesto auf die Tomaten geben (oder mit dem Löffel Tomaten etwas aushöhlen, damit mehr Pesto hineinpaßt). Bis zum Verzehr in den Kühlschrank stellen.

Palmzucker und Eiern abgeschlossen.

Thunfisch Großer Salzwasserfisch mit dunklem, festem Fleisch, das beim Kochen rosa wird und ein intensives Wildaroma hat. Frischer Thunfisch kann

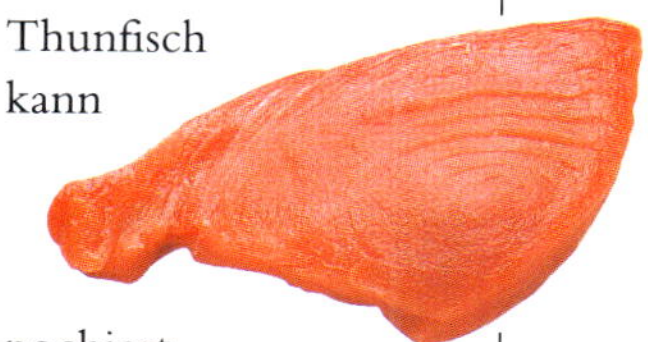

pochiert, gebacken oder gegrillt werden; auch roh in hauchdünne Scheibchen geschnitten ist er genießbar (siehe Sashimi).

Thymian Duftendes Küchenkraut mit schmalen, länglichen, graugrünen Blättern. Das starke Aroma und der Duft erinnern an Nelken. Zum Marinieren von Lamm, Rind und Geflügel verwendet; gehört mit Lorbeerblatt und Petersilie zum *bouquet garni.*

Tilsiter Halbfester Schnittkäse aus Kuhmilch, hellgelb und fruchtig-mild bis leicht säuerlich im Geschmack.

Timbalen (Becherpasteten) Meist pürierte Mischungen aus Fleisch, Geflügel, Meeresfrüchten oder Gemüse, die in einzelnen hohen Formen angerichtet werden. Den Namen haben sie von den Formen, in denen sie zubereitet werden (franz. *timbale* = Kesselpauke).

Tintenfisch Eine zähfleischige Salzwassermolluske mit acht Tentakeln, einem großen Kopf mit starkem Schulp und einem kleinen, sackartigen Körper. Zum Essen eignen sich die kleinen Arten am besten. Tintenfisch sollte entweder ganz langsam (in Wein oder im eige-

nen Sud) oder bei starker Hitze in kurzer Zeit zubereitet werden. Entweder gefüllt oder in Ringe geschnitten, in einem Ausbackteig gewendet und fritiert verzehrt.

Tiramisu Üppiges, italienisches Dessert aus Löffelbiskuits, die mit einer Mischung aus Likör und Kaffee beträufelt und abwechselnd mit einer Creme aus Mascarpone, Schokolade und Eiern in eine Form geschichtet werden; es wird gekühlt und mit einer dicken Lage Kakaopulver bestäubt serviert.

Tofu (Sojaquark) Weiße bis rahmfarbene, glatte und relativ

TOMATEN-PAPRIKA-GEMÜSE

☆ ***Vorbereitungszeit:*** 15 Minuten
Kochzeit: 15 Minuten
Für 4–6 Personen

2 EL Olivenöl
1 große rote Zwiebel, gehackt
2 große rote Paprikaschoten, in Stücke geschnitten
1 große grüne Paprikaschote, in Stücke geschnitten
4 große reife Tomaten, enthäutet und gehackt
2 TL weicher, brauner Zucker

1 Öl in einem Topf erhitzen. Zwiebel darin bei schwacher Hitze weich dünsten.
2 Paprikastücke hinzufügen und bei mittlerer Hitze unter ständigem Rühren 5 Minuten dünsten.
3 Tomaten und braunen Zucker einrühren. Hitze reduzieren und Gemüse bei geschlossenem Topf in 6–8 Minuten gar kochen.

KNUSPRIGE TOMATEN-OLIVEN-ECKEN

☆ ***Vorbereitungszeit:*** 20 Minuten
Kochzeit: 20–25 Minuten
Für 8 Personen

15 g Butter
2 TL Olivenöl
2 große Zwiebeln, in Ringe geschnitten
$\frac{1}{3}$ Tasse mit Paprika gefüllte Oliven
$\frac{1}{3}$ Tasse sonnengetrocknete Tomaten, abgetropft
2 Lagen Lavash-Brot

1 Backofen auf 180 °C vorheizen. Zwei Backbleche (32 x 28 cm) mit Alufolie auslegen. Butter und Öl in einer schweren Pfanne erhitzen. Zwiebel darin bei mittlerer Hitze kräftig braun braten. Vom Herd nehmen und auf Küchenpapier abtropfen lassen.

2 Oliven und Tomaten in der Küchenmaschine in 20 Sekunden zu einer ziemlich glatten Masse mixen. Mischung gleichmäßig auf das Brot streichen, mit Zwiebelringen belegen und auf die beiden Backbleche legen. In 20 Minuten dunkel und knusprig backen.
3 5 Minuten auf dem Blech ruhenlassen; dann herunternehmen. Zum Servieren in Dreiecke schneiden.

TOMATENSALAT AUS GEBRATENEN TOMATEN

☆ ***Vorbereitungszeit:*** 15 Minuten
Kochzeit: 20 Minuten
Für 6 Personen

6 mittelgroße reife Tomaten
1–2 EL Olivenöl
3 EL Weißweinessig
zusätzlich 4 EL Olivenöl
$\frac{1}{2}$ TL französischer Senf
12 Basilikumblätter, in feine Streifen geschnitten

1 Backofen auf 180 °C vorheizen. Backblech mit Öl bepinseln. Von den Tomaten mit einem scharfen Messer Stielansatz entfernen. Mit der Schnittseite nach unten auf das Blech setzen. In die Haut jeder Tomate ein großes Kreuz ritzen, dabei das Fleisch nicht verletzen. Mit etwas Öl bepinseln und 20 Minuten braten; abkühlen lassen.
2 Essig, Öl und Senf zu einer Soße verrühren. Tomaten schälen und auf eine Platte oder einzelne Teller setzen. Die Tomaten vorsichtig mit der Soße beträufeln und mit Basilkum bestreuen.

FRISCHES TOMATENRELISH

☆ ***Vorbereitungszeit:*** 20 Minuten
Kochzeit: 20 Minuten
Für 6 Personen

1–2 EL Olivenöl
1 kleine rote Zwiebel, feingehackt
3 reife Tomaten, enthäutet und gehackt
½ Tasse Rotweinessig
2 TL weicher, brauner Zucker
2 Zucchini, gehackt
1 grüne Paprikaschote, gehackt
½ Tasse schwarze Oliven, entsteint und gehackt
1 EL Kapern
2 EL Pinienkerne
2 EL großblättrige Petersilie, feingehackt

1 Öl in einem Topf erhitzen. Zwiebel darin bei schwacher Hitze und geschlossenem Topf 1 Minute dünsten. Tomaten hinzufügen und bei geschlossenem Topf weich dünsten. Essig und Zucker dazugeben und im offenen Topf 10 Minuten köcheln lassen; die Soße soll sich reduzieren und eindicken.
2 Zucchini und Paprika hinzufügen und bei geschlossenem Topf gar kochen. Das Gemüse etwa 10 Minuten abkühlen lassen. Oliven, Kapern, Pinienkerne und Petersilie zusammen unterziehen und gut mischen.

Oben: Grilltomaten mit Bruschetta.
Gegenüber, oben: Tomaten-Paprika-Gemüse; unten: Knusprige Tomaten-Oliven-Ecken

GRILLTOMATEN MIT BRUSCHETTA

☆ ***Vorbereitungszeit:*** 15 Minuten
Kochzeit: 35 Minuten
Für 4 Personen

1 Laib italienisches Brot
4 große reife Tomaten
½ TL getrockneter Majoran
Salz und schwarzer Pfeffer aus der Mühle
3 EL Olivenöl
3 EL Rotweinessig
1 TL weicher, brauner Zucker
zusätzlich 3 EL Olivenöl
1 Knoblauchzehe, halbiert
½ Tasse eingelegte Artischocken, abgetropft und gehackt
1 EL großblättrige Petersilie, feingehackt

1 Brot in dicke Scheiben schneiden. Grill vorheizen, Tomaten halbieren und Kerne vorsichtig herausdrücken. Mit der Schnittstelle nach oben in eine flache feuerfeste Form legen. Majoran, Salz, Pfeffer, Öl, Essig und Zucker in einem kleinen Schraubglas zu einer Soße schütteln und über die Tomaten gießen.
2 Tomaten unter dem heißen Grill 30 Minuten grillen; dabei einmal umdrehen. Vom Herd nehmen und warm halten.
3 Brotscheiben großzügig von beiden Seiten mit Öl bepinseln und goldgelb rösten. Mit Knoblauch einreiben. Gegrillte Tomaten auf die Brotscheiben setzen, mit Artischocken belegen und mit Petersilie bestreuen. Sofort servieren.

geschmacksneutrale Masse. Gequetschte Sojabohnen werden mit Wasser gekocht. Der daraus entstehenden Sojamilch wird ein Gerinnungsmittel zugesetzt. Tofu wird

wegen seines Eiweißgehalts geschätzt und ist in der Küche Chinas, Japans und Südostasiens weit verbreitet.

Tomate Runde, glattschalige, saftige Frucht mit vielen Kernen und kräftigem, leicht süßlichem Aroma, die als Gemüse verwendet wird. Man genießt sie roh im Salat, gekocht in einer Fülle von Soßen und Gerichten oder als Saft.

Torte Süßes oder herzhaftes Gebäck mit Füllung (z. B. Sahnetorte, Lauchtorte).

Tortellini Kleine Nudelringe, gefüllt mit Fleisch, Käse oder Gemüse.

Tortilla Hauchdünnes mexikanisches Fladenbrot aus Mais- oder Weizenmehl, auf einer Eisenplatte gebacken, aber nicht gebräunt. Zum Einwickeln von Füllungen oder als eßbare Teller verwendet.

Tournedos (Lendenschnitte) Auch als *Filet mignon* bekannt. Kleine, rund geschnittene Scheibe aus einem Filetstück. Wird gegrillt oder gebraten und auf Toast mit Soße serviert.

Trifle Traditionelles englisches Dessert aus verschiedenen Lagen mit Sherry getränkten Biskuits (Sponge Cake). Dazwischen werden Obst oder Marmelade, Sahne, Eiercreme oder zerdrückte Nüsse eingeschichtet.

Trüffel Großer, wildwachsender Speisepilz, mit knolligem Stamm und einer fleischigen, braunen Kappe. Im Herbst unter dem Laub von Eichen und Kastanienbäumen zu finden. Man verwendet sie in Pâtés, in Nudelsoßen und als Füllung für Omeletts. Es gibt schwarze und die italienischen weißen Trüffeln.

GEFÜLLTE TOMATEN

☆ ***Vorbereitungszeit:*** 20 Minuten + 15 Minuten Ruhezeit
Kochzeit: 40 Minuten
Für 6 Personen

¼ Tasse Burghul
⅓ Tasse heißes Wasser
1–2 El Öl
1 kleine Zwiebel, feingehackt
500 g Rinderhackfleisch
60 g sonnengetrocknete Tomaten, in dünne Scheiben geschnitten
2 EL Tomatenmark
1–2 EL Barbecuesoße
1 TL getrockneter Oregano
1 EL Petersilie, feingehackt
6 große feste Tomaten
2 TL Olivenöl

1 Backofen auf 180 °C vorheizen. Tiefe Auflaufform mit Öl bepinseln. Burghul in einer Schüssel mit heißem Wasser begießen und 15 Minuten quellen lassen. Feuchtigkeit aus dem Burghul drücken. Öl in einer schweren Bratpfanne erhitzen, Zwiebeln und Hackfleisch zugeben. Mit der Gabel größere Brocken beim Braten zerdrücken, 5 Minuten braten, überschüssige Flüssigkeit abgießen. In eine Rührschüssel füllen.
2 Burghul, sonnengetrocknete Tomaten, Tomatenmark, Barbecuesoße, Kräuter dazugeben.
3 Vom Boden jeder Tomate eine 2 cm dicke Scheibe abschneiden. Kerne und Zwischenwände herausnehmen. Öffnung mit der Hackfleischmischung füllen und Deckel wieder aufsetzen.
4 Jede Tomate ringsherum mit Öl bepinseln, in die Form setzen. 35 Minuten backen.

TOMATENSUPPE MIT BRAUNEN LINSEN

☆ ***Vorbereitungszeit:*** 10 Minuten
Kochzeit: 40 Minuten
Für 4 Personen

1 große Zwiebel
1 Tasse braune Linsen
4 EL Olivenöl
1 Knoblauchzehe, zerdrückt
¼ Tasse Tomatenmark
2 kleine getrocknete Chillies
1 Lorbeerblatt
1 l Wasser
Salz und schwarzer Pfeffer aus der Mühle

1 Öl in einem schweren Topf erhitzen, Zwiebel fein hacken. Linsen in kaltem Wasser waschen, gut abtropfen lassen.
2 Zwiebel und Knoblauch unter Rühren bei schwacher Hitze 10 Minuten braten.
3 Tomatenmark, Chilischoten, Lorbeerblatt, Linsen und Wasser hinzufügen und alles zum Kochen bringen. Hitze reduzieren und bei geschlossenem Topf 30 Minuten weich kochen.
4 Chilischoten und Lorbeerblatt entfernen. Mit Salz und Pfeffer abschmecken. Suppe mit frischem Krustenbrot servieren.

Oben: Tomatensuppe mit braunen Linsen; links: Gefüllte Tomaten. Gegenüber, oben: Heißes Tomatenbrot mit Käse; unten: Tomaten-Nudel-Salat

TOMATEN-NUDEL-SALAT

★ ***Vorbereitungszeit:*** 20 Minuten
Kochzeit: 12 Minuten
Für 10 Personen

½ Tasse sonnengetrocknete Tomaten in Öl, abgetropft
1–2 Knoblauchzehe, zerdrückt
1–2 EL Balsamessig
2–3 EL Öl (von den Tomaten)
½ Tasse Olivenöl
500 g Farfalle
1 Bund frischer grüner Spargel
250 g Kirschtomaten
250 g gelbe Tomaten
⅓ Tasse glatte Petersilie, gehackt
Salz, Pfeffer
frische Basilikumblätter zum Garnieren

1 Sonnengetrocknete Tomaten, Knoblauch, Essig und Öl in der Küchenmaschine in 20 Sekunden verrühren, so daß alles gut verbunden ist.
2 Pasta in einem großen Topf mit sprudelndem Salzwasser bißfest kochen; abtropfen lassen.
3 Spargel in kochendes Wasser legen, 2 Minuten ziehen lassen (sie sollen intensiv grün und etwas weicher werden). Abtropfen lassen und in Eiswasser tauchen. Nach dem Abkühlen den Spargel gut abtropfen lassen und mit Küchenpapier trockentupfen. Spargel in 3 cm lange Stücke schneiden. Kirschtomaten und gelbe Tomaten der Länge nach halbieren.
4 Salat mischen, so lange die Pasta noch warm ist: Pasta, Tomaten, Spargel und Petersilie in einer Servierschüssel mischen und die Tomatensoße darübergießen. Mit Salz und Pfeffer abschmecken. Mit Basilikum garnieren und servieren.

HEISSES TOMATENBROT MIT KÄSE

★ ***Vorbereitungszeit:*** 15 Minuten
Kochzeit: 15 Minuten
Für 10 Personen

60 g weiche Butter
⅓ Tasse Parmesan, gerieben
2 EL Tomatenpaste aus sonnengetrockneten Tomaten
1 El Basilikum, gehackt
2 französische Weißbrote

1 Backofen auf 210 °C vorheizen. Butter, Käse, Tomatenpaste und Basilikum in einer kleinen Rührschüssel miteinander verrühren.
2 Brote im Abstand von 1,5 cm fast durchschneiden, den Boden intakt lassen. Buttermischung zwischen die Scheiben streichen und anschließend Brot zusammenpressen.
3 Brot in Alufolie wickeln. 10 Minuten backen, Folie öffnen und in weiteren 5 Minuten knusprig backen.

Anmerkung: Die Brote können mehrere Stunden im voraus vorbereitet werden; sie werden dann kurz vor dem Servieren gebacken. Vorbereitete, ungebackene Brote können bis zu 2 Monate eingefroren werden. Paste aus sonnengetrockneten Tomaten ist in den meisten Feinkostgeschäften erhältlich.

Truthahn (Puter/Pute) Großer, schwerer Wildvogel, der in Amerika zu Hause ist und heute weltweit gezüchtet wird. Er wird wegen seines starken Brustfleisches geschätzt, das bei ihm zu einem höheren Anteil weißen Fleisches führt als bei allen anderen Geflügelarten. Bei uns kommen vor allem die Hennen, die Puten, auf den Tisch. In den USA ist gebratener Truthahn mit Maisbrotfüllung das traditionelle Gericht am Erntedankfest.

Tsatsiki Griechischer würziger Joghurtdip mit Gurke. Als Appetithappen oder Vorspeise, zu Rohkostplatte oder als Salatsoße serviert. Auch als Beilage für Fisch üblich.

Türkischer Honig Konfekt mit fester, glatter Struktur, für das ein Zucker-Zitronensaftsirup angedickt und mit Rosenwasser oder Pfefferminze aromatisiert wird. Nach dem Abkühlen in Würfel geschnitten und mit Puderzucker bestreut.

TRANCHIEREN

Ein Braten ist erst gelungen, wenn er auch fachgerecht tranchiert wird. Das erhält ihn so ansehnlich, daß er auch kalt noch serviert werden kann. Gebratenes Fleisch und Geflügel sollten – leicht mit Folie abgedeckt – vor dem Schneiden 15 Minuten ruhen. Tranchiermesser mit einer leichten Schneidebewegung führen, nicht sägen, um ein Zerreißen der Fleischfasern zu vermeiden.

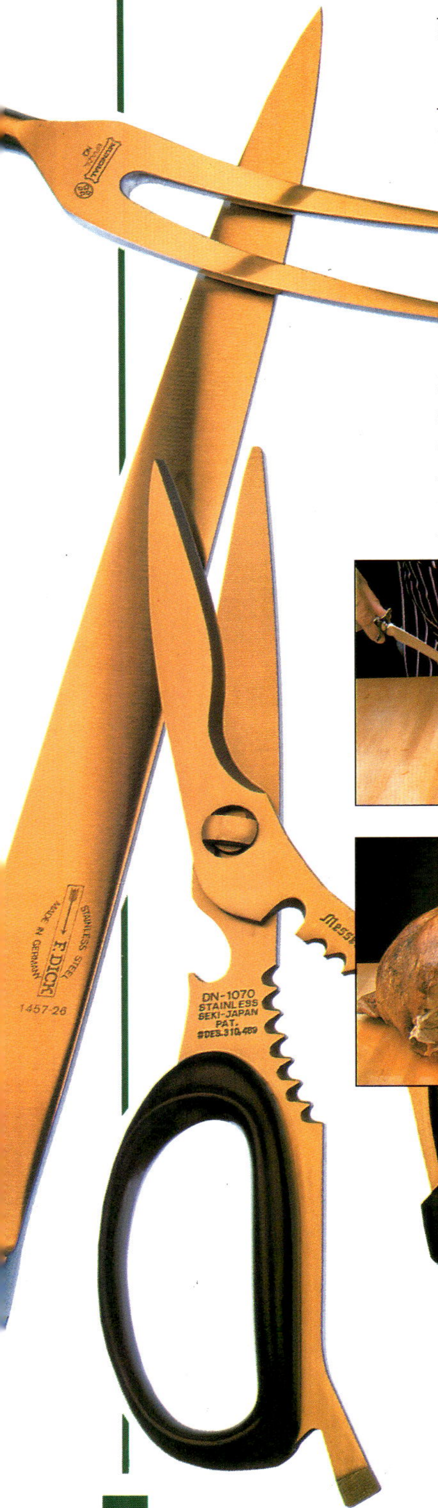

PUTE TRANCHIEREN

1 Scharfes Tranchiermesser und eine Fleischgabel zum Halten des Bratens benutzen. Der erste Schnitt sitzt dort, wo das Kugelgelenk des Flügels die Brust trifft. Fleisch lösen.

2 Rund um den Flügel schneiden, bis der Flügel vom Rest des Körpers getrennt werden kann.

3 Braten kippen, so daß der Abtrennwinkel zwischen Brust und Oberschenkel sichtbar wird. Von oben durch zum Hüftgelenk schneiden.

4 Weiter durch die Hüftpfanne schneiden, bis Oberschenkel- und Beinpartie vom Körper getrennt werden können.

5 Oberschenkel mit einem Schnitt durch das Gelenk vom Bein (Keule) trennen. Oberschenkelfleisch in lange, dünne Scheiben schneiden. Keule, je nach Größe und individuellem Geschmack, ganz oder in Scheiben geschnitten servieren.

6 Die Brust liegt nun frei und kann geschnitten werden. Den Schnitt oben ansetzen und im Winkel dünne, gleichmäßige Scheiben abschneiden.

■ Gabelbein entfernen: Die Sehnen zu beiden Seiten durchschneiden. Beinfleisch mit einer Scheibe Brust und einer Portion Füllung servieren.

■ Vor dem Tranchieren auf einem Glas- oder Marmortisch sollte man eine feuchte Serviette unter das Tranchierbrett legen, damit die Flüssigkeit aufgenommen wird.

BRATEN MIT RIPPEN TRANCHIEREN

Tranchieren wird einfacher, wenn Wirbelsäulenknochen vom Metzger entfernt und Rippenknochen kurz abgeschnitten werden. Meist wird ein Rippenbraten in Scheiben geschnitten, wie hier gezeigt, doch herzhafte Esser mögen auch die Rippe im Ganzen. Hat der Braten kurz geruht, geht wenig Fleischsaft beim Tranchieren verloren.

1 Braten mit den Rippen nach unten und den Knochenenden nach links auf ein Tranchierbrett legen. Mit der Messerspitze Fleisch am Ende der Rippenknochen abtrennen.

2 Fleisch parallel zum Rippenknochen von oben nach unten in dicke Scheiben schneiden.

3 Mit der Messerspitze dicht an jeder Rippe entlang schneiden, um die Scheiben zu trennen.

ENTE TRANCHIEREN

Beim Tranchieren von Geflügel sind scharfe Geflügel- oder Küchenscheren hilfreich. Die hier beschriebene Methode kann auch für Huhn oder Wildvögel angewendet werden.

1 Mit der Geflügelschere durch die Brust bis hinauf zum Hals schneiden.

2 Braten herumdrehen; mit der Schere auf einer Seite der Wirbelsäule entlangschneiden und die Ente halbieren.

3 Dann legt man jede Hälfte mit der Hautseite nach oben und, den natürlichen Linien zwischen Brust und Oberschenkel folgend, viertelt man die Ente.

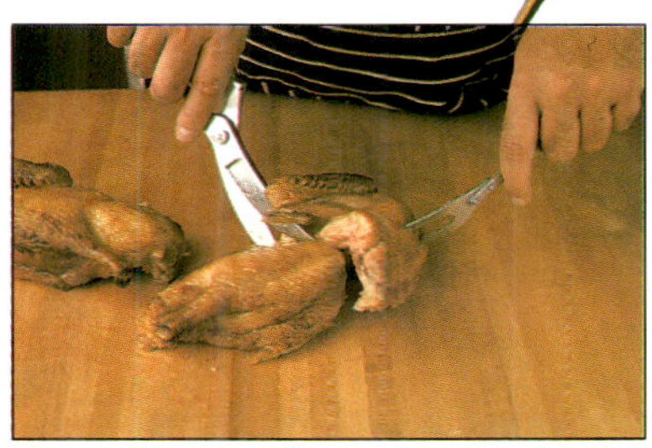

SCHINKEN TRANCHIEREN

Schinken kann auf einem Brett oder einem Schinkenhalter tranchiert werden. Mit einem sauberen Handtuch oder einer Serviette Knochen während des Schneidens fest umfassen. Wird öfter Schinken serviert, ist die Anschaffung eines Schinkenmessers eine gute Investition.

1 Das Bein gut festhalten, von oben nach unten in den Schinken schneiden.

2 Den nächsten Schnitt im Winkel zum ersten Schnitt machen, Schinkenkeil entfernen. Mehrere dünne Scheiben bis hinunter zum Knochen schneiden. Messer am Knochen entlangführen.

3 Die Scheiben herausheben und auf einer Servierplatte dekorativ anordnen.

W

Wacholderbeere Aromatische, dunkle Beeren des immergrünen Wacholders. Verwendet bei der Aromatisierung von Gin (vom holländischen Jenever, Wacholder) und anderen Alkoholen. Getrocknete Beeren in Wild- und Schweinefleischmarinaden; in Füllungen für Geflügel und Wildgeflügel und beim Pökeln von Schinken; zum Aromatisieren von Schmorgerichten und Sauerkraut. Vor dem Kochen die Beeren zerdrücken, um das Aroma freizusetzen.

Wachtel Kleiner Wildvogel mit braun gesprenkeltem Gefieder, der auf den Feldern Europas, Asiens, Nordamerikas, Afrikas und Australiens lebt. Wachteln werden gebacken, gegrillt, mit Trauben in der Pfanne gebraten oder geschmort. Das Fleisch der Wachtel ist zart; beim Zubereiten beachten, daß es nicht austrocknet – deshalb mit Speckscheiben belegen, in Weinblätter

WALNÜSSE

WALNUSSPLÄTZCHEN

☆☆ ***Vorbereitungszeit:*** 10 Minuten
Backzeit: 15–20 Minuten
Ergibt 28 Stück

200 g weiche Butter
½ Tasse feiner Zucker
3 EL Orangenblütenwasser
2 Tassen Mehl, gesiebt

Walnußfüllung
½ Tasse Walnüsse, gehackt
¼ Tassen feiner Zucker
1 TL gemahlener Zimt

1 Backofen auf 160 °C vorheizen. Ein 32 x 28 cm großes Blech mit zerlassener Butter oder Öl bepinseln, mit Papier auslegen, einfetten. Butter und Zucker in einer kleinen Schüssel cremig und luftig rühren.
2 Die Mischung in eine große Schüssel füllen. Mit einem Metallöffel Orangenblütenwasser und gesiebtes Mehl unterheben, alles gut mischen. Mit den Händen rasch zu einem festen Teig zusammendrücken.
3 Für die Walnußfüllung Walnüsse, Zucker und den Zimt in einer mittelgroßen Schüssel gut vermischen.
4 Je 1 gehäuften TL Teig zu einer Kugel formen, ein Loch in die Mitte drücken, 1 TL Füllung hineingeben. Die Kugeln auf das Blech legen, etwas flachdrücken; der Teig darf die Füllung aber nicht zudecken. Etwa 15–20 Minuten goldgelb backen. Auf einem Kuchengitter vollständig abkühlen lassen.

WALNUSS-KRÄUTERSALAT

☆ ***Vorbereitungszeit:*** 15 Minuten
Für 4–6 Personen

1 grüner Kopfsalat
1 rotblättriger Kopfsalat
½ Bund Brunnenkresse
1 Bund frischer Oregano
1 Bund frisches Basilikum
½ Bund frische Minze
½ Bund Koriandergrün
1 Tasse Walnußhälften

Salatsoße
4 EL Estragonessig
3 EL Walnußöl
½ TL Pfeffer aus der Mühle

1 Salate und Kresse waschen, gründlich abtropfen lassen. Kräuter in Zweige brechen, Blätter von den Stielen entfernen. Waschen, abtrocknen.
2 Salate, Brunnenkresse und Kräuter in eine große Salatschüssel geben. Walnüsse zufügen, gut mischen.
3 Für die Soße Essig, Öl und Pfeffer in einer kleinen Schüssel mit dem Schneebesen schnell glattrühren.
4 Direkt vor dem Servieren Salat übergießen.

Oben: Walnußplätzchen.
Gegenüber, oben: Pikant-süße Walnüsse; unten: Walnuß-Kräutersalat

WALNUSSKUCHEN MIT KIRSCHEN UND DATTELN

☆ ***Vorbereitungszeit:*** 20 Minuten + 15 Minuten Ruhezeit
Backzeit: 50 Minuten
Ergibt 1 Rolle

75 g frische Datteln, feingehackt
2 EL Korinthen
6 El Wasser
⅓ Tasse weicher, brauner Zucker
45 g Butter
½ TL Natron
½ Tasse Walnüsse, gehackt
¼ Tasse kandierte Kirschen, gehackt
½ TL gemahlene Muskatnuß
1 Ei, leicht verquirlt
¾ Tasse Mehl mit Backpulverersatz, gesiebt

1 Backofen auf 180 °C vorheizen. Eine Kastenform (1 l) mit zerlassener Butter oder Öl auspinseln. Mit Papier auslegen, Papier einfetten. Datteln, Korinthen, Wasser, Zucker und Butter bei schwacher Hitze 5 Minuten verrühren, bis die Butter geschmolzen ist und alles kocht. Abkühlen lassen. Natron einrühren.
2 Nüsse, Kirschen, Muskat, Ei, abgekühlte Dattelmischung und Mehl in einer großen Rührschüssel mit Holzlöffel verrühren.
3 Mischung in die vorbereitete Form füllen und im Ofen etwa 45 Minuten backen. Kuchen etwa 15 Minuten in der Form abkühlen lassen; dann erst auf einen Kuchengitter stellen.

PIKANT-SÜSSE WALNÜSSE

☆ ***Vorbereitungszeit:*** 5 Minuten
Zubereitungszeit: 10 Minuten
Für 8 Personen

60 g Butter
1 TL gemahlener Zimt
1 TL gemahlener Kardamom
2 Tassen Walnußhälften
¼ Tasse feiner Zucker

1 Backofen auf 200 °C vorheizen. Butter zerlassen und vom Herd nehmen. Zimt und Kardamom zufügen; rühren, bis eine einheitliche Masse entsteht.
2 Walnüsse zugeben und rühren, bis sie ringsherum von der Mischung bedeckt sind. Walnüsse auf dem Backblech ausbreiten. Etwa 8 Minuten leicht braun backen; herausnehmen.
3 Zucker in eine Schüssel geben, heiße Walnüsse zufügen, umrühren, bis die Nüsse vom Zucker bedeckt sind. Heiß oder kalt als Imbiß.

WISSENSWERTES ÜBER WALNÜSSE

- Walnüsse in luftdichtem Behälter aufbewahren. Geschälte Walnüsse halten sich 6 Monate im Kühlschrank; eingefroren etwa 12 Monate.
- 500 g Walnüsse in der Schale ergeben etwa 250 g Walnußkerne.
- Walnüsse eignen sich hervorragend zur Zubereitung von Kuchen, Plätzchen und Salaten.

W

wickeln oder häufig mit Flüssigkeit bepinseln. In Norditalien werden Wachteln oft in Wein mit Salbei, Rosmarin und Pfeffer mariniert; man läßt sie in der Marinade köcheln und serviert sie mit gebackenen Polentascheiben. Wachteleier sind pflaumenförmig, grünlich-beige mit dunkelbraunen Flecken, etwa ⅓ so groß wie ein Hühnerei. Man serviert sie hartgekocht in Salaten oder in Aspik; auch eingelegt erhältlich.

Waffel Flaches Gebäck mit knuspriger Oberfläche. Der Teig wird in einem speziellen Waffeleisen gebacken und ist dadurch wabenartig geprägt. Waffeln werden heiß mit Marmelade, Honig oder Ahornsirup, Sahne oder Eiscreme serviert.

Waldorfsalat Salat aus kleingeschnittenen Äpfeln, Sellerie und Walnüssen (oder Pekannüssen) mit einer Mayonnaisesoße; meist serviert man ihn als Beilage auf einem Salatblatt. Er wurde im Waldorf-Astoria-Hotel kreiert.

Walnuß Nuß in einer harten, runden Schale, deren Kern aus zwei tiefgefurchten Teilen besteht; das Fruchtfleisch ist rahmweiß und von mildem Aroma. Walnüsse werden als Knabberimbiß gegessen, dienen gehackt als Zutat für Füllungen oder pikante Salate oder bereichern Kuchen, Plätzchen und Konfekt.

Walnußöl Duftendes, klares, blaßgelbes Öl aus Walnußkernen gepreßt und bevorzugt für Salatsoßen und gekochtes Gemüse verwendet.

Wan-Tan Chinesischer Imbiß. Kleine, quadratische, hauchdünne Teigstücke werden pikant gefüllt und dann gedämpft oder fritiert. Die Teighüllen können aus Pastateig hergestellt und hauchdünn ausgerollt werden; sie sind aber auch frisch in asiatischen Lebensmittelgeschäften erhältlich.

Warzenmelone siehe Melone.

Wasabi Scharfe Wurzel mit starkem Aroma, die dem Meerrettich ähnelt; sie wird in der japanischen Küche als Zutat für Sushi und, mit Sojasoße vermischt, als Beilage

WEINTRAUBEN

FRISÉESALAT MIT WEINTRAUBEN

☆ ***Vorbereitungszeit:*** 15 Minuten
Für 4–6 Personen

½ Kopf Friséesalat
220 g kernlose grüne Weintrauben
220 g kernlose blaue Weintrauben
1 große, rote spanische Zwiebel, geschnitten

Soße
4 EL Rotweinessig
4 EL Olivenöl
1 TL französischer Senf
feingemahlener, schwarzer Pfeffer

1 Friséesalat waschen und trocknen. Blätter zerkleinern. Salat, Trauben und Zwiebel in eine Salatschüssel geben.
2 Für die Soße Essig, Olivenöl, Senf und schwarzen Pfeffer in einem kleinen Glas mit Schraubverschluß schütteln. Soße über Salat geben und vorsichtig mischen. Servieren.

GEZUCKERTE WEINTRAUBEN

Ein Eiweiß leicht verquirlen. Weintrauben vorsichtig waschen und mit Küchenpapier trockentupfen. Die einzelnen Weintrauben vorsichtig mit Eiweiß bepinseln, dann in sehr feinem Zucker wenden. Blech mit Backpapier auslegen, Trauben darauf trocknen lassen. Als Torten- und Kuchendekoration, auf Desserts oder in Getränken verwenden.

PIKANTE TRAUBENSOSSE

☆ ***Vorbereitungszeit:*** 15 Minuten
Kochzeit: 40–50 Minuten
Ergibt ca. 1 Liter

2 kg Weintrauben, gewaschen
2 Tassen Essig
2 Tassen weicher, brauner Zucker
1 TL Ingwerpulver
½ TL Nelkenpulver
6 Pfefferkörner
¼ TL Chilipulver
2 Knoblauchzehen

1 Weintrauben und Essig in einen großen Topf geben und Trauben mit einem Holzlöffel zerdrükken. 20 Minuten schwach köcheln lassen, bis die Traubenschalen weich sind. Abgießen, durch ein Sieb passieren. Haut und Kerne entfernen.
2 Wieder in den Topf geben, restliche Zutaten hinzufügen. Rühren, bis die Mischung kocht, dann weitere 20–30 Minuten köcheln lassen. Vom Herd nehmen und erneut durchsieben. In warme, sterilisierte Gläser füllen und verschließen.

Anmerkung: Für weiße und blaue Weintrauben. Pikante Traubensoße paßt zu Schweinefleisch, Ente oder Gans.

WEINTRAUBEN MIT KÄSE

Aus Weintrauben und Weichkäse entsteht auf einfache, aber elegante Art ein Käseplatte. Ziegenkäse, Brie, Camembert oder Frischkäse wählen. Dazu Früchtebrot und Walnüsse oder Pekannüsse servieren.

zu Sashimi gereicht. Wasabi ist in Pulverform erhältlich (mit etwas Sake oder kaltem Wasser anrühren) oder als blaßgrüne Paste in der Tube. Lebensmittelgeschäfte, die sich auf japanische Lebensmittel spezialisiert haben, bieten Wasabi gelegentlich auch frisch an.

Wasserkastanie Kerniges, weißfleischiges Gemüse mit köstlichem Aroma, das in der chinesischen Küche sehr geschätzt wird, da es beim Zubereiten seine knusprige Konsistenz nicht verliert.

Wassermelone Große Melone mit harter, glatter, grüngesprenkelter Schale und süßem, saftigem, rötlichem Fleisch mit dunklen Kernen. Man ißt sie frisch aus der Hand oder als Zutat im Obstsalat. Wassermelonen wachsen an Bodenranken und sind das ganze Jahr über erhältlich.

Waterzooi Eintopf mit Huhn oder Fisch; die Flüssigkeit wird manchmal getrennt als Suppe serviert und die festen Bestandteile auf Reis angerichtet.

Wein Vergorener Traubensaft. Wird in der Küche zum Aro-

WEISSE RÜBEN

WEISSE RÜBENSUPPE MIT SPECK

☆ ***Vorbereitungszeit:*** 20 Minuten
Kochzeit: 1 Stunde 25 Minuten
Für 4–6 Personen

1–2 EL Bratenfett
3 große braune Zwiebeln, geschält und in 1 cm große Würfel geschnitten
250 g durchwachsener Speck, ohne Schwarte, in 1 cm große Würfel geschnitten
2 mittelgroße Kartoffeln, in 1 cm große Würfel geschnitten
750 g weiße Rüben, geschält und in dünne Scheiben geschnitten
½ l Hühnerbrühe
Pfeffer, gemahlen
Muskatnuß, gemahlen
gehackte Petersilie zum Garnieren

1 Bratenfett in einem großen Topf erhitzen, bis es durchsichtig wird. Speck hineingeben und in 10 Minuten knusprig braten.
2 Kartoffeln und Rüben einrühren. 10 Minuten bei geschlossenem Topf schwach kochen lassen.
3 Hühnerbrühe angießen und zum Kochen bringen. Hitze reduzieren, ohne Deckel 1 Stunde köcheln lassen.
4 Mit Pfeffer und Muskat abschmecken. In einer vorgewärmten Suppenterrine servieren, mit Petersilie garniert.

HONIGRÜBCHEN MIT ZITRONENTHYMIAN

☆ ***Vorbereitungszeit:*** 10 Minuten
Kochzeit: 7 Minuten
Für 4 Personen

500 g junge weiße Rüben
45 g Butter
¼ Tasse Honig
3 TL Zitronensaft
½ TL abgeriebene Zitronenschale
3 TL frische Zitronenthymianblätter, gehackt

1 Rübchen unter fließendem Wasser gründlich schrubben. Putzen. In sprudelndem Wasser 1 Minute kochen. Abgießen, kalt abspülen.
2 Butter in einem Topf erhitzen. Honig darin zum Kochen bringen; Zitronensaft und Schale hinzufügen. Bei starker Hitze 3 Minuten kochen. Rübchen in die Mischung geben. Bei starker Hitze etwa 3 Minuten kochen.
3 Zitronenthymian hinzufügen. Vom Herd nehmen und mischen, bis die Rüben überall mit der Honigmischung bedeckt sind. Warm servieren.

Oben: Honigrübchen mit Zitronenthymian.
Gegenüber: Friséesalat mit Weintrauben

matisieren süßer und pikanter Gerichte verwendet.

Weinblätter Blätter der Rebstöcke, die in der Küche Griechenlands und des Vorderen Orients oft verwendet werden. Der leicht bittere Geschmack wird durch

Blanchieren gemildert. Zum Kochen sollten die Blätter mittel- bis hellgrün und nicht zu jung sein. Am bekanntesten sind wohl Dolmas, kleine zylindrische Päckchen, die mit Reis, Lammhack, feingehackter Zwiebel, Nüssen und Gewürzen gefüllt sind.

Weinschaum (Sabayon, Zabaglione) Leichte, luftige Soße aus Eigelb, Zucker und Weißwein oder Champagner. Wird warm oder kalt zu Süßspeisen serviert (Pudding, Kuchen, Obst).

Weinsteinsäure Weißes Pulver; eines der Treibmittel im Backpulver. Fällt bei der Weingärung an.

Weintraube Kleine, süße Beerenfrucht der Weinrebe mit hellgrüner oder dunkelvioletter zarter Haut, mit oder ohne Kerne. Zur

WILD

HIRSCHPASTETE

☆☆ ***Vorbereitungszeit:*** 35 Minuten
Kochzeit: 45–55 Minuten
Für 6–8 Personen

1 kg Hirsch- oder Rehfleisch, ohne Knochen
60 g Butter
3 Scheiben Schinkenspeck oder Dörrfleisch ohne Schwarte, gewürfelt
2 große Zwiebeln, gehackt
3 EL Mehl
½ TL Senfpulver
¼ Tasse Portwein
½ Tasse Rotwein
6 Wacholderbeeren
1 Tasse Hühner- oder Rinderbrühe
30 g Trockenpilze, 10 Minuten in Wasser eingeweicht
½ EL frischer Thymian
Pfeffer
¼ Tasse Petersilie, gehackt
375 g Blätterteig
1 Ei, leicht verquirlt

1 Fleisch in 2 cm große Stücke schneiden; Butter erhitzen und Fleisch zügig braun anbraten; aus der Pfanne nehmen, auf Küchenpapier abtropfen lassen. Schinkenspeck in die Pfanne geben, knusprig braten, herausnehmen, abtropfen lassen. Zwiebeln in die Pfanne geben, goldbraun braten. Mehl über die Zwiebeln streuen, braun schmoren.
2 Senfpulver, Portwein, Rotwein, Beeren, Brühe, Pilze und Thymian in die Pfanne geben; rühren, bis die Mischung kocht. Fleisch zugeben, ca. 30–40 Minuten schwach köcheln lassen, bis es weich ist. Backofen auf 210 °C vorheizen.
3 Mit einem Schaumlöffel Fleisch in eine große, gefettete Kasserolle geben. Soße weiter köcheln lassen. Mit Pfeffer würzen. Soße über das Fleisch gießen und mit Petersilie bestreuen.
4 Teig so ausrollen, daß er in die Auflaufform paßt. Kanten der Auflaufform mit etwas Ei bepinseln und Form mit dem Teig bedecken. Teigoberfläche mit Ei bepinseln und einige Dampfabzugsschlitze hineinschneiden. In vorgeheiztem Backofen 10–15 Minuten backen.

Anmerkung: Es ist wichtig, Hirsch- oder Rehfleisch nicht zu lange zu kochen, denn es wird zäh.

Oben: Hirschpastete und Kaninchen mit Dijon-Senf.
Gegenüber: Wachteln mit Estragon und Pancetta

KANINCHEN MIT DIJON-SENF

★★ ***Vorbereitungszeit:*** 35 Minuten
Kochzeit: 1 Stunde 40 Minuten
Für 6 Personen

2 Kaninchen, je ca. 1 kg
¼ Tasse Mehl
frisch gemahlener Pfeffer
½ TL Senfpulver
60 g Butter
2 Knoblauchzehen, zerdrückt
250 g kleine Pilze
1–2 EL Olivenöl
3 Scheiben Schinkenspeck oder Dörrfleisch ohne Schwarte, geschnitten
2 Zwiebeln, gehackt
2 Möhren, gewürfelt
1 Pastinake, gewürfelt
1 Tasse Weißwein
½ Tasse Hühnerbrühe
6 Pimentkörner
4 TL Dijon-Senf
2 EL frische Petersilie, gehackt
2–3 EL Sahne

1 Backofen auf 180 °C vorheizen. Kaninchen säubern, jedes in 6 Portionen schneiden. Mehl, Pfeffer und Senfpulver in eine Plastiktüte geben, Kaninchenteile portionsweise zugeben, in der Tüte schütteln, um sie gut mit Mehl zu bedecken.
2 Butter in einer Pfanne erhitzen, Knoblauch und Kaninchenteile rundherum bräunen. Kaninchen in eine feuerfeste Schüssel geben. Pilze in die Pfanne geben, 1 Minute anbraten, herausnehmen. Öl in der Pfanne erhitzen. Schinkenspeck, Möhren und Pastinake zugeben. 3 Minuten rühren.
3 Gemüse, Wein, Brühe, Piment und Senf zum Kaninchen in die Schüssel geben. Abdecken, 1 ½ Stunden weich schmoren, Petersilie und Sahne hineinrühren. Servieren.

WACHTELN MIT ESTRAGON UND PANCETTA

★ ***Vorbereitungszeit:*** 20 Minuten
Kochzeit: 40 Minuten
Für 4 Personen

8 kleine Wachteln
½ Tasse Mehl
¼ Tasse Olivenöl
2 Zwiebeln, gehackt
315 g kleine Champignons
100 g Pancetta
1 ½ Tassen Rotwein
½ Tasse Hühnerbrühe
1 EL roter Johannisbeergelee
Pfeffer zum Abschmecken
1 TL Estragon, frisch gehackt

1 Wachteln zu kleinen Päckchen zusammenbinden. Mehl in eine Plastiktüte geben. Wachteln im Mehl schütteln. Öl in einer schweren Pfanne erhitzen und Wachteln anbraten, bis sie rundherum gebräunt sind. Aus der Pfanne nehmen. Auf Küchenpapier abtropfen lassen.
2 Zwiebeln in die Pfanne geben und 1 Minute braten. Pilze und Pancetta zugeben, schmoren, bis die Pilze weich werden. Wein und Hühnerbrühe zufügen und rühren, bis die Mischung kocht. Roten Johannisbeergelee, Pfeffer und Estragon zugeben.
3 Wachteln in die Soße geben und 20–30 Minuten schwach köcheln lassen, gelegentlich wenden, bis sie weich sind und die Soße eingedickt ist.
4 Wachteln auf warmer Servierplatte mit gebratenen Polentastücken und Gemüse der Saison servieren.

Weinherstellung verwendet, als Dessert oder mit Käse serviert, getrocknet als Rosine, Sultanine oder

Korinthe zum Kuchenbacken und in Desserts verwendet.

Weiße Rüben Kugelförmiges, weißfleischiges Wurzelgemüse mit charakteristischem Aroma; findet in Suppen, Eintöpfen und Kasserollen Verwendung. In Italien serviert man karamelisierte weiße Rüben als Dessert.

Weißfisch Winzige, streichholzlange Jungfische verschiedener Arten, die im allgemeinen im ganzen zubereitet werden. Mit Mehl bestaubt und fritiert serviert man sie als Vorspeise.

Weizen Getreide, das der halben Erdbevölkerung zur Ernährung dient. Es wird zu Mehl gemahlen und für Brote, Pasta, Kuchen und Plätzchen verwendet; geschrotet oder ganz dient es als Frühstücksgetreide.

Weizenschrot, aufgeschlossen siehe Bulgur.

Welsh Rarebit siehe Rarebit.

Wermut Getränk, das mit Kräuterauszügen und Bitterstoffen der Wermutpflanze gewürzt wird. Weingehalt mindestens 70 %, Alkoholgehalt mindestens 14,5 %. Als Aperitif oder Cocktailzutat verwendet. Kann zum Würzen statt Wein genutzt werden.

Wild Wegen des Fleisches gejagte Tiere. Heute oft für den Verzehr gezüchtet. Man unterscheidet Federwild: u. a. Wildente, Schneehuhn, Rebhuhn, Fasan und Wachtel; Haarwild: u. a. Kaninchen, Hase; Großwild: u. a. Büffel, Hirsch- und Rehwild, Wildschwein, Känguruh und Strauß. Wildbret hat dunkles Fleisch, intensiven Geschmack und wenig Fett; wird vor der Zubereitung oft mariniert. Älteres Wildbret wird geschmort, gekocht und in Pasteten verarbeitet, junges Wildgeflügel gebraten oder gegrillt, kleine Wildtiere geschmort, in Eintöpfen und Kasserollen verarbeitet.

Wildbret Fleisch vom Schalenwild. Mageres, dunkelrotes Fleisch mit feiner Struktur. In Gattern aufgezogenes Schalenwild hat mildere, zarteres Fleisch. Wildbret sollte vor dem Braten gespickt werden. Es eignet sich auch für Schmorgerichte. Zuchttiere können im Ofen oder

WURST

BLUTWURST MIT KRAUT UND ÄPFELN

☆ ***Vorbereitungszeit:*** 15 Minuten
Kochzeit: 20–25 Minuten
Für 4 Personen

2 Scheiben Dörrfleisch
500 g Blutwurst
30 g Butter
1 kleine Zwiebel, in Würfel geschnitten
3 Tassen Weißkraut, in Streifen geschnitten
2 säuerliche grüne Äpfel, geschält und in Scheiben geschnitten
3 EL Brühe
gemahlener Pfeffer
Buttertoast zum Servieren

1 Schwarte vom Dörrfleisch entfernen und Dörrfleisch in dünne Streifen schneiden. Blutwurst pellen und diagonal in 1,5 cm dicke Scheiben schneiden.
2 Butter in einem Topf erhitzen. Dörrfleisch darin 2–3 Minuten braten; herausnehmen. Blutwurst 5 Minuten im Topf braten; herausnehmen und warm stellen.
3 Zwiebel 1 Minute braten; Dörrfleisch, Kraut, Äpfel, Brühe und Pfeffer hinzufügen. 10–15 Minuten bei geschlossenem Topf leicht dünsten.
4 Krautmischung mit warmer Blutwurst darauf anrichten und mit Toast servieren.

BRATWURSTKASSEROLLE MIT KNUSPERKRUSTE

☆ ***Vorbereitungszeit:*** 10 Minuten
Zubereitungszeit: 1 Stunde
Für 4 Personen

8–10 Bratwürste oder andere scharfe Würste
4 mittelgroße Kartoffeln, geschält und in Scheiben geschnitten
ca. 425 g Kartoffel-Lauchsuppe aus der Dose
1 ½ Tassen Wasser
½ TL Chilipulver

Knusperkruste
2 Tassen frische Brotkrümel
30 g Butter, zerlassen
1 Tasse Cheddar oder mittelalter Gouda, gerieben

1 Backofen auf 180 °C vorheizen. Grill vorheizen. Würste mehrfach mit einer Gabel einstechen. 5 Minuten auf den Grill legen, dabei häufig wenden; dann auf Küchenpapier abtropfen lassen.
2 Kartoffelstücke auf den Boden einer eingefetteten feuerfesten 2,5-l-Kasserolle legen. Die Würste auf die Kartoffeln legen.
3 Suppe, Wasser und Chilipulver in einer Schüssel verrühren und über die Würstchen geben. Zugedeckt 45 Minuten backen.
4 Für die Knusperkruste Brotkrümel, Butter

und geriebenen Käse in einer Schüssel verrühren. Über die Kasserolle streuen und offen in weiteren 10 Minuten braun und knusprig backen. Mit gedämpftem Gemüse der Saison servieren.

GEGRILLTE RINDERWÜRSTE MIT MINZE

☆ ***Vorbereitungszeit:*** 15 Minuten
Grillzeit: 10 Minuten
Ergibt 12 Würste

750 g Rinderhackfleisch
250 g Bratwurstfülle
2 EL Maismehl (Stärke)
1 Ei, leicht verquirlt
1 mittelgroße Zwiebel, feingehackt
2 Knoblauchzehen, zerdrückt
2 EL frische Minze, gehackt
1 TL Sambal Oelek (roter Chili aus der Flasche)
1 TL Kreuzkümmel, gemahlen
1 TL Garam Masala
½ TL Kardamom, gemahlen
½ Tasse Mango-Chutney

1 Rinderhackfleisch und Bratwurstfülle in einer Schüssel mischen. Maismehl, Ei, Zwiebel, Knoblauch, Minze und Sambal Oelek mit den Gewürzen hinzufügen und gut verrühren. Mango-Chutney zurückbehalten.
2 Mischung in 12 gleich große Portionen teilen. Mit nassen Händen zu Würstchen formen.
3 Würstchen auf einen leicht geölten Grill legen. Bei mittlerer Hitze in 10 Minuten gar grillen. Dabei gelegentlich die Würstchen umdrehen. Mit Mango-Chutney servieren. Erbsen und Kartoffelpüree nach Wunsch dazu reichen.

HOT DOGS MIT SENFSOSSE

★ ***Vorbereitungszeit:*** 20 Minuten
Kochzeit: 10 Minuten
Für 6 Personen

1 kg Schweinehackfleisch
1 kleine Zwiebel, feingehackt
1 Tasse frische Brotkrümel
2 Knoblauchzehen, zerdrückt
1 Ei, leicht verquirlt
1 TL getrockneter Salbei
6 lange, knusprige Brötchen

Senfsoße
½ Tasse saure Sahne
1 EL körniger Senf
2 TL Zitronensaft

1 Grill vorbereiten. Fleisch mit Zwiebel, Brotkrümeln, zerdrücktem Knoblauch und Salbei vermischen. Mischung in 6 gleich große Portionen teilen und zu etwa 16 cm langen Würstchen formen.
2 Die Würstchen auf den heißen, leicht geölten Grill legen und 5–10 Minuten grillen. Dabei gelegentlich wenden.
3 Würstchen in die aufgeschnittenen Brötchen legen und mit Senfsoße bestreichen. Mit Schnittlauch bestreuen und mit Salat servieren.
4 Für die Senfsoße saure Sahne, körnigen Senf und Zitronensaft in einer Schüssel gut mischen.

Oben: Hot Dogs mit Senfsoße; rechts: Hühner-Maiswürstchen mit Salsa cruda. Gegenüber: Blutwurst mit Kraut und Äpfeln

HÜHNER-MAISWÜRSTCHEN MIT SALSA CRUDA

★ ***Vorbereitungszeit:*** 20 Minuten + Kühlzeit
Kochzeit: 35 Minuten
Ergibt 12 Stück

800 g Hühnerfleisch, durch den Wolf gedreht
1 Tasse frische Brotkrümel
125 g Maiskörner aus der Dose, zerdrückt und mit etwas weicher Butter gebunden, mit Salz und Pfeffer abgeschmeckt
1 EL frischer Schnittlauch, feingehackt
¼ Tasse Maismehl

Salsa cruda
2 große Tomaten, feingehackt
1 mittelgroße Zwiebel, feingehackt
1 Knoblauchzehe, zerdrückt
2 EL Koriandergrün, feingehackt
1–2 EL Orangensaft

1 Backofen auf 180 °C vorheizen. Backblech mit Aluminiumfolie auslegen und leicht mit Öl bepinseln. Huhn, Brotkrümel, Mais, Schnittlauch und Maismehl mischen. In 12 gleich große Portionen teilen, zu Würstchen formen.
2 Für die Soße alle Zutaten in einer Schüssel mischen und mindestens 1 Stunde kalt stellen. Zimmerwarm servieren.
3 Würstchen 35 Minuten backen. Dabei gelegentlich umdrehen. Mit Salsa cruda servieren.

in der Pfanne gebraten, auf dem Grill – vor dem Servieren 5 bis 10 Minuten ruhenlassen –, als Kebab oder auf dem Holzkohlengrill zubereitet werden.

Wildreis Lange, dunkelbraune, nußartig schmeckende Körner eines Wassergrases, das in Nordamerika wächst. Wird gekocht oder gedämpft zu Geflügel und Fisch gereicht. Da Wildreis teuer ist, wird er meist mit weißem oder mit Vollkornreis gestreckt.

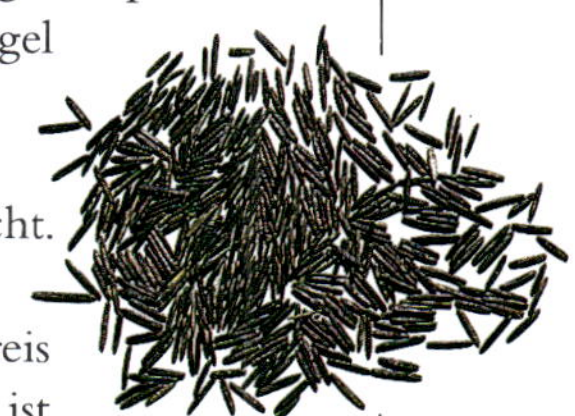

Worcestersoße Dünne, schwarzbraune, pikant-würzige Soße nach einem geheimen Rezept; enthält vermutlich Soja- und Sardellensoße, Essig, Melasse, Chili, Ingwer, Tamarinde, Schalotten und Knoblauch.

Wurst Zerkleinertes Fleisch oder Geflügel, Fett und Innereien, mit Kräutern und Gewürzen abgeschmeckt und in Dosen und Gläser bzw. Mägen, Därme und Blasen gefüllt.

Z

Zabaglione siehe Weinschaum.

Zervelatwurst Aus Schweinefleisch, Rindfleisch und Speck hergestellte, gewürzte und geräucherte Rohwurst.

Ziegenkäse siehe Chèvre.

Ziegenmilch Weißer, süßer und leichter verdaulich als Kuhmilch. Kann diese bei Kuhmilchallergie ersetzen. Hauptsächlich zur Käseherstellung verwendet.

Zimt Hellbraune, aromatische, splittrige Rinde eines in Sri Lanka beheimateten, immergrünen Baums.

Zitrone Ovale, gelbschalige Frucht, mit blaßgelbem Fleisch und saurem Geschmack. Saft und Schale häufig

ZITRONEN

GEFRORENE ZITRONENTORTE

☆☆ ***Vorbereitungszeit:*** 40 Minuten + 30 Minuten Kühlzeit + Kühlzeit über Nacht
Kochzeit: 25 Minuten
Für 6 Personen

1 Tasse Mehl
75 g Butter
2–3 EL Eiswasser
1 ½ Tassen Zucker
¼ Tasse Maismehl (Stärke)
1 ¼ Tassen Wasser
½ Tasse Zitronensaft
1 EL Zitronenschale, feingerieben
4 Eigelb, leicht verquirlt
30 g Butter zusätzlich
2 mittelgroße Zitronen
½ Tasse Zucker extra
½ Tasse Wasser zusätzlich

1 Mehl in eine große Schüssel sieben; geschnittene Butter zugeben. 2 Minuten Butter ins Mehl reiben, bis die Mischung feinkrümelig ist. Fast das gesamte Wasser zugeben und einen festen Teig bereiten; wenn nötig, mehr Flüssigkeit nehmen. Teig auf einer leicht bemehlten Arbeitsfläche 1 Minute kneten, bis er weich ist. Ausrollen; Boden und Seiten einer Auflaufform (23 cm) auslegen, Kanten passend schneiden. Mit Folie abdecken und 30 Minuten im Kühlschrank aufbewahren. Backofen auf 180 °C vorheizen. Teig 10 Minuten blindbacken; Bohnen und Reis herausnehmen. Teig weitere 5 Minuten backen, bis er leicht goldgelb ist. Zum Abkühlen beiseite stellen.

2 Zucker, Maismehl und Wasser in einem mittelgroßen Topf mischen und rühren, bis die Mischung glatt ist. Zitronensaft und Schale zugeben und bei mittlerer Hitze unter Rühren kochen. Hitze etwas reduzieren, Eigelb zugeben, mischen und 1 weitere Minute kochen. Vom Herd nehmen, Butter hineinrühren. Beiseite stellen.

3 Zitronen in feine, runde Scheiben schneiden. Zucker und Wasser bei mittlerer Hitze rühren, ohne zu kochen, bis der Zucker sich völlig aufgelöst hat. Zum Kochen bringen, Hitze etwas reduzieren, Zitronenscheiben zugeben und 1 Minute kochen; dabei nicht rühren. Zitronenscheiben aus dem Sirup nehmen, abtropfen lassen. Kalte Zitronenmischung in die Teighülle geben und mit sich überlappenden Zitronenscheiben belegen. Über Nacht einfrieren. Vor dem Servieren 5 Minuten bei Zimmertemperatur stehenlassen. In Stücke schneiden und mit Schlagsahne servieren.

WISSENSWERTES ÜBER ZITRONEN

- Zitronen reifen nach dem Pflücken nicht nach; deshalb nur Früchte mit gelber Schale kaufen.
- Um 1 EL Zitronensaft zu erhalten, muß nicht die ganze Frucht aufgeschnitten werden. Mit einem scharfen Metallspieß die Schale durchstechen und die benötigte Saftmenge herausdrücken. Eine durchschnittlich große Zitrone enthält etwa 3 EL Saft.

Oben: Gefronene Zitronentorte. Gegenüber, oben: Chinesisches Zitronenhuhn; unten: Zitronenbutter

CHINESISCHES ZITRONENHUHN

Vorbereitungszeit: 15 Minuten
Kochzeit: 1 Stunde 10 Minuten
Für 4 Personen

1,5 kg Huhn
1–2 EL Sojasoße
1–2 EL trockener Sherry
1–2 EL Zitronensaft
2 TL weicher, brauner Zucker

Zitronensoße
2 Frühlingszwiebeln
½ Tasse Zitronensaft
½ Tasse sehr feiner Zucker
2 TL trockener Sherry
1 TL Sojasoße
1 EL Maismehl (Stärke)
½ Tasse Wasser
Salz und weißer Pfeffer zum Abschmecken

1 Backofen auf 180 °C vorheizen. Innereien und große Fettstücke aus dem Huhn entfernen. Huhn säubern, mit Küchenpapier trockentupfen. Flügel und Schenkel zusammenbinden. Huhn auf einen Rost über ein Backblech legen. Sojasoße, Sherry, Saft und Zucker mischen, Huhn damit bepinseln.
2 1 Stunde braten, bis beim Anstechen der Saft klar herausläuft. Gelegentlich mit der Sojamischung bepinseln. Herausnehmen, 10 Minuten mit Folie abgedeckt stehenlassen. Bindfaden entfernen, heiß mit Zitronensoße servieren.
3 Für Zitronensoße Zwiebel in lange, dünne Streifen schneiden, in Eiswasser legen. Saft, Zucker, Sherry und Soße in einen Topf geben. Maismehl mit Wasser anrühren und zugeben. Bei mittlerer Hitze 4 Minuten rühren, bis die Soße kocht und eindickt. Nach Belieben abschmecken; Frühlingszwiebeln hineinrühren.

LIMONADE

Vorbereitungszeit: 15 Minuten
Kochzeit: 15 Minuten
Für 6 Personen

6 Zitronen
1 ½ Tassen Zucker
1 ½ l Wasser
Eiswürfel zum Servieren
Zitronenscheiben zum Servieren

1 Zitronen waschen und trocknen. Mit einem Kartoffelschäler von 3 Zitronen die Schale sehr dünn abschälen. In einen mittelgroßen Topf legen, Zucker und die halbe Wassermenge zugeben. Abdecken und 15 Minuten leicht köcheln. Abkühlen lassen.
2 Alle Zitronen auspressen und den Saft in einen großen Krug sieben. Sirup zum Saft geben und restliches Wasser dazugießen. Gut mischen. Abdecken und kühlen.
3 Limonade in Gläsern mit Eiswürfeln servieren. Zitronenscheibe auf die Limonade legen.

ZITRONENBUTTER

Vorbereitungszeit: 10 Minuten
Kochzeit: 15 Minuten
Ergibt ca. 500 ml

3 Eier, verquirlt
1 Tasse Zucker
1 EL Zitroneschale, gerieben
½ Tasse Zitronensaft
60 g Butter, geschnitten

1 Alle Zutaten in eine feuerfeste Schüssel geben. Über köchelndem Wasser ständig rühren, bis die Mischung dick wird und den Rücken eines Metallöffels bedeckt.
2 In warme, sterilisierte Gläser füllen. Nach dem Abkühlen Gläser beschriften. Bis zur Verwendung im Kühlschrank aufbewahren.

verwendet, um süßen und pikanten Gerichten, Getränken, Marinaden, Soßen und Zuckergüssen Geschmack zu verleihen; Scheiben und Stücke als Garnierung. Saft verhindert das Verfärben bei anderen Früchten und ist ein Vitamin-C-Lieferant. Ganzjährig als frische Frucht, Saft auch gefroren oder als Konzentrat erhältlich. Wahrscheinliches Herkunftsgebiet ist Nordindien.

Zitronellgras
Großes, buschiges, scharfkantiges Gras mit starkem Zitronenaroma. Weitverbreitet in Südostasien. Frisch, als Pulver oder zerkleinerte Stengel in asiatischen Lebensmittelgeschäften erhältlich; Pulver kann direkt verwendet, zerkleinerte Stengel müssen eingeweicht werden. Geriebene Zitronenschale und etwas feingehackter Ingwer können Zitronellgras ersetzen.

Zitronenmelisse
Minzepflanze mit gekräuselten, herzförmigen Blättern, die stark nach Zitronen duften. Verwendung: Blätter als beruhigender Teeaufguß, gehackt zu allen Gerichten, die Zitronensaft verwenden.

Zitrusfrucht Tropische Früchte wie Orange, Limone, Zitrone, Pampelmuse,

Tangerine, Mandarine, Clementine und Kumquat.

Zucchini Auch als Courgetten bekannt. Kleine, schlanke Gemüsekürbisse, die botanisch zwar zu den Früchten zählen, aber wie Gemüse verwendet werden. Die dünne, grüne oder gelbe Schale und das helle Frucht-

fleisch enthalten einen Mittelstrang mit kleinen, weichen, eßbaren Kernen. Sehr junge Zucchini haben ein süßliches Aroma und das zarteste Fruchtfleisch. Zucchini können auch roh im Salat oder in Längsstreifen geschnitten mit Dips gereicht werden. Man kann sie gedämpft, geschmort oder gekocht als Gemüse servieren oder füllen und überbacken. Zucchini sind das ganze Jahr über frisch erhältlich.

GRIESSKUCHEN MIT ZITRONENSIRUP

☆ ***Vorbereitungszeit:*** 30 Minuten
Backzeit: 1 Stunde
Für 6–8 Personen

250 g Butter
1 Tasse sehr feiner Zucker
3 Eier, leicht verquirlt
1 TL Vanilleessenz
1 Tasse feiner Grieß
¾ Tasse Kokosraspeln
1 ¼ Tassen Mehl

Zitronensirup
¾ Tasse Zucker
1 Tasse Wasser
1 Zitrone, dünn geschnitten

1 Backofen auf 180 °C vorheizen. Eine tiefe Springform (23 cm) mit zerlassener Butter oder Öl auspinseln. Boden und Seiten mit Papier belegen; Papier fetten. Mit Handrührgerät Butter und Zucker 10 Minuten schlagen. Nach und nach Eier, Essenz und Grieß zufügen; 5 Minuten rühren.
2 Mischung in eine große Schüssel geben; Kokosraspeln zugeben. Gesiebtes Mehl mit Metallöffel unterheben. Rühren, bis alles fast glatt ist.
3 Gleichmäßig in die Form geben; Oberfläche glätten. 1 Stunde backen, bis eine Nadel bei der Nadelprobe sauber bleibt. Kalten Sirup über den heißen Kuchen in der Form gießen. Nach dem Abkühlen Papier entfernen. Mit Zitronenscheiben und Sahne servieren.
4 Für den Zitronensirup Zucker in Wasser bei schwacher Hitze auflösen. Zitrone zufügen und zum Kochen bringen. Hitze reduzieren, ohne Deckel 15 Minuten köcheln lassen.

SCHOKOLADEN-ZITRONEN-WIRBEL

☆ ***Vorbereitungszeit:*** 10 Minuten
Backzeit: 12 Minuten
Ergibt 60 Stück

125 g Butter
⅔ Tasse Puderzucker
1 Ei, leicht verquirlt
2 TL Zitronenschale, gerieben
1 ¼ Tassen Mehl
¼ Tasse Kakaopulver
2 EL Orangeat und Zitronat, gemischt, feingeschnitten

1 Backofen auf 180 °C vorheizen. Ein 32 x 28 cm großes Backblech mit Backpapier auslegen. Mit dem Handrührgerät Butter und Zucker schaumig rühren. Ei und Schale zugeben, rühren und gut mischen.
2 Gesiebtes Mehl und Kakao zugeben. Mit einem Metallöffel rühren, bis alle Zutaten gerade verbunden sind und die Mischung fast glatt ist.
3 Mischung in einen Spritzbeutel mit 1 cm breiter Tülle füllen; etwa 3 cm große Wirbel auf das Blech spritzen. Jeden Wirbel mit kandierter Zitrusschale belegen. 12 Minuten backen; auf dem Blech auskühlen lassen.

Anmerkung: Schokoladen-Zitronenwirbel können bis zu 2 Tage in einem luftdichten Behälter aufbewahrt werden.

Links: Grießkuchen; oben: Schokoladen-Zitronenwirbel.
Gegenüber: Zitronen-Baiser-Kuchen

ZITRONEN-BAISER-KUCHEN

☆☆ ***Vorbereitungszeit:*** 40 Minuten + 1 Stunde Ruhezeit
Backzeit: 35 Minuten
Für 6 Personen

Teig
1 ½ Tassen Mehl
1 EL sehr feiner Zucker
125 g Butter oder Margarine, geschnitten
1 Eigelb
1–2 EL kaltes Wasser

Füllung und Baiser
½ Tasse Zucker
⅓ Tasse Maismehl (Stärke)
1 Tasse Wasser
geriebene Schale von 2 Zitronen
½ Tasse Zitronensaft
3 Eier, getrennt
1 EL Butter
½ Tasse sehr feiner Zucker zusätzlich

1 Für den Teig Mehl und Zucker mischen. Butter hineinreiben, bis alles krümelig ist. Eigelb und kaltes Wasser verrühren, zur Mehlmischung geben, einen festen Teig bereiten. Mit Folie abgedeckt 1 Stunde kühlen. Backofen auf 220 °C vorheizen. Auf leicht bemehlter Arbeitsfläche Teig ausrollen, daß er in eine runde Form (23 cm) paßt. Kanten passend schneiden, Rand nach Belieben verzieren. Mit der Gabel mehrfach einstechen. 15 Minuten blindbacken (siehe Anmerkung). Abkühlen lassen.

2 Für die Füllung ½ Tasse Zucker mit Maismehl mischen. Wasser, Zitronenschale und Saft hineinrühren. Bei schwacher Hitze unter ständigem Rühren kochen, bis die Mischung eindickt. Hitze reduzieren und 2–3 Minuten köcheln lassen. Vom Herd nehmen.

3 Eigelb in einer kleinen Schüssel verquirlen. Etwas von der heißen Füllung hineinrühren, dann alles in den Topf geben. Erneut 2–3 Minuten unter Rühren kochen. Butter hineinrühren, dann in die Teighülle füllen.

4 Für Baiser Eiweiß steif schlagen. Nach und nach zusätzlichen Zucker zugeben, dabei ständig rühren, bis der Baiser steif ist. Baiser über die Füllung so verteilen, daß die Füllung vollständig bedeckt ist.

5 10 Minuten bei 210 °C backen, bis Baiser goldbraun ist. Den Kuchen in der Form auf einem Kuchengitter abkühlen lassen. Auf einer Tortenschale kalt servieren.

Anmerkung: Um den Teig blind zu backen, eingestochenen Teig mit Backpapier oder Folie bedecken. Mit getrockneten Bohnen, Reis oder Keramik-Backperlen bedecken. Backen, bis der Teig fest ist, dann Gewichte und Papier herausnehmen. Zurück in den Ofen schieben und weiterbacken, bis der Teig gleichmäßig braun ist.

Zucker Süß schmeckendes Lebensmittel, das als Gewürz verwendet und aus verschiedenen Pflanzen gewonnen wird – Zuckerrohr in tropischen Gebieten, Zuckerrübe in kälteren Klimazonen. Geringe Mengen lassen sich auch aus bestimmten Ahornbäumen und Palmen sowie aus Sorghum gewinnen. Es gibt verschiedene Arten von

Zucker. Brauner Zucker ist weich und feucht; die Melasseschicht um die Kristalle verleiht ihm sein charakteristisches Aroma. Rohrzucker wird direkt aus dem geklärten Saft des Zuckerrohrs hergestellt und hat grobe, gelbe Kristalle. Weißer oder granulierter Zucker mit mittelgroßen Kristallen wird aus Zuckerrohr hergestellt und allgemein als Süßmittel eingesetzt. Zuckerraffinade (feiner Zucker) hat sehr feine Kristalle und löst sich leichter auf als andere Zuckerarten. Deshalb wird er gern für

Baisers und einige Kuchen und Puddings verwendet. Puderzucker ist zu feinem Pulver gemahlener, weißer Zucker. Palmzucker hat ein starkes, melasseähnliches Aroma und eine dunkle Farbe; Zuckerrohr, das zu den Bartgräsern gehört, stammt vermutlich aus Südindien. Im 13. Jh. kam der Zucker nach Europa, aber erst im 18. Jh. durch die Entwicklung der französischen Zuckerbäckerei löste er den Honig als Süßmittel ab.

Zucker, gesponnen Haarfeine Fäden, die durch das sogenannte Zuckerspinnen aus Karamel hergestellt werden. Zuckergespinste werden als Dekoration für Eiscremes, Desserts und festliche Torten verwendet.

Zuckererbsen (Zuckerschoten) Hellgrüne Variante der Erbsen mit süßlichen, zarten Schoten, die ganz gegessen werden. Man ißt sie roh (blanchiert) im Salat oder kurz gekocht oder gedämpft.

ZUCCHINI

ZUCCHINI-APFEL-APRIKOSEN-KUCHEN

☆☆ ***Vorbereitungszeit:*** 20 Minuten + 10 Minuten Ruhezeit
Backzeit: 1 Stunde
Für 8 Personen

125 g Butter
½ Tasse weicher, brauner Zucker
2 Eigelb
1 Tasse Vollweizenmehl mit Backpulverzusatz
¼ Tasse Weizenkeime
¼ Tasse getrocknete Aprikosen, feingehackt
4 EL kochendes Wasser
425 g Apfelkompott mit Stücken, aus dem Glas
1 kleine Zucchini, geraffelt
½ Tasse Haferflocken
½ Tasse Kokosflocken
3 EL Honig
2 Eiweiß, steifgeschlagen

1 Backofen auf 180 °C vorheizen. Flache, rechteckige Form von 20 x 30 cm mit Öl oder zerlassener Butter einpinseln. Boden und Seiten mit fettabweisendem Papier auskleiden, Papier mit Fett einpinseln.
2 Butter und Zucker mit dem Handrührgerät schaumig schlagen. Eigelb unterrühren. Mit Metallöffel gesiebtes Mehl samt Hülsen und die Weizenkeime unterheben. Gleichmäßig auf den Boden der Form drücken.
3 Aprikosen 10 Minuten in kochendem Wasser einweichen; sie sollen aufquellen und fast die ganze Flüssigkeit dabei aufnehmen.
4 Apfel auf die Masse in der Form streichen. Aprikosen (nicht abtropfen) mit Zucchini, Haferflocken, Kokosflocken und Honig mischen. Mit einem Metallöffel Eiweiß unterheben.
5 Mischung über den Apfel streichen, Oberfläche glätten. Etwa 1 Stunde goldgelb backen. In der Form abkühlen lassen. Nach Wunsch mit aromatisiertem Joghurt servieren.

ZUCCHINI MIT KÜMMELSAHNE

☆ ***Vorbereitungszeit:*** 5 Minuten
Kochzeit: 12 Minuten
Für 4–6 Personen

1 Zitrone
4 große Zucchini
30 g Butter
1–2 EL Öl
½ TL Kreuzkümmelsamen
⅛ l Sahne
Salz und schwarzer Pfeffer aus der Mühle

1 Zitronenschale abreiben, bis ½ TL zusammenkommt. 2 TL Saft aus der Zitrone drücken. Zucchini in 5 mm dicke diagonale Scheiben schneiden. Butter und Öl in einer großen Pfanne erhitzen, die Hälfte der Zucchinischeiben hineingeben. Bei mittlerer Hitze etwa 2 Minuten auf jeder Seite goldgelb braten. Herausnehmen, auf Küchenpapier abtropfen lassen, warm halten. Mit den restlichen Zucchinischeiben genauso verfahren.
2 Kreuzkümmelsamen in die Pfanne geben, bei schwacher Hitze 1 Minute rühren. Zitronenschale und Zitronensaft zufügen, zum Kochen bringen. Sahne zugeben, 2 Minuten mitkochen, bis die Soße etwas eindickt.
3 Zucchinischeiben wieder in die Pfanne geben und bei schwacher Hitze noch 1 Minute erhitzen. Warm oder kalt servieren.

ZUCCHINIRÖLLCHEN

★ ***Vorbereitungszeit:*** 12 Minuten + 1 Stunde Kühlzeit
Backzeit: 15 Minuten
Ergibt 25 Stück

2 mittelgroße Zucchini, grob geraffelt
1 kleine Zwiebel, gerieben
60 g Salami, in kleine Stücke geschnitten
1 Knoblauchzehe, zerdrückt
½ Tasse frischer Parmesankäse, gerieben
4 Scheiben Blätterteig oder Filo
60 g Butter, zerlassen
50 g Semmelbrösel

1 Zwei Backbleche (je 32 x 28 cm) mit Öl oder zerlassener Butter bepinseln. Zucchini, Zwiebel, Salami, Knoblauch und Parmesan in eine Rührschüssel geben.

2 Die Teigblätter mit Butter bepinseln (Blätterteig vorher hauchdünn rechteckig ausrollen). Übereinander legen. Zucchinimischung auf die oberste Lage geben. Auf einer Seite 5 cm Rand lassen. Semmelbrösel über die Mischung streuen.

3 Teig fest zur Seite mit dem Rand hin zusammenrollen. Mit der restlichen Butter die gefüllte Teigrolle gleichmäßig bestreichen. In Folie wickeln, 1 Stunde in den Kühlschrank legen. Backofen auf 210 °C vorheizen. Mit einem scharfen Messer in 25 Scheiben schneiden, auf die vorbereiteten Bleche legen. Etwa 15 Minuten knusprig braun backen. Abkühlen lassen.

ZUCCHINI-KÄSE-PIE

★ ***Vorbereitungszeit:*** 30 Minuten
Backzeit: 30 Minuten
Für 4–6 Personen

4 große Zucchini, grob geraffelt
250 g Feta
250 g Ricotta
2 EL Minze, gehackt
8 Scheiben Blätterteig oder Filo
2–3 EL Öl
2 EL Mohnsamen

1 Ofen auf 200 °C vorheizen. Zucchini mit Käse und Minze vermischen, dazu einen Holzlöffel benutzen.

2 Filo- oder den Blätterteig mit Öl bepinseln (Teig vorher dünn ausrollen), einmal falten, so daß ein Rechteck entsteht. In eine gut geölte Form von 23 cm Durchmesser legen, mit Öl bepinseln und eine zweite Lage darauflegen. Ein Drittel der Füllung darauf verteilen. Lagenweise wiederholen, als letzte Lage eine Teigplatte auflegen. Nochmals mit Öl bepinseln, mit Mohnsamen bestreuen.

3 Etwa 10 Minuten backen, dann die Hitze auf 180 °C reduzieren, weitere 20 Minuten backen, bis der Teig knusprig und goldbraun ist. Die Pie in Tortenstücke schneiden und gleich darauf servieren.

Oben: Zucchini-Käse-Pie.
Links: Zucchiniröllchen.
Gegenüber: Zucchini mit Kümmelsahne

Zuckerguß Süßer Überzug aus Puderzucker und Butter zum Verzieren von Kuchen und Plätzchen aus Wasser, Zucker, Weinsteinsäure und Eiweiß.

Zuckersirup Dickflüssiger, dunkler Sirup mit intensivem Aroma; Nebenprodukt der Zuckerrohrraffinierung. Er wird zum Backen und zur Herstellung von Süßigkeiten verwendet.

Zwieback Gebäck, das aus leicht gesüßtem Hefeteig (manchmal mit Zimt oder Zitrone aromatisiert) gebacken, in Scheiben geschnitten, dann bei schwacher Hitze im Ofen knusprig und goldgelb geröstet wird.

Zwiebel Knolle eines Mitglieds der Familie der Lilien, mit Knoblauch und Lauch verwandt; das intensiv schmeckende und riechende Fruchtfleisch liegt in Schichten um die Mitte herum und ist von einer festen, dünnen Schale umgeben. Es gibt viele verschiedene Sorten, die sich in Form, Farbe und Geschmacksintensität unterscheiden. Frühlingszwiebeln sind normale, unreif geerntete Zwiebeln.

ZWIEBELN

Zwiebeln werden schon seit dem Altertum geschätzt. Sie gehören zur Familie der Liliengewächse, haben einen charakteristischen Geruch und ein leicht süßliches Aroma und bereichern die meisten Fleisch- und Gemüsegerichte. Gebraten, geschmort und eingelegt eignen sich Zwiebeln auch als Gemüse.

WÜRZIGE ZWIEBELN MIT TOMATEN

2 mittelgroße rote Zwiebeln schälen, in dünne Ringe schneiden. 1 EL Butter, 1–2 EL Öl, ½ TL gemahlener Kreuzkümmel, Koriander, Kurkuma und Garam Masala mit Zwiebeln erhitzen. 2–3 Minuten braten. 2 kleingeschnittene, mittelgroße reife Tomaten zufügen und etwa 3 Minuten weich kochen. Zwiebeln heiß servieren und mit gehacktem Koriandergrün bestreuen.

PERLZWIEBELN, GEBRATEN

12 kleine Zwiebeln schälen. 30 g Butter, 1–2 EL Öl und ¼ TL gemahlenen Paprika edelsüß in eine Pfanne geben. Zwiebeln hinzufügen und bei mittlerer Hitze in etwa 5 Minuten gar werden lassen. ½ TL weichen, braunen Zucker einrühren. Heiß servieren.

ZWIEBELRINGE MIT CURRY

2 mittelgroße Zwiebeln schälen und in feine Ringe schneiden. 3 EL Olivenöl in einer Pfanne erhitzen. 2 TL Curry und die Zwiebelringe zugeben, in etwa 5 Minuten weich werden lassen. ½ TL weichen braunen Zucker einrühren und heiß servieren.

ZWIEBELN MIT KNOBLAUCH

2 mittelgroße Zwiebeln achteln. 1 EL Butter und 2–3 EL Öl in einer Pfanne erhitzen. 1–2 zerdrückte Knoblauchzehen und Zwiebeln zufügen. Bei mittlerer Hitze in etwa 5–6 Minuten weich dünsten. Mit gehacktem Schnittlauch bestreuen und heiß servieren.

Würzige Zwiebeln mit Tomaten

Zwiebelringe mit Curry

Gebratene Perlzwiebeln

Knoblauchzwiebeln

Glasig gebratene Zwiebeln

Schneller Zwiebelsalat

Zwiebeln mit Thymian

Im Ofen gebackene Zwiebeln

GLASIG GEBRATENE ZWIEBELN

2 mittelgroße Zwiebeln in feine Ringe schneiden. 1 ½ TL Butter und 1–2 EL Öl in einer schweren Pfanne erhitzen. Zwiebeln hinzufügen, bei schwacher Hitze 10–12 Minuten goldbraun und glasig braten. Heiß servieren.

ZWIEBELN MIT THYMIAN

2 mittelgroße Zwiebeln achteln. 2 TL Butter und 2 TL Öl in einer schweren Pfanne erhitzen. Zwiebeln zufügen, bei mittlerer Hitze in etwa 5 Minuten weich werden lassen. Je 1 TL gehackten frischen Thymian und Rosmarin einrühren. Noch 1 Minute weiterbraten. Mit Essig beträufeln und heiß servieren.

SCHNELLER ZWIEBELSALAT

1 große rote Zwiebel in feine Ringe schneiden, mit 3 EL Zitronensaft, 1–2 EL Olivenöl, 1 TL weichem braunen Zucker, 1 EL gehacktem, frischem Koriander, 1 kleingeschnittenen Tomate, 1 sehr feingehackten Chili mischen. Nach Geschmack würzen.

IM OFEN GEBACKENE ZWIEBELN

8 kleine Zwiebeln schälen und in eine Auflaufform setzen. Mit einer Mischung aus 1–2 EL zerlassener Butter und 1–2 EL Öl bepinseln. Bei 180 °C etwa 30 Minuten im Ofen goldbraun backen. Heiß servieren.

REGISTER

Halbfett gedruckte Seitenzahlen verweisen auf Haupteinträge einschließlich Rezepten und Abbildungen; *kursive* Seitenzahlen weisen auf Abbildungen zum Rezept hin, und ***halbfett kursive*** verweisen auf Einträge im Lexikonteil der Marginalspalte.

C

D

G

H

I

J

K

N

O

P

Q

R

S

T

V

W

Y

Z

Danksagung

Mitarbeit Rezepte: Tracy Rutherford, Tracey Port, Jo Forrest, Maria Sampsonis, Melanie McDermott, Dimitra Stais, Donna Hay, Jodie Vassallo, Jo Kennedy, Kerrie Carr, Cherise Koch, Denise Munro, Voulo Mantzouridis, Anna Paola Poyd, Christine Sheppard
Fotographie: Luis Martin (Sonderseiten), Andre Martin (Umschlag), Reg Morrison, Jon Bader, Joe Filshie, Peter Scott, Andrew Furlong, Ray Joyce, Phil Haley, Hans Schlupp
Foodstyling: Mary Harris (Sonderseiten), Carolyn Fienberg (Umschlag), Rosemary De Santis, Suzie Smith, Wendy Berecry, Anna Phillips, Georgina Dolling
Künstlerische Gestaltung: Jachie Richards, Wing Ping Tong, Joanne Morris, Southida Vongsaphay
Sydney Market Authority, The Sharp Home Library of Microwave Cooking (für Informationen zum Kochen mit der Mikrowelle)
Für die Dekorations-Accessoires· Pacific East India Co.; Barbara's Storehouse